BOB DYLAN

PHILIPPE MARGOTIN   JEAN-MICHEL GUESDON

BOB DYLAN

TODAS SUS CANCIONES

LA HISTORIA DETRÁS DE SUS 492 TEMAS

BLUME

CONTENIDO

8_ La banda sonora de un joven cantautor

11_ John H. Hammond, un cazatalentos genial

12_ *The Bootlegs Series*

14_ La *Minnesota Hotel Tape*

696_ Anexos

Crónica
de un repertorio

Era un glacial día de enero de 1961 cuando Bob Dylan, igual que un personaje de Jack Kerouac, desembarcó en Nueva York. Destino: los clubes de Greenwich Village. Ocho meses más tarde, tras ser descubierto por John Hammond, el cantautor firmó un contrato con Columbia. Grabada en dos sesiones de tres horas, los días 20 y 22 de noviembre de 1961, la primera obra del cantante folk, titulada sencillamente *Bob Dylan*, salió a la venta el 19 de marzo de 1962. Fue el principio de uno de los capítulos más asombrosos y emocionantes de toda la historia de la llamada música popular.

Ya hace mucho tiempo que Bob Dylan se ha convertido en un mito. En una guía. En una referencia. Está el Dylan poeta. El Dylan cantautor. El Dylan músico. El Dylan cantante. El Dylan actor. El Dylan cronista. El Dylan místico... Las etiquetas son tan numerosas como simplistas. Sería inútil meter al creador de «Blowin' In The Wind», «Like A Rolling Stone» o «Idiot Wind» dentro de una categoría, o vincularlo a cualquier escuela. No obstante, Dylan bebe de Woody Guthrie y de Leadbelly, de Robert Johnson y de Hank Williams, de Buddy Holly y de Little Richard, y saca una parte de su inspiración poética y filosófica tanto de William Blake como de Allen Ginsberg, Arthur Rimbaud o la Biblia. Una formidable vorágine de sensibilidades musicales y artísticas, que el cantautor revisa para después trascenderlas. «Esta canción me habla cuando escucho ciertos comentarios políticos retóricos», dijo una vez Barack Obama sobre «Maggie's Farm». Esta también es una de las virtudes de Bob Dylan. Cada uno encuentra en su vasto repertorio una canción que lo impacta, que le habla, que lo emociona...

Desde *Bob Dylan*, un primer álbum que ya sonaba como un potente homenaje a los pioneros del blues, ha pasado más de medio siglo, y el cantautor ha publicado treinta y cinco álbumes de estudio, sin contar los singles, los recopilatorios, las bandas sonoras y la famosa colección *The Bootleg series*. Tras todos estos años invertidos en cautivar y transformar el mundo, el artista sigue estando de actualidad. Así, este momento nos ha parecido oportuno para revisar en detalle su carrera a través de sus canciones; desde sus primeras grabaciones en Minneapolis, mucho antes de que John Hammond y Colum-

bia lo acogieran bajo su ala protectora, hasta *Shadows In The Night* –publicado en febrero de 2015–, que es a la vez un guiño a Frank Sinatra y un homenaje al patrimonio musical estadounidense.

Así, este libro examina todas las canciones de estudio del cantautor: cada álbum, cada single... y cada canción descartada. Efectivamente, para abarcar la totalidad de su obra no bastan los álbumes y los singles. Durante sus sesiones de grabación Dylan ha grabado a menudo muchos más temas de los que figuran en las listas de canciones de los discos. Pero estas grabaciones descartadas empezaron a ver la luz a partir de 1991 en una colección de discos oficiales llamada *The Bootleg Series* (véase pág. 12), el último de los cuales apareció en noviembre de 2014. Así, después de las canciones oficiales de cada álbum presentamos los *outtakes* (las canciones descartadas), indicando el volumen de la *The Bootlegs Series* con la ayuda de un pequeño pictograma. Hemos decidido hablar solo de las tomas inéditas de las canciones descartadas que no se encuentran en los álbumes oficiales. Hay que subrayar que en el caso de los temas de *The Basement Tapes*, aparecidas a finales de 2014, no ha sido posible hablar de la totalidad de las nuevas canciones que se publicaron en dicho volumen. Además, nos hemos limitado a analizar el álbum homónimo aparecido en 1975, a excepción de las canciones que no interpreta Dylan. Finalmente, hemos decidido presentar en la introducción las grabaciones anteriores al contrato con Columbia, que fueron objeto de los primeros volúmenes de *The Bootleg Series* (véanse págs. 14-15).

En total, en el libro se revisan 492 canciones. Después de una revisión histórica de los álbumes, los singles o los recopilatorios en los que se incluyen –grabación, datos técnicos, carátula, instrumentos–, se estudia cada canción desde dos perspectivas distintas: la génesis y la letra (la inspiración y el mensaje transmitido) y la realización (el trabajo de Dylan, los técnicos de grabación y las intervenciones de los músicos, los productores y los ingenieros de sonido en cada canción).

Para este largo recorrido por la galaxia Dylan nos hemos apoyado en entrevistas al propio cantautor y a sus numero-

Bob Dylan el artesano que con su revolución musical y poética de la década de 1960 iluminó el mundo.

sos colaboradores (músicos, productores, ingenieros de sonido, etc.), y a sus familiares o amigos, así como en un gran número de obras de referencia y de páginas web. Cada una de estas fuentes lleva una nota que remite a la bibliografía anexa.

Hemos emprendido este viaje con una gran atención por la objetividad. Ciertos datos son imposibles de obtener, sobre todo en cuanto a la presencia o ausencia de un músico, de un instrumento, de un productor, de un ingeniero de sonido e incluso una fecha de grabación. En estos casos hemos decidido poner un punto de interrogación (?).

Ha llegado el momento de levantar el telón del teatro dylaniano. Un teatro de emociones que se renuevan constantemente. Un teatro profundamente humano, en definitiva.

La banda sonora de un joven cantautor

De Little Richard a Woody Guthrie

Robert Allen Zimmerman, verdadero nombre de Bob Dylan, nace el 24 de mayo de 1941 en Duluth (Minnesota), aunque crece en Hibbing, pequeña ciudad minera cercana a la frontera canadiense. Hacia los 10 años aprende a tocar el piano familiar de forma autodidacta, antes de descubrir la guitarra y la armónica. También pasa mucho tiempo escuchando la radio y visitando una tienda de discos de Howard Street. El joven Dylan se impregna de todo lo que escuchaba: «Siempre esperaba pescar algo al vuelo. La radio acompañaba a los trenes y las campanas en la banda sonora de mi vida».[1] Uno de sus primeros ídolos es Hank Williams, uno de los padres fundadores de la música country. También están todos los *bluesmen* a los que escucha en las radios de los estados del Sur, como Muddy Waters, Jimmy Reed, Howlin' Wolf y B. B. King, así como los pioneros del rock'n'roll Elvis Presley, Chuck Berry... y Little Richard, que lo marcará de una forma especial.

A finales del año 1955 Bob funda su primer grupo con dos compañeros de clase, LeRoy Hoikkala a la batería y Monte Edwardson a la guitarra. Llamado The Golden Chords –los «Acordes dorados», debido a la habilidad de Bob para encontrar acordes que «sonaban» bien con el piano–, el trío bebe del repertorio de Little Richard y de los músicos de blues. The Golden Chords ensayan en el garaje de los padres de Bob, y a veces en el salón (donde se encuentra el piano), y tocan en varios eventos, sobre todo en el instituto, además de participar en concursos de aficionados.

Tras algunos meses de buenos y leales servicios, el grupo se disuelve por divergencias musicales: Bob quiere entrar a fondo en el mundo del blues y del rock'n'roll, así que enseguida forma otro grupo. Chuck Nara, también alumno de la Hibbing Senior High School, toca la batería, mientras que Bill Marinak y Larry Fabbro tocan el contrabajo y la guitarra eléctrica respectivamente. Se reanudan los ensayos, siempre en casa de los Zimmerman, y Bob, sentado al piano familiar, se revela como un sorprendente intérprete de Little Richard, llegando a imitar a la perfección sus movimientos sobre el esce-

nario. Luego siguen otros grupos, como The Shadow Blasters, Elston Gunn o The Satin Tones.

En esa época, el joven Bob, que ha tomado Zimbo como nombre artístico, ya canta y toca muy bien la guitarra y el piano, y además tiene una moto, a semejanza de dos de sus ídolos, James Dean y Marlon Brando. En definitiva, ya puede divisar un futuro como estrella del rock y –¿por qué no?– como icono de la juventud estadounidense. Para hacer realidad una ambición de ese calibre, además de vencer la previsible hostilidad de sus padres, debe tomar una decisión importante: abandonar Hibbing para ir a la gran ciudad... es decir: Minneapolis. Anthony Scaduto cita a Echo Helstrom, la primera novia de Dylan: «Cuando tenía unos 13 años empecé a escuchar rock y rhythm'n'blues. Nadie de mis conocidos había escuchado nunca esos estilos musicales. No llegaban a Hibbing; había que sintonizar emisoras negras de Little Rock o de Chicago, tarde por la noche. [...] Cuando Bob empezó a hablarme de Howlin' Wolf, de Jimmy Reed, de B. B. King y de todos esos grandes músicos de blues, no podía creer lo que oía. No podía ser verdad».[1] Y añade: «Desde el momento en que conocí a Bob supe que su destino era la música».[1]

Minneapolis: el descubrimiento del folk

En septiembre de 1959 Dylan abandona Hibbing para instalarse en Minneapolis, donde se matricula en la universidad de Minnesota (facultad de bellas artes). Pasa la mayor parte del tiempo en Dinkytown, barrio bohemio donde conoce a personas que lo guían por el camino de la literatura beat y le abren el mundo de la música folk, que entonces vivía un renacimiento. «Antes de ir a Minnesota nunca había escuchado música folk; solo escuchaba country & western, rock'n'roll y polka...»,[3] explicó en una entrevista para la revista *Playboy* de marzo de 1978. Dylan declara: «El descubrimiento de Odetta me abrió las puertas de la música folk. Escuché uno de sus discos en una tienda, en una época en que aún se podían escuchar los discos en las tiendas. Salí y vendí mi guitarra eléctrica y mi amplificador para comprar una guitarra acústica...

Bob Dylan (en el centro) en 1961 con los Greenbriar Boys, cuando cantaba en el Gerde's en sus inicios.

Una Gibson "flat-top". Fue un momento determinante y muy personal. Me aprendí todos los temas de ese álbum».[4] Después de Odetta siguieron otros: Josh White, Jesse Fuller, The Carter Family... pero sobre todo Woody Guthrie. A finales de 1959, una joven actriz llamada Flo Caster le hizo escuchar varios vinilos de Guthrie. Bob Dylan: «Puse uno en el tocadiscos y, desde las primeras notas, me cautivó [...]. Sentí el mismo vértigo con cada tema».[1] Incluso experimentó un auténtico shock estético: «La dicción era notable; el estilo era personal y perfectamente dominado [...]. En cuanto a las canciones, inclasificables, transmitían en aliento de toda la humanidad».[1] En septiembre de 1960, gracias a un *beatnik* llamado David Whittaker, el joven Dylan se sumerge en la lectura de *Bound For Glory* (*Con destino a la gloria*), la autobiografía de Guthrie. Desde entonces este último se convierte en su ídolo y su modelo, y Dylan se sumerge en su vida y en su repertorio con verdadero frenesí.

Nueva York: camino hacia la gloria

En enero de 1960 el joven Robert Zimmerman decide ir a Nueva York para, entre otras cosas, conocer a su ídolo, Woody Guthrie, hospitalizado en Nueva Jersey. Llega a Nueva York con su guitarra y su armónica una fría madrugada de enero de 1961 y se dirige inmediatamente a Greenwich Village. Allí descubre la efervescente vida artística del Village, y se convierte en una figura conocida del barrio, cantando en los clubes de folk de las calles MacDougal y Bleeker, como el Cafe Wha?, el Gaslight Cafe y el Gerde's Folk City. Encuentra almas caritativas en casa de quien dormir, como Bob y Sid Gleason –amigos íntimos de Guthrie– y se hace amigo de los cantantes de la escena folk neoyorkina, como Ramblin' Jack Elliott, Pete Seeger o Dave Van Ronk.

El joven cantante, que ha tomado el nombre artístico de Bob Dylan, atrae a un número creciente de estudiantes y de *folkies* en cada uno de sus conciertos. Las hermanas Rotolo son las primeras que caen bajo su hechizo: Carla, ayudante del etnomusicólogo Alan Lomax y, sobre todo, Suze, que se convierte en su novia tras una manifestación folk en la Riverside Church (*upper* Manhattan), el 29 de julio de 1961. El crítico musical Robert Shelton se fija en él y le dedica un artículo elogioso en el *New York Times*, y también recibe la atención de la cantante folk Carolyn Hester, entonces casada con Richard Fariña, también cantante folk, y del mánager Albert Grossman que, desde el verano de 1961, empieza a presentar el enorme potencial del cantautor.

El contrato con Columbia

John Hammond descubre a Dylan en septiembre de 1961, durante los ensayos de la cantante Carolyn Hester, de la que debe producir el siguiente álbum. Amiga de Dylan, Carolyn le pide que toque la armónica en su disco y Hammond quiere escuchar lo que piensan incluir. Es el primer contacto entre ambos hombres. «John Hammond se pasó para escuchar y para ver si todo iba bien», explica Carolyn Hester. «Estaban Dylan y Richard [Fariña, cantante folk y marido de la cantante]. Solo nosotros cuatro. […] Dylan estaba sentado junto a Hammond en un taburete, yo estaba enfrente de ellos y cantaba mientras Dylan me acompañaba a la armónica. Hablaron de "Come Back", la canción que Dylan me había dado. A Hammond le gustaba mucho».[2] Más adelante, Hammond explicará que se sintió inmediatamente seducido por aquel joven, a pesar de su interpretación torpe y su voz ronca. Sin embargo, ese día no sucede nada más. El 29 de septiembre de 1961, el día antes de la primera sesión de grabación de Carolyn Hester, un artículo de Robert Shelton titulado «Bob Dylan: un nuevo estilista» aparece en la sección «Folk & Jazz» del *New York Times*. Como dice el propio Dylan, «se produjo un maremoto; al menos en mi universo».[1] Al día siguiente Hammond interviene. En el estudio, Dylan toca la armónica y la guitarra e incluso canta una o dos canciones con Carolyn. Hammond no puede evitar pensar que ese «joven con gorra» es fascinante, aunque constata que «no es especialmente bueno con la guitarra ni con la armónica», y lo invita a ir a los estudios de Columbia para descubrir sus canciones. Dylan interpreta (entre otras) «Talking New York», «una especie de crónica social sobre la vida en Manhattan que se me pegó inmediatamente», escribe Hammond en sus memorias. «Bobby, no sé qué va a pensar Columbia de todo esto, pero creo que eres absolutamente prodigioso y voy a contratarte».[5] Dylan acepta. «Era el lugar adecuado para mí», explicará más adelante. Hay que precisar que Columbia producía a Pete Seeger, uno de sus ídolos. Todavía menor de edad, afirma a Hammond que no tiene padres ni mánager. «John Hammond puso el contrato ante mis ojos. "¿Sabes lo que es?" Miré la cabecera, Columbia Records, y respondí: "¿Dónde tengo que firmar?". Me lo señaló y escribí mi nombre con pulso firme. Confiaba en él. ¿Quién no confiaría en él? En ese mundo quizá había mil reyes, y él era uno de ellos».[2] En 2005, Dylan reconocerá ante la cámara de Martin Scorsese: «Me preguntaba si estaba soñando. Nadie pensaba que ese tipo de folk pudiera gustar a Columbia…».[6] A excepción de John Hammond y de Billy James, que trabaja en el departamento de publicidad, nadie cree en Bob Dylan en Columbia. Incluso después de publicar su primer álbum, el cantautor sigue siendo el «capricho de Hammond». La obstinación del productor por apoyar a Dylan en contra de toda la discográfica es la mejor demostración de ese talento de descubridor y de ese temperamento rebelde. A finales de los años 1960, las cualidades de visionario del productor son tan conocidas que muchos artistas sueñan con ser descubiertos por aquel al que llaman «el oráculo». Hammond muere en 1987. En su funeral, Springsteen y Dylan cantaron juntos «Forever Young».

Bob Dylan sobre el escenario en 1962.

John H. Hammond, un cazatalentos genial

«La música personificada». Así es como Dylan define a Hammond, el genial cazatalentos que le abre las puertas del templo del disco, Columbia –un sello poco dado al folk–, en 1961. Hay que decir que Hammond es un productor más bien atípico y fuera de lo común.

Un productor visionario

Nacido en 1910 en el seno de una de las familias más ricas de Estados Unidos –los Vanderbilt– John H. Hammond decide muy pronto no seguir los pasos de sus ilustres ancestros haciendo carrera en el derecho o los negocios, sino dedicarse a la promoción de la música afroamericana. Está loco por el jazz y el blues. «Para mí la música no tiene color…», explica en sus memorias; «conseguir que se admitiera la supremacía de los músicos negros en el jazz fue la forma de revolución social más constructiva y más eficaz que pude encontrar».[5]

Sucesivamente corresponsal americano de la revista británica *Melody Maker*, organizador de espectáculos y disc-jockey benévolo, más adelante Hammond presta sus servicios a prestigiosas firmas discográficas, como Mercury y Vanguard, antes de entrar en Columbia a finales de los años 1950.

Además de su amor por la música, Hammond está dotado de un oído extraordinario. Es capaz de discernir el talento, incluso en estado embrionario, y sobre todo en la vanguardia de las modas. Gracias a su asombroso olfato se convierte en uno de los mejores cazatalentos de la industria discográfica americana. A lo largo de las cuatro décadas que pasa en Columbia, preside la carrera de músicos esenciales del siglo XX, como Benny Goodman (que es su cuñado), Art Tatum, y también Count Basie, Billie Holiday, Bessie Smith, Aretha Franklin, Pete Seeger, Leonard Cohen, Bruce Springsteen y Stevie Ray Vaughan… También es él quien reedita las grabaciones del legendario Robert Johnson, inéditas hasta entonces.

Motivado no por el afán de lucro –al contrario que la mayoría de productores– sino por el amor a la música, Hammond es capaz de ir a contracorriente de las modas y de las convicciones de sus colegas. A su manera, es un rebelde. Como Dylan. Más adelante, Hammond explicará su primera impresión del cantautor en una entrevista: «Dylan nació rebelde y yo estaba convencido de que podía "captar" a un público joven que Columbia había perdido hacía mucho tiempo».

Bob Dylan y John Hammond en los estudios de Columbia, justo después de firmar su primer contrato para la discográfica.

The Bootleg Series

Las primeras grabaciones de Bob Dylan no datan de las sesiones de su primer álbum. Desde el mes de mayo de 1959 en Hibbing, y luego en Minneapolis (Minnesota) en 1960, y en tres ocasiones en 1961, el cantautor grabó varias canciones. Gracias a su éxito, esas grabaciones han adquirido toda su importancia; y no solo artística...

SUITCASE TAPE

La cinta que data de mayo de 1959 estuvo durante mucho tiempo oculta en una maleta de Ric Kangas, que fue figurante, especialista e incluso imitador de Elvis Presley para el cine y la televisión. No fue hasta 2005 cuando salió del anonimato. Cuando se enteró de su existencia, Jeffrey Rosen, el *business manager* de Dylan, pidió a Kangas que apareciera en el largometraje de Martin Scorsese *No Direction Home*. En octubre de 2006 Kangas trató de vender su cinta en una subasta. Esta no encontró comprador a pesar de un precio de salida de 20.000 dólares...

Una ofensiva contra los «piratas»

En julio de 1969 aparece el primer disco pirata (o *bootleg*) importante de la epopeya del rock: un álbum de Bob Dylan titulado *Great White Wonder*. En él se reúnen temas grabados a lo largo del verano de 1967 con The Band (que se publicarán en 1975 en *The Basement Tapes*), grabaciones de diciembre de 1961 realizadas en Minneapolis y una interpretación en directo de «Living The Blues» durante *The Johnny Cash Show*. En total, veinticinco canciones. Desde entonces, Bob Dylan será el artista más pirateado de la historia del rock. Para poner fin a esa proliferación de discos no autorizados, y para satisfacer a sus admiradores, Sony publica en 1991 el primer recopilatorio de su particular serie de «bootlegs». *The Bootleg Series, Vol. 1-3: Rare & Unreleased 1961-1991* se compone de 58 canciones, grabadas entre 1961 y 1989. Algunos son discos en directo (los volúmenes 4, 5 y 6), otros se componen de grabaciones de estudio realizadas durante las sesiones de los álbumes oficiales, que no se conservaron (las tomas descartadas) y algunos son temas inéditos: *The Bootleg Series, Vol. 7: No Direction Home: The Soundtrack* (2005), *The Bootleg Series, Vol. 8: Tell Tales Signs – Rare & Unreleased 1989-2006* (2008), *The Bootleg Series, Vol. 10: Another Self Portrait (1969-1971)* (2013) y el último hasta la fecha, *The Bootleg Series, Vol. 11: Bob Dylan and The Band, The Basement Tapes Complete* (2014). También hay que mencionar *The Bootleg Series, Vol. 9: The Witmark Demos: 1962-1964* (2010) que agrupa las grabaciones realizadas en paralelo a las de Columbia. Entre las primeras grabaciones de Dylan anteriores a su contrato con Columbia en 1961 aparecieron dos canciones en *The Bootleg Series, Vol. 7*: «When I Got Troubles», grabada en Hibbing en mayo de 1959 y «Rambler, Gambler», inmortalizada a lo largo del verano de 1960 en Minneapolis.

When I Got Troubles

Bob Dylan / 1'29 minutos

Músico: Bob Dylan: voz, guitarra / **Grabación:** casa de Ric Kangas, Mibbing (Minnesota), mayo de 1959 / **Recopilatorio:** *The Bootleg Series, Vol. 7: No Direction Home: The Soundtrack*, CD 1 / **Publicación:** 30 de agosto de 2005

Originario de Hibbing, Ric Kangas conoce a Bob Dylan en 1958. Congenian gracias a su pasión compartida por el folk y el blues, tocan juntos en varias fiestas e incluso se presentan (sin éxito) a una audición para el Hibbing Winter Frolic, un festival que cada año atraía a un gran número de personas del Medio Oeste. En 1959 Ric Kangas compra un pequeño magnetófono y un micro Shure. En mayo propone a Bob Dylan (que acaba de cumplir dieciocho años) que vaya a grabar a su casa. Ese día graban cuatro canciones: Dylan en solitario en «When I Got Troubles» y «I Got A New Girl», como acompañante de Kangas en «I Wish I Knew» y Kangas solo en «The Frog Song». «When I Got Troubles» es la única canción de esa sesión improvisada que se puede escuchar en *The Bootleg, Vol. 7*. El tema revela la enorme influencia del blues en Dylan, especialmente el de los pioneros del Mississippi. Es evidente que en este primer testimonio sonoro Bob no posee la seguridad de un músico profesional. La voz tiene un registro bastante bajo, casi confidencial, y la interpretación de guitarra es más bien pobre. Sin embargo, su interpretación desprende una sensación de profundidad. Dylan cree en su propio talento, y obviamente el futuro le dará la razón.

Rambler, Gambler

Tradicional / arreglos de Bob Dylan / 2'28 minutos

MINNESOTA PARTY TAPE

Las doce canciones que Dylan grabó por iniciativa de Cleve Petterson en 1960 se identifican hoy como *Minnesota Party Tape* (o *Minneapolis Party Tape*). No hay que confundirla con la *Minnesota Hotel Tape* que resultará de una sesión de diciembre de 1961 en casa de Bonnie Beecher. La cinta se confió a la Minnesota Historical Society (MHS) en 2005, el estado de origen de Bob Dylan.

Músico: Bob Dylan: voz, guitarra, armónica / **Grabación:** casa de Cleve Petterson, Minneapolis (Minnesota) 1960 / **Recopilatorio:** *The Bootleg Series, Vol. 7: No Direction Home: The Soundtrack*, CD 1 / **Publicación**: 30 de agosto de 2005

A finales de los años 1950, Cleve Petterson es un habitual de los clubes de Minneapolis y frecuenta a los cantantes folk de Dinkytown. A lo largo del verano de 1960 Petterson pide a Bob Dylan, que entonces era un desconocido, que grabe varias canciones en su magnetófono. Serán doce en total, extraídas del repertorio de Woody Guthrie y de Jimmie Rodgers o temas folk tradicionales.

Entre estos últimos se encuentra «Rambler, Gambler». Conocida con múltiples nombres («The Rambling Gambler», «I'm a Rambler, I'm a Gambler»...), esta canción folk fue publicada por John y Alan Lomax en la edición de 1938 de la colección *Cowboy Songs And Other Frontier Ballads*, y luego el propio Alan Lomax la grabó para su álbum *Texas Folk Songs* en 1958. Dylan lo siguió dos años más tarde, y luego lo hicieron Odetta, Joan Baez, Simon & Garfunkel, Flatt & Scruggs o The Clancy Brothers. El valor de la versión del futuro Dylan es sobre todo documental. A los 19 años, ya se reconoce en ese personaje del Oeste americano, solitario y apasionado por la libertad. En esta canción tradicional propone una interpretación al estilo de Woody Guthrie. Guitarra country, voz lírica... las referencias y los progresos son evidentes; ya ha asimilado una especie de interpretación en *picking* bastante buena, y la calidad de la grabación es superior a la de «When I Got Troubles». Solo le falta encontrar su propia identidad.

La *Minnesota Hotel Tape*

Cuando Bob Dylan llega a Nueva York en enero de 1961 con el doble deseo de conocer a Woody Guthrie y de hacerse un nombre en los clubes de Greenwich Village, no abandona a sus amigos de Minneapolis. Vuelve allí en dos ocasiones durante ese primer año: en agosto y en diciembre.

Las grabaciones en casa de Bonnie Beecher

Fue durante su segunda visita cuando grabó varias canciones en el pequeño magnetófono de su amiga Bonnie Beecher, el 22 de diciembre de 1961, en el apartamento de esta en Minneapolis. Es una iniciativa de Tony Glover, un músico de blues, autor y crítico musical, que Bob Dylan había conocido un año antes en los clubes de Dinkytown. El conjunto de estas canciones recibe el nombre de *Minnesota Hotel Tape*, y tres grabaciones se publicaron en los *Bootlegs*: «Hard Times In New York Town», en *The Bootleg Series, Vol. 1-3: Rare & Unreleased 1961-1991*, «Dink's Song» y «I Was Young When I Left Home» en *The Bootleg Series, Vol. 7: No Direction Home – The Soundtrack*.

VOL 7

Dink's Song

Bob Dylan / 5'03 minutos

Músico: Bob Dylan: voz, guitarra / **Grabación:** apartamento de Bonnie Beecher, Minneapolis (Minnesota), 22 de diciembre de 1961 / **Toma de sonido:** Tony Glover, 1959 / **Recopilatorio:** *The Bootleg Series, Vol. 7: No Direction Home – The Soundtrack*, CD 1 / **Publicación:** 30 de agosto de 2005

Esta canción americana titulada originalmente «Fare Thee Well» («Adiós») fue rebautizada «Dink's Song» en 1904, para la grabación del etnomusicólogo John Lomax de este canto sobre una joven llamada Dink, que lava la ropa de su marido en las aguas del río Brazos, en Texas. «Dink's Song» se publicó en 1934 por iniciativa de John Lomax y de su hijo Alan en *American Ballads and Folk Songs*, antes de dar lugar a numerosas adaptaciones, entre las que destacan las de Pete Seeger, Dave Van Ronk y, mucho más tarde, Jeff Buckley. También aparece en la banda sonora de la película *Inside Llewyn Davis* (*A propósito de Llewyn Davis*, 2013) de los hermanos Coen, en una excelente versión interpretada por Marcus Mumford & Oscar Isaac. Dylan hace una versión muy personal y emotiva de «Dink's Song». Su interpretación de guitarra es bastante sorprendente, muy rítmica, y toca con una especie de *palm mute* muy interesante. Marca el tempo con el pie, sin duda influido por John Lee Hooker, al que había acompañado unos meses antes en el Gerde's Folk City de Nueva York. A lo largo de su carrera solo recuperará «Dink's Song» en una ocasión, el 25 de abril de 1976 en Gainesville (Florida), en compañía de Joan Baez.

«HOTEL TAPE»

¿Por qué este nombre? Por la simple razón de que el apartamento de Bonnie Beecher era frecuentado por tanta gente de paso, sobre todo muchos músicos, que lo habían apodado «el hotel». Bonnie Beecher podría ser la misteriosa chica de «Girl From The North Country», canción que escribirá en diciembre de 1962 para su segundo álbum.

PARA LOS ADICTOS A DYLAN

Un fragmento de alrededor de 1 minuto figura en el CD-ROM *Highway 61 Interactive* de 1995.

VOL 1-3

Hard Times In New York Town

Bob Dylan / 2'17 minutos

Músico: Bob Dylan: voz, guitarra / **Grabación:** apartamento de Bonnie Beecher, Minneapolis (Minnesota), 22 de diciembre de 1961 / **Toma de sonido:** Tony Glover / **Recopilatorio:** *The Bootleg Series, Vol. 1-3: Rare & Unreleased 1961-1991*, CD 1 / **Publicación:** 26 de marzo de 1991

«Hard Times In New York Town» es una composición original que data de noviembre de 1961, pero que se basa en un tradicional que se hizo muy popular a principios del siglo XX entre los granjeros de los estados del Sur: «Down On Penny's Farm». Dylan no dudó en apropiarse de la versión que The Bently Boys grabaron con Columbia en 1929: la misma melodía, el mismo estilo de acompañamiento (guitarra y banjo en el caso de los Boys, guitarra *picking* en la versión de Dylan) y un tempo muy cercano. Conserva los dos primeros versos de la canción y se inspira en la frase «*It's hard times in the coun-*

try» para su estrofa y el título de su propia versión. La originalidad de Dylan reside en transformar esa «granja de Penny» en una canción urbana, una evocación del Nueva York que acaba de descubrir. Cuando Dylan graba «Hard Times In New York Town», Robert Shelton ya le ha dedicado un artículo elogioso en las columnas del *New York Times* y John Hammond, tras haberle hecho firmar un contrato, lo ha conducido al estudio A de Columbia para su primera obra. Así, el cantautor ya ha alcanzado un objetivo, cosa que explica que esta canción se «olvidara» en el primer disco de Bob Dylan.

TÍTULO

Tony Glover se cruzará de nuevo en el camino de Dylan en 2000, al ganar un premio por la redacción de las notas interiores del libreto de *Bob Dylan Live 1966*, en ocasión de los 32nd Annual ASCAP Deems Taylor Awards.

VOL 7

I Was Young When I Left Home

Bob Dylan / 5'25 minutos

Músico: Bob Dylan: voz, guitarra / **Grabación:** apartamento de Bonnie Beecher, Minneapolis (Minnesota), 22 de diciembre de 1961 / **Toma de sonido:** Tony Glover, 1959 / **Recopilatorio:** *The Bootleg Series, Vol. 7: No Direction Home – The Soundtrack*, CD 1 / **Publicación:** 30 de agosto de 2005

«I Was Young When I Left Home» no es una simple balada autobiográfica, como se podría pensar a la primera escucha. Bob Dylan transmite un mensaje que lo vincula al movimiento beat, a saber, que tarde o temprano hay que abandonar el nido familiar y que el regreso solo es posible si uno ha vivido sus propias experiencias. En esta canción resuena la célebre parábola del hijo pródigo del Nuevo Testamento, pero también recuerda a *Lord Jim*, la novela de Joseph Conrad. Con las primeras notas de guitarra, Dylan presenta su canción: «La

escribí en un tren [...]. Tiene que ser para alguien esta canción triste. Sé que es para alguien. Si no es para mí, es para alguien». Bob utiliza un *open tuning* de sol para acompañarse con su Gibson J-50. Toca en *finger-picking* y desarrolla una paleta sonora melancólica que subraya perfectamente el mensaje de sus palabras. No hay duda de que se fuerza un poco para que su voz desprenda emoción, pero, ¿no se siente realmente conmovido por algunas de las imágenes que evoca?

Bob Dylan

You're No Good
Talkin' New York
In My Time Of Dyin'
Man Of Constant Sorrow
Fixin' To Die
Pretty Peggy-O
Highway 51
Gospel Plow
Baby, Let Me Follow You Down
House Of The Risin' Sun
Freight Train Blues
Song To Woody
**See That My Grave
Is Kept Clean**

ÁLBUM
FECHA DE PUBLICACIÓN
19 de marzo de 1962
Columbia Records
(REFERENCIA COLUMBIA
CL1779/CS8579)

Bob Dylan
testamento y preludio

El álbum

El primer álbum, titulado simplemente *Bob Dylan*, se graba en dos sesiones de tres horas, el 20 y el 22 de noviembre de 1961. Durante las sesiones, Dylan graba diecisiete canciones, cuatro de las cuales se descartarán: «He Was a Friend of Mine», «Man On The Street», «(As I Go) Ramblin' Round» y «House Carpenter» –las tres primeras se incluyen en la caja recopilatoria *The Bootleg Series, Vol. 1-3: Rare & Unreleased 1961-1991*, publicada en 1991.

El álbum, que apenas costó a Columbia 402 dólares, sale al mercado tres meses después, el 19 de marzo de 1962. En este primer opus, Dylan revisita esencialmente canciones tradicionales de blues, góspel, country y folk, a las que da un toque personal. «En mi primer álbum, la mitad de lo que grabé son versiones de Dave [Van Ronk]», afirma el artista en *Crónicas (Chroniques)*.[1] «Utilicé canciones que casi no había tocado en directo. Quería grabar lo que me pasaba por la cabeza, solo para ver qué salía».[6] También interpreta dos primeros temas propios, «Talkin' New York» y «Song To Woody», que anticipan sus siguientes álbumes. Robert Shelton afirmó: «El primer álbum fue el testamento de un Dylan y el preludio de un nuevo Dylan».[7]

Desde el punto de vista artístico, este primer opus ya es un golpe maestro. En un momento en que Buddy Holly y Eddie Cochran han fallecido trágicamente, Elvis Presley se estrella interpretando bandas sonoras mediocres, y los Beatles y los Rolling Stones aún no han propulsado la gran invasión británica, el joven cantautor anuncia el futuro próximo de la escena musical americana, en que inevitablemente se revisitará la herencia de los padres fundadores, tanto blancos como negros. A excepción de sus dos composiciones originales, «Talkin' New York» y «Song To Woody», las demás suenan como una relectura del blues y la canción folk, y sobre todo, como un homenaje a Woody Guthrie. Aunque Bob Dylan apenas cuenta 20 años cuando se publica su primer álbum, ya es «A Man Of Constant Sorrow» –«un hombre eternamente triste», como se titula una de las canciones del disco–, atormentado por las incoherencias e injusticias del mundo moderno, y también por la muerte. En trece canciones, el cantautor expresa toda su fuerza emocional, que pronto conectará con los jóvenes de los sesenta.

El disco, confinado al círculo folk, no vende todo lo esperado: apenas 5.000 copias en territorio americano. ¿Acaso se equivocó el oráculo de Columbia? Al poco tiempo, a Dylan le apodan «el antojo de Hammond». La discográfica reacciona con prudencia. Aunque nadie duda del valor del contenido de las canciones, sí se hace evidente la mediocridad de la técnica de guitarra y la voz chirriante. El joven director Dave Kapralik apuesta por prescindir de Dylan, al que no augura futuro alguno. Hammond le responde: «solo le echarás por encima de mi cadáver».[5] Finalmente, el contrato no se rompe, defendi-

Bob Dylan grabando su primer álbum en el estudio A de Columbia, Nueva York, noviembre de 1961.

do ferozmente tanto por Hammond como por Johnny Cash. El propio Dylan se muestra decepcionado por el resultado: «Cuando tuve el disco, lo escuché y no me gustó. Quería olvidarlo y grabar otro inmediatamente...».[6] Apenas ocho meses después, lo hará...

La carátula

La portada es obra de Don Hunstein, un talentoso fotógrafo americano que llevaba treinta años al servicio de Columbia Records. Además de las dos primeras carátulas de Dylan, concibió la de artistas como Miles Davis, Aretha Franklin, Jaco Pastorius o Simon & Garfunkel. En la portada de este primer álbum aparece un Dylan de 20 años con chaqueta de borrego, boina y guitarra en mano. Un tal Stacey Williams firma el texto del reverso: en realidad, se trata del célebre Robert Shelton, autor del artículo del *New York Times* del 29 de septiembre de 1961. Un detalle gracioso: con el fin de que se aprecie el logo de CBS arriba a la izquierda, ¡la foto se publica invertida!

La grabación

El joven músico no convence a todos en Columbia Records y se muestra algo rebelde. John Hammond recuerda: «A Bobby le petaban todas las "p" y le silbaban todas las "s", y se alejaba constantemente del micro. Lo más frustrante era que se negaba a aprender de sus errores. Me acuerdo de haber pensado que nunca había trabajado con nadie tan indisciplinado».[4] Mitch Miller, jefe del departamento Artists and Repertoire (A&R), considera que «no tiene voz, no suena bonita».[6] El estudio produce un extraño efecto en Dylan: «El misterio del estudio de grabación provocó algo en mí, y las canciones salieron tal cual». Desde el primer tema, expresa una agresividad que desaparecerá en trabajos posteriores. «Había agresividad y rabia en mí», admite más tarde. Eso explica el nerviosismo que transmite el sonido de la guitarra y la armónica, y la voz casi rota.

Su técnica de estudio sigue siendo insuficiente, al igual que su interpretación; aun así, graba las diecisiete canciones (cuatro de ellas descartadas, lo que se conoce como *outtake*) bastante rápido: repite una de ellas («You're No Good») hasta ocho veces, pero otras cinco requieren una sola toma. Tras 36'50 minutos de música, Dylan se convierte en leyenda.

LOS *OUTTAKES*

He Was A Friend Of Mine
Man On The Street
House Carpenter
(As I Go) Ramblin' Round

Datos técnicos

El estudio A, situado en el 799 de la 7th Avenue de Nueva York, es el primer estudio en activo de Columbia Records desde la década de 1930. Cuando Dylan entra en él, el 20 de noviembre de 1961, el equipo de grabación del que dispone está formado por una consola Columbia «maison», un micro de velocidad RCA 77-DX para la voz y la armónica, un Neumann KM 54 (o 56) para la guitarra, un limitador Fairchild, un ecualizador Pultec y un magnetófono Ampex 200 (o 300). Para la *reverb* y el eco, los ingenieros del momento recurrían a un método particular. Frank Laico recuerda: «Convertíamos el hueco de la escalera en una caja de resonancia, con un micro en el rellano del séptimo piso y los altavoces Altec abajo. El sistema funcionaba perfectamente: ¡se obtenía un eco natural con un agradable *delay*!».[8]

Los instrumentos

En este primer álbum, la instrumentación fue limitada. Aunque hacía dos años que Dylan tocaba con una Martin 00-17 de 1949, poco antes de entrar en el estudio se compra una Gibson J-50, la guitarra que sostiene en la portada del álbum. John Hammond Jr. lo confirma en una entrevista para *Telegraph*. Utiliza púa para rascar las cuerdas, y no emplea la técnica de *finger-picking* habitual en la música folk. Toca una armónica Marine Band de la marca Hohner. En el álbum, utiliza tres: en do, en re y en sol. En cuanto al soporte de la armónica, él mismo relata en *Crónicas* su hallazgo: «No conseguía encontrar ninguno, y alguna vez sujeté la armónica atándola con una cinta, pero no era muy eficaz. Finalmente, di con el cachivache adecuado en el sótano de una tienda de música de Hennipen Avenue. ¡Era de 1948 y todavía estaba en la caja original!».[1]

Réplica de la célebre guitarra acústica Gibson J–50, que Bob Dylan adquirió justo antes de entrar en el estudio.

You're No Good

Jesse Fuller / 1'40 minutos

Músico
Bob Dylan: voz, guitarra, armónica
Grabación
Columbia Recording Studios / estudio A,
Nueva York: 20 de noviembre de 1961
Equipo técnico:
Productor: John Hammond
Ingenieros de sonido: George Knuerr, Pete Dauria

El *bluesman* Jesse Fuller, verdadero hombre-orquesta, hacia 1955.

Génesis y letra

«You're No Good» es una canción del *bluesman* Jesse Fuller, nacido en 1896 en Jonesboro (Georgia). Fuller llega a la costa Oeste en la década de 1920, donde se da a conocer como músico de calle. Verdadero hombre-orquesta, toca a la vez la guitarra de 12 cuerdas, la armónica y/o cazú, el charles con el pie izquierdo, y el «fotdella» con el derecho, una especie de contrabajo de 6 cuerdas que él mismo inventó. The Lone Cat, como se apodaba, graba su primer disco en 1958, *Jazz, Folk Songs, Spirituals & Blues*. Al año siguiente se publica *Brother Lowdown*, con dos de sus temas más célebres: «You're No Good», que Dylan retoma en su álbum, y «San Francisco Bay Blues», que dará lugar a incontables versiones (de Janis Joplin a Eric Clapton). En 1960, Dylan asiste a uno de sus conciertos en un bar de Denver llamado The Exodus. El músico fallece de un paro cardíaco el 29 de enero de 1976 en Oakland, California.

Realización

En contraste con la interpretación serena de Jesse Fuller, sobrecoge inmediatamente la versión nerviosa de «You're No Good», el primer tema del primer álbum de Dylan. La letra también es una adaptación libre del texto original, y Dylan no duda en forzar la voz para darle un aire blues, de voz ronca, algo sorprendente en él. Es la única ocasión de su carrera en que adopta este estilo vocal. Se acompaña con la Gibson J-50 y toca un solo de armónica bastante hábil (en do). Años más tarde, el célebre armonicista Sonny Boy Williamson le llamará la atención sobre su forma de tocar, excesivamente rápida, cuando, en la habitación de hotel de John Lee Hooker en Nueva York, le dice: «Tocas demasiado rápido, colega».[1] El solo se graba de una vez, sin necesidad de recurrir a la técnica del «drop», que pronto se convertirá en habitual en todos los estudios. En 1961 era necesario evitar cualquier producción posterior, y el artista debía realizar toda su interpretación al mismo tiempo. El hecho de grabar a la vez la voz, la guitarra y la armónica dificultaba la tarea al ingeniero de sonido, que no podía retocar nada sin que se notara. Dylan repite «You're No Good» hasta ocho veces, siendo la quinta la toma definitiva. Cabe señalar que, en las primeras ediciones, a veces el tema llevó por título «She's No Good». Un diamante para coleccionistas...

Talkin' New York

Bob Dylan / 3'20 minutos

Músico
Bob Dylan: voz, guitarra, armónica
Grabación
Columbia Recording Studios / estudio A,
Nueva York: 20 de noviembre de 1961
Equipo técnico
Productor: John Hammond
Ingenieros de sonido: George Knuerr, Pete Dauria

MacDougal St., arteria de Greenwich Village donde se
encuentran los clubes de folk, entre ellos, el Gaslight Cafe.

Génesis y letra

«Talkin' New York» es un *talking blues*, es decir, un tema de
blues en que la historia se cuenta en voz hablada más que cantada. Aunque la creación de dicho género se atribuye a Christopher Allen Bouchillon, el músico de Carolina del Sur que
compuso «Talking Blues» (1926) y «Born In Hard Luck» (1927),
fue Woody Guthrie quien lo popularizó a partir de la década
de 1940.

En este «blues hablado», Dylan se inspira en tres canciones de
su ídolo, «Talking Subway», «New York Town» y «Pretty Boy
Floyd», y describe sus primeras impresiones de la ciudad de
Nueva York con un estilo hábilmente satírico, incluso cínico.
Habla de «gente que desciende bajo el suelo» y «edificios que
llegan hasta el cielo», y luego habla de su experiencia personal: «Aterricé en downtown Greenwich Village / Di una vuelta
y acabé en una cafetería del barrio / Me subí al escenario para
tocar y cantar, un tipo me dijo: ven otro día, cantas como
un pueblerino [hillbilly] / Aquí queremos cantantes de folk».
Dylan concluye la canción despidiéndose de la ciudad y sa-
ludando East Orange, la ciudad de Nueva Jersey donde vive
el matrimonio Gleason. Durante la hospitalización de Woody
Guthrie en el Hospital Psiquiátrico de Greystone Park, los
Gleason invitan al cantautor, a Dylan y a otros músicos a pasar el fin de semana con ellos. Dylan afirmó haber compuesto
«Talkin' New York» en mayo de 1961, durante una temporada que pasó de viaje, fuera de Nueva York.

Realización

«Talkin' New York» es la primera canción original grabada
de Bob Dylan. Aunque no sea tan larga como algunos de
sus futuros temas, como «Hurricane» (1975) o «Desolation
Row» (1965), su letra es igual de contundente. Dylan afirma
que no le cuesta memorizar textos largos: «No me resultaba pesado memorizarlos». Con un estilo que recuerda al de
Merle Travis, y armónicamente similar al «Talking Subway»
de Woody Guthrie, interpreta la canción en tres acordes sobre
un tempo rápido, rascando su Gibson J-50 y con solos de armónica (en sol). Es la única canción del disco que termina con
fade-out. Dylan la repite dos veces, siendo la segunda toma la
definitiva.

In My Time Of Dyin'

Tradicional / arreglos Bob Dylan / 2'39 minutos

Músico
Bob Dylan: voz, guitarra
Grabación
Columbia Recording Studios / estudio A,
Nueva York: 20 de noviembre de 1961
Equipo técnico
Productor: John Hammond
Ingenieros de sonido: George Knuerr, Pete Dauria

En 1975, Led Zeppelin (John Paul Jones, Robert Plant y Jimmy Page) interpretan una versión legendaria de «In My Time Of Dyin'».

Génesis y letra

«In My Time Of Dyin'» es un tema tradicional con influencias de la canción espiritual y el blues *low-down*. Interpretada en la década de 1920 por músicos de calle de Luisiana, a veces bajo el título «Jesus Make Up My Dying Bed», fue grabada por el reverendo J. C. Burnett (grabación que no se ha encontrado nunca), y más tarde por el *bluesman* tejano Blind Willie Johnson, el 3 de diciembre de 1927, precisamente con la discográfica Columbia. Los *bluesmen* Charley Patton, Josh White (con el pseudónimo The Singing Christian) y Dock Reed también adaptaron este góspel blues (o *holy blues*) modificando la letra. Tras la versión de Dylan, incluyeron este tema en su repertorio John Sebastian (bajo el título «Well Well Well», en el álbum *The Four Of Us*, 1971) y Martin Gore (*Counterfeit*, 2003). Led Zeppelin interpretó la versión definitiva, de 11'06 minutos, en su legendario álbum *Physical Graffiti*, en 1975.

Realización

Bob Dylan afirmó no haber tocado nunca «In My Time Of Dyin'» antes de entrar en el estudio, ni acordarse de dónde ni cuándo la escuchó por primera vez. Sin embargo, la interpreta con seguridad, con la guitarra en afinación abierta en re (re-la-re-fa#-la-re, con cejilla en el cuarto traste). Es el primer tema del álbum sin armónica, y Dylan mantiene el ritmo con un tempo perfecto, casi de metrónomo. Tocar en afinación abierta le permite utilizar el *slide* como en la tradición del blues más pura. Contrariamente a lo que escribe el célebre Stacey Williams en la carátula del álbum –que Dylan habría utilizado como *slide* el capuchón de metal del pintalabios de su «abnegada» novia Suze Rotolo–, esta revela en su libro *A Freewheelin' Time*,[14] publicado en 2008, que no utilizaba pintalabios y que no era abnegada sino que simplemente le admiraba. Una vez más, la interpretación es nerviosa, y la guitarra está ligeramente desafinada. Según palabras del propio Dylan, «[su] mayor miedo era que la guitarra se desafinara»;[2] sin duda, debió de subirse por las paredes cuando escuchó la grabación... Posiblemente, esta versión de «In My Time Of Dyin'» inspirara a John Lennon su tema «Well Well Well» del álbum *John Lennon/Plastic Ono Band* (1970). Fue la última canción grabada durante la primera sesión de estudio, y Dylan solo necesitó tocarla una vez para dar la versión definitiva.

PARA ESCUCHAR

A pesar de mantener un ritmo impecable, ¡en el minuto 2'39 puede escucharse cómo Bob se equivoca dando una nota errónea!

Man Of Constant Sorrow

Tradicional / arreglos Bob Dylan / 3'06 minutos

<u>Músico</u>
Bob Dylan: voz, guitarra, armónica
<u>Grabación</u>
Columbia Recording Studios / estudio A,
Nueva York: 20 y 22 de noviembre de 1961
<u>Equipo técnico</u>
Productor: John Hammond
Ingenieros de sonido: George Knuerr, Ted Brosnan

Fotografía del joven cantautor durante una de las sesiones de su primer álbum, noviembre de 1961.

Génesis y letra

Como ocurre con todas las canciones folk, es difícil establecer los orígenes exactos de «Man Of Constant Sorrow». El musicólogo Cecil Sharp viajó dos veces a los Apalaches (en 1916 y 1918) con el fin de hacer un análisis profundo de la evolución de la balada celta, y documentó cerca de 1.700 canciones, entre ellas, este tema (entonces titulado «Old Virginny»). No obstante, un violinista invidente de Kentucky, llamado Dick Burnett, ya la había publicado en 1913 en un recopilatorio de canciones, bajo el título *Farewell Song*. Emry Arthur la grabó en 1928. También lo hicieron Delta Blind Billy, en la década de 1930; The Stanley Brothers, en 1951; y Joan Baez, en 1960.

La versión de Dylan, aunque respeta la tradición folk, refleja problemas mucho más personales. Sustituyó la frase «*Maybe your friends think I'm just a stranger*» por «*Your mother says I'm a stranger*», haciendo referencia posiblemente a la mala relación entre el cantautor y la madre de Suze Rotolo, su novia en aquella época. «Man Of Constant Sorrow» viene inspirando a muchos artistas desde la década de 1960. La versión de Soggy Bottom Boys contribuyó en gran medida al éxito mundial de la banda sonora original de *O' Brother, Where Art Thou?* (*O Brother!*) de los hermanos Coen (2000).

Realización

El tema se trabajó a lo largo de dos sesiones de noviembre (los días 20 y 22). Dylan necesitó repetirla hasta cuatro veces, una de ellas, por empezar tocándola mal. «Man Of Constant Sorrow» es una de las tres canciones que toca en su primera aparición en televisión en marzo de 1963, en WBC-TV New York (retransmitida en mayo), junto con «Blowin' In The Wind» y «Ballad Of Hollis Brown». Dylan aparece más introspectivo, y su voz suena más dulce que en los temas anteriores, siendo evidente la influencia de Woody Guthrie. Se acompaña con dignidad con la guitarra y la armónica (en sol).

Fixin' To Die

Bukka White / 2'23 minutos

Músico
Bob Dylan: voz, guitarra
Grabación
Columbia Recording Studios / estudio A,
Nueva York: 20 de noviembre de 1961
Equipo técnico
Productor: John Hammond
Ingenieros de sonido: George Knuerr, Pete Dauria

Figura emblemática del *Delta blues* y compositor de «Fixin' To Die», Bukka White, fotografiado en el American Folk Blues Festival de 1967.

Génesis y letra

«Fixin' To Die» es un blues de Bukka White que refleja el ambiente siniestro y mortífero del penitenciario de Parchman Farm (Mississippi), donde el *bluesman* se encuentra encarcelado desde finales de la década de 1930. Bob Dylan se mostró impresionado por la grabación de White, que fecha de 1940, y sobre todo por el sentimiento de culpa que emana. En dialecto afroamericano, la muerte (evidentemente prematura) deriva de una vida difícil, ligada al trabajo en las plantaciones, a la violencia y al racismo. No obstante, «Fixin' To Die» es distinta. El narrador afirma estar a punto de morir; pero lo que no soporta es dejar sus niños a su triste suerte. El cantante de folk rock Country Joe McDonald hace referencia a esta canción tres años después en el título de su tema pacifista sobre Vietnam «I Feel Like I'm Fixin' To Die».

Bukka White

Después de haber aprendido a tocar la guitarra y el piano, y de renunciar a una carrera como boxeador, Bukka White, apodo de Booker T. Washington White, se da a conocer tocando en los *juke-joints* del Sur. Descubierto por la discográfica Victor, graba sus dos primeros temas en 1930: «The New' Frisco Train» y «The Panama Limited». Encarcelado en 1937 tras una reyerta, pasa dos años en Parchman Farm, donde el folclorista John Lomax decide grabarlo. «Redescubierto» en 1962 gracias a la versión de «Fixin' To Die» de Bob Dylan, Bukka White se convierte en una de las figuras más influyentes del revival del folk. Fallece el 26 de febrero de 1977 en Memphis, Tennessee. Era primo de la madre de B. B. King.

Realización

La versión de Dylan se aleja de Bukka White (guitarra y washboard), y se acerca a la de su amigo de la época, el cantante de folk Dave Van Ronk. Se inspira en ella, adoptando una voz ronca, muy blues, que abandonará tras el primer álbum. Es la segunda canción grabada durante la sesión (después de «You're No Good»), sin duda, para inyectarle la energía suficiente a la interpretación. La letra es una adaptación libre, y sorprende escuchar a un Dylan de 20 años cantando un texto tan sombrío. Con la guitarra en afinación abierta en re, y esta vez sin *slide* ni cejilla, le basta con repetirla tres veces, siendo la tercera toma la definitiva.

Pretty Peggy-0

Tradicional / arreglos Bob Dylan / 3'24 minutos

Músico
Bob Dylan: voz, guitarra, armónica
Grabación
Columbia Recording Studios / estudio A,
Nueva York: 22 de noviembre de 1961
Equipo técnico
Productor: John Hammond
Ingenieros de sonido: George Knuerr, Ted Brosnan

Génesis y letra

Originalmente, se trata de una balada británica titulada «The Bonnie Lass O' Fyvie», en Escocia, y «Pretty Peggy Of Deby», en Inglaterra. Cuenta la tormentosa historia de amor entre un soldado y una joven. «The Bonnie Lass O' Fyvie» es una de las pequeñas joyas que Cecil Sharp dio a conocer tras sus viajes a los Apalaches en 1916 y 1918. Con el tiempo, esta canción tradicional evolucionó, la letra se modificó y el título se sustituyó por... «Pretty Peggy-O».

La versión de Dylan se aleja del espíritu original. Parece decirle a la bonita Peggy que ya es hora de que se divierta un poco mientras sus dos pretendientes están ausentes: el lugarteniente, que ha partido para participar en un rodeo en Texas, y el capitán, muerto y enterrado en Luisiana. Entre las mejores adaptaciones de esta canción pueden citarse las de Simon & Garfunkel, Joan Baez y Grateful Dead.

Realización

La versión de Dylan añade un ambiente country a la canción. La influencia de Woody Guthrie sigue presente, como demuestra el sonido de la guitarra y la armónica (en sol). El cantautor abre con este tema un concierto que da durante dieciocho días en el Carnegie Chapter Hall de Nueva York, ante un público formado por cincuenta y tres personas, antes de entrar en el estudio el 4 de noviembre. El 22 de noviembre, durante la segunda sesión de grabación, repite la canción dos veces, y se decide conservar la segunda. En el minuto 0'37 puede escucharse como peta la «p» de la palabra «pretty», lo que confirma las palabras de Hammond sobre la falta de técnica de micro de Dylan. Como disculpa, cabe reconocer que «pretty peggy» es la peor pesadilla de todo ingeniero de sonido: ¡dos «p» seguidas!

Bob Dylan en el estudio de Columbia, grabando la armónica, un instrumento omnipresente en «Pretty Peggy-0».

Highway 51

Curtis Jones / 2'52 minutos

Músico
Bob Dylan: voz, guitarra
Grabación
Columbia Recording Studios / estudio A,
Nueva York: 22 de noviembre de 1961
Equipo técnico
Productor: John Hammond
Ingenieros de sonido: George Knuerr, Ted Brosnan

Génesis y letra

«Highway 51» ocupa un lugar especial en la historia de la música popular norteamericana, pues de los suburbios de Nueva Orleans, Luisiana, llega hasta Hurley, Wisconsin, después de atravesar los estados Mississippi, Tennessee e Illinois. Dicho con otras palabras: recorre la ruta trazada por la población negra durante la gran migración hacia el norte de inicios del siglo XX. Se cree que el autor de este blues es Curtis Jones, conocido sobre todo por los temas «Lonesome Bedroom Blues» y «Tin Pan Alley». Jones, quien abandona la guitarra

para centrarse en el piano, graba su primer verdadero álbum, *Trouble Blues*, en 1960, con Bluesville Records, y despunta en la escena folk de Chicago hacia la misma época. En 1962 pierde popularidad y abandona Estados Unidos para dirigirse a Europa, donde fallece en 1971.

Realización

Bob Dylan hace una versión enérgica de este tema, tanto a la voz como a la guitarra, lo que le valdrá la afirmación de que se trata de la primera canción de verdadero folk rock. En cualquier caso, lo que esto demuestra es la voluntad de Dylan de no aparecer como un cantante de folk, sino mostrar que se ha criado musicalmente al son del rock'n'roll. Por ello decide adaptar la versión del *bluesman* Tommy McClennan, rebautizada como «New Highway N° 51». Hace una adaptación bastante libre de la letra y busca eficacia y rapidez en la interpretación. La guitarra, una vez más, en afinación abierta en re, le da un sonido blues agresivo, provocativo; con este tema demuestra que se desenvuelve bien a las seis cuerdas. La entonación de su voz evoca a Elvis, en la línea más pura del «Hound Dog». «Highway 51» es una invitación al folk rock eléctrico… Una sola toma da la versión definitiva del álbum.

La mítica Highway 51, una de las grandes arterias del blues, une los estados del Sur con el Medio Oeste.

Gospel Plow

Tradicional / arreglos Bob Dylan / 1'44 minutos

Músico
Bob Dylan: voz, guitarra, armónica
Grabación
Columbia Recording Studios / estudio A,
Nueva York: 22 de noviembre de 1961
Equipo técnico
Productor: John Hammond
Ingenieros de sonido: George Knuerr, Ted Brosnan

Génesis y letra

Otra canción tradicional recopilada por los folcloristas John y Alan Lomax en su libro *Our Singing Country* (1949). Este tema de folk se conoce con dos nombres distintos: «Hold On» y «Gospel Plow», aludiendo al Evangelio de Jesucristo según san Lucas. En el Capítulo IX, versículo 62, puede leerse: «Jesús le respondió: quien mete la mano en el arado, y luego mira hacia atrás, no es digno de entrar en el reino de Dios». Es la primera referencia del cantante al Nuevo Testamento. Antes que él, Duke Ellington y Odetta habían interpretado este tema espiritual, respectivamente en el Newport Jazz Festival de 1958 y en el Carnegie Hall, en 1961. Después de Dylan, las versiones más populares son las de Screaming Trees (*Dust*, 1996) y Old Crow Medicine Show (*Greetings From Wawa*, 2000). Cabe destacar también que el célebre «Keep Your Eyes On The Prize», estandarte de la lucha por los derechos civiles de la década de 1950 y 1960, está basado en «Gospel Plow».

Realización

Dylan ofrece una versión «supervitamínica», muy alejada del mensaje espiritual de la de Mahalia Jackson, grabada en 1954 por Columbia con el título «Keep Your Hand On The Plow». Su interpretación está cerca del country, y le añade un solo de armónica (en sol) de sorprendente intensidad. A veces, su voz está cerca de romperse, como se aprecia en el minuto 1'16, y su mensaje no es menos penetrante, teñido de ironía, ¡incluso te acabas creyendo que realmente ha utilizado un arado! Con sus 1'44 minutos, es el tema más rápido y corto del álbum. Dylan lo toca una sola vez en el estudio.

Alan Lomax (centro) con el cantante de folk Pete Seeger (derecha).

Baby, Let Me Follow You Down

Reverendo Gary Davis; contribución adicional Eric von Schmidt y Dave Van Ronk / 2'37 minutos

Músico
Bob Dylan: voz, guitarra, armónica
Grabación
Columbia Recording Studios / estudio A,
Nueva York: 20 de noviembre de 1961
Equipo técnico
Productor: John Hammond
Ingenieros de sonido: George Knuerr, Pete Dauria

PARA LOS ADICTOS A DYLAN

En la foto de la portada de *Bringin' It All Back Home*, publicado en 1965, puede verse, entre los álbumes y revistas esparcidos alrededor de Dylan, el primer álbum de Von Schmidt, titulado *The Folk Blues of Eric Von Schmidt* (1963). Una bonita muestra de amistad.

Génesis y letra

«Baby, Let Me Follow You Down» es una canción de folk atribuida al reverendo Gary Davis. Existen varios testimonios discográficos de ella, bajo los títulos «Don't Tear My Clothes», de Big Bill Broonzy (1935) o Washboard Sam (1936), y «Mama Let Me Lay It On You», de Blind Boy Fuller (1938). Bastantes años más tarde, Eric von Schmidt hizo una adaptación. Dylan lo explica al inicio de su versión grabada: «La primera vez que escuché esto fue en boca de Ric von Schmidt. Vive en Cambridge. Es un guitarrista de blues. Lo conocí un día en los verdes pastos de la Universidad de Harvard».[9]

En realidad, en 1993 von Schmidt le contó a Larry Jaffee que una noche le había tocado el tema a Dylan, creyendo estar reproduciendo un texto escrito por Blind Boy Fuller que le había mostrado Geno Foreman. Dylan, seducido por lo que escucha, la incluye en su primer álbum. Von Schmidt recuerda: «Tenía un aire idéntico; los acordes eran geniales, pero no eran los mismos. No sé si los cambió él o es que había escuchado otra versión de Van Ronk».[9] Y para mayor sorpresa, ve su nombre asociado al *copyright* de la canción. Sin embargo, la historia acabó dando la autoría al reverendo Gary Davis, y Eric von Schmidt no vio jamás ningún *royalty*.

Realización

La técnica de guitarra supone un reto para Dylan, sobre todo en determinados arpegios (en principio, tocados con púa), y algunas cuerdas se resisten en sonar. No obstante, los arreglos son sutiles, y la voz y la armónica (en re) le dan un toque emotivo a la canción. Puede criticársele como guitarrista en el conjunto del álbum, pero ha de reconocérsele una virtud: su perfecto sentido del ritmo. Con excepción de los minutos 2'02 y 2'05, en que se acelera ligeramente... Graba la canción en una sola toma.

House Of The Risin' Sun

Tradicional / arreglos Bob Dylan / 5'18 minutos

Músico
Bob Dylan: voz, guitarra
Grabación
Columbia Recording Studios / estudio A,
Nueva York: 20 de noviembre de 1961
Equipo técnico
Productor: John Hammond
Ingenieros de sonido: George Knuerr, Pete Dauria

PARA LOS ADICTOS A DYLAN
En 1995 se lanza una versión eléctrica de la canción en *Highway 61 Interactive* CD-ROM, retocada con overdub en 1964 a partir de la grabación original.

Génesis y letra

Esta balada célebre en el mundo entero tiene su origen en el tema de folclore inglés *The Unfortunade Rake*, fechado entre los siglos XVI-XVIII. En 1937, el folclorista Alan Lomax viaja a Middleboro, Kentucky, donde graba esta canción sobre una adolescente de 16 años, Georgia Turner, y la titula «The Rising Sun Blues». Tres años antes, dos artistas de los Apalaches llamados Clarence «Tom» Ashley y Gwen Foster, habían grabado una versión similar para la firma Vocalion.

Esta «casa del sol naciente», ¿es un burdel o una prisión para mujeres de Nueva Orleans? ¿O ambas cosas? Existen varias hipótesis. Una cosa es cierta: Dylan se apropia de ella después de escuchar una versión de Dave Van Ronk: «No la había interpretado nunca antes, pero cada noche escuchaba cantarla a Van Ronk... Pensé que era una versión muy buena, así que la grabé».[6] Por aquel entonces, Van Ronk pensaba en incluirla en su siguiente álbum, y se lo cuenta a Dylan, pero ya es demasiado tarde. Le dice: «Preferiría que no lo hicieras, porque quiero grabarla yo». A lo que Dylan responde: «Vaya...».[6] Según Scorsese, Van Ronk no le guardó rencor, pero tuvo que excluirla de su repertorio ¡porque el público le reprochaba haber «robado» la versión de Dylan! A pesar de todo, acaba grabándola con Mercury en 1964 para el álbum *Just Dave Van Ronk*. En su versión, Dylan decide no cambiar la letra original y mantener el femenino, si bien algunos artistas emplearon el masculino, como The Animals, en 1964.

Realización

Para aumentar la tensión intrínseca a la canción, Dylan opta por no utilizar la armónica, sino rascar la guitarra con un patrón rítmico, sin florituras. Dave Van Ronk pensaba que esta adaptación alteraba la canción –aunque conservara la letra y la melodía–, pero cabe hacerle justicia a Dylan: su tabla de acordes es de una eficacia dudosa. No resulta sorprendente que sirviera de base para la versión de The Animals, aunque algunos se decantaran por la de Josh White, o que Eric Burdon evocara la influencia de Johnny Handle. No obstante, Dylan encuentra en ella un medio ideal de expresar toda la emoción de su voz. En los minutos 1'40 y 2'09 ¡se equivoca al tocar la cuerda grave de la guitarra! La introducción del

The Animals, con el cantante Eric Burdon (en primer plano, a la izquierda), interpretaron una versión rock de «House Of The Risin' Sun» que alcanzó el primer puesto en las listas de éxitos británicas.

tema se parece mucho a la versión acústica de «While My Guitar Gently Weeps» de George Harrison (*The Beatles Anthology 3*, 1996), su futuro colega… Dylan repite la canción tres veces hasta dar con la versión definitiva del álbum.

Covers

Existen centenares de versiones de «House Of The Risin' Sun»: Woody Guthrie (1941), Leadbelly (1944 y 1948), Josh White (1947)… Algunas son míticas. La de Animals, quienes lanzaron la revolución del rhythm'n'blues en el Reino Unido, le valió a la formación de Newcastle el n.° 1 en la lista de éxitos británica en junio de 1964. En 1970, la adaptación psicodélica de la banda de Detroit Frijid Pink fue un hit en varios países europeos (Alemania occidental, Austria, Bélgica, Frància, Reino Unido), así como Estados Unidos y Canadá. Cabe destacar también las versiones de Dolly Parton (1980), Eric Burdon con la Robby Krieger Band (1990), Tracy Chapman (1990) y Muse (2010). En 1964, Johnny Hallyday adaptó la canción al francés, con el título «Le Pénitencier».

Dave Van Ronk. Su versión de «House Of The Risin' Sun» es anterior a la de Bob Dylan.

Freight Train Blues

Tradicional / arreglos Bob Dylan / 2'18 minutos

Músico
Bob Dylan: voz, guitarra, armónica
Grabación
Columbia Recording Studios / estudio A,
Nueva York: 22 de noviembre de 1961
Equipo técnico
Productor: John Hammond
Ingenieros de sonido: George Knuerr, Ted Brosnan

Génesis y letra

«Freight Train Blues» sería una de las composiciones más célebres de John Laird, armonicista de Kentucky y autor de unas 500 canciones. En una entrevista de 1973, Laird afirma haber compuesto este tema en 1935 especialmente para el cantante y presentador Red Foley, recordando el ritmo del sonido del tren que había tomado en su juventud cuando se dirigía hacia el sur de Estados Unidos (llamado *Dixie*): «Nací en el Dixie, en un hangar al lado de las vías del tren / El tren de mercancías me hacía llorar / Los berridos del conductor fueron mi canción de cuna». Varios artistas la versionaron, como Hank Williams (1939-1940), Roy Acuff, Anita Carter (1950), The Weavers y Bob Dylan.

Realización

«Freight Train Blues» es el último tema en grabarse del primer disco de Bob Dylan, durante la sesión del 22 de noviembre (en realidad, el último fue «House Carpenter», pero no se incluyó en el disco). Con la armónica en do, Dylan rasca la Gibson J-50 en *strumming* y mantiene el tempo de forma irreprochable, a pesar de desacelerar ligeramente en una parte arpegiada (con púa) entre los minutos 1'14 y 1'28. Su interpretación vocal, aunque llena de ironía, sufre en las notas más agudas. Dylan está a punto de descarrilar. ¡Un «Freight Train Blues» caótico! Lo graba en una sola toma.

John Laird compuso «Freight Train Blues» para el precursor de la música country, Red Foley (aquí, hacia 1950).

Song To Woody

Bob Dylan / 2'42 minutos

Músico
Bob Dylan: voz, guitarra
Grabación
Columbia Recording Studios / estudio A,
Nueva York: 20 de noviembre de 1961
Equipo técnico
Productor: John Hammond
Ingenieros de sonido: George Knuerr, Pete Dauria

PARA LOS ADICTOS A DYLAN

Diez años más tarde, David Bowie graba «Song For Bob Dylan», incluida en su álbum *Hunky Dory*. La letra dice «*Hear this, Robert Zimmerman, I wrote a song for you*» («Escucha esto, Robert Zimmerman, te he escrito una canción»), que recuerda al «*Hey, hey Woody Guthrie, I wrote you a song*» de «Song To Woody».

Génesis y letra

La canción «Song To Woody», compuesta en Mills Bar, en Bleecker St., el 14 de febrero de 1961 –como demuestran unas notas garabateadas en una hoja de papel en posesión del matrimonio Gleason–, es ante todo el homenaje de un discípulo a su maestro y a sus compañeros de viaje (Cisco, Sonny, Leadbelly). La melodía se inspira en «1913 Massacre», una canción compuesta por Guthrie sobre la trágica muerte de los mineros en huelga de Michigan y sus familias, durante la nochebuena de 1913, conocida en la historia norteamericana como el «Italian Hall Disaster». También toma prestada partes de la letra, como guiño a las composiciones de Guthrie: «Que vienen con el polvo y se fueron con el viento» alude a «Nosotros vinimos con el polvo, y nos fuimos con el viento» de «Pastures of Plenty» (1941). «Song To Woody» muestra también hasta qué punto Dylan, con apenas 20 años, siente inquietud ante la muerte y la finitud. La de su maestro, que fallece en la cama del hospital, pero también la de un universo musical con el que se sentía identificado. Dylan confiesa a Scorsese: «Era importante. Quería mostrarle mi gratitud de alguna forma, aunque sabía que ya no volvería a Greystone…».[6]

En 1961, este homenaje al gran Woody Guthrie, gracias a quien, según palabras del propio Dylan, «moldeó su identidad y su destino»,[1] no representa para él ningún logro especial. «No me consideraba un cantautor, pero tenía que componerla y cantarla, porque no había sido compuesta antes».[6] Sin más.

Su amigo Dave Van Ronk (quien incluyó «Song To Woody» en su álbum *Somebody Else, Not Me*, de 1980) da testimonio de la fuerza lírica de esta canción. «Este tema era la segunda composición suya que yo escuchaba (la primera fue «Talking Bear Mountain Picnic Massacre Disaster Blues», ¡una epopeya inmortal!). Me acuerdo de la primera vez que la tocó en el escenario del Old Gaslight, en MacDougal St. Flipé. Todos flipamos.»[10]

Realización

Armónicamente, «Song To Woody» es muy similar a «1913 Massacre» de Guthrie, pero conserva el estilo «dylaniano», caracterizado por un gran poder evocador que lo distingue de otros artistas. Dylan admite abiertamente esta alusión a su ídolo: «Le tomé prestada una de sus antiguas canciones».[1] El sonido de la guitarra basta para poner de relieve la letra, y su voz –que, cabe reconocer, siempre tendrá detractores– cautiva inmediatamente a quien la escucha. Más allá de las cualidades instrumentales que se esperan de un músico, Dylan posee un don muy especial: el talento. Toca su Gibson con su particular combinación de *finger-picking* y golpeteos. Con una rítmica de tres por cuatro, nos transmite su sentido homenaje. Esta canción es el ejemplo de la adaptación musical de un texto escrito. Poco frecuente. Fue grabada justo después de «Talkin' To New York», y Dylan solo necesitó repetirla dos veces para obtener la versión definitiva del álbum.

The Almanac Singers en la década de 1940, con Woody Guthrie (izquierda) y Pete Seeger (centro).

Woodie Guthrie, padre de los cantantes protesta y mentor de Bob Dylan, con su eslogan pegado en la caja de su guitarra: «Esta máquina mata fascistas».

Woody Guthrie
Un soplo de humanidad

Bob Dylan descubre a Woody Guthrie (1912-1967) durante su aprendizaje como cantante de folk en los clubes de Minneapolis; su música (las *Dust Bowl Ballads*), y muy pronto su autobiografía, *Bound For Glory*. A cada página se desvela una vida extraordinaria: su infancia en Oklahoma, marcada por la tragedia (fallece su hermana Clara, su madre, internada hasta su muerte, y luego, su padre); y los Dust Bowl (tormentas de arena que asolan el Medio Oeste americano en la década de 1930), que le obligan a emprender un viaje hasta California; sus primeros pasos como cantante de folk; sus primeras grabaciones; y sus problemas recurrentes con las autoridades en plena caza de brujas.

El padre de los cantantes-protesta

Sus canciones, que Dylan califica de «inclasificables», son temas de folk claramente contestatarios que conforman un nuevo género, el de la canción-protesta; según él, llevan con ellas «el aliento de toda la humanidad». Guthrie inaugura el género junto con otros, como Pete Seeger, Leadbelly, The Almanac Singers y los *bluesmen* Josh White y Big Bill Broonzy. A diferencia de sus predecesores, sus canciones son contestatarias (sobre las injusticias, la segregación, etc.). Son *folk-songs* o *protest-songs*, y cuando hablan de un acontecimiento de actualidad particular, se las conoce como *topical songs*. Por similares que sean, ¡estos matices son importantes a la hora de distinguir entre canción folk y *folk-song*! Al otro lado del Atlántico, la canción folk simboliza la América de los pioneros. También se conoce como música de los Apalaches, por la migración anglosajona masiva hacia Kentucky y Carolina en el siglo XIX, o incluso como *hillbilly music*. Sus máximos representantes son Jimmie Rodgers, Hank Williams o The Carter Family.

Maestro y discípulo

Según Hugh Brown, asiduo de los clubes de Dinkytown en aquella época, «[Dylan] se enamoró literalmente de Woody Guthrie».[2] Sin duda, el joven cantante quiere seguir un camino similar. «Solo tocaba canciones de The Carter Family y Jes-

se Fuller. Y luego conocí a Woody Guthrie, quien me abrió las puertas a un mundo nuevo. Entonces tenía 19 o 20 años. Era un poco exagerado con las cosas que quería hacer, me aprendí unas 200 canciones de Woody. Quería ir a verle y esperé el momento adecuado para visitarlo en el hospital».[4] El escritor Paul Nelson, quien conoció a Dylan en la Universidad de Minnesota, recuerda: «Apenas le tomó una semana convertirse en el mejor intérprete de las canciones de Woody Guthrie».[2] Cuando Dylan llega a Nueva York el 24 de enero de 1961, se presenta en el Hospital Psiquiátrico de Greystone, donde Woody Guthrie está hospitalizado, aquejado de la enfermedad de Huntington. Es su primer encuentro. Una gran complicidad se forja entre maestro y discípulo. Dylan afirmó: «Woody siempre me pedía que le trajera cigarrillos, de los Raleigh. Solía cantarle canciones por la tarde. A veces me pedía alguna en concreto [...] que había compuesto tras leer *The Grapes of Wrath* (*Las uvas de la ira*). Yo las conocía todas, e incluso más».[1] Prácticamente todos los fines de semana, Dylan acude a las reuniones de Bob y Sid Gleason, quienes tienen por costumbre invitar a Woody Guthrie a su apartamento, en North Arlington Avenue, East Orange, Nueva Jersey. Ahí se reúne todo el círculo folk de Greenwich Village, de Pete Seeger a Cisco Houston, pasando por Ramblin' Jack Elliott. Sid Gleason afirmó: «Venía y hablaba poco, excepto para decir que le encantaba Woody y que quería estar un rato con él».[2] Por su parte, Guthrie aprecia la presencia del joven cantante, al igual que su talento precoz. Un domingo, Dylan toca para Guthrie una canción que acaba de componer: se titula «Song To Woody». La emoción se siente en la habitación del hospital. Más tarde, Guthrie le dice a Gleason: «Este chico tiene voz», y le augura un futuro todavía más grande que el de otros dos de sus amigos más cercanos, Jack Elliott y Pete Seeger. Así pues, con el beneplácito de Woody Guthrie, Bob Dylan se lanza a su carrera musical en los clubes de Greenwich Village. Retoma la antorcha de cantante protesta de su predecesor. Dylan le rinde homenaje en su primer opus, con la ya citada «Song To Woody», y más tarde, en el concierto de Town Hall, el 12 de abril de 1963, recitando el poema *Last Thoughts On Woody Guthrie*.

See That My Grave Is Kept Clean

Blind Lemon Jefferson / 2'44 minutos

Músico
Bob Dylan: voz, guitarra
Grabación
Columbia Recording Studios / estudio A,
Nueva York: 22 de noviembre de 1961
Equipo técnico
Productor: John Hammond
Ingenieros de sonido: George Knuerr, Ted Brosnan

Blind Lemon Jefferson, precursor del Texas blues
y compositor de muchos temas de folk blues.

> **PARA LOS ADICTOS A DYLAN**
> La tumba de Blind Lemon Jefferson se encuentra en el cementerio para negros de Wortham, Texas, pero aún no se ha podido identificar. Desde 2007, un comité municipal se encarga del mantenimiento del lugar, rebautizado como Blind Lemon Memorial Cemetery. ¡Ojalá algún día su tumba se cuide como él deseó en su canción!

Génesis y letra

El primer álbum de Bob Dylan finaliza con un blues de Blind Lemon Jefferson (grabado en octubre de 1927 por Paramount), pionero del Texas blues, y como tal, maestro de Leadbelly y Sam «Lightnin'» Hopkins, así como de artistas posteriores de blues rock y folk rock, durante la década de 1960. De hecho, «See That My Grave Is Kept Clean» es una adaptación de un tema espiritual titulado «Two White Horses In A Line» u «One Kind Favor». De lo que no cabe duda es que la composición ha sido objeto de múltiples versiones, desde Grateful Dead hasta Lou Reed, Canned Heat o Dave Van Ronk. La versión de Dylan es bastante distinta de la de Jefferson: mientras que la primera es sombría, la segunda es alegre, incluso serena. En cualquier caso, ambos cantantes solo piden una cosa: ¡que cuiden bien de su tumba («*There's just one last favor I'll ask of you / See that my grave is kept clean*»)!

Realización

Con su Gibson J-50 en afinación abierta en re, Dylan ofrece una magnífica interpretación de este blues evocador de imágenes lúgubres. Se defiende bastante bien con la guitarra y toca con seguridad, si bien en el minuto 1'08 se hace un lio con el arpegio. Su voz suena emotiva, atormentada, y planea la sombra de Robert Johnson, a quien Dylan adora. De todas las versiones, probablemente sea la suya la que suena más auténtica, más *roots*. Ni siquiera la de B. B. King le llega a la suela de los zapatos. Y apenas tiene 20 años... Más tarde, Dylan afirma: «Lo más triste hoy en día es que muchos jóvenes cantantes prueban con el blues, olvidando que sus viejos intérpretes lo utilizaban para exorcizar sus penas».[11] Dylan repite la canción cuatro veces en el estudio, y la última se toma como definitiva. No obstante, «See That My Grave Is Kept Clean» volverá a la discografía de Dylan, pues la grabará de nuevo con The Band y saldrán a la luz en *The Genuine Basement Tapes*, lanzado en 1992.

Bob Dylan outtakes

En 1991, Sony lanza la primera caja recopilatoria (*box set*) de la serie *Bootlegs*, *The Bootleg Series, Vol. 1-3: Rare & Unreleased 1961-1991*, compuesto por cincuenta y ocho temas grabados entre 1961 y 1989. Incluye tomas alternativas, como «Like A Rolling Stone» y «It Takes A Lot To Laugh», «It Takes A Train To Cry», versiones en directo de «No More Auction Block» y 'Talkin' John Birch Paranoid Blues», así como varias demos. Tres de ellas forman parte de las cuatro que fueron grabadas durante las sesiones del primer álbum, en noviembre de 1961, pero que finalmente se descartaron; se conocen como *Bob Dylan outtakes*.

VOL 1-3

He Was A Friend Of Mine

Tradicional / arreglos Bob Dylan / 4'01 minutos

Músico: Bob Dylan; voz, guitarra, armónica / **Grabación:** Columbia Recording Studios / estudio A, Nueva York, 20 de noviembre de 1961 / **Productor:** John Hammond / **Ingenieros de sonido:** George Knuerr, Pete Dauria / **Recopilatorio:** *The Bootleg Series, Vol. 1-3: Rare & Unreleased 1961-1991*, CD 1 / **Publicación:** 26 de marzo de 1991

Bob Dylan explicó a Robert Shelton que había oído por primera vez «He Was A Friend Of Mine» en Chicago, cantada por un *bluesman* llamado Blind Arvella Gray. Se trata de un canto de prisioneros de los estados del Sur, que Leadbelly, en 1935, y otros detenidos, como Smith Casey en 1939, interpretaron bajo el título *Shorty George*. Esta adaptación libre fue grabada en primer lugar por Eric Von Schmidt, y más tarde por Dave Von Ronk, quien la convirtió en todo un éxito. En un concierto de 1996, la presentó con las siguientes palabras: «Me la ha enseñado Eric Von Schmidt, quien la ha aprendido de Dylan, quien a su vez la ha aprendido de mí...» y explicó que todos habían puesto su grano de arena, y que a aquellas alturas era difícil identificar a un solo autor.

Bob Dylan incluye «He Was A Friend Of Mine» en su repertorio a inicios de la década de 1960, y la interpreta varias veces en los clubes de Greenwich Village. El tema inspiró también a The Byrds, y más recientemente, The Black Crowes y Willie Nelson –en la banda sonora de *Brokeback Mountain* (2005), de Ang Lee.
A diferencia de la versión de Van Ronk, que oscila entre la dulzura y la fuerza, Dylan opta por tocarla de forma intimista, casi como una confidencia. Su voz, cargada de emoción, cautiva desde las primeras notas, y el sonido de la guitarra y la armónica están en consonancia con su sencillez y sobriedad. Quizá precisamente por ello ni John Hammond ni el propio Dylan quisieron incluirla en la lista de temas definitivos.

Man On The Street

Bob Dylan / 1'56 minutos

Músico: Bob Dylan; voz, guitarra, armónica / **Grabación:** Columbia Recording Studios / estudio A, Nueva York, 22 de noviembre de 1961 / **Productor:** John Hammond / **Ingenieros de sonido:** George Knuerr, Ted Brosnan / **Recopilatorio:** *The Bootleg Series, Vol. 1-3: Rare & Unreleased 1961-1991*, CD 1 / **Publicación:** 26 de marzo de 1991

Para el tema «Man On The Street», Bob Dylan se inspiró en la melodía y la estructura de «The Young Man Who Wouldn't Hoe Corn», una canción de granjeros adaptada por Pete Seeger. La única diferencia destacable es el personaje. «El joven que no binará más trigo» se convierte en un viejo al que encuentran muerto en la calle. El joven cantautor habría tomado como referencia un caso trágico en el que habría estado presente en Greenwich Village: un hombre molido a palos por un policía. «Man On The Street» se grabó para el álbum *Bob Dylan*... en vano. Es una de las primeras *topical songs* del joven músico, introducido al teatro y a la poesía de Bertolt Brecht (en especial, el poema *Litany Of Breath*) por su novia

Suze Rotolo, quien participaba como actriz en la obra *Brecht On Brecht*.

La canción se basa en apenas dos acordes, y Dylan utiliza esta sencillez armónica para poner de relieve la fuerza de la letra. Sensible a la suerte de los más desfavorecidos, retoma la canción dos años después en «Only A Hobo», durante las sesiones de *The Times They Are A-Changin'*. Sin duda por falta de confianza en sí mismo, hace una interpretación demasiado tímida. Y es una pena, porque la versión en directo, sobre todo la del 6 de septiembre de 1961 en Gaslight Cafe, es remarcable por su profundidad y dramatismo. La grabación se descartó para el primer álbum.

House Carpenter

Tradicional / arreglos Bob Dylan / 4'09 minutos

Músico: Bob Dylan; voz, guitarra / **Grabación:** Columbia Recording Studios / estudio A, Nueva York, 22 de noviembre de 1961 / **Productor:** John Hammond / **Ingenieros de sonido:** George Knuerr, Ted Brosnan / **Recopilatorio:** *The Bootleg Series, Vol. 1-3: Rare & Unreleased 1961-1991*, CD 1 / **Publicación:** 26 de marzo de 1991

«House Carpenter» fue la última canción grabada durante la última sesión dedicada al primer álbum, y es uno de los títulos más antiguos del repertorio de Dylan. Se trata de la adaptación americana de una balada escocesa que fecha del siglo XVII, conocida también con los títulos «The Daemon Lover», «James Harris» o «James Herries». Este tema tradicional fue versionado varias veces. Destacan las interpretaciones de Baez, Dave Van Ronk o Doc Watson. Dylan, obsesionado por el blues, descarta la canción para no desviarse de la línea

general del álbum, pero fácilmente habría podido encontrarle un lugar en él. La canta bien y la toca con dignidad, aunque se podría decir que lo hace un poco torpemente. Cabe señalar que es la canción con más *reverb* de todas las que se grabaron durante las dos sesiones (a menos que se añadiera especialmente para el *Bootleg*). Dylan graba una única toma. Años después, en 2013, ofrecerá una versión totalmente distinta e irreconocible en *The Bootleg Series, Vol. 10: Another Self Portrait (1969-1971)*.

Mixed-Up Confusion

Bob Dylan / 2'29 minutos

SINGLE
FECHA DE PUBLICACIÓN
Mixed-Up Confusion / Corrina, Corrina
14 de diciembre de 1962
REFERENCIA COLUMBIA 4-42656

Músicos
Bob Dylan: voz, guitarra, armónica
Bruce Langhorne: guitarra
George Barnes: guitarra
Dick Wellstood: piano
Gene Ramey: contrabajo
Herbie Lovelle: batería
Grabación
Columbia Recording Studios / estudio A, Nueva York:
26 de octubre / 1 de noviembre / 14 de noviembre de 1962
Equipo técnico
Productor: John Hammond
Ingenieros de sonido: George Knuerr, Pete Dauria

Génesis y letra
Según cuenta la leyenda, Bob Dylan habría compuesto «Mixed-Up Confusion» en el taxi que lo llevaba a los estudios de la discográfica Columbia. El tema, que se incluye en la cara A de su primer single, no obtiene éxito alguno y pronto cae en el olvido. Se distingue de todo lo que el cantautor ha grabado hasta el momento por la presencia de músicos de estudio, sin duda, una idea de su productor, John Hammond. Dylan lo reconoce implícitamente: «No fui yo quien organizó las sesiones. No fue idea mía». La letra expresa la «confusión» de un artista que «busca respuestas, pero no sabe a quién dirigirse». No obstante, en las notas de *Biograph* (1985), Dylan afirma: «No sé exactamente en qué me inspiré [para esta canción]».[12]

Realización
«Mixed-Up Confusion» es un tema bastante rápido, que se distingue por su característica rítmica de *country train beat*, muy empleada por Johnny Cash. La armonía se basa en dos acordes, y el conjunto suena cercano al rockabilly. Aunque por lo general se admite que es la primera canción de la carrera de Dylan en incluir la colaboración de otros músicos, no es del todo cierto: en una sesión del 24 de abril de 1962 se grabaron siete temas (entre ellos, «Corrina, Corrina», futura cara B) con la participación del bajista Bill Lee (padre del cineasta Spike Lee). Fue seis meses antes de la primera sesión del 26 de octubre. Por tanto, no es el primer tema grabado con músicos de sesión, aunque sí sea el que se publicó primero con esta característica.

El pianista de jazz Dick Wellstood, quien participó
en la grabación de «Mixed-Up Confusion».

Para obtener la versión definitiva de este tema, trabajado junto con las demás canciones del segundo álbum, *The Freewheelin' Bob Dylan*, se necesitaron nada más y nada menos que tres sesiones y catorce tomas, lo que parece indicar la dificultad de obtener un resultado satisfactorio. Aunque la identidad de los músicos que le acompañan no se establece oficialmente, puede deducirse (entre ellos está Bruce Langhorne, un guitarrista que Dylan conoce bien), pues participaron junto con Bill Lee en las sesiones de Carolyn Hester, el 29 de septiembre de 1961. En 1965, el mismo guitarrista colaborará en la grabación de «Bringing It All Back Home». Bruce Langhorne, encargado de la guitarra acústica, afirma sobre Dylan: «Hace cosas interesantes con la guitarra». El batería es Herbie Lovelle, futuro músico de B. B. King; el pianista, Dick Wellstood, quien destacará con Gene Krupa; en el contrabajo, Gene Ramey, quien había tocado para Charlie Parker y Thelonious Monk; y a la segunda guitarra, George Barnes, quien empezó su carrera al lado de Big Bill Broonzy. A pesar de contar con estos músicos curtidos, el tema se resiste. Cabe señalar que el ambiente no era el más adecuado: en su obra sobre Bob Dylan, Robert Shelton explica lo que le contó John Hammond: «Albert Grossman y su socio, John Court, insistieron en acudir a todas las sesiones, y Court se pasaba el rato diciéndonos a Bobby y a mí lo que teníamos que hacer; al final acabé ordenándoles que se marcharan del estudio. [...] Albert se quedó. Él tuvo la genial idea de hacerle grabar «Mixed-Up Confusion» con una orquesta de Dixieland. Fue un desastre».[7] Hasta la fecha, la participación de una banda de Dixieland (con Dick Mosman al piano y Panama Francis a la batería, según Clinton Heylin), no se ha confirma-

do. Sin embargo, habría provocado que Dylan abandonara furioso la tercera sesión, el 14 de noviembre. Pronto volvió al estudio para continuar él solo con la grabación de los temas... Por desgracia, se desconocen los detalles de las tomas realizadas aquel día, aunque se cree que se finalizaron cuatro tomas enteras y que la número 14 fue la definitiva.

PARA LOS ADICTOS A DYLAN

La toma n.° 10, grabada el 1 de noviembre de 1962, se habría retocado sin la presencia de Dylan el 8 de diciembre de 1964, por iniciativa del productor Tom Wilson, quien quiso sustituir los músicos de la versión original por otros que hasta la fecha no se han identificado, con excepción del batería Bobby Gregg (Wilson realiza con éxito la misma operación con *Sound Of Silence* de Simon & Garfunkel en 1965). Esta nueva versión, un semitono más grave, se publica primero en Japón (*Mr D's Collection #1*, en 1974), y más tarde en *Masterpieces* (1978) y *Biograph* (1985).

1963

The Freewheelin' Bob Dylan

Blowin' In The Wind
Girl From The North Country
Masters Of War
Down The Highway
Bob Dylan's Blues
A Hard Rain's A-Gonna Fall
Don't Think Twice, It's All Right
Bob Dylan's Dream
Oxford Town
Talkin' World War III Blues
Corrina, Corrina
Honey, Just Allow Me One More Chance
I Shall Be Free

ÁLBUM
FECHA DE PUBLICACIÓN
27 de mayo de 1963
por Columbia Records
(REFERENCIA COLUMBIA
CL 1986/CS8786)

The Freewheelin' Bob Dylan,
el soplo humanista

El álbum

En 1962, las cosas no le van demasiado bien a Dylan: su primer álbum se ha vendido poco, su single ha pasado sin pena ni gloria, y su discográfica se plantea seriamente rescindir su contrato. Dylan debe la publicación de su segundo álbum a la insistencia de su productor, John Hammond, y al apoyo que le brinda Johnny Cash, también artista de Columbia.

Las sesiones de grabación empiezan en abril de 1962. El joven cantautor pasa por una etapa muy creativa y compone varias canciones. En una entrevista con Pete Seeger en la emisora de radio WBAI, en junio de 1962, ¡afirma haber compuesto cinco temas en una sola noche! «Las canciones están ahí, ya existen, y esperan a que alguien las escriba. Yo solo las he puesto sobre el papel. Si no lo hubiera hecho yo, lo habría hecho otro»,[13] declara para la revista *Sing Out!* en octubre de 1962.

Folk con acento contestatario

Suze Rotolo, novia de Dylan en aquella época, afirmó en 2008: «El título del álbum *The Freewheelin' Bob Dylan* fue decisión de John Hammond o de Albert Grossman. Pero la ortografía, sin la "g" final de la palabra, es muy del estilo de Bob».[14] Así pues, Dylan muestra su «espíritu libre», y para su segundo álbum (cuyo título provisional fue *Bob Dylan's Blues*) compone temas de letra comprometida. Se convierte en el cronista de los Estados Unidos de inicios de la década de 1960, marcada por un sentimiento de esperanza para una parte del mundo y escaparate de inquietantes paradojas. Para toda una generación –la del *baby boom*– y para los intelectuales progresistas y radicales, se convierte en el portavoz de la lucha por los derechos civiles, y de forma general, del movimiento de protesta: «Blowin' In The Wind» y «A Hard Rain's A-Gonna Fall» se convierten respectivamente en el himno de la Marcha hacia Washington por el trabajo y las libertades y el canto último del apocalipsis nuclear; mientras que «Masters Of War» es una diatriba contra aquellos que se benefician de la guerra.

¿Contribuyó a ello la influencia de Suze Rotolo, una intelectual educada en el entorno de la extrema izquierda? Posiblemente. Dylan afirma: «Suze estuvo implicada en la lucha por la igualdad mucho antes que yo».[15] A través de su agente y el de la revista *Broadside*, en la que participa, Dylan empieza a frecuentar el círculo estudiantil contestatario que milita para las minorías. Se compromete en la lucha por los derechos civiles junto con otros artistas, como Joan Baez, Mahalia Jackson o Peter, Paul and Mary. Tres meses después del lanzamiento del disco, el 28 de agosto de 1963, participa en la Marcha hacia Washington, en la que más de 200.000 pacifistas se reúnen en el Lincoln Memorial para denunciar la discriminación racial que sufre la población negra. Tras el discurso *I have a dream* de Martin Luther King, Dylan interpreta «Only A Pawn In Their Game», y Peter, Paul and Mary cantan «Blowin' In The Wind». El cantante de folk se gana la fama de cantante protesta, que pronto le abrumará.

1963

Armónica «Marine Band» Hohner, modelo similar al utilizado por Bob Dylan.

LOS *OUTTAKES*

Going To New Orleans
Talkin' Bear Mountain Picnic Massacre Blues
Talkin' John Birch Paranoid Blues
Let Me Die In My Footsteps
Rambling, Gambling Willie
Talkin' Hava Negellah Blues
The Death Of Emmett Till
Worried Blues
Kingsport Town
Walls Of Red Wing
Sally Gal
Baby, I'm In The Mood For You
(I Heard That) Lonesome Whistle
Rocks And Gravel
Baby, Please Don't Go
Milk Cow Blues
Wichita Blues
Quit Your Low Down Ways
Mixed-Up Confusion
That's All Right Mama
Watcha Gonna Do
Hero Blues
The Ballad Of Hollis Brown

La influencia celta

Desde la publicación de *The Freewheelin' Bob Dylan*, el 27 de mayo de 1963, los críticos destacan la espectacular evolución del joven cantautor en el espacio de catorce meses. Mientras que el primer álbum apenas contenía dos composiciones originales («Talkin' New York» y «Song To Woody»), esta vez, once de los trece títulos son obra suya. Desde el punto de vista musical, las canciones alternan entre el blues y el folk, con una interpretación todavía minimalista (voz, guitarra y armónica), a excepción de «Corrina, Corrina», grabada con el acompañamiento de otros músicos. Lo que representa realmente una novedad en relación al primer álbum es la exaltación de la herencia musical británica. El influjo celta. A finales de 1962, Dylan viaja a Londres invitado por el director Philip Saville, quien, tras escuchar al joven cantante en un club de Greenwich Village, le pide que interprete «Blowin' In The Wind» y varias canciones más en un espacio televisivo que retransmitirá la BBC el 13 de enero de 1963, *Madhouse On Castle Street.*

Durante su estancia en Londres se impregna del ambiente folk del Soho, presentándose con el pseudónimo de Blind Boy Grunt en el célebre Troubadour, un *coffee-house* de Old Brompton Rd., y entrando en contacto con los abanderados del renacimiento del folk, Martin Carthy y Bob Davenport. Ellos le introducen en los encantos únicos de la balada celta, que inspiran a Dylan temas como «Girl From The North Country», «Masters Of War», «A Hard Rain's A-Gonna Fall» y «Bob Dylan's Dream». Aunque siga presentándose como heredero de los padres fundadores del blues y la música country (de tradición apalache), Bob Dylan moderniza ambos géneros, tanto en el plano musical como en las temáticas, a menudo centradas en temas de actualidad (lucha por los derechos civiles, guerra fría, etc.). Su deriva intelectual sorprende a todos, pues se inspira en la Biblia, los simbolistas franceses o los escritores de la generación beat, y a la vez muestra un desprecio absoluto hacia lo «políticamente correcto» y se guía por un sentido innato de ironía, incluso de lo absurdo. ¿*The Freewheelin' Bob Dylan*? ¡La obra de todo un romántico! Tres canciones del álbum son baladas que relatan las desventuras de su relación amorosa: «Girl From The North Country», «Down The Highway» y «Don't Think Twice, It's All Right». Esta última parece la crónica de una ruptura anunciada.

Bob Dylan en las calles de Greenwich Village, en 1962.

A diferencia de su anterior álbum, *The Freewheelin' Bob Dylan* obtiene un éxito inmediato. En apenas cuatro semanas vende 10.000 copias; en 1963 alcanza el puesto 22 en la lista de *Billboard*, y en 1964, ¡el n.° 1 en Gran Bretaña!

La carátula

Una vez más, Don Hunstein, asistido por Bill James, se encarga de fotografiar a Dylan para la portada de su nuevo álbum. Esta vez, después de probar varias tomas de retratos en el apartamento donde vive con Suze Rotolo, en el n.° 161 de West 4th Street, en Nueva York, Don propone tomar varias fotos en el exterior. A pesar de la temperatura hibernal, Dylan, muy preocupado por su imagen, elige una chaqueta de ante muy poco adecuada para el frío. En la esquina de Jones Street con West 4th Street, el cantautor queda inmortalizado pelándose de frío del brazo de Suze Rotolo. «En algunas tomas, se veía que nos estábamos muriendo de frío; bueno, al menos Bob lo estaba, con aquella chaqueta tan fina. Pero primaba la foto»;[14] explicó ella. La portada marca un antes y un después a inicios de los sesenta, una época de verdaderos cambios sociales: «Es uno de los hitos culturales que influyó en la estética de las portadas, precisamente por su espontaneidad y sensibilidad», añade Rotolo. «La mayoría de portadas de discos eran puestas en escena y cuidadosamente preparadas, como las carátulas de jazz de Blue Note, pero en los álbumes de pop y folk, era distinto».[14]

La grabación

Apenas transcurren cinco meses entre la última sesión del primer álbum (22 de noviembre de 1961) y la primera del segundo (24 de abril de 1962). Esta vez, el disco *The Freewheelin' Bob Dylan* se grabará en ocho sesiones a lo largo de casi un año (de abril de 1962 a abril de 1963). Dylan graba un total de treinta y seis temas, de los que solo trece se incluirán definitivamente en el álbum, y uno se lanzará como su primer single «Mix-Up Confusion». El 13 de julio, el cantautor firma con Witmark Music. Artie Mogull, responsable de su fichaje, recuerda: «De lo que me siento orgulloso es que, a diferencia de mis colegas del sector, yo me fijaba en las letras de las canciones. Y cuando Dylan empezó a cantar "How many roads..." me emocioné. No sé qué otras canciones tocó aquel día, pero le dije: "te quedas"».[5]

La producción del segundo disco saca a relucir la animadversión que enfrenta a John Hammond y Albert Grossman. Tan pronto como es ascendido a mánager (en mayo de 1962), este último toma el mando de la carrera de Dylan y lo hace todo para intentar desligarlo de Columbia, y en particular, de Hammond. Para conseguir su objetivo, saca a la luz que su «protegido» era menor de edad en el momento de la firma del contrato con la discográfica; pero los abogados de Columbia enseguida le comunican que el cantautor había grabado para la discográfica varias veces desde mayo de 1962 –¡el mes que cumplía los 21!– y que, por tanto, el contrato era válido. Clinton Heylin, biógrafo de Dylan, escribe: «Ambos eran antagónicos. Hammond era un WASP, un tipo tan relajado que se pasaba las sesiones de grabación leyendo el *New Yorker*, sentado con los pies sobre la mesa. En cambio, Grossman era un hombre de negocios judío de pasado dudoso que hacía todo lo posible por hacerse millonario».[15]

1963

Bob Dylan en el estudio para grabar
su segundo álbum, en agosto de 1962.
La interpretación... La escucha...
La reflexión...

CUANDO ROBERT SE CONVIRTIÓ EN BOB

El 2 de agosto de 1962, mientras graba su segundo álbum, Robert Allen Zimmerman legaliza oficialmente su nombre como Bob Dylan.

Tras el retorno de Dylan de Inglaterra, Grossman consigue que los responsables de la discográfica despidan a John Hammond. Columbia confía el álbum de Dylan a un joven productor de jazz afroamericano llamado Tom Wilson, quien más tarde confesó a Clinton Heylin: «No me gustaba especialmente el folk, había grabado con Sun Ra y Coltrane... Pensaba que era una música chunga. Dylan tocaba de pena, pero cuando oí sus letras, me quedé flipando».[15]
Además del nuevo productor, colaboran otros dos ingenieros de sonido: Stanley Tonkel y Fred Catero.
Cuando finaliza la grabación de *The Freewheelin' Bob Dylan*, el álbum incluye en su lista de temas cuatro canciones que finalmente se descartarán para la versión definitiva: «Gamblin' Willie's Dead Man's Hand (Rambling, Gambling Willie), «Let Me Die In My Footsteps», «Rocks And Gravel» y 'Talkin' John Birch Paranoid Blues». Esta última, que se burla de los miembros de la John Birch Society tildándolos de anticomunistas primarios, podía traer problemas a Columbia. Además, era la canción que Dylan deseaba tocar en su actuación en el célebre *Ed Sullivan Show*, y la CBS presionó para que fuera retirada del disco. Furioso, Dylan rechazó participar en la emisión. Suze Rotolo recuerda: «Me llamó desde el estudio de ensayo en plena crisis. Con las reminiscencias del macartismo todavía presentes en 1963, Bob Dylan no quiso aparecer en el *Ed Sullivan Show*. Y punto».[14] Albert Grossman, hábil negociante, lanza una propuesta que satisface a todas las partes: la canción controvertida se retira del álbum, pero a cambio, Dylan puede sustituir «Rambling, Gambling Willie», «Let Me Die In My Footsteps» y «Rocks And Gravel» por otras nuevas canciones que acaba de grabar y de las que se siente más satisfecho: «Masters Of War», «Talkin' World War III Blues» y «Bob Dylan's Dream».

Datos técnicos

Se podría decir que el material de grabación es prácticamente el mismo que para el primer álbum, pero parece que el micrófono «voix», el famoso micro de velocidad RCA 77-DX, se remplazó por un no menos famoso Neumann U 67, y que ocasionalmente se empleó un micro de velocidad Beyer M160 para la guitarra.

Los instrumentos

Dylan se mantiene fiel a su Gibson J-50 para grabar su segundo álbum, pero acabará «desapareciendo» en el transcurso de 1963 y será sustituida por la célebre Gibson Nick Lucas Special (aunque no para este disco). Su dominio de la guitarra evoluciona y consigue una técnica de *finger-picking* bastante convincente, como en «Girl From The North Country» o «Don't Think Twice, It's All Right». En cuanto a la armónica, toca en cuatro tonos distintos: re, sol, la y si bemol. Sin poder detallar los instrumentos de los músicos de sesión que acompañan a Dylan en «Mix-Up Confusion» y «Corrina, Corrina», podemos indicar que el guitarrista Bruce Langhorne utiliza una Martin acústica enchufada a un amplificador Fender Twin Reverb.

El Gerde's Folk City Club donde Bob Dylan tocó por primera vez «Blowin' In The Wind» al cantante de folk Gil Turner.

Blowin' In The Wind

Bob Dylan / 2'46 minutos

Músico
Bob Dylan: voz, guitarra, armónica
Grabación
Columbia Recording Studios / estudio A, Nueva York: 9 de julio de 1962
Equipo técnico
Productor: John Hammond
Ingenieros de sonido: George Knuerr, Pete Dauria

¿PLAGIO U ORIGINAL?

En los meses siguientes a su lanzamiento, «Blowin' In The Wind» es objeto de una polémica que nada tiene que ver con el ámbito estrictamente musical. Un estudiante de Millburn (Nueva Jersey) llamado Lorre Wyatt afirma ser el verdadero autor de la canción, que habría vendido por 1.000 dólares. Varios alumnos de la escuela confirman haberle oído cantarla antes del lanzamiento de los singles de Peter, Paul and Mary y de Dylan. La reputada revista *Newsweek* se hace eco de la noticia en noviembre de 1963. Hasta 1974, Wyatt no confiesa haber mentido... ¡para impresionar a los miembros de su banda, los Millburnaires!

Génesis y letra

Aunque parezca imposible, Dylan compuso «Blowin' In The Wind» en apenas unos minutos, el 16 de abril de 1962, en la cafetería The Commons, situada frente al Gaslight, un lugar mítico dentro del círculo folk, en el corazón de Greenwich Village, donde solían tocar, además de Dylan y Richie Havens, artistas como José Feliciano o Bruce Springsteen. Cuando en 2004 Ed Bradley le pregunta sobre la rapidez con que compuso la canción, Dylan responde con sinceridad: «Fue una ráfaga de creatividad». Hablando con Scorsese, el cantautor afirma que, independientemente del lugar donde se encontrara, en el metro, una cafetería, o en cualquier lugar, y a veces, «incluso mientras hablaba con alguien»,[6] le invadía la inspiración. Fue un período de excepcional creatividad que años más tarde intentará revivir en vano.

David Blue, otro músico de Greenwich Village, da su versión de este 16 de abril de 1962: «Dylan y yo estábamos pasando el rato, un lunes por la tarde, tomando café [...]. Hacia las cinco, Bob sacó la guitarra, lápiz y papel. Empezó a rascar unos acordes y a jugar con varios versos que acababa de escribir. Al cabo de un rato, me pidió que tocara la canción con mi guitarra para que él pudiera juzgar mejor las rimas. Estuvimos más o menos una hora, hasta que se sintió satisfecho. La canción era "Blowin' In The Wind"».[16] Enseguida deciden enseñársela a Gil Turner, que en aquel momento estaba actuando en el Gerde's Folk City. Turner, conocido como uno de los maestros de ceremonias de las veladas folk de los clubes de Greenwich Village –llamadas *hootenannies*–, aprovecha el entreacto para reunirse con Dylan en el sótano y escuchar su nueva canción. «Bob cantó con mucha pasión. Cuando terminó, se hizo el silencio. Gil Turner estaba flipando».[16] Este último no puede esperar a presentarla a su público; le pide a Dylan que le enseñe la letra y los acordes, y sube al escenario. «Damas y caballeros, quiero tocarles una nueva canción de uno de nuestros más grandes compositores. La tinta aún está fresca. Ahí va».[16] Cuando termina, el público está en pie aplaudiendo como nunca. David cuenta: «Dylan estaba apoyado en la barra, riendo y bromeando». La canción, que se convertirá en himno de esperanza y de paz, propulsaría su carrera de forma extraordinaria.

1963

Las notas de armónica de «Blowin' In The Wind» darán la vuelta al mundo...

Un himno...

Al escuchar «Blowin' In The Wind» nos invade una sensación de profunda espiritualidad. Tanto en el sentido filosófico de la palabra, pues se adivina que, para Dylan, el poder del espíritu es y será siempre superior al de la materia, como religioso, pues el cantautor parece haberse inspirado en imágenes del Libro XII de Ezequiel para librar el mensaje de la canción: «¿Cuántas veces debe un hombre alzar la mirada / Antes de poder ver el cielo? / ¿Cuántos oídos debe tener un solo hombre / Antes de escuchar cómo llora la gente?», alude al texto del Antiguo Testamento, «El mensaje del Eterno me ha sido entregado, con estas palabras: Hijo del hombre, vives en medio de una familia de rebeldes, que tienen ojos para ver pero no ven nada, oídos para escuchar pero no escuchan nada; porque es una familia de rebeldes».

En cuanto a la melodía, Dylan reconoce haberse inspirado en «No More Auction Block», un tema espiritual que todas las noches escuchaba cantar a Delores Dixon, miembro de los New World Singers, en el Gerde's Folk City. «No estaba seguro de si era una buena canción», comenta a Scorsese, «simplemente, sonaba bien [...]. Tenía la necesidad de cantar con este lenguaje, un lenguaje que nunca antes había oído».[6] Y el poder de este lenguaje será tan grande, que resonará en las fu-

turas manifestaciones de protesta, como la Marcha del 28 de agosto, cuando «Blowin' In The Wind», interpretado por el grupo Peter, Paul and Mary, invade el Lincoln Memorial de Washington. Mavis Staples, miembro de The Staples Singers, recuerda: «Si podéis imaginaros la Marcha a Washington, con Martin Luther King cantando esta canción delante de un cuarto de millón de personas, negros y blancos, que creían poder convertir América en un lugar más solidario y compasivo de forma no violenta, entonces tendréis una idea de lo formidable que fue aquello».[17] Una canción que continuará transmitiendo su mensaje de esperanza incluso pasada la década de los sesenta: en 1985, en la clausura del festival Band Aid, Dylan, acompañado de Keith Richards y Ron Wood, librará una vez más a la juventud del mundo entero sus palabras al viento... A pesar de que al tema le costó arrancar...

Dylan afirma: «No sabía que [la canción] tenía categoría de himno».[6] Ya muy pronto en su carrera rechazará la imagen de «profeta» y el papel de portavoz que todos deseaban asignarle. En junio de 1962, en la revista *Sing Out!*, afirma: «No hay mucho que decir sobre la canción, solo que la respuesta está en el viento». No obstante, con «Blowin' In The Wind», estructurada alrededor de una sucesión de preguntas –tres estrofas de ocho versos, cada uno con una pregunta cuya res-

Marianne Faithfull interpreta
«Blowin' In The Wind» en 1964.

PARA ESCUCHAR

Si disponéis de la versión estéreo de «Blowin' In The Wind», escuchando solo el canal derecho notaréis un «vacío» en el sonido de la guitarra, exactamente en el minuto 1'37. Puede tratarse de un fallo de la cinta, de una sobrecarga en el limitador/compresor, o de un golpe dado sin querer en el micro de la guitarra. ¿Fue quizá un soplo de viento?

puesta (siempre la misma) forma el estribillo–, Dylan aborda los arquetipos de la canción-protesta: igualdad, persecución, racismo, violencia, indiferencia, egoísmo; temas universales, muy actuales en 1962, en un contexto de guerra fría y de lucha por el reconocimiento de los derechos civiles. Es cierto que lo único que hace es interrogarse, sin ofrecer una respuesta. No obstante, como artista, su misión es despertar las conciencias, y no tranquilizar a su público entregándole en bandeja verdades absolutas. Todo esto es precisamente lo que otorga a la canción «Blowin' In The Wind» su carácter intemporal.

... y un éxito

Mucho antes de que «Blowin' In The Wind» se convierta en todo un himno, muchos artistas la versionan, entre ellos, los primeros son The New World Singers. No obstante, es Albert Grossman quien la propulsa al estrellato. Grossman, mánager también del grupo vocal Peter, Paul and Mary, vuelve a situar al trio en el candelero gracias al futuro single de Dylan. Peter Yarrow, uno de los cantantes y guitarrista de la formación, explica: «Primero, Albert creía que el temazo era "Don't Think Twice" (que se situará finalmente en la cara B). "Este es el hit", decía. ¡Pero nosotros flipábamos con "Blowin' In The Wind"!».[17] Así pues, la versión de Peter, Paul and Mary es la primera en convertirse en un éxito –¡y menudo éxito! Lanzado en junio de 1962 (con «Flora», del álbum *Moving* [1963], en la cara B), vende más de 320.000 copias en tan solo una semana –¡uno de los éxitos más fulminantes de Warner!–, y el 13 de julio alcanza el segundo puesto en las listas de *Billboard*.

«Blowin' In The Wind» es también el primer tema del álbum *The Freewheelin' Bob Dylan*, disponible en las tiendas a partir del 27 de mayo de 1963, tres días después del 22 cumpleaños del cantautor y la mañana siguiente de su paso triunfal por el escenario del Newport Folk Festival. La canción aparece como single en el mes de agosto, con «Don't Think Twice, It's All Right» en la cara B. Sin embargo, no se consagra en los *hit-parades*; hasta 1994 no entra en el Grammy Hall of Fame (en 2004 la revista *Rolling Stone* la sitúa en el n.°14 de la lista de las 500 mejores canciones de todos los tiempos).

Realización

En una entrevista de 1978, Dylan cuenta a Marc Rowland:[18] «Siempre la vi y la escuché así en mi cabeza... Cuando la grabé, la toqué con la guitarra acústica, por eso carecía de su tinte espiritual...pero el sentimiento, la idea, siempre ha sido esta, ya sabe... es de ahí de donde viene...por eso ahora la toco como un tema espiritual». La canción impresiona inmediatamente por el recogimiento y la atención que impone. Sin duda, el minimalismo de los arreglos tiene su razón de ser, es un minimalismo extremo porque, a diferencia de su primer álbum, no se aprecia ninguna *reverb* ni en la voz ni en la guitarra. Fiel a su Gibson J-50, el cantautor domina mejor el instrumento: mantiene bien el ritmo, sin dudar. Por otro lado, en la canción desaparece cualquier traza de agresividad, se impone un sosiego comunicativo, y la voz suena dulce. Con su armónica (en re) y tres acordes, la grabación es un ejemplo de sobriedad y eficacia. De Arte en mayúsculas. «Blowin' In The Wind» fue grabada durante la tercera sesión de grabación, entre las 14.30 y las 17.30 horas, en apenas tres tomas. La última fue la que se incluyó en el álbum.

El trio Peter, Paul and Mary fue el primero en convertir el himno de Dylan en un gran éxito en las listas de los *hit-parades*.

Girl From The North Country

Bob Dylan / 3'21 minutos

Músico
Bob Dylan: voz, guitarra, armónica
Grabación
Columbia Recording Studios / estudio A,
Nueva York: 24 de abril de 1963
Equipo técnico
Productor: Tom Wilson
Ingenieros de sonido: George Knuerr, Pete Dauria

PARA LOS ADICTOS A DYLAN

Parece que a Dylan le costó encontrar el tono adecuado para «Girl From The North Country». Tanto en la versión del álbum como en *The Witmark Demos*, en *Nashville Skyline*, o en su interpretación en la televisión canadiense y otras, ¡los tonos son todos distintos! No se pierdan la extraordinaria versión de los ensayos del Far East Tour, el 1 de febrero de 1978, en los Rundown Studios de Santa Mónica, California.

Génesis y letra

Dylan compone «Girl From The North Country» en diciembre de 1962, a su regreso de Londres, donde conoce a varios artistas responsables del renacimiento de la música folk –como Bob Davenport y Martin Carthy. Este último amplia los horizontes musicales del cantautor americano, enseñándole varias baladas tradicionales británicas para las que ha compuesto nuevos arreglos, entre ellas, la célebre «Scarborough Fair».

Tan pronto como llega a Estados Unidos, Dylan se inspira en la versión de Martin Carthy (que también adaptarán con éxito Simon & Garfunkel, cuatro años más tarde), para escribir un genial poema de amor. Retoma la estructura y la introducción interrogativa de la balada medieval, si bien apenas conserva de ella unas pocas palabras –*«Remember me to one who lives there / She once was a true love of mine»* («Háblale de mí a una persona que vive ahí / Pues fue uno de mis grandes amores»)–, y remplaza la ciudad de Scarborough por «las bonitas tierras del Norte / Donde el viento sopla fuerte en la frontera». Dylan opta por eliminar el verso que se repite en cada estrofa del tema original –*«Parsley, Sage, Rosemary and Thyme»* («Perejil, savia, romero y tomillo»), cuatro plantas muy simbólicas en la Edad Media, que pasarán a la posteridad con el álbum epónimo de Simon & Garfunkel, en octubre de 1966.

¿En quién piensa Dylan cuando compone y graba «Girl From The North Country»? ¿En Echo Helstrom, su ex novia de cuando vivía en Hibbing? ¿O quizá en Bonnie Beecher, una joven que conoció en Minneapolis y con quien siguió viéndose después de establecerse en Greenwich Village? Probablemente, la musa sea Suze Rotolo, su novia en aquella época, quien ha partido a estudiar a Italia y le ha roto el corazón. Dylan habría acabado esta soberbia balada durante su viaje a Perugia.

Realización

Aunque Dylan se inspirara en «Scarborough Fair» para la letra de la canción, probablemente no fuera así en cuanto a la melodía. Algunos consideran que es similar a la versión de Martin Carthy, pero, exceptuando el «color» de algunos acordes, ni el ritmo (4/4 en la de Dylan, 3/4 en la de Carthy), ni la estructura armónica ni la melodía se parecen. En «Girl From The North Country», Dylan despliega su talento creativo como

1963

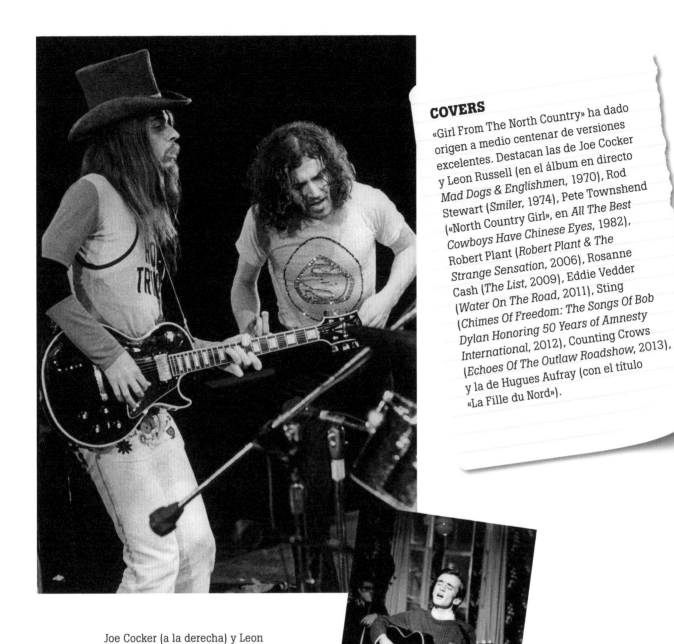

Joe Cocker (a la derecha) y Leon Russell interpretan «Girl From The North Country». Martin McCarthy (derecha), en quien Bob Dylan se inspiró para componer su canción.

melodista. Como en «Blowin' In The Wind», la voz y la armónica (en si bemol), contrastan con el arrebato del álbum anterior, y esta vez se aprecia la presencia de una ligera *reverb*. El ambiente también es intimista, y la interpretación, magistral. Toca su Gibson, y es la primera vez que utiliza la técnica de *finger-picking*, que domina a la perfección. Sorprenden los progresos que ha hecho el cantautor desde sus primeras grabaciones. Planea una duda sobre la identidad del guitarrista: ¿fue Dylan o un músico de sesión? La duda se extingue cuando lo vemos cantar la canción y arpegiar hábilmente su guitarra durante un concierto retransmitido el 10 de marzo de 1964 por la televisión canadiense (*Quest*, producido por Daryl Duke). Una de las grandes habilidades de Dylan, pocas veces reconocida, es su sentido infalible del ritmo. Su interpretación es notable, parece de metrónomo. Graba la canción durante la última sesión del álbum, el 23 de abril. Necesita repetirla seis veces, dos de ellas, por empezar a destiempo. Finalmente, la segunda toma es la que se conserva para el álbum.

Dylan vuelve a interpretar «Girl From The North Country» a dúo con Johnny Cash en el álbum *Nashville Skyline*, en 1969, con un ambiente totalmente distinto, más cercano al country. En 2011, Keith Richards afirma que la versión de 1963 es mejor que esta última. ¿Más auténtica, quizá?

Masters Of War

Bob Dylan / 4'31 minutos

Músico
Bob Dylan: voz, guitarra
Grabación
Columbia Recording Studios / estudio A,
Nueva York: 24 de abril de 1963
Equipo técnico
Productor: Tom Wilson
Ingenieros de sonido: George Knuerr, Pete Dauria

PARA LOS ADICTOS A DYLAN

Aunque «Masters Of War» sea una diatriba contra la industria militar, Dylan no dudó en tocarla ante la Academia Militar Estadounidense en 1990. No obstante, ante un público tan marcial ¡prefirió prescindir de la última estrofa!

Génesis y letra

Bob Dylan compone «Masters Of War» en el invierno inmediatamente después de la crisis de los misiles de Cuba, en octubre de 1962. El cantante de folk se inspira en la actualidad, o como le gusta definirla a él, en el «aire de la época». A finales de año, este está marcado por el conflicto ruso-americano, que amenaza en llevar al mundo al borde del apocalipsis nuclear.

Dylan canta su nueva canción por primera vez ante el público del Gerde's Folk City, el 21 de enero de 1963, y su letra aparece publicada poco después en el n.º 20 de la revista *Broadside*, ilustrada con dibujos de Suze Rotolo. Dos meses más tarde, el cantautor la graba en el estudio de Columbia. La canción, con su ironía típicamente dylaniana, causa polémica entre el público norteamericano, que nunca antes había sido testimonio de una diatriba antibelicista tan directa y contundente.

En realidad, lo que muestra la canción es menosprecio, porque no es una oda pacifista –aunque los estudiantes la conviertan enseguida en uno de sus himnos contra la implicación de Estados Unidos en Vietnam–, sino un ataque frontal y contundente contra los que se benefician de la guerra, aquellos que «se esconden en sus despachos» y quieren ver el mundo en llamas. Más que a la guerra, Dylan alude al complejo industrial y militar americano denunciado por el propio presidente Eisenhower en un discurso pronunciado el 17 de enero de 1961. El artista habla abiertamente sobre este tema en la entrevista que concede a *USA Today* el 10 de septiembre de 2001: «Cada vez que la canto, alguien escribe que es una canción antibelicista. Pero en realidad no encierra ningún sentimiento antibelicista. Yo no soy pacifista. No lo he sido jamás. Si analizas bien la canción, habla de lo que dijo Eisenhower sobre la amenaza del complejo militar e industrial de este país. Creo firmemente que todo el mundo tiene derecho a defenderse mediante todos los medios necesarios».

La última estrofa choca por su extrema crudeza. Dylan explica a Nat Hentoff: «Nunca antes había escrito algo parecido. Yo no canto canciones sobre gente que muere, pero en este caso, no pudo evitarlo».[19] Definida en una palabra, «Masters Of War» es para Dylan una especie de catarsis. En 1963, la cantante de folk Judy Collins, todo un referente del movimiento humanista, decide no cantar la última estrofa. El 20 de febrero de 1991, en plena Guerra del Golfo, Dylan interpreta

Judy Collins interpreta
«Masters Of War» desde 1963.

la canción en la ceremonia de los Premios Grammy, donde recibe un premio honorífico por su excepcional carrera. Como anécdota curiosa, cabe añadir que el artista cantó de tal forma que la letra sonó casi inaudible, incluso irreconocible. Semejante interpretación puede levantar interrogantes... Más tarde, el artista dará explicaciones, atribuyendo lo ocurrido a la fiebre y a un cambio de última hora en la organización de la ceremonia.

Realización

Dylan «tomó prestada» la melodía de «Masters Of War» a la balada inglesa «Nottamun Town» (convertida en un tema tradicional de los Apalaches). Probablemente fue Bob Davenport quien se la mostró durante su estancia en Londres en diciembre de 1962. Jean Ritchie, apodada «la madre del folk», había hecho una adaptación, y más tarde acusa al cantautor de haberle plagiado los arreglos. En cualquier caso, Dylan demostrará que su versión es distinta de la suya, y que la aportación de su letra la convierte en una creación original.

En 1989, Daniel Lanois, productor del álbum *Oh Mercy*, pedirá regularmente a Dylan temas como «Masters Of War», «Girl From The North Country» o «With God On Our Side» (*The Times They Are A-Changin'*, 1964). Dylan: «Empezó a incordiarme todo el tiempo, que si esto, que si aquello, que podíamos hacer algo con las canciones. Y yo movía la cabeza. Lo sabía, evidentemente, y tenía ganas de cantarle las cuarenta. No tenía nada que se pareciese a aquellas canciones».[1] Lanois era un productor muy previsor, y era muy consciente de que canciones con semejante fuerza eran un tesoro: con o sin instrumentación, «sonaban». *Masters Of War* está construida sobre dos acordes, sin armónica y con una sola rítmica recargada que recuerda al «Working Class Hero» de John Lennon (1970). Con este tema, Dylan, de 21 años, impone de forma magistral su condena a los responsables de la guerra. Poca *reverb* en la voz, una interpretación a veces más cercana al habla que al canto; el conjunto emana una sensación de austeridad que potencia de forma absolutamente eficaz su propósito. Trabajada durante la última sesión del 23 de abril, es la última canción grabada a lo largo de las ocho sesiones. En total requiere seis tomas, la mitad de las cuales, por empezar a destiempo, y la tercera es la que se conserva para el álbum.

Con el tiempo, la canción podrá escucharse con distintos arreglos, y se harán versiones eléctricas, como la de álbum *Real Live*, de 1985.

1963

Down The Highway

Bob Dylan / 3'23 minutos

Músico
Bob Dylan: voz, guitarra
Grabación
Columbia Recording Studios / estudio A,
Nueva York: 9 de julio de 1962
Equipo técnico
Productor: John Hammond
Ingenieros de sonido: George Knuerr, Pete Dauria

PARA LOS ADICTOS A DYLAN

En su carta a Suze Rotolo, Dylan afirma haber grabado seis canciones más durante la sesión del 9 de julio. En realidad, fueron siete: «Baby, I'm In The Mood For You» (*Biograph*); «Bob Dylan's Blues»; «Blowin' In The Wind»; «Honey, Just Allow Me One More Chance» y «Down The Highway» (en *The Freewheelin' Bob Dylan*); «Quit Your Low Down Ways» y «Worried Blues» (en *The Bootleg Series, Vol. 1-3: Rare & Unreleased: 1961-1991*).

Génesis y letra

«Sabes, he vuelto al estudio, he cantado seis canciones más, y tú estás en dos de ellas: "Bob Dylan's Blues" y "Down The Highway"».[14] Esta frase, extraída de la carta que un Dylan enamorado envía a Suze Rotolo en julio de 1962, subraya la pasión que siente por su amada, quien el 8 de junio de ese mismo año había partido a estudiar a Perugia, Italia. Tardan ocho meses en verse de nuevo, y a Dylan le cuesta asimilar la distancia. Sus amigos más cercanos, entre ellos, Dave Van Ronk y su esposa, Terri, recuerdan haberle visto muy deprimido, «llorando por Suze». A su regreso a Nueva York en enero de 1963, ella debe afrontar la animadversión de los amigos de la pareja, quienes le reprochan «no haber estado ahí cuando él la necesitaba».[14] En «Down The Highway», un blues inspirado en el sonido de Robert Johnson y Big Joe Williams, el cantautor expresa a su novia su sentimiento de abandono y soledad. El blues fue el medio idóneo para exorcizar sus penas amorosas. Dylan lo sabe muy bien: «Lo que hacía geniales a los cantantes de blues era que eran capaces de expresar todas sus penas, pero al mismo tiempo, lograban evadirse de ellas y observarlas desde fuera. De alguna forma, las vencían».[19]

Realización

Arreglos de *Delta blues*, cejilla en el quinto traste, cambio de afinación en las cuerdas de mi, y un riff que se repite cada dos frases; Dylan toca «Down The Highway» con su Gibson J-50 según la más pura tradición del género. Aparecen todos los tópicos: la carretera, la separación, la pasión, la música, el peligro, la fortuna... una imaginería absolutamente mítica. Dylan demuestra que ha asimilado el blues con una técnica de guitarra *roots*, si bien no le sobra precisión (minuto 2'34). Aunque toca con menor desenvoltura que en «Girl From The North Country» o «Blowin' In The Wind», su progreso a la guitarra sigue siendo notorio. Lo mismo para la voz: domina su interpretación sin forzar las cuerdas vocales, como hiciera en su álbum anterior, e incluso ofrece impostaciones que recuerdan a Big Joe Williams. Peta una «p» en la palabra «*poor*», en el minuto 2'51, lo que nos recuerda la queja de John Hammond sobre su falta de técnica de micro. Grabada en una sola toma durante la tercera sesión de *Freewheelin'*, «Down The Highway» es una de las seis canciones que no necesita repetir.

«Down The Highway» es un blues de Dylan que recuerda a su ilustre predecesor Big Joe Williams.

Bob Dylan's Blues

Bob Dylan / 2'20 minutos

Músico
Bob Dylan: voz, guitarra, armónica
Grabación
Columbia Recording Studios / estudio A,
Nueva York: 9 de julio de 1962
Equipo técnico
Productor: John Hammond
Ingenieros de sonido: George Knuerr, Pete Dauria

PARA LOS ADICTOS A DYLAN

«Bob Dylan Blues» es también el título de una canción compuesta en 1965 por un tal Syd Barrett, futuro líder de la primera formación de Pink Floyd. La canción, que se burla amablemente de la «dylanmanía» de la época, fue grabada entre 1968 y 1970, y luego olvidada durante más de treinta años. David Gilmour la redescubrió en su colección personal, y en 2001 fue incluida en el recopilatorio *The Best Of Syd Barrett: Wouldn't You Miss Me?*

Génesis y letra

A diferencia de lo que indica el título, «Bob Dylan's Blues» es en realidad una mezcla de country y blues. Fue también el título provisional del álbum, y alude más bien al estado depresivo que atraviesa Dylan debido a la larga ausencia de Suze Rotolo. En una carta que le dirige en el mes de julio de 1962 (*véase* «Down The Highway», pág. 59), el cantautor cita íntegramente la segunda estrofa de la canción («*Oh you five and ten cent women / [...] / Right now*»), e insiste en que está inspirada en ella.

El tema es una improvisación realizada en el estudio. En el libreto, Dylan intenta explicar este proceso creativo tan suyo: «Me viene una idea a la cabeza, y luego veo a ver qué pasa. La mejor forma de describirla [esta canción], es como pasar por delante de una callejuela. La ves y sigues el camino...».

En la letra de la primera estrofa, los protagonistas son dos héroes de su niñez, Lone Ranger y su inseparable amigo, el Indio Tonto. Es la primera vez que dos personajes procedentes de la cultura popular americana aparecen en la imaginería de Dylan. También el viento de la cuarta estrofa: «*Well, the wind keeps a-blowin' me*». ¿Acaso es un guiño a «Blowin' In The Wind», que grabará justo después de la primera toma de «Bob Dylan's Blues»?

Realización

Dylan repite el tema tres veces para ofrecer la versión definitiva del álbum. Sin embargo, la toma que finalmente se elige es la primera. A lo largo de esta sesión del 9 de julio de 1962, graba tres canciones dedicadas a Suze Rotolo: «Baby, I'm In The Mood For You» (que no se incluirá en el álbum, sino en *Biograph*, en 1985), «Bob Dylan's Blues» y «Down The Highway». Las dos primeras inauguran la sesión y son representativas de las preocupaciones sentimentales del cantautor. Una vez más, toca la guitarra de forma excelente, y aunque se trate de una improvisación, su técnica no se resiente; el resultado habla por sí mismo. Acompañándose también con la armónica (en re) y cantando como un *talking blues*, Dylan nos introduce en su mundo imaginario.

Durante la crisis de los misiles, el presidente J. F. Kennedy anuncia en televisión las medidas del bloqueo naval a Cuba.

A Hard Rain's A-Gonna Fall

Bob Dylan / 6'51 minutos

Músico
Bob Dylan: voz, guitarra
Grabación
Columbia Recording Studios / estudio A,
Nueva York: 6 de diciembre de 1962
Equipo técnico
Productor: John Hammond
Ingenieros de sonido: Stanley Tonkel y Pete Dauria

HARD RAIN PROJECT

Perdido en pleno Sáhara en julio de 1969, el fotógrafo Mark Edwards salva el pellejo gracias a un tuareg que acude a ayudarlo. Tomando té alrededor de una fogata, su salvador tiene la idea de poner un casete de audio en un radiocasete antiguo. De repente, empieza a sonar la voz de Dylan: «*And it's a hard rain's a-gonna fall...*». Más tarde, el fotógrafo afirmará: «Me quedé fascinado por la letra». «*Sad forests*», «*Dead oceans*», un sinfín de imágenes que le impresionan y le llevan a querer ilustrar cada verso con fotografías. Así nació el *Hard Rain Project*, en que Edwards fotografía por todo el mundo las imágenes proféticas de Dylan y lleva a cabo una labor en defensa del ser humano y la naturaleza.

Génesis y letra

A finales de verano de 1962, Dylan se concentra en una de sus composiciones más importantes. El artista recuerda: «En aquella época, tenía la costumbre de componer en las cafeterías. O en casa de cualquiera que tuviese máquina de escribir. "A Hard Rain's A-Gonna Fall"... la compuse en el sótano del Village Gate, y la acabé en el local de Chip Monck, en el apartamento del sótano donde él dormía».[19] Dylan confiesa estar pasando por un período de excepcional creatividad: «Sí, tenía un montón de ideas». No obstante, esta canción la compuso en un ambiente muy particular.

La guerra fría llega a su momento culminante. El muro de Berlín tiene ya un año. A inicios del mes de septiembre de 1962, la Unión Soviética decide desafiar a Estados Unidos y reforzar Cuba militar y técnicamente. El 14 de octubre, América descubre con estupor que los rusos han instalado en la isla rampas de misiles nucleares, todas orientadas hacia puntos estratégicos norteamericanos. La tensión es máxima entre Kennedy y Krushev, y desemboca en el episodio más conocido de la guerra fría, la célebre «crisis de los misiles» de Cuba. El 22 de octubre, el presidente Kennedy hace un comunicado oficial por televisión. La humanidad está al borde del conflicto nuclear. Finalmente, el 28 de octubre se llega a una solución diplomática.

Siempre se ha ligado «A Hard Rain's A-Gonna Fall» con el episodio de los misiles de Cuba. No obstante, Dylan toca por primera vez en público su nueva canción el 22 de septiembre de 1962, un mes antes del comunicado presidencial, durante un *hootenanny* organizado por Pete Seeger en el Carnegie Hall. Seeger recuerda: «Anuncié a los participantes que solo podrían cantar tres canciones. Ni una más, porque solo tenían diez minutos cada uno. Entonces, Bob Dylan alzó la mano y dijo: ¿Y qué se supone que tengo que hacer yo? Una de mis canciones dura diez minutos».[11] El público quedó impresionado. Dave Van Ronk, quien la había oído por primera vez un tiempo antes, explica: «Lo escuché cantar [...] y no pude ni mediar palabra; tuve que salir afuera para caminar un rato. Era distinto a todo lo que había habido hasta el momento, y era claramente el inicio de una revolución».[20]

«A Hard Rain's A-Gonna Fall» es resultado de una sobrecogedora alquimia entre el influjo de tradición folclórica –la balada

En el concierto por Bangladesh, en 1971, Bob Dylan canta «A Hard Rain's A-Gonna Fall», acompañado por George Harrison (izquierda) y Leon Russell (derecha).

anglo-escocesa del siglo XVII, «Lord Randall»– y una poesía que puede calificarse de «terrible», con su riada ininterrumpida de imágenes sombrías, apocalípticas, que parecen romper, destruir los cimientos de la civilización moderna. ¿A qué se refiere con «una lluvia fuerte que caerá»? En una entrevista concedida al historiador y periodista Studs Terkel en 1963, el cantautor fue muy preciso: «No se trata de una lluvia atómica, simplemente de una lluvia fuerte. No es nada radioactivo. Hablo de todos los finales que puede haber. En la última estrofa, cuando digo *Where the pellets of poison are flooding their waters* ["donde las bolitas de veneno invaden sus aguas"], hago referencia a todas las mentiras que la gente escucha en la radio y lee en los periódicos».[21]

En realidad, es mucho más que eso: «A Hard Rain's A-Gonna Fall» puede considerarse una especie de himno de despedida ante el fin del mundo. Dylan afirma: «Cada verso es en realidad el inicio de una canción distinta. Pero cuando la compuse, creía que no viviría lo suficiente para componer todas esas canciones, así que puse todo lo que pude en esta».[5]

Como en «Lord Randall», la canción nace de un diálogo entre una madre y un hijo, «querido pequeño de ojos azules». A medida que avanzan las estrofas, más se aprecia la influencia de la poesía simbólica de Rimbaud, que Dylan conoce a través de Suze Rotolo. Como en *Les Iluminations* (*Iluminaciones*), y sobre todo, «Bárbaro», su poema de clausura, el cantautor sumerge al oyente en el corazón de un maelstrom de imágenes y sonidos contrastantes, describiendo una civilización en plena agonía en medio de un paisaje desolado.

La intensidad y la fuerza que emana la canción no dejan indiferente a nadie. Allen Ginsberg afirmó a Martin Scorsese haberse sentido trastornado la primera vez que la escuchó: «Escuché "Hard Rain" y me puse a llorar… porque entendí que se había pasado el relevo a una nueva generación».[4] El tema servirá incluso de himno no oficial durante la cumbre de las Naciones Unidas de Copenhague sobre el cambio climático, en 2009.

«A Hard Rain's A-Gonna Fall» se ha asociado siempre a la crisis de los misiles. No obstante, en noviembre de 1984, el tema será objeto de este comentario durante una entrevista a Bert Kleinman y Artie Mogull en Westwood One Radio: «Alguien ha afirmado que fue compuesta antes de la crisis de los misiles, pero poco importa el origen de una canción. Lo que importa es a dónde te lleva».[19]

Realización

Dylan imita la fórmula de pregunta/respuesta de «Lord Randall», pero la estructura armónica es muy distinta, e incluye un estribillo absolutamente original. Cabe destacar su interpretación, que es una verdadera *performance*. Para interpretar solo en el estudio una canción de cerca de 7 minutos y conseguir grabarla en una sola toma, con la presión que ello implica, es necesario poseer un excepcional dominio de sí mismo. Evidentemente, pueden apreciarse algunos errores, como un pequeño fallo de métrica en el segundo verso de la cuarta estrofa (3'54) y un final precipitado (6'46). Pero el mensaje de Dylan está cargado de emoción, y John Hammond no sintió ninguna necesidad de pedirle una segunda toma. Lo esencial estaba plasmado en la cinta. «A Hard Rain's A-Gonna Fall» fue la última canción grabada en el año 1962.

1963

Bob Dylan, poeta del apocalipsis en «A Hard Rain's A-Gonna Fall».

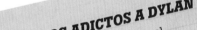

PARA LOS ADICTOS A DYLAN

Dylan compuso la canción en el local de Chip Monck, quien volverá a cruzarse en su camino en 1965, cuando participa en la organización del célebre concierto de Newport, donde el cantautor toca con guitarra eléctrica. Chip se encargará también de muchos otros eventos, como Woodstock, en 1969 (¡donde será maestro de ceremonias!), el tristemente célebre concierto de Altamont, y el concierto por Bangladesh organizado por George Harrison (1971), donde Dylan interpretará de nuevo «A Hard Rain's A-Gonna Fall».

COVERS

Joan Baez versionó «A Hard Rain's A-Gonna Fall» durante las sesiones de *Farewell, Angelina* (1965). También destacan las adaptaciones de Leon Russell (*Leon Russell And The Shelter People*, 1971), Bryan Ferry (*These Foolish Things*, 1973) y The Staple Singers (*Use What You Got*, 1973), así como las interpretaciones en directo de Nana Mouskouri (con el título «Le ciel est noir», 1974) y Robert Plant & The Band of Joy (2011).

Don't Think Twice, It's All Right

Bob Dylan / 3'38 minutos

Músico
Bob Dylan: voz, guitarra, armónica
Grabación
Columbia Recording Studios / estudio A,
Nueva York: 14 de noviembre de 1962
Equipo técnico
Productor: John Hammond
Ingenieros de sonido: George Knuerr, Pete Dauria

COVERS

«Don't Think Twice, It's All Right» es una de las canciones más versionadas de Bob Dylan. Los primeros fueron Peter, Paul and Mary, quienes consiguieron el puesto 9 en las listas de éxitos de *Billboard* (28 de septiembre de 1963), y les siguieron Joan Baez y The Four Seasons (bajo el nombre The Wonder Who?), quienes lo situaron en el puesto 12 de las listas (27 de noviembre de 1965). Cabe destacar las adaptaciones de Elvis Presley (1971), Arlo Guthrie y Pete Seeger (1975), Doc y Merle Watson (1978), Eric Clapton (30th Anniversary Concert Celebration, 1992), y en Francia, Hugues Aufray con «N'y pense plus, tout est bien».

Génesis y letra

Cuando Bob Dylan toca por primera vez «Don't Think Twice, It's All Right» en el Gaslight Cafe en octubre de 1962, hace cuatro meses que Suze Rotolo se encuentra en Italia, donde cursa sus estudios en la Universidad de Perugia. Dylan vive con tristeza la distancia entre ellos, y la expresa de forma bastante amarga y sorprendente en esta canción llena de desilusión. Aunque sigue enamorado de su novia –ella es quien tomará la iniciativa de romper la relación dos años más tarde–, escribe una letra enigmática en que relata la forma cómo él la deja, reprochándole elegantemente «haberle hecho perder su precioso tiempo» y «no haberlo podido hacer mejor». ¿Acaso le salió el punto machista, señor Dylan? Aunque no mencione directamente el nombre de Suze, las alusiones a su vida en común parecen indicar que se dirige a ella y la previene. En sus memorias, ella evoca un período en que ambos regresaban juntos a casa de madrugada y oían «cantar el gallo al amanecer»...[14] un detalle al que la letra alude claramente. En la canción, Dylan insiste en su juventud: «Hace tiempo amé a una mujer, me decían que era un niño»; por su parte, ella apenas tenía 17 años cuando se conocieron. La descripción que hace de la situación no deja lugar a dudas. Finalmente, lo que él le reprocha es «haberle entregado su corazón», cuando lo que ella quería era «su alma». No obstante, en octubre de 1962, Dylan sigue locamente enamorado de Suze, como demuestra la carta que le dirige durante la crisis de los misiles de Cuba, en que escribe: «Si el mundo se acabara esta noche, lo único que desearía sería estar contigo».[14] Deberá esperar hasta enero de 1963 antes de volverla a ver en Nueva York. No obstante, a finales de ese mismo año, ella queda embarazada de él, pero decide abortar, y en 1964 rompe la relación para no vivir más a la sombra de la nueva estrella. De ahí el aspecto enigmático de la canción. El cantautor intenta explicarse a Nat Hentoff: «No es una canción de amor. Es lo que uno dice para sentirse mejor. Un poco como si uno se dirigiera a sí mismo».[18] El talento no excluye la contradicción, más bien al contrario...

Realización

Se afirma comúnmente que Dylan se inspiró de forma directa en la melodía de «Who's Gonna Buy You Ribbons (When I'm Gone)» de Paul Clayton, quien a su vez se había inspirado en el

1963

Suze Rotolo. En «Don't Think Twice, It's All Right», Dylan le entrega su corazón, pero «ella quería su alma».

tema tradicional Apalache «Who's Gonna Buy You Chickens When I'm Gone». No obstante, el parecido de la melodía no es del todo obvio, como tampoco la letra. Dylan emplea un esquema idéntico al de Clayton al inicio de las estrofas: el «Ain't no use to...» de Clayton, se transforma en «It ain't no use to...». Clayton denuncia a Dylan por plagio, y la disputa se resuelve con una generosa indemnización. Poco después, en febrero de 1964, ambos cantautores se reconcilian y hacen una gira juntos. Curiosamente, cuando en enero de 1964 Johnny Cash lanza «Understand Your Man», un tema con una similitud melódica sorprendente con «Don't Think Twice, It's All Right», nadie le acusará de plagio... Cabe recordar que es bastante fácil encontrar similitudes entre melodías distintas, a veces intencionadas, a veces accidentales. La música, como la mayoría de disciplinas artísticas, es una forma de expresión emocional que se transmite al colectivo y se alimenta de un patrimonio accesible a todos y que enriquece el inconsciente

colectivo. ¿Cuántas canciones populares han servido de fuente de inspiración para grandes estándares de jazz, blues, música clásica, rock y folk? A menudo Dylan será acusado de haber copiado a otros artistas, pero, aunque el influjo de estos sea evidente, su inmenso talento es único. Transforma la información que asimila en nuevas creaciones originales. Y no es el único: Lennon, Page, Ellington, Beethoven y muchos otros hicieron lo mismo. ¿Y acaso no son artistas únicos? «Don't Think Twice, It's All Right» demuestra todo el poder creativo de Dylan, quien no le debe nada a nadie, excepto a sí mismo.

Demuestra una vez más su gran capacidad de concentración en el estudio: graba la canción en una sola toma, el 14 de noviembre de 1962. Aunque en directo la toca rascando la guitarra (existe una versión descartada realizada en el Gaslight Café en octubre de 1962), en el disco firma una hábil parte de *finger-picking* absolutamente convincente. Algunos

Joan Baez, una de los muchos intérpretes de «Don't Think Twice, It's All Right», y Paul Clayton, compositor de «Who's Gonna Buy you Ribbons (When I'm Gone)».

afirman que en realidad sería obra de Bruce Langhorne, pero basta con escuchar *The Witmark Demos* para convencerse de lo contrario. Es la primera canción del álbum en que su voz aparece con *reverb*. Al inicio Columbia planeó lanzar el tema como single, lo que probablemente le valió un trato de favor (finalmente se lanzó como cara B de «Blowin' In The Wind»). Aunque a Dylan le baste con una toma en el estudio, la grabación no está exenta de fallos: la armónica (en la) suena desafinada en el minuto 0'50, y cada vez que Dylan pronuncia la palabra «*twice*» en el estribillo, se oye una consonante plosiva (en 0'41, 1'26, 2'10, 2'58). ¡Cómo no!

En las notas que acompañan el disco, Nat Hentoff[18] habla de la presencia de cinco músicos de sesión que habrían acompañado a Dylan, los mismos que en su primer single «Mixed-Up Confusion»: Bruce Langhorne, George Barnes (guitarra rítmica), Dick Wellstood (piano), Gene Ramey (bajo) y Herbie Lovelle. Sin embargo, si se escucha con atención se hace evidente que no hay señal alguna de la presencia de músicos más allá del propio Dylan. Puede ser que lo acompañaran y más tarde se decidiera «mutear» o eliminar su interpretación, pero sin duda se escucharían fugas sonoras en la cinta, que se habrían colado en la pista de Dylan por muy débiles que fueran.

1963

Bob Dylan's Dream

Bob Dylan / 5'00 minutos

Músico
Bob Dylan: voz, guitarra, armónica
Grabación
Columbia Recording Studios / estudio A,
Nueva York: 24 de abril de 1963
Equipo técnico
Productor: Tom Wilson
Ingenieros de sonido: George Knuerr, Pete Dauria

Oscar Brown Jr., influjo del «sueño dylaniano»...

Génesis y letra

Bob Dylan afirmó haber escrito la letra de esta canción tras mantener una conversación una noche en un club de Greenwich Village con Oscar Brown Jr., cantautor, dramaturgo y actor comprometido en la lucha por los derechos civiles. «¿Qué ha sido de nuestros amigos?», podría ser el subtítulo de «Bob Dylan's Dream». El narrador se encuentra en un tren hacia el oeste, cuando se queda dormido y sueña con sus amigos de juventud: «El corazón atormentado, tanto si hace frío como calor / Creíamos que nunca envejeceríamos». La temática del sueño dylaniano es la nostalgia por una juventud que se ha esfumado, algo que resulta sorprendente en un artista de apenas 22 años. Nostalgia y madurez –incluso lucidez, pues el idealismo de la adolescencia ha dejado lugar de forma implacable a una visión adulta del mundo, claramente más sombría: «Me gustaría, me gustaría, me gustaría, pero en vano / Que simplemente pudiéramos sentarnos una vez más en esta habitación». Sin duda, Dylan piensa en sus amigos de Hibbing y Minneapolis, quienes ya pertenecen al pasado...

Realización

Dylan guarda esta canción en un rincón de su memoria durante un tiempo antes de transcribirla y grabarla. Se inspira en la melodía de la balada británica del siglo XIX «Lady Franklin's Lament» (también titulada «Lord Franklin» o «The Sailor's Dream»), que a su vez deriva de una antigua canción celta titulada «Cailín Óg A Stór». Sin duda, la escuchó por primera vez durante su estancia en Londres en invierno de 1962, muy probablemente en la versión de Martin Carthy, quien también le mostró «*Scarborough Fair*» (*véase* «Girl From The North Country», pág. 54), que más tarde también inspiraría a Dylan. Además de la melodía, adapta dos versos de la versión tradicional: «*I dreamed a dream*» y «*Ten thousand pounds I would freely give*», que transforma en «*Ten thousand dollars at the drop of a hat / I'd give it all gladly...*». En cuanto al conjunto de la letra, no guarda mayor relación con la historia del pobre John Franklin y sus marineros, tomados prisioneros tras una emboscada en un banco de hielo en 1845...

Dylan se apropia de esta melodía tradicional para ofrecer una versión acústica y nostálgica, que interpreta rascando su Gibson J-50, desgraciadamente desafinada. A diferencia de sus anteriores grabaciones, en que da muestras de una regularidad de metrónomo, el tempo de este «Bob Dylan's Dream» no se mantiene constante: empieza con 105 pulsaciones por minuto (ppm) y termina con 112. Sin duda hay que atribuirlo a la duración de la pieza (5 minutos). También puede apreciarse en el minuto 0'32 y 1'32 un pequeño «salto» de sonido. Puede tratarse de un mal montaje, o simplemente de «arrugas» en determinadas partes de la cinta magnética.

Dylan repite el tema dos veces, y se conserva la segunda toma como definitiva. Es la última canción que Dylan graba para su segundo álbum, pero no la última toma efectuada durante aquella sesión, pues esta concluirá con la sexta toma de «Masters Of War».

Oxford Town

Bob Dylan / 1'49 minutos

Músico
Bob Dylan: voz, guitarra
Grabación
Columbia Recording Studios / estudio A,
Nueva York: 6 de diciembre de 1962
Equipo técnico
Productor: John Hammond
Ingenieros de sonido: Stanley Tonkel, Pete Dauria

ALTERCADOS EN OXFORD

En 1961, un afroamericano de Mississippi llamado James Meredith es rechazado por la Universidad de su estado. En aquella época, Mississippi era uno de los estados más segregacionistas de Estados Unidos, y Meredith denuncia la institución ante el Tribunal Supremo, que acaba dándole la razón. No obstante, en septiembre de 1962, la policía local le deniega la entrada en el campus tres veces, bajo orden del gobernador del estado, Ross Barnett. El presidente John F. Kennedy envía las tropas federales para proteger a Meredith y permitirle la entrada en el recinto. El 30 de septiembre estalla una revuelta que durará tres días y se saldará con dos muertos (uno de ellos, el periodista francés Paul Guihard). Meredith, primer estudiante negro de la Universidad de Mississippi, se convierte en uno de los símbolos de la lucha por los derechos civiles.

1963

PARA ESCUCHAR

Si se agudiza el oído hacia el final de la canción, exactamente en el minuto 1'45, se oye un pequeño golpe de la púa contra la caja de la guitarra. ¿O acaso fue una uña de Dylan que soñaba con la posteridad?

Génesis y letra

La letra de «Oxford Town» hace referencia a uno de los acontecimientos más relevantes de la actualidad norteamericana en el año 1962: el caso James Meredith. Dylan la compuso por encargo de la revista *Broadside*, que pidió a varios cantautores que escribieran sobre el tema (como Phil Ochs con «Ballad Of Oxford, Mississippi»). Sorprende que Dylan no cite en ningún momento el nombre de los dos protagonistas del incidente al que alude la canción: el estudiante afroamericano James Meredith y el gobernador de Mississippi, el segregacionista Ross Barnett. ¿Es para situarse más allá del debate en cuestión? O más bien, como explica él mismo a Studs Terkel en una entrevista de radio en mayo de 1963, para abordar el tema de forma más universal, sin ser prisionero de un acontecimiento particular: «Sí, tiene que ver con el caso Meredith, pero no específicamente con él. La música, mis composiciones, es algo especial, no hay nada sagrado...».[22]

Realización

En las notas que acompañan el álbum, Dylan define «Oxford Town» como «una melodía de banjo tocada con guitarra». El tema, que con sus 1'49 minutos de duración es el más corto del disco, sorprende a John Hammond, quien le dice a Dylan: «¡No me digas que esto es todo!».[11] El cantautor la graba en una sola toma el jueves 6 de diciembre de 1962. Con la guitarra en afinación abierta en re, se nota que Dylan disfruta tocando. Lo confirma a Jan S. Wenner en noviembre de 1969: «Tuve suerte de poder tocar en afinación abierta…"Oxford Town"… creo que está en este álbum [el segundo]… está en afinación abierta».[19] Su interpretación vocal no resulta menos sorprendente, pues se arriesga por primera vez abarcando hasta casi dos octavas, un hecho bastante insólito y destacable, sobre todo porque domina perfectamente la afinación de su voz. Sin duda, esta dificultad de interpretación de «Oxford Town» es el motivo por qué prácticamente no la tocará nunca en directo. La única interpretación en vivo que se conoce hasta la fecha es la del 25 de octubre de 1990, realizada en… Oxford, en el Tad Smith Coliseum University of Mississippi, con John Staehely y César Díaz a las guitarras, Tony Garnier al bajo y Christopher Parker a la batería.

Talkin' World War III Blues

Bob Dylan / 6'26 minutos

Músico
Bob Dylan: voz, guitarra, armónica
Grabación
Columbia Recording Studios / estudio A,
Nueva York: 24 de abril de 1963
Equipo técnico
Productor: Tom Wilson
Ingenieros de sonido: George Knuerr, Pete Dauria

PARA LOS ADICTOS A DYLAN
Tras su concierto del 25 de abril de 1963, Dylan participa en una *jam* con un *bluesman* local, un tal Mike Bloomfield, futuro miembro de la Paul Butterfield Blues Band y extraordinario guitarrista que tocará en 1965 en *Highway 61 Revisited*.

Génesis y letra

Este *talking blues* es un nuevo homenaje a Woody Guthrie. Por lo que parece, fue improvisado en parte en el estudio, sustituyendo a «Talkin' John Birch Paranoid Blues», rechazada por la directiva de Columbia. El humor negro y la ironía dominan en este tema de más de 6 minutos, ¡en que el narrador sueña que está en medio de la tercera guerra mundial y el médico al que relata su sueño cree que está loco!

Con el fantasma de la guerra fría todavía merodeando, un conflicto capaz de reducir a cenizas el planeta, Bob Dylan denuncia los argumentos –entiéndase, debilidades– de ambos bandos. Los psiquiatras, siempre prestos a preparar una celda para sus pacientes, son los primeros en ser objetivo de la ironía. Luego, el blanco son los conservadores, aquellos que han apoyado al senador McCarthy en su caza de brujas, y que siguen teniendo un miedo visceral de los «Rojos». Ni siquiera el propio Dylan se escapa de su propia ironía. Solo el coche favorito de Elvis Presley parece salvarse y gozar del aprecio del cantautor: el narrador está al volante de un Cadillac por 42th Street. A menos que se trate de otra burla a la sociedad de consumo elevada al rango de valor supremo…

Realización

Tras una excelente intro de guitarra, Dylan se lanza a recitar este texto en parte improvisado en el momento de la graba-

ción, el 24 de abril, según afirma Nat Hentoff[19] en las notas del álbum. Esto es sin duda lo que le confiere su frescura y le permite abordar el tema de la guerra nuclear con humor, a diferencia del sobrecogedor «A Hard Rain's A-Gonna Fall». Al igual que «Mean Talking Blues» de Woody Guthrie, en el que Dylan se inspiró en mayor o menor medida, puede establecerse una relación en el plano armónico con otros dos *talking blues* grabados durante las sesiones del álbum, pero descartados: «Talkin' John Birch Paranoid Blues» (sesión del 24 de abril) y «Talkin' Bear Mountain Picnic Massacre Blues» (sesión del 25 de abril; esta aparecerá en *The Bootleg Series*, Vol. 1-3). Los tres mismos acordes en tonos distintos y el mismo patrón rítmico sirven de base para su voz. El *copyright* de «Talkin' World War III Blues», fechado el 29 de noviembre de 1963, precisa que se trata de una interpretación vocal más que una composición musical, algo que se explica por la voz hablada y la ausencia de melodía. Después de empezar a destiempo cuatro veces, la quinta toma es la buena y servirá de máster. El 21 de abril de 1963, tres días antes de la grabación, es posible que Dylan interpretara en directo la canción en el Club 47 de Cambridge, Massachusetts, donde en 1961 había escuchado por primera vez a Carolyn Hester, quien desempeñará un papel determinante en su carrera. No obstante, la primera interpretación en directo comprobada fecha del 25 de abril de 1963, cuando toca su *talking blues* en The Bear, un club de Chicago.

Corrina, Corrina

Tradicional / arreglos Bob Dylan / 2'42 minutos

Músicos
Bob Dylan: voz, guitarra, armónica
Bruce Langhorne: guitarra
Howie Collins: guitarra
Dick Wellstood: piano
Leonard Gaskin: contrabajo
Herbie Lovelle: batería
William E. Lee: bajo (?)
Grabación
Columbia Recording Studios / estudio A, Nueva York:
24 de abril / 26 octubre / 14 de noviembre de 1962
Equipo técnico
Productor: John Hammond
Ingenieros de sonido: George Knuerr, Pete Dauria

Génesis y letra

El tema «Corrina, Corrina» fue elegido como cara B del primer single de Bob Dylan, que fue un fracaso de ventas. Se trata de un blues de doce compases, conocido en sus orígenes en el mundo del vodevil con el título «Has Anybody Seen My Corrine?». Fue lanzado por Roger Graham en 1918, y grabado ese mismo año por Vernon Dalhart (en una versión exclusivamente cantada) y por la Wilbur Sweatman's Original Jazz Band (como un foxtrot instrumental). En abril de 1926, Blind Lemon Jefferson grabó para Paramount un tema titulado «Corrina Blues», que era en realidad su propia versión de «C. C. Rider». Luego fueron Bo Carter & The Mississippi Sheiks quienes lo grabaron en 1928, y en 1930, los mismos Mississippi Sheiks (rebautizados para la ocasión como Jackson Blue Boys), con la voz del *bluesman* Papa Charlie McCoy. También cabe mencionar los Milton Brown And His Musical Brownies, en 1934, así como el maestro del *western swing*, Bob Wills, en 1940. «Corrina, Corrina», estándar de la música popular americana, vuelve a ponerse de actualidad a inicios de la década de 1960, cuando Bob Dylan la incluye en su repertorio. Como siempre, su adaptación es muy personal. Mantiene gran parte de la letra, pero añade la frase «Tengo un pájaro que silba, un pájaro que canta», inspirada en «Stone In My Passway», de Robert Johnson. La sombra de otro *bluesman* planea sobre esta canción –otro Johnson, de nombre, Lonnie. Dylan afirmará: «Me alegré mucho de conocer a Lonnie Johnson en el mismo club donde yo trabajaba, y debo decir que ejerció una gran influencia en mí. Se nota si escuchas "Corrina, Corrina"– es puro Lonnie Johnson. Solía ir a verle, y a veces me dejaba tocar con él».[20]

Realización

A pesar de las innumerables versiones que habrían influido en Dylan a la hora de ofrecer su propia adaptación de «Corrina, Corrina», cabe reconocer que ninguna se parece a la suya de forma evidente. Aunque a menudo se le acuse de rozar el plagio en algunas de sus canciones, este *cover* posee una fuerza intrínseca más propia de una versión original que de una adaptación. El cantautor lo reconocerá implícitamente a Nat Hentoff: «En realidad, nunca he escuchado la versión original de "Corrina, Corrina", por eso la toqué tal cual la sentía».[19]

Pete Townshend, guitarrista y compositor de The Who, realizó una magnífica interpretación de «Corrina, Corrina».

En la primera sesión del 24 de abril, Dylan se habría acompañado por el bajista William E. Lee, conocido como Bill Lee. No obstante, después de dos tomas insatisfactorias, decide retomar la canción seis meses más tarde, el 26 de octubre, esta vez, acompañado por cinco músicos de sesión: Bruce Langhorne y Howie Collins a las guitarras, Dick Wellstood al piano, Leonard Gaskin al contrabajo y Herbie Lovelle a la batería. Son los mismos que ese mismo día graban cinco tomas de su primer single, «Mixed-Up Confusion». La toma definitiva no se grabará hasta el 14 de noviembre, y dos de los músicos, Howie Collins (guitarrista de Coleman Hawkins o Benny Goodman) y Leonard Gaskin (contrabajista que tocará, entre otros, con Billie Holliday o Miles Davis) serán remplazados respectivamente por George Barnes y Gene Ramey.

Aquel 26 de octubre, Dylan y sus músicos graban seis tomas de «Corrina, Corrina». La última será la definitiva, a la que, por lo que parece, se le añade un *overdub* de guitarra de Bruce Langhorne: «Me acuerdo de hacer una versión de "Corrina, Corrina" con Bob, era acústica, y yo tocaba la acústica [...]. Creo que hicimos un *overdub* o algo así».[23] No obstante, por lo que parece, el 14 de noviembre se grabó otra versión, la que se encuentra en la cara B de «Mixed-Up Confusion», con una intro de armónica (en si bemol) y un solo también de armónica, pero ligeramente distinto.

El resultado es todo un éxito; la canción desprende un sentimiento de nostalgia, y Dylan transmite una emoción evidente, sin duda, causada por la ausencia de Suze Rotolo. El arpegio de guitarras es excelente, y Bruce Langhorne estuvo especialmente inspirado. Como curiosidad, se menciona la participación de Dick Wellstood al piano, pero resulta absolutamente inaudible en la versión definitiva. Es el único tema tocado con músicos de sesión, un *cover* que sirve de pieza indispensable para la cohesión del álbum.

Honey, Just Allow Me One More Chance

Henry Thomas / Bob Dylan / 1'59 minutos

Músico
Bob Dylan: voz, guitarra, armónica
Grabación
Columbia Recording Studios / estudio A,
Nueva York: 9 de julio de 1962
Equipo técnico
Productor: John Hammond
Ingenieros de sonido: George Knuerr, Pete Dauria

PARA LOS ADICTOS A DYLAN

Dylan no es el único en rendir homenaje a Henry Thomas; en 1968, el grupo Canned Heat convertirá su tema «Going Up The Country» en un hit mundial, inspirado directamente en «Bull Doze Blues» de Thomas, grabado en 1928.

Génesis y palabras

Henry «Ragtime Texas» Thomas, nacido en 1874 y fallecido probablemente en 1930 –¡aunque hay quien afirma haberlo visto en la década de 1950!– grabó varias canciones entre 1927 y 1929 por cuenta de la célebre discográfica Vocalion, con la que Robert Johnson grabará todo su repertorio. Él consolidó la relación entre la tradición del vodevil y el Texas blues, y fue redescubierto a inicios de la década de 1960 gracias al revival del folk. Bob Dylan fue el primero en beber de su repertorio, inspirándose en su «Honey Won't You Allow Me One More Chance». Tras escuchar este tema en el disco, Dylan afirma haberse sentido atraído por el tono de súplica del título. Su versión es, en realidad, una recreación más que una simple adaptación, pues modifica tanto la letra como el ritmo. También se aprecia el influjo del *bluesman* Jesse Fuller (de quien Dylan versiona el tema «You're No Good» en su primer álbum). La historia se inscribe en la tradición del lenguaje afroamericano: un enamorado le pide a la elegida de su corazón que le dé una segunda oportunidad. Sin duda, Dylan se ve influenciado por la marcha de Suze Rotolo a Italia, el 8 de junio, justo un mes antes de entrar en el estudio.

Realización

La similitud entre ambas versiones se limita principalmente al título y al estribillo. Mientras que la de Henry Thomas es un *ragtime blues* auténtico, la de Dylan bebe más del country y la comedia. El tono de su versión recuerda al de algunas canciones de su primer álbum, como «Pretty Peggy-O» o «Freight Train Blues». Es evidente que Dylan se divierte tocándola, y la interpreta como si fuese un segundo grado. Se acompaña con brío con su Gibson J-50, y a cada estrofa añade un solo de armónica bastante ágil (en sol). Le basta con grabar una sola toma. Dylan interpreta por primera vez en directo «Honey, Just Allow Me One More Chance» en el Gerdes Folk City de Nueva York, el 16 de abril de 1962, menos de tres meses antes de entrar en el estudio. Existe una excelente toma alternativa de 1970, con guitarras acústica y eléctrica, bajo y batería, que aporta una dimensión mucho más completa a la canción. Sin duda, se trata de una versión más convincente que la del disco.

I Shall Be Free

Bob Dylan / 4'48 minutos

Músico
Bob Dylan: voz, guitarra, armónica
Grabación
Columbia Recording Studios / estudio A,
Nueva York: 6 de diciembre de 1962
Equipo técnico
Productor: John Hammond
Ingenieros de sonido: George Knuerr, Pete Dauria

Los cantantes de folk Leadbelly (en quien se inspira «I Shall Be Free»), Nick Ray y Josh White, hacia 1940.

Génesis y letra

La última canción de *The Freewheelin' Bob Dylan* pertenece al repertorio del *songster* Leadbelly, quien a su vez la adaptó a partir de un tema espiritual del siglo XIX. Lo interpretó en la década de 1940 junto con Sonny Terry, Cisco Houston y Woody Guthrie, con el título «We Shall Be Free». Veinte años después, Dylan lo actualiza y lo convierte en una sátira social absolutamente divertida, con una personalidad importante que «está fuera predicando frente al campanario, diciendo que ama a todo tipo de gente»; y el ama de casa, que «grita y berrea todo el día». Con esta canción, Dylan sube el telón de su teatro del absurdo: le pregunta al Sr. Futbolista qué piensa hacer con Willy Mays (célebre jugador de béisbol), Martin Luther King y Babatunde Olatunji (ilustre percusionista y activista nigeriano), y recibe una llamada del presidente Kennedy en persona: «Bob, amigo mío, ¿qué podemos hacer para desarrollar el país?». Y el cantautor responde: «John, amigo mío, con Brigitte Bardot, Anita Ekberg y Sophia Loren, ¡el país levantará el vuelo!».

Realización

El tema se grabó el 6 de diciembre, durante la última sesión del año 1962. Estaba previsto que fuera también la última sesión de grabación del álbum, pero finalmente se fijó una nueva fecha, el 24 de abril de 1963. Armónicamente, «I Shall Be Free» es muy similar a «We Shall Be Free» de Leadbelly. Con impostaciones típicas del *talking blues*, a veces la colocación rítmica de la voz de Dylan carece de rigor; no obstante, la última canción del disco solo tiene por función aportar un poco de ligereza después de títulos como «Masters Of War» o «A Hard Rain's A-Gonna Fall». Dylan la retomará en 1964 para su cuarto álbum, *Another Side Of Bob Dylan,* con «I Shall Be Free N° 10». Con la guitarra en afinación abierta en re (cejilla en el cuarto traste) y la armónica en sol, el cantautor se deja llevar por su interpretación, y para desesperación de John Hammond, demuestra su falta de técnica de micro una vez más: ¡en la grabación se oyen hasta ocho plosivas! (en los minutos 0'21, 1'01, 1'21, 1'56, 3'08, 3'17 y 4'09). Dylan necesita repetir la canción hasta cinco veces. Solo interpreta con éxito la segunda y la quinta toma, y finalmente se elige la segunda para la masterización. Con excepción de «Corrina, Corrina», es la única canción que termina en *fade-out*.

The Freewheelin' outtakes

Los años 1962-1963 son un período de excepcional creatividad para Dylan, quien graba nada más y nada menos que treinta y seis temas durante las sesiones de su segundo álbum. Aunque algunas son versiones, la mayoría son composiciones originales; trece de ellos se incluyen finalmente en el álbum oficial. Los temas «olvidados» no son menos geniales, dignos de un cantautor que ha llegado a la madurez. Dan testimonio de ello los nueve títulos incluidos en *The Bootleg Series* y «Baby, I'm In The Mood For You», del recopilatorio *Biograph*.

VOL 1-3

Let Me Die In My Footsteps

Bob Dylan / 3'33 minutos

Músico: Bob Dylan: voz, guitarra / **Grabación:** Columbia Recording Studios / estudio A, Nueva York: 25 de abril de 1962 / **Productor:** John Hammond / **Ingenieros de sonido:** George Knuerr, Pete Dauria / **Recopilatorio:** *The Bootleg Series, Vol. 1-3: Rare & Unreleased 1961-1991*, CD 1 / **Publicación:** 26 de marzo de 1991

«Let Me Die In My Footsteps» fue compuesta en mayo de 1962, cuando Nikita Krushev inicia la Operación Anadyr, destinada a impedir que Estados Unidos invada Cuba. Es una canción «elegantemente irónica», inspirada en «la moda de construir refugios atómicos»[1] que se dio en Estados Unidos durante la guerra fría. Dylan afirmó: «Estaba en Kansas, en Phillipsburg o Marysville. Mientras atravesaba una de estas ciudades, vi cómo construían un refugio atómico, justo en las afueras, una estructura imponente como un coliseo [...]. Pasé al menos una hora observando cómo los obreros construían el edificio, y pensé en componer una canción que hacía dos años que tenía en la cabeza».[1] Y añadió: «Me impresionó mucho que se dedicaran a cavar un agujero cuando hay tantas cosas que hacer en la vida, como observar el cielo, pasear o vivir un poco, en vez de construir aquella cosa inmoral. Creo que hay que mostrárselo a la gente. No saben qué les asusta en realidad».[25] Sin caer en la paranoia, como la mayoría de sus compatriotas, el joven cantautor ofrece en esta canción un mensaje pacifista («lanzaría todos los tanques y fusiles al mar»), desprovisto de optimismo («Dejadme morir por donde camino antes de enterrarme bajo tierra»). Dylan niega haber compuesto una canción de contenido político: «Mi canción era a la vez personal y social».[1]

El pequeño texto de presentación de la canción, redactado por Dylan para la contraportada de *The Freewheelin' Bob Dylan* antes de que se suprimiera de la lista de temas definitiva, en favor de «A Hard Rain's A-Gonna Fall», volvió a imprimirse para el librito de *The Bootleg Series, Vol. 1-3*. Grabada en una sola toma el 25 de abril, merecía formar parte del álbum. El resultado es excelente, Dylan domina a la perfección su interpretación, la guitarra y la voz. Es una lástima que no se incluyera. Por lo que parece, Dylan no estaba muy convencido: «Las primeras veces que canté "Let Me Die In My Footsteps", ni siquiera dije que era mía. La colé entre otras dos para que pasara por un tema de los Weavers».[1] Existen otras dos grabaciones de la canción: la primera, lanzada en septiembre de 1963 en *The Broadside Ballads, Vol. 1*, un álbum de *topical songs* dirigido por Pete Seeger y el fundador de la revista *Broadside*, Sis Cunningham; la segunda, una demo grabada para la discográfica M. Witmark & Sons en septiembre de 1963, pero que no se lanzó hasta 2010 en *The Bootleg Series, Vol. 9 The Witmark Demos: 1962-1964*.

Kingsport Town

Tradicional / arreglos Bob Dylan /

3'29 minutos

Músicos: Bob Dylan: voz, guitarra, armónica; Bruce Langhorne: guitarra solista **/ Grabación:** Columbia Recording Studios / estudio A, Nueva York: 14 de noviembre de 1962 **/ Productor:** John Hammond **/ Ingenieros de sonido:** George Knuerr, Pete Dauria **/ Recopilatorio:** *The Bootleg Series, Vol. 1-3: Rare & Unreleased 1961-1991*, CD 1 **/ Publicación:** 26 de marzo de 1991

«Kingsport Town» está claramente inspirada en «Who's Gonna Shoe Your Pretty Little Feet?», de Woody Guthrie, que a su vez lo está en «The Storms On The Ocean», grabada en 1972 por The Carter Family. Es una balada sobre una mujer de pelo rizado y ojos negros, grabada el 14 de noviembre de 1962, el mismo día que «Don't Think Twice, It's Allright», pero descartada de la lista de temas definitiva. Después de «Corrina, Corrina», es la segunda vez que Dylan se acompaña con otro

músico en las sesiones del segundo álbum: Bruce Langhorne, quien se cruza en su camino una vez más. No se sabe cuántas tomas fueron necesarias para grabar el tema a falta de los documentos del estudio, pero es evidente que se trata de una muy buena interpretación, y que podría haberse incluido perfectamente en el álbum si no fuera porque Dylan compuso poco después varias canciones de tono muy distinto («Girl Of The North Country», «Masters Of War»…).

Rambling, Gambling Willie

Bob Dylan / 4'12 minutos

Músico: Bob Dylan: voz, guitarra, armónica **/ Grabación:** Columbia Recording Studios / estudio A, Nueva York: 24 de abril de 1962 **/ Productor:** John Hammond **/ Ingenieros de sonido:** George Knuerr, Pete Dauria **/ Recopilatorio:** *The Bootleg Series, Vol. 1-3: Rare & Unreleased 1961-1991*, CD 1 **/ Publicación:** 26 de marzo de 1991

«Rambling, Gambling Willie» nace de una doble inspiración. El héroe de la canción, Will O'Conley, es un jugador compulsivo que «tiene veintisiete hijos pero no se ha casado nunca». Podría ser el retrato novelesco de Wild Bill Hickok, quien, tras intentar hacer cumplir la ley en el salvaje Oeste ostentando con valentía su estrella de sheriff, fallece en una mesa de póker. En realidad, se trata de la adaptación americana del retrato de Willie Brennan, un *highwayman* (bandido de carretera) irlandés del siglo xix, inmortalizado en la canción tradicional «Brennan On The Moor». Tras escuchar la versión de The Clancy Brothers de este tema, Dylan crea «Rambling, Gambling Willie». El cantautor afirma al director Derek Bailey: «Hasta entonces no había escuchado este tipo de canciones… todos estos personajes de leyenda que citan las canciones –"Brennan On The Moor" o "Roddy Macaulay"–. Me dije que podía hablar de Jesse James o algún otro de la misma forma que "Brennan On The Moor". Compuse mis propias canciones a partir de melodías que había escuchado».[25] Liam Clancy recuerda perfectamente el día en que Dylan le mostró lo que acababa de componer inspirándose en «Brennan On The Moor»: «Se puso a cantar su canción de nueve o diez estrofas

en plena calle. Recuerdo que le dije: "Tienes un gran talento, una imaginación desbordante, podrías resumirlo todo y hacerla un poco más corta". Y añadí: "Por el amor de Dios, ¿por qué un chico judío de 17 años [!] del Midwest intenta sonar como un negro de 70 años del Sur?"».[26] En enero de 1962, Dylan graba una demo de «Rambling, Gambling Willie» para Duchess Music Corporation, propiedad de Leeds Music. Tres meses después, firma una nueva versión para su segundo álbum, esta vez, bajo la dirección artística de John Hammond. Grabado durante la primera sesión de *The Freewheelin' Bob Dylan*, el tema «Rambling, Gambling Willie» necesita cuatro tomas antes de obtener la versión definitiva. La interpretación de Dylan es buena, especialmente a la armónica, y es evidente que el cantautor creía en esta canción para su nuevo álbum. Basada principalmente en dos acordes, es cierto que la melodía toma prestados elementos de la versión de The Clancy Brothers, pero Dylan tiene suficiente talento para convertirla en su propia obra. «Rambling, Gambling Willie» se incluye en la lista de temas provisional de *Freewheelin'*, pero finalmente se descarta del álbum oficial en favor de «Bob Dylan's Dream».

VOL 1-3

Talkin' Bear Mountain Picnic Massacre Blues

Bob Dylan / 3'45 minutos

Músico: Bob Dylan: voz, guitarra, armónica / **Grabación:** Columbia Recording Studios / estudio A, Nueva York: 25 de abril de 1962 / **Productor:** John Hammond / **Ingenieros de sonido:** George Knuerr, Pete Dauria / **Recopilatorio:** *The Bootleg Series, Vol. 1-3: Rare & Unreleased 1961-1991*, CD 1 / **Publicación:** 26 de marzo de 1991

Bob Dylan compone «Talkin' Bear Mountain Picnic Massacre Blues» exactamente el 20 de junio de 1961. La noche anterior, Noel Stookey (futuro miembro del trío Peter, Paul and Mary) está en el Gaslight Cafe leyendo un suceso muy singular en las columnas del *New York Herald Tribune*: una excursión del Harlem Social Club por el río Hudson (hasta Bear Mountain) acaba con escenas de pánico general debido a la venta de excesivas entradas. Stookey le da el periódico a Dylan, quien, para su sorpresa, vuelve al Gaslight a la mañana siguiente «con esta sátira de nueve estrofas».[25] «Por aquel entonces, Dylan todavía no era conocido como cantautor, por lo que su composición resultaba como mínimo sorprendente».[27] Terri Thal, la primera esposa del cantante de folk Dave Van Ronk, recuerda: «[Bob] empezó a pensar y a hablar sobre la explotación de personas. No desde un punto de vista de clase, sino simplemente con odio hacia aquellos que explotan a sus semejantes [...]. Esto es lo que expresa "Talkin' Bear Mountain"».[2] Este

talking blues es en realidad un homenaje al maestro del género, Woody Guthrie. Dylan, que suele inspirarse en el repertorio de su mentor, le aporta actualidad componiendo un *topical song* –es decir, una canción sobre un acontecimiento de actualidad– que, en el plano musical, pertenece a la tradición folk y blues. El 25 de abril de 1962, Dylan graba este tema con acento country & western. Compuesto en nueve estrofas sobre tres acordes, el cantautor confía en que será uno de los destacados del su nuevo álbum. No obstante, de las nueve canciones trabajadas aquel día, ninguna se incluirá en el álbum oficial. «Talkin' Bear Mountain Picnic Massacre Blues» carece de convicción, y Dylan parece ahogarse durante su interpretación. Recuperará el aliento con otro *talking blues*, «Talkin' World War III Blues», que sí se incluirá en *The Freewheelin'*, con el mismo tono, los mismos acordes y prácticamente el mismo patrón rítmico. Se grabaron tres tomas. La tercera se elige para *The Bootleg Series, Vol. 1-3* (1991).

VOL 7

Sally Gal

Bob Dylan / 2'37 minutos

Músicos: Bob Dylan: voz, guitarra, armónica; William E. Lee (?): contrabajo / **Grabación:** Columbia Recording Studios / estudio A, Nueva York: 24 de abril de 1962 / **Productor:** John Hammond / **Ingenieros de sonido:** George Knuerr, Pete Dauria / **Recopilatorio:** *The Bootleg Series, Vol. 7 No Direction Home: The Soundtrack*, CD 1 / **Publicación:** 30 de agosto de 2005

Se admite comúnmente que Dylan se habría inspirado en «Sally, Don't You Grieve», de Woody Guthrie, para componer esta canción. Aunque el parecido no resulte evidente, el cantautor deberá defenderse de las acusaciones de plagio. Dylan parece apreciar de forma especial esta canción, que interpreta a menudo en los clubes de Greenwich Village, sobre todo, para captar la atención del público con su ritmo alegre, originado por el intercambio tónico entre la guitarra y la armónica. Se graban tres tomas de «Sally Gal» durante la primera sesión de

The Freewheelin' Bob Dylan, el 24 de abril de 1962, y dos más al día siguiente. La canción se distingue por dos características excepcionales. Es la única vez que Dylan introduce una canción con un estribillo de armónica tan largo: ¡1'14 minutos!, y es también uno de los pocos temas en que se acompaña solo con un contrabajista, sin duda, el excelente William E. Lee. A pesar de dichas singularidades, «Sally Gal» no está a la altura y es descartada de la lista de temas definitiva. La primera toma del 24 de abril se incluye en *The Bootleg Series, Vol. 7*.

Quit Your Low Down Ways

Bob Dylan / 2'40 minutos

Músico: Bob Dylan: voz, guitarra / **Grabación:** Columbia Recording Studios / estudio A, Nueva York: 9 de julio de 1962 / **Productor:** John Hammond / **Ingenieros de sonido:** George Knuerr, Pete Dauria / **Recopilatorio:** *The Bootleg Series, Vol. 1-3: Rare & Unreleased 1961-1991*, CD 1 / **Publicación:** 26 de marzo de 1991

«Quit Your Low Down Ways» da muestras de la enorme influencia ejercida por los precursores del *Delta blues* y la música country sobre el joven cantautor de Medio Oeste. Parece haberse inspirado en varias fuentes. En primer lugar, el célebre «Milk Cow Blues», grabado por Sleepy John Estes en 1930, y cuatro años más tarde, por Kokomo Arnold. El estribillo, «*Well, if you can't quit your sinnin' / Please quit your low down ways*» se toma prestado directamente de esta última versión. También se inspira en «Brain Cloudy Blues», inmortalizado por Bob Wills en 1940, del que extrae tanto la letra como la melodía de la frase del estribillo, «*You're gonna need my help someday*». Por último, el propio título de la canción proviene de «Baby, Quit Your Low Down Ways», grabado por Blind Boy Fuller en 1939. Dylan conoce su blues a la perfección. Con sus riffs en afinación abierta y su voz ronca, el tema no hubiera desentonado en su primer álbum. «Quit Your Low Down Ways» se graba en una sola toma el 9 de julio, pero se descarta para el segundo álbum. En cambio, Peter Paul and Mary graban una versión de gran éxito para su tercer disco *In The Wind*, y también los Hollies realizan una excelente adaptación en 1969 (*Hollies Sing Dylan*).

El cantautor, pensativo. ¿Recordando a Blind Boy Fuller?

UN VERDADERO DESENCUENTRO

Por poco, Blind Boy Fuller, uno de los precursores del Piedmont Blues (el blues de la costa Este) no se cruza también por el camino de John Hammond. En diciembre de 1938, Fuller no puede participar en el concierto From Spirituals To Swing, organizado en el Carnegie Hall de Nueva York por Hammond para mostrar la música negra norteamericana al público blanco, que por aquel entonces la desconocía y menospreciaba totalmente. Fallece tres años después. Ironías del destino, ¡su último disco será lanzando por Columbia después de su muerte!

VOL 1-3

Walls Of Red Wing

Bob Dylan / 5'05 minutos

Músico: Bob Dylan: voz, guitarra, armónica / **Grabación:** Columbia Recording Studios / estudio A, Nueva York: 23 de abril de 1963 / **Productor:** Tom Wilson / **Ingenieros de sonido:** George Knuerr, Pete Dauria / **Recopilatorio:** The *Bootleg Series, Vol. 1-3: Rare & Unreleased 1961-1991*, CD 1 / **Publicación:** 26 de marzo de 1991

¿Bob Dylan se inspiró en un correccional de su Minnesota natal llamado Red Wing para componer esta canción, o en realidad habla de detenidos de apenas 12 a 17 años? Es posible que así sea. En este caso, resulta siniestra la constatación del trato infligido a estos jóvenes presos, como si de criminales se tratara, en lo que parece una fortaleza con puertas de metal fundido y muros coronados por alambres de espino.

Dylan inicia las sesiones del segundo álbum tres meses después de su regreso de Inglaterra, con la inspiración renovada, fruto del descubrimiento de las antiguas baladas británicas e irlandesas que le muestran Martin Carthy y Nigel Davenport. El tema «Walls Of Red Wing» toma prestada la melodía a la balada escocesa «The Road And The Miles To Dundee».

Joan Baez la grabó para su álbum *Any Day Now* (1968), y también Ramblin' Jack Elliott, para *Friends On Mine* (1998). Bob Dylan la interpretó en público por primera vez en el Town Hall, el 12 de abril de 1963.

Al cantautor le cuesta imprimir su toque personal en esta canción: bajo la égida de su nuevo productor, su interpretación carece de convicción y no resulta creíble. El estribillo presenta una curiosa similitud melódica con el de su futuro tema «With God On Our Side» (en *The Times They Are A-Changin'*). Graba la canción el 23 de abril, durante la última sesión dedicada a su segundo álbum, en tres tomas, de las cuales, la mejor es la última. No obstante, no se incluirá en la lista definitiva del álbum.

BIOGRAPH

Baby, I'm In The Mood For You

Bob Dylan / 2'57 minutos

Músico: Bob Dylan: voz, guitarra, armónica / **Grabación:** Columbia Recording Studios / estudio A, Nueva York: 9 de julio de 1962 / **Productor:** John Hammond / **Ingenieros de sonido:** George Knuerr, Pete Dauria / **Recopilatorio:** *Biograph*, CD 3 / **Publicación:** 7 de noviembre de 1985

PARA LOS ADICTOS A DYLAN

«Blind Boy Grunt» es el apodo elegido por Dylan para la versión de «Let Me Die In My Footsteps» grabada para el recopilatorio *The Broadside Ballads, Vol. 1*. En ella, Dylan interpreta las armonías vocales, acompañado por el cantante de folk Happy Traum, quien se encarga de la voz principal.

Esta canción suena como un homenaje de Bob Dylan al *bluesman* Jesse Fuller, de quien ya ha versionado «You're Not Good» durante la grabación de su primer álbum, y en directo, «San Francisco Bay Blues». Dylan ofrece una interpretación más bien exaltada de «Baby, I'm In The Mood For You». Rascando la guitarra en *strumming*, apenas interrumpe su interpretación vocal para añadir varios solos de armónica frenéticos. El cantautor parece creer mucho en esta canción cuando la graba al inicio de la sesión del 9 de julio. De las cuatro tomas grabadas (una de ellas, empezada a destiempo), ninguna se incluye en *The Freewheelin'*. La tercera toma se conservó en los cajones de Columbia hasta su lanzamiento en *Biograph*, una apasionante retrospectiva de la carrera del cantautor, disponible en las tiendas de discos a partir de 1985.

Worried Blues

Tradicional / arreglos Bob Dylan / 2'39 minutos

Músico: Bob Dylan: voz, guitarra / **Grabación:** Columbia Recording Studios / estudio A, Nueva York: 9 de julio de 1962 / **Productor:** John Hammond / **Ingenieros de sonido:** George Knuerr, Pete Dauria / **Recopilatorio:** *The Bootleg Series, Vol. 1-3: Rare & Unreleased 1961-1991*, CD 1 / **Publicación:** 26 de marzo de 1991

Es difícil saber cuál es la versión que Dylan retomó y adaptó para su «Worried Blues». Muchos artistas grabaron este tema, desde Leadbelly hasta Buddy Guy, Skip James, Lightnin' Hopkins o Frank Hutchison. No es fácil identificar la versión de Dylan. No obstante, es una muestra evidente de su progresión desde la grabación de su primer álbum.

Su *finger-picking*, que recuerda al de «Don't Think Twice, It's All Right», es sutil y dinámico, y *según el musicólogo británico John Way*, similar al de la *blueswoman* Elizabeth Cotten. Cabe señalar que, por desgracia, el cantautor abandonará en mayor o menor medida esta técnica de guitarra a partir de 1964. El 9 de julio, graba dos tomas de «Worried Blues», pero ninguna se incluye en *The Freewheelin'*. Solo la segunda de ellas verá la luz, en *The Bootleg Series, Vol. 1-3*, lanzado en 1991.

PARA LOS ADICTOS A DYLAN

En *Worried Blues*, Bob Dylan canta «I'm going where the climate / Suits my Clothes» («Me voy adonde el clima / Se ajuste a mi ropa»), una frase que volveremos a encontrar en «Everybody's Talkin'» de Fred Neil, en 1966, y retomada tres años después con enorme éxito por Harry Nilsson. Cabe señalar que Fred Neil fue uno de los primeros músicos en contratar a Dylan en sus inicios (como armonicista). En cuanto a «Everybody's Talkin'», fue elegida como banda sonora original de *Midnight Cowboy* (*Cowboy de medianoche*) en 1969, ¡por la simple razón de que Dylan no había terminado «Lay, Lady, Lay»! ¿Una casualidad?

Talkin' Hava Negellah Blues

Bob Dylan / 0'52 minutos

Músico: Bob Dylan: voz, guitarra, armónica / **Grabación:** Columbia Recording Studios / estudio A, Nueva York: 25 de abril de 1962 / **Productor:** John Hammond / **Ingenieros de sonido:** George Knuerr, Pete Dauria / **Recopilatorio:** *The Bootleg Series, Vol. 1-3: Rare & Unreleased 1961-1991*, CD 1 / **Publicación:** 26 de marzo de 1991

Por lo que parece, Bob Dylan empezó a cantar «Talkin' Hava Negellah Blues» en otoño de 1961, como se desprende de un célebre artículo de Robert Shelton publicado en el *New York Times* el 29 de septiembre de 1961; el crítico alabó la actuación del joven cantautor, a la que había asistido la noche anterior en el Gerde's Folk City: «Como un actor de vodevil de un circuito rural, propone una variedad de números musicales cómicos. "Talkin' Hava Negellah Blues" es una caricatura de la canción folk y del propio cantautor».[25] Más allá del título, la versión de Dylan guarda muy poca similitud con el célebre tema del folk judío «Hava Nagila». Su *talking blues*, que en realidad no lo es, resulta muy gracioso. No obstante, no encontró su lugar en el segundo álbum. Fue la tercera canción grabada el 25 de abril, de la que se realizó una sola toma.

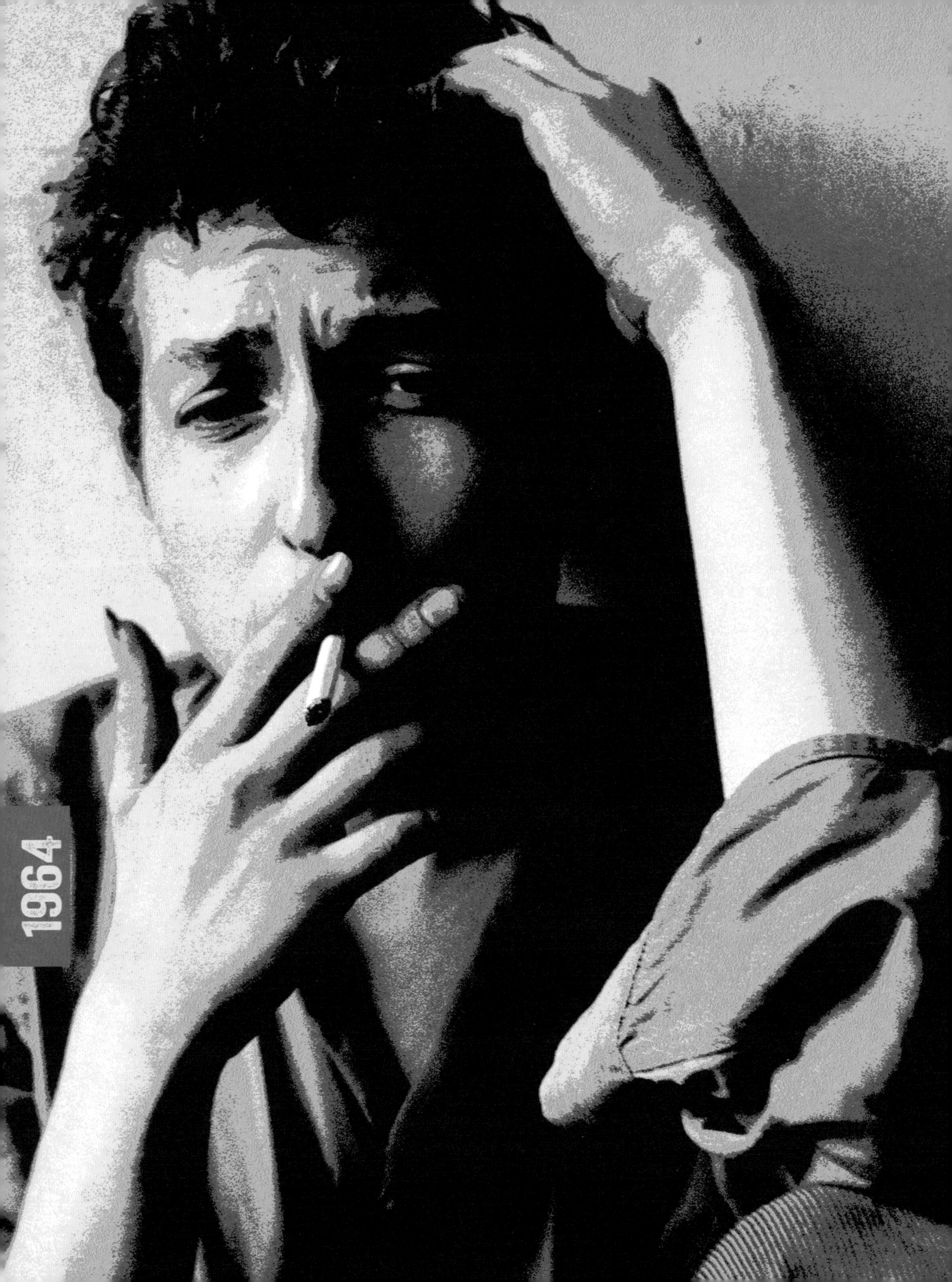

1964

The Times They Are A-Changin'

The Times They Are A-Changin'
Ballad Of Hollis Brown
With God On Our Side
One Too Many Mornings
North Country Blues
Only A Pawn In Their Game
Boots Of Spanish Leather
When The Ship Comes In
The Lonesome Death Of Hattie Carroll
Restless Farewell

ÁLBUM

FECHA DE PUBLICACIÓN

13 de enero de 1964

por Columbia Records

(REFERENCIA COLUMBIA CL2105/CS8905)

Dylan fuma y se inspira para
escribir las más bellas páginas de
The Times They Are A-Changin'.

The Times They Are A-Changin',
una obra poética

1964

El álbum

Apenas cuatro meses transcurren desde la última sesión de *The Freewheelin' Bob Dylan* y la primera de *The Times They Are A-Changin'*. En este álbum, el primero enteramente producido por Tom Wilson, Dylan opta por grabar únicamente composiciones originales. El tema de apertura impone de entrada un tono grave y sentencioso. Le reprocharán haber seleccionado un conjunto de canciones demasiado sombrío y uniforme. A diferencia de sus dos primeros álbumes, no hay ni una pizca de humor que sirva para aligerar el ambiente del disco. Sin duda, a lo largo de las sesiones, la inspiración del cantautor no dejó de crecer. Mojando su pluma en tinta negra o presionando nerviosamente las teclas de su máquina de escribir, elaboró una serie de poemas que, desde los primeros versos, sobrecogen el espíritu y despiertan la conciencia. La canción homónima del álbum es todo un símbolo. Dylan quiso que fuera un himno, y no solo se dirige a la generación del *baby boom*, sino a gentes de todas las edades y clases sociales, a quienes expresa la llegada de un nuevo mundo construido sobre las cenizas del anterior. «Juntaros / Vengáis de donde vengáis / Y reconoced que las aguas / Han crecido a vuestro alrededor», canta en el primer verso. Este llamamiento al cambio está presente también en otra canción esencial del álbum, «When The Ship Comes In», uno de sus más bellos textos acerca del oscurantismo.

Poesía y protesta

Algunas canciones del disco nacen como reacción ante las injusticias de la sociedad norteamericana, inspirándose en sucesos reales («Ballad Of Hollis Brown», «The Lonesome Death Of Hattie Carroll», «Only A Pawn In Their Game» o «North Country Blues»). Bajo el influjo épico de los textos bíblicos, la estética de los simbolistas franceses y la contracultura de los escritores de la generación beat, *The Times They Are A-Changin'* es un álbum de poesía contestataria. «With God On Our Side» es otro bonito ejemplo: Dylan se interroga sobre la Historia que se enseña y fustiga a aquellos que afirman combatir en nombre de Dios. Se desmarcan del resto dos canciones más personales, inspiradas en su reciente ruptura con Suze Rotolo («One Too Many Mornings» y «Boots Of Spanish Leather»). El disco también abre nuevos horizontes, con «Restless Farewell». Aunque más tarde lo niegue, el cantautor firma un álbum de canciones protesta en que impone su visión del mundo, y algunos lo encumbran como un visionario. Lanzado el 13 de enero de 1964, *The Times They Are A-Changin'* alcanza el puesto n.º 20 en la lista de éxitos de *Billboard* del mismo año, y en 1994 es disco de oro. En el Reino Unido se sitúa en el n.º 4 de la lista de éxitos de 1965. Aunque su visión sea más bien sombría, aporta una mirada lúcida sobre el mundo. Cuando su tercer álbum sale al mercado, ¡Estados Unidos y el mundo entero está conmocionado por el asesinato de John F. Kennedy, el 22 de noviembre de 1963!

Bob Dylan y Joan Baez en el festival de Newport, Rhode Island, en 1963. Es la primera vez que el cantante de folk participa en el festival.

LOS *OUTTAKES*

1964

Seven Curses
Farewell
Bob Dylan's New Orleans Rag
Walls Of Red Wing
Eternal Circle
Paths Of Victory
Hero Blues
Moonshiner
Only A Hobo
Percy's Song
Key To The Highway
That's All Right, Mama
Lay Down Your Weary Tune
Suze (The Cough Song)

La carátula

La fotografía de la portada es obra de Barry Feinstein (no de Don Hunstein). Dylan aparece con una expresión a lo Woody Guthrie, totalmente distinta de aquella en que se paseaba del brazo de Suze Rotolo por una calle de West Village (*The Freewheelin' Bob Dylan*). La imagen es en blanco y negro, y el rostro del cantautor aparece serio y con la mirada sombría –como si, a sus 22 años, cargara ya su cruz, el pesado fardo de la violencia y las injusticias de las que es testigo a diario, a veces, incluso víctima. Barry Feinstein se cruzará de nuevo en su camino en 1966 y en 1974, cuando le acompaña en sus giras mundiales. Será también el fotógrafo de otros artistas, como George Harrison, en la portada de *All Things Must Pass* (1970), o Janis Joplin, en *Pearl* (1971). Fallece en 2011 a la edad de 80 años.

La grabación

The Times They Are A-Changin' se grabó en seis sesiones en el estudio A de Columbia, en Nueva York. Tres de las sesiones fueron en agosto (los días 6, 7 y 12) y otras tres en octubre (23, 24 y 31). El álbum incluye 10 canciones, pero Dylan grabó también otros catorce temas, la mayoría de los cuales se publicaron en recopilatorios oficiales (*The Bootleg Series*, *Vol. 1-3* y *9*, y *Biograph*).

La diferencia fundamental del sonido de este álbum y el anterior viene definida por la participación exclusiva del productor Tom Wilson. Su imprenta se aprecia desde las primeras canciones: el color es más incisivo y brillante, y desaparece el tono apagado que tanto gustaba a Hammond. Wilson prefiere una guitarra más agresiva, y una voz y una armónica más nítidas y con un poco más de *reverb*. La toma de sonido es distinta, y el productor no duda en cambiar la situación de los micrófonos para crear imágenes más presentes («The Times They Are A-Changin'»), o más difusas («Boots Of Spanish Leather»). Incluso el sonido de la guitarra varía según la canción. En «The Ballad Of Hollis Brown» adopta un color muy médium, que recuerda ligeramente al de un dobro. Wilson procede del mundo del jazz, y no quiere limitarse a un sonido único y uniforme, lo que permite a Dylan ampliar su paleta sonora.

Bob Dylan en el estudio (octubre de 1963), ante el micro, sin duda, un Altec 633.

Datos técnicos

A pesar del cambio de productor, el material de grabación es el mismo (*véase The Freewheelin' Bob Dylan*, pág. 49).

Los instrumentos

En 1963 Dylan pierde de forma inexplicable su Gibson J-50. La desaparición de su guitarra sigue siendo uno de los grandes enigmas del rock'n'roll. La sustituye por otra Gibson, la célebre Nick Lucas Special, que el artista adquiere en Fretted Instruments, una tienda regentada por Marc Silber en Nueva York. No obstante, parece que el conjunto de sesiones de *The Times They Are A-Changin'* se grabaron con la Gibson J-50, y que Dylan no empezó a utilizar la Nick Lucas hasta finales de año y en sus dos siguientes álbumes. Al igual que en su anterior disco, emplea cuatro armónicas en tonos distintos: do, mi, sol y la.

PARA LOS ADICTOS A DYLAN

La versión francesa de este tercer álbum no sale a la venta hasta 1965, con abundantes variaciones en relación al original. El disco se rebautiza como *Mister Bob Dylan*, y en el dorso de la portada aparece el cantautor en una foto de 1965 ¡con una guitarra eléctrica! y desaparecen los *11 Outlined Epitaphs*.

En 1963, Tom Wilson (aquí, hacia 1967) sustituye a John Hammond en la producción de los discos del joven cantautor.

Tom Wilson, un productor «eléctrico»

Por iniciativa del mánager Albert Grossman, Tom Wilson sustituye a John Hammond como productor de Bob Dylan durante la última sesión de *The Freewheelin' Bob Dylan* (23 de abril de 1963). Thomas Blanchard Wilson Jr. (1931-1978) está considerado uno de los grandes productores de los años 1960-1970. Su trayectoria fue absolutamente ejemplar. Nacido en el seno de una familia afroamericana con un papel pionero en la educación de los jóvenes de la comunidad negra de Texas, milita activamente contra la segregación en las filas del Partido republicano durante sus años de estudiante en Harvard. Su credo: no ser víctima del destino e ir siempre para delante. Además de ser un militante activo, es un apasionado de la música, especialmente, del jazz. En 1955, después de haber codirigido la Harvard New Jazz Society, presenta un programa de radio en la WHRB, ahorra varios centenares de dólares, y funda la discográfica Transition en Nueva York, con la que pretende promover a grandes nombres del jazz, como Sun Ra. Más tarde, es nominado sucesivamente director artístico de Savoy, United Artists y Audio Fidelity.

Un afroamericano al mando de Columbia

En 1963, Goddard Lieberson, entonces presidente de Columbia, se fija en Wilson durante un congreso organizado por la Academia Nacional de las Artes y las Ciencias, donde este último sustituye a Quincy Jones como director artístico (Artists & Repertoire). Le propone unirse a su discográfica, a lo que Wilson acepta y se convierte en el primer productor negro de Columbia. David Kapralik, responsable del departamento de A & R, le propone trabajar para Bob Dylan. Aunque la música folk no sea santo de su devoción y la musicalidad de Dylan no le impresione demasiado, Wilson queda impresionado cuando lo escucha cantar: «¡Me quedé pasmado! Albert Grossman estaba en el estudio, y le dije: "si le añadimos unos arreglos, ¡tendremos a un Ray Charles blanco con mensaje!"».[24] En 1965, su deseo se hace realidad: bajo su influencia, Dylan, quien sueña ya en acercarse al rock, se pasa al sonido eléctrico. No obstante, su colaboración se terminará poco después de la grabación de «Like A Rolling Stone» (*Highway 61 Revisited*), cuando el cantautor le dice de forma sibilina: «¿Quizá deberíamos probar con Phil Spector?».[24]

Entre sus primeros pupilos en Columbia destacan Simon & Garfunkel (*Wednesday Morning, 3 A.M.*, 1964). Fue él quien tuvo la idea de añadir arreglos folk rock a *Sounds Of Silence*, ¡que dio al dúo musical su primer n.° 1!

En 1966, Wilson abandona Columbia por Verve y lanza dos grupos llamados a ejercer una influencia considerable y duradera en la escena del rock: The Mothers of Invention de Frank Zappa, con *Freak Out!* (1966), y The Velvet Underground, con *The Velvet Underground & Nico* (1967). Otros hitos de este productor visionario son: *Absolutely Free* (1967) y *We're Only In It For The Money* (1968), de Mothers; *White Light/White Heat* (1968), de Velvet; *Projections* (1966), de The Blues Project; *Chelsea Girl* (1967), de Nico; y el primer álbum de Soft Machine (*The Soft Machine*, 1968).

En 1968 será uno de los fundadores del célebre Record Plant Studio de Nueva York, y logrará convencer al productor de Jimi Hendrix, Chas Chandler, de que grabe ahí su *Electric Ladyland*. Sus labores como productor disminuyeron en los últimos años de su vida, pues diversificó sus actividades, sobre todo, alquilando sus servicios a Berry Gordy, fundador de Motown Record.

Tom Wilson muere de un ataque cardíaco el 6 de septiembre de 1978, en Los Ángeles. Un detalle curioso: en su lápida figura 1975 como año de su muerte, en vez de 1978.

The Times They Are A-Changin'

Bob Dylan / 3'14 minutos

Músico
Bob Dylan: canto, guitarra, armónica
Grabación
Columbia Recording Studios / estudio A,
Nueva York: 23 y 24 de octubre de 1963
Equipo técnico
Productor: Tom Wilson
Ingenieros de sonido: George Knuerr, Pete Dauria

Bob Dylan en la época de «The Times They Are A-Changin'».

Génesis y letra

Bob Dylan compuso «The Times They Are A-Changin'» en otoño de 1963, inspirándose en las antiguas baladas irlandesas y británicas que había escuchado durante su estancia en Londres, en diciembre de 1962. A diferencia de «Masters Of War» y «A Hard Rain's A-Gonna Fall», esta canción no trata de un tema particular, sino que transmite más bien un sentimiento compartido por muchos. La década de 1960 es un período de cambios profundos, y el proceso de transformación de la sociedad americana ya ha empezado, con avances significativos en materia de derechos civiles y la aparición de una cultura alternativa, en que la música folk es una de sus máximas expresiones. Una vez más, Dylan se inspira muy probablemente en los textos bíblicos para transmitir su mensaje universal. Incluso el título alude al versículo I, 3 del Apocalipsis según San Juan: «Feliz aquel que lee / y aquellos que escuchan las palabras de la profecía / y recuerdan lo que está escrito / Porque el momento se acerca». Del mismo modo, la penúltima frase de la segunda estrofa, *«For the loser now will be later to win»* («porque el que pierde hoy ganará mañana»), evoca el versículo 31, capítulo X, del Evangelio según San Marcos: «Los primeros serán los últimos, y los últimos serán los primeros». El discurso dylaniano es potente porque no es excluyente. No hay duda de que el cantautor quiso componer un himno dirigido a las jóvenes generaciones, aunque en 1965 niegue haber querido enfrentarlas con sus mayores: «No me refería a esto, pero fueron las únicas palabras que encontré para distinguir el sentimiento de estar vivo del de estar muerto. No tenía nada que ver con la edad».[20] No obstante, Dylan es consciente del alcance de sus palabras. Explica a Cameron Crowe: «Quise componer una canción importante, una especie de *leitmotiv*, con estrofas concisas, que se encadenan de forma hipnótica».[12]

Más allá de eso, se trata de una invitación poética a reunirse –a «escritores y críticos», «senadores y diputados», «madres y padres»–, simplemente, a «los valientes» –como dice la primera estrofa–, esperando que su llamamiento sea escuchado (*«heed the call»*). Ahora sabemos que Bob Dylan no será «escuchado»: apenas un mes antes de grabar la canción, John F. Kennedy es asesinado en Dallas, y pronto los soldados norteamericanos parten a combatir en Vietnam. El día siguiente al trágico suceso, Dylan, con gran reticencia, da un concierto

en Nueva York. «The Times They Are A-Changin'» es la primera canción que interpreta: «Se impuso de alguna forma como canción de apertura y se mantuvo así durante mucho tiempo»,[12] explicará el cantautor en el librito de *Biograph*. Aunque teme que, en las circunstancias dadas, el público rechace la canción, para su sorpresa, la ovaciona. En 1972, confiesa a Anthony Scaduto: «No comprendía por qué me aplaudían, ni siquiera por qué había compuesto aquella canción. Ya no entendía nada [...]. Para mí, era una locura, pura y simplemente».[2]

Dylan tiene una personalidad contradictoria: permitirá en varias ocasiones que su canción acompañe anuncios publicitarios, e incluso que figure entre los títulos de crédito de *Watchmen* (2009), ¡una película de acción! *The Times They Are A-Changin'*...

Realización

Además de ser la canción que da título al álbum, «The Times They Are A-Changin'» es una de las preferidas de Dylan, como confirma en 1969 al periodista Jann S. Wenner. En 1985, en el librito de *Biograph*, explica cuáles fueron sus fuentes de inspiración: «Me inspiré en las baladas irlandesas y escocesas... "Come All Ye Bold Highway Men", "Come All Ye Miners", "Come All Ye Tender Hearted Maidens"».[12] A nivel mu-

sical, esta similitud se aprecia por el uso de un patrón rítmico de tres por cuatro que le aporta un sonido repetitivo, casi hipnótico, como comentó el propio Dylan. El color sonoro refuerza también este aspecto de «balada folclórica»: Tom Wilson, único productor del álbum, opta por dar un sonido brillante a la guitarra, mucho más contundente y agresivo que el de John Hammond. Dylan, por su parte, domina mejor las técnicas de estudio, y no comete ningún fallo importante. Quizá podría criticársele únicamente una rítmica algo menos rigurosa que en los dos álbumes anteriores. Pero la emoción prima, y controla a la perfección la voz y la armónica (en sol). Para llegar a este resultado y obtener la versión definitiva, necesitará repetir el tema nada menos que ocho veces, siete de ellas el 23 de octubre (dos tomas completas, dos no terminadas, y dos empezadas a destiempo), y otra la mañana siguiente (la del máster).

Cuando Dylan graba la maqueta de la canción para su editor Witmark & Sons (publicada en *The Bootleg Series, Vol. 9: The Witmark Demos: 1962-1964*), la interpreta al piano, ofreciendo una versión sorprendente por la calidad y la emoción que desprende. Con una armonía ligeramente más rica, es una lástima que no la grabara oficialmente. La cantará por primera vez en directo el 26 de octubre de 1963 en la sala grande del Carnegie Hall de Nueva York, consolidando así su

1964

El 23 de noviembre de 1963, el día después del asesinato de J. F. Kennedy (página anterior), Bob Dylan, todavía impactado por el suceso, abre su concierto con «The Times They Are A-Changin'». Desde entonces, la ha interpretado más de seiscientas veces, como en la clausura del concierto de Rotterdam, el 23 de junio de 1978 (superior).

¡UNA CANCIÓN MILLONARIA!

El manuscrito original de «The Times They Are A-Changin'» se vendió en una subasta el 10 de diciembre de 2010, en Nueva York, por el módico precio de 422.500 $. Sotheby's, encargado de la transacción, lo había estimado entre 200.000 y 300.000 $. El manuscrito, escrito a bolígrafo y sin anotaciones musicales, pertenecía a Kevin Krown, un amigo de Dylan que le había introducido en la escena musical de Greenwich Village, y a quien parece que el músico ya le había ofrecido en 1961 su guitarra acústica, la legendaria Martin 00-17 de 1949.

estatus de nueva estrella internacional. En 1978, después de haberla «olvidado» durante trece años, vuelve a tocarla en Tokio (*Live At Bukodan*) con una voz muy melancólica, sin duda reveladora del fracaso de toda una generación…«The Times They Are A-Changin'» será lanzada como single en el Viejo Continente en 1965, sobre todo en el Reino Unido (con «Honey, Just Allow Me One More Chance» como cara B), donde alcanza el puesto n.° 9 de las listas de éxitos el 25 de marzo.

Ballad Of Hollis Brown

Bob Dylan / 5'04 minutos

Músico
Bob Dylan: voz, guitarra
Grabación
Columbia Recording Studios / estudio A,
Nueva York: 6 y 7 de agosto de 1963
Equipo técnico
Productor: Tom Wilson
Ingenieros de sonido: Stanley Tonkel, Pete Dauria

PARA LOS ADICTOS A DYLAN

Si Dylan se inspiró en «Pretty Polly», Serge Gainsbourg prefirió «tomar prestada» directamente de Dylan la misma técnica de guitarra para una de sus canciones, «La Chanson du forçat», de 1967.

Génesis y letra

«Ballad Of Hollis Brown» es una adaptación de «Pretty Polly», una antigua balada de las islas Británicas convertida más tarde en un tema tradicional de los Apalaches. La historia original es la siguiente: una bonita joven que ha ido a pasear por el bosque fallece y es enterrada. Existe otra versión: Polly muere a manos de su pretendiente, un constructor de navíos, a quien el fantasma atormentado de la joven acechará hasta que confiesa su crimen.

En la versión de Dylan, el martirio de Pretty Polly sirve de lienzo para retratar un suceso de distinto orden: el infierno cotidiano que vive Hollis Brown, un pequeño granjero de Dakota del Sur quien, ahogado por las deudas, acaba matando a su esposa y sus hijos y luego se suicida. Cuando en 1962 Dylan graba una demo para su editor, Witmark & Sons, el título de la canción es exactamente «The Rise And Fall Of Hollis Brown A True Story». Mientras que la versión oficial contiene solo once estrofas, esta contiene una más (añadida después de la décima), y la letra presenta algunas diferencias. La originalidad del estilo narrativo de Dylan reside en su forma de dirigirse directamente al protagonista empleando la segunda persona, a diferencia del uso habitual en la balada, donde existe cierta distancia entre el narrador y la historia propiamente dicha (o sus personajes). Curiosamente, el final trágico del pobre granjero que comete un acto irreparable puede despertar un sentimiento de compasión o bien de rechazo por llevarse por delante la vida de personas inocentes.

No hay duda de que, una vez más, el influjo de Woody Guthrie guía la pluma de Dylan. Pero será una de las últimas veces que lo haga. Un conjunto de imágenes de lo más sombrías se suceden hasta llegar al desenlace final: ratas en la harina, una yegua muerta, la hierba negra, el pozo seco, el coyote que aúlla y los niños con la mirada perdida por el hambre... Dylan juega también con la repetición del número siete: soplan siete vientos, siete disparos, siete muertos y siete nacimientos. ¿Acaso establece alguna relación con los siete pecados capitales, los siete años de mala suerte y la esperanza que renace con el candelabro de siete brazos, o los siete arcángeles del Apocalipsis? Oponiendo la muerte de siete personas con el nacimiento de otras siete, ¿está hablando de rencarnación, de esperanza o de fatalidad?

1964

Para cerrar el Live Aid, el 13 de julio de 1985, Bob Dylan canta «Ballad Of Hollis Brown», acompañado de Keith Richards y Ron Wood, de los Rolling Stones.

Realización

Dylan toca por primera vez en directo «Ballad Of Hollis Brown» el 22 de septiembre de 1962, en el Carnegie Hall de Nueva York. No obstante, no la grabará hasta el 7 de agosto, casi once meses después. ¿Por qué semejante retraso, si la había trabajado el 14 de noviembre de 1962 durante las sesiones de *The Freewheelin' Bob Dylan*? Es difícil sacar una conclusión. La sesión del 6 de agosto de 1963 es la primera de su tercer álbum. Su sonido ha cambiado. Tom Wilson impone su forma de concebir el trabajo en estudio: coloca los micrófonos de forma distinta y obtiene de este modo un color inédito para Dylan. La guitarra suena muy médium y recuerda casi la sonoridad del dobro. Ligeramente retrasada, pone de relieve la voz, que, con una *reverb* discreta, suena más íntima y contundente. La interpretación es sobria y refuerza a la perfección el propósito del cantautor. Similar al «Pretty Polly» tradicional en que Guthrie se había inspirado para su «Pastures Of Plenty», la versión de Dylan es un blues tocado con una alteración en la afinación de la guitarra: las dos cuerdas de mi están en re (con cejilla en el primer traste). El conjunto suena muy *roots*, y la interpretación a la guitarra es muy convincente, si bien en algún momento se escucha «ligeramente» alguna cuerda equivocada (minutos 3'55 y 3'57), fallo que hubiera merecido mayor atención. Dylan se arriesga por primera vez con un pequeño solo de guitarra (o variación), y lo hace de forma bastante contundente (minuto 4'23); además, ejecuta una buena rítmica. La única sorpresa llega al final de la canción, cuando se aprecia que Dylan ha estado a punto de equivocarse, un error que se disimula con un rápido *fade-out* (4'59). A la canción le falta sin duda una buena conclusión (musical). Tras las cuatro tomas grabadas el 6 de agosto, se grabará una quinta al día siguiente que se conservará como máster. Bob Dylan ha interpretado este tema más de 200 veces, sobre todo durante su esperado retorno con The Band en 1974 (*Bob Dylan and The Band 1974 Tour*), y más tarde, en el Live Aid de 1985, acompañado (¡por decirlo de alguna forma!) de Keith Richards y Ron Wood.

With God On Our Side

Bob Dylan / 7'08 minutos

Músico
Bob Dylan: voz, guitarra, armónica
Grabación
Columbia Recording Studios / estudio A,
Nueva York: 6 y 7 de agosto de 1963
Equipo técnico
Productor: Tom Wilson
Ingenieros de sonido: Stanley Tonkel, Pete Dauria

1964

The Neville Brothers, una formación de soul de Nueva Orleans, grabaron una extraordinaria versión de «With God On Our Side» en 1988.

Génesis y letra

La melodía de «With God On Our Side» presenta cierta similitud con la de «The Patriot Game», una canción compuesta por Dominic Behan, un cantautor comprometido en la lucha del IRA (siglas de Ejército Republicano Irlandés). Su título hace referencia explícita a la Epístola a los romanos de san Pablo (VIII, 31): «Si Dios está con nosotros, ¿quién estará contra nosotros?». A partir de las enseñanzas de san Pablo, Bob Dylan –más exactamente, el colegial del Medio Oeste que fue diez años antes (y que aquí es el narrador)– propone un replanteamiento radical de la historia norteamericana, y en general, de todas las guerras de los últimos siglos. El mensaje está claro: si creemos lo que cuentan los libros de historia, las naciones que han triunfado son las que habrían tenido a Dios de su lado. Dylan canta: «La caballería cargó / Los indios cayeron / la caballería cargó / Los indios murieron / ¡Oh! El país era joven / Con Dios de su lado». Probablemente, Dylan condena a aquellos que reivindican la intervención divina para justificar su misión mortífera –los mismos que después escribirán la historia. Los Yankees, ¿acaso tenían a Dios de su lado cuando vencieron a los Confederados? El cantautor recuerda algunas verdades que enturbian el discurso oficial: «Aunque asesinaron a seis millones / Que en hornos quemaron / Ahora los alemanes / También tienen a Dios de su lado» –y es que, veinte años después de la segunda guerra mundial, la Alemania federal forma parte del mundo libre bajo el feliz influjo de Estados Unidos. Luego, en la penúltima estrofa, Dylan obliga al oyente a tomar partido en el asunto de «la traición de Jesucristo por un beso en la mejilla»: «Pero yo no puedo pensar por vosotros / Vosotros decidís / Si Judas Iscariote / Tenía a Dios de su lado». Una vez más, el ataque duele: no se dirige tanto a las congregaciones religiosas –tanto menos cuanto que Dylan admira la acción del reverendo Martin Luther King en favor de los derechos civiles–, sino más bien a la clase política y a los líderes de opinión, quienes llevan a cabo sus acciones bélicas en nombre de Dios.

Pero que nadie se equivoque, «With God On Our Side» no es una simple condena al poder y sus consecuencias o un himno antibelicista. Lo que convierte a Dylan en un artista excepcional es precisamente que, citando a Judas al final de la canción, lleva sutilmente su mensaje generalista a un plano individual. Cada uno debe juzgar en su alma y su consciencia dónde

Antes de que Dylan presente «With God On Our Side» a su editor, Witmark & Sons, el 10 de junio de 1963, la letra de la canción ya se había publicado en la revista *Broadside*, un poco antes, con el título «With God On Your Side».

Dominic Behan en Londres, 1959. Es el compositor de «The Patriot Game», la canción en que Bob Dylan se inspiró para la melodía de «With God On Our Side».

situar a Dios en la responsabilidad frente a las tragedias de la humanidad. Concluye con un mensaje de resignación, pero quizá también de esperanza: «Si Dios está de nuestro lado / Detendrá la próxima guerra». Estos matices son los que convierten la obra de Dylan en una obra intemporal.

Realización

Es evidente que Dylan tomó prestada la melodía de «The Patriot Game», de Dominic Behan, quien se lo reprochará con vehemencia (y no sin razón). No obstante, el propio Behan se había inspirado a su vez en la antigua balada irlandesa «The Merry Month Of May». Dylan intentará excusarse, afirmando haber integrado sin duda de forma inconsciente la versión de «The Patriot Game» de Liam Clancy. Es probable que así fuera, como explica en 2004 a Robert Hilburn: «Tiene que comprender que no soy un melodista. Mis canciones se basan bien en cantos protestantes, canciones de The Carter Family, o en variaciones de blues. De hecho, tomo una canción que conozco y empiezo a cantarla en mi cabeza. Es mi forma de meditar [...]. En algún momento, la letra se transforma y empiezo a componer una canción».[20]

El 12 de abril de 1963 interpreta la canción por primera vez en vivo, en el Town Hall de Nueva York. Por tanto, habría podido incluirla en su segundo álbum, pues la última sesión de grabación es el 23 de abril. Cuando entra en el estudio el 6 de agosto, se esfuerza por grabar una buena toma. La repite cinco veces sin éxito, y al día siguiente consigue grabar la

toma definitiva de una sola vez. Con sus 7 minutos de duración, «With God On Our Side» es el tema más largo del álbum. Grabarlo de una sola vez requiere una enorme concentración, pues, por lo que parece, Dylan y el equipo técnico no recurrían a montajes en el estudio. Su técnica de guitarra resulta sorprendente por sus abundantes variaciones rítmicas y de modulación según la intensidad de la interpretación. Del mismo modo, el solo de armónica (en do) introduce por primera vez una de sus partes *a capella*. Sin duda por miedo de perder la atención del oyente ante una letra tan larga, parece que Dylan intentara enriquecer su interpretación con sutilezas varias. Es una de las canciones que cantará a menudo a dúo con Joan Baez, especialmente, en el Halloween Show Philharmonic Hall de Nueva York, el 31 de octubre de 1964 (*The Bootleg Series, Vol. 6* [1964]).

En 1988, The Neville Brothers grabará una extraordinaria versión de «With God On Our Side» para su álbum *Yellow Moon*. Daniel Lanois, productor del álbum, muestra a Dylan la canción que acaba de grabar. Este último recuerda su reacción al escuchar la interpretación de Aaron Neville: «Siempre me sorprende escuchar mis canciones en boca de artistas de semejante talla. Se escapan de la línea del tiempo, y este tipo de interpretaciones te acercan a ella».[1] Dicha versión contiene una nueva estrofa sobre la guerra de Vietnam, que Dylan ya habría interpretado. No obstante, el periodista Brian D. Johnson afirma que fue Neville quien la añadió: hasta la fecha ninguna modificación en el *copyright* lo demuestra...

One Too Many Mornings

Bob Dylan / 2'40 minutos

Músico
Bob Dylan: voz, guitarra, armónica
Grabación
Columbia Recording Studios / estudio A,
Nueva York: 24 de octubre de 1963
Equipo técnico
Productor: Tom Wilson
Ingenieros de sonido: George Knuerr, Pete Dauria

Génesis y letra

Aunque presenta cierta similitud melódica con «The Times They Are A-Changin'», la letra de la canción «One Too Many Mornings» es muy distinta. Al escucharla, es difícil no pensar en la relación entre Dylan y Suze Rotolo. En el mes de junio de 1962, la joven parte de Estados Unidos para estudiar en Italia, dejando solo a Dylan. A su regreso a Nueva York, la pareja se reencuentra durante varias semanas. Viven juntos en un apartamento de 4th Street (antes de mudarse a la casa de la hermana de Suze). No obstante, muchas cosas han cambiado durante todo ese tiempo: el cantautor se ha convertido en símbolo de toda una generación, y se rumorea que ha tenido un *affaire* con Joan Baez. La canción habla con distancia, pero de forma muy poética, sobre su ruptura con Suze, en tres estrofas de cuatro versos y un estribillo («Me sobra una mañana / Y estoy mil millas detrás»). La letra evoca imágenes potentes, pero Dylan no echa todas las culpas a su novia; «Tú tienes razón desde tu punto de vista, yo la tengo desde el mío»: esta es la moraleja de la canción.

Realización

«One Too Many Mornings» es una pequeña joya, tanto por la letra como por la interpretación. Desde los primeros compases, Dylan consigue comunicar la intensidad de la nostalgia que siente. La voz suena dulce e introspectiva, casi rota de emoción (0'25). Domina a la perfección su técnica de *finger-picking*, y la afinación abierta en la contribuye en gran medida al ambiente y a la riqueza armónica del tema. También destaca el solo de armónica (en do). Dylan lo utiliza con una finura y una emoción que no había logrado nunca hasta entonces. En cuanto a la producción, esta vez Wilson decide darle un sonido menos brillante, más parecido al de Hammond. La guitarra suena amortiguada, y de esta forma pone de relieve toda la emoción de la voz. Una *reverb* considerable acentúa el ambiente nostálgico del conjunto. Wilson intenta variar el color de las canciones del álbum. Y es todo un acierto. Aunque más tarde Dylan haya hecho versiones eléctricas (la cantó por primera vez en público el 26 de febrero de 1966 en Hempstead, Nueva Jersey, con The Band), esta versión acústica es la mejor que haya interpretado nunca. Parece que «One Too Many Mornings» era una de las canciones preferidas de Steve Jobs. No nos sorprende.

Dylan compuso «One Too Many Mornings» pensando en su ruptura con Suze Rotolo y su nueva relación con Joan Baez.

1964

North Country Blues

Bob Dylan / 4'33 minutos

Músico
Bob Dylan: voz, guitarra
Grabación
Columbia Recording Studios / estudio A,
Nueva York: 6 de agosto de 1963
Equipo técnico
Productor: Tom Wilson
Ingenieros de sonido: Stanley Tonkel, Pete Dauria

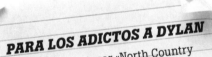

PARA LOS ADICTOS A DYLAN

Dylan no suele tocar «North Country Blues» en directo muy a menudo. No obstante, lo hizo el 9 de mayo de 1974 en Nueva York, en el concierto Friends Of Chile Benefit. Dicha actuación está considerada una de las peores de su carrera; el motivo: el vino chileno que bebió antes de subirse al escenario, una tentación demasiado grande...

Génesis y letra

Esta canción es un hito artístico singular en la carrera de Bob Dylan: a través de las vivencias traumáticas de una mujer, el cantautor regresa a su pasado en Minnesota. La heroína de «North Country Blues» pertenece al mundo de la mina: en ella pierde a su padre y a su hermano, y más tarde, su marido, también minero, se vuelve alcohólico y la abandona con sus tres hijos tras el cierre de los pozos. Dylan cuenta su historia, y con la de ella, la de todas las familias mineras de dicha región de Estados Unidos, que vieron «el mineral de hierro brotar a borbotones», y luego fueron víctimas de la Gran Depresión y la competencia implacable de «las ciudades de América del Sur». La canción evoca también la infancia de Dylan en Hibbing, una pequeña localidad minera situada en el corazón del Mesabi Range, azotada por la crisis económica de la década de 1950: «La ciudad donde crecí me ha dejado una herencia de imágenes / No era una ciudad próspera / Mis padres no eran ricos / Mis padres no eran pobres / Era una ciudad en agonía / Atravesada por las vías del tren», escribe el cantautor en las notas de presentación del álbum (los *11 Outlined Epitaphs*).

Realización

Desde los primeros segundos, la guitarra de Dylan sorprende por su sonoridad, muy médium, casi «desfasada». Una vez más, Tom Wilson opta por darle a la canción un sonido concreto. Sin duda, el estilo descaradamente *folk-song* de este «North Country Blues», que del blues apenas contiene la desesperación de la letra, le llevó a sacar un color de sonido de guitarra más cercano a los instrumentos tradicionales, como el banjo o el dulcémele. El resultado suena tan médium, que pule el sonido y realza cada detalle, como los golpes de púa que se escuchan sobre la caja de la guitarra (0'28). Esta canción de mineros a lo Woody Guthrie podría utilizarse como banda sonora de la película dramática de los hermanos Coen, *Inside Llewyn Davis* (*A propósito de Llewyn Davis*, 2013). Dylan, que ya parece más sereno en el estudio, la graba el 6 de agosto, durante la primera sesión dedicada al álbum, en cuatro tomas, tres de las cuales empezadas a destiempo. La última se conserva para el máster. Dylan tocará este tema en dos ocasiones importantes en el año 1963: la primera, en el Freebody Park-Newport Folk Festival, el 27 de julio, y la segunda, el 26 de octubre, sobre el escenario del Carnegie Hall de Nueva York.

Dylan interpreta «A Pawn In Their Game» durante el Voter-Registration Rally, el 6 de julio de 1963.

Only A Pawn In Their Game

Bob Dylan / 3'30 minutos

Músico
Bob Dylan: voz, guitarra
Grabación
Columbia Recording Studios / estudio A,
Nueva York: 6 y 7 de agosto de 1963
Equipo técnico
Productor: Tom Wilson
Ingenieros de sonido: Stanley Tonkel, Pete Dauria

MEDGAR EVERS

Medgar Evers, responsable de la NAACP (siglas en inglés de Asociación Nacional para la Defensa de la Población de Color) en el estado de Mississippi, exige el reclutamiento de agentes de policía negros en Jackson y el fin de la segregación en los restaurantes del centro de la ciudad. Sus peticiones levantan indignación en el seno de la comunidad blanca. Es asesinado el 12 de junio de 1963, al atardecer, cuando sale de su coche para entrar en su casa. Hasta 1994 no será declarado culpable un miembro del Ku Klux Klan, llamado Byron De La Beckwith. El cineasta Rob Reiner rodará una película sobre el caso en 1996, *Ghosts Of Mississippi* (*Fantasmas del pasado*).

Génesis y letra

Con «Only A Pawn In Their Game», Bob Dylan vuelve a mostrar su lúcida visión sobre la actualidad, como ya lo hiciera con otras composiciones en su álbum anterior. El tema de esta canción es el asesinato de Medgar Evers, un miembro activo de la lucha por los derechos civiles, el 12 de junio de 1963 en Jackson, Mississippi. No obstante, en vez de hacer una simple descripción de los trágicos hechos y una condena al racismo, el cantautor prefiere tomar distancia y librar un mensaje más filosófico que político. El culpable es un blanco del Sur, pero los verdaderos responsables son aquellos que le llevaron por el camino del odio y la violencia: «Los sheriffs, los soldados y los gobernadores reciben su paga / Igual que los *marshals* y los polis / Pero utilizan al pobre blanco como una herramienta en sus manos», canta Dylan en la tercera estrofa. También alude al Ku Klux Klan, pues ellos son quienes han enseñado al asesino a «[disparar] por la espalda / Con el puño trabado / A ahorcar y a linchar / A esconderse bajo una capucha / A asesinar sin remordimientos / Como a un perro encadenado». En otras palabras, que el hombre que asesinó a Medgar Evers apenas es un peón en el juego de aquellos quienes sacan provecho de la lucha entre los desfavorecidos del Sur, tanto negros como blancos.

Realización

«Only A Pawn In Their Game» pone de relieve el problema del racismo, que se ceba en las profundidades de la sociedad norteamericana de la época. Es la segunda canción que Dylan trabaja durante la primera sesión del álbum, el 6 de agosto (justo después de «Boots Of Spanish Leather»). Curiosamente, posee muchas similitudes con «With God On Our Side», también programada para el mismo día. Presenta las mismas variaciones rítmicas, el mismo tempo de tres por cuatro, el mismo sonido de guitarra (un poco menos redondo), el mismo tipo de interpretación, la misma *reverb*, etc. Dylan se entrega a la letra, se libera del tempo y no se impone ninguna exigencia. Apenas un ligero patinazo en el minuto 1'35 enturbia su interpretación, así como un ruido no identificado –se escucha a la izquierda del estéreo, hacia el final de la canción, exactamente, en el minuto 3'25. Tras grabar seis tomas, cuatro de ellas empezadas a destiempo, al día siguiente logra interpretar la versión definitiva, esta vez, al primer intento. Un mes antes,

Medgar Evers, el defensor de los derechos civiles y cuyo asesinato inspiró esta canción a Dylan.

el 6 de julio, la había cantado a petición de Pete Seeger durante el Voter-Registration Rally de Greenwood, Mississippi, organizado por un comité de estudiantes pacifistas con el fin de convencer a la población afroamericana de inscribirse en las listas electorales. También la interpretó durante la Marcha a Washington por el trabajo y las libertades (28 de agosto de 1963); a partir de octubre de 1964, Dylan deja de tocarla en sus conciertos internacionales.

PARA LOS ADICTOS A DYLAN

El asesinato de Medgar Evers inspiró a otros artistas además de Dylan: el cantante de folk Phil Ochs, en 1963, con «Too Many Martyrs» («Ballad Of Medgar Evers»), o Dick Weissman, con «Medgar Evers Lullaby», grabada por Judy Collins en 1964.

Boots Of Spanish Leather

Bob Dylan / 4'40 minutos

Músico
Bob Dylan: voz, guitarra
Grabación
Columbia Recording Studios / estudio A,
Nueva York: 6 y 7 de agosto de 1963
Equipo técnico
Productor: Tom Wilson
Ingenieros de sonido: Stanley Tonkel, Pete Dauria

«Boots Of Spanish Leather» ha sido grabada por una veintena de intérpretes, como Richie Havens (*Electric Haven*, 1966), Joan Baez (*Any Day Now*, 1968), Dan McCafferty (álbum homónimo, 1975) o Patti Smith (*Bowery Ballroom*, 2010). Nanci Griffith ofreció una muy buena versión en su álbum *Other Voices*, lanzado en 1993, en la que el propio Dylan toca la armónica. También puede escucharse «Boots Of Spanish Leather» en *Jobs*, la película que Joshua Michael Stern dedicó en 2013 a Steve Jobs, cofundador de Apple.

Génesis y letra

«Boots Of Spanish Leather» es una historia de amor epistolar. Para componerla, Bob Dylan se inspiró probablemente en la novela *Sons And Lovers* (*Hijos y amantes*), de D. H. Lawrence. Michael Gray, quien se ha dedicado al estudio profundo de la estética dylaniana, cita los versos cantados por los hijos de Gertrude Morel en la novela: «Mis zapatos están hechos de cuero español / Mis calcetines son de seda / Llevo un anillo en cada dedo / Y me baño en leche».[30] También es posible que el cantautor se inspirara en «The Raggle Taggle Gyps», una balada celta que cruzó el Atlántico –conocida también con los títulos «The Gypsy Laddie(s)», «Gypsy Davey» y «Black Jack David»– y que forma parte del repertorio de Cecil Sharp. Cuenta la historia de una joven de buena familia que abandona a los suyos para vivir con un bohemio del que se ha enamorado. Existen varias grabaciones de este tema tradicional desde la década de 1930, de entre las que destaca la de Woody Guthrie en 1944. ¿No sería en realidad el «Gypsie Davey» de Guthrie, con sus guantes hechos de cuero español, la fuente de inspiración de Dylan?

«Boots Of Spanish Leather» es una canción de amor. La particularidad de esta balada romántica es doble: por un lado, los amantes se escriben cartas para salvar la distancia; por el otro, a diferencia de los héroes de la *Odisea* de Homero, es Penélope quien parte en un largo viaje y Homero quien se queda en su tierra. A semejanza de «One Too Many Mornings» y otras canciones de la misma época, «Boots Of Spanish Leather» hace referencia a la relación entre Bob Dylan y Suze Rotolo después de que ella se marche a Italia en junio de 1962. En la letra, Italia se transforma en España. La diferencia está en el papel acordado a cada uno. En esta balada, se intuye que son los sentimientos de la heroína los que han cambiado. «Puede ser que todavía esté ausente durante largo tiempo»; Dylan pone esta frase en boca de ella, y añade que desconoce cuándo volverá. En realidad, Suze Rotolo había decidido prolongar su estancia en Perugia para estudiar Bellas Artes en la Universidad. Dylan, ante la evidencia de que ella no siente lo mismo que él, debe esperar hasta mediados de enero antes de volver a verla. Durante los primeros días del año, el cantautor da un concierto con Odetta en Roma, y es durante su estancia en Italia cuando compone «Girl From The North Country» (*véase* pág. 54) y «Boots Of Spanish Leather», cuya primera estrofa previene a la joven

Bob Dylan y Suze Rotolo, la heroína oculta de «Boots Of Spanish Leather», fotografiados por Joe Alper.

contra los vientos alisios y las fuertes tormentas que la amenazan, y finalmente le pide que le traiga unas botas de cuero español... ¿Por qué unas botas? Sin duda, para emprender también él su propio camino: la carretera es una imagen recurrente tanto en las canciones de Dylan como en el blues.

Suze Rotolo habla sobre los sentimientos que la invaden al escuchar los álbumes de aquella época: «Es como leer un diario íntimo. Una sonrisa en privado, porque solo nos incumbía a nosotros dos; una carcajada, porque a la vez era muy divertido; y una lágrima, porque fue realmente difícil. Pero sé una cosa: Bob recurría a la controversia para alimentar su arte».[14] Sin embargo, no hay controversia en «Boots Of Spanish Leather»; Dylan compone una de las canciones de amor más bellas de su repertorio. Como explicará él mismo ante el micrófono del Studs Terkel: «Es la historia de chica deja a chico».[20]

Realización

Al escuchar «Boots Of Spanish Leather» sorprende su similitud con «Girl From The North Country»: el mismo ambiente, los mismos acordes y la misma temática. Algunos apuntan a un plagio melódico del tema «Scarborough Fair», con la excepción del color de algunos acordes. En cambio, resulta bastante sorprendente darse cuenta de que Dylan no ha dudado en plagiarse a sí mismo. El parecido entre «Girl From The North Country» y «Boots Of Spanish Leather» es evidente. Exceptuando la diferencia de tono, el tempo (alrededor de 102 ppm) y la estructura armónica son muy similares. Dylan, herido e inspirado por la ausencia de Rotolo, expresa sus sentimientos eligiendo una paleta sonora muy evocadora, llena de nostalgia y delicadeza. En «Boots Of Spanish Leather», que habría podido figurar en el álbum *The Freewheelin' Bob Dylan*, el cantautor demuestra un excelente dominio de la técnica de *finger-picking*. Los escépticos solo necesitan escuchar su interpretación en directo grabada el 13 de abril de 1963, en el Town Hall de Nueva York, para salir de dudas. Esta vez, prescinde de la armónica: su voz, con una ligera *reverb* y acompañada exclusivamente con la Gibson, le basta para interpretar esta magnífica canción. Dylan firma uno de los mayores éxitos del álbum. Es la primera canción grabada el 6 de agosto, durante la primera sesión del álbum. No obstante, aquel día solo la interpreta una vez, y la versión definitiva no se grabará hasta el día siguiente, cuando inmortaliza una toma única.

When The Ship Comes In

Bob Dylan / 3'18 minutos

Músico
Bob Dylan: voz, guitarra, armónica
Grabación
Columbia Recording Studios / estudio A,
Nueva York: 23 de octubre de 1963
Equipo técnico
Productor: Tom Wilson
Ingenieros de sonido: George Knuerr, Pete Dauria

Génesis y letra

Según Joan Baez, Bob Dylan compuso «When The Ship Comes In» en agosto de 1963, después de ser víctima de un pequeño incidente: mientras ambos cantantes de folk se encontraban en la recepción de un hotel, Dylan habría sido tratado con menosprecio por el recepcionista debido a su aspecto beatnik, mientras que la artista de folk habría sido objeto de toda clase de reverencias. Baez explica: «En aquella época yo ya era reconocida. Pero los de la recepción no querían saber nada de aquel tipo desaliñado que me acompañaba. Y dijeron que no había más habitaciones [...]. Lo hice todo para conseguir que le dieran una. Entonces compuso esta abrumadora canción, «When The Ship Comes In». Pasaron cuentas con él. ¡Y él no podía soportar este tipo de comportamiento!».[6]

Con «When the Ship Comes In», Dylan compone una de sus canciones más potentes. Podría considerarse una venganza, pero sobre todo es una diatriba contra el oscurantismo y la necedad humana –en una palabra, contra las injusticias–, que anuncia el fin de un mundo y el renacer de otro nuevo, el apocalipsis en su primera acepción. Es también una de las canciones del repertorio dylaniano con mayor influencia de los textos bíblicos. En los primeros versos de la canción –«Oh, llegará el tiempo / En que los vientos cesarán / Y la brisa detendrá su respirar como la calma del viento / Antes del huracán / Cuando llegue la nave»–, Dylan se inspira de forma evidente en el versículo VII,[1] del Libro de la revelación (Apocalipsis de San Juan): «Después, vi a cuatro ángeles de pie en los cuatro rincones de la tierra. Detuvieron los cuatro vientos, para que no soplara ninguno, ni sobre la tierra, ni sobre el mar, ni sobre ningún árbol».

¿Cómo no establecer paralelismos entre este navío «que surca los mares» y el Arca de Noé, construida por orden de Dios antes del diluvio destinado a castigar la perversidad humana? Como afirmó con acierto Robert Shelton, ambos son símbolo de la «redención universal».[7] También revelan la influencia bíblica las referencias a la travesía del mar Rojo («Y como a la tribu del Faraón, les ahogará la corriente») y a Goliat, vencido por David.

Realización

Aunque el estilo narrativo de «When The Ship Comes In» se parezca al de un sermón, parece que Dylan no tenía exacta-

Izquierda: Joan Baez y Bob Dylan en el escenario en 1963. Derecha: Arlo Guthrie, otro intérprete de la canción de Dylan.

mente esa intención. Basta con escuchar la demo que graba para Witmark & Sons, en que el acompañamiento al piano, con la mano izquierda «aporreando» los bajos, da al tema un ambiente más bien jovial, más cercano a un góspel enérgico que a una canción-protesta tradicional. Del mismo modo, la versión del disco, interpretada a la guitarra con un tempo relativamente rápido, desprende una especie de rabia fría, suscitada por la actitud del recepcionista de hotel, según la describe Joan Baez. Dylan transmite esta rabia a través de la música. Y una vez más, ¡da muestras de un inmenso talento para transformar un suceso banal en una diatriba de tintes bíblicos! Rascando con nervio la guitarra y con un buen solo de armónica (en sol), interpreta su canción manteniendo el ritmo de forma ejemplar. Además de parecerse a «The Times They Are A-Changin'», Dylan no duda en retomar la línea melódica del estribillo de esta para adaptarla a los finales de las estrofas pares. Graba la canción el miércoles 23 de octubre. Repite cuatro tomas, dos de ellas, empezadas a destiempo, y una no finalizada. Dylan interpreta la canción por primera vez en público durante la célebre Marcha a Washington, el 28 de agosto de 1963, donde Joan Baez lo acompaña improvisando los coros... No obstante, el 26 de octubre la interpreta solo en el Carnegie Hall.

PARA LOS ADICTOS A DYLAN
Bob Dylan la interpretará de nuevo en el Live Aid, el 13 de julio de 1985, acompañado de Keith Richards y Ron Wood, de los Rolling Stones. Al ver el vídeo, se aprecia un malentendido en el minuto 2'51, al final del solo de armónica: de repente, los tres guitarristas se sienten perdidos sobre cómo retomar la canción...

The Lonesome Death Of Hattie Carroll

Bob Dylan / 5'47 minutos

Músico:
Bob Dylan: voz, guitarra, armónica
Grabación
Columbia Recording Studios / estudio A,
Nueva York: 23 de octubre de 1963
Equipo técnico
Productor: Tom Wilson
Ingenieros de sonido: George Knuerr, Pete Dauria

EL RENCOR DE ZANTZINGER

Tras recobrar la libertad, William Zantzinger tuvo una vida tranquila como agente inmobiliario en Maryland. Él jamás perdonó a Dylan el hecho de escribir una canción sobre la muerte de Hattie Carroll. No más que aquellos que utilizaron la canción como himno cuando querían forzar la revisión del proceso. Zantzinger murió en enero del 2009.

Génesis y letra

Alrededor de la una de la madrugada del día 9 de febrero de 1963, William Devereux «Billy» Zantzinger, bajo los efectos del alcohol, entra con su esposa en el salón del Emerson Hotel de Baltimore, Maryland, y provisto con un bastón, agrede a tres empleados. Entre ellos, una camarera negra llamada Hattie Carroll, quien, antes de ser molida a palos, recibe graves insultos (por la simple razón de ser negra y no haberle traído el bourbon de inmediato). Hattie Carroll, de 51 años, fallece en el hospital ocho horas después. Zantzinger, quien ya se había mostrado violento en un restaurante antes de los dramáticos hechos, es detenido. Se le acusa de homicidio; pero, cuando los médicos descubren que la víctima padecía arterosclerosis y había fallecido por hemorragia cerebral (probablemente causada por la tensión de los insultos recibidos y no por los golpes de bastón), los abogados de Zantzinger consiguen que se rectifique el acta de acusación, que hablará de «golpes y heridas que causaron la muerte sin haber habido intención de ello». William Zantzinger, un *gentleman farmer* blanco de 24 años, hijo de una familia acaudalada de Maryland, es apenas condenado a pagar una multa de 125 dólares por agresiones, y a seis meses de cárcel por la muerte de Hattie Carroll –pena que cumplirá en una prisión de Washington (no en un centro penitenciario del Sur, donde los presos negros, mayoritarios, habrían podido vengarse de él). La sentencia se produce el 28 de agosto de 1963, el mismo día de la Marcha a Washington por el trabajo y las libertades, y del discurso «*I Have A Dream*» de Martin Luther King. Una triste coincidencia.

Dylan, presente en Washington, se siente absolutamente indignado por la poca importancia dada por los tres jueces a la muerte de una camarera negra, y comparte el sentimiento del reverendo Jackson, quien declara en uno de sus sermones: «Algo no funciona en nuestra ciudad: no es normal que un hombre blanco mate a palos a una mujer de color y que nadie mueva un dedo para detenerlo» (*Baltimore Afro American* del 12 de febrero de 1963).

Tras leer y releer la prensa, Dylan decide expresar sus sentimientos y resentimientos. «Escribí "Hattie Carroll" en un pequeño cuadernillo, en un restaurante de la 7th Avenue. Había un local al que solíamos ir a cenar... un grupo de cantantes nos reuníamos ahí»,[12] explica en 1985. El cantautor quiere mostrar su rechazo en nombre de todos aquellos quienes, como

Martin Luther King en el Lincoln Memorial de Washington, durante la Marcha hacia Washington, el 28 de agosto de 1963. El mismo día, el asesino de Hattie Carroll se beneficia de la clemencia de la justicia estadounidense.

él, se niegan a aceptar semejante tragedia. En 2004, explica a Robert Hilburn: «En esta canción, simplemente dejé que la historia se contara por sí misma. ¿A quién no le hubiera impresionado ver a una pobre mujer muerta a palos por un tipo a quien finalmente solo le cae una pequeña reprimenda?».[20]

Para componer la canción, se inspira en el tema «Pirate Jenny» de *Die Dreigroschenoper* (*La ópera de los trece centavos*), de Bertolt Brecht (como en «Only A Pawn In Their Game»): «Creo que la estructura de la canción se basa en Brecht, "The Ship", "The Black Freighter"»,[12] afirmará en las notas de *Biograph*. Por su parte, Robert Shelton explica que Dylan le dijo haberse impregnado del poeta francés François Villon. En cualquier caso, la canción obedece a una dramaturgia que va en crescendo. «Apartad este pañuelo de vuestro rostro / No es momento de llorar», canta Dylan en las tres primeras estrofas; y en la última: «Pero vosotros que filosofáis sobre la vergüenza y criticáis todos los miedos / Enterrad vuestro rostro en el pañuelo / Porque ha llegado el tiempo de las lágrimas».

«The Lonesome Death Of Hattie Carroll» es una de las canciones protesta más incisivas de Dylan: en sus 5 minutos de duración, recita una implacable diatriba contra la América de inicios de la década de 1960, criticando la benevolencia de los jueces para con los acusados cuando estos son blancos y las víctimas, negras y pobres.

Realización

Fue la primera canción trabajada el 23 de octubre, y la versión definitiva se grabó tras repetir cuatro tomas. Esta endecha en tres por cuatro posee una fuerza emocional sorprendente desde los primeros versos. La voz de Dylan suena con una ligera *reverb*, toca rascando la guitarra, y el solo de armónica (en mi) está cargado de sentimiento. Una vez más, el tema destila sobriedad. No obstante, el cantautor sabe dominar sus matices, algo que puede comprobarse a partir del tercer verso de la última estrofa (hacia el minuto 4'25), en que, para resaltar la escena del juicio, acelera sutilmente el tempo –que se mantendrá más rápido en las versiones en directo de la canción. La banda Cage The Elephant le rendirá un bonito homenaje en 2012 con su extraordinaria adaptación para el álbum *Chimes Of Freedom: The Songs Of Bob Dylan*.

Restless Farewell

Bob Dylan / 5'31 minutos

Músico
Bob Dylan: voz, guitarra, armónica
Grabación
Columbia Recording Studios / estudio A, Nueva York:
31 de octubre de 1963
Equipo técnico
Productor: Tom Wilson
Ingenieros de sonido: George Knuerr, Levine

1964

Mark Knopfler (aquí en 1978) versionó «Restless Farewell»
en 2012.

Génesis y letra

Las sesiones de *The Times They Are A-Changin'* terminaron
el 24 de octubre de 1963, dos días antes de la actuación de
Bob Dylan en el Carnegie Hall. Al día siguiente del concierto,
el periodista Andrea Svedburg publica un artículo muy poco
amable en *Newsweek*, en que acusa al cantautor de haber «robado» «Blowin' In The Wind» a un estudiante de Nueva Jersey,
y de haber declarado a los medios de comunicación no tener
ningún contacto con sus padres, si bien estos habían acudido
al concierto en la prestigiosa sala de la 7th Avenue. A Dylan le
disgusta que un periodista haya intentado desacreditarlo, y sobre todo, que haya indagado en su pasado. Por este motivo,
añade una novena estrofa a las pequeñas notas sobre su vida
que acompañarán el librito del álbum que acaba de grabar, ti-
tuladas *11 Outlined Epitaphs*. Además, improvisa una nueva
canción para arreglar cuentas con los medios de comunicación
—«periodistas carcas que quieren presentarme como un ex-
céntrico»—, y decide incluirla en el álbum, sustituyendo a «Lay
Down Your Weary Tune». Así pues, el 31 de octubre vuelve
a entrar en el estudio para grabar «Bob Dylan's Restless Epi-
taph», título provisional de «Restless Farewell».

«Todas las causas en que luché / Las luché sin remordimiento
ni vergüenza», «Un falso reloj pretende contar mi tiempo», «La
mugre de las habladurías me salpica en la cara»... Los versos
suenan como respuestas lapidarias a las falsas acusaciones de
los periodistas. Al mismo tiempo, sin embargo, como indica su
título (*restless farewell* puede traducirse como «una despedida
inquieta»), Bob Dylan ha tomado conciencia de que los años
han pasado, y que también para él, los tiempos han cambiado. El cantautor canta en la primera estrofa: «El dinero que he
gastado durante toda mi vida / Tanto si lo he ganado de forma honesta como si no / Se escurrió alegramente entre las
manos de mis amigos / Para disfrutar del tiempo con mayor
intensidad». Luego, en la segunda parte del primer estribillo:
«Y la señal de la esquina / Dice que es hora de cerrar / Así que
diré adiós y seguiré mi camino». En resumen, acaba de pasar
una página —la del cantante de folk émulo de Woody Guthrie—
para abrir otra todavía por escribir...

Realización

«Restless Farewell» fue la última canción grabada durante la
última sesión del álbum, el jueves 31 de octubre. Durante las

PARA ESCUCHAR

En las primeras notas de «Restless Farewell» puede apreciarse sobre el primer acorde de guitarra una voz que parece decir «*four*». ¿Es la cuenta de compases del ingeniero de sonido, o del propio Tom Wilson?

dos horas que duró la sesión, se grabaron hasta nueve tomas, y la última se consideró la definitiva. Dylan se inspiró en una tema tradicional celta del siglo XVII, titulado «The Parting Glass», tanto en el enfoque musical como literario. No obstante, su fuerza creativa siempre lo distingue, dando lugar a una nueva obra original. Para reforzar el espíritu tradicional del tema, Tom Wilson opta por un sonido médium, como ya había hecho para otras piezas de Dylan como «North Country Blues». La técnica de guitarra es excelente, en tempo libre, y Dylan decide arpegiar las cuerdas con púa. Por primera vez, sus intervenciones de armónica presentan un verdadero

sonido blues que refuerza el ambiente *roots*. La voz, sostenida con una *reverb* bastante evidente, sorprende por la sensación de hastío que emana. Dylan, artista de gran sensibilidad, exageró sin duda la importancia del artículo de *Newsweek*, llevándolo a una especie de introspección. Se le nota afectado. Basta con escuchar la versión de 1995 en *Sinatra: 80 Years My Way*, la gala de televisión para celebrar los 80 años del *crooner* norteamericano: en esta ocasión la canta con dulzura, casi como una nana. Esta canción le afecta profundamente, abriéndole las puertas a una nueva percepción de su realidad.

The Times They Are A-Changin' outtakes

Las canciones que se grabaron y se descartaron durante las sesiones de *The Times They Are A-Changin'*, se publicaron más tarde en las cajas recopilatorias *Biograph* y *The Bootleg Series, Vol. 1-3*, con excepción de «Only A Hobo», de la que se incluyó otra versión en *The Witmark Demos* (*The Bootleg Series, Vol. 9*). Estas canciones, aunque se descartaran a la hora de configurar la lista de temas definitiva del álbum, dan testimonio de la evolución artística del cantautor, combinando poesía, misticismo y romanticismo. Se aprecia todavía la influencia de las baladas tradicionales de las islas Británicas.

VOL 1-3

Seven Curses

Bob Dylan / 3'49 minutos

Músico: Bob Dylan: voz, guitarra / **Grabación:** Columbia Recording Studios / estudio A, Nueva York: 6 de agosto de 1963 / **Productor:** Tom Wilson / **Ingenieros de sonido:** Stanley Tonkel, Pete Dauria / **Recopilatorio:** *The Bootleg Series, Vol. 1-3: Rare & Unreleased 1961-1991*, CD2 / **Publicación:** 26 de marzo de 1991

«Algunos se elevan por el pecado, y otros, por la virtud caen». Bob Dylan retoma el tema principal de *Mesure for Mesure* (*Medida por medida*), de Shakespeare –una joven debe someterse a los deseos de un juez para salvar (en vano) a su padre, quien ha robado un caballo semental. «Seven Curses» es una de las mejores creaciones de los inicios de la carrera del cantautor; en realidad, se trata de una recreación, porque, una vez más, se inspira en la balada «The Maid Freed From The Gallows» (grabada por Leadbelly en 1939, y por Led Zeppelin en 1970, respectivamente con los títulos «The Gallis Pole» y «Gallows Pole»). Esta balada también dio origen al tema «Anathea», interpretado por Judy Collins.

Bob Dylan graba una primera versión de «Seven Curses» para Witmark en mayo de 1963, y una segunda para Columbia, el 6 de agosto, durante las sesiones de *The Times They Are A-Changin'*. Se realizaron tres tomas, dos de ellas empezadas a destiempo, y la tercera se incluyó en *The Bootleg Series, Vol. 1-3*. Dylan interpretó por primera vez «Seven Curses» durante el concierto en el Town Hall del 12 de abril de 1963, y más tarde en el Carnegie Hall, el 26 de octubre.

Tom Wilson logró una vez más dar un sonido distinto a la guitarra de Dylan. Los arpegios, tocados en *Drop D*, suenan ricos y brillantes, y la cuerda de mi de la J-50 toma un sonido de bordón que invita a escuchar. Dylan graba «Seven Curses» justo después de la incisiva «Ballad Of Hollis Brown», con una interpretación igual de emotiva. El hecho de no haber incluido este tema en la lista definitiva del álbum demuestra el nivel de excelencia del resto de canciones.

Lay Down Your Weary Tune

Bob Dylan / 4'36 minutos

Músico: Bob Dylan: voz, guitarra / **Grabación:** Columbia Recording Studios / estudio A, Nueva York: 24 de octubre de 1963 / **Productor:** Tom Wilson / **Ingenieros de sonido:** George Knuerr, Pete Dauria / **Recopilatorio:** *Biograph*, CD1 / **Publicación:** 7 de noviembre de 1985

PARA LOS ADICTOS A DYLAN

La versión más célebre de «Lay Down Your Weary Tune» es la de The Byrds. La más insólita, probablemente sea la de 13th Floor Elevators, una banda tejana de rock psicodélico de los años 1960.

En las notas del recopilatorio *Biograph*, Bob Dylan afirma haber compuesto «Lay Down Your Weary Tune» en otoño de 1963, en casa de Joan Baez, cerca de Big Sur, California, tras escuchar una vieja balada escocesa en un 78 rpm. Esta magnífica canción, que empieza con el estribillo, ha dado lugar a muchas adaptaciones. Probablemente represente un punto de inflexión en la carrera del cantautor, que rompe con la tradición de las *topical songs*, tan anclada en los cantantes de folk, para expresar su propia concepción del misticismo. «*Struck by the sounds before the sun / I knew the night had gone*» («Me despertaron los sonidos antes del amanecer / Supe que la noche se había ido»). La canción es una metáfora del renacimiento místico: Dios está en nosotros, en cada elemento de la naturaleza. De ahí el paralelismo que Dylan establece entre los elementos y los instrumentos de música que componen una sinfonía mágica: «*The morning breeze like a bugle blew / Against the drums of dawn*» («La brisa de la mañana sopla con un toque de clarín / Contra los tambores del alba»). También se aprecia el influjo del poeta y trascendentalista Ralph Emerson, según el cual el individualismo debe ser infundido por la naturaleza y «la coherencia imbécil es el espectro de los espíritus pequeños». «Lay Down Your Weary Tune» tiene su origen en una balada escocesa. Dylan recuerda: «No podía sacármela de la cabeza. No tenía letra, era solo una melodía, con gaitas y muchos otros instrumentos [...]. No me acuerdo del disco original, pero era así, al menos, la melodía».[12] Parece que el cantautor se hubiera inspirado en el tema tradicional inglés del siglo XVII, «The Water Is Wide»; con un poco de imaginación, incluso pueden escucharse las gaitas acompañando su voz. Dylan rasca su Gibson J-50 de forma bastante convincente, a pesar de un pequeño contratiempo en el minuto 3'45. «Lay Down Your Weary Tune» se graba el 24 de octubre de 1963, el mismo día que «The Times They Are A-Changin'» y «One Too Many Mornings». A pesar de ser una canción bastante curiosa, no se incluirá en el tercer álbum. Dylan la interpreta en directo en the Carnegie Hall el 26 de octubre de 1963, y The Byrds firman una brillante versión en su segundo álbum, *Turn! Turn! Turn!* (1965).

Paths Of Victory

Bob Dylan / 3'17 minutos

Músico: Bob Dylan: voz, piano, armónica / **Grabación:** Columbia Recording Studios / estudio A, Nueva York: 12 de agosto de 1963 / **Productor:** Tom Wilson / **Ingenieros de sonido:** Stanley Tonkel, Pete Dauria / **Recopilación:** *The Bootleg Series, Vol. 1-3: Rare & Unreleased 1961-1991*, CD1 / **Publicación:** 26 de marzo de 1991

Bob Dylan habría empezado a componer «Paths Of Victory» en otoño de 1962. La libertad de la carretera, la fuerza de la amistad frente a adversidades de todo tipo... Esta canción es una muestra más de la deuda artística del joven Dylan para con su mentor, Woody Guthrie, si bien la interpreta al piano y no a la guitarra acústica. Aunque esperaba incluirla en *The Times They Are A-Changin'*, finalmente cambió de opinión. Artistas como The Broadside Singers, Odetta, y por supuesto, The Byrds, la incluyeron en su repertorio. El cantautor se inspiró en el título y la melodía de «Paths Of Victory», también conocido como «Deliverance Will Come», un góspel compuesto en 1836 por el reverendo John B. Matthias. Dylan ofrece una buena interpretación, acompañándose al piano, y su solo de armónica resulta convincente. Aunque da varias notas erróneas en el teclado hacia el minuto 1'33, su voz suena perfectamente segura e inspirada. Si bien no se puede catalogar como uno de sus mejores temas, sí se puede considerar que se trata de una buena canción. La graba el 12 de agosto, al inicio de la sesión, en una sola toma.

Eternal Circle

Bob Dylan / 2'38 minutos

Músico: Bob Dylan: voz, guitarra / **Grabación:** Columbia Recording Studios / estudio A, Nueva York: 24 de octubre de 1963 / **Productor:** Tom Wilson / **Ingenieros de sonido:** George Knuerr, Pete Dauria / **Recopilatorio:** *The Bootleg Series, Vol. 1-3: Rare & Unreleased 1961–1991*, CD2 / **Publicación:** 26 de marzo de 1991

La historia es la siguiente: un artista interpreta una canción y cree que ha logrado seducir a una joven que hay entre el público, pero en realidad, lo que la ha seducido es la música. La moraleja que quiere transmitir el cantautor: lo importante es la canción, no el intérprete. Bob Dylan compuso «Eternal Circle» en verano de 1963, y la mostró a Tony Glover, un amigo de Minneapolis. Más tarde, el 24 de octubre siguiente, la grabó –cuatro tomas, exactamente (la primera se publicó

en *The Bootleg Series, Vol. 1-3*). Parece que Dylan tenía especial interés en incluir «Eternal Circle» en *The Times They Are A-Changin'*: graba un total de doce tomas a lo largo de tres sesiones (los días 7 y 12 de agosto, y el 24 de octubre), ¡lo que la convierte en la canción más trabajada del álbum! A pesar de repetirla varias veces, el resultado no está a la altura de las expectativas: la guitarra suena mal, y rasca el ritmo de tres por cuatro sin precisión. El conjunto no convence.

Suze (The Cough Song)

Bob Dylan / 1'59 minutos

Músico: Bob Dylan: guitarra, armónica / **Grabación:** Columbia Recording Studios / estudio A, Nueva York: 24 de octubre de 1963 / **Productor:** Tom Wilson / **Ingenieros de sonido:** George Knuerr, Pete Dauria / **Recopilatorio:** *The Bootleg Series, Vol. 1-3: Rare & Unreleased 1961–1991*, CD2 / **Publicación:** 26 de marzo de 1991

«Suze (The Cough Song)» es el primer tema instrumental que graba Bob Dylan. Hasta 1969 no se publica su sucesor, titulado «Nashville Skyline Rag», en el álbum *Nashville Skyline*. Según el musicólogo John Bauldie, redactor de las notas de presentación de *The Bootleg Series, Vol. 1-3*, Dylan se habría inspirado en un tema titulado «Mexican Rag» (grabado en 1928 por el dúo de country Darby & Tarlton, con la discográfica Columbia). Su influjo resulta evidente, y solo la presencia de la armónica y la ausencia de canto se distinguen de la versión original. En cuanto al título, hace referencia explícita a

Suze Rotolo, la novia de Dylan en aquella época. Toca la guitarra con la técnica de *finger-picking*. La versión grabada en una única toma el 24 de octubre se parece más a una maqueta que a un tema definitivo. Aunque el conjunto suene correcto, carece de precisión y rigor. Además, Dylan tiene un ataque de tos (*cough*, en inglés) hacia el minuto 1'30, por lo que le pide a Tom Wilson que termine el tema en *fade-out*. El productor se pone a reír pero «Suze (The Cough Song)» no tendrá una segunda oportunidad, ¡aunque el incidente de la tos le valga el título! (se presentó también como «Suzy [Cough Song]»).

Percy's Song

Bob Dylan / 7'44 minutos

Músico: Bob Dylan: voz, guitarra, armónica **/ Grabación:** Columbia Recording Studios / estudio A, Nueva York: 23 de octubre de 1963 **/ Productor:** Tom Wilson **/ Ingenieros de sonido:** George Knuerr, Pete Dauria **/ Recopilatorio:** *Biograph*, CD1 **/ Publicación:** 7 de noviembre de 1985

Esta canción describe la historia de un hombre que causa un accidente de tráfico en el que muere una persona, y es condenado a noventa y nueve años de cárcel en el centro penitenciario de Joliet, Illinois. El narrador, amigo del detenido, juzga la pena demasiado dura y, tras no lograr convencer al juez, toma la guitarra y canta: «Oh, la lluvia cruel / Y el viento», referencia implícita a una melodía que Dylan ya había tomado prestada de su amigo y cantante de folk, Paul Clayton, en la canción «The Wind And The Rain».

En 1985, Dylan explicará en las notas de presentación de la caja recopilatoria *Biograph*: «Paul era un cantautor impresionante. Conocía miles de canciones. De él aprendí "Payday At Coal Creek", y muchísimas otras. Tocábamos en los mismos bares y viajé mucho con él. Cuando escuchas las mismas canciones, noche tras noche, te acabas impregnando de algunas de ellas. "Don't Think Twice, It's All Right" proviene de un riff de Paul, como "Percy's Song". [Esta canción] que creía haber [compuesto yo] podría tener su origen en "Hiram Hubbard", un tema de la guerra de Secesión que él solía cantar –de he-

cho, no lo sé seguro. Una canción como esta podría haber llegado a mis oídos perfectamente, porque la gente hablaba mucho de este tema».[12] No obstante, cuando presenta la canción durante su actuación en el Carnegie Hall, el 26 de octubre de 1963, Dylan afirma que su origen es otro: «Esta es una canción que he compuesto sobre un amigo mío, se titula "Percy's Song"».[29] Así pues, ¿cuándo dice la verdad, en 1963 o en 1985?

Al escuchar este tema, uno se da cuenta de la habilidad de Dylan para mantener el tempo cuando toca en *finger-picking*. Su interpretación, de metrónomo, es impresionante, sobre todo porque dura más de 7 minutos, y la grabó sin *overdub* en una sola toma, el 23 de octubre. Al día siguiente la retoma y la repite tres veces, pero finalmente será la versión del día anterior la que se incluirá en *Biograph*. El cantautor ofrece un excelente solo de armónica (en sol), sin duda, uno de los mejores.

A pesar de su dramaturgia, esta dura crítica al sistema judicial norteamericano fue descartada para formar parte del que sería su tercer álbum.

Moonshiner

Tradicional / arreglos Bob Dylan / 5'07 minutos

Músico: Bob Dylan: voz, guitarra, armónica **/ Grabación:** Columbia Recording Studios / estudio A, Nueva York: 12 de agosto de 1963 **/ Productor:** Tom Wilson **/ Ingenieros de sonido:** Stanley Tonkel, Pete Dauria **/ Recopilatorio:** *The Bootleg Series, Vol. 1-3: Rare & Unreleased 1961-1991*, CD1 **/ Publicación:** 26 de marzo de 1991

Moonshine es el nombre de una bebida alcohólica de alta graduación, fabricada de forma clandestina en los Apalaches durante la Ley Seca. *Moonshiner* o *moonraker* son los términos que describen a la persona que destilaba esta bebida «a la luz de la luna». Bob Dylan domina su interpretación a la perfección, tanto al canto como a la guitarra. La grabación en los estudios de Columbia datan del 12 de agosto de 1963. Existen dos tomas, con el título «Moonshine Blues». Parece que fue la

primera toma grabada la que finalmente se publicó, con el lanzamiento de *The Bootleg Series, Vol. 1-3*. El arpegio que usa Dylan en su Gibson J-50 recuerda al de «Don't Think Twice, It's All Right» del álbum precedente. Su interpretación, llena de matices, está cargada de emotividad, demostrando que, a estas alturas de su carrera, es un músico excepcional que ha alcanzado su madurez. «Moonshiner» habría podido incluirse perfectamente en su tercer álbum.

1964

Another Side Of Bob Dylan

All I Really Want To Do
Black Crow Blues
Spanish Harlem Incident
Chimes Of Freedom
I Shall Be Free No. 10
To Ramona
Motorpsycho Nightmare
My Back Pages
I Don't Believe You
(She Acts Like We Never Have Met)
Ballad In Plain D
It Ain't Me, Babe

ÁLBUM
FECHA DE PUBLICACIÓN
Estados Unidos:
8 de agosto de 1964
con Columbia Records
(REFERENCIA COLUMBIA CL2193/
CS 8993)

Another Side Of Bob Dylan es el álbum de la metamorfosis artística. El cantautor hace un retrato decididamente irónico del mundo que lo rodea.

Another Side Of Bob Dylan,
un álbum de rock sin guitarra eléctrica

1964

A inicios de febrero de 1964, un mes después del lanzamiento de *The Times They Are A-Changin'*, Bob Dylan emprende un viaje de tres semanas por Estados Unidos. Según cuenta él mismo, sentía una necesidad ineludible de tomar la carretera... Viajan con él el periodista (y amigo de Suze Rotolo) Peter Karman, el cantante de folk Paul Clayton, y el *road manager* Victor Maymudes. Kentucky, Carolina del Norte, Luisiana, Texas, y por último, California: como hicieran Sal Paradise y Dean Moriarty antes que ellos en la novela *On the Road* (*En la carretera*), de Jack Kerouac, los cuatro hombres parten al encuentro de la América profunda, hasta orillas de la costa Oeste, y se deleitan con el intenso sentimiento de libertad que les ofrecen las *highways*.

En el mes de mayo, Dylan atraviesa el Atlántico. Tras dar varios conciertos en Inglaterra, visita Europa continental: Francia (en París conoce al cantante Hugues Aufray y a la modelo Christa Päffgen, futura Nico de The Velvet Underground), Alemania Occidental (con Nico), y luego Grecia, donde compone gran parte de *Another Side Of Bob Dylan*.

El álbum

Another Side Of Bob Dylan. Pocas veces el título de un álbum refleja tan claramente la evolución artística de su creador. En efecto, este cuarto trabajo discográfico da buena muestra del nuevo rumbo de Dylan. Aunque sigue tocando él solo la guitarra y la armónica (y por primera vez, el piano, en «Black Crow Blues»), ya resulta evidente que el músico de rock está desbancando al cantante de folk. El crítico Tim Riley no se equivoca cuando declara, acerca de este opus dylaniano, que es «un álbum de rock sin guitarra eléctrica».

En cualquier caso, es un álbum de ruptura con el pasado. En adelante, Dylan rechaza totalmente el papel de guía espiritual del movimiento de protesta que el círculo del folk ha querido adjudicarle. Abre un nuevo capítulo. Ya no le interesa señalar las incoherencias e injusticias de un sistema sin aportar respuestas. Afirma: «En este disco no hay ninguna canción acusatoria».[20]

A partir de ahora, quiere expresar aquello que siente en lo más profundo de su ser, plasmar sobre el papel sus impresiones, exorcizar sus frustraciones. Afirma a Nat Hentoff: «Ya no quiero escribir más para los demás, ya sabes, ser un portavoz. En adelante quiero componer sobre aquello que está en lo más profundo de mí, y retomar el estilo de escritura que tenía cuando tenía 10 años –que las cosas fluyan de forma natural. Me gusta escribir de la misma forma como camino o hablo».[20]

Este cambio estilístico de 180° se manifiesta en mayor o menor medida en todas las canciones de *Another Side Of Bob Dylan*, y alcanza niveles poéticos en «Chimes Of Freedom» y «My Back Pages», dos canciones compuestas bajo el maravilloso influjo de Arthur Rimbaud y William Blake. En la primera, Dylan juega con la armonía de las palabras y la riqueza de las imágenes para comunicarse mejor con la gente humilde, los «marginados

LOS *OUTTAKES*

Denise
Mr. Tambourine Man
Mama, You Been On My Mind

del gran universo»; y en la segunda, se libera de la influencia de los intelectuales del círculo folk –los «autoproclamados profesores»– para seguir mejor el camino que ha de llevarle hacia su propia libertad. El estilo de «Spanish Harlem Incident» recuerda la escritura espontánea de Kerouac o Ginsberg, y es una muestra más de la evolución poética del cantautor.

A pesar de todo, se percibe cierta continuidad dentro del cambio. Dylan retoma su ruptura con Suze Rotolo («All I Really Want To Do», «I Don't Believe You», «Ballad In Plain D» y «It Ain't Me Babe»). La cicatriz no desaparece fácilmente…

Por último, «Motorpsycho Nitemare»: una potente sátira contra la América rural, paranoica y frustrada, inspirada en el filme *Psycho* (*Psicosis*) de Alfred Hitchcock, una nueva clase de canción-protesta que anticipa en unos meses las contundentes composiciones de *Bringing It All Back Home* y *Highway 61 Revisited*.

La grabación

El 9 de junio de 1964 a las 19:05 horas, Bob Dylan entra en el estudio A de Columbia Records, con el *flight case* de su guitarra en la mano. Tiene prisa por grabar su nuevo álbum. Su productor, Tom Wilson, no tiene ni idea de qué cabe esperar de sus nuevas composiciones. Se lo confía al periodista del *New Yorker*, Nat Hentoff, quien está a su lado en el estudio, junto con media docena de amigos, entre ellos, el cantante de folk Ramblin' Jack Elliott: «No tengo ni idea de qué va a grabar hoy […]. Debe de ser lo que ha compuesto durante estos dos

últimos meses».[20] Wilson debe adaptar las condiciones del estudio a Dylan, y no al contrario. Explica: «Lo que más me ha costado ha sido hacerle entender cómo utilizar el micro. Se emociona enseguida, se mueve demasiado, acaba amorrado al micro y "peta"».[20] Su papel como productor se basa en ahorrarle cualquier dificultad técnica: «Por ejemplo, si alguna pantalla acústica le molesta, la retiro aunque con ello perdamos calidad sonora».[20] Aquel martes 9 de junio, Dylan y sus amigos gozan de un ambiente distendido mientras comparten un par de botellas de Beaujolais. Le dice a Wilson: «Vamos a grabar un buen disco esta tarde, ¡lo prometo!».[20] Entre las siete de la tarde y la una y media de la madrugada consigue la hazaña de grabar él solo las once canciones del álbum en treinta y cinco tomas, más otras cuatro canciones descartadas en once tomas más, entre ellas, una primera versión de «Mr. Tambourine Man» (del álbum *Bringing It All Back Home*) ¡con coros de Ramblin' Jack Elliot!

¿A qué venía tanta prisa? Tom Wilson explicó: «Normalmente no vamos tan rápido, pero este álbum debe estar listo para el congreso de Columbia que se celebra en otoño».[20] Wilson decide el título del álbum, *Another Side Of Bob Dylan*, aunque al cantautor no le convence.

Another Side Of Bob Dylan es un álbum de transición, en la medida que Dylan se aleja de sus raíces folk y blues –algo que criticarán los redactores y lectores de la revista *Sing Out!*–, pero todavía no se ha pasado al lenguaje eléctrico del rock. Le llama la atención el nuevo sonido que llega desde Reino Unido, especialmente, The Beatles. Para muestra, un botón: si los Fab Four cantan a coro «*yeah, yeah, yeah*» en la canción «She Loves You», Dylan, por su parte, canta «*no, no, no*» en su «It Ain't Me, Babe». Lo que destaca del álbum es la profundidad de los sentimientos que expresa, la fuerza lírica que se desprende a lo largo de sus once canciones. Algunas de ellas ejercerán una influencia notable, como «Chimes Of Freedom» y «My Back Pages», con cuya adaptación The Byrds escribirá uno de los primeros capítulos de la historia del folk rock (además, la banda titulará su cuarto álbum *Younger Than Yesterday* (1967), en referencia al estribillo de «My Back Pages» («Era mucho más viejo entonces / Ahora soy más joven»).

Página anterior: Nico (Christa Päffgen), la musa de The Velvet Underground. Superior: el periodista Nat Hentoff asistió a la grabación del cuarto álbum de Dylan.

Lanzado el 8 de agosto de 1964, apenas siete meses después de *The Times They Are A-Changin'*, el álbum *Another Side Of Bob Dylan* alcanzará el puesto n.º 43 de la lista *Billboard*, y más tarde será disco de oro. En el Reino Unido, trepará hasta el puesto n.º 8, no muy por detrás del primer álbum de los Rolling Stones y *A Hard Day's Night* de los Beatles. En Francia, con la complicidad de los libretistas Pierre Delanoë y Jean-Pierre Sabard, el cantante Hugues Aufray emprende la loable misión de dar a conocer la estética dylaniana.

La carátula

La foto del álbum fue tomada por Sandy Speiser, célebre fotógrafa de Columbia Records. También es suya la foto que ilustrará en 2004 la caja recopilatoria *The Bootleg Series, Vol. 6: Bob Dylan Live 1964*. Parece que la instantánea fue tomada en Northeast Corner, entre la 52th y Broadway, en el Times Square de Nueva York. ¿Por qué ahí? Simplemente, porque Dylan grababa en el estudio A de Columbia Records, situado a dos edificios de ahí, en el 799 de la 7th Avenue; una zona donde se encuentran muchas discográficas.

Datos técnicos

Por lo que parece, el material de grabación fue el mismo que en los dos álbumes anteriores.

Los instrumentos

Tras la desaparición inexplicable de su Gibson J-50, Dylan adquiere una nueva guitarra acústica, la célebre Gibson Nick Lucas, probablemente a finales de 1963. Se trata de un modelo de trece trastes hecho de madera de palisandro clara, que el cantautor compró a Marc Silber, propietario de Fretted Instruments, una tienda neoyorquina de Greenwich Village. Silber explica: «La Nick Lucas Special de 1930 que Dylan toca en el documental *Dont Look Back*, había pertenecido a mi hermana Julie. Aparte de un pequeño defecto, estaba como nueva cuando se la vendí».[31] Dylan la utilizará en este álbum y en el siguiente, así como en sus conciertos hasta 1966, especialmente, en el festival de folk de Newport de 1964 y 1965. En cuanto a las armónicas, solo utiliza tres en distintos tonos: do, sol y la. Por primera vez, toca el piano, en el tema «Black Crow Blues».

Réplica de la famosa Gibson Nick Lucas Special.

The Byrds grabaron una versión folk rock de «All I Really Want To Do» para su primer álbum, *Mr. Tambourine Man*.

All I Really Want To Do

Bob Dylan / 4'04 minutos

Músico
Bob Dylan: voz, guitarra, armónica
Grabación
Columbia Recording Studios / estudio A,
Nueva York: 9 de junio de 1964
Equipo técnico
Productor: Tom Wilson
Ingenieros de sonido: Fred Catero, Hallie

Jimmie Rodgers, apodado «The Blue Yodeler», hacia 1930.

Génesis y letra

Como buen artista, Dylan no carece de contradicciones. Este álbum de ruptura con el pasado empieza con una canción que, una vez más, hace referencia a su separación de Suze Rotolo. Para Patrick Humphries, es la versión «angustiosa y amarga»[32] de «Don't Think Twice, It's All Right» y «Boots Of Spanish Leather», de su anterior álbum. No obstante, aunque haya angustia y amargura, también hay cierto sarcasmo acerca de esta relación que acaba de terminar. Quizá sea este el aspecto innovador que introduce Dylan, aportando un enfoque distinto al tema de la ruptura. A lo largo de seis estrofas, conforma una lista de aquello que no quiere hacer para no decepcionar a su compañera: no competir con ella, ni pegarla, engañarla, maltratarla, reducirla, clasificarla, negarla, desafiarla ni crucificarla (en la primera estrofa), ni tampoco enojarla, encadenarla, rebajarla, analizarla, deshonrarla, inspeccionarla… Lo único que quiere hacer, le confiesa en el estribillo, «es ser tu amigo».

Realización

Como canción de apertura, «All I Really Want To Do» enlaza inmediatamente con el ambiente del álbum anterior, aportando el toque ligero que tanto necesitaba. Dylan se divierte, bromea, prioriza abiertamente el *feeling* ante el rigor del estudio. «All I Really Want To Do» ¡es la toma treinta y seis grabada desde el inicio de la sesión! Por ello, el cansancio empieza a notarse en la voz del cantautor, que suena ligeramente afectada y sin graves. A pesar de las precauciones de Tom Wilson, Dylan comete varios errores técnicos: golpea el pie de micro –o el suelo (minutos 0'36, 1'43, 3'53)–, desafina en los estribillos, emite plosivas, se pierde en la rítmica (3'12, 3'14), resopla (0'41)… El cantautor no quiere hacer más canciones protesta, y se encarga de que lo entendamos bien: ¡misión cumplida!
El estribillo en tres por cuatro le permite poner en práctica el canto tirolés, imitando (o parodiando) a Jimmie Rodgers, el padre de la música country, también conocido como «The Blue Yodeler». Es la primera vez que escuchamos su nueva guitarra, la célebre Gibson Nick Lucas Special de 1930, que rasca sobre una armonía en mi mayor. La armónica (en la) y la voz suenan envueltas en una *reverb* relativamente larga. Dylan canta y graba el tema en una sola toma.

COVERS

La versión más célebre de «All I Really Want To Do» es la de los Byrds, incluida en su primer álbum, *Mr. Tambourine Man* (1965). La banda californiana grabó una adaptación distinta para el single, lanzado el 14 de junio de 1965. Su versión, interpretada a la guitarra por Roger McGuinn, con una Rickenbaker de 12 cuerdas, y con unas armonías vocales celestiales, alcanzó el puesto 40 en Estados Unidos, y llegó al n.° 4 en las listas británicas. También Cher la grabó tras haber escuchado la adaptación de los Byrds en el Ciro's de Sunset Boulevard: logró el n.° 15 en Estados Unidos (7 de agosto de 1965) y el n.° 9 en Reino Unido (19 de agosto de 1965).

PARA ESCUCHAR

En el minuto 0′21 puede escucharse un pequeño «salto» de sonido: probablemente se trate de un montaje poco logrado en la cinta del máster. Es la primera vez que se detecta esta técnica de estudio en un álbum de Dylan.

Black Crow Blues

Bob Dylan / 3'14 minutos

Músico
Bob Dylan: voz, piano, armónica
Grabación
Columbia Recording Studios / estudio A,
Nueva York: 9 de junio de 1964
Equipo técnico
Productor: Tom Wilson
Ingenieros de sonido: Fred Catero, Hallie

Génesis y letra

«Black Crow Blues» es el eterno retorno a una relación amorosa terminada. A Dylan le cuesta librarse del recuerdo de Suze Rotolo, y lo expresa a lo largo de las estrofas de esta canción. Rotolo habla sobre el álbum y la impresión que le causó escuchar las canciones: «Bob sabía muy bien cómo sumirme en una profunda tristeza; pero me gustaba como sonaba su voz».[14] En este *piano blues* emplea un tono distinto de la canción anterior –¡el respeto a su tradición melancólica obliga! La última estrofa podría haberla firmado el mismo Charley Patton o Robert Johnson. Tras rendir homenaje a Bukka White y Blind Lemon Jefferson en su primer álbum, con este tema firma su primer blues, asomándose a la oleada del blues británico que inundará ambos lados del Atlántico pocos meses después.

Realización

Dylan grabó tres tomas de «Black Crow Blues» (la última fue la definitiva). Aunque no sea un título importante en su discografía, define una etapa en su carrera musical. Es la primera vez que graba una canción al piano, mostrando de esta forma su voluntad de alejarse de la imagen de trovador, a lo Woody Guthrie, que le había atribuido la clientela de los clubes de Greenwich Village.

No obstante, Dylan ha tocado el piano en anteriores ocasiones, como en las demos de «The Times They Are A-Changin'» o «When The Ship Comes In», del álbum anterior (*véase The Bootleg Series, Vol. 9*). Lo que resulta innovador es el estilo, que anuncia su futura reconversión, más blues, más rock, más eléctrica. En este piano honky-tonk, ligeramente desafinado y con un color similar al de «Ballad Of A Thin Man» (en *Highway 61 Revisited*, 1965), el cantautor se libra a un ejercicio altamente peligroso ¡en que interpreta a la vez el piano, la voz y la armónica! Evidentemente, el resultado carece de rigor y no respeta la métrica (minuto 2'36); pero el *feeling* está ahí: Dylan canta con una voz inspirada y ofrece varios solos de armónica blues (en do) absolutamente convincentes. No tocará nunca más «Black Crow Blues», ni siquiera en directo.

Dylan entre los bastidores del Free Trade Hall Concert, en mayo de 1965.

Spanish Harlem Incident

Bob Dylan / 2'24 minutos

Músico
Bob Dylan: voz, guitarra
Grabación
**Columbia Recording Studios / estudio A,
Nueva York:** 9 de junio de 1964
Equipo técnico
Productor: Tom Wilson
Ingenieros de sonido: Fred Catero, Hallie

Spanish Harlem en la década de 1960, un barrio de Nueva York
que inspiró a Bob Dylan para escribir su canción.

Génesis y letra

Tras grabar «Spanish Harlem Incident», Dylan le pregunta a
uno de sus amigos presentes en el estudio si entiende la canción. Le responde: «Bueno, no mucho».[20] Dylan se explica,
primero sonriente, pero luego, un poco más serio: «Es difícil
ser libre en una canción. Las canciones son tan limitadas [...].
Soy más libre en las que compongo ahora, pero sigo sintién-
dome prisionero. Por esto escribo poesía –por llamarlo de alguna manera. La poesía tiene sus propias formas».[20] «Spanish
Harlem Incident» es la única canción del álbum en que las palabras de Dylan sobre el amor y las mujeres suenan desprovis-
tas de cinismo o amargura. ¿Realmente ha quedado prenda-
do de esta joven bohemia? Como él mismo explica, se trata
simplemente de una forma de expresión poética. En el plano
literario, «Spanish Harlem Incident» es el primer símbolo de la
estética dylaniana (que alcanzará su cénit en sus siguientes
álbumes, *Bringing It All Back Home* y *Highway 61 Revisited*)–, una retahíla de palabras a priori sin mucho sentido,
pero que dan origen a una imaginería cautivadora. «No tengo
hogar, ven y llévame / Junto al redoble de tus tambores», «En
los acantilados de tus encantos de gato salvaje, avanzo / Me sé
cerca de ti pero no sé dónde» y «ojos nacarados» contra «rostro pálido»: la fonética y la antítesis son los dos componentes
de una alquimia que presenta nuevos mundos sobre el escenario. Con esta canción, Dylan se inscribe en el plano intelectual

de los escritores de la generación beat, quienes ponen de relieve la vacuidad de los valores de la clase media norteamericana: la joven bohemia podría ser el símbolo de los «vagabundos celestiales» de Jack Kerouac.

Realización

Con sus 2'24 minutos, «Spanish Harlem Incident» es el tema
más corto del álbum. La canción se distingue del resto que ha
compuesto hasta el momento. La armonía es distinta y la línea melódica resulta sorprendente, especialmente en los estribillos. Una nueva imprenta musical parece desprenderse de
sus pocos acordes. Basta con escuchar cierta disonancia armónica que Dylan no duda en emplear en la tercera estrofa.
Su interpretación vocal, envuelta en una *reverb* bastante presente, es excelente, y el cantautor alcanza sin problemas las
notas más agudas del estribillo. Quiere poner énfasis en el sonido de su Gibson Nick Lucas, y reemplaza sus habituales
solos de armónica por dos riffs de guitarra, que curiosamente
anuncian el estilo del sonido de los futuros The Byrds, quienes
interpretarán una muy buena versión en su primer álbum (*Mr.
Tambourine Man*, 1965). Tras empezar a destiempo dos veces y grabar dos tomas finalmente descartadas, la quinta será
la definitiva. Dylan solo ha tocado en directo esta canción una
vez, en el concierto del Philharmonic Hall de Nueva York, el
31 de octubre de 1964.

Chimes Of Freedom

Bob Dylan / 7'09 minutos

Músico
Bob Dylan: voz, guitarra, armónica
Grabación
**Columbia Recording Studios / estudio A,
Nueva York:** 9 de junio de 1964
Equipo técnico
Productor: Tom Wilson
Ingenieros de sonido: Fred Catero, Hallie

1964

PARA LOS ADICTOS A DYLAN

Parece que Dylan relegó el uso del compás de tres por cuatro a las composiciones profundas: es el caso de «Chimes Of Freedom», «Masters Of War», «A Hard Rain's A-Gonna Fall» o «The Times They Are A-Changin'».

Génesis y letra

Bob Dylan compuso «Chimes Of Freedom» justo tras el lanzamiento de *The Times They Are A-Changin'*. ¿Dónde y cuándo exactamente? Probablemente empezó a componerla durante su corta estancia en Toronto (del 31 de enero al 2 de febrero de 1964), como muestra una hoja manuscrita del Hotel Waldorf Astoria, y parece que la terminó durante su viaje de Nueva York a Los Ángeles. También pudo componerla después de visitar a la cantautora Bernice Johnson Reagon y al cantante Cordell Reagon, ambos implicados en la defensa de los derechos civiles. Según Clinton Heylin, Dylan habría terminado la canción exactamente el 9 de febrero, sentado en la parte trasera del coche con que atravesaba Estados Unidos, junto con sus compañeros Peter Karman, Paul Clayton y Victor Maymudes. «Chimes Of Freedom» reúne varias característica de la evolución artística del cantautor. Dylan ya no es simplemente el cronista de la sociedad de inicios de los 60, sino el nuevo poeta de Estados Unidos. En esta canción, está paseando con un amigo hasta que una tormenta les obliga a refugiarse bajo un porche: los relámpagos se le aparecen como «campanas de libertad». El crítico musical Paul Williams establece un paralelismo entre «Chimes Of Freedom» y el Sermón de la montaña, en que Jesucristo definió la filosofía cristiana (la no violencia [«si alguien te pega, muéstrale la otra mejilla»] y el respeto a los desfavorecidos [«la sal de la tierra»]). También pueden verse referencias a la poesía iluminada de William Blake, repleta de imágenes bíblicas, e incluso a *King Lear* (*El Rey Lear*), de Shakespeare –la tormenta sobre la landa que hace tambalear el orden del mundo. Desde el punto de vista poético, encontramos en el estilo de Dylan el influjo del simbolismo de Rimbaud (en especial, el poema «Vocales»); precisamente en la armonía de las palabras, que crean «imágenes cautivadoras», sobre todo cuando se trata de exaltar la humanidad de los soldados rasos que sufren: «Doblaban por el desafortunado, el abandonado, el desamparado / Doblaban por el paria que siempre arde en la hoguera» o «Por los incontables extraviados, calumniados, explotados, agotados y aún peor / Y por todos los abrumados que pueblan el Universo».

El asesinato de John F. Kennedy también pudo haber inspirado a Dylan. Justo después del trágico suceso en Dallas, el cantautor escribió un pequeño poema de seis líneas que resume la esencia de esta canción: «las campanas de la catedral» se con-

Dave Van Ronk escribió «The Chimes Of Trinity» antes de que Dylan grabara «Chimes Of Freedom».

vierten en «las campanas de la libertad» de la canción. Es una de las composiciones más importantes del repertorio de Dylan, y no deja a nadie indiferente. Uno de sus amigos, presente en la grabación, afirmó a Nat Hentoff, el periodista del *New Yorker* también presente: «Bobby se dirige a todos los que sufren en el mundo».[20] Es cierto que «Chimes Of Freedom» tiene el tono solemne, cercano al sermón, que caracterizaba sus anteriores trabajos. No obstante, las imágenes y la fuerza poética de la letra se distinguen de forma radical de su prosa anterior.

Realización

En el plano musical, la ruptura con el pasado no resulta tan evidente. Una vez más, Dylan es acusado de plagio. Dave Van Ronk, su amigo de Greenwich Village, lo culpa en sus memorias de haberse «empapado» de «The Chimes Of Trinity», una balada que él conocía por su abuela, y que a su vez le había enseñado al cantautor: «Me la hizo cantar varias veces, hasta que se quedó con la esencia y la convirtió en "Chimes Of Free-

dom". La versión de mi abuela era mejor».[21] Aunque no pueda negarse cierta similitud con la estructura de la letra y la melodía del estribillo, Dylan, como siempre, trasciende aquello de lo que se apropia, convirtiéndolo en una obra original.

Armónicamente se basa en tres acordes principales, que rasca en su guitarra Nick Lucas. Hay cierta originalidad en la transposición de sus mismos acordes, que en algunas partes mutea con la palma de la mano (minuto 4'37). Su primera intervención a la armónica (en sol) parece abortada (4'25), pero la desarrolla más adelante, en el minuto 5'36. Tras cuatro tomas empezadas a destiempo y otras dos no terminadas, la séptima inmortaliza «Chimes Of Freedom». Dylan tocó esta canción por primera vez el 15 de febrero de 1964 sobre el escenario del Civic Auditorium Theatre de Denver, Colorado, es decir, cuatro meses antes de grabarla, pero curiosamente dejó de interpretarla a partir de 1964, y no volvió a hacerlo hasta 1987, una de las veces, durante la investidura del presidente Bill Clinton, el 20 de enero de 1993.

I Shall Be Free No. 10

Bob Dylan / 4'46 minutos

Músico
Bob Dylan: voz, guitarra, armónica
Grabación
Columbia Recording Studios / estudio A,
Nueva York: 9 de junio de 1964
Equipo técnico
Productor: Tom Wilson
Ingenieros de sonido: Fred Catero, Hallie

Génesis y letra

A primera vista, «I Shall Be Free No. 10» parece una canción sin pretensiones, como una especie de vuelta a la calma tras el tono épico de «Chimes Of Freedom». Sin embargo, Dylan usa esta canción para arreglar cuentas con aquellos que querrían encasillarlo: «Me pidieron que leyera un poema / En casa de la hermandad femenina / Me derribaron de un golpe y mi cabeza flotaba / Acabé frente a la mujer decana / ¡Genial! Soy poeta y lo sé / Espero no estropearlo». Con este *talking blues*, género popularizado por Woody Guthrie, Bob Dylan se burla de sí mismo para burlarse a su *vez* de los intelectuales quienes, desde «Blowin' In The Wind», lo han entronado como líder del movimiento de protesta. La distancia que quiere tomar con los intelectuales progresistas se aprecia también por su recurso casi sistemático al *non sense* (sin sentido, absurdo). *Non sense*, cuando pretende provocar a Cassius Clay en el ring, o cuando habla de la rivalidad entre norteamericanos y soviéticos. *Non sense*, también, cuando habla de sus líos conyugales. *Non sense*, finalmente, cuando convierte la amistad en sarcasmo.

Realización

La primera versión de «I Shall Be Free» la encontramos en el álbum *The Freewheelin' Bob Dylan*. Esta vez, no obstante, se trata de la versión n.º 10, que también podría titularse «I Shall Be Free: el retorno». El mismo tono, prácticamente el mismo tempo, la misma duración, el mismo final en *fade-out*. Las similitudes son evidentes. Solo el sonido de la Gibson es más nítido y grueso, y la voz de Dylan suena con mucha más *reverb*. Nat Hentoff explica que, durante la grabación, Tom Wilson y los ingenieros de sonido se reían a carcajadas con la letra de Dylan, quien tropieza dos veces hacia el final de la canción y no logra acabarla. Wilson le propone retomar solo esta parte y luego insertarla en la toma anterior. Uno de los amigos de Dylan interviene en la conversación: «Déjale empezarla desde el principio». Wilson le responde: «¿Por qué?». El amigo replica: «¡No se le pide a nadie que empiece a contar una historia desde el capítulo VIII!». Y el productor: «Oh, tío, ¿qué filosofía es esta? Estamos grabando, ¡no escribiendo una biografía!».[20] Finalmente se realiza el montaje, que puede escucharse durante el solo de armónica, antes de la última estrofa, exactamente en el minuto 4'13. Así pues, la quinta toma se insiere sobre la cuarta, y del resultado se extrae la cinta máster de «I Shall Be Free No. 10».

PARA ESCUCHAR
Parece que se realizó un segundo montaje de producción en el minuto 4'19, justo antes de las palabras «by now».

1964

To Ramona

Bob Dylan / 3'51 minutos

Músico
Bob Dylan: voz, guitarra, armónica
Grabación
Columbia Recording Studios / estudio A,
Nueva York: 9 de junio de 1964
Equipo técnico
Productor: Tom Wilson
Ingenieros de sonido: Fred Catero, Hallie

Bob Dylan en Newport, en compañía de Joan Baez,
que muy probablemente es la «Ramona» de la canción.

PARA LOS ADICTOS A DYLAN
Dylan graba su primer vals el 9 de junio de 1964, y los Beatles lo hacen el 11 de agosto del mismo año, con «Baby's In Black».

Génesis y letra

«To Ramona» podría ser una canción de amor, no compuesta para Suze Rotolo, sino como homenaje a Joan Baez. En cualquier caso, esto es lo que se desprende de las palabras de la cantante en su libro *And A Voice To Sing With: A Memoir*,[33] cuando afirma que, por aquel entonces, Dylan la solía llamar Ramona. Aunque la musa de la canción presenta notables diferencias con Joan Baez –la cantautora es neoyorquina, no una chica de pueblo del Sur, como en la canción–, varios versos parecen dirigirse directamente a «la reina del folk», siempre en primera línea a la hora de defender la paz y los movimientos civiles. «Pero mi corazón está desolado, mi amor / Al ver que intentas formar parte / De un mundo que no existe / No es más que un sueño, cariño / Un vacío, un ardid». Bob Dylan se muestra todavía más fatalista en el estribillo final: «Porque en lo más profundo de mi corazón, sé que no puedo ayudarte / Todo pasa, todo cambia, haz simplemente aquello que creas que has de hacer».

En 1985, el propio Dylan explicará el origen de la canción en las notas de presentación de *Biograph*: «Bueno, ha de entenderse más bien en sentido literal. Era sobre alguien a quien conocía». Y añade: «Creo que la toqué por primera vez en el Gaslight, fuera del horario de apertura».[12] Así pues, fue antes de conocer a Joan Baez...

Realización

«To Ramona» es el primer vals de Dylan incluido en un álbum, y posee una ligera similitud con «Last Letter», de Rex Griffin. Fue la tercera canción grabada durante esta sesión maratoniana, y no presenta ninguna dificultad técnica especial. Tanto la voz como la guitarra suenan bien, y la armónica (en do) aporta el toque nostálgico indispensable en el ambiente general de la canción. Excepto algunas plosivas en las palabras «*part*» (minuto 1'16) y «*passes*» (3'22), Dylan ofrece una buena interpretación. La graba en una sola toma. Por lo que parece, al cantautor le gusta especialmente este tema, pues lo retomará con varias formaciones. En 1969 confió a Jann S. Wenner que «To Ramona» era una de sus canciones preferidas.

Motorpsycho Nightmare

Bob Dylan / 4'32 minutos

Músico
Bob Dylan: voz, guitarra
Grabación
Columbia Recording Studios / estudio A,
Nueva York: 9 y 10 de junio de 1964
Equipo técnico
Productor: Tom Wilson
Ingenieros de sonido: Fred Catero, Hallie

Génesis y letra

«Motorpsycho Nitemare» es un tema delirante cercano al *talking blues*, que combina sarcasmo, humor negro y *non sense* (absurdo). Relata las desventuras de un vendedor ambulante que busca un lecho donde dormir, y se cruza con un granjero agresivo amante de las armas cuya hija se le insinúa descaradamente. Tanto para el título como para la historia, Dylan se inspira en el filme *Psycho* (*Psicosis*, 1960) de Alfred Hitchcock. Lo insinúa claramente en la quinta estrofa: «Rita estaba ahí / Era clavada a Tony Perkins». Aunque la canción parezca un desvarío, es una crítica a la América profunda, conservadora y paranoica, la cual inspira a Dylan varias imágenes antológicas, como la de Rita, «que parece salida de *La Dolce Vita*», o su padre, quien, solo con oír el nombre de Fidel Castro, pretende entregar al FBI el infame rebelde que lo ha pronunciado, tras tratarlo de «antipatriota, universitario podrido y rata comunista». Un tono sarcástico que anticipa los futuros hits de *Bringing It All Back Home* y *Highway 61 Revisited*.

Realización

Durante la grabación, Dylan se equivoca tres veces en la intro de la canción. Nat Hentoff recuerda que le costaba leer la letra. Uno de los amigos de Dylan, siempre listo para servir a la causa, le pide a Tom Wilson que disminuya la intensidad de la luz para crear un ambiente más propicio. Wilson responde: «No necesitamos ningún ambiente especial, lo que necesitamos es buena visibilidad».[20] Dylan retoma la canción, y la cuarta toma es la buena. Cuando entra en la sala de producción, se concentra en el *playback*, con un cigarrillo en la mano; tiene ganas de hacer una pausa, y dice: «Eh, ¡necesitamos más vino!».[20] Esta vez, el ambiente es distendido. Dylan hace una excelente interpretación, con una buena rítmica a su guitarra Nick Lucas, si bien a veces se equivoca un poco en la métrica. Este «Motorpsycho Nitemare» servirá de prototipo para su futuro «Bob Dylan's 115th Dream», que grabará en enero de 1965 para el álbum *Bringing It All Back Home*. Aunque esta última versión sea eléctrica, ambas se parecen mucho en el plano armónico, tienen el mismo patrón rítmico, el mismo tono y un tempo bastante similar. Dylan sabe reciclar sus propias obras. No tocará nunca «Motorpsycho Nitemare» en directo.

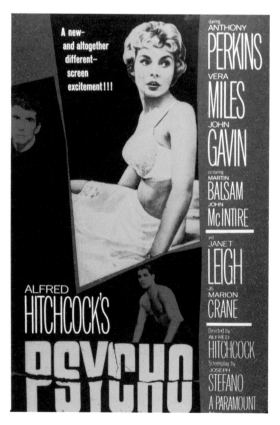

Cartel del *thriller* de Alfred Hitchcock en el que se inspira el ambiente angustioso de «Motorpsycho Nitemare».

My Back Pages

Bob Dylan / 4'21 minutos

Músico
Bob Dylan: voz, guitarra
Grabación
Columbia Recording Studios / estudio A,
Nueva York: 9 de junio de 1964
Equipo técnico
Productor: Tom Wilson
Ingenieros de sonido: Fred Catero, Hallie

COVERS

The Byrds grabaron «My Back Pages» para su álbum *Younger Than Yesterday* (1967), cuyo título hace referencia explícita al estribillo de la canción de Dylan. También destacan las adaptaciones de los Hollies (*Hollies Sing Dylan*, 1969), The Nice (*Keith Emerson With The Nice*, 1971), The Ramones (*Acid Eaters*, 1993), el pianista de jazz Keith Jarrett (*Les Incontournables*, 2000), Steve Earle (*Sidetracks*, 2002) y Murray Head (*My Back Pages*, 2012).

Génesis y letra

Junto con «Chimes Of Freedom», «My Back Pages» es una de las canciones esenciales del álbum. En la primera, Dylan esboza los trazos de su nueva poesía, cuyo torbellino de imágenes e impresiones recuerda a Arthur Rimbaud o William Blake; en la segunda, bebe de todas sus influencias del pasado. «My Back Pages» es sin duda una canción de ruptura –una ruptura definitiva con los círculos progresistas, que lo habían entronado como profeta del movimiento de protesta desde «Blowin' In The Wind» y «Masters Of War». Es la reafirmación de un divorcio necesario. En su libro, Mike Marqusee establece un paralelismo entre la evolución de Dylan y la de los años gloriosos, «incendiados por las llamas de la revuelta social, de Wordsworth y Coleridge hasta Koestler»,[34] pasando por William Butler Yeats, a cuyo poema *Meditations In Time Of Civil War* alude indirectamente la canción.

El mensaje es claro, tanto más cuanto que Dylan se libra a una profunda autocrítica. «Las mentiras que decían que la vida es blanco o negro brotaban de mi cerebro», canta en la segunda estrofa; y en la quinta: «Con ademán de soldado señalé / A los perros bastardos que instruyen / Sin miedo a convertirme en mi propio enemigo / En el mismo momento en que yo predicaba». En un soplo de libertad recobrada, verdadera apostasía del cantautor, canta el estribillo: «Era mucho más viejo entonces / Ahora soy más joven». Para el estribillo, probablemente se inspirara en la balada folk inglesa del siglo XVIII, «The Trees They Grow So High», grabada por Joan Baez en 1961: «Es joven, pero cada día se hace mayor». Sin duda, extrajo el gancho de su melodía para su propia composición.

Cuando graba «My Back Pages», hace ya varios meses que Dylan ha empezado a tomar distancia de los círculos intelectuales. En diciembre de 1963, cuando recibe el galardón Thomas Paine, otorgado por la asociación progresista Emergency Civil Liberties Union, habla sin tapujos ante la venerable asamblea: «No traigo la guitarra. Pero puedo hablar. Os doy las gracias por el galardón Tom Paine, en nombre de todos aquellos quienes han estado en Cuba. Primero, porque son jóvenes, y he tardado mucho en hacerme joven, hoy me siento joven, y me siento orgulloso de ello. Y me gustaría que todos ustedes presentes esta noche, no estuvieran aquí; me gustaría ver todo tipo de caras. Me desespera ver que la gente

Bob Dylan inmerso en la lectura. «My Back Pages» es la canción de la ruptura.

1964

que me gobierna y me impone sus leyes son todos calvos. Es algo que me disgusta. Para mí, no hay negros, blancos, derecha o izquierda. Solo existe arriba y abajo, y los de abajo están muy cerca del suelo. Intento elevarme, sin cosas triviales, sin política».[6] Como afirmará más tarde Allen Ginsberg, aquella noche Dylan se presentó, no como el «poeta comprometido al servicio de la izquierda, sino como una especie de trovador independiente».[6]

El análisis que Dylan hace de su pasado, de los compromisos y las causas que hasta entonces abrazó, posee una agudeza y lucidez sorprendentes en un joven de apenas 23 años. Con este discurso, rechaza claramente toda integración o pertenencia a cualquier movimiento o partido, y define su independencia, que no dejará de reivindicar a lo largo de toda su carrera. Ya no soporta ser el portavoz de causas humanistas o progresistas: quiere escribir sobre su propia vida. Ayer se sentía viejo en el papel de cantante protesta que le atribuían, hoy, por fin libre, se siente joven. Hablará de ello en *Crónicas*, en 2004: «Estaba harto de que se extrapolaran mis letras, de

que siempre fueran objeto de polémica, de ser entronado como Gran Hermano de la rebelión, Papa del movimiento de protesta, Zar de la disidencia, Duque de la insumisión, Líder de parásitos, Káiser de la apostasía, Arzobispo de la anarquía, un Pez Gordo. ¿De qué hablamos exactamente? Todos estos títulos son abominables. Nombres codificados para denominar a forajidos».[1] Dylan se definirá a sí mismo por contraste con Joan Baez. Al preguntarle cuál era la diferencia entre ellos, la cantautora explica: «Él respondió que era muy simple: yo pensaba que podía cambiar las cosas, él sabía que nadie podía hacerlo».[33]

Realización

«My Back Pages» es la última canción que Bob Dylan compuso para su cuarto álbum, y la última que graba durante la sesión del 9 de junio, en apenas dos tomas, una de ellas empezada a destiempo. Al final de esta sesión maratoniana –en que realiza hasta cuarenta y siete tomas–, logra interpretar nada menos que catorce temas definitivos, once de los cuales se inclui-

Dylan interpreta «My Back Pages» rodeado de sus amigos en el Madison Square Garden, en 1992.

rán en el disco. Cabe reconocer que el cansancio de Dylan se hizo evidente: en «My Back Pages», el cantautor desafina y toca sin precisión. Nat Hentoff explica: «Dylan estaba agotado, pero sin embargo seguía de buen humor».[20] Le cuesta dominar la canción, parece que no la sabe bien, duda en la melodía y los acordes de guitarra. La primera estrofa debería haberse grabado de nuevo, pues se nota su inseguridad en la armonía. Los dos primeros estribillos carecen de rigor. Además, su melodía se parece curiosamente a la de «With God On Our Side». A pesar de todos estos fallos, Dylan logra cautivarnos, y el oyente acaba totalmente inmerso en su interpretación. Es una demostración de su impresionante talento. Tras esta sesión de grabación, no volverá a tocar «My Back Pages» hasta 1978. Luego, la abandonará de nuevo, y no la retomará regularmente hasta 1988.

PARA LOS ADICTOS A DYLAN

Dylan grabará una versión antológica de «My Back Pages» en 1992, durante su concierto en el Madison Square Garden, con motivo de la celebración de los 30 años de su carrera, rodeado de sus amigos Roger McGuinn, Neil Young, Eric Clapton, Tom Petty y el malogrado George Harrison.

I Don't Believe You
(She Acts Like We Never Have Met)

Bob Dylan / 4'21 minutos

Músico
Bob Dylan: voz, guitarra, armónica
Grabación
**Columbia Recording Studios / estudio A,
Nueva York:** 9 de junio de 1964
Equipo técnico
Productor: Tom Wilson
Ingenieros de sonido: Fred Catero, Hallie

Génesis y letra
Bob Dylan compuso «I Don't Believe You (She Acts Like We
Never Have Met)» a finales de mayo de 1964, tras viajar de
Londres a Berlín, pasando por París, bajo el sol de la pequeña
isla griega de Vernilya, no muy lejos de Atenas. Ahí compone

PARA LOS ADICTOS A DYLAN
Se ha relacionado el «I Don't Believe
You (She Acts Like We Never Have Met)»
con la respuesta que Dylan dio a un fan
que le llamó «Judas» por haberse pasado
al sonido eléctrico: «*I don't believe you
–¡you're a liar!*», pero el contexto es
tan distinto que la comparación parece
cuanto menos aventurada...

en apenas una semana la mayoría de las canciones de su cuarto álbum. ¿Realmente vivió lo que cuenta en la canción, y
pasó una noche con una mujer que, por la mañana, pretendía
no conocerle de nada? ¿O es una especie de flashback sobre
su relación con Suze Rotolo? Quién sabe. Dylan invierte de
forma original los roles del hombre y la mujer: por primera
vez, es la mujer quien, una vez satisfecha, se desentiende del
hombre. Resulta evidente que esta historia tan tórrida como
efímera no deja mayor huella en el espíritu del cantautor. La
canción es alegre, aunque al protagonista le cueste entender
la actitud de la chica: «Todo esto es muy nuevo para mí / Es
como un misterio / Podría incluso ser un mito», canta al inicio
de la segunda estrofa. ¿Acaso es una alusión a su nueva fama,
que lo convierte en una codiciada presa? En cualquier caso,
prefiere reírse de la situación y seguir el ejemplo de su fugaz
amante: «Y si alguien me pregunta "¿Es fácil olvidar?", yo res-
ponderé "Es muy fácil, solo tienes que estar con alguien ¡y
luego hacer como si no lo hubieras conocido nunca!"».

Realización
La introducción de guitarra tiene un divertido aire de folclore
griego, por influencia evidente de su estancia en Vernilya.
Dylan ofrece una interpretación bastante interesante a las seis
cuerdas, alternando rítmicas de *strumming y gimmicks*. No
obstante, los solos de armónica (en sol) empañan el conjunto,
pues no parecen estar en consonancia con la guitarra. Puede
constatarse en el primer solo, en que Dylan parece buscar las
notas adecuadas, y resulta especialmente lamentable al final
de la segunda estrofa, hacia el minuto 1'39, cuando no toca
los acordes de guitarra correctos y el cantautor intenta adaptar la canción sobre la marcha. Además, en la cuarta estrofa,
hacia el minuto 2'59, no respeta la métrica y se salta a la ligera un tiempo. En el minuto 2'09 Dylan se ríe. ¿Acaso es por
la dificultad del tema? Necesita sentirse seguro en el estudio.
Lo confiesa a Nat Hentoff antes de grabar: «Solo quiero en-
cenderme un cigarrillo antes de cantarla [...] estoy neurótico.
Necesito tranquilizarme».[20] Necesitará repetirla cinco veces
para obtener la mejor versión. A Dylan le gusta especialmente
esta canción, que tocará a menudo en vivo (más de 350 veces). Más adelante, le dará nuevos arreglos eléctricos, distintos de la versión del disco, pero bastante logrados.

Ballad In Plain D

Bob Dylan / 8'15 minutos

Músico
Bob Dylan: voz, guitarra, armónica
Grabación
**Columbia Recording Studios / estudio A,
Nueva York:** 9 de junio de 1964
Equipo técnico
Productor: Tom Wilson
Ingenieros de sonido: Fred Catero, Hallie

Una guitarra acústica y una armónica son suficientes para que el cantautor construya su universo sonoro.

Génesis y letra

Esta canción tiene su origen en una violenta discusión ocurrida el mes de marzo de 1964 entre Bob Dylan y Carla Rotolo, la hermana de Suze, quien estaba al borde de la histeria y amenazaba con suicidarse. A Suze le costaba lidiar con la fama de Dylan, que se entrometía y afectaba a la relación, y unos meses antes, en agosto de 1963, había abandonado el apartamento que compartían para instalarse en casa de su hermana Carla, en East Village, Avenue B. Dylan y Carla no tenían buena relación. Suze explica: «No se llevaban bien, y ella creía que yo estaba mejor sin ese cabrón mentiroso, cantamañanas y manipulador».[14] Debatiéndose entre ambos, asiste impotente y agotada a su confrontación. «Cada uno, Carla y Bobby, creía que quien me perjudicaba era el otro [...]. Llegó un momento en que solo quería alejarme de ambos para encontrarme conmigo misma».[14] Esta situación desembocará en la ruptura de la pareja, y Dylan expresará sus sentimientos en «Ballad In Plain D». Veinte años más tarde, Dylan se arrepentirá de haber escrito unas palabras tan contundentes contra Carla Rotolo, quien, después de todo, fue la cabeza de turco de su ruptura con Suze. Confiesa: «Fui imbécil por escribir aquello». Suze, por su parte, le había perdonado hacía tiempo. Afirmará a Victoria Balfour: «Entiendo lo que hizo. Algo había terminado y ambos estábamos heridos, dolidos».[24] Como detalle significativo, ¡Dylan no ha tocado nunca en directo «Ballad In Plain D»!

Realización

Hablemos del título en primer lugar. *Plain D* puede traducirse como «re natural» o «re becuadro». A continuación, de la duración: se trata de la canción más larga de Dylan. Con sus más de 8 minutos, necesita repetirla cinco veces en el estudio. Es la segunda canción del álbum (después de «I Shall Be Free No. 10»), y Tom Wilson recurre a la inserción de otra toma (parece que la primera) para completar la quinta, que servirá de máster. Este montaje se aprecia después de las palabras «*into pieces*», hacia el minuto 4'36, pues la guitarra suena ligeramente diferente, y Dylan retoma la estrofa n.° 9 con un ritmo un poco más rápido. La guitarra y la voz, con una *reverb* muy presente, suenan seguras (¡aunque se equivoca de acorde en el minuto 2'08!). Únicamente los dos solos de armónica resultan poco convincentes. «Ballad In Plain D» está compuesta en compás de tres por cuatro.

It Ain't Me, Babe

Bob Dylan / 3'32 minutos

Músico
Bob Dylan: voz, guitarra, armónica
Grabación
Columbia Recording Studios / estudio A,
Nueva York: 9 de junio de 1964
Equipo técnico
Productor: Tom Wilson
Ingenieros de sonido: Fred Catero, Hallie

Johnny Cash grabará «It Ain't Me, Babe»
con su mujer June Carter en 1965.

Génesis y letra

Dylan compuso «It Ain't Me, Babe» mucho antes de grabar su nuevo álbum. En 1985, en las notas de presentación de *Biograph*, explica: «Compuse esta canción en Italia [...]. Fui después de dar varios conciertos en Inglaterra, para tomar un poco de aire».[12] Tras su estancia de quince días en Londres, tomó un avión el 5 de enero de 1963 para reunirse con la cantante Odetta en Roma, con la esperanza de reencontrarse con Suze Rotolo en Perugia. Ironías del destino, esta había partido en barco de Italia hacia Nueva York a mediados de diciembre, y una vez allí supo que Dylan estaba en el país de Su majestad. No obstante, al escuchar la letra es fácil suponer que acabó la canción mucho después, tras la ruptura de su relación, en marzo de 1964: refleja la amargura del amor perdido, Dylan se lamenta de no haberla podido proteger y defender, tanto sin tenía razón como si no, y finalmente afirma que lo comprende («No soy quien buscas, cariño»). Más allá de la pasión amorosa que se acaba, y que en cierta forma simboliza la búsqueda imposible del amor verdadero e incondicional, «It Ain't Me, Babe» suena como una metáfora de la relación que Dylan establece en adelante con el pequeño círculo de cantantes de folk del que forma parte, y en general, con el gran público –entiéndase, su rechazo al papel de líder.

Realización

Si «Denise» es la primera canción que Dylan graba para el nuevo álbum (aunque no se publicará nunca oficialmente), «It Ain't Me, Babe» es la segunda. El cantautor está en plena forma, y se nota. Nat Hentoff lo confirma: «Dylan, con una sonrisa de oreja a oreja, se sentía muy seguro de su capacidad de grabar un disco entero en una sola noche».[20] Domina la canción a la perfección, alcanza sin problemas las notas agudas, hace una excelente interpretación a la guitarra y buenas intervenciones a la armónica (en sol). A diferencia de otras canciones, como «My Back Pages», que acababa de componer y no dominaba del todo, «It Ain't Me, Babe» es un título que ya ha tocado en público. La primera vez fue el 17 de mayo de 1964, en el concierto del Royal Festival Hall de Londres, es decir, tres semanas antes de la sesión de grabación. Tras la primera toma, inmortaliza la canción al segundo intento. Se trata de un tema esencial de su repertorio escénico, ¡hasta la fecha la ha tocado más de 1.000 veces!

Bob Dylan y su compañero de viaje Ramblin' Jack Elliott en Greenwich Village.

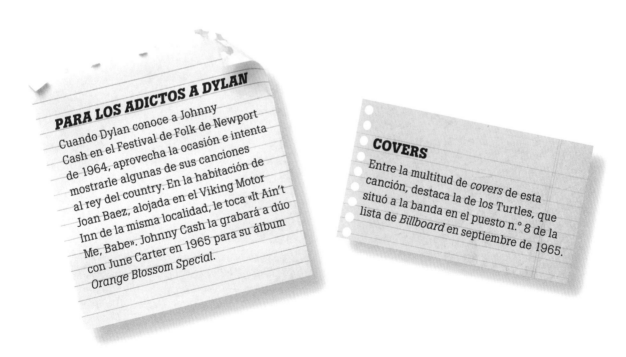

PARA LOS ADICTOS A DYLAN

Cuando Dylan conoce a Johnny Cash en el Festival de Folk de Newport de 1964, aprovecha la ocasión e intenta mostrarle algunas de sus canciones al rey del country. En la habitación de Joan Baez, alojada en el Viking Motor Inn de la misma localidad, le toca «It Ain't Me, Babe». Johnny Cash la grabará a dúo con June Carter en 1965 para su álbum *Orange Blossom Special*.

COVERS

Entre la multitud de *covers* de esta canción, destaca la de los Turtles, que situó a la banda en el puesto n.° 8 de la lista de *Billboard* en septiembre de 1965.

Another Side Of Bob Dylan outtakes

Tras dos años de desbordante creatividad, Dylan pasa por un período en que tiene menos tiempo de escribir y componer, pues está continuamente de gira o grabando en el estudio. Por este motivo, al final de la grabación de su cuarto álbum solo habrá un *outtake* (canción descartada para el álbum definitivo). Curiosamente, la única canción que no se incluyó en la lista definitiva es una de las mejores de aquellas sesiones... Aunque la interpreta a menudo en público, no se publicará hasta 1991, en *The Bootleg Series, Vol. 1-3*.

VOL 1-3

Mama, You Been On My Mind

Bob Dylan / 2'57 minutos

Músico: Bob Dylan: voz, guitarra, armónica / **Grabación:** Columbia Recording Studios / estudio A, Nueva York: 9 de junio de 1964 / **Productor:** Tom Wilson / **Ingenieros de sonido:** Hallie, Fred Catero / **Recopilatorio:** *The Bootleg Series, Vol. 1-3: Rare & Unreleased 1961-1991*, CD 2 / **Publicación:** 26 de marzo de 1991

> **PARA LOS ADICTOS A DYLAN**
>
> Al final de la grabación se escucha a alguien toser en el fondo del estudio (minuto 2'53). Curiosamente, en la lista de temas de *The Bootleg Series, Vol. 1-3*, la canción que la precede no es otra que «Suze (The Cough Song)». Extraña coincidencia.

Escrito en Grecia junto con la mayoría del resto de canciones destinadas al cuarto álbum, este espléndido texto se inspira sin duda en la ruptura de su relación con Suze Rotolo, en marzo de 1964. Esta canción de amor, que alaba la comprensión mutua de la pareja y rechaza cualquier expresión de celos, posee la mejor letra que Dylan haya escrito inspirándose en su separación.

«Mama, You Been On My Mind» fue grabada por Witmark y más tarde por Columbia. Aunque fue descartada para *Another Side Of Bob Dylan*, el cantautor la ha interpretado más de doscientas veces desde la primera vez, en el Forest Hills Music Festival, el 8 de agosto de 1964, a dúo con Joan Baez (quien la grabó con el título «Daddy, You Been On My Mind» para el álbum *Farewell, Angelina* [1965]), pero también con George Harrison, durante una sesión de grabación en mayo

de 1970. Harrison ya la había versionado durante las sesiones de *Let It Be*, en 1969. También destaca la extraordinaria versión de Jeff Buckley en el álbum *Grace* (Legacy Edition), lanzado en 2004.

Una nueva demostración del impresionante talento de Dylan. Aunque esta versión grabada para su cuarto álbum no sea perfecta y se equivoque a la guitarra en alguna ocasión (minuto 2'23), la emoción y la dulzura que emana esta canción de amor sin pretensiones invaden al oyente y bastan para convertirla en un tema indispensable. En *The Witmark Demos*, Dylan se acompaña al piano, lo que no hace sino aumentar la profundidad del tema. Es una lástima que no se incluyera «Mama, You Been On My Mind» en su discografía oficial, pues sin duda es una de las mejores canciones grabadas durante las sesiones de *Another Side Of Bob Dylan*.

The Witmark Demos
un vivero para Grossman

The Bootleg Series, Vol. 9: The Witmark Demos 1962-1964, lanzado el 19 de octubre de 2010, reúne las cuarenta y siete canciones grabadas por Bob Dylan para sus dos primeras firmas editoras. Los temas seleccionados son títulos que no se incluyen en ningún álbum oficial de Dylan ni en ningún otro de la serie *Bootleg* realizada por Sony (excepto «Only A Hobo» y «Walkin' Down The Line»).

De Columbia a Witmark & Sons

Entre la grabación y el lanzamiento del primer álbum de Bob Dylan con Columbia, el productor John Hammond le consigue a su protegido una reunión con Lou Levy, quien dirige dos empresas de edición musical: Leeds Music Publishing (filial de ASCAP) y Duchess Music (filial de BMI). El objetivo es doble: publicar las composiciones del joven cantautor, pero también incitar a otros artistas a interpretar su repertorio. Firman un contrato con Duchess Music el 5 de enero de 1962, con un adelanto de 1.000 dólares para Dylan, según su propia versión, o de 500 dólares, según la versión de Hammond. Graba una tras otra las demos de «Poor Boy Blues», «Ballad For A Friend», «Rambling, Gambling Willie», «Talkin' Bear Mountain Picnic Massacre Blues» y «Standing On The Highway». Cuando Albert Grossman se convierte en el mánager de Bob Dylan en mayo de 1962, solo tiene una idea en mente: liberar a su protegido de la influencia de Hammond y Columbia y ofrecerle un nuevo contrato –en esta ocasión, con Artie Mogull, de Witmark & Sons, una firma de ediciones musicales propiedad del grupo Music Publishers Holding Corporation, a su vez ligada a Warner Music. A finales de junio graba una demo de «Blowin' In The Wind», y más tarde, el 13 de julio, firma un contrato con Witmark que liga el cantautor a Lou Levy previo pago de 1.000 dólares a Grossman. Entre el 12 de julio de 1962 y enero de 1964, Bob Dylan acude una docena de veces a las oficinas de Witmark. En una sala pequeña y sombría del quinto piso del Look Building, en el 488 de Madison Avenue, graba un total de treinta y nueve canciones con un joven ingeniero de sonido llamado Ivan Augenblink. El material empleado para las sesiones de Witmark está formado por un magnetófono mono, con una velocidad de desplazamiento de 19 cm/s (la mitad de la empleada por los profesionales). Un copista escucha la cinta y anota la partitura, que luego será publicada y enviada a la discográfica (junto con un vinilo).

Poor Boy Blues

Bob Dylan / 3'02 minutos

Músico: Bob Dylan: voz, guitarra, armónica **/ Grabación:** Leeds Music Offices, Nueva York: enero de 1962 **/ Recopilatorio:** *The Bootleg Series, Vol. 9: The Witmark Demos 1962-1964,* CD 1 **/ Publicación:** 19 de octubre de 2010

«Poor Boy Blues» se convirtió en un estándar del blues desde que lo grabara Bo Weavil Jackson en 1926. Desde Gus Cannon hasta Howlin' Wolf, pasando por Jeff Beck, muchos músicos de blues y blues rock lo han incluido en su repertorio. Este blues *low-down* habla de los lamentos de un «pobre chico» que echa de menos su tierra. La canción de Dylan es similar: un chico confía sus penas a su madre, a un camarero y a un policía, sucesivamente. En enero de 1962, poco más de un mes después de grabar su primer álbum, Dylan tiene nuevas canciones en mente. Sin saber si su disco tendrá éxito (no saldrá a la venta hasta el 19 de marzo de 1962), sigue mostrándose prolífico y componiendo nuevos títulos, animado por John Hammond, quien ha conseguido que el editor Lou Levy lo contrate para Duchess Music Corporation. Realiza una demo de varias canciones en las oficinas de Leeds Music (también propiedad de Lou Levy), entre las cuales, «Poor Boy Blues», que interpreta con su guitarra acústica. Dylan está realmente empapado del espíritu del blues, y su técnica de guitarra, en afinación abierta en re (con cejilla en el séptimo traste; tono de la) suena lo bastante *roots* para resultar creíble.

VOL 9

Standing On The Highway

Bob Dylan / 2'32 minutos

Músico: Bob Dylan: voz, guitarra / **Grabación:** Leeds Music Offices, Nueva York: enero de 1962 / **Recopilatorio:** *The Bootleg Series, Vol. 9: The Witmark Demos 1962–1964*, CD 1 / **Publicación:** 19 de octubre de 2010

«Tomar la carretera» para escapar de la monotonía cotidiana o para rehacer la vida: un tema recurrente en el universo de la música popular americana, tanto en el género del blues como de la llamada *old time music*. Para emprender su camino por la carretera, Bob Dylan opta por un blues, y repite incansablemente el mismo riff hipnótico con su guitarra en afinación abierta en re (cejilla en el sexto traste), preguntándose «si su novia sabrá dónde está».

Con «Standing On The Highway» demuestra su necesidad de rendir homenaje a su venerado *Delta blues*, pero también su capacidad de componer temas de este estilo, alejándose de los *covers*, tan presentes en su primer álbum. La graba en enero de 1962, todavía con Leeds Music, al igual que el resto de los ocho títulos que interpreta ese mismo día.

PARA LOS ADICTOS A DYLAN

«Standing On The Highway» es una de las once canciones que Bob Dylan tocó el 11 de marzo de 1962 en el programa de radio *Folksinger's Choice* (junto con «Fixin' To Die», «The Death Of Emmett Till» y «Hard Times In New York Town», entre otras), presentado por la cantante de folk Cynthia Gooding. Más tarde, se incluyeron en un bootleg, titulado precisamente *Folk singer's Choice*, publicado en 1992. Bob Dylan también habla del lanzamiento de su primer álbum y de su primer encuentro con Cynthia Gooding, en Minneapolis, en 1959.

VOL 9

Long Ago, Far Away

Bob Dylan / 2'30 minutos

Músico: Bob Dylan: voz, guitarra / **Grabación:** Witmark Studio, Nueva York: noviembre de 1962 / **Ingeniero de sonido:** Ivan Augenblink / **Recopilatorio:** *The Bootleg Series, Vol. 9: The Witmark Demos 1962-1964*, CD 1 / **Publicación:** 19 de octubre de 2010

Aunque Bob Dylan apenas tiene 20 años cuando graba esta demo, ya se muestra decepcionado con la naturaleza humana. El mensaje de la canción es: «ocurrió hace mucho tiempo, pero las cosas no han cambiado desde entonces». El cantautor toma el ejemplo de Jesucristo, quien, por haber predicado la paz y la fraternidad, termina siendo crucificado. Canta con tono irónico: «Semejantes cosas no ocurrirían / Hoy en día»; ni «las cadenas de esclavos», que se remontan a Lincoln, ni el corazón roto de un hombre que ve a su hijo apaleado. Es la primera referencia explícita a Jesucristo quince años antes de su reconversión al cristianismo. Con la guitarra afinada en *drop D* (es decir, bajando un tono la cuerda de mi), rítmica de *shuffle*, *bending* en la nota de blues... «Long Ago, Far Away» le da a Dylan la oportunidad de expresar una vez más su desesperación mediante el blues. Este tema no habría desentonado en absoluto si se hubiera incorporado a su sexto álbum, *Highway 61 Revisited* (1965), donde suenan ecos de la guitarra de Mike Bloomfield.

Tomorrow Is A Long Time

VOL 9

Bob Dylan / 3'47 minutos

Músico: Bob Dylan: voz, guitarra / **Grabación:** Witmark Studio, Nueva York: diciembre de 1962 / **Ingeniero de sonido:** Ivan Augenblink / **Recopilatorio:** *The Bootleg Series, Vol. 9: The Witmark Demos 1962-1964*, CD 1 / **Publicación:** 19 de octubre de 2010

Bob Dylan compuso esta canción en verano de 1962, inspirándose en un poema inglés anónimo del siglo xv, titulado *Western Wind* –referencia probable al Céfiro de la mitología griega, personificación del viento del Oeste. La melodía y la letra expresan el desengaño amoroso del artista tras la marcha de su novia (y musa) Suze Rotolo a Italia (junio de 1962).

Artie Mogull, de Witmark, recuerda: «Un día, Bob me mostró tres o cuatro canciones, una de ellas era "Tomorrow Is A Long Time". La escuché y pensé: "Es un tema genial para Judy Collins"; la llamé, vino al estudio y le mostré la pequeña demo. Al cabo de treinta segundos, alcé la vista hacia Judy y la vi llorando de emoción; la grabamos enseguida».[35] Después de Judy Collins, muchos otros artistas la interpretaron: de Elvis Presley a Rod Stewart, pasando por Kingston Trio, Odetta, Nick Drake o Sandy Denny. Aunque no sea un blues,

Dylan vuelve a tocar en afinación abierta en re (cejilla en el segundo traste). La sonoridad de esta balada en *finger-picking* posee una riqueza armónica sutil y evocadora. Languidez y nostalgia ponen de relieve la fuerza poética de su letra, demostrando que las penas del corazón inspiran en el cantautor sus más bellas melodías. Es una lástima y cuesta de comprender que no la incluyera en *The Freewheelin'*, pues su interpretación supera la de todos los artistas que la versionaron más tarde. Y ello, a pesar de la mala calidad de las Witmark Demos. Finalmente, la grabación para Witmark se publica en *The Bootleg Series, Vol. 9: The Witmark Demos 1962-1964*, en 2010. La versión en directo grabada en el Town Hall de Nueva York en febrero de 1963 se incluyó en *Bob Dylan's Greatest Hits Vol. II*, lanzado en noviembre de 1971. El cantautor interpretó esta canción varias veces durante su gira mundial de 1978, y más tarde, en 1987 y 2008.

Bound To Lose, Bound To Win

VOL 9

Bob Dylan / 1'19 minutos

Músico: Bob Dylan: voz, guitarra / **Grabación:** Witmark Studio, Nueva York: invierno de 1963 / **Ingeniero de sonido:** Ivan Augenblink / **Recopilatorio:** *The Bootleg Series, Vol. 9: The Witmark Demos 1962-1964*, CD 1 / **Publicación:** 19 de octubre de 2010

«Bound To Lose, Bound To Win» fue grabada en los estudios de Witmark en invierno de 1963. Bob Dylan le comenta al ingeniero de sonido, Ivan Augenblink, que escribirá nuevas estrofas porque no se acuerda de la letra. De ahí la corta duración de esta canción que el cantautor no ha tocado nunca en

directo. Dylan se inspiró sin duda en «All You Fascists Bound To Lose», grabada en 1944 por Woody Guthrie. Ambiente country & western, evocación de la carretera, guitarra en *strumming*; se trata de un ejercicio de estilo más que de un título memorable.

VOL 9

Talkin' John Birch Paranoid Blues

Bob Dylan / 3'17 minutos

Músico: Bob Dylan: voz, guitarra / **Grabación:** Witmark Studio, Nueva York: invierno de 1963 / **Ingeniero de sonido:** Ivan Augenblink / **Recopilatorio:** *The Bootleg Series, Vol. 9: The Witmark Demos 1962-1964*, CD 1 / **Publicación:** 19 de octubre de 2010

Bob Dylan compuso «Talkin' John Birch Paranoid Blues» en febrero de 1962, mes en que el presidente de Estados Unidos anuncia un embargo comercial a Cuba, y la URSS retoma sus ensayos nucleares. Es la primera canción del cantautor publicada en *Broadside*, revista fundada por Agnes «Sis» Cunningham y su marido, Gordon Friesen, para promover la música folk. Aunque la guerra fría entre ambos bloques no sea motivo de risa, Bob Dylan se inspira en ella para componer una parodia absolutamente irresistible. El narrador, miembro de la muy conservadora John Birch Society, ve comunistas por todas partes: bajo la cama, en el fregadero, detrás de la puerta... incluso en las tazas de los váteres; y sospecha que Eisenhower es un espía ruso, al igual que Lincoln, Jefferson y Roosevelt antes que él.

Este *talking blues* sobre la paranoia de la sociedad norteamericana de inicios de la década de 1960 fue objeto de gran polémica. Fue grabado por primera vez el 24 de abril de 1962 en el estudio A de Columbia (tres tomas), durante las sesiones de *The Freewheelin'*, y Dylan decide interpretarlo durante su actuación en el *Ed Sullivan Show*, el 12 de mayo de 1963. Durante los ensayos del mediodía, el cantautor la canta delante del presentador, Ed Sullivan, y el productor, Bob Precht, quienes se muestran satisfechos con la canción. No obstante, ¡fue puro teatro! Justo antes de empezar el programa, le comunican que la cadena CBS le prohíbe interpretar «Talkin' John Birch Society Blues» renombrada para no ofender a los miembros de la muy honorable asociación, también telespectadores del programa. Sin embargo, lo peor aún está por llegar. La discográfica Columbia (perteneciente a CBS) incumple el contrato firmado y decide retirar la canción de la lista definitiva de *The Freewheelin'*. El cantante de folk S. David Cohen (futuro David Blue) explica que Dylan estaba «completamente trastornado» y que «desapareció durante al menos tres días».[2]

No obstante, Dylan no cede al dictado de los censores, y graba una nueva versión con Witmark a finales de 1963. El estilo y la estructura de la canción son similares a otros de sus *talking blues*, sobre todo, «Talking World War III Blues», que lo sustituye en *The Freewheelin'*. Dylan la interpreta en directo varias veces, como en el Carnegie Hall, el 26 de octubre de 1963, y más tarde, en el Philharmonic Hall de Nueva York, el 31 de octubre de 1964 (versiones que pueden escucharse respectivamente en *The Bootleg Series, Vol. 1-3* y *The Bootleg Series, Vol. 6*).

JOHN BIRCH SOCIETY

La John Birch Society es un lobby conservador norteamericano, conocido en la década de 1960 por su anticomunismo exacerbado, su oposición al movimiento por los derechos civiles y su deseo de que Estados Unidos se retirase de la ONU. Creada el 9 de diciembre de 1958 en Indianápolis por un grupo de doce miembros liderados por Robert W. Welch. Jr., la institución tomó el nombre de John Birch, un capitán norteamericano misionero bautista asesinado en China en agosto de 1945 a los 27 años, considerado la primera víctima de la guerra fría. Definida como ultraconservadora, esta sociedad promueve valores judeocristianos extremistas. Desde la muerte de su fundador en 1985, su influencia ha ido disminuyendo.

Ballad For A Friend

Bob Dylan / 2'24 minutos

Músico: Bob Dylan: voz, guitarra / **Grabación:** Leeds Music Offices, Nueva York: enero de 1962 / **Recopilatorio:** *The Bootleg Series, Vol. 9: The Witmark Demos 1962-1964*, CD 1 / **Publicación:** 19 de octubre de 2010

Un viejo tren de vapor se lleva lejos, muy lejos, a un amigo... realidad implacable de la vida y la muerte. En esta canción, el cantautor expresa la gran tristeza que siente ante la pérdida de un ser querido. «Ballad For A Friend» es una de las inesperadas sorpresas que pueden descubrirse, o incluso redescubrirse, en la obra pletórica de Bob Dylan. Esta canción grabada de forma rudimentaria en las oficinas de Leeds Music en enero de 1962 posee toda la fuerza que caracteriza su talento. Rascando la guitarra en afinación abierta en re y marcando el tempo con el pie, nos arrastra con este blues implacable. ¿Acaso Lou Levy, quien acaba de contratarle, es capaz de percibir el verdadero potencial de su nuevo fichaje? Dylan comenta en sus *Crónicas*: «Las canciones que yo acababa de grabar no se parecían en nada a las grandes baladas a las que él estaba acostumbrado».[1] Solo un visionario como John Hammond podía preverlo realmente.

PARA LOS ADICTOS A DYLAN
Cuando Dave Van Ronk graba «If I Had To Do It All Over Again, I'd Do It All Over You», le parece como si Dylan estuviera presente, justo frente a él...

All Over You

Bob Dylan / 3'53 minutos

Músico: Bob Dylan: voz, guitarra / **Grabación:** Witmark Studio, Nueva York: invierno de 1963 / **Ingeniero de sonido:** Ivan Augenblink / **Recopilatorio:** *The Bootleg Series, Vol. 9: The Witmark Demos 1962-1964*, CD 1 / **Publicación:** 19 de octubre de 2010

En su libro de memorias, el cantante de folk Dave Van Ronk explica que Bob Dylan compuso «All Over You» en 1963, tras una apuesta. El reto era el siguiente: jugar con la palabra «*over*», que posee muchos significados distintos, como «por encima», «demasiado», «más que», etc. Van Ronk escribe: «Estábamos varios sentados alrededor de una mesa, cuando un tío entró y se dirigió hacia nosotros, miró a Bob y dijo: "¿Eres tú el genial cantautor?". Rebuscó en su bolsillo y sacó un billete de 20 dólares, y dijo: "Apuesto a que no eres capaz de componer una canción con el título 'If I Had To Do It All Over Again, I'd Do It All Over You'". [...] [Bob] le miró a los ojos y dijo: "Ah, sí puedo". [...] El tipo volvió la tarde siguiente, Bobby sacó varias hojas de papel del bolsillo, y no solo había compuesto una canción con este título, sino que tenía seis estrofas» (en realidad, ¡eran cuatro!). Dave Van Ronk hizo una impresionante y sorprendente adaptación en el estilo de *New Orleans* (*In The Tradition*, 1964), acompañado por The Red Onion Jazz Band; con ello puede afirmar, sin duda, ¡que fue el primero en versionar a Dylan!

El cantautor aprovecha la ocasión para arreglar cuentas con la mujer con quien compartió su vida y ha dejado de ser santo de su devoción. La venganza es un plato que se sirve frío: «Te aviso, cariño, mejor que te protejas», canta Dylan en la tercera estrofa. Tal vez, el tono misógino de algunos versos explica por qué Dylan solo hizo una demo de «All Over You», y la excluyó de su repertorio, interpretándola únicamente dos veces en directo: en Gerde's, el 8 de febrero de 1963, y en el Town Hall, el 12 de abril siguiente.

Ain't Gonna Grieve

Bob Dylan / 1'29 minutos

Músico: Bob Dylan: voz, guitarra / **Grabación:** Witmark Studio, Nueva York: agosto de 1963 / **Ingeniero de sonido:** Ivan Augenblink / **Recopilatorio:** *The Bootleg Series, Vol. 9: The Witmark Demos 1962-1964*, CD 2 / **Publicación:** 19 de octubre de 2010

Esta demo, grabada en el estudio de Witmark en agosto de 1963, demuestra una vez más la influencia del góspel sobre el joven Dylan. Esta canción sobre la reconciliación y la alegría recuperada se inspira en un tema tradicional norteamericano titulado «Ain't Gonna Grieve My Lord No More». Dylan no hace ningún esfuerzo por distanciarse del original. Con esta canción, pretendía sin duda cumplir sus obligaciones como cantautor ante Albert Grossman. Demuestra una vez más su gran facilidad para empaparse del espíritu de estilos musicales diversos y variados, e incluso trascenderlos.

Farewell

Bob Dylan / 3'58 minutos

Músico: Bob Dylan: voz, guitarra / **Grabación:** Witmark Studio, Nueva York: marzo de 1963 / **Ingeniero de sonido:** Ivan Augenblink / **Recopilatorio:** *The Bootleg Series, Vol. 9: The Witmark Demos 1962-1964*, CD 1 / **Publicación:** 19 de octubre de 2010

PARA LOS ADICTOS A DYLAN

La canción «Farewell» lleva en ella el germen de «Mary Ann», incluida en el álbum *Dylan* (1973). El primer verso de ambas es prácticamente el mismo: «Oh it's fare thee well my darlin' true», en el caso de la primera, y «Oh, fare thee well, my own true love», en la segunda.

Bob Dylan compuso «Farewell» durante su estancia en Londres en diciembre de 1962, o justo después de su regreso a Nueva York, en enero de 1963. Esta canción se inspira en gran medida en la balada folk británica «Leaving Of Liverpool» (conocida también con el título «Fare Thee Well, My Own True Love»), en que un hombre se ve obligado a partir de Liverpool para California, abandonando muy a su pesar a su amante. En la versión de Dylan, el narrador viaja «por la bahía de México / Quizá por la costa californiana», con la esperanza de reencontrarse con la mujer a quien amó «antaño, en otro tiempo».

En aquella época, Dylan se inspiraba en canciones del repertorio folk para alimentar su propia creatividad. Es un proceso habitual, y solo su inmenso talento le permitió convertirlas en obras originales. Pat Clancy, de los Clancy Brothers, explicó en 1984 que Albert Grossman entregó un magnetófono a un empleado de un pequeño club de folk de Londres para que grabara a todos los artistas que tocaban en él; luego, las grabaciones habrían sido entregadas a Dylan... Y Liam Clancy añadió: «Cuando Dylan compuso su versión [de "Farewell"], lo hizo basándose en la armonización, no en la melodía».[52] Según Clinton Heylin, Bob Dylan grabó una primera versión de «Farewell» el 21 de enero de 1963, pero según la página web oficial[3] lo hizo el día 8 de febrero de 1963. La sesión no se realizó en el Gerde's Folk City ni en el Gaslight Cafe, como se ha publicado, sino en el apartamento de Gil Turner (miembro del equipo de redacción de *Broadside*), en East Village, según afirmará años después Happy Traum, de los New World Singers, quien acompaña a Dylan en el banjo y los coros de esta canción. En marzo de 1963, el cantautor firma una nueva versión con Witmark, y en abril, otra para *Broadside* (cuya letra se publica en el número del mes de mayo). Finalmente, el 6 de agosto de 1963 se realizan cuatro tomas en el estudio A de Columbia para el álbum *The Times They Are A-Changin'* (ninguna de ellas se terminará nunca). Aunque Dylan haya interpretado pocas veces esta canción, ha dado lugar a magníficas versiones, como las de Judy Collins, Pete Seeger o The Hillmen (la banda de bluegrass del futuro miembro de los Byrds, Chris Hillman).

I'd Hate To Be You On That Dreadful Day

VOL 9

Bob Dylan / 2'01 minutos

Músico: Bob Dylan: voz, guitarra / **Grabación:** Witmark Studio, Nueva York: invierno de 1963 / **Ingeniero de sonido:** Ivan Augenblink / **Recopilatorio:** *The Bootleg Series, Vol.9: The Witmark Demos 1962-1964*, CD 1 / **Publicación:** 19 de octubre de 2010

¿Qué habrá hecho esta mujer a quien San Pedro niega el paraíso y es condenada a vivir eternamente su calvario? Bob Dylan no lo revela. Simplemente, sitúa en escena a un personaje antaño poderoso, y ahora caído –curiosamente parecido a Miss Lonely de «Like A Rolling Stone». «Oirás una voz que dice / Deberías haber escuchado lo que oías aquí abajo», son las últimas líneas cantadas antes del estribillo final. Lo menos que puede decirse al escuchar «I'd Hate To Be You On That Dreadful Day» es que Dylan interpreta su canción con humor e ironía. Declamada en un tono cercano al *talking blues*, despliega una vitalidad y una energía bastante contradictorias con la letra. El cantautor parece divertirse, y concluye la grabación proclamando: «*That's my calypso tap number!*» («¡Es mi número de claqueta!»). Dylan tocará esta canción una sola vez en público, en la apertura de su concierto en los Folkways Studios de Nueva York, entre octubre de 1962 y enero de 1963 (no se tienen datos para indicar la fecha con exactitud).

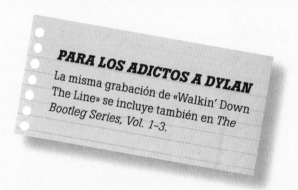

PARA LOS ADICTOS A DYLAN

La misma grabación de «Walkin' Down The Line» se incluye también en *The Bootleg Series, Vol. 1-3*.

Walkin' Down The Line

VOL 9

Bob Dylan / 3'24 minutos

Músico: Bob Dylan: voz, guitarra / **Grabación:** Witmark Studio, Nueva York: marzo de 1963 / **Ingeniero de sonido:** Ivan Augenblink / **Recopilatorio:** *The Bootleg Series, Vol. 9: The Witmark Demos 1962-1964*, CD 2 / **Publicación:** 19 de octubre de 2010

Bob Dylan compuso «Walkin' Down The Line» en otoño de 1962. Grabó una primera versión para la revista *Broadside* en noviembre, junto con «Oxford Town», «I Shall Be Free» (*The Freewheelin'*) y «Paths Of Victory» (*The Bootleg Series, Vol. 1-3*). La grabación en el estudio de Witmark lleva fecha del mes de marzo del año siguiente. La canción habla sobre un *hobo* (es decir, un vagabundo) que cuenta sus desventuras mientras camina al lado de las vías del tren. Es una historia típica de la tradición folk, que, desde 1963, nutre el repertorio de un gran número de intérpretes, entre ellos, Jackie DeShannon, Glen Campbell, The Dillards, Odetta, Joe & Eddie, Ricky Nelson y Joan Baez. Cabe destacar de forma especial la versión de Arlo Guthrie, quien convirtió «Walkin' Down The Line» en uno de los himnos de Woodstock.

Con tres acordes, varios solos de armónica y una letra sencilla pero ingeniosa, Dylan compone un estándar country con una facilidad sorprendente. Al final de tres años de colaboración con su editor, Witmark & Sons, el cantautor ha grabado nada menos que 237 canciones. Su mánager, Albert Grossman, promovió la versión de muchas de ellas por parte de otros artistas.

Hero Blues

Bob Dylan / 1'36 minutos

Músico: Bob Dylan: voz, guitarra, armónica / **Grabación:** Witmark Studio, Nueva York: mayo de 1963 / **Ingeniero de sonido:** Ivan Augenblink / **Recopilatorio:** *The Bootleg Series, Vol. 9: The Witmark Demos 1962-1964*, CD 2 / **Publicación:** 19 de octubre de 2010

La composición de «Hero Blues» se remonta a otoño de 1962. Bob Dylan grabó cuatro tomas el 6 de diciembre del mismo año, durante las sesiones de *The Freewheelin'*. Esta versión acústica con armónica, grabada bajo la supervisión de John Hammond, es de un nivel excelente, y Dylan muestra una buena técnica de guitarra en su Gibson J-50. Más tarde, el 12 de agosto de 1963, realiza tres tomas más para las sesiones de *The Times They Are A-Changin'*. Esta vez, el productor es Tom Wilson, y el cantautor se acompaña con un piano boogie absolutamente convincente. Cualquiera de estas dos versiones habría podido incluirse en cualquiera de los dos álbumes. Aunque no se publicara en su momento en ningún disco oficial, la versión que Dylan grabó con Witmark en mayo de 1963 se dió a conocer al público en 2010, con el lanzamiento de *The Bootleg Series, Vol. 9*. El cantautor explora en esta canción un tema que retomará con maestría meses más tarde en «It Ain't Me, Babe (*Another Side*)». El narrador no es como su novia querría, es decir, un héroe que tiene contra quien combatir, y se queja de que ella ha leído demasiados libros y ha visto demasiadas películas. Como indica su título, «Hero Blues» toma prestados muchos elementos del idioma afroamericano, y también muestra el maravilloso influjo de los precursores del Texas blues, como Henry «Ragtime Texas» Thomas y Blind Lemon Jefferson, así como del maestro del Mississippi blues, Robert Johnson. Dylan cantó «Hero Blues» en directo por primera vez en el Town Hall de Nueva York, el 12 de abril de 1963, y la última, en el Chicago Stadium, el 4 de enero de 1974.

Long Time Gone

Bob Dylan / 3'47 minutos

Músico: Bob Dylan: voz, guitarra / **Grabación:** Witmark Studio, Nueva York: marzo de 1963 / **Ingeniero de sonido:** Ivan Augenblink / **Recopilatorio:** *The Bootleg Series, Vol. 9: The Witmark Demos 1962-1964*, CD 1 / **Publicación:** 19 de octubre de 2010

«Long Time Gone» es otra canción de viajes. El narrador, discípulo de Jack Kerouac entre otros, parte en ruta hacia Texas, donde tiene una aventura amorosa con una camarera.

La demo fecha del mes de marzo de 1963, pocos meses después de grabar un primer intento en Minneapolis, en casa de Dave Whitaker. «Long Time Gone» es también una de las nueve canciones que Bob Dylan grabó el 8 de noviembre de 1962 en Greenwich Village, en el apartamento de Mac y Eve McKenzie, una pareja de apasionados de la música folk, miembros del círculo de amigos íntimos de Woody y Marjorie Guthrie. Construida básicamente sobre dos acordes, esta canción posee las características típicas de muchas canciones de folk: armonía sencilla, guitarra rascada en *strumming* e influjo del patrimonio popular. Para la letra y la melodía, Dylan se inspiró en el tema «Maggie Walker Blues», compuesto por Tom Clarence Ashley y popularizado por Doc Watson.

Whatcha Gonna Do?

Bob Dylan / 3'36 minutos

Músico: Bob Dylan: voz, guitarra, armónica / **Grabación:** Witmark Studio, Nueva York: agosto de 1963 / **Ingeniero de sonido:** Ivan Augenblink / **Recopilatorio:** *The Bootleg Series, Vol. 9: The Witmark Demos 1962–1964*, CD 2 / **Publicación:** 19 de octubre de 2010

Bob Dylan grabó «Whatcha Gonna Do?» durante las sesiones de *The Freewheelin'*, en el estudio A de Columbia. Realizó una primera toma muy lograda el 14 de noviembre de 1962, acompañado por Bruce Langhorne a la guitarra solista. El ambiente es intimista, y el resultado, todo un éxito. Se realizó otro intento el 6 de diciembre, esta vez, en solitario, con una versión más rápida y desenfrenada. Fue descartada de la lista de temas definitivos del álbum, y grabada de nuevo en agosto de 1963, esta vez, con Witmark, bajo una versión casi idéntica a la del 6 de diciembre. Se trata de un góspel blues en que el narrador se dirige directamente al Señor. Dylan no la ha interpretado nunca en directo. Es una lástima que la toma del 14 de noviembre se guardara en un cajón.

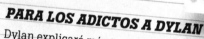

Only A Hobo

Bob Dylan / 2'26 minutos

Músico: Bob Dylan: voz, guitarra, armónica / **Grabación:** Witmark Studio, Nueva York: agosto de 1963 / **Ingeniero de sonido:** Ivan Augenblink / **Recopilatorio:** *The Bootleg Series, Vol. 9: The Witmark Demos 1962–1964*, CD 2 / **Publicación:** 19 de octubre de 2010

«Only A Hobo», compuesta a finales de 1962 o a inicios del año siguiente, es una de las canciones del repertorio dylaniano que llevan la huella inconfundible de Woody Guthrie. La figura del vagabundo solitario a quien nadie llorará tras su muerte, es idéntica a los antihéroes anónimos de los que solía hablar en sus canciones el protagonista de *Bound For Glory.* Con una letra sencilla pero universal, consigue que nos interroguemos sobre el tema de la responsabilidad frente a la adversidad. Para la melodía, Dylan se inspira una vez más en el repertorio de la música folk, concretamente, en «Poor Miner's Farewell», de Aunt Molly Jackson. La graba por primera vez en febrero de 1963 con el pseudónimo Blind Boy Grunt, en las oficinas de la revista *Broadside*, y luego graba dos tomas más

el 12 de agosto, en el estudio A de Columbia, durante las sesiones de *The Times They Are A-Changin'*. No obstante, la canción no se incluirá en el álbum, sino que se publicará más tarde, en *The Bootleg Series, Vol. 1-3.* También graba una versión para Witmark & Sons el mismo mes de agosto (la fecha exacta se desconoce). Esta última es más rápida y grave que la de Columbia (la de Witmark está en tono de re, y la de Columbia, en sol). El 24 de septiembre de 1971, Dylan la retoma junto con Happy Traum en el estudio B de Columbia. Grabarán cinco tomas, aunque Traum (en una entrevista de 1996) solo recuerda haber grabado dos o tres, de las cuales «ninguna satisfizo ni a Bob ni a mí».[36] Por desgracia, estas versiones se guardarán en un cajón.

John Brown

Bob Dylan / 4'20 minutos

Músico: Bob Dylan: voz, guitarra **/ Grabación:** Witmark Studio, Nueva York: agosto de 1963 **/**
Ingeniero de sonido: Ivan Augenblink **/ Recopilatorio:** *The Bootleg Series, Vol. 9: The Witmark*
Demos 1962-1964, CD 2 **/ Publicación:** 19 de octubre de 2010

John Brown, empresario de Connecticut convencido de haber sido enviado a la Tierra por Dios, es un símbolo de la lucha contra la esclavitud. Este feroz abolicionista dirigió la incursión en el arsenal de Harpers Ferry (West Virginia) en 1859, que se saldó con su detención y ahorcamiento, y contribuyó a desencadenar la guerra de la Independencia. Bob Dylan retoma este nombre cargado de historia para firmar un manifiesto antibélico. Cuando compone esta canción protesta en 1962, apenas tiene 21 años y poco recorrido artístico. Así pues, enriquece sus textos y composiciones tomando prestados elementos del inagotable repertorio de canciones tradicionales. «John Brown» no es una excepción: la melodía se inspira en «900 Miles», una *train song* muy popular en el círculo folk, y la letra, en una bonita balada irlandesa titulada «Mrs. McGrath», que cuenta la historia de un adolescente irlandés mutilado después de haberse alistado al ejército británico en lucha contra los soldados de Napoleón.
En la versión de Dylan, John Brown es un joven soldado que parte para combatir «en tierra extranjera», para mayor orgullo de su madre, y luego regresa a casa desfigurado y con un corsé de metal alrededor de la cintura. «Y no podía evitar pensar, en medio del estruendo del trueno / Que apenas era un títere en un juego», canta el muchacho a su madre. Un tema que volveremos a encontrar en «Only A Pawn In Their Game», del álbum *The Times They Are A-Changin'*.
«John Brown» fue grabada en varias ocasiones. La primera fecha del mes de febrero de 1963, por inciativa de la revista *Broadside*, que colabora con cantantes de folk, y figura en los recopilatorios *Broadside Ballads, Vol. 1* y *The Best Of Broadside 1962-1988*. Bob Dylan adopta el pseudónimo Blind Boy Grunt para evitar problemas legales con Columbia. La segunda grabación se realiza con Witmark seis meses más tarde (agosto de 1963) y se incluye en *The Bootleg Series, Vol. 9*. Dylan interpretó por primera vez en directo «John Brown» en el Gaslight Cafe el 15 de octubre de 1962. La ha cantado en el concierto de *MTV Unplugged* grabado el 18 de noviembre de 1994, y suele tocarla a menudo.

Guess I'm Doing Fine

Bob Dylan / 4'08 minutos

Músico: Bob Dylan: voz, guitarra **/ Grabación:** Witmark Studio, Nueva York: enero de 1964 **/ Ingeniero de sonido:** Ivan Augenblink **/ Recopilatorio:** *The Bootleg Series, Vol. 9: The Witmark Demos 1962-1964*, CD 2 **/ Publicación:** 19 de octubre de 2010

El protagonista de esta canción hace balance de su vida: nunca ha tenido mucho dinero, pero puede presumir de no haberse sometido nunca a nadie. ¿Acaso es una proyección del propio Dylan, una referencia implícita a su relación con la industria discográfica?
El cantautor grabó «Guess I'm Doing Fine» en enero de 1964, durante la última sesión con Witmark. En la misma sesión, interpretó otra canción: «Baby, Let Me Follow You Down», extraída de su primer álbum, *Bob Dylan* (1962). En enero de 1964,

Dylan enriquece progresivamente su paleta sonora introduciendo sonidos más variados en sus composiciones. «Guess I'm Doing Fine» es un tema más ambicioso armónicamente que otros títulos grabados para Witmark. La canción también es interesante desde el punto de vista rítmico, con sus diferentes cambios, y el color de los acordes anuncia sus futuras composiciones. Es una lástima que no haya realizado nunca una versión más lograda. Hamilton Camp ofrecerá una versión más rápida y básica en su álbum *Paths Of Victory* (1964).

VOL 9

The Death Of Emmett Till

Bob Dylan / 4'32 minutos

Músico: Bob Dylan: voz, guitarra / **Grabación:** Witmark Studio, Nueva York: diciembre de 1962 /
Ingeniero de sonido: Ivan Augenblink / **Recopilatorio:** *The Bootleg Series, Vol. 9: The Witmark Demos 1962-1964*, CD 1 / **Publicación:** 19 de octubre de 2010

Emmett Till, un joven afroamericano de Chicago, apenas tiene 14 años cuando, el 28 de agosto de 1955, es molido a palos y abatido de un disparo en la cabeza en Money, Mississippi, y luego es lanzado al rio Tallahatchie. Su único crimen, haber dirigido unas palabras, quizá incluso haber flirteado, con una joven blanca llamada Carolyn Bryant. Los culpables, Roy Bryant, marido de Carolyn, y su hermanastro, J. W. Milam, son arrestados y absueltos por un jurado formado esencialmente por blancos. Luego, presumirán de haber raptado, mutilado y finalmente matado al pobre Emmett Till. La tragedia de Money contribuyó al nacimiento del movimiento por los derechos civiles, y siete años más tarde, inspiró a Dylan esta canción.
La grabación con Witmark fecha de diciembre de 1962. En cuanto a la melodía y la estructura armónica, posee cierta similitud con «The House Of The Rising Sun», un tema tradicional que Dylan grabó en noviembre de 1961 para su primer álbum. En marzo de 1962, en el programa de radio de Cynthia Gooding, reconocerá haberse inspirado en los acordes de una canción del cantante de folk Len Chandler, posiblemente, «The Bus Driver», que este último no llegó a grabar nunca. El cantautor lo confirmará con sus propias palabras en sus *Crónicas*: «Una de sus composiciones más originales hablaba de un accidente de autobús en Colorado. El chófer se había despeñado con el bus lleno de niños. Len había compuesto la melodía y me gustaba tanto que, a mi vez, escribí una letra encima. No pareció molestarse».[1] Dylan interpretó esta canción por primera vez en directo en el Finjan Club de Montreal, el 2 de julio de 1962.

VOL 9

Gypsy Lou

Bob Dylan / 3'45 minutos

Músico: Bob Dylan: voz, guitarra, armónica / **Grabación:** Witmark Studio, Nueva York: agosto de 1963 / **Ingeniero de sonido:** Ivan Augenblink / **Recopilatorio:** *The Bootleg Series, Vol. 9: The Witmark Demos 1962-1964*, CD 2 / **Publicación:** 19 de octubre de 2010

Una mujer vagabunda de espíritu vagabundo («*She's a ramblin' woman with a ramblin' mind*»). Sobre este *shuffle*, Bob Dylan traza el recorrido de Lou la bohemia, que ha sido vista en Cheyenne, en Denver, en Wichita, y finalmente en Arkansas. Rasca las 6 cuerdas con convicción y construye su canción sobre un ritmo galopante en tres acordes. Aparte del título, existe cierta similitud musical entre el «Gypsy Lou» de Dylan y el «Gypsy Davy» de Woody Guthrie, compuesto hacia 1938.

PARA LOS ADICTOS A DYLAN
¿Acaso Dylan pensaba en alguien en particular cuando compuso esta canción y la grabó en el estudio de Witmark en agosto de 1963? Lo que sabemos es que una tal Louise «Gypsy Lou» y su marido, Jon Webb, fueron dos artistas de Nueva Orleans pioneros de la contracultura. También fueron los fundadores de Loujon Press, una editorial conocida por haber publicado la revista vanguardista *The Outsider* (con textos de Jack Kerouac, Lawrence Ferlinghetti y Charles Bukowski). La portada de cada número se ilustraba con un retrato de...Gypsy Lou.

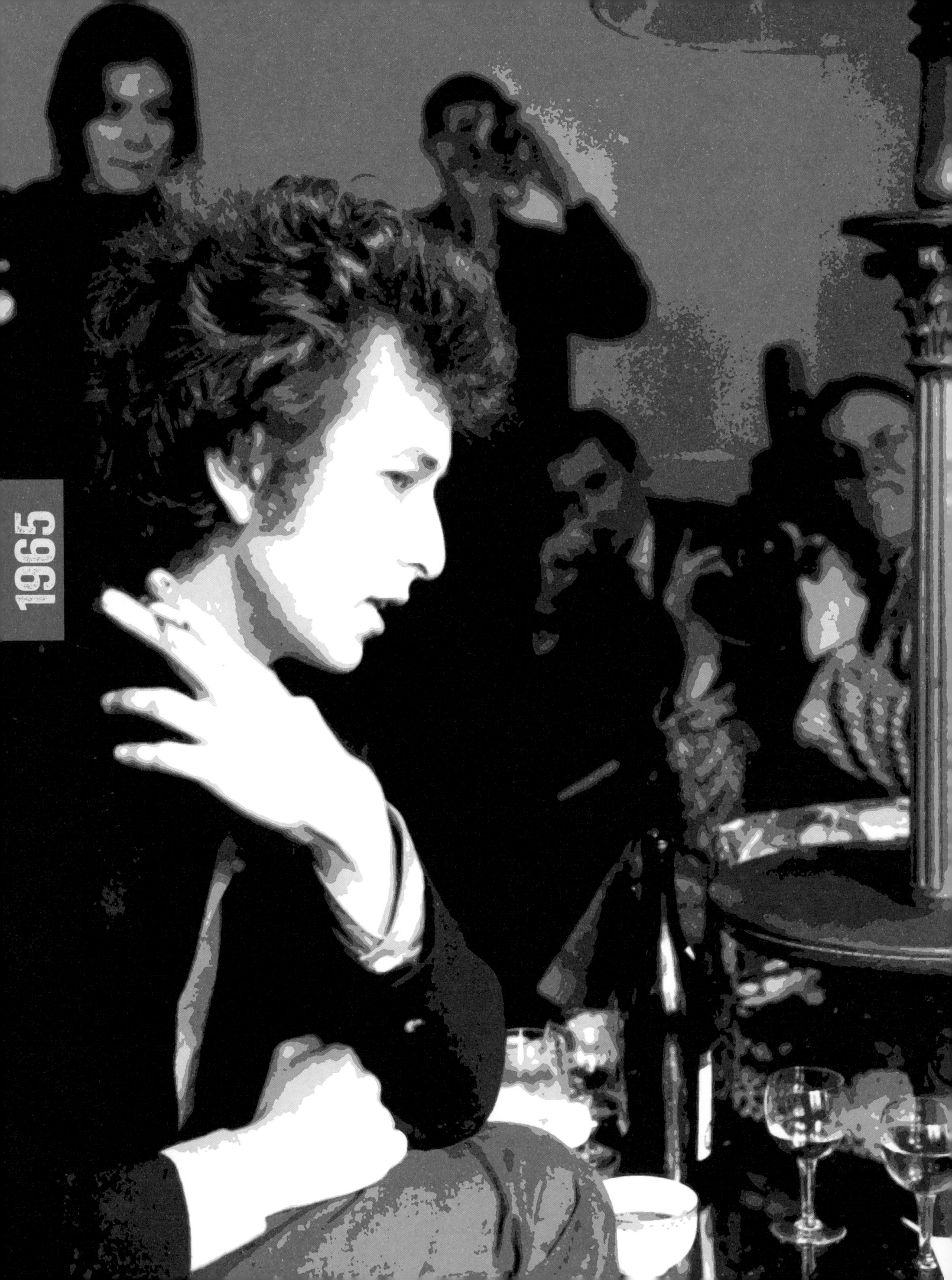

1965

Bringin' It All Back Home

Subterranean Homesick Blues
She Belongs To Me
Maggie's Farm
Love Minus Zero/No Limit
Outlaw Blues
On The Road Again
Bob Dylan's 115th Dream
Mr. Tambourine Man
Gates Of Eden
It's Alright, Ma (I'm Only Bleeding)
It's All Over Now, Baby Blue

ÁLBUM
FECHA DE PUBLICACIÓN
Estados Unidos:
22 de marzo de 1965
con Columbia Records
(REFERENCIA COLUMBIA CL 2328/
CS 9128)

Bob Dylan en el estudio A de
Columbia durante las sesiones
de *Bringing It All Back Home*.

1965

Bringing It All Back Home,
¿adiós al folk?

El álbum

Bob Dylan escucha por primera vez «I Wanna Hold Your
Hand» en la radio durante su periplo por Estados Unidos, en
febrero de 1964. Los Beatles acaban de desembarcar en Nueva York (7 de febrero) para su primera gira americana, y
pronto aparecen en el *Ed Sullivan Show*. Esta canción, firmada por Lennon y McCartney, genera un verdadero impacto en muchos jóvenes músicos americanos, pues aporta
frescor y un nuevo ímpetu al rock'n'roll tras un período
post-Presley bastante estéril. El propio Dylan se muestra tan
maravillado por el single, que nada más llegar a Nueva York
enfoca la música de forma distinta: «Hacían algo que no hacía nadie más. Sus acordes eran delirantes, simplemente delirantes, y sus armonías lo hacían posible. Era algo que solo
podía hacerse con más músicos. Aunque tocaras tus propios
acordes, necesitabas a más personas. Era evidente. Y empecé a pensar que necesitaba tocar con otras personas».[2] El 28
de agosto de 1964, por mediación del periodista Al Aronowitz, quien ya le había presentado a Allen Ginsberg en
diciembre de 1963, Dylan visita a los Beatles en el Hotel
Delmonico de Nueva York, donde se alojan durante su segunda gira por tierras norteamericanas. Acaba de nacer una verdadera amistad, y una fuente de inspiración... Aquel día permanecerá en la memoria histórica de los Fab Four, pues en
aquella ocasión Dylan les introduce en las virtudes del canna-
bis. Lo mencionará indirectamente a un periodista de la

época: «Estuvimos riéndonos toda la noche, nada más, solo
riéndonos...».[2]

Una lenta metamorfosis

No obstante, el joven cantautor ya había empezado su metamorfosis artística antes de escuchar a los Beatles. Su distan-
ciamiento del movimiento folk se hizo evidente unos meses
antes, durante las sesiones de *Another Side Of Bob Dylan*.
Su actitud con Joan Baez, quien remplazó a Suze Rotolo
en su corazón durante varios meses, también cambió radicalmente. Dylan le reprocha su compromiso político, la ingenuidad de sus ideales, incluso su propensión a atizar la rabia
sin aportar verdaderas soluciones. Cuando el periodista Nat
Hentoff le pregunta acerca del Instituto para el estudio de la
no-violencia, que la cantautora acaba de fundar en Carmel,
California, le responde con sarcasmo: «Seguro que es una
escuela muy guay, pero si me preguntas si yo iría, mi respuesta es no».[20] El rumor que se había extendido en Greenwich
Village sobre una posible boda entre Baez y Dylan se desva-
nece enseguida. Como muestra el documental *Dont Look
Back*, de D. A. Pennebaker, realizado durante la gira de Dylan
por Inglaterra en primavera de 1965, ambos artistas toman
rumbos muy distintos. Dylan se distancia deliberadamente
de Baez y no le propone ni una sola vez que lo acompañe al
escenario. Lo explica a Robert Shelton: «No hay lugar para
ella en mi música [...]. A mí puede interesarme su música,

Bob Dylan y Joan Baez en Londres en abril de 1965, unas semanas después de la publicación del álbum.

LOS *OUTTAKES*

Farewell, Angelina
If You Gotta Go, Go Now

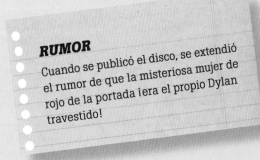

RUMOR
Cuando se publicó el disco, se extendió el rumor de que la misteriosa mujer de rojo de la portada ¡era el propio Dylan travestido!

pero a ella no, a ella no le puede interesar mi música, ni mi espectáculo».[7] Poco después, el cantautor y la reina del folk rompen su relación. Dylan conoce a otra joven a finales de 1964. Allen Ginsberg afirmó: «Parecía totalmente hipnotizada por él». La mujer en cuestión se llama Sara.

Apertura al rock

Bringing It All Back Home se publicó el 22 de marzo de 1965. El título del quinto álbum de estudio de Bob Dylan puede traducirse por «trayéndolo de nuevo a casa». El mensaje es claro: a pesar de la «British Invasion» –liderada por The Beatles y The Rolling Stones–, el cantautor de Medio Oeste quiere poner los puntos sobre las íes y demostrar que el rock es un género auténticamente americano. También puede interpretarse como el anuncio de su retorno al rock'n'roll, uno de sus estilos preferidos durante la adolescencia. Dylan decide grabar una parte de las canciones de su nuevo álbum con músicos de rock y remplazar su fiel guitarra acústica por una eléctrica, la emblemática Fender Stratocaster. *Bringing It All Back Home* es sin duda un disco de rock, exactamente, una mezcla de folk y rock –más tarde, Dylan negará hacer folk rock, como The Byrds, quienes versionan su «Mr. Tambourine Man». En una entrevista de televisión, en diciembre de 1965, explica: «Dylan: Yo no hago folk rock. Pregunta: ¿Cómo llamaría su música? Dylan: Prefiero pensar más en términos de música visionaria –música matemática…».[20] Pronto se oirán las críticas de los guardianes intransigentes de la tradición folk: «lástima» y «frustración» son las palabras que más emplearán, y según la revista *Sing Out!*, Dylan se ha convertido «en una parodia de sí mismo». Y es que el mensaje de los Beatles y los Stones supone una auténtica revelación para él. No quiere perderse esta explosión musical ni continuar tocando en acústico eternamente. Lo afirma claramente a Nora Ephron y Susan Edmiston en agosto de 1965: «Estaba bien, ya sabes, cantando y rascando la guitarra [...]. Pero ya estaba harto. Ya no podía salir al escenario y tocar así. Deseaba acabar con ello [...]. Sabía cómo iba a reaccionar el público. Fue automático».[20] Cuando escucha la versión de The Animals del tema «The House Of The Rising Sun», que él mismo había adaptado para su primer LP, toma la decisión definitiva: cambiará su estilo musical. Sus canciones –y su aspecto físico– se aceleran. El quinto álbum de estudio de Dylan no disgusta a los amantes

Bob Dylan y The Byrds en el Ciro's de Los Ángeles, en 1965.

del folk, le permite aumentar su público, y sobre todo, sentar las bases de un estilo que creará escuela. El célebre crítico Dave Marsh escribe: «Casando el ritmo de Chuck Berry, y más tarde, de los Beatles y los Rolling Stones, con la tradición folk del *folk revival*, Dylan crea un nuevo estilo de rock'n'roll».[35] ¡Dylan constata con orgullo que el volumen de cartas de sus fans aumenta exponencialmente, a pesar del rechazo inicial de una parte de sus fieles!

Según Clinton Heylin, *Bringing It All Back Home* es sin duda «el álbum más influyente de la época»,[15] lo que explica su puesto n.° 31 en la lista de los 500 mejores álbumes de todos los tiempos de la revista *Rolling Stone*. Será también un éxito comercial, como demuestra su sexto puesto en las listas de *Billboard* (fue el primer cantautor en entrar en el Top 10) y su primer puesto en la clasificación británica. *Bringing It All Back Home* fue el primer trabajo de Dylan en vender un millón de ejemplares, y en la actualidad es disco de platino en Estados Unidos.

La carátula

La foto de la portada es obra de Daniel Kramer, fotógrafo de 32 años que acababa de crear su propio estudio. Tras ver a Dylan en la tele interpretando «The Lonesome Death Of Hattie Carroll» (incluida en *The Times They Are A-Changin'*), se convierte en su fotógrafo de agosto de 1964 a agosto de 1965. Kramer: «Para la portada de *Bringing It All Back Home*, utilizamos una Polaroid y presentamos a Dylan la idea de una foto repleta de objetos y de movimiento. Él eligió un montón de discos, revistas y objetos. Tuve que descartar algunos. Alguien encontró la señal con el símbolo atómico en el sótano. Algunas cosas estaban colocadas expresamente, otras, por azar. No todo estaba planificado».[36] Según Kramer, se utilizó la décima toma de aquella sesión, la única en que «ambos miraban al objetivo».[37]

En la portada aparece el cantautor en el salón de la casa de Albert Grossman, con su gato en brazos (llamado Rolling Stone) y una revista abierta por un artículo sobre Jean Harlow. A su lado aparece una atractiva mujer vestida con un vestido rojo largo, cómodamente sentada en un sofá, fumando un cigarrillo: es Sally Grossman, la esposa del mánager (y amiga de Sara). También aparece un ejemplar de *The Times* del 1 de enero de 1965 (con Lyndon B. Johnson en la portada) y varios discos: *Keep On Pushing*, de The Impressions; *King Of The Delta Blues*, de Robert Johnson; *India's Master Musician*, de Ravi Shankar; *Sings Berlin Theatre By Kurt Weill*, de Lotte Lenya; *The Folk Blues Of Eric Von Schmidt*, del cantante de folk del mismo nombre; y... *Another Side Of Bob Dylan*. Sobre la chimenea puede verse un retrato de Lord Buckley –un referente para Dylan y los poetas de la generación beat. Daniel Kramer también es autor de las portadas de *Highway 61 Revisited* (1965) y *Biograph* (1985).

La grabación

Cuando Dylan entra en el estudio para grabar su quinto álbum, se siente inspirado por Sara y su musa Euterpe. *Bringing*

Dylan grabando su quinto álbum. En primer plano, el guitarrista Kenny Rankin.

It All Back Home fue compuesto esencialmente durante el mes de agosto de 1964, cuando el cantautor se alojaba en casa de su mánager, Albert Grossman, en Bearsville, cerca de Woodstock, en el estado de Nueva York. Joan Baez fue a visitarle junto con su hermana Mimi y el marido de esta, Richard Fariña, y recuerda verle sentado frente a la máquina de escribir, día y noche, bebiendo vino y fumando cigarrillos: «Escribía canciones como churros, ¡y yo se las robaba tan pronto como las componía!».[33]

De los once títulos del disco, los siete primeros cuentan con el acompañamiento de músicos de rock, y los cuatro últimos son básicamente acústicos. Antes de empezar las sesiones propiamente dichas, Tom Wilson, todavía a cargo de la producción, quiso añadir con *overdub* un combo rock a tres antiguas canciones de Dylan, grabadas durante las sesiones de sus dos primeros álbumes: «Mixed-Up Confusion», «Rocks And Gravel» y «House Of The Rising Sun». El 8 de diciembre de 1964, sin comunicárselo al cantautor, acude al 30th Street Studio de Columbia Records, situado en el 207 de East 30th Street, cerca de 3rd Avenue, en Nueva York. No obstante, el resultado no está a la altura de sus expectativas. Abandona la idea, y solo se publicará la versión eléctrica de «House Of The Rising Sun», en el CD-Rom *Highway 61 Interactive* (1995).

La primera sesión tiene lugar en el estudio A de Columbia el 13 de enero de 1965. Este primer día, Dylan se acompaña con la guitarra acústica en una docena de títulos, y en algunos

de ellos goza del acompañamiento al bajo de John Sebastian, célebre músico de la escena folk de Greenwich Village y futuro líder de los Lovin' Spoonful. Ninguna de las tomas se conservará para el álbum. ¿Por qué fue tan poco productiva aquella sesión? Se dice que Dylan solo quería grabar demos para los músicos que lo acompañarían los dos días siguientes. Pero un plazo de tiempo tan corto hace que esta hipótesis sea poco convincente. Quizá solo quería asegurarse de que las versiones acústicas no fueran mejores que las versiones eléctricas que esperaba grabar. La segunda sesión, del 14 de enero, fue histórica. Por primera vez desde «Mixed-Up Confusion» (noviembre de 1962), Bob Dylan se acompaña por una banda «eléctrica». ¿Quién tiene la idea de este cambio radical? Sin duda, tanto Dylan como Wilson, aunque este último reivindicara ser su único artífice: «¡Fue idea mía!»,[28] afirmará contundentemente a Michael Watts en 1976. No obstante, Dylan lo matizará: «¿Ha dicho esto? Ah, bueno, si él lo dice... (risas) démosle la razón (risas). Es el responsable hasta cierto punto...».[20] En cualquier caso, en esta segunda sesión lo acompaña una banda de músicos, cuya identidad difiere según las fuentes. Parece que se realizaron dos sesiones el mismo día, una de 14.30 a 17.30 horas, y otra de 19.00 a 22.00 horas. Sin embargo, esta información no se ha confirmado oficialmente, y no se conservó ninguno de los temas trabajados, por lo que no puede tenerse en cuenta (John Hammond Jr. habría participado como guitarrista). Finalmente, el 15 de enero, el último día dedicado al álbum, Dylan se acompaña de nuevo

Por primera vez en un disco, parece que Dylan tocó una magnífica Fender Stratocaster.

en algunas canciones de los mismos músicos, pero a diferencia del día anterior, graba también varias canciones acústicas. Estos dos días tuvieron que ser bastante estresantes para Dylan, quien hasta entonces había tocado siempre solo en sus álbumes, con excepción de su primer single. Encontrarse de golpe con músicos curtidos no debió de ser fácil. No obstante, según varios testimonios, se tomó el tiempo de explicar a cada uno la parte y el sonido que esperaba de ellos.

Datos técnicos

La grabación se llevó a cabo en el estudio A de Columbia, en el 799 de 7th Avenue, en Nueva York. El material de grabación es prácticamente idéntico al de los álbumes anteriores (micro Neumann U67 para la voz, y un Neumann KM 56 para la guitarra).

Los instrumentos

Dylan se mantiene fiel a su Gibson Nick Lucas Special en el conjunto de canciones del álbum. No obstante, parece que habría empleado por primera vez una Fender Stratocaster, en el tema «Outlaw Blues», el mismo modelo que utilizará en el festival de Newport del 25 de julio de 1965. Las diferentes armónicas están en los tonos de do, re, mi, fa y la. No detallamos los instrumentos de los músicos de sesión. Sin embargo, podemos señalar que los amplificadores de guitarra fueron un Ampeg Gemini 1 (u 2) y un Fender Twin Reverb, sin duda de Bruce Langhorne.

Subterranean Homesick Blues

Bob Dylan / 2'20 minutos

Músicos

Bob Dylan: voz, guitarra, armónica
Bruce Langhorne: guitarra
Al Gorgoni: guitarra
Kenny Rankin: guitarra
John Hammond Jr.: guitarra (?)
Paul Griffin: piano
Joseph Macho Jr.: bajo (?)
William E. Lee: bajo (?)
Bobby Gregg: batería; tamboril (?)

Grabación

Columbia Recording Studios / estudio A,
Nueva York: 13 y 14 de enero de 1965

Equipo técnico

Productor: Tom Wilson
Ingenieros de sonido: Roy Hallie y Pete Dauria

Bob Dylan en compañía del escritor beat Allen Ginsberg.

Génesis y letra

En una entrevista otorgada a *Uncut* en enero de 2005, Bob Dylan define «Subterranean Homesick Blues» como una «extraordinaria amalgama de la obra de Jack Kerouac, la canción «Taking Easy» de Woody Guthrie y Pete Seeger, y la poesía roquera de «Too Much Monkey Business», de Chuck Berry».[37]
En otra entrevista otorgada a *Los Angeles Times* un año antes, afirmaba también haberse inspirado en las canciones *scat* de la década de 1940. Sin duda, la rítmica toma prestados elementos de Chuck Berry, y los primeros versos —«Johnny está en el sótano / Prepara medicamentos / Yo estoy en la calzada / Pienso en el gobierno»— se inspiran en «Mamá está en la cocina, prepara la comida / Mi hermana está en la despensa buscando levadura» de «Taking Easy».

En el plano literario, esta canción lleva la marca inequívoca de la generación beat. En primer lugar, en el título. *Subterranean* es el título de una novela de Jack Kerouac publicada en 1958 (*Les Souterrains*, en Francia), que a su vez hace referencia a *Memorias escritas en un subterráneo* (1864), de Dostoievski, autor reivindicado por los poetas beat como uno de sus referentes.

Todavía más revelador del influjo beat es el torbellino de palabras e imágenes del texto de Dylan, inscrito en el mismo estilo de «prosa instantánea» del autor de *On the Road*. Dylan está muy cerca de Allen Ginsberg en el plano intelectual desde que ambos se conocieran en diciembre de 1963.

«Subterranean Homesick Blues» es una *especie de canción infantil surrealista*, en la que Bob Dylan encadena juegos de palabras y juega con las asonancias: «*candle/sandals/scandals/handles*», que toma prestadas del poema *Up At A Villa, Down In The City*, del poeta británico Robert Browning. No obstante, se trata sobre todo de un nuevo género de canción protesta, con abundantes frases contundentes similares a eslóganes: «*You don't need a weatherman / to know which way the wind blows*» («No se necesita a un hombre del tiempo / para saber de dónde sopla el viento»), «*Don't follow leaders / Watch the parkin' meters*» («No sigáis a los líderes / Controlad sobre todo los parquímetros»), «*Twenty years of schoolin' / And they put you on the day shift*» («Veinte años en la escuela / Para acabar en el turno de día»). El objetivo: levantar el velo de una América que se transforma ante sus ojos, con la lucha por los derechos civiles y la guerra de Vietnam, pero

1965

también, y sobre todo, con el nacimiento de la contracultura, destinada a volar en pedazos el espíritu mezquino del *establishment* y a provocar el despertar de la conciencia mediante las drogas. Andy Gill escribe: «Frente a la aparente absurdidad de la vida moderna y sus instituciones, una generación entera ha logrado captar el espíritu de la época a través del torbellino verbal de "Subterranean Homesick Blues"».[24] «Subterranean Homesick Blues» ejercerá una influencia considerable (incluso en el artista de rap Eminem): la organización de extrema izquierda The Weathermen (o Weather Underground) tomó su nombre de la famosa frase citada anteriormente del «hombre del tiempo»; Robert Wyatt canta «*It don't take a weathergirl to see / Where the wind is blowing*» en «Blues In Bob Minor» (*Shleep*, 1997); y Radiohead tituló una de las canciones de su álbum *OK Computer* (1997), «Subterranean Homesick Alien». No obstante, el homenaje más bonito probablemente sea el de John Lennon, quien se preguntó si habría podido componer una canción capaz de rivalizar con «Subterranean Homesick Blues».

¿Una canción psicodélica?

Bob Dylan grabó «Subterranean Homesick Blues» pocos meses después de experimentar con LSD por primera vez. Paul A. Rothchild, productor entre otros de la mayoría de álbumes de los Doors, declaró que él mismo y Victor Maymudes le ofrecieron su primera dosis en primavera de 1964, tras un concierto en Amherst College, Massachusetts. Explica a Bob Spitz: «Miré los terrones de azúcar y me pregunté: "¿Por qué no?". Luego le dimos a Bob. Dylan se lo pasó en grande aquella noche. Todos nos divertimos mucho. Si quieres mi opinión, en aquel momento empezaron los místicos sesenta».[24] ¿Acaso «Subterranean Homesick Blues» es un tema psicodélico? Efectivamente, uno puede preguntarse qué es lo que prepara para Johnny en el sótano, ¿qué tipo de medicina exactamente? ¿Y qué hace Dylan en la calzada pensando en el gobierno? ¿Teme que vengan los agentes anti-estupefacientes? ¿A qué vienen los «No-Doz» (en realidad, píldoras de cafeína)? Y ¿qué significa «mantén limpia la nariz»? Una cosa es cierta: los dos mandamientos en que se basará el neuropsicólogo Timothy Leary en su obra *The Politics of Ecstasy* (*La política del éxtasis*, 1968) –«No modificarás la conciencia del prójimo» y «No impedirás al prójimo que modifique su propia conciencia»– se insinúan en la letra de Dylan.

Realización

«Subterranean Homesick Blues» es el primer tema del álbum y anuncia su nuevo estilo: ¡adiós al folk, bienvenido el rock! El cambio es radical. Cargada de electricidad, esta canción claramente influenciada por la figura de Chuck Berry no se destina al público folk, sino más bien al de los Beatles y demás bandas de la Invasión Británica, precursoras de la revolución del rock de la que Dylan formará parte en adelante. Tras grabar una sola versión acústica bastante digna el 13 de enero (incluida en *The Bootleg Series, Vol. 1-3*), al día siguiente la retoma con su nueva banda.

Tres guitarristas participan en la sesión: Bruce Langhorne, quien ya había colaborado con Dylan en su primer single en 1962 («Mixed-Up Confusion»); Kenny Rankin, quien realizará una notable carrera como intérprete y tendrá el privilegio de representar a Paul McCartney y John Lennon, a petición del primero, en los Songwriters Hall Of Fame de 1987, interpretando «Blackbird»; y Al Gorgoni, quien destacará sobre todo en «The Sound Of Silence» de Simon & Garfunkel, en 1965, o «Brown Eyed Girl», de Van Morrison, en 1967. Aunque su presencia no se haya identificado claramente, se intuye la colaboración de dos bajistas: William E. Lee, quien también participó en «Corrina, Corrina» en 1962 (incluida en *The Freewheelin'*), y Joe Macho Jr., quien interpretará el bajo en el futuro «Like A Rolling Stone» (en *Highway 61 Revisited*). Al piano, Paul Griffin, brillante músico de sesión que tocará con figuras como Don McLean o Steely Dan, y también colaborará en los dos siguientes álbumes de Dylan (*Highway 61 Revisited* y *Blonde On Blonde*); y el batería Bobby Gregg, también presente en «The Sound Of Silence» y quien participará en noviembre de 1965 en el concierto de The Hawks. Determinadas fuentes afirman que John Hammond Jr., hijo del primer productor de Dylan, también participó como guitarrista, pero este no lo ha confirmado nunca.

«Subterranean Homesick Blues» es sobre todo un tema de guitarras: con Dylan, ¡participan un total de cuatro! Dylan toca la acústica, Langhorne la guitarra solista, y Rankin y Gorgoni la guitarra rítmica (sin duda, una Fender Stratocaster) y la guitarra saturada –la saturación se obtuvo mediante un pedal de efectos «Maestro Fuzz-Tone», cuyas ventas se dispararán meses después, cuando Keith Richards lo utiliza en el riff de «(I Can't Get No) Satisfaction». Cada uno interpreta una parte

D. A. Pennebaker grabando a Dylan durante su gira en Londres en 1965, para el documental *Dont Look Back*.

EL PRIMER VIDEOCLIP

Además de su influencia en el plano musical, esta canción es la primera en presentarse con un vídeo promocional, que en la época se conocía como Scopitone. D. A. Pennebaker dirigió tres videoclips de la canción: uno grabado en «Savoy Step», detrás del Hotel Savoy de Londres; otro, en Victoria Embankment Garden, en la misma zona; y otro, en el tejado del hotel. ¡En este último puede verse a Tom Wilson con un *tarbush*, el típico gorro musulmán! La primera versión, grabada en la callejuela, es la que se conserva para el videoclip, clasificado en el puesto n.° 7 por la revista *Rolling Stone* en su lista 100 Top Music Videos, en octubre de 1993.

muy distinta, y las cuatro guitarras se combinan a la perfección. El batería Bobby Gregg acompaña con platillos «ride» y se encarga probablemente del tamboril, sujeto al pedal del charles (Hi Hat). La estructura armónica de «Subterranean Homesick Blues» es la de un rock clásico, basada en tres acordes. La melodía, basada en una misma nota, recuerda el estilo de Chuck Berry. La canción es todo un éxito, sobre todo teniendo en cuenta que los músicos no habían tocado nunca juntos antes de entrar en el estudio. Dylan afirma: «Kenny Rankin improvisa encima, creo que no ensayamos».[12]

Solo necesitan tres tomas para obtener la versión definitiva; la primera no se conservó, y la segunda se empezó a destiempo. Lanzada como single el 8 de marzo de 1965 (con «She Belongs To Me» en la cara B), es la primera canción interpretada por Dylan que entra en las listas de *Billboard* (n.° 39 el 15 de mayo de 1965). En el Reino Unido, ¡fue n.° 9 desde el 29 de abril!

Dont Look Back, testimonio de la última gira acústica

Dont Look Back –cuya singularidad ortográfica es intencionada– es un *rockumentary* informado por el *cinéma vérité* dirigido por D. A. Pennebaker durante la última gira acústica de Bob Dylan por el Reino Unido, en 1965. En el filme puede verse al lado de Dylan a Joan Baez, Allen Ginsberg, el mánager Albert Grossman, el *road manager* Bob Neuwirth, el cantante de folk Derroll Adams, el empresario británico Tito Burns, a Marianne Faithfull, el ex-teclista de los Animals Alan Price, el padre del blues británico John Mayall, y el trovador británico Donovan. El documental se abre con el videoclip de «Subterranean Homesick Blues», si bien al inicio Pennebaker pensó situarlo al final. Vemos a Dylan en «Savoy Steps», una callejuela de Londres justo detrás del ilustre Hotel Savoy, mostrando ante la cámara varias pancartas con pasajes o palabras clave de la canción. Las faltas y los juegos de palabras, como «Suckcess», aparecen de forma in-

tencionada. El propio Dylan habría tenido la idea. En el plano del fondo puede verse a Neuwirth y Ginsberg en plena conversación. El documental permite seguir al cantautor folk en su gira, en distintas habitaciones de hotel, ante los periodistas, con sus fans, o en el concierto del Royal Albert Hall de Londres, el célebre Albert Hall del que habla Lennon en «A Day In The Life». También asistimos al final del idilio entre Dylan y Baez, a quien él deja de lado sin que ella entienda el motivo: «Fue una de las semanas más tristes de mi vida, porque no entendía qué había pasado»,[2] afirma la cantante a Anthony Scaduto en 1971. *Dont Look Back* fue presentado en el Presidio Theater de San Francisco el 17 de mayo de 1967, y estrenado en Nueva York en septiembre. Donn Alan Pennebaker tuvo una carrera llena de éxitos con otros documentales sobre música, como *Monterey Pop*, en 1968, o *Ziggy Stardust And The Spiders From Mars*, en 1973.

Fotografía extraída del videoclip de «Subterranean Homesick Blues».

She Belongs To Me

Bob Dylan / 2'48 minutos

Músicos
Bob Dylan: voz, guitarra, armónica
Bruce Langhorne: guitarra
Al Gorgoni: guitarra (?)
Kenny Rankin: guitarra (?)
John Hammond Jr.: guitarra (?)
William E. Lee: bajo (?)
Bobby Gregg: batería
Grabación
Columbia Recording Studios / estudio A,
Nueva York: 13 y 14 de enero de 1965
Equipo técnico
Productor: Tom Wilson
Ingenieros de sonido: Roy Hallie y Pete Dauria

Caroline Coon, icono del *underground* londinense de la década de 1960; ¿podría ser la protagonista de «She Belongs To Me»?

Génesis y letra

«She Belongs To Me» es la primera de las dos canciones de amor de *Bringing It All Back Home*. ¿A quién está dirigida? Se avanzaron varias hipótesis. Según John Cale, de Velvet Underground, Dylan la habría compuesto pensando en Nico, como 'I'll Keep It With Mine» (que ella grabó más tarde para el álbum *Chelsea Girls* [1967]). Dylan ya había visto a Nico –actriz, cantante y modelo alemana– en *La Dolce Vita* de Fellini, que el cantautor cita en «Motorpsycho Nitemare» (en *Another Side Of Bob Dylan*), cuando la conoce en París en mayo de 1964. Después, sigue su periplo europeo y llega hasta Grecia. Según otras fuentes, la artista que «consigue todo lo que quiere» y «no se da nunca la vuelta» sería Caroline Coon, pintora vanguardista, feminista e icono del *underground* londinense de los sesenta (y futura musa del movimiento punk de los setenta). Otros citan todavía a Joan Baez, a quien Dylan había regalado un anillo egipcio «que brilla cuando ella empieza a hablar»: la frase «Ella no tropieza nunca / No tiene dónde caerse» sería una alusión a las convicciones políticas inquebrantables de la reina del folk. Determinados exegetas dylanianos apuntan más bien a un canto (peán) del cantautor a su musa, e incluso, en un plano aún más simbólico, a la América ante la cual deberá «inclinarse el domingo». También es posible que Dylan la compusiera en honor a su futura esposa, Sara, a quien conoció pocos meses antes. No obstante, según Robert Shelton, Dylan habría creado la canción «anti-amor»: con su hábil ironía, la letra no alaba ni honra precisamente a la heroína. Casi sentimos rencor contra esta «artista» a quien debe ofrecérsele un tambor y una trompeta para su cruzada. Dylan se venga y canta con sarcasmo: «Inclínate ante ella».

«She Belongs To Me»: «Ella me pertenece». El título de la canción resulta bastante revelador. Evidentemente, la heroína no pertenece a nadie, más bien al contrario: es una mujer autoritaria, con determinación, quien «puede tomar la oscuridad de la noche / Y pintar el día de negro», no es «hija de nadie» y «está por encima de la ley».

Realización

Bob Dylan realizó varias tomas de «She Belongs To Me». Las dos primeras fechan del 13 de enero de 1965: las interpreta

Nico. Según John Cale, de Velvet Underground, Bob Dylan escribió la canción pensando en ella.

solo a la guitarra acústica y a la armónica. Al día siguiente, acompañado por su banda, graba tres tomas, la segunda de las cuales se conserva para el álbum.

Después de la eléctrica y enérgica «Subterranean Homesick Blues», el segundo título del disco contrasta por su dulzura, con un estilo que flirtea con la música country. Esta balada en compás cuatro por cuatro de factura armónica más bien clásica permite a Dylan deslizar con sutileza la ironía de sus palabras. Esta vez no hay sinfonía de guitarras. Se acompaña rascando su Gibson Nick Lucas, apoyada por las geniales frases del solista Bruce Langhorne. Parece que una tercera guitarra interpretara una rítmica eléctrica, por desgracia demasiado ahogada en la mezcla para poderse confirmar. Probablemente William E. Lee interprete el bajo, o incluso el contrabajo,

con un sonido característico que recuerda al de «Corrina, Corrina» de 1962. El batería Bobby Gregg ofrece un juego de escobillas y *rimshot* que aporta el groove necesario. Tom Wilson decide darle un ligero toque rockabilly al conjunto, añadiendo un ligero eco *slapback* a la voz y la guitarra de Dylan, así como a la batería, lo que pone de relieve el *rimshot*. Además, el tema adopta un color country que no pasa desapercibido por Ricky Nelson, quien hará una *excelente* adaptación en 1969, ni al propio Dylan, quien retomará su canción en concierto con el apoyo de un *pedal steel guitar*, instrumento emblemático de este estilo musical.

Dylan interpretó «She Belongs To Me» por primera vez el 27 de marzo de 1965 en el Civic Auditorium de Santa Mónica, California.

Maggie's Farm

Bob Dylan / 3'56 minutos

1965

Músicos

Bob Dylan: voz, guitarra, armónica
Bruce Langhorne: guitarra
Al Gorgoni: guitarra
Kenny Rankin: guitarra
Frank Owens: piano
Joseph Macho Jr.: bajo (?)
William E. Lee: bajo (?)
Bobby Gregg: batería, tamboril (?)

Grabación

Columbia Recording Studios / estudio A,
Nueva York: 15 de enero de 1965

Equipo técnico

Productor: Tom Wilson
Ingenieros de sonido: Roy Hallie y Pete Dauria

Jam session entre la Butterfield Blues Band y Blues Project, dos grupos vinculados a la conversión eléctrica de Dylan.

Génesis y letra

Cuando en 1969 Jann S. Wenner le pregunta a Dylan sobre sus canciones favoritas, el cantautor cita en primer lugar «Maggie's Farm». Esta canción tiene su origen en «Down On Penny's Farm», grabada por The Bently Boys en 1929, y habla del arduo trabajo de los obreros agrícolas en las plantaciones del sur de Estados Unidos. Dos años después de cantar «Only A Pawn In Their Game» en la tierra de Silas McGee (6 de julio de 1963), durante el Voter-Registration Rally de Greenwood, Mississippi, Dylan aborda la situación que se vive en otra granja para liberarse definitivamente de los puristas del movimiento folk. La «granja de Maggie» es el símbolo de los intelectuales radicales, convertido en el santuario de los conformistas. Su letra es mordaz, tanto contra los promotores de espectáculos, quienes «te penalizan cada vez que les das portazo», como contra el público fiel, que «canta mientras tú trabajas como un negro» y quiere «que seamos como ellos». «Maggie's Farm» es una canción protesta. Una canción protesta contra los cantantes protesta que observan el mundo desde la comodidad de sus casas, quizá, incluso contra sí mismo: «Tengo la cabeza llena de ideas / Que me están volviendo loco». También es una verdadera diatriba contra los poderosos que imponen a los débiles ritmos de trabajo inhumanos, contra aquel que «te paga el sueldo», «te regala una moneda de 10 céntimos» y «te pregunta con una sonrisa burlona / si te lo has pasado bien», contra el que «tiene la habitación protegida con ladrillos» y cuya puerta está vigilada por «la Guardia nacional». En una palabra, es una condena contundente a la alienación del hombre por el hombre y a la organización científica del trabajo al estilo Taylor. También puede considerarse una reacción contra la sociedad de consumo elevada a rango de valor supremo, una llamada al retorno de la América de los valores primordiales de los Evangelios y la declaración de Independencia. El crítico musical Tim Riley vio en la canción el «grito de guerra de la contracultura». En cualquier caso, en 1980 «Maggie's Farm» volverá a situarse en primera línea de la actualidad como manifiesto anti-Margaret Thatcher, de la mano de The Blues Band y The Specials.

Realización

La canción «Maggie's Farm» es similar a «Subterranean Homesick Blues»: ambas poseen prácticamente la misma intro de

Dylan en el escenario de Newport con
su Fender Stratocaster, en julio de 1965.

¡ESCÁNDALO EN NEWPORT!

En julio de 1965, «Maggie's Farm» causa
polémica en el Newport Folk Festival,
pues pone en evidencia la evolución
de Dylan hacia un sonido más eléctrico.

PARA LOS ADICTOS A DYLAN

«Maggie's Farm» no es la primera
canción de Dylan inspirada en «Down
On Penny's Farm», grabada por The
Bently Boys en 1929. En el Minnesota
Hotel Tape del 22 de diciembre de
1961 puede escucharse «Hard Times
In New York Town», una de sus primeras
canciones, con elementos inspirados
en la misma canción.

guitarra acústica (justo un tono menos), un tempo parecido,
una estructura armónica basada en tres acordes, y los mismos
músicos: Dylan a la acústica, Langhorne a la guitarra solista,
y una guitarra rítmica y otra apoyando el bajo, interpretadas
por Rankin y Gorgoni; Owens reemplaza a Griffin al piano,
Macho Jr. interpreta el bajo (por lo que parece, con púa), y
Gregg se encarga de la batería y el tamboril. Predomina la
influencia de Chuck Berry. Dylan se deleita en el rock; es
una lástima que no haya un verdadero solo de guitarra, únicamente algunas frases cortas de armónica (en do) que dan

color a la canción. Se puede apreciar que no la ensayaron
mucho, y graban la versión definitiva en una única toma al
inicio de la tercera sesión, el 15 de enero. Se percibe una
verdadera cohesión, la banda se integra a la perfección. Es
una lástima que Dylan no diera nunca una gira con esta formación. «Maggie's Farm» fue lanzada como single en el Reino
Unido (con «On The Road Again» en la cara B), donde alcanzó el puesto n.º 22 en las listas el 17 de junio de 1965. Un
mes después, la canción causa polémica entre los asistentes
al Newport Folk Festival.

Newport 1965, escándalo eléctrico

El Newport Folk Festival de julio de 1965 permanecerá en el recuerdo por la polémica causada por Dylan al interpretar con la guitarra eléctrica varias de sus nuevas canciones, ante un público desconcertado por su inesperada evolución. «Maggie's Farm» se convertirá en la canción emblemática del paso oficial de Dylan al sonido eléctrico.

El 24 de julio de 1965, el cantautor sube al escenario del Newport Folk Festival, solo y con la guitarra acústica, para interpretar «All I Really Want To Do», «If You Gotta Go, Go Now» y «Love Minus Zero / No Limit». El mismo día, un poco más tarde, se siente disgustado por la actitud del folclorista Alan Lomax, quien presenta a la Paul Butterfield Blues Band con gran condescendencia a causa de su relectura eléctrica del sonido afroamericano. Así pues, decide juntar una banda «eléctrica» para su próxima actuación, prevista para el día siguiente.

Acompañado por el guitarrista Mike Bloomfield y el teclista Al Kooper –quienes participaron un mes antes en la sesión de «Like A Rolling Stone»–, dos miembros de la Paul Butterfield Blues Band –el bajista Jerome Arnold y el batería Sam Gray–, y Barry Goldberg al piano, Dylan sustituye su acústica por una Fender Stratocaster Sunburst y se sube al escenario el 25 de julio.

Peter Yarrow, del trío Peter, Paul and Mary, presenta la actuación: «Señores y señoras, la persona que va a subirse ahora al escenario es nueva en esto. Su nombre es Bob Dylan».[6] Tan pronto como empiezan a sonar los acordes de «Maggie's Farm», la reprobación del público se hace evidente. Una reprobación casi general. Dylan y sus músicos no pueden continuar el concierto. Empiezan con «Like A Rolling Stone» y «Phantom Engineer» (la primera versión de «It Takes A Lot To Laugh, It Takes A Train To Cry»), pero finalmente se ven obligados a abandonar el escenario ante los abucheos del público. Dylan recuerda: «Creo que oí a alguien gritar: "¿Estás con nosotros? ¿Estás con nosotros?". Y no supe a qué se refería».[6]

Una parte del público se muestra muy crítica con la nueva adhesión de Dylan al rock, y otros, con la penosa calidad del sonido. Pete Seeger: «Les dije a los ingenieros de sonido: "Retirad esta distorsión", y ellos: "No, es el sonido que han pedido"; yo dije: "Es horrible. No se entiende ni una palabra. Si encuentro un hacha me cargo el cable del micro"».[6] Bruce Langhorne, presente en el concierto, habla de los problemas de sonido: «Era muy malo. No sabían cómo amplificar los instrumentos eléctricos y la batería».[39]

La cantante de folk Maria Muldaur explica: «Corrimos al *backstage*, había mucho follón. Pete Seeger, Theodore Bikel y toda la vieja guardia, los viejos izquierdistas, los cantautores comprometidos, todos estaban horrorizados y decían: Esto es pop, no es folk».[8] Peter Yarrow intenta calmar los ánimos y convence a Dylan para que vuelva al escenario. Esta vez lo hará solo, con su acústica y su armónica, para cantar «Mr. Tambourine Man» y «It's All Over Now, Baby Blue». En 1978, el cantautor volvió a hablar sobre lo ocurrido en el festival de Newport, minimizando la reacción del público: «Cuando toqué "Maggie's Farm" con la eléctrica en Newport, es algo que debería haber hecho hacía mucho tiempo [...]. De hecho, no fue como contaron los periódicos. En realidad, no todo el público se mostró tan reticente. No olvidéis que la calidad del sonido era mala. Pero tenía legitimidad para hacerlo».[20] Bruce Langhorne opina de forma similar: «La reacción fue moderada. Algunos decían "¿Qué es este horror?" y otros "¡Oh, wow!". Pero mi impresión general es que, a pesar de todo, había más gente ofendida que maravillada».[39] Al Kooper, testimonio directo del acontecimiento, cree que la reacción del público se debió más bien a la brevedad de la actuación, que duró apenas un cuarto de hora en vez de los 45 minutos que todos esperaban: «El público se volvió loco y reclamaba un bis, ¡porque apenas habíamos tocado quince minutos! Yo estuve ahí, puedo asegurarlo. "Hey" dijo Peter (Yarrow), "No puedes irte así, Bobby. Quieren otra". Y Dylan replicó señalando a la banda: "Es que no conocemos ninguna más". "Entonces, vuelve con esto", respondió Yarrow ofreciéndole una guitarra acústica».[40] En cualquier caso, Newport permanecerá como el símbolo de la traición de Dylan al folk y su evolución irreversible al sonido eléctrico.

Dylan en Newport en 1965, con Mike Bloomfield, Sam Lay, Jerome Arnold y Al Kooper.

PARA LOS ADICTOS A DYLAN

Cuando Dylan interpreta «Maggie's Farm» en Newport, se acompaña con una Fender Stratocaster Sunburst de 1964. El cantautor se habría olvidado esta guitarra en un jet privado, y el piloto del avión la habría recuperado y guardado en el seno de su familia durante cincuenta años. Tras tasarla por un profesional, la hija del piloto, Dawn Peterson, encargó a Christie's que se ocupara de su subasta. Fue adquirida por un comprador anónimo por el módico precio de 965.000 dólares, en Nueva York, el 6 de diciembre de 2013. De esta forma ¡batió el récord de Clapton, cuya Stratocaster «Blackie» fue adquirida por 959.500 dólares en 2004!

Cartel del Newport Folk Festival de 1965, una edición que marcará una época.

Love Minus Zero/No Limit

Bob Dylan / 2'50 minutos

Músicos

Bob Dylan: voz, guitarra, armónica
Bruce Langhorne: guitarra
Al Gorgoni: guitarra
Kenny Rankin: guitarra
John Hammond Jr.: guitarra (?)
Joseph Macho Jr.: bajo (?)
William E. Lee: bajo (?)
Bobby Gregg: batería

Grabación

Columbia Recording Studios / estudio A,
Nueva York: 13 y 14 de enero de 1965

Equipo técnico

Productor: Tom Wilson
Ingenieros de sonido: Roy Hallie y Pete Dauria

La fachada del Chelsea Hotel de Manhattan,
donde Bob encontró a Sara.

Génesis y letra

«Love Minus Zero / No Limit» es la segunda canción de amor de *Bringing It All Back Home*. Contiene varias referencias literarias. Se aprecia el ambiente lánguido del poema *The Sick Rose* de William Blake, el tono siniestro que lleva hasta la demencia al narrador de la novela *The Raven* (*El cuervo*), de Edgar Allan Poe, y una alusión a la estatua de metales preciosos del rey de Babilonia, Nabucodonosor II, hecha añicos por una simple piedra (Libro de Daniel). Esta canción confirma la evolución psicodélica de Dylan, sobre todo en el pasaje «El puente tiembla a medianoche / El médico de campo deambula / Las sobrinas de los banqueros buscan la perfección / Esperando las virtudes que traen los hombres sabios». Robert Hilburn, de *Los Angeles Times*, subraya la facilidad con que Dylan asesta contundentes aforismos, como «No hay mayor éxito que el fracaso / Y el fracaso no es un éxito». El cantautor lo explicará en 2004: «No lo inventé yo, ya sabes [...]. Robert Johnson cantaba determinadas canciones y, llegada de ninguna parte, surgía una expresión a lo Confucio que te hacía pensar: "Wow, ¿de dónde viene esto?"».[20] «Love Minus Zero / No Limit» es una evocación poética del ser amado, o más exactamente, de la fragilidad de este amor, como permite adivinar el último verso: «Mi amor es como un cuervo / En mi ventana con un ala rota». El título de la canción –en realidad hay que leer «Love Minus Zero Over Limit»– se traduce como «Amor bajo cero / Sin límites», y procede de la jerga de los casinos. Imposible no deducir que el amor es en definitiva una apuesta, o mejor, que no tiene límites.

¿Quién es esta mujer que «habla como el silencio / Sin ideales ni violencia»? Probablemente sea Sara, la futura esposa de Dylan, sensible a las filosofías orientales y zen. Por aquella época, el propio Dylan se introduce en el Yi Jing y el budismo bajo la influencia de Allen Ginsberg. Cuando conoce a la joven, ella vive con su hija María en una habitación del Chelsea Hotel, célebre por las numerosas personalidades artísticas que lo frecuentan, como Jack Kerouac y Dylan Thomas. El cantautor se muda ahí a inicios de 1965, en la habitación 221, la misma donde compone algunas de sus más hermosas canciones. Dylan y Sara se casan el 22 de noviembre de 1965 en Mineola, Long Island.

Allen Ginsberg, iniciador de Dylan a las filosofías orientales.

Realización

Es gracioso constatar que, una vez más, Dylan no duda en inspirarse, consciente o inconscientemente, en algunas de sus propias melodías para componer canciones nuevas. Es el caso de «Love Minus Zero / No Limit», bastante similar a «If Not For You», que figurará en el álbum *New Morning* de 1970. El parecido entre ambas es evidente, sin que se trate de modo alguno de copias exactas. Por lo que parece, a Dylan le gustan este tipo de coincidencias.

«Love Minus Zero / No Limit», cuyo título provisional fue «Dime Store» (en referencia al primer verso de la segunda estrofa), es el primer título que trabaja solo con la acústica durante la primera sesión, el 13 de enero. La retoma al día siguiente con la banda, y una vez más abre la segunda sesión. Dylan se encarga como siempre de la acústica y la armónica (en la), su voz suena envuelta en un ligero *delay* «slapback», con

Bruce Langhorne a la guitarra solista y Kenny Rankin y Al Gorgoni a las demás guitarras, uno respondiendo armónicamente a Langhorne, y el otro interpretando la rítmica con un *vibrato* pronunciado. Joe Macho Jr. interpreta el bajo, con púa, y Bobby Gregg la batería y el tamboril. La banda efectúa dos grabaciones de la canción, pero parece que se realizó una inserción después de la segunda toma y se montó en el minuto 2'38 exactamente, al final del último verso. También se aprecia una pequeña anomalía armónica justo después del montaje. Una vez completada, la segunda toma sirve de máster.

Bob Dylan interpretó esta canción por primera vez el 12 de febrero de 1965, durante el concierto en el Troy Armory de Nueva York. A partir de la Rolling Thunder Revue (1974-1976) se convirtió en un tema imprescindible de sus conciertos.

Dylan en el escenario de Newport con Mike Bloomfield, uno de los mejores guitarristas de blues-rock.

Outlaw Blues

Bob Dylan / 3'04 minutos

Músicos

Bob Dylan: voz, guitarra, armónica
Bruce Langhorne: guitarra
Al Gorgoni: guitarra
Kenny Rankin: guitarra
John Hammond Jr.: guitarra (?)
Paul L. Griffin: piano
Joseph Macho Jr.: bajo (?)
William E. Lee: bajo (?)
Bobby Gregg: batería, tamboril (?)

Grabación

Columbia Recording Studios / estudio A,
Nueva York: 13 y 14 de enero de 1965

Equipo técnico

Productor: Tom Wilson
Ingenieros de sonido: Roy Hallie y Pete Dauria

Génesis y letra

En adelante, Dylan toca blues con guitarra eléctrica: el hijo espiritual de Robert Johnson se ha convertido en el hermano pequeño de Muddy Waters y Chuck Berry, con el objetivo de

Antes de ser una de las piezas clave de Jefferson Airplane, Grace Slick fue cantante de Great Society, con quien firmó una alegre adaptación de «Outlaw Blues» en la segunda mitad de la década de 1960.

dejar claro a los Rolling Stones que el blues es... un género americano. «Outlaw Blues» («el blues de los forajidos») tiene una letra bastante enigmática, y es una parodia del universo propio de este género musical. Aparecen Jesse James y su asesino, Robert Ford, aunque solo sea para justificar el título; peines y gafas oscuras remplazan *mojo* y *blackbone*. La canción también contiene mucha sátira: la primera estrofa es un pasaje esencial del género, y los medios de comunicación no escapan al objetivo del cantautor: «No me preguntéis nada sobre nada, podría deciros la verdad». Una letra oscura para una música alegre. No obstante, parece que Dylan dudó mucho sobre el título, pues utilizó varios provisionales antes de decidirse por el definitivo: «California», «Sitting On A Barbed Wire Fence», «Tune X» o «Key To The Highway».

Realización

«Outlaw Blues» es la primera canción en que puede escucharse a Dylan tocando la guitarra eléctrica. Esta vez remplaza su Gibson Nick Lucas Special por una Fender Stratocaster Sunburst, la misma que utilizará en Newport el 25 de julio de aquel año. Este tema de rock con tintes de R&B es el más «duro» del disco. Está muy lejos del ambiente acústico de sus cuatro álbumes anteriores. Dylan se lo pasa en grande con sus riffs en la Strato junto a su banda: Langhorne interpreta sus siempre contundentes solos, Gorgoni y Rankin a las guitarras rítmicas, una de ellas con un intenso *vibrato*, Macho Jr. probablemente al bajo (con el sonido poco presente) y Gregg a la batería (y el tamboril), sosteniendo el pulso con el platillo ride. El piano de Griffin se oye poco, ahogado por los decibelios de sus compañeros. La voz de Dylan suena roquera, llega sin problemas a los agudos, y Tom Wilson se preocupa de envolverla en una *reverb* larga duplicada por un ligero *delay*. Es evidente que Dylan no ha renegado nunca de sus primeras pasiones musicales. Por primera vez graba su armónica con *overdub*, lo que le permite improvisar mejor excelentes frases de blues. Graba varias tomas acústicas del tema el 13 de enero, pero la definitiva es la del día siguiente, inmortalizada tras dos intentos fallidos en la intro. Hasta la fecha, el cantautor ha interpretado «Outlaw Blues» una sola vez en directo, no a la guitarra, sino a los teclados, en el Ryman Auditorium de Nashville, Tennessee, el 20 septiembre de 2007, acompañado por Jack White.

On The Road Again

Bob Dylan / 2'36 minutos

Músicos
Bob Dylan: voz, guitarra (?), armónica
Bruce Langhorne: guitarra
Al Gorgoni: guitarra
Kenny Rankin: guitarra
Frank Owens: piano
Joseph Macho Jr.: bajo (?)
William E. Lee: bajo (?)
Bobby Gregg: batería, tamboril (?)
Grabación
Columbia Recording Studios / estudio A,
Nueva York: 13, 14 y 15 de enero de 1965
Equipo técnico
Productor: Tom Wilson
Ingenieros de sonido: Roy Hallie y Pete Dauria

Génesis y letra

«On The Road Again» comienza con una de las frases más empleadas en la historia del blues: «*I woke up in the morning*» («me levanté esta mañana»). No obstante, desde el segundo verso desaparecen los clichés del lenguaje afroamericano y se levanta el telón del teatro del absurdo dylaniano. Un padre con una máscara de Napoleón Bonaparte, un mono que le desfigura la cara, Papá Noel escondido en la chimenea, un tío que le vacía los bolsillos… Peculiar familia la de la novia del narrador, quien debe convivir con ranas en los calcetines… Más allá del estilo cómico y grotesco, puede leerse una hábil crítica de la sociedad de consumo, que ha olvidado sus ideales fundacionales; el lechero «lleva bombín», el cartero «ha de elegir de qué lado está» y el mayordomo «ha de demostrar algo».

Parece que la inestabilidad, o más bien la necesidad de huir, es un tema recurrente en las letras de Dylan. La expresó ya en «Restless Farewell» (en *The Times They Are A-Changin'*), evocando la necesidad de romper sus ataduras, y más tarde, en «Maggie's Farm», negándose a sucumbir a las presiones. La reafirma una vez más en «On The Road Again», esta vez, en un tono burlesco, rechazando una familia de lo más peculiar. Pero, ¿realmente es solo una broma…?

El título de esta canción hace referencia a la obra maestra de Jack Kerouac, *On the Road*, novela fundacional de la generación beat, pero también a un blues grabado por la Memphis Jug Band en 1928. En 1968, el grupo Canned Heat grabará el boogie «On The Road Again» (adaptación de «Big Road Blues», grabado en 1928 por Tommy Johnson), alcanzando respectivamente los puestos n.° 8 y 16 en las listas de éxitos británica y norteamericana.

Realización

Sorprendentemente, «On The Road Again» fue la canción que más tomas necesitó de todo el álbum, e incluso de todas las grabaciones de Dylan hasta la fecha: ¡diecisiete en total, repartidas en tres sesiones! La primera toma la grabó Dylan él solo a la acústica y la armónica el 13 de enero; se grabaron otras cuatro al día siguiente, con la banda, y finalmente, las doce últimas, el 15 de enero. La toma n.° 17 servirá de máster. Se trata de un blues rock sin mayor complicación, tanto más cuanto que es interpretado por excelentes músicos. Algunos afirman sin razón que el tema es desordenado, pero lo cierto es que está muy bien estructurado e interpretado. Bruce Langhorne a la guitarra solista, esta vez, matizada con un trémolo muy pronunciado; a las guitarras rítmicas, Kenny Rankin y Al Gorgoni; al bajo, muy probablemente Joe Macho Jr.; a la batería y el tamboril, Bobby Gregg; y al piano, prácticamente inaudible (excepto justo antes de la última estrofa), Frank Owens. Parece que Dylan no toca la guitarra, lo que explicaría su excelente interpretación a la armónica (en re), con abundantes efectos de *vibrato* y *bending*. «On The Road Again» no será nunca interpretada en directo.

Bob Dylan's 115th Dream

Bob Dylan / 6'32 minutos

Músicos
Bob Dylan: voz, guitarra, armónica
Bruce Langhorne: guitarra
Al Gorgoni: guitarra
Kenny Rankin: guitarra
John Hammond Jr.: guitarra (?)
Paul L. Griffin: piano
Joseph Macho Jr.: bajo (?)
William E. Lee: bajo (?)
Bobby Gregg: batería, tamboril (?)
Grabación
Columbia Recording Studios / estudio A,
Nueva York: 13 y 14 de enero de 1965
Equipo técnico
Productor: Tom Wilson
Ingenieros de sonido: Roy Hallie y Pete Dauria

Génesis y letra

El «sueño 115» de Bob Dylan no tiene mucha relación con el «Bob Dylan's Dream» de *The Freewheelin'*. Les separan 114 sueños… Del mismo modo que el dadaísmo nació como reacción al cataclismo de la primera guerra mundial, que puso fin a los sueños de grandeza de la vieja Europa, el surrealismo de Dylan se nutre de las inverosimilitudes de la sociedad occidental de la década de 1960. El cuadro que pinta del mundo que lo rodea es siniestro: un poli que mete a la gente en la cárcel «por tenencia de arpón»; el americano medio, paranoico y violento; los habitantes de los tugurios de Bowery, quienes, guiados por una vaca de Guernesey, agitan sus pancartas a la vez que gritan: «abajo los vagabundos». Ante un mundo siniestro, más vale escapar. Con una imaginación desbordante, Dylan describe su loca huida, durante la cual: tropieza con una pelota de bolos que baja rodando por la calle, sale un pie del cable telefónico, el capitán Arab (el capitán Achab de *Moby Dick*) cabalga a lomos de una ballena, y dicha ballena es la esposa del sheriff adjunto. Dylan da rienda suelta a su predilección por el *nonsense* (absurdo), que se remonta a su niñez en Hibbing, cuando rascaba unos pocos acordes de guitarra y cantaba junto con su amigo John Bucklen versos que le venían a la cabeza de forma improvisada.

Realización

«Bob Dylan's Later Dream», título provisional de «Bob Dylan's 115th Dream», es la última canción eléctrica del álbum y una de las más largas. Recuerda con matices la armonía y el ritmo de «Motorpsycho Nitemare», de su álbum precedente, y narra las aventuras extravagantes del protagonista sobre una estructura de blues rock que habría firmado el mismo Chuck Berry. El 13 de enero Dylan graba dos tomas acústicas, y al día siguiente graba otras dos con la banda. La primera de estas dos tomas empieza a destiempo, pues Dylan arranca sin esperar al resto de músicos, provocando las carcajadas de todos. «*Take two*», dice Tom Wilson… Bruce Langhorne recuerda: «Empezó tocando él solo. Entonces, se paró, todos nos reímos, y dos segundos más tarde, recomenzó, y de golpe, atacamos todos como locos».[6] La formación es la misma: Dylan a la voz, la armónica (en do) y la acústica, Langhorne a la guitarra solista, Rankin y Gorgoni a las guitarras rítmicas, Macho Jr. al bajo (sin confirmar), Griffin al piano (que suena muy presente), y Gregg a la batería (y el tamboril). Los músicos hacen una interpretación excelente, se aprecia una gran comunión entre ellos, una «especie de telepatía»,[6] como lo define el propio Langhorne ante la cámara de Martin Scorsese. Hasta la fecha, Bob Dylan ha interpretado en directo esta canción solo seis veces, durante la gira de otoño por la costa Este, del 13 al 19 de octubre de 1988.

PARA ESCUCHAR

Sin duda, Tom Wilson debió de tirarse de los pelos cuando escuchó dos enormes plosivas seguidas de Dylan en la frase «*Food was flying everywhere*» (minuto 2'24).

Mr. Tambourine Man

Bob Dylan / 5'26 minutos

Músicos
Bob Dylan: voz, guitarra, armónica
Bruce Langhorne: guitarra
Grabación
Columbia Recording Studios / estudio A,
Nueva York: 15 de enero de 1965
Equipo técnico
Productor: Tom Wilson
Ingenieros de sonido: Roy Hallie y Pete Dauria

Dylan delante de un micro Neumann U67.

Génesis y letra

Bob Dylan empezó a trabajar en «Mr. Tambourine Man» durante el viaje por Estados Unidos que emprendió en febrero de 1964, junto con Peter Karman, Paul Clayton y Victor Maymudes. Como confirmará él mismo en 1985, fue exactamente tras dejar Nueva Orleans, el 12 de febrero, justo después de la celebración del Mardi Gras. ¿Cuándo terminó la canción? La respuesta es incierta. El periodista Al Aronowitz confió al *Sunday News* (11 de noviembre de 1973) que Dylan había compuesto «Mr. Tambourine Man» en su casa de Berkeley Heights, Nueva Jersey, justo después de romper con Suze Rotolo, mientras que la cantante de folk Judy Collins afirma que fue en su casa donde Dylan la terminó. En el plano literario, «Mr. Tambourine Man» posee semejante riqueza, que periodistas y exegetas de la obra de Dylan han citado todo tipo de influencias. En estas condiciones, es difícil aclarar todas las hipótesis para saber de dónde procede el «hombre del tamboril».

El cantautor reconoció haber quedado impresionado por *La Strada* (1954), de Fellini, y la peculiar relación entre la ingenua Gelsomina y Zampano, el Hércules festivo que toca a la vez la trompeta y el tamboril, así como por la metáfora feliniana de la mutabilidad y la precariedad. No obstante, «Mr. Tambourine Man» también podría ser una transposición del cuento de los hermanos Grimm de 1280, el Flautista de Hamelín, quien, tras ahuyentar a las ratas del pueblo por petición de los aldeanos, es molido a pedradas. También puede citarse la figura de William Blake, si bien Gabrielle Goodchild percibe más bien la sombra del gran poeta irlandés William Butler Yeats en la extraña aventura del «tamborilero», en particular, los versos del poema *Byzantium*: «Muriendo en una danza / Una agonía en trance / La agonía de una llama que no quemará el mástil», a la que aludiría el verso de la cuarta estrofa de Dylan: «Sí, querría bailar bajo el cielo de diamantes con una mano flotando libre». Por su parte, Robert Shelton cita al escritor británico Thomas De Quincey: «En *Confessions of an English Opium-Eater* [1821], el escritor habla del opio como del «ídolo negro», que es la traducción del latín *Mater Tenebrarum*». Según escribe Shelton, «es posible que Dylan, habiendo leído a De Quincey, se sintiera intrigado por su sonoridad y hubiera convertido *Mater Tenebrarum* en su "Mr. Tambourine Man"».[7]

1965

«Mr. Tambourine Man», ¿una canción sobre drogas?

Desde las experiencias de opiómano de Thomas De Quincey hasta los viajes alucinógenos de los *acid heads*, apenas hay un paso que algunos «dylanólogos» han dado alegremente. «Mr. Tambourine Man», ¿es una canción sobre drogas? En efecto, versos como *«Take me on a trip upon your magic swirlin' ship»* («Llévame de viaje por los remolinos de tu barco mágico») y *«Take me disappearin' through the smoke rings of my mind»* («hazme desaparecer a través de los anillos de humo de mi mente») podrían interpretarse perfectamente como alusiones a un viaje (*trip*) bajo los efectos del LSD. Según Howard Sounes,[13] la frase *«In the jingle jangle morning I'll come followin' you»* («En esta mañana de tintineo discordante seguiré tus pasos»), y concretamente, *«jingle jangle»*, estaría inspirada en *Scrooge*, una grabación realizada por Lord Buckley, humorista, poeta, actor, y ante todo, pionero de las experiencias alucinógenas –al que Dylan llama «el gran sacerdote hippie del be-bop [que desafía] las etiquetas».[1] No obstante, el cantautor siempre ha negado la hipótesis según la cual las drogas habrían desempeñado una función importante en la composición de «Mr. Tambourine Man». De hecho, si escuchamos más atentamente podemos superar esta simple referencia a las sustancias alucinógenas. Dylan afirmará en 1985: «Las drogas no fueron nunca una influencia en esta canción».[12]

Detrás de la historia del narrador, quien, tras una noche en vela, terriblemente cansado, escucha la canción del hombre del tamboril y quiere seguirlo por el camino de la liberación, podemos detectar una señal de deferencia de Dylan a su musa para que continúe inspirándole. También puede ser un llamamiento a la trascendencia, a la superación de la consciencia como ideal último. En este caso, este misterioso Tambourine Man podría ser el propio Jesucristo Redentor.

Una última posibilidad, bastante más prosaica: el hombre del tamboril sería simplemente el guitarrista Bruce Langhorne, quien, durante las sesiones de grabación, tocaba de vez en cuando un enorme tamboril. Esta es la explicación que da Dylan en 1985: «Creo que "Mr. Tambourine Man" está inspirada en Bruce Langhorne [...]. Durante una sesión, Tom Wilson le pidió que tocara el tamboril. Era enorme. Tan grande

como la rueda de un carro. Lo tocó, y esta visión de él con el tamboril se quedó grabada en mi mente».[12] El propio Langhorne no lo supo hasta más tarde: «No me había hablado de ello»,[39] confesará a Richie Unterberger en los años 2000. «Y si lo dijo a alguien, seguramente lo habría desmentido (risas). Porque... No sé, quizá fue así. Creo que tenía un maravilloso sentido del humor».[39] Dylan era consciente que había alcanzado una cima con esta canción. Es la única ocasión de su carrera en que intentará recomponer otra similar. No obstante, en el número de octubre-noviembre de 1968 de la revista *Sing Out!* reconocerá no haberlo logrado: «Tras intentarlo en vano, me disgusté y lo dejé. Ahora ya no lo hago nunca».[20]

Realización

«Mr. Tambourine Man» abre la segunda cara del disco. Dylan retoma un ambiente acústico, alejado del frenesí roquero de las siete primeras canciones. Es uno de los temas esenciales de su discografía, y lo gestó durante largo tiempo. El cantautor realizó una primera grabación en Florida, en el apartamento de Eric Von Schmidt, a inicios de mayo de 1964. Más tarde, la interpretó por primera vez en público, el 17 de mayo, durante el concierto en el Royal Festival Hall de Londres. El 9 de junio, durante las sesiones de *Another Side Of Bob Dylan*, termina dos tomas de la canción con Ramblin' Jack Elliott a los coros. Este último explica: «Sabía que iba a grabar "Tambourine Man" y me invitó a cantarla con él, pero no me sabía la letra, solo el estribillo, así que solo hice unas armonías vocales en el estribillo».[15] Por desgracia, esta versión no resulta convincente: Ramblin' Jack Elliott desafina bastante y Dylan carece de convicción. Más tarde explicará que no se sentía preparado para grabarla. Así pues, continuará probándola a lo largo de 1964. Realizará otra toma al piano, también hacia el mes de junio, en una versión destinada a su editor, Witmark & Sons. Finalmente, el 15 de enero de 1965 la inmortaliza en el estudio A de Columbia Records, prácticamente un año después de componerla. Prescinde de los músicos, a excepción de Bruce Langhorne. Dylan retorna a la intimidad de su Gibson Nick Lucas Special, que suena soberbia, y apoyado por el excepcional Langhorne a la guitarra solista, ofrece una maravillosa interpretación, de las mejores

The Byrds inauguraron la época folk rock con una versión alborotada de «Mr. Tambourine Man».

de su discografía. Su solo de armónica (en fa) también es excelente, y solo unas pequeñas plosivas enturbian la grabación (en «far» y «frozen», hacia el minuto 4'15), así como una ligera aceleración en el tempo hacia el segundo estribillo (entre los minutos 1'34 y 1'43). Curiosamente, Dylan duda a menudo a la hora de establecer el tono de sus canciones. «Mr. Tambourine Man» no es una excepción: la versión de las Witmark Demos está en re (*The Bootleg Series, Vol. 9: The Witmark Demos 1962-1964*), la que interpreta con Ramblin' Jack Elliot, en mi (*The Bootleg Series, Vol. 7: No Direction Home*), y la del álbum ¡en fa! La sexta toma se conserva para el máster del disco.

La versión de los Byrds: ¿origen del folk rock?

Cuando los Byrds firman un contrato con Columbia, en noviembre de 1964, se ven obligados a grabar un single de éxito, de lo contrario, la discográfica rescindirá su contrato. Su mánager, Jim Dickson, había oído hablar meses antes de un tema que Dylan había grabado junto con Ramblin' Jack Elliot, pero que finalmente no se publicó: «Mr. Tambourine Man». Enseguida contacta con el editor de Dylan, Witmark & Sons, y consigue una copia en vinilo de la canción, que muestra a sus pupilos. Roger McGuinn, cantante y guitarrista del grupo, recuerda: «Estábamos todos sentados en la sala y Dickson la puso. Era un dos por cuatro, duraba unos 5 minutos, y Crosby enseguida dijo: "¡No me gusta! Es un dos por cuatro, ¡las ra-

dios no la emitirán nunca!" Y yo respondí: "Sí, y si la acortamos y le damos una rítmica a lo Beatles?" Y les toqué una pequeña intro de muestra a la guitarra».[41] El 20 de enero de 1965, la formación californiana graba su propia versión en los Columbia Studios de Hollywood. O más bien, Roger McGuinn, pues los demás miembros de la banda fueron remplazados por músicos de sesión (The Wrecking Crew), a petición del productor, Terry Melcher.

La adaptación de «Mr. Tambourine Man», con el sonido característico de la Rickenbacker de 12 cuerdas de McGuinn y unas armonías vocales de belleza angelical, se lanza como single el 12 de abril (con «I Knew I'd Want You» en la cara B), y el 5 de junio se sitúa en el primer puesto de las listas de éxitos de *Billboard*. Quince días después, el 21 de junio, sale a la venta el primer álbum de los Byrds, titulado... *Mr. Tambourine Man*. El disco incluye otras tres canciones de Dylan («Spanish Harlem Incident», «All I Really Want To Do» y «Chimes Of Freedom»). Este disco y *Bringing It All Back Home* inauguran la bonita aventura del género folk rock, y ponen fin a la hegemonía de las bandas británicas, empezando por los Beatles y los Hollies, en quien McGuinn se había inspirado para su versión de «Mr. Tambourine Man». Una particularidad: en la actualidad, «Mr. Tambourine Man» está clasificada doblemente en la lista de las 500 mejores canciones de la revista *Rolling Stone*, en los puestos n.º 79 (The Byrds) y 107 (Dylan). Ambas versiones han sido galardonadas con un premio Grammy, la de los Byrds, en 1998, y la de Bob Dylan, en 2002.

Gates Of Eden

Bob Dylan / 5'42 minutos

Músico
Bob Dylan: voz, guitarra, armónica
Grabación
**Columbia Recording Studios / estudio A,
Nueva York:** 15 de enero de 1965
Equipo técnico
Productor: Tom Wilson
Ingenieros de sonido: Roy Hallie y Pete Dauria

1965

Aunque Dylan defina su canción como una «nana sacrílega en re menor», el tono de «Gates Of Eden» es en realidad sol mayor...

Génesis y letra

«Gates Of Eden» es fruto de una profunda reflexión. Bob Dylan la compuso en verano de 1964 bajo la doble influencia de William Burroughs y William Blake. Del máximo representante de la generación beat tomó prestada la técnica del *cut-up*, que consisten en crear un texto con una serie de imágenes intensas a partir de elementos dispares extraídos de publicaciones de todo tipo, liberándose de la estructura del lenguaje. En este aspecto, «Gates Of Eden» se sitúa en la línea de la trilogía de Burroughs, *The Soft Machine*, *The Ticket That Exploted* y *Nova Express*. Del prerromántico inglés, Dylan toma su misteriosa poesía, repleta de referencias bíblicas. De ahí el paralelismo que se ha establecido entre esta canción y la obra de Blake, *The Gates of Paradise* (1793), un libro infantil ilustrado convertido en libro profético, en que el poeta expone uno de los fundamentos de su filosofía: priorizar la visión intuitiva y mística en detrimento de la razón. Aunque dicho análisis parezca evidente, Dylan rechaza la concepción poética que se desprende de sus textos. Lo afirma claramente en agosto de 1965 a Nora Ephron y Susan Edmiston: «No me considero un poeta, porque no me gusta la palabra. Soy un trapecista».[20] Un matiz que no debe pasarse por alto. Encontrar la verdad última en un falso jardín del Edén, es decir, vivir en una sociedad en descomposición y sentirse satisfecho de ello. He aquí los males del mundo moderno que el cantautor denuncia en su canción, o mejor dicho, en su «nana sacrílega en re menor», como la presenta él mismo el 31 de octubre de 1964 en el Philharmonic Hall de Nueva York. La pesadilla en vigilia empieza desde la primera estrofa: «El ángel cowboy que cabalga / Una vela encendida al sol». Y continúa en la tercera estrofa: «El soldado salvaje que hunde su cabeza en la arena / Y luego se queja / Al cazador descalzo que ha ensordecido», y más adelante, «Aladino, con su lámpara / Se sienta al lado de monjes ermitaños utopistas / Como una amazona sobre el Becerro de oro». Aparece también una «Madona negra en moto / Reina gitana sobre dos ruedas / Y su fantasma tachonado de plata / [Que] hace gritar al enano de franela gris». La canción termina con la amante del narrador explicándole sus sueños, y el propio narrador llega a la conclusión de que «no hay verdad más allá de las puertas del Edén». Curiosamente, en el concierto en el Philharmonic Hall de Nueva York, Dylan afirma: «Es una canción de amor llamada "The Gates Of Eden"»...[42] ¿Humor, ironía o realidad?

William Burroughs. Dylan se inspiró
en su técnica de *cut-up* para escribir
«Gates Of Eden».

Realización

«Gates Of Eden» o el retorno a una estética sobria. Es la primera canción del disco que Dylan interpreta solo, y se aprecia en su voz que está ansioso por inmortalizarla. Le basta con una toma, grabada el 15 de enero. Aunque el resultado no sea perfecto, decide no repetirla. Se oyen plosivas, golpes en el micro, un tempo irregular, un sonido medio... Sin duda, Tom Wilson dio prioridad a la interpretación ante la calidad técnica. En cualquier caso, «Gates Of Eden» posee una calidad hipnótica que se desprende tanto de su retahíla de imágenes como de su armonía, más bien sombría. Como siempre, Dylan cap-

ta nuestra atención y no podemos evitar escucharlo, cual flautista de Hamelín. A la pregunta «¿Tus palabras van más allá del plano musical?». El cantautor responde sin vacilar: «Puede ser, pero nunca las leo. Prefiero cantarlas». [20] He ahí la alquimia de «Gates Of Eden».

Dylan la ha cantado más de 200 veces, de forma especial, en el concierto del Symphony Hall de Boston, Massachusetts, el 24 de octubre de 1964, y en el concierto de Londres del 9 de mayo de 1965 (filmado por D. A. Pennebaker para el «rockumental» *Dont Look Back*). La canción fue lanzada como cara B del single «Like A Rolling Stone», el 20 de julio de 1965.

It's Alright, Ma (I'm Only Bleeding)

Bob Dylan / 7'31 minutos

Músicos

Bob Dylan: voz, guitarra, armónica

Grabación

Columbia Recording Studios / estudio A, Nueva York: 15 de enero de 1965

Equipo técnico

Productor: Tom Wilson
Ingenieros de sonido: Roy Hallie y Pete Dauria

COVERS

«It's Alright, Ma (I'm Only Bleeding)» ha sido versionada por Roger McGuinn (banda sonora de *Easy Rider*, 1969), The Byrds (*Untitled* [bonus track], 1970), Billy Preston (*Everybody Likes Some Kind Of Music*, 1973) y Terence Trent D'Arby (*Greatest Hits*, 2002).

Génesis y letra

Dylan compuso «It's Alright, Ma (I'm Only Bleeding)» en verano de 1964; con ella, el cantautor vuelve a las canciones protesta de sus inicios. Con su guitarra folk blues como único acompañamiento, el cantante y poeta critica duramente la sociedad de su época: mercantil, hipócrita y gobernada por una elite de pacotilla que ha convertido a los ciudadanos en vasallos. En el plano literario, puede establecerse un paralelismo con *Howl* (*Aullido*): el poema de Allen Ginsberg, un grito de liberación con que el escritor de la generación beat denuncia la obscenidad de la civilización moderna, y que, a su vez, resultó obsceno a oídos de muchos. «It's Alright, Ma (I'm Only Bleeding)» es el acta de acusación de Dylan contra los falsos profetas y los manipuladores. Se intuye con matices la descripción apocalíptica de «A Hard Rain's A-Gonna Fall» (en *The Freewheelin'*). El primer verso reza: «*Darkness at the break of noon / Shadows even the silver spoon*» («La oscuridad al inicio del mediodía / Proyecta una sombra incluso en la cuchara de plata»), una referencia a la obra *Darkness At Noon* (*El cero y el infinito*), de Arthur Koestler, sobre la purga estalinista de la década de 1930. El mensaje es claro: la esperanza no puede llegar del comunismo, verdadera doctrina de alienación.

«It's Alright, Ma (I'm Only Bleeding)» es una canción descaradamente triste; porque, aunque exista libertad de pensamiento en el mundo occidental, está sometida a determinados códigos. Parafraseando el Libro del Eclesiástico –«Los maestros hacen las leyes para sabios y locos»–, Dylan denuncia a aquellos quienes han establecido estos código para sacar provecho personal: «Mientras dioses humanos apuntan a la diana / Todo lo fabrican: chispeantes pistolas de juguete / hasta los cristos de color carne que brillan en la oscuridad», los «predicadores que predican destinos infernales» y los «profesores que enseñan que estar al acecho del conocimiento / Puede traerte platos de cien dólares»; los publicistas, quienes «te embaucan / Con la idea de que tú eres quien / puede hacer aquello que no se ha hecho nunca antes / Y ganar lo que no se ha ganado nunca antes»; o las «viejas damas juezas que espían las parejas» y «frustradas sexualmente, osan promover / Su falsa moral, insultar, seguirte con la mirada».

Es una de las canciones preferidas de Dylan. Hasta la fecha, la ha interpretado más de 700 veces en directo. El 28 de septiembre de 1997, afirmó a Jon Pareles, del *New York Times*:

Con esta canción, Dylan vuelve
a la canción protesta.

Roger McGuinn, intérprete
de la canción en la película
Easy Rider.

«Títulos como "It's Alright, Ma", me fascinan todavía, sobre todo por las aliteraciones. Recuerdo perfectamente los pasajes en que usé mi habilidad, y aquellos en que dije algo que poseía un verdadero destello poético».

Realización

Tras la mediocre toma de «Gates Of Eden», en «It's Alright, Ma» Dylan ofrece una interpretación de guitarra excelente. Con la imprescindible afinación abierta en re, el cantautor no duda en tocar en su Nick Lucas varios riffs que habrían firmado los maestros del género. La toma de sonido es impecable y Dylan no comete prácticamente ningún error técnico, aunque cabe reconocer que se hace un lío con los acordes de los cuatro primeros versos de la última estrofa (hacia el minuto 6'48). Por suerte, reengancha el tema *in extremis* y lo concluye con habilidad. Cabe reconocerle un impresionante dominio del estudio, pues es necesario controlar mucho los nervios para interpretar solo ante un micro una canción de más de 7 minutos,

la más larga del álbum. Parece que no se realizó ningún retoque de producción; apenas una variación de sonido en el minuto 0'12 podría indicar la presencia de un montaje en esta parte concreta. La armonía, la melodía, el tono sentencioso, la voz con una ligera *reverb*; todo atrae la atención del oído. Dylan apenas toca la armónica en dos intervenciones muy breves, las más cortas hasta la fecha, pero sin duda imprescindibles. «It's Alright, Ma (I'm Only Bleeding)» es una gran canción, y su interpretación está cerca de la perfección. Tras empezar a destiempo al primer intento, solo necesita una toma para grabar la versión definitiva. Desde otoño de 1964, Bob Dylan la interpreta habitualmente. Existen varias versiones en directo: el concierto en el Philharmonic Hall del 31 de octubre de 1964 (en *The Bootleg Series, Vol. 6*, 2004), el concierto de Los Ángeles del 14 de febrero de 1974 (en *Before The Flood*, 1974), *At Budokan* (1978), y la ceremonia de celebración de los 30 años de carrera del cantautor (*The 30th Anniversary Concert Celebration Album*, 1993).

It's All Over Now, Baby Blue

Bob Dylan / 4'15 minutos

Músicos
Bob Dylan: voz, guitarra, armónica
Joseph Macho Jr.: bajo (?)
William E. Lee: bajo (?)
Grabación
Columbia Recording Studios / estudio A,
Nueva York: 15 de enero de 1965
Equipo técnico
Productor: Tom Wilson
Ingenieros de sonido: Roy Hallie y Pete Dauria

Dylan con su Gibson Nick Lucas durante
las sesiones de grabación.

Génesis y letra

¿Quién es la Baby Blue de quien Dylan se despide? ¿Acaso es Joan Baez, cada vez más implicada en una causa política que ya no concierne al cantautor? ¿David Blue, su amigo durante los primeros tiempos en Greenwich Village? ¿Paul Clayton, el cantante de folk de ojos azules con quien viajó en febrero de 1964? En la actualidad, sabemos que Dylan no pensaba en nadie en concreto cuando compuso la letra de esta canción, sino simplemente en el tema «Baby Blue» grabado por el precursor del rock'n'roll, Gene Vincent. Dylan explica. «Tuve esta canción en mi cabeza durante mucho tiempo. Y me acuerdo que, mientras la componía, pensé en el título de Gene Vincent [...]. Por supuesto, yo hablaba de otra *Baby Blue*».[12] Podría ser también que, detrás de esta Baby Blue, haya todas aquellas personas y cosas de las que Dylan se quería alejar. Entiéndase: la escena folk, la utopía y la autocomplacencia de los intelectuales, incluso el propio Dylan de los primeros años. El protagonista de esta endecha «sin retorno» es un huérfano que «llora como un fuego en el sol / Observa por fin como llegan los santos», y a quien le dicen: «Olvida los muertos que has dejado atrás, ellos no te seguirán».

Influido por el simbolismo de Rimbaud, el tema «It's All Over Now, Baby Blue» trata una vez más sobre el dolor como única experiencia posible antes de acceder a la liberación, incluso al conocimiento. Una canción de despedida para concluir el álbum, como ya fuera el caso de *The Times They Are A-Changin'* (con «Restless Farewell») y *Another Side Of Bob Dylan* (con «It Ain't Me, Babe»).

Realización

«It's All Over Now, Baby Blue» fue grabada por primera vez en formato acústico el 13 de enero, y según varias fuentes no confirmadas, se grabaron tomas el 14 y el 15 con la banda. En esta última, la versión definitiva del día 15, Dylan interpreta la acústica acompañado de un bajista. Pero, ¿quién? Al tratarse de un bajo eléctrico, probablemente fuera Joseph Macho Jr., ya que William E. solía encargarse del contrabajo. No obstante, al escuchar el fraseo y la técnica, muy melódica e interpretada principalmente en el registro agudo del instrumento, parece que hubiera sido un guitarrista quien lo tocara. ¿Acaso fue John Sebastian, quien ya había interpretado algunas partes de bajo el 14 de enero? ¿Al Gorgoni, Kenny Rankin? En

El grupo Them, con Van Morrison, firmó una versión rock de «It's All Over Now, Baby Blue».

cualquier caso, el acompañamiento, aunque no esté exento de algunos desajustes, aporta un verdadero apoyo armónico a Dylan, quien ofrece una excelente interpretación: un soberbio solo de armónica (en mi), a la vez quejumbroso y delicado.

Es el último tema grabado y conservado para el álbum (el último grabado y descartado fue «If You Gotta Go, Go Now»). Dylan y su bajista solo necesitan una toma para inmortalizar la versión definitiva.

El cantautor interpretó la canción por primera vez en público durante una emisión desde los WABC Studios de Nueva York, presentada por Les Crane, el 17 de febrero de 1965 (*Les Crane Show*). Desde entonces, la ha tocado más de 500 veces. En *Dont Look Back*, de D. A. Pennebaker, Dylan aparece cantándola al cantante de folk británico Donovan. Existe una soberbia versión realizada en el concierto de Manchester, el 15 de mayo de 1966 (*The Bootleg Series, Vol. 4*, 1998), así como la de Rolling Thunder Revue (*The Bootleg Series, Vol. 5*, 2002).

COVERS

La banda Them (con Van Morrison como cantante) grabó una versión durante las sesiones de su álbum *Them Again*, publicado en el Reino Unido en enero de 1966. Tres años después, los célebres The Byrds ofrecieron la suya en su disco *Easy Rider*. Otras adaptaciones que cabe destacar son: la de Joan Baez (en *Farewell Angelina*, 1965), Marianne Faithfull (*It's All Over Now, Baby Blue*, 2000), Bonnie Raitt (*Steal This Movie*, 2000), Echo & The Bunnymen (*Crystal Days*, 2001), Bryan Ferry (*Frantic*, 2002), Joni Mitchell (*The Complete Geffen Recordings*, 2003) y Jerry Garcia (*Plays Dylan*, 2005).

Bringing It All Back Home outtakes

«Farewell, Angelina» e «If You Gotta Go, Go Now», ambas publicadas en *The Bootleg Series, Vol. 1–3*, fueron grabadas durante las sesiones de *Bringing It All Back Home*. Se descartaron para el álbum, pero se hicieron populares gracias a las versiones de Joan Baez y la banda inglesa de folk rock Fairport Convention.

VOL 1-3

If You Gotta Go, Go Now

Bob Dylan / 2'54 minutos

Músicos: Bob Dylan: voz, guitarra, armónica; Bruce Langhorne: guitarra; Al Gorgoni: guitarra; Kenny Akin: guitarra; Paul Griffin: teclados (?); Frank Owens: teclados (?); Joseph Macho Jr.: bajo; William E. Lee: bajo (?); Bobby Gregg: batería, tamboril (?); coros: desconocido / **Grabación:** Columbia Recording Studios / estudio A, Nueva York: 15 de enero de 1965 / **Productor:** Tom Wilson / **Ingenieros de sonido:** Roy Hallie, Pete Dauria / **Recopilatorio:** *The Bootleg Series, Vol. 1-3: Rare & Unreleased 1961-1991*, CD 2 / **Publicación:** 26 de marzo de 1991

«Si te marchas, vale. Pero si te quedas, has de pasar la noche conmigo». Este es el mensaje de la canción. Imposible mostrarse más directo: «If You Gotta Go, Go Now» es para Dylan lo que en 1967 será «Let's Spend The Night Together» para los Rolling Stones. También es para el cantautor una forma de confundir al público, de liberarse de su doble imagen de cantante protesta y poeta atormentado. Bob Dylan interpretó esta canción en formato acústico una docena de veces entre el concierto del Symphony Hall de Boston, el 24 de octubre de 1964, y el del Royal Albert Hall de Londres, el 9 de mayo de 1965. La historia que narra la letra relaja el ambiente después de las solemnes «Gates Of Eden» y «It's Alright, Ma (I'm Only Bleeding)». La grabación se realizó cuatro meses antes del concierto de Londres. La primera, el 13 de enero, fue una versión realizada solo por Dylan en una única toma (con un montaje de producción). Luego, el 15 de enero, esta vez, con la banda. Es la última canción del álbum que se trabaja en cuatro tomas. La lista de músicos que participaron difiere según las fuentes. Parece que hay cuatro guitarras, Dylan a la eléctrica y Bruce Langhorne a la guitarra solista. Por primera vez en el álbum aparece un

teclado (Wurlitzer o Hohner Pianet), que interpreta Paul Griffin o Paul Owens. De la sección rítmica, bastante contundente sobre el conjunto, se encargan Bobby Gregg y, según parece, Joseph Macho Jr. No obstante, la grabación no termina aquel día, pues el 21 de mayo se dedica otra sesión destinada únicamente a este tema para realizar los *overdubs* (siete tomas). Los músicos no se han identificado, pero se admite generalmente que se añadieron coros en los estribillos. También es muy posible que Dylan interpretara el solo de armónica, que suena bastante distinto y muy limpio para haber sido grabado en directo con la banda. La canción se descartó para el álbum *Bringing It All Back Home*, pero se eligió como cara A de un single lanzado exclusivamente en Holanda en 1967 (con «To Ramona» en la cara B). Esta misma versión es la que figura en *The Bootleg Series, Vol. 1-3*, lanzado en 1991. La canción fue muy versionada mucho antes de aparecer en el recopilatorio, primero por los Liverpool Five, en julio de 1965, y dos meses después, por Manfred Mann (alcanzó el segundo puesto en las listas de éxitos británicas). Cabe destacar también la adaptación de Johnny Hallyday («Maintenant ou jamais»).

VOL 1-3

Farewell, Angelina

Bob Dylan / 5'27 minutos

Músico: Bob Dylan: voz, guitarra, armónica / **Grabación:** Columbia Recording Studios / estudio A, Nueva York: 13 de enero de 1965 / **Productor:** Tom Wilson / **Ingenieros de sonido:** Roy Hallie, Fred Catero / **Recopilatorio:** *The Bootleg Series, Vol. 1-3: Rare & Unreleased 1961-1991*, CD 2 / **Publicación:** 26 de marzo de 1991

Según varias fuentes, Bob Dylan habría compuesto esta canción en 1964 para el álbum *Another Side Of Bob Dylan*. Según John Bauldie, redactor del librito que acompaña *The Bootleg Series, Vol. 1-3*, fecharía de inicios del año 1965. «Farewell, Angelina» es un tema característico de la evolución del estilo literario de Dylan. El cantautor canta el nacimiento próximo de un mundo sobre las cenizas del anterior –un tema que ya encontramos en muchas otras canciones (desde «When The Ship Comes In» hasta «Desolation Row»)–, pero, esta vez, su estilo poético es a la vez simbolista y surrealista. «*The jacks and the queens / Have forsaked the courtyard / Fifty-two gypsies / Now file past the guards*» («Las sotas y las reinas / Han abandonado el patio / Cincuenta y dos gitanos / Desfilan ahora ante los guardias»). Esta impresión de un mundo en agonía nos es dada a través de las palabras, incluso de su sonoridad, así como de la voz triste y compungida de Dylan, quien canta la soledad de la heroína y la pena del narrador, partido adonde el deber le llama. Como afirmara con contundencia Jim Beviglia: «El cielo sobre el mundo de la música popular parecía arder, y era Bob Dylan quien sostenía la antorcha».[58] De alguna forma, Dylan aparece como mensajero (*angelos* en griego).

Grabó «Farewell, Angelina» el 13 de enero de 1965, durante la primera sesión de *Bringing It All Back Home*, con el título provisional de *Alcatraz To The 5th Power*. Si más tarde se excluyó del álbum, fue simplemente porque, durante aquel tiempo, el cantautor la había ofrecido a Joan Baez (la canción dio el título a su álbum en 1965). La interpretación de Dylan es un modelo del género. Sobre unos pocos acordes de guitarra acústica, la voz, llena de matices, nos sumerge en el corazón de una emoción intensa. No obstante, puede oírse cómo se equivoca con la Gibson Nick Lucas en el minuto 4'32, y la última estrofa parece ser resultado de un montaje de una toma distinta, aunque el informe de la sesión solo mencione una única toma. El sonido no es igual, sin duda hubo algún problema en la grabación.

Aunque Dylan no la haya interpretado nunca en directo, ha inspirado a gran número de intérpretes, desde Joan Baez hasta Jeff Buckley, pasando por los franceses Hugues Aufray y Nana Mouskouri (en una adaptación de Pierre Delanoë). Estas versiones distintas tienen un punto en común: la supresión de la penúltima estrofa, en que Dylan habla de un «loro camuflado».

> «Farewell, Angelina» posee la misma melodía que «I Rode Out One Morning», una canción grabada por Dylan en casa de Eve y Mac MacKenzie el 19 de abril de 1963, pero que se quedó como maqueta.

PARA LOS ADICTOS A DYLAN

La banda inglesa Fairport Convention ofrecerá una sorprendente versión interpretada completamente en francés y rebautizada con el título «Si Tu Dois Partir, Va-t'en». Lanzada como single en julio de 1969, ¡se mantendrá durante nueve semanas en las listas de éxitos! (forma parte del álbum *Unhalfbricking*, noviembre de 1969). La banda Bijou retomará esta versión francesa en 1977.

PARA LOS ADICTOS A DYLAN

«Farewell, Angelina» está inspirada en la melodía de «Farewell To Tarwathie», una canción de marineros compuesta hacia 1850 por George Scroggie, un escocés de la región de Aberdeen, quien a su vez se habría inspirado en una canción tradicional titulada «The Wagoner's Lad». En cualquier caso, «The Wagoner's Lad» fue interpretada por Joan Baez, Pete Seeger y The Kingston Trio, mucho antes de que el propio Dylan la incluya en el set-list de su *Never Ending Tour* (1988-1991).

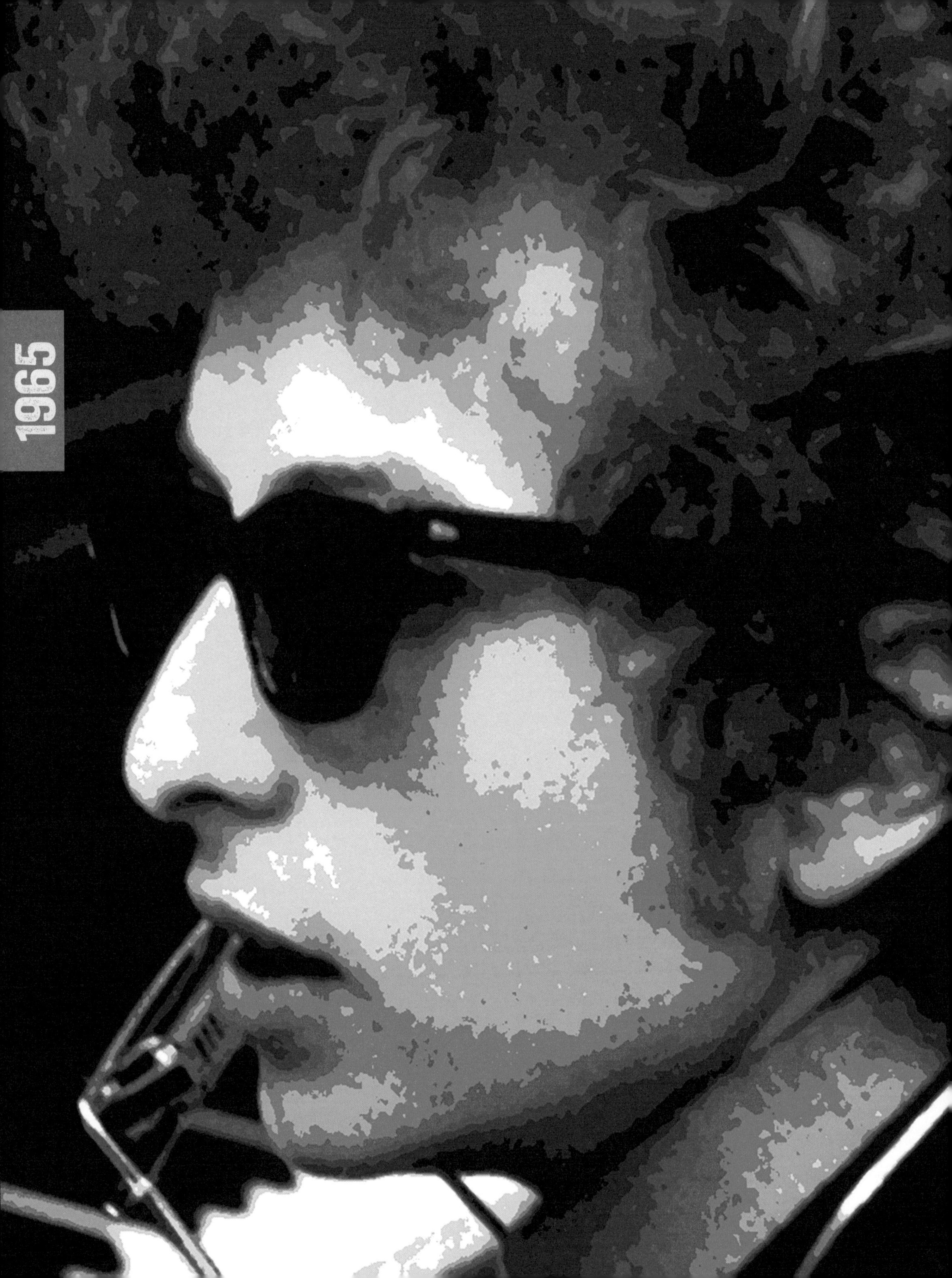

Highway 61 Revisited

ÁLBUM
FECHA DE PUBLICACIÓN
Estados Unidos:
30 de agosto de 1965
con Columbia Records
(REFERENCIA COLUMBIA CL2389/
CS 9189)

Bob Dylan durante una rueda
de prensa en Los Ángeles,
en diciembre de 1965.

Highway 61 Revisited, regreso al futuro

El álbum

Entre el lanzamiento de *Bringing It All Back Home*, el 22 de
marzo de 1965, y la primera sesión de grabación de *Highway
61 Revisited*, el 15 de junio, Bob Dylan da varios conciertos
en Inglaterra, dos de los más importantes, en el Royal Albert
Hall de Londres, los días 9 y 10 de mayo. Durante esta gira
por tierras británicas, escucha los últimos éxitos de The Rolling
Stones («The Last Time»), The Beatles («Ticket The Ride»), The
Yardbirds («For Your Love»), y The Who («Anyway, Anyhow,
Anywhere»), y da largos paseos por Carnaby Street, descu-
briendo la extraordinaria efervescencia creativa del Swingin'
London. Así pues, Dylan está «bajo el influjo inglés» cuando
vuelve a atravesar el Atlántico el 21 de junio, quince días después de que la versión de los Byrds de «Mr. Tambourine Man»
–verdadera canción fundadora del folk rock– haya alcanzado el
primer puesto en las listas de *Billboard*. Tres acontecimientos
importantes marcan las seis semanas que separan la primera
y la segunda sesión de grabación del álbum: el escándalo del
Newport Folk Festival, en que Dylan sube al escenario acompañado de una banda de blues rock; un intenso trabajo de
composición durante su retiro en Woodstock; y la sustitución
del productor Tom Wilson por Bob Johnston. Un nuevo sonido (o casi) para una nueva identidad (o casi): el rock'n'roll y el
blues fueron sus primeras pasiones, pero más que un retorno a
los orígenes, el cantautor abre un nuevo capítulo. Elvis Presley
y Little Richard iniciaron el camino, y a Dylan le toca continuar

explorándolo en su sexto álbum. Afirmará: «Mis palabras son
como cuadros, y el rock me va a ayudar a pintarlos».[2]

Una relectura eléctrica del folk y el blues

El título del álbum hace referencia a la célebre autopista que
une Minnesota –estado natal del cantautor– con Luisiana, y
que, bordeando el Mississippi, atraviesa las tierras del blues. No
obstante, también parece aludir a un viaje musical largo y apasionante, como un retorno al rock'n'roll que Dylan escuchaba
de adolescente, y a una relectura eléctrica del folk y el blues.
«La Highway 61, arteria principal del country blues, nace en el
mismo lugar donde nací yo... en Duluth, exactamente»,[1] escribe Dylan en sus *Crónicas*; y continua: «Siempre he creído que
inicié mi camino en esta carretera, la seguía y podía llevarme
a cualquier lugar, hasta los rincones más escondidos del Delta.
Todo era un mismo camino, con las mismas contradicciones,
los mismos pueblos perdidos, los mismos ancestros espirituales. El Mississippi –la sangre del blues– nace cerca del pequeño
pueblo donde yo nací. Nunca me he alejado demasiado. Era
mi refugio en el universo, me corre por las venas».[1] También
es un giño a Jack Kerouac, autor de *On the Road*, y a Rimbaud, «el hombre de las suelas de viento».

La quintaesencia del arte dylaniano

Las nueve canciones de *Highway 61 Revisited* representan
la quintaesencia del arte de Dylan. El cantautor afirma a Ro-

Dylan en la sala de control durante la grabación de *Highway 61 Revisited*.

LOS *OUTTAKES*

Sitting On A Barbed Wire Fence

SINGLE

Positively 4th Street
Can You Please Crowl Out Your Window

Un órgano Hammond.

bert Shelton: «Todas las canciones de folk, las he tocado siempre con una actitud rock'n'roll».[45] En su sexto álbum, a esta «actitud» se le añaden los instrumentos, empezando por el primer encuentro entre la guitarra eléctrica de Mike Bloomfield y el teclado de Al Kooper. Este coctel musical suena tanto más explosivo –y logrado– cuanto que el poeta compone algunos de sus textos más hermosos, repletos de cinismo y surrealismo, pero ante todo, definidos por el soplo de libertad que le inspiran los simbolistas franceses y los escritores de la generación beat. En realidad, el enfoque del cantautor sobre el mundo no ha cambiado –posee la misma incomprensión y rabia contra quienes atizan los conflictos y los fariseos de los tiempos modernos. Lo que ha cambiado es la forma de expresarlas –por contraste con la ironía. En «Like A Rolling Stone», Dylan se preocupa por la caída de una tal «miss Lonely» sin nombre; en «Ballad Of A Thin Man», muestra todo su desprecio hacia las actitudes conformistas, y en «Just like Tom Thumb's Blues», y sobre todo en «Desolation Row», consagra una dramaturgia casi shakesperiana a un viaje de pesadilla al corazón de la degeneración y la decadencia.

La carátula

La foto del álbum fue tomada antes de las primeras sesiones de grabación, por Daniel Kramer (a quien Dylan y Columbia deben ya el grafismo del interior de la carátula de *Bringing It All Back Home*). En ella aparece Bob Dylan con una camiseta de Triumph Motorcycle (quizá, un guiño al personaje de Marlon Brando en *The Wild One* [*El salvaje*]) y una camisa de seda azul, sosteniendo unas Ray-Ban® en la mano derecha; y en segundo plano, el mánager, Bob Neuwirth, con una cámara de fotos.

No fue fácil llegar al resultado final. Kramer recuerda que, después de pasar horas disparando el objetivo en vano delante del famoso restaurante O'Henry de Greenwich Village, le pidió que se comprara algo de ropa, pues la que llevaba no le gustaba. La nueva sesión fotográfica no fue muy productiva. Agotados, se dirigen al apartamento de Albert Grossman, situado en el n.º 4 de Gramercy Park West. Una vez allí, Dylan le dice a Kramer: «Tengo una camiseta nueva, de motero. Me gustaría que me tomaras una foto con ella».[46] Kramer obedece, y para hacerlo rápido, deciden tomarla ante la escalera de entrada del apartamento. El fotógrafo cree que el plano está demasiado desnudo, y le pide a Neuwirth que se ponga detrás de Dylan. No obstante, sigue sintiendo que falta algún elemento para equilibrar el conjunto. Le da una de sus cámaras, una Nikon SP, y le pide que la sostenga con la mano derecha. Kramer toma dos instantáneas, y finalmente logra la foto definitiva. No hay duda: la imagen de Dylan está más cerca de un músico de rock'n'roll que de un cantautor habitual de los *hootenannies*…

La grabación

La grabación de *Highway 61 Revisited*, realizada en el estudio A de Columbia, tiene lugar en dos etapas: la primera, los días 15 y 16 de junio, y la segunda, del 29 de julio al 4 de agosto. Durante las dos primeras sesiones, todavía producidas por Tom Wilson, Bob Dylan se acompaña por los mismos músicos de *Bringing It All Back Home*, con excepción de Bruce Langhorne, reemplazado por el talentoso Mike Bloomfield (según cuenta Al Kooper en el librito del volumen 7 de la serie *Bootlegs*, Langhorne se encarga de la percusión en este nuevo álbum). Además, el genial Al Kooper, con 21 años, debuta como teclista al lado de Dylan. Tras la sesión, el cantautor se retira a su nueva casa de Woodstock, en el estado de Nueva York, con el fin de dar el toque final al resto de temas. El 25 de julio, causa polémica en el festival de Newport, subiendo al escenario con varios miembros de la Paul Butterfield Blues Band: los amantes del folk no se toman bien que haya abandonado su guitarra acústica. Así pues, cuando vuelve a entrar en el estudio A de Columbia, el 29 de julio, está más determinado que nunca a romper con su pasado de cantante de folk. Otro cambio importante y revelador: tras algún desacuerdo ocurri-do probablemente a finales de junio, el productor Tom Wilson es remplazado por Bob Johnston. ¿La razón del divorcio? Tal vez, la incapacidad de Wilson de comprender la nueva orientación musical del cantautor. Por lo que parece, este deseaba un nuevo enfoque en el estudio. Años más tarde, Wilson recordará la decepción que le causó la propuesta que le hizo Dylan de probar con Phil Spector a la producción. No obstante, ninguno de los dos ha aclarado nunca las causas de la ruptura. Cuando Jann S. Wenner le pregunta por este tema en noviembre de 1969, Dylan da una repuesta evasiva: «No me acuerdo, Jann […], todo lo que puedo decirte es que un día estaba grabando, y Tom solía estar presente en aquellas ocasiones –no tenía motivos para pensar que no estaría ahí–, y al levantar la mirada, vi a Bob (Johnston) [risas]».[20] Dylan habría reprochado a Wilson el uso de métodos demasiado directivos y un rigor demasiado elitista. Por su lado, Johnston sabía crear un ambiente distendido y no se imponía nunca. Al Kooper dará testimonio de ello, y afirmará que su verdadera cualidad de productor era saber motivar a los músicos: «"¡Es el disco más potente que he hecho en mi vida!", decía, fuera cual fuera el proyecto en que trabajase, y esto motivaba al artista de forma increíble».[24] Con su nuevo productor, Dylan vuelve a entrar en el estudio del 29 de julio al 4 de agosto para realizar tres sesiones más. Se acompaña por los mismos músicos, con alguna excepción. Este nuevo álbum habría sido concebido en seis sesiones, con nada menos que ciento cuarenta tomas grabadas para una docena de canciones, lo que corresponde a una media de más de once tomas por canción. Para Dylan, ¡es lo nunca visto! Los tiempos cambian. *Highway 61 Revisited* se pone a la venta el 30 de agosto de 1965, tres meses antes del *Rubber Soul* de los Beatles, nueve antes de *Pet Sounds* de los Beach Boys, once antes de *Aftermath* de los Rolling Stones y diecinueve antes de *The Velvet Underground And Nico* –lo que demuestra el genio visionario de Dylan. Se situará en los puestos n.º 3 y 4 en Estados Unidos y Gran Bretaña respectivamente. En la actualidad, esta obra maestra es disco de platino, con más de un millón de copias vendidas, y ostenta el n.º 4 en la lista de los 500 mejores álbumes de todos los tiempos de la revista *Rolling Stone*. Como escribiera Michael Gray: «Los 60 empezaron con este disco».[47]

Fender
Telecaster
blanca, parecida
a la de Mike
Bloomfield.

Datos técnicos

De las nueve canciones del álbum, solo «Like A Rolling Stone» fue producida por Tom Wilson. Desde la llegada de Roy Halee como nuevo ingeniero de sonido (futuro productor de Simon & Garfunkel), los métodos y el material de grabación se mantuvieron prácticamente idénticos a los de *Bringing It All Back Home*. Si bien en varias fotos de las sesiones aparece un micro distinto (Neumann M49), es difícil saber qué productor fue responsable del cambio (a priori fue Wilson).

Cuando Bob Johnston toma el mando de la producción, sus métodos se traducen principalmente en un enfoque distinto para con los artistas: interviene lo menos posible, a la vez que estimula de forma ingeniosa su potencial individual. Para capturar la interpretación de Dylan, instala tres micros. Recuerda: «Empleaba un gran U 47 (Neumann). Instalaba una pantalla acústica en la parte superior de su guitarra para que tocara y cantara a la vez. No utilizaba ningún EQ (ecualizador) en la cinta, simplemente colocaba los micros de la mejor forma posible para que los instrumentos sonaran lo mejor posible. A veces, utilizaba un poco de EQ en la voz de Dylan».[48]

Los instrumentos

No existe información precisa sobre los instrumentos empleados por Dylan en este álbum. Sin embargo, podemos escucharlo a la guitarra acústica en al menos tres canciones, sin duda, su Gibson Nick Lucas Special, como se aprecia en las fotos de las sesiones. A parte de «Ballad Of A Thin Man», en que toca el piano (a priori un Steinway & Sons), en todas las demás canciones se acompaña con la guitarra eléctrica, muy probablemente su Fender Stratocaster Sunburst, aunque en algunas fotos aparece también con una Fender Jaguar de 1962 o una Fender XII (algo realmente curioso). También podemos verle con un Fender Jazz Bass conectado a un amplificador Fender Bandmaster: se trata del bajo de Harvey Brooks, con el que Dylan quedó inmortalizado en una célebre fotografía. En cuanto a las armónicas, emplea los tonos de do, re bemol, mi y fa.

Como en el álbum anterior, no detallaremos los instrumentos interpretados por los músicos que acompañan a Dylan, con excepción de Mike Bloomfield, quien usa una Fender Telecaster blanca, y como amplificador, un Fender Super Reverb o un Fender Showman.

Bob Johnston,
un productor condescendiente

Donald William «Bob» Johnston (nacido el 14 de mayo de 1932 en Hillsboro, Texas) era nieto e hijo de Mamie Jo Adams y Diane Johnston, dos compositores de country & western. Grabó varios discos con el nombre de Don Johnston, y a inicios de la década de 1960, trabajó como arreglista y productor para las discográficas Kapp y Dot. En esta época se casa con Joy Byers, compositora de varias bandas sonoras de Elvis Presley (canciones de las que más tarde afirmó ser compositor o co-compositor).

Bob Johnston llegó a Columbia en 1965 para grabar «Hush, Hush Sweet Charlotte», de Patti Page, y cuando se enteró de la expulsión de Tom Wilson, intentó convencer a John Hammond –quien entonces era su jefe y a quien admiraba profundamente– de que le confiara la producción de Bob Dylan (temía que el puesto le fuera atribuido a Terry Melcher, productor de los Byrds). Johnston explicó: «Finalmente, conseguí una reunión con John Hammond, Mercy [Bob Mercy, productor y arreglista de la discográfica] y Gallagher [Bill Gallagher, presidente de Columbia Records]». Mercy le preguntó por qué estaba tan interesado en producir «a ese tío que lleva las uñas sucias y rompe todas las cuerdas de la guitarra». «Yo insistí, y me dijeron "vale, te encargas tú"».[48]

Su colaboración con Bob Dylan empieza durante las sesiones de *Highway 61 Revisited*. «Una mañana, fui a la parte trasera del estudio, en West 52nd Street, y Dylan estaba ahí sentado. Fui para él y le dije: "Hola, soy Bob Johnston". Y él respondió: "Hola, yo también me llamo Bob". Y me dirigió una sonrisa sincera».[45] Ambos se llevan bien, porque Johnston tiene la facultad de otorgar una gran libertad a los músicos. En una entrevista a Dan Daley, de *Mix Magazine*, Johnston explica que los productores deben mantenerse a distancia de los músicos para saber desaparecer en el momento adecuado y dejar que el artista se exprese y saque todo lo que lleva dentro. Recuerda: «La mayoría de productores de Columbia llevaban el compás con el pie y silbaban como pájaros, y para conservar su trabajo [...] elegían canciones parecidas a las que le habían gustado al jefe la semana anterior. Yo consideraba que Dylan tenía algo que nos sobrepasaba, y quería que pudiera expresarlo».[48]

Tras dos años en Nueva York, Columbia nombra a Johnston responsable de la discográfica en Nashville. Producirá los álbumes del cantautor hasta *New Morning*, en 1970. También fue productor de otros grandes éxitos de diferentes artistas de la época: *Sounds Of Silence* (1966) y *Parsley, Sage, Rosemary And Thyme* (1966), de Simon & Garfunkel; *At San Quentin* (1969), de Johnny Cash; *Songs From A Room* (1969), de Leonard Cohen; y *Dr. Byrds & Mr. Hyde* (1969), de The Byrds, entre otros.

Like A Rolling Stone

Bob Dylan / 6'13 minutos

Músicos

Bob Dylan: voz, guitarra, armónica
Mike Bloomfield: guitarra
Al Gorgoni: guitarra
Paul Griffin: piano
Al Kooper: órgano
Joseph Macho Jr.: bajo (?)
Russ Savakus: bajo (?)
Bobby Gregg: batería
Bruce Langhorne: tamboril

Grabación

Columbia Recording Studios / estudio A, Nueva York: 16 de junio de 1965

Equipo técnico

Productor: Tom Wilson
Ingenieros de sonido: Roy Halee, Pete Dauria

Andy Warhol y la actriz Edie Sedgwick, que podría ser la «miss Lonely» de «Like A Rolling Stone».

Génesis y letra

La gira británica (del 26 de abril al 12 de mayo de 1965) fue muy difícil para Dylan, porque, a pesar de tocar también en formato acústico, todas las noches debió afrontar las críticas de un público hostil a su conversión al rock, sobre todo, después de publicar *Bringing It All Back Home*. De regreso a Estados Unidos, terriblemente afectado, incluso pensó en poner fin a su carrera: «La primavera pasada, pensé en dejar de cantar. Estaba agotado, todo iba mal, se había hecho pesado [...]. Tocaba un montón de canciones que ya no tenía ganas de tocar. Cantaba letras que ya no tenía ganas de cantar. No quiero mencionar palabras como "Dios", "madre", "Presidente", "suicidio" o "cuchilla de carne", sino palabras como "sí", "esperanza" o "tú". "Like A Rolling Stone" lo cambió todo».[4] Lo explica claramente ante las cámaras de Scorsese en 2005: «Después de aquello, ya no tenía ganas de escribir novelas u obras de teatro. Solo quería escribir canciones».[6]

Dylan extrajo la letra de «Like A Rolling Stone» de un texto de unas quince páginas que había escrito, y que él mismo calificó de «verborrea».[4] Eligió las estrofas y el estribillo en Woodstock, en la casa que alquiló a la madre del cantante de folk Peter Yarrow. La letra se inscribía en el estilo de su nueva etapa. «*Once upon a time you dressed so fine / You threw the bums a dime in your prime, didn't you?*» («Hace tiempo vestías muy bien / Arrojabas una moneda a los vagabundos en tu esplendor, ¿verdad?»): jugando con las asonancias, escenifica la caída de una heroína antaño poderosa, que menospreciaba «a los juglares y payasos», y se burlaba de un «Napoleón harapiento y de la lengua que hablaba». La gloria cede el paso a la decadencia: se ve obligada a «mendigar para comer» y es «invisible, y ya no tiene secretos que esconder». El narrador no tiene piedad: «¿Cómo se siente? / ¿Cómo se siente? / Al estar sola en el mundo / Sin hogar / Como un perfecto desconocido / Como un canto que rueda».

La originalidad poética de «Like A Rolling Stone» nace del resentimiento y del deseo de venganza contra esta misteriosa «Miss Lonely» –dos sentimientos que, sin embargo, parecen atenuarse en cada estrofa: si bien al inicio el narrador no esconde su satisfacción al ver a esta «princesa» enfrentada a la realidad de un mundo que antaño menospreciaba, poco a poco se intuye que le inspira compasión.

Bob Dylan y el guitarrista Mike Bloomfield durante las sesiones de *Highway 61 Revisited*.

Más allá de esta historia de decadencia –con toda la sutileza de su estilo literario–, Dylan describe la sociedad tal como la ve a mediados de la década de 1960. «Has ido a la mejor escuela», canta al inicio de la segunda estrofa. El cantautor se refiere a que el mejor aprendizaje no se adquiere bajo los revestimientos dorados de la universidad, ni en el nido familiar, sino por las vicisitudes de la vida. Según Robert Shelton, «Like A Rolling Stone» es una canción sobre «la pérdida de la inocencia y la crudeza de la existencia».[7]

¿Quién se esconde detrás de esta «Miss Lonely»? Como siempre, se barajan varias hipótesis. Quizá sea Joan Baez, o también Sara (podría leerse entre líneas una referencia a su doloroso divorcio con el fotógrafo Hans Lownds). También podría ser Edie Sedgwick, hija de una familia multimillonaria de California y musa de Andy Warhol (fue actriz de este en nada menos que ocho películas de 1965, entre ellas, *Poor Little Rich Girl* [1965]). Se dice que Dylan habría tenido una breve aventura con ella cuando vivía en el Chelsea Hotel, aunque él lo haya negado firmemente: «No recuerdo haber tenido ninguna relación con ella. Si la hubiera tenido, creo que lo recordaría».[49]

En 2004, el cantautor dará una explicación muy interesante sobre su proceso creativo: «[Para escribir una canción como] "Like A Rolling Stone", no pienso en lo que quiero decir, sino más bien en si la métrica es adecuada. [...] Es como si un espíritu compusiera la canción. Te entrega una canción, y desaparece... desaparece. No entiendes qué significa. Solamente, sé que ese espíritu me ha elegido para que escriba esa canción».[20]

La grabación

«Like A Rolling Stone» revolucionó la industria del disco. Según la revista *Rolling Stone*, «Ninguna otra canción ha desafiado y transformado nunca los códigos comerciales y las convenciones artísticas de su época de forma tan profunda».[50] Hasta entonces, ningún single había superado los 6 minutos de duración. Su repercusión, sin embargo, no reside solamente en sus 6'13 minutos. Esta canción revolucionaria lo es sobre todo en el plano musical, por su magistral encuentro entre los teclados y la guitarra, que crea el tejido sonoro ideal para la voz, y por su interpretación en crescendo. Dylan explica: «Compuse la canción en un viejo piano, en sol sostenido, y más tarde fue transcrita a do en la guitarra, en los estudios de grabación de Columbia. Primero me vino el estribillo, lo tarareaba sin parar; luego, me di cuenta de que los versos tenían que empezar bajos e ir subiendo poco a poco. Los dos primeros versos, en que *"Kiddin' you"* rima con *"Didn't you"*, me vinieron a la cabeza mientras la cantaba; y luego, cuando llegué a los juglares, al caballo cromado y a la princesa sobre el campanario, casi tenía la cabeza a rebentar».[50] Más tarde reconocerá haberse inspirado para el estribillo en la progresión armónica de «La Bamba» de Ritchie Valens.

La primera versión al piano de «Like A Rolling Stone», incluida en el preciado *The Bootleg Series, Vol. 1-3* (1991), se realizó

COVERS

«Like A Rolling Stone» es una canción célebre en el mundo entero. Varios artistas han sabido captar su esencia: Jimi Hendrix (*Monterey Pop Festival*, 1967), Johnny Winter (*Raisin' Cain*, 1980), John Mellencamp (*Bob Dylan: The 30th Anniversary Concert Celebration*, 1993), Judy Collins (*Sings Dylan*, 1993), The Rolling Stones (*Stripped*, 1995), Patti Smith (*Live In Montreux*, 2012), y en Francia, Hugues Aufray, con el título «Comme les pierres qui roulent».

Jimi Hendrix, brillante intérprete de «Like A Rolling Stone».

el 15 de junio de 1965. Curiosamente, está tocada en compás de tres por cuatro, ofreciendo un resultado distinto de la versión del álbum. La grabación definitiva (la cuarta de las quince tomas) se realizó la tarde del 16 de junio. Al Kooper: «Yo era muy amigo de Tom Wilson, y me invitó a la sesión solo para mirar, porque sabía que era fan de Bob Dylan. Pero, en aquella época, yo era muy ambicioso, y pensé que tocaría. La sesión estaba prevista para las 14.00 horas; así que, acudí con antelación, hacia las 13.20 horas, con mi guitarra –en aquella época era guitarrista de estudio–, me senté, tomé mi instrumento y empecé a tocar, quince minutos o media hora».[42] Entonces, llegó Dylan, acompañado de un curioso personaje que llevaba una Fender Telecaster sin funda. Kooper: «Fue extraño, porque estaba lloviendo y la guitarra estaba mojada, pero el tío se puso en un rincón a secarla, y empezó a tocar de forma increíble, ¡no había oído nada igual!».[42] Mosqueado, Kooper guardó enseguida su guitarra y corrió a refugiarse a la sala de producción. Acababa de conocer al genial guitarrista Mike Bloomfield... Poco después, en mitad de la sesión, Paul Griffin abandona los teclados y se instala ante el piano. Aunque no dominaba el instrumento, Kooper no se rinde y aprovecha para sentarse discretamente en el lugar que aquel había ocupado. Cuando Wilson lo ve, están a punto de empezar la toma. Recuerda: «Habría podido echarme, pero era un tío muy majo, y me dejó continuar».[6]

Al final de la toma, se reunieron todos en la sala de producción. Tras escuchar treinta segundos, Dylan le pide a Tom Wilson que aumente el volumen del teclado. Wilson le responde: «Pero este tío no es teclista». Y Dylan, sarcástico: «No hace falta que me digas quién es teclista y quién no. Te digo que subas el volumen del órgano».[42] Años después, Al Kooper afirmaría: «¡En aquel momento me convertí en teclista!».[42]

Sin embargo, lo más impresionante de esta canción es la influencia que ha ejercido. La crítica y los músicos se muestran unánimes. El crítico Paul Williams afirmó: «Dylan ya era famoso, el centro de atención desde hacía tiempo. Pero entonces elevó el listón todavía más alto. Se había convertido en una estrella del rock, al mismo tiempo que era una estrella de folk, e incluso más que los Beatles, un icono del cambio político, cultural y generacional de Estados Unidos y Europa. Era considerado un líder».[51] Y Paul McCartney: «Era simplemente magnífico... Nos enseñó a todos que era posible llegar todavía más lejos».[15] Durante la ceremonia de celebración de la entrada de Bob Dylan en el Rock'n'Roll Hall of Fame (1988), Bruce Springsteen afirmó: «La primera vez que escuché cantar a Bob Dylan, estaba en el coche; mi madre escuchaba la WMCA, y de repente oí claramente un golpe de caja, que sonaba como si alguien hubiera abierto una puerta en mi espíritu... De la misma forma como Elvis liberara el cuerpo, Dylan liberó los espíritus y demostró a todos que una música podía ser física sin por ello ser anti-intelectual. Tiene una manera de ver el mundo muy personal y talento para componer canciones que contienen en ellas el mundo entero. Inventó un

Al Kooper, al órgano en la obra maestra dylaniana.

nuevo sonido pop, trascendió los límites de aquello que podía grabarse hasta el momento, y cambió para siempre la cara del rock'n'roll».[52]

El 20 de julio de 1965, más de un mes antes del lanzamiento del álbum *Highway 61 Revisited*, «Like A Rolling Stone» se publica como single, con «Gates Of Eden» en la cara B. No estaba previsto que la canción se publicara en un disco de 45 rpm, pero, cuando la composición de Dylan fue presentada durante una velada en un nuevo club neoyorquino, llamado Arthur, suscitó tanto entusiasmo entre el público, que Columbia decidió hacer una excepción. La discográfica lo ve claro. «Like A Rolling Stone» alcanza el puesto n.° 2 en las listas de *Billboard* el 14 de agosto (por detrás de *Help!*, de los Beatles), y más tarde, el n.° 3 en Canadá y el n.° 4 en Reino Unido. «Like A Rolling Stone» corona la lista de las 500 mejores canciones de todos los tiempos según... ¡la revista *Rolling Stone*!

Realización

Dylan afirmó a Ron Rosenbaum en 1978: «Además de la letra, el secreto de "Like A Rolling Stone" es la dinámica de la rítmica».[20] El golpe de caja que introduce la canción como un pistoletazo de salida y que tanto marcó al joven Bruce Springsteen, fue idea de Bobby Gregg, el batería que le acompaña desde el álbum anterior. La pulsación rítmica del conjunto es absolutamente imparable, y todos los músicos contribuyen a su efecto arrebatador.

El bajo, interpretado con púa probablemente por Joe Macho Jr. (aunque Clinton Heylin apunta a Russ Savakus) es una verdadera locomotora, un auténtico armazón sobre el que se suman las dos guitarras rítmicas de Dylan (con su Fender Stratocaster) y Gorgoni. A pesar de un pequeño error en el minuto 2'10, el piano de Paul Griffin aporta un color muy honky-tonk. El órgano de Al Kooper, «el color» definitivo de la canción, es remarcable tanto por su sonido como por su interpretación. Afirma: «Si prestas atención, se nota cómo me espero a que los demás toquen los acordes, antes de tocarlos yo. Estoy siempre retrasado una corchea para asegurarme de tocar los acordes correctos en el teclado».[42] En cuanto a Bloomfield, el extraordinario guitarrista, le da el toque blues necesario con su Fender Telecaster blanca, interviniendo con parsimonia al servicio de la canción. También se escucha un solo de tamboril interpretado por Bruce Langhorne, ¡el famoso Mister Tambourin Man! (según Al Kooper).

Dylan ofrece una excelente interpretación vocal y un hábil solo de armónica (en do). El resultado está a la altura del impacto que «Like A Rolling Stone» creará desde su lanzamiento: Dylan reconoce que es uno de sus temas favoritos y que posee el sonido que esperaba cuando la compuso.

Se realizaron cinco tomas el 15 de junio, y se grabaron otros quince intentos al día siguiente. La toma cuarta fue la definitiva. Queda totalmente desmentida la leyenda que cuenta que la canción se grabó en una sola toma...

Tombstone Blues

Bob Dylan / 5'58 minutos

1965

Músicos

Bob Dylan: voz, guitarra
Mike Bloomfield: guitarra
Al Gorgoni: guitarra (?)
Frank Owens: piano
Al Kooper: órgano
Joseph Macho Jr.: bajo (?)
Russ Savakus: bajo (?)
Bobby Gregg: batería

Grabación

Columbia Recording Studios / estudio A, Nueva York:
29 de julio de 1965

Equipo técnico

Productor: Bob Johnston
Ingenieros de sonido: Frank Laico, Pete Dauria, Ted Brosnan

PARA LOS ADICTOS A DYLAN

Existe una versión poco conocida de «Tombstone Blues», interpretada por Bob Dylan, Mike Bloomfield, y la formación de soul The Chambers Brothers a los coros, en el álbum *From His Head To His Heart To His Hands* (2014), de Mike Bloomfield.

Génesis y letra

El segundo tema de este nuevo álbum toma prestado su título a Tombstone, Arizona, una ciudad mítica de la conquista del Oeste donde se llevó a cabo en 1881 el célebre ajuste de cuentas de OK Corral. Por segunda vez (la primera fue «Subterranean Homesick Blues»), Bob Dylan se inspira en «Taking Easy» de Woody Guthrie y Pete Seeger para crear el estribillo: *«Mama's in the fact'ry / She ain't got no shoes»* («Mamá está en la fábrica / No tiene zapatos»). No obstante, enseguida se aleja de ella para representar esta irresistible historia surrealista en que aparecen personajes de lo más heteróclitos: el patriota de la Revolución americana, Paul Revere; la forajida americana, Belle Starr; la reina de Israel, Jézabel; Jack el destripador; el predicador San Juan Bautista; el cineasta Cecil B. DeMille; la cantante de blues Ma Rainey, y Ludwig van Beethoven. Es un intento de burlarse de todos los líderes de opinión, ya se trate del jefe supremo (el presidente de Estados Unidos de la época, Lyndon B. Johnson), el rey de los Filisteos (el burgués de espíritu mezquino), o los que tocan el caramillo (los movimientos pacifistas). En *Biograph*, Dylan explica que, por aquel entonces, frecuentaba un bar donde se reunían varios policías después del servicio y hablaban de sórdidos casos de asesinatos y estafas. «Creo que compuse esta canción en ese lugar, o al menos, recordando algunas de sus conversaciones». Y añade. «Realmente tuve la sensación de avanzar con esta canción, no se había hecho nunca nada igual… tuve como un flash, en serio».[12]

Realización

Nuevo productor, nuevo sonido: Bob Johnston está al mando y define su producción por un uso más rico de los *efectos* (*reverb, delay*), con un sonido más brillante y limpio que el de Tom Wilson. La presencia del legendario ingeniero de sonido Frank Laico explica también este color sensiblemente distinto.

En «Tombstone Blues», Dylan retoma un rock bastante duro, pero vuelve a su guitarra acústica, la Gibson Nick Lucas Special, dando un ligero toque country rock'n'roll al tema. Aunque el sonido esté en parte ahogado por el piano de Frank Owen, parece que otra guitarra rítmica le apoya, probablemente, Al Gorgoni. La identidad del bajista es incierta, pues se llevaron a cabo dos sesiones el mismo día, pero el hecho de

Tombstone, Arizona (1885), el escenario del ajuste de cuentas de OK Corral, inmortalizado por Dylan.

que esté interpretado con púa parece indicar que fuera Joseph Macho Jr. Al Kooper añade el toque Hammond indispensable, y Mike Bloomfield a la Telecaster aporta sus intervenciones de blues y un fraseo único en su género. Ninguno de los futuros acompañantes de Dylan intentará imitarle (ni siquiera Robbie Robertson, de The Band).

Bobby Gregg es el principal responsable del sonido duro del tema; su interpretación de metrónomo percutiendo sobre la caja y el charles (Hi Hat) aporta a la canción una tensión que no habría disgustado a John Bonham, reforzada por una *reverb* muy presente. Michael Gray escribió: «Dylan no habría podido componer una canción como "Tombstone Blues" sin

Chuck Berry».[30] Una cosa es cierta: este blues rock es un ejemplo de la música de la América rural (mientras que «Like A Rolling Stone» lo es de la sofisticación urbana).

«Tombstone Blues» es la segunda de las tres canciones grabadas el 29 de julio de 1965. La toma definitiva es la décimo primera y última, aunque algunas fuentes indican que se realizó un retoque de producción grabado el 4 de agosto. Si dicho retoque se llevó a cabo, apenas se aprecia.

Bob Dylan tocó «Tombstone Blues» por primera vez en directo en el Forest Hills Tennis Stadium, Nueva York, el 28 de agosto de 1965, acompañado por Robbie Robertson, Al Kooper, Harvey Brooks y Levon Helm.

It Takes A Lot To Laugh, It Takes A Train To Cry

Bob Dylan / 4'09 minutos

Músicos

Bob Dylan: voz, guitarra, armónica
Mike Bloomfield: guitarra
Paul Griffin: piano (?)
Frank Owens: piano (?)
Al Kooper: piano
Joseph Macho Jr.: bajo (?)
Russ Savakus: bajo (?)
Bobby Gregg: batería

Grabación

Columbia Recording Studios / estudio A, Nueva York: 29 de julio de 1965

Equipo técnico

Productor: Bob Johnston
Ingenieros de sonido: Frank Laico, Pete Dauria, Ted Brosnan

Dylan al piano durante las sesiones de *Highway 61 Revisited*.

Génesis y letra

«It Takes A Lot To Laugh, It Takes A Train To Cry» es el ejemplo perfecto de la genial facultad de Bob Dylan para adaptar el blues a su particular sensibilidad de cantautor. En este tema, explora el blues en profundidad, más concretamente, el blues de Luisiana, con su ritmo indolente (*lazy blues*) engendrado por la batería, el piano al estilo honky-tonk, la armónica de Dylan, que evoca a Slim Harpo, y su voz lánguida, que parece llegada directamente de los *bayous* del delta del Mississippi. También contiene la temática del viaje, más concretamente, la mitología del viaje en tren, y el personaje del *brakeman* (guardafrenos) –habituales en la música de los Apalaches.

Ante todo, posee el humor del doble sentido. «*It takes a lot to laugh, it takes a train to cry*» se traduce como «Se necesita mucho para reír, basta con un tren para llorar». Puede interpretarse como una alegoría sobre la frustración sexual. Estos versos de la segunda estrofa: «*Don't the sun look good / Goin' down over the sea? / Don't my gal look fine / When she's comin' after me?*» («¿No es bonito el sol / Cuando se pone en el mar? / ¿No es bonita mi chica / Cuando viene junto a mí?»), son una adaptación de «*Don't the clouds look lonesome shining across the sea? / Don't my gal look good when she's coming after me?*» («¿No parecen solitarias las nubes cuando se reflejan en el mar? / ¿No es bonita mi chica / Cuando viene tras de mí?»), versos extraídos de «Solid Road», de los *bluesmen* Brownie McGhee y Leroy Carr (grabada por Dylan el 25 de abril de 1962, con el título «Rocks And Gravel», pero descartada en aquel momento).

Realización

«It Takes A Lot To Laugh, It Takes A Train To Cry» es una buena muestra del método de trabajo en estudio de Bob Dylan a mediados de la década de 1960. Existen dos versiones de esta canción. La primera (diez tomas) con fecha del 15 de junio, y se grabó con el título provisional de «Phantom Engineer Cloudy». Se incluye en *The Bootleg Series, Vol. 1-3*. Al Kooper recuerda que la banda probó todo tipo de arreglos con distintos tempos e incluso una letra distinta. Afirma: «Me tomó mucho tiempo comprender que "It Takes A Lot To Laugh, It Takes A Train To Cry" ya no se titulaba "Phantom Engineer"».[12] Esta primera versión, mucho más rápida y ro-

George Harrison, Bob Dylan y Leon Russell durante el concierto por Bangladesh (1971).

quera, pone de relieve el inmenso talento de Mike Bloomfield como guitarrista de blues. La segunda sesión está fechada el 29 de julio. Dylan se muestra insatisfecho con el resultado, y en la pausa para comer, se queda solo, trabajando la canción al piano. Una hora después, graban todos juntos la nueva versión, más lenta, menos funky, pero infinitamente más bluesera, quizá incluso más inspirada: es un blues medio, impregnado de cierta nostalgia. Dylan, quien por fin ha encontrado lo que buscaba, se acompaña con la acústica, ofreciendo una soberbia interpretación vocal y uno de sus mejores solos de armónica (en re bemol) hasta la fecha. Su intro de guitarra recuerda al de «Corrina, Corrina» (*The Freewheelin'*). Le acompañan Mike Bloomfield, quien esta vez opta por tocar con discreción y sobriedad, el *shuffle* hipnótico de la batería, un intenso sonido de bajo interpretado con gran emoción (probablemente por Joseph Macho Jr.), el vaivén de un piano honky-tonk (Paul Griffin), y un segundo piano interpretado por Al Kooper, quien ha abandonado el teclado. El resultado es superior a la versión anterior, que sin embargo no carecía de *feeling*. De las siete tomas grabadas aquel día, se elegirá la última como máster. Además del ritmo y la ambientación, también cambia la letra de la última estrofa, y el «*ghost child*» (hijo fantasma) de la segunda estrofa

se convierte en el «*brakeman*» –¿acaso es un guiño al padre de la música country, Jimmie Rodgers «the Singing Brakeman»?

«It Takes A Lot To Laugh, It Takes A Train To Cry» es la primera canción del repertorio de Dylan que lleva impresa la marca del productor Bob Johnston. Explica: «Intento obtener el mejor sonido de cada instrumento. Luego, los equilibro (en cuanto al volumen de la grabación). Una vez equilibrados, dejo que toquen. No quiero tener a cuatro ingenieros de sonido diciéndome: "Sube la guitarra, baja el bajo". Simplemente, dejo que toquen, y cuando estamos listos para las mezclas, lo que a otro le tomaría seis meses, apenas me toma tres o cuatro horas. Porque no puedo obtener el mejor sonido que el que tengo para cada instrumento».[45]

Acompañado por Al Kooper y los miembros de la Paul Butterfield Blues Band, Bob Dylan interpretó «It Takes A Lot To Laugh, It Takes A Train To Cry» por primera vez en directo el 25 de julio de 1965, durante su controvertida actuación en el Newport Folk Festival. También la tocó en el concierto por Bangladesh (1 de agosto de 1971), organizado por George Harrison. Existe otra versión en directo, incluida en *The Bootleg Series, Vol. 5: Bob Dylan Live 1975, The Rolling Thunder Revue* (2002).

From A Buick 6

Bob Dylan / 3'19 minutos

Músicos
Bob Dylan: voz, guitarra, armónica
Mike Bloomfield: guitarra
Al Kooper: órgano
Harvey Brooks: bajo (?)
Russ Savakus: bajo (?)
Bobby Gregg: batería, tamboril (?)
Bruce Langhorne: tamboril (?)

Grabación
Columbia Recording Studios / estudio A,
Nueva York: 30 de julio de 1965

Equipo técnico
Productor: Bob Johnston
Ingenieros de sonido: Roy Halee, Pete Dauria, Ted Brosnan

COVERS
«From A Buick 6» ha sido versionada por Johnny Winter (*Still Alive And Well*, 1973), Gary «US» Bonds (*Dedication*, 1981), Mitch Ryder (*At Rockpalast*, 2004) y Wilko Johnson (*Red Hot Rocking Blues*, 2005).

PARA LOS ADICTOS A DYLAN
En la primera tirada del álbum publicada en Estados Unidos y en el álbum destinado al mercado japonés, figura una toma alternativa de «From A Buick 6» (en la actualidad, una joya para coleccionistas).

Génesis y letra

Con esta canción, Bob Dylan parece sugerir que el Buick Master 6, un modelo de automóvil de la década de 1920, del que antaño fuera el mayor fabricante de automóviles norteamericano, es ideal para tomar la...Highway 61, la autopista del blues por la que el cantautor lleva a su público en su nuevo álbum. En sus versos, Dylan alude sin duda a Sara, a quien conoció pocos meses antes: «Ella no me pone nervioso, no habla demasiado». Sara es una mujer zen, misteriosa y desapegada de lo material. Dylan aprovecha la letra de esta canción para soltar su elocuencia surrealista. La mujer de la que habla aporta serenidad al narrador: «es una mujer de cementerio», un «ángel de vertedero», que «camina como Bo Diddley / Y no necesita muletas». Y concluye: «Necesito una mamá excavadora para que aleje a los muertos / Necesito una mamá volquete que descargue mi cabeza».

Realización

Se grabaron cuatro tomas de «From A Buick 6» el 30 de julio, con el título provisional de «Lunatic Princess n.° 3». La cuarta se conservó para el álbum. Es la canción más corta de *Highway 61 Revisited*. Bob Dylan vuelve a interpretar un blues, acompañado muy probablemente de su Stratocaster. Una vez más, ofrece un excelente solo de armónica (en fa), que hace innecesaria la intervención como solista de Mike Bloomfield, si bien este ofrece una rítmica de alto calibre. Bobby Gregg, siempre tan eficaz a la batería y el tamboril (fijado al pedal del charles [Hi Hat], a menos que lo tocara Bruce Langhorne), se apoya con una línea de bajo interpretada según la gran tradición del boogie-woogie. Si hay piano en la grabación, resulta inaudible. No es el caso del órgano, siempre de la mano de Al Kooper, quien demuestra una gran seguridad desde su primera sesión y se deja la piel en su interpretación. Es inevitable pensar en las mejores formaciones del rhythm'n'blues inglés, desde los Rolling Stones a los Yardbirds, pero también, por supuesto, en Chuck Berry. En una palabra, «From A Buick 6» es puro *Delta blues* eléctrico...

Ballad Of A Thin Man

Bob Dylan / 5'59 minutos

Músicos
Bob Dylan: voz, piano
Mike Bloomfield: guitarra
Al Kooper: órgano
Paul Griffin (¿o Frank Owens?): piano eléctrico
Harvey Brooks: bajo
Bobby Gregg (¿o Sam Lay?): batería
Grabación
Columbia Recording Studios / estudio A,
Nueva York: 2 de agosto de 1965
Equipo técnico
Productor: Bob Johnston
Ingenieros de sonido: Roy Halee, Larry Keyes

Dylan graba una de sus partes de piano más inspiradas
en «Ballad Of A Thin Man».

Génesis y letra

En 1934, el cineasta W. S. Van Dyke llevó a la gran pantalla la novela de Dashiell Hammett, *The Thin Man* (*La cena de los acusados*), con William Powell y Myrna Loy, una comedia policiaca a base de litros de alcohol. Treinta años después, Bob Dylan retoma este título para componer una de las canciones más enigmáticas de su repertorio. La letra habla de un extraño hombre que se encuentra encerrado en una habitación donde transcurre un espectáculo dantesco: «Das la entrada / Y vas a ver al hombre raro / Que se te acerca / Cuando le oye hablar / Le dice: "¿Cómo se siente siendo un freak?"». Un espectáculo que Mr. Jones no comprende: «Porque aquí pasa algo / Pero no sabes qué / ¿No es así, Mr. Jones?».

¿A quién o a qué hace referencia Bob Dylan en esta canción? En una entrevista a Nora Ephron y Susan Edmiston en agosto de 1965, el cantautor da una explicación tan peculiar como la propia canción: «Es un personaje real. Lo conocéis, pero no con este nombre... Le vi entrar en una sala una noche, parecía un camello. Empezó a rebuscar en el bolsillo. Le pregunté quién era y me dijo: "Soy Mr. Jones". Entonces, le pregunté a un tío: "¿Hace algo más aparte de rebuscar en los bolsillos?". Y me respondió: "Arrastra la nariz por el suelo". Todo es real, es una historia verdadera».[20]

Así pues, la hipótesis queda abierta. «Ballad Of A Thin Man» puede ser una alegoría sobre el despertar de la conciencia de la generación del *baby boom* –entiéndase, la conmoción que sienten los conformistas al descubrir el vasto mundo de la contracultura («Jones» es como se denomina en el mundo anglosajón a un hombre cualquiera). También puede ser una referencia a la homosexualidad, incluso a la felación: «El tragador de sables se te acerca / se arrodilla / se santigua / Luego hace sonar sus tacones altos». En realidad, probablemente sea un ataque contra los periodistas de pluma fácil y mordaz, una respuesta a todos aquellos que le interrogan constantemente: «Entráis en la habitación / Con un lápiz en la mano / Veis a alguien desnudo / Y decís "¿quién es ese hombre?" / Aunque hagáis un esfuerzo / No comprendéis nada». En este caso, podría intuirse una alusión a un tal Max Jones (futuro periodista del *New Yorker*): durante el Newport Folk Festival de 1965, habría entrevistado a Dylan de forma un tanto torpe sobre el papel acordado a la armónica en el folk moderno, algo que

Bob Dylan con Brian Jones de los Rolling Stones, que podría ser el «mister Jones» de la canción.

irritó enormemente al cantautor, que acababa de «pasarse» al rock eléctrico.

Se especula sobre la identidad de otros «Jones», como Brian Jones, fundador de los Rolling Stones y amigo de Dylan, quien, a partir de 1965, sucumbió a las adicciones, o LeRoi Jones (Amiri Baraka), escritor defensor de la revuelta afroamericana que frecuentaba a los escritores de la generación beat en Greenwich Village. También puede ser que, detrás del nombre de Jones, se esconda Joan Baez o Pete Seeger, o la escena folk en su conjunto, que no comprendió la evolución artística de Dylan. Cabe añadir que la palabra «jones» es sinónimo de «junky», es decir, adicto a la heroína...

Realización

Se grabaron cuatro tomas de «Ballad Of A Thin Man», el 2 de agosto de 1965. La tercera se eligió para el álbum. En el plano musical, esta canción es, junto con «Like A Rolling Stone», la más ambiciosa de Highway 61 Revisited. También es la más singular del disco, la «más sofisticada», según Al Kooper. Su estructura armónica no habría disgustado a John Lennon. De hecho, este hará referencia a la canción en 1968 en su «Yer Blues», un tema grabado con los Beatles conocido como el White Album (Álbum blanco), cuando dice que quiere suicidarse como él... Por primera vez desde «Black Crow Blues» (en Another Side Of Bob Dylan), el cantautor interpreta el piano. Le acompaña una vez más Al Kooper al órgano, con un estilo que recuerda a Alan Price o Booker T. Jones (¡Jones!). Aparece un tercer teclado, interpretado por Paul Griffin, por segunda vez en un disco de Dylan (después de «If You Gotta Go, Go Now», grabada el 15 de enero de 1965 e incluida en The Bootleg Series, Vol. 1-3). Se trata de un piano eléctrico, sin duda, un Wurlitzer o un Hohner Pianet empleado con un vibrato característico. Mike Bloomfield toca con sutileza y sobriedad (a pesar de una afinación mediana), y esta vez la sección rítmica corre a cargo del genial Bobby Gregg (por confirmar), quien calificará «Ballad Of A Thin Man» de «canción indecente», y un talentoso bajista, Harvey Brooks, quien debe su presencia a su amigo Al Kooper. En 2011, Brooks hablará sobre el método de trabajo de Dylan: «Bob tocaba la canción dos veces, y mientras tocaba, nosotros nos fijábamos en los acordes, la forma y cada parte de nuestro instrumento. Cuando Bob estaba listo, ¡nosotros también debíamos estarlo!».[53] Parece que la cuarta toma se grabó para insertar una parte en la tercera. Si es así, el montaje es absolutamente indetectable. Desde el concierto del 28 de agosto de 1965 en el Forest Hills Tennis Stadium de Nueva York, Bob Dylan ha interpretado esta canción ante el público más de mil veces. Existen varias versiones en directo: en Before The Flood (1974), At Budokan (1979), Real Live (1984) y The Bootleg Series, Vol. 4 (1998) y The Bootleg Series, Vol. 7 (2005).

Queen Jane Approximately

Bob Dylan / 5'31 minutos

Músicos
Bob Dylan: voz, guitarra, armónica
Mike Bloomfield: guitarra
Al Kooper: órgano
Paul Griffin (¿o Frank Owens?): piano
Harvey Brooks: bajo
Bobby Gregg: batería, tamboril (?)
Bruce Langhorne: tamboril (?)
Grabación
Columbia Recording Studios / estudio A,
Nueva York: 2 de agosto de 1965
Equipo técnico
Productor: Bob Johnston
Ingenieros de sonido: Roy Halee, Larry Keyes

Génesis y letra

El estilo de «Queen Jane Approximately» es similar al de «Like A Rolling Stone» en cuanto al ambiente musical, con el teclado omnipresente de Al Kooper, pero también por la temática, pues la protagonista vuelve a ser una mujer desgraciada. No obstante, hay una diferencia: el narrador parece comprender mucho mejor a «Queen Jane» que a «Miss Lonely». Una vez más, nos preguntamos por la identidad de esta reina. Algunos ven en ella una referencia a la historia británica, ya sea bajo el personaje de Jane Seymour, tercera esposa de Enrique VIII, o de Lady Jane Grey, sobrina nieta de Enrique VIII que reinó en Inglaterra apenas unos días antes de ser decapitada. Algunos creen que esta reina que «comanda a payasos / Muertos en combate o en vano» sería Joan Baez, defensora de una causa de la que su exnovio Bob Dylan se ha distanciado. Para otros, sería un guiño del cantautor a la marihuana. Más tarde, Dylan explicará a Nora Ephron que «Queen Jane es un hombre».[20] La canción está formada por cinco estrofas. Las dos primeras hablan de la relación de la reina Jane con su familia, las dos siguientes, de la relación con sus antiguos cortesanos, y la última, con los bandidos «a quien ha ofrecido la otra mejilla». Dylan concluye cada estrofa de forma enigmática, ofreciendo su compasión a Queen Jane: «*Won't you come see me, Queen Jane?*» («¿No vendrás a verme, reina Jane?»).

Realización

A pesar de haberse repetido siete tomas, «Queen Jane Approximately» da la impresión de haber sido «despachada» bastante rápido. Basta con escuchar las dos guitarras interpretadas respectivamente por Bob Dylan y Mike Bloomfield para darse cuenta del flojo resultado: suenan desafinadas. La culpa es principalmente de este último, y parece imposible que ni Johnston, ni los ingenieros de sonido, ni ninguno de los músicos presentes se diera cuenta. El bajista Harvey Brooks explica el proceso de grabación con Dylan: «Cuando grabé *Highway 61* y *New Morning* con Dylan, se establecían un mínimo de tomas. Su interpretación y el *feeling* general determinaban la toma del máster. La afinación o los errores no se tenían muy en cuenta».[53] Efectivamente, priorizar el *feeling* general es determinante para el resultado final, y en la actualidad no se le da suficiente importancia. Sin embargo, es una lástima que las guitarras no estuvieran afinadas. Al Kooper hace una magnífica interpretación al órgano, el bajo y la batería están en simbiosis, el piano anima la canción de principio a fin, y el propio Dylan hace una excelente interpretación a la voz y la armónica (en do). Las versiones de bandas como Grateful Dead o The Four Seasons permiten darse cuenta de que «Queen Jane Approximately» es una muy buena canción. Dylan sigue siendo Dylan, a pesar de este tipo de aproximaciones...

De las siete tomas grabadas, se decidió conservar la última para el álbum. Como le ocurre con algunas de sus piezas, Dylan la ha tocado poco en directo; la primera vez fue el 4 de julio de 1987 con Grateful Dead, en una actuación inmortalizada en *Dylan & The Dead* (1989).

Highway 61 Revisited

Bob Dylan / 3'30 minutos

Músicos
Bob Dylan: voz, guitarra, sirena de policía
Mike Bloomfield: guitarra
Al Kooper: piano eléctrico
Frank Owens: piano
Harvey Brooks: bajo
Sam Lay: batería
Bruce Langhorne: tamboril

Grabación
**Columbia Recording Studios /
estudio A, Nueva York:** 2 de agosto de 1965

Equipo técnico
Productor: Bob Johnston
Ingenieros de sonido: Roy Halee, Larry Keyes

Clarksdale (Mississippi). El demoníaco punto de encuentro entre la Highway 61 y la Route 49.

PARA LOS ADICTOS A DYLAN

En 1963, Dylan compuso y grabó «Walls Of Red Wing» (*The Bootleg Series, Vol. 1-3*)... ¿Sabíais que la Highway 61 pasa por Red Wing, la ciudad donde se encuentra el reformatorio del que habla la canción? También existe una versión en directo de Bruce Springsteen con Bonnie Raitt y Jackson Browne.

Génesis y letra

La Highway 61 recorre unos 2.300 km, atravesando Estados Unidos de norte a sur, desde las ciudades de Saint Paul y Wyoming, Minnesota, hasta Nueva Orleans. En su tramo sur, atraviesa los estados de Arkansas, Tennessee, Mississippi y Luisiana, las tierras del blues, y ciudades como Vicksburg y Memphis. Su apodo, *«Blues Highway»*, es explícito: la leyenda cuenta que en Clarksdale (Mississippi), en el cruce entre la Highway 61 y la Route 49, el mítico *bluesman* Robert Johnson vendió su alma al diablo a cambio de su talento. Esta autopista desempeña un papel muy importante en la vida de Dylan. Le rinde homenaje bautizando el álbum con su nombre y dedicándole una canción. La Highway 61 representa para el cantautor la vía de la libertad, que le permite abandonar su ciudad natal de Duluth para beber de las fuentes del blues. Al igual que el río Mississippi, otra arteria vital en su evolución artística, es toda una referencia para él, y la calificará como «su lugar en el universo».[1]

«Highway 61 Revisited» está formada por cinco estrofas. La primera es la más interesante, no solo porque alude al Génesis (el sacrificio de Isaac, hijo de Abraham), sino, sobre todo, porque hace referencia implícita a la propia vida del cantautor. De hecho, su padre se llama Abraham. Este hombre de clase media del Medio Oeste, guardián de los valores tradicionales de Norteamérica, no aceptó la decisión de su hijo de dedicarse a la música, y todavía menos la imagen rebelde que comportaba. De ahí el foso que separaba a Dylan de su padre, al menos, hasta el concierto en el Carnegie Hall, en octubre de 1963, al que asistió junto con su esposa. Algunos han visto en esta primera estrofa una referencia a la relación entre Bob Dylan y su mánager Albert Grossman, verdadera figura tutelar, y de hecho, castradora. De ahí la voluntad, simbólica, por supuesto, de «matar al padre».

El surrealismo dylaniano aparece desde los primeros versos, con el sacrificio bíblico que debe realizarse en la Highway 61, y gana intensidad a medida que avanzan las estrofas. En la segunda, habla de las desventuras de Georgia Sam, quien, a falta de encontrar apoyo en las ayudas sociales, se dirige al pobre Howard, quien le indica el camino a tomar —el de la Highway 61. En la tercera, Mack le Doigt espera librarse de los «cuarenta lazos rojos, blancos y azules» y de su «millar de teléfonos que no suenan», recorriendo la misma Highway. En

Johnny Winter recreó una fabulosa versión de «Highway 61 Revisited» en su álbum *Second Winter,* de 1969.

la cuarta, se aprecia el influjo de Shakespeare cuando Dylan canta: «La quinta hija durante la duodécima noche / Le dice al primer padre las cosas que no van bien / "Mi tez es demasiado pálida" le dice». Curiosa referencia a *Noche de reyes* (*Twelfth Night* en inglés). Por último, en la quinta estrofa, «un músico itinerante que se enfada mucho / Intentaba provocar una nueva guerra mundial» con la ayuda de un promotor, en la Highway 61.

Realización

Dylan grabó el tema «Highway 51» de Curtis Jones el 22 de noviembre de 1961 para su primer álbum (*Bob Dylan*). En esta ocasión, el 2 de agosto de 1965 interpreta su «Highway 61 Revisited». Graba diez tomas, de las cuales, la última se conserva para el álbum. Se trata de un blues (en si bemol) sobre el que el cantautor hace planear las sombras majestuosas de los padres fundadores, Robert Johnson, Blind Willie McTell (a quien dedicará una soberbia canción homónima en 1983 [incluida en *The Bootleg Series, Vol. 1-3*]) y Leadbelly. Los dos últimos están presentes en la canción con los pseudónimos respectivos de Georgia Sam y el pobre Howard (en referencia a la canción «Po' Howard» de 1940). La canción es, más concretamente, un blues rock desenfrenado, conducido por la guitarra eléctrica de Mike Bloomfield, quien confirma su virtuosismo con la técnica de *bottleneck*. En 1971, Bloomfield explicó su peculiar forma de fabricarse este accesorio indispensable para todo *bluesman* que se precie: «En aquella época, yo tenía una Fender Telecaster, y para tocar con slide, utilizaba un trozo de una manilla de bicicleta de unos 3 cm de largo».[54] El resultado es un sonido arrebatador que le permite desarrollar una tórrida interpretación propulsando hacia delante el conjunto de la banda. Su Telecaster da a la canción un sonido descaradamente eléctrico. Dylan no se había equi-

vocado al reclutarle: «Cuando tuve que encontrar un guitarrista para el álbum, no pude pensar en nadie más que él. Simplemente, era el mejor guitarrista que jamás había oído».[6]

Probablemente sea Al Kooper quien interprete el piano eléctrico, al estilo de la vieja tradición del rhythm'n'blues de Luisiana. Lo apoya la contundente rítmica al piano de Frank Owens. A la batería está Sam Lay, en su única participación en las sesiones de *Highway 61 Revisited*. Lay fue músico de sesión, entre otros, de Willie Dixon, John Lee Hooker, Muddy Waters y Howlin' Wolf en sus mejores grabaciones con Chess Records, antes de unirse a las filas de la Paul Butterfield Blues Band. También se oye un tamboril interpretado a priori por Bruce Langhorne, según Kooper.

Dylan toca la sirena de policía que aparece en la intro y en la conclusión de cada estrofa –si bien fue idea de Al Kooper (quien llevaba un pito alrededor del cuello cuando acudía a los fumaderos clandestinos, para hacer una broma a sus compañeros). Mike Bloomfield recuerda: «Tras varios ensayos, fue hacia Dylan y le propuso que se olvidara de la armónica y colocara una sirena de policía sobre el soporte de la armónica».[45] Otra versión atribuye el origen de este sonido a Sam Lay, quien habría llevado una especie de pito en su llavero que habría llamado la atención de Dylan. En los créditos de los músicos del álbum, Dylan se otorga el papel de «coche de policía». En cualquier caso, que no cunda el pánico, también interpreta la voz y la Stratocaster. La idea de añadir el sonido de sirena no estaba prevista al inicio, pues en la sexta toma de la canción (incluida en *The Bootleg Series, Vol. 7*) no se aprecia.

Bob Dylan tocó «Highway 61 Revisited» con The Band, el 31 de agosto de 1969, en el Festival de Wight. Desde entonces, la ha interpretado unas 2.000 veces.

Just Like Tom Thumb's Blues

Bob Dylan / 5'12 minutos

1965

Músicos
Bob Dylan: voz, guitarra, armónica
Mike Bloomfield: guitarra
Al Kooper: piano eléctrico
Paul Griffin (o ¿Frank Owens?): piano
Harvey Brooks: bajo
Bobby Gregg: batería, tamboril
Bruce Langhorne: maracas

Grabación
Columbia Recording Studios / estudio A, Nueva York:
2 de agosto de 1965

Equipo técnico
Productor: Bob Johnston
Ingenieros de sonido: Roy Halee, Larry Keyes

Neil Young versiona «Just Like Tom Thumb's Blues» durante el concierto de aniversario de Bob Dylan.

Génesis y letra

En febrero de 1966, Bob Dylan presentó esta canción en un concierto en Melbourne, Australia, con estas palabras: «Es la historia de un pintor mexicano que viaja hasta Del Río, Texas; se llama Tom Pouce, ahora debe de tener unos 125 años, pero sigue ahí. Durante su período azul, pictórico, tenía muchísimos amigos, no os podéis imaginar cuántos. Fue en su período azul; le dedico "Just Like Tom Thumb's Blues"».[55] Con esta canción, Bob Dylan continúa su viaje más allá de la Highway 61. Se sitúa en México, en Ciudad de Juárez, en la orilla derecha de Río Bravo, justo delante de El Paso, Texas. Una ciudad donde «los americanos se dejan el pelo largo y la moralidad de lado»,[24] escribe. El protagonista de «Just Like Tom Thumb's Blues» vive una verdadera pesadilla. Se encuentra en Ciudad de Juárez el día de Pascua, bajo una intensa lluvia, y se cruza con personajes extraños: prostitutas y policías corruptos, así como Santa Ana y la dulce Melinda. Experimenta también con las drogas duras antes de regresar a Nueva York, una ciudad caída en decadencia, pero aun así preferible al infierno vivido al otro lado de la frontera... «Just Like Tom Thumb's Blues» es para Dylan lo que *The Under Vulcano* (*Bajo el volcán*, 1947) fue para el novelista Malcolm Lowry, o *Touch of Evil* (*Sed de mal*, 1958) para el cineasta Orson Welles. Encontramos el mismo ambiente lúgubre y oscuro. La canción está plagada de referencias literarias, desde *The Murders in the Rue Morgue* (*Doble asesinato en la calle Morgue*), de Edgar Allan Poe, hasta *Desolation Angels* (*Ángeles de desolación*), de Jack Kerouac, novela semi-autobiográfica sobre la soledad y la locura (de la que el cantautor extrae la frase «*Up on Housing Project Hill*» («sobre la colina de la urbanización»). Es la canción donde más se siente el influjo de Rimbaud, en particular, de su poema *Ma bohème*: «Mis únicas bragas tenían un gran agujero / Pulgarcito soñador, yo desgranaba mi recorrido / De rimas / Mi hostal estaba en la Osa Mayor / Mis estrellas en el cielo tenían un dulce frufrú». Un siglo más tarde, el «pulgarcito soñador» de Rimbaud se convierte en el «blues de pulgarcito» de Dylan.

Realización

Contrariamente a lo que el título parece indicar, «Just Like Tom Thumb's Blues» no es un blues; como mucho, un blues hispano con acento mexicano, que no habría disgustado al

Al Kooper se encarga del piano eléctrico en «Just Like Tom Thumb's Blues».

mismo Willy DeVille. Para reforzar esta sensación, incluye el sonido de unas maracas muy «mariachis», interpretadas por Bruce Langhorne. Basada fundamentalmente en tres acordes, la armonía permite a Dylan crear un contraste entre la oscuridad de la letra y su color más bien nostálgico y melódico. Se acompaña con su Fender Stratocaster y lo apoya de forma discreta la Telecaster de Mike Bloomfield. También hay dos teclados: Al Kooper al piano eléctrico (Wurlitzer o Hohner Pianet) y Paul Griffin al piano honky-tonk. Sobre la potente base rítmica del bajo de Harvey Brooks y la batería de Bobby Gregg, la banda necesita dieciséis tomas para grabar la versión definitiva de «Juarez», su título provisional. La última se conserva para el máster. Bob Dylan interpretó esta canción por primera vez en directo el 28 de agosto de 1965, en el Forest Hills Tennis Stadium de Nueva York. Existen dos versiones en directo, ambas con The Band: la del concierto de Liverpool, del 14 de mayo de 1966, se incluye en la cara B del single «I Want You» (la misma versión que figura en el recopilatorio *Masterpieces* [1978]); y la de Manchester, del 17 de mayo de 1966, incluida en *The Bootleg Series, Vol. 4* (1998). «Just Like Tom Thumb's Blues» figura en el n.° 13 en la lista de las mejores canciones de Dylan establecida por la revista británica *Mojo*.

Desolation Row

Bob Dylan / 11'20 minutos

Músicos
Bob Dylan: voz, guitarra, armónica
Charlie McCoy: guitarra
Russ Savakus: bajo (?)
Grabación
Columbia Recording Studios / estudio A, Nueva York:
4 de agosto de 1965
Equipo técnico
Productor: Bob Johnston
Ingenieros de sonido: Frank Laico, Pete Dauria

Bob Dylan en Londres en 1965.

Génesis y letra

En 1969, Dylan confesó a Jann S. Wenner haber compuesto «Desolation Row» en la parte trasera de un taxi de Nueva York. Esta sátira surrealista y terrorífica toma su nombre de la novela de Jack Kerouac *Desolation Angels*, a la que el cantautor ya alude en «Just Like Tom Thumb's Blues». Según Al Kooper, este «tramo de desolación», haría referencia a una zona de 8th Avenue, en Manhattan, «infestada de burdeles, antros y supermercados de porno sin posibilidad de redención».[45] Probablemente, Dylan arroja una luz sombría sobre un mundo en plena decadencia, situado más allá de los límites de Nueva York. Este mundo es Sodoma y Gomorra, transportadas al siglo xx. Cuando un periodista le preguntó a Dylan dónde se situaba «Desolation Row», este respondió: «Oh, está en algún lugar de México. Al otro lado de la frontera. Un lugar conocido por su fábrica de Coke (Coca Cola)».[20]

Este viaje al Apocalipsis, que Robert Shelton ha comparado con los poemas de *The Waste Land* (*La tierra baldía*), de T. S. Eliot, y *Howl*, de Allen Ginsberg, pinta diez cuadros poblados por personajes reales y ficticios. La primera estrofa, en que se venden «postales del ahorcamiento», se extrae de un hecho real ocurrido en Duluth (ciudad natal del cantautor) en junio de 1920: el ahorcamiento por parte de los ciudadanos de siete negros de un circo itinerante acusados de haber violado a una mujer blanca y haber obligado a su marido a observar el terrible espectáculo. Luego aparecen en escena Cenicienta, paseándose por la calle de la Desolación, Caín y Abel y el jorobado de Notre-Dame, quienes no tienen derecho al amor, la heroína shakesperiana Ofelia, quien, en su veintidós cumpleaños, es ya «una vieja», y «Einstein disfrazado de Robín de los Bosques», Casanova «alimentado a cuchara», y Ezra Pound y T. S. Eliot a bordo del *Titanic*, «enfrentándose en la torre del capitán». Personajes «caricaturescos» que nos provocan «una sonrisa glacial»,[7] según palabras literales de Robert Shelton.

Mark Polizzotti escribió: «"Desolation Row" es la banda sonora de un *western* imaginario, en tonos sepia, con salones de cartón piedra y cadáveres polvorientos».[45] Ante el escenario de este género cinematográfico típicamente norteamericano, Bob Dylan da muestras de una ironía implacable, y con el mismo sentido poético de Charles Chaplin, delante y detrás de la cámara, alude por igual a aquellos que han construido las cadenas de montaje o publican eslóganes absolutamente simplistas.

Realización

Este largo paseo por ninguna parte resulta absolutamente cautivador, sobre todo porque las dos guitarras, más bien alegres y cercanas a la tradición de los Apalaches, contrastan de forma sorprendente con una letra de desesperación. Parece que se trabajó sobre una primera versión el viernes 30 de julio, con toda la banda. Por desgracia, no se conserva ningún registro oficial de esta grabación. Tony Glover estuvo presente en ella, y recuerda que la guitarra de Dylan estaba desafinada, y al acabar, este se quejó de que nadie lo advirtiera. Tras pasar el fin de semana perfeccionando las canciones, se reencuentra con los músicos en el estudio el lunes 2 de agosto. La sesión es productiva, pues logran grabar nada menos que treinta y siete tomas de cuatro canciones. Al final de la sesión, llega el turno de «Desolation Row». Dylan decide retomarla con un enfoque distinto, con arreglos sobrios. Se acompaña únicamente de Al Kooper a la guitarra eléctrica solista y Harvey Brooks al bajo, y él interpreta la acústica. Graban cinco tomas. Una de ellas se incluye en *The Bootleg Series, Vol. 7* (2005). Dylan canta *«They're spoon-feeding Casanova the boiled guts of birds»* («alimentan a Casanova a cuchara con tripas de pájaros») en vez de *«They're spoonfeeding Casanova / To get him to feel more assured»* («Alimentan a Casanova a cuchara / Para que se sienta más seguro»).

Musicalmente, la canción emana serenidad, pero carece de convicción. Dylan, que en adelante insiste en mantener la integridad del álbum, pide que le graben un vinilo para apreciar el resultado. Al escucharlo, no se siente satisfecho y quiere volver a grabarla. Bob Johnston se encarga de reservar una nueva fecha de estudio. Se apresura a invitar a las sesiones a Charlie McCoy, extraordinario músico de Nashville al que admira sinceramente. Este se encuentra por casualidad en Nueva York con motivo de la Feria Internacional. Bob Johnston: «Creo que Charlie McCoy es uno de los mayores talentos de este mundo, pero nadie lo sabe». Dylan le propone participar en la última sesión, prevista para el 4 de agosto. McCoy recuerda: «Me pidieron que fuera, tomara una guitarra y tocara lo que sintiera. Cuando acabé, le pregunté a Dylan si le parecía bien. Dijo "Sí, está bien"– Solo grabamos una canción, pero duraba 11 minutos. Realizamos dos tomas y me fui».[45]

Es curioso que McCoy hable solo de dos tomas, pues aquel día se grabaron siete. ¿Quién toca en las otras cinco? En los documentos del estudio se registraron dos tomas empezadas a destiempo, una toma interrumpida y dos tomas completas. ¿Entonces? Un misterio. En cualquier caso, el guitarrista de Nashville realiza una soberbia improvisación «al estilo español» con la guitarra acústica (con cuerdas de acero). Se siente inspirado y no duda en modificar partes de los solos y partes rítmicas durante las intervenciones de armónica. Algunos han insinuado que Bruce Langhorne toca la guitarra en esta toma, pero su fraseo es totalmente distinto y no deja lugar a dudas sobre la identidad de McCoy. El segundo músico probablemente sea el bajista Russ Savakus. Aunque su presencia en esta canción no se haya confirmado, Mike Bloomfield afirmó que se sintió nervioso al inicio de la sesión porque era prácticamente la primera vez que tocaba el bajo eléctrico (Clinton Heylin afirma que fue en «Like A Rolling Stone»). Este excelente músico se cruzará en el camino de Chet Baker y varios nombres célebres de la escena del folk, como Joan Baez o Peter, Paul and Mary. Dylan se acompaña con su Gibson Nick Lucas y repite sin cesar los tres mismos acordes durante los 11 minutos. Con excepción de las dos intervenciones a la armónica (en mi), realiza la hazaña de cantar la letra más larga que haya escrito hasta la fecha, manteniendo una intensidad remarcable. «Las canciones no deben parecer largas, ya sabes», afirmó en 1965, «solo dan esta sensación sobre el papel».[20] La versión final es resultado del montaje de las dos últimas tomas (6 y 7). No obstante, al escucharla, es difícil identificar el momento del empalme. Tal vez esté en el minuto 0'24, antes de la palabra «*town*», en la frase «*The circus is in town*». «Desolation Row» es la única canción del álbum que termina sin *fade-out*.

Bob Dylan tocó por primera vez en directo «Desolation Row» el 28 de agosto de 1965 en el Forest Hills Tennis Stadium de Nueva York. Existen dos versiones en directo: la de *MTV Unplugged* (1995), y la del concierto de Manchester del 17 de mayo de 1966 (incluida en *The Bootleg Series, Vol. 4* [1998]).

Highway 61 Revisited outtakes

«Sitting On A Barbed Wire» fue grabada durante las sesiones de *Highway 61 Revisited*, con Mike Bloomfield a la guitarra y Al Kooper al órgano. Este tema de rock se descartó de la lista definitiva del álbum, y en la actualidad se incluye en *The Bootleg Series, Vol. 1-3*.

VOL 1-3

Sitting On A Barbed Wire Fence

Bob Dylan / 3'54 minutos

Músicos: Bob Dylan: voz, guitarra; Mike Bloomfield: guitarra; Al Kooper: órgano; Frank Owens: piano (?); Paul Griffin: piano (?); Harvey Brooks: bajo(?); Joseph Macho Jr.: bajo (?); Bobby Gregg: batería **/ Grabación:** Columbia Recording Studios / estudio A, Nueva York: 15 de junio de 1965 **/ Productor:** Tom Wilson **/ Ingenieros de sonido:** Roy Halee y Pete Dauria **/ Recopilatorio:** *The Bootleg Series, Vol. 1-3: Rare & Unreleased 1961-1991*, CD 2 **/ Publicación:** 26 de marzo de 1991

«Sitting On A Barbed Wire Fence» no es tanto una canción estructurada como un riff construido sobre un blues rock de doce compases, al estilo rhythm'n'blues.

Sin duda, Dylan improvisó la letra durante la grabación, aunque retome el tema del doctor de «Just Like A Tom Thumb's Blues». Esta canción tuvo dos títulos provisionales: «Killing Me Alive» y «Over The Cliffs Pt. 1». El cantautor realizó una primera toma el 13 de enero de 1965, como solista, durante la primera sesión de su quinto LP, *Bringing It All Back Home*, y luego, otras seis, el 15 de junio, esta vez, acompañado de la banda. La última de estas seis tomas es la que se incluye en *The Bootleg Series, Vol. 1-3*. «Sitting On A Barbed Wire Fence» es una canción alegre, y se nota que los

músicos se lo pasan en grande tocándola, de ahí su eficaz *groove*. Dylan interpreta las rítmicas a la Stratocaster, mientras que Mike Bloomfield se encarga de subir la temperatura del ambiente con sus incendiarias frases a la Telecaster. El resto de la banda les acompaña con una impresionante muestra de potencia y contundencia. Aunque en cierto momento se quiso utilizar como cara B del single «Like A Rolling Stone» (finalmente fue «Gates Of Eden»), «Sitting On A Barbed Wire» debe considerarse más bien como una «ronda de calentamiento» para Dylan y sus músicos ante las largas sesiones de grabación. Presenta cierta similitud con «From A Buick 6», que sí se incluye en el álbum *Highway 61 Revisited*.

SINGLE

PARA LOS ADICTOS A DYLAN

John Midwinter, un apasionado de la música, constató, después de comprar la máquina de discos (*jukebox*) que había pertenecido a John Lennon, que «Positively 4th Street» se encontraba entre los 41 singles preferidos del exBeatle, concretamente en el decimoséptimo lugar. Por ello, la canción de Dylan se incluyó en el recopilatorio *John Lennon's Jukebox*.

Positively 4th Street

Bob Dylan / 3'53 minutos

SINGLE

FECHA DE PUBLICACIÓN

Positively 4th Street / From A Buick 6

7 de septiembre de 1965

(REFERENCIA COLUMBIA 4-43346)

Músicos

Bob Dylan: voz, guitarra
Mike Bloomfield: guitarra
Frank Owens: piano
Al Kooper: órgano
Russ Savakus: bajo
Bobby Gregg: batería
Bruce Langhorne: platillos de dedo

Grabación

Columbia Recording Studios / estudio A, Nueva York: 29 de julio de 1965

Equipo técnico

Productor: Bob Johnston
Ingeniero de sonido: Frank Laico, Ted Brosnan

Génesis y letra

4th Street se sitúa en el corazón de Greenwich Village, donde Bob Dylan alquiló un apartamento, en el número 161 (segundo piso), algo menos de un año después de su llegada a Nueva York. «Vaya caradura / Decir que eres mi amigo / Cuando estaba debajo de todo / Te burlabas de mí»: ¿quién se esconde detrás del «tú», responsable de todos los males del narrador? El título de la canción no deja lugar a dudas (4th street ciertamente). Grabada cuatro días después del escándalo de Newport, esta canción denuncia al movimiento folk en conjunto y, a través de este, a algunas figuras eminentes: Irwin Silber, editor de la revista *Sing Out!*, que no aceptó la estrepitosa entrada del creador de «Blowin' In The Wind» en el mundo del rock; el cantante folk Tom Paxton que, también desde *Sing Out!*, escribió un artículo titulado «*Folk Rot*» («podredumbre folk»); e incluso las exnovias Suze Rotolo y Joan Baez. Así, la frase «Formaba parte del grupo / que tu frecuentas» adquiere todo su sentido. Pero Dylan, siempre enigmático, en 1985 negará haber escrito este texto contra sus detractores: «No podría escribir una canción sobre un tema como ese. No escribo canciones contra los críticos».[12] «Positively 4th Street» es un testimonio de la evolución de la escritura de Dylan a mediados de los años 1960. Las acusaciones *ad hominem*, como las de «The Lonesome Death Of Hattie Carroll» (*The Times They Are A-Changin'*) son cosa del pasado: a partir de ahora, el cantautor sitúa su discurso a otro nivel, expresándose mediante alusiones. Ya que, detrás de esta dia-

Bob Dylan al piano durante las sesiones.

triba contra un movimiento intelectual que él considera esclerótico, Dylan expresa un resentimiento universal, profundamente sentido: la amistad traicionada (o interesada); la bajeza humana, en definitiva. De ahí las quejas que van apareciendo a lo largo de toda la canción, que son también amargas constataciones: «Dices que te deje en paz / Pero sabes que no es eso», «Dices que has perdido la fe / Pero no se trata de eso / Nunca has tenido una fe que perder / Y lo sabes», «Y sé que no estás satisfecho / De tu posición, de tu lugar». Johnny Echols, guitarrista del grupo Love: «Recuerdo cuando apareció esta canción, en 1965. Una canción de Dylan sobre la humanidad y la hipocresía. Me conmovió. Era una canción de Nueva York, pero también podía aplicarse a la costa Oeste. Tras la consagración de Dylan, nos dimos cuenta de que el estilo musical estaba cambiando en todas partes».[56] En 1965, Dylan respondió a un periodista que le preguntó qué significado tenía aquella violenta carga, si era para cambiar la vida de la gente aludida o para subrayar sus errores: «quiero ponerles el dedo en la llaga, hacer que reaccionen».[20]

Realización

Frank Laico, uno de los ingenieros de sonido del álbum, recuerda la singular forma de grabar del cantautor: «yo iba a ver a cada uno de los músicos para saber cómo querían instalarse. Dylan quería que todos tocaran muy cerca; de hecho, quería estar pegado a la batería, cosa bastante excepcional en su género».[57] «Positively 4th Street» podría considerarse como la hermana pequeña de «Like A Rolling Stone»: el mismo ambiente, la misma energía y el mismo impulso del órgano, muy identificable. Bob Johnston, que debutó como productor ese 29 de julio, obtiene un sonido ligeramente más «compacto», un poco más preciso, con menos reverberación que Tom Wilson. Una vez más, Al Kooper se distingue por una parte de órgano Hammond muy «pegadiza», que da su verdadero color al tema. Desde «Like A Rolling Stone» lo percibimos mucho más cómodo, y también más que el 25 de julio en Newport. Mike Bloomfield se mantiene bastante discreto, y su interpretación se limita a una rítmica parecida a la de Dylan (que, por su parte, parece tocar con su Stratocaster). Solo hay unas cuantas frases de solo al final del tema. Da la impresión de que no sabe muy bien cómo expresarse en esta progresión de acordes. Es una lástima. Al piano, Frank Owens aporta el toque honky-tonk indispensable para el sonido global. En cuanto al excelente Bobby Gregg, acompañado al bajo por Russ Savakus, parece que toca la batería con escobillas. También se oyen unos platillos de dedo –o un triángulo–, sin duda tocados por Bruce Langhorne. «Positively 4th Street» se publicó el 7 de septiembre de 1965 (con «From A Buick 6» de *Highway 61 Revisited* en la cara B), y el 9 de octubre llega al número siete de las listas del *Billboard*. En Canadá la canción llegará al número uno, y al ocho en el Reino Unido. Desde entonces, está clasificada en el puesto 206 de la lista de las 500 mejores canciones de la revista *Rolling Stone*.

Can You Please Crawl Out Your Window?

Bob Dylan / 3'32 minutos

SINGLE
FECHA DE PUBLICACIÓN
**Can You Please Crawl Out Your Window? /
Highway 61 Revisited
21 (o 27) de diciembre de 1965 (el single llegó
a las tiendas a principios de enero de 1966)**
(REFERENCIA COLUMBIA 4-43477)

Músicos
Bob Dylan: voz, guitarra
Robbie Robertson: guitarra
Bruce Langhorne: guitarra
Richard Manuel: piano
Rick Danko: bajo
Garth Hudson: órgano
Al Kooper: órgano, celesta
Bobby Gregg: batería
Grabación
**Columbia Recording Studios / estudio A,
Nueva York:** 30 de noviembre de 1965
Equipo técnico
Productor: Bob Johnston
Ingenieros de sonido: Roy Halee, Larry Keyes

Génesis y letra

Los *folkies* que todavía esperaban que Bob Dylan volviera a sus primeros pasos debieron de quedar muy decepcionados, incluso enfadados, cuando escucharon por primera vez «Can You Please Crawl Out Your Window?» unos días antes de la Nochevieja de 1965. En efecto, esta canción va en la misma dirección que el álbum *Highway 61 Revisited*: es un tema de estilo rock, sin duda más cercano al sonido inglés de la época. Esta nueva orientación musical favorece mucho a Dylan, que aconseja a una joven que huya cuanto antes de un amante vil y materialista. Encontramos muchas frases surrealistas que podría haber escrito para «Like A Rolling Stone» o «Just Like Tom Thumb's Blues»: «Si necesita un tercer ojo, lo hace crecer», y el propio título de la canción, «¿Podrías trepar fuera de tu ventana?». Como en el caso de «Positively 4th Street», el narrador emplea el «tú», una forma directa que encaja con la eficacia del rock'n'roll. Algunos interpretan la letra de la canción como un mensaje que Dylan dirige a Edie Sedgwick, aconsejándole que huya de las garras malsanas de Andy Warhol y su Factory. Es una lectura plausible.

«Can You Please Crawl Out Your Window?» se encuentra en el origen en conflicto entre Bob Dylan y el cantante folk Phil Ochs. Una noche, el compositor interpretó su canción para David Blue y Phil Ochs. El primero la valoró positivamente («Un buen tema de rock», dijo). Y el segundo se arriesgó a comentar: «Es una buena canción, pero no será un éxito».[2] Dylan montó en cólera: «¿A qué te refieres con "no será un éxito"? Estás loco, tío. Es una supercanción».[2] Anthony Sca-

Bob Dylan y Phil Ochs antes del conflicto…

duto relata la continuación del episodio: «En ese momento llegó una limusina que tenía que llevarlos a una discoteca del centro. Subieron al coche, pero en el momento en que el chófer iba a girar a unas manzanas de allí por la [Sixth Avenue], Dylan le gritó: "¡Pare!". El coche se detuvo y Dylan se giró hacia Ochs para decirle: "¡Ochs, bájate!". Ochs estaba blanco como el papel. No sabía si Dylan hablaba en serio o si bromeaba. "¡Bájate, Ochs!", repitió Dylan. "No eres un cantante folk, no eres más que un periodista".[2] Los cantautores no se verán durante nueve años (hasta un concierto de apoyo a Chile en 1974). Un amigo se va, pero llegan otros; «Can You Please Crawl Out Your Window?» es la primera canción que Bob Dylan grabó con los Hawks, la futura Band.

Realización

El 30 de julio de 1965 se grabaron 21 tomas de «Can You Please Crawl Out Your Window?» con Mike Bloomfield (guitarra), Al Kooper (celesta), Paul Griffin (piano), Harvey Brooks (bajo) y Bobby Gregg (batería). Esta versión, entonces titulada «Look At Barry Run», es jovial y habría encontrado su lugar en *Highway 61 Revisited* sin problemas. El grupo toca al unísono y vuelve a ser Al Kooper quien da color al tema, esta vez con una celesta.

El 5 de octubre se realizan dos tomas más (los músicos no se mencionan en el informe de estudio). Luego, el 30 de noviembre, esta vez con los miembros de The Hawks, Robbie Robertson (guitarra), Richard Manuel (piano), Rick Danko (bajo) y Garth Hudson (órgano), así como con Bruce Landhor-

ne (guitarra) –que vuelve junto a Dylan–, Al Kooper (órgano) y Bobby Gregg (batería), se graban diez tomas. El título apareció en single en 1965, pero nunca se publicó en un disco en su versión de estudio hasta 1985, cuando apareció en *Biograph* por primera vez. En su momento se publicó en mono, pero más adelante se reeditó. La versión es muy distinta de la primera: la mezcla no es muy buena y el conjunto está dominado por el cencerro de Bobby Gregg. El sonido da una impresión de «*Wall of sound*» muy apreciado por Phil Spector, y se nota el esfuerzo que hace Dylan por convencer. En 1985 confesó: «Me estaban presionando para que sacara un nuevo single, y creo que por eso salió esta versión».[12] A pesar de sus innegables cualidades, una rítmica eficaz, una melodía pegadiza, un buen estribillo y unas intervenciones a la guitarra y a la armónica (en do) bastante convincentes, «Can You Please Crawl Out Your Window?» no llega a despegar. Es evidente que Dylan aún no había encontrado el equilibrio con su nuevo equipo. Es una lástima, porque la canción es muy buena, y Jimi Hendrix lo detectará, porque realizará una versión en 1967 (*BBC Sessions*, 1998).

El single «Can You Please Crawl Out Your Window?» (con «Highway 61 Revisited» en la cara B) salió a la venta el 21 (o el 27) de diciembre de 1965. Llegará al número 58 de las listas del *Billboard*, pero en el Reino Unido escalará hasta el puesto 17. Más adelante, la canción se incluyó en los recopilatorios *Masterpieces* (1978, en su versión en directo) y *Biograph* (1985) y para el recopilatorio de The Band *A Musical History* (2005).

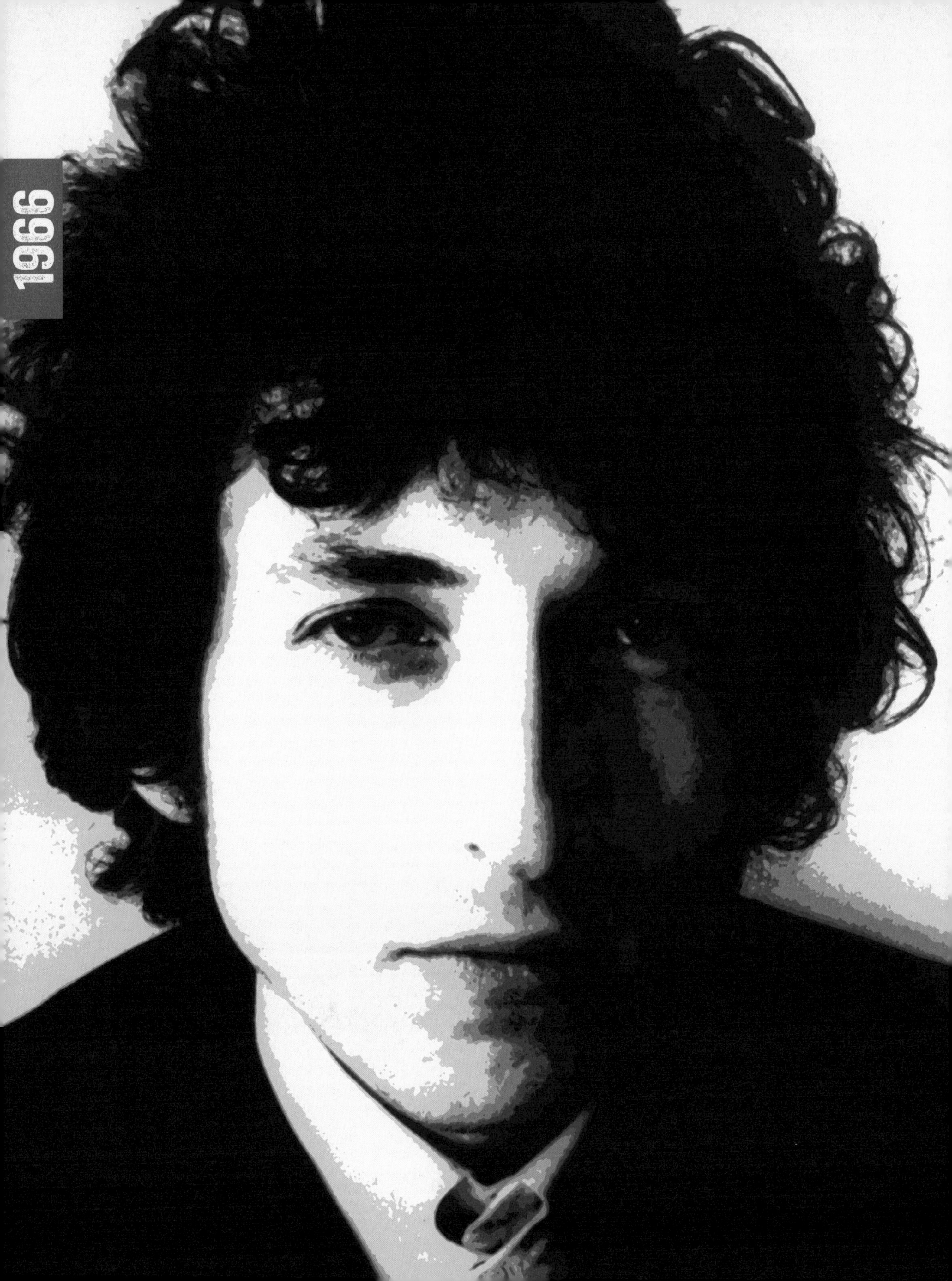

Blonde
On Blonde

Rainy Day Women #12 & 35
Pledging My Time
Visions Of Johanna
One Of Us Must Know (Sooner Or Later)
I Want You
Stuck Inside Of Mobile
With The Memphis Blues Again
Leopard-Skin Pill-Box Hat
Just Like A Woman
**Most Likely You Go Your Way
(And I'll Go Mine)**
Temporary Like Achilles
Absolutely Sweet Marie
4th Time Around
Obviously 5 Believers
Sad-Eyed Lady Of The Lowlands

ÁLBUM
FECHA DE PUBLICACIÓN
Estados Unidos:
16 de mayo de 1966
con Columbia Records
(REFERENCIA COLUMBIA C2L 41/C2S 841)

1966

Blonde On Blonde,
un álbum con un sonido «brillante,
fluido y salvaje como el mercurio»

El álbum

Blonde On Blonde es el séptimo disco de Bob Dylan y uno de los mejores de su carrera. Este doble álbum, el primero de la historia del rock, ve la luz después de seis meses de trabajo, durante los cuales el cantante realiza varios conciertos en Estados Unidos y da una gira mundial en febrero de 1966. Las sesiones de grabación, iniciadas en Nueva York en octubre de 1965, finalmente se terminan en Nashville en marzo de 1966. Lejos del «ruido y la furia» de las giras y de la presión de la ciudad de los rascacielos, Dylan, acompañado por músicos brillantes totalmente a su servicio, puede dar rienda suelta a su creatividad y lograr el sonido con el que venía soñando, y que apenas había conseguido parcialmente en sus álbumes anteriores. Es el célebre «Mercury Sound», según palabras textuales del cantautor, el «brillo plateado» que le caracteriza, y que Dylan define con elocuencia en una entrevista con Ron Rosenbaum en 1978: «Es este sonido claro, brillante, fluido y salvaje como el mercurio. Un sonido metálico, brillante como el oro, de gran poder evocador. Este es mi sonido».[20]

La elección del título sigue siendo un misterio. ¿Qué relación hay entre la búsqueda de este sonido y *Blonde On Blonde*? Dylan no ha aclarado nunca esta cuestión, a la que una vez dio una respuesta bastante evasiva en una entrevista con Jann S. Wenner, en 1969: «Tiene que ver con la palabra [Blonde]. Ya no recuerdo quién lo propuso. Está claro que no fui yo».[20] En cualquier caso, este título abstruso ha dado lugar a varias

hipótesis: podría hacer referencia a la relación entre Brian Jones (de los Rolling Stones), entonces amigo de Dylan, y la actriz (y modelo) Anita Pallenberg, ambos rubios; o también podría aludir a *Brecht On Brecht*, una obra de teatro realizada en Estados Unidos, basada en la obra del dramaturgo alemán (una de las influencias de Dylan), en que Suze Rotolo tuvo un papel como actriz; o también, a la bella Edie Sedgwick, con quien el cantautor habría tenido una breve aventura amorosa. Es curioso fijarse en este detalle: ¡Bob es el acrónimo de *Blonde On Blonde*! Las hipótesis son interminables.

En directo y en el estudio con The Hawks

El mes de agosto de 1965, Mary Martin, secretaria de Albert Grossman en Toronto, convence a Bob Dylan para que vaya a ver a un quinteto que toca en un club de la ciudad. La formación había dado sus primeros pasos artísticos al lado del precursor del rock'n'roll, Ronnie Hawkins, antes de emprender su camino en solitario con el nombre de Levon and the Hawk, y más tarde, The Hawks. Está formada por Robbie Robertson (guitarra), Garth Hudson (teclados), Richard Manuel (piano), Rick Danko (bajo) y Levon Helm (batería). Dylan, impresionado por su actuación, propone en primer lugar a Robertson y a Helm que le acompañen en el concierto que va a dar en Hollywood Bowl el 3 de septiembre, junto con Al Kooper a los teclados y Harvey Brooks al bajo; y más tarde, propone

A la izquierda, los Columbia Music Row Studios en Nashville; a la derecha, Bob Dylan en Suecia con el director D. A. Pennebaker y Richard Manuel (The Hawks), en 1966.

Originalmente, en el interior del álbum doble se escondía un retrato de Claudia Cardinale.

LOS *OUTTAKES*

Medicine Sunday
Jet Pilot
I Wanna Be Your Lover
Number One (Instrumental Track)
She's Your Lover Now
I'll Keep It With Mine

EAT THE DOCUMENT

La gira de Dylan y The Hawks por Escandinavia y Gran Bretaña fue filmada para ABC Television por D. A. Pennebaker, quien ya había dirigido *Dont Look Back* durante la gira de Dylan de 1965. Este «rockumental» titulado *Eat The Document* contiene varias escenas célebres, como la del concierto en el Manchester Free Trade Hall (7 de mayo de 1965), durante el cual Dylan es insultado por varios fanáticos del folk, la interpretación a dúo con Johnny Cash de «I Still Miss Someone», o su encuentro con John Lennon en una limusina, el 27 de mayo. Finalmente, la cadena ABC no emitió el «rockumental», que fue tachado de hermético.

a toda la banda que le acompañe en sus próximos conciertos, previstos del 24 de septiembre (Austin, Texas) al 4 de diciembre (Berkeley, California). Durante esta serie de conciertos por Estados Unidos, se crean fuertes lazos de amistad. Así pues, The Hawks participan en la grabación de «Can You Please Crawl Out Your Window?» el 30 de noviembre de 1965, y son elegidos para acompañar al cantautor en su gira mundial de 1966, que empieza en territorio norteamericano, desde Louisville, Kentucky (4 de febrero), hasta Honolulu, Hawái (9 de abril), pasando por los estados del sur, Canadá y California, y continuando por Australia, del 13 al 23 de abril (Sídney, Melbourne, Perth…), y luego, Europa, del 29 de abril al 27 de mayo. Bob Dylan y su *backing band* tocan también en Escandinavia, Irlanda, Gran Bretaña y Francia, y finalmente vuelven a Londres para dar dos últimos conciertos, los días 26 y 27 de mayo.

En el viejo continente, la reacción del público es similar a la de los «extremistas del folk» americanos del Festival de Newport del año anterior. Le abuchean, le insultan, incluso le tratan de «Judas» cuando abandona su guitarra acústica y toma la Fender eléctrica. La prensa se muestra igual de crítica. Tras el concierto del 5 de mayo de 1966 en Dublín, el periódico *Melody Maker* se lamenta de que Dylan «intente parecerse a Mick Jagger», y una revista de Bristol le reprocha haber sacrificado «la letra y la melodía en beneficio del Dios del ritmo». Dylan y algunos músicos se muestran realmente consternados por la agresividad del público.

Tras dar el último concierto de la gira, el 27 de mayo, en el Royal Albert Hall de Londres, Bob Dylan regresa a Estados Unidos, agotado. Su único consuelo: el lanzamiento al mercado de *Blonde On Blonde*, el 16 de mayo de 1966.

La carátula

Si el título del álbum es misterioso, también la carátula resulta inaudita, pues no figuran ni el título ni el nombre del artista. Se ilustró con una única foto –ligeramente desenfocada–, tanto para la portada como el anverso. Bob Dylan aparece ante

un muro de ladrillos, vestido con una chaqueta de ante y una bufanda. La fotografía es obra de Jerry Schatzberg (futuro director de *The Panic in Needle Park* [*Pánico en Needle Park,* 1971]), un fotógrafo contratado per intermediación de Sara Lowndes y Nico. Tras tomar varias fotos de Dylan, la mayoría de las cuales se mantienen inéditas hasta la fecha, este le pide que se encargue de la portada de *Blonde On Blonde*. Explica: «Quería encontrar un lugar interesante, en el exterior del estudio. Fuimos a West Side, donde en la actualidad hay las galerías de arte de Chelsea. Por aquel entonces, ahí había los mataderos, y me gustaba bastante el ambiente. Hacía mucho frío y estábamos congelados. Él eligió una foto que había quedado borrosa. Evidentemente, todo el mundo ha intentado interpretar qué significado tiene, y algunos creen que representa un viaje bajo los efectos del LSD. No es cierto en absoluto. Simplemente, teníamos mucho frío y estábamos todos tiritando».[59]

Para ilustrar el interior del álbum, Dylan eligió otras fotos del mismo fotógrafo. Entre las nueve seleccionadas, puede verse al cantautor junto a Albert Grossman, de espaldas; un autorretrato del propio Schatzberg, en honor a su autoría; y una fan no identificada que le susurra algo al oído. También aparece el retrato de la actriz Claudia Cardinale, que desgraciadamente se retiró de las copias destinadas al mercado norteamericano. Ella misma lo cuenta en 2014: «Me encanta Bob Dylan y me sentí muy halagada al verme en la carátula de *Blonde On Blonde*, pero mi agente de la época tomó la decisión de mandar retirar mi foto por un tema de derechos de imagen» (entrevista con Jean-Michel Guesdon, septiembre de 2014). Jerry Schatzberg tomará también la foto del álbum *Bob Dylan Live 1966*.

La grabación

Tras grabar *Highway 61 Revisited*, Dylan se siente agotado por la cantidad de conciertos y sesiones de grabación, y Bob Johnston le propone probar los estudios de Nashville para darse un soplo de aire fresco. A priori, la propuesta no gusta nada a Bill Gallagher, vicepresidente encargado del marketing de Columbia, y Albert Grossman, su mánager. En su opinión, el proceso de producción que se lleva a cabo funciona a la perfección, y creen que es más cómodo y seguro mantenerlo. Su reacción no se hace esperar: «Si le hablas de Nashville a Dylan, te despedimos». A lo que Johnston responde, sorprendido: «Ok, vosotros mandáis». Así pues, el 5 de octubre de 1965, Dylan inicia la primera sesión de grabación de *Blonde on Blonde* en los estudios de Columbia en Nueva York. Sin embargo, a finales de enero de 1966, se siente desmotivado. Aparte del single «Can You Please Crawl Out Your Window?» (30 de noviembre de 1965), solo se siente satisfecho de una única canción de todas las que ha grabado desde la primera sesión del 5 de octubre, «One Of Us Must Know (Sooner Or Later)», y ello, a pesar de realizar cuatro largas sesiones de grabación. Está deprimido y confundido. Más tarde, reconocerá que la banda no funcionaba, una situación que, en aquel momento, no quería aceptar. Johnston cree que ha llegado el momento de hablarle de Nashville.

La elección de Nashville

A pesar de haber iniciado su nueva gira internacional, el 4 de febrero de 1966, Dylan dispone de unos días de tranquilidad entre el 14 y el 17 de febrero. Johnston aprovecha la ocasión y vuelve a hablarle de su propuesta. Ante la insistencia del productor, finalmente el cantautor se deja convencer de grabar el final del álbum en Nashville. El estudio A de Columbia en Nashville se reserva del 14 al 16 de febrero, y más tarde, otra vez, del 8 al 10 de marzo (las fechas no están confirmadas). Al Kooper explica: «Fue decisión de Bob Johnston ir a grabar a Nashville. Sin duda. Bob se mostró reticente al inicio, pero al final creyó que podía ser buena idea, y nos llevó a mí y a Robbie [Robertson], para sentirse más cómodo».[24] Johnston encarga a Charlie McCoy que contacte a los demás músicos de entre una lista de nombres seleccionados por él mismo. Recluta a varios de los mejores músicos de sesión de la región: Kenneth Buttrey a la batería, Wayne Moss a la guitarra eléctrica, Joe South al bajo y a la segunda guitarra, Hargus «Pig»

Bob Dylan y el guitarrista Robbie
Robertson en el escenario, unos días
antes del inicio de las sesiones
de *Blonde On Blonde*.

Robbins al piano, Henry Strzelecki al bajo, y el propio McCoy
tanto al bajo como a las guitarras, la trompeta y la armónica.
Otros músicos que también participaron en el álbum son: Bill
Aikins al teclado, Wayne Butler al trombón (no identificado en
la carátula), Jerry Kennedy (citado en la carátula, pero sin es-
pecificar el instrumento) y Mac Gayden a las guitarras (no citado en la carátula pero muy probablemente presente). Estos
músicos acostumbrados a realizar sesiones con una rapidez y
eficacia impresionantes, se dan cuenta desde la primera sesión del 14 de febrero de que las reglas del juego han cambiado. Tras las presentaciones de rigor, McCoy les anuncia
que Dylan necesita un rato para terminar una letra y que
deben esperar en el estudio. «Haced una pausa», les dice el
cantautor, que se dirige hacia el piano con una libreta en la
mano. Varias horas después, Dylan termina finalmente su
letra y está listo para grabar. Estos músicos que han colaborado con Elvis Presley o Chuck Berry, entre otros, no se sienten ofendidos y aceptan sus exigencias de buena gana. Así
será durante todas las sesiones. Todos adaptan su ritmo de
trabajo a las necesidades creativas de Dylan. Robertson:
«Prácticamente no habíamos ensayado antes de bajar a Nashville. A veces, Dylan tenía una idea, yo le acompañaba y escuchábamos el resultado. Creábamos las canciones así –una vez
instalados en el estudio, Bob tenía muchas cosas que expresar, por lo que todo fue rápido. Normalmente, grabar un disco implica sumergirte en él, grabar una canción al día, darle
vida y hacer los *overdubs*; para ello, tocábamos de forma ins-
tintiva».[24] *Blonde On Blonde* es fruto de la compenetración
entre músicos, ingenieros de sonido y productor, que fue posible gracias a un ambiente amable y distendido. Al Kooper
asocia el éxito del álbum al nivel de excelencia de cada uno de
sus participantes, así como a la excepcional calidad de las
canciones.

Primero fue mezclado en Nashville en formato mono (el estándar de la época), bajo la atenta supervisión del propio
Dylan, y luego, en Los Ángeles, en estéreo, a inicios del mes
de abril. El séptimo álbum de Bob Dylan se publicó el 16 de
mayo, si bien la fecha es objeto de controversia.

Después de *Bringing It All Back Home* y *Highway 61 Revisited*, *Blonde On Blonde* es el tercer álbum de rock del cantautor americano, quien se convierte en el nuevo icono que el
público estaba esperando desde Elvis Presley, y sobre todo,
en un peculiar cantautor que, en una especie de torbellino
psicodélico, mezcla influencias de Rimbaud y Ginsberg, Robert Johnson y Little Richard. Se trata de una obra maestra,
maravillosamente definida por el crítico Greil Marcus como
«el sonido de un hombre que intenta mantenerse en pie en un
barco ebrio, y que por un momento lo consigue. Su tono
es acerbo, tembloroso, amenazador, como si se despertara y
comprendiera que, tras pagar todas sus deudas, el problema
no se hubiera resuelto todavía».[60]

El álbum entró en el puesto n.° 9 de la lista de los 500 mejores
álbumes de la historia de la revista *Rolling Stone*, en el octavo en un sondeo realizado por la revista británica *Mojo*, y el
segundo por *NME* (otra revista británica).

Datos técnicos

«One Of Us Must Know (Sooner Or Later)» es el único tema
del disco producido en Nueva York, y como los álbumes anteriores, se grabó en un magnetófono de cuatro pistas. A menudo se ha afirmado que el resto de temas, grabados en Nashville, se grabaron en un magnetófono de ocho pistas. Bob
Johnston lo confirmó a la revista *Mix Magazine* en 1983. No
obstante, Michael Krogsgaard, quien ha documentado e identificado de forma muy detallada la mayoría de sesiones de
Bob Dylan (*véase* www.punkhart.com) y ha tenido acceso a los
archivos de *Blonde On Blonde*, ha constatado que todas las
cintas estaban en formato de cuatro pistas. ¿A quién creer? Si
se utilizó un magnetófono de cuatro pistas, queda claro que
esta limitación, que puede parecer un hándicap técnico, no
afectó a álbumes míticos como *Blonde On Blonde* o *Sgt.
Pepper's Lonely Hearts Club Band*, de los Beatles (1967).
La duda persiste a pesar de todo…

Bob Johnston, quien después de *Highway 61* graba a Dylan
con tres micros para no perder ningún matiz de su voz, debe
vérselas en el estudio A de Nashville con una consola de graba-

EL «TOQUE FRANCÉS»

La versión mono de *Blonde On Blonde* lanzada en Francia en septiembre de 1966 presenta la particularidad de tener en las caras 1 y 4 del disco la mezcla original americana, pero en las caras 2 y 3, una mezcla distinta y única en su género.

Fender Telecaster
negra idéntica a
la que utilizaba Dylan
en esa época.

ción rudimentaria, ¡«con una ecualización que te dejaba elegir entre "pop" y "country"»![61] Como los bafles de control no estaban situados frente al cristal de la sala de producción, era necesario girar la cabeza para escucharlos. Además, tres asistentes se relevaban para transmitir la orden de lanzamiento del magnetófono, que estaba confinado en una sala exterior.

A falta del equipo de Columbia, Johnston decide recolocar el aparato en la sala de producción y situar ambos bafles frente a él. También mandó retirar todas las pantallas acústicas para permitir que los músicos mantuvieran el contacto visual en el inmenso estudio. Dylan, situado en medio de la sala, es el único que las conserva. Johnston: «En el centro de la sala, yo tenía una cabina de cristal especialmente concebida para Dylan, y él estaba en el interior con una mesa y una silla –casi como si estuviera en su estudio».[61] De esta forma consigue una interacción entre todos y les exige lo mejor de sí mismos, pues no tenían intención de repetir las tomas: «Les dije a cada uno que no tocara más de lo necesario, porque no les permitiría volver para hacer *overdubs* y cargarse el disco».[61] El resultado final demuestra que hizo un buen trabajo: el séptimo álbum de Dylan es todo un éxito, tanto a nivel de contenidos como de realización. La identidad de los ingenieros de sonido de Nashville no se especifica.

Los instrumentos

Se desconoce qué guitarras tocó Bob Dylan durante las sesiones de *Blonde On Blonde*, pues no existen fotos de las mismas. En aquella época, tras perder su Stratocaster Sunburst de 1965, utiliza en los conciertos varios modelos de Fender Telecaster, una *sunburst* y otra negra. ¿Estuvieron también presentes en las sesiones de grabación? En formato acústico, puede suponerse que se acompaña con su Gibson Nick Lucas Special, pero sin duda tomó prestados varios instrumentos de los demás músicos presentes en el estudio. Interpreta la armónica en todas las canciones, menos en «Leopard-Skin Pill-Box Hat» y «Obviously 5 Believers». En esta última, la interpreta Charlie McCoy. Los tonos son do, re, mi, fa, la y si bemol.

Rainy Day Women #12 & 35

Bob Dylan / 4'37 minutos

1966

Músicos
Bob Dylan: voz, armónica
Mac Gayden: guitarra (?)
Wayne Moss: bajo
Hargus Robbins: piano
Wayne Butler: trombón
Charlie McCoy: trompeta
Henry Strzelecki: órgano Hammond
Al Kooper: tamboril
Kenneth Buttrey: batería
Grabación
Columbia Music Row Studios, Nashville,
Tennessee: 9-10 marzo 1966
Equipo técnico
Productor: Bob Johnston
Ingeniero(s) de sonido:?

Kenneth Buttrey, batería
de *Blonde On Blonde*.

PARA LOS ADICTOS A DYLAN

Salió a comprar tabaco...

Aunque se le mencione en los documentos de estudio, el guitarrista Robbie Robertson no participó en «Rainy Day Women #12 & 35» debido a la rapidez de la toma. Recuerda: «Creo que salí a comprar tabaco o algo así, y cuando volví al estudio ya la habían grabado».[24]

Génesis y letra

Dylan compuso «Rainy Day Women #12 & 35» justo después de escuchar «Let's Go Get Stoned» en un bar de Los Ángeles, en compañía de Phil Spector. «Let's Go Get Stoned», una composición de Nicklas Ashford, Valerie Simpson y Josephine Armstead, fue grabada por The Coasters en mayo de 1965, y luego por Ray Charles, quien obtuvo el primer puesto en las listas de R & B en junio de 1966.

«Rainy Day Women #12 & 35» mantiene divididos a los exegetas de Dylan. Una parte de ellos la considera una canción sobre drogas (como medio de evasión de las contingencias materiales); y otra, apunta más bien a la afición del cantautor por los dobles sentidos: «*to stone*» se traduce por «arrojar piedras» o «lapidar» y «*get stoned*» por «recibir piedras» o «andar colocado». El propio Dylan arrojó cierta luz sobre el asunto cuando se dirigió al público del Royal Albert Hall en mayo de 1966 con estas palabras: «No he compuesto ni compondré nunca una canción sobre drogas. No sabría cómo hacerlo [«Rainy Day Women #12 & 35»] no es una *drug song*, solo una broma de mal gusto».[24] ¿Estaba siendo sincero? Las risas que se oyen a lo largo de la canción parecen sugerir que hay que tomarse las cosas un poco más a la ligera. Un inciso de cierta importancia: en su número del 1 de julio de 1966, la revista *The Times* afirmó por error que, en la jerga de los drogadictos, una «*rainy-day woman*» era un porro.

Realización

«Rainy Day Women #12 & 35» es la canción que abre el álbum, y fue grabada durante la última sesión. Desde el punto de vista musical, contrasta con todo lo que Dylan ha grabado desde entonces. No solo por la presencia de un instrumento de viento-metal, que aporta al tema un ambiente muy particular, sino también por el propio método de grabación. Bob Johnston recuerda que, hacia las dos de la madrugada, Dylan le tocó una canción que acababa de componer. Johnston le dijo: «¡Parece la melodía de una charanga del Ejército de Salvación!». A lo que Dylan respondió: «¿Puedes conseguirme una?». Y el productor, solícito: «Lo veo difícil, pero lo intentaré».[61] Necesita imperativamente a un músico de viento-metal para recrear la sonoridad de este tipo de formaciones. McCoy se encarga de encontrar uno rápidamente: su amigo el trombonista Wayne Butler. Al Kooper recuerda: «Le llamaron en

Tom Petty, Mike Campbell y Roger McGuinn interpretan
«Rainy Day Women #12 & 35» en el concierto de celebración
de los 30 años de carrera de Dylan.

mitad de la noche. Media hora más tarde, estaba ahí, de traje y corbata, todo acicalado. Tocó durante veinte o treinta minutos y se fue, ¡tan impecable como había llegado!».[24] Para apoyar el sonido del trombón, McCoy acompaña a Butler a la trompeta, y Dylan, a la armónica. Para la base rítmica, Johnston le pide a Kenneth Buttrey que desmonte su batería: «Sujeté la caja al cuello de Buttrey para que la tocara mientras marchaba por el estudio. ¡Nunca había visto a Dylan reírse tanto!».[61] También se aprecia el sonido del bombo y los platillos de charles (Hi Hat). ¿Quién los toca, Buttrey, u otro músico? Por su parte, Al Kooper abandona los teclados para tocar el tamboril, y Henry Strzelecki deja que Wayne Moss se encargue del bajo, ¡y se tumba en el suelo para manejar con las manos los pedales del órgano de Kooper! El principal apoyo armónico de la canción procede de la extraordinaria interpretación al piano del legendario pianista ciego Hargus Robbins, a quien todos apodaban «Pig» (cerdo). Dicho apodo incomodaba a Dylan, quien no osaba llamarle de tal modo. Kooper recuerda que, para evitar esta situación incómoda, Dylan no se dirigía a él directamente, sino por mediación de otra persona.

Al escuchar «Rainy Day Women #12 & 35» cuesta identificar la presencia de otros instrumentos. No se oye ninguna guitarra, si bien Mac Gayden afirmó haber estado presente. En cambio, sí parece que hubiera dos trombones, uno interpretando el riff melódico, y otro siguiendo el bajo, forzosamente grabado en *overdub*. Se nota que los músicos se lo pasan bien durante la sesión, y es que Dylan les pidió que recrearan un ambiente festivo. ¡Debió de sentirse satisfecho al oírles reír y gritar! Él mismo se ríe mientras canta (minuto 0'48 y 1'32). Kooper insistió más tarde en que ninguno de los músicos estaba colocado. «Eran profesionales y nunca lo hubieran hecho», declaró en una conferencia en la Universidad de Belmont, Nashville, en marzo de 2012.

Grabada en una sola toma la noche del 9 al 10 de marzo de 1966, con el título provisional de «A Long Haired Mule And A Porkepine», el tema «Rainy Day Women #12 & 35» presenta la estructura armónica del blues. La canción se lanzó como single un mes después, en una versión más corta que la del álbum (sin la tercera ni la cuarta estrofa), con «Pledging My Time» en la cara B. A pesar de la censura de algunas radios de ambos lados del Atlántico, por la frase «*Everybody must get stoned*», la canción se situará en las listas de éxitos con el segundo y el séptimo puesto respectivamente en Estados Unidos y Reino Unido. Desde el concierto del festival de la isla de Wight, el 31 de agosto de 1969, con The Band –versión incluida en *The Bootleg Series, Vol. 10*, lanzado en 2013–, Bob Dylan ha interpretado «Rainy Day Women #12 & 35» unas 1.000 veces.

Pledging My Time

Bob Dylan / 3'50 minutos

Músicos
Bob Dylan: voz, armónica
Robbie Robertson: guitarra
Charlie McCoy: guitarra (?)
Joe South: guitarra (?)
Wayne Moss: guitarra (?)
Al Kooper: órgano
Hargus Robbins: piano
Henry Strzelecki: bajo
Kenneth Buttrey: batería
Grabación
Columbia Music Row Studios, Nashville,
(Tennessee): 8 de marzo de 1966
Equipo técnico
Productor: Bob Johnston
Ingeniero(s) de sonido: (?)

Génesis y letra
Con «Pledging My Time», Bob Dylan continúa el viaje que ha emprendido a las tierras del blues desde las primeras notas de «Rainy Day Women #12 & 35», si bien su ambiente es muy distinto. En esta canción, el cantautor no hace un guiño a las charangas del barrio francés de Nueva Orleans, sino a los míticos creadores del country blues y el blues moderno. Mike Marqusee[34] establece paralelismos entre la canción de Dylan y «Come On In My Kitchen», de Robert Johnson, pero «Pledging My Time» suena sobre todo como un contundente homenaje al blues eléctrico, en particular, a Elmore James (y a su versión de «It Hurts Me Too»). La armónica y la voz de Dylan suenan a lamento. El narrador vive una peculiar historia de amor, con sentimientos contradictorios: «Tengo un do-

lor de cabeza constante / Pero estoy bien». También suenan melancólicos la guitarra de Robbie Robertson y el piano de Hargus «Pig» Robbins. El ambiente es pesado. Como escribió Andy Gill, la canción recrea el ambiente de un «fin de velada en un club lleno de humo donde los clientes, todavía presentes, han pasado del estado de embriaguez al de amargura».[62]

Realización
La gran sorpresa de la segunda canción de *Blonde On Blonde* es el extraordinario solo de armónica (en re) interpretado por Dylan. El cantautor ha integrado a la perfección las lecciones de los maestros y todas las intervenciones suenan con alma. Su progreso es evidente, sobre todo, durante el largo estribillo al final de la canción. El método de obtención de este sonido de armónica que se satura progresivamente a partir del minuto 3'13 resulta un misterio. Puede tratarse de un *drop*, ya que Dylan mantiene la misma nota durante varios compases cuando se da el cambio de sonoridad. La única explicación sería que el ingeniero de sonido hubiera saturado el sonido en la entrada de la consola durante la grabación, o que esta operación se realizara durante la mezcla. En cualquier caso, el efecto que recrea es típico del *Chicago blues*. Y es todo un acierto. En cuanto a los demás instrumentos, se aprecian dos guitarras, una rítmica (la identidad del guitarrista no se especifica) y una guitarra solista interpretada por Robbie Robertson. Kenneth Buttrey introduce la canción con la caja, y apoyado por el bajo de Strzelecki, ofrece una magnífica interpretación a la batería. El órgano de Al Kooper y el piano de Hargus «Pig» Robbins apoyan el conjunto de forma discreta pero eficaz.

«Pledging My Time» se grabó probablemente durante la segunda sesión del álbum, realizada el 8 de marzo de 1966 de 18.00 a 21.00 horas. Bastó con una sola toma, incluida en el álbum *Blonde On Blonde* y en la cara B del single «Rainy Day Women #12 & 35», que entró en las listas de éxitos de Estados Unidos y Reino Unido en abril de 1966. Tres meses más tarde, Bob Dylan sufre un grave accidente de moto a la salida de Woodstock. Los últimos versos parecen siniestramente proféticos: «Llamaron una ambulancia / Y enviaron una / Alguien ha tenido suerte / Pero fue un accidente». Bob Dylan interpretó por primera vez en público «Pledging My Time» el 12 de septiembre de 1987, durante un concierto en Módena, Italia.

El cantautor al manillar de su moto Triumph, con la que sufrirá un grave accidente.

Visions Of Johanna

Bob Dylan / 7'33 minutos

Músicos

Bob Dylan: voz, guitarra, armónica
Wayne Moss: guitarra
Charlie McCoy: guitarra
Al Kooper: órgano
Bill Aikins: piano (?)
Joe South: bajo
Kenneth Buttrey: batería

Grabación

Columbia Music Row Studios, Nashville (Tennessee): 14 de febrero de 1966

Equipo técnico

Productor: Bob Johnston
Ingeniero(s) de sonido: (?)

PARA LOS ADICTOS A DYLAN

En la portada del álbum en directo *Get Yer Ya-Ya's Out!*, de los Rolling Stones (1970), aparecen Charlie Watts saltando con una guitarra eléctrica en cada mano, y al fondo, un asno cargando una batería y otra guitarra. El fotógrafo Michael Berkofsky afirmó haberse inspirado en la frase «joyas y prismáticos cuelgan de la cabeza de la mula», extraída de «Visions Of Johanna», para inmortalizar al batería de los Stones en uno de los mejores álbumes en directo de la historia del rock.

Génesis y letra

Al escuchar por primera vez la nueva canción de Dylan, Joan Baez afirmó haberse sorprendido: «Acababa de componer "Visions of Johanna" y me pareció sospechoso, me parecía que recreaba imágenes de mí en la canción»,[2] declaró a Anthony Scaduto en 1972. Y añadió: «Fue extraño». No obstante, Bob Dylan no ha confirmado nunca esta hipótesis. Cabe decir que, en esta canción, la prosa del cantautor es universal y no podría dirigirse a una sola mujer. Según Clinton Heylin, la composición de «Visions Of Johanna» se remonta a otoño de 1965, época en que Dylan vive con su esposa Sara en el Hotel Chelsea, situado en 23rd Street, Manhattan. Greil Marcus es aún más conciso y afirma que la letra fue redactada durante el gran apagón eléctrico del 9 de noviembre de 1965, que paralizó durante 12 horas ocho estados de Estados Unidos, entre ellos, Nueva York.

En cualquier caso, no es necesario encontrar una explicación racional a esta canción, en que el narrador observa el mundo a través de una especie de espejo deformado. Se convierte en el personaje de Alicia de Lewis Carroll, quien, pasando al otro lado del espejo, descubre una realidad distinta, una poesía distinta. Así pues, ¿qué ve? Una joven llamada Louise, que «sostiene un puñado de lluvia» y abraza a su amante, «damas que juegan a la gallina ciega con un llavero en unos edificios abandonados», un «niño perdido que se toma demasiado en serio» y «le gusta vivir peligrosamente», y otros personajes extraños, como el guardián nocturno, el vendedor ambulante, la condesa y el violinista; y finalmente, estas «visiones de Johanna que [mantienen al narrador] en vela hasta pasada la madrugada».

Un acertijo sobre la búsqueda de la felicidad

Aunque la canción «Visions Of Johanna» pueda considerarse un acertijo, algo que sin duda ha contribuido a su celebridad, sus referencias pictóricas y literarias son obvias. La Mona Lisa con bigote alude a la adaptación del célebre cuadro de Leonardo da Vinci por Marcel Duchamp, precursor del pop art y padre del *readymade*. La propia letra de la canción es una muestra de la técnica del *cut-up*, empleada por los escritores de la generación beat, sobre todo, William S. Burroughs. Como indica Robert Shelton, basándose en la tesis doctoral de Bill King (*Bob Dylan: The Artist In The Marketplace*), la

Bob Dylan: visiones de Johanna
que lo mantienen despierto hasta
el amanecer...

similitud entre la balada musical surrealista de Dylan y el poe-ma *Ode on a Grecian Urn*, de John Keats, resulta evidente. Según Bill King, «"Visions Of Johanna" es la canción de amor más obsesiva y compleja de Dylan, y su más bello poema. El autor intenta trascender el mundo físico para alcanzar el ideal incluso cuando las visiones de Johanna se hacen reales. Y aunque sea imposible, la vida sin esta búsqueda no merece la pena ser vivida: es la paradoja que encierra «Visions», la mis-ma que Keats explora en su *Ode on a Grecian Urn*».[7] Así pues, esta canción sería para Dylan la expresión de su pro-pia búsqueda de la felicidad –por supuesto, una búsqueda en vano.

Una canción pop filosófica

«Visions Of Johanna» es una de las obras maestras de Bob Dylan, cuyo contenido filosófico sitúa al cantautor en un lugar aparte dentro del mundo de la llamada música popular. Greil Marcus escribe: «Verso tras verso, "Blowin' In The Wind" es una canción piadosa, falsamente inocente, y quien haya escri-to "¿Y cuántos mares debe la blanca paloma atravesar antes der adormecerse sobre la arena?" conoce la respuesta [...]. Pero "Visions Of Johanna" plantea otro tipo de preguntas, como ¿dónde estamos? ¿Quién somos? ¿Qué hacemos aquí?

Y si queremos irnos, ¿encontraremos la salida?».[60] Para An-drew Morton, poeta, novelista y profesor de literatura inglesa en la Universidad de Hull, «Visions Of Johanna» es la can-ción mejor escrita de todas las que haya escuchado nunca. Una canción que expresa todo el hastío de un artista. «Dylan no ha parecido nunca tan solo como en esta balada grabada el día de San Valentín», escribió con acierto la revista *Rolling Stone*.[50]

Realización

Existen varias versiones de «Visions Of Johanna». La primera grabación se realizó el 30 de noviembre de 1965 en el estudio A de Columbia, en Nueva York, con los miembros de The Hawks, Robbie Robertson, Richard Manuel, Rick Danko y Garth Hudson –a quienes hay que añadir Al Kooper, Joe South (guitarra) y Robert Gregg. Se realizaron catorce tomas con el título provisional de «Freeze Out». Dylan duda en cuanto a los arreglos. Los primeros intentos, sobre todo la primera toma, conservan el estilo de blues rock de *Highway 61 Revisi-ted*, con el añadido de las maracas. La octava toma, que figu-ra en *The Bootleg Series, Vol. 7* (2005), toma un rumbo muy distinto: el ritmo es pesado, de vaivén, y la guitarra solista de Robertson está presente a lo largo de toda la canción; tam-

Bob Dylan sobre un escenario, el 5 de febrero de 1966.

bién se aprecian intervenciones de clavinet. Poco satisfecho del resultado, Dylan reflexiona. ¿Qué color musical quiere darle a la canción? Encuentra la solución cuando retoma las sesiones de grabación de *Blonde On Blonde* en Nashville, Tennessee, el 14 de febrero. Aquel día, Dylan llega con varias horas de retraso, pues su vuelo se había retrasado en el aeropuerto de Norfolk, Virginia. Le acompañan Grossman, Sara, su esposa desde el 22 de noviembre, y Jesse, el primer hijo de la pareja, de apenas un mes. Enseguida se pone manos a la obra. Necesita seguir trabajando en las letras y le pide a todo el equipo que espere a que las termine. El pianista Bill Aikins, que reemplaza temporalmente a Hargus Robbins, da testimonio de esta situación bastante poco habitual: «Me acuerdo que se sentaba al piano, sumido en una profunda reflexión meditativa. Creaba, componía [...] Y al cabo de un rato, sin duda varias horas, dijeron: "vale, Bob está listo para grabar la canción"».[64] Dylan toca su canción a los músicos una vez para que anoten los acordes y los distintos cambios. Luego, tras tres intentos, la cuarta toma es la definitiva. El cantautor interpreta la acústica y la armónica (en re), Wayne Moss la guitarra solista (algunas fuentes citan a Robbie Robertson, pero parece que no llegó a Nashville hasta el 7 de marzo), a priori Charlie McCoy a la guitarra rítmica –con una precisión impresionante, por cierto– Kenneth Buttrey a la batería, Joe South al bajo y Al Kooper a los teclados. Este último recuerda: «Al escuchar la canción con atención, te das cuenta del trabajo realizado por Joe South al bajo. Toca con una palpitación verdaderamente asombrosa que hace que la canción sea un éxito. Charlie McCoy no habría podido hacerlo, no era su estilo. En cuanto a mí, yo respondo a la letra –sobre todo, cuando canta "el fantasma de la electricidad sopla en los huesos de su rostro"».[24] A pesar de estar presente en el estudio, es difícil saber si Bill Aikins participó en la canción, pues el piano resulta inaudible.

Según Steve Harley, cantante del grupo Cockney Rebel, con esta canción Bob Dylan sobrepasó a todos los cantautores de su generación y se alzó al nivel de los más grandes poetas: «Desde que la escuché por primera vez, esta canción no se ha ido de mi espíritu. De repente, ya no era un niño de 15 años que escuchaba música; escuchaba poesía [...] ¿Estoy despierto? ¿O dormido? Tenía todas esas visiones de Johanna que me mantenían despierto hasta la madrugada. El hombre no puede dormir. Languidece de amor. ¿Pero es real? ¿Es poesía? No es ni Wordsworth ni Keats. Dylan está por encima».[65]

Bob Dylan interpretó «Visions Of Johanna» por primera vez en directo en el Westchester County Center de White Plains, en el estado de Nueva York, el 5 de febrero de 1966. Existen dos versiones en directo, ambas acústicas: la del concierto en el Royal Albert Hall, del 26 de mayo de 1966, incluida en el recopilatorio *Biograph* (1985); y la del concierto del Manchester Free Trade Hall, el 17 de mayo de 1966, en *The Bootleg Series, Vol. 4* (1998).

One Of Us Must Know (Sooner Or Later)

Bob Dylan / 4'55 minutos

Músicos
Bob Dylan: voz, guitarra, armónica
Robbie Robertson: guitarra
Paul Griffin: piano
Al Kooper: órgano
Rick Danko: bajo
Bobby Gregg: batería

Grabación
Columbia Recording Studios / estudio A, Nueva York:
25 de enero de 1966

Equipo técnico
Productor: Bob Johnston
Ingenieros de sonido: Roy Halee, Pete Dauria, Larry Keyes

Génesis y letra

Tras el viaje «al otro lado del espejo» de «Visions Of Johanna», Bob Dylan retoma un tema mucho más realista en «One Of Us Must Know (Sooner Or Later)». Su temática no es nueva: el fracaso amoroso. El narrador ha reflexionado sobre las razones de la degradación de una relación a lo largo de los años, y saca sus conclusiones: «Tarde o temprano, uno de los dos lo

PARA LOS ADICTOS A DYLAN
Holanda y Suecia invirtieron las caras del single lanzado en mayo de 1966: ¡«Queen Jane Approximately» se situó en la cara A, y «One Of Us Must Know (Sooner Or Later)», en la B!

sabrá»: «No quería tratarte tan mal», «No sabía que te despedías para siempre»: estos dos versos extraídos de la primera estrofa podrían hacer referencia a la relación y posterior ruptura de Bob Dylan con Joan Baez, en concreto, a la partida precipitada de la cantante durante la gira del cantautor por tierras británicas en 1965 (el documental *Dont Look Back* lo muestra de forma bastante clara). A la reina del folk, como la llaman, no le habría gustado que su exnovio no reconociera nunca cierta deuda artística con ella, o peor, que se burlara de su relación ante la prensa.

Realización

«One Of Us Must Know (Sooner Or Later)» fue grabada durante la segunda sesión de *Blonde On Blonde* realizada en Nueva York, el 25 de enero de 1966 (el 21 de enero se grabó el tema «She's Your Lover Now», que finalmente se descartó). Dylan necesita diecinueve intentos para grabar la versión definitiva con sus músicos. A pesar de realizar ocho tomas completas, la última se conserva para el máster. Desde el golpe de *rimshot* de la intro, ejecutado por Bobby Gregg, el tema carece de rigor rítmico, las guitarras de Dylan y Robertson están bastante desafinadas, y la actuación del conjunto resulta poco precisa, sobre todo en el segundo *break* (minuto 2'59). Es una lástima, porque es una buena canción, y la idea de lanzarlo como single demuestra todo su potencial. En una entrevista con Jann S. Wenner, en 1969, el propio Dylan afirmará: «Es una de mis canciones preferidas».[20]

Entre los músicos identificados está Paul Griffin, con su excelente interpretación al piano. Al Kooper lo recuerda: «Yo no tenía que participar en aquella sesión, pero fui igualmente y acabé tocando. El piano de «One Of Us Must Know» es absolutamente soberbio, me influenció enormemente como pianista. Probablemente sea la mejor interpretación de Paul Griffin. Era un músico espectacular [...]».[24]

Lanzada como single el 14 de febrero de 1966 (con «Queen Jane Approximately» de *Highway 61 Revisited* en la cara B), la canción apenas se situará en el puesto n.° 119 en las listas de *Billboard*, pero alcanzará el n.° 33 en Reino Unido. Bob Dylan no interpretará esta canción en directo hasta diez años más tarde, durante el concierto de Wichita, Kansas, el 19 de mayo de 1976.

A la izquierda, Brian Jones y Anita
Pallenberg, el dúo rubio del rock
de los años 1960; a la derecha,
Dylan en Estocolmo en 1966.

1966

I Want You

Bob Dylan / 3'08 minutos

Músicos
Bob Dylan: voz, guitarra, armónica
Wayne Moss: guitarra
Robbie Robertson: guitarra (?)
Charlie McCoy: guitarra (?)
Joe South: guitarra (?)
Al Kooper: órgano
Hargus Robbins: piano
Henry Strzelecki: bajo
Kenneth Buttrey: batería
Grabación
**Columbia Music Row Studios, Nashville
(Tennessee):** 10 de marzo de 1966
Equipo técnico
Productor: Bob Johnston
Ingeniero(s) de sonido: (?)

Génesis y letra

Bob Dylan habla a Clinton Heylin sobre la composición de «I Want You»: «No son solo palabras bonitas sobre una melodía o una melodía sobre una letra. [...] Letra y música forman un todo indisociable –puedo escuchar el sonido de aquello que quiero decir».66 Dylan escribió varios borradores antes de llegar al texto definitivo de esta canción, una de las más accesibles de su repertorio. En realidad, resulta una paradoja desconcertante. Su intro alegre, su ritmo pegadizo y su estribillo fácil de recordar la convierten en una canción «adecuada» para las listas de éxitos, pero detrás de esta sutil mezcla pop se entrevé, y luego se confirma, una poesía rica en metáforas e interrogantes diversos. Es un amor vano, pero el narrador expresa sus sentimientos sin rodeos: «Te quiero, te quiero / Te quiero tanto / Cariño, te quiero»: se puede decir más alto, pero no más claro. Al mismo tiempo, Dylan confunde al oyente citando a personajes muy peculiares, como un «sepulturero culpable que suspira», un «organista bárbaro que llora en soledad», o un «político borracho que va dando saltitos». El narrador, enamorado, siente también deseos de regresar «a la casa de la Reina de Picas» –¿Una referencia a la «Dama de Picas» de la opera de Tchaikovski?

Realización

Al Kooper tenía la costumbre de visitar a Bob Dylan en su habitación de hotel y transcribir la música que le tocaba. Recuerda: «Me sentaba y tocaba los acordes de la canción que estaba componiendo, como si fuera un magnetófono de casete humano».42 Al regresar al estudio, mostraba las nuevas canciones a los demás músicos, ahorrándole la tarea a Dylan. La grabación de «I Want You» se realiza el 10 de marzo de 1966, entre las 3 y las 7 de la madrugada, durante la última sesión de *Blonde On Blonde*. A Kooper le encanta la canción, y cada noche le pide al cantautor que la programe para la siguiente sesión. Pero Dylan la prorroga todo el tiempo, «solo para fastidiarme», recuerda: «Tenía un montón de ideas para los arreglos, y temía que al final no la grabáramos. Finalmente, la última noche, se la enseñé a la banda, antes de que Dylan entrara en el estudio. Cuando llegó, le dije: "Me he tomado la libertad de enseñarles 'I Want You'", a lo que él sonrió y dijo: "Perfecto, hagámosla hoy". Yo dije: "Todo está listo, solo tienes que arrancar". Tenía la base de los arreglos en la cabeza, pero cuando Wayne Moss tocó aquella línea de gui-

Al Kooper, el primero de los músicos de Dylan que apreció «I Want You».

PARA LOS ADICTOS A DYLAN

«El niño que baila con un disfraz de chino, que me habló, y a quien le cogí la flauta» hace referencia a Brian Jones, de los Rolling Stones, amigo de Bob Dylan y flautista. Unos versos más allá, Dylan canta *because time was on his side* («el tiempo estaba de su parte»), un guiño claro a «Time Is On My Side», la canción de Norman Meade con que los Rolling Stones entraron por primera vez en el Top 10 norteamericano (7 de noviembre de 1964).

PARA ESCUCHAR

Una palabra cantada por Dylan en «I Want You» fue parcialmente eliminada por error, bien en el momento de la mezcla, o por un *drop* involuntario: puede escucharse en el minuto 2'24 exactamente, justo antes de la frase *because time was on his side*.

tarra en semicorcheas, no me lo esperaba. Era el complemento perfecto de lo que yo tenía en mente».[42] Efectivamente, este excelente guitarrista sorprende por su habilidad: «Nunca antes había escuchado a nadie tocar tan rápido [...]. Le pregunté: "¿Puedes volver a hacerlo en cada fragmento?". Y respondió: "Por supuesto" [...]. Chaval, nadie era capaz de tocar así en Nueva York. ¡No podía creer que pudiera hacerlo!».[67] Es difícil identificar a los demás guitarristas. Dylan realiza una magnífica interpretación a la armónica (en fa), y parece tocar también la guitarra acústica, apoyado por una guitarra eléctrica rítmica (¿Robertson, South?) y una guitarra de nailon que se aprecia claramente en el puente (¿McCoy?). Kooper interpreta varios cánones melódicos muy acertados en un órgano con *reverb*, y la interpretación al piano de Robbins es como siempre brillante. La batería tocada con escobilla por Buttrey es simplemente un modelo del género y el verdadero motor de la canción. Se nota que todos los músicos se sienten muy cómodos sobre esta rítmica cercana a sus raíces; el resultado suena limpio y fluido. Ron Rosenbaum le pregunta en 1978: «¿Hablas del sonido brillante metálico de "I Want You"?». A lo que Dylan responderá: «Si, ese sonido».[20]

«I Want You» (junto con una versión en directo de «Just Like Tom Thumb's Blues») es el tercer single extraído de *Blonde on Blonde*. El vinilo de 45 rpm se publica el 10 de junio de 1966. El día 16 alcanza el puesto n.° 16 en las listas de éxitos de *Billboard*, y el 21 de julio, también el puesto 16 en las listas británicas. Bob Dylan interpretó la canción por primera vez en directo el 11 de mayo de 1976 en San Antonio, Texas.

Stuck Inside Of Mobile
With The Memphis Blues Again

Bob Dylan / 7'06 minutos

Músicos

Bob Dylan: voz, guitarra, armónica
Joe South: guitarra
Charlie McCoy: guitarra
Mac Gayden: guitarra
Wayne Moss: guitarra
Al Kooper: órgano
Hargus Robbins: piano (?)
Bill Aikins: piano (?)
Henry Strzelecki: bajo
Kenneth Buttrey: batería

Grabación

**Columbia Music Row Studios, Nashville
(Tennessee):** 16-17 de febrero de 1966

Equipo técnico

Productor: Bob Johnston
Ingeniero(s) de sonido: (?)

EL HOMENAJE DE LENNON

En *Satire 2*, en el CD *Dakota* de la caja recopilatoria *John Lennon Anthology*, el exBeatle rinde homenaje a Bob Dylan y a su enigmático estilo narrativo, con la frase «*Stuck Inside of Lexicon with the Roget's Thesaurus Blues Again*», una alusión directa a «Stuck Inside Of Mobile With The Memphis Blues Again».

Génesis y letra

Como en una novela negra de W. R. Burnett o James M. Cain, el narrador se encuentra tirado en una ciudad desconocida, lejos de casa y de los suyos –en este caso, en Mobile, Alabama. La canción es un bonito ejemplo del estilo narrativo de Dylan bajo el influjo de los escritores de la generación beat. La segunda estrofa es una obra maestra del absurdo (*nonsense*) –o fruto de alguna experiencia psicodélica: Shakespeare «está en el callejón / Con sus zapatos de punta y sus cascabeles / Hablando con una francesa que afirma conocerme». Es la segunda vez que el cantautor hace referencia a una francesa en un callejón: la primera fue en «Bob Dylan's 115th Dream», en 1965. En la tercera estrofa aparece una tal Mona, que viene al rescate del pobre narrador, avisándole de que los ferroviarios se beben la «sangre como el vino». Luego, en la quinta estrofa, un senador que «exhibe su fusil / Y ofrece entradas gratis / Para la boda de su hijo». En total son nueve estrofas, que terminan siempre con la misma pregunta: «¿Oh, mamá, ¿va a llegar pronto el final / Tirado en Mobile / Con el blues de Memphis?».

Realización

Aunque Dylan evoque el *Memphis blues* en el título de la canción, se trata más bien de un rock de tempo medio con acentos pop. La sesión de grabación realizada la noche del 16 al 17 de febrero, entre las 22.00 y las 07.00 horas, se dedicó enteramente a este tema, y no resultó fácil, pues Dylan no dejaba de añadir mejoras a la letra o a la estructura. Necesitan veinte tomas para grabar la definitiva, y solo tres de ellas se completaron. En *The Bootleg Series, Vol. 7* figura una de estas versiones, la quinta toma, más lenta y cercana al espíritu del blues, y quizá más inspirada que la del álbum. De las veinte tomas, la última se conserva para el máster. Joe South destaca por su brillante interpretación a la guitarra y sus *licks* al estilo de Nashville. Al Kooper afirma: «Su estilo único a la guitarra es lo más destacado de "Memphis Blues Again". Ambos nos compenetramos muy bien en esta canción, él a la guitarra y yo a los teclados».[42]

Como en la mayoría de temas del álbum, en «Stuck Inside Of Mobile With The Memphis Blues Again» destacan las guitarras (aunque sea difícil identificar quién toca qué). Esta vez intervienen al menos dos guitarras acústicas, y parece que inclu-

Joe South, uno de los magníficos guitarristas del álbum, en 1969.

so una de doce cuerdas. También se distingue una guitarra rítmica eléctrica y un piano (sobre todo en los *breaks* del final de las estrofas), aunque ambos suenan ahogados en la mezcla. La canción se apoya en el excelente *groove* del bajo y la batería de Strzelecki y Buttrey, respectivamente.

«Stuck Inside Of Mobile With The Memphis Blues Again» se eligió como cara A de un single lanzado al mercado el 16 de mayo de 1966 (con «Rita May» en la cara B), pero no llegó a las listas de éxitos. Bob Dylan la cantó por primera vez el 28 de abril de 1976 en un concierto en la Universidad de West Florida, en Pensacola, Florida.

PARA LOS ADICTOS A DYLAN

La frase de la tercera estrofa, «Ella dijo que todos los ferroviarios se beben tu sangre como si fuera vino», tiene su origen en la canción folk titulada «I Wish I Was A Mole In The Ground», grabada en la década de 1920 por Bascom Lamar Lunsford, apodado el «Minstrel of Appalachia» (el juglar de los Apalaches).

Leopard-Skin Pill-Box Hat

Bob Dylan / 3'58 minutos

Músicos
Bob Dylan: voz, guitarra
Robbie Robertson: guitarra
Joe South: guitarra
Charlie McCoy: guitarra (?)
Wayne Moss: guitarra (?)
Al Kooper: órgano
Hargus Robbins: piano
Henry Strzelecki: bajo
Kenneth Buttrey: batería
Grabación
Columbia Music Row Studios, Nashville
(Tennessee): 10 de marzo de 1966
Equipo técnico
Productor: Bob Johnston
Ingeniero(s) de sonido: (?)

Kenwood, la casa de John Lennon en Weybridge (Surrey).

Génesis y letra

Durante su gira por Reino Unido en primavera de 1965, Bob Dylan es invitado a Kenwood, el caserío de veintidós habitaciones que John y Cynthia Lennon tienen en Weybridge, Surrey. De regreso a Estados Unidos, el cantautor norteamericano se compra también una casa, de once habitaciones, más modesta que la del componente de los Beatles. Está situada en el corazón de la comunidad artística de Byrdcliffe, en Woodstock, estado de Nueva York, justo al lado de la de Albert Grossman. «Leopard-Skin Pill-Box Hat» tiene en gran parte su origen en esta experiencia. No obstante, como es habitual en Dylan, también puede encerrar la voluntad de alcanzar otra dimensión. El tema es una diatriba implacable contra la sociedad de consumo, falso símbolo de la libertad; un ataque en toda regla a las primeras *fashion victims* de los años pop. El cantautor habla de un gorro de piel de leopardo –que en aquella época llevaba Jackie Kennedy Onassis– como ejemplo de la vulgaridad, y lo convierte en un arma contra el materialismo y el culto al aspecto físico. «Tú crees que te ama por tu dinero / Pero yo sé por qué te ama en realidad / Es por tu flamante sombrero de piel de leopardo», canta en la primera estrofa. Quizá sea también su forma de expresar su rechazo a las convenciones, y con ello, a su estatus de estrella del rock... Pero Dylan no sería Dylan si no echara por tierra todas las especulaciones de sus exegetas. A la pregunta «¿de qué habla "Leopard-Skin Pill Box-Hat"?», responde, en 1969: «Exactamente de esto [un sombrero de piel de leopardo]. Creo que lo tomé de un periódico. Debí de ver una foto de un escaparate de una gran tienda. No hay nada que añadir. Sé que puede parecer una mentira, pero en realidad no hay más que eso. Simplemente, un sombrero de piel de leopardo. Es todo».[20]

Realización

«Leopard-Skin Pill Box-Hat» es un retorno al blues, en este caso, el blues eléctrico. Bob Dylan y The Hawks interpretaron la canción por primera vez en directo a finales del año 1965, antes de grabar varias tomas en el estudio A de Columbia: dos de ellas, el 25 de enero, y otras cuatro, el 27 de enero (una de ellas, para realizar un montaje de producción). Más tarde, en Nashville, Dylan realiza catorce tomas, el 14 de febrero, y otra más la noche del 9 al 10 de marzo. La última se conservará para *Blonde On Blonde*. La primera toma del 25 de enero fi-

Bob Dylan en Londres en 1966.

gura en *The Bootleg Series, Vol. 7* (2005). Esta versión es bastante distinta a la del álbum, el tempo es más lento y el ambiente es propio de un *slow blues* eléctrico, muy acertado, por cierto. Contiene algún cambio en la letra, sobre todo en la estrofa suplementaria, que es un guiño al «Me And My Chauffeur» (1941), de Memphis Minnie, o incluso a «Drive My Car», de los Beatles, que se acababa de lanzar un mes antes en Inglaterra.

Dylan se adjudica el honor de interpretar el solo de la intro, probablemente, en una Fender Telecaster. Aunque no sea su especialidad, lo hace con dignidad, y luego devuelve la función de solista a Robbie Robertson (guitarra izquierda en el estéreo, Dylan en el medio). Formado en el estilo del blues eléctrico de Chicago, evidentemente Robertson domina mejor la técnica. Este le confía a Robert Shelton: «A Bob le gustaban los cantantes de blues, pero su experiencia no era como la mía. Era más folk blues, tipo Reverendo Gary Davis y Blind Lemon Jefferson, mientras que yo escuchaba sobre todo blues de Chicago y del Delta del Mississippi –[Howlin'] Wolf, Muddy [Waters] y [Little] Walter, todos estos. No me atraía la música acústica como a él. Yo tocaba la eléctrica desde niño, me gustaba más. Pero cuando Bob y yo nos encontramos tocando en el escenario juntos, poco a poco fuimos intercambiando nuestras fuentes de inspiración: él se pasó a mi música, yo a la suya, y este intercambio de ideas contribuyó a la música que tocábamos tanto en directo como en el estudio».[24]

Además de las guitarras de Dylan y Robertson, podemos escuchar la de Joe South, probablemente a la rítmica. South posee una forma de tocar muy característica, y su excelente técnica es ejemplo de contundencia. Una cuarta guitarra ataca sola los primeros tiempos de cada compás, algo poco habitual en este estilo de música (¿McCoy, Moss?). Al Kooper apoya el conjunto al órgano, con discreción, como el piano de Robbins, que resulta prácticamente inaudible en la mezcla del estéreo. El bajo y la batería ofrecen el *groove* necesario y apoyan varios fragmentos de las guitarras. «Leopard-Skin Pill Box-Hat» se lanzó como single en marzo de 1967 (con «Most Likely You'll Go Your Way [And I'll Go Mine]» en la cara B). Fue el quinto de *Blonde On Blonde*.

Just Like A Woman

Bob Dylan / 4'53 minutos

Músicos
Bob Dylan: voz, guitarra, armónica
Charlie McCoy: guitarra
Joe South: guitarra
Wayne Moss: guitarra
Al Kooper: órgano
Hargus Robbins: piano
Henry Strzelecki: bajo
Kenneth Buttrey: batería
Grabación
**Columbia Music Row Studios, Nashville
(Tennessee):** 8 de marzo de 1966
Equipo técnico
Productor: Bob Johnston
Ingeniero(s) de sonido: (?)

COVERS

«Just Like A Woman» ha sido versionada por infinidad de artistas, comenzando por Manfred Mann que consiguió el número 10 en las listas británicas (lo que explica en parte por qué el single de la canción no saliera en el Reino Unido). Mencionar también a Joe Cocker (*With A Little Help From My Friends*, 1969), Roberta Flack (*Chapter Two*, 1970), Nina Simone (*Here Comes The Sun*, 1971), The Byrds (como bonus track de *Byrdmaniax*, 1971), Rod Stewart (*Tonight I'm Yours*, 1981), Richie Havens (*The 30th Anniversary Concert Celebration*, 1993), Stevie Nicks (*Street Angel*, 1994), Charlotte Gainsbourg y Calexico (*I'm Not There*, 2007).

Génesis y letra

Aunque Bob Dylan afirmara en 1985[12] haber compuesto la letra de «Just Like A Woman» la noche de Acción de Gracias de 1965 (25 de noviembre), en Kansas City, durante su gira con The Hawks (el 26 de noviembre tocaron en Chicago), parece que en realidad fue escrita, o al menos terminada, en Nashville, unos meses más tarde, justo antes, o incluso durante, la sesión de grabación del 8 de marzo de 1966. Los manuscritos de la canción no presentarían un texto acabado, con excepción de la primera estrofa. Sean Wilentz afirma que, al escuchar las cintas originales de Nashville, las primeras tomas muestran un texto inconexo, cantado en «una especie de galimatías».[68] Es muy probable que Dylan terminara la canción en su habitación de hotel, como hizo a menudo durante las sesiones de *Blonde On Blonde*, y mostrara la música a su fiel amigo Al Kooper. También es posible que la terminara en el último minuto, en el estudio, sobre todo, el estribillo y el puente.

«Hace el amor como una mujer, sí, lo hace / Y tiene el corazón grande como una mujer / Pero se rompe como una niña». ¿En quién pensaba Dylan cuando compuso esta canción? Quizá en Joan Baez, pero su ruptura se remonta a la gira británica de primavera de 1965. Seguramente fuera Edie Sedgwick, musa de Dylan antes de serlo de Warhol. Habitual de la Factory desde 1965, Edie y Dylan se conocen en el Chelsea Hotel, donde ella también reside, y cae rendida a los encantos del cantautor. Su supuesta relación se habría terminado al cabo de pocos meses, cuando Warhol le cuenta a Edie que Dylan se ha casado con Sara…

Tanto si va dirigida a Edie Sedgwick como si no, la letra de «Just Like A Woman» fue duramente criticada por las feministas. El 14 de marzo de 1971, en las columnas del *New York Times*, la novelista y figura influyente del movimiento Women's Lib, Marion Meade, escribió: «No existe un catálogo más completo de insultos sexistas que esta canción, en que, para Dylan, la avidez, la hipocresía, el carácter quejumbroso y la histeria serían las características naturales de la mujer». En realidad, no tiene nada que ver con esto. Las feministas no comprendieron el verdadero mensaje de Dylan. Frases como «pero recientemente he visto que sus cintas y sus lazos / Se cayeron de sus rizos» y «hasta que ella vea finalmente que es como las demás / Con su niebla, sus anfetaminas y sus per-

Edie Sedgwick (en el centro)
durante el rodaje de *Ciao Manhattan*
de J. Palmer y D. Weisman.

las», son dos metáforas del paso de la adolescencia a la edad adulta, sobre la inocencia perdida para siempre. Por tanto, no es ningún mensaje misógino, sino un hermoso poema sobre el fracaso de una relación amorosa.

Realización

Desde el punto de vista musical, «Just Like A Woman» es sin duda la canción más comercial de *Blonde On Blonde*. En una conferencia dada en marzo de 2012 en la Universidad de Belmont, en Nashville, Al Kooper afirmó que la canción ha de escucharse a las cuatro de la madrugada, sin duda, la hora en que fue grabada. La estructura armónica es a la vez sencilla y sofisticada, al igual que su letra. Dylan posee el don de hacer inmediatamente identificables sus palabras y su música mediante imágenes intensas e indelebles. Y para destacar todavía más esta intensidad, obtiene de sus músicos unos arreglos sutiles que hacen de «Just Like A Woman» un «clásico» de su repertorio. Sus dos intervenciones a la armónica (en mi) al principio y el final de la canción son excelentes, y no duda en realizar otra de alrededor de 1 minuto tras la primera estrofa. Se escuchan dos guitarras clásicas, la primera (¿McCoy?) interviene como solista a lo largo de la canción y se distingue en cada *break* por una frase que ha hecho las delicias de los fans

guitarristas, y la segunda está tocada en arpegio (South, Moss?). Esta última es apoyada por el piano de Robbins, mientras que Kooper ofrece una soberbia interpretación al órgano, tan indispensable para el carácter de la canción como la guitarra solista. También están presentes otras dos guitarras acústicas. «Just Like A Woman» también debe su excelente resultado a la sección rítmica, compartida entre Strzelecki, al bajo, y Buttrey, a la batería, tocada de nuevo con escobillas. Cabe destacar la calidad de la voz de Dylan, que aporta el verdadero carácter de la canción; su madurez y los sentimientos que expresa son una muestra de su inmenso talento como intérprete. Cuesta creer que solo cinco años antes, algunos se burlaban de su timbre de voz en la discográfica Columbia… Una de las dos tomas realizadas el 8 de marzo de 1966 fue elegida para el álbum y el single, lanzado en agosto de 1966 (con «Obviously Five Believers» en la cara B), alcanzando el puesto n.° 33 en las listas de éxitos de *Billboard*. Bob Dylan interpretó en directo por primera vez «Just Like A Woman» el 13 de abril de 1966 en Sídney, Australia. Desde entonces, la ha tocado unas 900 veces. Existen varias versiones en directo: en *The Bootleg Series, Vol. 4* (1966), *The Concert For Bangladesh* (1971), *Before the Flood* (1974), *At Budokan* (1979), *The «Royal Albert Hall» Concert* (1998) y *The Bootleg Series, Vol. 5* (2002).

Most Likely You Go Your Way (And I'll Go Mine)

Bob Dylan / 3'30 minutos

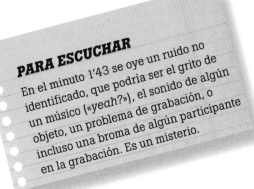

Músicos
Bob Dylan: voz, guitarra, armónica
Charlie McCoy: bajo, trompeta
Robbie Robertson: guitarra
Joe South: guitarra (?)
Wayne Moss: guitarra (?)
Al Kooper: órgano
Kenneth Buttrey: batería

Grabación
Columbia Music Row Studios, Nashville (Tennessee): 9 de marzo de 1966

Equipo técnico
Productor: Bob Johnston
Ingeniero(s) de sonido: (?)

Génesis y letra

Bob Dylan escribe en las notas de la caja recopilatoria *Biograph* (1985): «La compuse sin duda después de un desengaño amoroso, del que, debo decir, he tenido la suerte de salir sin la nariz rota».[12] La letra de «Most Likely You Go Your Way (And I'll Go Mine)» es una de las más accesibles de todas las que escribió durante este período. En la primera estrofa, el narrador muestra un tono acusador. Anuncia los motivos del fracaso:

Charlie McCoy,
un multiinstrumentista talentoso.

ella es una mujer mentirosa que se muestra muy débil ante cualquier circunstancia. Afirma: «A veces es tan difícil sentir afecto». En la tercera estrofa, el narrador reconoce que el divorcio es inevitable, y que él tiene su parte de responsabilidad: «Dices que mis besos no son como los suyos / Pero esta vez no te diré porqué». Cabe destacar el tono enigmático con que habla de este divorcio, sobre todo en el puente, cuando previene a la mujer de las malas intenciones de un juez que pronto la llamará. ¿Fantasma, ficción, o mensaje encriptado?

Realización

La anécdota más destacada de esta canción tiene como protagonista al increíble Charlie McCoy, quien, aunque su función en la grabación se limitara al bajo, deseaba colocar una frase de trompeta al final de cada estrofa. Dado que ni Dylan ni Bob Johnston eran muy partidarios de los *overdubs*, decidió sorprenderles. Al Kooper recuerda: «Empezamos a grabar, y cuando llegó el fragmento, tomó su trompeta con la mano derecha y tocó las frases mientras seguía sosteniendo el bajo con la izquierda, sin dejar de tocar ambos instrumentos. Dylan se detuvo en medio de la toma y se quedó mirándole fascinado».[42] Es cierto que Charlie simplificó su línea de bajo, pero su *gimmick* a la trompeta resulta arrebatador y se pega a la cabeza desde la primera vez que lo oyes. ¡Gracias Charlie! Se aprecian tres guitarras en la mezcla, sin duda, la menos lograda del álbum. Prácticamente no se oyen los teclados, ahogados por la contundente batería de Kenneth Buttrey.

La canción fue elegida como cara B del single «Leopard-Skin Pill Box-Hat». Bob Dylan la interpretó por primera vez el 3 de enero de 1974 en el Chicago Stadium, durante su gira con The Band. Durante esta «Dylan & The Band Tour» se grabó el disco en directo *Before The Flood*. Como título inaugural del concierto figura una versión muy roquera de «Most Likely You Go Your Way (And I'll Go Mine)», muy distinta pues a la versión de estudio, con Dylan acentuando cada final de estrofa. Esta versión se lanzó como cara A de un single en julio de 1974 (con «Stage Fright», en la cara B, una composición de Robbie Robertson cantada por el bajista de The Band, Rick Danko), alcanzando el puesto n.° 66 de las listas de *Billboard*.

Temporary Like Achilles

Bob Dylan / 5'03 minutos

Músicos

Bob Dylan: voz, guitarra, armónica
Robbie Robertson: guitarra
Wayne Moss: guitarra (?)
Charlie McCoy: guitarra (?)
Joe South: guitarra (?)
Al Kooper: piano eléctrico (?)
Hargus Robbins: piano
Henry Strzelecki: bajo
Kenneth Buttrey: batería

Grabación

**Columbia Music Row Studios, Nashville
(Tennessee):** 9 de marzo de 1966

Equipo técnico

Productor: Bob Johnston
Ingeniero(s) de sonido: (?)

Hargus Robbins, un pianista extraordinario e indispensable para el sonido del álbum.

Génesis y letra

Un enamorado rechazado y sustituido en el corazón de su amada por otro hombre de mil y una virtudes... Se trata de una historia tan vieja como la humanidad y que desde siempre viene inspirando a dramaturgos, pero Dylan la transforma en una especie de caos interno, dentro de la línea de *Blonde On Blonde*. «Me abalanzo sobre tu vestíbulo / Me apoyo contra tu puerta de terciopelo / Observo tu escorpión que atraviesa reptando tu escenario circense»: Michael Gray interpreta este «vestíbulo» como «una fosa entre el narrador y el mundo exterior».[30] Al final de la canción, el cantautor introduce en escena a Aquiles como protector de la amante infiel. ¿Es un guiño a la *Ilíada* de Homero? Evidentemente, Aquiles es el héroe legendario de la guerra de Troya, que se sumerge en el Estigia para volverse invulnerable (con permiso de... su talón).

Realización

«Temporary Like Achilles» nace de las cenizas de la canción «Medicine Sunday», un *outtake* jamás publicado, grabado en Nueva York con The Band, el 5 de octubre de 1965. El estribillo, «Sabes que quiero tu amor / Cariño, ¿porqué eres tan dura?», está extraído directamente de él. No obstante, los paralelismos se terminan ahí. Mientras que «Medicine Sunday» lleva la marca de *Highway 61 Revisited*, el tema «Temporary Like Achilles» suena empapado en el sonido de Nashville. Este boogie indolente recuerda la rítmica de «Blueberry Hill» de Fats Domino, en una versión más lenta. En la canción destaca la excelente interpretación al piano de Hargus Robbins, al estilo de Nueva Orleans. El bajo y la batería tocada con escobillas aportan el *groove* necesario. Se aprecian nada menos que tres guitarras, una de las cuales, siguiendo la figura armónica del piano. Su sonido, con abundante *reverb* y *vibrato*, recuerda al de un piano eléctrico. ¿Se trata de Al Kooper? Es difícil identificarlo. Desde *Blonde On Blonde*, Dylan introduce «puentes» en la estructura de algunas de sus canciones. El puente de esta canción en concreto escapa a su lógica armónica, aportándole un carácter pop. ¿Es la influencia de la *British Invasion*? La versión final se grabó durante la segunda sesión, el 9 de marzo, realizada de las 21.00 horas hasta medianoche.

The Flamin' Groovies rindieron homenaje a Dylan con su adaptación de «Absolutely Sweet Marie».

Absolutely Sweet Marie

Bob Dylan / 4'57 minutos

Músicos
Bob Dylan: voz, guitarra, armónica
Robbie Robertson: guitarra
Wayne Moss: guitarra (?)
Charlie McCoy: guitarra (?)
Joe South: guitarra (?)
Al Kooper: órgano
Henry Strzelecki: bajo
Kenneth Buttrey: batería
Grabación
Columbia Music Row Studios, Nashville (Tennessee): 8 de marzo de 1966
Equipo técnico
Productor: Bob Johnston
Ingeniero(s) de sonido: (?)

COVERS
«Absolutely Sweet Marie» ha sido versionada por The Flamin' Groovies (*Jumpin' In The Night*, 1979), George Harrison (*The 30th Anniversary Concert Celebration*, 1993), Clifton Chenier (*Blues On Blonde On Blonde*, 2003) y Ducks Deluxe (*Box Of Shorts*, 2009).

Génesis y letra

Esta canción reúne dos elementos característicos del arte de Dylan: la metáfora sexual y la poesía surrealista. El primero aparece de forma bastante evidente en la primera estrofa: «Sabes que no puedo saltarme tu paso a nivel / A veces es tan duro, lo ves / Que me quedo ahí sentado tocando la trompeta». Es la frustración del pobre narrador. En cuanto a la poesía surrealista, se expresa a través de los personajes del teatro dylaniano, siempre tan peculiares: el capitán de un barco al amanecer o el borracho persa. A partir de mediados de la década de 1960, se hará evidente la predilección del cantautor por los adverbios acabados en «y» en los títulos de sus canciones, como «Queen Jane Approximately», en *Highway 61 Revisited*, o «Most Likely You Go Your Way (And I'll Go Mine)», «Temporary Like Achilles», «Obviously Five Believers» y «Absolutely Sweet Marie», en *Blonde On Blonde*.

Realización

Aunque llegaran al estudio el día 7 de marzo a las 21.30 horas, Bob Dylan y sus músicos no empezaron a grabar hasta la 1 de la madrugada (8 de marzo). Grabaron «Absolutely Sweet Marie», la única canción de la sesión, en tres horas (a priori, en una sola toma). Esta primera canción que inaugura la segunda parte de las sesiones de Nashville (la primera se llevó a cabo del 14 al 17 de febrero), es un rock de medio tempo que recuerda el estilo del sonido británico de la época. Dirigida por la batería de Kenneth Buttrey, la banda sostiene a Dylan, que se acompaña con la acústica e interpreta varios solos de armónica muy logrados (en sol). Al Kooper, cuya participación es esencial en el resultado de la canción, alabó la interpretación de Buttrey: «Su ritmo es impresionante, esto funciona gracias a él».[24] Con excepción de las guitarras de Robbie Robertson y Dylan, resulta imposible confirmar si otros guitarristas participaron en la sesión. Dylan, quien a partir de entonces suele añadir puentes a sus canciones, también lo hace en «Absolutely Sweet Marie», reforzando su estilo pop. La interpretó por primera vez el 7 de junio de 1988 durante un concierto en Concord, California.

4th Time Around

Bob Dylan / 4'35 minutos

Músicos

Bob Dylan: voz, guitarra, armónica
Wayne Moss: guitarra
Charlie McCoy: guitarra, armónica bajo (?)
Joe South: bajo
Al Kooper: órgano (?)
Kenneth Buttrey: batería

Grabación

Columbia Music Row Studios, Nashville (Tennessee): 14 de febrero de 1966

Equipo técnico

Productor: Bob Johnston
Ingeniero(s) de sonido: (?)

Génesis y letra

¿Una discusión amorosa en que se dicen palabras que en realidad no se sienten? Quizá. Más allá de esta discusión, Dylan juega con las imágenes y las indirectas sexuales, retomando una tradición que tiene su origen en los padres fundadores del blues. Una singularidad estilística: en las tres primeras estrofas, el narrador habla de su amante en tercera persona; en las dos últimas, emplea la segunda persona. En cuanto al título, al igual que «Positively 4th Street», podría hacer referencia una vez más a 4th Street de Greenwich Village, donde empezara la carrera musical neoyorquina de Dylan.

A Bob Dylan le gustan los títulos que contienen números: «4th Time Around» no es el único; «Alberta #1 y #2», «Bob Dylan's 115th Dream», «From A Buick 6», «Highway 61 Revisited», «Obviously 5 Believers», «Positively 4th Street», «Rainy Day Women #12 & 35», «Seven Curses», «Workingman's Blues #2»...

Realización

«4th Time Around» fue la primera canción grabada en Nashville, y por lo que parece, no fue fácil llegar a la versión definitiva, pues Dylan y sus músicos necesitaron repetir nada menos que veinte tomas. Al Kooper recuerda su propia reacción tras escuchar la cinta: «Pensé que Dylan le había metido mucho morro con "4th Time Around" –porque sonaba demasiado parecida a "Norwegian Wood"–, y él me respondió que, en realidad, era «Norwegian Wood» la que se parecía mucho a su canción».[24] En una conferencia dada en 2012 en la Universidad de Belmont (Nashville), Kooper explicó que, cuando se mostró preocupado por si los Beatles denunciaban a Dylan, este le dio a entender que eran ellos quienes se habían inspirado en su canción tras escucharla en *petit comité*, y que por tanto no podían acusarle de nada.

«Norwegian Wood» figura en el álbum *Rubber Soul*, lanzado en diciembre de 1965, es decir, dos meses antes de la grabación de «4th Time Around». Es el primer álbum de los Beatles en que la letra toma relevancia en sus canciones. Probablemente, John Lennon la compusiera bajo el preciado influjo de Dylan, y luego a este le apeteciera hacer una parodia de la canción. En resumen, Dylan copió una canción de Lennon copiada de Dylan.

Las líneas melódicas son bastante similares. Los arreglos, en cambio, son totalmente distintos. Dylan le da a su canción (en tres por cuatro) un estilo tex-mex, gracias en parte a los arpegios de las dos guitarras acústicas (con cuerdas de nailon), a priori interpretadas por Wayne Moss y Charlie McCoy. En los documentos de la sesión recopilados por Michael Krogsgaard, se indica que McCoy interpreta la armónica bajo. No obstante, resulta inaudible en la mezcla, al igual que la participación de Al Kooper a los teclados. Dylan toca la guitarra acústica (con cuerdas de acero) e interpreta un buen solo de armónica (en mi).

La canción «4th Time Around» inauguró las sesiones de Nashville, pero también las cerró. El 16 de junio de 1966, un mes después del lanzamiento oficial de *Blonde On Blonde*, se realizó una sesión dedicada a los *overdubs*, con Charlie McCoy al clavicordio y Kenneth Buttrey a la batería. Lamentablemente, hasta la fecha no se ha publicado el resultado de esta grabación.

Existe una excelente versión acústica en directo de «4th Time Around» incluida en *The Bootleg Series, Vol. 4* (1998).

Obviously 5 Believers

Bob Dylan / 3'36 minutos

Músicos

Bob Dylan: voz, guitarra
Charlie McCoy: armónica
Robbie Robertson: guitarra
Wayne Moss: guitarra
Joe South: guitarra
Al Kooper: órgano
Hargus Robbins: piano
Henry Strzelecki: bajo
Kenneth Buttrey: batería
(?): maracas

Grabación

Columbia Music Row Studios, Nashville (Tennessee): 10 de marzo de 1966

Equipo técnico

Productor: Bob Johnston
Ingeniero(s) de sonido: (?)

Memphis Minnie creadora de «Me And My Chauffer» y su marido Kansas Joe McCoy.

Génesis y letra

Una canción sobre la soledad y la ausencia del ser querido. La estructura de la letra de «Obviously 5 Believers» es similar a la de «Me And My Chauffeur», de Memphis Minnie, citada anteriormente como referencia en «Leopard-Skin Pill Box-Hat». ¿Quiénes son estos «quince juglares» y sus «cinco fieles vestidos de hombre»? Dylan canta que son amigos. Tal vez. Pero, ¿acaso no fue simplemente la sonoridad de las palabras lo que buscó? «Obviously 5 Believers» es un blues rock, más en la línea de *Highway 61 Revisited* que de *Blonde On Blonde*.

Realización

Resulta gracioso constatar que, después de insinuar que Lennon se había inspirado en «4th Time Around» para componer «Norwegian Wood», Dylan hace lo mismo retomando el riff de armónica de «Good Morning Schoolgirl», de Sonny Boy Williamson, esta vez, interpretado a la guitarra por Robbie Robertson. Una vez más, la influencia predominante de esta canción es el blues de Chicago, y Robertson lo confirma claramente con sus inspirados solos a las seis cuerdas: «Creo que gracias a esta canción, los chicos de Nashville me aceptaron, porque hacía algo que ellos no hacían, creo que sintieron que no me metía en su terreno».[24] Dylan interpreta una de las guitarras rítmicas, y esta vez, delega la armónica a Charlie McCoy, quien ofrece varias frases muy blues que hubieran firmado los maestros del género. Dos guitarras más refuerzan la rítmica de la canción, al igual que el piano, tocado en *offbeat*, y el órgano, que evoluciona hacia un registro bastante grave, extrañamente ahogado en la mezcla. El bajo y la batería son de una eficacia asombrosa, acompañados por las maracas interpretadas por un músico no identificado. Dylan habría insistido en no dedicarle mucho tiempo a la canción. Les dijo a sus músicos: «Es fácil, tíos».[68] Tal vez fuera fácil sobre el papel, pero los compases «descuadrados» (segunda estrofa) y los riffs a contratiempo dificultan su interpretación. En cualquier caso, «Black Dog Blues», título provisional de «Obviously 5 Believers», es un excelente blues rock. Se grabó el 10 de marzo de 1966 durante la sesión de medianoche, a las 3 de la madrugada.

Sad-Eyed Lady Of The Lowlands

Bob Dylan / 11'21 minutos

Músicos
Bob Dylan: voz, guitarra, armónica
Wayne Moss: guitarra
Charlie McCoy: guitarra
Al Kooper: órgano
Hargus Robbins: piano
Joe South: bajo
Kenneth Buttrey: batería, tamboril

Grabación
**Columbia Music Row Studios, Nashville
(Tennessee):** 16 de febrero de 1966

Equipo técnico
Productor: Bob Johnston
Ingeniero(s) de sonido: (?)

Bob Dylan y su mujer Sara, la «Sad-Eyed Lady
of The Lowlands».

Génesis y letra

En la canción «Sara» del álbum *Desire* (1976), Bob Dylan afirma haber compuesto «Sad-Eyed Lady Of The Lowlands» cuando vivía en el Hotel Chelsea. Varios testimonios remontan la composición de la canción al mes de febrero de 1966, aunque el cantautor retocara la letra varias veces, incluso minutos antes de grabarla. Dylan explica a Jann S. Wenner en 1969: «Empezó siendo algo sencillo [...], pero me dejé llevar por la escritura [...]. Lo mismo durante las sesiones [...]. Empecé a escribir y no podía parar. Al final, me olvidé de qué hablaba y quise retomarla desde el inicio [risas]».[20] Joan Baez creyó (o esperó) que «Sad-Eyed Lady Of The Lowlands» estuviera dedicada a ella, pues desde 1959, ella misma interpretaba una canción titulada «Lowlands». Según Eugene Stelzig, digno émulo del psiquiatra Carl Gustav Jung, «esta dama de ojos tristes de los Highlands sería la personificación del *anima* de Dylan»,[69] es decir, la representación femenina en la imaginería del cantautor.

En realidad, Bob Dylan la compuso para Sara, con quien había contraído matrimonio en el más estricto secreto el 22 de noviembre de 1965. Lo insinúa a su particular manera, jugando con la similitud entre la sonoridad de «*Lowlands*» y «*Lownds*» (el nombre de casada de Sara durante su primer matrimonio), y lo muestra de forma evidente en cada verso de este largo poema, en que exalta las virtudes físicas e intelectuales de su amada. El cantautor afirmó a Robert Shelton: «Es la mejor canción que haya compuesto nunca».[7]

«Sad-Eyed Lady Of The Lowlands» ocupa toda la cuarta cara de *Blonde On Blonde*. Es digna de las mejores expresiones del espíritu dylaniano, que, en el plano poético, se ha forjado bajo la triple influencia de Blake, Rimbaud y Ginsberg, y en el plano espiritual y de las experiencias psicodélicas, bajo la de gurús como Aldous Huxley y Timothy Leary. En la primera estrofa, Dylan canta: «Con tu boca de mercurio en el tiempo de los misioneros / Y tus ojos de humo y tus plegarias de poemas / Y tu cruz de plata y tu voz que suena / Oh, ¿quiénes, entre ellos, podrían enterrarte?». El himno al amor del cantautor escapa a toda racionalidad. Las palabras se suceden creando una melodía repetitiva e intemporal, que lleva al oyente hacia tierras lejanas, donde resuenan los «tambores de Arabia», donde granjeros y hombres de negocios han decidido «mostrar los ángeles muertos que escondían», «ahí

donde el profeta de ojos tristes dice que no va a llegar ningún hombre».

Realización

«Sad-Eyed Lady Of The Lowlands» fue grabada el 16 de febrero de 1966 en cuatro tomas (solo una de ellas no se completó), entre las 4 y las 5 y media de la madrugada. La última toma se conservó para el álbum *Blonde On Blonde*. Kris Kristofferson, conserje del estudio de Nashville en aquella época, recuerda: «Veía a Dylan sentado al piano, componiendo desde el atardecer, con las gafas de sol sobre la nariz. Todos los músicos jugaban a las cartas, esperando a que terminara».[70] Son casi las cuatro de la madrugada cuando por fin el cantautor está listo. Aunque, a aquellas horas, los músicos ya no lo están. Charlie McCoy explica: «Cuando intentas mantenerte despierto hasta las 4 de la madrugada, tocar un tema largo y lento, es muy, muy difícil».[68]

Antes de empezar a grabar, Dylan anuncia a los músicos que él empezará la canción con una estructura típica de «dos estrofas y un estribillo», y que después de su intervención a la armónica, ya verán adonde les lleva la música. Kenneth Buttrey pensaba que interpretarían un estándar de 2 a 3 minutos, pero se sorprende, al igual que los demás músicos, cuando Dylan empieza a cantar: «Si os fijáis, después de la segunda estrofa empieza a ser una locura, todo el mundo acelera el ritmo como para terminar la canción, porque nos decíamos, "chaval, ya está bien... Ya está, este va a ser el último estribillo, ahora vamos a dar lo mejor de nosotros". Y seguía tocando la armónica, y se puso a cantar una nueva estrofa, y el ritmo debía ralentizarse de nuevo para adaptarlo al estribillo. Al cabo de diez minutos así, desconectamos. Me refiero a que acelerábamos en cada final de estribillo desde hacía cinco minutos. ¿Adónde nos iba a llevar aquello?».[15]

«Sad-Eyed Lady Of The Lowlands» es un buen ejemplo de la complicidad que se creó entre los músicos, que en realidad hacía poco que tocaban juntos. Dylan, con su voz lánguida y casi hipnótica, ofrece una interpretación vocal impresionante a lo largo de los 11 minutos de esta canción repleta de imágenes y visiones oníricas. Al final del tema, interpreta uno de sus solos de armónica más largos (en re), con aproximadamente 1 minuto y 40 segundos, acompañándose a la acústica. En el minuto 7'03 puede escucharse lo que parece un montaje de

Roger Waters, de Pink Floyd, confesó que escuchar la canción de Dylan lo transformó desde el punto de vista artístico.

Bob Dylan en el escenario. Un universo poético inigualado.

producción, en la frase «*ever persuaded you*». La palabra «*ever*» queda cortada, y el sonido y el ritmo de la batería cambian bruscamente. Probablemente sea resultado de un collage entre esta toma y una de las anteriores. Charlie McCoy y Wayne Moss se reparten las otras dos guitarras, una clásica con cuerdas de nailon, y otra acústica con cuerdas de acero, tocada en los trastes más agudos del mástil (con cejilla). El órgano de Al Kooper es simplemente indispensable, al igual que la interpretación sobria pero absolutamente eficaz de Hargus Robbins al piano, o el bajo de Joe South. El conjunto debe su cohesión a Kenneth Buttrey, quien toca básicamente el charles (Hi Hat) y golpea el tamboril (excepto en los estribillos) con la pulsación rítmica y la tensión necesarias.

Bob Johnston recuerda el momento en que Dylan entró en la sala de producción para escuchar lo que acababan de grabar. Johnston afirma: «Era la cosa más bonita que había escuchado en mi vida».[61] Roger Waters, de Pink Floyd, afirmó: «"Sad-Eyed Lady Of The Lowlands" me cambió la vida. Cuando la escuché, me dije que, si Bob podía hacer una canción tan larga, yo también podía... es un álbum entero. Y en ningún momento se te hace monótona o pesada. Al contrario, te va absorbiendo más y más. Se hace cada vez más hipnótica».[15] Bob Dylan no ha interpretado nunca «Sad-Eyed Lady Of The Lowlands» en directo (a tener en cuenta que aparece un ensayo de la canción en el filme *Renaldo and Clara* [1978], de Bob Dylan).

Blonde On Blonde outtakes

Las sesiones de grabación de *Blonde On Blonde* se desarrollarán en un total de quince días, repartidos en un período de seis meses, y oficialmente se publicaron unas quince canciones. No obstante, solo cuatro *outtakes* se extrajeron de estas sesiones, todos grabados en Nueva York antes de que Dylan viajara hasta Nashville para terminar el álbum. Una prueba más de la falta de concentración que afrontaba el cantautor en aquel momento. Reencontrará la serenidad al lado de la banda de Charlie McCoy, gracias a la insistencia de su productor, Bob Johnston.

VOL 1-3

I'll Keep It With Mine

Bob Dylan / 3'46 minutos

Músicos: Bob Dylan: voz, piano; Robbie Robertson: guitarra; Al Kooper: órgano; Rick Danko: bajo; Bobby Gregg: batería / **Grabación:** Columbia Recording Studios / estudio A, Nueva York: 27 de enero de 1966 / **Productor:** Bob Johnston / **Ingenieros de sonido:** Roy Halee, Pete Dauria, Larry Keyes / **Recopilatorio:** *The Bootleg Series, Vol. 1-3: Rare & Unreleased 1961-1991*, CD 2 / **Publicación:** 26 de marzo de 1991

PARA LOS ADICTOS A DYLAN

Bajo el título «Keep It With Mine», el tema instrumental grabado durante las sesiones de Nashville, el 16 de febrero de 1966, se incluye, fragmentado y con arreglos ligeramente distintos, en la banda sonora de dos películas: *I'm Not Here* (2007), sobre la vida de Bob Dylan, dirigida por Todd Haynes, y *The Wendell Baker Story*, de Luke y Andrew Wilson (2005).

En las notas del álbum *Judy Collins Sings Dylan... Just Like A Woman* (1993), Bob Dylan afirma haber compuesto esta canción para la cantante de folk, quien la grabó para un single lanzado en 1965. Bob Dylan también la ofreció a Nico, musa de Andy Warhol y cantante de Velvet Underground, quien realizó una sublime versión en su primer álbum en solitario, *Chelsea Girl* (1967). La canción recrea un diálogo entre un hombre enamorado y su amada, a quien él invita a sincerarse para poder aconsejarla mejor. Dylan emplea la imagen del tren en contra dirección en la última estrofa: simboliza principalmente el viaje y la libertad, sobre todo para los *hobos* (vagabundos) quienes surcan la vasta América, pero en este caso se convierte en un símbolo de la costumbre, el hastío y la monotonía. «I'll Keep It With Mine» es uno de los pocos *outtakes* de Dylan que se ha publicado en tres discos distintos: *Biograph*, *The Bootleg Series, Vol. 1-3* y *The Bootleg Series, Vol. 9*. Este último

presenta una versión grabada durante 1964 (la fecha exacta se desconoce), y nos permite escuchar a un Dylan al piano que todavía no domina la melodía. El primero, realizado el 13 de enero de 1965 durante las sesiones de *Bringing It All Back Home*, nos permite descubrir una canción perfectamente interpretada. Dylan toca el piano y la armónica, y esta vez, esta soberbia canción alcanza todo su esplendor. Es fruto de un compositor «orgulloso de su canción»,[12] como puede leerse en el librito de *Biograph*. Por último, en el segundo de estos tres discos figura una versión eléctrica, realizada el 27 de enero de 1966 durante las sesiones de *Blonde On Blonde*, con varios miembros de The Hawks y Al Kooper. Los días 15 y 16 de febrero de 1966 se grabaron diez tomas instrumentales (sin Dylan), no en Nueva York, sino en Nashville por iniciativa de la banda, que esperaba pacientemente a que Dylan terminara la letra de «Sad-Eyed Lady Of The Lowlands»...

I Wanna Be Your Lover Now

Bob Dylan / 3'27 minutos

Músicos: Bob Dylan: voz, guitarra; Robbie Robertson: guitarra; Richard Manuel: piano; Garth Hudson: órgano; Rick Danko: bajo; Levon Helm: batería / **Grabación:** Columbia Recording Studios / estudio A, Nueva York: 5 de octubre de 1965 / **Productor:** Bob Johnston / **Ingenieros de sonido:** Roy Halee, Larry Keyes / **Recopilatorio:** *Biograph*, CD 3 / **Publicación:** 7 de noviembre de 1985

En las notas de la caja recopilatoria *Biograph*, Dylan escribe: «Siempre pensé que era una buena canción, pero no la incluí nunca en ningún álbum».[12] Efectivamente, es una buena canción, que rinde homenaje al talento como compositores de John Lennon y Paul McCartney. «I Wanna Be Your Lover Now» es la respuesta a «I Wanna Be Your Man» de los Beatles (1963), que será versionada por los Rolling Stones en 1964. También es, sobre todo, fruto de la complicidad roquera entre Bob Dylan y The Hawks. La canción es excelente, a pesar de descontrolarse un poco en el *break* instrumental (hacia el minuto 2'20). Levon Helm hace una excelente interpretación a la batería, apoyada por el resto de la banda. Es fácil comprender por qué Dylan creía que era una buena canción. Su inclusión en *Biograph* le hace justicia. Se realizaron siete tomas el 5 de octubre de 1965 (con el título inicial de «I Don't Want To Be Your Partner»). The Hawks no figuran en los documentos de estudio, sin duda por omisión.

Jet Pilot

Bob Dylan / 0'50 minutos

Músicos: Bob Dylan: voz, guitarra; Robbie Robertson: guitarra; Richard Manuel: piano; Garth Hudson: órgano; Rick Danko: bajo; Levon Helm: batería / **Grabación:** Columbia Recording Studios / estudio A, Nueva York: 5 de octubre de 1965 / **Productor:** Bob Johnston / **Ingenieros de sonido:** Roy Halee, Larry Keyes / **Recopilatorio:** *Biograph*, CD 2 / **Publicación:** 7 de noviembre de 1985

En las notas de la caja recopilatoria *Biograph* puede leerse que «Jet Pilot» es «la versión original de "Tombstone Blues"».[12] En cuanto al ritmo y el ambiente blues rock, puede ser, pero rotundamente no en cuanto a la letra. «Tombstone Blues» es una historia surrealista repleta de personajes reales, mientras que «Jet Pilot» es una fábula humorística sobre un misterioso individuo que lleva una llave de estrella, ha estado con todos los chicos del pueblo, y no es una mujer, sino un hombre. Al igual que «Sitting On A Barbed Wire Fence», el tema «Jet Pilot» nació en el estudio, concretamente, durante la primera sesión de *Blonde On Blonde*, con The Hawks. Dylan se mantiene fuertemente empapado por el rock que escuchaba de adolescente, como Chuck Berry, pues «Jet Pilot» recuerda en cierto sentido al «You Can't Catch Me», compuesto por el rey del *duck walk*. Se realizaron siete tomas el 5 de octubre de 1965... ninguna del todo completa.

She's Your Lover Now

Bob Dylan / 6'10 minutos

Músicos: Bob Dylan: voz, guitarra; Robbie Robertson: guitarra; Richard Manuel: piano; Garth Hudson: órgano; Rick Danko: bajo; Sandy Konikoff: batería / **Grabación:** Columbia Recording Studios / estudio A, Nueva York: 21 de enero de 1966 / **Productor:** Bob Johnston / **Ingenieros de sonido:** Roy Halee, Pete Dauria, Larry Keyes / **Recopilatorio:** *The Bootleg Series, Vol. 1-3: Rare & Unreleased 1961-1991*, CD 2 / **Publicación:** 26 de marzo de 1991

Esta canción obedece a una estructura narrativa compleja. Tres personajes se sitúan en escena: el amante repudiado, la mujer infiel y su nuevo amante. El protagonista debe afrontar un torbellino de sentimientos dispares, desde la rabia hasta la desesperación. El absurdo parece ser la única escapatoria, con la imagen fuertemente evocadora de una «mujer de pie sobre una barra» con «una cabeza de pez» y «una barba falsa que se le come la frente». La letra podría dirigirse a Joan Baez, con quien rompió durante su gira británica de 1965. «She's Your Lover Now» fue grabada el 21 de enero de 1966 en Nueva York, con el título provisional «Just A Glass Of Water». Existen dos versiones: en la primera, Bob Dylan interpreta en solitario el piano; en la segunda, se acompaña por The Hawks. Se realizaron un total de diecinueve tomas. Es la última canción de *The Bootleg Series, Vol. 1-3*. En realidad, se trata de una versión inacabada, pues Dylan, habiendo olvidado la letra exacta, no cantó la última estrofa. En el plano musical, «She's Your Lover Now» lleva el germen de «One Of Us Must Know (Sooner Or Later)», incluida en *Blonde On Blonde*. No obstante, se percibe que la banda no está concentrada, es evidente que los arreglos no son los más adecuados, y a la canción le cuesta «arrancar». Sin duda, su abandono está justificado. Es una lástima; la versión de Dylan en solitario al piano habría merecido mayor atención.

The Basement Tapes

Odds And Ends
Million Dollar Bash

Goin' To Acapulco
Lo And Behold!

Clothes Line Saga
Apple Suckling Tree

Please, Mrs. Henry
Tears Of Rage

Too Much Of Nothing
Yea! Heavy And A Bottle Of Bread

Tiny Montgomery
You Ain't Goin' Nowhere

Nothing Was Delivered
Open The Door, Homer

This Wheel's On Fire

ÁLBUM
FECHA DE PUBLICACIÓN
26 de junio de 1975
Columbia Records
(REFERENCIA COLUMBIA C2 33682)

The Basement Tapes, la música de Big Pink

El álbum *The Basement Tapes* –literalmente, «las cintas del sótano»– está un poco aparte en la discografía de Dylan. Cuando se publicó, el 26 de junio de 1975, ya hacía más de ocho años que las veinticuatro canciones que lo componen se habían grabado, en un momento de transición en la vida y la obra de Dylan: los quince meses de convalecencia que siguieron a su accidente de moto.

El accidente

En el verano de 1966, Dylan, que alterna conciertos y sesiones de grabación, está al borde del agotamiento. La mañana del 29 de julio es víctima de un grave accidente de moto cerca de Woodstock, un pueblo al norte del estado de Nueva York. Después de derrapar a gran velocidad al manillar de su Triumph 500, el cantautor se habría proyectado violentamente sobre el arcén. Decimos «Se habría» porque, aún a día de hoy, no se conoce con exactitud la gravedad del traumatismo que Dylan sufrió. Los rumores circularon muy rápido. Según algunos, las secuelas serían terribles: tendría la nuca rota y quedaría condenado a un estado vegetativo. Otros aseguraban, haciendo un paralelismo macabro con James Dean, que estaba muerto, o que había sido víctima de una conspiración orquestada por el presidente Johnson, el Pentágono y la CIA... La voluntad del cantautor de no mostrarse en público y de ver solo a algunas personas próximas no hace más que amplificar el fenómeno. Una cosa es segura: ha sufrido un terrible shock.

Ha sufrido un traumatismo craneal con pérdida de memoria, y durante un tiempo queda paralizado y se encuentra en un estado físico muy deficiente.

Una convalecencia creativa

Los quince meses de convalecencia que siguen al accidente serán una oportunidad para que Dylan desaparezca de los escenarios y descanse en su casa de Woodstock. Este descanso va a resultar muy productivo, tanto en el plano de la escritura como a nivel musical. Efectivamente, Dylan recibe en Woodstock a Robbie Robertson, y luego a Rick Danko, Richard Manuel y Garth Hudson. En ausencia de Levon Helm, que ha emprendido sus propios proyectos musicales, los cuatro miembros de The Hawks visitan a Dylan a menudo para trabajar en el documental de su gira británica. El grupo, que tiene dificultades para encontrar locales de ensayo en Nueva York, decide alquilar casas, entre ellas la famosa «Big Pink», en el número 2188 de Stoll Road (actualmente el número 56 de Parnassus Lane). Convierten los sótanos de sus respectivas casas en locales de ensayo, donde pueden trabajar con total libertad, y así se liberan de los locales de ensayo neoyorkinos, de precios exorbitantes. Es entonces cuando empieza un período de intensa creatividad y de profunda complicidad entre Dylan y The Hawks, que pronto tomarán el nombre de The Band.
Durante esta época Dylan lee y escribe mucho. Devora «libros escritos por gente de la que nunca has oído hablar», como

THE BASEMENT TAPES COMPLETE

El 4 de noviembre de 2014 Columbia publicó *The Bootleg Series, Vol. 11 The Basement Tapes Complete*, que reúne grabaciones realizadas por Bob Dylan y The Band en Woodstock entre los meses de junio y octubre de 1967. La versión original (1975) estaba integrada por 24 canciones. Esta nueva fórmula comprende 138 temas en seis CD.

LOS *OUTTAKES*

Quinn The Eskimo (The Mighty Quinn) / Santa Fe

cuenta a Michael Ianchetta en mayo de 1967, que le ha llevado la obra de Allen Ginsberg. Destacan los libros *The Outsider*, de Colin Wilson (ensayo filosófico sobre la alienación) y *The Prophet* (*El profeta*), del poeta libanés Khalil Gibran, que trata de armonizar las religiones occidentales y orientales. Finalmente, y sobre todo, se sumerge durante horas en la lectura de la Biblia, una Biblia enorme que coloca sobre un ambón en medio del cuarto de estar y que descansa, según varios testimonios, al lado de un cancionero de Hank Williams.

Aunque abandona la redacción de «Tarantula» –un extenso poema experimental en prosa empezado unos meses atrás– escribe muchas canciones, hasta diez por semana, según Al Aronowitz. A lo largo de los meses, Dylan se transforma paulatinamente, tanto en el plano espiritual como en el artístico, hasta el punto en que algunos hablan de renacimiento.

Hi Lo Ha

El pueblo de Woodstock, muy apreciado por los artistas desde principios de siglo XX, es famoso por haber acogido varias colonias de artistas, como la de los pintores de la Hudson River School, o la Byrdcliffe Art Colony. En 1963 Bob Dylan cayó bajo el hechizo de ese remanso de paz durante una visita a su amigo Peter Yarrow (de Peter, Paul and Mary), que vivía allí. Dos años más tarde, imitando a su mánager Albert Grossman, el cantautor compra una casa de once habitaciones en Camelot Road, bautizada «Hi Lo Ha».

El álbum

Originalmente, las canciones de *The Basement Tapes* no iban destinadas a un álbum, sino que eran solo maquetas. Durante esa época Dylan está renegociando con Columbia (su contrato se renovará en el verano de 1967), pero sigue teniendo el compromiso de enviar demos a su mánager, Albert Grossman, para Witmark. Así que se pone manos a la obra y graba las canciones con sus amigos. Garth Hudson: «*The Basement*

Tapes eran demos originalmente. [Bob] venía a casa y escribía cosas divertidas como "Million Dollar Bash", bajábamos al sótano y grabábamos. Dylan venía a casa tres o cuatro días por semana. Había una pequeña máquina de escribir en la mesa del salón, en la que tecleaba durante un buen rato mientras los demás estábamos abajo. Richard [Manuel] escribió una canción sobre esto, "Upstairs, Downstairs"».[73] El cantautor desvelaría en 1969 cuál fue la auténtica motivación de *The Basement Tapes*: «no eran demos hechas por mi cuenta –dijo a Jann S. Wenner– sino demos de canciones. Una vez más me empujaron… a escribir algunos títulos».[20] Dylan insinúa que el acuerdo que lo vincula a su mánager lo obliga también a escribir canciones que se ofrecerán a otros artistas. Al estar rodeado de los miembros de The Band el trabajo se convierte en juego: «Eran canciones divertidas de hacer –dice–. Y eso es todo. Las realizábamos muy rápidamente».[20]

A lo largo de este período, Bob Dylan y The Band, y también The Band por su cuenta, graban 138 canciones. Son composiciones originales de Dylan pero también *covers* escogidos de entre los temas preferidos del cantautor, canciones tradicionales e improvisaciones. Todo ello se grabó en un ambiente distendido, en «sótanos, con las ventanas abiertas y un perro tumbado en el suelo»,[20] como Dylan explica a Jann S. Wenner. El conjunto se podría considerar un viaje informal al corazón de la música popular americana que podría haberse llamado «Roots».

Por lo que respecta a los temas, en *The Basement Tapes* volvemos a encontrar la tormenta interior del creador de *Blonde On Blonde* y (re)descubrimos una especie de obsesión por lo sagrado que lo persigue a lo largo del álbum que compone durante el mismo año, *John Wesley Harding*. En el plano musical el cantautor nada a contracorriente. Mientras que los grupos de la costa Oeste celebran el *Summer of Love* a golpe de largos temas psicodélicos y de interminables solos de guitarra, Bob Dylan y The Hawks elaboran temas cortos, que se inscriben en las tradiciones del folk y el country.

The Band al completo durante un ensayo en el sótano de Big Pink.

La carátula

La foto fue tomada en 1975 por Reid Miles, famoso por haber firmado algunas de las portadas más bonitas de la discográfica de jazz Blue Note: *A Night At Birdland [Vol. 1]*, de Art Blakey (1954), o *Bud! The Amazing Bud Powell [Vol. 3]* (1957), por ejemplo. La sesión tuvo lugar en los sótanos del YMCA de Los Ángeles. Bob Dylan aparece en primer plano, tocando una mandolina como si fuera un violín, con los miembros de The Band detrás y, en el reverso de la carátula, algunos de los personajes que se mencionan en las canciones.

La grabación

No sabemos cuándo empezaron las grabaciones que acabarán por tomar el nombre *The Basement Tapes*. Según ciertas fuentes, habrían empezado en el mes de marzo de 1967, y según otras, en el mes de junio. En cambio, hay un acuerdo en que finalizaron en noviembre, lo que coincide con el regreso de Levon Helm (que aparece en los créditos de varias canciones). Al principio las grabaciones se hacían en casa de Dylan (en la Red Room), y luego continuaron en el sótano de Big Pink, la casa rosa que alquilaron los miembros de The Band, exceptuando a Robbie Robertson (y sin duda también en otros lugares).

Producidas por Bob Dylan y The Band, como se puede leer en la carátula del álbum doble, las canciones fueron grabadas por Garth Hudson: «Hacíamos siete, ocho, diez, a veces quince canciones al día. [...] Nosotros tocábamos la melodía [y] él cantaba letras que había escrito, o palabras o sílabas que le salían de forma improvisada». «No estábamos haciendo un disco –explica Robbie Robertson. Simplemente nos divertíamos. El objetivo era grabar en un pequeño magnetófono todo lo que se nos pasaba por la cabeza. Un pequeño magnetófono cochambroso. Teníamos total libertad de expresión. Nadie había escuchado aquel material hasta entonces, ¿y qué? Hasta que pensamos: bueno, quizá otras personas podrían grabar algunas de estas canciones».[83]

Muchas de aquellas canciones pasarían a formar parte del repertorio de otros artistas, como «You Ain't Goin' Nowhere» (The Byrds), pero también «Tears of Rage» (Richard Manuel) y «This Wheel's On Fire» (The Band en solitario). En 1969, siete temas salidos de Big Pink aparecen en un álbum pirata titulado *Great White Wonder* que se publica en julio y se vende en California de forma ilegal. Es el principio de una larga lista de discos que se venden clandestinamente... Dylan, que hace algunos meses que está en desacuerdo con su mánager Albert

Garth Hudson, ingeniero de sonido
de *The Basement Tapes*.

El famoso Revox A77 que se ve en la portada del disco está expuesto en el Cleveland Rock & Roll Hall of Fame and Museum. El Ampex 602 con el que se grabaron en realidad *The Basement Tapes* desapareció hace muchos años en un incendio.

Grossman, va a entrar en conflicto con él por los derechos de su catálogo editorial. Habrá que esperar a que se solucione el contencioso que los enfrenta para desbloquear los derechos de las grabaciones de Woodstock. En enero de 1975, Bob Dylan puede responder favorablemente a la petición de CBS de publicar los temas en un disco (después de agregar algunos sonidos). Bautizado de forma lógica *The Basement Tapes*, el álbum doble aparece el 26 de junio de 1975, ocho años después de la bonita aventura de Big Pink y un año y medio después de la aparición de *Blood On The Tracks*. En aquella primera versión solo tenía veinticuatro canciones, ocho de la cuales eran con The Band en solitario.

Será un éxito unánime, ya que *The Basement Tapes* escala hasta el séptimo puesto en Estados Unidos y hasta el octavo en el Reino Unido. La prensa lo elogia; John Rockwell, del *New York Times*, lo considera como «uno de los mejores álbumes de la música popular americana». Billy Bragg hace un comentario similar: «Al volver a escuchar hoy *The Basement Tapes* tengo la impresión de estar al principio de lo que llamamos Americana o alt.country [alternative country]». *The Basement Tapes* está en el número 292 de la lista de los 500 mejores álbumes de la revista *Rolling Stone*.

Datos técnicos

Garth Hudson, teclista del grupo, fue quien se encargó de grabar *The Basement Tapes*. Aunque las cintas resultantes de las grabaciones han sido criticadas por su mala calidad, hay que decir que Hudson hizo toda una proeza técnica. Son las distintas copias y la conservación de las cintas originales lo que ha alterado más o menos el sonido. También es verdad que Garth Hudson no era un principiante. Estaba acostumbrado a grabar a bandas locales y sonidos varios. Cuando Hudson empezó a trabajar en *The Basement Tapes*, se supone que el magnetófono utilizado era un Ampex 602 en su versión portátil (*suitcase model*), y no el Revox A77 que aparece en la portada del disco. Para el resto del material, se benefició de una parte de la sonorización del grupo Peter, Paul and Mary –a quien también representaba Albert Grossman.

Así, tenía a su disposición dos micros Neumann U47 para las voces (Hudson cree que también utilizaban un Telefunken U47, aunque no puede afirmarlo), y un Neumann KM56 para la guitarra. Pero el número exacto de micrófonos utilizados no está claro. Algunos, como el famoso ingeniero de sonido Rob Fraboni, que en 1975 se encargó de limpiar y mezclar *The Basement Tapes*, creen que no había más de dos o tres. Pero para otros, como Joel Bernstein, es posible que hubiera hasta seis. Lo cierto es que al escuchar ciertos temas, la claridad y la precisión de las distintas voces y armonías que se destacan del conjunto hacen pensar que había más de tres micros captando al grupo. Para la voz de Dylan se realizó una reverberación con la ayuda de una Binson Guild Echorec. Dos preamplificadores/mesas de mezclas permitían recuperar el sonido de los distintos micros e inyectarlos en el magnetófono Ampex 602. Finalmente, para la escucha, Hudson disponía de altavoces Klipsch Klipschorn, que también provenían de la sonorización de Peter, Paul and Mary.

Los instrumentos

En *The Basement Tapes* Bob Dylan solo toca la guitarra acústica. Se trata sin duda de una Martin 0-18, como se puede observar en algunas fotografías. También podemos escucharlo tocando una guitarra de 12 cuerdas. ¿Quizá se la pidió prestada a Robbie Robertson, o a otro músico? En cuanto a la armónica, es la primera vez que no la toca. No nos detendremos a detallar los instrumentos de los músicos de The Band, pero cabe destacar la extraordinaria Gibson acústica Model 0 de 1920 que Robbie Robertson abraza en la portada del álbum. Este último dará una estimación objetiva sobre la forma en que cada uno tocaba según su *feeling*: «Todo el mundo tocaba instrumentos distintos. Cualquiera podía tocar la guitarra, mientras que yo tomaba el bajo o me ponía a la batería; alguien empezaba a tocar un instrumento de viento, un violín, una mandolina u otro instrumento, y trataba de sacarle el máximo provecho. No era que alguien tuviera una idea precisa de alguna cosa; mirábamos a nuestro alrededor, veíamos un instrumento en el suelo y empezábamos a tocarlo hasta que sacábamos algo interesante.»[24]

The Band (de izquierda a derecha): Garth Hudson, Robbie Robertson, Levon Helm, Richard Manuel y Rick Danko.

The Band, un quinteto dylaniano

La formación del grupo se remonta a finales de la década de 1950, cuando los canadienses Robbie Robertson (guitarra, voz), Rick Danko (bajo, violín, trombón, voz), Garth Hudson (teclados, trompeta, saxo), Richard Manuel (piano, batería, saxo, voz) y el estadounidense Levon Helm (batería, mandolina, guitarra, voz) acompañan al pionero del rock'n'roll Ronnie Hawkins con el nombre de The Hawks. En 1964, el grupo deja a Hawkins y, rebautizados como Levon and the Hawks, toca durante algún tiempo en clubes, tanto en Canadá como en Estados Unidos. Durante el verano de 1965 conocen a Bob Dylan por iniciativa del *bluesman* John Hammond Jr., hijo del célebre productor John H. Hammond, pero también de Mary Martin, la secretaria de Albert Grossman (mánager de Dylan), que convence al cantautor para que vaya a ver al quinteto en un club de Toronto. Así es como Bob Dylan invitó a Robertson y a Helm, y más adelante a Danko, Hudson y Manuel, a acompañarlo en la gira mundial que tendrá lugar de septiembre de 1965 a mayo de 1966. Robertson incluso participará en las sesiones del mítico *Blonde On Blonde*.

Si la asociación musical con Bob Dylan durante la gira 1965-1966 contribuyó enormemente a que la formación canadiense-estadounidense se hiciera famosa en todo el mundo, los álbumes grabados a partir de la segunda mitad de la década de 1960 elevarán al grupo a la categoría de una de las mejores bandas de la historia del rock. Bajo el nombre de The Band, decidido el día antes de entrar en el estudio a principios de 1968, tras las míticas grabaciones de *The Basement Tapes*, Robbie Robertson, Rick Danko, Garth Hudson, Richard Manuel y Levon Helm firman *Music From Big Pink* (1 de julio de 1968) –en referencia a la casa rosa que los miembros del grupo comparten en Woodstock– una verdadera obra maestra. La sombra de Dylan es omnipresente, ya que este compuso, o co-compuso, tres de las nueve canciones («Tears Of Rage», «This Wheel's On Fire» y «I Shall Be Released») y concibió la carátula. Pero esta primera obra, donde se mezclan rock, folk, country y rhythm'n'blues, se inscribe en una actitud musical que se convertirá en la «marca de fábrica» del grupo, además que establecer, con «The Weight» (firmada por Robertson) uno de los himnos de los sesenta.

The Band, que aparece el 22 de septiembre de 1969, también es una obra de arte, especialmente por «The Night They Drove Old Dixie Down», «Up On Cripple Creek» y «King Harvest», compuestas por Robertson. Por su lado, *Stage Fright* (1970) es mucho más oscuro que los dos álbumes precedentes, mientras que *Cahoots* (1971) es interesante sobre todo por la interpretación de «When I Paint My Masterpiece» de Dylan. Hay que mencionar también *Northern Lights – Southern Cross* (1975) e *Islands* (1977), a los que hay que añadir el directo *Rock of Ages* (1972).

En 1976, Robertson, exhausto, convence a los demás miembros del grupo para abandonar las giras. Dan un concierto de despedida en el Winterland Ballroom de San Francisco, el 25 de noviembre de 1976, junto a Bob Dylan, pero también con la participación de Neil Young, Joni Mitchell y Eric Clapton, entre otros. El evento dará lugar a un «rockumentary» dirigido por Martin Scorsese y titulado *The Last Waltz* (*El último vals*), y a un triple álbum homónimo (1978).

A pesar de la marcha de Robbie Robertson, y del suicidio de Richard Manuel (4 de marzo de 1986), la trayectoria de The Band sigue su curso. Durante la década de 1990 el grupo participa en el concierto que celebra los 30 años en los escenarios de Bob Dylan (1992), y saca los álbumes *Jericho* (1993), *High On The Hog* (1996) y *Jubilation* (1998). También tocan en el festival de Woodstock de 1994 y, en 1999, graban «One Too Many Mornings» de Dylan para el álbum homenaje *Tangled Up In Blues: Songs Of Bob Dylan*. La muerte de Rick Danko, el 10 de diciembre de 1999, y la de Levon Helm, el 19 de abril de 2012, marcan el fin de la aventura. En 2008, The Band recibió un premio Grammy por su trayectoria –y entendemos que por la influencia considerable que ejerció (de Crosby, Stills, Nash & Young a Eric Clapton, y de Grateful Dead a George Harrison).

Odds And Ends

Bob Dylan / 1'47 minutos

PARA LOS ADICTOS A DYLAN

Parece que el órgano o el piano se añadieron por *overdub* después de la grabación de *The Basement Tapes*. Efectivamente, Garth Hudson no podía asegurar los dos teclados a la vez en directo, sobre todo por la excelente parte del piano que se puede escuchar en el disco.

Músicos
Bob Dylan: voz, guitarra (?)
Robbie Robertson: guitarra
Garth Hudson: órgano, piano (?)
Rick Danko: bajo, armonías vocales
Richard Manuel: batería

Grabación
Big Pink, West Saugerties (Nueva York): verano-otoño de 1967

Equipo técnico
Productores: Bob Dylan y The Band
Ingeniero de sonido: Garth Hudson

Robbie Robertson con su Telecaster.
Guitarrista en «Odds And Ends».

Génesis y letra

El título de la canción que abre *The Basement Tapes* (la versión oficial se publicó en 1975) puede traducirse como «pequeñas cosas» o «cachivaches». Da por sí mismo una buena idea de lo que fueron los ensayos y/o las grabaciones de Bob Dylan y de The Band en el sótano de Big Pink durante el verano y el otoño de 1967: un seguido de *jam sessions* que, a lo largo de los días, desembocaron en una de las músicas más exultantes de la historia del rock.

En «Odds And Ends», el narrador ataca a su amante, que no ha cumplido ninguna de sus promesas, o en todo caso no ha cumplido con la de ser una mujer enamorada: «Ahora vuelves a sacar tu dossier y me haces inclinar la cabeza», canta, con un tono siempre teñido de ironía.

Realización

«Odds And Ends» es el primer título del disco y nos sumerge en el ambiente de ese sótano («basement»). Se trata del sonido de una *garaje band*, rugoso a la par que cálido. Un sonido con «alma». Podemos percibir la habilidad de Garth Hudson en la grabación. A pesar de la gran proximidad que había entre los músicos, a pesar de un material relativamente reducido, el resultado es claro y vívido. «Odds and Ends» es un rock que se inscribe en la gran tradición de los pioneros del género, de Chuck Berry a Fats Domino. Basta con escuchar la guitarra de Robertson o el piano de Hudson para convencerse. Levon Helm la calificará como «una gran canción de rock'n'roll». El baterista de The Band no estaba presente durante esta grabación, ya que *es* Richard Manuel quien está a las baquetas. En su autobiografía,[71] publicada en 1993, Helm revela que no participó en las sesiones hasta noviembre de 1967, y solo en algunas canciones. En cuanto a Bob Dylan, parece que no se acompaña de su guitarra, pero ejecuta una parte vocal muy buena; su voz da la impresión de estar más descansada y menos crispada que en el pasado.

Se grabaron dos tomas de «Lost Time Is Not Found Again», título de trabajo de «Odds And Ends». La segunda fue la que se utilizó en *The Basement Tapes* de 1975.

La grabación de «Odds And Ends» se realizó probablemente entre septiembre y octubre.

Million Dollar Bash

Bob Dylan / 2'33 minutos

Músicos
Bob Dylan: voz, guitarra
Richard Manuel: piano, coros
Rick Danko: bajo, coros
Garth Hudson: órgano
Grabación
Big Pink, West Saugerties (Nueva York): verano de 1967
Equipo técnico
Productores: Bob Dylan y The Band
Ingeniero de sonido: Garth Hudson

Génesis y letra

Es difícil no ver en «Million Dollar Bash», que literalmente significa «bombas de un millón de dólares», escrita por Bob Dylan en 1967, una evocación de las famosas fiestas que Andy Warhol organizaba en la Factory durante los años 1960-1970, a

Velada warholiana
en la Factory.

las que Dylan asistía a menudo... La «gorda rubia» evocada en la primera línea de la primera estrofa podría muy bien ser Edie Sedgwick, ninfa warholiana con quien había tenido una breve relación, y el «amigo con sus cheques de madera y sus mofletes hinchados» podría ser el propio maestro del pop.

Más allá de la evidente burla que subyace a la letra de esta canción, el tono que emplea Dylan desprende una cierta dosis de optimismo, de bienestar, debido probablemente a la libertad que el cantautor recuperó gracias a su convalecencia. Ya no tiene que trabajar con aquellos a los que llama las «sanguijuelas» («leeches»), y puede hacer la música que le gusta rodeado de los suyos. En esta canción hay mucho humor y muchas evocaciones surrealistas, a las que Dylan recurre esta vez por el simple placer del ejercicio de estilo, a diferencia de muchas de sus introspecciones alucinadas de *Highway 61 Revisited* y *Blonde On Blonde*.

Realización

Según Sid Griffin,[73] «Million Dollar Bash» se grabó en agosto de 1967, justo después de que Bob Dylan y su mujer volvieran de Hibbing. Una cosa es segura: acompañan a Dylan, Manuel, Danko y Hudson. No están ni Robbie Robertson ni Levon Helm. Así que no hay guitarra eléctrica ni batería, cosa que confiere a la canción un sonido muy singular. Podemos pensar en las primeras grabaciones de Elvis Presley en Sun con Scotty Moore a la guitarra y Bill Black al contrabajo. Es un tema folk con acentos country y referencias constantes al doo wop, y concretamente a The Coasters. La frase «*Then along came Jones / Emptied the trash*» es un guiño a «Along Came Jones», su éxito de 1959, pero también a «Yakati Yak», publicada en 1958 («*Take out the papers and the trash*»); ambos temas son de Jerry Leiber y Mike Stoller. El ambiente es suave, relajado; la voz reverberada de Bob es serena, percibimos que está disfrutando. Se acompaña a la guitarra acústica (¿Martin 0-18?) y sus compañeros se encargan de seguirlo con ligereza. El bajo de Rick Danko es el que da el pulso al tema, en ausencia de otros instrumentos rítmicos.

Bob Dylan solo ha tocado «Million Dollar Bash» en directo una vez, durante el concierto en la Brixton Academy de Londres, el 21 de noviembre de 2005. Hay que mencionar que Fairport Convention grabó una versión de esta canción para el álbum *Unhalfbricking* (1969).

Goin' To Acapulco

Bob Dylan / 5'28 minutos

Músicos
Bob Dylan: voz, guitarra
Robbie Robertson: guitarra
Garth Hudson: órgano
Rick Danko: bajo, coros
Richard Manuel: batería, coros
Grabación
Big Pink, West Saugerties (Nueva York): otoño de 1967
Equipo técnico
Productores: Bob Dylan y The Band
Ingeniero de sonido: Garth Hudson

Génesis y letra

Es posible que con esta canción Bob Dylan solo quisiera evocar un viaje a México, y un encuentro inesperado con la misteriosa Rose Marie. Pero, como siempre pasa con el cantautor, existe la tentación de ir un poco más allá en la interpre-

tación. En la segunda estrofa escribió «*The stars ain't falling down*», una frase que podría reflejarse en las Sagradas Escrituras, concretamente en el Libro de la Revelación (Apocalipsis VI, 13), donde se dice: «y las estrellas del cielo cayeron a la tierra, como la higuera deja caer sus higos verdes al ser sacudida por un fuerte viento». También se menciona que el narrador se encuentra ante el Taj Mahal. Algunos han visto en esta imagen un acercamiento a la novela *Candy* (1958) de Maxwell Kenton (pseudónimo de Terry Southern y Mason Hoffenberg, dos amigos de Dylan), que relata la historia de una adolescente de 18 años que, tras haber tenido numerosas experiencias sexuales, emprende un viaje iniciático a la India. En el estribillo, sabemos que el narrador se ha fugado y está conduciendo hacia Acapulco para «pasarlo bien». De hecho podemos imaginar que este viaje a Acapulco es una evasión (en sentido literal y figurado) al país de la lujuria. Pero también podemos preguntarnos si Dylan quería hacer un guiño a la película de Elvis Presley *Fun In Acapulco* (*El ídolo de Acapulco*, 1963).

Realización

Según Sid Griffin, «Goin' To Acapulco» se grabó en el sótano de Big Pink entre el regreso de una sesión abortada de The Band en los estudios Columbia de Nueva York y la muerte de Woody Guthrie, el 3 de octubre de 1967. Lo que sabemos con certeza es que la atmósfera musical es muy similar a la que dominará el álbum *John Wesley Harding*, cuyas primeras sesiones de grabación empezaron el 17 de octubre. La línea melódica recuerda ligeramente a la de «I Dreamed I Saw St Agustine», un tema del mismo álbum. Pero en «Goin' To Acapulco», Dylan canta un *slow blues* con acentos de góspel que quedan reforzados por el órgano *soul* de Hudson. La voz, envuelta en un *delay*, resuena con énfasis y sentimiento. Aunque es apenas audible, también se acompaña de la guitarra acústica (hacia el minuto 1'39). En cambio, la guitarra de Robertson está muy presente, y la ejecución es muy buena. Finalmente, la rítmica se sostiene sencillamente con el charleston de Richard Manuel (excepto al final del tema), y podemos percibir que es captada por el micro de Dylan, lo que le añade el mismo *delay* que a la voz. «Goin' To Acapulco» es otro ejemplo de la evidente cohesión que existe en el grupo.

Cartel de la película de Richard Thorpe, con Elvis Presley en el papel protagonista.

Lo And Behold!

Bob Dylan / 2'47 minutos

Músicos
Bob Dylan: voz, guitarra
Richard Manuel: piano, coros
Garth Hudson: órgano
Rick Danko: bajo, coros
Grabación
Big Pink, West Saugerties (Nueva York): verano de 1967
Equipo técnico
Productores: Bob Dylan y The Band
Ingeniero de sonido: Garth Hudson

El vagabundo, personaje recurrente de la literatura beat, de las canciones tradicionales y del repertorio de Dylan.

Génesis y letra

«Lo And Behold!» cuenta la historia de un vagabundo (¿o de un peregrino?) que vive aventuras de los más rocambolescas. Se escapa de San Anton' y va a reencontrarse con su mujer, antes de que el cochero le pegue una paliza. A continuación llega a Pittsburgh a las seis y media de la mañana, donde entabla un diálogo surrealista con fuertes connotaciones sexuales con Molly. Luego compra una manada de alces para su amada, antes de tomar la carretera hacia Tennessee y volver a Pittsburgh.

Este improbable viaje al corazón de la Norteamérica profunda ha suscitado muchas teorías, más o menos válidas, por parte de varios autores. Algunos creen discernir entre las tribulaciones del personaje central una búsqueda de identidad. Otros se inclinan por una referencia al Génesis de la Biblia del rey Jacobo (biblia inglesa), del que se extrajo la expresión «*Lo And Behold!*». Según una explicación más audaz, Dylan se basó en *Antony and Cleopatra* (*Antonio y Cleopatra*) de Shakespeare; la frase «*Get me out of here, my dear man*» haría referencia al suicidio de Marco Antonio y a su suplica a Diómedes para que abreviara su sufrimiento. Por su lado, la frase «*Count up to thirty*» sería una referencia a la muerte de Marco Antonio y Cleopatra (30 años antes de nuestra era). El campo de posibilidades es amplio.

Realización

Existen dos versiones de «Lo And Behold!», con letras ligeramente distintas. En la primera versión, Dylan se aguanta la risa y se hace un lío con el texto. Así, será la segunda toma la que se publicará en *The Basement Tapes*. El estilo musical es bastante sorprendente: una mezcla de pop, blues, góspel y folk, con una excelente parte de órgano que refuerza la vertiente extraña y cómica del texto. Dylan se acompaña con una guitarra de cuerdas de nailon, y en las estrofas adopta una voz grave bastante inusual, a la manera de un *talking blues*. Los estribillos se cantan en armonía con Manuel y Danko, cosa que presagia, como han señalado algunos, las futuras voces de The Band. Pero en contra de lo que se suele afirmar, «Lo And Behold!» no es la precursora de este estilo; solo hay que escuchar los primeros dos temas del álbum (firmados por Dylan) para oír armonizaciones similares en los estribillos.

Clothes Line Saga

Bob Dylan / 2'58 minutos

Músicos
Bob Dylan: voz, guitarra
Robbie Robertson: guitarra
Richard Manuel: piano
Rick Danko: bajo
Garth Hudson: órgano
Grabación
Big Pink, West Saugerties (Nueva York): octubre de 1967
Equipo técnico
Productores: Bob Dylan y The Band
Ingeniero de sonido: Garth Hudson

La alusión a Hubert Humphrey (aquí en 1967 junto a James Brown) obtiene un sin sentido bajo la escritura de Dylan.

Génesis y letra

Clinton Heylin, que tuvo la oportunidad de escuchar las cintas grabadas para *The Basement Tapes*, arrojó una nueva luz sobre «Clothes Line Saga». En una de las cajas que contenían las grabaciones originales, en el lugar del título de trabajo había la frase «*Answer to ode*» antes del título original de la canción. Al leer la letra, hoy parece evidente que se trata de una parodia de «Ode To Billie Joe» de Bobbie Gentry, que estaba en el número 1 de las listas de éxitos estadounidenses durante el mes de agosto de 1967.

El personaje principal de «Ode To Billie Joe» es una joven campesina del delta del Mississipi que, en una comida familiar, se entera de que un joven llamado Billie Joe MacAllister se ha suicidado tirándose de un puente sobre el Tallahatchie. La continuación de la letra deja entender que Billie y la narradora habían tenido una relación secreta...

El tema de «Ode To Billie Joe» es doble: por supuesto está el trágico suceso, el suicidio de un adolescente, relatado por los miembros de la familia en un tono casi ligero, pero también, entre líneas, se nos habla de la brecha que se ha abierto entre dos generaciones, y concretamente entre la madre y la hija. Esto último fue precisamente lo que interesó a Bob Dylan. Imita a Bobbie Gentry, al igual que imitó a John Lennon (o más bien a John Lennon imitando a Bob Dylan) en «4th Time Around». Retoma el mismo desarrollo dramático, la misma interacción entre los distintos personajes, pero para relatar una historia anodina, sin interés alguno, ya que se habla de ropa, de camisas y pantalones viejos, que hay que meter en casa para protegerlos de la lluvia de enero. El absurdo y el humor alcanzan el clímax cuando la madre de la familia anuncia que el vicepresidente se ha vuelto loco. ¿Habría que pensar en Hubert Humphrey, vicepresidente de Lyndon B. Johnson en el momento en que se grabó «Clothes Line Saga»?

En cualquier caso, este es el único aspecto polémico de la letra de la canción. El resto es de una claridad meridiana. Algunos ven en la canción la evocación de la vida apacible que Dylan habría conocido tras su accidente de moto, después de los años de duro trabajo, de éxito y de excesos de todo tipo. Pero la presencia de sus padres no es realista si tenemos en cuenta que quería mantenerse a cierta distancia de ellos. Sea como sea, Bob Dylan se alegra de haber escrito una canción

Bobbie Gentry, intérprete de «Ode To Billie Joe», que Dylan adaptó en «Clothes Line Saga».

sin significados ocultos. En el escenario del Royal Albert Hall, exclamó: «Estoy harto de que la gente me pregunte: "¿Qué significa?". ¡No significa nada!». «Clothes Line Saga» es, pues, una respuesta a los que se interrogan una y otra vez sobre el sexo de los ángeles.

Realización

Bob elige hablarnos de sus problemas de ropa tendida con un blues a medio tempo. Lamentablemente el sonido del conjunto no es muy bueno; cuesta trabajo distinguir los distintos instrumentos. Dylan parece tocar una guitarra de 12 cuerdas; Robertson se mantiene bastante discreto y prueba el *violoning* al principio del tema (0'09). El piano es inaudible, y solo el órgano y el bajo destacan del resto. La ausencia de batería no molesta, ya que la voz arrastrada del cantautor monopoliza inmediatamente la atención en esta parodia burlesca.

«Ode To Billie Joe» de Bobbie Gentry llegó a lo alto de la lista de éxitos en agosto de 1967, cosa que implica que Dylan escribió «Clothes Line Saga» (primer título registrado por su editor) poco tiempo después, ya que la grabación se sitúa hacia el mes de octubre.

PARA LOS ADICTOS A DYLAN

Alcalde de Minneapolis y senador de Minnesota, antes de ser nombrado vicepresidente de Estados Unidos, Hubert Humphrey desempeñó un papel decisivo en la lucha contra la segregación. Fue derrotado por el republicano Richard Nixon en las elecciones presidenciales de noviembre de 1968. Podemos suponer que Bob Dylan sentía cierta simpatía por un político humanista que provenía del mismo estado que él.

Apple Suckling Tree

Bob Dylan / 2'49 minutos

Músicos
Bob Dylan: voz, piano
Garth Hudson: órgano
Rick Danko: bajo, coros
Richard Manuel: pandereta (?), coros
Robbie Robertson: batería (?)
Grabación
Big Pink, West Saugerties (Nueva York):
septiembre de 1967
Equipo técnico
Productores: Bob Dylan y The Band
Ingeniero de sonido: Garth Hudson

Bob Dylan durante una sesión de ensayo.

Génesis y letra

«Apple Suckling Tree» es una relectura de una canción infantil británica que proviene de un poema escocés de mediados del siglo XVI. Se trata de «Froggie Went A-Courtin'», que Dylan grabaría más adelante, en las sesiones de *Good As I Been To You* (1992). En la nana original, una rana macho pide matrimonio a un ratón, que debe obtener el permiso del tío rata. Dylan transforma la historia en una especie de cuento grotesco, con un manzano de leche (o un manzano que mama) como decorado. Las dos últimas frases son las más nebulosas: *«The forty-nine of you like bats out of hell / Oh underneath that old Apple suckling tree»* («Cuarenta y nueve de vosotros, como murciélagos salidos del infierno / Bajo el viejo manzano lechal»). En realidad, tal como explica en *The Songs Of Bob Dylan 1966-1975*,[72] hay que leer: *«The forty-nine of you [can] burn in hell»* («Cuarenta y nueve de vosotros [podéis] iros al infierno»). Las palabras parecen perseguirse para dar más swing a la canción.

Realización

Si, tal como afirma Sid Griffin en su libro *Million Dollar Bash*,[73] es la última canción que grabaron en Big Pink, constatamos que Dylan y sus compañeros decidieron soltarse para esta última grabación. «Apple Suckling Tree» parece una improvisación, al menos por lo que respecta a la realización. Bob canta y toca el piano, Hudson toca el órgano, Danko el bajo, y Manuel y Robertson tocan la pandereta y la batería, aunque es difícil discernir cuál de los dos toca qué: «tocaba la batería en algunas canciones. Creo que "Apple Suckling Tree" fue una de ellas»,[73] dijo Robert Robertson. Efectivamente, es probable que fuera él el que tenía las baquetas, ya que Richard Manuel era un baterista de más nivel. «Apple Suckling Tree» es un rock básico que respira relajamiento, al igual que otras canciones de *The Basement Tapes*, grabadas desde el principio en un entorno alegre, donde el placer de tocar sin coacciones era la única consigna. Se grabaron dos tomas de la canción, y parece que la que se conservó para el álbum es la segunda.

Please, Mrs. Henry

Bob Dylan / 2'33 minutos

Músicos
Bob Dylan: voz, guitarra
Robbie Robertson: mandolina, guitarra (?)
Richard Manuel: piano, clavinet, coros
Garth Hudson: órgano
Rick Danko: bajo, coros

Grabación
Big Pink, West Saugerties (Nueva York): verano de 1967

Equipo técnico
Productores: Bob Dylan y la Band
Ingeniero de sonido: Garth Hudson

COVERS
La Manfred Mann's Earth Band sacó una excelente versión de «Please, Mrs. Henry» en 1971, al igual que Cheap Trick, que la tocó en directo unos años más tarde (1977). Pero la sorpresa fue George Harrison, que la cantó con los Beatles durante las sesiones de grabación de *Let It Be*, en 1969.

PARA LOS ADICTOS A DYLAN
Según Sid Griffin,[73] la letra de «Please, Mrs. Henry» es en parte improvisada. En el minuto 2'09, escuchamos que Dylan se parte de risa durante el estribillo, como si lo que canta le hiciera mucha gracia, en definitiva.

Génesis y letra

Una canción sobre el alcohol y sus derivas. Un hombre ha bebido demasiado. Le pide a la camarera, Mrs. Henry, que lo lleve a su habitación y luego, en el pasillo, le hace proposiciones recorriendo a varias metáforas de temática animal: «Puedo beber como un pez / Reptar como una serpiente / Morder como un pavo / Contonearme como un pato». Llega a ponerse de rodillas. Pero nada surge efecto. Mrs. Henry permanece imperturbable, insensible a los vapores del bourbon… Acompañado por Richard Manuel, Rick Danko y Garth Hudson, Bob Dylan adopta una voz desengañada, como si el alcohol hubiera entrado a raudales en Big Pink, para cantar las desilusiones de este personaje perdido en sus fantasías eróticas y sin un solo dólar en el bolsillo. De la música se desprende la misma atmósfera, como si nos encontráramos en un pequeño club lleno de humo de una pequeña ciudad cualquiera de la América profunda. Como muy bien describe John Howell, la escucha de *The Basement Tapes* da la impresión de «escuchar grabaciones perdidas y tristes de un artista desconocido, que murió joven y que alguien ha descubierto recientemente gracias a las oscuras grabaciones. Es el sentimiento que me invade cuando veo una película de James Dean o cuando escucho una canción de Buddy Holly: el sentimiento de una desaparición trágica. Lo que es extraño es que a Dylan no le pasó nada de eso. Estas grabaciones tienen una cualidad intemporal que se parece a las que Robert Johnson realizó en un pequeño estudio de una habitación de hotel o a las primeras demos de Hank Williams».[74]

Realización

Dylan se divierte y nos adentra con humor en esta canción delirante que oscila entre el country & western y el piano-bar. Se acompaña de una guitarra acústica y parece estar sostenido por Robbie Robertson, que toca o bien una mandolina en rítmica, o bien una guitarra con cuerdas de nailon (con una cejilla colocada en la parte de arriba del mástil). Lo que sorprende es el sonido de un clavinet al final del estribillo, que sin duda tocaba Richard Manuel, que estaba también al piano. Hudson es, como siempre, muy eficaz al órgano, y podemos escuchar cómo utiliza un registro de flautas en el minuto 0'35. Aunque no hay ninguna percusión, el tema se equilibra sin problemas, y Dylan no tiene ninguna dificultad para hacernos partícipes de una curiosa canción.

Tears Of Rage

Bob Dylan – Richard Manuel / 4'12 minutos

Músicos
Bob Dylan: voz, guitarra
Robbie Robertson: guitarra
Richard Manuel: piano, coros
Garth Hudson: órgano
Rick Danko: bajo, coros
Grabación
Big Pink, West Saugerties (Nueva York):
verano u otoño de 1967
Equipo técnico
Productores: Bob Dylan y The Band
Ingeniero de sonido: Garth Hudson

COVERS
Jimi Hendrix cantó y tocó a la guitarra una versión de «Tears Of Rage», que se puede escuchar en el disco *West Coast Seattle Boy: The Jimi Hendrix Anthology*, de 2010.

Génesis y letra

«Tears of Rage» es la canción más sombría de todas las que componen *The Basement Tapes*. Andy Gill[24] la comparó con el *King Lear*, de Shakespeare. Efectivamente, podemos ver una analogía entre el viejo rey de la obra que, traicionado por sus hijas, erra por las landas mientras que la razón lo abandona y el narrador de la canción que, al sentirse traicionado por su propio país, llora con lágrimas de rabia. Pero Dylan rechaza esta interpretación, a pesar de las referencias en su texto. En 1978 Jonathan Cott le preguntó: «¿Cree que le influyó especialmente *King Lear* cuando estaba escribiendo canciones como "Tears Of Rage"?». Dylan respondió, sin rodeos: «No, este tipo de canciones se basaba en el concepto de que uno es uno».[20]

En cualquier caso, se trata de una canción sobre la cólera y las desilusiones. Hay que destacar la clarividencia del cantautor, ya que en aquel momento Estados Unidos estaba lejos de ver la salida del conflicto. En el narrador de «Tears Of Rage» podemos ver un combatiente de Vietnam que, tras volver a casa, se da cuenta de la indiferencia y la ingratitud de una nación, y constata amargamente que sus amigos murieron para nada. «Descubre que nada era cierto», como canta Dylan en la segunda estrofa. Hablamos de clarividencia porque esta canción fecha del año 1967, cuando la aviación estadounidense bombardeó por primera vez Hanói, mientras que el presidente Johnson anuncia ante el Congreso un aumento de la presencia de tropa en Vietnam.

La interpretación de «Tears Of Rage» aún puede ir más lejos. Es el propio país el que se toma como blanco, unos Estados Unidos tal como fueron a partir de la segunda mitad de la década de 1960. Para Andy Gill, el narrador que, «al igual que los padres fundadores, contribuyó a definir el país [...], ve con tristeza como las siguientes generaciones rechazan sus ideales, y los tratan como "nada más que un lugar donde quedarse". El idealismo deja lugar al materialismo rampante, con un precio por cada emoción, en una sociedad en la que conocemos el precio de todo pero el valor de nada».[24]

Realización

Para Clinton Heylin,[66] «Tears Of Rage» podría haberse escrito y grabado durante las sesiones de *John Wesley Harding*, que tuvieron lugar de mediados de octubre a finales de noviembre

The Band grabó una magnífica versión
de «Tears Of Rage», que inaugura su primer
álbum, *Music From Big Pink*.

de 1967. Pero también es posible que la grabación tuviera lugar el 17 de octubre, el día antes de la primera sesión del álbum mencionado.

Al escuchar «Tears Of Rage» nos embargan a la vez la sonoridad de la voz y el color armónico, que no se parecen nada a lo que Dylan canta habitualmente. Aunque fue Bob quien escribió la letra, Richard Manuel es el autor de la música. En una entrevista concedida al *Woodstock Times* en 1985, Manuel recuerda: «[Dylan] entró en el sótano con un folio escrito a máquina [...] y no dijo: "¿Tenéis alguna música para esto?". Yo tenía dos bocetos que podían ir bien, y solo tuve que desarrollarlos un poco, porque no estaba muy seguro de lo que significaba la letra. No podía subir las escaleras corriendo y preguntar "Bob, ¿qué quiere decir 'Ahora el corazón está lleno de oro como si fuera un monedero?'"».[75]

«Tears Of Rage» es considerada por los entendidos como una gran canción. La asociación entre los dos cantautores es realmente exitosa. La interpretación de Dylan es sorprendente, con una voz envuelta en un *delay* muy presente que toma acentos y un color que recuerdan curiosamente a John Lennon en su período Plastic Ono Band. El tema revela una auténtica

unidad entre los músicos, ya que cada uno sabe borrarse en beneficio de todos. Esto es especialmente cierto en el caso de la guitarra de Robertson y el piano de Manuel. Pero la verdadera estructura proviene del órgano de Hudson, especialmente inspirado, muy góspel. También hay que subrayar las excelentes armonías vocales de Manuel y de Danko. La canción se grabó en tres tomas, y fue la última la que se incluyó en el disco.

La atmósfera que se desprende de la canción ilustra de forma implacable la cólera y las desilusiones que encienden al narrador. El autor británico Toby Litt, cuya canción favorita es «Tears Of Rage», tomó prestadas las palabras de la poeta americana Emily Dickinson para expresar con precisión lo que sentía al escuchar la canción: «Si leo un libro y hace que mi cuerpo entero se sienta tan frío que no hay fuego que lo pueda calentar, sé que eso es poesía. Si físicamente me siento como si me levantasen la tapa de los sesos, sé que eso es poesía».[76] Una sensación que sin duda comparten muchas personas. Desde el Festival de Patras, en Grecia, el 26 de junio de 1989, Bob Dylan ha cantado «Tears Of Rage» más de ochenta veces en los escenarios.

Too Much Of Nothing

Bob Dylan / 3'04 minutos

Músicos
Bob Dylan: voz, guitarra
Robbie Robertson: guitarras
Richard Manuel: piano, coros
Garth Hudson: órgano
Rick Danko: bajo, coros
Levon Helm: batería
Grabación
Big Pink, West Saugerties (Nueva York): verano de 1967
Equipo técnico
Productores: Bob Dylan y The Band
Ingeniero de sonido: Garth Hudson

Génesis y letra

Durante la convalecencia que siguió a su accidente de moto de 1966, Bob Dylan leyó mucho. Es evidente que la Biblia lo transformó profundamente, ofreciéndole otra visión del mundo. Pero también *King Lear*. Se lo confirma a Jonathan Cott. El periodista le dice: «Siempre he percibido, en *The Basement Tapes*, ideas que hacen referencia al *King Lear*»,

El grupo británico Spooky Tooth, que grabó «Too Much Of Nothing».

y cita las frases de la canción: «*Too much of nothing / Can make a man abuse a King*» («Demasiado de nada / Puede hacer que un hombre abuse de un rey»). Dylan responde: «Exacto. Más adelante, el "rey" se convirtió en "payaso"».[20] Pero «Too Much Of Nothing» no se limita a estas dos alusiones. Cuando Dylan cita en los estribillos los nombres de Valerie y de Vivian, ¿en quién está pensando exactamente? Parece que es una referencia a las dos mujeres de T. S. Eliot. Casado por primera vez con Vivienne Haig-Wood en 1915, Eliot dejará que su mujer termine sus días en un hospital psiquiátrico del norte de Londres, sin ir a visitarla durante los últimos nueve años de su vida. A la muerte de Vivienne, en 1947, Eliot se casará con Valerie Fletcher, treinta y ocho años menor que él, en 1957. El poeta morirá el 4 de enero de 1965 en Londres. Así, el texto de Dylan adquiere otra dimensión y se convierte en un ataque contra el poeta, a quien no perdona ciertas derivas de su vida personal. Las palabras «Puede andar por la calle y alardear, pero no sabe nada de nada» dejan entrever todo su desdén. Cuando el trío de folk Peter, Paul and Mary cantan «Too Much Of Nothing» en 1967 (número 35 en las listas de éxitos), se permiten cambiar el nombre de Vivian por Marion, cosa que parece que desencadenó la ira de Dylan, para quien la canción dejaba de tener sentido...

Realización

«Too Much Of Nothing» es una curiosa mezcla entre un Dylan «clásico» y un Dylan «innovador». Efectivamente, en la segunda parte de cada estrofa se puede oír una curiosa progresión armónica (cromática), no muy alegre, que trata de subrayar el aumento de intensidad de su texto. Luego llega el estribillo, también sorprendente. Con un tono de pop psicodélico. El conjunto del grupo «hace su trabajo»; Robertson toca una guitarra eléctrica con sonido muy reverberado, y constatamos la presencia de una batería, que supuestamente Levon Helm añadió por *overdub* en 1975. Se pueden escuchar dos guitarras acústicas, una tocada por Bob y la segunda probablemente añadida al mismo tiempo que la batería (¿Robertson?). Lamentablemente el tema cojea desde el punto de vista armónico, y es una lástima, porque el texto es de gran calidad. Hay que lamentar que Bob no lo volviera a trabajar. Se grabaron dos tomas, y se conservó la primera.

Yea! Heavy And A Bottle Of Bread

Bob Dylan / 2'15 minutos

Músicos
Bob Dylan: voz, guitarra
Richard Manuel: piano, coros
Garth Hudson: órgano
Rick Danko: bajo, coros
Grabación
Big Pink, West Saugerties (Nueva York): verano de 1967
Equipo técnico
Productores: Bob Dylan y The Band
Ingeniero de sonido: Garth Hudson

Génesis y letra

«Solo mi cómic y yo, tomamos el bus / La pobre pequeña conductora había ido a acostarse, y al día siguiente hasta su nariz llena de pus»: es inútil buscar alguna explicación a la letra de «Yea! Heavy And A Bottle Of Bread», si no es la de que Dylan se divirtió mucho jugando con las palabras en la más pura tradición de los escritores beat un poco alucinados, o como Lewis Carroll. Sin embargo, hay una indicación: la frase «Llévame a California, querida» deja entender que el cantautor quería dejar el estado de Nueva York para ir a la costa Oeste; sin duda por el clima, pero quizá también por el sueño del *Summer of Love*.

Realización

No hay nada especial para destacar en los arreglos de «Yea! Heavy And A Bottle Of Bread», si no es el riff de piano que toca Manuel, que también se encarga de hacer una simpática voz grave muy audible al final del tema. Basada en dos acordes, la canción recuerda a Frank Zappa, a quien probablemente habrían gustado las palabras y el humor de su autor. Nada serio, pero muy divertido.

Se grabaron dos tomas: en la primera Dylan tiene una voz bastante dura, y en la segunda el tono es más indolente, distanciado. Además, según la versión, la primera frase es ligeramente distinta: en una se habla de una «nariz llena de pus», y en la otra de una «nariz llena de sangre». Sea cual sea la versión, «Yea! Heavy And A Bottle Of Bread» es la pieza más psicodélica de *The Basement Tapes*.

Lo más curioso es que Dylan tocará esta canción en directo dos veces, en 2002 y en 2003. La versión de 2002, tocada en el Madison Square Garden de Nueva York el día 11 de noviembre, es una pequeña maravilla. Sobre un ritmo latino –un chachachá– Bob demuestra que «Yea! Heavy And A Bottle Of Bread» posee un verdadero potencial a pesar de la opinión negativa de muchos especialistas.

El genial Frank Zappa, cuyo humor cáustico influyó sin lugar a dudas a Dylan para escribir «Yea! Heavy And A Bottle Of Bread».

Bob Dylan tocando una guitarra Prairie State.

Tiny Montgomery

Bob Dylan / 2'47 minutos

Músicos
Bob Dylan: voz, guitarra
Robbie Robertson: guitarra, coros (?)
Richard Manuel: coros
Garth Hudson: órgano
Rick Danko: bajo, coros
Grabación
Big Pink, West Saugerties (Nueva York): verano de 1967
Equipo técnico
Productores: Bob Dylan y The Band
Ingeniero de sonido: Garth Hudson

Génesis y letra

«Tiny Montgomery» es del mismo estilo que «Yea! Heavy And A Bottle Of Bread»: enigmática, absurda, impenetrable y alegremente subversiva. ¿Quién es ese Tiny Montgomery cuya llegada a San Francisco es inminente? ¿Por qué suscita las más vivas inquietudes y conduce a la gente hacia las acciones más improbables? Misterio. En este caso también podríamos pensar que Dylan construyó las estrofas de la canción en función del sonido de cada palabra y del ritmo de cada frase. De las palabras no se desprende ningún mensaje codificado ni ninguna intención velada. Otra pregunta: ¿Quién son los demás personajes evocados? Skinny Moo, Half-Track Frank, Lester y Lou… nombres con sonoridad de dibujos animados. El hecho que Dylan llame por su nombre al Congress of Industrial Organization (CIO), que era una potente confederación de sindicatos estadounidenses durante la década de 1940, podría desvelar algo. Los personajes en cuestión serían sindicalistas (de entre los cuales había algunos abiertamente comunistas). Pero como ha repetido en varias ocasiones el propio Dylan, no hay nada que entender más allá de lo que está escrito. Sin embargo, Tiny Montgomery habla de volver a San Francisco en el mismo momento en que la juventud del mundo entero se encuentra en esa ciudad para celebrar el *Summer of Love…*

Realización

La canción, que se sitúa en las fronteras del folk, el country y el rock, demuestra que bastan dos acordes para hacer una buena melodía. Si las palabras son extrañas, la música aún lo es más. Estamos en 1967 y Dylan, aunque recluido en el campo de Woodstock, está bien informado de la evolución musical de sus congéneres: la psicodelia, el rock, el folk, pero también el humor y el absurdo reinan en ese verano del amor. Aunque mal grabada, «Tiny Montgomery» es una broma musical compartida por un grupo de amigos. Los coros (Manuel, Danko), que parecen improvisados, refuerzan este aspecto *amateur*. Dylan no canta su texto hermético al pie de la letra, y se acompaña de una guitarra de 12 cuerdas. Robertson parece tocar una guitarra eléctrica en rítmica, y solo el bajo y el órgano son realmente audibles. Pero a pesar de este aspecto de «boceto» en el sonido y la interpretación, este «Tiny Montgomery» consigue engancharnos gracias el talento de sus intérpretes. Dylan no dará continuidad a esta canción, ni en disco ni en los escenarios.

You Ain't Goin' Nowhere

Bob Dylan / 2'43 minutos

Músicos
Bob Dylan: voz, guitarra
Robbie Robertson: batería
Richard Manuel: piano
Rick Danko: bajo, coros
Garth Hudson: órgano
Grabación
Big Pink, West Saugerties (Nueva York): verano de 1967
Equipo técnico
Productores: Bob Dylan y The Band
Ingeniero de sonido: Garth Hudson

PARA LOS ADICTOS A DYLAN
La versión de «You Ain't Goin' Nowhere» de los Byrds apareció en single. La canción llegó al número 45 en el Reino Unido, pero solo al 74 en Estados Unidos. ¡Un éxito más bien modesto!

Génesis y letra

Existen varias versiones de «You Ain't Goin' Nowhere», y la primera se remonta a las sesiones de Big Pink. En la original, Bob Dylan escribió un texto del todo absurdo, especialmente en el estribillo, que habla de sopa y de un gato al que alimentar. El cantautor modificó la letra más adelante. En la versión de *The Basement Tapes*, la primera estrofa parece un parte meteorológico, ya que se habla de «nubes que pasan», de «lluvia que no caerá» y de «tiempo hibernal». A partir del estribillo, nos sumergimos en las profundas aguas del surrealismo: el narrador espera a su novia para planear sobre una «butaca rellenada». Finalmente, en la última estrofa, Ghengis Khan es invocado de forma extraña, ya que el célebre soberano mongol no puede ofrecer a sus reyes su dosis de sueño. Es evidente que Bob Dylan no obedece a ninguna regla de escritura concreta, y solo da importancia a la sonoridad de las palabras.

Realización

«You Ain't Goin' Nowhere» emana música country, hasta el punto de sonar como un homenaje a Hank Williams. Dylan canta de forma desenvuelta esta curiosa historia acompañándose de una guitarra acústica de 12 cuerdas, y sostenido por el bajo de Danko y el órgano de Hudson. El piano de Manuel es prácticamente inaudible, lo que podría llevarnos a pensar que se está encargando de la batería. Pero en realidad parece que es Robbie Robertson quien sostiene las baquetas. El único problema es que también hay una guitarra eléctrica. ¿Quizá Robertson la añadió en los *overdubs* de 1975? No tenemos ningún elemento para confirmarlo. «You Ain't Goin' Nowhere» es una balada country muy seductora, que se pega inmediatamente, pero que Dylan quiso sin duda distorsionar por palabras herméticas e inesperadas.

Curiosamente, la versión que encontramos en *The Basement Tapes* es la primera que grabaron, pero la última que llegó al gran público, por la simple razón de que el álbum doble apareció en 1975. Cuatro años antes, para *Greatest Hits Vol. II*, Bob Dylan regrabó tres canciones de *The Basement Tapes*: «I Shall Be Released», «Down In the Flood» y «You Ain't Goin' Nowhere». Para esta última, volvió a modificar el texto. Habla de una película titulada *Gunga Din*, mientras que Ghengis Khan (al que ya mencionaba en la versión precedente) esta vez está acompañado por su hermano Don.

Roger McGuinn modificó algunas palabras para la versión de «You Ain't Goin' Nowhere» que hicieron los Byrds en 1968.

Otro nombre citado: el que McGuinn. ¿Coincidencia? ¡Por supuesto que no! Roger McGuinn es un amigo de Dylan y uno de los miembros fundadores de los Byrds. En el verano de 1968, The Byrds grabaron una auténtica joya del country-rock, el álbum *Sweetheart Of The Rodeo*, disponible a partir del 30 de agosto siguiente. El disco se abre con «You Ain't Goin' Nowhere». McGuinn, sin duda involuntariamente, modificó las palabras de Dylan: «*Pick up your money / And pack up your tent*» («Coge tu dinero / y recoge tu tienda»). Pero cuando Bob reescribe el texto para el álbum *Greatest Hits Vol. II*, hace un guiño divertido dirigido a su amigo y rival, Roger McGuinn: «*Pack up your money / Pull up your tent McGuinn*» («Recoge tu dinero / Levanta tu tienda McGuinn»).

COVERS

«You Ain't Goin' Nowhere» ha dado lugar a innumerables versiones. Podemos destacar las de Joan Baez, Counting Crows, el trío Mary Chapin Carpenter-Rosanne Cash-Shawn Colvin, Nitty Gritty Dirt Band, Maria Muldaur...

Nothing Was Delivered

Bob Dylan / 4'24 minutos

COVERS

En 1968 The Byrds incluyeron esta canción en su repertorio para las sesiones de *Sweetheart Of The Rodeo*, y acentuaron un poco más el tono country del tema.

Músicos
Bob Dylan: voz, guitarra
Robbie Robertson: guitarra
Richard Manuel: piano, coros
Rick Danko: bajo, coros
Garth Hudson: órgano

Grabación
Big Pink, West Saugerties (Nueva York): verano de 1967

Equipo técnico
Productores: Bob Dylan y The Band
Ingeniero de sonido: Garth Hudson

El cantautor en una rueda de prensa, con Robbie Robertson a su lado.

Génesis y letra

Bob Dylan tenía 26 años cuando se grabaron las canciones reunidas en *The Basement Tapes*. Unos meses antes había tenido un accidente de moto que podría haber sido mortal, y que lo transformó por completo. ¿Quizá esta canción es un regreso a su pasado reciente, a su vida autodestructiva de estrella del rock? ¿Puede ser una reminiscencia de los momentos oscuros en los que coqueteaba con sustancias ilegales, y del entorno en el que se movía? En este caso, «Nothing Was Delivered» podría entenderse como un encuentro que acaba mal entre un camello y su cliente: «Porque lo que vendes no se ha entregado», canta Dylan. Se trata solo de una hipótesis. Pero existe otra. El título, que podría leerse como «No se cumplió ninguna promesa», incita a pensar que los políticos, y en un sentido más amplio, las élites dirigentes, están en el punto de mira de Dylan; unas élites a las que reclama que devuelvan lo que han arrebatado, y a quien reprocha que hayan mentido y exige explicaciones. Solo una cosa es segura: no es una canción de amor, sino una canción oscura, amenazadora, alejada de la ligereza y el sinsentido que emanan de gran parte de las canciones del álbum.

Realización

Al igual que otros títulos de *The Basement Tapes*, «Nothing Was Delivered» está impregnada de un embriagador perfume country. Con un tempo más bien lento, Richard Manuel acepta el honor de impulsar al piano esa rítmica tan característica del juego que Fats Domino popularizó con su éxito de 1956 «Blueberry Hill». Pero la atmósfera jovial de ese tema no se encuentra en la canción de Dylan. Acompañado por un órgano muy *soul* y una guitarra solista muy blues, Bob, que toca la guitarra de 12 cuerdas, canta de forma distanciada su texto lleno de amenazas. La distancia entre la ligereza de la música y la densidad de la letra es un efecto que le gusta y que utiliza a menudo, como en «You Ain't Goin' Nowhere».

Open The Door, Homer

Bob Dylan / 2'49 minutos

Músicos
Bob Dylan: voz, guitarra
Robbie Robertson: guitarra
Richard Manuel: piano, coros
Garth Hudson: órgano
Rick Danko: bajo, coros
Grabación
Big Pink, West Saugerties (Nueva York): verano de 1967
Equipo técnico
Productores: Bob Dylan y The Band
Ingeniero de sonido: Garth Hudson

Génesis y letra

Durante la década de 1940, un artista de vodevil afroamericano llamado Dusty Fletcher, junto a su cómplice John Mason, provocaba carcajadas entre el público del Apollo de Harlem con un número burlesco con una puesta en escena perfecta. Aparecía cubierto de harapos, bajo los efectos del alcohol,

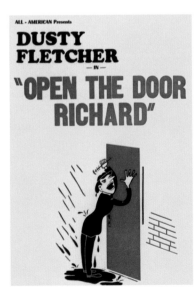

El cartel de la película con Dusty Fletcher que inspiró a Dylan.

buscando su camino. Colocaba una escalera contra una pared, caía, pasaba por una ventana y, mientras caía al suelo, gritaba: «Open the door, Richard!». En 1946, inspirándose en este divertido sketch, Jack McVea compuso una canción llamada «Open The Door, Richard», que grabó con su orquesta. A continuación, el propio Fletcher, en octubre de 1946, y al año siguiente Count Basie y Louis Jordan, hicieron sus propias versiones de la canción, con gran éxito.

Así pues, Bob Dylan encontró el título de su canción en el repertorio del rhythm'n'blues original. ¿Por qué razón prefirió Homer en lugar de Richard? Según Clinton Heylin,[66] Homer sería el apodo de Richard Fariña, cantante de folk y amigo de Dylan, marido de Carolyn Hester, que murió en un accidente de coche el 30 de abril de 1966 mientras volvía a casa tras una fiesta celebrada por la publicación de su primera novela, *Been Down So Long It Looks Like Up To Me*. Del accidente mortal de Fariña al de Dylan, que casi lo fue, solo hay un paso, que es bastante lógico. «Open The Door, Homer» es, pues, la evocación de esa marca del destino que lo salvó: «Cuida bien tus recuerdos [...] / Para que no tengas que revivirlos», canta Dylan en la tercera y la última estrofa. También dice, en esencia: «para curarse, antes hay que perdonar». Un ejemplo más de la influencia de los Evangelios en el cantautor.

Realización

Bob Dylan y los cuatro miembros de The Band realizaron tres tomas de «Open The Door, Homer». La primera fue la que se utilizó para la primera edición de *The Basement Tapes*. La canción es muy pegadiza. Muy alejada del original de 1946, esta primera versión, que casi podría convertirse en reggae, seduce por un estribillo perfectamente armonizado por Danko o Manuel. Y aunque Dylan se preocupara de cambiar Richard por Homer en el título, en los estribillos cantan «Richard». El grupo está en perfecta simbiosis y podemos subrayar la excelente ejecución al piano de Manuel, así como la magnífica interpretación de Dylan. Es otro de los temas que habría merecido ser reelaborado y regrabado en un estudio. La segunda parte solo dura 0'52 minutos. Tiene la particularidad de ser hablada, a excepción del estribillo. Finalmente, la tercera parte tiene un espíritu muy country & western.

This Wheel's On Fire

Bob Dylan – Rick Danko / 3'53 minutos

Músicos
Bob Dylan: voz, guitarra, piano
Richard Manuel: piano, coros
Garth Hudson: órgano
Rick Danko: bajo, coros
Robbie Robertson: batería
Grabación
Big Pink, West Saugerties (Nueva York): verano de 1967
Equipo técnico
Productores: Bob Dylan y The Band
Ingeniero de sonido: Garth Hudson

COVERS

«This Wheel's On Fire» ha sido objeto de varias adaptaciones, incluso antes de que apareciera la versión oficial de Dylan y The Band en *The Basement Tapes*. Acompañada por Brian Auger & The Trinity, la cantante Julie Driscoll fue número 5 en las listas británicas desde el 17 de abril de 1968. The Band también la grabó para el álbum *Music From Big Pink* (1968), así como The Byrds, para *Dr Byrds & M. Hyde* (1969). Más adelante, también la versionaron Siouxsie and the Banhees para *Through The Looking Glass* (1987). «This Wheel's On Fire» también es la música de la serie de televisión británica *Absolutely Fabulous*, con Jennifer Saunders y Joanna Lumley.

Génesis y letra

Después de «Tears Of Rage», coescrita con Richard Manuel, Bob Dylan se asocia esta vez con Rick Danko para componer «This Wheel's On Fire». El *copyright* oficial de la canción atribuye la letra a Dylan y la música a Danko, a partes iguales. Pero según ciertas fuentes, fueron ambos músicos quienes escribieron la letra del estribillo. Fuera cual fuera la aportación del bajista de The Band, esta magnífica canción pertenece plenamente al universo dylaniano. Encontramos referencias a Rimbaud, pero también a Shakespeare y a la Biblia, que el cantautor leyó asiduamente durante su convalecencia. La «rueda de fuego» de la canción evoca el «carro de fuego» de *King Lear* («Eres un alma bienaventurada / Pero yo estoy atado / a una rueda de fuego») pero quizá también evoca el carro Yahvé del *Libro de Ezequiel*, que es una representación mental de Dios. Lo que sabemos con certeza es que la primera frase de «This Wheel's On Fire», «Si tienes buena memoria», hace referencia explícita a la primera frase de *Une saison en enfer* (*Una temporada en el infierno*) de Rimbaud: «*Jadis, si je me souviens bien, ma vie était un festin où s'ouvraient touts les cœurs, où tous les vins coulaient*» («Antaño, si mal no recuerdo, mi vida era un festín en el que se abrían todos los corazones, donde todos los vinos corrían»). Conocemos la influencia benéfica que el poeta francés ejerció sobre el cantautor estadounidense. Así, volver a evocar al «hombre de las suelas de viento» no tiene nada de anodino. A pesar de su nueva apariencia, la de un padre de familia que aspira a la tranquilidad, ¿quizá seguían acosándolo ciertas ideas macabras?

Más allá de las referencias bíblicas y poéticas, es difícil no hacer una asociación entre esta canción y el accidente de moto del que Dylan fue víctima la mañana del 29 de julio de 1966. Así, la «rueda de fuego» sería la de su Triumph 500.

Algunos han visto en esta canción una especie de muerte simbólica, una conversación con Dios seguida de un renacimiento: «Sabías que nos volveríamos a ver», canta Dylan en las dos últimas estrofas. Tras el accidente, el cantante se habría sometido a una cura de desintoxicación de la cual habría salido tranformado tanto a nivel físico como mental.

Realización

«This Wheel's On Fire» emana una atmósfera sombría, desde el primer cambio de acordes, la menor y si disminuido (este

Bob Dylan, en los parajes naturales de Woodstock.

último es una excepción en la obra del cantautor). La armonía es distinta de las composiciones habituales, debido probablemente a la composición de Danko. Y como en «Tears Of Rage», compuesta por Richard Manuel, la voz de Dylan toma sonoridades curiosas que recuerdan al futuro Lennon de The Plastic Ono Band: las mismas entonaciones, el mismo *delay*. Probablemente interpretar melodías de otros autores lo lleva a cambiar su enfoque vocal. Y hay que decir que el resultado es todo un logro. En el tema se distinguen dos guitarras acústicas: la primera es la de Bob, y la segunda es la de Robbie Robertson, que fue añadida en 1975 por *overdub*. De hecho es este último quien toca la batería, con una ejecución irregular, acompañado, por una parte, de Rick Danko, que intenta ayudarlo dando el tempo con su bajo, y Richard Manuel por otra parte, que se encarga de garantizar una rítmica mejor con su piano. «This Wheel's On Fire» es una excelente canción que cierra la versión original de *The Basement Tapes* de forma brillante e inspirada.

El grupo británico Brian Auger & The Trinity versionó «This Wheel's On Fire».

The Band, formidable vivero de excelentes músicos, ha prestado un apoyo inestimable a Dylan en su momentáneo retiro en Woodstock.

The Basement Tapes outtakes

Aunque durante las sesiones se grabaron otros títulos, solo hay dos descartes «oficiales» de *The Basement Tapes*: «Santa Fe» y «The Mighty Quinn (Quinn The Eskimo)», publicadas respectivamente en *The Bootleg Series, Vol. 1–3* y *Biograph*. ¿Cómo calificarlas? Son canciones grabadas con buen humor y relajación, en las que prevalecen el absurdo y los aspectos cómicos, como en el resto del álbum.

Quinn The Eskimo (The Mighty Quinn)

Bob Dylan / 2'20 minutos

Músicos: Bob Dylan: voz, guitarra; Robbie Robertson: guitarra; Richard Manuel: piano, coros; Garth Hudson: órgano; Rick Danko: bajo, coros / **Grabación:** Big Pink, West Saugerties (Nueva York): verano de 1967 / **Productores:** Bob Dylan y The Band / **Ingenieros de sonido:** Garth Hudson, Pete Dauria / **Recopilatorio:** *Biograph*, CD 2 / **Publicación:** 7 de noviembre de 1985

Es evidente que Bob Dylan compuso esta canción en 1967 bajo el influjo de la película de Nicholas Ray *The Savage Innocents* (*Los dientes del diablo*, 1960), en la que Anthony Quinn interpreta el papel del esquimal Inuk. El cuento dylaniano tiene como protagonista un esquimal llamado Quinn que tiene la rara y loable facultad de aportar felicidad a aquellos que lo rodean. «Todo el mundo está desesperado [...] pero cuando llegue Quinn el esquimal, todo el mundo saltará de alegría», canta Bob Dylan en la primera estrofa. ¿Tienen estas palabras un mensaje concreto? En las notas de *Biograph*, el cantautor confiesa: «Quinn The Eskimo... no lo sé, no sé de qué hablaba. Creo que era una especie de canción infantil».[12]

Curiosamente, la canción dylaniana no se incluyó en el álbum (¡aunque el esquimal Quinn aparece en la carátula!). Se grabaron dos tomas en verano de 1967. En *Biograph* podemos escuchar la segunda. La hazaña reside en la perfecta armonía entre una música muy folk rock, mas bien «seria», y una letra infantil. Lamentablemente, la calidad de la grabación es bastante mediocre. Dylan se acompaña probablemente de una guitarra de 12 cuerdas, y el resto del grupo lo sostiene de forma bastante sobria e incluso letárgica. ¿Quizá querían acen-

tuar el desajuste entre la música y la letra? Danko y Manuel se encargan de las armonías vocales, aportando un ligero toque country al tema. Al final de la canción escuchamos con sorpresa un sonido de *pedal steel guitar* (hacia el minuto 2'08). Se trata de Robertson, que toca en *slide*, a no ser que utilice la técnica del *violoning* (con un pedal de efectos o a mano), o que disponga de un *pedal steel guitar*.

Cuando apareció esta grabación en 1985, «The Mighty Quinn» ya tenía cierta trayectoria. Bob Dylan la tocó (con The Band) en el concierto de la isla de Wight, el 31 de agosto de 1969 –y esta versión es la que se encuentra en *Self Portrait* (1970) y en el recopilatorio *Bob Dylan Greatest Hits, Vol. 2* (1971). Pero, principalmente, el grupo inglés Manfred Mann la incluyó en su repertorio. Tom McGuinness, su guitarrista, recuerda: «"The Mighty Quinn" no era la primera opción del grupo [...]. Yo había elegido una canción titulada "Please Mrs. Henry". [...] Pero, al escucharla, me di cuenta de que no era lo bastante potente, y por eso grabamos "The Mighty Quinn"».[73] Resultado: la versión de Manfred Mann será n.° 1 de las listas de éxitos británicas durante dos semanas en febrero de 1968.

VOL 1-3

Santa Fe

Bob Dylan / 2'10 minutos

Músicos: Bob Dylan: voz, guitarra; Robbie Robertson: guitarra; Garth Hudson: piano; Rick Danko: bajo; Richard Manuel: batería / **Grabación:** Big Pink, West Saugerties (Nueva York): otoño (?) de 1967 / **Productores:** Bob Dylan y The Band / **Ingeniero de sonido:** Garth Hudson / **Recopilatorio:** *The Bootleg Series, Vol. 1-3: Rare & Unreleased 1961-1991*, CD 2 / **Publicación:** 26 de marzo de 1991

El nombre de Santa Fe está asociado a la capital de Nuevo México y a la pista que, antes del advenimiento del camino del ferrocarril, permitía los intercambios comerciales entre el Medio Oeste y el suroeste de Estados Unidos, e incluso de México. La ciudad, cargada de historia, ha atraído a muchos artistas desde la década de 1940. Esto sin duda fue lo que inspiró a Bob Dylan para componer esta canción de ritmo vivo y letra impenetrable, pero no sabemos con certeza si esta «Santa Fe» hace referencia a la ciudad o a una mujer. De hecho, existe una diferencia fundamental entre la letra editada por Dwarf Music en 1973 y el texto cantado; a excepción de la primera estrofa, toda la canción fue reescrita. La mala calidad de la grabación no permite discernir algunas de las palabras que canta Dylan. Pero como bien señala John Bauldie en el libreto de *The Bootleg Series, Vol. 1-3*, se trata de un «maridaje característico de absurdo y de diversión, el placer por el placer».[25]

John Bauldie cita a Levon Helm como baterista de «Santa Fe». Por su lado, Sid Griffin atribuye la batería a Richard Manuel en su libro *Million Dollar Bash*,[73] un excelente estudio de *The Basement Tapes*. Al escuchar el tema, es evidente que no puede tratarse de un baterista profesional, y menos de la calidad de Helm; aunque es loable, el juego de escobillas flota, y carece de rigor. Del mismo modo, no hay órgano, sino un piano. Si Manuel estaba a la batería, Hudson estaba al piano. Es difícil distinguir el resto de instrumentos, ya que el sonido del conjunto es malo, pero parece que hay también una mandolina o una guitarra con la cejilla colocada en la parte de arriba del mástil (Dylan), una guitarra eléctrica (Robertson), así como un bajo tocado con púa (Danko). También es posible que esta grabación tuviera lugar en casa de Bob Dylan –lo que se ha llamado «*red room sessions*», que tuvieron lugar al inicio de *The Basement Tapes*.

1967

John
Wesley
Harding

John Wesley Harding
As I Went Out One Morning
I Dreamed I Saw St Augustine
All Along The Watchtower
The Ballad Of Frankie Lee
And Judas Priest
Drifter's Escape
Dear Landlord
I Am A Lonesome Hobo
I Pity The Poor Immigrant
The Wicked Messenger
Down Along The Cove
I'll Be Your Baby Tonight

ÁLBUM
FECHA DE PUBLICACIÓN
27 de diciembre de 1967
Columbia Records
(REFERENCIA COLUMBIA CL 2804/CS9604)

John Wesley Harding, el primer álbum de rock bíblico

El álbum

Unos meses después de su accidente de moto, Bob Dylan, mientras descansa en su casa de Woodstock, se transforma, tanto en el plano espiritual como en el artístico. Había rozado la muerte –esa «gran pesada» parece acecharlo con insistencia desde el suicidio de Peter La Farge (27 de octubre de 1965) y el accidente de moto mortal de Richard Fariña (30 de abril de 1966), ambos cantantes folk y amigos–; entonces pensó sin duda en lo que le dijo una joven actriz australiana en su última gira mundial: que era el nuevo Jesucristo y que tenía que sacrificarse por los demás. Los músicos que lo acompañarán en el estudio se quedan asombrados con esta metamorfosis. Charlie McCoy, que ya estaba en *Blonde On Blonde*, revelará a Richie Unterberger: «No estoy seguro de que esté relacionado con su manera de grabar, pero percibí una diferencia sensible en toda su actitud cuando hicimos el segundo [disco]».[77] También añadirá que lo encontró mucho más relajado que en el álbum precedente.

El folk y la Biblia

Una cosa está clara: la mayoría de los textos de *John Wesley Harding* beben de fuentes bíblicas, y en particular del Antiguo Testamento. En su libro *The Bible In The Lyrics Of Bob Dylan* (Wanted Man, 1985), Colbert S. Catwright contó más de sesenta alusiones bíblicas, y unas quince solo en la canción «The Ballad Of Frankie Lee And Judas Priest». En «I Dreamed I Saw St Augustine», el cantautor cita al filósofo cristiano san Agustín, que intentó conciliar el idealismo platónico y el cristianismo, mientras que, en «All Along The Watchtower» y en «The Wicked Messenger», hace referencia respectivamente al Libro de Isaías y al Libro de los Proverbios del Antiguo Testamento. Cuando en 1968 John Cohen diga de Dylan que no es el tipo de persona que lea la biblia de Gedeón en una habitación de hotel, el cantautor responderá, de forma enigmática: «Ah, pues nunca se sabe…».[20]

Este viaje por los senderos de lo sagrado es aún más fascinante porque esta salpicado de personajes que forjaron la historia novelesca de Norteamérica. El álbum y la primera canción sacan el nombre del forajido John Wesley Hardin (sin «g»), que hizo estragos en Texas durante los años de «Reconstrucción», y luego se puso a leer libros religiosos durante su condena en la cárcel. También está el *hobo* («vagabundo»), símbolo de libertad y de rechazo de todas las convenciones; el emigrante, que vino a encontrar al Nuevo Mundo lo que se le negaba en el antiguo; el poco recomendable propietario y un juez compasivo; y también el listillo y el ladrón que unen esfuerzos para salir de esa extraña torre de vigilancia, metáfora del Occidente materialista. Finalmente, en lo referente al estilo, incluso la escritura de Dylan ha cambiado. Tras el caos de los sentidos que a menudo gobernaba en sus últimos discos, ha llegado el tiempo del orden. Ya no quiere escribir de forma desenfrenada, dejando libre curso a la imaginación, como hacía hasta

Sing Out! fundada en 1950 para proteger y promover la música folk, tanto tradicional como contemporánea.

LA POLAROID ORIGINAL

John Berg, el fotógrafo de la portada del álbum, recuerda haber vendido la Polaroid original en una subasta: «se vendió por 50 dólares [...] No debería haberla vendido»...[81]

PARA LOS ADICTOS A DYLAN

Woody Guthrie murió el 3 de octubre de 1967, quince días antes de la primera sesión de grabación del álbum. Es probable que Dylan quisiera rendirle un homenaje en este álbum compuesto de baladas. Lo que sabemos con certeza es que el cantautor y el manager Harold Leventhal concibieron el concierto «A Tribute to Woody Guthrie», que tendrá lugar el 20 de enero de 1968 en el Carnegie Hall de Nueva York, y en el que participarán, además de Dylan, The Band, Ramblin' Jack Elliott, Pete Seeger, Tom Paxton, Judy Collins, Arlo Guthrie, Richie Havens y Odetta, entre otros.

entonces. Lo explicará en 1968: «Sobre el nuevo disco, se ha vuelto más conciso. Ya no tenía ganas de hacer perder demasiado tiempo a la gente».[20]

A excepción de «The Ballad Of Frankie Lee And Judas Priest», las canciones de *John Wesley Harding* no tienen más de tres estrofas. Incluso se han eliminado los estribillos. Las frases son breves; una evidente voluntad de decir solo lo esencial. Sobre esto, Allen Ginsberg dijo: «Se puso a escribir frases más cortas, y cada línea tenía una significación». Y el poeta beat sigue: «No había palabras ni alientos inútiles. Todas las imágenes tenían que ser prácticas en vez de decorativas». Once años después de la publicación de este álbum, Dylan tratará de explicar su naturaleza: «*John Wesley Harding* era un disco inquieto, sobre el miedo [risas], pero que hablaba del Mal de una forma casi inquietante. Lo que quería era escribir las palabras precisas. Fue valiente hacerlo, porque también habría podido no hacerlo».[20]

La carátula

John Berg tomó la fotografía del álbum en el jardín de Albert y Sally Grossman en Woodstock, en un momento en que en el exterior estaban a bajo cero. En una entrevista concedida al *Telegraph* (n.º 51) en la primavera de 1995, Berg explicó la sesión fotográfica a John Bauldie. Hacía tanto frío, que entre foto y foto todo el mundo corría a calentarse en el interior de la casa. Dylan quería ver el resultado de las fotografías lo más rápidamente posible, así que John Berg se decidió por una Polaroid. Al terminar la sesión, todas las fotos se colocaron en una mesa y Bob escogió una. Vemos al cantautor vestido como un pionero (con la misma chaqueta que llevaba en *Blonde On Blonde*), rodeado por dos músicos bengalíes, los hermanos Luxman y Purna Das, y un carpintero llamado Charlie Joy, que estaba colocando marcos en las puertas de los Grossman. El mensaje «back to the *roots*» es evidente. La fotografía elegida por Dylan suscitó muchas curiosidades:

Albert Grossman en 1966, rodeado de mujeres, entre ellas Nico, la líder de Velvet Underground (de blanco, a la izquierda).

según algunos, los cuatro Beatles estarían escondidos en los nudos del árbol. Efectivamente, parece que en la portada del disco de vinilo y especialmente en la edición inglesa (no en el CD) distinguimos el retrato de los Fab Four. Cuando se lo contaron en la revista *Rolling Stone*, John Berg admitió su asombro: «Alguien descubrió pequeñas fotos de los Beatles y la mano de Dios en el tronco del árbol [...] ¡ja, ja, ja! Si queréis verlos, podéis. Yo me sorprendía tanto como el resto del mundo».

La clave es Frank

En la contraportada del álbum hay un texto de Dylan escrito en forma de fábula; un texto más bien hermético. A diferencia de los Reyes Magos del Evangelio según Mateo, los «tres reyes» de los que habla el autor no vinieron a traer regalos tras saber que Jesús había nacido, ni fueron guiados por una estrella, sino que vinieron a obtener algo de un tal Frank; el problema es saber qué querían. Para entenderlo, es necesaria una clave. Y esta clave, tal como desvela el tercer rey, es precisamente Frank. Entonces, solo tenemos que sustituir Frank por Dylan –y más concretamente el «nuevo» Dylan, transformado desde su accidente–, Vera por Sara, su mujer, Terry Shute por

Albert Grossman, y los tres reyes por los representantes de las discográficas que venían a negociar la firma del próximo contrato del cantautor, que está a punto de terminar el contrato con Columbia. Entonces, todo se vuelve más o menos claro: el «nuevo Dylan» ya no soporta las artimañas de Albert Grossman y lo expulsa sin compasión: «¡Sal de aquí, miserable! ¡No vuelvas nunca!», le grita. A continuación los tres reyes revelan el objetivo de su visita: «Mr. Dylan ha sacado un nuevo disco. Este disco solo contiene sus propias canciones, naturalmente, y hemos comprendido que tú eres la clave». Luego viene una negociación en la que el «nuevo» Dylan trata de impresionar a sus interlocutores con distintas payasadas. Impresionados pero felices, los tres reyes se marchan, milagrosamente curados de los distintos males que los aquejaban al principio de la historia. Sara, su mujer, se asombra de que no les haya confesado que se ha convertido en un hombre modesto y los haya dejado con otra imagen, la del «antiguo» Dylan. «Paciencia», le replica él. Fin de la fábula. El mensaje es claro: Bob desconfía de Grossman, cuyos métodos lo molestan cada vez más, y quiere afirmar su metamorfosis, su «normalidad», lejos de la imagen de profeta o de mensajero que habían intentado imponerle contra su voluntad hasta entonces.

Dylan y The Band durante el concierto homenaje a Woody Guthrie, el 20 de enero de 1968.

La grabación

Las doce canciones de *John Wesley Harding* «maduraron» durante los quince meses de convalecencia que siguieron al accidente de moto de Bob Dylan, que las escribió a lo largo de las cinco semanas que precedieron las sesiones (y algunas de ellas, incluso, en el tren que llevó al cantautor de Nueva York a Nashville). Solo se harán tres sesiones, de octubre a noviembre de 1967. Tres sesiones para un total de algo menos de trece horas de grabación. Estamos lejos de *Blonde On Blonde*, en el que los músicos tenían que esperar durante horas en el estudio a que el cantautor terminara sus canciones. Todas las canciones de *John Wesley Harding* marcan una ruptura espectacular respecto a las de los tres álbumes anteriores –la «trilogía eléctrica»–, pero también respecto a las grabaciones realizadas en Woodstock en compañía de The Band, entre junio y septiembre de 1967 (que se publicarán en 1975 bajo el título *The Basement Tapes*).

Un sonido... amortiguado

El cantautor quiere un sonido desnudo, como el que se escucha a lo largo del álbum *The Way I Feel* (1967) del cantante folk canadiense Gordon Lightfoot (cuyo mánager es un tal Albert Grossman). A la pregunta: «¿Qué sonido quería para *John Wesley Harding*?» que le planteó Jann S. Wenner en 1969, Dylan responde: «Quería el sonido que Gordon Lightfoot consiguió con Charlie McCoy y Kenneth Buttrey [...] pero no lo conseguimos [risas]. Obtuvimos un sonido distinto, no se cómo definirlo... es un sonido amortiguado».[20]

Justo antes de reservar el estudio A de Columbia en Nashville (Tennessee), habló de esto con Bob Johnston: «Me tocó varias canciones y me pidió si creía que un bajo, una batería y una guitarra estarían bien», confió este último a Harvey Kubernik. «Respondí que sería absolutamente genial si además añadía una *pedal steel guitar*».[78] Así, junto a Charlie McCoy y Kenneth Buttrey (que ya estaban en la mayoría de canciones de *Blonde On Blonde*), el magnífico Pete Drake, que entonces trabajaba con Chet Atkins, es invitado a las sesiones. Robbie Robertson, el guitarrista de The Band, recuerda esas primeras grabaciones: «Cuando volvió, nos propuso, a mí y a Garth [Hudson], que hiciéramos unos *overdubs*. Tras escuchar la cinta, dije: "No hace falta embellecerlo, no hay que añadir nada; esta música desprende honestidad"».[6] En realidad Dylan dudaba sobre el color que había que dar a su nuevo álbum. Lo que deseaba era grabar canciones sin florituras, lejos de las extravagancias psicodélicas de la época. Incluso estuvo a punto de renunciar al proyecto: «Yo no quería grabar este último disco», afirmaría en 1968; «Iba a hacer un álbum entero de versiones, pero no encontré suficientes».[20] Finalmente tomó una decisión: conservará las grabaciones de Nashville en su crudeza original y no añadirá ningún *overdub*.

Un disco a contracorriente

John Wesley Harding salió el 27 de diciembre de 1967, sin publicidad, ni siquiera un single para precederlo, de acuerdo con las consignas que el cantautor transmitió a Columbia de que quería ofrecer el disco en su totalidad, como una obra conceptual. Lo cierto es que algunas críticas fueron duras,

El *folk singer* canadiense
Gordon Lightfoot.

como la de Jon Landau, que no dudara en ver en el octavo trabajo de Dylan un disco reaccionario, en relación a los otros grandes álbumes del año, todos marcados con el sello de la psicodelia, como el *Sgt. Pepper's Lonely Hearts Club Band* de los Beatles, *Surrealistic Pillow* de Jefferson Airplane, *The Piper At The Gates Of Dawn* de Pink Floyd o *Strange Days* de los Doors. Es verdad que esta vez Dylan no habla de Vietnam ni de los derechos civiles, sino únicamente de espiritualidad y de amor, y todo bajo los auspicios de la vuelta a las fuentes de las tradiciones musicales. En cambio, el álbum será bien recibido por la mayoría de periodistas y también por el público, que además ha tenido que esperar un año y medio para escuchar un nuevo disco de Dylan. Y a pesar de la mezcla de referencias bíblicas, de folk, de blues y de country, que llevará a más de un fan a investigar el mensaje «supremo» del disco, *John Wesley Harding* escalará hasta los puestos primero y segundo en las listas de éxitos del Reino Unido y de Estados Unidos, donde será disco de oro en marzo de 1968. Hoy ocupa el puesto 301 en la lista de los 500 mejores álbumes de todos los tiempos de la revista *Rolling Stone*. Las dos últimas canciones del disco («Down Along The Cove» y «I'll Be Your Baby Tonight») prefiguran la orientación de su próximo álbum: country en Nashville.

Datos técnicos

John Wesley Harding es el segundo álbum de Dylan grabado en Nashville. Algo más de diecinueve meses separan la última grabación de *Blonde On Blonde* (10 de marzo de 1966) de la primera sesión de la nueva obra (17 de octubre de 1967).

Aunque Bob ha cambiado, no se puede decir lo mismo de Bob Johnston y de su producción. Dejar que los magnetófonos giren mientras Dylan graba: esa es la consigna. Así, el productor precisa: «Nunca cambié un micrófono para él».[80] Al contrario que en *Blonde On Blonde*, Johnston ahorrará en cintas (solo trece horas de grabación), y tendrá poco que arreglar teniendo en cuenta el número reducido de músicos: Bob Dylan (voz, guitarra, armónica y piano), Charlie McCoy (bajo), Kenneth Buttrey (batería) y Pete Drake (*pedal steel guitar*). Una grabación tranquila, en definitiva.

Los instrumentos

Lamentablemente este álbum no está mejor documentado que el segundo, así que solo podemos hacer suposiciones sobre los instrumentos que utilizó Bob Dylan. En el interior de la carátula del disco se le ve con una guitarra acústica Martin 0-18, sin duda la misma que en *The Basement Tapes*. Lo lógico es pensar que esta fue la guitarra que lo acompañó al estudio. ¿También utilizó su Gibson Nick Lucas Special? En *John Wesley Harding* toca totalmente en acústico; no se utiliza ninguna guitarra eléctrica. También podemos escucharlo al piano en dos títulos: «Dear Landlord» y «Down Along The Cove». Finalmente, aunque en *The Basement Tapes* abandonó la armónica por completo, se reconcilia con ella y, como siempre, utiliza distintas tonalidades: do, re, mi, fa, la y si bemol.

John Wesley Harding

Bob Dylan / 3'00 minutos

Músicos
Bob Dylan: voz, guitarra, armónica
Charlie McCoy: bajo
Kenneth Buttrey: batería
Grabación
Columbia Recording Studios, Nashville
(Tennessee): 6 de noviembre de 1967
Equipo técnico
Productor: Bob Johnston
Ingeniero de sonido: Charlie Bragg

John Wesley Hardin, forajido del Salvaje Oeste de gatillo fácil.

Génesis y letra

Bob Dylan sacó el título de su canción y del álbum de un célebre forajido del oeste americano de finales de siglo XIX, John Wesley Hardin, al que añadió una «g» sin duda por error. Pero el forajido vigilante de ganado no tiene nada que ver con el bandido de gran corazón de la canción de Dylan. De gatillo preciso, parece que mató a unas cuarenta personas antes de ser abatido por un policía de El Paso. Así que estamos bastante lejos del «amigo de los pobres» que nunca hizo «daño a un hombre honesto» que describe el cantautor, con quien podemos percibir cierta analogía con el protagonista de la canción de Woodie Guthrie, «Pretty Boy Floyd». En esta canción Dylan no intenta idealizar a Hardin, sino que quiere arrojar nueva luz sobre la figura del forajido, tal como lo hizo el cineasta Arthur Penn en *Bonnie And Clyde* (*Bonnie y Clyde*, 1967), que se había estrenado unos meses antes, y como harán más adelante Sam Peckinpah con *The Wild Bunch* (*Grupo salvaje*, 1969) y George Roy Hill con *Butch Cassidy and The Sundance Kid* (*Dos hombres y un destino*, 1969). «John Wesley Harding» es la «canción del *open range*, con las botas llenas de barro»,[7] escribió Robert Shelton.

Si creemos lo que Dylan dijo a Jan S. Wenner para la revista *Rolling Stone* en noviembre de 1969, no hay un sentido oculto detrás de esta canción, aunque a algunos no se les escapó que las iniciales JWH de *John Wesley Harding* se corresponden con Yahweh, el nombre de Dios en el Antiguo Testamento: «Tenía esta canción, que empezaba como una larga balada... Sin duda sobre uno de esos viejos vaqueros, una auténtica balada larga. Pero, en medio de la segunda estrofa, me cansé de escribirla. Tenía la canción, y no la quería malgastar, era una bonita melodía, así que escribí rápidamente la tercera estrofa y la grabé».[4] ¿Y en cuanto a la elección del título? ¡Pues porque encajaba en el tempo! Encajaba perfectamente. Era lo que tenía a mano».[20] Evidentemente, su explicación tiende a minimizar el valor de su texto y a desacralizarlo a ojos de algunos. Pero Dylan piensa y escribe de forma musical; sus letras funcionan con la rítmica del tema.

Realización

«John Wesley Harding» abre el álbum homónimo; es una canción country más bien ligera y entretenida, que contrasta con la densidad de *Blonde On Blonde*, su último LP oficial, pero

La cantante folk británica Thea Gilmore versionó «John Wesley Harding».

está bastante cerca de los títulos que acaba de grabar para *The Basement Tapes*. De vuelta a lo puro, al sonido *roots*, solo se acompaña del multiinstrumentista Charlie McCoy al bajo y por el magnífico Kenneth Buttrey a la batería. A pesar de todas las cualidades de este último, curiosamente Buttrey eligió, sobre el segundo coro de armónica, utilizar una rítmica bastante complicada, no muy afortunada, que provoca que se líe un poco con las baquetas hacia el minuto 1'43, cosa que no solía ocurrirle. Dylan canta con una voz serena y toca en *strumming* su guitarra acústica (al parecer, una Martin 0-18), con largas intervenciones de armónica (en fa). Se realizaron dos tomas de «John Wesley Harding» el 6 de noviembre de 1967. La segunda fue al elegida para el álbum. Curiosamente, Bob Dylan nunca ha interpretado esta canción sobre un escenario.

PARA LOS ADICTOS A DYLAN

Bob Dylan también podría haberse inspirado en «John Hardy», canción folklórica que Eva Davis grabó por primera vez en 1924, y que casi todos los cantantes de blues, de folk y de country han incluido en sus repertorios, desde Dock Boggs a The Carter Family, pasando por Doc Watson, Lightnin' Hopkins y Pete Seeger. La canción cuenta la historia de un obrero negro que trabaja en la construcción de un ferrocarril, que se ahorca tras ser declarado culpable de asesinato en primer grado.

As I Went Out One Morning

Bob Dylan / 2'50 minutos

Músicos
Bob Dylan: voz, guitarra, armónica
Charlie McCoy: bajo
Kenneth Buttrey: batería
Grabación
**Columbia Recording Studios, Nashville
(Tennessee):** 6 de noviembre de 1967
Equipo técnico
Productor: Bob Johnston
Ingeniero de sonido: Charlie Bragg

COVERS

«As I Went Out One Morning» ha sido grabada por Stan Ridgway (*Black Diamond*, 1995), The Dirty Projectors (*As I Went Out One Morning*, 2010) y Jason Simon (*Jason Simon*, 2010).

Génesis y letra

Con esta canción, cuyo título se inspira en un famoso poema de amor del poeta inglés W. H. Auden («As I Walked Out One Evening»), Dylan vuelve a ser un formidable catalizador de nuestra imaginación. «As I Went Out One Morning» es, en efecto, un tema que ha dado lugar a incontables análisis interpretativos.

El narrador se levanta una mañana y decide ir «a tomar el aire al lado de la casa de Tom Paine». ¿Quiere aspirar el aire de la Revolución o de la Razón? Entonces encuentra a una bella «doncella» encadenada. Es seductora. Él le ofrece la mano. Ella le toma el brazo. Pero cuando él quiere deshacerse de ella y recuperar la libertad, ella no quiere escucharlo. Él insiste. Ella le implora y le promete el «Sur». Llega Tom Paine, que le ordena que lo suelte y pide perdón al narrador por lo que le ha hecho. La evocación del panfletario británico Thomas Paine no es gratuita. Nos hace pensar inevitablemente en el memorable banquete de diciembre de 1963 organizado por el Comité de socorro a las libertades civiles (ECLC), que concedió a Dylan el premio Tom Paine, que reconocía a personas que luchaban por la libertad y la igualdad. Temiendo que lo utilizaran como abanderado de la intelectualidad contestataria debido a este premio, Dylan, visiblemente alcoholizado, pronunció un discurso en el que se libró a un ataque en toda regla contra ese grupo de intelectuales progresistas, que lo eran menos por convicción, según él, que por oportunismo. Sus declaraciones provocaron un escándalo. Dylan siempre ha desconfiado de las instituciones y los movimientos, ya que considera que reclutan al individuo y alienan su libre albedrío. Es la misma teoría que tenía Thomas Paine, que colocaba al hombre en el centro de su pensamiento revolucionario y afirmaba «mi propia conciencia es mi única iglesia», refleja las convicciones del cantautor, que decía, por su parte: «Creo que las mejores cosas están hechas por individuos».[24]

Pero como siempre pasa con Dylan, este magnífico texto se presta a muchas otras lecturas. Podemos entenderlo como una denuncia del esclavismo, una súplica de libertad, una parábola sobre la tentación o la seducción, una evocación de la emancipación de la mujer, una alusión a su relación con Joan Baez, etc. Mientras que el propio Dylan no revele los secretos de su texto, las interpretaciones seguirán proliferando.

1967

El poeta beat Allen Ginsberg (a la izquierda) y el dramaturgo W. H. Auden.

Realización

«As I Went Out One Morning» no tiene la misma ligereza que «John Wesley Harding». Dylan emplea en la armonía de su canción un modo menor para expresar una inquietud, un clima más oscuro. Su voz adopta entonaciones distintas de las de los álbumes anteriores, y podemos percibir en ella una nueva madurez. También es una de las primeras veces en las que canta con *vibrato*. A pesar de la diferencia de atmósfera entre esta canción y «John Wesley Harding», ambos temas comparten una rítmica y un tempo muy parecidos. La ejecución de McCoy al bajo y de Buttrey a la batería son una auténtica demostración de simbiosis entre dos excelentes músicos que, con el único acompañamiento armónico de la guitarra de Dylan y de su armónica (en la) en los coros, consiguen que el tema avance sin perder intensidad. El único pero es que podemos oír como Charlie se confunde en el cambio de acorde en la segunda estrofa, después de las palabras «*no choice*», en el minuto 1'20, y se reengancha por los pelos.

Después de dos tomas que no se utilizaron, una toma interrumpida y un falso comienzo, finemente se eligió la quinta toma para el álbum. Bob Dylan solo la ha cantado una vez en directo, el 10 de enero de 1974, en el Maple Leaf Gardens de Toronto.

Charlie McCoy, el genial bajista de *John Wesley Harding*.

I Dreamed I Saw St Augustine

Bob Dylan / 3'55 minutos

Músicos
Bob Dylan: voz, guitarra, armónica
Charlie McCoy: bajo
Kenneth Buttrey: batería
Grabación
Columbia Recording Studios, Nashville
(Tennessee): 17 de octubre de 1967
Equipo técnico
Productor: Bob Johnston
Ingeniero de sonido: Charlie Bragg

Joan Baez durante las sesiones
de *Any Day Now*, en 1968.

Génesis y letra

Para este tema, Bob Dylan se inspiró en «Joe Hill», poema escrito por Alfred Hayes en 1936 y musicado por Earl Robinson. Los dos primeros versos, «*I dreamed I saw Joe Hill last nigh / Alive as you and me*» («Anoche soñé que veía a Joe Hill / Vivo como tú y yo») son prácticamente idénticos. En la canción, el objeto del sueño no es el sindicalista, famoso por haber sido condenado a muerte (al parecer, injustamente) en 1915, sino san Agustín.

Un san Agustín muy alejado del hombre de iglesia del siglo IV, que nunca fue mártir. Este último, nacido en Tagaste (actual Souk Ahras, en Argelia) en el año 354, se convirtió al cristianismo a la edad de 33 años (tras una juventud de excesos, fulminado por la gracia divina) y se convirtió en uno de los más grandes pensadores del cristianismo. Bob Dylan se interesa por el pensamiento del filósofo cristiano, sometido durante toda su vida a un implacable sentimiento de culpa, pero al mismo tiempo extraño a toda forma de maniqueísmo y portador de un mensaje de esperanza: en el sentido de que Dios, a través de Cristo, interviene en la Tierra para la redención de los hombres.

Cuando el cantautor habla de un san Agustín con «un abrigo de oro macizo / Buscando almas / Que ya se han vendido» crea una imagen destinada a denunciar la deriva de las religiones institucionalizadas, que se han enriquecido, mientras que los padres de la Iglesia predicaban la pobreza y el ascetismo. Y cuando canta «Me desperté enfadado / Tan solo, tan aterrado / Apoyé los dedos contra el cristal / Bajé la cabeza y lloré», es una especie de regreso a los preceptos de san Agustín: la humildad y el sentimiento de culpabilidad.

El cantante y guitarrista estadounidense Joseph Arthur recuerda haberse quedado muy impresionado al escuchar esta canción: «Cuando la escuché, me quedé pasmado. Por un lado la producción, tan despojada y estricta, tan distinta de lo que había hecho hasta entonces. Y luego la letra, que me reveló a un ser vulnerable. Me tomé al personaje de san Agustín como una metáfora del propio Dylan, el sentimiento de una inmensa culpa, de haber matado algo de un modo u otro».[56] ¿Es posible que el cantautor simplemente quisiera subrayar el paralelismo entre los años de excesos seguidos de la redención de san Agustín y su propio estatus de estrella del rock puesto en cuestión tras el accidente de moto?

Pete Seeger cantó «Joe Hill», canción en la que probablemente se inspiró Bob Dylan.

Realización

Bob Dylan grabó «I Dreamed I Saw St Augustine» en la primera sesión dedicada al álbum, el 17 de octubre de 1967. De las cuatro tomas, solo la primera está interrumpida, y la última fue la que se escogió para *John Wesley Harding*. Se trata de una balada, bastante similar armónicamente de la canción folk de Earl Robinson. Sin lugar a dudas, Dylan descubrió «Joe Hill» gracias a Joan Baez y Pete Seeger, que la tenían en su repertorio. El clima de «I Dreamed I Saw St Augustine» es sereno, a pesar del contenido atormentado de las palabras. Dylan canta con una expresión frágil en la voz, reforzado por una reverberación bastante presente. Armónica (en fa), guitarra en *strumming* y sección rítmica compartida por Charlie McCoy y Kenneth Buttrey: la fórmula es idéntica en su orquestación y su despojo. Solamente podemos destacar la interpretación de Charlie McCoy al bajo, sensiblemente más sobria que en los dos anteriores temas del disco.

Bob Dylan tocó por primera vez en directo «I Dreamed I Saw St Augustine» el 31 de agosto de 1969, en el Festival de la isla de Wight, y en esa ocasión transformó su composición en vals. Luego la cantó durante la Rolling Thunder Revue (1975-1976) y más adelante, durante la década siguiente, con Tom Petty & The Heartbreakers.

COVERS

«I Dreamed I Saw St Augustine» ha sido grabada por Joan Baez (*Any Day Now*, 1968), Thea Gilmore (*Both Sides Now: The Spirit of Americana*, 2002) y Ryan Kulp (*Positively Pikes Peak: Sings Bob Dylan*, 2011).

All Along
The Watchtower

Bob Dylan / 2'33 minutos

Músicos
Bob Dylan: voz, guitarra, armónica
Charlie McCoy: bajo
Kenneth Buttrey: batería
Grabación
Columbia Recording Studios, Nashville
(Tennessee): 6 de noviembre de 1967
Equipo técnico
Productor: Bob Johnston
Ingeniero de sonido: Charlie Bragg

Génesis y letra

«All Along The Watchtower» es otro ejemplo de la influencia que los textos del Antiguo Testamento ejercieron sobre la escritura de Bob Dylan. Esta canción remite al Libro de Isaías que narra la deportación del pueblo judío a Babilonia, su regreso, y la construcción del Templo de Jerusalén. En el capítulo XXI, versículos 5 a 9, se dice: «Se pone la mesa, se extiende el tapiz, se come, se bebe. "¡De pie, príncipes, engrasen el escudo!" Porque así me ha hablado el Señor: "¡Ve, aposta al centinela, que anuncie lo que vea! Si ve gente a caballo, parejas de jinetes, hombres montados en asnos, hombres montados en camellos, que preste atención, mucha atención". Entonces gritó el vigía: "Sobre la atalaya, Señor, estoy siempre de pie, todo el día; en mi puesto de guardia, estoy alerta toda la noche. ¡Miren, llegan hombres montados, parejas de jinetes!" Luego retoma la palabra y dice: "¡Ha caído, ha caído Babilonia, y todas las estatuas de sus dioses se han hecho añicos contra el suelo!"».

En la canción de Dylan, los dos personajes principales (un bromista y un ladrón) son dos caballeros que conversan mientras se dirigen a una torre de vigilancia; podemos adivinar fácilmente quién son o a quién simbolizan. El bromista es el propio cantautor, el que entretiene a las masas, el que, recientemente, ha sido nombrado abanderado de la protesta por progresistas complacientes. El ladrón es Albert Grossman (o la industria discográfica en general), que ya solo ve a Dylan como una máquina de ganar dólares. «Los hombres de nego-

cios beben mi vino / Los labradores surcan mi tierra», canta Dylan en el primer estribillo; los labradores podrían ser los críticos de pluma afilada.

Pero en las letras de Dylan nada es nunca tan sencillo: «Reina una confusión demasiado grande», admite. Así, el bromista y el ladrón están unidos por un mismo destino: salir de la torre de vigilancia. Esto se podría interpretar como la necesidad de los hombres de huir de las condiciones sociales y políticas que ofrece la sociedad estadounidense de la década de 1960. Confusión, también, en la propia escritura de las tres estrofas, ya que Dylan, como confesó a Jonathan Cott, sitúa «los acontecimientos en un orden anti-cronológico».[20]

Efectivamente, la narración sigue una estructura poco habitual. Los dos últimos versos, «En la lejanía se oyó el lamento de un lince / Dos jinetes se acercaban, el viento empezó a bramar», parecen marcar el inicio de la narración, y no el final. Parece que el cantautor cambió voluntariamente el orden de las estrofas justo antes de la grabación, creando así una sensación de desorden intencionada. Así, hay que recolocar estos dos últimos versos como introducción de la canción, seguir con los dos primeros versos de la última estrofa y encadenar con el inicio del texto: «*There must be some way out of here*». En el libreto de *Biograph* confesará, a propósito de esta canción: «Me llegó durante una tormenta con rayos y truenos. Estoy seguro».[12]

Sea cual sea la interpretación que podamos dar a la canción –parábola existencial, metáfora bíblica, búsqueda de la verdad, constatación de un mundo imperfecto y pervertido… «All Along The Watchtower» intriga por la potencia y el hermetismo de su texto, y como dijo él mismo: «Con este álbum [*John Wesley Harding*] tenéis que reflexionar después de escucharlo».[20]

Realización

Desde la primera escucha nos dejamos atrapar por el clima amenazador de la canción. Basada solo en tres acordes, «All Along The Watchtower» atrapa al oyente en ese torno armónico incesante e hipnótico (que recuerda a «Hurricane», que publicará en *Desire* en 1976). Dylan se lo dijo a Jonathan Cott en 1978: se trata de un disco nervioso, un disco que refleja el miedo. Y este magnífico tema debe toda su fuerza también a la interpretación de los tres extraordinarios músicos.

Jimi Hendrix, cuya versión de «All Along The Watchtower» trasciende la canción.

Dylan canta con una voz tensa que añade inseguridad al ambiente, al igual que sus intervenciones de armónica (en mi), tocadas en el registro agudo del instrumento, que pueden evocar el sonido de una guitarra saturada que quizá Dylan tenía inconscientemente en la cabeza… Y más cuando escuchamos la versión que hizo Jimi Hendrix. La sección rítmica es perfecta: Buttrey despliega todo su talento en una interpretación sutil y destacable, sostenido por la magnífica parte de bajo de McCoy. Basta con escuchar la combinación bajo/batería en el segundo solo de armónica (a partir del minuto 1'29) para percibir todo el alcance de su talento. Observación: como en la mayoría de títulos del álbum, el final del tema es neto, sin *fade-out*. Dylan compuso una obra maestra que no deja indemne después de penetrar en nuestros oídos y nuestra alma. «All Along The Watchtower» fue la primera canción que grabaron el día 6 de noviembre. Un total de cinco tomas: el máster resultó del montaje de la quinta toma (que es un inserto) sobre la tercera toma; a decir verdad, el punto de corte es tan discreto que es muy difícil determinarlo.

La primera vez que Dylan tocó «All Along The Watchtower» en un escenario fue el 3 de enero de 1974, en el Chicago Stadium, y a partir de entonces la ha interpretado más de 2.100 veces, dato que demuestra la importancia que la canción tiene para él. A partir de la década de 2000, el cantautor repite la primera estrofa al final de la canción «con el fin de disminuir su vertiente apocalíptica y enfatizar el papel central del artista», observa Michael Gray, antes de seguir: «Al repetir la primera estrofa al final, Dylan termina la canción con estas palabras: "Ninguno de ellos, sea quien sea, sabe lo que vale", y al final enfatiza la palabra "vale"».[30]

Cuando el discípulo supera al maestro…

El 21 de enero de 1968 Jimi Hendrix grabó «All Along The Watchtower» en los Olympic Studios de Londres, con el guitarrista Dave Mason y Brian Jones de los Rolling Stones al piano y las percusiones. A lo largo del verano siguiente, el guitarrista, que no está satisfecho con la mezcla de Eddie Kramer y Chas Chandler, añade partes de guitarra, esta vez en el Record Plant Studio de Nueva York y con Tony Bongiovi como ingeniero de sonido. Esta segunda versión, que se incluye en el álbum *Electric Ladyland* (1968) sale en single el 21 de septiembre del mismo año, y llega a los puestos 5 y 20 de las listas, respectivamente en el Reino Unido (23 de octubre de 1968) y en Estados Unidos (28 de septiembre de 1968).

«A Jimi Hendrix le encantaba Bob Dylan», recuerda Eddie Kramer. «Le gustaba el color, la tonalidad de sus letras y, por supuesto, la secuencia de acordes».[77] Y a Dylan, que profesaba una gran admiración al rey de la 6 cuerdas, le gustó tanto la versión que había hecho que la adaptó a esta forma en concierto tras la muerte del guitarrista: «Es extraño, pero cuando la canto, siempre tengo la impresión de estar rindiéndole una especie de homenaje».[12]

The Ballad Of Frankie Lee And Judas Priest

Bob Dylan / 5'35 minutos

Músicos
Bob Dylan: voz, guitarra, armónica
Charlie McCoy: bajo
Kenneth Buttrey: batería
Grabación
Columbia Recording Studios, Nashville
(Tennessee): 17 de octubre de 1967
Equipo técnico
Productor: Bob Johnston
Ingeniero de sonido: Charlie Bragg

PARA LOS ADICTOS A DYLAN
Existen dos grupos que sacaron su nombre de la canción de Bob Dylan: la banda inglesa de heavy metal Judas Priest, y Frank Lee grupo, fundado en Suecia en 2006.

Génesis y letra

Con sus once estrofas, «The Ballad Of Frankie Lee And Judas Priest» rompe con el resto de canciones del álbum, que solo tienen tres. Es la historia de los «mejores amigos del mundo». Un día, Frankie pide dinero a Judas. Este pone un fajo de billetes sobre un taburete y dice: «Elige, Frankie Boy / Mi pérdida será tu ganancia». La decisión es, en realidad, propia de las tragedias clásicas: el dinero contra la eternidad; ser un hombre honesto pero mortal o un falso profeta, sin alma, pero eterno. Entonces Frankie va a una casa, «Con ochenta ventanas / Y un rostro de mujer en cada una». Un lupanar en el que se librará al desenfreno durante dieciséis días, para morir de sed al decimoséptimo...

Una singularidad del cantautor: concluye «The Ballad Of Frankie Lee And Judas Priest» con una moraleja, como Esopo o La Fontaine en sus fábulas. ¿Quién son Frankie Lee y Judas Priest? Se ha dicho que podrían ser las dos caras de Bob Dylan: una oscura y la otra luminosa, o una alegoría de las relaciones que el cantautor tenía con su mánager Albert Grossman, o entre el artista y el mundo de las discográficas. La moraleja dylaniana sería la voluntad de tomar las riendas de su propio destino.

Realización

«The Ballad Of Frankie Lee And Judas Priest» es la tercera y última canción que grabaron durante la primera sesión del álbum. Una toma bastó para conseguir una buena versión. El *fade-out* del final es muy rápido, cosa que hace suponer un pequeño problema al final de la grabación. Tres acordes se van repitiendo, como en «All Along The Watchtower». La única diferencia es que se repiten durante tres minutos más, con lo que el tema carece de relieve, y además la ejecución no es brillante. La guitarra carece de rigor, y seguro que Bob Johnston se retorció de dolor al escuchar que Dylan, en apenas quince segundos, consonantes plosivas en cada una de las letras «p» de la primera estrofa, sobre todo en el «*Priest*» de la primera frase, que está tan marcado que cabría preguntarse si no se tropezó con el micro o con su soporte. El tono del conjunto es el de una balada más bien serena, y en la voz del cantautor percibimos un toque de humor y de ironía, que contrasta con la forma parabólica y sentenciosa de la letra. Bob Dylan la interpretó con los Grateful Dead en su gira de 1987.

Bob Dylan, más solemne que nunca, en un sendero nevado de Woodstock.

Judas Priest, un grupo de heavy metal que debe su nombre a la canción de Dylan.

Drifter's Escape

Bob Dylan / 2'50 minutos

Músicos
Bob Dylan: voz, guitarra, armónica
Charlie McCoy: bajo
Kenneth Buttrey: batería
Grabación
**Columbia Recording Studios, Nashville
(Tennessee):** 17 de octubre de 1967
Equipo técnico
Productor: Bob Johnston
Ingeniero de sonido: Charlie Bragg

PARA LOS ADICTOS A DYLAN

Es posible que «Drifter's Escape» sea un homenaje a Hank Williams, una de las primeras referencias de Dylan en materia musical. Williams llevaba el apodo «Luke the Drifter» (el «feliz vagabundo»). No hay que olvidar que en su casa de Woodstock tenía la Biblia al lado de un cancionero de Williams...

Génesis y letra

Bob Dylan compuso «Drifter's Escape» para las sesiones de *John Wesley Harding* después de ver la película *The Ox-Bow Incident* (1943), de William A. Wellman. La historia, protagonizada por Henry Fonda, Dana Andrews y Anthony Quinn, narra la suerte reservada a tres hombres que, sospechosos de haber robado ganado en una pequeña ciudad de Nevada, fueron condenados sumariamente y ahorcados. Solo un habitante de la ciudad se pronunció en contra de la mayoría para pedir –en vano– un proceso justo.

En realidad, la fábula que se narra en la canción es bastante comparable a la de los dos personajes de «The Ballad of Frankie Lee and Judas Priest». Él también trata de liberarse de una sociedad esclerótica. Pero existen dos diferencias notables. Por un lado, el vagabundo en cuestión, al igual que el desdichado Joseph K. de *El proceso* (1925) de Kafka, es víctima de un sistema que no entiende en absoluto: «Y todavía no sé / Qué hice mal», canta Dylan al final de la primera estrofa. Por otro lado, tiene frente a él una multitud y un jurado que piden venganza, mientras que el juez se muestra compasivo.

En la ira que se desencadena sobre el palacio de la justicia podríamos ver la mano de Dios, a menos que simbolice el accidente de moto del que fue víctima el cantautor, el 29 de julio de 1966, y que marcó de algún modo su proceso de renacimiento. Antes, estaba el Dylan suicida en busca de la luz; luego, el Dylan casi místico, que encontró una respuesta a sus preguntas, a semejanza del vagabundo, que se evade del tribunal.

Realización

«Drifter's Escape» se grabó el 17 de octubre de 1967. Es el primer tema que hicieron para *John Wesley Harding*. Hicieron falta cinco tomas para conseguir una versión satisfactoria, y finalmente fue la segunda la que se utilizó como máster. Podemos percibir que el *fade-out* final es muy rápido y rígido; claramente está ahí para ocultar un error. La voz de Dylan es quejumbrosa, angustiada, al igual que las notas de su armónica (en re), que subrayan el desasosiego del vagabundo, o del propio cantautor, sobre el que se cernieron unos años antes las iras de la crítica. La tesitura es alta, y parece una elección voluntaria para alcanzar ese timbre tenso y frágil. «Drifter's Escape» está basada armónicamente en dos acordes, lo que

Página anterior: Hank Williams. Superior: Henry Fonda (en el centro) interpreta a Gil Carter en *The Ox-Bow Incident*.

llevara a muchos músicos que la versionarán a explotar el aspecto roquero, eléctrico e hipnótico que emana. Dylan también la tocará en este estilo en concierto, influido sin duda, como en el caso de «All Along The Watchtower», por la versión de Jimi Hendrix.

La combinación de bajo y batería de Buttrey y McCoy es, una vez más, magnífica; y con la guitarra de Dylan el tema adquiere un color que recuerda a las *train songs*. Joey Burns, cantante y guitarrista de Calexico, confesó que «Drifter's Escape» lo marcó mucho: «La canción tiene una historia y una moraleja. Y luego uno se fija en la interpretación: la relajación, la forma de tocar del grupo; es simplemente fenomenal. Nunca me canso de escucharla. Es alquimia y es absolutamente magnífico».[76] Podemos ver y escuchar a Dylan cantando la canción en la película *Masked And Anonymous* (Anónimos), producida por Jeff Rosen en 2003 (Dylan coescribió el guión junto a Larry Charles).

RECORDATORIO DE LOS HECHOS...

Bob Dylan interpretó por primera vez «Drifter's Escape» en directo el 30 de abril de 1992, en un concierto en Eugene (Oregón), al día siguiente del veredicto del caso Rodney King. Recordatorio de los hechos: el 3 de marzo de 1991, Rodney King, un hombre afroamericano, después de un exceso de velocidad y bajo los efectos del alcohol, es arrestado por cuatro policías. Al negarse a salir de su vehículo, le pegan una paliza y lo llevan al hospital. El 29 de abril de 1992, el jurado absuelve a los cuatro policías, lo que provoca disturbios. En febrero, los policías vuelven a ser juzgados. Solo condenarán a dos de los cuatro.

Dear Landlord

Bob Dylan / 3'19 minutos

Músicos
Bob Dylan: voz, piano
Charlie McCoy: bajo
Kenneth Buttrey: batería
Grabación
Columbia Recording Studios, Nashville
(Tennessee): 29 de noviembre de 1967
Equipo técnico
Productor: Bob Johnston
Ingeniero de sonido: Charlie Bragg

Génesis y letra

En mayo de 1967, durante la primera entrevista que concedió tras su accidente de moto, Bob Dylan confiesa a Michael Iachetta que tiene muchas canciones en la cabeza, pero que necesitaría un acontecimiento disparador para que pueda pasarlas a papel. Uno de estos acontecimientos será el abismo que se ha abierto entre el cantautor y su mánager. Desde que intentó que dejara Columbia, Albert Grossman trata a Dylan como una verdadera bestia de carga; lo obliga a trabajar sin descanso, para poder demostrar a la dirección de MGM Records que su accidente de moto no ha alterado sus excepcio-

COVERS

Además de la ineludible versión de Joan Baez (*Any Day Now*, 1968), «Dear Landlord» ha sido grabada por dos grandes voces del blues blanco, hoy desaparecidas: Janis Joplin (*I Got Dem Ol' Kozmic Blues Again Mama!*, 1969) y Joe Cocker (*Joe Cocker!*, 1969).

nales facultades como autor-compositor. De forma más grave, se da cuenta de que ha firmado sin leerlo un contrato que incluía derechos de edición (y que evidentemente era muy ventajoso para su mánager) de un concierto en Estocolmo, el 29 de abril de 1966. «Dear Landlord» está directamente destinada a Albert Grossman. Es la súplica de un artista a su «propietario» para que este no venda su alma. «Todos a veces trabajamos demasiado duro / Para tener pronto demasiado», canta Dylan al final de la segunda estrofa, antes de concluir, en forma de advertencia: «Y si usted no me subestima / Yo no lo subestimaré a usted».

En 1971, Dylan hablará sobre el significado de la canción: «No pensaba en Grossman cuando la escribí. Fue más tarde, cuando alguien me mostró el paralelismo, cuando pensé que era posible. Es una canción abstracta».[20] No hay que olvidar que Dylan es un creador, y que a menudo se deja llevar por la corriente de la inspiración sin ser consciente de los significados. Y este es el origen de su fuerza y de su talento: sus canciones, y especialmente las de este álbum, no se limitan a una interpretación única y fija. En realidad, ¿no sería triste pensar que «Dear Landlord» solo evoca una noción trivial, lejos de cualquier espiritualidad, como podríamos imaginar si no indagáramos un poco?

Realización

«Dear Landlord» es un blues tocado al piano y que traduce todo el desencanto, toda la decepción del artista. Es el último tema que grabaron para el álbum. Como ocurre con todas las canciones de esa última sesión del 29 de noviembre, el número exacto de tomas de desconoce. Armónicamente, es una de las canciones más ambiciosas del disco. Dylan abandona la guitarra y la armónica para sentarse al piano con éxito. Su voz reverberada adquiere entonaciones de súplica. Charlie McCoy destaca especialmente con su bajo, que recuerda la interpretación y el sonido de Klaus Voormann. Al escuchar el sonido en conjunto, podemos preguntarnos si este color fue una de las principales influencia del primer álbum en solitario de John Lennon, en 1970. Bob Dylan tocó por primera vez en directo «Dear Landlord» el 25 de octubre de 1992, en un concierto en Providence (Rhode Island).

I Am
A Lonesome Hobo

Bob Dylan / 3'25 minutos

Músicos
Bob Dylan: voz, guitarra, armónica
Charlie McCoy: bajo
Kenneth Buttrey: batería
Grabación
Columbia Recording Studios, Nashville (Tennessee): 6 de noviembre de 1967
Equipo técnico
Productor: Bob Johnston
Ingeniero de sonido: Charlie Bragg

David Carradine encarna a Woodie Guthrie, «vagabundo solitario» por excelencia, en la película de Hal Ashby, en 1976.

Génesis y letra

El *hobo* es un personaje clave de la sociedad estadounidense de la primera mitad del siglo xx. Es el vagabundo, que surca el país de tren en tren y se gana la vida alquilando sus servicios en granjas. Es el «vagabundo celeste» de Jack Kerouac.

El *hobo* de Dylan es un solitario, como casi todos los personajes a los que dio vida en *John Wesley Harding*, un tema recurrente en su escritura (como en la de Woody Guthrie), que encontramos en canciones como «Man On The Street» (1961) o «Only A Hobo» (1963). En al primera estrofa, confiesa sus faltas, y espera poder expiarlas: la corrupción, el chantaje, la traición. La segunda estrofa remite al Génesis, a Abel asesinado por su hermano mayor Caín, ya que Dios prefirió la ofrenda del primero. Finalmente la tercera estrofa es una moraleja muy dylaniana: «Liberaros de las envidias mezquinas / No viváis bajo ninguna ley de los hombres / Y guardaos vuestros juicios para vosotros».

Realización

«I Am A Lonesome Hobo» es sin duda el tema más blues rock de *John Wesley Harding*, aunque esté interpretado con una guitarra acústica. El bajo de McCoy, que acompaña la batería de Buttrey y la excelente interpretación de armónica (en do) de Dylan, confiere un tono Texas blues. Bob controla perfectamente su voz, en este caso muy reverberada, y sus entonaciones vocales se acercan a las de los álbumes anteriores; entonaciones que había abandonado y que ha renovado desde el inicio de las sesiones de grabación. Podemos percibir que en este álbum, Dylan, que solo toca la guitarra acústica (probablemente su Martin 0-18), ha abandonado completamente su interpretación en *finger-picking* y que ya solo rasca su guitarra en *strumming*. Harán falta cinco tomas para grabar «I Am A Lonesome Hobo», y la última será la definitiva. Bob Dylan nunca ha tocado esta canción en directo.

I Pity The Poor Immigrant

Bob Dylan / 4'16 minutos

Músicos
Bob Dylan: voz, guitarra, armónica
Charlie McCoy: bajo
Kenneth Buttrey: batería
Grabación
Columbia Recording Studios, Nashville
(Tennessee): 6 de noviembre de 1967
Equipo técnico
Productor: Bob Johnston
Ingeniero de sonido: Charlie Bragg

Génesis y letra

El emigrante de Dylan no se parece al que recreó Charlie Chaplin en su cortometraje de 1917 del mismo nombre. Podemos preguntarnos por qué «hace el mal con todas sus fuerzas» y «miente como respira», aunque «se arrepienta de haber

Neil Young podría haber recibido la influencia del clima de esta canción durante la grabación de *Harvest*.

abandonado su país». Una vez más, el cantautor siembra la duda con sus palabras, sin duda las más violentas y pesimistas de todo el álbum. ¿Este inmigrante poco simpático es, quizá, nosotros mismos, pobres pescadores librados a nuestras infamias, nuestro egoísmo, nuestra codicia y nuestras insatisfacciones egocéntricas? Y esta constatación, ¿la hace el propio Dios? Cuando el cantautor habla de «energía que se agota en vano» o de hambre no saciada, podemos ver referencias al Levítico, versículo 26 (en la versión de la Biblia del rey Jacobo). Pero el texto también podría tener otros niveles de interpretación. ¿Quizá Dylan quería evocar los inmigrantes metalúrgicos instalados en Hibbing, la ciudad de su infancia, que se comportaban de forma controvertida durante la década de 1940? ¿O tal vez vuelve a hacer alusión a su relación con Albert Grossman? ¿O al destino de los nativos americanos? Cuando, en 1968, John Cohen le hará la pregunta: «¿Cuál es el germen de esta canción?», Dylan responderá: «Es la primera frase». Y seguirá: «A decir verdad, no tengo ni idea de cómo se me ocurrió».[20]

Realización

Para «I Pity The Poor Immigrant» Bob Dylan tomó una parte de la melodía de «Peter Amberley», una canción folk canadiense que interpretaba desde 1962 Bonnie Dobson en el Folk City («Peter Amberley» era una adaptación de la tradicional escocesa «Come All Ye Tramps And Hawkers»). Desde las primeras notas del tema, el cantautor nos sumerge en un ambiente muy nostálgico que tiene el efecto de suavizar la dureza de las palabras. El color que se desprende de la canción puede recordar algunas canciones del futuro *Harvest* que Neil Young publicará en 1972, sobre todo en cuanto a la rítmica y las largas intervenciones de armónica (en fa). La voz de Dylan adquiere nuevas entonaciones, y es especialmente evidente en el cuarto verso. El timbre es frágil y la expresión, dolorosa. Este «vals-country» no deja al oyente indemne tras una primera escucha, ya que tanto la letra como la música invitan a una reflexión poco habitual en este estilo musical.

La canción se grabó en dos tomas, y la segunda fue la elegida. Bob Dylan la interpretó por primera vez en un escenario el 31 de agosto de 1969, en el Festival de la isla de Wight (concierto que se encuentra en la versión Deluxe de *The Bootleg Series, Vol. 10: Another Self Portrait [1969-1971]*, 2013).

The Wicked Messenger

Bob Dylan / 2'05 minutos

Músicos
Bob Dylan: voz, guitarra, armónica
Charlie McCoy: bajo
Kenneth Buttrey: batería
Grabación
Columbia Recording Studios, Nashville
(Tennessee): 29 de noviembre de 1967
Equipo técnico
Productor: Bob Johnston
Ingeniero de sonido: Charlie Bragg

Patti Smith versionó «The Wicked Messenger» en su álbum *Gone Again*, de 1996.

Génesis y letra

Una vez más, Bob Dylan conduce al oyente por los caminos sagrados de la Biblia. Esta canción hace referencia al Libro de los Proverbios, Proverbio XIII, 17 por lo que respecta al título: «Un mal emisario hunde en la desgracia, pero un enviado fiel devuelve la salud». En la primera estrofa cita a Elías, profeta de Israel y anunciador del Mesías al final de los tiempos. La última frase, «Si no tienes buenas noticias, no traigas ninguna más» es clarísima: para los cristianos, la «buena noticia» es la llegada de Cristo. Por el contrario, aquel que trae malas noticias puede parecer diabólico. Sófocles ya escribió, en *Antígona*: «No hay quien quiera a un mensajero que trae malas noticias». Un milenio más tarde, Shakespeare retomó el concepto del mal mensajero en *Henry IV* (*Enrique IV*), y luego en *Antony and Cleopatra*.

¿Quién es el «mal mensajero»? Podría ser el propio Dylan, cuyo «espíritu ha amplificado el más mínimo problema», o más probablemente todos los poetas, o los que pretenden serlo que, por oportunismo, rechazan decir la verdad.

Realización

«The Wicked Messenger» es sin duda la canción más interesante del álbum en el aspecto guitarrístico. Con su riff descendiente reflejado al bajo por Charlie McCoy, la guitarra ofrece una melodía muy pegadiza para cualquier amante de la guitarra. Dylan canta con maestría este blues rock, y simultáneamente ejecuta su descenso armónico con su Martin. No hay que olvidar que a Bob Johnston no le gustaban mucho los *overdubs*. Sostenido como siempre con brío por Buttrey Y McCoy, el tema es aún más interesante porque la tonalidad de blues funciona perfectamente con la letra inspirada en la Biblia. Había que llamarse Bob Dylan para atreverse con algo así. No sabemos cuántas tomas se grabaron para esta canción, pero podemos suponer que más de una, teniendo en cuanta la dificultad de la parte de Dylan, que tenía que hacer al mismo tiempo la voz, la melodía, la rítmica y la parte de armónica (en re). Y todo esto en directo... Dylan no la interpretó en directo hasta 1987, en East Rutherford (Nueva Jersey), el 12 de julio. El tratamiento rock que imprimió a esta canción con la colaboración de Grateful Dead lo incitó a seguir con la experiencia.

Down Along The Cove

Bob Dylan / 2'26 minutos

Músicos
Bob Dylan: voz, piano, armónica
Pete Drake: *pedal steel guitar*
Charlie McCoy: bajo
Kenneth Buttrey: batería
Grabación
Columbia Recording Studios, Nashville
(Tennessee): 29 de noviembre de 1967
Equipo técnico
Productor: Bob Johnston
Ingeniero de sonido: Charlie Bragg

Jerry Reed en 1969.

PARA ESCUCHAR

Hacia el minuto 1'45 podemos oír una falta de precisión de Dylan en la figura rítmica que toca al piano durante su interpretación con la armónica. Es difícil reprocharle este error, teniendo en cuenta que la toma es en directo.

Génesis y letra

Una primera escucha podría hacernos pensar que «Down Along The Cove» no encaja entre el resto de canciones de *John Wesley Harding*, que tienen una visión casi mística del mundo. Es una canción inmediata, porque expresa los placeres sencillos de la vida. En la canción anterior se hablaba de un «mensajero malo». En «Down Along The Cove» no hay destinos funestos, sino una «buena noticia» encarnada por el ser amado. Y además en este caso se exalta un amor recíproco. «Mientras bajaba por la ensenada / Vi que se acercaba mi amor». Y Dylan da gracias al Señor y expresa una verdadera felicidad: «Todos los que nos miran pasar / Saben que estamos enamorados, y lo entienden». El mensaje se dirige a Sara, a la pareja o, en una palabra, a la familia Dylan que, tras el nacimiento de Jesse Byron (6 de enero de 1966) se amplió con la llegada de Anna Leigh (11 de julio de 1967).

Realización

Paradoja dylaniana: el cantautor eligió la estructura del blues («música del diablo» y expresión de todos los males del pueblo negro) para la canción más optimista del álbum. Dylan toca el piano, en un estilo que recuerda al rock'n'roll de la década de 1950, y concretamente a Jerry Lee Lewis. La originalidad reside esencialmente en la *pedal steel guitar* de Pete Drake, virtuoso del instrumento que ha acompañado a los nombres más grandes de Nashville, de Jerry Reed a Doug Kershaw, y también a estrellas del rock como los exBeatles George Harrison y Ringo Starr. El único problema es que su interpretación se oye poco y es un poco demasiado reservada. Es una lástima que no respondiera a la parte de armónica (en mi) de Dylan al final del tema. La sección rítmica es excelente; percibimos que Buttrey y McCoy disfrutan y se liberan con una música más próxima a sus raíces. Por otro lado, «Down Along The Cove» deja intuir el futuro viraje hacia el country & western de Bob Dylan con *Nashville Skyline* (1969).

«Down Along The Cove» se grabó durante la segunda sesión del 29 de noviembre de 1967. No sabemos cuántas tomas se grabaron. Bob Dylan no la tocó en directo hasta el 14 de junio de 1999, en Eugene (Oregón). La canción formará parte de su repertorio de conciertos hasta el 2006.

Kris Kristofferson cantó «I'll Be Your Baby Tonight» en la celebración de los 30 años de carrera de Bob Dylan.

I'll Be Your Baby Tonight

Bob Dylan / 2'39 minutos

Músicos
Bob Dylan: voz, guitarra, armónica
Pete Drake: *pedal steel guitar*
Charlie McCoy: bajo
Kenneth Buttrey: batería
Grabación
Columbia Recording Studios, Nashville
(Tennessee): 29 de noviembre de 1967
Equipo técnico
Productor: Bob Johnston
Ingeniero de sonido: Charlie Bragg

COVERS
«I'll Be Your Baby Tonight» es sin duda una de las canciones más versionadas de Dylan. Fue grabada por Robert Palmer y UB 40 en 1990, y el single escaló hasta el n.º1 de las listas de éxitos de Nueva Zelanda y el n.º6 en el Reino Unido. También hay que destacar las versiones de Marianne Faithfull (*Dreamin' My Dreams*, 1997), de John Hammond Jr. (*Tangled Up In Blues: Songs Of Bob Dylan*, 1999), de Norah Jones (*Come Away With Me*, 2002) y de The Waterboys (*Fisherman's Box*, 2013).

Génesis y letra

«I'll Be Your Baby Tonight» es la canción más accesible de *John Wesley Harding*, e incluso de todo el repertorio dylaniano. No tiene un mensaje oculto, ni referencias a textos antiguos. Es, sencillamente, un lamento amoroso. «Cierra los ojos, cierra la puerta / Ya no tienes por qué preocuparte»: todo esto parece bastante anodino. Pero hay algunas palabras que no deben leerse literalmente: «Bueno, este pájaro burlón va a volar / Vamos a olvidarlo / Esta gran luna redonda brillará como una cuchara». Percibimos la influencia de Hank Williams, pionero de la música country, que también se inspiró en el *mockingbird*. En las notas de *Biograph*, Dylan confiesa que le gustaría poder afirmar que la escribió estando libre de cualquier tensión: «pero seguramente me equivocaría. A veces podemos estar hirviendo en el interior y dar la impresión de estar tranquilos y relajados». Finalmente, trata de justificar su intención en el momento de la creación de la canción: «De hecho, podría estar escrita desde el punto de vista de un bebé, es lo que me parece».[12]

Realización

«I'll Be Your Baby Tonight» se grabó durante la última sesión de *John Wesley Harding*, el 29 de noviembre de 1967, y no conocemos el número de tomas que se grabaron. La atmósfera del estudio es relajada, cosa que sin duda favoreció al interpretación *laid-back* de este tema country. Percibimos dos singularidades en la canción: aunque la estructura de tres estrofas sea la misma que la de las otras canciones del álbum (a excepción de «The Ballad Of Frankie Lee And Judas Priest»), esta vez Dylan añade un puente; luego, escuchamos el sonido de una pandereta por primera vez (tocada cuatro veces en el minuto 1'42), probablemente de la mano de Kenneth Buttrey. Todos los músicos interpretan su parte sin ningún problema sobre todo Pete Drake, que participa por segunda y última vez en el álbum.

Desde el Festival de la isla de Wight con The Band, el 31 de agosto de 1969, Bob Dylan ha tocado en directo más de 400 veces «I'll Be Your Baby Tonight». El 16 de octubre de 1992, en el concierto de celebración de 30 años de su carrera, en el escenario del Madison Square Garden, el *outlaw* Kris Kristofferson fue quien cantó esta balada romántica.

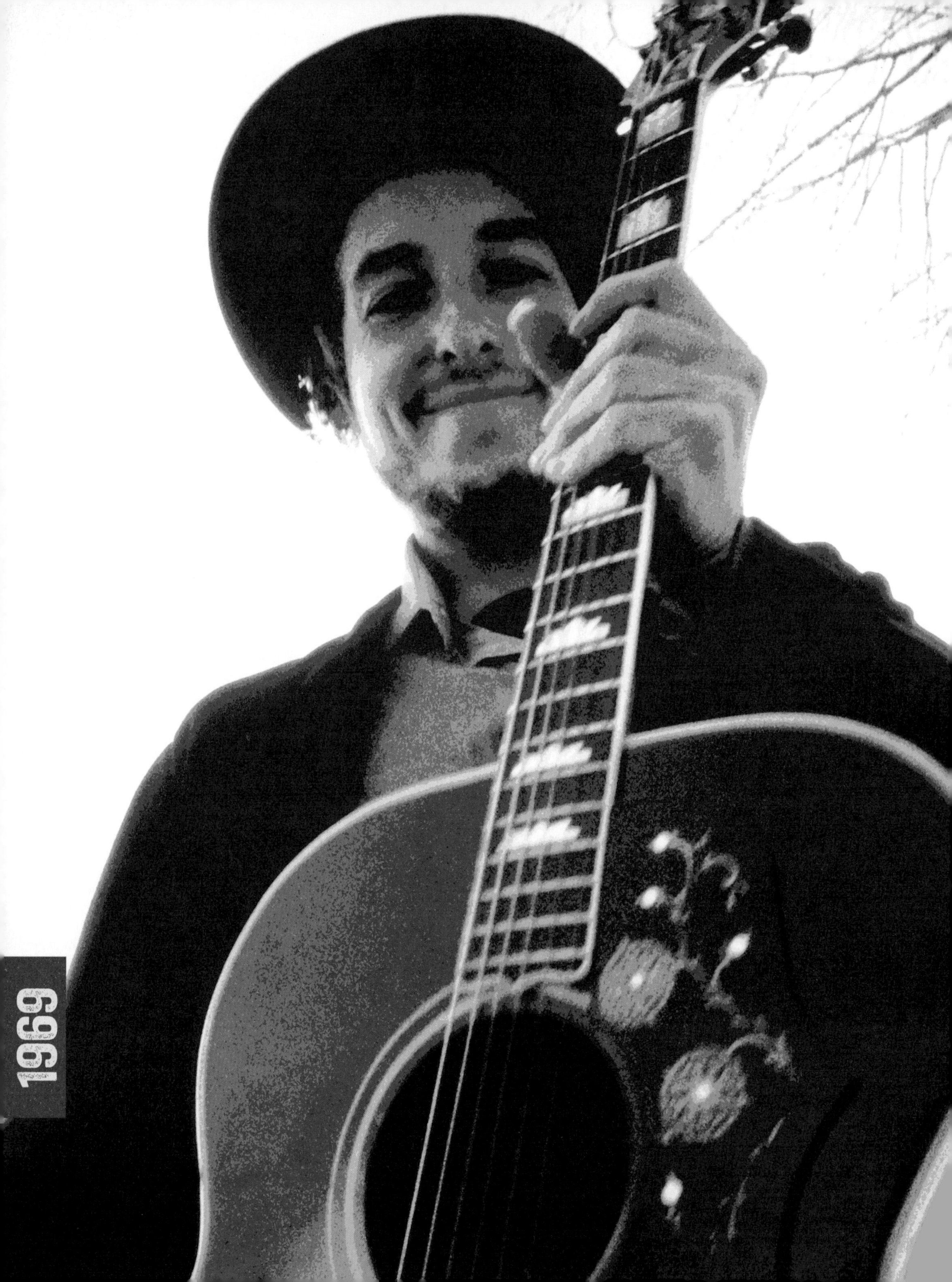

1969

Nashville Skyline

Girl From The North Country
Nashville Skyline Rag
To Be Alone With You
I Threw It All Away
Peggy Day
Lay, Lady, Lay
One More Night
Tell Me That It Isn't True
Country Pie
Tonight I'll Be Staying Here With You

ÁLBUM
FECHA DE PUBLICACIÓN
9 de abril de 1969
Columbia Records
(REFERENCIA COLUMBIA KCS 9825)

Bob Dylan en el Festival de la isla
de Wight en agosto de 1969, primera
actuación en directo tras tres años
de ausencia.

Nashville Skyline,
bajo el sol de Tennessee

Durante los catorce meses que separan la publicación de
John Wesley Harding de la grabación de *Nashville Skyline*,
Bob Dylan prácticamente no sale de su casa de Woodstock,
a excepción de su participación en dos conciertos, el 20 de
enero de 1968, en el escenario del Carnegie Hall de Nueva
York, en memoria de su mentor Woody Guthrie, muerto el
3 de octubre de 1967. Lleva una vida familiar y apacible junto
a su mujer y sus hijos Jesse Byron, Anna Leigh y Samuel Isaac
Abraham, que nació en julio de 1968 y lleva uno de los nombres del padre del cantautor, muerto de un ataque al corazón
poco tiempo antes. Pero Dylan sigue trazando su recorrido
musical. Toca a menudo con los Hawks, que se han rebautizado The Band, y trabaja en las nuevas canciones de su próximo
álbum. En julio de 1968 da el toque final a «Lay, Lady, Lay» y
luego toca «I Threw It All Away» para George y Pattie Harrison, que lo visitan en Woodstock durante el día de Acción de
Gracias (28 de noviembre). Dylan, con toda probabilidad, está
viviendo un período sereno. Su amigo David Blue, que lo visita en su retiro poco antes de la publicación de *Nashville
Skyline*, se acuerda de un cantautor plenamente satisfecho
en los planos personal y artístico, hasta el punto de considerar
que acaba de grabar el mejor disco de su carrera. El cantante
folk Eric Andersen recuerda a Dylan durante esa época, y
dice que había aprendido a cantar por primera vez en su vida,
y que ahora «sabía tocar y cantar, y estaba muy orgulloso»;[2]
también recuerda que, tras escuchar el álbum, «supe que [Bob

Dylan] sería descuartizado por la crítica, aunque para mí [el
disco] era magnífico».[2]

El álbum
Con esta nueva obra, Bob Dylan manifiesta un cambio estilístico. *Nashville Skyline* está en la línea de las dos últimas canciones del álbum anterior, «Down Along The Cove» y «I'll Be
Your Baby Tonight». Es un disco de música country. La sombra de Hank Williams es omnipresente. Estamos muy lejos de
Blonde On Blonde, e incluso de las diez primeras canciones
de *John Wesley Harding*. Se han terminado las alusiones, las
parábolas, las metáforas y las reflexiones filosóficas. Dylan
solo quiere cantar al amor. Pero para toda una generación – la
que se manifiesta contra la guerra de Vietnam y a favor de los
derechos civiles – el country & western es sinónimo de con-
servadurismo; es la música de los *rednecks* racistas y reaccio-
narios. ¿Dónde está el Dylan que cantaba por las injusticias?
A muchos les cuesta entender que se mantenga al margen de
las grandes conmociones que azotan Estados Unidos (asesinatos de Luther King y Robert Kennedy, protestas estudiantiles,
movimiento por los derechos civiles...) y se quede encerrado
en su torre de marfil.

Del country & western al country-rock
Mientras que algunos critican a Dylan con virulencia, otros
saben apreciar el cambio estilístico que ha tomado el cantau-

George Harrison y Pattie en 1969, unos meses antes de su visita a Bob Dylan.

tor. *Newsweek* habla de un disco «cautivador», mientras que *Rolling Stone*, que sigue siendo la revista emblemática de la contracultura, considera que Dylan ha logrado lo imposible desde el punto de vista estilístico: una afirmación de la felicidad que es a la vez profunda, humana e interesante. *Nashville Skyline* es un auténtico éxito, sobre todo después de que Bob Dylan participara, el 1 de mayo de 1969, en *The Johnny Cash Show* (emitido en la ABC el 7 de junio): el álbum escalará hasta los números tres y cuatro de las listas de Estados Unidos y del Reino Unido, respectivamente. Saldrán tres singles, y la canción «Lay, Lady, Lay» será n.° 7 en Estados Unidos, n.° 5 en el Reino Unido y n.° 10 en Francia.

Pero comparada con obras maestras como *The Freewheelin' Bob Dylan* o *Blonde On Blonde*, *Nashville Skyline* puede parecer la más floja de las producciones de Dylan desde sus inicios. Sin embargo, el disco tendrá un enorme impacto en la música estadounidense. Tras años de rock psicodélico, que culminarán en el Festival de Woodstock en agosto de 1969, este modesto LP influirá a muchos artistas, como The Band, Crosby, Stills, Nash & Young, James Taylor o The Eagles, entre otros, que se sumergirán en lo que podríamos etiquetar como country-rock, género híbrido que alcanzará un éxito arrollador durante la década de 1970.

La carátula

La fotografía de la portada del álbum recuerda a la de *The Folk Blues Of Eric Von Schmidt*, publicado en 1963. Dylan, fotografiado en contrapicado, parece llevar la misma chaqueta y el mismo sombrero que en *John Wesley Harding*. Con la mano izquierda sostiene una de las guitarras de su amigo George Harrison. La imagen fue capturada por Elliott Landy, futuro fotógrafo oficial del Festival de Woodstock, que también será conocido por sus magníficos retratos de Janis Joplin, Jimi Hendrix, Jim Morrison, etc. Al contrario de lo que se podría pensar por el título del álbum, la fotografía no se hizo en Nashville, sino en Woodstock. Después de tratar, en vano, de inmortalizar a Dylan delante de una panadería de la ciudad en compañía de su hijo Jesse, y luego delante de la casa del cantautor, Elliott Landy optó por una sesión de fotos en los bosques de la zona. Arrodillado sobre un suelo empapado por la lluvia reciente, el fotógrafo acabó capturando en su objetivo la expresión divertida de Dylan, coronado por su curioso som-

LOS *OUTTAKES*

One Too Many Mornings
Mountain Dew
I Still Miss Someone
Don't Think Twice, It's All Right
Careless Love
Matchbox
That's All Right Mama
Mystery Train
Big River
I Walk The Line
How High The Water
You Are My Sunshine
Ring Of Fire
Wanted Man
Guess Things Happen That Way
Amen
Just A Closer Walk With Thee
T For Texas
Blue Yodel n° 1 & n° 5

1969

El público de la isla de Wight espera el gran regreso de Bob Dylan a los escenarios.

brero. Con la fotografía en la mano, Landy se presentó en Columbia. Las consignas de Dylan eran claras: en la portada solo tenía que aparecer la fotografía. Pero la discográfica colocó el logotipo de CBS Records en la esquina superior izquierda, anulando así, según el fotógrafo, la perspectiva tridimensional de su foto. Un detalle curioso: Landy es anagrama de… Dylan. El texto de la contraportada está firmado por Johnny Cash; y es apologético, por supuesto.

La grabación

Cuando Bob Dylan se instala en el Ramada Inn de Nashville, justo antes de empezar las sesiones para el álbum, tiene cuatro canciones listas para grabar: las ya mencionadas «Lay, Lady, Lay» y «I Threw It All Away», y también «To Be Alone With You» y «One More Night». El 12 de febrero las toca para Bob Johnston. Seguidamente el cantante folk y el productor deciden los músicos que hay que contratar. Charlie McCoy y Kenneth Buttrey son reclutados de nuevo, así como Pete Drake, que también estaba en *John Wesley Harding*. También aparecen tres nuevos intérpretes: el pianista Bob Wilson (que también estará en *Naturally* de J. J. Cale en 1971), el guitarrista Norman Blake (especialista del bluegrass que ya tocaba con Johnny Cash y que tendrá una trayectoria brillante) y el ineludible Charlie Daniels, guitarrista e intérprete de *fiddle*

(violín popular), asociado al sonido de Nashville y que grabará con innumerables artistas, como Leonard Cohen, The Allman Brothers Band, Hank Williams o Lynyrd Skynyrd. En los informes de las sesiones aparecen tres nombres más, pero no se puede confirmar su presencia: Hargus «Pig» Robbins, el fabuloso pianista de *Blonde On Blonde*, y dos guitarristas más, Wayne Moss (que también estaba en *Blonde On Blonde*) y Kelton D. Herston, conocido como Kelso Herston.

El propio Dylan explicó a Jan S. Wenner el papel conferido a sus músicos: «Empezábamos con una canción; yo la tocaba y cada uno hacía lo que quería para acompañar. Al mismo tiempo […], en la sala de control había alguien que tocaba todos esos botones para obtener el mejor sonido posible. Esto es lo que hicimos. Y nada más».[84] *Nashville Skyline* se grabó los días 13, 14, 17 y 18 de febrero. Charlie Daniels contó en 1991 a Manfred Helfert que el cantautor estaba bastante cómodo durante las sesiones: «Dylan cambió un poco algunas canciones [en el estudio]… Pero daba la impresión que se había preparado bien antes de venir a Nashville».[36]

En cuatro sesiones el álbum se completó, y el último día estuvo reservado al dúo Bob Dylan/Johnny Cash. Pero el resultado global nos deja perplejos: apenas se grabaron 28 minutos de música. En contraste, *John Wesley Harding* superaba los 38', y *Highway 61 Revisited* duraba más de 51'. Además,

La magnífica Gibson J-200, probablemente un regalo de George Harrison.

entre las diez canciones del álbum figuran una instrumental y el famoso dúo Dylan/Cash cantando una canción que tenía más de seis años... ¿El cantautor sufría una crisis de inspiración? ¿Quizá la vida familiar en el campo había aletargado su creatividad? A pesar de que ciertos temas, como «Lay, Lady, Lay» y «I Threw It All Away» desmienten esta hipótesis, existía cierta incertidumbre sobre la continuación de su producción.

Disponible en las tiendas desde el 9 de abril de 1969, el álbum sorprende, en primer lugar por la voz de Dylan, mucho más baja que antes, y con una tonalidad menos rock'n'roll. El cantautor se explicó a Jan S. Wenner: «Mi forma de cantar no ha cambiado mucho, pero voy a decirle algo que es la pura verdad... He dejado de fumar. Cuando dejé de fumar, mi voz cambió... completamente. Ni yo mismo podía creerlo. Pero es verdad. Si se dejan de fumar esos cigarrillos [risas] cualquiera es capaz de cantar como Caruso».[84] Por otro lado, lo que sorprende es el clima de la obra, de una gran serenidad, claramente optimista, casi despreocupado. Para una parte de su público, se trata del resultado de su complicidad con Johnny Cash.

Datos técnicos

Aunque el timbre de voz de Dylan haya evolucionado de una forma sorprendente, Bob Johnston afirmará no haber cambiado jamás de micrófono para grabarlo: «Maldita sea, si hubiera venido cantando como los Chipmunks, y si Johnny Cash hubiera venido a tocar el ukelele, me habría dado igual, porque tenían algo que nadie más tenía, eran artistas».[85] Los métodos de producción de Johnston parecen ser idénticos que en los álbumes anteriores, al igual que el material de grabación de los Columbia Recording Studios de Nashville (Tennessee). Podemos ver a Dylan y a Cash grabando en el estudio «One Too Many Mornings» en el documental *Johnny Cash! The Man, His World, His Music*, que Robert Elfstrom dirigió en 1969. Y, además de los ineludibles Neumann U47, vemos lo que podrían ser micros Beyer M160, utilizados generalmente para las guitarras. Dos ingenieros de sonido comparten las tareas técnicas: Charlie Bragg, que ya había trabajado en *John Wesley Harding*, y Neil Wilburn, un recién llegado al universo dylaniano.

Los instrumentos

Nashville Skyline es el segundo disco en el que vemos, en la portada, a Bob Dylan sosteniendo una guitarra entre las ma-

1969

Dylan tocando una Martin 000-18 (*The Johnny Cash Show*).

nos. La primera vez fue en 1962, en su primer álbum, *Bob Dylan*. Sonreía tímidamente estrechando esa famosa Gibson J-50 que le permitió entrar directamente en la categoría de leyenda. En este caso, además de la sonrisa sincera y cálida que exhibe, sostiene una Gibson de un calibre muy distinto: es una magnífica J-200, que se supone que fue un regalo de su amigo George Harrison. ¿La utilizó en el estudio? Nada nos permite confirmarlo. Podemos verlo tocando una Martin 000-18 en *The Johnny Cash Show* del 1 de mayo de 1969, es decir, algo más de dos meses después de terminar las sesiones del disco. ¿Quizá utilizó la Martin 0-18 de *John Wesley Harding*? ¿Y qué hay de la Nick Lucas? Lamentablemente, estas preguntas no tienen una respuesta definitiva. En cuanto a las armónicas, solo utilizará dos, pero para la misma canción: en fa y en do para *Nashville Skyline Rag*.

Girl From The North Country

Bob Dylan / 3'44 minutos

Músicos
Bob Dylan: voz, guitarra (?)
Johnny Cash: voz, guitarra (?)
Kenneth Buttrey: batería (?)
Grabación
Columbia Recording Studios, Nashville
(Tennessee): 18 de febrero de 1969
Equipo técnico
Productor: Bob Johnston
Ingenieros de sonido: Charlie Bragg, Neil Wilburn

PARA LOS ADICTOS A DYLAN

Existe un disco pirata de las Dylan-Cash Sessions. En él se encuentran las canciones grabadas los días 17 y 18 de febrero de 1969, así como las tres canciones interpretadas por Dylan y Cash en *The Johnny Cash Show* (1 de mayo de 1969) y cinco títulos mezclados en cuadrafonía.

Génesis y letra

Bob Dylan grabó una primera versión de «Girl From The North Country» el 23 de octubre de 1963, para su segundo álbum. Esta segunda versión nació de la amistad entre Dylan y Johnny Cash. El 26 de septiembre de 2003 (tras la muerte de Cash), Dylan confesó: «Naturalmente, lo conocía desde mucho antes que él hubiera oído hablar de mí. En 1955 o 1956, "I Walk The Line" se emitió durante todo el verano en la radio, y era muy distinto de todo lo que se oía entonces. El disco sonaba como si la voz viniera del centro de la tierra. Era potente y emotivo».[86]

Johnny Cash, enorme estrella de la música country, era un ferviente admirador de Bob Dylan: lo defendió en toda circunstancia y reconoció en él un hermano y un autor-compositor fuera de serie. Fue uno de los primeros en reconocer el talento del joven cantautor. Ya en 1961 apoyó a Hammond en su decisión de firmar con el joven cantante ante la dirección de Columbia, donde él también tenía un contrato. Apreció su primer testimonio discográfico, y todavía más el segundo: «Tenía un tocadiscos portátil que me llevaba a las giras y, en el *backstage*, ponía *The Freewheelin' Bob Dylan* [...]. Luego subía al escenario, daba mi concierto y volvía a escuchar el disco».[87] Cash versionó algunas de las canciones de Dylan. Ambos artistas, que empezaron a escribirse con regularidad a partir de 1963, entablaron una amistad recíproca y duradera. Se encontraron por primera vez en el Festival de Newport en 1964. Dylan, gran admirador de Cash, participó, en octubre de 1968, en su concierto en el Carnegie Hall.

Las *Dylan-Cash Sessions*

Unos meses más tarde, en febrero de 1969, Johnny Cash también se encontraba en Nashville, en los estudios de Columbia, para las sesiones de su álbum número 33, *Hello, I'm Johnny Cash*, que saldrá en enero de 1970. Durante la noche del 17, tras una pausa, Cash entró en el estudio en el que Dylan acababa de grabar «Nashville Skyline Rag» y «Tonight I'll Be Staying Here With You», y cantan juntos «One Too Many Mornings», «I Still Miss Someone» y «Don't Think Twice It's All Right». La prueba fue alentadora. La idea de un disco germinó en su espíritu. Así, el 18 de febrero, mientras cenaban fuera, Bob Johnston aprovechó para dar a la cabina un

Bob Dylan y Johnny Cash cantan «Girl From The North Country» durante el programa de *The Johnny Cash Show.*

PRIMER DÚO

La versión de «Girl From The North Country» interpretada con Johnny Cash ese día es el primer dúo oficial del cantautor.

aspecto de discoteca, con luces, espejos y otras cosas. «Cuando volvieron, miraron a su alrededor, se dieron cuenta de lo que había instalado, se miraron, me miraron, y empezaron a tocar. Tocaron veintidós canciones [probablemente una veintena]. Dylan dijo "hemos acabado". Nunca se publicó».[88] Efectivamente, a excepción de la versión country de «Girl From The North Country», los otros títulos, que pertenecían a los repertorios de Dylan, de Cash, de Jimmy Rodgers e incluso de Sun Records, no dieron lugar a ningún álbum oficial. Pero, en cambio, fueron objeto de un disco pirata especialmente buscado...

Realización

Mientras que la primera versión era de una factura muy folk, impregnada del color de las baladas británicas, esta es una mezcla country folk. Primera sorpresa: la armonía es ligeramente distinta de la versión original y recuerda a la de «The Weight», de The Band, extraída de *Music From Big Pink* (1968). Segunda sorpresa: la voz de Dylan. Como este es el tema que abre el disco (aunque fue el último que grabaron) cuesta reconocer a Bob. Y cuando Johnny Cash toma el relevo de la voz principal, nos desorientamos un poco, perdemos el sonido «dylan». Aunque esta versión posee un encanto evidente, algo más de rigor rítmico no habría ido mal. A priori Bob se encarga de la guitarra tocada en arpegios, y Johnny de la guitarra rítmica. En la tercera estrofa se les une una batería discreta, tocada probablemente por Kenneth Buttrey. Las dos voces intensamente reverberadas se complementan bastante bien, pero aún así, hay que lamentar una armonización a momentos torpe, sobre todo en la última frase de la canción, que se acerca a la catástrofe (3'10). Se grabaron tres tomas, y para el máster se conservó la primera (o la última).

Nashville Skyline Rag

Bob Dylan / 3'15 minutos

Músicos
Bob Dylan: guitarra (?), armónica
Charlie Daniels: guitarra
Norman Blake: guitarra, dobro
Pete Drake: *pedal steel guitar*
Bob Wilson: piano (?)
Hargus Robbins: piano (?)
Charlie McCoy: bajo
Kenneth Buttrey: batería

Grabación
**Columbia Recording Studios, Nashville
(Tennessee):** 17 de febrero de 1969

Equipo técnico
Productor: Bob Johnston
Ingenieros de sonido: Charlie Bragg, Neil Wilburn

The Earl Scruggs Review en 1973.

COVERS

El talentoso banjista Earl Scruggs retomará «Nashville Skyline Rag» para su álbum *Earl Scruggs Performing With His Family & Friends* de 1972, con un guitarrista llamado Bob Dylan. Scruggs colaborará a lo largo de su carrera con Joan Baez, The Byrds o Ramblin' Jack Elliott entre otros; artistas cercanos a la órbita dylaniana.

Génesis

«Nashville Skyline Rag» es el primer tema instrumental que apareció en un disco oficial de Dylan. En realidad es el segundo que grabó, ya que se había iniciado en el género en las sesiones de *The Times They Are A-Changin'*, en octubre de 1963, con «Suze (The Cough Song)», que se publicará en 1991 en *The Bootleg Series, Vol. 1-3*. Colocado en segundo lugar dentro del álbum, en realidad el tema suena como la auténtica introducción de *Nashville Skyline*. Bob Dylan, como maestro de ceremonias, presenta a sus músicos en una serie de intervenciones alegres y rítmicas: Pete Drake, Charlie Daniels, Norman Blake y Bob Wilson (o Hargus Robbins) encadenan solos, acompañados por la sección rítmica compuesta por Charlie McCoy (bajo) y Kenneth Buttrey (batería). Como su nombre indica, «Nashville Skyline Rag» es un rag, o ragtime, un género que nació en la década de 1880 del encuentro entre la polirritmia de las músicas africanas y la música clásica europea, especialmente las mazurcas de Chopin y los minuetos de Mozart. En realidad el tema se inscribe en la tradición del bluegrass, variante de la música country que mezcla el blues con la balada anglosajona.

Realización

No hay duda de que Bob dejó encantados a sus músicos –que en su mayoría eran especialistas de la música country– al ofrecerles «Nashville Skyline Rag». Este tema de acento bluegrass permitirá que cada uno realice un solo en la más pura tradición del estilo. Desde la introducción, Bob se recrea con su armónica, y parece que se acompaña con su guitarra acústica. Luego emerge el magnífico Pete Drake, mucho más cómodo con su *pedal steel guitar* que en «Down Along The Cove», del álbum anterior. Después se suman Charlie Daniels y Norman Blake a la guitarra y al dobro, pero no podemos determinar quién toca cada instrumento. Bob Wilson, o más probablemente Hargus «Pig» Robbins (el talentoso pianista de *Blonde On Blonde*) aparecen para un coro de piano febril (aunque no aparece en los créditos del álbum, su nombre se encuentra en los informes del estudio, y su estilo encaja con el que se escucha en el tema). Finalmente Bob concluye esta serie de solos, a cual más brillante, con una nueva intervención de armónica. Si su objetivo era que entendiéramos que el disco sería de estilo country, no cabe duda de que lo consigue. Como en la mayoría de grabaciones de *Nashville Skyline*, el número de tomas realizadas se desconoce, por falta de documentación.

1969

To Be Alone With You

Bob Dylan / 2'10 minutos

Músicos
Bob Dylan: voz, guitarra
Charlie Daniels: guitarra
Norman Blake: guitarra (?)
Kelton D. Herston: guitarra (?)
Bob Wilson: piano
Charlie McCoy: bajo
Kenneth Buttrey: batería

Grabación
**Columbia Recording Studios, Nashville
(Tennessee):** 13 de febrero de 1969

Equipo técnico
Productor: Bob Johnston
Ingenieros de sonido: Charlie Bragg, Neil Wilburn

COVERS
«To Be Alone With You» ha sido versionada por Marshall Chapman (Take It On Home, 1982), Sufjan Stevens (Seven Swans, 2004), Maria Muldaur (Heart Of Mine: Love Songs Of Bob Dylan, 2006) y Chris Jagger, hermano de Mick (Whatever Colors You Have In Your Mind: A Tribute To Bob Dylan, 2011).

Génesis y letra

«To Be Alone With You» es una de las cuatro canciones que Bob Dylan compuso mucho antes de entrar al estudio para las sesiones de *Nashville Skyline*. Podríamos decir que es una sencilla canción de amor en la que, lejos de recurrir a las metáforas enigmáticas de «Visions of Johanna» (*Blonde On Blonde*), el cantautor se dirige de la forma más directa posible al ser amado. Le confiesa que la felicidad es «Abrazados con fuerza / Toda la noche», «A solas contigo / Al caer el día». Y luego da gracias a Dios a modo de conclusión. En cuanto a la primera frase del puente, «Dicen que la noche es el mejor momento», ha sido empleada miles de veces en canciones de blues.

Realización

«To Be Alone With You» es el primer tema grabado en la primera sesión que se dedicó al álbum, el 13 de enero de 1969. Oímos que Bob pregunta a su productor: «¿Está girando, Bob?». La melodía se corresponde con la letra: tiene algo de ingenuidad, pero, al mismo tiempo, es extremadamente eficaz. Seguro que este country-rock habría gustado a Elvis Presley, y la magnífica parte de piano interpretada por Bob Wilson le confiere un aire de Jerry Lee Lewis, tal como ya observó Andy Gill. Más adelante, Dylan dirá: «Estaba tratando de capturar algo que me pudiera llevar allí donde creía que debía estar, pero que no me llevó a ninguna parte».[66] Acompañado por una excelente sección rítmica, sobre todo por parte del bajista Charlie McCoy, canta con su nuevo timbre, desconocido pero bastante agradable. Solo se oyen dos guitarras: sin duda la acústica de Bob, pero también la eléctrica de Charlie Daniels; de hecho, este último afirmó haber tocado en cada una de las canciones del álbum a excepción de «Girl From The North Country». Aunque se menciona en los informes de estudio, la guitarra de Kelton D. Herston no parece estar presente en la mezcla. Finalmente, cabe destacar que el cantautor reintrodujo un puente en la estructura de la canción, práctica que había más o menos abandonado desde *Blonde On Blonde*. Bob Dylan interpretó la canción en directo por primera vez veinte años después de grabarla, en un concierto en Upper Darby (Pennsylvania), el 15 de octubre de 1989, en el marco del Never Ending Tour. Desde entonces, la ha cantado más de 120 veces, en ocasiones incluso como tema introductorio a partir de la década de 2000.

I Threw It All Away

Bob Dylan / 2'26 minutos

Músicos
Bob Dylan: voz, guitarra
Charlie Daniels: guitarra
Norman Blake: guitarra
Kelton D. Herston: guitarra (?)
Bob Wilson: órgano
Charlie McCoy: bajo
Kenneth Buttrey: batería
Grabación
Columbia Recording Studios, Nashville
(Tennessee): 13 de febrero de 1969
Equipo técnico
Productor: Bob Johnston
Ingenieros de sonido: Charlie Bragg, Neil Wilburn

Génesis y letra

Bob Dylan compuso esta canción meses antes de ir a Nashville para las sesiones de su noveno álbum. En ella revela una nueva faceta de su personalidad, porque aunque ya había reconocido ser el origen de una ruptura amorosa, es la primera vez que se arrepiente. Un arrepentimiento que se escapa de cualquier tópico, como siempre pasa con Dylan, gracias a un sentido del verbo evocador: «Una vez tuve montañas en la palma de mi mano / Y ríos que fluían todos los días / Debía estar loco / No sabía lo que tenía», canta en la segunda estrofa. ¿En cuál de sus amores pasados estaba pensando?

Realización

«I Threw It All Away» es un *slow rock* que en realidad no encaja con el estilo country. La voz de Dylan está muy reverberada y su timbre emana emoción y nostalgia. La curiosa ausencia de agudos le confiere una cierta suavidad en la interpretación. El órgano de Bob Wilson se suma a este clima emocional, muy evocador. Nick Cave reconoce: «Es mi canción favorita de Dylan. La producción es limpia, fluida y pura. En la voz de Dylan, en el fraseo, en el tono, hay más soltura e inocencia que en ninguna otra de sus grabaciones, anteriores o posteriores [...]. Escuchamos a un tipo que hace el trabajo que Dios le ha encargado en la Tierra, y lo hace bien».[76] Además de la Martin 0-18 de Bob también podemos distinguir dos o tres guitarras más en la mezcla: una clásica con cuerdas de nailon como solista, una acústica tocada en arpegios y probablemente una cuarta guitarra que se mezcla con esta última. Pero, ¿quién tocaba cada guitarra? Es difícil de decir. La guitarra solista recuerda a la de Charlie McCoy en «Desolation Row» de *Blonde On Blonde*. McCoy, que en este caso se encarga del bajo, es acompañado por la batería de Kenneth Buttrey, cuyos *breaks* de tom-tom (1'29) se acercan a la saturación. «I Threw It All Away» se publicó en single (con «Drifter's Escape» en la cara B) y en 1969 llegó al n.° 85 de las listas de Estados Unidos, al 30 en el Reino Unido y al 29 en Francia (julio). Bob Dylan la cantó por primera vez en directo en *The Johnny Cash Show*, emitido desde el mítico Ryman Auditorium de Nashville (Tennessee), el 1 de mayo de 1969. Luego la canción pasó a formar parte del repertorio del concierto de la isla de Wight con The Band (1969), de la Rolling Thunder Revue (1976) y del Never Ending Tour (2002), esta vez en versión acústica.

1969

Dylan cantó «I Threw It All Away» a Harrison durante un encuentro en noviembre de 1968 (superior, en 1971).

Peggy Day

Bob Dylan / 2'05 minutos

COVERS

«Peggy Day» ha sido versionada por Steve Gibbons (*The Dylan Project, 1998*) y Steve Lane (*If Not For You: Tribute To Bob Dylan, 2011*).

Músicos

Bob Dylan: voz, guitarra
Charlie Daniels: guitarra
Norman Blake: guitarra, dobro
Kelton D. Herston: guitarra (?)
Pete Drake: *pedal steel guitar*
Bob Wilson: piano
Charlie McCoy: bajo
Kenneth Buttrey: batería

Grabación

Columbia Recording Studios, Nashville (Tennessee): 14 de febrero de 1969

Equipo técnico

Productor: Bob Johnston
Ingenieros de sonido: Charlie Bragg, Neil Wilburn

Génesis y letra

Bob Dylan escribió «Peggy Day» justo antes de las sesiones de *Nashville Skyline*, o quizá durante las sesiones. El cantautor confesó que la compuso pensando en The Mills Brothers, grupo vocal afroamericano que vivió su época dorada durante la década de 1940 con un repertorio de canción ligera y de jazz magnificado por suntuosas armonías vocales. Así, se trata de una canción ligera que revela el estado de ánimo del compositor en aquella época. «Peggy Day» o «Peggy Night», qué importa... El narrador quisiera pasar el día y la noche con esta joven claramente dotada para el arte del amor, aunque le haya robado el corazón. Bob Dylan disfruta, da la impresión de que está haciendo una pausa tras varios años de intensa creación.

Realización

«Peggy Day» es la primera canción que grabaron el 14 de febrero de 1969. Tras una introducción *jazzy* a la guitarra acústica de Charlie Daniels, Dylan se lanza a esta balada *middle of the road*, a caballo entre el *doo wop* y el country. Casi parece que los Mills Brothers le respondan en los coros, pero es Norman Blake quien se encarga de darle la réplica con su dobro. Bob canta con una voz relajada y hace una muy buena parte vocal, sobre todo al final de la canción. La sección rítmica está compuesta por la guitarra de Dylan, de Blake, de Herston (?), el bajo de McCoy, la batería de Buttrey y la muy eficaz pero discreta parte de piano de Wilson. Aparecen todos los tópicos del género, como el solo de *pedal steel guitar*, el *break* rítmico al final del tema... En definitiva, el grupo de divierte y es verdad que con una letra tan sencilla y una música tan ligera, el cantautor nos sorprende con un estilo de escritura y composición al que no nos tenía acostumbrados.

Bob Dylan no la ha interpretado nunca en directo. No obstante, existe una versión con Johnny Cash (*The Dylan/Cash Sessions*).

The Mills Brothers hacia 1936.

Lay, Lady, Lay

Bob Dylan / 3'21 minutos

Músicos

Bob Dylan: voz, guitarra
Charlie Daniels: guitarra
Norman Blake: guitarra
Kelton D. Herston: guitarra (?)
Wayne Moss: guitarra (?)
Pete Drake: *pedal steel guitar*
Bob Wilson: órgano
Charlie McCoy: bajo
Kenneth Buttrey: batería, bongos, cencerro

Grabación

Columbia Recording Studios, Nashville (Tennessee): 14 de febrero de 1969

Equipo técnico

Productor: Bob Johnston
Ingenieros de sonido: Charlie Bragg, Neil Wilburn

COVERS

Muchos artistas han incluido «Lay, Lady, Lay» en su repertorio. Las versiones más famosas son las de The Byrds (versión aparecida en single y en el álbum *Dr. Byrds & Mr. Hyde*, 1969), de Duran Duran (*Thank You*, 1995) y de Ministry (*Filth Pig*, 1996). También son destacables las adaptaciones de Melanie (*Garden In The City*, 1971), de Isaac Hayes (*Tangled Up In Blues: Songs Of Bob Dylan*, 1999), de Casandra Wilson (*Glamoured*, 2003) y de Buddy Guy (*Bring 'Em In Skin Deep*, 2013).

PARA LOS ADICTOS A DYLAN

Antes de grabarla para el álbum *EB 84* (1984), los Everly Brothers habían rechazado «Lay, Lady, Lay». Cuando Dylan se la había cantado, Phil y Don entendieron «Tiéndase, señora, tiéndase, entre mis grandes senos, querida» en lugar de «Tiéndase, señora, tiéndase, sobre mi gran cama de latón»... ¡e imaginaron que era una canción lésbica!

Génesis y letra

«Lay, Lady, Lay» debería haber formado parte de la banda sonora original de la película *Midnight Cowboy* (*Cowboy de medianoche*, 1969) de John Schlesinger. Pero como Bob Dylan no terminó la canción a tiempo, el director y los responsables de United Artists terminaron por elegir la balada de Harry Nilsson «Everybody's Talkin'», que cosechará mucho éxito. Dylan explicó que compuso la música de «Lay, Lady, Lay» antes de escribir la letra, cosa nada habitual para el cantautor: «La canción nació con sus primeros cuatro acordes, y luego hice la, la, la, y se convirtió en "Lay, Lady, Lay"».[12] En cuanto a la letra, es de una factura muy sugerente, incluso erótica, de forma poco usual para el cantautor, que describe una noche de amor llena de promesas y deseos: «Cualquier color que tenga en la cabeza / Yo se lo mostraré y lo verá brillar», o «Quédese, señora, quédese, quédese mientras se acerca la noche / Deseo verla a la luz de la mañana / Deseo abrazarla en la noche»...

Bob Dylan interpretó «Lay, Lady, Lay» por primera vez en casa de Johnny Cash, en Nashville. «Estábamos allí unos cuantos autores-compositores; Joni Mitchell, Graham Nash, Harlan Howard, Kris Kristofferson, Mickey Newbury y algunos más. [...] Habíamos formado un círculo. Cada uno tocaba una canción y luego pasaba la guitarra al de al lado».[1] Y la cantó por primera vez sobre un escenario en la isla de Wight. Curiosamente, Dylan nunca se ha sentido especialmente apegado a esta canción. Cuando Clive Davis, entonces presidente de Columbia Records, la quiso sacar en single, él se opuso firmemente. Davis insistió, pero Dylan dijo: «[...] nunca he pensado que se pareciera a mí en absoluto».[12] Pero deberá reconocer la perspicacia de su jefe, ya que «Lay, Lady, Lay» escalara hasta el top 10 de las listas de éxitos y será una de sus canciones más populares. Pero esto no le impidió modificar la letra para tocarla en conciertos. Se lo explicó en 1978 a Ron Rosembaum: «Reescribí "Lay, Lady, Lay" y nunca nadie ha hablado de ello [...]. Cambié bastantes palabras».[20] Y añadió que nunca estuvo satisfecho con la versión original: «Siempre he tenido la sensación de que en la canción había más que eso».[20] Pero por suerte no modificó las dos primeras frases, que son un bello ejemplo de aliteración, muy dylaniana: «*Lay, lady, lay*» y «*Big brass bed*». Palabras con sonoridad típicamente musical.

The Everly Brothers rechazaron «Lay, Lady, Lay» pensando que se trataba de una canción dirigida a las lesbianas. A la derecha, Bob Dylan, con la guitarra acústica.

Realización

Después de un primer ensayo el día 13 de febrero, «Lay, Lady, Lay» se volvió a grabar a la mañana siguiente. Pero Kenneth Buttrey, el baterista, aún no sabía qué *drumming* adoptar. Se lo dijo a Bob: «Me miró; él tampoco sabía muy bien qué hacer, solo quería probar una cosa, y dijo: "bongos". Yo contesté: "¿Qué?". Él volvió a decir: "bongos"».[89] Sorprendido, Buttrey fue a pedir la opinión del productor: «"Bob [Johnston], ¿tú crees que debemos poner bongos en esta canción?". Él puso unos ojos como platos, y dijo que tampoco tenía ni idea».[89] De todos modos, Johnston le sugirió que utilizara cencerros. Entonces Buttrey pidió a Kris Kristofferson, que entonces trabajaba como vigilante de los estudios de Nashville, que le trajera un par de bongos baratos que estaban tirados en un rincón, y un cencerro. Y sigue: «Empezamos a tocar la canción, y yo estaba al mismo tiempo con los bongos y el cencerro, y sonaba bastante bien».[89] Parece que toqué los bongos con baquetas y no con las manos. En cambio, en el estribillo, Buttrey abandona las percusiones y se pone a la batería. «No había ningún micro para la batería; la captaron los otros micros»,[89] precisa el músico.

La armonía de «Lay, Lady, Lay» es poco frecuente en la obra de Dylan, pero no tiene nada de original; la podemos escuchar también en «It's Only Love» de los Beatles (1965), o en «Don't Make Me Over» de Dionne Warwick (1962). La fuerza de la canción reside más bien en el clima que desprende, debido en parte al color de los instrumentos. Además de la rítmica de Buttrey, el sonido de la *pedal steel guitar* de Pete Drake es muy pegadizo y aporta un toque casi onírico al tema. Asimismo, la capa de órgano de Wilson confiere una atmósfera sugerente, misteriosa. La voz de Dylan, con un timbre profundo y... diferente, es nostálgica y emotiva. El cantante se acompaña con la guitarra, sostenido por dos guitarristas más, sin duda Daniels y Blake; uno tocando en *strumming* y el otro en arpegios. En los informes de estudio vuelve a aparecer Kelton D. Herston, pero también el magnífico Wayne Moss, que tanto impresionó a Al Kooper en «I Want You» de *Blonde On Blonde*. Dos guitarristas complementarios pero, a decir verdad, inaudibles en la mezcla. Hay que señalar que el 20 de febrero tuvo lugar una sesión de *overdubs*, pero no se conoce el resultado.

«Lay, Lady, Lay» salió en single (con «Peggy Day» en la cara B) en julio de 1969, y escaló hasta el número siete de las listas del *Billboard* el 2 de agosto de 1969, y al número cinco de las listas británicas el 13 de septiembre. En Estados Unidos, es el mayor éxito comercial del cantautor después de «Like A Rolling Stone». Desde el Festival de la isla de Wight, el 31 de agosto de 1969, con The Band (versión que se encuentra en *The Bootleg Series, Vol. 10*), Bob Dylan la ha cantado en directo más de 400 veces. Hay que mencionar las versiones de *Before The Flood* (1974) y de *Hard Rain* (1976).

One More Night

Bob Dylan / 2'25 minutos

Músicos

Bob Dylan: voz, guitarra
Charlie Daniels: guitarra
Norman Blake: guitarra, dobro
Kelton D. Herston: guitarra (?)
Bob Wilson: piano
Charlie McCoy: bajo
Kenneth Buttrey: batería

Grabación

Columbia Recording Studios, Nashville (Tennessee): 13 de febrero de 1969

Equipo técnico

Productor: Bob Johnston
Ingenieros de sonido: Charlie Bragg, Neil Wilburn

La sombra de Hank Williams (en la imagen, en 1951), planea sobre «One More Night».

Génesis y letra

Si hiciera falta otra prueba de la influencia de Hank Williams en Bob Dylan, llevaría el título «One More Night» ¡Nashville obliga! En esta canción encontramos varios elementos del «toque Williams»: el ritmo saltarín que remite a clásicos como «Lovesick Blues» y «Hey Good Lookin'» y una poesía simple y expresiva, que se puede leer en frases como: «Pero esta noche voy como alma en pena / La luna resplandece / Y todo lo alumbra / Pero esta noche no hay luz que me ilumine». Según Andy Gill, en esta canción se puede ver «otro ejemplo característico del cambio de actitud de Dylan respecto a las mujeres: si el motivo de la ruptura de esta relación –la incapacidad de ser lo que su amante desearía que fuera– ya era el tema de "It Ain't Me Babe", ahora reconoce que no solo ha perdido a su amante, sino también a su "mejor amiga"».[24]

Realización

Olvidado el rock de *Highway 61 Revisited*, olvidadas las canciones protesta de *The Times They Are A-Changing*, olvidadas las imágenes alucinadas de *Blonde On Blonde*, Bob Dylan está en Nashville para tocar una música simple y eficaz, y lo quiere demostrar. Con «One More Night», el músico canta sin complejos un country más bien básico, y se ha rodeado del equipo ideal para conseguirlo. Su voz, que realiza proezas subiendo a los agudos en la última estrofa, es magnífica. El tono es curiosamente ligero y desapegado, en contraste con una letra que habla de soledad y abandono. Charlie Daniels vuelve a abrir el tema con una breve introducción de guitarra acústica, seguido de Norman Blake, que interpreta una buena parte de dobro, con un solo muy ágil. Con Charlie McCoy al bajo y Kenneth Buttrey a la batería, la sección rítmica ofrece una base sólida para los otros músicos, que también se acompañan del irreprochable Bob Wilson al piano. Una canción sin contratiempos ni problemas, una canción que respira tranquilidad y vida de campo. Casi ecológica.

«One More Night» es la tercera y última canción que se grabó en la primera sesión del 13 de febrero de 1969. Hasta la actualidad, Bob Dylan la ha cantado dos veces en directo: el 6 de junio de 1990 en el O'Keefe Centre For The Performing Arts de Toronto y el 29 de septiembre de 1995 en el Sunrise Music Center de Fort Lauderdale (Florida).

Tell Me That It Isn't True

Bob Dylan / 2'44 minutos

Músicos
Bob Dylan: voz, guitarra (?), órgano (?)
Charlie Daniels: guitarra
Norman Blake: guitarra
Kelton D. Herston: guitarra (?), órgano (?)
Bob Wilson: piano
Charlie McCoy: bajo
Kenneth Buttrey: batería

Grabación
**Columbia Recording Studios, Nashville
(Tennessee):** 14 de febrero de 1969

Equipo técnico
Productor: Bob Johnston
Ingenieros de sonido: Charlie Bragg, Neil Wilburn

COVER
En 1995, Robert Forster la incluyó
en su repertorio en las sesiones
de *I Had A New York Girlfriend.*

Robert Forster, «dylanófilo» en su versión
de «Tell Me That It Isn't True».

**PARA LOS ADICTOS
A DYLAN**
Dylan ha explicado el proceso de
composición de la canción: «La escribí
en fa. En ese álbum escribí bastantes
canciones en fa. Esto es lo que le da una
especie de sonido nuevo. [...] Intento
ser un poco diferente en cada álbum».[20]
Es verdad, la canción está en fa, pero
solo dos del álbum están en fa.

Génesis y letra

Después de aventurarse con fortuna en las tierras de Hank Williams con «One More Night», Bob Dylan se vuelca en el country-rock a lo Elvis Presley. Más allá de esta referencia, «Tell Me That It Isn't True» es una de las canciones más logradas del álbum desde el punto de vista musical. Es la historia de un hombre enamorado que debe enfrentarse a un rumor: en la ciudad se comenta que su amada ha estado con otro hombre. A menos que se trate (cosa más probable) de un pastiche del Rey (que unos meses más tarde vivirá el último número 1 de su inmensa carrera con «Suspicious Minds»). De todos modos cabe preguntarse por las motivaciones del cantautor que lo llevaron a escribir un texto tan poco representativo de su inmenso talento. ¿Quizá fue el shock post-accidente? ¿Euforia amorosa? ¿Una metáfora? ¿Humor?

Realización

La introducción de «Tell Me That It Isn't True» recuerda un poco a la de «Like A Rolling Stone» o la de «Desolation Row». La similitud se debe al riff de guitarra y a la sonoridad de un órgano muy reverberado. Pero, ¿quién toca ese órgano teniendo en cuenta que Bob Wilson está al piano? ¿Dylan? ¿Herston, que se menciona en los informes de estudio (pero como guitarrista)? ¿Quizá fue añadido por *overdub*? Una guitarra clásica con cuerdas de nailon tocada por Charlie Daniels (¿O Norman Blake?) abre el tema con un riff muy pegadizo y podemos oírlo en un magnífico solo. Se escuchan otras dos guitarras acústicas. Una de las sorpresas de la canción es el final instrumental interpretado al mismo tiempo por el piano, la guitarra clásica y el bajo. Este final revela el estilo musical del conjunto y resulta claramente de un inserto en el minuto 2'24. Teniendo en cuenta su composición, muy pianística, es posible que esta parte sea obra de Bob Wilson. «Tell Me That It Isn't True» se grabó justo después de «Peggy Day», el 14 de febrero de 1969. Más adelante, Bob Dylan explicará a Jan Wenner de *Rolling Stone* que el resultado final fue muy distinto de lo que él quería: «Se convirtió en una balada bastante tierna, mientras que yo había escrito una cosa más sacudida, una especie de polka».[20] Curiosamente, Bob Dylan no interpretó esta canción sobre un escenario hasta el 10 de marzo de 2000, en el segundo concierto que dio en el Sun Theatre de Anaheim (California).

Country Pie

Bob Dylan / 1'39 minutos

Músicos
Bob Dylan: voz, guitarra
Charlie Daniels: guitarra
Norman Blake: guitarra
Kelton D. Herston: guitarra (?)
Pete Drake: *pedal steel guitar*
Bob Wilson: piano
Charlie McCoy: bajo
Kenneth Buttrey: batería
Grabación
Columbia Recording Studios, Nashville (Tennessee): 14 de febrero de 1969
Equipo técnico
Productor: Bob Johnston
Ingenieros de sonido: Charlie Bragg, Neil Wilburn

Dylan pasea en la isla de Wight,
agosto de 1969.

Génesis y letra

Bob Dylan utiliza los sabores del tradicional *country pie* para expresar lo que le inspiran los sabores del country & western. Comer frutos rojos y cítricos, manzanas, calabaza o ciruelas le da el mismo placer que escuchar al viejo Joe tocando el saxo o el violín al amanecer.

«No necesito mucho, no son mentiras / No participo en ninguna carrera», canta Bob Dylan en la quinta estrofa. Las cosas son muy claras: el cantautor, que rozó la muerte en un accidente de moto, aspira a los pequeños placeres de la vida, como vivir entre los suyos, lejos de las luces y los oropeles de la ciudad. De algún modo, con la jovial «Country Pie», el telón se baja sobre el Dylan de mediados de los años 1960, inspirado por la poesía de Rimbaud y por la escritura espontánea de los autores beat, por el surrealismo y el absurdo.

Realización

«Country Pie» se grabó el 14 de febrero de 1969, durante la misma sesión que «Peggy Day» y «Tell Me That It Isn't True». Después de «To Be Alone With You», es la segunda vez que escuchamos el sonido de una guitarra eléctrica. Es difícil saber quién la toca. Podrían ser Charlie Daniels, Norman Blake o Kelton D. Herston. En cualquier caso, el guitarrista en cuestión hace muy buenos solos, y percibimos que está disfrutando. Este country-rock es la ocasión perfecta para que Bob Wilson despliegue todo su talento al piano, así como Charlie McCoy al bajo. Podemos destacar la excelente parte vocal de Dylan, que en algunos momentos recupera acentos de su antiguo timbre y consigue insuflar un aliento soul a su interpretación al enumerar sus frutos favoritos. «Country Pie» es el tema más corto del álbum y constatamos cierta rigidez y precipitación en el *fade-out*, quizá para ocultar un defecto.

La canción será escogida como cara B del tercer single extraído de *Nashville Skyline* (el que incluye «Tonight I'll Be Staying With You» en la cara A). Desde el 10 de marzo de 2000, en el primero de los dos conciertos del Sun Theatre de Anaheim (California), Bob Dylan la ha interpretado más de 130 veces. Hay que precisar que existe una toma alternativa de «Country Pie» en *The Bootleg Series, Vol. 10*.

Tonight I'll Be Staying Here With You

Bob Dylan / 3'23 minutos

PARA LOS ADICTOS A DYLAN
Para la versión en directo durante el Rolling Thunder Revue (1975), Dylan cambió buena parte de la letra e incluso la armonía del puente.

Músicos
Bob Dylan: voz, guitarra
Charlie Daniels: guitarra
Norman Blake: guitarra
Pete Drake: *pedal steel guitar*
Bob Wilson: piano (?)
Hargus Robbins: piano (?)
Charlie McCoy: bajo
Kenneth Buttrey: batería

Grabación
Columbia Recording Studios, Nashville (Tennessee): 17 de febrero de 1969

Equipo técnico
Productor: Bob Johnston
Ingenieros de sonido: Charlie Bragg, Neil Wilburn

COVERS
«Tonight I'll Be Staying Here With You» ha sido grabada por Cher (3614 Jackson Highway, 1969), Ricky Nelson (In Concert: The Trobadour, 1969, 1970), Ben E. King (Rough Edges, 1970), Tina Turner (Tina Turns The Country On!, 1974), Jeff Beck (Original Album Classics, 2008) e interpretada en directo por The Black Crowes.

Génesis y letra

Bob Dylan compuso esta canción en el Ramada Inn, donde estaba instalado durante las sesiones de *Nashville Skyline*. Pero la terminó en el último momento en el estudio. Charlie Daniels lo explicó a Manfred Helfert: «Escribió la mayor parte de "Tonight I'll Be Staying Here With You" cuando ya habíamos empezado la sesión».[36] Esta última pieza del álbum es testimonio del estado de ánimo del cantautor durante el final de la década de 1960. Mientras que la mayor parte de las canciones románticas que había compuesto hasta entonces hablaban del amor ideal o, al contrario, de las mil y una razones de una ruptura, esta describe la felicidad sencilla de haber encontrado el amor por fin. De hecho, el narrador ya no siente la necesidad de viajar. «Tira su billete por la ventana», «también tira su maleta» y, como consecuencia, deja «sus preocupaciones en la puerta». Evidentemente, el narrador no es otro que Bob Dylan, que ha encontrado la tranquilidad y la plenitud junto a Sara y sus hijos. «Tonight I'll Be Staying Here With You» podría ser una canción sobre la felicidad recuperada.

Realización

«Tonight I'll Be Staying Here With You» es el segundo título que grabaron el 17 de febrero. Es un muy buen tema de música country con sonoridad pop-rock, que evoca «Down Along The Cove» de *John Wesley Harding*. Es la tercera y última canción del álbum en la que aparecen guitarras eléctricas, y sin duda es Charlie Daniels quien se encarga de la primera guitarra, alternando entre rítmica y solista. Entre las otras guitarras, podemos distinguir dos acústicas (Dylan y Blake). Pete Drake se ilustra una última vez con su *pedal steel guitar* ejecutando el primer solo del tema. A priori parece que es Bob Wilson quien está al piano, un piano de estilo honky-tonk (¿o tal vez es Hargus Robbins, mencionado en el informe de estudio?). Finalmente, la interpretación de Dylan es excelente; su voz mezcla su nuevo timbre con acentos soul; una nueva entonación que percibimos también en otros temas del disco. Bob Dylan la interpretó por primera vez sobre un escenario en un concierto en el Shapiro Gymnasium de Waltham (Massachusetts), el 22 de noviembre de 1975, en el marco de la Rolling Thunder Revue (versión que se encuentra en *The Bootleg Series, Vol. 5*, 2002). Desde entonces, la ha cantado casi 150 veces.

1970

ÁLBUM
FECHA DE PUBLICACIÓN
8 de junio de 1970

Columbia Records
(REFERENCIA C2X 30050)

★ Estos títulos, que son versiones grabadas en directo,
no se tratan en este capítulo dedicado a *Self Portrait*,
sino en los álbumes originales:
«Like A Rolling Stone» (*Bringing It All Back Home*)
«The Mighty Quinn (Quinn The Eskimo) (*The Basement Tapes*)
«She Belongs To Me» (*Bringing It All Back Home*)

All The Tired Horses
Alberta #1
I Forgot More
Than You'll Ever Know
Days Of 49
Early Mornin' Rain
In Search Of Little Sadie
Let It Be Me
Little Sadie
Woogie Boogie
Belle Isle
Living The Blues
Like A Rolling Stone*
Copper Kettle
(The Pale Moonlight)
Gotta Travel On
Blue Moon
The Boxer
Quinn The Eskimo
(The Mighty Quinn)*
Take Me As I Am (Or Let Me Go)
Take A Message To Mary
It Hurts Me Too
Minstrel Boy
She Belongs To Me*
Wigwam
Alberta #2

Self Portrait

Primer plano de Bob Dylan para
un *Self Portrait* en el que confluyen
las músicas americanas.

Self Portrait,
cuando Dylan se hizo *crooner*

El álbum

Solo tres semanas después de la publicación de *Nashville
Skyline*, Bob Dylan vuelve a los estudios para grabar su décimo álbum, un doble vinilo, el segundo de su carrera (tras
Blonde On Blonde). Cuando el disco se publica, el 8 de junio
de 1970, provoca estupefacción. Dylan pretendía pillar a su
público a contrapelo, y así fue. Lo explicará a la revista *Rolling Stone* en 1984, al evocar su regreso a Greenwich Village tras el Festival de Woodstock: «La Woodstock Nation había
sitiado MacDougal Street. Había un montón de gente delante
de mi casa. Me dije: "Que se jodan". Solo quería que toda esa
gente me olvidara. Quise hacer algo que no les pudiera gustar,
algo con lo que no sintieran ninguna afinidad. Lo verían, lo
escucharían y dirían: "Bueno, pasemos a otra cosa"».[92]
Si lo que quería el cantautor era provocar, lo consiguió a la
perfección. Desde su lanzamiento, *Self Portrait* no suscitó
más que incomprensión, ira, e incluso rechazo. Robert Christgau: «No conozco a nadie, incluso entre los defensores más
acérrimos del álbum, que haya escuchado más de una cara
de una sentada. Yo no lo he escuchado entero ni una sola
vez». Greil Marcus es aún más radical: «¿Pero qué es esta
mierda?»,[93] escribe en *Rolling Stone*.
¿Por qué *Self Portrait* provocó una protesta tan generaliza-
da? Sobre todo porque la ruptura es espectacular. Si *John
Wesley Harding* y *Nashville Skyline* pudieron sorprender en
relación a los luminosos *Highway 61 Revisited* y *Blonde On*

Blonde, seguían siendo discos de Dylan, escritos, compuestos
y cantados por él mismo. Esto no pasa en *Self Portrait* que,
para esos críticos de pluma afilada, es la obra de un artista totalmente irreconocible, que ha renegado de sí mismo, que ha
renegado de los ideales de la contracultura para sumergirse en
las aguas de una música *mainstream* con arreglos empalagosos y convencionales. «La prensa decía que, atormentado por
dentro, iba en busca de mí mismo, que estaba en una búsqueda sin fin»,[1] explica Dylan en sus *Crónicas*. «Todo aquello me
iba muy bien. Saqué un álbum (doble), después de echar todo
tipo de cosas en una batidora. En el disco puse lo que quedó
en el fondo. Luego reflexioné, y recuperé el resto del bati-
do del fregadero para grabarlo también».[1]

El primer disco *americana*

Es precisamente este *melting-pot* musical lo que inquieta a la
crítica. La voz de Dylan se ha suavizado aún más (excepto en
algunos temas) desde las sesiones de *Nashville Skyline*, hasta
el punto en que podemos preguntarnos si el infranqueable
cantante de «Like A Rolling Stone» se está planteando entrar
en el terreno de Frank Sinatra o Elvis Presley (época Las Vegas). Lo que es todavía más sorprendente es que, de los veinte
temas grabados en el estudio, solo cuatro están firmados por
Dylan. Las dieciséis canciones restantes son tradicionales (con
arreglos del cantautor) o estándares del pop y de la canción
ligera, como «Blue Moon» de Lorenz Hart y Richard Rodgers

LOS *OUTTAKES*

Spanish Is The Loving Tongue
A Fool Such As I
Running
Ring Of Fire
Folsom Prison Blues
Pretty Saro
Dock Of The Bay
Went To See The Gypsy
Universal Soldier
When A Fellow's Out Of A Job
These Hands
Thirsty Boots
Tattle O'Day
Railroad Bill
House Carpenter
This Evening So Soon
Annie's Going To Sing Her Song
Time Passes Slowly
Alberta
Little Moses
Come A Little Bit Closer
Come All You Fair And Tender Ladies
My Previous Life

Bob Dylan en el estudio, durante las sesiones de *Self Portrait* con Charlie McCoy a la guitarra.

PARA LOS ADICTOS A DYLAN

Glynn Johns, uno de los pocos ingenieros de sonido que puede presumir de tener en su expediente a The Beatles, The Rolling Stones, The Who o Led Zeppelin, recuperará a Bob Dylan para su álbum *Real Live* que él producirá durante su gira europea de 1984.

y «Let It Be Me», adaptación del éxito francés «Je t'appartiens» de Gilbert Bécaud y Pierre Delanoë. Hay dos excepciones destacables: «Early Mornin' Rain» de Gordon Lightfoot y «The Boxer» de Paul Simon. Finalmente, están los arreglos: la gran orquesta con cuerdas es el testimonio definitivo de su voluntad de enterrar su imagen de cantante folk de protesta (imagen que, más que reivindicarla él mismo, le habían impuesto), y también de explorar nuevos territorios musicales. Charles Perry escribirá: «Sabemos que Dylan es el Rimbaud de su generación; ahora parece haber encontrado su Abisinia»,[7] y por Abisinia podemos entender su último viaje. Hay una certeza, que leemos en la revista *Record World*: «[La] revolución ha terminado. Bob Dylan canta "Blue Moon" a Mr. Jones». Hay que señalar también que *Self Portrait* incluye cuatro canciones en directo, grabadas con The Band en el Festival de la isla de Wight el 31 de agosto de 1969: «Like A Rolling Stone», «The Mighty Quinn (Quinn The Eskimo)», «Minstrel Boy» y «She Belongs To Me».

A diferencia de la crítica, en general el gran público valoró positivamente *Self Portrait*. La décima obra de Dylan fue número cuatro en Estados Unidos –antes de ser certificada disco de oro–, y número uno en el Reino Unido. Hay que decir que las opiniones sobre el disco han evolucionado considerablemente a lo largo del tiempo. Hoy reconocemos que este álbum tiene auténticas virtudes artísticas. En primer lugar, el hecho de destacar, incluso de exaltar, la América de los pioneros, especialmente con «Days Of 49» y «Copper Kettle (The Pale Moonlight)», y en cierto modo también con «All The Tired Horses» y «Wigwam», que tienen un sonido muy *western*. Finalmente,

con las dos versiones de «Alberta» y la de «It Hurts Me Too», y a pesar de las divagaciones *easy-listening*, Dylan demuestra que no ha roto con sus raíces folk y blues. Incluso podemos ver en *Self Portrait* uno de los primeros discos del género *americana*, mezcla de folk, country, rock y blues, salido de las raíces culturales estadounidenses, que se impondrá en la radio en la década de 1990 como reacción a formatos musicales demasiado elaborados.

La carátula

«Conocía a una persona que tenía tubos de pintura y una tela cuadrada, y pinté el cuadro en cinco minutos», explicó el cantautor a *Rolling Stone* en 1984. «Y me dije: "Bueno, pues este álbum se va a llamar *Self Portrait*"».[92] La pintura es de estilo naíf, y puede recordar a Chagall. No era el primer intento pictórico de Dylan, ya que también ilustró la portada del primer disco de The Band, la obra maestra *Music From Big Pink* (1968). En el interior del álbum doble, en cambio, encontramos fotografías: algunas se tomaron en el estudio, otras en el campo y también en el Festival de la isla de Wight.

La grabación

El insuperable Bob Johnston produjo también este álbum. Es el quinto que hace con Dylan desde 1965. Johnston se acuerda del día en que el cantautor fue a pedirle su opinión sobre la idea de grabar canciones de otros artistas. «Pensé que sería magnífico para él [...]. Si eso era lo que quería. Llegó al estudio con Biblias y libros viejos y empezó a grabar».[94] Las sesiones de *Self Portrait* se desarrollaron en tres etapas repartidas

en doce meses. Los días 24 y 26 de abril y 3 de mayo de 1969, Dylan grabó en los estudios de Nashville diez títulos con la misma base de músicos que para *Nashville Skyline*. Las sesiones se reanudaron once meses más tarde, del 3 al 5 de marzo de 1970, pero esta vez en Nueva York. Grabaron casi cuarenta temas con otros músicos, entre los cuales se encontraba Al Kooper, que regresaba después de colaborar con Dylan en *Blonde On Blonde*. Finalmente, la tercera y última etapa se dedicó a siete sesiones de *overdubs*, y tuvo lugar en Nashville entre el 11 de marzo y el 3 de abril de 1970; una carga para Johnston, que hasta entonces había hecho todo lo posible para evitar este tipo de procedimiento. Unos veinte temas se completaron de esta manera. Sin embargo, a Bob Johnston le encantó el resultado: «Me gusta ese álbum, pero naturalmente lo subestimaron [...]. Pero siéntense y escúchenlo. No lo escuchen en plan "bueno, es el nuevo disco de Dylan". Escuchen simplemente lo que pasa en el disco. Es un álbum maravilloso».[94] La particularidad de los *overdubs* reside, además de la participación de músicos de country-rock como Charlie McCoy o Charlie Daniels, en la grabación de una orquesta de dieciséis músicos dirigidos por Bill Walker, que por entonces era el director musical de *The Johnny Cash Show* de la ABC, y por la presencia de tres coristas femeninas. Los músicos que participaron en las distintas sesiones se detallan canción por canción.

Datos técnicos

No cabe duda de que *Self Portrait* es una de las grabaciones más complejas de Dylan, sobre todo en cuanto a los aspectos técnicos. En efecto, los primeros temas, trabajados en 8 pistas en Nashville (abril y mayo de 1969), servirán de base para los futuros *overdubs*, que claramente se plantearon desde el inicio del proyecto. Cuando Dylan vuelve a los estudios un año más tarde, en marzo de 1970, para terminar el álbum, lo hace en los Columbia Studios de Nueva York. Charlie Daniels en persona envía las cintas máster de las nuevas grabaciones neoyorquinas (también en 8 pistas) a Nashville. Entonces se realizan 32 mezclas en estéreo, de las cuales algunas se transferirán a un magnetófono de 16 pistas, así como las cintas 8 pistas originales. Los *overdubs* podían empezar. El resultado de este trabajo desembocará en el álbum *Self Portrait*.

Los ingenieros de sonido que participaron en las trece sesiones del álbum son Neil Wilburn en Nashville (que ya estaba en *Nashville Skyline*), Don Puluse (que grabará, entre otros, a Al Kooper, Chicago, Billy Joel, Jaco Pastorius y Miles Davis) y Doug Pomeroy en Nueva York, así como Glynn Johns para los cuatro títulos del Festival de la isla de Wight.

Los instrumentos

Bob Dylan, que había abandonado su armónica desde *Nashville Skyline*, en el que solo la había utilizado para un tema, la vuelve a sacar en este álbum para tres canciones: «Alberta 1 & 2» y «Early Mornin' Rain», todas en tonalidad de do. En las fotos de estudio lo vemos con su guitarra acústica Martin 000-18. Es posible que utilizara otras guitarras, pero no tenemos documentación sobre esta cuestión.

All The Tired Horses

Bob Dylan / 3'13 minutos

Músicos

(Nueva York)
Bob Dylan: guitarra
Al Kooper: guitarra, órgano (?)
David Bromberg: guitarra
Hilda Harris, Albertine Robinson,
Maeretha Stewart: coros
(Nashville)
Bob Moore: bajo (?)
Billy Walker: director de orquesta y arreglista
Rex Peer, Dennis A. Good, Frank C. Smith: trombones
William Pursell: piano
Gene A. Mullins: barítono
Martha McCrory, Byron T. Bach: violoncelos
Gary Van Osdale: alto
Solie I. Fott: violín, alto
Lillian V. Hunt, Sheldon Kurland, Martin Katahn,
Marvin D. Chantry, Brenton Banks, George Binkley,
Barry McDonald: violines

Grabación

Columbia Recording Studios / estudio B, Nueva York:
5 de marzo de 1970; **Columbia Recording Studios,**
Nashville (Tennessee): 11 y 17 de marzo de 1970

Equipo técnico

Productor: Bob Johnston
Ingenieros de sonido (Nueva York): Don Puluse,
Doug Pomeroy
Ingeniero de sonido (Nashville): Neil Wilburn

¿LO SABÍAS?

La canción «All The Tired Horses» aparece en Blow (2001), película de Ted Demme, con Johnny Depp y Penélope Cruz.

Génesis y letra

Desde la obertura de *Self Portrait,* parece que Bob Dylan juega a despistarnos. «All The Tired Horses» tiene solo dos frases, que un coro femenino repite hasta la saciedad durante 3'. Bob Dylan está ausente, tanto a la voz como a la guitarra o al piano. ¿Qué se esconde tras las frases «Todos los caballos cansados al sol / ¿Cómo se supone que debo montarlos?»? No hay duda de que el cantautor se dirige a su público: se compara con un caballo rendido que ya solo aspira al reposo. Así, en su libro *Dylan's Visions Of Sin,*[95] Christopher Kicks precisa que en el *Oxford English Dictionary,* «la primera definición de "in the sun" es "liberado de toda carga o de toda pena"».

Realización

Sin duda no es casualidad que «All The Tired Horses» abra el álbum. Si Dylan quería sorprendernos, logró su objetivo. Es el primer tema de su carrera (a excepción de las instrumentales) en el que no canta; lo sustituye un coro femenino de entonaciones góspel. El coro entra en *fade-in* y desaparece en *fade-out,* dejando una extraña sensación de aparición casi irreal. Lo curioso es que durante la época de *John Wesley Harding* el cantautor huía de los juegos de la música psicodélica, demasiado ambiciosa para él, que prefería la simplicidad. Al parecer, esto ha cambiado. A semejanza de los Beatles, que acababan de publicar «I Want You (She's So Heavy)» o de «I Need Your Lovin'» de Don Gardner & Dee Dee Ford (1962), Dylan reduce su texto a dos sencillas frases. Nos quiere guiar hacia una escucha y a una comprensión de su visión artística distinta y, por qué no decirlo, desconcertante. La grabación de «All The Tired Horses» se realizó en varias etapas, al igual que la mayoría de las canciones de *Self Portrait.* La primera sesión tuvo lugar en Nueva York, el 5 de marzo de 1970 (grabación que puede escucharse en el *The Bootleg Series, Vol. 10, Another Self Portrait* [2013]). Las coristas Hilda Harris, Albertine Robinson y Maeretha Stewart se acompañan con dos guitarras acústicas que sirven de referencia (¿Bob Dylan, David Bromberg, Al Kooper?). Después la cinta se envió a Nashville para los *overdubs,* que empezaron el 11 de marzo y en los que se añadió un órgano (¿Al Kooper?) y un bajo. Los músicos están mal identificados. No hay duda de que los coros se copiaron varias veces para alargar la duración de la canción.

Alberta #1, Alberta #2

Tradicional / arreglos de Bob Dylan / 2'58 y 3'14 minutos

Músicos
(Nueva York)
Bob Dylan: voz, guitarra, armónica
Al Kooper: guitarra, piano (?)
David Bromberg: dobro
Stu Woods: bajo
Alvin Rogers: batería
Hilda Harris, Albertine Robinson,
Maeretha Stewart: coros
(Nashville)
Charlie Daniels: guitarra
Kenneth Buttrey: batería (?)

Grabación
Columbia Recording Studios / estudio B, Nueva York: 5 de marzo de 1970; **Columbia Recording Studios, Nashville (Tennessee):** 11 de marzo y 3 de abril de 1970

Equipo técnico
Productor: Bob Johnston
Ingenieros de sonido (Nueva York): Don Puluse, Doug Pomeroy
Ingeniero de sonido (Nashville): Neil Wilburn

PARA LOS ADICTOS A DYLAN
La tercera versión de «Alberta» se publicó en *The Bootleg Series, Vol. 10*. Al igual que las dos anteriores, se grabó el 5 de marzo de 1970 en Nueva York con Al Kooper al piano y David Bromberg al dobro, Stu Woods al bajo, Alvin Rogers a la batería y Hilda Harris, Albertine Robinson y Maeretha Stewart a los coros. Rítmicamente se parece a «Alberta #1», con un tempo más rápido y más swing y dinamismo. Una versión espléndida.

Génesis y letra
Según la etnomusicóloga Mary Wheeler, a quien debemos la transcripción de un gran número de baladas y de temas de blues de la primera mitad del siglo XX, «Alberta» se encuentra en el origen de una *work song* que se cantaba al alba en los barcos que remontaban el Mississippi y el Ohio. El cantante Leadbelly grabó cuatro versiones del tema durante los años 1930 y 1940, y abrió así el camino a un gran número de intérpretes, entre los que se cuentan Bob Wilson, Burl Ives, el Chad Mitchell Trio, Odetta, Doc Watson e incluso Eric Clapton en el célebre *Unplugged* (1992).

Realización
Es posible que Dylan escuchara «Alberta» en sus recorridos iniciáticos por los clubes de Greenwich Village a principios de la década de 1960. Pero una cosa es segura: este blues *lowdown* le gustó lo bastante como para grabar tres versiones en las sesiones de *Self Portrait*, de las cuales dos se incluyeron en el álbum. Ambas son todo un logro. Hay que decir que desde que descubrió a Robert Johnson, Dylan se sabía sus blues de memoria. «Alberta #1», de ritmo ternario, no deja de recordar a «It Takes A Lot To Laugh, It Takes A Train To Cry» o a «Corrina, Corrina», y se distingue por la presencia de una guitarra eléctrica solista, que probablemente toca Al Kooper (a menos que sea Charlie Daniels). Dylan canta con mucho *feeling* y hace muy buenas intervenciones con la armónica. Los *overdubs* realizados en Nashville no son muy claros; se menciona a Kenneth Buttrey como baterista, pero existen dudas.

«Alberta #2», de factura más cuadrada, binaria, nos permite descubrir el sonido de un piano que sin duda toca Al Kooper (como se menciona para «Alberta #3» en el libreto de *Another Self Portrait*). En ambas versiones las partes de dobro interpretadas por David Bromberg y la presencia de los coros femeninos refuerzan el aspecto *roots* de la música. «Alberta #2» es el tema que cierra *Self Portrait*.

I Forgot More Than You'll Ever Know

Cecil A. Null / 2'25 minutos

PARA LOS ADICTOS A DYLAN

Bob Dylan incluyó «I Forgot More Than You'll Ever Know» en su repertorio para la gira que hizo con Tom Petty and The Heartbreakers del 5 de febrero al 6 de agosto de 1986.

Músicos

Bob Dylan: voz, guitarra
Charlie Daniels: guitarra
Norman Blake: guitarra (?)
Fred Carter Jr.: guitarra (?)
Pete Drake: *pedal steel guitar*
Bob Wilson: piano
Charlie McCoy: bajo
June Page, Dolores Edgin, Carol Montgomery, Millie Kirkham, Dottie Dillard: coros (?)

Grabación

Columbia Recording Studios, Nashville (Tennessee): 26 de abril de 1969

Equipo técnico

Productor: Bob Johnston
Ingeniero de sonido: Neil Wilburn

Génesis y letra

«I Forgot More Than You'll Ever Know» es la canción más famosa del compositor de Virginia Cecil Allen Null. Skeeter Davis y Betty Jack Davis, que la grabaron en 1953 con Chet Atkins a la guitarra, tuvieron un gran éxito con esta canción, que llegó al número uno de las listas de música country de la época. Esta grabación fue el único número 1 de la historia de estas listas para un dúo de cantantes femeninas, hasta «Mama He's Crazy» de Naomi y Wynonna Judd, en 1985.

La canción narra la historia de un hombre enamorado al que han abandonado, que vaticina a su rival que nunca conocerá a la chica tan bien como él la conoció: «He olvidado más de lo que nunca llegarás a saber» es la traducción literal del título de esta canción de tintes románticos que, después de Skeeter y Betty Davis, inspiró a la flor y nata de la escena country, desde Patti Page a Patty Loveless, pasando por el trío Dolly Parton-Loretta Lynn-Tammy Wynette. Incluso Elvis Costello la incluyó en su repertorio, cantándola en dúo con Tom Waits.

Realización

La grabación de «I Forgot More Than You'll Ever Know» se desarrolló en Nashville el 26 de abril de 1969. Aunque la voz de Bob Dylan ha cambiado considerablemente (desde las sesiones de *Nashville Skyline*) también sorprende el estilo. Cuesta trabajo reconocer al cantante folk de *The Freewheelin'*, y aún más al compositor de rock de *Highway 61 Revisited* y de *Blonde On Blonde*. En esta canción Dylan se convierte en un *crooner*, al estilo de Elvis Presley cuando este último, bajo los auspicios del coronel Parker, empezó a privilegiar los casinos de Las Vegas y los estudios de Hollywood en detrimento de los valores supremos del rock'n'roll. Entre las coristas de Dylan se encuentran Dolores Edgin y Millie Kirkham, que también colaboraron con el Rey. Lamentablemente su presencia es incierta, ya que sus nombres no se identificaron claramente, al igual que los de los distintos guitarristas. Parece que «I Forgot More Than You'll Ever Know» no pasó por la etapa de *overdubs*.

Loretta Lynn, Dolly Parton y Tammy Wynette recrearon con brío «I Forgot More Than You'll Ever Know».

Days Of 49

Frank E. Warner – John A. Lomax – Alan Lomax / 5'29 minutos

Músicos: (Nueva York) Bob Dylan: voz, guitarra; David Bromberg: guitarra; Al Kooper: piano; Alvin Rogers: batería / **(Nashville)** Charlie McCoy: armónica baja (?); Bob Moore: bajo / **Grabación:** Columbia Recording Studios / estudio B, Nueva York: 4 de marzo de 1970; Columbia Recording Studios, Nashville (Tennessee): 11 de marzo de 1970 / **Productor:** Bob Johnston / **Ingenieros de sonido:** (Nueva York) Don Puluse; (Nashville) Neil Wilburn

Génesis y realización

«Days Of 49» tiene tres nombres en los créditos, que son los de tres etnomusicólogos que desempeñaron un papel esencial en el reconocimiento de la música folklórica americana y su conservación. Frank E. Warner (1926-2011), editor musical que recopiló un gran número de tradicionales, como «Tom Dooley», «Whiskey In The Jar» y «Days Of 49», y John y Alan Lomax que, bajo los auspicios de la Biblioteca del Congreso, evitaron que muchas canciones folklóricas cayeran en el olvido, ya que grabaron a los artistas en su terreno, y tuvieron una larga trayectoria como productores. En esos «días del 49», los Lomax, que escribieron la letra de la canción tradicional recuperada por Warner, nos sumergen en uno de los capítulos más interesantes de la historia de Estados Unidos, el de la fiebre del oro de California que siguió al descubrimiento de oro en el saetín del molino de un tal John Sutter, en 1849. En 1971 Dylan explicó a A. J. Weberman que le gustaban dos canciones del álbum: «Days Of 49» y «Copper Kettle». Con esta canción, Dylan recupera su timbre de voz habitual, que había abandonado en *Nashville Skyline*. La voz, las dos guitarras, el piano y la batería (añadida por *overdub*) se grabaron en Nueva York. Bob, inmerso en su interpretación, se equivoca en la letra y en la armonía del estribillo que sigue a la cuarta estrofa (3'32) y se reengancha por los pelos. Posteriormente se añadió un bajo en Nashville, y también aparece un nuevo instrumento: una armónica baja, sin duda interpretada por Charlie McCoy.

Early Mornin' Rain

Gordon Lightfoot / 3'34 minutos

Músicos: (Nueva York) Bob Dylan: voz, guitarra, armónica; David Bromberg: guitarra (?); Al Kooper: piano / **(Nashville)** Charlie Daniels: guitarra (?); Ron Cornelius: guitarra (?); Elkin «Bubba» Fowler: guitarra (?); Charlie McCoy: bajo; Kenneth Buttrey: batería / **Grabación:** Columbia Recording Studios / estudio B, Nueva York: 4 de marzo de 1970; Columbia Recording Studios, Nashville (Tennessee): 13 y 17 de marzo de 1970 / **Productor:** Bob Johnston / **Ingenieros de sonido:** (Nueva York) Don Puluse; (Nashville) Neil Wilburn

Génesis y realización

«Early Mornin' Rain» es una composición del canadiense Gordon Lightfoot, que la grabó para su primer álbum, *Lightfoot!*, aparecido en 1966. Es la historia de un hombre sentado sobre una barrera del aeropuerto de Los Ángeles, que asiste al despegue de un Boeing 707. Esta evocación del viaje, y por extensión del *hobo* (el avión estaba sustituyendo al tren) tuvo muchas versiones. Desde Peter, Paul and Mary en 1965 hasta Neil Young en 2014, pasando por Elvis Presley para el álbum *Elvis Now* de 1972.

Esta balada de tintes *middle of the road* se grabó en Nueva York y se terminó en Nashville. Aunque Charlie McCoy aparezca como armonicista en el informe de estudio, parece más probable que sea Dylan quien toca el instrumento; su estilo es reconocible. La guitarra solista es una clásica con cuerdas de nailon (¿Daniels, Cornelius, Fowler?).

In Search Of Little Sadie

Tradicional / arreglos de Bob Dylan / 2'28 minutos

Músicos: (Nueva York) Bob Dylan: voz, guitarra; David Bromberg: guitarra **/ (Nashville)** Charlie McCoy:
bajo (?); Bob Moore: bajo (?); Kenneth Buttrey: batería **/ Grabación:** Columbia Recording Studios / estudio B,
Nueva York: 3 de marzo de 1970; Columbia Recording Studios, Nashville (Tennessee): 11 de marzo o 2 de abril de 1970 **/**
Productor: Bob Johnston **/ Ingenieros de sonido:** (Nueva York) Don Puluse; (Nashville) Neil Wilburn

Génesis y realización

«In Search Of Little Sadie» es una relectura de una vieja canción folklórica conocida en Carolina del Norte por el nombre
de «Little Sadie», y en el resto de estados como «Lee Brown»,
«Cocaine Blues», «Transfusion Blues», «East St. Louis Blues» o
«Penitentiary Blues». Narra la historia de Lee Brown, condenado a cuarenta y un años de cárcel por haber matado a Little
Sadie. Sea en el estado que sea, en estas *murder ballads*
siempre se citan las ciudades de Jericho y Thomasville. Dylan
se inspiró en la grabación de Clarence Ashley para Columbia, que probablemente fecha de 1929 (o 1930). «In Search

Of Little Sadie», o cómo escribir una serie de acordes grotes-
cos y cómo solucionarlo con talento. Dylan se atreve con una
armonía cuanto menos dudosa en las tres primeras estrofas. El punto fuerte de la canción reside en su magnífica interpretación vocal, en la que recupera su voz de tonalidad rock.
También hay que subrayar la hazaña de Buttrey y de McCoy
(¿o Moore?), que tuvieron que añadir en Nashville sus partes
respectivas sobre la rítmica flotante que Dylan grabó en Nueva York. Sin embargo, y a pesar de su talento, Buttrey toca
demasiado tarde el platillo sobre la palabra «*head*» en el minuto 2'19.

Let It Be Me

Gilbert Bécaud – Mann Curtis – Pierre Delanoë / 3'01 minutos

Músicos: Bob Dylan: voz, guitarra; Charlie Daniels: guitarra; Norman Blake: guitarra; Fred Carter Jr.: guitarra;
Robert S. Wilson: piano (?), sintetizador Moog; Charlie McCoy: bajo; Kenneth Buttrey: batería; June Page,
Dolores Edgin, Carol Montgomery, Millie Kirkham, Dottie Dillard: coros (?) **/ Grabación:** Columbia Recording Studios,
Nashville (Tennessee): 26 de abril de 1969 **/ Productor:** Bob Johnston **/ Ingeniero de sonido:** (Nashville) Neil Wilburn

1970

Génesis y realización

Compuesta en 1955, «Je t'appartiens» forma parte de los temas más famosos nacidos del tándem artístico Gilbert Bécaud
–Pierre Delanoë; uno de los pocos éxitos franceses que han
logrado dar la vuelta al mundo (al igual que su «Et maintenant»
[«What Now My Love»]). A final de 1960, Mann Curtis la
adaptó al inglés, bajo el título «Let It Be Me», y consiguió que
los Everly Brothers llegaran al número siete de las listas del
Billboard en enero de 1960. Más adelante la grabaron otros
intérpretes: Nancy Sinatra, Sam & Dave, Tom Jones, James

Brown, Elvis Presley y Willie Nelson. La versión de Dylan data
del 26 de abril en Nashville. La interpretación se inscribe en la
tradición del *Nashville Sound* que tanto gustaba a Atkins
(una música country cercana a la canción ligera y a los *crooners*, desde Sinatra hasta Presley). Parece que no se realizó
ningún *overdub* después de esta sesión. Hay que destacar que
por primera vez aparece un sintetizador Moog en un disco del
cantautor, aunque se desconoce al intérprete. Bob Dylan solo
la ha cantado tres veces en directo. La primera fue en el estadio de Colombes (París), el 23 de junio de 1981.

Little Sadie

Tradicional / arreglos de Bob Dylan / 2'02 minutos

Músicos
(Nueva York)
Bob Dylan: voz, guitarra
David Bromberg: guitarra
(Nashville)
Charlie McCoy: guitarra (?), ukelele (?)
Bob Moore: bajo
Kenneth Buttrey: bongos, escobillas
Grabación
Columbia Recording Studios / estudio B, Nueva York:
3 de marzo de 1970; **Columbia Recording Studios,**
Nashville (Tennessee): 11 de marzo y/o 2 de abril de 1970
Equipo técnico
Productor: Bob Johnston
Ingenieros de sonido (Nueva York): Don Puluse
Ingeniero de sonido (Nashville): Neil Wilburn

Clarence Ashley, guardián de la tradición apalaquia, grabó «Little Sadie» en 1930.

Génesis y letra

A diferencia de «In Search Of Little Sadie», «Little Sadie» es una adaptación de la canción tradicional de los Apalaches que Clarence Ashley grabó con este título en 1930. Otros pioneros de la *old time music* la han grabado con varios nombres: «Bad Man Ballad» (Willie Rayford, 1939), «Bad Lee Brown» (Woody Guthrie y Cisco Houston, años 1940), «Cocaine Blues» (Billy Hughes, 1947, antes que Johnny Cash [1968])... Esta *murder ballad* se convirtió en «Little Sadie» con Doc Watson (1970), John Renbourn (1972), Norman Blake (la banda sonora de *O Brother, Where Art Thou?*, 2000), o Old Crow Medicine Show (2001).

Bob Dylan recupera fielmente la grabación de Clarence Ashley, no la de 1930 sino la que realizó con Doc Watson en 1963. La segunda estrofa, que habla de hombres y de jugadores de póquer que entierran a Sadie, no aparece en ninguna de las dos versiones. Podemos suponer que Dylan, al igual que Ashley y Watson unos años antes, no quería que pensáramos que la «pequeña Sadie» era una prostituta, siguiendo la idea de Woody Guthrie que, en la primera estrofa de «Bad Lee Brown», canta: «Supliqué a Dios, al cielo, que se apiadara de mí / Me quedaré aquí durante el resto de mi vida, porque todo lo que he hecho es matar a mi mujer».

Realización

Solo Bob Dylan y David Bromberg grabaron la base de «Little Sadie», el 3 de marzo en Nueva York. Dylan canta (su voz es una mezcla del antiguo timbre y el nuevo) y toca la guitarra acústica, mientras Bromberg toca la guitarra acústica solista. Luego, en Nashville, Charlie McCoy añade lo que parece un ukelele, a menos que se trate de una guitarra con cuerdas de nailon con una cejilla colocada en la parte superior del mástil. Bob Moore ejecuta una eficaz línea de bajo y Kenneth Buttrey graba los bongos y la caja tocada con escobillas. «Little Sadie» es un buen tema y, a excepción del texto, no tiene nada que ver con «In Search Of Little Sadie».

Woogie Boogie

Bob Dylan / 2'07 minutos

Músicos: (Nueva York) Bob Dylan: guitarra; David Bromberg: guitarra; Al Kooper: órgano, piano (?) **/ (Nashville)** Charlie Daniels: guitarra; Elkin «Bubba» Fowler: guitarra; Ron Cornelius: guitarra (?), metales; Charlie McCoy: bajo; Kenneth Buttrey: percusiones (?); Karl T. Himmel: batería **/ Grabación:** Columbia Recording Studios / estudio B, Nueva York: 3 de marzo de 1970; Columbia Recording Studios, Nashville (Tennessee): 13 y 17 de marzo de 1970 **/ Productor:** Bob Johnston **/ Ingenieros de sonido:** (Nueva York) Don Puluse; (Nashville) Neil Wilburn

Génesis y realización

No hay duda de que Bob Dylan estaba pensando en la música que escuchaba de niño en Minneapolis, en las emisoras de radio locales, cuando compuso «Woogie Boogie». En efecto, este tema es característico del boogie-woogie que se oía en las *barrelhouses* del Sur o las *house rent parties* durante los años de depresión y que, más adelante, se dispersó por todo Estados Unidos. Pero de todos modos podemos cuestionar el interés de un tema de estas características. ¿Qué motivó al cantante para componer este tema instrumental –el tercero hasta entonces– que utiliza una banal progresión de blues rock que miles de músicos principiantes han escrito para aprender? ¿Tenía una idea en mente? ¿Era una música para ilustrar un documental, una película o, efectivamente, era el deseo de realizar un sueño de adolescente? Los músicos debían de sorprenderse al descubrir este «Woogie Boogie». Todos cumplen su función sin problemas pero sin convicción, a excepción del excelente solo de saxo. Un «Woogie Boogie» sin mucho interés.

Belle Isle

Tradicional / arreglos de Bob Dylan / 2'30 minutos

Músicos: (Nueva York) Bob Dylan: guitarra; David Bromberg: guitarra **/ (Nashville)** Charlie Daniels: guitarra; Fred Carter Jr.: guitarra; Bob Moore: bajo; Kenneth Buttrey: batería; Orquesta: para el detalle de los músicos, *véase* «All The Tired Horses» (solo las cuerdas; no hay metales ni coros) **/ Grabación:** Columbia Recording Studios / estudio B, Nueva York: 3 de marzo de 1970; Columbia Recording Studios, Nashville (Tennessee): 12, 17 y 30 de marzo de 1970 **/ Productor:** Bob Johnston **/ Ingenieros de sonido:** (Nueva York) Don Puluse; (Nashville) Neil Wilburn

Génesis y realización

A semejanza de Alan Lomax en Estados Unidos, MacEdward Leach (1897-1965) recopiló innumerables canciones tradicionales en los viajes que emprendió en la costa atlántica de Canadá, y que encontramos en su obra *MacEdward Leach And The Songs Of Atlantic Canada.* «The Blooming Bright Star Of Belle Isle» es una de estas canciones. Hace referencia a Belle Isle que, situada al norte de Terre-Neuve, fue descubierta por el explorador francés Jacques Cartier. En realidad se trata de la adaptación canadiense de una vieja balada irlandesa, titulada «Loch Erin's Sweet Riverside». Narra la historia de un joven que, tras un largo viaje, vuelve a casa. Pone a prueba a su amada antes de revelarle quién es. La versión original de «Belle Isle», grabada en Nueva York y que aparece en *The Bootleg Series, Vol. 10: Another Self Portrait*, con solo Dylan y Bromberg, tiene una fuerza y un encanto que se echaron a perder con los *overdubs* de Nashville. El bajo y la batería no son indispensables, la segunda guitarra solista está desafinada (escúchese a partir de 1'30), y la orquesta sobrecarga el conjunto.

Living The Blues

Bob Dylan / 2'43 minutos

Músicos: Bob Dylan: voz, guitarra; Charlie Daniels: guitarra; Pete Drake: *pedal steel guitar*; Bob Wilson: piano; Charlie McCoy: bajo; Kenneth Buttrey: batería; June Page, Dolores Edgin, Carol Montgomery, Millie Kirkham, Dottie Dillard: coros **/ Grabación:** Columbia Recording Studios, Nashville (Tennessee): 24 de abril de 1969 **/ Productor:** Bob Johnston **/ Ingeniero de sonido:** Neil Wilburn

Génesis y realización

Para la letra de «Living The Blues» que, pesar del título, no es un blues, Dylan se inspiró vagamente en la canción «Singing The Blues», compuesta en 1954 por Melvin Endsley. En cambio, en el plano musical, saca su melodía de forma evidente (en los dos primeros versos de cada estrofa) de «Blue Monk» de Thelonious Monk, grabada en 1957. El cantautor canta que ha «vivido el blues todas las noches» sin su amada, pero cuesta creerlo teniendo en cuenta el tono más bien jocoso, casi burlón, que adopta. Dylan se divierte con su texto, que probablemente no es más que una excusa para cantar en el estilo del Rey. Después de todo, está grabando en su tierra... Se realizaron seis tomas, y la última fue la elegida para el álbum. En cuanto al estilo, Dylan tiende un puente entre el blues y el *Nashville sound*. La voz es la de un *crooner*. Las armonías vocales recuerdan a The Jordanaires (el grupo vocal de Elvis Presley). La mejor parte de la canción es la *pedal steel guitar* de Pete Drake y la guitarra de Charlie Daniels, que hace un solo en la más pura tradición del género. «Living The Blues» suena realmente muy Elvis.

SIN SINGLE
Tras The Johnny Cash Show, la dirección de Columbia quiso sacar «Living The Blues» en single. Luego cambió de opinión y se decantó por «Lay, Lady, Lay» (con «Peggy Day» como cara B).

Copper Kettle (The Pale Moonlight)

Alfred Frank Beddoe / 3'36 minutos

Músicos: (Nueva York) Bob Dylan: voz, guitarra; David Bromberg: guitarra, dobro; Al Kooper: órgano **/ (Nashville)** Charlie Daniels: guitarra (?); Charlie McCoy: vibráfono; Bob Moore: bajo; Orquesta: para el detalle de los músicos, véase «All The Tired Horses» (solo las cuerdas y los coros) **/ Grabación:** Columbia Recording Studios / estudio B, Nueva York: 3 de marzo de 1970; Columbia Recording Studios, Nashville (Tennessee): 13, 17 y 30 de marzo de 1970 **/ Productor:** Bob Johnston **/ Ingenieros de sonido:** (Nueva York) Don Puluse; (Nashville) Neil Wilburn

Génesis y realización

Existen muchas opiniones sobre los orígenes de esta canción. Alfred Frank Beddoe afirmó haberla compuesto en 1953 para una ópera folk titulada *Go Lightly, Stranger*. Para Pete Seeger, sería una canción folk que se remonta a la fiebre del oro de California (1849); para otros, sería una canción mexicana de principios del siglo xx, o incluso alemana. Una cosa es segura: «Copper Kettle» está relacionada con la historia de Estados Unidos, concretamente a la tasa sobre el whisky impuesta por el gobierno federal en 1791 y con la posterior Rebelión del whisky. Justamente, el precioso brebaje se elaboraba en un hervidor de cobre, así que se convirtió en el símbolo de la rebelión contra George Washington y sus recaudadores de impuestos. Sin embargo, se trata de una canción humorística, en la que el narrador dice que «[su] padre y [su] abuelo hacían whiskey / No han pagado las tasas desde 1792».

La interpretación de Dylan es extraordinaria; se nota que esta canción es una de sus favoritas, tal como él mismo reconoció. Su voz ha ganado en intensidad y en emoción. Lástima que desafine en algún momento. Una vez más, la versión original de Nueva York (*The Bootleg Series, Vol. 10, Another Self Portrait*) es muy superior a la de la que se mezcló en Nashville. Los coros, el vibráfono y las cuerdas no aportan nada. Es una lástima, porque Dylan puso toda su alma en el tema.

Gotta Travel On

Paul Clayton – Larry Ehrlich / David Lazar – Tom Six / Bob Dylan / 3'09 minutos

Músicos: (Nueva York) Bob Dylan: voz, guitarra; David Bromberg: dobro; Al Kooper: guitarra (?); Stu Woods: bajo; Alvin Rogers: batería; Hilda Harris, Albertine Robinson, Maeretha Stewart: coros **/ (Nashville)** Charlie McCoy: (?); Kenneth Buttrey: congas, pandereta **/ Grabación:** Columbia Recording Studios / estudio B, Nueva York: 5 de marzo de 1970; Columbia Recording Studios, Nashville (Tennessee): 13 de marzo de 1970 **/ Productor:** Bob Johnston **/ Ingenieros de sonido:** (Nueva York) Don Puluse, Doug Pomeroy; (Nashville) Neil Wilburn

Génesis y realización

«Gotta Travel On» fue uno de los mayores éxitos del cantante y guitarrista Billy Grammer. Llegó número 4 de las listas de pop y al número 5 de las listas de country en 1959, lo que le supuso convertirse en un artista habitual del popular Gran Ole Opry. La canción fue compuesta por Paul Clayton, cantante folk y amigo de Bob Dylan desde los años de Greenwich Village. La letra se modificó ligeramente. En la versión original, Johnny no quiere volver a casa porque lo condenaron a trabajos forzados antes de fugarse y de que lo buscara el sheriff y la policía. En la versión de Dylan, el joven protagonista tiene simplemente espíritu viajero... «Gotta Travel On» es un buen tema de rock country, que nos permite una vez más escuchar la magnífica parte vocal de Dylan, cuya textura anuncia ya la que tendrá en sus futuros álbumes. Además de una rítmica muy sólida, lo que más destaca en al canción son las espectaculares intervenciones de dobro de Bromberg. Bromberg fue discípulo del reverendo Gary Davis y futuro cómplice de Ringo Starr, George Harrison, Willie Nelson, Carly Simon o Jerry Garcia.

Blue Moon

Lorenz Hart – Richard Rodgers / Bob Dylan / 2'31 minutos

Músicos: Bob Dylan: voz, guitarra; Charlie Daniels: guitarra (?); Norman Blake: guitarra (?); Fred Carter Jr.: guitarra (?); Bob Wilson: piano; Doug Kershaw: violín; Charlie McCoy: contrabajo (?); Kenneth Buttrey: batería; Hilda Harris, Albertine Robinson, Maeretha Stewart: coros **/ Grabación:** Columbia Recording Studios, Nashville (Tennessee): 3 de mayo de 1969 **/ Productor:** Bob Johnston **/ Ingeniero de sonido:** Neil Wilburn

Génesis y realización

Richard Rodgers y Lorenz Hart escribieron juntos 28 comedias musicales y más de 500 canciones entre finales de la década de 1910 y la primera mitad de la década de 1940. «Blue Moon» es una de sus creaciones más célebres en todo el mundo. Compuesta originalmente para la comedia musical *Hollywood Party* (1934), con Jimmy Durante y el tándem Laurel y Hardy, pasó por varias transformaciones antes de que Connie Boswell la grabara en enero de 1935. Luego vinieron Billy Eckstine (1949), Mel Tormé (1949), Elvis Presley (1956) y The Marcels (1961). A la vez estándar de jazz y balada pop, «Blue Moon» se convirtió en una canción de Dylan en la sesión del 3 de mayo. ¿Una muestra más de su provocación? ¿Se estaba burlando de todos los que lo habían encumbrado? El álbum contiene más de una canción de este tipo. Parece que la canción no pasó por ningún *overdub*. A excepción de Dylan, los guitarristas no están identificados. Hay que destacar el magnífico solo de violín de Dough Kershaw y la interpretación de contrabajo, que a priori toca Charlie McCoy.

The Boxer

Paul Simon / 2'48 minutos

Músicos
(Nueva York)
Bob Dylan: voz, guitarra
David Bromberg: dobro
Stu Woods: bajo
(Nashville)
Fred Carter Jr.: guitarra (?)
Grabación
Columbia Recording Studios / estudio B, Nueva York: 3 de marzo de 1970; **Columbia Recording Studios, Nashville (Tennessee):** 12 de marzo y 2 de abril de 1970
Equipo técnico
Productor: Bob Johnston
Ingeniero de sonido (Nueva York): Don Puluse
Ingeniero de sonido (Nashville): Neil Wilburn

Simon & Garfunkel grabaron «The Boxer» para su último álbum, *Bridge Over Troubled Water*, en 1970.

Génesis y letra

La canción «The Boxer» apareció como single en abril de 1969 y escaló hasta el número 7 de las listas del *Billboard* (número 2 en los Países Bajos y número 6 en el Reino Unido). Se encuentra en el último álbum de estudio de Simon & Garfunkel, *Bridge Over Troubled Water* (1970). Compuesta por Paul Simon, el dúo la grabó primero en Nashville, y luego en la capilla de St Paul de Nueva York (por motivos de acústica) y en los estudios de Columbia. Las cuatro primeras estrofas están en primera persona: narran la historia de un joven que llega a Nueva York y que, a falta de trabajo y de amigos en quien confiar, se libra a los excesos con las prostitutas de la 7th Avenue. La última estrofa está en tercera persona: el personaje principal es un boxeador que, a pesar de los golpes que recibe, no quiere abandonar el combate. El estribillo, por su parte, está compuesto solo por tres sílabas: «*lie-la-lie*». Según el crítico británico de rock Chris Charlesworth, «The Boxer» es un ataque contra Bob Dylan, que había renegado del folk tras llegar a Nueva York. Cuesta trabajo suscribir esta teoría, y no entendemos por qué Dylan querría versionar una canción que se había escrito contra él.

Realización

«The Boxer» no es un título imprescindible en la discografía de Bob Dylan. La versión de Simon & Garfunkel es magnífica, mientras que la del cantautor tiene poco interés. Bob trata por primera vez de cantar en armonía con su propia voz, y el resultado no está a la altura de su talento. Las dos voces no están sincronizadas, la armonización deja bastante que desear... La canción no desprende ningún encanto. Un error en el camino. Sin embargo, los músicos hacen lo que pueden para sostener el conjunto, pero no es suficiente. El guitarrista que se encarga de la guitarra acústica solista grabada en Nashville está mal identificado; los informes de estudio indican a Fred Carter Jr., pero también podría ser Charlie Daniels o Charlie McCoy. Bob Dylan no incluyó «The Boxer» en sus repertorios de conciertos hasta el 2 de septiembre de 1999 en West Palm Beach (Florida), y la ha tocado solo nueve veces en directo.

Take Me As I Am (Or Let Me Go)

Boudleaux Bryant / 3'04 minutos

Músicos: Bob Dylan: voz, guitarra; Charlie Daniels: guitarra; Norman Blake: guitarra; Fred Carter Jr.: guitarra; Pete Drake: *pedal steel guitar*; Bob Wilson: piano; Charlie McCoy: bajo; Kenneth Buttrey: batería; Hilda Harris, Albertine Robinson, Maeretha Stewart: coros **/ Grabación:** Columbia Recording Studios, Nashville (Tennessee): 26 de abril de 1969 **/ Productor:** Bob Johnston **/ Ingeniero de sonido:** Neil Wilburn

Génesis y realización

Instalados en Nashville, Boudleaux y Felice Bryant fueron considerados, sin ninguna duda, uno de los tándems de cantautores más prolíficos de la música country de los años 1950-1960, y permitieron que Little Jimmy Dickens o The Everly Brothers, por ejemplo, conocieran las mieles del éxito. La historia de esta canción se resume con su título: «Tómame como soy o deja que me vaya». Pequeña perla del romanticismo *nashvilliano*, «Take Me As I Am (Or Let Me Go)» ha sido grabada por un número incalculable de artistas; desde el ya mencionado Little Jimmy Dickens hasta Carly Simon. La versión de Dylan no podría sonar más «Nashville», con la voz de *crooner* del cantautor y la omnipresente *pedal steel guitar* de Pete Drake. Los arreglos se parecen bastante a los de la versión de Dottie West, y están a años luz de las producciones del año 1969, con álbumes como el de los Beatles (*Abbey Road*), King Crimson (*In The Court Of The Crimson King*), The Who (*Tommy*), The Velvet Underground, Nick Drake (*Five Leaves Left*), Led Zeppelin (*I & II*), The Rolling Stones (*Let It Bleed*), etc.

Take A Message To Mary

Felice Bryant – Boudleaux Bryant / 2'47 minutos

Músicos: Bob Dylan: voz, guitarra; Charlie Daniels: guitarra; Norman Blake: guitarra; Fred Carter Jr.: guitarra; Pete Drake: *pedal steel guitar*; Bob Wilson: piano; Charlie McCoy: bajo; Kenneth Buttrey: batería; Hilda Harris, Albertine Robinson, Maeretha Stewart: coros **/ Grabación:** Columbia Recording Studios, Nashville (Tennessee): 3 de mayo de 1969 **/ Productor:** Bob Johnston **/ Ingeniero de sonido:** Neil Wilburn

Génesis y realización

Esta composición de Felice y Boudleaux Bryant ha dado lugar a numerosas versiones, como las de The Everly Brothers, que fue número 16 en las listas en 1959. Es la historia de un hombre del oeste que pierde a su amor tras atacar una diligencia. Le pide a alguien que lleve un mensaje a su amada, Mary, para decirle que tienen que aplazar su boda pero, sobre todo, que no le diga que está en la cárcel. La grabación de «Take A Message To Mary» tuvo lugar en Nashville el 3 de mayo de 1969, dos días después de la participación de Dylan en *The Johnny Cash Show*. De ahí la atmósfera country que reina en la sesión. El mayor logro del tema reside una vez más en la voz de *crooner* de Dylan, que interviene justo después de un coro; una voz acompañada por una orquestación bastante enérgica. El piano de Bob Wilson desempeña un papel esencial. Una vez más, la comparación con Elvis Presley es inevitable...

1970

It Hurts Me Too

Bob Dylan / 3'15 minutos

Músicos
Bob Dylan: voz, guitarra
David Bromberg: guitarra, contrabajo (?)
Al Kooper: guitarra (?), contrabajo (?)
Grabación
Columbia Recording Studios / estudio B,
Nueva York: 3 de marzo de 1970
Equipo técnico
Productor: Bob Johnston
Ingeniero de sonido: Don Puluse

El *bluesman* Tampa Red firmó una penetrante
versión de «It Hurts Me Too» para el sello Bluebird.

Génesis y letra

«It Hurts Me Too» tiene su origen en varios blues grabados a finales de la década de 1920 y a principios de los años 1930: «How Long, How Long Blues» (1928) y «You Got To Reap You Sow» (1929) del tándem Leroy Carr – Scrapper Blackwell, «Sitting On The Top Of The World» (1930) de los Mississippi Sheiks y, sobre todo, «Things 'Bout Comin' My Way» (1931) de Tampa Red. Este último, que había obtenido la confianza del productor de Chicago Lester Melrose, grabó durante los años 1930 y 1940 un gran número de blues orquestados por Bluebird (sello subsidiario de Victor). Entre estos temas se encontraba «It Hurts Me Too» (o «When Things Go Wrong With You»). Una grabación espléndida que más adelante pasó por muchas versiones, entre las cuales cabe destacar las de Big Bill Broonzy y Elmore James (acompañado por la orquesta de Tampa Red cuando estaba en Chicago). Sin embargo, Bob Dylan se apropió de los derechos de la canción, aunque encontramos el nombre de Tampa Red (alias Hudson Whittaker) o de Elmore James como autores de «It Hurts Me Too». Hay que decir que, a excepción del estribillo «*When things go wrong, so wrong with you / It hurts me too*», la letra es de Dylan y la música se aleja bastante de la de Red, ya que no hizo más que adaptar una progresión de blues, al igual que miles de músicos. Y como el propio origen de la canción proviene del dominio público…

Realización

Al escuchar «It Hurts Me Too» podemos lamentar que Dylan no se haya dedicado más al blues. Después de «Alberta», «It Hurts Me Too» nos recuerda que el cantautor está espléndido en este género. Una grabación sencilla, con solo dos guitarras (hay que destacar la magnífica interpretación solista de Bromberg) y un contrabajo, desprende una fuerza y una evidencia que deja en mal lugar a otros temas del disco. Pero, ¿quién toca el contrabajo? En los informes de estudio se cita a Al Kooper, pero, ¿realmente es él el intérprete? ¿Quizá Bromberg lo grabó por *overdub*? ¿O Charlie McCoy? Misterio.

Minstrel Boy

Bob Dylan / 3'32 minutos

Músicos
Bob Dylan: voz, guitarra
Robbie Robertson: guitarra
Richard Manuel: piano, voz
Garth Hudson: órgano
Rick Danko: bajo, voz
Levon Helm: batería, voz

Grabación
Grabada en directo en el concierto de la isla de Wight: 31 de agosto de 1969

Equipo técnico
Productor: Bob Johnston
Ingeniero de sonido: Glynn Johns

Bob Dylan junto a Doug Kershaw
durante las sesiones de *Self Portrait*.

Génesis y letra

Bob Dylan reinterpreta el título de la célebre canción patriótica irlandesa de Thomas Moore. Esta vez, el trovador no murió en la guerra. El cantautor se pregunta quién le echará una moneda para que pueda seguir su camino. Y se compara con el *mockingbird*, conocido por ser el mejor pájaro cantor de los bosques de América.

En realidad «Minstrel Boy» fue compuesta en las sesiones de *The Basement Tapes*, que se desarrollaron en 1967. Y los fans se preguntaban desde hacía más de cuarenta años si se había grabado en el sótano de Big Pink. Cuando se publicó *The Bootleg Series, Vol. 10: Another Self Portrait* en 2013, se descubrió el misterio: la respuesta era afirmativa.

Realización

Existen dos versiones de «Minstrel Boy». La versión de estudio, que data del famoso verano de 1967 en Woodstock, no se eligió en la primera versión de *The Basement Tapes* de 1975, sino que se encuentra en *The Bootleg Series, Vol. 10* que apareció en 2013, y en *The Bootleg Series, Vol. 11: The Basement Tapes Complete* (publicado en 2014). En *Self Portrait* aparece la versión en directo de Wight (31 de agosto de 1969).

La versión en directo de *Self Portrait*, en la que Dylan toca acompañado por The Band, no es muy representativa del talento del grupo. Las armonías vocales no funcionan del todo y el conjunto suena sibilante. Es una lástima, porque esta canción merecía un tratamiento mejor, y su presencia en el álbum no está justificada. La versión de *The Basement Tapes* es mucho mejor, más fresca y espontánea, pero refuerza el sentimiento de que Dylan ha abandonado a su «Minstrel Boy».

Wigwam

Bob Dylan / 3'10 minutos

Músicos
(Nueva York)
Bob Dylan: voz, guitarra
David Bromberg: guitarra
Al Kooper: piano
(Nashville)
Charlie McCoy: bajo (?)
Kenneth Buttrey: batería (?)
Orquesta: para el detalle de los músicos,
véase «All The Tired Horses» (solo los metales;
no hay cuerdas ni coros)

Grabación
Columbia Recording Studios / estudio B,
Nueva York: 4 de marzo de 1970; **Columbia Recording**
Studios, Nashville (Tennessee): 17 de marzo de 1970 (?)

Equipo técnico
Productor: Bob Johnston
Ingeniero de sonido (Nueva York): Don Puluse
Ingeniero de sonido (Nashville): Neil Wilburn

Un *wigwam* en Montana, 1892.

Génesis y letra

El *wigwam* es un habitáculo circular que construían algunas tribus amerindias, sobre todo en el noreste de América (Micmacs y Algonquinos). Bob Dylan utilizó este nombre, que remite a la historia de América, a la colonización europea y al declive de los nativos americanos, para escribir una de las canciones más singulares de *Self Portrait*. Singular, sobre todo, porque «Wigwam» no contiene ni una palabra; durante sus más de tres minutos de duración, Dylan se limita a cantar «*la, la, la*». La melodía es magnífica, y la orquestación es una de las más logradas del álbum doble. Una orquestación que recuerda a la música western y a los mariachis.

Realización

Grabada el 4 de marzo de 1970 en Nueva York, con «New Song» como título provisional, «Wigwam» está interpretada por Bob Dylan a la voz («*la, la, la*») y a la guitarra acústica, David Bromberg a la guitarra solista y Al Kooper al piano. Es posible que Stu Woods y Alvin Rogers añadieran un bajo (apenas audible) y una batería por *overdub* (también en Nueva York), pero la versión del 4 de marzo que se encuentra en *The Bootleg Series, Vol. 10: Another Self Portrait*, no tiene *overdubs*. Sin duda fueron Charlie McCoy y Kenneth (Kenny) Buttrey quienes trabajaron en Nashville. En cuanto a los metales, probablemente se grabaron el 17 de marzo a lo largo de la sesión en la que intervino la orquesta dirigida por Bill Walker. Lamentablemente, los informes de estudio son imprecisos.

«Wigwam» se eligió como cara A de un single (con «Copper Kettle [The Pale Moonlight]» en la cara B), y tendrá bastante éxito en todo el mundo, ya que la canción llegará al Top 10 de varios países europeos (Francia, Bélgica, Países Bajos, Dinamarca y Suiza), en Singapur, en Malasia y en Canadá. En cambio en el *Billboard* Top 100 solo llegará al número 41, y al 13 de las listas de Easy Listening.

Self Portrait outtakes

Estas ocho canciones, extraídas de *The Bootleg Series, Vol. 10: Another Self Portrait (1969–1971)* son temas magníficos que habrían podido tener su lugar en *Self Portrait*. La sobriedad de los arreglos contrasta con la sobreproducción de algunos temas del álbum oficial. Ocho versiones que demuestran el alcance del talento interpretativo de Bob Dylan.

PARA LOS ADICTOS A DYLAN

En 1981, el Labor Theater de Nueva York montó una comedia musical sobre Railroad Bill, obra de C. R. Portz.

VOL 10

Railroad Bill

Tradicional / arreglos de Bob Dylan / 2'48 minutos

Músicos: Bob Dylan: voz, guitarra, armónica; David Bromberg: guitarra; Al Kooper: piano / **Grabación:** Columbia Recording Studios / estudio B, Nueva York: 4 de marzo de 1970 / **Productor:** Bob Johnston / **Ingeniero de sonido:** Don Puluse / **Recopilatorio:** *The Bootleg Series, Vol. 10: Another Self Portrait (1969–1971)*, CD 1 / **Publicación:** 27 de agosto de 2013

El Railroad Bill de la canción se inspira en un personaje muy real, un afroamericano que hacía estragos en la vía férrea Louisville-Nashville a finales del siglo XIX, considerado como un Robin Hood del sur, víctima de las leyes Jim Crow para unos, y un criminal de la peor calaña para otros. Lo que sabemos es que las fuerzas del orden lo mataron el 7 de marzo de 1896. Cuando su cuerpo se expuso en público, muchos habitantes de Brewton (Alabama) afirmaron que se trataba de Bill McCoy.

Símbolo del imposible acuerdo entre las comunidades blanca y negra de Estados Unidos durante los años de la Reconstrucción (1836-1877), Railroad Bill ha inspirado a numerosos autores y compositores. Riley Puckett y Gid Tanner grabaron la primera canción que relataba las «hazañas» de este forajido en 1924. Existe otra versión, de Vera Ward Hall, grabada por Alan Lomax en 1939. Luego vendrán otras, como la de Joan Baez de 1963.

A Dylan debía gustarle mucho «Railroad Bill», puesto que ya la había grabado en mayo de 1961 en el apartamento de Bonnie Beecher, en Minneapolis. La recuperó para las sesiones de *Self Portrait*, y desempolvó su armónica –que solo utiliza en tres temas del disco– para la ocasión. Acompañado de forma brillante por Bromberg a la guitarra solista y por el entusiasmo de Kooper al piano, Dylan nos convence con este estándar de la guitarra *picking* que debería haber encontrado su lugar en el álbum.

VOL 10

Annie's Going To Sing Her Song

Bob Dylan / Tom Paxton / 2'22 minutos

Músicos: Bob Dylan: voz, guitarra; David Bromberg: guitarra; Al Kooper: piano / **Grabación:** Columbia Recording Studios / estudio B, Nueva York: 4 de marzo de 1970 / **Productor:** Bob Johnston / **Ingeniero de sonido:** Don Puluse / **Recopilatorio:** *The Bootleg Series, Vol. 10: Another Self Portrait (1969-1971)*, CD 1 / **Publicación:** 27 de agosto de 2013

El cantante folk Tom Paxton grabó «Annie's Going To Sing Her Song» para su álbum *Tom Paxton 6*, publicado en 1970 en el sello Elektra. Quizá se inspiró en «Mathilde», la canción de Jacques Brel, al escribirla. «*Bougnat, apporte-nous du vin/Celui des noces et des festins/Mathilde m'est revenue*» («Bougnat, tráiganos vino/El de las bodas y los festines/Matilde ha vuelto»): concretamente en esta frase, de hecho. Justo después de Tom Paxton, Bob Dylan firmó una adaptación to-

talmente acústica de «Annie's Going To Sing Her Song» para *Self Portrait*. Curiosamente, el ambiente recuerda al Dylan de Greenwich Village, en la época del Gerde's Folk City, del Gaslight Cafe o del Cafe Wha? Esta versión no es muy convincente; mientras que Bromberg y Kooper parecen incómodos con el tema, solo Dylan hace un papel digno. Una adaptación que se quedará en el cajón hasta que se publique *The Bootleg Series, Vol. 10*.

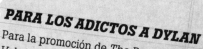

PARA LOS ADICTOS A DYLAN

Para la promoción de *The Bootleg Series, Vol. 10*, Jennifer Lebeau realizó un vídeo de «Pretty Saro» a partir de imágenes de archivo de la Farm Security Administration de la Biblioteca del Congreso: «Su voz es tan obsesiva...». Confió la directora a *Rolling Stone*.

VOL 10

Pretty Saro

Tradicional / arreglos de Bob Dylan / 2'16 minutos

Músicos: Bob Dylan: voz, guitarra; David Bromberg: guitarra / **Grabación:** Columbia Recording Studios / estudio B, Nueva York: 3 de marzo de 1970 / **Productor:** Bob Johnston / **Ingeniero de sonido:** Don Puluse / **Recopilatorio:** *The Bootleg Series, Vol. 10: Another Self Portrait (1969-1971)*, CD 1 / **Publicación:** 27 de agosto de 2013

«Pretty Saro», balada inglesa del siglo XVII que cruzó el Atlántico dos siglos más tarde, fue redescubierta en 1916 por el etnomusicólogo Cecil Sharp durante un viaje por Carolina del Norte. Existen muchas versiones, de las cuales hay que destacar las de Judy Collins, Pete Seeger y Doc Watson, pero la historia siempre es la misma: un enamorado rechazado por la bella Saro, porque no tiene tierras ni oro, y que recorre el mundo sin conseguir olvidarla. Bob Dylan añadió una dimensión literaria: «Si fuera poeta/[...]/Escribiría una carta a mi amor/Que ella comprendería», canta en la penúltima estrofa. El 3 de marzo de 1970 se grabaron seis tomas de «Pretty Saro», pero no se eligió ninguna para *Self Portrait*.

Es bastante sorprendente que hayamos tenido que esperar más de 40 años para escucharla, ya que la interpretación de Dylan, llena de matices y emoción, es de la mejores del álbum. Como podemos leer en el *Huffington Post*: «"Pretty Saro" acalla a las malas lenguas que dicen que la voz de Dylan se parece a la de un perro que se ha pillado una pata en una alambrada de espino. Aquí su voz es pura, suave y alta cuando pronuncia el nombre de Pretty Saro, y más baja cuando dice "Wherever I go"». Hay que destacar también el magnífico acompañamiento de David Bromberg. En resumen, una canción que habría elevado el nivel de *Self Portrait*.

Thirsty Boots

Eric Andersen / 4'08 minutos

Músicos: Bob Dylan: voz, guitarra, armónica; David Bromberg: guitarra; Al Kooper: piano / **Grabación:** Columbia Recording Studios / estudio B, Nueva York: 4 de marzo de 1970 / **Productor:** Bob Johnston / **Ingeniero de sonido:** Don Puluse / **Recopilatorio:** *The Bootleg Series, Vol. 10: Another Self Portrait (1969-1971)*, CD 1 / **Publicación:** 27 de agosto de 2013

Eric Andersen, que debutó en el Gerde's Folk City en 1964, tardó pocos meses en erigirse en una de las figuras clave del movimiento folk en Greenwich Village. En 1966 grabó para el sello Vanguard su segundo álbum, *'Bout Changes And Things*, en el que encontramos «Thirsty Boots». La canción estaba dedicada a uno de sus amigos, profundamente implicado en la lucha por los derechos civiles. Además, era un homenaje a todos aquellos que protestaban contra la segregación racial de los estados del Sur. Tras la muerte del cantante folk Phil Ochs (1976), Andersen le dedicó esta canción.

A semejanza de muchos otros artistas, como Judy Collins, John Denver o Anne Murray, Bob Dylan incluyó «Thirsty Boots» en su repertorio, demostrando así que la llama de la canción folk seguía viva en su interior. En efecto, Dylan recupera el acento de sus primeros discos con esta versión del 4 de marzo de 1970, grabada en cuatro tomas. Su interpretación es excelente, incluido el solo de armónica. No hay duda de que «Thirsty Boots» se excluyó de *Self Portrait* porque se alejaba demasiado de la nueva dirección musical que quería emprender.

These Hands

Eddie Noack / 3'43 minutos

Músicos: Bob Dylan: voz, guitarra; David Bromberg: guitarra / **Grabación:** Columbia Recording Studios / estudio B, Nueva York: 3 de marzo de 1970 / **Productor:** Bob Johnston / **Ingeniero de sonido:** Don Puluse / **Recopilatorio:** *The Bootleg Series, Vol. 10: Another Self Portrait (1969-1971)*, CD 1 / **Publicación:** 27 de agosto de 2013

Cantante y compositor de country & western, Eddie Noack explica cómo creó una de las canciones más famosas de su repertorio: «Escribí "These Hands" en 1955, cuando estaba en el ejército, destacado en El Paso, Texas. Una noche estaba montando guardia y, desde mi puesto, contemplé las inmensas tierras del oeste de Texas y de Nuevo México, y de repente una canción de la segunda guerra mundial, "This Worth Fighting For", empezó a sonar incansablemente en mi cabeza. Mientras miraba las tierras áridas que me rodeaban, me pregunté si realmente "valía la pena luchar por esto". En

la canción hay una frase que dice: "¿He construido esta cabaña, he plantado este maíz?", y la idea de que esas cosas, y otras, estaban hechas por la mano del hombre me condujo a esta canción».[36]

La primera grabación de la canción de Eddie Noack es de Hank Snow, en 1956. Pero fue Johnny Cash, en 1962, quien le confirió toda su dimensión mística. Ocho años más tarde, el 3 de marzo de 1970, Bob Dylan la grabó en una sola toma, fiel al ambiente casi solemne del «man in black», con un respeto sincero por aquellos que trabajan con sus manos.

Tattle O'Day

Tradicional / arreglos de Bob Dylan / 3'49 minutos

Músicos: Bob Dylan: voz, guitarra; David Bromberg: guitarra; Al Kooper: piano / **Grabación:** Columbia Recording Studios / estudio B, Nueva York: 4 de marzo de 1970 / **Productor:** Bob Johnston / **Ingeniero de sonido:** Don Puluse / **Recopilatorio:** *The Bootleg Series, Vol. 10: Another Self Portrait (1969-1971)*, CD 2 / **Publicación:** 27 de agosto de 2013

«Tattle O'Day» es una nana británica que evoca *Los viajes de Gulliver* de Jonathan Swift o *Alicia en el país de las maravillas* de Lewis Carroll. El narrador ha comprado un perro con piernas de 13 metros de largo, y esto le permite dar la vuelta al mundo en medio día, y también ha comprado un toro, cuyo rugido derrumba los muros de Londres. Esta nana de tintes psicodélicos encaja con el inicio de la década de 1970. Es el último tema inédito de *The Bootleg Series, Vol. 10*. El clima y el tema no dejan de recordar *The Basement Tapes* de 1967; Dylan incluso recupera la entonación de esa época. Acompañado discretamente por Bromberg y Kooper, el cantautor la grabó en una toma el 4 de marzo de 1970.

PARA LOS ADICTOS A DYLAN

Dylan hace referencia a la versión de Bob Gibson al inicio de la canción: «Remember Bob Gibson?», pregunta.

This Evening So Soon

Tradicional / arreglos de Bob Dylan / 4'49 minutos

Músicos: Bob Dylan: voz, guitarra, armónica; David Bromberg: guitarra; Al Kooper: piano / **Grabación:** Columbia Recording Studios / estudio B, Nueva York: 4 de marzo de 1970 / **Productor:** Bob Johnston / **Ingeniero de sonido:** Don Puluse / **Recopilatorio:** *The Bootleg Series, Vol. 10: Another Self Portrait (1969-1971)*, CD 1 / **Publicación:** 27 de agosto de 2013

«This Evening So Soon» es una canción tradicional. La versión de Bob Dylan saca el título de una novela de James Baldwin escrita en 1965. La historia: un músico de jazz (y actor) afroamericano ha rehecho su vida en París, donde se ha casado con una sueca, hasta el día en que acepta un papel en Hollywood; entonces se da cuenta de la diferencia que existe para los negros en Europa y Estados Unidos. La canción ha sido grabada por un gran número de artistas con arreglos distintos. Bob Gibson hizo una versión en 1958 con el título «Tell Old Bill». Luego vino Dave Van Ronk en 1961, y después Merle Haggard...

Bob Dylan la grabó en una sola toma el 4 de marzo. El alcance y el timbre de su voz, así como la intensidad que aplica, son sorprendentes. Dylan vuelve a demostrar que es un magnífico cantante. La canción se habría beneficiado de un poco más de trabajo, y esta única toma, imperfecta (escúchese a partir de 2'58), parece más un ensayo que una grabación definitiva. Es una verdadera lástima, porque habría merecido un lugar en *Self Portrait*.

New Morning

If Not For You
Day Of The Locusts
Time Passes Slowly
Went To See The Gypsy
Winterlude
If Dogs Run Free
New Morning
Sign On The Window
One More Weekend
The Man In Me
Three Angels
Father Of Night

ÁLBUM
FECHA DE PUBLICACIÓN
21 de octubre de 1970
Columbia Records
(REFERENCIA COLUMBIA KC30290)

New Morning,
Dylan ha vuelto

En sus *Crónicas*, publicadas en 2004, Bob Dylan recuerda cuál fue la chispa que encendió la idea para crear *New Morning*: «Lo que sabía seguro es que en la carátula interior habría una foto mía con Victoria Spivey, tomada unos años antes en un pequeño estudio de grabación. Sabía que pondríamos esa fotografía mucho antes de grabar la primera canción. Quizá solo estaba haciendo ese disco por la carátula interior, porque había que poner algo dentro. Es posible».[1]

Pero, ¿por qué esa imagen con Victoria Spivey, cantante de blues para quien tocó la armónica el 2 de marzo de 1962 en los Cue Studios de Nueva York para dos discos, publicados en 1964 y 1970? ¿Por la nostalgia de aquella época? ¿Para recuperar un ambiente determinado? ¿Para rendirle un homenaje cariñoso?

Es difícil saberlo, ya que *New Morning* no es un disco especialmente dedicado al blues. Quizá simplemente quería reafirmar sus raíces. Hay que decir que su obra anterior, *Self Portrait*, aparecida el 8 de junio de 1970, había suscitado una polémica al menos tan viva como la que provocó las representaciones de *Hernani* en París medio siglo antes. ¿Quizá Dylan se molestó y volvió al estudio como reacción contra las críticas y el público que lo habían crucificado? Podríamos pensar que fue así. Pero, en realidad, la grabación de *New Morning* empezó más de un mes antes de que se publicara *Self Portrait*. ¿Tal vez el cantautor estaba buscando referencias?

El álbum

La «nueva mañana» de Bob Dylan, que se lanzó el 21 de octubre de 1970, marca el final de una historia; de una triple historia, en realidad. Es el último disco de composiciones originales producido por Bob Johnston (que aparece en los créditos de la sesión de julio de 1970, aunque ya no estaba). También supone el final de la asociación entre el cantautor y su mánager Albert Grossman, que se hizo oficial el 17 de julio de 1970, tras una colaboración de ocho años (desde agosto de 1962). Durante los años siguientes se enfrentarán en los tribunales con acritud y rencor. Albert Grossman murió el 25 de enero de 1986, sin que ambos hombres se hubieran reconciliado. Finalmente, es el primer disco en más de cuatro años que se graba íntegramente en Nueva York, a excepción de una sesión de *overdubs* realizada en Nashville, el 23 de julio de 1970.

Esta nueva obra es el fruto de una complicidad y un reencuentro: complicidad con el exBeatle George Harrison, y reencuentro con el autor dramático Archibald MacLeish. El 1 de mayo de 1970, Dylan y Harrison grabaron unas veinte canciones, de las cuales solo cuatro se volverán a trabajar en las sesiones de *New Morning*. En cuanto a MacLeish, Dylan compuso tres de *New Morning* para su obra de teatro *Scratch*, adaptada de la novela *The Devil And Daniel Webster*, de Stephen Vincent Benét: «New Morning», «Father Of Night» y «Time Passes Slowly». La colaboración se interrumpirá bruscamente, pero Dylan decidió grabar las tres canciones para su nuevo álbum.

Aunque salió de las mismas sesiones de 1962 en las que Dylan participó, el álbum de blues *Kings And The Queen*, continuación de *Three Kings And The Queen*, no se publicará hasta 1970.

PARA LOS ADICTOS A DYLAN

Cuando Dylan tocó la armónica, el 2 de marzo de 1962, en el álbum *Three Kings And The Queen* con Victoria Spivey, interpretó un título cantado por Big Joe Williams, «Sittin' On Top Of The World». Bob retomará la canción en 1992 para el álbum *Good As I Been To You*.

LOS OUTTAKES

Sesión del 1 de mayo con George Harrison:

Working On A Guru
Song To Woody
Mama, You Been On My Mind
Don't Think Twice, It's All Right
Yesterday
Just Like Tom Thumb's Blues
Da Doo Ron Ron
One Too Many Mornings
Ghost Riders In The Sky
Cupid
All You Have To Do Is Dream
Gates Of Eden
I Threw It All Away
I Don't Believe You
(She Acts Like We Never Have Met)
Matchbox
Your True Love
Las Vegas Blues
Fishing Blues
Honey, Just Allow Me One More Chance
Rainy Day Women #12 & 35
It Ain't Me, Babe
Otras sesiones:
Alligator Man
Ballad Of Ira Hayes
Lonesome Me
Mary Ann
Sarah Jane
Spanish Is The Loving Tongue
Mr. Bojangles
Kingston Town
Can't Help Falling In Love
Long Black Veil
Lily Of The West
One More Weekend
Bring Me A Little Water
Tomorrow Is A Long Time
Big Yellow Taxi
I Forgot To Remember To Forget
Blowin' In The Wind

1970

Un himno al amor, a la tierra, al espíritu

New Morning es de todo menos un álbum oscuro y desesperado. Es una obra que exalta el «regreso a la tierra» y al mismo tiempo celebra el amor y los beneficios de la vida en familia, y afirma la superioridad del misticismo sobre el materialismo («Day Of The Locusts»). De hecho, muchas de las canciones de *New Morning* son simples descripciones de los placeres que ofrece la vida rural. Pescar en el río, contemplar las estrellas, escuchar el canto del gallo... En definitiva, las cosas que hacen que valga la pena estar «simplemente vivo». Esta felicidad también pasa por una comunión de todos los instantes con el ser amado. «If Not For You», que abre el álbum, es de una transparencia total en este aspecto, al igual que «Winterlude»: «Te adoro, ven aquí y dame más». O «One More Weekend»: «Querida, ¿por qué no nos vamos solos / Solo tú y yo?». En definitiva, *New Morning* es un himno a la tierra, al amor de Sara... Sin embargo, no podemos evitar preguntarnos si Dylan no estará volviendo a divertirse despistándonos con la idealización de la vida pastoral y la descripción de un mundo que en realidad solo existe en su imaginación. Quizá la respuesta se encuentra en la visita, real o soñada, del cantautor a Elvis Presley en «Went To See The Gypsy» o en la última estrofa de «The Man In Me»: «El hombre que hay en mí se esconderá para que no lo vean / Pero es solo porque no se quiere convertir en una máquina».
Aunque al escuchar *New Morning* emerge un nuevo Dylan, este onceavo álbum marca un cambio drástico respecto a *Self Portrait*, pero no se aleja tanto de las obras mayores de la década de 1960, tanto por la música como por los textos.
En el plano literario, mientras que «Day Of The Locusts» remite directamente al surrealismo de *Blonde On Blonde*, y quizá a alguna experiencia alucinógena, «If Dogs Run Free» es una ilustración más de la influencia beat sobre el cantautor. Sin

George Harrison y Bob Dylan, una complicidad musical y amistosa.

contar las numerosas referencias a los textos sagrados, como las dos últimas canciones del disco. Musicalmente, es un disco de folk rock. Las guitarras acústicas son omnipresentes, pero el disco está igualmente marcado por hermosas intervenciones de piano interpretadas por el propio Dylan, y por un interés por el góspel, como demuestran el uso de un órgano y la presencia de tres coristas («Three Angels», sobre todo).

La carátula

Len Siegler, el fotógrafo de Columbia, fue quien tomó la foto de la portada: un retrato sepia de un Dylan con barba, imagen del *gentleman-farmer* sereno y determinado. En la contraportada, el cantautor aparece junto a la «Queen of the blues», la ya mencionada Victoria Spivey. Podemos destacar que, al igual que en *Self Portrait*, en la portada no aparece el nombre de Dylan ni el título del álbum.

En cuanto al título, Bob Dylan escribió en sus *Crónicas*: «Johnston me había preguntado, anteriormente: "¿Cómo vas a llamar a este disco? ¡Los títulos! A todo el mundo le gustan los títulos. Un título significa un montón de cosas"».[1] Al principio Dylan pensó en *Down And Out On The Scene* «Abatido en el escenario». Pero luego cambió de opinión: «Acababa de escuchar la canción "New Morning" en la consola; me gustaba bastante como había salido, y *New Morning* podía ser un buen título, así que le dije: "Tío, lees mi pensamiento. Vas a confundirlos, con esto. Si quieren entender qué quiere decir, tendrán que comprarse una de esas cosas que se escuchan mientras se duerme para hacerse más inteligente"».[1]

La grabación

Aunque algunos títulos de *New Morning* se trabajaron en la primera sesión del 1 de mayo con la ilustre participación de

La Martin 000-18, la guitarra
acústica favorita de Bob Dylan.

George Harrison, fue un mes más tarde, los días 1 y 2 de junio, en el estudio E de Columbia, cuando empezó la grabación del nuevo álbum. Las grabaciones se escalonarán del 1 de mayo al 12 de agosto de 1970 en nueve sesiones a lo largo de las cuales se grabaron cincuenta temas (incluidos los que grabó con George Harrison). Bob Dylan se acompaña de Al Kooper (órgano), Charlie Daniels (bajo), Russ Kunkel (batería), y tres coristas, Hilda Harris, Albertine Robinson y Maeretha Stewart. Al Kooper convocó a otros músicos, que lamentablemente están mal identificados en las sesiones en las que participaron: Buzzy Feiten a la guitarra, David Bromberg –que ya estaba en *Self Portrait*– también como guitarrista, Harvey Brooks, su amigo bajista que había participado en *Highway 61 Revisited*, y Billy Mundi, excelente baterista que tendrá una larga trayectoria en el grupo The Mothers Of Invention de Frank Zappa. *New Morning* sufrirá un problema de producción. Bob Johnston, el productor titular, abandonó paulatinamente su labor. Al Kooper recuerda: «Tras dos o tres sesiones, Johnston dejó de ir al estudio. Simplemente».[42] ¿Cuál fue el motivo? ¿Las desastrosas críticas de *Self Portrait*? ¿Un desacuerdo entre él y Dylan? «Producía porque sentía que ayudaba al artista»,[94] dirá Johnston. ¿Se sentía inútil? En sus *Crónicas*, Dylan dice de Johnston que siempre consideraba que todo era fantástico. Pero el cantautor no era un crédulo, y consideraba que sus canciones no llevaban a ninguna parte. Sea cual sea el motivo, Bob Johnston desapareció del universo de Dylan. Frente a esta situación, el cantautor dejó que Al Kooper tomara el relevo de manera informal. Este último se encargó de reclutar a otros músicos, de volver a hacer los arreglos de ciertas canciones y de organizar las sesiones. Incluso consiguió grabar una orquesta de cuerdas y de metales en dos títulos. Pero Dylan, muy indeciso, no quiere la orquesta. Todos los días repasaba la lista de canciones, los arreglos, dudando constantemente del resultado y haciendo perder la paciencia a Al Kooper que, exasperado, acabo por marcharse. Un tiempo después, el jefe lo llamó: «¿Qué crédito quieres en el álbum? No puedes ser el productor porque hay un impedimento contractual entre Johnston y la CBS».[42] Respuesta de Kooper: «¿Qué te parece si me pones en "Special Thanks"? –Me parece bien»,[42] admite Dylan.

Lamentablemente, tres días después el cantautor le anuncia que un error ha impedido que su nombre aparezca en los

Al Kooper es el sucesor de Bob Johnston como productor de *New Morning*.

créditos. Para corregirlo, habría que posponer el lanzamiento del disco… Resultado: ningún agradecimiento en el estuche. Furioso, Al Kooper nunca más se implicará en tareas de producción con Dylan, aunque no rompió los lazos: «Toqué en muchos otros discos… y actualmente aún somos amigos», confesó. La mención «Special Thanks» sí figura en las nuevas versiones de *New Morning*. Publicado el 21 de octubre de 1970, *New Morning* tendrá una acogida mucho mejor que el disco anterior. «Dylan ha vuelto», escribe Ralph Gleason en las columnas de *Rolling Stone*. El público está de acuerdo. Aprecia las nuevas canciones de Dylan, y quizá aún más por el regreso de la voz nasal de Dylan; la de las obras maestras de los años 1960, abandonando así el tono de *crooner* de *Self Portrait*. El álbum llegará al número seis de las listas de Estados Unidos, antes de recibir la certificación de disco de oro. En el Reino Unido llegó al número 1.

Datos técnicos

Bob Dylan reanudó el trabajo en los estudios neoyorkinos después de grabar sus cuatro últimos álbumes en Nashville (excepto *The Basement Tapes*). Pero esta vez no vuelve al estudio A de Columbia que había sido testimonio de sus inicios, sino que graba en los estudios B y E situados en el 49 East 52nd Street de Nueva York, en las plantas 2 y 6 del edificio, respectivamente. El material estaba compuesto por magnetófonos Ampex MM100 2 pulgadas 16 pistas, así como de las míticas consolas de mezclas fabricadas por la casa.

Los instrumentos

Dylan parece seguir fiel a su Martin 0-18, según las fotografías de estudio. Pero también toca la guitarra eléctrica en «One More Weekend», sin duda una Fender Telecaster. En cuanto a la armónica, solo aparece en «If Not For You», en tonalidad de mi.

If Not For You

Bob Dylan / 2'42 minutos

Músicos

Bob Dylan: voz, guitarra, armónica
David Bromberg: guitarra (?)
Ron Cornelius: guitarra
Buzzy Feiten: guitarra
Al Kooper: órgano
(?): glockenspiel
Charlie Daniels: bajo (?), guitarra (?)
Charlie McCoy: bajo (?)
Harvey Brooks: bajo (?)
Russ Kunkel: batería (?), percusiones (?)
Billy Mundi: batería (?), percusiones (?)

Grabación

Columbia Recording Studios / estudio E, Nueva York:
2 de junio y 12 de agosto de 1970
Columbia Recording Studios / Nashville (Tennessee):
23 de julio (?)

Equipo técnico

Productor: Bob Johnston
Ingenieros de sonido (Nueva York): Don Puluse, Ted Brosnan
Ingeniero de sonido (Nashville): Neil Wilburn (?)

1970

Olivia Newton-John llegará al número 1 con «If Not For You».

Génesis y letra

En las notas que acompañan al recopilatorio *Biograph*, Bob Dylan explica que escribió «If Not For You» «pensando en su mujer». «Me pareció bastante simple, una especie de canción tex-mex», explica. «Todavía no había explorado todas las posibilidades instrumentales en el estudio. Añadí varios instrumentos, modifiqué el ritmo y finalmente se convirtió en una canción más folk».[12] ¿Cuándo la escribió? Parece que antes o durante las sesiones de *Self Portrait*, quizá antes de la visita de George Harrison en Woodstock, en noviembre de 1968.

«If Not For You» es, así, una canción de amor dedicada a Sara, sin la que el cantautor reconoce que no sabría «encontrar la puerta» y estaría «triste y deprimido». Las palabras son sencillas, al igual que la melodía, que es bastante pegadiza. Existe una voluntad manifiesta de retomar el camino inaugurado con *John Wesley Harding*, es decir: disfrutar de la paz familiar y los placeres de la naturaleza. Dylan, ¿Cincinnatus de la música popular americana?

Realización

A Bob Dylan debía gustarle «If Not For You», ya que será la canción que abrirá *New Morning*. No le dedicará menos de cuatro sesiones de estudio; la primera será el 1 de mayo de 1970, realizada en compañía de George Harrison. Esta versión está marcada con el sello del exBeatle, cuya guitarra es reconocible por cualquiera. Él mismo la retomó en su álbum triple *All Things Must Pass* (noviembre de 1970), cosa que no sorprende, ya que «If Not For You» es una de las canciones de Dylan que tiene una connotación Beatles más fuerte.

El auténtico trabajo de estudio empieza un mes después, el 2 de junio, en el estudio E de Columbia. Durante ese día se grabaron dos versiones. Una de ellas se encuentra en *Another Self Portrait*, y nos permite descubrir a Dylan cantando y tocando el piano, acompañado simplemente por un violinista (no identificado). El resultado es tan seductor como sorprendente, pero esto no fue suficiente para que entrara en el álbum. La segunda versión es probablemente la que sirvió de base para los futuros *overdubs*, con Charlie Daniels al bajo, David Bromberg a la guitarra acústica, Ron Cornelius a la eléctrica, Al Kooper al órgano y Russ Kunkel a la batería. El 23 de julio tuvo lugar la primera sesión de *overdubs*, esta vez

Harrison y Dylan crearon dos magníficas versiones de «If Not For You» ; el exBeatle incluyó la suya en *All Things Must Pass*.

en Nashville, con Charlie McCoy al bajo, Norman Keith Picher al violín, Lloyd Green a la *pedal steel guitar* y Charlie Daniels a la guitarra. Pero Dylan no quedó satisfecho con lo que escuchó y volvió a trabajar la canción un mes más tarde, el 12 de agosto, en Nueva York, en compañía de músicos no identificados, a excepción del guitarrista Buzzy Feiten. De las cinco tomas realizadas, la buena fue la quinta.

Es difícil identificar quién toca cada instrumento, pero «If Not For You» es un tema excelente y posee una de las mejores rítmicas de toda la obra de Dylan. La batería es simplemente perfecta (grabada por primera vez en estéreo), y en la introducción está replicada por una percusión que podrían ser maracas, y se acompaña de un muy buen bajo. El sonido del conjunto es intachable, cosa que no siempre sucede en los discos de Dylan. La intervención de la guitarra eléctrica es destacable; la interpretación es fluida, se parece a una *pedal steel guitar* gracias a un *efecto* de *phasing* añadido al sonido. Y por primera vez aparece un *glockenspiel*, lo que para algunos es un sacrilegio. Finalmente encontramos la voz de Dylan, que esta vez tiene una pátina muy agradable. Lo único que quizá se puede lamentar es una toma de su falta de agudos.

«If Not For You» salió en single (con «New Morning» como cara B); la canción solo entró en las listas de éxitos de los Países Bajos, y solo llegó al número 30. Bob Dylan ensayó junto a George Harrison una versión antológica para el concierto por Bangladesh en el Madison Square Garden de Nueva York en agosto de 1971. Pero no la interpretó sobre un escenario hasta el 14 de abril de 1992 en Sídney, con una magnífica introducción de armónica.

Bob Dylan con Coretta Scott King,
la viuda de Martin Luther King,
en Princeton, el 9 de junio de 1970.

Day Of
The Locusts

Bob Dylan / 3'59 minutos

Músicos
Bob Dylan: voz, piano
Ron Cornelius: guitarra
Buzzy Feiten: guitarra
David Bromberg: guitarra (?)
Harvey Brooks: bajo (?)
Charlie Daniels: bajo (?)
Al Kooper: órgano
Russ Kunkel: batería (?)
Billy Mundi: batería (?)

Grabación
Columbia Recording Studios / estudio E,
Nueva York: 12 de agosto de 1970

Equipo técnico
Productor: Bob Johnston
Ingeniero de sonido: Don Puluse

PARA LOS ADICTOS A DYLAN

Un poco de ciencias naturales: Dylan habla de langostas en su canción, pero el 9 de junio de 1970, en Princeton, lo que oía como ruido de fondo no eran langostas, sino el potente canto de una especie de cigarra conocida por salir de la tierra tras una larga gestación de diecisiete años. ¡Es comprensible que se suelten cuando llegan al aire libre!

Génesis y letra

La canción «Day Of The Locusts» («El día de las langostas»), que saca el título de la novela de Nathanael West publicada en 1939, despiadada sátira sobre las relaciones humanas, las falsas apariencias y los sueños rotos de Hollywood, es una ocasión para que Dylan evoque el «día increíble» que pasó en la universidad de Princeton el 9 de junio de 1970, para recibir su título de doctor *honoris causa*. Bob Dylan, empujado a aceptar el título honorífico por su mujer Sara, y probablemente también por su amigo David Crosby (de Crosby, Stills, Nash & Young), dudó durante mucho tiempo debido a la imagen conservadora de la institución, pero finalmente fue a Nueva Jersey: «Unos funcionarios me llevaron rápidamente a una sala abarrotada donde me puse la toga, y pronto estaba delante de una multitud de personas bien vestidas bajo el sol»,[1] explica en sus *Crónicas*. Las cosas se estropean cuando el orador presenta al cantautor como «la expresión auténtica de la conciencia perturbada e inquieta de la joven América». Dylan: «Me hizo el efecto de una convulsión. Tenía escalofríos, temblaba, pero permanecí impasible [...]. No podía creerlo. Me habían vuelto a engañar».[1] Y sigue: «Seguí la ceremonia en medio de un largo murmullo, y finalmente me entregaron el diploma. Nos metimos en el gran Buick, y adiós. Fue un día increíble».[1] Las langostas que cantan a lo lejos evocan el Libro de Isaías del Antiguo Testamento. En cuanto a los Black Hills, donde el narrador quiere llevar a su amada, lugar sagrado de los Lakotas (pueblo sioux) de Dakota, podemos interpretar una evocación de la superioridad del misticismo por encima del materialismo, una de las ideas clave de este álbum.

Realización

Solo se dedicaron siete tomas y una sola sesión a «Day Of The Locusts»: el 12 de agosto, último día de grabación dedicado a *New Morning*. La última toma será la que se incluirá en el álbum. Bob toca el piano y hace una magnífica interpretación vocal. Sus progresos en este instrumento son indiscutibles. Los otros músicos no están identificados, salvo Buzzy Feiten, a la guitarra, y parece probable que Billy Mundi toque la batería. Hay que señalar que son auténticas langostas lo que se escucha en la introducción y en varios momentos de la canción. Bob Dylan no la ha interpretado nunca en directo.

Time Passes Slowly

Bob Dylan / 2'36 minutos

Músicos
Bob Dylan: voz, piano
Buzzy Feiten: guitarra
Russ Kunkel: batería (?)
Billy Mundi: batería (?)
Grabación
Columbia Recording Studios / estudio E,
Nueva York: 12 de agosto de 1970
Equipo técnico
Productor: Bob Johnston
Ingeniero de sonido Nueva York: Don Puluse

Génesis y letra

De vuelta a Woodstock tras el entierro de su padre (fallecido el 29 de mayo de 1968), Bob Dylan recibe un encargo de Archibald MacLeish, que quiere que escriba canciones para una obra que está montando, *Scratch*.[12] Se trata de una adaptación de

T. S. Eliot y Archibald MacLeish (a la derecha), para quien Dylan compuso tres canciones, incluida «Time Passes Slowly».

PARA LOS ADICTOS A DYLAN

Bob Dylan no dio continuidad a su colaboración con Archibald MacLeish, cosa que no le impidió tener al autor dramático, que recibió tres premios Pulitzer, en muy alta estima: «Ese hombre sabía más sobre la humanidad y sus locuras que la mayoría de las personas al final de sus vidas»,[1] escribió en sus *Crónicas*.

la novela de Stephen Vincent Benét *The Devil And Daniel Webster*, que es a su vez una reinterpretación de *Fausto*. Así, Bob Dylan compone «Time Passes Slowly», «New Morning» y «Father Of Night». En sus *Crónicas* habla de su encuentro con Archibald MacLeish: «Su obra está colocada sobre un escritorio. Quiere que mis canciones comenten la acción, lee varios monólogos y me propone títulos [...]. Lo escuché atentamente y comprendí de forma intuitiva que no era un trabajo para mí. Bastaron unas cuantas frases. No veía donde podían unirse nuestros destinos».[1] Dylan, que no se siente en sintonía, se retira del proyecto, tal como explicará en el libreto de *Biograph*: «supongo que simplemente era un malentendido».[12]

A falta de servir como ilustraciones musicales para la obra de MacLeish, las tres canciones mencionadas se van a grabar para *New Morning*. «Time Passes Slowly» es una magnífica evocación de los placeres sencillos de la naturaleza. «El tiempo pasa despacio aquí en las montañas / Nos sentamos cerca de los puentes y caminamos cerca de las fuentes», canta Dylan en la primera estrofa. El mensaje es claro: no hay ninguna razón para ir a otro sitio o, dicho de otra manera, ya no hay motivo para dejarse seducir por las luces cegadoras y artificiales de la ciudad.

Realización

«Lost In A Dream», título de trabajo de «Time Passes Slowly», nos permite apreciar la excelente interpretación de piano de Bob Dylan, que parece haber trabajado mucho desde su accidente de moto de 1966. Su voz, poco reverberada, también es muy convincente. Aunque ya había grabado el tema durante las sesiones de *Self Portrait* (las del 4 y el 5 de marzo de 1970) y luego hizo catorce tomas el 2 de junio, la versión que aparece en *New Morning* es del 12 de agosto, y sin duda se reelaboró completamente (de ocho tomas, la tercera será la buena). Aparte de Dylan solo hay una batería tocada con escobillas en la sección rítmica, y curiosamente no se acompaña de un bajo. También escuchamos una guitarra solista eléctrica (¿Buzzy Feiten?), reforzada en el estribillo (hacia 1'30) por otra guitarra solista, que probablemente añadió en los *overdubs* el mismo guitarrista. Finalmente, existe otra versión en *Another Self Portrait*, grabada en cuatro tomas con George Harrison el 1 de mayo, donde escuchamos a los dos amigos entonar un «*la la la*» muy al estilo Beatles...

Went To See The Gypsy

Bob Dylan / 2'52 minutos

Músicos
Bob Dylan: voz, piano
Ron Cornelius: guitarra
Al Kooper: órgano
Charlie Daniels: bajo
Russ Kunkel: batería
Grabación
Columbia Recording Studios / estudio E,
Nueva York: 5 de junio de 1970
Equipo técnico
Productor: Bob Johnston
Ingenieros de sonido: Don Puluse, Ted Brosnan

¿Elvis Presley podría ser el bohemio
de «Went To See The Gypsy»?

Génesis y letra

Está ampliamente aceptado que «Went To See The Gypsy» es una canción sobre Elvis Presley, una de las mayores influencias del joven Dylan. Como dice la canción, el rey del rock'n'roll «puede hacerte ir a por todas», «hacer que tu miedo desaparezca» y, sobre todo, «hacerte ir al otro lado del espejo». Según Clinton Heylin, Bob Dylan y Sara fueron a Las Vegas durante el invierno de 1970 para visitar a un tío del cantautor, y habrían aprovechado la ocasión para asistir a un concierto del Rey, que por aquel entonces cantaba todas las noches en el International Hotel. Supuestamente, luego fueron al *backstage* a verlo... Pero Dylan rechazó esta hipótesis en 2009, cuando explicó a Douglas Brinkley de *Rolling Stone*: «Nunca conocí a Elvis, porque no quería conocerlo».[96] Y dijo que tenía miedo de no encontrar en él el Rey que lo había deslumbrado durante su juventud, como a miles de adolescentes de todo el mundo. Es posible que esta canción sea la expresión de un sueño que se remonta a la primera adolescencia, como podrían dejar pensar las últimas líneas de la primera estrofa: «Pero el bohemio se había ido / Y esa chica guapa que bailaba / estaba en paradero desconocido / Entonces contemplé el amanecer / Desde esa pequeña ciudad de Minnesota». Hay que precisar que según algunas fuentes, Presley sería descendiente de bohemios alemanes emigrados a Estados Unidos en el siglo XVIII.

Realización

En *New Morning* Dylan se sienta al piano en más de la mitad de los títulos, cosa que era una excepción hasta entonces. Es también el caso de «Went To See The Gypsy». El tema carece de rigor en algunos momentos, con una batería con problemas para seguir el ritmo (hacia 2'04). Pero el conjunto funciona bastante bien y es la primera vez que escuchamos una coda instrumental en un tema del cantautor. Antes de conseguir esta cuarta toma definitiva grabada el 5 de junio, Dylan ya había trabajado siete en las sesiones de *Self Portrait*, los días 3, 4 y 5 de marzo de 1970 (la demo del 3 de marzo se puede escuchar en *Another Self Portrait*), y otra el 1 de mayo, con George Harrison. Entre las cuatro tomas del 5 de junio, hay una muy intimista, en la que se acompaña con la voz y el piano eléctrico (*véase Another Self Portrait*). Hay que destacar que el 23 de julio se realizaron *overdubs* en Nashville, que probablemente no se utilizaron.

Winterlude

Bob Dylan / 2'23 minutos

Músicos: Bob Dylan: voz, piano; Ron Cornelius: guitarra; Al Kooper: guitarra (?); Charlie Daniels: bajo; Russ Kunkel: batería; Hilda Harris, Albertine Robinson, Maeretha Stewart: coros / **Grabación:** Columbia Recording Studios / estudio E, Nueva York: 5 de junio de 1970 / **Productor:** Bob Johnston / **Ingenieros de sonido:** Don Puluse, Ted Brosnan

Génesis y realización

Podemos suponer que Bob Dylan escribió este paréntesis nevado a lo largo del invierno (sin duda 1969-1970), en su retiro de Woodstock, lejos del ambiente nocivo de la gran ciudad. Una vez más, el cantautor siembra la confusión de forma voluntaria ya que, detrás de esta oda a la naturaleza, hay una mujer: «Eres aquello que adoro, ven aquí y dame más». ¿Se trata de una mujer, en realidad? ¿O de un ángel («Veo al ángel que está a mi lado»)? También podemos ver una referencia implícita a la Santa Trinidad. En este caso, «Winterlude» sería el Espíritu Santo, el espíritu de Dios. A menos que el cantautor estuviera escribiendo en clave de sátira... Pero Dylan decidió escribir un vals para este «interludio hibernal» que no había

desentonado en *Nashville Skyline*, que también tenía este ambiente familiar de veladas junto al fuego. Instalado al piano, el cantautor canta por primera vez en el álbum con una voz bastante reverberada. Ron Cornelius se encarga de tocar con eficacia la guitarra clásica (con cuerdas de nailon), y sin duda es Al Kooper quien interviene con la eléctrica en la última estrofa (1'18). Con este tema descubrimos también los coros femeninos, muy adecuados a esta atmósfera cálida. «Winterlude» se grabó el 5 de junio de 1970. Se realizaron cinco tomas, y la cuarta fue la que se incluyó en *New Morning*. Una canción menor dentro del amplio repertorio de Bob Dylan, hay que reconocerlo; no la ha cantado ni una sola vez sobre un escenario.

¡CUIDADO CON LOS PERROS!

Según las clasificaciones de *Rolling Stone*, «If Dogs Run Free» forma parte de las diez peores canciones de Bob Dylan.

If Dogs Run Free

Bob Dylan / 3'39 minutos

Músicos: Bob Dylan: voz, piano; Maeretha Stewart: scat; Ron Cornelius: guitarra; David Bromberg: guitarra; Al Kooper: piano; Charlie Daniels: bajo; Russ Kunkel: batería / **Grabación:** Columbia Recording Studios / estudio E, Nueva York: 5 de junio de 1970 / **Productor:** Bob Johnston / **Ingenieros de sonido:** Don Puluse, Ted Brosnan

Génesis y realización

New Morning fue recibido como el álbum del gran regreso, después del vagabundeo de *Self Portrait*. «If Dogs Run Free», en cualquier caso, se compuso bajo la benéfica influencia de los poetas beat, al igual que muchas obras maestras de los álbumes anteriores. El título es una referencia al poema «Dog» de Lawrence Ferlinghetti. Cuando este último escribe: «Si los perros corren en libertad/¿Por qué no nosotros, en las llanuras descendientes?» Dylan se remite otra vez a la poesía beat cuando canta, en la última estrofa, esta maravillosa frase: «En armonía con el mar cósmico/El amor auténtico no necesita compañía». «If Dogs Run Free», una forma de celebrar la libertad que nos ofrece la naturaleza. Después del vals «Winterlude», Bob Dylan hace una (buena) incursión en el jazz *mainstream*, cosa que es bastante sorprendente. Lo explica en sus *Crónicas*: «En uno de los textos, Kooper se instaló al piano y empezó a encadenar frases al estilo Teddy Wilson. Teníamos

tres cantantes, y una de ellas empezó a improvisar en *scat*. Lo grabamos en una sola toma, y se llama "If Dogs Run Free"».[1] Fue Maeretha Stewart quien improvisó sobre la idea de Al Kooper: «Maeretha se propuso para hacerlo, e hizo un trabajo magnífico»,[42] dijo Kooper. También hay que subrayar su propia interpretación, absolutamente deslumbrante. En cuanto a Dylan, no canta, sino que habla encima de la música, y parece que no toca ningún instrumento. Con un *walking bass*, una guitarra rítmica de sonido sordo, una batería tocada con escobillas y una guitarra acústica solista, esta versión es diametralmente opuesta a la que se puede escuchar en *Another Self Portrait*, que es una balada country-rock con una armonía y una melodía totalmente distintas. Ambas variantes forman parte de las tres tomas realizadas el 5 de junio (la última fue la definitiva). Bob Dylan esperó treinta años antes de interpretarla sobre un escenario. Desde el concierto de Münster de octubre de 2000, ¡la ha cantado más de cien veces!

New Morning

Bob Dylan / 3'58 minutos

PARA ESCUCHAR

En el minuto 1'57 se puede oír una breve frase musical que parece ser una trompa interpretada por Al Kooper.

Músicos
Bob Dylan: voz, guitarra
Ron Cornelius: guitarra
David Bromberg: guitarra
Al Kooper: órgano, trompa (?)
Charlie Daniels: bajo
Russ Kunkel: batería
Grabación
Columbia Recording Studios / estudio E,
Nueva York: 4 de junio de 1970
Equipo técnico
Productor: Bob Johnston
Ingeniero de sonido: Don Puluse

Archibald MacLeish hacia 1936.

Génesis y letra

«New Morning» forma parte de las canciones compuestas originalmente para *Scratch*, la obra de Archibald MacLeish. Una obra «muy oscura [que] describía un mundo paranoico, culpable, angustiado; en ese mundo todo estaba ennegrecido, era deshonesto y nauseabundo»,[1] escribe Dylan en sus *Crónicas*. Comprendemos mejor por qué la colaboración con el ilustre autor se interrumpió bruscamente; el Dylan de *New Morning* es de todo menos paranoico y angustiado. La canción que da título al álbum da testimonio de este estado de ánimo: se trata de otra exaltación de la vida campestre, del «*back to the country*» tan anhelado por toda una generación. Un gallo que canta, una marmota que corre junto a un arroyo mientras el sol aparece en esa nueva mañana... Dylan puede tener dudas legítimas: «Debe de ser el día en que todos mis sueños se vuelven realidad», canta. ¿Hay que tomarse al pie de la letra esta escena bucólica? No parece que «New Morning» tenga un sentido oculto. Sobre el tema del álbum en conjunto, Bob Dylan confiesa en sus *Crónicas*: «¿Mensaje? No hay mensaje. [...] Esos temas no eran los que rugían en vuestras cabezas [...]. No había perdido todo mi talento, pero no sentía la fuerza del viento. No hubo una explosión estelar».[1]

Realización

Dylan expresa su alegría de vivir en el campo mediante un rock bastante dinámico que canta con una voz extremadamente ronca, que puede recordar en algunos momentos al timbre de Rod Stewart. Conducida por un grupo muy sólido, esta versión resulta de la última de las tres tomas grabadas el 4 de junio de 1970, enriquecida el 13 de julio con varios *overdubs*, incluida una sección de metales (versión de *Another Self Portrait*). La iniciativa fue de Al Kooper, que tomó las riendas de la producción en ausencia de Bob Johnston. El resultado es muy convincente, y los arreglos recuerdan a Blood, Sweat and Tears, el grupo que Al Kooper creó en 1967 junto a Steve Katz. Pero Dylan rechazó esta versión. Podemos entender que este sonido, sin duda demasiado rhythm'n'blues, y en cualquier caso alejado de sus referencias habituales, no le convenció. Hay que destacar un breve solo de guitarra acústica que David Bromberg añadió pro *overdub* (2'45). Dylan interpretó esta canción sobre un escenario por primera vez en un concierto en Nueva Orleans el 19 de abril de 1991, en el marco del Never Ending Tour.

Sign On The Window

Bob Dylan / 3'41 minutos

Músicos
Bob Dylan: voz, piano
Ron Cornelius: guitarra
Al Kooper: órgano, sintetizador Moog (?)
Charlie Daniels: bajo
Russ Kunkel: batería
Hilda Harris, Albertine Robinson,
Maeretha Stewart: coros

Grabación
Columbia Recording Studios / estudio E,
Nueva York: 5 de junio de 1970

Equipo técnico
Productor: Bob Johnston
Ingeniero de sonido: Don Puluse

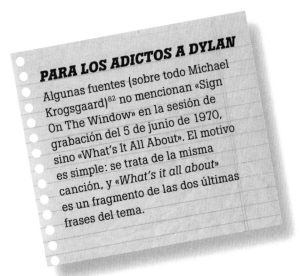

PARA LOS ADICTOS A DYLAN

Algunas fuentes (sobre todo Michael Krogsgaard)[82] no mencionan «Sign On The Window» en la sesión de grabación del 5 de junio de 1970, sino «What's It All About». El motivo es simple: se trata de la misma canción, y *«What's it all about»* es un fragmento de las dos últimas frases del tema.

Génesis y letra

A principios de la década de 1970, la nueva filosofía de Bob Dylan podría resumirse con la última estrofa de «Sign On The Window»: *«Construirme una cabaña en Utah / Casarme, pescar truchas irisadas / Tener toda una colonia de chiquillos que me llamarán "Pa"»*. Una filosofía de «buen padre de familia», a años luz de la que expresó durante la década anterior y que contribuyó en gran manera a despertar las conciencias de toda una generación. Sin embargo, aunque sorprendió a su público tanto como el Dylan que cinco años antes se había convertido a la electricidad, el nuevo Dylan campestre no ha perdido nada de su poesía, ni de su sentido musical. Al contrario, «Sign On The Window» es una de las perlas del álbum, tanto por la voz y el piano de Dylan como por la orquestación, sobria y solemne, que a momentos se acerca al góspel.

Realización

Grabada el 1 de mayo en el estudio B con George Harrison en cuatro tomas, «Sign On The Window» se reelaboró un mes después, el 5 de junio. Esta magnífica balada adquiere un tono góspel a cada intervención del coro femenino, y está interpretada por un Dylan muy expresivo, llevado por su lirismo. Ron Cornelius recuerda: «Esa semana Dylan estaba muy resfriado. Podemos notarlo en "Sign On the Window" cuando canta *"Brighton girls are like the moon"*; le cuesta expresarse con la voz. Pero el tono encaja con la canción. Su interpretación de piano es totalmente loca; sus manos se van a los extremos opuestos del teclado, y luego se juntan en el centro (hace esto continuamente), pero su forma de hacerlo me deja totalmente KO».[15] Al Kooper lo confirma: «Bob hizo una intervención magnífica al piano».[42] Lo único que hay que lamentar es que en algunos momentos su voz desafina, sobre todo en el puente (hacia 1'47). Hay que destacar, en el minuto 2'09, las flautas que intervienen sobre el *break* instrumental, que probablemente tocó Al Kooper con un teclado (¿quizá un sintetizador Moog?). Finalmente, como en el caso de «New Morning», Kooper trató de añadir cuerdas y un arpa a los arreglos, pero no obtuvo el beneplácito de su jefe (la versión se puede escuchar en *Another Self Portrait*).

One More Weekend

Bob Dylan / 3'11 minutos

Músicos
Bob Dylan: voz, guitarra
Ron Cornelius: guitarra
David Bromberg: guitarra
Al Kooper: piano
Charlie Daniels: bajo
Russ Kunkel: batería
Grabación
Columbia Recording Studios / estudio E,
Nueva York:
3 de junio de 1970
Equipo técnico
Productor: Bob Johnston
Ingenieros de sonido: Don Puluse, Ted Brosnan

Génesis y letra

La felicidad conyugal en el marco de un campo acogedor es el tema principal del álbum *New Morning*. «One More Weekend» no es una excepción. «Me encanta verte, sí, así, tan guapa / [...], un fin de semana más contigo», canta Dylan en la cuarta estrofa. La única diferencia es que, en este caso, la felicidad se limita a la pareja. «Iremos a un lugar desconocido / Dejaremos a los niños en casa / Cariño, por qué no ir solos»: el comentario se convierte en súplica.

A nivel musical, en cambio, «One More Weekend» se desmarca del resto de canciones del álbum. Es un blues rock en la línea de algunas grabaciones de *Highway 61 Revisited* y de *Blonde On Blonde* (sobre todo «Leopard-Skin Pill-Box Hat»).

Realización

¿Vuelta a los orígenes? Podríamos pensarlo, ya que «One More Weekend» nos remite a recuerdos positivos. Dylan ha abandonado su voz de *crooner* para recuperar la de roquero. Llevados por una eficaz sección rítmica que comparten con brío Charlie Daniels y Russ Kunkel, Bob Dylan y sus compañeros tocan con *groove*. Las tres guitarras, tocadas por Dylan (rítmica eléctrica), Bromberg (*slide*) y Cornelius (rítmica y solista) están en perfecta ósmosis. La tórrida intervención de *slide* de Bromberg y el solo blues de Cornelius incendian literalmente el tema. Sin olvidar a Al Kooper, que también está magnífico al teclado. Hay un único interrogante: ¿cuál es el instrumento que se oye cada vez que Bob canta *one more weekend*»? ¿Un metal, una guitarra saturada, un mirlitón? Es difícil de decir.

«One More Weekend» se grabó en dos tomas, el 3 de junio de 1970. La segunda sirvió de máster para el álbum, el primero que se finalizó de las doce canciones de *New Morning*. Bob Dylan nunca la ha interpretado en directo.

David Bromberg, magnífico a la guitarra *slide* en «One More Weekend».

The Man In Me

Bob Dylan / 3'09 minutos

Músicos
Bob Dylan: voz, piano
Ron Cornelius: guitarra
David Bromberg: guitarra
Al Kooper: órgano
Charlie Daniels: bajo
Russ Kunkel: batería
Hilda Harris, Albertine Robinson,
Maeretha Stewart: coros
Grabación
Columbia Recording Studios / estudio E,
Nueva York: 5 de junio de 1970
Equipo técnico
Productor: Bob Johnston
Ingenieros de sonido: Don Puluse, Ted Brosnan

PARA LOS ADICTOS A DYLAN
Joel y Ethan Coen eligieron «The Man In Me» para su película de culto *The Big Lebowski* (*El gran Lebowski*, 1998). La podemos escuchar sobre todo en los inolvidables créditos iniciales.

Génesis y letra

Quizá Bob Dylan nunca ha sido tan espontáneo como en las sesiones de *New Morning*. No hay ningún significado velado en la mayor parte de las canciones del álbum sino, un poco a la manera de Walt Whitman, una llama que quema por la belleza de la naturaleza y por la sensualidad del ser amado. El título provisional de «The Man In Me» es tan cristalino como los ríos de los Black Hills: «A Woman Like You» («Una mujer como tú»). Asimismo, la primera estrofa suena como una hermosa declaración de amor a Sara: «Hace falta una mujer como tú / Para llegar al hombre que hay en mí». Esto no impide que el cantautor maneje la ironía con un arte consumado. «El hombre que hay en mí se esconderá de vez en cuando para que no lo vean / Es solo porque no quiere que lo conviertan en una máquina»: estas palabras se dirigen sin tapujos a los periodistas, así como a los hombres de negocios de la industria discográfica.

Realización

La quietud que Dylan ha recobrado se evalúa también en el seno de la propia grabación, y concretamente en los «*la, la, la*» del inicio y en los coros. Hay que decir que es bastante desconcertante escuchar expresarse así al autor de «Sad-Eyed Lady Of The Lowlands» (*Blonde On Blonde*). «The Man In Me» es, a pesar de todo, una muy buena canción, ofrecida por un grupo que está en plena forma. Dylan canta y se acompaña al piano con seguridad y tranquilidad, sostenido por las guitarras de Bromberg (acústica) y de Cornelius (eléctrica), por el órgano siempre inspirado de Kooper y por la sólida sección rítmica de Kunkel y Daniels, especialmente eficaz al bajo. El aspecto *kitsch* de los «*la, la, la*» aporta al tema una dinámica y un optimismo contagiosos. Si Bob está feliz, nosotros también.

«The Man In Me» requirió dos tomas el 5 de junio de 1970. No sabemos cuál de las dos se conservó para el álbum. La interpretó por primera vez en directo en el Nippon Budokan Hall de Tokio, el 20 de febrero de 1978 en una versión totalmente distinta de la que grabaron para *New Morning*. Sin embargo, esta versión no aparece en el álbum *At Budokan*, que se grabó el 28 de febrero y el 1 de marzo.

Three Angels

Bob Dylan / 2'07 minutos

Músicos
Bob Dylan: voz, guitarra (?)
Ron Cornelius: guitarra (?)
David Bromberg: guitarra (?)
Al Kooper: órgano
Charlie Daniels: bajo
Russ Kunkel: batería
Hilda Harris, Albertine Robinson,
Maeretha Stewart: coros

Grabación
Columbia Recording Studios / estudio E,
Nueva York: 4 de junio de 1970

Equipo técnico
Productor: Bob Johnston
Ingenieros de sonido: Don Puluse, Ted Brosnan

PARA LOS ADICTOS A DYLAN

En su libro *Song And Dance Man III: The Art Of Bob Dylan*[30], Michael Gray subraya la semejanza entre «Three Angels» y un fragmento de la novela *Notre-Dame-des-Fleurs* de Jean Genet, escrita desde la cárcel (1942).

Es posible que Jean Genet fuera la fuente de inspiración de «Three Angels».

Génesis y letra

Desde sus inicios, Bob Dylan ha multiplicado las referencias bíblicas en sus letras. Esta vez el cantautor nos habla de «[tres] ángeles sobre la calle / Cada uno tocando una trompa / Vestidos con túnicas verdes de la que salen sus alas / [que] están aquí desde la mañana de Navidad». «Nos habla» en el sentido literal de la palabra, ya que, en este caso, Dylan no canta, sino que recita su texto como si se tratara de una plegaria. En este aspecto, la semejanza con «Decks Of Cards» de Wink Martindale es evidente.

¿Es una plegaria? Es, sobre todo, una magistral descripción del mundo que lo rodea. «Un gato salvaje de Montana», «el bus de la 10th Avenue que parte hacia el oeste», «Tres tipos que reptan de vuelta al trabajo»... Dylan otorga una dimensión metafísica a los detalles más insignificantes. «¿Pero alguien escucha la música que tocan / Alguien lo ha intentado siquiera?»: la última frase parece confirmarlo. Un poco a la manera de «When The Ship Comes In» (*The Times They Are A-Changin'*) o de «Desolation Row» (*Highway 61 Revisited*), Dylan anuncia el fin de un mundo y el nacimiento de otro nuevo. «Three Angels» marca un claro contraste respecto al resto de canciones del álbum, tanto en lo que respecta al mensaje como a la música, que remite al góspel de las iglesias baptistas.

Realización

«Three Angels» sorprende por su tonalidad inesperada: es fácil imaginar a Bob Dylan declamando su texto desde lo alto de un púlpito, Al Kooper concentrado siguiéndole al órgano y el coro desgañitándose desde su estrado. Este color góspel se debe sin duda a la intervención de las tres coristas y los distintos timbres que Kooper utiliza al órgano. Pero el acompañamiento arpegiado de la guitarra clásica (con cuerdas de nailon) le confiere una atmósfera de villancico que encaja con el texto. De hecho es la única guitarra que escuchamos en la canción, y el guitarrista no está identificado (¿Dylan, Bromberg o Cornelius?). Cabe señalar, no obstante, que se oyen dos notas de guitarra acústica (cuerdas de acero) en el minuto 1'33. «Three Angels» se grabó el 4 de junio de 1970 en tres tomas, y fue la última la que se incluyó en el álbum. Bob Dylan no la ha interpretado nunca en directo.

Father Of Night

Bob Dylan / 1'32 minutos

Músicos
Bob Dylan: voz, piano
Charlie Daniels: bajo
Hilda Harris, Albertine Robinson,
Maeretha Stewart: coros
Grabación
Columbia Recording Studios / estudio E,
Nueva York: 5 de junio de 1970
Equipo técnico
Productor: Bob Johnston
Ingenieros de sonido: Don Puluse, Ted Brosnan

Charlie Daniels, una de las grandes figuras
del country.

Génesis y letra

«Father Of Night» es la tercera y última canción que Bob Dylan compuso para *Scratch* a petición del autor, Archibald MacLeish, que le sugirió personalmente el título. El proyecto se abandonó rápidamente debido a profundas divergencias en los puntos de vista del autor dramático y el cantautor. «Estaba decidido a ponerme completamente fuera de circulación», escribe Dylan en sus *Crónicas*. «Ahora era padre de familia, no quería salir en la foto de grupo».[1] ¿A qué foto de grupo se refiere? A los intelectuales y su parafernalia, como explica en las mismas *Crónicas*.

«Padre de la noche, Padre del día / Padre que disipa la oscuridad / Padre que enseña a los pájaros a volar / Constructor de arcoíris en lo alto del cielo»: la última canción de *New Morning* tiene una doble referencia: a la Amida, bendiciones del judaísmo que se recitan de pie, de cara a Jerusalén («Un ciego, o una persona incapaz de orientarse, debe dirigir su corazón hacia su Padre en los Cielos»); y a las oraciones cristianas. Para Clinton Heylin, el «Padre de la noche» es un jesuita canadiense, el padre Francis, que vivía en la iglesia de Mead Mountain, cerca de Woodstock, y con quien Dylan se había acostumbrado a hablar de religión y de metafísica (tras su ruptura sentimental con Suze Rotolo).

Realización

Una vez más, Dylan nos sorprende y hace que nuestras certezas se tambaleen: ¿realmente ha abandonado toda reflexión en beneficio de una simple celebración de la naturaleza, de las alegrías de la familia y del amor? Parece que no. «Father Of Night» es la última canción y, en cuanto a los arreglos, es también la más sobria de *New Morning*. También es la más corta. Dylan canta y se acompaña al piano. Su interpretación es realmente sorprendente y ha mejorado mucho desde 1966. El acompañamiento de Charlie Daniels al bajo está muy logrado y aporta el impulso rítmico y armónico que la canción necesita. Por último, los coros colorean la canción con un toque góspel que encaja muy bien. «Father Of Night» es una hermosa conclusión para *New Morning*. Fueron necesarias once tomas para grabarla el día 5 de junio, cosa que no sorprende, ya que Dylan canta y toca el piano a la vez con el bajo como único apoyo rítmico. La última toma fue la definitiva. El cantautor nunca ha cantado «Father Of Night» sobre un escenario.

New Morning outtakes

Entre el 1 de junio y el 12 de agosto de 1970, Bob Dylan y sus músicos graban casi treinta canciones. Doce de estas canciones se reunirán en *New Morning*. Otras formarán parte del futuro *Dylan* (1973). Por último, tres de los títulos descartados de *New Morning* aparecerán 43 años más tarde (en 2013) en *The Bootleg Series, Vol. 10: Another Self Portrait (1969–1971)*: «Working On A Guru», una composición original; «Spanish Is The Loving Tongue», que encontramos en una versión muy distinta en Dylan; y la tradicional «Bring Me A Little Water».

VOL 10

Spanish Is The Loving Tongue

Tradicional / arreglos de Bob Dylan / 3'51 minutos

Músico: Bob Dylan: voz, piano / **Grabación:** Columbia Recording Studios / estudio E, Nueva York: 2 de junio de 1970 / **Productor:** Bob Johnston / **Ingenieros de sonido:** Don Puluse, Ted Brosnan / **Recopilatorio:** *The Bootleg Series, Vol. 10: Another Self Portrait (1969–1971)*, CD 1 / **Publicación:** 27 de agosto de 2013

«Spanish Is The Loving Tongue» es la adaptación de «A Border Affair», poema escrito por Charles Badger en 1907, y musicado en 1925 por Billy Simon. Hijo de un pastor de la iglesia metodista, Clark vivió en los Black Hills (Dakota del Sur), en Arizona, y viajó también a Cuba. «Desde la última noche en que la besé / Me rompí el corazón y perdí mi alma»: esta historia pasional entre un blanco y una mexicana que vive en la carretera de Sonora inspiró a muchos músicos, como Judy Collins, Marianne Faithfull y Emmylou Harris.

La versión de Bob Dylan fecha del 2 de junio de 1970 y es posterior a las sesiones de *Self Portrait*. Se grabó en el estudio E de Columbia, en Nueva York, durante las sesiones de *New Morning* y de *Dylan*. Aunque grabó siete tomas el 24 de abril de 1969 en Nashville, y una toma el 3 de marzo en Nueva York, es una canción que debía gustarle mucho. Hay que decir que esta versión es magnífica y la calidad de su interpretación, tanto a la voz como al piano, nos hace lamentar que no apareciera en un disco oficial en esta versión.

VOL 10

Working On A Guru

Bob Dylan / 3'43 minutos

Músicos: Bob Dylan: voz, guitarra; George Harrison: guitarra; Charlie Daniels: bajo; Russ Kunkel: batería / **Grabación:** Columbia Recording Studios / estudio B, Nueva York: 1 de mayo de 1970 / **Productor:** Bob Johnston / **Ingeniero de sonido:** Don Puluse / **Recopilatorio:** *The Bootleg Series, Vol. 10: Another Self Portrait (1969-1971)*, CD 2 / **Publicación:** 27 de agosto de 2013

Conocemos el papel esencial que desempeñó la filosofía oriental en el comportamiento y la música de George Harrison. ¿Existió un punto de acuerdo con Bob Dylan? ¿Quizá fue la influencia de su mujer Sara, que también era sensible al budismo? Este texto ligeramente satírico podría remitir al Maharishi Mahesh Yogi, que trató de enseñar meditación trascendental a los Beatles. De lo que no cabe duda es que las dos estrellas del rock, junto a Charles Daniels al bajo y Russ Kunkel a la batería, disfrutaron mucho cuando la grabaron el 1 de mayo de 1970. Lo sabemos por las risas compartidas al final de la canción. Es una lástima que no la trabajaran más, ya que se adivina todo el potencial que habría podido tener, si se hubiera producido bien. George no parece especialmente cómodo improvisando, pero consigue sacar algunos fraseos interesantes de su guitarra, cuyo sonido aumentado con un ligero *delay* recuerda al de Chet Atkins, uno de sus ídolos. En este estadio de producción, se puede decir que no es una obra imprescindible del cantautor. Su interés reside sobre todo en la complicidad evidente entre él y Harrison. Sony tomó una decisión acertada al incluir esta grabación, que había circulado clandestinamente durante años, en *The Bootleg Series, Vol. 10*.

VOL 10

Bring Me A Little Water

Tradicional / arreglos de Bob Dylan / 3'59 minutos

Músicos: Bob Dylan: voz, piano; David Bromberg: guitarra (?); Ron Cornelius: guitarra; Charlie Daniels: bajo; Russ Kunkel: batería; Hilda Harris, Albertine Robinson, Maeretha Stewart: coros / **Grabación:** Columbia Recording Studios / estudio E, Nueva York: 4 de junio de 1970 / **Productor:** Bob Johnston / **Ingeniero de sonido:** Don Puluse / **Recopilatorio:** *The Bootleg Series, Vol. 10: Another Self Portrait (1969-1971)*, CD 2 / **Publicación:** 27 de agosto de 2013

«Bring Me A Little Water, Sylvy» es una canción tradicional atribuida al *bluesman* y cantante folk texano Leadbelly, que la habría escrito como recuerdo a la mujer de su tío, Sylvy, acostumbrada a llevar agua a su marido cuando este trabajaba en el campo. Al menos eso era lo que contaba a los habituales de los clubes de Nueva York durante la década de 1940. Su primera grabación se remonta probablemente a 1936, bajo los auspicios del folklorista Alan Lomax, que había conseguido sacar a Leadbelly del Louisiana State Penitentiary para la ocasión. Existen varias versiones de esta canción, que mezcla el folk, el blues y el góspel. Bob Dylan la incluyó en su repertorio en las sesiones de *New Morning*, el 4 de junio de 1970. Se realizaron dos tomas, pero ninguna de las dos se conservó para el álbum. Sin embargo, la interpretación es de calidad, la voz de Bob es algo ronca (estaba resfriado), las tres coristas están magníficas y la interpretación de piano es perfecta. El resto del grupo asegura una rítmica sólida y destaca la ausencia de Al Kooper, cosa poco habitual en *New Morning*. David Bromberg aparece en los créditos como segundo guitarrista, pero también parece estar ausente de la grabación.

SINGLE

¿BOB O LEON?

Aunque Leon Russell fue en realidad el productor de «Watching The River Flow», el nombre de Bob Dylan es el que figura como productor en este disco de 45 rpm de 1971.

Watching The River Flow

Bob Dylan / 3'36 minutos

SINGLE

FECHA DE PUBLICACIÓN

Watching The River Flow / Spanish Is The Loving Tongue

3 de junio de 1971

REFERENCIA COLUMBIA 4-45409

Músicos

Bob Dylan: voz, guitarra (?)
Leon Russell: piano
Jesse Ed Davis: guitarra
Don Preston: guitarra (?)
Carl Radle: bajo
Jim Keltner: batería

Grabación

Blue Rock Studio, Nueva York: 16-19 de marzo, 1971

Equipo técnico

Productor: Leon Russell
Ingeniero(s) de sonido: (?)

Génesis y letra

En 1969, Roger McGuinn y Bob Dylan escriben juntos «Ballad Of Easy Rider» para la película de culto de Dennis Hopper. En la canción encontramos la siguiente frase: «El río corre, corre hasta el mar / Donde vaya el río, es donde quiero estar». Dos años más tarde Bob Dylan recupera esta imagen, sin duda para expresar todo el hastío que le provocaron las duras críticas que recibió por *Self Portrait* (a pesar de la acogida mucho más entusiasta de *New Morning*). Ahora parece que el cantautor prefiere sentarse «en este banco de arena y ver como pasa el río», es decir, ser observador del mundo en lugar de actor. A menos que el cantautor esté reconociendo de forma apenas velada que hace algún tiempo que le falta la inspiración: «Qué me pasa / Ya no tengo nada que decir», canta al principio de la canción. Al escuchar «Watching The River Flow», no cabe duda: la musa de Dylan, no solo no lo ha abandonado, sino que lo ha vuelto a conducir por los caminos de la excelencia. Este tema es, efectivamente, una magnífica creación, que incluso marca una vuelta a la época dorada, al rock de *Highway 61 Revisited* y de *Blonde On Blonde*, y además tiene un magnífico tono góspel (¡como obligan las sesiones de *New Morning*!). La canción sella la complicidad artística entre Bob Dylan y Leon Russell, poco después de que el cantautor rompiera con el productor Bob Johnston; en 1971 Leon Russell se encontraba en la cúspide de su popularidad por haber sido director musical de Joe Cocker (en la famosa gira Mad Dogs and Englishmen) y por haber grabado el magistral *Leon Russell And The Shelter People* (1971), álbum que incluye dos temas de Dylan: «A Hard Rain's A-Gonna Fall» y «It Takes A Lot To Laugh, It Takes A Train To Cry».

Ron Wood, Charlie Watts, Mick Taylor y Mick Hucknall ensayando para el concierto Boogie 4 Stu en 1991.

Realización

A petición de Bob Dylan, Leon Russell reunió unos cuantos peces gordos del rock: los guitarristas Don Preston (J. J. Cale, Freddie King...) y Jesse Ed Davis, conocido también por el pseudónimo «Joey Cooper» (Lennon, Harrison...), el bajista Carl Radle (Clapton, Derek & The Dominos...) y el baterista Jim Keltner (Lennon, Pink Floyd, Steely Dan...). Este último se acuerda de que «Watching The River Flow» nació en el estudio. «[Bob Dylan] tenía un bolígrafo y una libreta y escribía mucho. Iba escribiendo sus canciones *in situ*, en el estudio, o al menos las terminaba allí».[97]

Es verdad que este blues rock es un auténtico logro; todos los músicos están a la altura de su reputación para acompañar a Dylan de forma óptima. La voz del cantautor ha tomado una pátina ideal para este tipo de canción, y canta su texto con cierta desenvoltura, incluso cierto humor, con lo que las palabras se vuelven extrañas en relación a la música. La rítmica es perfecta, el piano de Leon Russell es modélico, pero es sobre todo la guitarra de Jesse Ed Davis interpretada en *bottleneck* lo que enciende el fuego de la canción. En principio hay dos guitarras más, pero son inaudibles en la mezcla. Todos los músicos se reencontrarán unos cuatro meses más tarde, el 1 de agosto, para participar en el concierto por Bangladesh organizado por George Harrison. Hay que destacar que es la primera vez que Dylan no graba en los estudios de Columbia Records, sino en el Blue Rock Studio, situado en el Village. No se conoce el número de tomas realizadas.

«Watching The River Flow» llegará a la parte alta de las listas en los Países Bajos (número 18) y en Canadá (número 19), pero solo alcanzará el número 41 en Estados Unidos. A continuación, aparecerá en el repertorio de *Bob Dylan's Greatest Hits Vol. II* (1971), y en los recopilatorios *Greatest Hits, Volumes I-III* (2003, CD 2), *The Very Best Of Bob Dylan '70s* (2009) y *Beyond Here Lies Nothin': The Collection* (2011).

George Jackson

Bob Dylan / 5'38 minutos

SINGLE
FECHA DE PUBLICACIÓN
George Jackson (versión orquestada) 5'33 minutos / George Jackson (versión acústica) 3'38 minutos

12 de noviembre de 1971

REFERENCIA COLUMBIA 4-45516

Músicos
Bob Dylan: voz, guitarra, armónica, piano (?)
Ben Keith: *pedal steel guitar*
Leon Russell: bajo, voz (?), piano (?)
Kenneth Buttrey: batería, pandereta
Joshie Armstead, Rosie Hicks: coros, pandereta (?)
Grabación
Columbia Recording Studios / estudio B, Nueva York:
4 de noviembre de 1971
Equipo técnico
Productor: Bob Dylan
Ingeniero de sonido: Don Puluse

Génesis y letra

Después de leer las cartas de George Jackson, revolucionario afroamericano condenado a muerte en 1959 y abatido mientras trataba de huir en 1971, reunidas en una selección titulada *Soledad Brother*, y de haber hablado con el cineasta Howard Alk, que estaba rodando una película sobre los Black Panthers (*The Murder Of Fred Hampton*, 1971), Bob Dylan escribió esta canción. Las imágenes y las palabras le vinieron a la cabeza de repente; de hecho, quizá demasiado deprisa. Porque, aunque no hay duda de que hay mucha emoción en «George Jackson», al mismo tiempo desprende una especie de maniqueísmo que no es habitual en el cantautor. «A veces pienso que el mundo / Es un gran patio de cárcel / Algunos somos prisioneros / Y los demás guardianes»: cuesta trabajo reconocer al poeta de la década de 1960, el que hacía malabarismos con las palabras y el que, con el arte y la precisión de un joyero, esculpía imágenes con doble sentido. Ya la primera estrofa provoca asombro, porque el estilo parece demasiado directo para Dylan. Incluso si no hay que poner en duda la sinceridad de un artista afectado por las circunstancias (la muerte de un hombre en el patio de una cárcel), más que por la dimensión política del suceso, «George Jackson» no llega a la dramaturgia de ciertas canciones de *The Times They Are A-Changin'*, que habían renovado profundamente el lenguaje de la canción protesta. A pesar de que el autor se toma algunas libertades con la realidad, la canción sigue siendo importante, en el sentido de que marca el retorno del cantautor a las *topical songs*.

Realización

Tras leer las cartas de Jackson, Dylan llama a la CBS para que le reserven un estudio. La sesión se desarrolla el 4 de noviembre de 1971. Se graban dos tomas. La primera es una versión con *big band*, tal como se indica en el single. Kenneth Buttrey se limita a tocar la caja y la pandereta, instrumento que también tocan las dos coristas. Incluso parece que Leon Russell también toca la pandereta durante los estribillos, y que grabara el piano por *overdub* en los *breaks* instrumentales (a menos que se tratara de Bob Dylan). Y es Ben Keith quien se encarga de la *pedal steel guitar*. Esta versión emana una frescura y una dinámica que entran en contradicción con la letra, y entendemos que Dylan quisiera sacarla como single, por su evidencia melódica. La segunda versión, acústica (guitarra y armónica), recuerda a los primeros discos, y su sobriedad es más adecuada al texto. Pero da la impresión de que Dylan está anclado en el tiempo, cosa que está tratando de evitar desde 1965... El single llegará al número 33 del *Billboard*, al 22 en Canadá y al 11 en los Países Bajos. Dylan nunca ha interpretado «George Jackson» en directo, y la canción solo aparece en el recopilatorio *Masterpieces*, destinado al mercado japonés.

Patti Smith en el balcón del Hotel Chelsea, en 1971.

Outtake de 1971

Grabada el mismo día que «George Jackson», de la que debía ser la cara B, la canción «Wallflower» se encuentra en *The Bootleg Series, Vol. 1-3*.

VOL 1-3

Wallflower

Bob Dylan / 2'49 minutos

Músicos: Bob Dylan: voz, guitarra, armónica; Ben Keith: *pedal steel guitar*; Leon Russell: bajo; Kenneth Buttrey: batería, pandereta / **Grabación:** Columbia Recording Studios / estudio B, Nueva York: 4 de noviembre de 1971 / **Productor:** Bob Dylan / **Ingeniero de sonido:** Don Puluse / **Recopilatorio:** *The Bootleg Series, Vol. 1-3: Rare & Unreleased 1961–1991*, CD 2 / **Publicación:** 26 de marzo de 1991

«Una canción triste», dijo Bob Dylan acerca de «Wallflower». Patty Smith guarda un recuerdo emotivo de la canción: «Siempre quería bailar con chicos, pero nadie me invitaba nunca, y tenía que esperar al "cuarto de hora de las chicas". Era lamentable. Pero Bob me entendía muy bien, y por eso escribió "Wallflower"».[52] «Wallflower» se grabó el 4 de noviembre de 1971, el mismo día que «George Jackson». La sesión se desarrolló «en la peor época de mi vida», explica Dylan en el libreto de *The Bootleg Series, Vol. 1-3*. «Cuando trataba de reconciliarme con el pasado, cuando volví a Nueva York por segunda vez. No sabía qué hacer. Todo había cambiado. Intentaba escribir y cantar al mismo tiempo, y quizá eso me volvió loco».[25] «Wallflower» es una canción menor en el vasto repertorio de Dylan. Pero su atmósfera country, realzada por la *steel guitar* de Ben Keith, está muy lograda. Unos meses más tarde Doug Sahm también grabó «Wallflower», con Bob Dylan a los coros (*Doug Sahm and Band*). Solo hay que lamentar una compresión demasiado fuerte en la versión de *The Bootleg Series, Vol. 1-3*.

ÁLBUM
FECHA DE PUBLICACIÓN
17 de noviembre de 1971
Columbia
(REFERENCIA COLUMBIA KG31120)

Bob Dylan's Greatest Hits Vol. II,
un recopilatorio lleno de inéditos

Watching The River Flow
Don't Think Twice, It's All Right
Lay, Lady, Lay
Stuck Inside Of Mobile
With The Memphis Blues Again
I'll Be Your Baby Tonight
All I Really Want To Do
My Back Pages
Maggie's Farm
Tonight I'll Be Staying Here With You
She Belongs To Me
All Along The Watchtower
The Mighty Quinn (Quinn The Eskimo)
Just Like Tom Thumb's Blues
A Hard Rain's A-Gonna Fall
If Not For You
It's All Over Now, Baby Blue
Tomorrow Is A Long Time
When I Paint My Masterpiece
I Shall Be Released
You Ain't Goin' Nowhere
Crash On The Levee
(Down In The Flood) [inédita]

El álbum

El 17 de noviembre de 1971 se publica el doble LP *Bob Dylan's Greatest Hits Vol. II*, cuatro años después de *Bob Dylan's Greatest Hits*. El primer volumen, aparecido en 1967, reunía, como su nombre indica, diez éxitos grabado entre 1962 y 1966: «Rainy Day Women # 12 & 35», «Blowin' In The Wind», «The Times They Are A-Changin'», «It Ain't Me, Babe», «Like A Rolling Stone» y, en la cara B, «Mr. Tambourine Man», «Subterranean Homesick Blues», «I Want You», «Positively 4th Street» y «Just Like a Woman». Un magnífico recopilatorio que llegó a los números 6 y 10 de las listas del Reino Unido y Estados Unidos respectivamente.
Bob Dylan's Greatest Hits Vol. II, que se anuncia como un nuevo recopilatorio de temas aparecidos en otros álbumes, tiene la particularidad de esconder, además de una nueva versión de «Tomorrow Is A Long Time» (analizada en *The Witmark & Broadmark Demos*) y de «You Ain't Goin' Nowhere» (analizada en *The Basement Tapes*), tres títulos inéditos: «When I Paint My Masterpiece», «I Shall Be Released» y «Crash On The Levee (Down In The Flood)». Un Dylan gran reserva.

When I Paint My Masterpiece

Bob Dylan / 3'22 minutos

Músicos: Bob Dylan: voz, guitarra; Leon Russell: piano; Jesse Ed Davis: guitarra; Don Preston: guitarra; Carl Radle: bajo; Jim Keltner: batería, percusiones (?) / **Grabación:** Blues Rock Studios, Nueva York: 16-19 de marzo de 1971 / **Productor:** Leon Russell / **Ingeniero(s) de sonido:** (?)

Génesis y letra

«When I Paint My Masterpiece» marca el regreso al centro de la escena de Bob Dylan, unos meses después de la publicación del muy controvertido *Self Portrait*. No es casualidad, de hecho, que el narrador de la canción recorra las calles de Roma: fue en el corazón de esas ruinas antiguas donde Dylan recuperó, en 1965, la inspiración, cosa que le permitió componer la luminosa «Like A Rolling Stone». En la canción, después de aburrirse durante toda la noche, el narrador se reúne con la sobrina de Botticelli para que lo ayude a pintar su obra maestra. Clinton Heylin estableció el paralelismo entre el protagonista de «When I Paint My Masterpiece» y Dick Diver, uno de los personajes clave de *Tender Is the Night* (*Suave es la noche*) de Francis Scott Fitzgerald. Pero en el caso de Dylan existe otra lectura posible, como sucede a menudo. «Qué alegría estar de vuelta al país de la Coca-Cola», canta (en la versión revisada de la Rolling Thunder Revue [1975-1976]). ¿Se trata de una frase irónica o de una añoranza genuina de su país? Podemos suponer que, lejos de las multitudes y de los flashes de los periodistas, y después de volver a recibir la luz de su musa, el artista se sintió plenamente liberado para crear una nueva obra maestra, en los paisajes verdes de Woodstock.

Realización

Según Rob Bowman, autor del libreto de la reedición del álbum de The Band *Cahoots* (2000), Robbie Robertson habría pedido a Bob Dylan si tenía en el cajón alguna canción que pudiera incluirse en el disco que el grupo estaba grabando. Así, Dylan terminó rápidamente «When I Paint My Masterpiece» y esta se convirtió en una de las canciones más emblemáticas de *Cahoots*, que apareció el 15 de septiembre de 1971. La grabación de Dylan es, así, seis meses anterior al lanzamiento de *Cahoots*. Esta balada de tono blues está interpretada con talento por la banda de Leon Russell, la misma que encontramos en el single «Watching The River Flow». Una vez más, es el talentoso Jesse Ed Davis quien brilla a lo largo de todo el tema con sus intervenciones inspiradas de guitarra acústica, interpretada en *bottleneck*. Don Preston también hace una excelente intervención de guitarra rítmica. Clinton Heylin[89] cita a Chuck Blackwell como baterista, pero se trata más probablemente de Jim Keltner, que sin duda también es responsable de la pandereta y del *shaker* que se escuchan. Se grabaron once tomas. Hay que destacar una demo de «When I Paint My Masterpiece» con Dylan a solas, a la voz y al piano, que se encuentra en *Another Self Portrait*. Es una magnífica versión cuya simplicidad acentúa el sentido de la letra. La canción no dio lugar a un single pero encontró su lugar en el recopilatorio *Bob Dylan's Greatest Hits Vol. II*, publicado en 1971. Bob Dylan la interpretó en directo por primera vez en el War Memorial Auditorium de Plymouth (Massachusetts), el 30 de octubre de 1975, en el incomparable marco de la Rolling Thunder Revue.

I Shall Be Released

Bob Dylan / 3'04 minutos

Músicos: Bob Dylan: voz, guitarra, armónica; Happy Traum: guitarra, armonías vocales / **Grabación:** Columbia Recording Studios / estudio B, Nueva York: 24 de septiembre de 1971 / **Productor:** Bob Dylan (?) / **Ingenieros de sonido:** Doug Pomeroy, P. Darin

Génesis y letra

Es posible que Bob Dylan se inspirara en «Folsom Prison Blues» de Johnny Cash y en «The Banks Of Royal Canal» de Brendan Behan (que había grabado durante las sesiones de *The Basement Tapes* en 1967) para escribir «I Shall Be Released». Pero la cárcel de la que nos habla el cantautor no tiene cerrojos en las puertas ni barrotes en las ventanas. Es el mundo en su conjunto. En la década de 1970, Dylan confesó: «El mundo entero es una cárcel. La vida es una cárcel, estamos dentro de nuestro cuerpo… Solo el conocimiento de uno mismo o el poder supremo permiten salir. La mayor parte de la gente espera poder estar con Dios, intenta encontrarlo […]. Desde el momento en que nacen, quieren saber qué están haciendo aquí».[66] Es una explicación. Pero hay otra.

En un concierto en el año 1990, declaró que esta canción fechaba de sus «años de encarcelamiento» –entendidos como el período en el que lo habían encerrado en el folk (antes de la liberación de Newport), o la época que precedió a su accidente de 1966. De forma similar, Tom Robinson dijo, en 2005, a los periodistas de *Mojo* que la cárcel de la que nos habla el cantautor sería «las expectativas que los demás tienen de nosotros». De hecho existen muchas otras interpretaciones; casi tantas como «dylanólogos».

Para la revista *Rolling Stone*, esta canción es un testimonio de la voluntad de Dylan de utilizar palabras sencillas y frases cortas para hablar de temas complejos. También puede ser una metáfora del *star-system*, como podría pensarse por la frase de la primera estrofa («En cada hombre que me ha colocado donde estoy / Veo brillar mi luz»), o sobre el paso de la vida a la muerte (la luz que ve brillar). O quizá es una reflexión sobre la alienación y la salvación, la injusticia y la redención, temas recurrentes en su obra.

Muchos veteranos del Vietnam también lo interpretaron como un texto en memoria de sus camaradas que no volvieron. Y a pesar del sentido metafórico de la letra, también podríamos entenderla como el punto de vista de un inocente encarcelado, que solo se liberará mediante la ejecución. Ante todo, se trata de un mensaje de esperanza que todos podemos apropiarnos. Gracias al talento del señor Dylan.

Realización

«I Shall Be Released» es otra canción del repertorio dylaniano que fue grabada por The Band. En efecto, se encuentra en la magistral opera prima, *Music From Big Pink*, aparecida el 1 de julio de 1968. En realidad, Bob Dylan la grabó por primera vez junto a The Band, precisamente en las sesiones de *The Basement Tapes* (versión que se encuentra en *The Bootleg Series, Vol. 1-3* y *Bootleg Series, Vol. 11*). La segunda versión, completamente acústica, data del 24 de septiembre de 1971. El cantautor está solo con Happy Traum y su guitarra acústica. Happy Traum era un habitual del Village con el que había participado, a finales de 1962, en el disco *Broadside Ballads Vol. 1* bajo el pseudónimo de Blind Boy Grunt, y que lo había acompañado en enero de 1963 en las famosas *Banjo Tapes*. Esta versión expresa sin duda la cumbre del arte dylaniano en materia de *feeling*. El dúo es de una musicalidad increíble. El cantautor domina perfectamente el tema, tanto a la voz como a la guitarra, y sus intervenciones a la armónica (en re) son verdaderamente espléndidas. Traum, por su lado, no se queda atrás; su interpretación de guitarra, con un tono muy blues, es muy inspirada, y sus armonías vocales son perfectas. Lo más increíble es que confieren a la canción un *groove* irresistible, aunque el tempo es lento y, a excepción de las dos guitarras, solo sus pies marcan el ritmo de forma muy audible (a menos que se trate de una percusión por *overdub*). Y con un texto tan enigmático como evocador, el resultado es todo un logro, y se acerca a la profundidad del góspel. Una lección de *feeling* y una canción importante en la obra de Dylan. Grabada en cuatro tomas, parece que fue la última la que se eligió para el recopilatorio *Bob Dylan's Greatest Hits Vol. II*. Sin embargo, Happy Traum[98] explicó Manfred Helfert en 1996 que solo recuerda grabar una toma. Hay que destacar que en esta versión no se cantó la primera estrofa. Desde el concierto de Plymouth (Massachusetts), el 30 de octubre de 1975, Dylan la ha tocado casi 500 veces.

Down In The Flood

Bob Dylan / 2'46 minutos

Músicos: Bob Dylan: voz, guitarra, armónica; Happy Traum: guitarra / **Grabación:** Columbia Recording Studios / estudio B, Nueva York: 24 de septiembre de 1971 / **Productor:** Bob Dylan (?) / **Ingenieros de sonido:** Doug Pomeroy, P. Darin

Génesis y letra

Para esta canción, que data de 1967, Bob Dylan eligió uno de los temas preferidos de los *bluesmen* del Delta: las frecuentes crecidas del Mississippi. Bessie Smith cantaba ya «Backwater Blues» en 1927, Charley Patton «High Water Everywhere Blues» en 1929, y Big Bill Broonzy, John Lee Hooker, Muddy Waters... El cantautor le añadió una dimensión mística: «Va a ser la mayor inundación que se haya visto», canta en la tercera y última estrofa. Es difícil no pensar en canciones como «When The Ships Comes In» (*The Times They Are A-Changin'*) o «All Along The Watchtower» (*John Wesley Harding*). Otra canción sobre el fin de un mundo y el nacimiento de otro nuevo...

Realización

Esta canción forma parte de las grabaciones de Dylan con The Band en 1967, aparecidas bajo el título *The Basement Tapes*, por primera vez en 1975. El resultado obtenido es uno de los mejores de los que se realizaron en Big Pink. El título exacto es «Crash On The Levee (Down In The Flood)». El 24 de septiembre de 1971, con su amigo Happy Traum, realizó una nueva versión de estudio. El cantautor parece estar muy inspirado por la presencia de Traum. Canta blues con gran convicción, y las guitarras de ambos músicos se complementan perfectamente. Una interpretación de alto nivel, como lo son todas las que salieron de esta sesión. Dos tomas bastaron para grabar la canción. Una de las dos será la elegida para el doble LP *Bob Dylan's Greatest Hits Vol. II*.

PARA LOS ADICTOS A DYLAN

Parece que en un principio Dylan escribió «Down In The Flood» para los músicos de bluegrass Lester Flatt y Earl Scruggs, que la grabarán, junto a otros temas, para el álbum *Changin' Times*.

Lester Flatt y Earl Scruggs, el dúo de bluegrass para quien Dylan habría escrito «Down In The Flood».

1973

ÁLBUM
FECHA DE PUBLICACIÓN
13 de julio de 1973
Columbia Records
(REFERENCIA KC32460)

Main Title Theme (Billy)
Cantina Theme (Workin' For The Law)
Billy 1
Bunkhouse Theme
River Theme
Turkey Chase
Knockin' On Heaven's Door
Final Theme
Billy 4
Billy 7

Pat Garrett & Billy The Kid

1973

Pat Garrett & Billy The Kid,
una banda sonora

El álbum

En 1972, la MGM confía la dirección de *Pat Garrett & Billy The Kid* (*Pat Garrett y Billy The Kid*) a Sam Peckinpah, uno de los maestros del nuevo *western* de Hollywood. James Coburn y Kris Kristofferson son elegidos para interpretar respectivamente a Pat Garrett y a Billy the Kid; la escritura del guión recae en Rudy Wurlitzer, amigo de Bob Dylan. Pat Garrett, convertido en el sheriff de Nuevo México, trata de convencer a su viejo amigo, el forajido Billy el Niño, para que repare su reputación en México. Billy rechaza la propuesta. Lo arrestan y consigue escapar el día de su ejecución. Por orden del gobernador Wallace, Pat Garrett se lanza a la búsqueda de Billy, que termina en Fort Summer (Nuevo México) el 14 de julio de 1881.

¿Quién podía componer la música? Según algunas fuentes, fue Kris Kristofferson quien sugirió el nombre de Bob Dylan, ya que Sam Peckinpah pensaba en el cantante de country Roger Miller. Wurlitzer recuerda: «El guión ya estaba escrito cuando Bob vino a mi apartamento del Lower East Side [...]. Me dijo que estaba vinculado a Billy el Niño, que de algún modo era su reencarnación; era evidente que estaba obsesionado con el mito de Billy el Niño [...]. Llamé al productor (Gordon Carroll), [...] y me puse a escribir en Nueva York el papel de Bob (el de Alias). Volamos hacia Durango, en México, para ver a Peckinpah –que no tenía ni idea de lo que pasaba–[...]. Cuando le dije que había escrito un papel para Bob Dylan, y que lo había llevado hasta allí, Peckinpah se dio la vuelta y, tras

una larga pausa, le dijo a Bob: "Yo soy un gran fan de Roger Miller"».[99] En resumen, Bob Dylan obtuvo un pequeño papel a condición de que firmara la banda sonora original.

Mientras Dylan debutaba como actor bajo el cielo de Durango, compuso y grabó la banda sonora: el tema principal (la balada «Billy») y sus variaciones. Para los fans del cantautor es una buena noticia: es el primer disco en el que trabaja desde su último single «George Jackson» (finales de 1971).

Pero Dylan no es compositor de músicas para películas, es un mundo que le es extraño y que no domina. A Jerry Fielding, compositor y arreglista habitual de Sam Peckinpah, le cuesta aceptar a alguien que a sus ojos no es más que una estrella del rock que no sabe componer un tema para orquesta. Dylan no se desmontó cuando Fielding, que hacía las veces de director musical, rechazó una de sus canciones («Goodbye, Holly»): escribió varios temas y acabó por imponerse. Incluso saldrá vencedor gracias a «Knockin' On Heaven's Door», una de las canciones más conocidas de su repertorio.

La grabación

Solo se dedicarán tres sesiones de grabación a la banda sonora. Para la primera, el 20 de enero de 1973, Dylan reservó los CBS Discos Studios de México, creados por Columbia Records. Solo saldrá la canción «Billy 4» de esa sesión.

Las dos sesiones restantes, durante las cuales Dylan graba el resto de la banda sonora, se realizan durante del mes de febre-

Bob Dylan y el cineasta Sam Peckinpah durante el rodaje de la película en Durango (México).

LOS *OUTTAKES*

Billy
Under Turkey (instrumental)
Billy Surrenders
And He's Killed Me Too (instrumental)
Goodbye, Holly
Pecos Blues (instrumental)
Sweet Amarillo
Rock Me Mama
Ride Billy Ride

ro (no se conocen las fechas exactas), en los Burbank Studios, cerca de Los Ángeles (California). Estos estudios, que originalmente eran los NBC Studios, estaban en funcionamiento desde 1955, y albergaron el rodaje de numerosas películas y programas de televisión, como el *Elvis Presley's 68 Comeback Special*, que marcará el gran regreso del Rey.

En cuanto a los músicos, algunos son «viejos amigos» de Bob: Bruce Langhorne (que vuelve desde *Bringin' It All Back Home*), Russ Kunkel y Jim Keltner. Entre los otros, podemos citar a Roger McGuinn (The Byrds) a la guitarra, Booker T. Jones (Booker T & The MG's, etc.) al bajo, o Byron Berline (The Rolling Stones, The Flying Burrito Brothers, etc.) al *fiddle*. Los músicos restantes se detallarán en cada tema del álbum.

Un fracaso y un éxito

Estrenada en las salas estadounidenses el 23 de mayo de 1973, el *western* de Sam Peckinpah es vapuleado por la crítica (debido principalmente a los cortes que la MGM exigió).

El vinilo de 33 rpm de Dylan (su primera banda sonora, pero su duodécimo álbum de estudio) estará disponible dos meses después, el día 13 de julio. Las canciones del álbum difieren un poco de las que se pueden escuchar en la película y las del

Director's cut. La banda sonora tampoco provoca euforia. Aunque la mayor parte de los críticos valoran el hecho de que Dylan haya recuperado su voz, en general también consideran que la obra no tiene un gran interés, y Jon Landau de *Rolling Stone* incluso la compara a *Self Portrait*. Una cosa es segura, y es que el álbum no contribuirá a mejorar las relaciones entre la CBS y el cantautor (que publicará dos álbumes en Asylum), ni entre la CBS y Clive Davis, el jefe de la división musical, que será despedido por renovar el contrato de Dylan con una cláusula muy ventajosa para este. Sin embargo, *Pat Garrett & Billy The Kid* hará un buen papel en las listas de éxitos, con un número 16 y un número 29 en las listas de Estados Unidos y el Reino Unido respectivamente, debido sin duda al éxito planetario de «Knockin' On Heaven's Door». Bob Dylan será nominado a los premios Bafta y Grammy de 1974 por su banda sonora.

La carátula

La portada del duodécimo álbum de estudio de Dylan es de una sobriedad absoluta. Sobre un fondo blanco se lee, en sepia, «Bob Dylan Soundtrack» y, en negro, el título. Para la contraportada se eligió una fotografía de la película. Billy el Niño de rodillas, mientras que Pat Garrett apunta su arma al pecho del forajido. El concepto de la portada es del famoso diseñador gráfico John Van Hamersveld, que había creado la versión americana de la portada de *Magical Mystery Tour* de los Beatles y, sobre todo, la de *Exile On Main St.*, una de las obras maestras de los Rolling Stones.

Datos técnicos

El ingeniero de sonido que controla los mandos es Dan Wallin, que realizará trabajos destacables con numerosos artistas, como Stanley Clarke o Willie Nelson, pero también en el mundo del cine, lo que le valdrá en 2007 un Oscar que compartirá con Michael Giacchino por la mejor banda sonora por la película *Ratatouille*.

Main Title Theme (Billy)

Bob Dylan / 6'05 minutos

Músicos: Bob Dylan: guitarra; Bruce Langhorne: guitarra; Booker T. Jones: bajo; Russ Kunkel: pandereta / **Grabación:** Burbank Studios, Burbank (California): febrero de 1973 / **Productor:** Gordon Carroll / **Ingeniero de sonido:** Dan Wallin

Génesis y realización

Tres acordes y empieza la función. El tema principal de la película de Peckinpah se sumerge directamente en el corazón del mito del Oeste. A lo largo de estos 6 minutos, Dylan crea una atmósfera nostálgica, casi serena, a pesar de una cierta tensión que se puede percibir al escuchar el tema. Mientras rasca su guitarra, Bruce Langhorne, que había engrandecido «Mr. Tambourine Man» en 1965, vuelve al servicio e improvisa variaciones de tonalidad ligeramente mariachi. A partir de 1'20 distinguimos el bajo de Booker T. Jones, a lo lejos. En el minuto 2'40 el bajo toma un protagonismo repentino y refuerza la tensión del tema. Hay que destacar la interpretación de Russ Kunkel, que toca la pandereta sin variar el tempo. «Main Title Theme (Billy)» es una improvisación, lejos de los estándares a los que el cine americano de la época estaba acostumbrado. Dylan no la ha tocado nunca en público.

Cantina Theme (Workin' For The Law)

Bob Dylan / 2'56 minutos

Músicos: Bob Dylan: guitarra; Bruce Langhorne: guitarra; Roger McGuinn: guitarra; Booker T. Jones: bajo; Russ Kunkel: bongos / **Grabación:** Burbank Studios, Burbank (California): febrero de 1973 / **Productor:** Gordon Carroll / **Ingeniero de sonido**: Dan Wallin

Génesis y realización

De nuevo, tres acordes de guitarra que se repiten sin cesar y que contribuyen a la dramaturgia de la película. Roger McGuinn hace su primera aparición a la guitarra eléctrica, pero no toca la Rickenbacker de 12 cuerdas que lo hizo famoso... El color del tema se debe principalmente a los bongos muy reverberados de Russ Kunkel. A día de hoy, el tema no se ha interpretado nunca sobre un escenario.

Billy 1

Bob Dylan / 3'55 minutos

Músicos: Bob Dylan: voz, guitarra, armónica; Bruce Langhorne: guitarra; Booker T. Jones: bajo / **Grabación:** Burbank Studios, Burbank (California): febrero de 1973 / **Productor:** Gordon Carroll / **Ingeniero de sonido:** Dan Wallin

Génesis y realización

James Coburn recuerda la noche en que Dylan interpretó el tema de Billy por primera vez. Fue en la casa del director, alrededor de una botella de tequila. «Sam dijo: "Bueno, amigo, veamos cómo va eso. ¿Has traído la guitarra?" Fueron a un pequeño entrante. Sam tenía un balancín. Bobby se sentó en un taburete justo delante del balancín. Solo estaban ellos dos. Bobby tocó tres o cuatro temas. Sam volvió con un pañuelo en los ojos. "Dios mío, hombre de Dios. ¿Quién es este tipo? Lo contratamos"».[66] Entre los temas que tocó ese día, estaba «Billy 1». El color mexicano encaja perfectamente con el tema. No se trata de un instrumental sino de una canción. Tras una larga introducción de armónica (en sol), empieza a cantar a partir de 1'34. Aunque el texto registrado en 1972 tiene diez estrofas, solo canta las tres primeras, que describen la vida de Billy el forajido, buscado por sheriffs y cazadores de recompensas. Bob Dylan solo la ha tocado una vez en directo, en el Berns Club de Estocolmo (Suecia), el 22 de marzo de 2009.

Bunkhouse Theme

Bob Dylan / 2'16 minutos

Músicos: Bob Dylan: guitarra; Carol Hunter: guitarra /
Grabación: Burbank Studios, Burbank (California):
febrero de 1973 / **Productor:** Gordon Carroll / **Ingeniero
de sonido:** Dan Wallin

Génesis y realización

Dos guitarras, la de Bob y la de Carol Hunter, excelente guitarrista que grabó, entre otros, con Neil Diamond, y que habría rechazado la oferta de Dylan de participar como primera guitarrista en su Rolling Thunder Revue. «Bunkhouse Theme» es un tema instrumental cercano al espíritu mariachi, que hasta ahora nadie ha podido escuchar en directo.

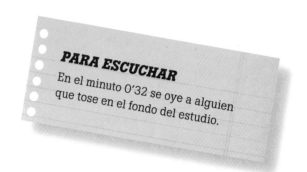

PARA ESCUCHAR
En el minuto 0'32 se oye a alguien que tose en el fondo del estudio.

Bob Dylan, actor y cantante en *Pat Garrett & Billy the Kid*.

River Theme

Bob Dylan / 1'28 minutos

Músicos: Bob Dylan: coros, guitarra; Bruce Langhorne:
guitarra; Booker T. Jones: bajo; Donna Weiss, Priscilla
Jones, Byron Berline: coros / **Grabación:** Burbank Studios,
Burbank (California): febrero de 1973 / **Productor:**
Gordon Carroll / **Ingeniero de sonido:** Dan Wallin

Génesis y realización

Dylan invitó a sus amigos para que tararearan con él unos «la la la» para «River Theme». En los coros, Donna Weiss, que cantará para Joe Cocker o que interpretará «Bette Davis Eyes» para Kim Carnes en 1998; Priscilla Jones, que cantará para Crosby, Stills & Nash o The Pretenders, y Byron Berline, que en este tema abandona el violín. «River Theme» da la impresión de no ser más que una maqueta, cosa que no tiene por qué resultar desagradable. El tema nunca se ha tocado en directo.

Turkey Chase

Bob Dylan / 3'34 minutos

Músicos: Bob Dylan: guitarra; Bruce Langhorne: guitarra;
Booker T. Jones: bajo; Byron Berline: *fiddle*; Jolly Roger:
banjo / **Grabación:** Burbank Studios, Burbank (California):
febrero de 1973 / **Productor:** Gordon Carroll / **Ingeniero
de sonido:** Dan Wallin

Génesis y realización

«Turkey Chase» es el tema más country de toda la banda sonora. Incluso podría inscribirse en la tradición bluegrass, y por eso el violín de Byron Berline y el banjo de Jolly Roger adquieren tanto protagonismo. Los cinco músicos están en perfecta armonía, y su interpretación es muy divertida y pegadiza, aunque nunca la hayan tocado en directo.

Knockin' On Heaven's Door

Bob Dylan / 2'33 minutos

Músicos
Bob Dylan: guitarra
Roger McGuinn: guitarra
Terry Paul: bajo
Jim Keltner: batería
Carl Fortina: armonio
Carol Hunter, Donna Weiss, Brenda Patterson: coros
Grabación
Burbank Studios, Burbank (California): febrero de 1973
Equipo técnico
Productor: Gordon Carroll
Ingeniero de sonido: Dan Wallin

Axl Rose (izquierda) y Slash de Guns N' Roses, a quien debemos una potente versión de «Knockin' On Heaven's Door».

Génesis y letra

Entre los temas grabado en los CBS Discos Studios de México el 20 de enero de 1973, se encuentra «Goodbye Holly» que es, junto a «Billy», y en ese momento de la producción, la única canción no instrumental de la banda sonora compuesta por Dylan. Jerry Fielding, el arreglista de Sam Peckinpah, no la aprueba, ya que, como escribe a Clinton Heylin, «estaba acostumbrado a trabajar con gente que sabía leer música, no con gente que quisiera reinventarla»[66] y que, más adelante, lamentaría que «Dylan nunca entendió lo que quería».[66] Comentario del aludido: «A Fielding le dio un ataque cuando escuchó el tema».[66]

Así que Bob Dylan se ve obligado a volver a trabajar. Durante el rodaje de la película en México, compone «Knockin' On Heaven's Door». Las dos primeras frases le vienen de repente: «Mamá quítame esta insignia, no voy a necesitarla más». Son las palabras del sheriff Colin Baker (Slim Pickens), herido de muerte por la banda de Billy el Niño ante los ojos de su mujer (Katy Jurado). En 1985, Dylan confiesa a Cameron Crowe: «La escribí para Slim Pickens y Katy Jurado. Tenía que hacerlo».[12] Pero, más allá de la necesidad de ilustrar musicalmente la escena de la película, podemos leer un mensaje de paz que Dylan dirige a Estados Unidos, un país traumatizado a la vez por la salida del conflicto de Vietnam y el escándalo del Watergate. El protagonista de la canción se convierte en un soldado que, en su lecho de muerte, se cuestiona sobre la legitimidad de sus acciones y parece rechazar toda gloria. «Hay demasiada oscuridad para mis ojos / Es como si llamara a la puerta del Paraíso». El juicio final se acerca. Le pide a su madre que ponga sus armas en el suelo, porque «una larga nube negra» se cierne sobre él. ¿Merece entrar por la puerta del Paraíso? En esta canción hay una dimensión mística extraordinaria; típicamente dylaniana, podríamos decir.

Realización

Cuatro acordes, un estribillo que parece una cancioncilla infantil (al menos por su sonoridad), dos estrofas muy sencillas (un récord en la obra del cantautor), un mensaje claro y Dylan lanza su mayor éxito desde «Lay, Lady, Lay». Hay que decir que la canción es irresistible. Esta especie de góspel-rock tiene una estructura muy sencilla, la guitarra eléctrica de McGuinn en arpegios, la guitarra acústica de Dylan en *strumming*, el ar-

Eric Clapton tuvo un gran éxito en Francia en 1975 con su versión «relajada» de «Knockin' On Heaven's Door».

COVERS

En 1975 Eric Clapton grabó «Knockin' On Heaven's Door» inspirándose en la versión de Arthur Louis (que había conseguido ser número 29 en las listas de éxitos en Francia). En 1987 fueron los Guns N'Roses los que incluyeron a su repertorio de la canción de Dylan, con gran éxito, ya que será número 2 en el Reino Unido en mayo de 1992. Entre las otras adaptaciones cabe destacar la de Grateful Dead, Avril Lavigne, Phil Collins, Mark Knopfler, Bruce Springsteen o U2.

monio de Fontina en acordes sostenidos, el bajo de Paul que toca fundamentales y la batería de Keltner que se mantiene muy sobria, con una interpretación en *rimshot* realzada por un breve *delay* en la primera estrofa. El conjunto se acompaña de los magníficos coros y la voz muy reverberada de Dylan. «Knockin' On Heaven's Door» es todo un logro, un meteorito que debió de sorprender a la producción de la película por su calidad que, hay que reconocerlo, es muy superior a la del resto de la banda sonora. Jim Keltner recuerda: «En aquella época, nos encontrábamos en un gran estudio, y veíamos una enorme pantalla en la pared [con] la escena que se desarrollaba mientras tocábamos. Lloré durante toda la toma».[15]

Existen muchas versiones del tema. Al principio Sam Peckinpah quería un instrumental, y Dylan se sometió a su voluntad. Luego hizo una variante, con la voz. Y luego una versión cantada y orquestada que será la que finalmente se incluirá en al banda sonora. Otra versión dará lugar a un single (con «Turkey Chase» en la cara B); aparecido el 13 de julio de 1973, el disco llegará a los números 12 y 14 en Estados Unidos y el Reino Unido respectivamente, el 29 de septiembre y el 6 de octubre. Desde el concierto del Chicago Stadium del 4 de enero de 1974 y hasta 2004, Bob Dylan ha interpretado con frecuencia «Knockin' On Heaven's Door»; también en el concierto de celebración de sus 30 años de trayectoria.

Final Theme

Bob Dylan / 5'23 minutos

Músicos: Bob Dylan: guitarra; Roger McGuinn: guitarra; Carol Hunter: guitarra; Terry Paul: bajo, coros; Jim Keltner: batería; Gary Foster: flauta; Carl Fontina: armonio; Fred Kat, Ted Michel: violoncelos; Donna Weiss, Brenda Patterson: coros **/ Grabación:** Burbank Studios, Burbank (California): febrero de 1973 **/ Productor:** Gordon Carroll **/ Ingeniero de sonido:** Dan Wallin

Génesis y realización

Uno de los temas más logrados del álbum. La parte de flauta es de una gran sutileza. Se la debemos a Gary Foster, magnífico músico vinculado al West Coast Jazz, pero que tocaría con músicos como Paul McCartney, Dr. John, Quincy Jones y Prince. Curiosamente, la introducción de este «Final Theme» recuerda a «Knockin' On Heaven's Door». Pero la orquestación que sigue anula muy deprisa esta impresión. Podemos lamentar que los dos violoncelos quedaran muy alejados en la mezcla.

Billy 4

Bob Dylan / 5'03 minutos

Músicos: Bob Dylan: voz, guitarra, armónica; Terry Paul: guitarra **/ Grabación:** CBS Discos Studios, México: 20 de enero de 1973 **/ Productor:** Gordon Carroll **/ Ingeniero de sonido:** Dan Wallin

Génesis y realización

Una nueva variante de «Billy», la única canción que se conservó de la sesión mexicana. Bob Dylan sigue con las aventuras de Billy el Niño, apoyándose en una balada del mismo nombre. En la canción tradicional, que interpretaba Woody Guthrie, «jóvenes mexicanas tocan la guitarra / Y cantan una canción sobre Billy, el rey de los bandidos». En la canción de Dylan, las jóvenes mexicanas se han convertido en reinas bohemias. Con solo dos guitarras y una armónica, «Billy 4» es la canción más «dylanesca» del álbum. Sin duda el cantautor quería volver a sus referencias para esa primera sesión de grabación.

Billy 7

Bob Dylan / 2'08 minutos

Músicos: Bob Dylan: voz, guitarra; Roger McGuinn: guitarra; Terry Paul: guitarra; Jim Keltner: batería **/ Grabación:** Burbank Studios, Burbank (California): febrero de 1973 **/ Productor:** Gordon Carroll **/ Ingeniero de sonido:** Dan Wallin

Génesis y realización

El álbum *Pat Garrett & Billy The Kid* se cierra con «Billy 7». El forajido pasa la noche con una dulce señorita y bebe en un bar para ahogar las penas. Detrás de la voz y la guitarra, la caja evoca un trueno, o disparos. Sabemos que Pat Garrett mató a Billy el 14 de julio de 1881. Es una canción típica del estilo del cantautor; los tres músicos no tienen que esforzarse mucho para acompañar a Dylan de forma idónea. Hay que destacar algunas notas de guitarra tocadas en *bottleneck* o con *pedal steel guitar*, sin duda por *overdub* (¿McGuinn?).

PARA LOS ADICTOS A DYLAN

Grabada en la sesión mexicana del 20 de enero de 1973, «Billy Surrenders» no se encuentra en el álbum, pero podemos escucharla en la película y en el *Director's cut* (montaje del director). Chet Flippo escribió en el número del 15 de marzo de 1973 de *Rolling Stone*: «Dylan y Terry Paul empiezan a entonar un hipnótico «*la la*» que va en crescendo; se apoyan y se motivan. Improvisan durante 4'89».

1973

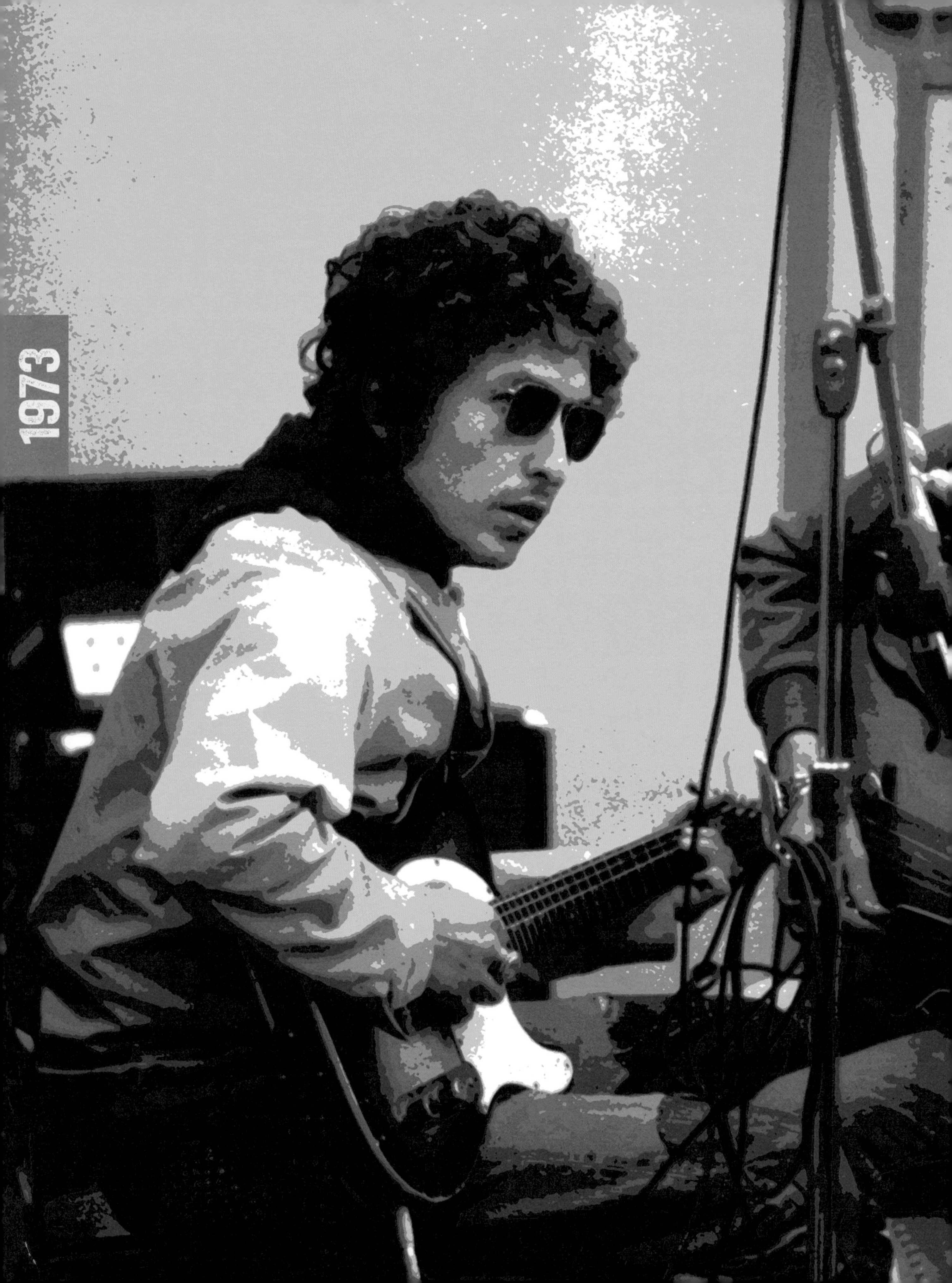

Dylan

Lily Of The West
Can't Help Falling In Love
Sarah Jane
The Ballad Of Ira Hayes
Mr. Bojangles
Mary Ann
Big Yellow Taxi
A Fool Such As I
Spanish Is The Loving
Tongue

ÁLBUM
FECHA DE PUBLICACIÓN
16 de noviembre de 1973
Columbia
(REFERENCIA COLUMBIA PC32747)

PARA LOS ADICTOS A DYLAN

«Runnin'» y «Alligator Man», dos canciones descartas salidas respectivamente de *Self Portrait* y *New Morning*, se incluyeron en la lista de canciones de álbum, pero luego fueron sustituidas.

1973

Dylan,
la venganza de Columbia

Un álbum de Dylan sin Dylan

La «venganza de Columbia»: este es el sobrenombre del decimotercer álbum de Dylan. Publicado contra la voluntad del cantautor, pero por deseo de los responsables de la compañía discográfica. Esta obra, que no contiene ninguna canción firmada por el cantautor, sino que está compuesta de tradicionales o éxitos pop, nunca habría visto la luz si Dylan se hubiera quedado en Columbia. Un resumen de los hechos: en 1972, unos meses después de la publicación de su *Greatest Hits Vol. II*, Dylan renueva su contrato con Columbia por iniciativa de Clive Davis, director de la división musical. Pero aunque la banda sonora del *western* se vendió razonablemente bien, la crítica la hundió. De ahí la alteración de las relaciones entre la dirección de Columbia y Dylan, a la que siguió el despido de Clive Davis (29 de mayo de 1973), la anulación de la cláusula de los 400.000 dólares y la partida inmediata de Dylan. A finales de 1973, Goddard Lieberson, presidente de Columbia Records, mete el dedo en la llaga: «No dudo de que hubo una época en la que las discográficas explotaban a los artistas, pero ahora hemos llegado al punto en el que son los artistas los que explotan a las discográficas».[7] Enseguida lamentará haber dejado que Dylan se fuera a la competencia; concretamente al sello Asylum Records de David Geffen que, según algunos, estaría dirigido oficiosamente por Clive Davis. Por consiguiente, Columbia tiene que arreglárselas sin Bob Dylan, o al menos sin su consentimiento. Así, el 16 de noviembre de

1973, un mes y medio antes de la publicación de *Planet Waves* con Asylum y del inicio de una gran gira con The Band (¡la primera desde 1966!), Columbia lanza la nueva obra del cantautor, titulada *Dylan* en Estados Unidos y *Dylan –A Fool Such As I* en Europa. No se trata de un recopilatorio, sino de una selección de canciones descartadas, sacadas de sesiones antiguas: a excepción de «A Fool Such As I» y «Spanish Is The Loving Tongue», que provienen de las sesiones de *Self Portrait*, todas las canciones salen de las sesiones de *New Morning*. Cuando se publica, el álbum es duramente criticado en la prensa especializada… Sin embargo, *Dylan* no será un fracaso comercial, aunque es el primer álbum del cantautor que no llega a la lista de éxitos del Reino Unido. En Estados Unidos, en cambio, llegará al número 17 de las listas y será disco de oro. Para los detalles técnicos y los instrumentos utilizados en este álbum, véanse los álbumes *Self Portrait* y *New Morning*.

La carátula

La portada de *Dylan* no basta para salvar el disco. La misma fotografía de Al Clayton ocupa la portada y la contraportada. Vemos al músico de perfil, con la cabeza inclinada, como si estuviera sumergido en una profunda meditación. El tratamiento en serigrafía de la portada es de Richard Kenserson; en la contraportada, el tratamiento monocromo de John Berg da la impresión de que la fotografía está impresa sobre mármol o pierda. De ahí su dimensión mística.

Lily Of The West

Tradicional / arreglos de Eileen Davies – James N. Peterson / 3'49 minutos

Músicos
Bob Dylan: voz, guitarra, armónica
Ron Cornelius: guitarra
Al Kooper: clavinet (?)
Charlie Daniels: bajo
Russ Kunkel: batería
Hilda Harris, Albertine Robinson,
Maeretha Stewart: coros

Grabación
Columbia Recording Studios / estudio E, Nueva York:
3 de junio de 1970

Equipo técnico
Productor: Bob Johnston
Ingenieros de sonido: Don Puluse, Ted Brosnan

El trío Peter, Paul and Mary grabó
«Lily Of The West» en 1963.

Génesis y realización

«Lily Of The West» es una balada de las islas británicas. En la canción se podría percibir el resentimiento de los irlandeses católicos frente a la dominación inglesa, pero probablemente trata de las desilusiones que experimentaron los inmigrantes británicos llegados de Irlanda, Escocia o Inglaterra al establecerse en las tierras del Nuevo Mundo. A lo largo de varias décadas la canción fue entrando en el patrimonio norteamericano. El narrador cuenta sus desventuras la primera vez que llega a Louisville (Kentucky): conoce a una hermosa muchacha de Lexington, de la que se enamora perdidamente. Esta lo traiciona, y él se venga apuñalando a su rival, antes de ser arrestado y juzgado... Se explica que el bello «lirio del oeste» era la hija de un pastor de Lexington.

Después de Joan Baez en 1961 y Peter, Paul and Mary en 1963, Bob Dylan incluye esta tradicional en su repertorio. Durante las sesiones de *New Morning* se realizaron dos tomas el 3 de junio de 1970, y cuatro tomas más dos días después. Parece, no obstante, que fue una de las del 3 de junio la que se eligió para el álbum. Como tema de obertura del disco, esta «Lily Of The West» no ofrece nada especialmente interesante, a no ser que nos fijemos en que Al Kooper toca un teclado que parece ser un clavinet, y que los coros retoman débilmente la última frase de cada estrofa. No es una canción indispensable. De hecho, Dylan nunca la ha cantado en directo.

Can't Help Falling In Love

George Weiss – Hugo Peretti – Luigi Creatore / 4'19 minutos

Músicos: Bob Dylan: voz, guitarra, armónica; David Bromberg: guitarra; Al Kooper: órgano; Charlie Daniels: bajo; Russ Kunkel: batería; (?): caja china; Hilda Harris, Albertine Robinson, Maeretha Stewart: coros / **Grabación:** Columbia Recording Studios / estudio E, Nueva York: 3 de junio de 1970 / **Productor:** Bob Johnston / **Ingenieros de sonido:** Don Puluse, Ted Brosnan

Génesis y realización

«Can't Help Falling In Love» se basa en «Plaisir d'amour», canción compuesta en 1780 por Jean-Paul-Égide Martini (con arreglos de Hector Berlioz). En Estados Unidos la canción tuvo un gran éxito gracias a la adaptación de Elvis Presley, que la cantó en la película *Blue Hawaii (Amor en Hawái)* de Norman Taurog en 1961: fue número 2 en la lista de éxitos en el mismo año 1961, y volvió a hacer un repunte de popularidad cuando se emitió el famoso *NBC-TV Special Elvis* en 1968. «No puedo evitar amarte»: una hermosa declaración que también inspiró a Dylan. ¿El cantante quiso cazar en las tierras del Rey cantando esta canción? En todo caso, la tentación fue lo bastante fuerte como para que la grabara durante las sesiones de *New Morning*. Lamentablemente, la comparación con Elvis le juega en contra, ya que al cantautor le falta convicción. Solo sus intervenciones a la armónica (en la) son inspiradas. Al Kooper se distingue por una buena interpretación de órgano, y David Bromberg por un eficaz solo de guitarra acústica. También se escucha una caja china, tocada por un músico no identificado. Se realizaron tres tomas el 3 de junio. Una de las tres saldrá del cajón para formar parte del álbum *Dylan*. El cantautor no la ha interpretado nunca sobre un escenario.

Sarah Jane

Tradicional / arreglos de Bob Dylan / 2'54 minutos

Músicos: Bob Dylan: voz, guitarra; David Bromberg: guitarra; Ron Cornelius: guitarra; Al Kooper: piano; Charlie Daniels: bajo; Russ Kunkel: batería; Hilda Harris, Albertine Robinson, Maeretha Stewart: coros / **Grabación:** Columbia Recording Studios / estudio E, Nueva York: 1 de junio de 1970 / **Productor:** Bob Johnston / **Ingenieros de sonido:** Don Puluse, Ted Brosnan

Génesis y realización

«Sarah Jane» es una canción folklórica, de acuerdo. Pero es muy difícil no establecer un paralelismo con la vida de Bob Dylan. *«I've got a wife and five little children»*: así empieza la canción. El cantautor no solo está casado con Sara, sino que además es padre de cuatro hijos (Jesse, Anna, Samuel y Jakob) y padre adoptivo de Maria (la hija de Sara). Una familia feliz que vive en Woodstock, lejos de las luces artificiales de la metrópolis, donde no tiene nada más que hacer que cantar y expresar su alegría de vivir. También se menciona que los «Yanquis han construido barcos para disparar a los rebeldes» –es decir, a los soldados de la confederación. «Sarah Jane» (escrito *Sara* en el informe de estudio) dio lugar a ocho tomas el 1 de junio de 1970. Para el álbum se eligió la quinta o la octava. No hay duda de que el tema no forma parte de las obras maestras del cantautor. Para Gilbert Cruz de *Time*, esta canción se encuentra entre las «diez peores» de Dylan, y además añade que «suena como si Dylan cantara con un micro situado en el otro extremo del estudio».[100] Hay que reconocer que sus *«la la la»* dan escalofríos, a pesar del acompañamiento de las coristas. Parece como si esta versión fuera una prueba rápida, ya que se grabó en la primera sesión de grabación dedicada al álbum (un mes antes, Dylan estaba grabando con su amigo George Harrison). Se lo podemos perdonar. Bob Dylan ha cantado «Sarah Jane» una sola vez en directo, el 1 de mayo de 1960 en St Paul (Minnesota).

The Ballad Of Ira Hayes

Peter LaFarge / 5'14 minutos

Músicos
Bob Dylan: voz, piano
Ron Cornelius: guitarra
Al Kooper: órgano
Charlie Daniels: bajo
Russ Kunkel: percusiones (?)
Hilda Harris, Albertine Robinson
Maeretha Stewart: coros
Grabación
Columbia Recording Studios / estudio E, Nueva York:
1 de junio de 1970
Equipo técnico
Productor: Bob Johnston
Ingenieros de sonido: Don Puluse, Ted Brosnan

IRA HAYES EN EL CINE

Después de encarnarse a sí mismo junto a John Wayne en *Sands of Iwo Jima* (*Arenas sangrientas*, 1949) de Allan Dwan, Ira Hayes se convirtió en uno de los personajes clave, interpretado por Adam Beach, de *Flags of Our Fathers* (*Banderas de nuestros padres*, 2008), de Clint Eastwood.

Génesis y letra

Esta canción fue compuesta en 1962 por Peter LaFarge, cantante folk y amigo de Bob Dylan, con quien frecuentaba los clubes del Village a principios de la década de 1960. Trata de uno de los grandes actos de heroicidad de Estados Unidos durante la segunda guerra mundial: la batalla de Iwo Jima (19 de febrero-26 de marzo de 1945), al final de la cual los estadounidenses lograron conquistar la isla del Pacífico situada a unos 1.000 km al sur de Tokio. Una imagen, capturada por Joe Rosenthal, pasó a la historia: cinco marines y un miembro del equipo médico plantando una bandera de Estados Unidos en la cima del monte Suribachi. Ira Hayes era uno de estos cinco marines. Era un nativo americano, descendiente del pueblo Pima, que vivía en una reserva de Arizona antes de alistarse; después de los hechos recibió honores de héroe, pero se sumió en el alcoholismo. «Está muerto, borracho, una mañana / Solo en la tierra por la que había luchado». En resumen: todo un símbolo.

Realización

Después de Peter LaFarge (*Ira Hayes & Other Ballads*, 1962), muchos intérpretes han grabado su propia versión de «The Ballad Of Ira Hayes». La adaptación más famosa es sin duda la de Johnny Cash, que se encuentra en el álbum *Bitter Tears (Ballads Of The American Indian*, otoño de 1964). Seis años más tarde Bob Dylan también grabó la balada, conservando la idea de una estrofa recitada y un estribillo cantado. El estribillo presenta una curiosa similitud con «The Man In Me», que el cantautor grabara cuatro días después para el álbum *New Morning*. Una sola toma fue suficiente, en la sesión del 1 de junio de 1970. La grabación se rescató de los cajones de Columbia para el álbum *Dylan*. «The Ballad Of Ira Hayes» es una de las mejores versiones del disco, pero Dylan nunca la tocará en directo. El cantautor toca el piano y hace una buena interpretación vocal. Los coros aportan un auténtico toque góspel, acompañados por el órgano de Al Kooper. A partir del minuto 2'25 se puede oír una percusión metálica, que sin duda tocaba Russ Kunkel.

Amigo de Bob Dylan, Peter LaFarge es el compositor de «The Ballad Of Ira Hayes».

Mr. Bojangles

Jerry Jeff Walker / 5'35 minutos

Músicos
Bob Dylan: voz, guitarra
Al Kooper: órgano
Charlie Daniels: bajo
Russ Kunkel: batería
Hilda Harris, Albertine Robinson
Maeretha Stewart: coros
Grabación
Columbia Recording Studios / estudio E, Nueva York: 2 de junio de 1970
Equipo técnico
Productor: Bob Johnston
Ingenieros de sonido: Don Puluse, Ted Brosnan

Jerry Jeff Walker, a quien Dylan rinde homenaje incluyendo «Mr. Bojangles» en su repertorio.

Génesis y letra

El cantante y autor-compositor de country & western Jerry Jeff Walker confesó haber compuesto «Mr. Bojangles» en recuerdo de un curioso personaje que decía llamarse Bojangles, al que había conocido en la cárcel de Nueva Orleans. Aunque el nombre provenga de la más pura fantasía, lo que es seguro es que el hombre era un bailarín callejero excepcional, un maestro del claqué, así que la canción no hace referencia al *entertainer* afroamericano Bill «Bojangles» Robinson. Así, la canción de Jerry Jeff Walker nos narra el encuentro con Mr. Bojangles, y las vivencias de ese hombre «de pelo plateado», vestido con «una camisa hecha trizas, grandes pantalones, y calzado con unos zapatos viejos y ligeros», que «saltaba muy alto» y «bailaba en la celda».

Realización

Esta historia ha seducido a muchísimos intérpretes, ya que existen numerosas adaptaciones de «Mr. Bojangles», desde J. J. Cale hasta Garth Brooks y desde Neil Diamond hasta Nina Simone, sin olvidar a la Nitty Gritty Dirt Band que, en 1972, accedió con la canción de Walker a los números 2 y 9 de las listas de éxitos, en Canadá y Estados Unidos respectivamente. Unos meses antes Bob Dylan también firmó una bella versión de «Mr. Bojangles», en seis tomas, el 2 de junio de 1970. La última fue la que se escogió para *Dylan*. En la canción recuperamos el espíritu folk del cantautor, que interpreta esta balada con el corazón. Con un poco más trabajo, la canción habría encontrado su lugar en *Self Portrait*. Las coristas y el órgano de Al Kooper aportan el toque góspel que parece reinar sobre el álbum en su conjunto. Parece que Dylan es el único que toca la guitarra.

Mary Ann

Tradicional / arreglos de Bob Dylan / 2'44 minutos

Músicos: Bob Dylan: voz, guitarra; David Bromberg: guitarra; Ron Cornelius: guitarra; Al Kooper: órgano; Charlie Daniels: bajo; Russ Kunkel: batería; Hilda Harris, Albertine Robinson, Maeretha Stewart: coros **/ Grabación:** Columbia Recording Studios / estudio E, Nueva York: 1 y 2 de junio de 1970 **/ Productor:** Bob Johnston **/ Ingenieros de sonido:** Don Puluse, Ted Brosnan

Génesis y realización

Esta nueva canción tradicional del repertorio de Bob Dylan evoca uno de los temas clave para el cantautor desde principios de los años 1960 y de su separación de Suze Rotolo: el adiós al ser amado, en este caso de un joven marinero que se marcha a 10.000 millas de su casa. En este aspecto, «Mary Ann» se parece mucho a «Farewell», grabada en Witmark (*The Bootleg Series, Vol. 9*) y también un poco a «Girl From The North Country» (*The Freewheelin' Bob Dylan*) y a «Tomorrow Is A Long Time» (*Bob Dylan's Greatest Hits Volume II*). Bob Dylan debía de querer mucho a esta «Mary Ann», ya que le dedicará hasta siete tomas el 1 de junio y nueve al día siguiente. Además, Al Kooper hará su propia mezcla de la canción en julio, con vistas a incorporarla a *New Morning*. Es bastante sorprendente, ya que la versión que aparece en este disco (que es la séptima toma del 2 de junio) no está muy lograda; el conjunto es bastante convencional, los coros góspel no aportan nada, Dylan canta sin convicción… Una «Mary Ann» que está lejos de ser inolvidable.

Big Yellow Taxi

Joni Mitchell / 2'16 minutos

Músicos: Bob Dylan: voz, guitarra; Al Kooper: órgano; Charlie Daniels: bajo; Russ Kunkel: congas; Hilda Harris, Albertine Robinson, Maeretha Stewart: coros **/ Grabación:** Columbia Recording Studios / estudio E, Nueva York: 4 de junio de 1970 **/ Productor:** Bob Johnston **/ Ingenieros de sonido:** Don Puluse, Ted Brosnan

Génesis y realización

Joni Mitchell: «Escribí "Big Yellow Taxi" durante mi primer viaje a Hawái. […] Vi unas montañas verdes muy hermosas a lo lejos. Luego, miré hacia abajo y había un parking que se extendía hasta más allá de lo que alcanzaba la vista, y me partió el corazón… toda esa herrumbre en el paraíso. Me senté y escribí esta canción».

«Big Yellow Taxi», que se encuentra en el monumental *Ladies Of The Canyon* (1970), es uno de los primeros grandes manifiestos de la «Woodstock Nation» a favor de la ecología. También fue un gran éxito comercial para Joni Mitchell, llegando a los números 11 y 14 de las listas de éxitos del Reino Unido y de Estados Unidos respectivamente. La canción también tiene una lectura más personal: el gran taxi amarillo hace referencia a los taxis de Toronto, donde la cantante canadiense se inició, y simboliza una partida (¿el padre?) o una ruptura (¿el marido o el amante?). Esto es precisamente lo que sedujo a Bob Dylan, aunque el cantautor se tomará la libertad de transformar el «big yellow taxi» en «big yellow bulldozer». La versión de Dylan no se aleja mucho de la de Joni Mitchell. El mismo ambiente acústico, las mismas percusiones, los mismos coros… Lo único que distingue las dos versiones es el órgano muy reverberado de Kooper. Y la voz ronca de Bob, que contrasta de forma clara con la voz angelical de la soprano canadiense. El máster resultó del montaje entre la quinta y la sexta tomas grabadas el 4 de junio de 1970.

A Fool Such As I

Bill Trader / 2'41 minutos

Músicos: Bob Dylan: voz, guitarra; Charlie Daniels: guitarra; Norman Blake: guitarra; Fred Carter Jr.: guitarra; Pete Drake: *pedal steel guitar*; Bob Wilson: piano; Charlie McCoy: bajo; Kenneth Buttrey: batería; June Page, Dolores Edgin, Carol Montgomery, Millie Kirkham, Dottie Dillard: coros (?) / **Grabación:** Columbia Recording Studios, Nashville (Tennessee): 26 de abril de 1969 / **Productor:** Bob Johnston / **Ingeniero de sonido:** Neil Wilburn

Génesis y realización

Compuesta por Bill Trader, «(Now and Then There's) A Fool Such As I» representó un enorme éxito para el pionero de la música country Hank Snow (llegando al número 4 de las listas de country del *Billboard* a principios de 1953). Una historia de amor que se termina, lo que no impide que el amante abandonado proclame su amor hasta el último día de su vida: la historia es tan vieja como el mundo, pero ha dado lugar a canciones maravillosas. «(Now and Then There's) A Fool Such As I» ha sido grabada en incontables ocasiones por los intérpretes más variados, como Elvis Presley, que la incluyó como cara B del single «I Need Your Love Tonight», que llegó a los números 1 y 2 en 1959 en el Reino Unido y en Estados Unidos respectivamente. El 26 de abril de 1969, en Nashville, durante las sesiones de *Self Portrait*, Bob Dylan y sus músicos grabaron una versión rhythm'n'blues del tema (en una sola toma), muy distinta de la versión *shuffle* del Rey, más ligera y saltarina. Aunque el resultado es muy digno, le falta cierta magia. Por eso se excluyó de *Self Portrait*, aunque más adelante encontró su lugar en *Dylan*. Sin embargo, el cantautor ya había trabajado el tema con The Band, en las sesiones de *The Basement Tapes* de 1967. Columbia sacó la canción en single (con «Lily Of The West» en la cara B) en 1973, pero solo llegó al número 55.

Spanish Is The Loving Tongue

Tradicional / arreglos de Bob Dylan / 4'17 minutos

Músicos: Bob Dylan: voz, guitarra; Charlie Daniels: guitarra; Norman Blake: guitarra; Fred Carter Jr.: guitarra; Pete Drake: *pedal steel guitar*; Bob Wilson: piano; Charlie McCoy: bajo; Kenneth Buttrey: percusiones; (?): xilófon; June Page, Dolores Edgin, Carol Montgomery, Millie Kirkham, Dottie Dillard: coros (?) / **Grabación:** Columbia Recording Studios, Nashville (Tennessee): 24 de abril de 1969 / **Productor:** Bob Johnston / **Ingeniero de sonido:** Neil Wilburn

Génesis y realización

Bob estaba en plena época *crooner* a la manera de Elvis en Hawái: mandolina, coros empalagosos, xilófon, variación rítmica que evoluciona de una nana a un tango… Más valdría olvidar esta versión grabada en Nashville el 24 de abril de 1969 en siete tomas (la última fue la buena), y remitirse a la del 2 de junio de 1970 en la que, solo al piano, mejora esta «Spanish Is The Loving Tongue» que tanto parece gustarle.

Hank Snow vivirá un gran éxito en 1953 gracias a «A Fool Such As I».

1974

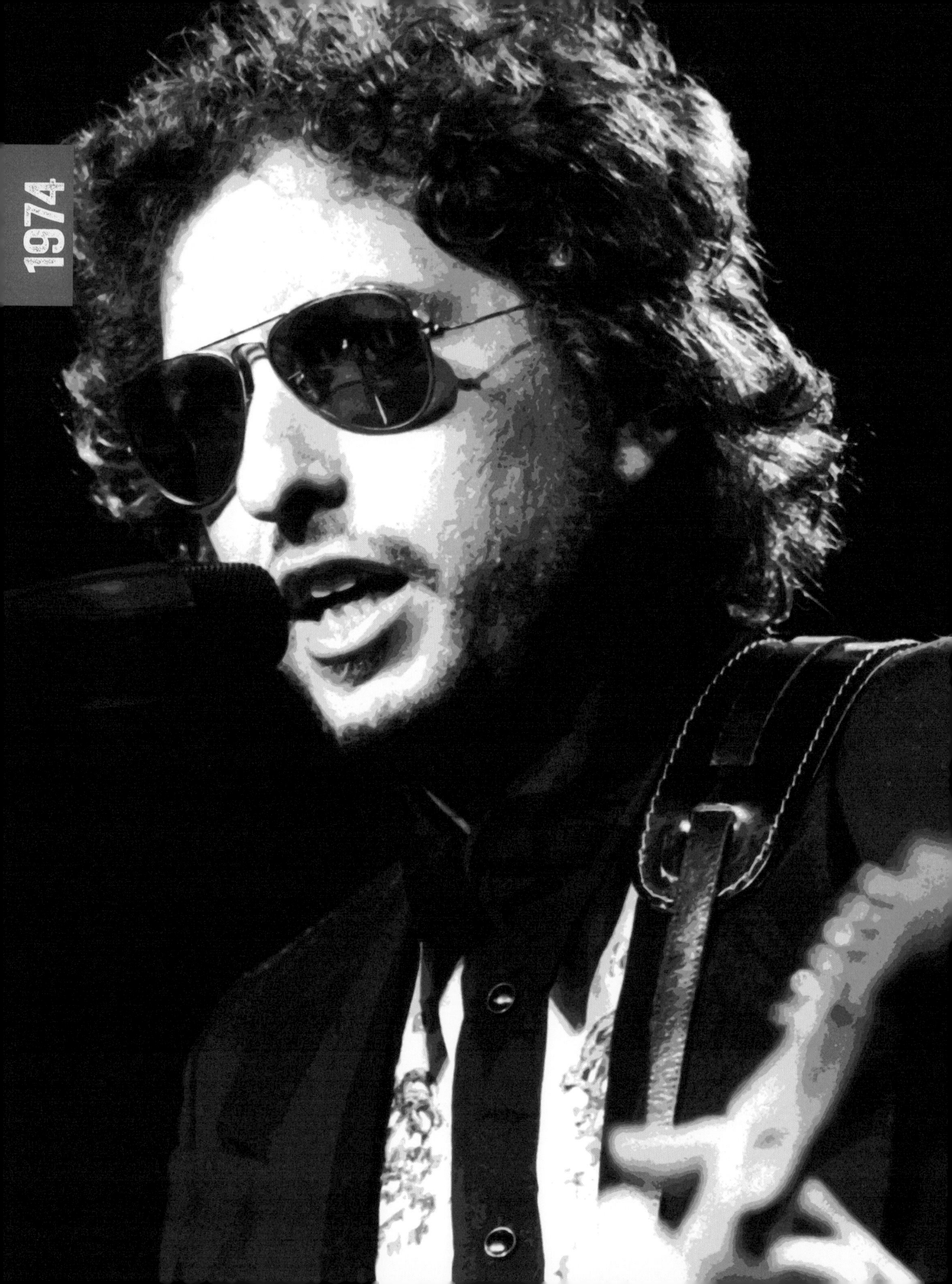

Planet Waves

On A Night Like This
Going, Going, Gone
Tough Mama
Hazel
Something There
Is About You
Forever Young
Dirge
You Angel You
Never Say Goodbye
Wedding Song

ÁLBUM
FECHA DE PUBLICACIÓN
17 de enero de 1974
Asylum
(REFERENCIA ASYLUM 7E-1003)

Dylan escribe un nuevo capítulo
de su carrera con la grabación de
Planet Waves en Asylum Records.

1974

Planet Waves,
la ceremonia de los húsares

El álbum

Bob Dylan había decidido no renovar su relación con Columbia, la discográfica que lo había seguido desde sus inicios, en
1961. No solo las cláusulas de su contrato se modificaron de
forma desventajosa para él, sino que además parece que el
cantautor se cansó del poco interés que la dirección de CBS
parecía prodigar a su música: «Tenía la sospecha de que
(CBS) hablaban más que actuaban. Se limitaban a publicar
los discos. Tenía la impresión de que les importaba un pimien-
to que me quedara o no».[101]

Al final del verano de 1973, unos meses después de instalarse
con su familia en Malibú (California), Bob Dylan se puso de
acuerdo con el sello Asylum Records. David Geffen, el carismático fundador de la empresa, supo convencerlo: «Ven a
casa, te enseñaré lo que realmente puedes hacer. Haré que
vendas más discos de lo que nunca has soñado».[101]

Por añadidura, Geffen se compromete a publicar el disco en
el mismo momento de la gira con The Band, prevista para el
mes de enero de 1974. Pero por recomendación del abogado
del cantautor, David Braun, en el contrato solo figura un único
disco de estudio.

Dylan, que se plantea lanzarse de nuevo a la aventura de una
gira después de ver a The Band en el festival Summer Jam At
Watkins Glen (estado de Nueva York) el 28 de julio de 1973,
también decide sumergirse en una experiencia muy estimu-
lante para esta primera obra con Asylum: la grabación de un

primer álbum oficial con The Band. Bob Dylan explicará a la
periodista Maureen Orth: «Lo que hago es establecer un contacto directo con la gente que escucha mis canciones. No
hace falta un traductor».[66] Es verdad. Pero, por otro lado,
para establecer este contacto con el público Dylan necesitó un
apoyo; en cualquier caso, para *Planet Waves*. Este apoyo no
es otro que The Band.

Titulado *Love Songs* en un primer momento, luego *Ceremo-
nies Of The Horsemen* y finalmente *Planet Waves*, el decimocuarto álbum de estudio de Bob Dylan se desarrolló con
urgencia, sin florituras (de ahí la impresión de una voluntad
compartida de quedarse en lo esencial). Los temas abordados
y el análisis poético que hace Dylan son, no obstante, profundos. Hay canciones de amor, o canciones sobre el amor, como
«On A Night Like This» y «Wedding Song» pero, más a menudo, reina una filosofía más bien oscura. «Going, Going, Gone»
podría muy bien hablar sobre el suicidio; «Dirge» se puede interpretar como el odio hacia uno mismo, mientras que otras
canciones (desde «Hazel» a «Never Say Goodbye» pasando por
«Something There Is About You») describen con una nostalgia
agridulce la infancia del cantautor en Minnesota. En cuanto a
«Forever Young», que sigue siendo una de las canciones más
conocidas de Dylan, se dirige a los padres para que guíen a sus
hijos por el camino de la verdad. Como escribió Paul Williams:
«*Planet Waves* marca el regreso de Dylan a su compromiso
artístico, por primera vez desde *John Wesley Harding*».[102]

David Geffen, fundador de Asylum Records y uno de los promotores del *West Coast sound* de la década de 1970.

LOS *OUTTAKES*

Nobody 'Cept You

PARA LOS ADICTOS A DYLAN

En su texto censurado, Dylan evoca la casa parisina de Victor Hugo. Se trata de un apartamento situado en la place des Vosges 5, donde el autor de *Los Miserables* vivió durante 16 años, de 1832 a 1848.

La carátula

El diseño de la portada fue concebido por el propio Dylan. Vemos tres caras pintadas en negro y, a la derecha, la inscripción *«cast-iron songs & torch ballads»* («canciones de hierro colado y baladas de fuego»), que podría ser el eslogan del disco. A la izquierda leemos *«Moonglow»* («brillo de luna»). Y, como en algunos de sus álbumes anteriores, su nombre no aparece en ninguna parte. En la contraportada hay un texto manuscrito, del que algunos pasajes serán considerados obscenos para el público. Consecuencia: cuando el disco sale a principios de 1974, la contraportada está envuelta en un estuche más discreto para las almas sensibles…

La grabación

En el mes de junio de 1973, Bob Dylan graba en las oficinas de los editores Ram's Horn Music de Nueva York una demo de «Forever Young», «Nobody 'Cept You» y «Never Say Goodbye». Las cosas serias empiezan cinco meses más tarde, cuando The Band se reúne con el cantautor en el Village Recorder Studio, en el 1616 de Butler Avenue, en Los Ángeles. El ingeniero de sonido es Rob Fraboni, que acaba de grabar «Sail On, Sailor» de los Beach Boys. Su asistente se llama Nat Jeffrey. Las grabaciones se escalonarán en seis sesiones, pero las fechas no concuerdan entre las distintas fuentes consultadas y las que aparecen en la carátula del álbum. Aquí nos que-

daremos con las de Michael Krogsgaard,[82] que tuvo acceso a los archivos de Sony: los días 2, 5, 6, 8, 9 y 14 de noviembre de 1973. Lo que podemos afirmar es que, por un lado, la grabación se hizo prácticamente en directo, ya que Dylan y The Band querían priorizar la espontaneidad, y por otro lado, no existió el papel de productor al uso. Rob Fraboni lo confirmó en 1974: «No había productor en este disco. Todo el mundo hacía de productor».[103] Hay que decir que los músicos se conocen perfectamente; han hecho giras y grabaciones, y tocan desde hace años con total confianza. Y el resultado es verdaderamente eficaz. Rob Fraboni: «El disco fue un auténtico espectáculo, por lo que a mí respecta. No teníamos la impresión de estar haciendo un disco. Y Bob quería que sonara bien, que causara sensación. Bob quería una cosa informal, quería tocar las canciones una sola vez. Luego, entraban en la sala de control y escuchaban. Hubo otra cosa que me sorprendió: nadie decía "deberías hacer esto" o "deberías tocar así". Se contentaban con entrar y escuchar lo que acababan de hacer, y volvían a salir».[104]

Esperado con impaciencia, ya que el último álbum auténtico del cantautor había aparecido en octubre de 1970, *Planet Waves* se publica el 17 de enero de 1974, quince días después del inicio de la gira de Dylan con The Band. Compuesto exclusivamente de canciones originales, este decimocuarto álbum de estudio tuvo una acogida razonablemente buena por parte de la prensa. Es una obra personal, introspectiva y, tal como destaca Ellen

Bob Dylan y The Band en el escenario en 1974. Una complicidad absoluta desde mediados de los años 1960.

Willis en el *New Yorker*, es como una «inmensa deuda emocional con Sara». En el aspecto comercial, no obstante, el éxito será modesto: unos 600.000 fans preencargaron el disco, pero a lo largo de todo el año solo se vendieron 100.000 ejemplares más. Para dar una idea, podemos decir que la gira con The Band se estimará en 92 millones de dólares. Sin duda esta es una de las razones por las que Bob Dylan no se quedará en Asylum.

Datos técnicos

Después del Blue Rock Studio de Nueva York (1971), es la segunda vez de su carrera en que el cantautor abandona los Columbia Recording Studios. Más allá de su ruptura con el sello neoyorkino, Rob Fraboni explica por qué Bob Dylan y The Band eligieron el Village Recorder Studio: «En primer lugar, el estudio era cómodo. Valoraron mucho las dimensiones de la sala. También valoraron la sala de control, querían que sonara bien. Era una buena combinación: el estudio, la seguridad del lugar. También valoraron que estuviera ubicado fuera de la ciudad (en West Los Ángeles, a unos quince kilómetros de Hollywood). Cuando vinieron para hacer las mezclas, Robbie se quedó tranquilo con lo que escuchó, y eso era lo que realmente importaba». Fraboni, que en 1975 se encargará de remezclar *The Basement Tapes* en vistas a su publicación oficial, se propuso como ingeniero de sonido, ya que se consideraba muy cercano a la obra de Dylan y de The Band. Utilizó unos 28 micros para el conjunto de tomas de sonido, entre los que destaca un Sennheiser 421 para la voz de Bob. El cantautor llevaba poniendo problemas a los ingenieros de sonido desde sus inicios, por su rechazo de cualquier filtro anti pop para la voz (hará una excepción en «Dirge»). «No habrá *overdubs*», avisó Robertson; «grabaremos en directo». Así, los músicos grabaron principalmente sin cascos; solo se los pusieron puntualmente, y utilizaron el modelos Sennheiser 414.

En cuanto a la mezcla, fue a cargo de Robbie Robertson y Rob Fraboni, aconsejados por Bob Dylan. Necesitaron entre tres y cuatro días para mezclar todos los temas. Así, podemos considerar que ellos tres fueron los productores del disco.

Los instrumentos

Los miembros de The Band tocaron numerosos instrumentos: un órgano Hammond A100 con Leslie, un órgano Lowrey, un clavinet, un pianet, un acordeón, etc.

En cuanto a las guitarras acústicas de Dylan, no se sabe cuáles utilizó. Quizá tocó su Martin 000-18 y su D-28, que tenía en 1971 en el concierto para Bangladesh, o quizá otra Martin, la 00-21, que lo acompañó a finales de enero de 1974 para el concierto del Madison Square Garden de Nueva York. Por lo que respecta a las eléctricas, parece que permaneció fiel a su Fender Telecaster Blonde. Por último, desempolvó varias armónicas de distintas tonalidades: do, re, mi, fa y sol.

On A Night Like This

Bob Dylan / 2'58 minutos

Músicos

Bob Dylan: voz, guitarra, armónica
Robbie Robertson: guitarra
Richard Manuel: teclado
Garth Hudson: acordeón
Rick Danko: bajo
Levon Helm: batería

Grabación

The Village Recorder / estudio B, West Los Ángeles (California): 6 de noviembre de 1973

Equipo técnico

Productores: Bob Dylan, Robbie Robertson, Rob Fraboni
Ingeniero de sonido: Rob Fraboni

Garth Hudson toca el acordeón para la grabación de «On A Night Like This».

Génesis y letra

«On A Night Like This» fue compuesta en Nueva York, solo un mes antes de que Bob Dylan entrara al estudio con The Band. En enero de 1974, cuando salió el disco, muchos dylanófilos se quedaron aliviados al descubrir, tras los decepcionantes *Self Portrait*, *New Morning* y *Dylan*, que el cantautor había vuelto a los valores seguros del rock y a una escritura incisiva. La primera canción de la obra es representativa de este cambio. En la tercera estrofa Dylan se inspira en una frase de culto de *On the Road* de Kerouac («La única gente que me interesa es la que está loca, [...] la gente [...] que arde, arde como fabulosos cohetes amarillos que explotan igual que arañas entre las estrellas») cuando escribe «Enciende un fuego, échale troncos, escucha como crepita y déjalo arder, arder, arder». En 1985 dijo que la canción le llegó como «a un alcohólico que está temporalmente sobrio».[12] En su texto se muestra feliz de compartir el lecho con su ser amado, pero de todos modos le pide que no se pegue mucho a él para no recibir codazos... Y concluye: «No es mi estilo de canción. Creo que la hice por hacerla».[12]

Realización

El tema de obertura «On A Night Like This» es un excelente rock que cuenta con una magnífica rítmica y un acordeón que le confieren una tonalidad cajún muy interesante. Dylan ha abandonado definitivamente sus entonaciones de *crooner* y hace una buena intervención vocal con una voz que ha madurado y que ha adquirido cierta pátina. Hace un asombroso solo de armónica (en fa) que se mezcla alegremente con el timbre del acordeón. El grupo está verdaderamente compenetrado, da gusto volver a escuchar a Dylan y a The Band en plena forma. Después de siete tomas realizadas en distintos tempos el 6 de noviembre, el máster se grabó dos días después (al tercer intento). La canción se publicó en single (con «You Angel You» en la cara B) en 1974, y llegó a un modesto número 44 en las listas de éxitos.

Going, Going, Gone

Bob Dylan / 3'27 minutos

Músicos

Bob Dylan: voz, guitarra
Robbie Robertson: guitarra
Richard Manuel: piano, coros (?)
Garth Hudson: teclados
Rick Danko: bajo, coros (?)
Levon Helm: batería

Grabación

The Village Recorder / estudio B, West Los Ángeles (California): 5 de noviembre de 1973

Equipo técnico

Productores: Bob Dylan, Robbie Robertson, Rob Fraboni
Ingeniero de sonido: Rob Fraboni

Robbie Robertson, el guitarrista de The Band.
Un papel eminente en «Going, Going, Gone».

Génesis y letra

«*Going, going, gone*» significa literalmente «Me voy, me voy, me he ido». También es la expresión que en Estados Unidos emplea el subastador para cerrar una venta. Así que podríamos traducirlo como «a la una, a las dos, a las tres... adjudicado». Bob Dylan se expresa con esa ironía que siempre ha dominado, ya que en realidad se trata de una partida. El protagonista de la canción cierra el libro (de su propia historia) y le da absolutamente igual lo que tenga que pasar: tiene que largar las amarras antes de que sea demasiado tarde. Incluso podríamos preguntarnos si se trata de un adiós definitivo (es decir, un suicidio), cuando canta, en la última estrofa: «Ahora tengo que irme, antes de encontrarme en el borde del arrecife». No hay duda de que Dylan buscó esta ambigüedad mediante la modificación de una parte de la letra para relatar de forma más sencilla una historia de amor que llega a su fin, cuando recuperó su canción en los conciertos del 18 de abril de 1976 y del 20 de octubre de 1978.

Realización

«Going, Going, Gone» se grabó el 5 de noviembre de 1973. Tres días después se realizaron tres tomas más, ya que Rob Fraboni quería convencer a Dylan de que hiciera *overdubs* de voz: «Al principio Bob Dylan probó un *overdub* en "Going, Going, Gone" [mientras tocaba la guitarra acústica]. Pero enseguida se detuvo y dijo: "puedo estar haciendo esto durante todo el día, pero ni siquiera sé si es lo que hay que hacer"».[105] Así, para el álbum se elegirá la toma del 5 de noviembre.

La interpretación del tema es sencillamente genial, ya que cada músico da lo mejor de sí mismo. Dylan canta con precisión y emoción, y consigue captar nuestra atención desde las primeras palabras. El timbre de la voz está lleno de *feeling* y de calor, el cantautor domina totalmente el tema. Otro logro de «Going, Going, Gone» es la intervención de guitarra de Robbie Robertson, que es magnífica a lo largo de toda la canción. No hay duda de que utiliza un pedal con efecto *chorus*, de ahí ese sonido «flotante». Por último, hay que subrayar las armonías vocales del puente, que entona Manuel, o Danko.

Tough Mama

Bob Dylan / 4'17 minutos

Músicos
Bob Dylan: voz, guitarra, armónica
Robbie Robertson: guitarra
Richard Manuel: clavinet
Garth Hudson: órgano
Rick Danko: bajo
Levon Helm: batería
Grabación
**The Village Recorder / estudio B, West Los Ángeles
(California):** 6 de noviembre de 1973
Equipo técnico
Productores: Bob Dylan, Robbie Robertson, Rob Fraboni
Ingeniero de sonido: Rob Fraboni

Génesis y letra

Esta canción podría representar una especie de confesión de Dylan, una reflexión sobre su estatus de artista. En las cuatro primeras estrofas se dirige a su musa, a la que da cuatro nombres distintos: «Tipa dura», «Belleza oscura», «Dulce diosa» y «Ángel de plata», y en la última hace alusión a su público en conjunto. ¿Han valido la pena todos estos años de trayectoria? La respuesta se encuentra en esta frase: «He adquirido un poco de reconocimiento, pero he perdido el apetito». La constatación es amarga, cruel, incluso patética: «Ya no llevo ninguno de mis corderos al mercado / Los muros de la cárcel se derrumban, no hay ningún final a la vista». Pero «Tough Mama» podría leerse desde un prisma más esotérico, como el propio Dylan explicó en 1978 cuando Jonathan Cott le preguntó por el significado de «Dulce diosa / Nacida de una luz cegadora y de un viento arremolinado». El cantautor respondió de forma enigmática: «Es la madre y el padre, el yin y el yang. Es el encuentro del destino y el cumplimiento del destino».[20] Esta declaración nos lleva a una interpretación distinta de esta «chica dura de pelar»…

Realización

«Tough Mama» es un rock de tempo medio que permite a The Band demostrar el alto nivel de cohesión que reina en el grupo. Robbie Robertson ejecuta con su guitarra una excelente rítmica, muy *funky* y dominada a la perfección, que se encabalga sin problemas con el clavinet de Richard Manuel. El bajo, la batería y el órgano avanzan al unísono, y solo Bob Dylan carece de rigor con la rítmica que toca con su Telecaster. Es una lástima, porque el tema se ve ligeramente afectado por este problema. Per a su favor hay que decir que la interpretación no es fácil y que tiene que cantar y tocar la armónica (en re) al mismo tiempo. «Tough Mama» se grabó en siete tomas el 6 de noviembre de 1973, y la quinta fue la elegida. Bob Dylan la cantó por primera vez en público el 3 de enero de 1974, en el Chicago Stadium, naturalmente acompañado por los miembros de The Band.

Bob Dylan y The Band en concierto en enero de 1974.

Hazel

Bob Dylan / 2'50 minutos

PARA LOS ADICTOS A DYLAN
Debido a una interpretación aproximada en el concierto de despedida de The Band de 1976 en el Winterland Ballroom de San Francisco (que Martin Scorsese filmó), «Hazel» no se incluyó en el triple álbum *The Last Waltz* (1978).

Músicos: Bob Dylan: voz, guitarra, armónica; Robbie Robertson: guitarra; Richard Manuel: piano; Garth Hudson: órgano; Rick Danko: bajo; Levon Helm: batería **/ Grabación:** The Village Recorder / estudio B, West Los Ángeles (California): 6 de noviembre de 1973 **/ Productores:** Bob Dylan, Robbie Robertson, Rob Fraboni **/ Ingeniero de sonido:** Rob Fraboni

Génesis y realización

«Hazel» forma parte de esas baladas sentimentales que Bob Dylan llevaba componiendo de forma periódica desde los inicios de su carrera. Es evidente que quería dirigirse a todos los adolescentes de corazón tierno, quizá en recuerdo de su propia infancia. Robert Shelton[7] tiene la teoría de que detrás de «Hazel» podría esconderse Echo Helstrom, la novia de Dylan durante la época de Hibbing. Existen ocho tomas de «Hazel», todas grabadas durante la sesión del 6 de noviembre de 1973. La última será la elegida para *Planet Waves*. Pero, ¿por qué tantas tomas para una canción de ejecución tan sencilla? Sin duda por la línea vocal, que no es tan fácil como parece. Dylan tiene que forzar los agudos en el puente, y esto se nota: desafina en algunos puntos, sobre todo en «*really care*», en el minuto 1'22. Esto no impide que la interpretación sea emocionante. The Band aporta un acompañamiento perfecto para este blues rock digno de Ray Charles. Podemos oír a Robbie Robertson poniendo en marcha el pedal *wah wah* sobre el último solo de armónica (en mi) del cantautor (a partir de 2'18). Bob Dylan interpretó esta canción por primera vez en el concierto *Unplugged* que tuvo lugar en los Sony Music Studios los días 17 y 18 de noviembre de 1994 (pero no aparece en la lista de temas del *MTV Unplugged*, publicado al año siguiente). Posteriormente solo la ha cantado seis veces.

Something There Is About You

Bob Dylan / 4'45 minutos

Músicos: Bob Dylan: voz, guitarra, armónica; Robbie Robertson: guitarra; Richard Manuel: piano; Garth Hudson: órgano; Rick Danko: bajo; Levon Helm: batería **/ Grabación:** The Village Recorder / estudio B, West Los Ángeles (California): 6 de noviembre de 1973 **/ Productores:** Bob Dylan, Robbie Robertson, Rob Fraboni **/ Ingeniero de sonido:** Rob Fraboni

Génesis y realización

«Something There Is About You» es la continuación lógica de «Hazel». Bob Dylan vuelve a sumergirse en su juventud. Recuerda los «días lluviosos sobre los Grandes Lagos» y los «paseos por las colinas del viejo Duluth» con Danny Lopez y Ruth. En esta canción todo es poético, la evocación de la juventud y esta frase típicamente dylaniana: «el espíritu que vive en mí canta». ¿Quién es Ruth? ¿Un primer amor del joven Dylan? ¿El «fantasma» de Echo Helstrom? Clinton Heylin tiene otra hipótesis: la joven que «despierta alguna cosa» en Dylan no es otra que Sara. Se basa en una entrevista que el cantautor concedió al periodista británico Don Short del *Daily Mirror*: «Sara y yo crecimos juntos en Minnesota. Y hace unos años nos volvimos a encontrar en Nueva York, donde Sara trabajaba como camarera. Nos enamoramos –aunque no fue amor a primera vista–, y hace cinco años nos casamos en el estado de Nueva York».[7] En este caso, una de las últimas frases de la canción adquiriría pleno sentido: «Hay algo en ti que se mueve con estilo y gracia / Estaba en un torbellino, ahora estoy en un lugar mejor». Después de «Hazel», Dylan vuelve a escoger un tempo lento para evocar sus recuerdos de infancia. «Something There Is About You» permite a Robbie Robertson lucirse a la guitarra, especialmente en la introducción. El sonido de sus seis cuerdas se obtiene principalmente mediante una mezcla de *chorus/flanger* y de *vibrato*. Pero, ¿no está demasiado presente? Acaba por eclipsar a sus compañeros, y es una lástima. Nos habría gustado que el órgano de Garth Hudson o el piano de Richard Manuel estuvieran un poco más presentes. Esta canción autobiográfica se grabó en tres tomas el 6 de noviembre de 1973. En *Planet Waves* se incluirá la última. Bob Dylan la cantó por primera vez en directo en el concierto inaugural del Tour Of America 1974, en el Chicago Stadium. «Something There Is About You» es el segundo single (con «Tough Mama» en la cara B) extraído de *Planet Waves*. La canción solo llegará al número 107 de las listas de Estados Unidos.

Forever Young

[versión lenta]

Bob Dylan / 4'57 minutos

Músicos
Bob Dylan: voz, guitarra, armónica
Robbie Robertson: guitarra
Richard Manuel: piano
Garth Hudson: teclados
Rick Danko: bajo
Levon Helm: batería
Ken (?): congas

Forever Young (Continued)

[versión rápida]

Bob Dylan / 2'49 minutos

Músicos
Bob Dylan: voz, guitarra, armónica
Robbie Robertson: guitarra
Levon Helm: mandolina
Garth Hudson: teclados
Rick Danko: bajo
Richard Manuel: batería

Forever Young
[versión lenta]
y **Forever Young (Continued)**
[versión rápida]
Grabación
The Village Recorder / estudio B,
West Los Ángeles (California): 8 de noviembre de 1973
(versión lenta) / 14 de noviembre de 1973
(versión rápida)
Equipo técnico
Productores: Bob Dylan, Robbie Robertson, Rob Fraboni
Ingeniero de sonido: Rob Fraboni

Génesis y letra

Fue uno de los hijos de Bob Dylan (tal vez Jesse, nacido en 1966) quien inspiró al cantautor esta magnífica canción, tal como explica en el libreto de *Biograph*: «Escribí "Forever Young" en Tucson. La compuse pensando en uno de mis chicos, tratando de no ser demasiado sentimental. Las frases me vinieron solas, la hice toda en un minuto [...]. No había previsto escribirla –estaba haciendo otras cosas, la canción se escribió por ella misma–; nunca se sabe lo que uno va a escribir. En realidad, uno no sabe si algún día va a hacer otro disco».[12] Pero, más allá de su origen, «Forever Young» se dirige a todos los niños. Es una súplica para que crezcan en el respeto de la educación que han recibido, para que hagan realidad los objetivos que se han propuesto a lo largo de una vida a menudo difícil, para que siempre los guíe la verdad. A este precio, canta Dylan, siempre serán jóvenes y sabrán resistir los «vientos del cambio». No hay ningún significado oculto. Se podría decir incluso que es una de las canciones más inmediatamente accesibles de todo el repertorio del cantautor. Roddy Woomble (cantante del grupo escocés Idlewild): «Allen Ginsberg dijo que todos los niños deberían cantar cada mañana esta canción, en todas las escuelas de todos los países. Es una idea muy bonita, ya que la canción está llena de esperanza, y anima a la gente a encontrar su propia verdad [...]. Quizá "Like A Rolling Stone" sea la obra maestra de Dylan, pero "Forever Young" es su himno nacional».[106] Es una de las canciones más famosas del cantautor, que la ha tocado casi 500 veces desde el concierto de Chicago del 3 de julio de 1974.

Realización (versión lenta)

«Forever Young» forma parte de las tres canciones que Dylan compuso antes de entrar en el estudio con The Band el 2 de noviembre de 1973. En el mes de junio se grabó una maqueta en la que se acompaña solo de la guitarra acústica en una versión muy intimista. En las sesiones de *Planet Waves* se realizaron trece tomas durante el mes de noviembre: una el día 2, otra el 5, cinco el 8, otra más el 9, y finalmente cinco el 14. Trece tomas en dos tonalidades y tempos distintos: en re para el tempo lento y en sol para el rápido. ¿Cuál de las dos tenían que elegir para el álbum? Rob Fraboni explica detalladamente como se desarrollaron los hechos: «Había un tipo llamado Ken, que era amigo suyo, que vino al estudio. Solo habíamos

Levon Helm y Rick Danko en concierto.

hecho una versión lenta de "Forever Young". La última toma había sido tan emocionante, tan eficaz e inmediata, que no conseguía recuperarme».[89] Después de grabarla, Dylan y el grupo fueron a escucharla a la sala de control sin decir nada, y luego se fueron del estudio para tomarse una larga pausa. Fraboni hizo lo mismo, y luego volvió al estudio con Ken para verificar la grabación. Fraboni: «Hacía uno o dos minutos que la estábamos escuchando, y estaba tan fascinado que no me di cuenta de que Bob había entrado al estudio [...]. Luego, cuando llegó el momento de preparar el máster, estaba decidido a quedarme con esa toma. Ni siquiera lo consulté. Bob me dijo: "¿Qué haces con esto? No vamos a utilizarlo". Salté, y dije: "¿Cómo que no vas a utilizarla? Estás loco. ¿Por qué?". De hecho, durante la grabación de *Planet Waves*, Jackie De Shannon y Donna Weiss vinieron una tarde, la misma tarde que Lou Kemp y esa chica que, tras escuchar "Forever Young", le dijo: "Pero bueno, Bob, ¿aún te pones sentimental a tu edad?". Fue debido a este comentario que Bob quiso eliminar [esta versión] del disco, y yo le dije que estaba en contra».[89] Finalmente Fraboni se salió con la suya. Por este motivo, la versión lenta cierra la cara 1 del disco de 33 rpm y la versión rápida abre la cara 2.

En el plano armónico la versión lenta es bastante distinta, y más rica, que la maqueta que realizaron en junio. Los arreglos son un auténtico logro, ya que Dylan y The Band están en simbiosis perfecta. La voz del cantautor es muy expresiva, y todos los músicos la acompañan con talento. Las partes de teclados de Hudson son destacables por su diversidad y su precisión, y se completan hábilmente con el piano de Manuel. Bajo y batería sostienen el ritmo con eficacia, acompañados por el famoso Ken a las congas. Finalmente, Robertson ofrece una magnífica intervención de guitarra acústica, con un sonido probablemente modificado por el mismo *chorus/flanger* que escuchamos desde el principio del disco. También hay que destacar las magníficas intervenciones de armónica (en re) de Bob, que se armonizan perfectamente con los teclados de Hudson. Un gran tema. Parece que al final se seleccionó la quinta toma del 8 de noviembre para el disco.

Realización (versión rápida)

La versión rápida es, por su parte, muy parecida a la maqueta del mes de junio. Esta vez es Richard Manuel quien toca la batería, ya que Levon Helm se encarga de tocar una mandolina, con un sonido bastante irreconocible: al principio de la canción rasca en rítmica, mientras que Robertson toca la guitarra saturada. Aunque la factura es buena, esta versión está un poco menos lograda que la primera, entre otras cosas porque Richard Manuel no es Levon Helm. Las intervenciones de Bob a la armónica (en do) refuerzan el color country-rock del tema, y son muy buenas. Grabada el 14 de noviembre en cinco tomas durante la última sesión del álbum, se nota que esta versión se hizo de forma precipitada para dar confianza a Dylan, que dudaba de sí mismo. Parece que la segunda toma es la que se incluyó en *Planet Waves*.

Dirge

Bob Dylan / 5'36 minutos

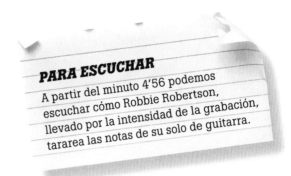
Músicos
Bob Dylan: voz, piano
Robbie Robertson: guitarra
Grabación
The Village Recorder / estudio B, West Los Ángeles (California): 14 de noviembre de 1973
Equipo técnico
Productores: Bob Dylan, Robbie Robertson, Rob Fraboni
Ingeniero de sonido: Rob Fraboni

Con «Dirge», Bob Dylan escribió la canción más oscura de *Planet Waves*.

Génesis y letra

Si «Forever Young» es la canción más conmovedora de *Planet Waves*, «Dirge» es la más oscura y enigmática. «Me odio por haberte amado»: así empieza la canción. ¿En quién o qué esta pensando? ¿En los movimientos folk? ¿En una mujer en concreto? ¿En las drogas? En la cuarta estrofa también encontramos esta frase: «He pagado el precio de la soledad, pero al final he saldado mis deudas». Podría dirigirse a los periodistas que, tras encumbrarlo, lo bajaron a los infiernos después de la publicación de *Self Portrait*. Pero Dylan ha superado la adversidad y la intolerancia, y su canción se cierra con una nota optimista: «La señora Fortuna, que me ilumina, te dirá dónde estoy».

Realización

Bob Dylan escribió «Dirge» durante las sesiones de *Planet Waves*. Parece que hicieron una primera toma hacia el 10 de noviembre de 1973. Pero la que se seleccionará para el álbum es probablemente la del 14 de noviembre. «Dylan salió y se puso a tocar el piano mientras nosotros mezclábamos», recuerda Fraboni; «De repente, volvió y dijo: "Me gustaría probar 'Dirge' al piano". Habíamos grabado una versión solo con guitarra acústica y voz unos días antes».[103] El ingeniero de sonido añade: «No estábamos nada preparados, ya que en ese momento nos estábamos dedicando a las mezclas; pero pusimos una cinta y Bob dijo a Robbie: "¿Quizá podrías tocar la guitarra encima?". La hicieron una vez, con Bob al piano y Robbie a la guitarra acústica. Y la segunda vez la grabamos».[103] Dylan está majestuoso. Su interpretación está a la altura de sus mejores canciones (las últimas se remontaban a *John Wesley Harding*). La voz es oscura y el timbre está cargado de emoción. El cantautor, que también toca el piano, ofrece una versión que Fraboni calificará de «increíble interpretación grabada en una toma».[103] Robertson lo sigue a la guitarra acústica (realzado con un ligero *delay*) ofreciendo un excelente acompañamiento que aporta el toque de blues indispensable, y podemos escuchar los trinos «mandolina» que parecen gustarle tanto. Para la mezcla, Dylan quería que el piano tuviera la sonoridad de un «piano-bar» y que su voz fuera «lasciva». Es lo que Fraboni y Robertson hicieron al mezclar «Dirge» justo después de la grabación. Podría tratarse de la canción más hermosa de *Planet Waves*.

You Angel You

Bob Dylan / 2'54 minutos

Músicos: Bob Dylan: voz, guitarra; Robbie Robertson: guitarra; Richard Manuel: piano; Garth Hudson: teclados; Rick Danko: bajo; Levon Helm: batería **/ Grabación:** The Village Recorder / estudio B, West Los Ángeles (California): 5 de noviembre de 1973 **/ Productores:** Bob Dylan, Robbie Robertson, Rob Fraboni **/ Ingeniero de sonido:** Rob Fraboni

Génesis y realización

Después del clima crepuscular de «Dirge», Dylan vuelve a un ambiente claramente más optimista con «You Angel You», bello ejemplo del eclecticismo del cantautor. Aunque podría calificarse de menor, esta canción no deja de ser un buen tema pop que presenta otro aspecto de su escritura. Sin embargo Dylan no está muy orgulloso, tal como confesó en 1985: «Probablemente escribí esa canción durante una sesión, sobre la marcha, de pie delante del micro... La letra me parece un poco simplona».[12]

«You Angel You» se grabó el 5 de noviembre de 1973, en una sola toma. Aunque el tema sea bueno, es evidente que sufre de una falta de trabajo. Dylan se equivoca desde la segunda frase del texto, y no corrige su error. En lugar de cantar «*You're as fine as anything's fine*» dice «*You're as... got me under your wing*». Es curioso que nadie le pidiera que lo corrigiera. Asimismo, el grupo no está brillante en el acompañamiento. Estamos lejos del nivel de la versión lenta de «Forever Young». A pesar de las buenas intervenciones individuales, la interpretación se emborrona en muchos momentos. El tema simplemente peca de una ausencia de producción. Las palabras «*You Angel You*» no suenan, y no se pudieron recuperar en la mezcla. Lástima. Bob Dylan solo la ha interpretado dos veces sobre un escenario: el 14 de enero de 1990 en el Recreation Hall de State College (Pennsylvania) y el 8 de febrero de 1990 en el Hammersmith Odeon de Londres.

Never Say Goodbye

Bob Dylan / 2'54 minutos

Músicos: Bob Dylan: voz, guitarra; Robbie Robertson: guitarra; Richard Manuel: batería (?); Garth Hudson: piano (?); Rick Danko: bajo; Levon Helm: batería (?) **/ Grabación:** The Village Recorder / estudio B, West Los Ángeles (California): 2 de noviembre de 1973 **/ Productores:** Bob Dylan, Robbie Robertson, Rob Fraboni **/ Ingeniero de sonido:** Rob Fraboni

Génesis y realización

La escritura de «Never Say Goodbye» precede en varios meses a las sesiones de grabación de *Planet Waves*. Después de que la familia Dylan abandonara la costa Este para instalarse en las colinas de Malibú (California), Roger McGuinn visitó al cantautor. Quería volver a trabajar con él y, quién sabe, quizá renovar el éxito de «Ballad Of Easy Rider»: «Estábamos tratando de escribir una canción juntos, y le pregunté si tenía alguna cosa. Me respondió que tenía una canción empezada, pero que probablemente la utilizaría para su disco; y empezó a tocar "Never Say Goodbye"».[66] De hecho, junto a «Forever Young» y «Nobody 'Cept You», «Never Say Goodbye» fue la tercera canción grabada como demo durante una sesión informal del mes de junio de 1973. Es más una canción sobre el amor que una canción de amor. Ese «crepúsculo sobre el lago helado», ese «viento del norte» y sus «sueños hechos de hierro y acero» se remiten a Duluth, ciudad natal del cantautor que se encuentra cerca del lago Superior y que es conocida por la explotación del hierro. En esa época, tal como canta en la tercera estrofa, «el tiempo [era todo lo que tenía] para ofrecer». Cinco meses después de la grabación de la demo, Bob Dylan grabó «Never Say Goodbye» con The Band. Se realizaron siete tomas durante el primer día de grabación, y la última fue la elegida para *Planet Waves*. Rob Fraboni se acuerda de la grabación: «llegaron el viernes 2 de noviembre para instalarse e impregnarse del estudio. Utilizamos una canción realizada durante ese día».[103] Así, «Never Say Goodbye» sirvió como prueba del estudio, tanto para los músicos como para la toma de sonido. Levon Helm parece ausente, y probablemente es Richard Manuel quien tiene las baquetas. Hudson toca el piano, mientras Dylan, Danko y Robertson se mantienen en sus posiciones habituales. La introducción de guitarra acústica es poco frecuente en la obra de Dylan, y el sonido recuerda a ciertas armonías que habrían gustado a Jimmy Page. Pero el conjunto carece de rigor; hay una verdadera vacilación antes de la última estrofa (después de 1'57). Dylan y The Band aún no estaban en plena forma, pero no faltaba mucho tiempo... El cantautor nunca ha interpretado «Never Say Goodbye» en directo.

Wedding Song

Bob Dylan / 4'42 minutos

Músico
Bob Dylan: voz, guitarra, armónica
Grabación
The Village Recorder / estudio B, West Los Ángeles (California): 9 o 10 de noviembre de 1973
Equipo técnico
Productores: Bob Dylan, Robbie Robertson, Rob Fraboni
Ingeniero de sonido: Rob Fraboni

Génesis y letra

«Wedding Song» es una de las declaraciones de amor más conmovedoras de toda la obra de Dylan, una especie de «Sad-Eyed Lady Of The Lowland» bis. Es una nueva invocación amorosa dirigida a su mujer Sara, a la que dice amar «más que nunca, más que el tiempo y que el amor», «más que a la propia vida»; Sara, gracias a quien pudo decir «adiós a las habitaciones encantadas», aprender a dar incluso en la pobreza más profunda; Sara, que le dio hijos y que le «salvó la vida». También se confiesa sobre su trayectoria artística cuando canta, en la sexta estrofa: «Nunca ha sido mi deber reconstruir el ancho mundo / Ni mi intención anunciar de llamar a la batalla».

Una canción de la comedia musical de K. Weill extraída de *La ópera de los tres centavos* dio título a «Wedding Song».

«Wedding Song» cierra *Planet Waves*. El siguiente álbum, *Blood On The Tracks*, será la expresión de la ruptura del matrimonio Dylan tras once años de vida en común. Así, es tentador –y fácil– ver en «Wedding Song» las premoniciones de esa separación. Algunos también interpretan la canción como la redención a través del amor. Dylan traza un retrato tan idílico –pero salpicado de frases ambiguas («Todo amor corta como un cuchillo»)– de su mujer que es lógico que se instalen ciertas dudas. El tono puede parecer forzado; ¿Quizá está intentando que lo perdone por algo? En 1978 confesará a Jonathan Cott que con esa frase explicaba que «las sangrías son lo que cura todas las enfermedades».[20] Pero, ¿de qué enfermedades habla? ¿Está enfermo de amor, o enfermo de ya no sentir el amor que creía que podía ofrecer? Como siempre, Dylan se presta a distintas lecturas de su canción. Y eso es algo que nunca hay que olvidar.

Realización

Si «Dirge» y «Forever Young» fueron las dos primeras canciones que grabaron, justamente en la primera sesión de la mezcla, «Wedding Song», en cambio, fue la última canción que Bob Dylan escribió para *Planet Waves*. La grabación tuvo lugar el 9 de noviembre en una sola toma (el 9 según los informes de estudio, el 10 en la caja de la cinta máster). Dylan recupera el color de sus primeros discos: solo a la guitarra y la armónica (en fa), ofrece una interpretación de mucha calidad. Rob Fraboni recuerda: «Hacia mediodía, Bob dijo: "Tengo una canción, quiero grabarla un poco más tarde, aún no estoy preparado del todo. Ya te diré cuándo" [...]. De repente vino y dijo: "Grabémosla". Así que entramos en el estudio. Normalmente solo cantaba cuando estábamos grabando. Era su manera de hacer. [...] Pero esa vez preguntó: "¿La cinta está girando? ¿Por qué no la pones en marcha?" Y eso fue lo que hice, empezó a cantar y, por nada del mundo la habría parado [...]. Fue una interpretación magnífica. Si escucháis el disco podréis oír un ruido que proviene de los botones de su chaqueta. Pero parecía que no se daba cuenta».[103] El día de la mezcla, Fraboni habló del ruido de los botones y propuso a Dylan que trataran de eliminarlo. Pero Bob estaba evasivo: "Bueno, tal vez". Pero nunca dijo que sí, así que lo dejamos ahí».[103] El ruido se oye claramente en todas las intervenciones de armónica, sobre todo en la última, hacia el minuto 4'13.

Planet Waves outtakes

Las sesiones de *Planet Waves* solo dieron lugar a una canción descartada:
«Nobody 'Cept You» fue el único tema que no llegó a la lista de canciones definitivas.
Bob Dylan prefirió «Wedding Song» para cerrar su álbum con The Band. La elección
de la evocación amorosa en detrimento de la sensualidad del reggae...

VOL 1-3

Nobody 'Cept You

Bob Dylan / 2'41 minutos

PARA LOS ADICTOS A DYLAN
Bob Dylan termina el tema cantando
«I'm Still in love with you». Pero la frase
no aparece en el texto registrado
en 1973. ¿Por qué? ¡Misterio!

Músicos: Bob Dylan: voz, guitarra, armónica; Robbie Robertson: guitarra; Richard Manuel: batería (?); Garth Hudson: teclados; Rick Danko: bajo; Levon Helm: batería (?) / **Grabación:** The Village Recorder, estudio B, West Los Ángeles (California): 2 o 5 de noviembre de 1973 / **Productores:** Bob Dylan, Robbie Robertson, Rob Fraboni / **Ingeniero de sonido:** Rob Fraboni / **Recopilatorio:** *The Bootleg Series, Vol. 1-3: Rare & Unreleased 1961-1991*, CD 2 / **Publicación:** 26 de marzo de 1991

«Nobody 'Cept You» es otra evocación del pasado de Bob Dylan: es el regreso a su infancia en Minnesota, cuando jugaba, bailaba y cantaba en el cementerio. También hay una exaltación de lo sagrado, cuando habla del himno que escuchaba en las iglesias, que tenía efectos benéficos en él, que le daba paz. ¿A quién dedica su devoción el cantautor? ¿A Dios? ¿A Sara? ¿A ambos? Una cosa es segura: esta canción en forma de confesión demuestra que Bob Dylan sigue su camino guiado por un Amor en mayúsculas. «Nobody 'Cept You» es la segunda de las tres canciones que Dylan grabó como demo en junio de 1973. En las sesiones de *Planet Waves*, en noviembre de 1973, le grabación se desarrolló en dos etapas:

una toma (¿el día 2?) con Richard Manuel a la batería y otra (el día 5) con Levon Helm. La toma de *The Bootleg Series* es la del día 2, con Manuel como baterista. Luego la canción se eliminó de la lista de temas del álbum, ya que Bob Dylan prefirió «Wedding Song» para concluirlo. Pero es una lástima que la canción no se incluyera en el disco. Es un excelente tema con un texto y una melodía muy buenos, y que curiosamente tiene un color reggae. No hay duda de que el pedal *wah wah* de la guitarra de Robertson y el órgano de Hudson están ahí para darle esa tonalidad. Con algo más de trabajo, «Nobody 'Cept You» habría encontrado su lugar en *Planet Waves* sin problemas.

1975

ÁLBUM
FECHA DE PUBLICACIÓN
20 de enero de 1975
Columbia
(REFERENCIA COLUMBIA PC 33235)

Tangled Up In Blue
Simple Twist Of Fate
You're A Big Girl Now
Idiot Wind
You're Gonna Make Me
Lonesome When You Go
Meet Me In The Morning
Lily, Rosemary
And The Jack Of Hearts
If You See Her, Say Hello
Shelter From The Storm
Buckets Of Rain

Blood On The Tracks

Bob Dylan en la sala de control durante las sesiones de *Blood On The Tracks*.

Blood On The Tracks, el álbum de una sensibilidad herida

El álbum

Después de un álbum de estudio (*Planet Waves*) y un doble álbum en directo (*Before The Flood*, publicado el 20 de junio de 1974), Bob Dylan deja Asylum para volver a Columbia. David Geffen escribió en las páginas de *Rolling Stone*: «Ha tomado la decisión de apostar por su pasado. A mí me interesaba más su futuro».[107] Según algunas fuentes, el cantautor no se entendió con la figura tutelar de Asylum, a quien habría reprochado no haber hecho una promoción eficaz cuando se publicó *Planet* Waves. Según un miembro del equipo de Columbia, «pensaba que a Geffen solo le interesaba tener una celebridad».[107]

Cuando vuelve a Columbia para la grabación de su decimoquinto álbum de estudio, Bob Dylan se encuentra con John Hammond, gracias a quien empezó todo. Son «canciones personales», confesó al mítico productor justo antes de reservar el estudio de grabación en septiembre de 1974. Canciones que escribió después de la gira con The Band (3 de enero-14 de febrero), en la granja de Minnesota donde se instaló a mediados de julio con sus hijos y su hermano, David Zimmerman. En cuanto a Sara, brillaba por su ausencia. Su relación, que empezó a deteriorarse cuando se instalaron en Malibú en abril de 1973, se empeoró cuando Dylan se fue de gira en enero de 1974. «Ella detestaba su modo de vida de rock and roll [y] la gente que solo hablaba de música la aburría»,[108] dice Jonathan Taplin, el *road manager* de Dylan. Así, Sara

prefirió distanciarse a la espera de días mejores. Volver a ir de gira despertó en Dylan sus viejos demonios: el gusto por el escenario, las mujeres, el tabaco y el alcohol.

La odisea de un enamorado mítico

Cuando *Blood On The Tracks* apareció el 20 de enero de 1975 dos personas entraron en la vida del cantautor: Ellen Bernstein, una responsable de Columbia de 24 años, con la que mantuvo una relación, y el artista Norman Raeben, que fue su profesor de pintura en Nueva York entre mayo y julio de 1974. Su relación con Sara parecía haber llegado a un punto de no retorno. De hecho, para los periodistas especializados y los exegetas de Dylan, este álbum solo puede ser el reflejo de una ruptura, que habría desencadenado la más profunda de las tormentas en el interior del cantante. *Blood On The Tracks*, cuya inspiración está guiada sobre todo por historias de amor tristes, es la vía de escape de Dylan para expresar todo su sufrimiento. Robert Shelton escribió: «Este nuevo álbum es la biografía espiritual de una sensibilidad herida».[7] Greil Marcus lo define como «la odisea de un enamorado mítico poseído por una relación que no puede resolver».[7] Una opinión que también comparte Jakob, el hijo menor de Bob y Sara Dylan, cuando dice que «Cuando escucho *Blood On The Tracks* pienso en mis padres».[47]

Bob Dylan siempre ha criticado, e incluso ridiculizado, estas interpretaciones demasiado convencionales. Para él el álbum

El cantautor en compañía del *jazzman* Benny Goodman y del productor John Hammond.

LOS *OUTTAKES*

Up To Me
Call Letter Blues

es una nueva dirección artística: se trata de escribir tal como pinta un artista. Sobre esta cuestión explicó: «[Norman Raeben] me enseñó a mirar de una forma que me permite hacer conscientemente lo que antes sentía inconscientemente. No estaba seguro de que esto se pudiera aplicar a las canciones, porque nunca había escrito así. Pero cuando empecé a hacerlo, compuse *Blood On The Tracks*».[15] Asimismo, la sombra del gran escritor ruso Antón Chéjov planeaba por encima de la máquina de escribir de Dylan, cosa que él mismo confirma en sus *Crónicas*: «Incluso llegué a basar un disco entero en las novelas de Chéjov. La prensa pensó que era autobiográfico; ningún problema».[1]

La carátula

Fue Paul Till, un artista canadiense de 20 años y fan de Bob Dylan, quien hizo la fotografía de la portada de *Blood On The Tracks* durante un concierto en el Maple Leaf Gardens de Toronto, en enero de 1974. En una entrevista concedida a *RockPop Gallery* cuenta que utilizó una Leica III de la década de 1930 y un objetivo Canon 135 mm f/3.5. Para conseguir el efecto coloreó las fotografías a mano y recorrió a la solarización (una superinsolación de la imagen, obtenida después del revelado y antes de la fijación, que permite transformarla en su negativo). En septiembre de 1974, Till, que no conocía a Dylan, envió dos de sus fotografías a la oficina del cantautor, y este eligió una. El diseño de la contraportada es de Ron Coro. La ilustración es de David Oppenheim, un pintor originario de Marsella cuya obra llamó la atención de Dylan en una exposición neoyorkina.

La grabación

Después de escribir la mayor parte de las canciones en Minnesota, Bob Dylan las tocó para algunos amigos y luego se fue a Nueva York para empezar las sesiones de grabación. Vuelve al antiguo estudio A, donde grabó sus obras maestras para Columbia, que había sido adquirido por Phil Ramone a finales de 1967 y rebautizado A & R Recording. Phil Ramone, que se acompaña a la consola por un joven ingeniero de sonido de 18 años llamado Glenn Berger, tiene la primera misión de encontrar los músicos que acompañarán a Dylan. Se decide por el guitarrista Eric Weissberg y los miembros de su grupo Deliverance, llamado así por la banda sonora de la película *Deliverance* (*Defensa*) de John Boorman (1972), de la que Weissberg había hecho, junto a Steve Mandel, los arreglos del clásico «Duelling Banjos». Glenn Berger recuerda: «Instalé la batería, el bajo, las guitarras y el teclado. Coloqué los micros de Dylan en el centro. En pleno ajetreo, Dylan entró furtivamente, nos saludó y se retiró al rincón más alejado de la sala de control, cabizbajo, ignorándonos a todos. Nadie se atrevió a inmiscuirse en su privacidad».[108] Nadie excepto John Hammond, que fue a saludar al cantautor el primer día. Glenn Berger: «Para un fan de Dylan era un momento histórico: Dylan y Hammond de nuevo juntos en un estudio para su regreso a Columbia».[108]

La primera sesión tuvo lugar el 16 de septiembre de 1974, de las 6 de la tarde a medianoche. Se grabaron diez canciones (y treinta tomas) con el grupo de Weissberg. Pero los músicos no llegan a seguir a Dylan que, a cada toma, cambia sin avisar los acordes de una misma canción. Y Bob no tiene paciencia. Resultado: «Meet Me In The Morning» será la única canción de esa sesión que se incluirá para el álbum, y al día siguiente solo se convoca al bajista Tony Brown en compañía del «veterano» Paul Griffin, el teclista de *Bringing It All Back Home* y de *Highway 61 Revisited* (1965). Lo único que les dieron a los demás músicos fueron las gracias. Habrá dos sesiones más, el 17 y el 19 de septiembre, y dos sesiones de *overdubs* y de remixes el 24 septiembre (o el 18 según algunas fuentes) y el 8 de octubre.

Después de esas sesiones Phil Ramone pensó que había terminado el disco; es evidente que no conocía muy bien a Bob Dylan. Glenn Berger: «Cuando volvimos de las vacaciones de Navidad, Phil se sentó a mi lado, pálido y desanimado. Bob había entrado en pánico. Cuando fue a visitar a su hermano a Minnesota, tomó la decisión de volver a grabar varios temas en Minneapolis».[108] Efectivamente, dos meses después de las grabaciones neoyorkinas, Dylan escucha un acetato de las diez canciones destinado a la promoción del futuro álbum para un número limitado de emisoras de radio y periodistas. No está contento con lo que oye. ¿Quizá estuvo influido por David o por Ellen Bernstein, como algunos sugieren? En cualquier caso, pidió urgentemente a Columbia que se detuviera y que aplazara el lanzamiento del álbum, que estaba previsto para Navidad: necesitaba volver a grabar algunas canciones.

Con David Zimmerman como productor y los músicos locales Chris Weber (guitarra), Gregg Inhofer (teclado), Bill Peterson (contrabajo) y Bill Berg (batería), realizó nuevas versiones de «Idiot Wind», «You're A Big Girl Now», «Tangled Up In Blue», «Lily, Rosemary And The Jack Of Hearts» y de «If You See Her Say Hello».

A pesar de que las sesiones se desarrollaron en Nueva York y después en Minneapolis con músicos distintos, *Blood On The Tracks* forma un todo homogéneo y la mayoría de críticos coinciden en que se trata del mejor disco de Dylan desde *Blonde On Blonde*. Después de llegar a los números 1 y 4 de las listas de éxitos de Estados Unidos y el Reino Unido respectivamente, la decimoquinta confesión discográfica de Dylan es considerada como el decimosexto mejor álbum en la clasificación de la revista *Rolling Stone*. Pero este regreso a la cumbre probablemente le habrá costado su matrimonio.

Datos técnicos

Para las cinco sesiones grabadas en Nueva York en el antiguo estudio A de Columbia, situado en el número 799 de la 7th Avenue (donde se inmortalizó «Like A Rolling Stone» el 16 de junio de 1965), es Phil Ramone –que ya había participado en la grabación del álbum *Before The Flood*– quien aparece como ingeniero de sonido. Phil Ramone trabajará con los más grandes, como Paul Simon, Billy Joel, Aretha Franklin, Paul McCartney o Frank Sinatra. Para captar la guitarra de Dylan utiliza un micrófono de tubo Sony C37 y un Neumann KM-56. Para la voz elige un Sennheiser 421, el mismo que utilizó Rob Fraboni para *Planet Waves*.

Para las dos últimas sesiones del álbum, grabadas en el Sound 80 de Minneapolis, uno de los mejores estudio de la ciudad, situado en el cruce de la 27th Street y la South 25th Avenue, fue Paul Martinson quien se ocupó del sonido. Para la voz de Bob utilizó un Neumann U 87, un compresor/limitador Pandora y una reverberación EMT. Para las guitarras se inclinó por micros AKG 451. La consola es una MCI 416-B con 24 entradas.

Los instrumentos

Dylan sigue fiel a las guitarras Martin, ya que grabará *Blood On The Tracks* con una Martin 00-21, pero también tocará una Martin 00-42 G de 1934 durante las sesiones de Minneapolis. Las armónicas son de tonalidades de mi, sol y la.

Martin 00-42 parecida a la que utilizó Dylan en las sesiones de Minneapolis.

Tangled Up In Blue

Bob Dylan / 5'41 minutos

Músicos
Bob Dylan: voz, guitarra, armónica
Kevin Odegard: guitarra
Chris Weber: guitarra
Gregg Inhofer: teclados
Bill Peterson: contrabajo
Bill Berg: batería

Grabación
Sound 80, Minneapolis (Minnesota):
30 de diciembre de 1974

Equipo técnico
Productor: David Zimmerman
Ingeniero de sonido: Paul Martinson

Arthur Rimbaud, una de las grandes referencias
espirituales del cantautor estadounidense.

Génesis y letra

«Tangled Up In Blue» marca el regreso del gran Bob Dylan, el de la luminosa trilogía de *Bringing It All Back Home / Highway 61 Revisited / Blonde On Blonde*, que escribe bajo la influencia de Rimbaud, con quien comparte las pulsiones por los viajes lejanos (referencia a los vendedores de esclavos en la sexta estrofa).

Esta historia de ruptura, que podría parecer banal, toma una dimensión épica de la mano de Dylan. El cantautor ha ido modificando la letra a lo largo de las grabaciones y las interpretaciones en directo, empleando casi siempre la tercera persona del singular, probablemente para remarcar que el narrador es un observador, y no el protagonista de la historia. En la versión oficial que se incluyó en el disco eligió, no obstante, la primera persona del singular, que podría indicar una implicación personal. En la primera estrofa, el personaje principal, que se ha vuelto a marchar a la costa este, sigue pensando en su excompañera. En la segunda descubrimos que la mujer había estado casada antes de que se conocieran y huyeran hacia el Oeste. La tercera evoca su separación con esta asombrosa frase: «Pero todo este tiempo he estado solo / El pasado me iba a la zaga». Dylan explicó a Jonathan Cott que quería hablar de la ilusión en la que a veces vivimos.[20] La cuarta y la quinta estrofas hablan de reencuentros «en un club de topless», mientras que la sexta alude a un *ménage à trois* (a menos que se trate del doble del narrador). La canción se termina como empezó: con la marcha del protagonista, que lamenta que la mujer a la que ha amado (y a la que sin duda todavía ama) tenga puntos de vista distintos de los suyos.

En los escenarios, Bob Dylan ha presentado su canción desde distintas perspectivas. Ha dicho que trata de «tres personas que se aman mutuamente en el mismo momento».[31] Durante la gira de 1978 confesó que «Tangled Up In Blue» era el fruto de diez años de vida y que le llevó dos años escribirla. Esta interpretación parece la más plausible. También dijo que trató de escribirla a pequeños trazos, como una pintura, para que la visión de conjunto unificara el todo».[12]

Aunque el cantautor siempre ha evitado cualquier paralelismo con su biografía, es muy difícil no asimilar la canción a sus vivencias recientes. Separado de Sara, Bob Dylan fue a recibir las enseñanzas artísticas del pintor Norman Raeben, que se reveló como una especie de guía espiritual. Clinton Heylin da en

Phil Ramone, productor de las sesiones de Nueva York. En la imagen, en el estudio en 1977.

el clavo cuando habla de su relación con Sara en aquella época: «Se casó con un matemático y se despertó con un poeta».[66] Un poeta y un pintor, en todo caso, ya que va contando su historia a pinceladas, como un seguido de impresiones noveladas que se inscriben en una experiencia difícil y delicada.
Bob Dylan nunca ha quedado satisfecho con las distintas versiones que ha hecho de «Tangled Up In Blue». Pero la de la gira de 1984 que aparece en el álbum *Real Life* es la que más se acerca a lo que tenía en la cabeza.

Realización

«Tangled Up In Blue» forma parte de las cinco canciones que se volvieron a grabar Minneapolis después de trabajarlas en vano en Nueva York. Así, Dylan probó una primera versión bajo la batuta Phil Ramone en el antiguo estudio A de Columbia. Realizó varias tomas los días 16, 17 y 19 de septiembre. Podemos escuchar una en *The Bootleg Series, Vol. 1-3* (en tercera persona del singular) con Bob a la guitarra –que recupera para la ocasión los famosos *open tunings* de sus primeros discos–, acompañado solamente por Tony Brown al bajo. En el libreto del disco está fechada del 16 de septiembre, el

único día en que Weissberg y su grupo tocaron con el cantautor, pero parece más bien la versión del *test pressing* del 19 de septiembre (a pesar de lo que indica el libreto, no había otros guitarristas).
Insatisfecho con el resultado, Dylan vuelve a trabajar en la canción el 30 de diciembre, esta vez con Paul Martinson a los mandos y su hermano David en la producción. Se grabó una primera toma en una tonalidad más alta que la versión de Nueva York. En cuanto Dylan y los músicos escucharon el resultado, Chris Weber, el guitarrista, consideró que podían mejorarla, y sugirió subirla un tono más, pasándola del sol al la. Dylan se sorprendió al principio, pero luego aceptó, y después de dos tomas más el tema se dio por bueno. Con un tono más, esta versión tiene una tensión que está acorde con el texto, y permite a Dylan ofrecer una interpretación destacable. El acompañamiento de los otros músicos es excelente y podemos oír que Weber toca con una 12 cuerdas, una magnífica Guild f-512.
Desde el 13 de noviembre de 1975, en New Haven (Connecticut), Bob Dylan ha interpretado «Tangled Up In Blue» casi 1.500 veces. Hay que mencionar la tónica versión de la Rolling Thunder Revue (*The Bootleg Series, Vol. 5*).

Simple Twist Of Fate

Bob Dylan / 4'18 minutos

Músicos
Bob Dylan: voz, guitarra, armónica
Tony Brown: bajo
Grabación
A & R Recording / estudio A, Nueva York:
19 de septiembre de 1974
Equipo técnico
Productor: Bob Dylan
Ingenieros de sonido: Phil Ramone, Glenn Berger

Génesis y realización

Un viejo canal, un extraño hotel iluminado por un neón, el sonido lejano de un saxo... Bob Dylan crea con pocas palabras, como si fuera un autor de novelas negras o un dramaturgo ruso, una atmósfera cargada, pesada, casi inquietante: «Simple Twist Of Fate» es la historia de un encuentro, de una pasión efímera en un hotel, muy probablemente entre un cliente y una prostituta. ¿El narrador ha vivido este abrazo de unas horas, o solo lo ha soñado? En la tercera estrofa se dice que se despierta, y en la cuarta no ve por ninguna parte a la mujer a la que ha amado.

«He aquí una sencilla historia de amor, que me ocurrió»: así presentó Bob Dylan «Simple Twist Of Fate» al público japonés durante su concierto en el Budokan Hall (Tokio) en 1978. La canción, que inicialmente se llamaba «4th Street Affair», podría ser una experiencia vivida, ya que el cantautor alquiló un pequeño apartamento en 4th Street al llegar a Nueva York a principios de la década de 1960. Para Clinton Heylin[66] este tema evoca su relación pasada con Suze Rotolo (con la que intentó volver a quedar en esa época). Dylan siembra la confusión alternando el empleo del «yo» y del «él», al igual que en «Tangled Up In Blue». Las lecciones de Norman Raeben, que le permiten ser actor y narrador al mismo tiempo, lo llevan a volver escribir obras maestras; «Simple Twist Of Fate» es un buen ejemplo.

Realización

Después del sonido de Minneapolis, con «Simple Twist Of Fate» descubrimos el sonido de Nueva York. Inmediatamente nos atrapa la reverberación muy presente y relativamente larga que envuelve la voz y la guitarra de Dylan. Phil Ramone explicó que fue el efecto de la famosa «Seventh Avenue», una *reverb* que provenía de una gran sala situada bajo las escaleras del edificio: «Yo estaba saliendo de mi época "eco a ultranza", o quizá estaba volviendo, ¡no lo sé!».[109] La decisión es afortunada, ya que permite que Dylan refuerce toda la emoción de su interpretación. Los acordes que emplea son poco frecuentes en su obra, y la excelente línea de bajo de Tony Brown recuerda a las de Charlie McCoy en *John Wesley Harding*. Tras cinco tomas grabadas el 16 de septiembre, se realizaron tres más el día 19, y la tercera fue la que se eligió para el álbum. Bob Dylan la ha interpretado en directo más de 600 veces (la primera fue el 8 de noviembre de 1975 en Burlington (Vermont)).

Bob Dylan canta «Simple Twist Of Fate».
«Una sencilla historia de amor»...

PARA ESCUCHAR

En los minutos 1'43 y 3'01 se puede oír que la guitarra de la derecha se equivoca en algunas notas (versión *Blood On The Tracks*).

You're A Big Girl Now

Bob Dylan / 4'35 minutos

Músicos
Bob Dylan: voz, guitarra, armónica
Kevin Odegard: guitarra
Chris Weber: guitarra
Gregg Inhofer: piano
Billy Berg: batería
Grabación
Sound 80, Minneapolis (Minnesota):
27 de diciembre de 1974
Equipo técnico
Productor: David Zimmerman
Ingeniero de sonido: Paul Martinson

Bob Dylan grabó dos magníficas versiones de «You're A Big Girl Now».

Génesis y letra

«You're A Big Girl Now» es otra canción sobre la ruptura amorosa. El narrador no acepta que su amada se haya marchado, y se va volviendo loco. Aunque sea difícil no establecer un paralelismo entre este texto y los problemas de pareja que atravesaba Dylan en aquella época –su separación de Sara–, el cantautor negará cualquier parecido con la realidad, y lamentará que no le hayan consultado antes de poner por escrito este tipo de cosas: «¿Realmente pensáis que no puedo hablar de nadie que no sea mi mujer? Estas interpretaciones a veces son estúpidas y engañosas». Y sigue: «No escribo canciones confidenciales. Las emociones no tienen nada que ver con todo esto».[12] Sin embargo, sí hay emoción en esta magnífica canción, más de lo que es habitual en Dylan. El tema se dirige a cada uno de nosotros y es fácil identificarse con la letra. Tristeza, sinceridad, resignación… Bob Dylan raramente ha compartido con tanta libertad sus sentimientos. Sea cual sea la inspiración del texto, el resultado es sorprendente y espléndido.

Realización

En cuanto a emoción, la música no se queda atrás. La melodía refuerza el sentimiento de melancolía, de lamento y de dolor que se desprende de la interpretación. Dylan alterna entre suavidad y potencia, y la intensidad que aplica a cada «*oh, oh*» se acerca al quejido. Tras descartar la versión de Nueva York se grabó una primera toma el 27 de diciembre en Minneapolis. Ese día Dylan añadió por *overdub* una parte de guitarra acústica solista como introducción. Cabe destacar que no hay bajo, ya que Bill Peterson abandonó la sesión debido a un compromiso con un club de jazz. Pero a decir verdad podríamos pensar que quizá el cantautor se equivocó al preferir esta versión a la de Nueva York. Esta última se puede escuchar en *Biograph* con Dylan a la voz, la guitarra acústica y la armónica, acompañado por Tony Brown al bajo, Paul Griffin al órgano y Buddy Cage a la *pedal steel guitar*. Esta versión es absolutamente conmovedora. Dylan emociona por su sinceridad, y el acompañamiento se adapta mejor a la música. Pero a pesar de todo «You're A Big Girl Now» es una gran canción.

La primera vez que Dylan interpretó «You're A Big Girl Now» en directo fue en Hattiesburg (Mississippi), el 1 de mayo de 1976, en el marco de la Rolling Thunder Revue.

Idiot Wind

Bob Dylan / 7'47 minutos

Músicos
Bob Dylan: voz, guitarra, armónica, órgano
Kevin Odegard: guitarra
Chris Weber: guitarra
Gregg Inhofer: piano
Bill Peterson: bajo
Billy Berg: batería

Grabación
Sound 80, Minneapolis (Minnesota):
27 de diciembre de 1974

Equipo técnico
Productor: David Zimmerman
Ingeniero de sonido: Paul Martinson

PARA LOS ADICTOS A DYLAN
La palabra «idiot» podría ser una influencia de Norman Raeben, con quien Dylan tomó clases de pintura durante la primavera de 1974. De hecho era una de sus palabras preferidas. Para el artista, como explicó su viuda, existía un «"viento idiota" que soplaba y cegaba a toda la humanidad».[111]

Génesis y letra

Bob Dylan empezó a trabajar en «Idiot Wind» justo después de la gira con la Band, que terminó el 14 de febrero de 1974 en Inglewood (California). Ellen Bernstein, que se había convertido en su novia, recuerda haberlo visto cambiar la letra una y otra vez. Bob Dylan explicó: «Es una canción que quise hacer como una pintura. Mucha gente piensa que esta canción y este álbum se remiten a mi situación personal; en aquel momento podía parecerlo, pero no tiene ninguna relación conmigo. La idea consistía en crear imágenes que desafiaran al tiempo; el pasado, el presente y el futuro».[110]

«Idiot Wind» es una de las obras mayores de Dylan. Al igual que «Like A Rolling Stone», «Desolation Row» o «Positively 4th Street», en esta canción se conjugan todos los elementos de su genio artístico, y empieza con una epopeya poética y mística –incluso apocalíptica– sobre una ruptura amorosa. A partir de la segunda estrofa el narrador se dirige directamente a la mujer con la que ha compartido la vida, a quien dedica una retahíla de reproches. El estribillo es inapelable: «Viento estúpido, que sopla cada vez que mueves los dientes / Eres estúpida, cariño / Es asombroso que aún sepas respirar». En una palabra, el narrador se siente incomprendido, incluso traicionado. De ahí la doble referencia a Jesucristo («Hay un soldado solo en la cruz») y al Juicio Final («Lo bueno es malo, lo malo es bueno, lo descubrirás cuando llegues a la cima»).

Si observamos un poco más de cerca podremos constatar que no se trata solo de un ajuste de cuentas con una examante o una exesposa, sino con todos sus detractores, los que propagan falsos rumores... los periodistas de pluma fácil y vengadora. Además, tal como destaca Jim Beviglia, ese «viento estúpido» parece soplar por todo Estados Unidos, «desde la presa del Grand Coulee hasta el Capitolio». ¿Podría ser una alusión al reciente escándalo del Watergate?

Pero «Idiot Wind» no sería una obra maestra si Dylan no dejara emerger toda la fragilidad y la contradicción de su ser. ¿Un ataque contra sus detractores o contra su exmujer? Quizá, pero no solo eso. En las dos últimas estrofas hace una repentina demostración de humildad, reconoce con tristeza no haber comprendido a la mujer que amaba, admite ser tan responsable como ella del destino que comparten. Este «viento estúpido», podría ser el que nos lleva a todos por caminos que vamos a lamentar. Dylan explicará que con «Idiot Wind» quería

«Idiot Wind», un punto álgido del arte dylaniano que remite a «Like A Rolling Stone» o «Desolation Row».

PARA ESCUCHAR

Podemos escuchar fácilmente un punch-in realizado sobre la frase «I can't remember... into mine» de la sexta estrofa (entre 4'17 y 4'27). La voz de Dylan cambia de timbre y de intensidad.

expresar el poder de la voluntad. «Con fuerza de voluntad se puede hacer todo»,[20] dirá a Jonathan Cott. «Con el poder de la voluntad podemos forjar nuestro destino».[20]

Realización

«Idiot Wind» es una de las cinco canciones que Dylan quiso reelaborar en Minneapolis, durante la primera sesión del 27 de diciembre. Hicieron falta cinco tomas para grabarla. Aunque pueda parecer sorprendente, el propio Dylan realizó numerosos *overdubs* durante esas sesiones. Él mismo tocó la parte de órgano Hammond, porque sabía exactamente lo que quería. Los otros músicos, que era la primera vez que trabajaban con el cantautor, trataron de captar tan rápido como pudieron la estructura del tema. Berg fue el primero que entendió el espíritu de la canción. Los demás siguieron después. Dylan canta con una voz casi agresiva, desprende una ira sor-

da. Realizará varios *punch-in* para grabarla, cosa que tampoco es habitual en él. Pero el resultado es impresionante y el sonido recuerda al de los mejores álbumes de los sesenta.

La versión neoyorkina que se puede escuchar en *The Bootleg Series, Vol. 1-3* tiene un espíritu distinto, totalmente acústico. Bob canta, toca la guitarra (en *open tuning*) y la armónica. Solo lo acompaña Tony Brown, al bajo. El tono es intimista, resignado, pero desprende una profunda emoción, más evidente que la versión de Minneapolis. «¿He sido suficientemente sincero?»,[108] preguntará al terminar la toma, según Glenn Berger. ¿Pero qué versión es la más lograda? ¿Nueva York o Minneapolis? A decir verdad son complementarias, y representan dos facetas de una misma canción, a semejanza de algunos pintores que representan el mismo sujeto en distintas telas. Volvemos a notar la influencia de las lecciones del maestro Raeben.

You're Gonna Make Me Lonesome When You Go

Bob Dylan / 2'55 minutos

Músicos
Bob Dylan: voz, guitarra, armónica
Tony Brown: bajo
Grabación
A & R Recording / estudio A, Nueva York: 17 de septiembre de 1974
Equipo técnico
Productor: Bob Dylan
Ingenieros de sonido: Phil Ramone, Glenn Berger

Génesis y letra

«You're Gonna Make Me Lonesome When You Go», que cierra la primera cara del LP *Blood On The Tracks*, es bastante diferente del resto de títulos del álbum. Su atmósfera campestre se parece mucho a la de *New Morning*, como demuestran los «cantos de los grillos» y el «río azul que discurre despacio, perezoso». Así, se trata de una canción pastoral, pero también de una canción de amor, escrita probablemente para Ellen Bernstein, como dejan adivinar los pequeños indicios sembrados a lo largo de todo el texto: Bernstein revelará que Ashtabula es su ciudad natal, situada en Ohio; Honolulu y San Francisco, dos ciudades en las que la mujer habría vivido, y también la «*Queen Anne's lace*» (zanahoria silvestre) de la tercera estrofa, una planta que la chica hizo descubrir a Dylan durante sus paseos por el campo de la granja de Minnesota. «Era realmente ridículo hablar de eso en una canción», dirá Bernstein, «pero fue muy conmovedor».[109] El narrador habla de su vivencia, de las «situaciones que acabaron mal» y que no quiere volver a vivir, hasta el punto de que compara una relación pasada con la que existió entre Rimbaud y Verlaine, dos de sus poetas favoritos, a los que cita por primera vez en una canción. Confesión en forma de súplica: «Voy a sentirme solo cuando te vayas».

Realización

Si la letra recuerda el ambiente bucólico de *New Morning*, la *música* evoca más bien sus primeros discos, como *Freewheelin'* o *Another Side*. Bob canta con una voz serena esta canción folk que contrasta totalmente con el clima angustioso de «Idiot Wind». Después de grabar en vano el 16 de septiembre ocho tomas de la canción con Eric Weissberg y su grupo, al día siguiente Dylan solo convocó al bajista Tony Brown para volver a grabar el tema. Dos tomas bastaron para inmortalizarlo, y la segunda fue la buena. De todas formas podemos imaginar el despecho y la angustia de Brown, que se encontró solo en el estudio con el cantautor después de que sus compañeros fueran despedidos el día anterior.

Bob Dylan solo ha interpretado esta canción una docena de veces desde el concierto de Clearwater (Florida), del 22 de abril de 1976.

Un regreso a los climas apacibles de *New Morning*.

Meet Me In The Morning

Bob Dylan / 4'22 minutos

Músicos
Bob Dylan: voz, guitarra
Eric Weissberg: guitarra
Charlie Brown III: guitarra
Buddy Cage: *pedal steel guitar*
Tom McFaul: teclados (?)
Tony Brown: bajo
Richard Crooks: batería

Grabación
A & R Recording / estudio A, Nueva York:
19 de septiembre de 1974

Equipo técnico
Productor: Bob Dylan
Ingenieros de sonido: Phil Ramone, Glenn Berger

Eric Weissberg en 1970.

Génesis y letra

Bob Dylan no había acabado de escribir todas las canciones cuando entró en el estudio el 16 de septiembre de 1974. Parece que una de las canciones que estaban por terminar era «Meet Me In The Morning». Una vez más, el tema es la ruptura amorosa, que en este caso ha sumido al narrador en una depresión profunda. Desde que la mujer amada se fue, se siente «vulnerable» y ya no sabe qué hacer para reconquistarla. La canción se resume en una frase que se repite en la segunda estrofa: «Dicen que la hora más oscura es justo antes del alba». Hay que destacar que Dylan fija una cita entre la «56th y Wabashan». Esta última es una ciudad de Minnesota, a unos 265 km de Duluth, la ciudad natal del cantautor, pero en principio no existe ninguna intersección con la 56th.

Realización

«Meet Me In The Morning» es un blues que parece salido directamente de los estudios Chess de Chicago. Tiene la misma atmósfera pesada y eléctrica que la se escucha en las míticas grabaciones de Muddy Waters o Howlin' Wolf. Una guitarra tocada en *bottleneck*, una eléctrica que hace buenos *licks*, un bajo y una batería que ofrecen una rítmica muy sentida... Eric Weissberg y sus esbirros se reúnen para interpretar el único blues del álbum (grabado en una sola toma). Desgraciadamente para ellos, será su único día en el estudio, ya que al final de la sesión les darán las gracias a todos, menos a Brown (parece que el teclista McFaul no tocó en esta canción). Es justo reconocer la calidad de su interpretación, que lamentablemente Bob no apreció lo suficiente. El cantautor canta con brío y potencia, empleando todos los clichés del género. Pero el increíble sonido que se desprende del tema viene de la *pedal steel guitar* de Buddy Cage, añadida por *overdub* el 24 de septiembre. La saturación que aplica a su instrumento le confiere al mismo tiempo un aspecto flotante y una vertiente totalmente blues. Antes de llegar a este resultado, Cage reconoce que tuvo que sacar las tripas ante un Dylan que nunca estaba satisfecho y que le hacía repetir toma tras toma. El cantautor solo ha cantado la canción en directo una vez, el 19 de septiembre de 2007, en el Ryman Auditorium de Nashville (Tennessee).

Lily, Rosemary And The Jack Of Hearts

Bob Dylan / 8'52 minutos

PARA LOS ADICTOS A DYLAN

Bob Dylan solo ha interpretado esta canción una vez en directo, en Salt Lake City (Utah), el 25 de mayo de 1976. Durante aquel concierto el cantautor se escribió varias frases en la manga de la camisa porque tenía miedo de olvidarlas.

Músicos

Bob Dylan: voz, guitarra, armónica
Kevin Odegard: guitarra
Chris Weber: guitarra
Gregg Inhofer: órgano
Bill Peterson: contrabajo
Billy Berg: batería

Grabación

Sound 80, Minneapolis (Minnesota):
30 de diciembre de 1974

Equipo técnico

Productor: David Zimmerman
Ingeniero de sonido: Paul Martinson

Génesis y letra

«Lily, Rosemary And The Jack Of Hearts» es probablemente la primera canción que Bob Dylan compuso para *Blood On The Tracks*. La escribió después de la gira de seis semanas con The Band, pensando sin duda en su experiencia como actor en el rodaje de *Pat Garrett & Billy The Kid*. Efectivamente, se trata de un *western* en forma de balada en el que Dylan se convierte en maestro de ceremonias, con los inevitables salones, cabareteras, forajidos, hombres de ley y partidas de póker. El personaje principal es Jack of Hearts, la jota de corazones. A lo largo de las estrofas aparecen los demás personajes: Lily, jugadora de póker que era como una «princesa de piel clara»; el rico e influyente Big Jim, propietario de una mina de diamantes; Rosemary, una buscavidas que «bebía mucho», y un juez tristemente famoso por sus condenas expeditivas. Entonces se oye un disparo, la banda de Jack of Hearts asalta un banco y Rosemary apuñala a Big Jim por la espalda, y luego se dirige al patíbulo sin «parpadear». En cuanto a Lily, sueña con su padre y con Jack, que sin duda ha huido vestido con una sotana...

¿Qué sentido podemos dar a esta canción? Todos los protagonistas parecen jugar con la vida como si se tratara de una partida de póker. ¿Tal vez el amor no es más que una comedia y la vida un juego de azar? Una doble pregunta que parece atormentar al cantautor. De lo que no cabe duda es de lo que piensa de la justicia, encarnada por un juez alcohólico y de una severidad despiadada...

Realización

«Lily, Rosemary And The Jack Of Hearts» se grabó en una toma el 16 de septiembre de 1974, y esa toma se incluyó en el *test pressing* neoyorkino. Luego, el 30 de diciembre, el cantautor la volvió a grabar, esta vez en Minneapolis. Se eliminó una estrofa, la decimosegunda, en la que Lily abraza a Jack Of Hearts. Es evidente que no es la mejor canción del álbum, pero el grupo, después de ensayarla brevemente y tras recibir el aviso del hermano de Dylan de que sería un proceso largo, la graba en una única toma. Cabe destacar la notable rítmica de Berg y Peterson. Un pequeño detalle: Bob no tenía la armónica correcta y no tocaba en la tonalidad adecuada, sino que iba buscando las notas, y aún así el resultado es más que correcto.

El *saloon*, lugar emblemático del Oeste, constituye un decorado ideal para la «comedia humana» que crea Dylan.

If You See Her, Say Hello

Bob Dylan / 4'48 minutos

Músicos
Bob Dylan: voz, guitarra, mandolina
Kevin Odegard: guitarra (?)
Chris Weber: guitarra
Peter Ostroushko: mandolina
Gregg Inhofer: órgano
Billy Berg: batería, percusiones
Grabación
Sound 80, Minneapolis (Minnesota):
30 de diciembre de 1974
Equipo técnico
Productor: David Zimmerman
Ingeniero de sonido: Paul Martinson

Dylan a la guitarra acústica. «If You See Her, Say Hello» puede recordar a «Girl From The North Country».

Génesis y letra

«If You See Her, Say Hello» puede recordar a «Girl Of The North Country» (*The Freewheelin'*), aunque, esta vez, no se habla de frías tierras septentrionales sino de Tánger (Marruecos). En este caso, como en la mayoría de canciones del álbum, es una historia de amor triste la que guía la inspiración de Dylan. A semejanza de la mayor parte de temas del disco, «If You See Her, Say Hello» se modificó entre las primeras versiones grabadas en Nueva York y la última, en Minneapolis. La segunda estrofa está modificada, y la tercera es completamente distinta. Así, «[la] felicidad de otra persona no puede pertenecernos» dio lugar a «y nunca voy a interferir en aquello que le haga feliz» en la versión final. Asimismo, el «yo» ha sustituido a «el otro», clara demostración de una implicación personal del cantautor que, más que nadie, sabe que las historias de amor acaban mal... en general. Es una canción «escrita con la tinta todavía húmeda de las lágrimas de las últimas noches»[112] según Clinton Heylin, y para John Bauldie es la «más triste de todas las canciones de amor perdido»[52] de Bob Dylan.

Realización

Tras grabar una versión folk solo con la guitarra acústica y la armónica en Nueva York el 16 de septiembre (en *The Bootleg Series, Vol. 1-3*) y otra con Tony Brown tres días después (versión del *test pressing*), Dylan volvió a grabar «If You See Her, Say Hello» en Minneapolis el 30 de diciembre. Es la última canción que Dylan trabajó para el álbum. Esta vez el ambiente es más mexicano y favorece el lucimiento de los guitarristas, sobe todo de Chris Weber, a la 12 cuerdas, y de Peter Ostroushko, a la mandolina. No hay bajo, ya que Peterson había abandonado el estudio debido a otras obligaciones. El propio Dylan añadió por *overdub* otra parte de mandolina, y Weber reforzó el final del tema con otra parte de 12 cuerdas. La interpretación del cantautor es una de las mejores del álbum, y «If You See Her, Say Hello» es uno de sus grandes temas.

Shelter From The Storm

Bob Dylan / 5'02 minutos

Músicos
Bob Dylan: voz, guitarra, armónica
Tony Brown: bajo
Grabación
A & R Recording / estudio A, Nueva York:
17 de septiembre de 1974
Equipo técnico
Productor: Bob Dylan
Ingenieros de sonido: Phil Ramone, Glenn Berger

Phil Ramone, artesano imprescindible
de este álbum.

PARA ESCUCHAR

Volvemos a oír los botones de la chaqueta de Dylan que chocan contra la caja de su guitarra (*véase* «Wedding Song», pág. 408). Es una especie de «marca de la casa».

Génesis y letra

Bob Dylan se inspiró muy probablemente en el Libro de Isaías del Antiguo Testamento que, según los exegetas cristianos, habría anunciado la llegada del Mesías. De hecho, el personaje de la canción, que llega del desierto y una mujer benévola el ofrece un techo para refugiarse de la tormenta, toma una decisión curiosa. La referencia aún es más explícita en la quinta estrofa: «Ella avanzó hacia mí con gracia y me quitó la corona de espinas». Dylan transpone esta figura de Cristo a una época en que reina una innegable atmósfera de *western*, con grandes espacios, un sheriff, un predicador y un enterrador.

El «Cristo», que negocia su salvación y ofrece su inocencia pero solo recoge desprecio, se formula la pregunta correcta: ¿Quizá todo es desesperanza? Tiene un único deseo: remontar en el tiempo hasta el nacimiento de Dios y de la heroína. Bajo este ángulo, la canción parece una metáfora del amor como acto de redención, del amor eterno que supera la ruptura, que solo es algo temporal. También podría ser una metáfora del renacimiento. Así, la bondad y la misericordia de una mujer permiten el «segundo nacimiento» del narrador. «Shelter From The Storm» tenía una undécima estrofa que Dylan eliminó en la versión final.

Realización

Aunque «Shelter From The Storm» se compone solo de tres acordes, el *open tuning* que utiliza Dylan da la impresión de una mayor riqueza armónica. Hay que decir que cuenta con la ayuda del espléndido Tony Brown, que ofrece una interpretación sutil y melodiosa con su bajo. Grabada en cinco tomas al día siguiente de la primera sesión dedicada al álbum (sesión desafortunada para Weissberg y sus músicos), la última fue la que se incluyó en el álbum. Dylan oscila entre intimidad y declamación, y su interpretación es excelente, incluida su breve intervención de armónica (en mi). Podemos destacar que, a diferencia de los temas grabados en Minneapolis, las tesituras de Nueva York son más bajas, cosa que confiere más intimidad y emoción a sus interpretaciones. Desde el concierto del 18 de abril de 1976 en el Civic Center de Lakeland (Florida), Dylan la ha interpretado en directo más de 400 veces.

Buckets Of Rain

Bob Dylan / 3'22 minutos

Músicos
Bob Dylan: voz, guitarra
Tony Brown: bajo
Grabación
A & R Recording / estudio A, Nueva York:
19 de septiembre de 1974
Equipo técnico
Productor: Bob Dylan
Ingenieros de sonido: Phil Ramone, Glenn Berger

Génesis y letra

Mientras estaba terminando las últimas estrofas «Idiot Wind», Bob Dylan escribió unas palabras que le vinieron a la cabeza: «Pequeño carro rojo / Pequeña moto roja / No soy un mono, pero sé lo que me gusta». A partir de esta frase construyó «Buckets Of Rain», de la que retocará el texto en varias tomas, según su inspiración, como siempre. Incluso el título cambiará: *Nuggets* («pepitas») *Of Rain* se convertirá en «*Buckets Of Rain*» («Cubos de lluvia»).

Es otra canción de amor triste en la que el narrador declara su pasión a la mujer de sus sueños, pero esta no parece saltar de alegría. Amarga constatación que provoca que Dylan diga, en la última estrofa: «La vida es triste / La vida es un fiasco».

Realización

Bob Dylan concluye *Blood On The Tracks* con un homenaje a la canción folk de sus inicios. Efectivamente, «Buckets Of Rain» recuerda a «Bottle Of Wine» de Tom Paxton (1965), en cuanto a la melodía. Interpreta su canción en *open tuning* de re (cejilla en el segundo traste, tonalidad de mi) con una excelente ejecución en *finger-picking*. Esta vez se preocupa de los ruidos parásitos (¡como los botones de la chaqueta!) y trata de ofrecer una interpretación sutil, dulce y melancólica. El bajo de Tony Brown es brillante, melodioso y rítmico al mismo tiempo. No podría haber un tema mejor para cerrar un álbum tan rico en emociones. Grabado por primera vez con Brown y Griffin el 17 de septiembre, la cuarta toma del día 19 fue la que se conservó para el máster. Solo la ha tocado en directo una vez, el 18 de noviembre de 1990, en el Fox Theater de Detroit (Michigan).

Bette Midler, con quien Bob Dylan grabó una versión de «Buckets Of Rain».

Blood On The Tracks outtakes

Blood On The Tracks está sembrado de obras maestras de la estética dylaniana. Hay que asociar a las distintas canciones del álbum aquellas que no se pudieron incluir en él: «Up To Me» y «Call Letter Blues», descartadas a última hora a favor de «Buckets Of Rain» y de «Meet Me In The Morning», respectivamente. La primera, de tonalidad folk, se encuentra en *Biograph*; la segunda, de atmósfera blues *low-down*, se puede escuchar en *The Bootleg Series, Vol. 1–3*. «Call Letter Blues» es la única canción de las diez que grabaron el 16 de septiembre con Eric Weissberg y los miembros de su grupo Deliverance que verá la luz. Entre los músicos se encontraba Buddy Cage, virtuoso de la *pedal steel guitar*, que tocará junto a los New Riders of the Purple Sage de Jerry Garcia.

BIOGRAPH

Up To Me

Bob Dylan / 6'19 minutos

Músicos: Bob Dylan: voz, guitarra, armónica; Tony Brown: bajo / **Grabación:** A & R Recording / estudio A, Nueva York: 19 de septiembre de 1974 / **Productor:** Bob Dylan / **Ingenieros de sonido:** Phil Ramone, Glenn Berger / **Recopilatorio:** *Biograph*, CD 3 (1985) / **Publicación:** 7 de noviembre de 1985

«Up To Me» es, de algún modo, una síntesis entre «Tangled Up In Blue» y «Idiot Wind». De la primera canción Dylan toma el encabalgamiento de sentimientos que pertenecen a la realidad o que se extraen de la ficción; de la segunda, el intenso ataque contra aquellos que propagan calumnias. «Sencillamente era demasiado cabezota para dejarme llevar por una locura impuesta», canta en la segunda estrofa. Es evidente que «Up To Me» es una canción autobiográfica, ya que habla de su relación con su mujer («Todo empeoró, el dinero no cambió nada») y, sobre todo, de su experiencia profesional. Incluso evoca sus inicios como músico cuando canta: «Solo tengo una camisa buena y huele a perfume desbravado», y cuando habla de su guitarra y de su armónica alrededor del cuello. Sin em-

bargo, Dylan no se cansará de negar cualquier relación con su vida: «No pienso en mí como Bob Dylan. Soy como Rimbaud, que decía: "'yo' es otro"».[12]

Aunque se grabó una toma el 16 de septiembre con la formación de Eric Weissberg, el cantautor grabará siete más el 19 de septiembre acompañado solo por el magnífico Tony Brown al bajo. La última de estas siete tomas es la que encontramos en *Biograph*. La melodía y los acordes, muy parecidos a los de «Shelter From The Storm», permiten que Dylan module su canto de forma muy sutil. Pero el cantautor prefirió «Buckets Of Rain» para cerrar la segunda cara de *Blood On The Tracks*. Dylan nunca ha tocado este tema sobre un escenario.

Eric Weissberg (en primer plano, a la izquierda), con los músicos de su grupo Deliverance.

Call Letter Blues

Bob Dylan / 4'27 minutos

Músicos: Bob Dylan: voz, guitarra; Eric Weissberg: guitarra; Charlie Brown III: guitarra; Buddy Cage: *pedal steel guitar*; Tom McFaul: teclado (?); Tony Brown: bajo; Richard Crooks: batería / **Grabación:** A & R Recording / estudio A, Nueva York: 16 de septiembre de 1974 / **Productor:** Bob Dylan / **Ingenieros de sonido:** Phil Ramone, Glenn Berger / **Recopilatorio:** *The Bootleg Series, Vol. 1-3: Rare & Unreleased 1961-1991*, CD 2 / **Publicación:** 26 de marzo de 1991

«Call Letter Blues» se grabó en dos tomas el 16 de septiembre de 1974. Aunque este blues es de la autoría de Dylan, la influencia de Robert Johnson es evidente, sobre todo de su «32-20 Blues» de 1937 (que el cantautor retomará en 1993, y que podemos escuchar en *The Bootleg Series, Vol. 8: Tell Tale Signs* [2008]). Pero «Call Letter Blues» es sobre todo una demarcación de «Meet Me In The Morning». Acompañado por el grupo de Eric Weissberg, el tema no acaba de despegar hasta el momento de la intervención de Buddy Cage, que ofrece un extraordinario solo de *pedal steel guitar* saturada –el 24 de septiembre, en una sesión de *overdubs*, y bajo la mirada de Mick Jagger, que se encontraba en la sala de control–. Dylan nunca ha cantado «Call Letter Blues» en directo.

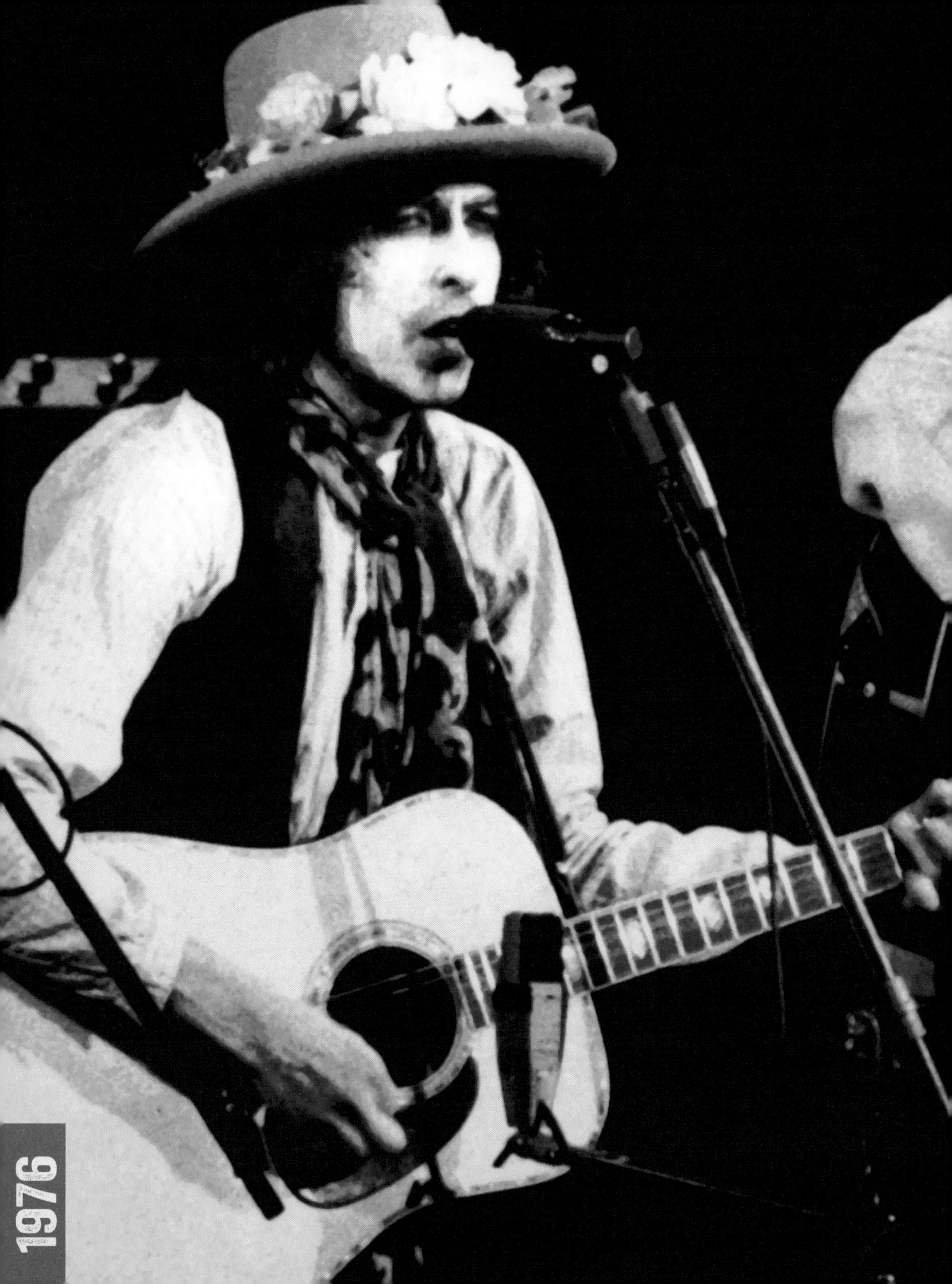

1976

Desire

Hurricane
Isis
Mozambique
One More Cup Of Coffee
(Valley Below)
Oh, Sister
Joey
Romance In Durango
Black Diamond Bay
Sara

ÁLBUM
FECHA DE PUBLICACIÓN
5 de enero de 1976
Columbia
(REFERENCIA COLUMBIA PC 33893)

Bob Dylan a mediados de la década
de 1970. Un nuevo look para una
música abierta al mundo.

Desire,
un álbum escrito a cuatro manos

El álbum

En junio de 1975, tras pasar unos días en el sur de Francia, Bob Dylan, que se ha separado de Sara, se instala solo en un apartamento de Houston Street, en Greenwich Village. Columbia se dispone a publicar *The Basement Tapes*, pero el cantautor ya está pensando en su próximo álbum. Desde *Blood On The Tracks* solo ha escrito una canción, «One More Cup Of Coffee», pero tiene muchas otras ideas en mente.

Tres personas que conoce a principios de julio lo ayudarán a concretar dichas ideas. En primer lugar Jacques Levy, al que conoce gracias al cantante y guitarrista de los Byrds. Autor teatral y escenógrafo, Levy había provocado polémica en 1969 debido al estreno de su comedia musical erótica *Oh! Calcutta!*. Mas adelante trabajó con Roger McGuinn en un proyecto musical inspirado en *Peer Gynt* de Henrik Ibsen. Dylan le pidió que le escribiera letras. «Al principio me puse un poco nervioso», reconoce Jacques Levy; «[...] No podía imaginarme que me pediría textos para él».[113] Poco tiempo después de ese primer encuentro Dylan y Levy abandonan Nueva York para dirigirse a una pequeña cabaña de East Hampton (Nueva Jersey), donde se libran a una intensa creación. De las nueva canciones del álbum, siete están escritas por ambos.

La segunda persona se llama Scarlet Rivera. Es violinista y se dirigía a una sesión con una orquesta de música latinoamericana cuando un horrible coche verde se detuvo a su lado: «Había una mujer al lado del [conductor]», recuerda Rivera ; «Él le

dijo que me pidiera mi número de teléfono, a lo que yo respondí que no daría mi número a alguien que me había parado por la calle. "Ven a ensayar conmigo al centro de la ciudad", me dijo entonces la voz».[114]

Era Bob Dylan. Había visto la funda de violín que llevaba la chica –a la que no había visto nunca antes– y decidió instintivamente pedirle que tocara con él.

La tercera persona es Emmylou Harris, una cantante que acababa de grabar su tercer álbum, *Elite Hotel*. Bob Dylan no la conocía mucho. «Tenía un fan en Columbia, un tipo que era productor ejecutivo, y creo que Dylan le dijo: "Necesito una cantante". Se llamaba Don DeVito, recibí una llamada y me dijeron que Dylan quería que cantara, pero no era verdad, solo quería una corista. Nos dimos la mano y empezamos a grabar. Yo no me sabía las canciones, tenía las letras delante de los ojos. La orquesta empezó a tocar y [Bob] me hacía una señal cada vez que quería que entrara. Con un ojo miraba su boca y con el otro, las letras».[115]

Un disco de apertura

Como demuestra la presencia de Jacques Levy, Scarlet Rivera y Emmylou Harris, así como la diversidad de músicos que lo acompañaron, Bob Dylan quiso inaugurar una nueva etapa con su decimoséptimo álbum. Así como *Blood On The Tracks* es una obra intimista, *Desire* suena como un disco de apertura al mundo. El violín zíngaro de Scarlet Rivera tiene acentos

Bob Dylan y varios miembros del Rolling Thunder Tour en el The Other End de Nueva York.

de *world music*, mientras que el propio Dylan se deja seducir por un cierto exotismo («Mozambique»), e incluso llega a cantar en la lengua de Cervantes en «Romance In Durango», o en la de Molière en «Black Diamond Bay».

Sin embargo, *Desire* no marca una ruptura total con el pasado. El cantautor también vuelve a la canción protesta con «Hurricane», pilla al público por sorpresa convirtiendo al gánster Joey Gallo en una especie de Robin Hood de Little Italy («Joey») y, con la misma inspiración poética, sigue hablando de amores perdidos y amargos («Isis», «One More Cup Of Coffee [Valley Below]», «Oh, Sister», «Sara»). En pocas palabras, *Desire* es un disco magnífico; el álbum de un cantautor profundamente marcado por su separación, pero que al mismo tiempo dirige la mirada hacia el futuro.

La carátula

Como fiel reflejo del álbum, en la fotografía de la portada también aparece un Dylan nuevo. Lleva un sombrero gris y un abrigo de estilo navajo de colores –rojo, blanco, negro y naranja– así como un largo pañuelo negro con motivos. La fotografía es de Ken Regan, formidable fotógrafo de rock cuyo objetivo ha captado a los más grandes, desde los Beatles a los Stones pasando por Hendrix, al principio de la Rolling Thunder Revue (sin duda en octubre de 1975). Regan decidió inmortalizar al cantautor en el Plymouth Memorial State Park (Massachusetts), lugar donde se instalaron los pelegrinos del Mayflower. Las fotos de la contraportada son de Ruth Bernal, y el collage es de Carl Barile. El diseño del conjunto es obra de John Berg, el

mismo que firmó la portada de *Blonde On Blonde* o de *Born To Run*, el célebre álbum de Bruce Springsteen (1975).

La grabación

La primera sesión de grabación tuvo lugar el 14 de julio de 1975 en el estudio E de Columbia (como el resto de sesiones). Bob Dylan se acompaña de la formación del guitarrista inglés Dave Mason, que fue miembro de Traffic antes de empezar su carrera en solitario, así como de Scarlet Rivera al violín y Sugar Blue a la armónica. Se grabaron dos canciones (en diecisiete tomas): «Rita May» y «Joey». La prueba fue interesante, pero solo eso. Dylan quiere explorar más a fondo esa vía «orquestal». Así, mientras está en East Hampton con Jacques Levy, Don DeVito reúne un grupo de unos veinte músicos y coristas para la sesión del 28 de julio. Entre estos se encuentran el gran guitarrista Eric Clapton y la cantante Emmylou Harris. Ese día se graban seis canciones (y quince tomas), de las que solo se conservará «Romance In Durango». El 29 de julio realizan otra sesión, con algún músico menos (como Clapton), pero con la misma confusión en el estudio que el día anterior; ninguno de los títulos se incluirá en el álbum.

Había que encontrar una solución. Don DeVito duda. Parece que fue el bajista Rob Stoner quien sugirió al productor que recurriera a un pequeño conjunto de músicos: «Nada de amiguitas, nada de mujeres, ¡nadie! Solo el grupo más pequeño que podamos formar: un bajista, un batería y alguien más en quien podamos confiar».[89] A Bob Dylan le gusta la idea; de hecho, el día anterior ya había grabado una versión

LOS *OUTTAKES*

Rita May
Money Blues
Catfish
Golden Loom
Abandoned Love

de «Oh, Sister» siguiendo esta premisa. La percusionista Sheena Seidenberg recuerda: «Aquella tarde Dylan me llamó y me dijo que no podía dormir porque tenía una energía muy intensa, y estaba tratando de convertir todo aquel tumulto, aquella magia, en una forma artística».[89] Resultado: la sesión del 30 de julio –con Emmylou Harris (voz), Scarlet Rivera (violín), Rob Stoner (bajo), Howard Wyeth (batería) y Sheena Seidenberg (percusiones)– fue muy productiva.

A partir de ese día, la mayoría de canciones del álbum se graban en cuatro sesiones: los días 30 y 31 de julio, el 11 de agosto para los *overdubs* y el 24 de octubre (sesión dedicada exclusivamente a «Hurricane»).

Desire se publicó el 5 de enero de 1976, al final de la primera parte de la Rolling Thunder Revue. Inmediatamente empieza a recibir elogios por parte de la crítica. Para Dave Marsh, de *Rolling Stone*, es uno de los dos «mejores álbumes de Dylan desde *John Wesley Harding*». El decimoséptimo álbum de estudio de Dylan será n.° 1 en Estados Unidos durante cinco semanas, donde se convertirá en disco de platino, y número 3 en el Reino Unido. Actualmente está clasificado en el puesto 174 de la lista de la revista *Rolling Stone*.

Datos técnicos

Grabado en el estudio E de Columbia, *Desire* permitió a Don Meehan entrar con éxito en el círculo íntimo del cantautor. En la carátula del disco se indica de forma sibilina que el álbum «habría podido estar producido por Don DeVito». *Desire* se grabó en un magnetófono de 16 pistas y una consola de 48 vías MCI. Para la voz de Dylan Meehan probablemente utilizó micrófonos dinámicos Electro-Voice RE-20 para evitar la interferencia con los otros instrumentos, y un limitador Teletronix® LA-2A. La reverberación proviene de la famosa «Seventh» de Columbia, pero también una EMT plana. Finalmente, el estudio estaba equipado con bafles Altec A7.

Los instrumentos

Dylan toca en acústico, sin duda con su Martin 00-21, pero quizá también con una Martin D-28 (¿la de la Rolling Thunder Revue?). En eléctrica, en los conciertos se le vio con varias Fender Stratocaster o Telecaster, e incluso con una Gibson Les Paul. ¿También las utilizó en el estudio? Por último, utiliza armónicas en tonalidades de do, mi*b* y sol.

Hurricane

Letra: Jacques Levy y Bob Dylan / música: Bob Dylan / 8'33 minutos

Músicos

Bob Dylan: voz, guitarra, armónica
Ronee Blakley: armonías vocales
Scarlet Rivera: violín
Steven Soles: guitarra, armonías vocales
Rob Stoner: bajo
Howard Wyeth: batería
Leon Luther: congas

Grabación

**Columbia Recording Studios / estudio E,
Nueva York:** 24 de octubre de 1975

Equipo técnico

Productor: Don DeVito
Ingeniero de sonido: Don Meehan

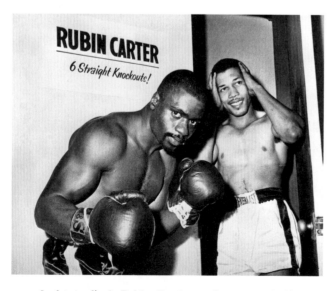

La fotografía de Rubin «Hurricane» Carter que sirvió
de modelo para la portada del single *Hurricane*.

Génesis y letra

Recuperando las canciones protesta de los primeros tiempos de su carrera, Bob Dylan escribe «Hurricane» para denunciar lo que considera un error judicial. Esta canción habla de Rubin Carter, apodado «Hurricane», un campeón de boxeo afroamericano –uno de los mejores de su categoría a principios de la década de 1960– detenido el 14 de octubre de 1966, junto a un amigo llamado John Artis, por un triple asesinato cometido cuatro meses antes en Paterson (Nueva Jersey).

Durante la noche del 17 de junio anterior dos hombres irrumpieron en el Lafayette Bar & Grill de Paterson y abrieron fuego. El propietario y un cliente murieron al acto, la camarera falleció un mes más tarde como consecuencia de las heridas, y otro cliente resultó herido de gravedad. Varios testigos contaron a la policía que habían visto dos hombres negros fugándose al volante de un Dodge Polara blanco. Los indicios llevaron a los investigadores hasta Rubin Carter, que justamente tenía ese modelo de coche, y en el interior del vehículo descubrieron una pistola de calibre 32 y un cartucho de escopeta de caza de diámetro 12, los mismos calibres que se utilizaron en el ataque. Algunos testigos oculares reconocieron a Carter. Sobre la única base de esos testigos (que se contradecían con otros) y a pesar de la ausencia de pruebas formales, Carter y Artis fueron declarados culpables (por un jurado exclusivamente blanco) y condenados a cadena perpetua.

Carter, que nunca dejó de clamar su inocencia, escribió su autobiografía en la cárcel, *The Sixteenth Round: From Number 1 Contender to #45472*, que apareció en 1974, y reunió a un gran número de personas que reclamaron una revisión del proceso. Bob Dylan recibió una llamada de Richard Solomon, el abogado de Carter. El cantautor leyó su biografía antes de ir a visitarlo a la cárcel. Se convenció muy rápidamente de su inocencia: «La primera vez que lo vi tomé conciencia de una cosa: y es que la filosofía de aquel hombre y mi filosofía seguían el mismo camino, y no se encuentra a mucha gente así».[112] Entonces se lanzó a la escritura de un extenso texto a favor del boxeador, víctima, según él, de una justicia de dos velocidades. Una frase basta para construir el escenario: «Unos disparos retumban en un bar, por la noche».

Llevado por su impulso humanista, a lo largo de la canción Dylan se toma algunas libertades con la verdad. Así, el cantautor afirma que Hurricane habría podido ser campeón del mun-

El 8 de diciembre de 1975, durante un concierto de la Rolling Thunder Revue, Muhammad Ali llamó a Rubin Carter, que estaba en la cárcel.

do, aunque en realidad su carrera iba en declive, y que un tal Bradley examinó los cuerpos, aunque este último ni siquiera estaba en el lugar del crimen. Tras escuchar la primera versión de la canción, los abogados de Columbia reaccionaron.

El productor Don DeVito recibió la orden del presidente de CBS Records, Walter Yetnikoff, de que modificaran algunas partes del texto. Don Meehan, el ingeniero de sonido, recuerda: «Don me llamó y me dijo: "¡Tienes que recuperar esas cintas y borrarlas!" "¡No puedo!", le respondí. "Tienes que hacerlo, ¡Todo [lo que se haya grabado] con Emmylou [Harris]!"».[116] Meehan obedeció a regañadientes, pero solo borró las voces de las cintas de 16 pistas: «Aún deben estar guardadas en algún lugar»,[116] precisa.

El cantautor aceptó modificar un poco su texto, cosa que no impedirá a la testigo Patty Valentine, que vio «al barman en un charco de sangre» (¡aunque en realidad no había visto nada!) ponerle una denuncia. Tras un segundo proceso, que confirmó el primero, Hurricane Carter terminó por beneficiarse de un sobreseimiento en 1988. Falleció en abril de 2014. En 1999 Norman Jewison le dedicó una película, *Hurricane Carter*, con Denzel Washington en el papel del boxeador.

Realización

Al final de la sesión del 28 de julio de 1975 el cantautor grabó tres tomas de *Hurricane* con unos veinte músicos. Emmylou Harris cantaba junto a Dylan. El 30 de julio se realizó otra toma, también con Emmylou Harris, pero esta vez con una formación más reducida. Más adelante, por el motivo jurídico ya mencionado, Dylan tuvo que cambiar algunas líneas de su texto. Don Meehan: «Y entonces, en lugar de volver a grabar una voz, Dylan quiso volver a grabar toda la canción, y eso fue lo que hicimos».[116] Tras una introducción bastante lenta, el tema alcanza su velocidad de crucero en cuanto Dylan empieza a cantar. Su interpretación es excelente, lo notamos muy preocupado por su texto. El color de «Hurricane» se debe claramente a Scarlet Rivera, que improvisa una magnífica parte de violín muy zíngara a lo largo de las once estrofas. La rítmica de bajo y batería es de alto nivel; Rob Stoner y Howard Wyeth proveen un acompañamiento muy eficaz a las dos guitarras acústicas Bob Dylan y de Steven Soles. Sin olvidar la espléndida intervención de congas de Leon Luther, que también contribuye a dar su color característico a la canción. Emmylou Harris explicará que era muy difícil seguir a Dylan al canto; había que seguir literalmente el movimiento de sus labios para imitar su dicción, que nunca era idéntica. Ronee Blakley también intenta seguirlo a la voz y se las arregla bastante bien, a pesar de algunos momentos dudosos (escuchar hacia 6', también las guitarras). Y es Bob quien cierra la canción con un solo de armónica (en do) que a decir verdad no era muy necesario. El primer tema de *Desire* fue el último que grabaron, en diez tomas, el 24 de octubre. El máster parece resultar de un montaje entre la segunda y la sexta tomas.

«Hurricane» se publicó como single, en noviembre de 1975. La canción será n.° 33 en Estados Unidos en enero de 1976 y 43 en el Reino Unido un mes más tarde. También fue n.° 13 en Francia a partir del mes de enero. Bob Dylan la cantó por primera vez sobre un escenario en el War Memorial Museum de Plymouth (Massachusetts) el 30 de octubre de 1975.

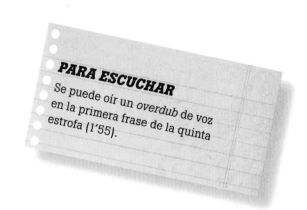

PARA ESCUCHAR
Se puede oír un *overdub* de voz en la primera frase de la quinta estrofa (1'55).

Isis

Letra: Jacques Levy y Bob Dylan / música: Bob Dylan / 6'59 minutos

Músicos
Bob Dylan: voz, piano, armónica
Scarlet Rivera: violín
Rob Stoner: bajo
Howard Wyeth: batería
Sheena Seidenberg: pandereta
Grabación
Columbia Recording Studios / estudio E,
Nueva York: 31 de julio de 1975
Equipo técnico
Productor: Don DeVito
Ingeniero de sonido: Don Meehan

El escritor Jacques Levy (derecha) y un amigo
en Nueva York, en 1968.

Génesis y letra

La mitología explica que Isis, célebre diosa del panteón egipcio y esposa de Osiris, tenía un poder mágico que le permitió resucitar a su marido (y hermano), asesinado por Seth, otro de sus hermanos. En la canción de Dylan la diosa se convierte en una heroína de *western* y esposa del narrador. El texto simboliza la hazaña de un hombre que debe superar varias pruebas para demostrar que es digno de su amada. Esta hazaña, que se anuncia justo después de la boda, lo conduce, junto a un desconocido (¿un forajido que encarna al diablo?) hacia tierras salvajes, y luego hacia el Gran Norte, antes de llegar a unas pirámides incrustadas en el hielo. Finalmente vuelve al lado de la bella Isis, transformado por su viaje iniciático: «Lo que me conduce hacia ti es lo que me conduce hacia la locura», canta en la última estrofa.

Jacques Levy se acuerda de la creación de la canción: «El único motivo por el que trabajamos juntos en "Isis" fue que estábamos en mi apartamento y Bob no tenía guitarra... Pero yo tenía un piano e "Isis" es una canción que empezó a componer al piano. Nos sentamos ante el teclado y escribimos unas cuantas estrofas en un estilo de vieja balada *western*. Es el tipo de cosa que tardó dos años en hacer con The Band en el sótano de [Big Pink]».[112] En 1991 Dylan reveló que esta canción quizá tenga más sentido para Levy que para él.[20]

Realización

En un principio «Isis» se concibió con una formación reducida, como «Sara». Las dos primeras tomas datan del 30 de julio, dos tomas completas que parecían totalmente satisfactorias. Sin embargo, se realizaron dos tomas más al día siguiente. «Isis» gira en torno a tres acordes repetidos en bucle, que acaban por tener un efecto hipnótico. La batería, muy reverberada, aporta una pesadez que aún refuerza más el bajo, que solo toca las fundamentales. No hay ninguna guitarra en la canción, ya que Dylan prefirió sentarse al piano. Scarlet Rivera se sorprendió de que Dylan le pidiera que ejecutara solos al mismo tiempo que él hacía sus intervenciones de armónica, pero hay que reconocer que el resultado es interesante (en el minuto 4'02). Para el álbum se eligió la segunda de las dos tomas. Como en el caso de «Hurricane», la primera interpretación en concierto de «Isis» fue en Plymouth (Massachusetts), el 30 de octubre de 1975.

Mozambique

Letra: Jacques Levy y Bob Dylan / música: Bob Dylan / 3'02 minutos

Músicos
Bob Dylan: voz, guitarra
Emmylou Harris: voz
Scarlet Rivera: violín
Rob Stoner: bajo
Howard Wyeth: batería
Sheena Seidenberg: congas
Grabación
Columbia Recording Studios / estudio E,
Nueva York: 30 de julio de 1975
Equipo técnico
Productor: Don DeVito
Ingeniero de sonido: Don Meehan

Emmylou Harris, una de las voces de *Desire*.

Génesis y letra

Esta canción fue, de algún modo, una fuente de malentendidos. Cuando apareció la nueva obra de Dylan, en 1976, hacía menos de un año que Mozambique había declarado su independencia (25 de junio de 1975) tras liberarse de la tutela portuguesa después de diez años de una lucha encarnizada que se saldó con más de 13.000 muertos. La nueva República Popular de Mozambique instauró un régimen comunista. De ahí a pensar que Levy y Dylan habían escrito un texto para saludar a los nuevos héroes de la revolución, no había más que un paso, que algunos «dylanólogos» dieron rápidamente. En esta canción se describe un pequeño rincón de paraíso terrenal donde las parejas bailan agarradas y las muchachas guapas susurran sus emociones secretas... No estamos muy lejos de una postal. Pero esta visión idílica del joven estado africano, ¿estaba motivada por una satisfacción política de los autores o por el exotismo del lugar? Es difícil de saber, sobre todo si tenemos en cuenta la teoría del crítico Paul Williams, según la cual inicialmente Bob Dylan había pensado en componer una canción sobre Marsella, pero finalmente se inclinó por Mozambique...

Realización

«Mozambique» dio lugar a siete tomas el 29 de julio con una orquesta de unos diez músicos y la cantante Emmylou Harris. Al día siguiente, con una nueva orquestación, la canción se vuelve a registrar en el magnetófono. Un total de cuatro tomas, de las que se elegirá la cuarta para formar parte de *Desire*.
«Mozambique» es una magnífica canción de color étnico y melodía pegadiza. En este tercer tema del disco descubrimos por primera vez la voz de Emmylou Harris, que canta con Dylan. También la escuchamos tararear a lo lejos durante las intervenciones de violín (0'44 y 1'25). Scarlet Rivera aporta al tema el toque zíngaro que reina en el sonido del álbum. Cabe destacar que en el minuto 0'22 el violín entra con retraso, a menos que se trate de un error del ingeniero de sonido, que podría haber borrado las dos primeras notas... Sheena Seidenberg toca las congas, y es posible que Dylan añadiera una segunda guitarra por *overdub*.
«Mozambique» se publicó como single (con «Oh, Sister» como cara B) el 17 de febrero de 1976: llegará al número 54 en las listas del *Billboard*.

One More Cup Of Coffee
(Valley Below)

Bob Dylan / 3'47 minutos

Músicos
Bob Dylan: voz, guitarra
Emmylou Harris: voz
Scarlet Rivera: violín
Rob Stoner: bajo
Howard Wyeth: batería
Sheena Seidenberg: percusiones

Grabación
Columbia Recording Studios / estudio E,
Nueva York: 30 de julio de 1975

Equipo técnico
Productor: Don DeVito
Ingeniero de sonido: Don Meehan

Génesis y letra

Para esta canción Bob Dylan se inspiró en una celebración gitana en Saintes-Maries-de-la-Mer (Francia), a la que asistió el día que cumplía 34 años. De regreso a Estados Unidos construyó una historia en la que se mezclan romanticismo y simbolismo. Dylan explica: «Nunca olvidaré a aquel hombre que jugaba a la ruleta rusa con cinco balas en el tambor [...]. Las horas pasaron, y era hora de marcharse. Así que me dijeron: "¿Qué quieres antes de irte, Bob?" [...] Solo pedí una taza de café [...] para el camino. La pusieron en una bolsa y me la dieron. Estaba allí, de pie, contemplando el mar, y era como si lo mirara desde el valle de debajo de donde estaba».[112]

El narrador queda hechizado por una joven gitana con «unos ojos como dos joyas», cuya «voz es como una alondra» y cuyo «corazón es como un océano / Misterioso y oscuro». El cantautor parece querer decirnos que la frontera entre el amor y la muerte a veces es tenue. En 1991 explicará a Paul Zollo que ese «Valley Below», que es el subtítulo de «One More Cup Of Coffee», en realidad no tenía ninguna relación con la letra de la canción, y que «las estrofas aludían a otra cosa».[20] Pero en otra entrevista también dirá que «"Valley Below" podía significar cualquier cosa».[20]

Realización

En el número de *Mojo* de octubre de 2012 Rob Stoner revela que no debería haber tocado en la introducción del tema: «El inicio de "One More Cup Of Coffee" no estaba pensado para que yo hiciese un solo de bajo. Scarlet no estaba preparada. Bob empezó a rascar su guitarra, y no pasó nada más. Así, empecé mi solo de bajo. Y de hecho ese ensayo se convirtió en la primera toma».[117] Aquella primera toma se grabó el 30 de julio (tras un intento infructuoso dos días antes), y será la definitiva, así que Stoner abre el tema con un magnífico solo de bajo. Dylan trata de cantar con un toque flamenco en la voz, ayudado por el violín zíngaro de Rivera, y las percusiones (¿platillos de dedo? ¿triángulo?) de Seidenberg. La batería, aunque es rítmicamente excelente, a momentos rompe el ambiente debido a una ejecución demasiado técnica.

La primera interpretación en directo de esta canción se remonta al concierto de Plymouth, el 30 de octubre de 1975.

Dylan quedó impresionado por la procesión de los gitanos en Saintes-Marie-de-la-Mer, en honor de Sara la Negra.

Oh, Sister

Letra: Jacques Levy y Bob Dylan / música: Bob Dylan / 4'03 minutos

Músicos
Bob Dylan: voz, guitarra, armónica
Emmylou Harris: voz
Scarlet Rivera: violín
Rob Stoner: bajo
Howard Wyeth: batería
Sheena Seidenberg: percusiones

Grabación
Columbia Recording Studios / estudio E,
Nueva York: 30 de julio de 1975

Equipo técnico
Productor: Don DeVito
Ingeniero de sonido: Don Meehan

Dylan escribió «Oh, Sister» pensando en el productor de sus inicios en Columbia, John Hammond (aquí, en 1977).

Génesis y letra

Bob Dylan habría empezado a trabajar en «Oh, Sister» en Greenwich Village, en junio de 1975, a su regreso de Francia. El narrador se dirige a una mujer como si se tratara de su hermana (biológica, espiritual o soñada). Le reprocha que lo «trate como a un desconocido». Como pasa a menudo en la obra de Dylan, esta canción tiene una profundidad mística. Hermano y hermana crecieron juntos, murieron, resucitaron, y fueron salvados misteriosamente. El crítico Tim Riley escribe que «es la primera vez que Dylan invoca a Dios como forma de cortejar a una mujer». Para Donald Brown, «Oh, Sister» trata de un «romance como relación metafísica»,[118] apoyándose en el Padre («A Nuestro Padre no le gustaría tu forma de actuar») para fustigar la indiferencia de una mujer. Algunos han visto en «Oh, Sister» la respuesta a la canción «Diamonds & Rust», que dio nombre a la obra de Joan Baez publicada en 1975.

Realización

La primera toma de «Oh, Sister» se grabó durante la sesión del 28 de julio, y al día siguiente realizaron ocho más. Ninguna de estas fue la que se incluyó en el álbum. El día 30 de julio el cantautor insiste, esta vez acompañado por un simple cuarteto y Emmylou Harris a la voz. La grabación de tantas tomas podría indicar que Dylan creía firmemente en esta canción. Su voz, mezclada con la de la cantante folk, es magnífica, se puede palpar la emoción. Una vez más, no duda en mezclar su armónica (en sol) con el violín de Scarlet Rivera, con muy buen resultado. Curiosamente existe cierta similitud entre «Oh, Sister» y «Girl From The North Country» (versión *Nashville Skyline*) en la melodía y la suavidad que desprende. El bajo, la batería (muy reverberada) y las percusiones de Sheena Seidenberg (¿Platillos de dedo? ¿Triángulo?) aportan al tema una sólida base rítmica que a Bob le cuesta trabajo seguir con su guitarra acústica. Sin embargo, «Oh, Sister» es todo un logro.

Se realizaron cinco tomas y la segunda fue la que se incluyó en el álbum. «Oh, Sister» forma parte de la lista de temas del concierto de Plymouth del 30 de octubre de 1975.

Joey

Letra: Jacques Levy y Bob Dylan / música: Bob Dylan / 11'06 minutos

Músicos

Bob Dylan: voz, guitarra, armónica
Emmylou Harris: armonías vocales
Scarlet Rivera: violín
Vincent Bell: guitarra, mandolina
Dominic Cortese: acordeón
Rob Stoner: bajo
Howard Wyeth: batería

Grabación

Columbia Recording Studios / estudio E, Nueva York:
30 de julio de 1975 / *overdub* 11 de agosto de 1975

Equipo técnico

Productor: Don DeVito
Ingeniero de sonido: Don Meehan

Joey Gallo y su mujer a principios de los años 1970. Un mafioso idealizado por Dylan en «Joey».

Génesis y letra

El Joey de la canción no es otro que Joey Gallo, influyente miembro de la Mafia que hizo estragos en Nueva York desde finales de la década de 1940 hasta 1972. Dylan tiene una visión del personaje algo idealizada, ya que al parecer el hombre al que apodaron «Crazy Joe» fue un hombre de una brutalidad extrema y de una ferocidad sin límites. ¿Es verdad que Gallo leyó a Nietzsche y a Reich durante su encarcelamiento? Sabemos que escribía poemas y tenía sus contactos en el mundo del cine: Preminger había pensado dirigir una película sobre su vida, basada en un guión de Vidal.

Bob Dylan confesó a Larry Sloman que fue durante una velada con Jacques Levy en casa de Jerry Orbach cuando nació la idea de Joey: «Los estuve escuchando durante horas, hablaban sobre ese tipo [...]. Yo nunca lo consideré un gángster, sino que pensaba en él como una especie de héroe de algún modo, un perdedor que luchaba contra los elementos».[112] Y sigue: «Era como escuchar una historia sobre Billy el Niño, así que nos pusimos manos a la obra y escribimos la canción en una noche».[112] El cantautor ha dicho que la considera una canción «genial», y que empezó a tocarla en directo por insistencia de Jerry Garcia, de Grateful Dead: «[Garcia] decía que era una de las mejores canciones que se hubieran escrito jamás».[20]

Realización

«Joey» es la canción más larga del álbum, con doce estrofas. Grabada por primera vez el 14 de julio con diez músicos, entre los cuales estaba el guitarrista Dave Mason, Dylan la volvió a grabar en una versión mucho más sencilla el día 30. Rodeado de casi los mismos músicos que para «Oh, Sister», el cantautor se sumerge en esta canción «homérica». Don Meehan recuerda que en esta consiguió que Dylan grabara *overdubs* de instrumentos. La sesión se desarrolló el 11 de agosto con Vincent Bell a la guitarra rítmica eléctrica y a la mandolina, y con Dominic Cortese al acordeón. Dos nuevas sonoridades que dan un color muy *world music* al tema. Lamentablemente también se añadió una guitarra acústica, sin duda interpretada por el propio Dylan, con un tempo muy aleatorio (escúchese el minuto 2' o el 4'38).

Así, la primera versión de «Joey» vio la luz gracias a Jerry Garcia, el 4 de julio de 1987, en el Sullivan Stadium de Foxboro (Massachusetts).

Romance In Durango

Letra: Jacques Levy y Bob Dylan / música: Bob Dylan / 5'44 minutos

Músicos
Bob Dylan: voz, piano, armónica
Emmylou Harris: voz
Scarlet Rivera: violín
Eric Clapton: guitarra
Perry Lederman: guitarra
Neil Hubbard: guitarra
James Mullen: guitarra
Erik Frandsen: *slide guitar*
Tony O'Malley: teclados
Michael Lawrence: trompeta
Mel Collins: saxo tenor
Dominic Cortese: acordeón
James Whiting: armónica
Alan Spenner: bajo
Sheena Seidenberg: percusiones
Jody Linscott: percusiones
John Sussewell: batería
Paddy McHugh, Francis Collins, Dyan Birch: coros

Grabación
Columbia Recording Studios / estudio E, Nueva York:
28 de julio de 1975

Equipo técnico
Productor: Don DeVito
Ingeniero de sonido: Don Meehan

Eric Clapton participó en la agitada sesión
de «Romance In Durango».

Génesis y letra

Jacques Levy afirma haber escrito la mayor parte de la letra de «Romance In Durango». Sin duda escribió pensando en Bob Dylan, que, unos años antes, había actuado en *Pat Garrett & Billy the Kid*, rodada precisamente en Durango (México). La historia se parece bastante a un guión de *western*: un forajido y su amante se fugan en dirección a Durango, e imaginamos que llevan pegados a los talones una horda de sheriffs y de cazadores de recompensas. Pero al mismo tiempo es una historia típicamente dylaniana, en el sentido que el personaje protagonista de la canción vive atormentado por la muerte de un tal Ramón. ¿Fue él quien lo mató en la cantina? Misterio. Percibimos una voluntad implícita de redención y una enésima referencia a los textos sagrados, ya que el nombre Magdalena remite directamente a la «apóstol de los apóstoles» que recibió la misión de anunciar a los apóstoles la resurrección de Jesucristo.

Realización

«Romance In Durango» se grabó durante la primera sesión de *Desire*, el 28 de julio. Se realizaron seis tomas. Aunque Dylan no se sabía la letra de memoria, hasta el punto que la cantaba al mismo tiempo que la leía en una hoja (sobre todo las frases en español), quedó lo bastante satisfecho con la segunda toma como para incluirla en el álbum. Así, se trata de la única grabación en que se acompaña de la formación de veinte músicos y coristas reunidos por Don DeVito. Entre los *sidemen* se encuentra un tal Eric Clapton: «[Dylan] estaba intentado hacer música con personas nuevas», explicó el guitarrista a *Rolling Stone*; «Conducía por la ciudad y engatusaba a músicos para que fueran a las sesiones. La cosa acabó con unos veinticuatro músicos en el estudio, tocando sus instrumentos de forma bastante incoherente».[119] Es verdad que al escuchar la canción enseguida nos sentimos desbordados por esa plétora de intérpretes, no todos imprescindibles. El color mexicano de este romance es bastante agradable, pero no acaba de convencer. El ingeniero de sonido Don Meehan se acuerda de un estudio atiborrado de gente y de una sesión muy «libre». Quizá un poco demasiado libre, ya que la producción carece de autoridad. Se entiende que Dylan se decidiera por una formación más reducida dos días después. Dylan interpretó por primera vez «Romance In Durango» en un concierto en Plymouth (Massachusetts), el 30 de octubre de 1975.

Black Diamond Bay

Letra: Jacques Levy y Bob Dylan / música: Bob Dylan / 7'30 minutos

Músicos
Bob Dylan: voz, guitarra, armónica
Emmylou Harris: voz
Scarlet Rivera: violín
Rob Stoner: bajo
Howard Wyeth: batería
Sheena Seidenberg: percusiones
Grabación
Columbia Recording Studios / estudio E,
Nueva York: 30 de julio de 1975
Equipo técnico
Productor: Don DeVito
Ingeniero de sonido: Don Meehan

Bob Dylan en el Gerde's con Joan Baez y Eric Andersen, así como Rob Stoner (izquierda), que toca el bajo en «Black Diamond Bay».

Génesis y letra

Es evidente que Bob Dylan y Jacques Levy sacaron su inspiración de la obra de Joseph Conrad (viajes lejanos envueltos en misterio) y de Ernest Hemingway (fascinación por el Caribe) para este texto, uno de los más evocadores de *Desire*. «Cuando empezamos a escribir la canción teníamos la imagen de una mujer misteriosa bajo una veranda, con un sombrero panamá y un pasaporte, recuerda Jacques Levy. Luego apareció esa especie de hotel miserable con una sala de juego».[112] Y añade: «Probablemente el director del hotel era Humphrey Bogart»[112] (referencia a la película *Casablanca*, la obra maestra de Michael Curtiz de 1942). «Black Diamond Bay», empezada en Nueva York y terminada en East Hampton, está construida como una novela de aventuras donde habitan personajes enigmáticos: la heroína de la veranda, cuyos «vestigios [del] pasado / Se dispersan con los vientos violentos», un griego que «pide una cuerda y un bolígrafo» y también un soldado que «hace negocios con un hombre diminuto». Todo se resuelve en la última estrofa, cuando comprendemos que la historia que se narra en la canción es la de un volcán que asoló una isla caribeña en 1975, narrada en televisión por el celebérrimo periodista de la CBS Walter Cronkite.

Realización

«Black Diamond Bay» fue una de las canciones más difíciles de grabar para Bob Dylan. El 29 de julio se realizaron doce tomas pero, poco satisfecho con el resultado, con mandolina y cobres, el 30 de julio optó por una orquestación más sobria. Y la nueva versión fue un éxito. El tema tiene *groove* gracias a una rítmica magnífica interpretada por los talentosos Stoner y Wyeth. Bob Dylan hace una buena interpretación vocal, secundado por la muy profesional Emmylou Harris, que se esfuerza por sincronizarse con el imprevisible cantante. Y por primera vez en toda su carrera, después de atreverse con el español en «Romance In Durango», decide hablar en francés en algunas frases. El acento no está muy conseguido, pero de todos modos los franceses quedaron encantados.
Se realizaron cinco nuevas tomas, y la cuarta fue la buena. Hasta día de hoy Dylan solo ha interpretado «Black Diamond Bay» una sola vez sobre un escenario: en el Salt Palace de Salt Lake City (Utah), el 25 de mayo de 1976.

Sara

Bob Dylan / 5'31 minutos

Músicos
Bob Dylan: voz, guitarra, armónica
Scarlet Rivera: violín
Rob Stoner: bajo
Howard Wyeth: batería
Grabación
**Columbia Recording Studios / estudio E,
Nueva York:** 31 de julio de 1975
Equipo técnico
Productor: Don DeVito
Ingeniero de sonido: Don Meehan

Bob Dylan compuso «Sara» para su mujer (izquierda).
Recuerdos de un amor que nació en el Chelsea Hotel...

Génesis y letra
Según Jacques Levy, Bob Dylan tenía en la cabeza los versos del estribillo de «Sara» desde hacía mucho tiempo, pero escribió las estrofas en East Hampton, donde ambos se instalaron durante el mes de julio de 1975. Parece que la vista de las dunas combinada con el sonido de las olas actuaron como la madalena de Proust en el cantautor, que invoca sus recuerdos de su vida en pareja y en familia: los días pasados en el «Chelsea Hotel / Escribiendo [para ti]», «los niños aún pequeños que jugaban en la playa», y también las breves vacaciones de Bob y Sara en Portugal en 1965. Estos recuerdos que emergen a la superficie también incluyen reproches sentidos con dureza; le reprocha a su mujer que «cambiara de actitud» y que ya no responda cuando aún la necesita, y también remordimientos: «Tienes que perdonar que fuera indigno de ti». Bob Dylan confesó a Jonathan Cott de *Rolling Stone* que no sabía si había escrito *Sara* por su mujer tal como era... o tal como la idealizaba.

Realización
La tarde en que Dylan grabó esta canción, a finales de julio 1975, Sara, que ya estaba separada de Bob, fue al estudio. Larry Sloman explica que «de repente Dylan se giró hacia su mujer y le dijo: "Es para ti". Y se sumergió por completo en esta canción irresistible que había escrito para ella durante el verano en Hamptons. Nadie la había oído hasta ese momento, pero Stoner, Scarlet y Wyeth captaron el ritmo, y Scarlet tocó unas líneas exquisitas que subrayaban la melancolía de la letra».[119] Jacques Levy también recuerda aquella escena: «Dylan cantó "Sara" a su mujer, que lo miraba desde el otro lado del cristal. Fue extraordinario. Se podría haber oído el vuelo de una mosca. Estaba totalmente asombrada».[13]
Es cierto que Dylan canta el texto, guiado por una magnífica melodía, con una voz firme, casi orgullosa, lejos del lagrimeo. El uso de una reverberación bastante larga y muy presente en todos los instrumentos (incluida la voz) refuerza el color ligeramente eslavo y melancólico de la canción. Unos pocos instrumentos –guitarra acústica, violín, bajo y batería– bastaron para conseguir uno de los mejores títulos, el que cierra el álbum *Desire*.
«Sara» se grabó en seis tomas el 31 de julio. La última será la que se incluya en el álbum. Tres meses más tarde, el 30 de octubre de 1975, Bob Dylan la cantó por primera vez en directo, en Plymouth (Massachusetts).

Desire outtakes

«Golden Loom» y «Catfish», descartadas durante el proceso de confección de la lista de temas de *Desire*, se encuentran en *The Bootleg Series, Vol. 1-3* (1991). La primera se basa en el encuentro del violín con la armónica, a semejanza de «One More Cup Of Coffee». La segunda es un blues acústico con una armónica que parece llegar del lejano Delta. «Abandoned Love», que también se grabó durante las sesiones de *Desire*, es la hermana pequeña de «Golden Loom». Los «dylanólogos» pudieron escucharla por primera vez cuando se publicó *Biograph* (1985).

Abandoned Love

Bob Dylan / 4'29 minutos

Músicos: Bob Dylan: voz, guitarra, armónica; Scarlet Rivera: violín; Rob Stoner: bajo, armonías vocales (?); Howard Wyeth: batería / **Grabación:** Columbia Recording Studios / estudio E, Nueva York: 31 de julio de 1975 / **Productor:** Don DeVito / **Ingeniero de sonido:** Don Meehan / **Recopilatorio:** *Biograph*, CD 2 / **Publicación:** 7 de noviembre de 1985

Bob Dylan escribió esta canción en Nueva York, justo después de su ruptura con Sara. El narrador entona el *mea culpa*. Dice que es un payaso vanidoso y reconoce que aún ama a la mujer a la que ha hecho sufrir. Existen dos versiones de esta canción, con letras ligeramente distintas. La versión de estudio es del 31 de julio de 1975. Ese día se grabaron dos tomas, pero ninguna de las dos se escogió para *Desire*, ya que Dylan se quedó con «Joey». La primera toma de esta canción no verá la luz hasta 1985, en el recopilatorio *Biograph*. Y podemos lamentar que no encontrara su lugar en *Desire*, ya que esta canción de ambiente ligeramente *rockabilly* (por su *delay* y su reverberación, bastante pronunciados) es una pe-

queña joya, como las que se encuentran a menudo entre las canciones descartadas de Dylan. Cabe destacar que los coros no son de Emmylou Harris sino de Rob Stoner.

La versión en directo precede en casi un mes a la de estudio. El 3 de julio de 1975 Bob Dylan se encuentra en el Bitter End de Bleecker Street, en Greenwich Village, escuchando la actuación de Ramblin' Jack Elliott. Al final de concierto sube al escenario e interpreta junto a este tres canciones: «Pretty Boy Floyd», «How Long Blues» y «Abandoned Love». Alguien está grabando en la sala. Los que tuvieron la suerte de escuchar la versión en directo coinciden en que es mejor (por más emocionante) que la versión de estudio.

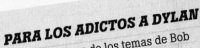

VOL 1-3

Catfish

Letra: Jacques Levy y Bob Dylan / música: Bob Dylan / 2'48 minutos

Músicos: Bob Dylan: voz, guitarra; Erik Frandsen: *slide guitar*; Rob Stoner: bajo; Sugar Blue: armónica / **Grabación:** Columbia Recording Studios / estudio E, Nueva York: 29 de julio de 1975 / **Productor:** Don DeVito / **Ingeniero de sonido:** Don Meehan / **Recopilatorio:** *The Bootleg Series, Vol. 1-3: Rare & Unreleased 1961-1991*, CD 3 / **Publicación:** 26 de marzo de 1991

En East Hampton Dylan y Levy se libraron a un trabajo de escritura muy intenso y a una colaboración intelectual muy enriquecedora. Así, «en tres semanas terminaron siete u ocho canciones; cuatro de ellas se incluirían en *Desire*, y las otras –incluida «Catfish»– quedarían descartadas»,[25] escribe John Bauldie. También añade que «Catfish» fue una idea de Jacques Levy, más que de Dylan. La canción remite claramente al campeón de beisbol Catfish Hunter, que, durante los años 1960 y 1970 fue uno de los mejores en el puesto de lanzador. «Catfish, el hombre de un millón de dólares / Nadie lanza la pelota como Catfish», canta Dylan en el estribillo.

«Catfish» es un blues. Se realizaron tres tomas el 28 de julio, con Eric Clapton, entre otros. Al día siguiente se grabaron dos tomas más, esta vez con Erik Franssen, que ejecuta una magnífica parte de *slide*. También merece una mención especial Sugar Blue, virtuoso de la armónica que tres años después grabará su primer álbum (*Red, Funk'N Blue*) y que participará en las sesiones de *Some Girls* («Miss You», «Send It To Me») de los Rolling Stones. Otro tema excelente que lamentablemente no encontró su lugar en *Desire* debido a un color muy blues que no encaja muy bien en el álbum.

VOL 1-3

Golden Loom

Bob Dylan / 4'27 minutos

Músicos: Bob Dylan: voz, guitarra, armónica; Emmylou Harris: armonías vocales; Scarlet Rivera: violín; Rob Stoner: bajo; Howard Wyeth: batería; Sheena Seidenberg: congas / **Grabación:** Columbia Recording Studios / estudio E, Nueva York: 30 de julio de 1975 / **Productor:** Don DeVito / **Ingeniero de sonido:** Don Meehan / **Recopilatorio:** *The Bootleg Series, Vol. 1-3: Rare & Unreleased 1961-1991*, CD 3 / **Publicación:** 26 de marzo de 1991

«Golden Loom» es una canción que Bob Dylan escribió y compuso solo, cosa que sin duda explica que se descartara de la lista definitiva de *Desire*, que es principalmente un álbum escrito a cuatro manos. El tema de la canción es muy habitual en el cantautor durante esa época: una especie de sueño impresionista. Pensamos en Penélope (y en el sudario que no quiere acabar de tejer) y en Ulises (que luchó en la guerra de Troya). La leyenda llega al paroxismo cuando el narrador, a punto de besar a la heroína, descubre que esta ya no está bajo su velo, y solo le queda el olor insistente de su perfume.

«Golden Loom» se grabó durante la sesión del 30 de julio. La canción es una especie de rock cajún de tempo moderado, interpretado por tres espléndidos músicos. Batería, bajo, congas y violín ofrecen a Bob Dylan una excelente base para instalar su voz sostenida por las armonías de Emmylou Harris. Se realizaron cuatro tomas. La segunda fue la que se eligió dieciséis años más tarde para el *bootleg*. «Golden Loom» es un gran tema que merecía un lugar en el álbum *Desire*. Dylan no la ha cantado nunca en directo. En cambio, Roger McGuinn la grabó (*Thunderbyrd*, 1977), y la ha interpretado mucho.

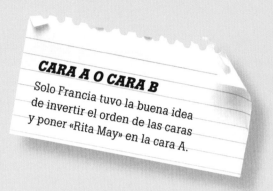

Rita May

Letra: Jacques Levy y Bob Dylan / música: Bob Dylan / 3'13 minutos

SINGLE

FECHA DE PUBLICACIÓN
Stuck Inside Of Mobile With The Memphis Blues Again / Rita May

Noviembre de 1976

(REFERENCIA COLUMBIA 3-10454)

Músicos
Bob Dylan: voz, guitarra, armónica
Emmylou Harris: armonías vocales
Scarlet Rivera: violín
Rob Stoner: bajo
Howard Wyeth: batería
Sheena Seidenberg: congas

Grabación
Columbia Recording Studios / estudio E, Nueva York: 30 de julio de 1975

Equipo técnico
Productor: Don DeVito
Ingeniero de sonido: Don Meehan

Génesis y letra

Después de defender al boxeador Hurricane Carter y convertir a Joey Gallo en una especie de poeta de la mafia neoyorkina, Bob Dylan y Jacques Levy parecen interesarse por otra personalidad que aparece regularmente en los medios de comunicación de la época, Rita Mae Brown, una intelectual pacifista y feminista que se puso a la vanguardia de todas las luchas homosexuales. Autora de la novela *Rubyfruit Jungle* (1973), en la que reivindicaba las relaciones sexuales entre mujeres, fue cofundadora del periódico militante *The Furies Collective*, para el cual la heterosexualidad sería el origen de todas las opresiones. «Si voy contigo / Acabaré ciego / Pero sé que cuando me abrazas / En verdad tienes algo / En mente»: ¿Es posible que estén diciendo algo de forma muy velada?

Realización

«Rita May» («Rita Mae» en el informe de estudio) es la primera canción (junto a «Joey») que se grabó durante la primera sesión de *Desire*, el 14 de julio de 1975. Se realizaron siete tomas infructuosas con Dave Mason y una docena de músicos. Dylan la recuperó en formato reducido el 30 de julio, y fue la segunda toma de las cuatro que grabaron la que se incluyó en el single. «Rita May» es un magnífico blues rock interpretado por una sección rítmica muy eficaz y un excelente acompañamiento de violín. Bob Dylan, con Emmylou Harris a las armonías vocales, es muy convincente y ofrece un solo de armónica (en sol) muy inspirado.

Dicho single, que en la cara A tiene una versión en directo de «Stuck Inside Of Mobile With The Memphis Blues Again» (grabada durante la Rolling Thunder Revue el 16 de mayo de 1976 en Fort Worth [Texas]), salió en noviembre de 1976, como forma de promocionar el álbum en directo *Hard Rain* (disponible a partir del 13 septiembre de 1976). Sin embargo, no entrará en las listas de éxitos de Estados Unidos. «Rita May» también se encuentra en *Masterpieces*, triple álbum publicado en marzo del 1978 en Japón, Nueva Zelanda y Australia.

The Concert For New York City, organizado por Paul McCartney el 20 de octubre de 2001, fue el último evento que produjo Don DeVito, fallecido un mes más tarde.

Don DeVito,
un hombre consagrado a la música

Nacido el 6 de septiembre de 1939 en Brooklyn (Nueva York), Don DeVito tiene apenas 18 años cuando se convierte en el guitarrista de los Royal Teens del legendario Al Kooper. Al cabo de un año pasado con el grupo en la carretera, reanuda sus estudios y luego, con un diploma en literatura inglesa en el bolsillo, decide formar su propio grupo, llamado Sabres. La aventura duró poco tiempo, pero pronto la suerte le sonríe, cuando conoce a Johnny Cash.

Fue gracias al «hombre de negro» que Don DeVito empezó a trabajar en la CBS en 1967, primero en la sección de deportes, y luego en CBS Records (rebautizados más tarde como Columbia Records). También fue Johnny Cash quien le presentó a Bob Dylan.

En Nueva York lo acoge el ala protectora de Clive Davis, que le pide que secunde a los artistas y los productores en el estudio. Aprende mucho al lado de Bob Johnston, James Guercio, Jimmy Ienner y Phil Ramone, cosa que le permite ocupar un cargo en el departamento Artist & Repertoire (A&R).

Se dice que DeVito desempeñó un papel importante en la decisión de Bob Dylan de abandonar Asylum para volver a Columbia para grabar las sesiones de *Blood On The Tracks*. Lo que es evidente es que inaugura una colaboración fructífera con el cantautor a partir de *Desire*, que va a seguir con *Street Legal* y con los álbumes en directo *Hard Rain* y *At Budokan*. Don Meehan, ingeniero de sonido de *Desire*, dice que no dudó en compartir con él el bonus concedido por CBS por el éxito del álbum. También trabaja con otros grandes nombres, como Billy Joel, Bruce Springsteen, James Taylor, Aerosmith y Blue Öyster Cult.

Después de compartir en 1989 el Grammy a la mejor grabación folk (*Folkway: A Vision Shared: A Tribute To Woody Guthrie & Leadbelly*, 1988), Don DeVito produce el concierto humanitario del 20 de octubre de 2001 en el Madison Square Garden (después del ataque al World Trade Center). Fallece el 25 de noviembre de 2011. Había expresado el deseo de dejar la imagen de un hombre «consagrado a la música».

ÁLBUM
FECHA DE PUBLICACIÓN
15 de junio de 1978
Columbia
(REFERENCIA COLUMBIA JC 35453)

Changing Of The Guards
New Pony
No Time To Think
Baby, Stop Crying
Is Your Love In Vain?
Señor (Tales Of Yankee Power)
True Love Tends To Forget
We Better Talk This Over
Where Are You Tonight?
(Journey Through Dark Heat)

Street-Legal

Bob Dylan con su Telecaster
en el Madison Square Garden,
el 29 de septiembre de 1978.

Street-Legal,
un álbum de sonoridades góspel

El álbum

A semejanza de *Blood On The Tracks*, Bob Dylan escribió las canciones de *Street-Legal* en su granja de Minnesota, durante el verano de 1977. El 29 de junio firmó su divorcio de Sara tras una dura batalla jurídica por la custodia de los hijos, que aparece entre líneas en las canciones del álbum. En septiembre dio el toque final a *Renaldo and Clara*, película que dirigió junto a Sam Shepard y que reúne imágenes de archivo, entrevistas y escenas de ficción sobre su vida y sus textos. Luego, durante las últimas semanas del año, empezaron los ensayos para la gira en Japón, Nueva Zelanda y Australia (del 20 de febrero al 1 de abril de 1978). Esto explica que las sesiones de *Street-Legal* no empezaran hasta el mes de abril.

A finales del año 1977 Bob Dylan interpretó al piano varias de sus composiciones para Jerry Wexler (que entonces estaba trabajando en el álbum *Deep In The Night* de Etta James en los Cherokee Studios de Hollywood), sin duda con el propósito de contratarlo como productor. Como Jerry Wexler ya se había comprometido con otro proyecto, el cantautor volvió a recurrir a DeVito, con Arthur Rosato como ayudante y Biff Dawes como ingeniero de sonido. El lugar elegido es un gran espacio de ensayo, en el sótano de un edificio de dos plantas en Santa Mónica Boulevard, que más adelante adoptará el nombre Rundown Studios («los estudios deteriorados»), probablemente de forma irónica, ya que los alrededores del edificio eran miserables. En cuanto a los músicos, son principalmente

los que acompañaron a Dylan durante la gira en Japón y el Pacífico sur. Sin embargo, hay algunas diferencias destacables: la corista Debbie Dye, que decidió marcharse después de la gira, fue sustituida por Carolyn Dennis (junto a Bobbye Hall en la serie de audiciones que se desarrollaron del 19 al 21 de abril). Asimismo, el bajista Rob Stoner fue reemplazado por el magnífico Jerry Scheff, que había tocado con Elvis Presley y había participado en las sesiones de *L. A. Woman* (1971), el último álbum de los Doors con Jim Morrison.

Street-Legal comprende nueve canciones. En cuanto a los textos, encontramos varios de los temas habituales del cantautor, inspirados en su vida privada («Baby», «Stop Crying», «Is Your Love In Vain?», «True Love Tends To Forget») o las incoherencias de la sociedad («No Time To Think»), así como una visión apocalíptica y mística del mundo («Changing Of The Guards», «Señor», «Where Are You Tonight?»).

Una mezcla de góspel y de rock FM

En realidad el cambio más destacable del disco se encuentra en el plano musical. El decimoctavo álbum de estudio de Bob Dylan es el primero que está verdaderamente impregnado de góspel, como demuestra el importante papel que desempeñan las tres coristas. Por la sensualidad de «Changing Of The Guards» o «Where Are You Tonight?», también podemos pensar en el rhythm'n'blues sureño de Stax Records y, por la relativa sofisticación de los arreglos, en el soul de Motown. Pero

Dylan en el escenario del Coliseum Arena de Oakland, el 13 de noviembre de 1978.

tor. El más virulento de los críticos fue Greil Marcus de *Rolling Stone*, para quien es «simplemente imposible prestar atención durante más de dos minutos seguidos». También critican la voz de Dylan que, además, es acusado de sexismo por el texto de «Is Your Love In Vain?». En el Reino Unido, en cambio, los periodistas especializados son mucho más benévolos. Por ejemplo, Michael Watts, de *Melody Maker*, considera que se trata del mejor álbum de Dylan «desde *John Wesley Harding*». Una cosa está clara: *Street-Legal* será un gran éxito comercial en Estados Unidos, donde llegará al número 11 de las listas (aunque es el primero desde 1964 que no entra en el Top 10) y será disco de oro, pero sobre todo en el Reino Unido, donde llegará al número 2, y será disco de platino. ¡De hecho, en el Reino Unido es el álbum que tiene más éxito comercial de todos los de Bob Dylan!

La carátula

Las dos fotografías de la carátula son obra de Howard Alk, miembro de la compañía de teatro Compass Players y amigo de Bob Dylan desde 1963. Fue ayudante de dirección de *Dont Look Back* (1967) y director de fotografía y montador de *Eat The Document* (1972), *Hard Rain* (1976) y *Renaldo and Clara*. En la portada vemos a Dylan al pie de las escaleras de los Rundown Studios, en el 2501 de Main Street, en Santa Mónica. ¿Qué es lo que está mirando a su izquierda? Misterio. En la contraportada aparece fotografiado sobre un escenario, vestido de blanco, durante la gira por Extremo Oriente. Las fotos en blanco y negro del interior del estuche fueron tomadas por Joel Bernstein en un club de Melbourne. Bob Dylan está al lado del cantante George Benson. En cuanto al título del álbum, *Street-Legal*, hace referencia a un *hot road* (un coche trucado pero que puede conducirse en carretera).

La grabación

Tras la audición del 13 de abril de 1978, que fue infructuosa, y las de los días 19 al 21, en las que se contrató a la corista Carolyn Dennis, se organizó un ensayo para el día 24. Como de costumbre, Dylan quería grabar muy deprisa, casi con urgencia. El estudio tenía un 24 pistas, para evitar los *overdubs* en la medida de lo posible. El ayudante de Don DeVito, Arthur Rosato, recuerda: «En ese álbum hay cuatro *overdubs* en total, y son partes de guitarra y de saxo. Llamé a Wally

LOS *OUTTAKES*

Walk Out In The Rain
Coming From The Heart (The Road Is Long)
Stop Now

estos mismos arreglos a menudo hacen concesiones al sonido de la época, orientado al rock FM, y el grupo, en este aspecto, demuestra una gran eficacia, a falta de una producción bien enmarcada. El álbum carece de una verdadera identidad sonora, y los temas se resienten de este defecto. En cuanto a la voz de Dylan, suena como si anunciara la próxima conversión del cantautor al cristianismo…
Street-Legal salió a la venta el 15 de junio de 1978. La crítica estadounidense coincidió en acribillar una vez más al cantau-

PARA LOS ADICTOS A DYLAN

Howard Alk, que hizo las dos fotografías de la portada de *Street-Legal*, fue encontrado muerto en los Rundown Studios en enero de 1982, quizá a causa de una sobredosis de heroína, a no ser que se suicidara.

Heider [célebre ingeniero de sonido y propietario de los Wally Heider Studios] y me trajeron una unidad móvil. [Todas] las coristas cantan en directo».[89]

Así, bastaron cinco sesiones para grabar *Street-Legal*: los días 25, 26, 27 y 28 de abril y el 1 de mayo de 1978. Las dos sesiones reservadas a los *overdubs* tendrán lugar los días 2 y 3 de mayo (Arthur Rosato recuerda cuatro *overdubs*). Pero el resultado no es muy satisfactorio por lo que respecta a la producción. Parece que Dylan escogió a Don DeVito por descarte, ya que no había quedado muy satisfecho con su trabajo en *Desire*. También metió prisa al equipo técnico, que se esforzaba en arreglar los micros a tiempo y hacer el balance correcto. El álbum está grabado principalmente en directo, con prisas, y la cohesión del conjunto se ve perjudicada. Dylan reconocerá que estuvo muy impaciente en el estudio, aunque deseara conseguir el mejor resultado posible: «Pero no me gusta pasar mucho tiempo buscando ese tipo de sonido en el estudio»,[20] confesará a Jonathan Cott en 1978. De forma realista, admitirá que esa actitud pudo provocar problemas: «Si tienes una buena canción, poco importa que esté bien o mal producida. [Pero] de acuerdo, mis discos no están muy bien producidos, lo reconozco».[20]

Datos técnicos

Así, *Street-Legal* se grabó en los Rundown Studios que Dylan alquiló para preparar su gira europea y grabar el álbum. La grabación se hizo con una unidad móvil propiedad de la sociedad Filmways/Heider, que consistía en un camión lleno de material de grabación, como un magnetófono de 24 pistas, conectado a los músicos con cables y monitores. El ingeniero de sonido, Biff Dawes, grabó a muchos artistas muy distintos entre ellos, como Devo, Tom Waits, Mötley Crüe, Jerry Lee Lewis o el grupo Yes.

Los instrumentos

Dylan utilizaba distintas guitarras durante aquella época. Se lo pudo ver en concierto tocando su Fender Stratocaster negra y su Telecaster rubia, pero también en acústico, con sus Martin, Gibson y Yamaha (L-6, L-52) y sin duda una Washburn. Pero es complicado saber cuáles tocó durante la grabación del álbum. Por primera vez en su carrera, no toca ninguna armónica.

Dylan utilizaba numerosas guitarras durante esa época; destaca una magnífica Stratocaster negra.

Changing Of The Guards

Bob Dylan / 7'05 minutos

Músicos

Bob Dylan: voz, guitarra
Billy Cross: guitarra
David Mansfield: mandolina
Steve Douglas: saxo alto
Alan Pasqua: órgano
Jerry Scheff: bajo
Ian Wallace: batería
Bobbye Hall: congas
Carolyn Dennis, Jo Ann Harris, Helena Springs:
coros, pandereta (?)

Grabación

Rundown Studios, Santa Mónica (California):
27 de abril de 1978

Equipo técnico

Productor: Don DeVito
Ingeniero de sonido: Biff Dawes

Bob Dylan canta «Changing Of The Guards» inspirándose en «Peace Will Come» de Tom Paxton.

Génesis y letra

En 1978 Bob Dylan explicará la asombrosa forma en que le llegó la inspiración para la canción de obertura de *Street-Legal*: «"Changing Of The Guards" podría ser una canción que existía desde hace miles de años, que flotaba en el aire, y un día me tropecé con ella».[20] Pero el origen preciso del proceso de creación podría remontarse a 1976, el año en que compuso un extenso poema titulado «An Observation Revisited», publicado en el primer número de la revista *Photography*, bajo el nombre de R. Zimmerman. En el poema leemos estos versos: «En mi cabeza no dejo de murmurar "Peace Will Come" de Tom Paxton, y de repente todo tipo de imágenes empiezan a parpadear en el cielo». Dylan recuperó esta idea en la última estrofa de «Changing Of The Guards», con algunos matices. Pero está canción es mucho más que un simple homenaje a Paxton. Conecta, por así decirlo, con los grandes textos «apocalípticos» de los años 1960. «Dieciséis años/ Dieciséis estandartes unidos sobre el campo», reza las primeras frases de la canción. ¿Hay que entender que Dylan había empezado su carrera dieciséis años atrás (cosa que es cierta) y que había llegado el momento de romper con su pasado, como ya había hecho cuando se reconvirtió al rock en 1965? Así, con «Changing Of The Guards» nacería un nuevo Dylan de las cenizas de su separación de Sara y tomaría un rumbo que lo llevaría en poco tiempo a su conversión al cristianismo.

Realización

Tras un primer ensayo el 25 de abril en los Rundown Studios, la versión definitiva de «Changing Of The Guards» se grabó el día 27. El tema, sostenido por una excelente rítmica y por unas guitarras bastante discretas, empieza con un *fade-in*, efecto muy poco habitual en los discos del cantautor. La mandolina de David Mansfield aporta un tono country/étnico bastante agradable, y el saxo de Steve Douglas sustituye a la armónica de Bob. «Changing Of The Guards» posee un buen *groove* pero no llega a despegar del todo. Los magníficos coros aportan un bonito toque góspel y el propio Dylan da una buena parte vocal.

Publicado en single el 24 de octubre de 1978 (con «Señor [Tales Of Yankee Power]» en la cara B), «Changing Of The Guards» no entrará en las listas de éxitos, ni en Estados Unidos ni en Europa.

1978

New Pony

Bob Dylan / 4'28 minutos

Músicos: Bob Dylan: voz, guitarra; Billy Cross: guitarra; Steve Douglas: saxo tenor; Jerry Scheff: bajo; Ian Wallace: batería; Bobbye Hall: pandereta; Carolyn Dennis, Jo Ann Harris, Helena Springs: coros / **Grabación**: Rundown Studios, Santa Mónica (California): 1 de mayo y *overdubs* el 3 de mayo de 1978 / **Productor:** Don DeVito / **Ingeniero de sonido:** Biff Dawes

Génesis y realización

A Bob Dylan siempre le ha gustado el blues. A falta de consagrarle un álbum entero (al menos durante las décadas 1960-1970), siempre ha introducido alguno en sus discos, y *Street-Legal* no es ninguna excepción. En este blues el narrador tiene un poni al que debe sacrificar, con toda la pena del mundo. No hay duda de que Dylan tenía en mente «Pony Blues» de Charley Patton (1934) o de «Black Pony Blues» de Arthur Crudup (1941). En 1978 decide hacer una aclaración: «La Miss X de la canción es Miss X, no ex-.»[20] A buen entendedor...

«New Pony» es un muy buen blues llevado por una rítmica densa y unas guitarras excelentes. Parece que Bob toca la eléctrica, así como Billy Cross, que ofrece un magnífico solo. Otro buen solo es el de Steve Douglas, que se recrea con su saxo tenor, con un sonido un poco demasiado enterrado en la mezcla. Y, a pesar de la opinión de Greil Marcus, Bob Dylan canta con muy buena voz, acompañado por sus coristas. Quizá su interpretación es un poco demasiado convencional, y tal vez este blues padezca de un exceso de producción. «New Pony» se grabará el 1 de mayo, en una toma que servirá para añadir *overdubs* de bajo y de saxo el 3 de mayo. El cantautor no la ha interpretado nunca en directo.

No Time To Think

Bob Dylan / 8'24 minutos

Músicos: Bob Dylan: voz, guitarra; Billy Cross: guitarra (?); Steven Soles: guitarra (?); Steve Douglas: saxo soprano; Alan Pasqua: piano; Jerry Scheff: bajo; Ian Wallace: batería; Bobbye Hall: percusiones; Carolyn Dennis, Jo Ann Harris, Helena Springs: coros / **Grabación:** Rundown Studios, Santa Mónica (California): 27 de abril de 1978 / **Productor:** Don DeVito / **Ingeniero de sonido:** Biff Dawes

Génesis y realización

Cuando Jonathan Cott dijo a Bob Dylan que tenía la impresión de que «No Time To Think» provenía de un sueño muy profundo, este respondió: «Quizá es porque todos estamos soñando, y estas canciones hacen que entremos en este sueño. Todo es sueño, de todas formas».[120] Así, «No Time To Think» sería la expresión de un sueño (en dieciocho estrofas), en el que el cantautor pasa revista a las debilidades, tan abundantes, del ser humano, y denuncia con igual vigor socialismo, patriotismo y materialismo. Hay otra interpretación posible: esta canción sería la expresión de un arrepentimiento que se dirige a sí mismo y al mundo entero: el de no tener –o no tomarse– tiempo para pensar.

Aunque Bob Dylan trabajó el texto en profundidad para encontrar las imágenes adecuadas –y las rimas adecuadas– la grabación de «No Time To Think», realizada el 27 de abril, carece de trabajo en los arreglos. Los riffs de saxo (añadidos por *overdub*) tienen un tono medieval no muy oportuno, y la orquestación en conjunto no llega a conseguir crear un tema cautivador. Hay que reconocer que el cantautor no compuso una de sus mejores melodías, y parece que las coristas no saben cómo abordar el problema. En cuanto a la voz de Dylan, parece cansada, tensa y desprovista de emoción. Es una lástima, sobre todo si tenemos en cuenta que la letra de «No Time To Think» es considerada por algunos como verdaderamente brillante.

Baby, Stop Crying

Bob Dylan / 5'21 minutos

Músicos
Bob Dylan: voz, guitarra
Billy Cross: guitarra
David Mansfield: guitarra
Steve Douglas: saxo tenor
Alan Pasqua: órgano
Jerry Scheff: bajo
Ian Wallace: batería
Bobbye Hall: percusiones
Carolyn Dennis, Jo Ann Harris, Helena Springs: coros
Grabación
Rundown Studios, Santa Mónica (California): 28 de abril
y *overdubs* 2 de mayo de 1978
Equipo técnico
Productor: Don DeVito
Ingeniero de sonido: Biff Dawes

Bob Dylan en Los Ángeles el 1 de junio de 1978,
fecha que marca el inicio de la gira estadounidense.

Génesis y letra

«Baby, Stop Crying» es la canción más abiertamente romántica de *Street-Legal*. ¿Quizá Bob Dylan la escribió pensando en Sara? En cualquier caso, el narrador está dispuesto a todo para ayudar a la mujer que ama –una mujer que ha tocado fondo con un «chico malo»–, incluso a empuñar un arma para vengarla. E incluso a sacrificarse, ya que adivinamos que la heroína está enamorada de otro. El narrador lo constata al final del tema: «No hay que ser médico, cariño / Para ver que estás locamente enamorada». Percibimos cierta similitud con el célebre blues «Stop Breaking Down» de Robert Johnson, versionado por los Rolling Stones durante las míticas sesiones de *Exile On Main Street*: «Así cariño, por favor, deja de llorar porque me estás partiendo el alma», en el caso de Dylan, y «Deja de deprimirte, por favor, deja de deprimirte / Todo esto te hará perder la cabeza» en la canción de Johnson. En 1978 el cantautor definirá muy bien su canción: «El hombre de esta canción tiene una mano colgando hacia fuera y no tiene miedo de que se la muerdan».[20]

Realización

«Baby, Stop Crying» cede a las orquestaciones de la época, y recuerda a una balada que podría ser de Rod Stewart o de Barry White. Dylan adquiere entonaciones poco frecuentes, casi de estilo *middle-of-the-road*. Cuesta reconocer al intérprete de «Like A Rolling Stone». Aunque está muy bien ejecutado, el solo de saxo no contribuye a solucionar nada. Los músicos, todos muy profesionales, cumplen con su misión, sin más. El hecho de grabar el álbum entre dos giras no les permitió encontrar una verdadera identidad. La canción se grabó el 28 de abril y se realizó una sesión de *overdubs* para los coros el día 2 de mayo.

Además de cerrar la primera cara del LP, esta canción se publicó en single en julio de 1978 (con «New Pony» en la cara B). Llegó a un destacable número 13 en las listas de éxitos británicas el 29 de julio. En cambio, en Estados Unidos será ampliamente ignorada.

Bob Dylan interpretó «Baby, Stop Crying» en directo por primera vez el 1 de junio de 1978 en el Universal Amphitheater de Los Ángeles, y por última vez (hasta día de hoy) el 14 noviembre del mismo año en el Alameda County Coliseum de Oakland.

Is Your Love In Vain?

Bob Dylan / 4'34 minutos

Músicos: Bob Dylan: voz, guitarra; Billy Cross: guitarra; Steven Soles: guitarra, coros; Steve Douglas: saxo tenor; Steve Madaio: trompeta; Alan Pasqua: órgano, clavecín (?); Jerry Scheff: bajo; Ian Wallace: batería; Bobbye Hall: percusiones; Carolyn Dennis, Jo Ann Harris, Helena Springs: coros **/ Grabación:** Rundown Studios, Santa Mónica (California): 28 de abril de 1978 **/ Productor:** Don DeVito **/ Ingeniero de sonido:** Biff Dawes

Bob Dylan se inspiró en «Love In Vain» de Robert Johnson para el título de su canción. La historia de ambas canciones, no obstante, es un poco distinta. Johnson perseguía a su novia hasta la estación; por su parte, Dylan va en busca de la mujer ideal: una mujer que lo quiera por lo que es (y no por abnegación), que conozca (y acepte) su mundo y comprenda sus penas. En este aspecto, «Is Your Love In Vain?» se acerca a «Abandoned Love» (canción descartada de *Desire*). Algunas frases, como «¿Sabes cocinar y coser, y ocuparte de las flores?», provocarán que lo tachen de machista. La respuesta del acusado: «Pero es que cuando un hombre busca una mujer, no busca una mujer que sea piloto de avión».[20]

«Is Your Love In Vain?» se grabó en dos sesiones, el 26 y el 28 de abril. El ambiente y las armonías recuerdan un poco a «No Woman No Cry» de Bob Marley, o a «Rain And Tears» de los Aphrodite's Child, y aparece una sonoridad de clavecín (¿Alan Pasqua?). El estado de ánimo de Dylan parece tierno y sobrio en esta segunda balada rock del álbum. Podemos subrayar la magnífica intervención de órgano de Pasqua, cercana a las sonoridades reggae que inundaban el planeta en aquella época.

Señor (Tales Of Yankee Power)

Bob Dylan / 5'46 minutos

Músicos: Bob Dylan: voz, guitarra; Billy Cross: guitarra; Steven Soles: guitarra, coros; Steve Douglas: saxo tenor; Alan Pasqua: piano; Jerry Scheff: bajo; Ian Wallace: batería; Bobbye Hall: congas, cuica; Carolyn Dennis, Jo Ann Harris, Helena Springs: coros **/ Grabación:** Rundown Studios, Santa Mónica (California): 28 de abril de 1978 **/ Productor:** Don DeVito **/ Ingeniero de sonido:** Biff Dawes

Génesis y realización

Al igual que los personajes de «Just Like Tom Thumb's Blues» y de «Romance In Durango», el protagonista de «Señor» ha emprendido un largo viaje, en dirección a México, donde espera encontrar a la mujer que lo ha dejado. Es un viaje iniciático a lo largo del cual el narrador hace preguntas al que parece su guía (¿o tal vez es su conciencia?). ¿Qué camino debe seguir? ¿Dónde se esconde su amada? Este largo periplo sembrado de escenas terroríficas termina en una lucha final entre el bien y el mal (referencia al Armagedón del Nuevo Testamento).

En el libreto de *Biograph* explicará que veía su canción como dos personas, que después de apoyarse la una en la otra durante mucho tiempo por miedo a la soledad, de repente se separan: «Creo que me sentía así cuando la escribí»,[12] reconoce. Bastaron dos sesiones para grabar «Señor (Tales Of Yankee Power)», los días 26 y 28 de abril. Como indica el título, la atmósfera de la canción es española/mexicana, aunque no llega a caer en la caricatura. Tal vez los coros son demasiado empalagosos y les falta ese tono soul que los caracteriza a lo largo del álbum. Cabe destacar el sonido de una cuica que gime para reforzar la tensión del tema.

True Love Tends To Forget

Bob Dylan / 4'16 minutos

Músicos: Bob Dylan: voz, guitarra; Billy Cross: guitarra; Steven Soles: guitarra; Steven Douglas: saxo tenor; Alan Pasqua: órgano; Jerry Scheff: bajo; Ian Wallace: batería; Bobbye Hall: pandereta; Carolyn Dennis, Jo Ann Harris, Helena Springs: coros / **Grabación:** Rundown Studios, Santa Mónica (California): 27 de abril de 1978 / **Productor:** Don DeVito / **Ingeniero de sonido:** Biff Dawes

Génesis y realización

«Estaba tumbado entre los juncos, sin oxígeno / Te vi en la selva entre los hombres/Vi cómo te ibas al infinito y luego volvías». En 1991, Bob Dylan explicó a Paul Zollo que esta imagen surrealista se le ocurrió mientras trabajaba con Jacques Levy en las letras de *Desire*. El narrador parece lamentar el hecho de encontrarse bajo el hechizo de la mujer amada y, al mismo tiempo, teme que lo abandone o lo traicione.

El 27 de abril, Bob Dylan y sus músicos grabaron la toma máster de «True Love Tends To Forget». Es el segundo tema del álbum que empieza con un *fade-in*. El grupo demuestra una eficacia intachable, y la sección rítmica es una auténtica locomotora. El punto fuerte del tema reside en el magnífico solo de guitarra interpretada en *bottleneck* (¿Steven Soles?), así como en el desfase que existe entre los coros y la voz el cantautor al final de cada estribillo, en las palabras «*tends to forget*». Bob Dylan solo interpretó esta canción durante la gira de 1978.

We Better Talk This Over

Bob Dylan / 4'05 minutos

Músicos: Bob Dylan: voz, guitarra; Billy Cross: guitarra; David Mansfield: guitarra (?); Steve Douglas: saxo tenor; Steve Madaio: trompeta (?); Alan Pasqua: teclados; Jerry Scheff: bajo; Ian Wallace: batería; Bobbye Hall: pandereta; Carolyn Dennis, Jo Ann Harris, Helena Springs: coros / **Grabación:** Rundown Studios, Santa Mónica (California): 26 de abril de 1978 / **Productor:** Don DeVito / **Ingeniero de sonido:** Biff Dawes

PARA LOS ADICTOS A DYLAN

Parece que al final de la segunda estrofa Bob Dylan escribió «*go your own separate ways*» antes de cambiar de opinión y escribir «*different ways*», por miedo a que la gente percibiera una referencia a la separación de Elvis y Priscilla Presley. «Separate Ways» es una canción de Elvis aparecida en noviembre de 1972, que habla más o menos del final de su relación y de la tristeza que experimentó su hija.

Génesis y realización

«We Better Talk This Over» es la continuación lógica de la canción anterior. La ruptura se ha consumado. Aunque ha estado profundamente enamorado, el narrador no quiere sufrir más, y decide marcharse con la esperanza de que un día volverán a estar juntos. Bob Dylan modificó varias veces este texto antes de grabarlo.

Después de ensayar «We Better Talk This Over» junto con otras canciones a principios de abril, la grabación propiamente dicha se realizó el 26 de abril. Ese día se grabaron tres tomas, y probablemente fue la tercera la que se incluyó en el álbum. Este blues rock está bastante logrado, y el grupo demuestra su cohesión. Las guitarras son excelentes, sobre todo la de Billy Cross, que hace unos *licks* de blues muy convincentes. A Dylan le falta algo de convicción en la voz, pero el conjunto es más que correcto.

Where Are You Tonight? (Journey Through Dark Heat)

Bob Dylan / 6'16 minutos

Músicos

Bob Dylan: voz, guitarra
Billy Cross: guitarra
Steven Soles: guitarra, coros
David Mansfield: violín (?)
Steve Douglas: saxo soprano
Alan Pasqua: órgano
Jerry Scheff: bajo
Ian Wallace: batería
Bobbye Hall: congas
Carolyn Dennis, Jo Ann Harris, Helena Springs: coros

Grabación

Rundown Studios, Santa Mónica (California):
27 de abril de 1978

Equipo técnico

Productor: Don DeVito
Ingeniero de sonido: Biff Dawes

El filósofo francés Gabriel Marcel,
padre del existencialismo católico.

Génesis y letra

Con esta canción, como con tantas otras, Bob Dylan parece divertirse diseminando pistas que ayuden al oyente a acceder a los secretos de sus pensamientos. El propio título de la canción, al igual que la segunda frase de la primera estrofa –«Hay una mujer a la que deseo tocar, a la que echo tanto de menos / Pero está a la deriva como un satélite»– podrían evocar la reciente ruptura del cantautor con Sara (que en aquella época se había instalado en Hawái) y la terrible frustración que le provocaba no ver a sus hijos. Pero esto sería demasiado simple para Dylan. Enseguida, cuando un «neón se ilumina en la bruma verde / [y se oyen] risas en Elizabeth Street», nos sumergimos en un largo viaje surrealista y místico.

El narrador emprende dicho viaje con Marcel y St John, «hombres fuertes reducidos por la duda». ¿Quiénes son? St John sería Juan (el apóstol), autor del Libro de la revelación (o Apocalipsis de Juan) –aunque él no era nada proclive a la duda–. En cuanto al nombre Marcel, probablemente remite a Gabriel Marcel, un filósofo francés que se convirtió al catolicismo en 1929. Luego el narrador debe enfrentarse a su propio doble, al que llama «enemigo interior». El mensaje parece claro: no existe peor enemigo que uno mismo; hay que entender que una vez hemos sido capaces de dominar nuestros instintos y resistir a las tentaciones, es más fácil vencer a las fuerzas hostiles que vienen del exterior. El periplo llega a su fin al «alba de un nuevo día». Pero la búsqueda del narrador habrá sido en vano: él ha sobrevivido, pero la misteriosa heroína sigue sin aparecer…

Realización

«Where Are You Tonight?», último tema de *Street-Legal*, es sin duda uno de los mejores del álbum. El grupo suena muy bien y parece haber encontrado su identidad, que lamentablemente aparece en la mayoría de canciones del álbum. Exceptuando una guitarra eléctrica mal afinada, los músicos ofrecen un acompañamiento de gran calidad. El órgano de Pasqua recuerda al de Al Kooper en «Like A Rolling Stone», sobre todo en la última frase de cada estrofa. También podemos escuchar más de un minuto de solo de guitarra al final del tema (¿Steven Soles?), cosa poco frecuente en la obra del cantautor. Después de grabarla por primera vez el día 26 de abril, la toma definitiva de «Where Are You Tonight?» se realizó al día siguiente.

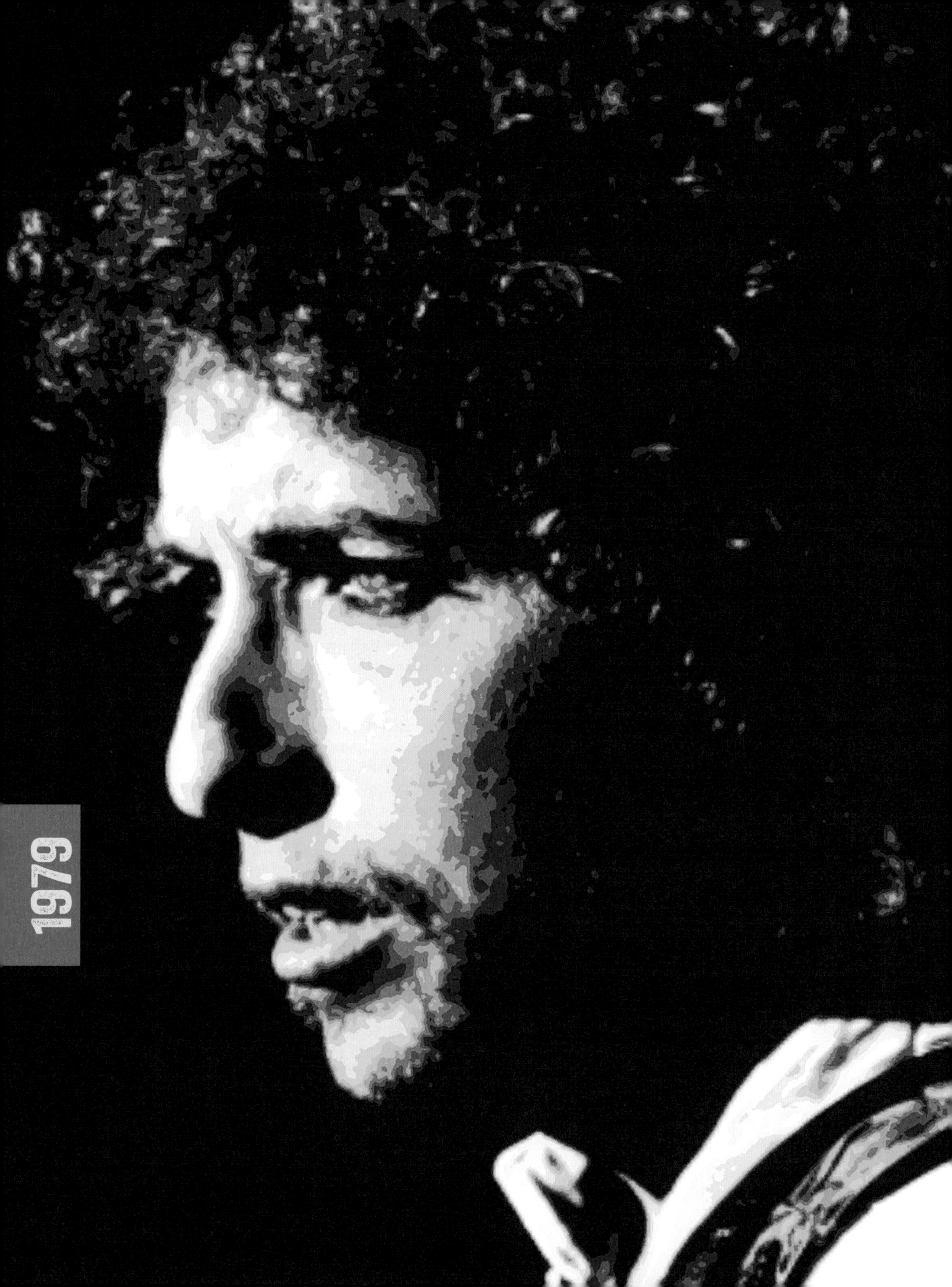

ÁLBUM
FECHA DE PUBLICACIÓN
20 de agosto de 1979
Columbia
(REFERENCIA COLUMBIA FC 36120)

Gotta Serve Somebody
Precious Angel
I Believe In You
Slow Train
Gonna Change My Way Of Thinking
Do Right To Me Baby (Do Unto Others)
When You Gonna Wake Up
Man Gave Names To All The Animals
When He Returns

Slow Train Coming

Slow Train Coming, el álbum de la conversión

«Jesús me tocó el hombro y dijo : "Bob, ¿por qué te me resistes?" Yo dije: "No me resisto". Dijo: "¿Vas a seguirme?" Yo respondí: "Nunca había pensado en eso hasta ahora". Él dijo: "Si no me sigues, es que te me resistes"». Con estas palabras, pronunciadas durante un concierto en Syracuse (estado de Nueva York), el 22 de septiembre de 1978, Bob Dylan anunció claramente su conversión al cristianismo. Unos meses después, durante una entrevista concedida a Robert Hilburn de *Los Angeles Times*, volvió a hablar de dicha conversión: «Tuve una auténtica experiencia de *born again* [literalmente, «renacimiento por la conversión»], si quiere llamarlo así. Es un término corrompido, pero que la gente puede entender. Pasó en 1978. Siempre supe que había un Dios o un creador de las montañas, del mar y de todas esas cosas, pero no tenía conciencia de Jesús ni de su relación con el creador supremo».[20]

Este «estado de gracia» se remonta a la Rolling Thunder Revue, durante la que el cantautor empezó a hablar de religión con varios de sus músicos (T-Bone Burnett, Steve Soles y David Mansfield, que también se convertirán en *born again christians*), pero se debe sobre todo a su relación con la actriz Mary Alice Artes, que era una ferviente cristiana. Es la *precious angel* que le abrió las puertas de la comunidad religiosa Vineyard Fellowship y que le mostró el camino de Jesucristo: «La magnificencia del Señor me clavó al suelo y vino a buscarme», confesará Dylan.

El álbum

Tal vez Bob Dylan halló en su conversión un bálsamo para sus dolores morales, sobre todo su reciente divorcio y su separación de sus hijos. No hay duda de que el cristianismo le ofreció una nueva inspiración, tanto en el plano literario como en el musical. *Slow Train Coming* es el primero de tres álbumes que exaltan ese fervor cristiano.

Inicialmente Dylan había pensado en dar las canciones compuestas al final y justo después de la gira de 1978 a su corista Carolyn Dennis; «Pensaba que podría producir su disco»,[20] dirá a Robert Hilburn en 1980. Pero cambió de opinión y decidió grabarlas él mismo.

Para esta nueva obra, el cantautor se rodeó de un sólido equipo. En primer lugar, contrató los servicios de un nuevo productor, muy prestigioso, Barry Wexler, cuyo nombre se asocia a los monstruos sagrados de la música negra americana: de Ray Charles a Aretha Franklin pasando por The Drifters o Wilson Pickett. Fue él quien llevó a Dylan a uno de los mejores estudios de Estados Unidos, el Muscle Shoals Sound Studio de Sheffield (Alabama), donde contrató a una pléyade de buenos músicos. Entre ellos se encontraban Barry Beckett (teclados), también coproductor del álbum (y copropietario del estudio), y los Muscle Shoals Horns. También fue Wexler quien contrató al bajista Tim Drummond (que había tocado con J. J. Cale, Neil Young y Crosby, Stills & Nash) y quien sugirió al cantautor el nombre de Mark Knopfler, el genial guitarrista y cantante

El productor Jerry Wexler.

LOS *OUTTAKES*

**Ye Shall Be Changed
Ain't No Man Righteous,
No Not One**

SINGLE

Trouble In Mind

de los Dire Straits, del que acababa de producir el segundo álbum (*Communiqué*, grabado a finales de 1978). En marzo de 1979 Dylan fue a escuchar al grupo en el Roxy, en West Hollywood; muy impresionado por su eficacia, dio su aprobación de inmediato. Mark Knopfler quería que tocara con él su amigo Pick Withers, primer baterista de Dire Straits, a pesar del deseo de Barry Wexler de contratar a Roger Hawkins, uno de los mejores bateristas del momento (y también copropietario de los estudios…).

El primer acto de la trilogía cristiana

Así, *Slow Train Coming* es el primer acto de la trilogía cristiana de Bob Dylan. Todas las letras se inspiran en los textos sagrados, ya se trate del Génesis, del Libro de Josué o de los Evangelios (según san Juan o según san Mateo). Dylan expresa sus anhelos y sus miedos; canta sobre la lucha milenaria entre el bien y el mal, el apocalipsis, la redención. Desde el punto de vista musical, los excelentes músicos que Wexler reunió en torno a Dylan comprendieron el mensaje: tocan una música profundamente marcada por el góspel, con coros como los que se pueden escuchar en las iglesias baptistas. Solemnidad por un lado, pero sensualidad por el otro. Porque la música profana, la misma a la que llamaban «música del diablo», conserva sus derechos a lo largo de *Slow Train Coming*, hasta el punto que «Gonna Change My Way Of Thinking» podría ser una canción de los Rolling Stones grabada años antes para *Sticky Fingers*. Finalmente está la voz de Dylan, que siempre evoca sentimientos elevados. «Por su sonoridad y por la emoción que transmite, [su voz] supera a las de todos sus contemporáneos», escribe Jann Wenner en *Rolling Stone*;

«Mas que su talento con las palabras, y más que su perspicacia, su voz es el regalo más grande que Dios le ha dado».[121] Lanzado el 20 de agosto de 1979, *Slow Train Coming* suscita críticas demoledoras por parte de las afiladas plumas de la cultura del rock. En *New West*, Greil Marcus acusa a Dylan «de haber intentado vender una doctrina preenvasada que alguien le ha endosado», mientras que *NME* titula, con mucho sarcasmo: «Dylan y Dios: ¡ya es oficial!». También asoman algunos comentarios entusiastas, como los de Wenner, pero sobre todo destaca la reacción del público. Después de que Dylan tocara «Gotta Serve Somebody», «I Believe In You» y «When You Gonna Wake Up» en el plató del programa de televisión *Saturday Night Live* el 20 de octubre de 1979, su decimonoveno álbum llegará a la cumbre de las listas de éxitos de Estados Unidos: será número 3 y se convertirá en disco de platino. En el Reino Unido también llegará a lo alto, con un segundo puesto en las listas, al igual que en Francia, donde venderá más de 430.000 ejemplares.

La carátula

Después de contactar en vano con varios artistas, finalmente Columbia contrata los servicios de una joven ilustradora autónoma de Malibú (California), Catherine Kanner, para que dé forma a lo que Dylan tiene en mente: una locomotora que avanza por una vía, con obreros al lado y, en primer plano, un hombre que sostiene un pico (símbolo de la cruz). «Recuerdo que un amigo me insistió para que alargara la parte superior del pico, para que se pareciera más a una cruz», explica Catherine Kanner. Bob Dylan aceptó la ilustración, realizada con tinta sobre fondo sepia. La fotografía de la contraportada

3614 JACKSON HIGHWAY

Los estudios de Muscle Shoals (Alabama).

está firmada por Nick Saxton, futuro director de vídeos para Michael Jackson. Y las fotos interiores son de Morgan Renard, del cual aparecerán otras fotografías en varios discos del cantautor (*Biograph* [1985], *The Complete Album Collection* [2013] , etc.).

La grabación

Después de ensayar en Santa Mónica, Bob Dylan y sus músicos se reencuentran el 30 de abril de 1979 en el Muscle Shoals Sound Studio para grabar una docena de títulos, en los que trabajarán hasta el 11 de mayo. En primer lugar se realizarán cinco sesiones de grabación que servirán para sentar las bases de las canciones: el 30 de abril y los días 1, 2, 3 y 4 de mayo. Luego siguen cinco días más dedicados exclusivamente a los *overdubs*: los días 5, 6, 7, 10 y 11 de mayo. En contra de las costumbres de Dylan, Wexler empieza por la grabación de las bases rítmicas, antes de añadir la voz del cantante. Durante esa primera jornada del 30 de abril, Bob, que quería participar activamente en la grabación, tocaba y cantaba constantemente, desorganizando el trabajo de Wexler. El resultado fue catastrófico. Tras unos reajustes, al día siguiente el productor consiguió reunir a todos los músicos alrededor del cantautor, para que estuvieran cerca unos de otros y se desarrollara un espíritu de grupo. Cuando empezaron a tocar, el *groove* fue inmediato. La toma que Wexler había grabado en mono era inutilizable. Demasiadas interferencias en los micrófonos. Entonces redistribuyó a los músicos en el estudio, los aisló con paneles acústicos y les puso la toma mono en los cascos para que solo tuvieran que tocar encima y se dejaran guiar por el *groove* inicial. ¡Funcionó! Ya solo faltaba que Bob añadiera la

voz. Desde entonces, todas las sesiones se desarrollaron básicamente de esta forma, a pesar de la falta de entusiasmo que podemos imaginar por parte del cantautor, que probablemente no siempre respetó el procedimiento. Wexler no quería que Dylan interviniera necesariamente en todas las canciones con su guitarra. Para el cantautor, tener fe significó también replantearse ciertas cosas…

Datos técnicos

Cuando Bob Dylan reservó el local en 1979, los estudios se trasladaron a 314 Jackson Highway, a orillas del Tennessee. El ingeniero de sonido es Gregg Hamm. Grabará, entre otros, a artistas como Bob Seger o Dire Straits, pero también a músicos asociados a la galaxia Dylan, como Levon Helm, Roger McGuinn o Joan Baez. Para *Slow Train Coming* utilizó una extraordinaria consola Neve 8068 MkI de 1978. El magnetófono es un MCI JH 114 de 24 pistas para la *reverb*, una Lexicon Prime Time Digital Delay, y los compresores/limitadores, Urei 1176 y DBX 160.

Los instrumentos

Parece que Dylan utiliza las mismas guitarras que en el álbum anterior, a las que tal vez hay que añadir una Gibson Les Paul negra, pero en este disco prácticamente no toca la guitarra, ya que cederá esta tarea a Mark Knopfler. En cuanto a este último, aunque para los ensayos eligió la Stratocaster del cantautor, es evidente que en el estudio tocó sus propios instrumentos. Podemos citar su famosa Fender Stratocaster roja, pero también su Telecaster Custom, su National, las Ovations y también una Gibson ES 335.

Gotta Serve Somebody

Bob Dylan / 5'25 minutos

Músicos
Bob Dylan: voz
Mark Knopfler: guitarra
Barry Beckett: piano eléctrico, órgano
Tim Drummond: bajo
Pick Withers: batería
Carolyn Dennis, Helena Springs, Regina Havis: coros
Grabación
Muscle Shoals Sound Studio, Sheffield (Alabama):
4 de mayo, y *overdubs* 4 y 11 de mayo de 1979
Equipo técnico
Productores: Jerry Wexler, Barry Beckett
Ingeniero de sonido: Gregg Hamm

Génesis y letra

«Gotta Serve Somebody» es la primera canción grabada en disco que manifiesta la conversión de Bob Dylan al cristianismo. El cantautor se inspira al mismo tiempo en el Antiguo y en el Nuevo Testamento. En el Libro de Josué (XXIV, 15), se dice: «Y si no están dispuestos a servir al Señor, elijan hoy a quién quieren servir: si a los dioses a quienes sirvieron sus antepasados al otro lado del Río, o a los dioses de los amorreos, en cuyo país ustedes ahora habitan. Yo y mi familia serviremos al Señor». Y en el Evangelio según san Mateo (VI, 24), leemos: «Nadie puede servir a dos señores, porque aborrecerá a uno y amará al otro, o bien, se interesará por el primero y menospreciará al segundo. No se puede servir a Dios y al Dinero». Así, en este caso Dylan conduce su cruzada contra la posesión como propósito de la existencia terrenal. No importa que seamos embajadores, campeones de boxeo, hombres de negocios, ladrones, predicadores, ricos, pobres, ciegos o cojos. ¡Hay que servir a Dios! Aunque su mensaje es universal, en primer lugar va dirigido a si mismo. Así, cuando evoca a ese «adicto al rock'n'roll que se pavonea sobre el escenario», que «puede tomar drogas cuando le parezca» y tener «mujeres en una jaula», se trata del Dylan elevado al rango de ídolo desde principios de los años 1960. Pero ahora, los tiempos han vuelto a cambiar. En una entrevista concedida a una radio en diciembre de 1979, Bob confiesa: «Ahora solo canto las canciones que Dios me da para que las cante».

Realización

Durante la quinta sesión de *Slow Train Coming*, el 4 de mayo de 1979, Bob Dylan y sus músicos grabaron «Gotta Serve Somebody» en cuatro tomas, y la tercera fue la elegida para los posteriores *overdubs*. Desde las primeras notas quedamos atrapados en esa entrada en materia directa, casi amenazadora. La rítmica es densa (quizá demasiado estática) y el piano eléctrico de Barry Beckett impone el auténtico tono del tema: blues y espiritualidad. El célebre periodista de rock Phil Sutcliffe explicó, en la revista *Mojo*: «Cuando Barry Beckett conoció a Dylan en Muscle Shoals, buscó un teclado y un sonido para esas tres notas hostiles, malignas y lúgubres que abren "Gotta Serve Somebody". [...] Ese día del mes de mayo de 1979, desde Mark Knopfler y Pick Withers de Dire Straits hasta las coristas negras, todo el mundo comprendió a Dylan y a la

A partir de esa época Dylan abordará sus conciertos de una forma nueva y desconcertante.

canción. No importaba si conocían el pasado reciente del cantautor (su divorcio, el bombardeo de la crítica que sufrió por *Renaldo and Clara*, la forma en que se tomó la muerte de Elvis); captaron la esencia de su terror y de su confusión».[122] Efectivamente, la excelente intervención de piano eléctrico de Beckett (añadida por *overdub* el día 11) domina completamente la mezcla, como para amenazar a los que no escuchen el mensaje del cantautor. Y de forma poco habitual en las producciones de Dylan, el sonido global respira. Incluso Knopfler, que toca la rítmica, queda en segundo plano. Tras la confusión de *Street-Legal*, este nuevo enfoque le permite realizar una buena parte vocal, que le valdrá un premio Grammy a la mejor interpretación masculina en 1979. Un hecho rarísi-

mo en la discografía de Dylan: el cantautor, acompañado por las magníficas armonías vocales de sus coristas, abandona su propia guitarra.

Sin embargo, «Gotta Serve Somebody» estuvo a punto de no incluirse en *Slow Train Coming*. Dylan recuerda que cuando Jerry Wexter empezó a reunir las cintas para el álbum, tuvo que luchar para que incluyera en tema; «fue ridículo»,[12] concluye.

La canción apareció en single el 20 de agosto de 1979 (con «Trouble In My Mind» en la cara B). En octubre llegó al número 24 de las listas del *Billboard*. A partir del concierto del 1 de noviembre de 1979 en el Fox Warfield Theatre de San Francisco, Bob Dylan la ha cantado más de 400 veces.

Precious Angel

Bob Dylan / 6'31 minutos

Músicos
Bob Dylan: voz, guitarra
Mark Knopfler: guitarras
Barry Beckett: piano, teclados
Tim Drummond: bajo
Pick Withers: batería
Carolyn Dennis, Helena Springs, Regina Havis: coros
Harrison Calloway Jr.: trompeta
Ronnie Eades: saxo barítono
Harvey Thompson: saxo tenor
Charles Rose: trombón
Lloyd Barry: trompeta

Grabación
Muscle Shoals Sound Studio, Sheffield (Alabama):
1 de mayo, y *overdubs* 5, 7, 10 y 11 de mayo de 1979

Equipo técnico
Productores: Jerry Wexler, Barry Beckett
Ingeniero de sonido: Gregg Hamm

Bob Dylan acompañado por el excelente Tim Drummond
al bajo (aquí, en julio de 1981).

Génesis y letra

El «ángel precioso» que guía al narrador –es decir, al propio Bob Dylan– hacia Jesucristo, cuyos «ancestros fueron esclavos», podría ser la actriz afroamericana Mary Alice Artes, que, además de haber mantenido una breve relación Dylan a finales de los años 1970, desempeñó un papel esencial en la conversión del cantautor al cristianismo, a través de un grupo religioso conocido por el nombre de Vineyard Fellowship.

«Precious Angel» está sembrada de referencias bíblicas. El estribillo «Arroja tu luz, arroja tu luz sobre mí» remite al Evangelio según san Juan. Dylan no es otro que el ciego a quien Jesús devolvió la vista. Es aquel que ya no descansa sobre «cimientos frágiles», aquel que se ha liberado del poder de ayer, de la oscuridad; es decir, de los fariseos que no quisieron creer en la curación del ciego. Al igual que Paul Williams,[102] en las referencias a Buda y a Mahoma («Le hablabas de Buda, Le hablabas de Mahoma en el mismo aliento») y a ese «hombre muerto como un criminal» jamás mencionado, podemos ver un ataque contra su exmujer Sara, que lo habría desviado del cristianismo. El cantautor dirá de esta canción: «tiene demasiadas estrofas y al mismo tiempo no tiene suficientes».[20]

Realización

Es difícil no imaginar a Mark Knopfler cantando «Precious Angel», porque su sonido es muy parecido al de Dire Straits. Si Dylan quería agasajar a su guitarrista, lo consiguió con esta canción. Knopfler está luminoso; sus intervenciones de guitarra son absolutamente únicas y sus dos solos consiguen que el tema despegue. Además, el sonido de su Stratocaster (¿o Telecaster?) tiene una gran riqueza. También fue él quien grabó una acústica el 5 de mayo, y sin duda una segunda guitarra, a menos que fuera el propio Dylan quien la tocara. Pero la precisión rítmica parece apuntar con más probabilidad al músico inglés. Los demás músicos no se quedan atrás: el piano y el órgano de Beckett (*overdub* del 11 de mayo), el bajo, la batería y los coros (*overdub* del día 7) hacen que este «Precious Angel» sea verdaderamente precioso. Sin olvidar la sección de metales (*overdub* del día 10) de los Muscle Shoals Horns, que demuestra la maestría excepcional de todos esos músicos y productores que caracteriza el sonido de ese santuario de la música norteamericana. Pero, la música no encaja mucho con la letra; aunque Dylan ilumina el tema con todo su talento.

I Believe In You

Bob Dylan / 5'10 minutos

Músicos
Bob Dylan: voz
Mark Knopfler: guitarras
Barry Beckett: piano eléctrico, órgano
Tim Drummond: bajo
Pick Withers: batería
Grabación
Muscle Shoals Sound Studio, Sheffield (Alabama):
3 de mayo, y *overdubs* 4 y 11 de mayo de 1979
Equipo técnico
Productores: Jerry Wexler, Barry Beckett
Ingeniero de sonido: Gregg Hamm

Mark Knopfler, guitarrista de Dire Straits y artífice del éxito de *Slow Train Coming.*

Génesis y letra

El protagonista de esta canción es un peregrino que sigue su camino a pesar de los obstáculos. Pero en este caso no se trata de estorbos físicos, sino más bien de incomprensión, ostracismo y, de forma secundaria, las burlas a las que debe enfrentarse. El pobre camina solo, lejos de casa, mientras lo miramos frunciendo el ceño. Sin embargo, no es desgraciado, porque cree en Jesucristo.

No hay duda de que este tema es en parte autobiográfico, ya que la conversión al cristianismo de Dylan sorprendió, e incluso suscitó hostilidad entre algunos. En una entrevista de Robert Hilburn en *Los Angeles Times*, el cantautor admite: «Empecé a hablar a algunas personas [de Cristo] dos meses después, y muchos se enfadaron conmigo».[20]

Realización

«I Believe In You» es una balada grabada en dos tomas el 3 de mayo (la primera fue la que se conservó como base rítmica). El clima es más intimista. Acompañado con precisión y delicadeza por el piano eléctrico de Beckett (¿Wurlitzer?), Dylan subraya el significado de su letra mediante una interpretación frágil. No es él quien toca la guitarra acústica (muy reverberada), sino Mark Knopfler, que añadirá por *overdub* (¿el día 4?) su toque inimitable con su guitarra eléctrica, con unas intervenciones muy inspiradas. También notamos que utiliza un pedal de volumen, parte integrante de su sonoridad (hacia 1'20 o 2'09). La sección rítmica ejecuta un buen acompañamiento. El bajo de Tim Drummond se añadió o se corrigió el 4 de mayo. El 11 de mayo Dylan añadió la voz. El hecho de concentrarse exclusivamente en la voz le permitió expresarse con total sinceridad. Bob la ha cantado más de 250 veces; la primera fue en San Francisco, el 1 de noviembre de 1979.

Slow Train

Bob Dylan / 6'03 minutos

PARA LOS ADICTOS A DYLAN

Tras la publicación de *Slow Train Coming*, una parte de la prensa llegó a comparar a Dylan con el evangelista Hal Lindsey que, en su libro *The Late Great Planet Earth*, vaticinaba una guerra «final» entre judíos y árabes: el Armagedón.

Músicos

Bob Dylan: voz, guitarra
Mark Knopfler: guitarra
Barry Beckett: piano, órgano
Tim Drummond: bajo
Pick Withers: batería
Carolyn Dennis, Helena Springs, Regina Havis: coros
Harrison Calloway Jr.: trompeta
Lloyd Barry: trompeta
Ronnie Eades: saxo barítono
Harvey Thompson: saxo tenor
Charles Rose: trombón

Grabación

Muscle Shoals Sound Studio, Sheffield (Alabama):
3 de mayo, y *overdubs* 4, 5, 6, 10 y 11 de mayo de 1979

Equipo técnico

Productores: Jerry Wexler, Barry Beckett
Ingeniero de sonido: Gregg Hamm

Génesis y letra

«Slow Train» es uno de los dos temas (junto a «Do Right To Me Baby») escritos por Bob Dylan durante la gira de *Street-Legal*. A diferencia del resto de canciones del álbum, y aunque el nombre inicial era «Holy Slow Train» (literalmente, «tren lento sagrado»), no hace ninguna referencia explícita a las Santas Escrituras. Es más bien una canción protesta, pero de un nuevo tipo, ya que se inscribe en un ideal abiertamente nacionalista. El blanco de la canción son los explotadores de América y un sistema económico incoherente, el liberalismo desenfrenado y sin fronteras encarnado por hombres de negocios sin escrúpulos (los «negociadores», los «falsos sanadores» y los «misóginos»), que provoca hambrunas mientras los silos de grano desbordan, que tiene el poder funesto de transformar a las personas en «marionetas». El estribillo se presta a dos interpretaciones: el «tren lento» podría ser el de la redención, o bien el que conduce a la locura, incluso al apocalipsis.

«Slow Train» enfrentó duramente a los exegetas dylanianos. Para Charles Shaar Murray del *NME*, Dylan percibe «el mundo entre el bien y el mal según los preceptos estrechos del fundamentalismo».[112] En cambio, Jann Wenner de *Rolling Stone* considera que «Slow Train» «se enmarca sin duda alguna en la tradición de canciones del "estado de la unión" que Dylan siempre incluye en sus discos [...] [y] es nada menos que la canción más madura y profunda de Dylan sobre América».[121]

Realización

Se trata de otra buena canción grabada el 3 de mayo (para la base rítmica), y que permite al grupo demostrar una excelente cohesión y una ejecución perfecta. En este blues rock con acentos reggae la batería y el bajo ofrecen un *groove* ideal en torno al cual se articulan el piano y el órgano de Beckett (*overdub* del día 11), los coros muy soul de las tres coristas, los Muscle Shoals Horns (el día 10) y las guitarras de Knopfler (el día 5): dos rítmicas colocadas a izquierda y derecha (Fender Stratocaster y/o Telecaster), y la primera guitarra –su Gibson ES 335, con la que vuelve a demostrar su ejecución excepcional. Dylan también está magnífico y su voz casi recupera los acentos contestatarios de sus inicios. Parece que no toca ningún instrumento (o, si lo hace, suena muy lejos en la mezcla).

Bob Dylan en el Fox Warfield Theatre de San Francisco durante el Gospel Tour, en noviembre de 1979.

1979

Gonna Change My Way Of Thinking

Bob Dylan / 5'29 minutos

Músicos
Bob Dylan: voz
Mark Knopfler: guitarra
Barry Beckett: piano, órgano
Tim Drummond: bajo
Pick Withers: batería
Mickey Buckins: percusiones
Harrison Calloway Jr.: trompeta
Ronnie Eades: saxo barítono
Harvey Thompson: saxo tenor
Charles Rose: trombón
Grabación
Muscle Shoals Sound Studio, Sheffield (Alabama):
2 de mayo, y *overdubs* 5 y 11 de mayo de 1979
Equipo técnico
Productores: Jerry Wexler, Barry Beckett
Ingeniero de sonido: Gregg Hamm

El baterista Pick Withers (izquierda), creador del *groove* de *Slow Train Coming*, junto a Hal Lindes, guitarrista de Dire Straits.

Génesis y letra

Tras escuchar esta canción, muchos de los primeros fans de Dylan debieron preguntarse si estaban soñando; o más bien, si estaban sufriendo una pesadilla. Es cierto que el cantautor ya lo anuncia de entrada: «Voy a cambiar mi forma de pensar». Pero de ahí a hacer exactamente lo contrario de lo que preconizaba quince años atrás, hay un margen. En la primera mitad de la década de 1960 Dylan había rechazado actuar como portavoz de la juventud contestataria, de los movimientos pacifistas y progresistas. Ahora, con «Gonna Change My Way Of Thinking», se convierte en un auténtico predicador. «El dijo: "Quien no está conmigo, está contra mí"», canta en la séptima estrofa. Esta frase se extrae directamente del Evangelio según san Mateo (XII, 30). ¿Qué significa? ¿Que no puede haber neutralidad en el combate que enfrenta a Cristo con Satán? Que, ¿o bien seguimos a Cristo y nos resistimos al diablo o seguimos al diablo y nos oponemos a Cristo? No habría alternativa... Bob Dylan ya ha tomado su decisión. Ya no quiere recibir la influencia de los «locos», de esos «hijos que se convierten en los maridos de sus madres», esos «viejos que convierten a sus jóvenes hijas en putas». Rechaza la opresión. Para él, solo existe una autoridad: la que viene del reino de Dios.

Realización

«Gonna Change My Way Of Thinking» es un blues eléctrico en la, con un riff muy característico. Interpretada por los músicos de Muscle Shoals, y con un Mark Knopfler profundamente marcado por esta música de acento sureño, la canción suena muy auténtica. El riff, ejecutado sin duda con la Gibson ES 335 (¿Telecaster?) de Knopfler, recuerda un poco al de «Cocaine» de J. J. Cale. Beckett lo acompaña al piano, con muy buenas intervenciones (*overdub* del 11 de mayo) y empleando unos *blues licks* muy convincentes, y también una excelente sección de metales (añadidos el día 11). Bajo y batería imponen al tema el peso necesario. Pick Withers recibe la ayuda del percusionista Mickey Buckins, que toca un cencerro y una pandereta para subrayar mejor el tempo (añadidos el día 11). En cuanto al guitarrista inglés, grabó su parte de guitarra solista el 5 de mayo, probablemente con su 335. Dylan canta con una voz rabiosa, muy roquera, que encaja muy bien con su propósito. No toca ningún instrumento.

Do Right To Me Baby (Do Unto Others)

Bob Dylan / 3'54 minutos

Músicos
Bob Dylan: voz, guitarra
Mark Knopfler: guitarra
Barry Beckett: piano eléctrico
Tim Drummond: bajo
Pick Withers: batería
Grabación
Muscle Shoals Sound Studio, Sheffield (Alabama):
4 de mayo de 1979
Equipo técnico
Productor: Jerry Wexler, Barry Beckett
Ingeniero de sonido: Gregg Hamm

Dylan (en Nueva York, 1979) se convirtió en discípulo del apóstol san Mateo, tal como demuestra «Do Right To Me Baby»...

Génesis y letra

«Do Right To Me Baby» podría ser la primera canción que Bob Dylan compuso para celebrar su entrada en el mundo de Jesucristo. En cualquier caso, está construida sobre los preceptos del Evangelio según San Mateo: «No quiero juzgar a nadie, no quiero ser juzgado», canta a lo largo de su canción. Es justamente lo que dice Mateo en el capítulo VII, 1: «No juzguen, para no ser juzgados». Asimismo, su última estrofa es una paráfrasis del versículo 12 del mismo capítulo del Evangelio según san Mateo: «Todo lo que deseen que los demás hagan por ustedes, háganlo por ellos: en esto consiste la Ley y los Profetas». Entre estas dos estrofas Dylan enuncia algunos principios de la regla de oro, que puede definirse en estas palabras: «No hagas a los demás lo que no te gustaría que te hicieran a ti». Una regla de oro que encontramos en el cristianismo, pero también en la mayoría de religiones, del judaísmo hasta el islam pasando por el budismo y el taoísmo. De hecho se trata de un mensaje universal con el que también pueden identificarse los agnósticos y los ateos.

Realización

El 4 de mayo de 1979 se grabaron cuatro tomas de «Do Right To Me Baby (Do Unto Others)». La última será la que se incluya en el álbum. Parece que este tema no pasó por *overdubs*, cosa que significa que fue Dylan quien tocó la guitarra eléctrica rítmica, y el resultado es muy bueno (es él quien toca las primeras notas del tema). La otra guitarra es la National de Knopfler, famosa guitarra acústica con resonador. Toca en arpegios con una técnica tan impresionante como cuando toca la guitarra solista eléctrica. Pick Withers, su compañero de Dire Straits, lo sigue con gran habilidad, esta vez con unas escobillas, para garantizar el *groove* del tema con el refuerzo del excelente bajo de Tim Drummond. Finalmente, hay que subrayar la magnífica intervención de piano eléctrico de Barry Beckett, que alterna el acompañamiento armónico y rítmico con unos *licks* muy sentidos. «Do Right To Me Baby (Do Unto Others)» es un muy buen tema.

Bob Dylan interpretó esta canción en público por primera vez en Hollywood (Florida), el 16 de diciembre de 1978, ocho meses antes de que *Slow Train Coming* saliera a la venta. Con aquel concierto cerró una larga gira que había empezado el 20 de febrero en Tokio.

1979

When You Gonna Wake Up

Bob Dylan / 5'30 minutos

Músicos
Bob Dylan: voz
Mark Knopfler: guitarra
Barry Beckett: piano eléctrico, órgano
Tim Drummond: bajo
Pick Withers: batería
Mickey Buckins: percusiones
Harrison Calloway Jr.: trompeta
Lloyd Barry: trompeta
Ronnie Eades: saxo barítono
Harvey Thompson: saxo tenor
Charles Rose: trombón
Grabación
Muscle Shoals Sound Studio, Sheffield (Alabama):
2 de mayo, y *overdubs* 4, 6, 10 y 11 de mayo de 1979
Equipo técnico
Productores: Jerry Wexler, Barry Beckett
Ingeniero de sonido: Gregg Hamm

Dylan grabó su voz por *overdub* por insistencia
de Jerry Wexler.

Génesis y letra

Bob Dylan describe, con la mirada de un converso reciente, la transformación del mundo (desde que los hombres se han alejado de la palabra de Dios). Así, rechaza con el mismo vigor a Karl Marx, que «ha contaminado las ideas» y a Henry Kissinger (secretario de Estado de Nixon) a quien «le sale el tiro por la culata». Y ve con el mismo asco las «personas adúlteras en las iglesias», la « pornografía en la escuela», los «gángsteres que toman el poder» y los «delincuentes que ponen las reglas». «¿Cuándo vas a despertar?», canta Dylan. Una frase que extrae del Libro del Apocalipsis (III, 2): « Sé vigilante y confirma las otras cosas que están para morir; porque no he hallado tus obras perfectas delante de Dios».

En una entrevista de Neil Spencer para *NME* en 1981, Bob Dylan explicó el mensaje de «When You Gonna Wake Up»: «Pues bien: Las cosas que quedan serían las cualidades de base, que no cambian nunca, los valores que existirán siempre. En la Biblia se dice: "No os resistáis al mal, pero venced al mal con el bien". Los valores que pueden vencer al mal son aquellos que hay que reforzar».[20]

Realización

De las tres tomas que se grabaron el 2 de mayo de 1979, la tercera se conservará para los *overdubs*. «When You Gonna Wake Up» es una hermosa demostración de unidad entre bajo, batería, guitarra rítmica y piano eléctrico. Los músicos son excelentes y lo demuestran. Lamentablemente el tema es algo irregular, ya que el estribillo no está a la altura de las estrofas. La decisión de diferenciar el estribillo de las estrofas con un brusco cambio rítmico no aporta nada y rompe el *groove* que se había conseguido. Es una lástima. Como excepción, escuchamos un solo de órgano, interpretado por el talentoso teclista y coproductor Barry Beckett. En este caso Mark Knopfler se limita a ofrecer modestamente la rítmica con su guitarra (*overdub* del día 6). Los Muscle Shoals Horns añaden su toque soul el 10 de mayo, y al día siguiente el percusionista Mickey Buckins toca las claves y la pandereta, y Bob Dylan añade la voz, con total serenidad. Percibimos que el cantautor, además de ofrecer una excelente interpretación, nunca ha sonado tan claro y preciso. Es evidente que la insistencia de Jerry Wexler de impedir que grabara al mismo tiempo que el resto de músicos dio sus frutos.

Man Gave Names To All The Animals

Bob Dylan / 4'27 minutos

Músicos
Bob Dylan: voz
Mark Knopfler: guitarra
Barry Beckett: piano eléctrico, órgano
Tim Drummond: bajo
Pick Withers: batería
Carolyn Dennis, Helena Springs, Regina Havis: coros
Grabación
Muscle Shoals Sound Studio, Sheffield (Alabama): 4 de mayo, y *overdub* el 7 de mayo de 1979
Equipo técnico
Productores: Jerry Wexler, Barry Beckett
Ingeniero de sonido: Gregg Hamm

Townes Van Zandt destaca entre los intérpretes que han versionado «Man Gave Names To All The Animals».

Génesis y letra

Slow Train Coming es un disco oscuro, implacable, ya que se habla de una civilización occidental que se ha alejado de Dios para seguir ciegamente a un Satán que toma las formas más diversas. La única excepción es «Man Gave Names To All The Animals». Esta canción actúa como si fuera una fuente de juventud. Se dirige al público más joven. Es una especie de nana religiosa que se inspira en el Génesis (II, 19 y 20).

A lo largo de la canción, Dylan se divierte dando algunas pistas para que el niño adivine de qué animal se trata: el oso, la vaca... En la última estrofa, en cambio, no pronuncia el nombre del animal, «liso como el cristal», que «se desliza sobre la hierba». Naturalmente, se trata de la serpiente, el *natash*, que hizo que Adán y Eva fueron expulsados del jardín del Edén, y la serpiente condenada a arrastrarse durante toda la eternidad.

Dylan pensó en eliminar «Man Gave Names To All The Animals» en el momento de elegir la lista de canciones definitiva para el álbum. Parece que cambió de opinión cuando oyó reír a carcajadas al hijo (de 3 años) de la corista Regina Havis al escuchar la canción.

Realización

El 4 de mayo de 1979 se realizaron seis tomas de «Man Gave Names To All The Animals». Como en los temas anteriores, la rítmica es de una eficacia impresionante. Sin embargo, se trata de un reggae y ninguno de los músicos es especialista del género. El dúo bajo/batería funciona perfectamente, acompañado con brío por las rítmicas del piano eléctrico de Beckett y la guitarra acústica de Knopfler. Acompañado por sus tres coristas (grabadas el 7 de mayo), Dylan efectúa una excelente interpretación vocal, y su voz sigue siendo muy presente y distintiva. Cabe destacar que se oyen unos timbales (cubanos) bastante lejanos en la mezcla (escúchese hacia 1'48), pero parece que no se realizó ninguna sesión de *overdubs* con el percusionista Mickey Buckins. ¿Se trata de una caja de ritmos?

La canción se publicó como single con distintas caras B en función del país: «Trouble In Mind» en Francia, «When He Returns» en el resto de países europeos y «When You Gonna Wake Up?» en Estados Unidos. Solo será número 9 en Francia. Una canción «no muy profunda, pero inteligente a ratos», según *Rolling Stone*. Dylan la tocó por primera vez en directo en San Francisco, el 1 de noviembre de 1979.

When He Returns

Bob Dylan / 4'31 minutos

Músicos
Bob Dylan: voz
Barry Beckett: teclados
Grabación
Muscle Shoals Sound Studio, Sheffield (Alabama):
4 de mayo de 1979
Equipo técnico
Productores: Jerry Wexler, Barry Beckett
Ingeniero de sonido: Gregg Hamm

El genial Barry Beckett, uno de los creadores
del sonido de Muscle Shoals.

Génesis y letra

Las preguntas que persiguen a Bob Dylan no han cambiado mucho desde sus primeros pasos en los clubes de Greenwich Village. Esto es evidente si se comparan «When He Returns» y «Blowin' In The Wind». En su himno de los años 1960, se preguntaba «¿[cuántos] oídos debe tener un hombre / antes de que pueda oír llorar a la gente?». En esta canción, se vuelve a preguntar: «¿Cuánto tiempo podré seguir escuchando las mentiras de los prejuicios?» En ambas canciones recuperamos la metáfora del hombre que tiene ojos pero no ve. Lo que las distingue es la respuesta ofrecida. En «Blowin' In The Wind» no había respuesta, a menos que la escucháramos «soplando en el viento». En «When he Returns», la respuesta se encuentra en la fe. Así, en cierto modo es una canción que trae esperanza. El mundo tal como lo percibe Bob Dylan está al borde del abismo, sí, pero la esperanza renacerá cuando él vuelva. A partir de entonces no habrá guerras, ni infamia ni falsificación; al contrario, reinará la armonía. Una vez más, el cantautor se apoya en el Evangelio según san Mateo (VII, 14): «Pero es angosta la puerta y estrecho el camino que lleva a la Vida, y son pocos los que lo encuentran».

Realización

Según Jerry Wexler, «La intención de Dylan no era cantar, sino de hacer de vocalista principal con las coristas. El piano de [Barry] Beckett ejecuta un acompañamiento libre sobre la voz de Dylan, que había grabado una maqueta para que las cantantes pudieran ensayar. En el último momento Dylan abandonó esa idea y, después de ejercitarse durante toda una noche, volvió a grabar la voz adaptándose a la pista del piano».[112] E hizo bien, porque el cantautor ofrece una excelente interpretación sobre este góspel que, hay que decirlo, habría ganado aún más fuerza con las coristas interviniendo en los coros. Dylan vive su texto, y lo expresa con toda su convicción.

Los informes de estudio precisan que «When He Returns» dio lugar a nueve tomas el 4 de mayo de 1979. La primera reúne a Dylan y a todos sus músicos. Para las ocho restantes, Bob Dylan y Mark Knopfler tocan la guitarra y Barry Beckett el piano. ¿De qué toma está hablando Wexler?

Bob Dylan cantó «When He Returns» por primera vez en San Francisco, el 1 de noviembre de 1979.

Slow Train Coming outtakes

Tres temas de las sesiones de *Slow Train Coming* se dejaron fuera del álbum. «Trouble In Mind» saldrá como cara B del single «Gotta Serve Somebody». La formación de reggae Jah Mall grabará «Ain't No Man Righteous, Not No One» en 1980. Solo «Ye Shall Be Changed» aparecerá como grabación de Bob Dylan, en *The Bootleg Series, Vol. 1-3: Rare & Unreleased 1961-1991*.

VOL 1-3

Ye Shall Be Changed

Bob Dylan / 4'09 minutos

Músicos: Bob Dylan: voz, guitarra (?); Mark Knopfler: guitarra; Barry Beckett: piano; Tim Drummond: bajo; Pick Withers: batería **/ Grabación:** Muscle Shoals Sound Studio, Sheffield (Alabama): 2 de mayo, y *overdub* 4 de mayo de 1979 **/ Productores:** Jerry Wexler, Barry Beckett **/ Ingeniero de sonido:** Gregg Hamm **/ Recopilatorio:** *The Bootleg Series, Vol. 1-3: Rare & Unreleased 1961-1991*, CD 3 **/ Publicación:** 26 de marzo de 1991

Una vez más, nos encontramos con una letra que Bob Dylan escribió tras leer el Nuevo Testamento. En este caso, el texto que guió los dedos del cantautor por el teclado de su máquina de escribir fue la primera Epístola a los corintios, concretamente el capítulo XV. En esta leemos: «Les voy a revelar un misterio: No todos vamos a morir, pero todos seremos transformados, [...] cuando suene la trompeta final –porque esto sucederá– los muertos resucitarán incorruptibles y nosotros seremos transformados».

No cabe duda de que Bob Dylan piensa en sí mismo al hablar del «cambio». Efectivamente, ha sufrido un cambio profundo desde que Jesucristo iluminó su camino. Y lo canta como si se hubiera liberado de un peso. Las malas lenguas dirán que quiere librar la misma lucha maniquea que Hal Lindsey, según el cual solo los cristianos pueden ver a Dios.

«Ye Shall Be Changed» es una mezcla de rock y de góspel sobre fondo de apocalipsis, con un tono bastante ligero por lo que respecta a la música. Acompañado por el fabuloso equipo de Muscle Shoals Sound Studio y por los dos músicos de Dire Straits, Dylan proclama su mensaje con serenidad y convicción, y su voz está enriquecida por un *delay* (por primera vez en todo el álbum). Mark Knopfler vuelve a distinguirse por sus luminosas intervenciones con su Stratocaster roja, sobre todo en el solo final (hacia 3'44). Aunque Bob aparece como guitarrista en los créditos del libreto de *The Bootleg Series*, no parece que toque la guitarra. «Ye Shall Be Changed» se grabó el 2 de mayo, y el día 4 se realizó un *overdub* de bajo. La canción se descartará de la lista definitiva de *Slow Train Coming*. Bob Dylan nunca ha llegado a tocarla en directo frente a su público.

Trouble In Mind

Bob Dylan / 4'06 minutos

SINGLE
FECHA DE PUBLICACIÓN
Gotta Serve Somebody / Trouble In Mind

15 de agosto de 1979

Columbia
(RÉFÉRENCE COLUMBIA 1-11072)

Músicos
Bob Dylan: voz, guitarra (?)
Mark Knopfler: guitarra
Barry Beckett: órgano, piano
Tim Drummond: bajo
Pick Withers: batería
Carolyn Dennis, Helena Springs, Regina Havis: coros
Grabación
Muscle Shoals Sound Studio, Sheffield (Alabama):
30 de abril, y *overdubs* 5 y 6 de mayo de 1979
Equipo técnico
Productores: Jerry Wexler, Barry Beckett
Ingeniero de sonido: Gregg Hamm

PARA LOS ADICTOS A DYLAN
Las caras A difieren en función del país. En Inglaterra, en Alemania y en Italia se eligió «Precious Angel». Los franceses prefirieron «Man Gave Names To All The Animals».

Génesis y letra

«Trouble In Mind» es una de varias canciones que Bob Dylan escribió pensando en el Antiguo Testamento, y en este caso más concretamente en el Libro de los Salmos: «¿Hasta cuándo me tendrás olvidado, Señor? ¿Eternamente? ¿Hasta cuándo me ocultarás tu rostro?», leemos en el capítulo XIII (versículo 2).
A semejanza del rey David, el personaje de la canción de Dylan se siente abandonado. Teme encontrarse contra su voluntad bajo el poder de Satán, tal como se describe en la Epístola a los efesios (II, 2), es decir, como el « el Príncipe que domina en el espacio, el mismo Espíritu que sigue actuando en aquellos que se rebelan».
Así, «Trouble In Mind» parece ser el fruto de la conversión de Dylan al cristianismo, tras años de «vagabundeo», y la expresión de una creencia sincera para escapar a la condena eterna.

Realización

«Trouble In Mind» fue el primer tema grabado el 30 de abril de 1979, en ocho tomas. Finalmente fue la séptima la que sirvió como base para los *overdubs*. La canción se basa en un riff de blues muy sureño ejecutado con la Telecaster de Knopfler, y acompañado por el piano de Beckett y el bajo de Drummond. El tempo es lento, el ambiente es pesado, pantanoso, amenazador, y Dylan ofrece una magnífica interpretación vocal cuya entonación recuerda a sus grandes álbumes, de la época de *Highway 61 Revisited*. Los coros son irresistibles y refuerzan el aspecto soul y oscuro del tema, y Beckett ejecuta unos *licks* con el órgano y el piano que son dignos de los maestros del género. Tampoco hay que olvidar la excelente guitarra solista de Knopfler, que, una vez más, demuestra todo su talento con su Stratocaster con una interpretación excepcional (*overdubs* 5 y 6 de mayo). Un gran momento, y es sorprendente que «Trouble In Mind» solo encontrara su lugar en la cara B de un single. Cabe destacar que había una estrofa suplementaria que se eliminó en el montaje.

1980

Saved

A Satisfied Mind
Saved
Covenant Woman
What Can I Do For You?
Solid Rock
Pressing On
In The Garden
Saving Grace
Are You Ready?

ÁLBUM
FECHA DE PUBLICACIÓN
23 de junio de 1980
Columbia

(REFERENCIA COLUMBIA FC 36553)

Saved,
la segunda alianza

El Gospel Tour

Dos meses y medio después del lanzamiento de *Slow Train Coming*, Bob Dylan emprende una larga gira por Estados Unidos y Canadá que recibirá el nombre de Gospel Tour. Del 1 de noviembre de 1979 al 21 de mayo de 1980 da más de setenta conciertos, desde California hasta Ohio, pasando por los estados del Sur y Quebec. Este nuevo encuentro con el público se produce con un cantautor totalmente transformado, que ha «descubierto» a Jesucristo y se ha convertido al cristianismo. La gira, realizada en tres momentos, será la ocasión perfecta para expresar su nueva fe, tomando cada noche su bastón de peregrino. A su lado están Spooner Oldham (teclados), Terry Young (teclados), Fred Tackett (guitarra), Tim Drummond (bajo), Jim Keltner (batería) y las coristas Helena Springs, Mona Lisa Young y Regina Havis; esta última abría los conciertos con una prédica apasionada sobre su fe (del 1 de noviembre al 9 de diciembre de 1979). A continuación, para la segunda parte de la gira (del 13 de enero al 9 de febrero de 1980), Helena Springs es sustituida por Carolyn Dennis, y para la tercera (del 17 de abril al 21 de mayo de 1980), Bob Dylan está acompañado por una nueva formación de coristas, con Regina Peeples, Clydie King, Gwen Evans y Mary Elizabeth Bridges. El teclista Spooner Oldham explica el ambiente que reinaba durante la gira: «El grupo se reunía durante un minuto en el *backstage*, nos dábamos las manos en círculo y alguien, dependía del momento, alguien rezaba una oración».[124]

Durante el Gospel Tour, Dylan y sus músicos interpretan canciones de *Slow Train Coming* y nuevas composiciones: «Covenant Woman», «Solid Rock», «Saving Grace», «Saved», «What Can I Do For You?», «In The Garden», «Are You Ready?» y «Pressing On». Dylan decide grabar estas canciones, compuestas entre el final de las sesiones de *Slow Train Coming* y el inicio del Gospel Tour, justo después de la segunda parte de la gira (a excepción de «Are You Ready?»). Jerry Wexler y Barry Beckett vuelven a producir la obra, y el lugar escogido es el Muscle Shoals Sound Studio de Sheffield (Alabama).

El álbum

Segunda parte de la trilogía cristiana, *Saved* es una continuación de lo que Dylan inició con *Slow Train Coming*: la exaltación de su fe, la inmensa deuda que ha contraído con Jesucristo, que sufrió por él, que le ha abierto los ojos al mundo, al cosmos. En esta ocasión vuelve a sembrar su discurso de referencias a los textos sagrados. Sin duda también está influido por el evangelista Hal Lindsey (autor de *The Later Great Planet Earth*), quien, al igual que la escatología cristiana de siglos anteriores, considera que el regreso del pueblo judío a la tierra de Israel marca el principio del fin; un «fin» que implica que el pueblo judío reconozca a Jesús como Mesías. Los futuros conversos Steven Soles y T-Bone Burnett recuerdan que en aquella época Dylan estaba «emocionado por el hecho de que se sentía salvado».

Bob Dylan y sus coristas durante el Gospel Tour, en noviembre de 1980.

Publicado el 23 de junio de 1980, *Saved* solo llegará al número 24 de las listas de Estados Unidos, debido a la incomprensión de una parte de su público, y no será disco de oro. En el Reino Unido, en cambio, el vigésimo álbum de estudio del cantautor escalará hasta el número 3 de las listas, cosa bastante sorprendente teniendo en cuenta que ese mismo mes de junio de 1980 también salen a la venta *Uprising* de Bob Marley, *Emotional Rescue* de los Rolling Stones, *Flesh And Blood* de Roxy Music o *Hold Out* de Jackson Browne.

La carátula

La portada original de *Saved* es una pintura de tonos cobrizos de Tony Wright, que representa la mano de Jesús apuntando con el dedo índice a las manos tendidas hacia arriba. Columbia, que detestaba la ilustración, la sustituyó en 1985 por otra pintura que representaba al cantautor con una armónica sobre un escenario, durante un concierto en Montreal en abril de 1980. El objetivo: atenuar la imagen religiosa de Dylan, el «predicador». Tony Wright ilustró numerosas portadas de álbumes para músicos tan variopintos como Steve Winwood, The B-52's, Bob Marley, Chic, The Ramones, Marianne Faithfull, etc. Las otras imágenes de *Saved* son fotografías de Arthur Rosato, que fue ayudante de Don DeVito en *Street-Legal* en 1978.

La grabación

Así pues, Jerry Wexler y Barry Beckett se encargaron de la producción del vigésimo álbum del cantautor. Las sesiones de *Saved* empezaron en Muscle Shoals el 11 de febrero de 1980, solo dos días después del último concierto de la segunda parte del Gospel Tour, en Charleston (West Virginia). Arthur Rosato, que también formaba parte del equipo técnico de Bob Dylan, explica: «No volvimos a casa, sino que fuimos directamente al estudio. [Pensábamos:] "No volveremos nunca a casa." Porque Muscle Shoals estaba lejos de todo. Fue agotador».[89] En una entrevista para *Rolling Stone*, Jerry Wexler destaca la única diferencia entre *Slow Train Coming* y *Saved*: «Los arreglos [de *Saved*] [ya] estaban establecidos, porque el grupo había tocado las canciones en directo. La mayoría tenían su propio ritmo, que se había ido perfeccionando sobre el escenario, a diferencia de los arreglos de Dire Straits del anterior álbum, que se concibieron en el estudio».[125] De hecho, y como siempre ha querido Bob Dylan, el espíritu de las sesiones es muy directo. El número de tomas de la mayoría de canciones es bastante reducido, y los dos únicos *overdubs* del disco se realizaron sobre la marcha durante las sesiones. *Saved* se grabó del 11 al 15 de febrero, pero el último día no se menciona oficialmente en los informes de estudio, aunque los contratos de los músicos estipulan dicha fecha. Un total de cinco sesiones para unos músicos que llevaban varios meses tocando esas canciones. Spooner Oldham: «En esa ocasión era un grupo de directo el que estaba grabando, así que solo tuvimos que reproducir nuestras actuaciones en directo en el estudio. Fue una tarea fácil.»[124]

Tim Drummond (bajo) es el único músico, junto a Barry Beckett (teclados, pero a título de invitado) que había participado en la grabación del álbum anterior. A su lado estaban los ya mencionados Jim Keltner –el talentoso baterista que ya había puesto sus baquetas a disposición de Bob Dylan en *Pat Garrett y Dylan*–, Fred Tackett a la guitarra (Rod Stewart, Little Feat...), Spooner Oldham a los teclados (Wilson Pickett, Aretha Franklin...), Terry Young, también a los teclados y a la voz (Ray Charles, Adele...) y las tres coristas Clydie King, Regina Havis y Mona Lisa Young.

Datos técnicos

Saved también se grabó en el Muscle Shoals Sound Studio de Alabama, así que Dylan y sus músicos se reencontraron con el ingeniero de sonido Gregg Hamm a los mandos. El material es probablemente el mismo que se utilizó para *Slow Train Coming*.

Los instrumentos

Las guitarras de Bob son las mismas que en *Slow Train Coming*. Siempre es difícil afirmar cuáles utilizó para la grabación. Pero en este nuevo álbum vuelve a sacar su armónica para dos temas, en tonalidades de do y de mi*b*.

Porter Wagoner (a la derecha, con su guitarra acústica), uno de los primeros intérpretes de «A Satisfied Mind».

A Satisfied Mind

Red Hayes, Jack Rhodes / 1'57 minutos

Músicos
Bob Dylan: voz, guitarra (?)
Fred Tackett: guitarra (?)
Spooner Oldham: piano eléctrico
Tim Drummond: bajo
Jim Keltner: caja
Terry Young: piano, coros
Clydie King, Mona Lisa Young, Regina Havis: coros
Grabación
Muscle Shoals Sound Studio, Sheffield (Alabama):
12 de febrero de 1980
Equipo técnico
Productores: Jerry Wexler, Barry Beckett
Ingeniero de sonido: Gregg Hamm

PARA LOS ADICTOS A DYLAN

En el libreto de *Dim Lights, Thick Smoke, And Hillbilly Music: 1955*, Colin Escott da otra pista sobre el origen de «A Satisfied Mind»: «Red Hayes vio un OVNI. Una fuerza casi magnética lo arrastró del brazo contra un objeto extraterrestre, que le provocó una quemadura. Cuando la quemadura cicatrizó, Red se dio cuenta de que los extraterrestres le habían dado una canción como compensación». Podemos preguntarnos qué versión es la más plausible.

Génesis y letra

«A Satisfied Mind» es una canción de los autores-compositores Joe «Red» Hayes y Jack Rhodes, muy conocidos en el mundo de la música country. La letra se inspira en los Proverbios (capítulo XXX): «Hay dos cosas que yo te pido, no me las niegues antes que muera: aleja de mí la falsedad y la mentira; no me des ni pobreza ni riqueza, dame la ración necesaria». Hay que entender que la satisfacción no viene de la riqueza, ya que esta no puede comprar la juventud, ni hacer que vuelva un amigo desaparecido. Un precepto que tuvo sus frutos, ya que la canción cosechó un gran éxito en Estados Unidos a mediados de los años 1950. En 1973, Red Hayes explicó cómo había germinado la idea de «A Satisfied Mind»: «La canción viene de mi madre. Todo lo que explica son cosas que le he oído decir durante años. Un día, mi suegro me preguntó quién creía que era el hombre más rico del mundo, y le di varios nombres. Él me dijo: "Te equivocas, es el hombre que tiene el espíritu satisfecho"».

Realización

Desde los años 1950 y las primeras grabaciones de Porter Wagoner (versión Hayes-Rhodes), muchos intérpretes han versionado esta canción de acento country, desde Ella Fitzgerald a Willie Nelson pasando por los Byrds o Johnny Cash. Bob Dylan también la incluyó en su repertorio. La primera vez fue con The Band en 1967, en el marco de las célebres *The Basement Tapes* (CD 5 de *The Bootleg Series, Vol. 11*). Pero cuando la recuperó para *Saved* le dio un color totalmente góspel, distinto del espíritu country original. Como tema de obertura, no podía haber elegido mejor. El mensaje es claro: quiere hablar de espiritualidad. Hay que decir que su interpretación vocal –a la cual responden las coristas– es poco habitual en su discografía. Acompañado por una simple guitarra (¿Tackett?), por un bajo y por unas intervenciones bastante discretas de teclado, Dylan impone la escucha y el recogimiento. Solo la versión de Jeff Buckley se acerca a esta visión intimista. Curiosamente, es una de las pocas canciones de *Saved* que no se interpretó durante el Gospel Tour. Una sola toma bastó para grabarla el 12 de febrero de 1980.

Saved

Bob Dylan – Tim Drummond / 4'03 minutos

Músicos: Bob Dylan: voz, guitarra; Fred Tackett: guitarra; Spooner Oldham: piano eléctrico; Terry Young: piano, pandereta, coros; Tim Drummond: bajo; Jim Keltner: batería; Clydie King, Mona Lisa Young, Regina Havis: coros / **Grabación:** Muscle Shoals Sound Studio, Sheffield (Alabama): 12 de febrero, y *overdub* 14 de febrero de 1980 / **Productores:** Jerry Wexler, Barry Beckett / **Ingeniero de sonido:** Gregg Hamm

Génesis y realización

«Saved» forma parte de las primeras canciones que Bob Dylan compuso para su segundo álbum cristiano, muy probablemente durante el Gospel Tour. Como sucede con muchas letras de *Slow Train Coming*, el cantautor reproduce prácticamente al pie de la letra las cartas de Pablo a los Corintios, en este caso la segunda carta (capítulo IV): «Para los incrédulos, a quienes el dios de este mundo les ha enceguecido el entendimiento, a fin de que no vean resplandecer el Evangelio de la gloria de Cristo, que es la imagen de Dios». Reconoce que él mismo estuvo «enceguecido por el diablo» y «perdido» desde que llegó al mundo, hasta que lo «salvó la sangre del cordero». Naturalmente, el cordero tiene una dimensión mesiánica: Jesucristo es el cordero de Dios, que se ofrece en sacrificio por la salvación de los hombres.

El 12 de febrero Bob Dylan y sus músicos graban tres tomas de «Saved», y la última fue la que se eligió como base rítmica. El tema es un rhythm'n'blues sobreexcitado fuertemente impregnado de ese famoso Muscle Shoals Sound que adquirió su reputación durante las décadas de 1960 y 1970. «Saved» demuestra la unidad del grupo. La sección rítmica es fulminante, Keltner y Drummond desprenden un *groove* ardiente, que permite a las guitarras, los teclados y las coristas expresarse con toda su elocuencia. Dylan declama su texto alto y claro, y lleva a cabo una interpretación vocal excelente. El 14 de febrero las coristas añaden voces y Young una pandereta.

Covenant Woman

Bob Dylan / 6'05 minutos

Músicos: Bob Dylan: voz, guitarra; Fred Tackett: guitarra; Spooner Oldham: órgano; Barry Beckett: piano eléctrico; Terry Young: piano; Tim Drummond: bajo; Jim Keltner: batería / **Grabación:** Muscle Shoals Sound Studio, Sheffield (Alabama): 11 y 15 (?) de febrero de 1980 / **Productores:** Jerry Wexler, Barry Beckett / **Ingeniero de sonido:** Gregg Hamm

Génesis y realización

Cuando se publicó *Saved*, Bob Dylan incluyó en la carátula interior un pasaje del Libro de Jeremías (XXXI, 31): «Llegarán los días –oráculo del Señor– en que estableceré una nueva Alianza con la casa de Israel y la casa de Judá». Se trata de una referencia al cisma que tuvo lugar entre las doce tribus de Israel; por un lado, diez tribus que forman el reino de Israel; por el otro, dos tribus que constituyen el reino de Judá». Judío de nacimiento, Bob Dylan se hizo cristiano y, por consiguiente, se convirtió en un símbolo de reconciliación. Pero quizá el cantautor hace alusión a la persona que lo guió por el camino de Jesucristo, la actriz Mary Alice Artes, la que conoce las «cosas más secretas sobre mí, que están escondidas del mundo», ya que «Covenant Woman» significa «la mujer de la alianza».

Después de convertirse en un momento álgido del Gospel Tour, «Covenant Woman» se grabó en nueve tomas durante la primera sesión de *Saved*, el 11 de febrero de 1980. Es una balada pop sin color góspel, excepto por la letra. Sin lugar a dudas se realizaron varios *overdubs*, ya que se escuchan dos guitarras acústicas y dos eléctricas. El 15 de febrero se reelaboró por completo, ya que a Bob no le gustó el resultado del día 11.

What Can I Do For You?

Bob Dylan / 5'55 minutos

Músicos: Bob Dylan: voz, guitarra (?), armónica; Fred Tackett: guitarra; Spooner Oldham: órgano; Barry Beckett: piano eléctrico; Terry Young: piano; Tim Drummond: bajo; Jim Keltner: batería; Clydie King, Mona Lisa Young, Regina Havis: coros **/ Grabación:** Muscle Shoals Sound Studio, Sheffield (Alabama): 12 de febrero de 1980 **/ Productores:** Jerry Wexler, Barry Beckett **/ Ingeniero de sonido:** Gregg Hamm

Génesis y realización

Otra oración que procede de la fe de Dylan en Jesucristo. El cantautor da las gracias a Dios por habérselo dado todo, por haberlo liberado de su servidumbre; en otras palabras, por haberlo hecho renacer. Sabe que nunca podrá dar tanto como ha recibido, pero de todos modos en el estribillo pregunta: «¿Qué puedo hacer por ti? / [...] /¿Cómo puedo vivir por ti?». La respuesta está en la Epístola de san Pablo a los Efesios (VI, 16: «Tengan siempre en la mano el escudo de la fe, con el que podrán apagar todas las flechas encendidas del Maligno»). Una canción que Bob Dylan interpretó con mucho fervor.

«What Can I Do For You?» se grabó en dos tomas el 12 de febrero de 1980, con un falso inicio en una de ellas. Con una guitarra coloreada con un *chorus/flanger*, un órgano y coros góspel, esta canción es otro homenaje de Dylan a aquel que inspiró su fe, y se distingue por una voz penetrante, pero sobre todo por un solo de armónica (en mib) electrificada y saturada, a semejanza de la de Little Walter. Nunca nos cansaremos de decir que Bob Dylan es un excelente armonicista; basta con escucharlo tocando solo junto al órgano a partir de 5'05 para convencerse de ello.

PARA LOS ADICTOS A DYLAN

La canción se publicó como single el mes de junio de 1980 (con «Covenant Woman» en la cara B), pero no llegó a colarse en las listas de éxitos.

Solid Rock

Bob Dylan / 3'58 minutos

Músicos: Bob Dylan: voz, guitarra; Fred Tackett: guitarra; Spooner Oldham: órgano; Barry Beckett: piano; Terry Young: percusiones, coros; Tim Drummond: bajo; Jim Keltner: batería; Clydie King, Mona Lisa Young, Regina Havis: coros **/ Grabación:** Muscle Shoals Sound Studio, Sheffield (Alabama): 12 de febrero, y *overdubs* 13 de febrero de 1980 **/ Productores:** Jerry Wexler, Barry Beckett **/ Ingeniero de sonido:** Gregg Hamm

Génesis y realización

«Me agarro a una roca sólida, creada antes de la fundación del mundo», canta Bob Dylan al inicio de su canción. Esta «roca» sólida es Jesucristo, que lo desvió del mal camino y le abrió los ojos. En el marco del Gospel Tour, el 26 de noviembre de 1979, en Tempe (Arizona), pronunció estas palabras antes de lanzarse a la interpretación de «Solid Rock»: «Jesucristo es esa roca sólida. Debe venir dos veces. Ya ha venido una vez. Lo veis, de eso se trata. Ya ha estado aquí. Ahora, va a volver. Tenéis que estar preparados para esto. Porque no importa lo que leáis en los periódicos, todo es un engaño. La verdad es que ya está volviendo».[126] Unas palabras que llegan como un eco del Evangelio según san Mateo (XXV, 34): «Entonces el Rey dirá a los que tenga a su derecha: "Vengan, benditos de mi Padre, y reciban en herencia el Reino que les fue preparado desde el comienzo del mundo"». Al mismo tiempo, Dylan hace un acto de arrepentimiento. Por su culpa, dice, Jesucristo fue castigado, ya que fue rechazado por el mundo que él mismo había creado.

«Solid Rock» tiene un buen título, porque es una canción de espíritu rock, no muy góspel, excepto por los magníficos coros de las cuatro coristas. Con un solo interpretado por Fred Tackett y una rítmica *funky*, este tema ágil permite a Bob Dylan resaltar su resolución con una voz firme y enérgica. La grabación se realizó en siete tomas el 12 de febrero, y la última fue la que se utilizó para añadir *overdubs* de coros al día siguiente.

Pressing On

Bob Dylan / 5'14 minutos

Músicos: Bob Dylan: voz, piano (?); Fred Tackett: guitarra; Spooner Oldham: órgano; Tim Drummond: bajo; Jim Keltner: batería; Clydie King, Mona Lisa Young, Regina Havis, Terry Young: coros **/ Grabación:** Muscle Shoals Sound Studio, Sheffield (Alabama): 13 de febrero de 1980 **/ Productores:** Jerry Wexler, Barry Beckett **/ Ingeniero de sonido:** Gregg Hamm

Génesis y realización

Como invitación a mirar al futuro y no al pasado, «Pressing On» («Persevera») es de algún modo una prolongación de su documental *Dont Look Back*. Un futuro cuyo horizonte se ha ampliado desde la conversión del cantautor al cristianismo. Para Dylan, perseverar significa seguir creyendo, a pesar de lo que quieren entrometerse en su camino y de los que dudan. La primera estrofa recupera los versículos 30 y 32 del capítulo VI del Evangelio según san Juan: «Muchos tratan de detenerme / confundirme / Dicen, "Demuéstrame que él es el señor, muéstrame una señal" / ¿Qué tipo de señal necesitan cuando todo viene del interior / Cuando lo que se había perdido se ha encontrado, cuando lo que está por venir ya ha sido?».

La grabación de «Pressing On» se llevó a cabo el 13 de febrero en nueve tomas. La última fue la que se incluyó en el álbum, probablemente debido a una comunión verdaderamente solemne entre la voz de Dylan y los coros. Lo cierto es que se trata de un góspel magnífico, y Bob se eleva con su prestación vocal, y parece que al mismo tiempo se acompaña al piano. El grupo aporta un acompañamiento que está a la altura de la emoción expresada, y las coristas ofrecen una interpretación deslumbrante. Cabe destacar que su futura corista Regina McCrary (*Shot Of Love*, 1981) hará una extraordinaria versión del tema con el Chicago Mass Choir. Aunque no se apunta ningún *overdub*, se oyen dos guitarras acústicas.

In The Garden

Bob Dylan / 5'58 minutos

Músicos: Bob Dylan: voz, guitarra; Fred Tackett: guitarra; Spooner Oldham: órgano; Barry Beckett: piano; Tim Drummond: bajo; Jim Keltner: batería; Clydie King, Mona Lisa Young, Regina Havis, Terry Young (?): coros **/ Grabación:** Muscle Shoals Sound Studio, Sheffield (Alabama): 14 de febrero de 1980 **/ Productores:** Jerry Wexler, Barry Beckett **/ Ingeniero de sonido:** Gregg Hamm

Génesis y realización

Para esta canción, que remite al arresto de Jesús en el jardín de Getsemaní y a su resurrección, Bob Dylan se inspiró en el Evangelio según san Juan, y más concretamente en la Pasión. Parece que Allen Ginsberg desempeñó involuntariamente un papel nada desdeñable en la creación de «In The Garden». En 1989 explicó a *Goldmine*: «Creo que fui yo quien encontró el cambio de acorde de «In The Garden». Estábamos en una fiesta de Halloween cerca de Zuma Beach. Todos llevábamos máscaras y yo tenía mi armonio. Tocaba bonitos acordes

ascendentes, cambiando simplemente un dedo».[89] Dylan los recuperaría más adelante para «In The Garden». Es verdad que la progresión armónica de la canción no es habitual en el cantautor. Sin embargo, se trata de un muy buen góspel, en el que Dylan vuelve a dar una excelente interpretación vocal, acompañado por su fabuloso coro y su magnífico grupo. «In The Garden» se grabó el 14 de febrero. Se realizaron tres tomas, y fue la tercera la que se eligió para *Saved*. Aunque no aparecen en los informes de estudio, parece que se realizaron varios *overdubs* de guitarras.

1980

Saving Grace

Bob Dylan / 5'05 minutos

Músicos: Bob Dylan: voz, guitarra; Fred Tackett: guitarra; Spooner Oldham: órgano; Terry Young: piano; Tim Drummond: bajo; Jim Keltner: batería / **Grabación:** Muscle Shoals Sound Studio, Sheffield (Alabama): 13 de febrero de 1980 / **Productores:** Jerry Wexler, Barry Beckett / **Ingeniero de sonido:** Gregg Hamm

Génesis y realización

«Saving Grace» es la primera canción que Bob Dylan compuso para *Saved*, precisamente en septiembre de 1979, mientras trabajaba en otros temas en colaboración con Helena Springs. Es un testimonio desgarrador de su nueva fe, en el que evoca su pasado, que lo habría conducido inevitablemente a la condena eterna, y luego, sobre todo, su resurrección, antes de admitir que «los malhechores no conocen la paz» y que solo hay un camino; el que «lleva al Calvario». La canción, no obstante, se cierra con un mensaje de esperanza: todo es posible cuando nos protege la gracia del Señor.

«Saving Grace» se grabó el 13 de febrero de 1980. Se realizaron cuatro tomas (quizá cinco). La tercera (o la cuarta) será la escogida para *Saved*. Se trata de otra balada de un tono más pop que góspel, con un solo de guitarra eléctrica (¿Stratocaster?) del propio Dylan (hacia 1'56); lamentablemente su guitarra está mal afinada, pero de todos modos el resultado es bueno. «Saving Grace» es una canción hermosa y conmovedora por la emoción que percibimos en la voz del cantautor.

PARA LOS ADICTOS A DYLAN

Bob Dylan tocó regularmente «Saving Grace» durante el Gospel Tour. No volvió a recuperarla hasta el año 2003, dejando adivinar así que no había perdido ni un ápice de su fe.

Are You Ready?

Bob Dylan / 4'41 minutos

Músicos: Bob Dylan: voz, guitarra; Fred Tackett: guitarra; Spooner Oldham: órgano; Barry Beckett: piano eléctrico; Terry Young: piano; Tim Drummond: bajo; Jim Keltner: batería; Clydie King, Mona Lisa Young, Regina Havis: coros / **Grabación:** Muscle Shoals Sound Studio, Sheffield (Alabama): 14 de febrero de 1980 / **Productores:** Jerry Wexler, Barry Beckett / **Ingeniero de sonido:** Gregg Hamm

Génesis y realización

Para la última canción de *Saved*, Dylan recupera uno de sus temas recurrentes desde el inicio de su carrera, el Apocalipsis, pero esta vez en relación a su conversión. De nuevo, el cantautor se apoya en los textos sagrados: en primer lugar, el Libro de Isaías (XXXXVII, 11): «Caerá sobre ti un desastre que no podrás evitar»; el Libro de las Revelaciones (II, 16): «Por tanto, ¡arrepiéntete! Pues de lo contrario vendré pronto a ti»; y finalmente, el Evangelio según san Mateo (VII, 23): «Y entonces les declararé: Nunca os conocí; apartaos de mí, hacedores de maldad».

«Are You Ready?» es un blues bastante oscuro, pesado, con un ambiente amenazador que subraya perfectamente el propósito del cantautor que, con una voz casi insolente, nos pregunta: «¿Estáis preparados?». El grupo funciona a la perfección, la rítmica es potente y Tackett ofrece un excelente solo de guitarra, seguido por Oldham, que se ilustra al órgano, y finalmente por Dylan que, una vez más, interpreta unas frases muy blues con su armónica de sonido saturado (en do). Una hermosa manera de concluir su vigésimo álbum de estudio. Tras nueve tomas, «Are You Ready?» se dio por finalizada, y la última fue la que se eligió para *Saved*.

Bob Dylan interpretó esta canción por primera vez el 8 de febrero de 1980 en Charleston, (West Virginia), en el marco del Gospel Tour, y luego también en otros conciertos, hasta octubre de 1981.

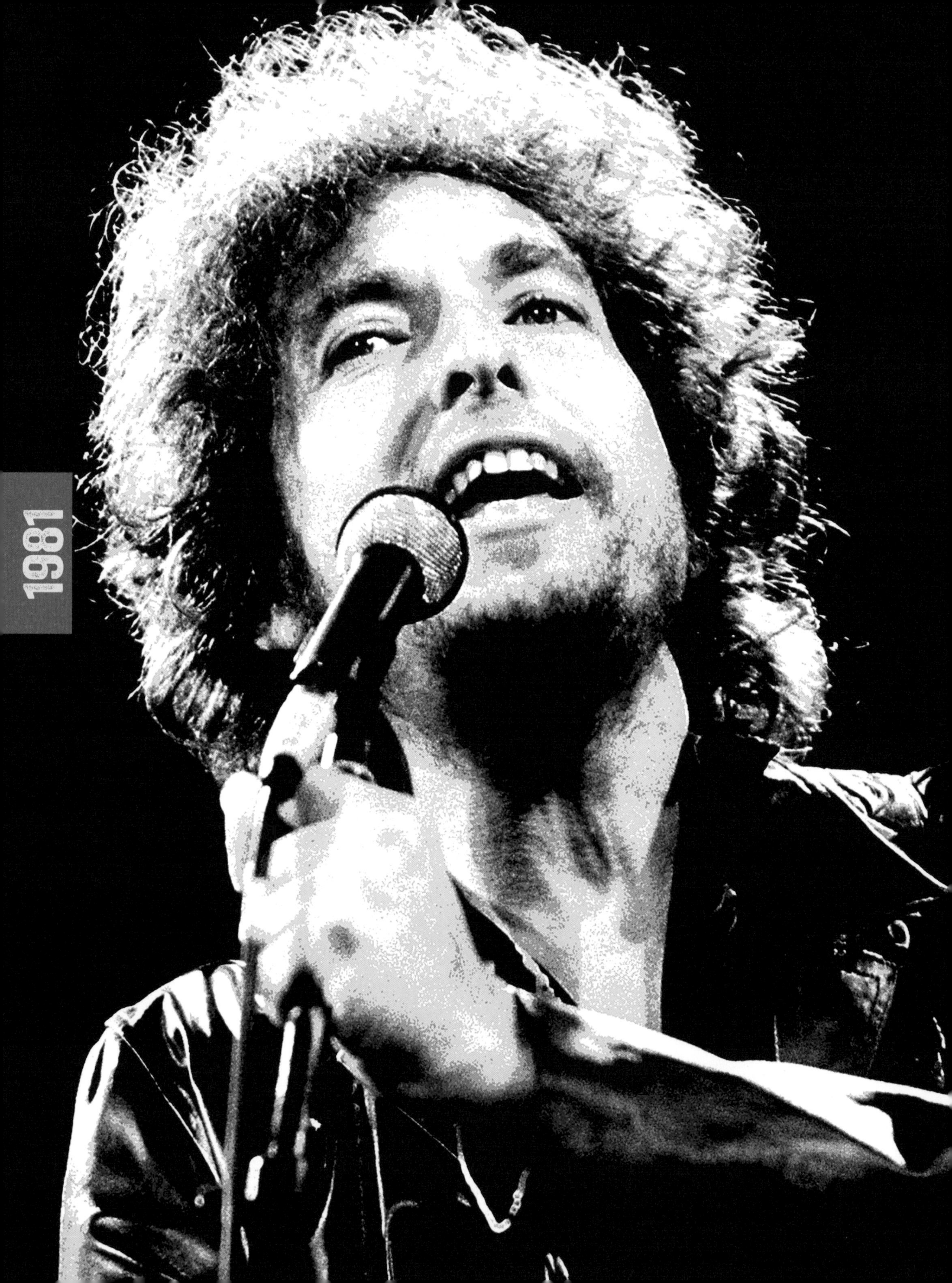

Shot Of Love

Shot Of Love
Heart Of Mine
Property Of Jesus
Lenny Bruce
Watered-Down Love
The Groom's Still Waiting At The Altar
Dead Man, Dead Man
In The Summertime
Trouble
Every Grain Of Sand

ÁLBUM
FECHA DE PUBLICACIÓN
12 de agosto de 1981
Columbia
(REFERENCIA COLUMBIA TC 37496)*

★ Reedición en 1985 con una lista de canciones
modificada y con la referencia PC 37496

Shot Of Love, la trilogía, tercer acto

1981

El álbum

Tras el Gospel Tour, que finalizó el 21 de mayo de 1980, y la publicación de *Saved*, el 19 de junio siguiente, Bob Dylan ya está pensando en su próximo álbum. Durante todo el verano escribe y compone sin descanso, aún bajo la influencia espiritual –y benéfica– de los autores de los textos sagrados. Así, «Shot Of Love» y «Watered-Down Love» se inspiran en las Epístolas de san Pablo a los Corintios; «Dead Man, Dead Man», en la Epístola de san Pablo apóstol a los Romanos; «Heart Of Mine», en el Libro de Jeremías; «In The Summertime», en el Evangelio según San Mateo. La mayor parte de las canciones permite que el cantautor evoque su pasado y su transformación profunda gracias a su «encuentro» con Jesucristo, que le abrió los ojos sobre si mismo, sobre los falsos profetas... En pocas palabras, sobre el vasto mundo. Al mismo tiempo las canciones emanan un cierto aire apocalíptico, como por ejemplo «Trouble», y sobre todo «Every Grain Of Sand», una de las auténticas obras maestras del repertorio de Dylan.

También adivinamos una evolución en la escritura del cantautor, o más bien un regreso a la poesía alusiva de la década de 1960. El ejemplo más claro es sin lugar a dudas el de la ya mencionada «Every Grain Of Sand», fuertemente marcada por la poesía mística de William Blake, como lo fueron unos años antes «My Back Pages», «Chimes Of Freedom» (*Another Side Of Bob Dylan*) o «Gates Of Eden» (*Bringing It All Back Home*). «The Groom's Still Waiting The Altar» y «Caribbean Wind» (que se descartaron de la lista de canciones original del álbum) se inscriben en el mismo estilo, en el sentido que mezclan las profecías bíblicas con un fuerte acento surrealista. Finalmente, casi por primera vez desde *Street-Legal*, Bob Dylan vuelve a abordar temas puramente profanos: rinde un homenaje a Lenny Bruce, sátiro, actor clave de la contracultura y gran crítico de todas las hipocresías (políticas o religiosas) de los años 1960.

El último acto de la trilogía

Para este acto final de la trilogía cristiana, Bob Dylan renueva su equipo. Después del tándem de Muscle Shoals Jerry Wexler y Barry Beckett, tres productores célebres toman las riendas de este nuevo álbum. Se trata de Bumps Blackwell (para la canción que da título al álbum) –cuyo nombre se asocia a los grandes de la música afroamericana, de Little Richard a Sly and the Family Stone, pasando por Ray Charles y Quincy Jones; Chuck Plotkin –que produjo ocho de las nueve canciones del álbum original y que es conocido sobre todo por haber trabajado con Bruce Springsteen; y finalmente Jimmy Iovine (John Lennon, Bruce Springsteen, Patti Smith, Tom Petty...), que produjo «Angelina», «Groom's Still Waiting At The Altar» y «Caribbean Wind», las tres descartadas de *Shot Of Love*, *Biograph* o *The Bootleg Series*, al menos en las versiones que él mezcló.

LOS *OUTTAKES*

The Groom's Still Waiting
At The Altar
Angelina
Caribbean Wind
Straw Hat
Gonna Love You Anyway
I Wish It Would Rain
It's All Dangerous To Me
Need A Woman
Well Water
My Girl (It's Growing)
My Oriental House
Wild Mountain Thyme
Borrowed Time
I Want You To Know That I Love You
Rockin' Boat
Cold, Cold Heart
Is It Worth It?
You Changed My Life
Almost Persuaded
Movin'
Yes Sir, No Sir (Hallelujah)
Singing This Song For You
Reach Out
Fur Slippers
Let It Be Me
Ah Ah Ah
Magic
Bolero
Don't Ever Take Yourself Away
Be Careful
The Girl From Louisville
The Ballad Of Ira Hayes
The King Is On The Throne
Don't Let Her Know
Wind Blowing On The Water
All The Day Done
Minute By Minute
Glory Of Love
In A Battle
Mystery Train

PARA LOS ADICTOS A DYLAN

«The Groom's Still Waiting At The Altar» no se incluyó en el álbum, pero apareció en septiembre de 1981 como cara B del nuevo single del cantautor, con «Heart Of Mine» en la cara A. Pero a mediados de los años 1980, Bob Dylan decidió recuperarla para la lista de canciones de *Shot Of Love*, al inicio de la segunda cara. ¡Es un caso único en su discografía!

TRISTE COINCIDENCIA

Bob Dylan cerró el año 1980 con un último concierto el 4 de diciembre en el Paramount Theatre de Portland (Oregón). Cuatro días después se enteró, como el resto del mundo, del asesinato de John Lennon, el 8 de diciembre.

En cuanto a los músicos que acompañan a Dylan, además de Ringo Starr y Ron Wood, que le hicieron una visita casi improvisada, hay que citar a los fieles Tim Drummond (bajo), Jim Keltner (batería), Fred Tackett (guitarra), y las coristas Clydie King y Carolyn Dennis. Los nuevos son Benmont Tenchel, excelente teclista de Tom Petty & the Heartbreakers, Steve Ripley (guitarra), Carl Pickhardt (piano), Steve Douglas (saxo), Danny Kortchmar (guitarra), Regina McCrary y Madelyn Quebec a los coros. Todos contribuyeron a hacer de este álbum un matrimonio feliz entre el góspel y el rock'n'roll.

La carátula

En la portada, la ilustración típicamente pop art es obra de Pearl Beach, un artista que también trabajó para Weather Report o The Neville Brothers. ¿Quiso reproducir el soplo del «Caribbean Wind», o tal vez el gran caos anunciado a lo largo del álbum? En la contraportada, una fotografía de Howard Alk, que ya había trabajado para *Street-Legal*, muestra al cantautor sosteniendo una rosa; la foto que se había previsto inicialmente era un Cadillac corriendo sobre una alfombra de nubes. Pero Columbia la eliminó (a excepción de la edición brasileña, probablemente debido a algún error).

La grabación

Poco tiempo después de escribir la mayor parte de los textos de *Shot Of Love*, Bob Dylan emprende una auténtica expedición por todos los estudios de Los Ángeles. Arthur Rosato, que participó en la aventura de *Saved* y después en *Shot Of Love*, explica: «Bob había decidido que teníamos que probar varios estudios, así que grabamos en distintos lugares, una canción en cada uno, hasta que nos quedamos en United Western (actualmente Oceanway), donde grabamos bastantes canciones».[89]

1981

Izquierda: Ron Wood en 1986. Derecha: Bumps Blackwell (centro), uno de los productores de *Shot Of Love*, con Little Richard y Rick Hall.

De hecho, a partir del mes de septiembre Bob Dylan alquiló los Rundown Studios de Santa Mónica. Hasta el mes de octubre ensayó sin descanso sus últimas composiciones con un grupo constituido por el guitarrista Steve Ripley, el bajista Tim Drummond y el batería Jim Keltner. La primera sesión data del 23 de septiembre, con la grabación de una sublime maqueta acústica de «Every Grain Of Sand», con Jennifer Warnes a los coros (*véase The Bootleg Series, Vol. 1-3*). Luego, durante el mes de octubre, se grabaron otras canciones, pero ninguna de ellas se incluyó en el álbum.

Dylan terminó el año con una gira que lo llevó, del 9 de noviembre al 4 de diciembre de 1980, de San Francisco a Portland. Las grabaciones se reanudaron los días 26 y 27 de marzo en los Rundown Studios, y el 31 de marzo en el Studio 55 de Los Ángeles. La producción se confió a Jimmy Iovine. Pero el resultado no fue satisfactorio para Dylan, que quiso cambiar de productor. Otras sesiones tuvieron lugar el 1 de abril en el Cream Studio y el día siguiente en el United Western Studio, también en Los Ángeles. El cantautor encontró en la figura de Bumps Blackwell un nuevo productor que, por motivos de salud, solo produjo tres títulos, de los cuales solo encontramos uno en el álbum, «Shot Of Love». No se conoce la fecha precisa de grabación, pero probablemente se sitúa a mediados de abril, en los Peacock Records Studios de Los Ángeles.

El resto de sesiones se desarrollará en un único lugar, los Clover Studios de Los Ángeles, propiedad de Chuck Plotkin, que coproducirá el resto del álbum junto a Bob Dylan. Probablemente se realizaron siete sesiones de grabación (23, 24, 27, 28, 29 y 30 de abril, y 1 de mayo), varias sesiones de *overdubs* (31 de mayo, 15 y 16 de junio) y distintas sesiones de mezclas (2, 4, 5, 6, 7, 18, 19, 24, 26, 28, 29 y 30 de mayo, 2 y 7 de junio). Las fechas no son definitivas, ya que falta documentación sobre el asunto y la información podría modificarse en el futuro. Pero parece que la colaboración entre Dylan y Plotkin se deterioró a lo largo de las sesiones de mezclas, ya que tenían puntos de vista divergentes. Pero Dylan reconocerá el buen trabajo de Plotkin en una entrevista concedida a Dave Herman en Londres, en julio de 1981: «Hizo el disco tal como yo lo quería. Comprendió lo que deseaba y quiso hacer el disco de la misma forma».[127] Sin embargo, parece que el cantautor tuvo problemas desde las primeras sesiones para materializar el sonido que tenía en mente, y los cambios constantes de estudios y de productores demuestran su incertidumbre y su insatisfacción. El ingeniero de sonido de *Shot Of Love* fue Toby Scott. Había sido ingeniero asistente de Robert Palmer en 1976, pero escaló peldaños rápidamente y grabó, entre otros, a Bruce Springsteen y a Blue Öyster Cult.

Shot Of Love sale a la venta el 12 de agosto de 1981. Hay que reconocer que no cosechó muchos elogios por parte de la crítica. Aunque admite el genio del cantautor en «Every Grain Of Sand,» Paul Nelson de *Rolling Stone* destruye literalmente el resto del disco, mientras que Nick Kent, que no tiene por costumbre de ser muy destructivo, considera que es «el peor álbum de Dylan» hasta la fecha. El vigesimoprimer álbum de estudio del cantautor solo llegará al número 33 de las listas del *Billboard*, pero alcanzará el sexto puesto en el Reino Unido. Un detalle importante: *Shot Of Love* es uno de los discos preferidos de... Bob Dylan.

Los instrumentos

Las mismas guitarras que en álbum anterior. No sabemos cuáles utilizó en el estudio. En cuanto a la armónica, Dylan solo la toca en dos títulos, en tonalidades de mi♭ y de la.

Shot Of Love

Bob Dylan / 4'21 minutos

COVERS

Robert Randolph & The Family Band, una formación de blues y de góspel, versionaron «Shot Of Love» en el álbum *We Walk This Road* (2010).

Músicos
Bob Dylan: voz, guitarra
Clydie King: voz
Danny Kortchmar: guitarra
Steve Ripley: guitarra
Andrew Gold: guitarra
Carl Pickhardt: piano (?)
Tim Drummond: bajo
Jim Keltner: batería
Carolyn Dennis, Regina McCrary, Madelyn Quebec: coros

Grabación
Peacock Records Studios, Los Ángeles (California): mediados de abril, y *overdubs* 31 de mayo, 15 y 16 de junio de 1981

Equipo técnico
Productores: Bumps Blackwell, Chuck Plotkin, Bob Dylan
Ingeniero de sonido: Toby Scott (?)

Clydie King, una de las talentosas coristas de Dylan, que comparte con él la voz en «Shot Of Love».

Génesis y letra

En agosto de 1983, Bob Dylan explicó a *NME*: «El objetivo de la música es elevar e inspirar el espíritu. Los que están preocupados por saber cómo está Bob Dylan, que escuchen «Shot Of Love». Es mi canción más perfecta. Explica donde estoy, en el plano espiritual, musical, sentimental y todo lo demás. Muestra adónde se dirigen mis simpatías. Todo está en esta canción».[128] Para la canción que abre el tercer acto de su trilogía cristiana, Bob Dylan vuelve a beber de los textos sagrados, concretamente de la primera carta del Apóstol san Pablo a los corintios (capítulo XIII, 2): «Aunque tuviera el don de la profecía y conociera todos los misterios y toda la ciencia, aunque tuviera toda la fe, una fe capaz de trasladar montañas, si no tengo amor, no soy nada». Tal como indica el título de la canción con total claridad, Dylan necesita una «buena dosis de amor». El amor de Jesucristo, evidentemente, pero también el amor de una mujer. ¿Quiénes son Veronica y Mavis? Misterio. ¿Quién es «el hombre que [lo] detesta»? Otro misterio. ¿Quién es el que «ha matado [a su padre], violado a su mujer/ [y] tatuado [a sus hijos] con un bolígrafo envenenado»? Tampoco lo sabemos. A menos que se trate de una oscura alegoría, un ataque simbólico contra los periodistas que no han aceptado su reciente conversión, y que incluso se han burlado de él.

Realización

Como canción de obertura y único tema producido por Bumps Blackwell en los Peacock Records Studios, «Shot Of Love» presenta un color radicalmente distinto del de los dos álbumes anteriores. El sonido es menos concreto, más difuso, y da la impresión de que se ha grabado en directo, cosa que probablemente es cierta. Es una lástima, porque se trata de un buen blues rock interpretado por buenos músicos, pero el resultado es como un borrador. A la batería el falta ritmo, los instrumentos están ahogados en la mezcla, y solo Bob Dylan, que comparte el canto con Clydie King, destaca con una voz determinada y totalmente impregnada por su súplica. Grabada hacia mediados de abril, la canción pasará por *overdubs* de guitarra (Andrew Gold, 31 de mayo), de bajo y de batería.

Bob Dylan interpretó «Shot Of Love» en público por primera vez durante el concierto de Earls Court, en Londres, el 1 de julio de 1981.

Heart Of Mine

Bob Dylan / 4'36 minutos

PARA ESCUCHAR

En el minuto 3'59 se puede oír un mal empalme entre dos tomas, que no respeta el ritmo...

Músicos

Bob Dylan: voz, piano, percusiones (?)
Clydie King: armonías vocales
Ron Wood: guitarra
Danny Kortchmar: guitarra (?)
William Daniel «Smitty» Smith: órgano
Donald «Duck» Dunn: bajo
Jim Keltner: batería (?), percusiones (?)
Chuck Plotkin: batería
Ringo Starr: tom tom

Grabación

Clover Studios, Los Ángeles (California):
15 de mayo, y *overdubs* 15 y 16 de junio de 1981.

Equipo técnico

Productores: Chuck Plotkin, Bob Dylan
Ingeniero de sonido: Toby Scott

Ringo Starr acompañó a Bob Dylan en la grabación de «Heart Of Mine».

Génesis y letra

«Nada más tortuoso que el corazón humano y no tiene arreglo: ¿quién puede penetrarlo?»: el capítulo XVII del Libro de Jeremías sirvió de guía para la escritura de «Heart Of Mine». El mensaje es doloroso: como su corazón es malo, el hombre no puede hacer nada bueno, a menos que esté bajo el ala protectora de Jesucristo.

Podemos interpretar esta canción bajo otro ángulo, aunque el mensaje sigue siendo pesimista: el narrador estaría rebelado contra su propio comportamiento, porque no se ha mostrado digno (un corazón «malo y mentiroso») y porque ha ocultado sus sentimientos («No el hagas saber que la amas»). Se trataría de un acto de arrepentimiento. Bob Dylan confesó: «Cuando escribí la canción estaba pensando en alguien concreto, alguien a quien el gustaba tenerme cerca».[12] Otro misterio...

Realización

«Heart Of Mine» es una especie de calipso bastante agradable, que sorprende por una ligereza que contrasta con los dos álbumes anteriores. Tras varios intentos el 28 y el 29 de abril, el 15 de mayo se consiguió la toma de base (la última de siete). Dylan confesará: «["Heart Of Mine"] se realizó de distintas formas. Elegí esta versión *funky* por un motivo muy concreto. No es tan buena como el resto, pero la escogí porque Ringo y Ronnie Wood tocan en esta versión, y la hicimos en diez minutos. Efectivamente, el batería de los Beatles y el guitarrista de los Rolling Stones fueron los invitados estrella de la sesión. Pero aunque ya había dos bateristas en la sala (Jim Keltner y Ringo Starr), es el coproductor Chuck Plotkin quien sostiene las baquetas. El día de la sesión todo el mundo llegó puntual excepto Dylan, que llegó seis horas tarde... Después de una primera tentativa que Bob saboteó, volvieron a elaborar el tema. Pero el *groove* no llegaba. Plotkin se sentó en el lugar de Ringo Starr y tocó con ellos por diversión. Según el productor, el Beatle habría exclamado: «¡Ya está! ¡Es esto! ¡Es el *feeling* de la canción! Tú te quedas aquí y yo me ocupo [del tom-tom]». También estaba ahí Donald «Duck» Dunn, el legendario bajista de Stax, miembro de Booker T & The MG's. A pesar de las más de setenta mezclas (!), «Heart Of Mine» no llega a convencer. Y es una lástima. La primera vez que Dylan la tocó en directo fue en Londres, en julio de 1981.

Property Of Jesus

Bob Dylan / 4'37 minutos

Músicos: Bob Dylan: voz, guitarra; Danny Kortchmar: guitarra; Steve Ripley: guitarra; Andrew Gold: guitarra (?); Carl Pickhardt: piano; Steve Douglas: saxo; Tim Drummond: bajo; Jim Keltner: batería; Clydie King, Carolyn Dennis, Regina McCrary, Madelyn Quebec: coros; (?): percusiones **/ Grabación:** Clover Studios, Los Ángeles (California): 29 de abril o 1 de mayo, y *overdubs* 31 de mayo de 1981 **/ Productores:** Chuck Plotkin, Bob Dylan **/ Ingeniero de sonido:** Toby Scott

Génesis y realización

Esta canción, del mismo estilo que las de los dos álbumes anteriores, suena como una diatriba irreductible contra los descreídos, los infieles, todos los que han elevado el materialismo al rango de valor supremo y a los que les da la risa fácil cuando se les habla de Jesucristo. Un Jesucristo que «no incremente sus bienes en detrimento de los de los demás», que «no dice tonterías, ni cuenta cuentos de hadas». El «corazón de piedra» del que habla en el estribillo podría aludir al público de los primeros años, que dio la espalda al cantautor cuando reivindicó su encuentro con un dios cristiano. O a los falsos filósofos, los intelectuales henchidos de certidumbre y de orgullo. O, de forma más simple, a los no creyentes.

«Property Of Jesus» es un rock interesante, cuya producción habría merecido algo más de trabajo. La mezcla no está muy conseguida y cuesta trabajo distinguir los instrumentos. Las percusiones y la batería deberían estar un poco menos reverberadas. Cabe destacar que el estribillo recuerda a «Burning Love» de Presley. Hay un montaje muy desafortunado entre dos tomas, en el minuto 3'14, al principio de la última estrofa. La velocidad de ambas tomas es distinta (la última es un poco más lenta). También se nota que la voz de Dylan ha cambiado de entonación. La toma de base data del 29 abril o del 1 de mayo. El 31 de mayo se grabó un *overdub* de guitarra (Andrew Gold). Bob Dylan nunca ha tocado «Property Of Jesus» sobre un escenario.

Lenny Bruce

Bob Dylan / 4'36 minutos

Lenny Bruce.

Músicos: Bob Dylan: voz, piano; Fred Tackett: guitarra; Benmont Tench: órgano; Tim Drummond: bajo; Clydie King, Carolyn Dennis, Regina McCrary, Madelyn Quebec: coros **/ Grabación:** Clover Studios, Los Ángeles (California): 30 de abril o 14 de mayo, y *overdubs* en mayo de 1981 **/ Productores:** Chuck Plotkin, Bob Dylan **/ Ingeniero de sonido:** Toby Scott

Génesis y realización

Con este tema Bob Dylan rinde homenaje a Lenny Bruce, monologuista fallecido de una sobredosis en agosto de 1966, cuyos comentarios satíricos sobre política racismo y religión judía, considerados subversivos por los biempensantes de la época, poblaron la gran epopeya de la contracultura durante la década de 1960. Quince años más tarde, el cantautor decide dedicar una canción a ese artista maldito que «no había cometido ningún crimen», pero que el había faltado lo esencial: el amor y el apoyo de los demás. Dylan explicó al periodista Dave Herman: «Escribí esta canción en cinco minutos. En realidad, solo tomé un taxi con él una vez. Pero me sorprendió que la gente lo convirtiera en un héroe tras su muerte».[127]

Con Fred Tackett a la guitarra eléctrica arpegiada, Tim Drummond al bajo, Benmont Tench tocando acordes etéreos al órgano y las cuatro coristas haciendo coros inspirados pero poco audibles en la mezcla, Bob Dylan no ofrece una de sus mejores interpretaciones. El timbre de su voz es demasiado bajo, parece tenso y el falta algo de *feeling*. Es una lástima. Grabada los días 29 y 30 de abril con un grupo más numeroso y luego probablemente el 14 de mayo, la canción se finalizará unos días más tarde con una sesión de *overdubs*.

Watered-Down Love

Bob Dylan / 4'13 minutos

PARA LOS ADICTOS A DYLAN

«Watered-Down Love» evoca «Clean Up Woman» de la cantante de rhythm'n'blues Betty Wright, que fue número 6 en las listas pop del *Billboard* en diciembre de 1971.

Músicos: Bob Dylan: voz; Clydie King: voz; Danny Kortchmar: guitarra; Fred Tackett: guitarra; Benmont Tench: piano; Carl Pickhardt: órganos (?); Jim Keltner: batería; Clydie King, Regina McCrary, Madelyn Quebec: coros / **Grabación:** Clover Studios, Los Ángeles (California): 15 de mayo de 1981 / **Productores:** Chuck Plotkin, Bob Dylan / **Ingeniero de sonido:** Toby Scott

Génesis y realización

Como en el caso de la canción que da título al disco, es san Pablo, en sus cartas a los Corintios (XIII, 1), quien guía Bob Dylan en el texto de «Watered-Down Love»: « Aunque yo hablara todas las lenguas de los hombres y de los ángeles, si no tengo amor, soy como una campana que resuena o un platillo que retiñe». Así, esta canción es una oda al amor puro, que no sabe engañar. Para el cantautor, es una «llama eterna que arde en silencio». Bob Dylan registró una quinta estrofa de «Watered-Down Love» que ha cantado en directo pero que nunca ha grabado; empezaba por: «El amor que es puro, no es lo que me has enseñado / Yo fui allí donde pudiera alcanzarme».

«Watered-Down Love» se grabó el 15 de mayo en nueve tomas. Curiosamente no hay bajo en el tema, a pesar de una batería bastante presente (y minimalista). Acompañado por dos buenas rítmicas ejecutadas por los dos guitarristas Kortchmar y Tackett, así como por unos teclados muy eficaces, este rock de tempo medio es bastante agradable. Bob Dylan canta con una voz relajada y acompañada en los estribillos Clydie King. Pero falta algo de convicción en el resultado global, y los coros sepultados en la mezcla parecen poco implicados. Dylan tocó la canción por primera vez el 10 de junio de 1981 en Chicago.

Dead Man, Dead Man

Bob Dylan / 4'04 minutos

Músicos: Bob Dylan: voz, guitarra; Clydie King: voz; Steve Ripley: guitarra; Fred Tackett: guitarra; Benmont Tench: teclados; Carl Pickhardt: teclados; Steve Douglas: saxo alto; Tim Drummond: bajo; Jim Keltner: batería, percusiones; Carolyn Dennis, Regina McCrary, Madelyn Quebec: coros / **Grabación:** Clover Studios, Los Ángeles (California): 14 de mayo, y *overdubs* 15 de junio de 1981 / **Productores:** Chuck Plotkin, Bob Dylan / **Ingeniero de sonido:** Toby Scott

Génesis y realización

«Es una canción sobre mí. Me acuerdo que la escribí mirándome al espejo[89] explicó Bob Dylan al público del concierto que dio en Birmingham el 4 o 5 de julio de 1981 antes de entonar «Dead Man, Dead Man». ¿Es verdad que Dylan es el protagonista de esta canción, incapaz de «distinguir el bien del mal»? Si es cierto, tiene que se necesariamente el Dylan de antes de la conversión... En el tema encontramos el mismo mensaje que el que se expresa en el capítulo VIII (versículo 11) de la carta de san Pablo a los Romanos: «Y si el Espíritu de aquel que levantó de los muertos a Jesús mora en vosotros, el que levantó de los muertos a Cristo Jesús vivificará también vuestros cuerpos mortales por su Espíritu que mora en vosotros».

De todas las canciones de *Shot Of Love*, «Dead Man, Dead Man» es la que pasó por más transformaciones. Dylan y su grupo trabajaron en numerosas versiones del 27 de abril al 1 de mayo hasta obtener la pista de base el 14 de mayo. «Dead Man, Dead Man» es el inevitable reggae que todos los artistas de la época tenían que grabar. Dylan cede a la moda y el suyo está bastante conseguido. Hay que destacar unos cuantos compases de piano honky-tonk hacia 2'39, y las percusiones añadidas el 15 de junio por Jim Keltner. El único problema es que el bajo de Drummond es poco audible en la mezcla.

In The Summertime

Bob Dylan / 3'36 minutos

Músicos
Bob Dylan: voz, armónica
Danny Kortchmar: guitarra
Steve Ripley: guitarra
Benmont Tench: piano
Tim Drummond: bajo
Jim Keltner: batería
Clydie King, Regina McCrary, Madelyn Quebec: coros
Grabación
Clover Studios, Los Ángeles (California):
14 de mayo de 1981
Equipo técnico
Productores: Chuck Plotkin, Bob Dylan
Ingeniero de sonido: Toby Scott

Jim Keltner, uno de los mejores bateristas de la historia del rock y uno de los pilares de Dylan.

Génesis y letra

El verano del que nos habla Bob Dylan es fruto de la metáfora. Hay que entender el período determinante de su vida, a lo largo del cual encontró a Jesucristo. En esta canción, el cantautor vuelve a evocar su transformación espiritual, su estado de («Ahora, forma parte de mí, lo he amado y conservado/ Está conmigo hasta la tumba), y alude a su pasado («el aviso antes del diluvio») apoyándose una vez más en los textos sagrados, en este caso concreto en el Evangelio según san Mateo (XXIV, 38). La frase de la tercera estrofa, «Desconocidos se entrometieron en nuestros asuntos» podría evocar el divorcio de Bob y Sara, y más concretamente su relación con Faridi McFree, la profesora de arte de los niños, con la que vivió durante un tiempo en su granja de Minnesota.

Desde el punto de vista musical, «In The Summertime» es una hermosa balada para la cual Dylan tiene la buena idea de desempolvar su armónica. En 2009, el cantautor hará referencia explícita a esta canción durante una entrevista con Bill Flanagan: «En la ciudad en la que crecí, durante las noches apacibles de verano, se podían oír dulces melodías que se escapaban por una puerta o una venta abierta en a lo largo de las calles oscuras. La madre o la hermana de alguien tocaba «A Bird In A Guilded Cage». Esta atmósfera es la que traté de plasmar en una de mis canciones, titulada "In The Summertime"».[129]

Realización

Misión cumplida. Hay que decir que sus intervenciones de armónica (en la) refuerzan la serenidad de la melodía. Pero si la atmósfera del tema encaja con el título, se aleja en cambio del tono de las palabras, que están lejos de evocar la quietud del verano. Se realizarán cuatro sesiones de mezclas, y en la del 31 de mayo se hicieron hasta dieciocho mezclas distintas. Pero los esfuerzos merecieron la pena, ya que «In The Summertime» es sin duda uno de los títulos mejor mezclados del álbum. Parece que el tema se grabó el 14 de mayo. Bob Dylan la cantó por primera vez sobre un escenario en Londres, el 28 de junio de 1981.

Trouble

Bob Dylan / 4'38 minutos

Músicos
Bob Dylan: voz, guitarra
Danny Kortchmar: guitarra
Fred Tackett: guitarra
Benmont Tench: órgano
Tim Drummond: bajo
Jim Keltner: batería
Clydie King, Carolyn Dennis, Regina McCrary,
Madelyn Quebec: coros
Grabación
Clover Studios, Los Ángeles (California):
14 de mayo de 1981
Equipo técnico
Productores: Chuck Plotkin, Bob Dylan
Ingeniero de sonido: Toby Scott

Danny Kortchmar, brillante primera guitarra
de «Trouble».

Génesis y letra

Aunque se trata una vez más del retablo casi apocalíptico que Bob Dylan da del mundo en el que vive (sequía, hambruna, persecuciones, ejecuciones...), «Trouble» es sin lugar a dudas la canción menos religiosa de *Shot Of* Love. El cantautor no apela ni a Jesucristo ni a los textos sagrados sino, como en los buenos tiempos de *Highway 61 Revisited* y de *Blonde On Blonde*, hace gala de un humor corrosivo para decir que todo va mal y que además irá a peor. Los amuletos no podrán hacer nada, y tampoco la revolución. Incluso en el plano espiritual, «las cosas tampoco funcionan»... y para ilustrar adecuadamente tal sentimiento de fatalidad, nada mejor que un buen blues. Ese es exactamente el tono de «Trouble».

Realización

Así, «Trouble» es un blues eléctrico, en la tradición de Muddy Waters y de Howlin' Wolf. El 23 de abril se realizaron seis tomas (de las cuales una era instrumental). Luego, tras una primera mezcla, Bob Dylan volvió a grabar la canción, probablemente el 14 mayo. La mezcla tuvo lugar cuatro días más tarde. El propio Bob es quien toca la guitarra en la introducción, pero desgraciadamente el dedo le resbala en el último riff, y se le escapa una nota equivocada (0'16). La otra guitarra solista está interpretada por el magnífico Danny Kortchmar, que trabajará, entre otros, con James Taylor, Carole King, Donovan, Etta James o Neil Young.
El solo que realiza en el minuto 2'11 es excelente, así como el bajo de Drummond, que apoya con fuerza el riff de este blues. Lo que sorprende es el ambiente de directo que se desprende del tema, evidentemente grabado en un estudio. Es posible que percibamos ruidos y susurros en al introducción, o la aproximación de la guitarra del cantautor, y el sonido global, que suena como una *«garage band»*. Esta falta de precisión es bastante sorprendente, pero también constituye todo el encanto de «Trouble», un buen blues interpretado en la tradición del género. El único pequeño fallo es el *fade-out* final, demasiado rápido, al igual que el del tema anterior, «In The Summertime». Dylan no interpretó la canción en directo hasta 1989.

Every Grain Of Sand

Bob Dylan / 6'12 minutos

Músicos
Bob Dylan: voz, armónica
Clydie King: voz
Andrew Gold: guitarra
Benmont Tench: teclados
Carl Pickhardt: piano
Steve Douglas: saxo alto
Tim Drummond: bajo
Jim Keltner: batería
Carolyn Dennis, Regina McCrary, Madelyn Quebec: coros
Grabación
Clover Studios, Los Ángeles (California): 29 de abril,
y *overdubs* el 31 de mayo de 1981
Equipo técnico
Productores: Chuck Plotkin, Bob Dylan
Ingeniero de sonido: Toby Scott

Génesis y letra

«Every Grain Of Sand» forma parte de las obras monumentales de Dylan, al mismo nivel que «Chimes Of Freedom» (*Another Side*), que había permitido al cantautor alejarse de las *topical songs* y construir una poesía con múltiples (de Rimbaud a Burroughs), pero única en el universo de la canción. La última confesión de *Shot Of Love* suena como la exaltación de su nueva fe, hasta el punto que Bono de U2 la ha comparado con uno de los «grandes Salmos de David». Lo más extraordinario es que Dylan afirma haber escrito el texto en una única sentada: «Es una canción inspirada que simplemente me vino. No fue muy difícil. Tenía al sensación de escribir palabras que me llegaban desde fuera, y yo las iba juntando».[12]

La canción de Dylan se inspira en *Auguries of Innocence* del poeta británico William Blake, especialmente en los primeros versos (traducidos así): «Ver a un mundo en un grano de Arena y un cielo en una Flor silvestre: Toma la infinitud en la palma de tu mano y la eternidad en una hora». La similitud no es sorprendente, ya que, a un siglo y medio de distancia, Blake y Dylan comparten una misma visión mística y melancólica del mundo. En al canción de Dylan, el narrador sabe que se encuentra en el ocaso de su vida; ha llegado el momento del juicio final, y con él todas las preguntas (aunque dice que no quiere mirar atrás para ver los errores cometidos). Se siente como Caín que, tras matar a su hermano Abel, fue maldecido y, en cierto modo, se compara con un grano de arena en la «mano del maestro»; es decir, mirando hacia ese infinito que seguirá siendo misterioso hasta que crucemos la puerta. Sheryl Crow confesó a la revista *Mojo*: «"Every Grain Of Sand" es la primera canción religiosa que he escuchado que trasciende todas las religiones. Plantea preguntas universales que nos conducen a todos a explorar a Dios, la muerte, la eternidad. La escuché por primera vez cuando salió el álbum, y me gustó enseguida. Luego la canté en el funeral de Johnny Cash, así que tiene un significado especial para mí.»[130]

Realización

La primera grabación data del 23 de septiembre de 1980, en los Rundown Studios. Esta versión, que se puede escuchar en *The Bootleg Series, Vol. 1-3*, es de un romanticismo extremo. Bob Dylan toca el piano, acompañado por Fred Tackett a

Sheryl Crow cantó «Every Grain Of Sand»
en el funeral de Johnny Cash.

Andrew Gold, uno de los guitarristas que enriquecieron el sonido de *Shot Of Love*.

la guitarra y, a los coros, Jennifer Warnes. La versión que cierra *Shot Of Love* data del 29 de abril de 1981: no cabe duda de que es el título mejor producido y el más inmediato del álbum. Hay una evidencia en el sonido y en los arreglos que no engaña. Dylan está desgarrador en su interpretación, acompañado a la vez por Clydie King en las armonías vocales y por las tres coristas en los coros. La atmósfera etérea resulta

de los acordes del teclado de Benmont y de los arpegios del guitarrista Andrew Gold (*overdub* del 31 de mayo). También es la segunda vez que Dylan toca al armónica. Como no toca ningún otro instrumento, podemos percibir la precisión y la definición del sonido que obtiene. Su solo es magnífico. El cantautor tocará «Every Grain Of Sand» en público por primera vez en Lakeland, en noviembre de 1981.

Shot Of Love outtakes

Aunque el tercer álbum de la trilogía cristiana solo contiene nueve canciones, el cantautor grabó unas cuarenta a lo largo de las cuatro series de sesiones de *Shot Of Love* que extendieron de septiembre de 1980 a junio de 1981. Aunque pueda parecer sorprendente, solo cinco de estos temas descartados de la lista definitiva han llegado a ver la luz. «Caribbean Wind» en 1985, en el recopilatorio *Biograph*, y «You Changed My Life», «Need A Woman» y «Angelina» en 1991, con la publicación de *The Bootleg Series, Vol. 1-3*. «Groom's Still Waiting At The Altar», una joya del repertorio dylaniano, salió como cara B del single «Heart Of Mine» el mismo año que el álbum (1981), antes de reincorporarse a la lista de canciones del álbum, cuando se reeditó en 1985. El resto de temas descartados de esas sesiones siguen siendo oficialmente inéditos.

Need A Woman

Bob Dylan / 5'43 minutos

Músicos: Bob Dylan: voz, guitarra; Danny Kortchmar: guitarra (?); Fred Tackett: guitarra (?); Benmont Tench: órgano (?); Tim Drummond: bajo; Jim Keltner: batería; Clydie King, Carolyn Dennis, Regina McCrary, Madelyn Quebec: coros, palmas / **Grabación:** Clover Studios, Los Ángeles (California): 27 de abril o 4 de mayo de 1981 / **Productores:** Chuck Plotkin, Bob Dylan / **Ingeniero de sonido:** Toby Scott / **Recopilatorio:** *The Bootleg Series, Vol. 1-3: Rare & Unreleased 1961-1991*, CD 3 / **Publicación:** 26 de marzo de 1991

Bob Dylan lo dice alto y claro: necesita a una mujer que lo acepte «tal como es» y que no se conforme con «hacerle reproches». La letra de «Need A Woman», original de Bob Dylan, fue reescrita por Ry Cooder cuando recuperó la canción para su álbum *The Slide Area* (1982). Este último explica: «Tuve que cambiar una buena parte de la letra. Tuve que centrar el tema, porque era demasiado vago. Iba en todas direcciones. Me dije que no podía cantar la canción tal cual, que tenía que sacar una buena historia de ella».[25] El propio Bob Dylan también revisó su texto en el estudio, sin quedar plenamente satisfecho, cosa que podría explicar por qué «Need A Woman» se descartó de la lista definitiva de *Shot Of Love*,

aunque encajaba perfectamente con el espíritu del álbum. Es un buen blues rock que debe su dinámica al potente bajo del Tim Drummond. Cabe destacar la presencia de las palmas por primera vez en una canción del cantautor, probablemente ejecutadas por las coristas. Y aunque Bob Dylan no estaba muy convencido de su texto, su voz es muy buena. Además, la mezcla es todo un logro.

Inicialmente se grabaron dos tomas de la canción, el 1 de abril de 1981 en el Cream Studio; luego se realizaron cuatro más, el 27 de abril en los Clover Studios. Sin embargo, en el libreto del recopilatorio la fecha indicada es el 4 de mayo, que en otros lugares aparece como día de mezclas.

Bob Dylan y su orquesta en concierto en el Stadthalle de Viena, el 21 de julio de 1981.

VOL 1-3

Angelina

Bob Dylan / 6'58 minutos

Músicos: Bob Dylan: voz, piano (?); Danny Kortchmar: guitarra (?); Fred Tackett: guitarra (?); Benmont Tench: órgano; Tim Drummond: bajo; Jim Keltner: batería; Clydie King, Carolyn Dennis, Regina McCrary: coros / **Grabación:** Clover Studios, Los Ángeles, (California): 26 de marzo o 4 mayo de 1981 / **Productores:** Chuck Plotkin, Bob Dylan / **Ingeniero de sonido:** Toby Scott / **Recopilatorio:** *The Bootleg Series, Vol. 1-3: Rare & Unreleased 1961-1991*, CD 3 / **Publicación:** 26 de marzo de 1991

Más de quince años después de grabar «Farewell, Angelina», la misteriosa protagonista vuelve a aparecer bajo los focos. ¿En quién pensaba Dylan cuando componía esta nueva canción? Seguramente no era Joan Baez, aunque la cantante hubiera convertido «Farewell, Angelina» en un gran éxito en 1965. Detrás de esta Angelina podría ocultarse la América de Ronald Reagan, que hacía poco que ocupaba la Casa Blanca. También podríamos entenderla como el cuarto ángel, que anuncia el apocalipsis tocando su trompeta (Apocalipsis, capítulo VIII). Solo son suposiciones, ya que los caminos de Dylan son inescrutables.

Se realizaron dos tomas de «Angelina» en los Rundown Studios, el 26 de marzo de 1981, con Jimmy Iovine como productor. Parece que se volvió a grabar 4 de mayo en los Clover Studios (según las indicaciones del libreto del recopilatorio). Probablemente es el propio Dylan quien canta y se acompaña al piano. Esta balada es excelente, aunque los arreglos habrían merecido más atención para estar a la altura del magnífico texto del cantautor. Por motivos de extensión, Bob Dylan se vio obligado a cortar varias estrofas. Esta podría ser la explicación de su ausencia en *Shot Of Love*.

Caribbean Wind

Bob Dylan / 5'54 minutos

Músicos: Bob Dylan: voz, guitarra; Clydie King: voz; Danny Kortchmar: guitarra (?); Fred Tackett: guitarra (?); Steve Ripley: guitarra (?); Benmont Tench: órgano (?); Carl Pickhardt: piano (?); Tim Drummond: bajo; Jim Keltner: batería, percusiones (?) / **Grabación:** Clover Studios, Los Ángeles, (California): 30 de abril o o 1 de mayo de 1981 / **Productores:** Chuck Plotkin, Bob Dylan / **Ingeniero de sonido:** Toby Scott / **Recopilatorio:** *Biograph*, CD 3 / **Publicación:** 28 de octubre de 1985

«Empecé [a escribirla] en St Vincent, al despertar tras un extraño sueño bajo un sol de plomo. Había un grupo de mujeres que trabajaban en en un campo de tabaco, en lo alto de una colina. Muchas de ellas fumaban en pipa».[12] Así nació «Caribbean Wind», una canción que el propio Bob Dylan confesó haber tardado mucho tiempo en escribir, haberla vuelto empezar, abandonado y haberla recuperado. En este caso también abundan las imágenes enigmáticas. La protagonista viene de la «ciudad de las siete colinas». ¿Quizá se trata de una referencia a Roma (de la que Pedro fue el primer obispo)? El misterio crece cuando el narrador se pregunta si se trata de una mujer o de un niño, y luego, en la penúltima estrofa, cuando la describe con «campanillas en las trenzas que le llegaban hasta los dedos de los pies». Como suele hacer, Bob Dylan en realidad describe una civilización al borde del abis-

mo, un ambiente apocalíptico. ¿Es el «viento del Caribe» el que acabará por llevárselo todo a su paso?

Antes de alcanzar su forma definitiva, «Caribbean Wind» exigirá a Bob Dylan y a sus músicos muchos esfuerzos, y que la canción se trabajará en los Rundown Studios, en el Studio 55 y finalmente en los Clover Studios. Según los informes de estudio, la toma definitiva sería del 30 de abril o del 1 de mayo. Aunque la letra no sea especialmente serena, la música brilla por su dinámica y su color californiano. Oímos a Bob tocando la guitarra acústica, una sonoridad que no aborda en *Shot Of Love*, y el conjunto de músicos ofrece un formidable acompañamiento rítmico. Clydie King armoniza la voz del cantautor, y parece que también es ella la que emite profundas respiraciones, sobre todo en la introducción.

You Changed My Life

Bob Dylan / 5'14 minutos

Músicos: Bob Dylan: voz, guitarra; Clydie King: voz; Danny Kortchmar: guitarra; Steve Ripley: guitarra; Benmont Tench: teclados; Carl Pickhardt: piano; Tim Drummond: bajo; Jim Keltner: batería / **Grabación:** Clover Studios, Los Ángeles (California): 23 de abril de 1981 / **Productores:** Chuck Plotkin, Bob Dylan / **Ingeniero de sonido:** Toby Scott / **Recopilatorio:** *The Bootleg Series, Vol. 1-3: Rare & Unreleased 1961-1991*, CD 3 / **Publicación:** 26 de marzo de 1991

Bob Dylan se vuelve a dirigir a Dios, que ha llegado a él «en una época de disensiones». El cantautor llega a agradecerle que le salvara la vida, de haberlo sacado de la ignorancia. Esta canción, grabada por primera vez en los Rundown Studios de Santa Mónica el 11 de marzo de 1981, se reelaboró en Los Ángeles, en el Cream Studio, el 1 de abril, y una última vez el 23 del mismo mes, en los Clover Studios. Se realizaron once tomas. Ninguna de ellas se incluirá en *Shot Of Love*.

Es un muy buen tema; roquero, dinámico, con una magnífica parte de batería a cargo de Jim Keltner y un magnífico solo de guitarra de Kortchmar (¿o Ripley?) realzado por una enorme *reverb/delay*. Bob disfruta cantando y nosotros compartimos su entusiasmo. No hay duda de que «You Changed My Life» se descartó del álbum por su estilo demasiado roquero, que no encajaba con el ambiente general, pero es una lástima.

The Groom's Still Waiting At The Altar

Bob Dylan / 4'05 minutos

SINGLE
FECHA DE PUBLICACIÓN
Heart Of Mine / The Groom's Still Waiting The Altar

septiembre de 1981

(REFERENCIA COLUMBIA 18-02510)

Músicos
Bob Dylan: voz, guitarra
Danny Kortchmar: guitarra
Fred Tackett: guitarra (?)
Benmont Tench: teclados
Carl Pickhardt: teclados
Tim Drummond: bajo
Jim Keltner: batería (?), maracas (?)
Ringo Starr: batería (?), maracas (?)
Clydie King, Carolyn Dennis, Regina McCrary, Madelyn Quebec: coros

Grabación
Rundown Studios, Santa Mónica (California):
11 o 15 de mayo de 1981

Equipo técnico
Productores: Chuck Plotkin, Bob Dylan
Ingeniero de sonido: Toby Scott

PARA LOS ADICTOS A DYLAN

Como pasa a menudo, Bob Dylan modificó al letra de su canción antes de grabarla. En el texto original, citaba Fanning Street. («Si la ves en Fanning Street, dile que todavía pienso que es pura»). En este caso concreto se refiere a la calle de Shreveport (Luisiana), donde se encontraban los burdeles y los clubes nocturnos. Leadbelly cantó un blues que se llama precisamente «Fannin Street».

Génesis y letra

Bob Dylan escribió «The Groom's Still Waiting At The Altar» durante el verano de 1980. Es un blues rock que habría podido encontrar su lugar en *Highway 61 Revisited* o en *Blonde On Blonde*. Pero desde aquella época la voz de Dylan ha cambiado, al igual que sus relaciones con Jesucristo. Aunque la canción está impregnada de surrealismo, con una serie fulgurante de imágenes que no guardan ninguna relación entre si, también se inscribe en las profecías bíblicas. El narrador, que ha «rezado en el gueto», ve cómo «el telón se alza sobre una nueva era»; o, dicho con otras palabras, asiste o espera que llegue el apocalipsis. Incluso cita el Jordán, el río más allá del cual se sitúa la tierra que Moisés prometió a los hebreos. En cuanto al novio que aún está esperando en el altar, ¿podría ser el propio Dylan?

Realización

Este excelente tema presenta muchas incertidumbres en cuanto a su realización: los informes de estudio mencionan el 27 de marzo de 1981 en los Rundown Studios, el libreto de *Biograph* el 11 mayo, y el propio Dylan habla de una posible participación del baterista de los Beatles fechada el 15 de mayo en los Clover Studios: «Danny [Kortchmar] toca en esta canción, y quizá también Ringo Starr, ya no me acuerdo»,[12] explicará. Al escuchar la interpretación de la batería, nos damos cuenta de que es plausible que sea Ringo. Pero, ¿por qué motivo se descartó esta canción de la lista definitiva de *Shot Of Love*? Inicialmente Bob Dylan consideró que se había echado a perder. Pero cuando la escuchó más adelante le pareció que sonaba bastante bien. Hay que decir que fue Chuck Plotkin quien la convirtió en un tema seductor para sus oídos. Reelaboró en solitario la primera versión, pista por pista, utilizando un proceso largo y tedioso para acelerarla sin deformar la voz del cantautor. Plotkin explica: «Y cuando llegó el momento de hablar de la cara B, dije: "¿Qué te parece 'Groom'?" Y el respondió: "Es demasiado lenta". Yo le dije: "Pues bien, la he cambiado. Ahora suena fantástica [...]". La escuchamos juntos y le gustó mucho». Este testimonio permite eliminar la sesión del 27 de marzo: el productor era Jimmy Iovine, y Plotkin aún no había empezado a trabajar.

Así, durante un primer período la canción fue la cara B del single *Heart Of Mine*, pero a mediados de la década 1980 Bob Dylan y Columbia decidieron incluir «The Groom's Still Waiting The Altar» en *Shot Of Love*, como sexto tema del álbum.

1983

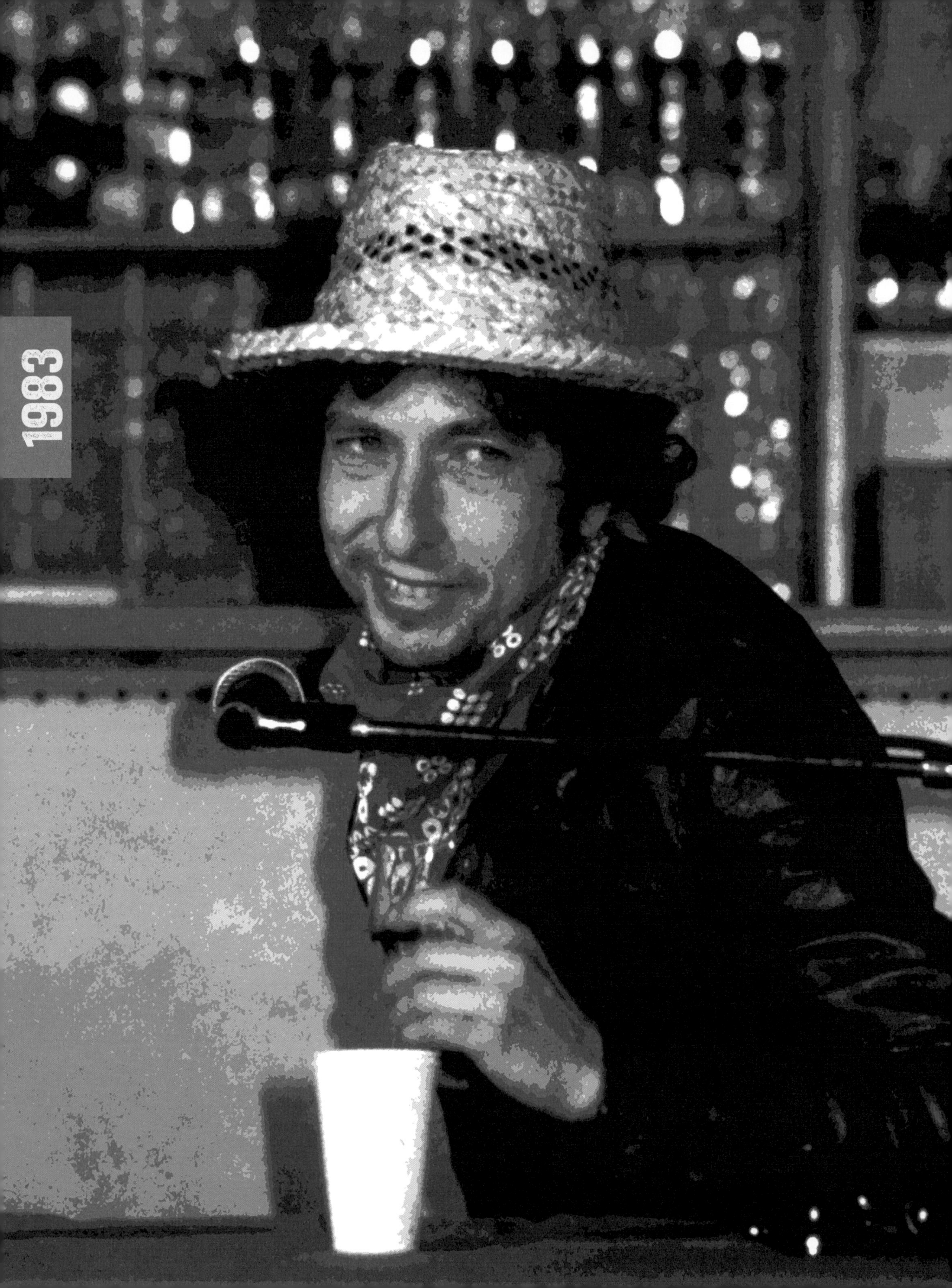

Infidels

Jokerman
Sweetheart Like You
Neighbourhood Bully
License To Kill
Man Of Peace
Union Sundown
I And I
Don't Fall Apart On Me Tonight

ÁLBUM
FECHA DE PUBLICACIÓN
27 de octubre de 1983
Columbia
(REFERENCIA COLUMBIA QC 38819)

Con su Telecaster en bandolera, Bob Dylan vuelve a la canción comprometida con *Infidels*.

Infidels,
el regreso del cantautor

El álbum

Infidels, vigesimosegundo álbum de estudio del cantautor, que apareció dos años después de *Shot Of Love*, marca el regreso de Bob Dylan a temas seculares, pero sobre todo a la canción comprometida (aunque sigue rechazando que lo consideren como un autor de canciones políticas). Dylan vuelve a abordar algunos de sus temas (la mujer, la ruptura amorosa y la fragilidad del amor), pero también ofrece algunas canciones envenenadas sobre la sociedad de la década de 1980, como «License To Kill», en la que el cantautor se interroga sobre las ventajas del progreso y condena la carrera armamentística, «Union Sundown», donde carga contra la globalización, o «Neighborhood Bully», que podemos interpretar como una legitimación de la política del estado de Israel, rodeado de países «pacifistas» –fina ironía, no hace falta decirlo.

Aunque *Infidels* se desmarca de la trilogía cristiana, sus canciones siguen estando fuertemente influidas por los textos sagrados. Basándose en el Levítico y el Deuteronomio, Bob Dylan convierte el «Jokerman» en la encarnación del anticristo y anuncia la inminente lucha decisiva entre el bien y el mal. «Man Of Peace» expresa la idea de que Satán puede disfrazarse de «hombre de paz», cosa que se puede leer en la segunda Epístola de san Pablo a los Corintios. Por otro lado, «I And I» se inspira en el pensamiento rastafari, según el cual Dios vive en cada uno de los seres humanos. También hay que mencionar «Lord Protect My Child» (canción descartada), en la que el na-rrador (Bob Dylan) se dirige a Dios para que cuide de su hijo, y «Foot Of Pride» (también descartada), en la que, inspirándose en los Salmos, fustiga el orgullo de la naturaleza humana. Desde el inicio, *Infidels* es una mezcla equilibrada de canciones profanas y textos de inspiración religiosa.

La elección del título es enigmática. ¿Por qué *Infidels*? «Quería llamarlo *Surviving In A Ruthless World*» («Sobrevivir en un mundo sin piedad»), explicará en 1984. Pero cuando alguien el señaló que los títulos de sus últimos cuatro álbumes empezaban por la letra «s», cambió de idea. «Y entonces me vino *Infidels* a la cabeza. No tengo ni idea de lo que significa...».[20]

La carátula

La fotografía de la portada es un primer plano de Bob Dylan capturado por Sara el día de la Bar Mitzvah de su hijo mayor Jesse, que celebraron durante su viaje a Israel en septiembre de 1983. El cantautor, mal afeitado y tras unas gafas de sol, parece inmerso en sus pensamientos. Dentro de la carátula interior encontramos otra foto de Dylan en el monte de los Olivos con Jerusalén al fondo. El dibujo de la contraportada, del propio cantautor, en principio estaba pensado para ir en la portada.

La grabación

Unas semanas antes de entrar al estudio, Bob Dylan reanudó el contacto con Mark Knopfler, que ya estaba en las sesiones de *Slow Train Coming*. El líder de los Dire Straits tiene una

Mark Knopfler y Alan Clark de Dire Straits respondieron positivamente a la llamada de Dylan.

LOS *OUTTAKES*

Blind Willie McTell
Slow Try Baby
Columbus Georgia
Back To The Wall
Oklahoma Kansas
Clean Cut Kid
Rainbow
This Was My Love
Man Of Peace
Don't Fly Unless It's Safe
Jesus Met The Woman At The Well
He's Gone
Someone's Got A Hold Of My Heart
Dark Groove
Borderline
Tell Me
Foot Of Pride
Julius And Ethel
Don't Drink No Chevy
How Many Days
Lord Protect My Child
Green Grass
Death Is Not The End

SINGLE

Angel Flying Too Close To The Ground

misión doble: acompañar al maestro a la guitarra y coproducir con él las canciones del álbum. Pero, ¿Por qué Dylan, que podría producirlas solo perfectamente, acude al guitarrista inglés? Parece que su auténtica motivación proviene de su dificultad de dominar la revolución tecnológica del paso del analógico al digital. Clinton Heylin sugiere que Dylan contactó con David Bowie, Frank Zappa y Elvis Costello antes de decidirse por el líder de los Dire Straits, al que conocía bien, y que, desde las sesiones de *Slow Train Coming*, se ha convertido en uno de los artistas más cotizados del planeta.

Es idea de Knopfler incorporar al equipo el teclista Alan Clark y el ingeniero de sonido Neil Dorfsman, que anteriormente había grabado *Love Over Gold* (1982) y la banda sonora de *Local Hero* (1983). Por iniciativa de Dylan también se sumaron al proyecto el bajista Robbie Shakespeare, el baterista Sly Dunbar –la mejor sección rítmica del reggae– y el formidable exguitarrista de los Rolling Stones Mick Taylor. «Yo había propuesto a Billy Gibbons, pero creo que Bob nunca había oído hablar de ZZ Top»,[131] recuerda Mark Knopfler. El estudio elegido es el Power Station, ubicado en Nueva York.

Dylan y su equipo grabaron *Infidels* en veintidós sesiones, de las cuales cuatro fueron (con toda probabilidad) para los *overdubs*, entre el 11 de abril y el 18 de mayo de 1983. Se trata de un récord en su discografía. Estas sesiones generarán numerosas canciones descartadas y tomas distintas, para resultar finalmente en los ocho temas que se incluyen en el álbum. Algunas de las canciones descartadas se dejaron de lado de forma incomprensible, como la «Blind Willie McTell».

Durante una entrevista para *Guitar Player*, Mark Knopfler reconoce que no era fácil trabajar con Dylan. «Cada canción tiene su secreto, que es distinto de los de las otras; cada una

Mick Taylor. Un ex-Rolling Stone que se hizo «dylanmaníaco»...

tiene su vida propia [...]. No existen leyes para componer canciones ni para producirlas [...] Diría que yo era más disciplinado. Pero creo que Bob era más disciplinado como autor de letras, como poeta. Es un auténtico genio. Como cantante; un auténtico genio. Pero, en el plano musical, creo que es más básico. La música no suele ser más que el canal para expresar su poesía».[131]

Efectivamente, a Dylan el gusta que sus canciones se graben deprisa, de algún modo para realzar la creatividad instantánea de cada uno: «¿Habéis escuchado algún disco de los Eagles? Sus canciones sonido buenas, pero cada nota es previsible. Uno sabe *exactamente* lo que va a pasar. Y eso es lo que empecé a sentir con *Infidels*, y no me gustó, así que decidimos rehacer algunas de las partes vocales.»[89] Por su lado, Mark Knopfler precisa: «Fue Bob quien mezcló las canciones, porque yo tuve que irme de gira por Alemania con Dire Straits. Creo que cambió algunas cosas. Solo he escuchado este álbum una *vez*».[131]

Infidels sale a la venta el 27 de octubre de 1983. Aunque no se deshacen en elogios, la mayoría de críticos valoran la voluntad de Dylan de sonar distinto. Para Christopher Connelly de *Rolling Stone*, incluso es la mejor obra de Dylan desde *Blood On The Tracks*: «Un impresionante regreso de su poder de letrista y compositor de melodías, que parecía haberlo abandonado por completo»,[132] escribe. Sin embargo, el álbum no alcanzará un gran éxito en el aspecto comercial.

Datos técnicos

Infidels se realizó en el seno del extraordinario complejo de grabación situado en Manhattan, concretamente en el 441 de West 53rd Street, fundado en 1977 por el ingeniero de soni-

do Tony Bongioni (primo de Jon Bon Jovi). Se bautizó Power Station en referencia a la central eléctrica que ocupaba el edificio originalmente (actualmente se llaman Avatar Studios). Dylan y su equipo reservaron el estudio A, una inmensa sala que podía acoger una orquesta de más de sesenta músicos y cuya acústica es famosa en el mundo entero, sobre todo por la calidad del sonido que se obtiene de las baterías. Para este álbum, Dylan tendrá que pasar por una de las primeras grabaciones realizadas con un magnetófono digital, probablemente un Sony 3324. Neil Dorfsman, el ingeniero de sonido del disco, recuerda la grabación de *Infidels* como «una pesadilla». Aquellas máquinas primerizas no permitían montar nada, «solo grabar, y gracias…», dice. Y añade: «Los convertidores no funcionaban, las correcciones de errores [digitales] eran audibles, y en general todo era raro».[133] La consola de mezclas parece ser la Neve 8068 con 32 entradas, con limitadores Urei y una serie de 24 Pultec para la ecualización. Además de las dos reverberaciones, el estudio A disponía EMT 140 estéreo. Los cascos de estudio sonido Altec 604 E y Yamaha NS-10. Hay un número considerable de micros, entre los que hay que mencionar un par de Neumann KM86 colgados permanentemente del techo de la gigantesca sala de grabación.

Los instrumentos

Siempre es difícil saber qué guitarras toca Dylan en los álbumes, pero suponemos que en *Infidels* tocó, entre otras, su Fender Stratocaster. Por su lado, Mark Knopfler tocó una Greco acústica hecha a mano y una magnífica Schecter Stratocaster roja. En cuanto a Mick Taylor, grabó principalmente con su Gibson Les Paul, pero también con su Fender Stratocaster o Telecaster, y en acústico, su Ovation o su Guild.

Jokerman

Bob Dylan / 6'19 minutos

Músicos
Bob Dylan: voz, armónica
Mark Knopfler: guitarra
Mick Taylor: guitarra
Alan Clark: teclados
Robbie Shakespeare: bajo
Sly Dunbar: batería, percusiones
Grabación
Power Station / estudio A, Nueva York:
14 de abril, y *overdubs* 8 de mayo de 1983
Equipo técnico
Productores: Bob Dylan, Mark Knopfler
Ingeniero de sonido: Neil Dorfsman

Sly Dunbar, un percusionista que llegó de Jamaica
para tocar en «Jokerman».

Génesis y letra

En una entrevista de Kurt Loder para *Rolling Stone* de marzo de 1984, Bob Dylan explica cómo nació «Jokerman», durante unas vacaciones en el Caribe: «Íbamos en barco con un tipo. "Jokerman" se me ocurrió en las islas. Es muy mística. Las formas de allí, y las sombras, tienen un aspecto muy arcaico. Para esta canción me inspiraron más o menos unos espíritus llamados *jumbis*.»

Los *jumbis* ejercían su poder maléfico en el Caribe. Para Bob Dylan, son el Jokerman. Todavía muy influido por les textos sagrados, y especialmente por el Eclesiastés y las Revelaciones, el cantautor convierte a este Jokerman en la encarnación del anticristo, el hijo de la perdición, el «manipulador de las multitudes», el hombre de «Sodoma y Gomorra». A este espíritu del mal, que solo obedece a la «ley de la jungla», opone los preceptos morales que se pueden leer en el Levítico y el Deuteronomio (tercero y quinto libros del Antiguo Testamento [o Torá]). La última estrofa deja adivinar el inicio de la lucha final entre el bien y el mal con el «nacimiento de un príncipe».

Esta visión mística no es la única interpretación posible. El Jokerman podría ser sencillamente el artista, cuya función principal consiste en entretener a las masas: es aquel que «baila al sonido del ruiseñor». Como siempre pasa con Dylan, es una canción que puede valorarse independientemente de la lectura que se haga de ella. En 1991 confesará al periodista Paul Zollo que no quedó muy satisfecho con la canción: «Es una canción que se me escapó de las manos [...], para mí no es un logro porque la escribí y la reescribí y la volví a escribir...».[20]

Realización

Sly Dunbar explicó a *Mojo*: «Bob Dylan siempre hace sus canciones en distintas tonalidades, de la misma forma [...] que cambia la letra sobre la marcha. Cuando hicimos "Jokerman", la grabamos y, durante la noche, nos tomamos un descanso. [Bob Dylan] volvió la mañana siguiente y dijo: "Hey, caballeros, podríamos volver a ensayar 'Jokerman'?". Nadie sabía que el magnetófono estaba grabando. Ensayamos la música y dijo: "Muy bien, ya está"; la toma que no sabíamos que habíamos grabado fue la que eligió. Fue toda una sorpresa».[134]

La grabación de «Jokerman» empezó el 13 de abril de 1983 con cinco tomas. El día siguiente se hizo otra. El color del tema se anuncia desde el primer *break* de tom-tom: el ritmo será

Sly Dunbar y Robbie Shakespeare, la sección rítmica más célebre del reggae.

reggae, o más exactamente reggae y rock. Hay que decir que la rítmica que ofrecen esos dos gigantes de la música jamaicana que son Sly Dunbar y Robbie Shakespeare es inimitable y simplemente irresistible. La pulsión, tan característica, que insuflan a esta balada le confiere curiosamente un aspecto pop reforzado por las sonoridades de la Stratocaster (Schecter) de Mark Knopfler. Acompañado por el órgano, muy etéreo, de Alan Clark, Bob Dylan ofrece una excelente parte vocal en esta balada con una armonía muy rica y poco frecuente en su discografía. Después de un primer solo de Knopfler, de ejecución impresionante como siempre, Dylan interviene con la armónica (en mi*b*). El sonido es bastante curioso, muy ecualizado y sin duda modificado con un efecto. Pero el resultado encaja muy bien con el tema. Finalmente, después de la cuarta estrofa (hacia 3'29), escuchamos la primera intervención

de Mick Taylor, sin duda con su Gibson Les Paul saturada. «Jokerman», título de obertura de *Infidels*, es una excelente canción que anuncia una nueva dirección en la discografía del cantautor: es el primer tema de Dylan que escuchamos en digital. El sonido es más frío, más limpio, pero con una espacialización mejor y mayor precisión. Bob acaba de entrar en la era digital. El 8 de mayo, según los informes de estudio, el percusionista Sammy Figueroa habría añadido unas percusiones que lamentablemente son inaudibles.

«Jokerman» se publicó como single (con una versión en directo de «Isis» en la cara B) en abril de 1984, exactamente un año después de las sesiones de grabación, pero no alcanzó las listas de éxitos. Sin embargo, Bob Dylan la ha interpretado más de 150 veces en concierto, desde su directo en las arenas de Verona, el 28 de mayo de 1984.

Sweetheart Like You

Bob Dylan / 4'36 minutos

Músicos

Bob Dylan: voz
Mark Knopfler: guitarra
Mick Taylor: guitarra
Alan Clark: órgano, piano
Robbie Shakespeare: bajo
Sly Dunbar: batería, percusiones

Grabación

Power Station / estudio A, Nueva York:
18 de abril, y *overdub* 10 de mayo de 1983.

Equipo técnico

Productores: Bob Dylan, Mark Knopfler
Ingeniero de sonido: Neil Dorfsman

Bob Dylan y Mick Taylor en concierto en Rotterdam, unos meses después de la publicación de *Infidels*.

Génesis y letra

La heroína de la canción es una mujer que posee todas las cualidades imaginables, tanto en el plano físico como en el espiritual. Símbolo de la resistencia frente a la bajeza humana, soporta todas las humillaciones y se burla de que la critiquen a sus espaldas. Incluso tendría una dimensión crística... Sin embargo, Dylan escandalizó a todo el movimiento feminista con esta frase provocadora: «Una mujer como tú debería estar en casa / [...] / Esperando a aquel que te ame de veras». Se defenderá de las acusaciones en 1984, con Kurt Loder: «De hecho este verso no me salió como quería».[20] En este tema también podemos percibir un comentario sobre la revolución conservadora que durante la misma época ocupaba a Reagan en Estados Unidos y a Thatcher en el Reino Unido. La última estrofa es clarísima en este aspecto. Después de condenar el patriotismo, como «último refugio / Al que se agarran los canallas», Bob Dylan lanza esta frase en forma de eslogan: «Si robáis un poco os meterán en la cárcel / Si robáis mucho os convertirán en reyes». En una entrevista de 1983, Martin Killer explicó que para Bob Dylan «Sweetheart Like You» era «una balada al estilo de lord Byron, una especie de Childe Harold en Babilonia [en referencia al poema *Las peregrinaciones de Childe Harold*] o un rhythm'n'blues isabelino».

Realización

Con «By The Way That's A Cute Hat» como título provisional, Dylan y sus músicos grabaron dos tomas de «Sweetheart Like You» el 14 de abril, y dieciocho más cuatro días más tarde (la novena fue la elegida como base rítmica). Esta balada soul-pop es otro magnífico tema de este álbum. Dylan ofrece una excelente interpretación vocal, moviéndose en distintos registros, de la emoción a la firmeza. El dúo jamaicano acompaña con sobriedad. También se oyen dos guitarras acústicas, probablemente interpretados por Knopfler, que sin duda también es responsable de la eléctrica que toca el riff durante todo el tema. Pero lo que más llama la atención es el solo final, extraordinario, que interpreta Mick Taylor con su Gibson Les Paul (*overdub* del 10 de mayo). En el videoclip oficial de la canción vemos a una guitarrista tocándolo en *playback*: se trata de Carla Olson, que más adelante colaborará con Mick Taylor («Too Hot For Snakes», 1991).

Neighborhood Bully

Bob Dylan / 4'38 minutos

PARA LOS ADICTOS A DYLAN
Según Michael Krogsgaard,[82] el 17 de mayo tuvo lugar una sesión de grabación, o más probablemente de *overdubs*, de «Neighborhood Bully» en el Power Station Studio, con Ron Wood a la guitarra, Marc Rivera al saxo, Robert Funk al trombón y Laurence Etkin a la trompeta. Pero parece que el resultado de la sesión no se conservó para el disco.

Músicos

Bob Dylan: voz, guitarra (?)
Mark Knopfler: guitarra
Mick Taylor: guitarra
Ron Wood: guitarra (?)
Alan Clark: teclados
Mark Rivera: saxo (?)
Robert Funk: trombón (?)
Laurence Etkin: trompeta (?)
Robbie Shakespeare: bajo
Sly Dunbar: batería
Sammy Figueroa: percusiones (?)

Grabación

Power Station / estudio A, Nueva York:
19 de abril, y *overdubs* 8 y 10 de mayo de 1983

Equipo técnico

Productores: Bob Dylan, Mark Knopfler
Ingeniero de sonido: Neil Dorfsman

Ron Wood habría participado con *overdubs* de guitarras en una versión de «Neighborhood Bully» que no se incluyó en el álbum.

Génesis y letra

Cuando Kurt Loder, de *Rolling Stone*, le preguntó si «Neighborhood Bully» era una canción abiertamente sionista, Bob Dylan respondió: «No soy un cantautor comprometido. [...] Para mí, "Neighborhood Bully" no es una canción política, ya que si lo fuera, algún partido político la habría reivindicado. Si estuviera hablando de una canción sobre la política de Israel [...], solo en Israel deben haber unos veinte partidos políticos. No sé a quién aludiría, a qué partido».[135]

Sin embargo, la letra de «Neighborhood Bully» es bastante reveladora. Es evidente que el «chico duro del barrio» es el estado de Israel, cuyos ciudadanos «fueron perseguidos por todos los países», que ha tenido que acostumbrarse a vivir con «una cuerda alrededor del cuello y un fusil al hombro», pero que finalmente ha triunfado sobre los «imperios que lo sometieron». Unas palabras reveladoras, pero al mismo tiempo irónicas, por no decir provocadoras: «Está rodeado de pacifistas que siempre desean la paz». Desde que leyó las obras del evangelista Hal Lindsey, Bob Dylan está totalmente convencido de que la batalla final –el Armagedón– tendrá lugar en Oriente Medio. En este caso se inspira en el libro de Daniel (XII, 2): «Y muchos de los que duermen en el suelo polvoriento se despertarán, unos para la vida eterna, y otros para la ignominia, para el horror eterno».

Realización

Primer rock del álbum, «Neighborhood Bully» se presta al lucimiento de las guitarras. Mark Knopfler se encarga del riff principal acompañado por el bajo de Robbie Shakespeare, y Mick Taylor de la guitarra *slide*. Incluso parece que Bob Dylan contribuye a la rítmica con su Fender Stratocaster negra. Sly Dunbar ofrece una parte de batería bastante lineal, lejos de su ejecución habitual. En cuanto a Dylan, canta su texto con una voz bastante rabiosa y cínica. Pero a esta canción le falta algo de relieve, nos habría gustado oír la *slide* de Taylor un poco más en primer plano, una rítmica menos rígida y el teclado de Clark más suelto. Cabe destacar que las guitarras de Taylor, grabadas por *overdub* el 10 de mayo, suenan muy «Rolling Stones» en las partes rítmicas (escúchese a partir de 4'12). Sammy Figueroa habría añadido percusiones el 8 de mayo, pero en este caso tampoco son audibles.

License To Kill

Bob Dylan / 3'35 minutos

Músicos: Bob Dylan: voz, armónica; Mark Knopfler: guitarra; Mick Taylor: guitarra; Alan Clark: teclados; Robbie Shakespeare: bajo; Sly Dunbar: batería / **Grabación:** Power Station / estudio A, Nueva York: 13 de abril de 1983 / **Productores:** Bob Dylan, Mark Knopfler / **Ingeniero de sonido:** Neil Dorfsman

Génesis y realización

El mismo año en que el gobierno Reagan se lanzó a su ambiciosa iniciativa de defensa estratégica (o guerra de las «galaxias»), Bob Dylan se plantea una pregunta fundamental en «License To Kill». Teniendo en cuenta que la tecnología es a la vez capaz de enviar el hombre a la Luna y destruir el planeta a golpe de bombas nucleares, ¿dónde está el progreso? Para el cantautor, es evidente que la humanidad necesita volver a las raíces. Así, «License To Kill» no es solo una diatriba contra la carrera armamentística: es un manifiesto ecologista; un alegato a favor de la naturaleza, con la que es necesario vivir en armonía. Pero no se hace muchas ilusiones. Al contrario, esa «[mujer]», que está tranquilamente sentada mientras la noche sigue creciendo», nos recuerda que el error que la humanidad ha cometido no se podrá reparar: nadie va a retirarle su «licencia para matar».

«License To Kill» se grabó en una sola toma, el 13 de abril de 1983. Parece que esta balada no supuso ningún problema de realización. Dylan canta con un tono casi resignado con una melodía simple y eficaz. El grupo toca al unísono, los arreglos son sobrios, la Stratocaster de Knopfler toca en rítmica con matices y delicadeza (a la izquierda en el estéreo), y la Gibson de Taylor ofrece los solos necesarios (a la derecha). Es el cantautor quien cierra el tema con un solo de armónica (en fa#), que finaliza de forma algo abrupta. Bob Dylan la cantó por primera vez en Verona (Italia), el 28 de mayo de 1984.

Man Of Peace

Bob Dylan / 6'32 minutos

Músicos: Bob Dylan: voz, armónica; Mark Knopfler: guitarra; Mick Taylor: guitarra; Alan Clark: órgano, piano; Robbie Shakespeare: bajo; Sly Dunbar: batería / **Grabación:** Power Station / estudio A, Nueva York: 14 de abril, y *overdub* 10 de mayo de 1983 / **Productores:** Bob Dylan, Mark Knopfler / **Ingeniero de sonido:** Neil Dorfsman

Génesis y realización

Bob Dylan bebe de la fuente del capítulo XI (versículo 14) de la segunda Epístola de san Pablo a los Corintios. En este caso, el diablo aparece como un «hombre de paz», un «gran humanista», un «gran filántropo», aunque en realidad es un nuevo Führer. Al mismo tiempo, el cantautor nos hace comprender que no hay que resignarse, sino al contrario, hay que rebelarse contra las fuerzas del mal. Entonces pensamos en el Evangelio según san Mateo (X, 34): «No piensen que he venido a traer la paz sobre la tierra. No vine a traer la paz, sino la espada». No se trata de una declaración de guerra, sino de una especie de metáfora sobre el despertar de las conciencias. No hay que doblar el espinazo: este es el mensaje que se dibuja sutilmente en esta canción.

«Man Of Peace», un tema de estilo muy roquero, a caballo entre The Rolling Stones y The Velvet Underground, se grabó el 14 de abril en tres tomas, y la última fue la que se incluyó en el álbum. En el tema se distinguen cuatro solos distintos, un hecho muy singular en la discografía del cantautor: un primer solo de Knopfler con su National (1'39), dos más de Taylor en *slide* (3'05 y 4'30, añadidos por *overdub* el 10 de mayo) y finalmente un solo final de Dylan, con una armónica de sonido saturado (5'27). Todos son excelentes; el único pero es que se oyen poco en la mezcla.

COVERS

«Man Of Peace» ha generado numerosas versiones. La más interesante es la de Joe Perry (guitarrista de Aerosmith), que la grabó para *Chimes Of Freedom: The Songs Of Bob Dylan* (2012), álbum que celebraba el 50.º aniversario de Amnistía Internacional.

Union Sundown

Bob Dylan / 5'26 minutos

Músicos
Bob Dylan: voz, guitarra
Clydie King: voz
Mark Knopfler: guitarra
Mick Taylor: guitarra
Alan Clark: teclados
Robbie Shakespeare: bajo
Sly Dunbar: batería, percusiones
Grabación
Power Station / estudio A, Nueva York: 2 de mayo de 1983
Equipo técnico
Productores: Bob Dylan, Mark Knopfler
Ingeniero de sonido: Neil Dorfsman

Mark Knopfler con su magnífica Schecter Stratocaster roja.

Génesis y letra

Con esta canción, compuesta en 1983, Bob Dylan vuelve a demostrar sus habilidades de visionario. En este caso firma un manifiesto irreductible contra la globalización, contra los teóricos de esta liberalización del comercio que ha transformado el ser humano en un simple consumidor. Las palabras aún expresan más con el genial manejo del humor y la ironía que caracteriza al cantautor. Zapatos de Singapur, un mechero de Taiwán, un mantel de Malasia, una camisa de Filipinas, un vestido de seda de Hong Kong, un collar de perro de la India... queda todo dicho. Aunque esta globalización, que va de «Broadway a la Vía láctea», estaba pensada para beneficiar a Occidente, son los países en vías de desarrollo los que cosechan los frutos.
Bob Dylan se posiciona claramente al lado de las víctimas, de los americanos que, testigos impotentes del sistema, ven como su trabajo se fuga a Argentina o El Salvador. Y fustiga a los responsables, que se consideran dioses en la tierra. Ya no reconoce a la Norteamérica de los pioneros: «El sol se pone sobre la Unión / Y lo que hemos hecho a los Estados Unidos / Seguro que era una buena idea / Hasta que se entrometió la avaricia»: no se puede emitir un discurso más reaccionario. «Union Sundown» no es una canción política; Dylan siempre ha dicho que las «canciones políticas son eslóganes». Se trata más bien de una diatriba feroz contra los políticos: «Enseñadme un político honesto y yo os enseñaré una prostituta santificada», dijo una vez.

Realización

Bob Dylan inicia su cruzada contra el capitalismo desbocado con una voz muy roquera envuelta de un *delay* muy presente. Acompañado en los estribillos por Clydie King, la fiel corista que colabora con él desde *Saved*, el cantautor compuso un blues rock que, una vez más, está hecho a medida para sus dos *guitar heroes*. El riff de base lleva la marca de Mark Knopfler, pero es principalmente Mick Taylor quien adquiere protagonismo con su formidable interpretación en *slide*. Se grabaron dos primeras tomas el 27 de abril, pero parece que Dylan, poco satisfecho con el resultado, pensó en excluirla del álbum. Sin embargo, la retomó el 2 de mayo y, además de la voz, grabó una parte de guitarra rítmica. Se realizaron cinco tomas, y la última fue la que se conservó como máster. El cantautor interpretó «Union Sundown», por primera vez en Houston, el 20 de junio de 1986.

I And I

Bob Dylan / 5'11 minutos

Músicos: Bob Dylan: voz, guitarra (?); Mark Knopfler: guitarra; Mick Taylor: guitarra; Alan Clark: teclados; Robbie Shakespeare: bajo; Sly Dunbar: batería **/ Grabación:** Power Station / estudio A, Nueva York: 27 de abril de 1983 **/ Productores:** Bob Dylan, Mark Knopfler **/ Ingeniero de sonido:** Neil Dorfsman

Génesis y realización

«Yo y yo», traducción literal de «I and I», no tiene mucho sentido, y hay que buscarlo en el contexto del movimiento –o religión– rastafari. Para los rastas, y en particular para su icono, Bob Marley, esta expresión significa que Dios vive en cada uno de nosotros. En 1991 Dylan explicó a Paul Zollo que «I And I» formaba parte de las numerosas canciones que compuso en el Caribe. Sin duda es una de las razones que lo llevaron a hablar de este concepto rastafari.

También podemos interpretar la canción como una alusión al Libro del Éxodo, a la travesía del pueblo hebreo por el desierto del Sinaí para llegar a la Tierra Prometida. ¿Qué nos quiere decir el cantautor esta vez? ¿Que la vida del hombre es una larga búsqueda de Dios? También es posible que el narrador de la canción sueñe despierto, o se deje llevar por pensamientos confusos. En 1984, Mark Knopfler reveló la admiración que siente por la escritura de Dylan: «Basta con escuchar los primeros versos de "I And I" para desanimar a cualquier autor que quiera escribir canciones. Es impresionante».[131] Y Knopfler adorna la canción, desde el primer compás, con sus notas de fraseo excepcional que solo él puede producir con una Stratocaster. El clima del tema es etéreo, sobrio pero también oscuro. Aunque no se registró ningún *overdub*, se oye una guitarra acústica que probablemente no toca Dylan, sino Knopfler o Taylor (al que escuchamos con su Gibson Les Paul). «I And I» se grabó el 27 de abril en ocho tomas. La sexta fue la elegida *Infidels*.

Don't Fall Apart On Me Tonight

Bob Dylan / 5'57 minutos

Músicos: Bob Dylan: voz, guitarra, armónica; Mark Knopfler: guitarra; Mick Taylor: guitarra; Alan Clark: teclados; Robbie Shakespeare: bajo; Sly Dunbar: batería; Sammy Figueroa: percusiones (?) **/ Grabación:** Power Station / estudio A, Nueva York: 12 de abril, y *overdubs* 8 mayo de 1983 **/ Productores:** Bob Dylan, Mark Knopfler **/ Ingeniero de sonido:** Neil Dorfsman

Génesis y realización

Para cerrar *Infidels* Bob Dylan eligió una canción sobre la ruptura amorosa, un tema habitual en su discografía desde la década de 1960. La originalidad de esta reside en el discurso que el narrador hace a la mujer con la que ha compartido su vida. Se prodiga en todo tipo de consejos, pues los tiempos son duros y peligrosos. Se hace preguntas y no duda en sumergirse en el absurdo. Y, sobre todo, evoca el esplendoroso pasado de esa mujer tan bella que el mismísimo Clark Gable habría tratado de seducirla. Aprovecha la ocasión para hablar de su propia existencia, y lamenta no haber sido médico para poder salvar una vida. Una vez más, encontramos una canción poco esperanzada: «El ayer solo es un recuerdo» y «el mañana nunca es lo que pensábamos que sería».

«Don't Fall Apart On Me Tonight» se grabó el 12 de abril en once tomas, y la primera fue la elegida para el álbum. Esta magnífica canción vuelve a hacer honor a los guitarristas del equipo, especialmente a Mick Taylor y su Gibson Les Paul. Este nos hace una demostración de *slide guitar* impresionante; basta con escuchar su solo en el minuto 3'51. Bob no se queda atrás: su interpretación, tanto vocal como a la armónica (en fa) es excelente. Cabe destacar que existe un buen videoclip realizado con una toma descartada de la canción, en el que se pueden ver todos los músicos interpretándola en el estudio.

Infidels outtakes

Durante las sesiones de *Infidels* Bob Dylan grabó veinte canciones que no se incluyeron en el álbum. «Angel Flying To The Ground» salió en single el mismo año (1983). En 1991 Sony elige cuatro de estas canciones para formar parte de *The Bootleg Series, Vol. 1–3*, entre las que se encuentra la magistral «Blind Willie McTell». Quizá otras encontrarán su lugar en nuevos recopilatorios y algún día verán la luz.

VOL 1-3

Blind Willie McTell

Bob Dylan / 5'52 minutos

Músicos: Bob Dylan: voz, piano; Mark Knopfler: guitarra (?); Mick Taylor: guitarra (?) **/ Grabación:** Power Station / estudio A, Nueva York: 5 de mayo de 1983 **/ Productores:** Bob Dylan, Mark Knopfler **/ Ingeniero de sonido:** Neil Dorfsman **/ Recopilatorio:** *The Bootleg Series, Vol. 1–3: Rare & Unreleased 1961–1991*, CD 3 **/ Publicación:** 26 de marzo de 1991

Blind Willie McTell (1898 [?]-1959), que en realidad se llamaba William Samuel McTier, es uno de loa mayores creadores de la historia del blues y una de las grandes referencias de los músicos de la escena roquera, aunque falleció antes del *folk revival* de principios de los años 1960. Cantante y guitarrista callejero en Atlanta, grabó abundantemente a partir de la segunda mitad de la década de 1920, y también durante los años 1940, bajo la protección del folklorista John Lomax. Blind Willie McTell dejó un legado de numerosos blues que se convirtieron en estándares tras su muerte. El más célebre es sin duda «Statesboro Blues».

«Sé que nadie puede cantar blues / Como Willie McTell», dice Dylan en su canción. El cantautor rinde un emotivo homenaje al *bluesman* de Georgia y, como él, canta con una emoción de una intensidad excepcional. «El ulular del búho», «las plantaciones [que arden]» y «los látigos [que azotan]», y ese «joven elegante / Vestido como un terrateniente / [Que sostiene] en la mano un whisky de contrabando»: son evocaciones de la vida que el *bluesman* vivió en el Sur –de la propia esencia del blues. El final de *Blind Willie McTell* suena como un sermón: «El poder, la avaricia y el germen de la corrupción/Parece que son todo lo que queda».

«Blind Willie McTell» es una de las grandes canciones de Bob Dylan, y es bastante extraño, por no decir incomprensible, que quedara descartada de la lista definitiva de *Infidels*. El cantau-

tor se explicó durante una entrevista con Kurt Loder para *Rolling Stone*: «Creía que no la había grabado bien. No entiendo como esa cosa pudo salir de mí».[135] Se lo confirmó a Jonathan Lethem en 2006, también para *Rolling Stone*: «Empecé a tocarla en directo porque había oído que The Band lo hacía. Era una demo, para enseñar a los músicos cómo tenía que sonar. Nunca la desarrollé completamente. Nunca tuve tiempo de acabarla».[136]

El 11 de abril de 1983, Bob Dylan y sus músicos grabaron numerosas tomas de «Blind Willie McTell», algunas probablemente bajo el título «Run Down». El 18 de mayo grabaron dos más, pero Dylan, insatisfecho de esas versiones eléctricas, decide retomarla solo al piano, acompañado por una guitarra acústica. Es una de las dos tomas realizadas el 5 de mayo la que encontramos en el recopilatorio. El tema es de una intensidad increíble; Dylan expresa todo su talento en poco menos de 6'. Aunque su interpretación al piano no es perfecta, la emoción que se desprende convierte esta canción en una de las cumbres de su obra. Probablemente fue Mark Knopfler quien lo acompañó con su Ovation Adamas de 12 cuerdas, ya que la interpretación recuerda mucho a su estilo. Pero existen dudas, ya que lo cierto es que también podría ser Mick Taylor quien tocó al guitarra. Pero como ninguno de los dos lo ha confirmado, la balanza se inclina un poco más hacia Knopfler. Sea como sea, esta versión de «Blind Willie McTell» es un verdadero logro.

Tell Me

Bob Dylan / 4'25 minutos

Músicos: Bob Dylan: voz, guitarra; Mark Knopfler: guitarra; Mick Taylor: guitarra; Alan Clark: teclados; Robbie Shakespeare: bajo; Sly Dunbar: batería; Lou George, Curtis Bedeau, Gerard Charles, Brian George, Paul Anthony: coros / **Grabación:** Power Station / estudio A, Nueva York: 21 de abril, y *overdubs* 18 mayo de 1983 / **Productores:** Bob Dylan, Mark Knopfler / **Ingeniero de sonido:** Neil Dorfsman / **Recopilatorio:** *The Bootleg Series, Vol. 1-3: Rare & Unreleased 1961–1991*, CD 3 / **Publicación:** 26 de marzo de 1991

«Tell Me» es una canción de amor bastante anecdótica en la carrera de Bob Dylan. Un hombre enamorado se pregunta si la mujer a quien ama piensa en otro cuando lo besa. También se pregunta qué será de su vida cuando ella lo deje, e incluso sobre la identidad de su amante. «¿Eres alguien por quien se reza o por quien se llora?», canta al final de la canción. «Tell Me» se grabó el 21 de abril en ocho tomas. Sobre una melodía cercana al calipso, Dylan y sus músicos ofrecen un tema muy agradable que permite a Mick Taylor de recrearse con la guitarra *slide*, abandonando el registro blues para tocar en un estilo más bien hawaiano. El 18 de mayo, en ausencia de Bob Dylan, Mark Knopfler enriqueció el tema con unos coros cantados por los extraordinarios miembros de Full Force. Parece como si el cantautor la olvidara tan pronto como la grabó. O, al menos, hasta la aparición del *The Bootleg, Vol. 1-3*.

Lord Protect My Child

Bob Dylan / 3'57 minutos

Músicos: Bob Dylan: voz, guitarra, armónica; Mark Knopfler: guitarra; Mick Taylor: guitarra; Alan Clark: piano; Robbie Shakespeare: bajo; Sly Dunbar: batería / **Grabación:** Power Station / estudio A, Nueva York: 2 de mayo de 1983 / **Productores:** Bob Dylan, Mark Knopfler / **Ingeniero de sonido:** Neil Dorfsman / **Recopilatorio:** *The Bootleg Series, Vol. 1-3: Rare & Unreleased 1961–1991*, CD 3 / **Publicación:** 26 de marzo de 1991

Raramente Bob Dylan se ha mostrado así de directo. Se dirige a Dios y le pide que proteja a su hijo. Esta súplica no es nada optimista: es la petición de un padre que sabe que no es eterno («Si caigo por el camino / Y no llego a ver otro día / Señor, protege a mi hijo»). Sin embargo se adivina un brote de esperanza en la última estrofa, cuando «Dios y el hombre se reconciliarán», cuando «los hombres se liberen de sus cadenas» y reine la virtud en este mundo…

«Lord Protect My Child» es un rhythm'n'blues interpretado con convicción y cantado con una autenticidad excepcional. La grabación de esta canción data del 2 de mayo. Desde la introducción sospechamos de algún problema técnico, ya que parece que los primeros tiempos de los tres primeros compases se cuadraron en el montaje. Todos los músicos están magníficos, especialmente Alan Clark al piano. Se realizaron diez tomas, pero ninguna de ellas se incluirá en *Infidels*. No sabemos por qué. En cambio, este tema tan espiritual será versionado por Susan Tedeschi, Derek Trucks y Dave Brubeck.

Foot Of Pride

Bob Dylan / 5'58 minutos

Músicos: Bob Dylan: voz, guitarra, armónica; Mark Knopfler: guitarra; Mick Taylor: guitarra; Alan Clark: órgano; Robbie Shakespeare: bajo; Sly Dunbar: batería / **Grabación:** Power Station / estudio A, Nueva York: 25 de abril de 1983 / **Productores:** Bob Dylan, Mark Knopfler / **Ingeniero de sonido:** Neil Dorfsman / **Recopilatorio:** *The Bootleg Series, Vol. 1-3: Rare & Unreleased 1961–1991*, CD 3 / **Publicación:** 26 de marzo de 1991

Bob Dylan ha leído la Biblia en profundidad, y la revindica en esta canción para dar su propia visión del mundo. El propio título está sacado del Salmo 36 (versículo 12): «¡Que el pie del orgulloso no me alcance ni me derribe la mano del malvado!». Con el apoyo de los textos sagrados, el cantautor denuncia sin ambigüedad alguna a todos aquellos que han conducido a la humanidad hasta el borde del abismo. El mundo tal como lo ve Dylan es un mundo de pecado, de hipocresía y de arrogancia; una especie de Babilonia de los tiempos modernos.

En el libreto[25] de *The Bootleg Series, Vol. 1-3* se apunta que la que se encuentra en el recopilatorio es una toma del 25 de abril. «Foot Of Pride» ostenta el record de número de tomas de la discografía de Dylan hasta la fecha: cuarenta y tres, de las cuales catorce son completas, en seis sesiones (22, 23, 25, 26, 27, y 29 de abril). La que se incluye en el disco data del 25 de abril. Este número considerable de tomas demuestra que Dylan no lograba encontrar la fórmula adecuada para hacer que su canción sonara como él deseaba.

Forajido de Austin (Texas), Willie Nelson compuso «Angel Flying Too Close To The Ground».

Angel Flying Too Close To The Ground

Willie Nelson / 4'09 minutos

SINGLE

FECHA DE PUBLICACIÓN

I and I / Angel Flying Too Close To The Ground

Noviembre de 1983

REFERENCIA CBS – A-3904

Músicos

Bob Dylan: voz, guitarra (?), armónica
Clydie King: voz
Mark Knopfler: guitarra (?)
Mick Taylor: guitarra
Alan Clark: piano
Robbie Shakespeare: bajo
Sly Dunbar: batería

Grabación

Power Station / estudio A, Nueva York: 2 de mayo de 1983

Equipo técnico

Productores: Bob Dylan, Mark Knopfler
Ingeniero de sonido: Neil Dorfsman

Génesis y letra

«Angel Flying Too Close To The Ground» es una composición de Willie Nelson. Este «ángel que vuela demasiado cerca del suelo» podría ser un Hells Angels de la región de Austin llamado Charlie Magoo, que, según el mánager Jerry Seltzer, organizador de espectáculos musicales en la bahía de San Francis-

co para Willie Nelson y Waylon Jennings, habría muerto en un accidente. Willie Nelson escribió, cantó y grabó esta canción para la película de Jerry Schatzberg *Honeysuckle Rose* (1980), en la que compartía reparto con Dyan Cannon, Amy Irving y Emmylou Harris (que hacía de ella misma). Publicado en single con «I Guess I've Come To Here In Your Eyes» en la cara B, «Angel Flying Too Close To The Ground» le valió un primer lugar en las listas de éxitos de música country.

Realización

Durante las sesiones de *Infidels*, Bob Dylan grabó varias canciones de otros compositores, de las cuales destaca una magnífica versión de «Angel Flying Too Close To The Ground» del 2 de mayo de 1983. La versión de Dylan se aleja bastante del espíritu del éxito original de Willie Nelson; el estilo country deja lugar a una balada blues rock de tempo lento que va acelerándose. Con una voz cargada de emoción vuelve a contar para la ocasión con la corista Clydie King en las armonías vocales. El guitarrista principal es sin duda Mick Taylor, que no toca su Les Paul sino la Stratocaster (¿Telecaster?), ya que la interpretación no lleva la firma del líder de los Dire Straits. Y el otro guitarrista rítmico tampoco parece Mark Knopfler sino el propio Bob Dylan.

Se realizaron doce tomas (con el título provisional *Angel*). La última fue lo bastante satisfactoria como para que Bob Dylan la eligiera como cara B de los singles extraídos de *Infidels*, especialmente de «I And I» en los Países Bajos. En función del país, estos singles tendrán distintas caras A, entre las que podemos destacar «Union Sundown», «Jokerman», «Sweetheart Like You» y «I And I».

1985

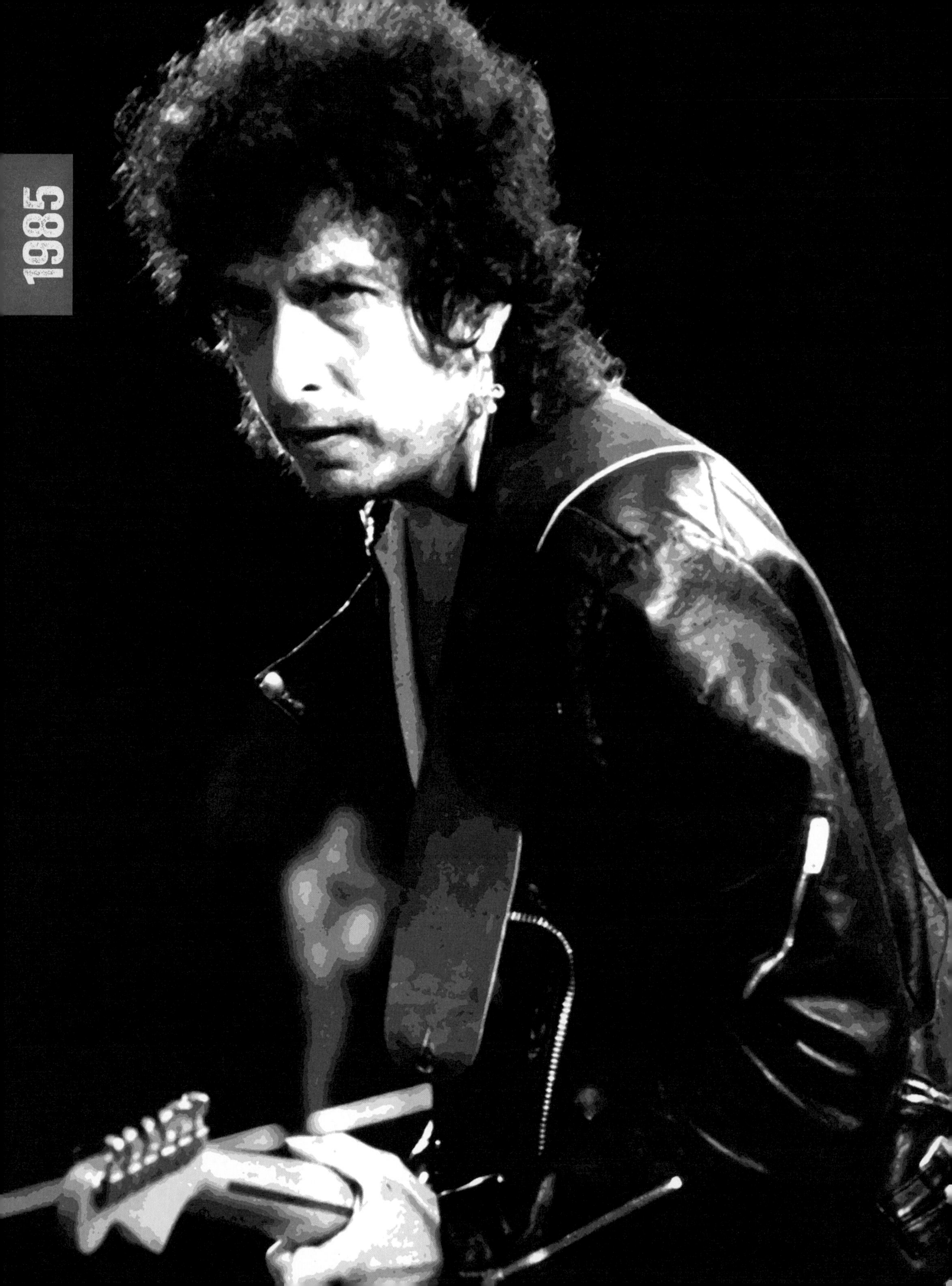

ÁLBUM
FECHA DE PUBLICACIÓN
10 de junio de 1985
(30 de mayo según algunas fuentes)
Columbia Records
(REFERENCIA COLUMBIA FC 40110)

**Tight Connection To My Heart
(Has Anybody Seen My Love?)**
Seeing The Real You At Last
I'll Remember You
Clean Cut Kid
Never Gonna Be The Same Again
Trust Yourself
Emotionally Yours
When The Night Comes Falling From The Sky
Something's Burning, Baby
Dark Eyes

Empire
Burlesque

El aspecto de Bob Dylan a mediados de la década de 1980. Una mezcla de rock y de *Miami Vice*.

Empire Burlesque, un álbum formateado para el FM y la MTV

El álbum

Durante el verano de 1984 Bob Dylan reemprende el camino hacia el estudio tras concluir su gira europea, que empezó en Verona (Italia), el 28 de mayo de 1984 y se cerró en Slane (Irlanda), el 8 de junio. Inicialmente la idea consistía en experimentar y también dar un toque final a las canciones que había escrito en su retiro de Malibú (California) antes de salir hacia Europa. Dylan esperó a tener una selección de títulos lo bastante homogéneos como para incluirlos en un mismo álbum, y esto explica que la grabación de *Empire Burlesque* se dilatara de julio de 1984 hasta marzo de 1985.

El vigesimotercer álbum de estudio de Bob Dylan es el primero que aparece simultáneamente en LP y en CD, concretamente el 10 de junio de 1985 (o el 30 de mayo, según ciertas fuentes). Así, es el primer álbum de la era digital. Y de hecho, el sonido es muy distinto de todo lo que el cantautor había hecho hasta entonces. La mayoría de las canciones se remezclaron (por Arthur Baker) con un espíritu decididamente moderno. Parecen estar producidas con el propósito de seducir a las audiencias de las emisoras FM y de la joven cadena de televisión MTV, y no a aquellos que convirtieron *Highway 61 Revisited* y *Blonde On Blonde* sus álbumes de cabecera. En resumen, *Empire Burlesque* es Dylan en el país de Afrika Bambaataa y de Hall & Oates, dos artistas que llevan el sello Baker.

Pero como siempre pasa con Dylan, lo esencial está en los textos, en las imágenes poéticas y el ritmo envolvente de las palabras. Aunque el cantautor aún está obsesionado con el Juicio Final, como demuestra «When The Night Comes Falling Down From The Sky», los textos sagrados ya no son la referencia principal. Lo que propone al público es un regreso a la edad de oro de Hollywood, con John Huston y Howard Hawks, Humphrey Bogart y Lauren Bacall como maestros de ceremonias. Efectivamente, muchas de sus canciones están salpicadas de referencias a los clásicos del *film noir* (cine negro), e incluso en algunos casos se encuentran citas prácticamente literales. Así, «Tight Connection To My Heart (Has Anybody Seen My Love?)» y «Seeing The Real You At Last» evocan *The Maltese Falcon* (*El halcón maltés*) de John Huston; «I'll Remember You» nos traslada a *The Big Sleep* (*Sueño eterno*) de Howard Hawks, y también pasa por el *western Shane* (*Raíces profundas*, de George Stevens), con «Never Gonna Be The Same Again». Encontramos el sentido poético de Dylan en otros dos títulos con aspecto de canción protesta: «Clean Cut Kid» (la historia de un «buen chico» que combate en Vietnam, o un sueño convertido en pesadilla), y «Dark Eyes», sobre la huella que una *call girl* dejó en su vida. Aunque *Empire Burlesque* no sea un álbum mayor en la trayectoria de Bob Dylan, conseguirá cierto éxito y llegará al número 33 en las listas de éxitos estadounidenses, y al 11 en las británicas. No hay duda de que el Live Aid del 13 de julio de 1985 tuvo su efecto... El propio Dylan se mostrará satisfecho de su disco: «Considero que es muy bueno»,[20] confesará a Toby Creswell en 1986.

El productor Arthur Baker, a quien Dylan pedirá que cree un sonido «de los ochenta». Página siguiente: Bob Dylan, junto a Keith Richards y Ron Wood en el Live Aid, el 13 de julio de 1985.

LOS *OUTTAKES*

Driftin' Too Far From Shore
Firebird
Who Loves You More
Wolf
New Danville Girl
Queen Of Rock'n'Roll
Look Yonder
Gravity Song
Girl I Left Behind
Prince Of Plunder
Straight As In Love
I See Fire In Your Eyes
**Waiting To Get Beat
(The Very Thought Of You)**

La carátula

La fotografía de la portada es de Ken Regan, gran fotógrafo de la agencia Camera 5 que cubrió las giras de Dylan y los Stones, The Last Waltz de The Band, el concierto para Bangladesh (1971) y el Live Aid (1985). La imagen muestra a Dylan con la cabeza inclinada, vestido con una imposible americana de estilo disco que provocó que las malas lenguas de la época dijeran que se la había pedido prestada a Don Johnson o a Philip Michael Thomas, los protagonistas de *Miami Vice* (*Corrupción en Miami*). Para otros, la americana por sí sola anunciaba el «menú» tecno-pop del álbum. En la contraportada, el diseño es similar: Bob Dylan, con sombrero, se encuentra en compañía de una joven que se parece a Sara, aunque su rostro está parcialmente oculto. El diseño del álbum se confió a Nick Egan, que trabajó, entre otros, para The Clash, Dexys Midnight Runners, INXS, y también para la colección *Biograph* de Dylan. En cuanto al título del álbum, podría hacer referencia a Estados Unidos, un país convertido en un imperio de lo burlesco.

La grabación

El 24 de julio de 1984, unos días después de regresar de Europa, Bob Dylan se vuelve a encerrar en el estudio, concretamente en los Intergalactic Studios de Nueva York, y allí improvisa una sesión con Al Green y sus músicos, originarios de Memphis. La sesión resulta un fiasco, como cuenta Ron Wook, que estaba presente ese día: «Aquellos tipos de Memphis no entendían las secuencias de acordes de Bob. Cada vez que empezaba una nueva canción, la iniciaba con una tonalidad distinta o, si hacían la misma canción una y otra vez, cambiaba la tonalidad a cada intento. Yo ahora puedo acompañar a Bob, pero el grupo estaba completamente desorientado, y los tipos empezaron a abandonar el estudio, uno a uno».[89] Del 26 de julio de 1984 al 23 de marzo de 1985 Dylan alquiló por lo menos cinco estudios para realizar su álbum en más de cuarenta sesiones de grabación y de *overdubs*. Luego las cintas pasaron a manos de Arthur Baker, colaborador del sello Tommy Boy Records, orientado a los estilos Dance, Hip-Hop y R & B. Alquimista del sonido, con el poder de transformar una composición rock en un éxito pop y disco («Girls Just Wanna Have Fun» de Cyndi Lauper, «Born In The USA» de Bruce Springsteen o «Thieves Like Us» de New Order son solo algunos testimonios), Baker reelabora las canciones de Dylan y confiere al sonido del conjunto el color de las producciones de la época, metálico y más bien frío, característico del rock de las emisoras FM; lo que en Estados Unidos se llama *album-oriented rock* (AOR). Solo «Dark Eyes» escapa a la intervención de Baker, ya que el cantautor recuperó para una sola canción la fórmula que había creado su identidad musical, es decir: una voz, una guitarra acústica y una armónica. Dylan explicará su gesto en 1986: «Grabé bastantes cosas en sitios distintos, y cuando llegó el momento de reunir los temas para montar el disco, se lo llevé todo [a Arthur Baker] para que lo

hiciera sonar como un álbum. Generalmente, cuando llega esta etapa yo me aparto». Y explicará también el por qué de esta distancia: «No se me da bien. Hay tipos a los que no les molesta quedarse encerrados durante días y días en una sala de control. Pero yo sencillamente no soy así; yo soy hombre de una sola mezcla. Más allá de la primera mezcla, ya no soy capaz de discernir nada».[20]

Dylan no se conforma con multiplicar los estudios de grabación; además pide a veintiocho músicos y dos secciones de metales que participen en el álbum: ¡cinco coristas, ocho guitarristas, cuatro bajistas, cuatro teclistas, un saxofonista, un percusionista y cinco bateristas! Estamos lejos de sus primeras producciones... Entre los músicos encontramos a colaboradores fieles como Mick Taylor, Al Kooper, Ron Wood, Jim Keltner, Sly Dunbar, Robbie Shakespeare, Benmont Tench, Alan Clark, Carolyn Dennis o Madelyn Quebec, pero también caras nuevas, como Mike Campbell, guitarrista de Tom Petty and The Heartbreakers, o el teclista Richard Scher (Jeff Beck, Al Green...).

Datos técnicos

Así pues, *Empire Burlesque* se realizó en cinco estudios distintos. Lamentablemente, el número exacto y las fechas de las sesiones no son definitivos, pues a día de hoy aún faltan muchos documentos. Sin embargo, las distintas fuentes disponibles nos permiten hacernos una idea realista sobre las graba-

ciones. Tras una primera sesión que se desarrolló en el Delta Recording Studio de Nueva York (junio de 1984), se realizarían más de dieciséis en los Cherokee Studios de Hollywood, una decena en el Power Station de Nueva York (el estudio de *Infidels*), aproximadamente doce en el Shakedown Sound Studio de Nueva York, de Arthur Baker, y unas cuantas en los Right Track Studios, también en Nueva York, aunque lamentablemente estas últimas no están repertoriadas. Hay que apuntar que los Cherokee Studios, fundados por los hermanos Robb en la década de 1970, vieron pasar a un número impresionante de artistas, como David Bowie en 1975 (*Station To Station*) o Michael Jackson en 1978-1979 (*Off The Wall*). En 1985 había una consola Custom Trident A-Range con 80 entradas. En cuanto al Shakedown Sound Studio de Arthur Baker, parece que en esa época estaba equipado con una SSL de 48 vías. Tres ingenieros de sonido capitanearán la grabación del álbum: Josh Abbey (Mark Knopfler, Brian Wilson...), George Tutko (Duran Duran, Rod Stewart...) y Judy Feltus.

Los instrumentos

Aparte de las guitarras habituales, sobre todo su Fender Stratocaster, en el Live Aid Bob Dylan tocó una acústica, al parecer una Martin D-40. ¿Quizá también la tenía en el estudio? Finalmente, solo utiliza la armónica en una única canción, en tonalidad de sol.

Tight Connection To My Heart (Has Anybody Seen My Love?)

Bob Dylan / 5'22 minutos

Músicos:
Bob Dylan: voz, teclado
Mick Taylor: guitarra
Ted Perlman: guitarra
Richard Scher: sintetizadores
Robbie Shakespeare: bajo
Sly Dunbar: batería
Carol Dennis, Queen Esther Marrow, Peggi Blu: coros
Grabación:
Power Station / estudio A, Nueva York: 25 o 26 de abril de 1983, y *overdubs* 15 de enero de 1985
Shakedown Sound Studio, Nueva York: *overdubs* febrero y marzo de 1985
Equipo técnico:
Productor: Bob Dylan
Ingenieros de sonido: Josh Abbey (Power Station), Arthur Baker (Shakedown)
Remix: Arthur Baker

Génesis y letra

«Tight Connection To My Heart» es una nueva versión de «Someone's Got A Hold Of My Heart», una canción que se grabó en las sesiones de *Infidels* pero que no se incluyó en el álbum. Entre abril de 1983 y enero de 1985 la letra se transformó por completo, cosa que ejemplifica no solo la forma de trabajar del cantautor, sino que además nos habla de la evolución de sus preocupaciones. Mientras que «Someone's Got A

El incondicional Mick Taylor.

Hold Of My Heart» hundía sus raíces en las profundidades místicas de los textos religiosos, «Tight Connection To My Heart» hace referencia al cine hollywoodiense de la década de 1950, concretamente a dos clásicos protagonizados por Humphrey Bogart. Las dos primeras frases de la canción, que podríamos traducir como «Tenía que actuar enseguida / Y no podrá contigo aferrada a mi cuello» están sacadas de *Sirocco* (1951) de Curtis Bernhardt, mientras que la segunda estrofa empieza con dos frases extraídas de *The Maltese Falcon* (1941) de John Huston: «Quieres hablar conmigo / Adelante, habla». Tal como Bob Dylan admitió a Scott Cohen, de *Spin*, en diciembre de 1985: «"Tight Connection To My Heart" es una canción visual. Quiero hacer una película sobre esta canción». Y sigue: «De todas las canciones que he escrito, es la que más permite identificarse con los personajes».

Realización

«Someone's Got A Hold Of My Heart» no se incluyó en el álbum *Infidels* que apareció en octubre de 1983. Pero Dylan no relegó la canción al olvido. Con una nueva letra, recuperó una de las versiones grabadas en el Power Station de Nueva York durante los días 16, 25 y de abril de 1983, acompañado por Mark Knopfler, Mick Taylor, Alan Clark, Robbie Shakespeare y Sly Dunbar. Una de las tomas del 25 de abril podría ser la que se encuentra en *The Bootleg Series, Vol. 1-3*.
Con esta canción de obertura Dylan se enfrenta a las nuevas tecnologías de la época: sonido digital, sintetizador de última generación (Yamaha DX7), multiefecto digital (Yamaha SPX-90) y remix destinado a satisfacer al público de las radios y las pistas de baile. «Tight Connection To My Heart» es una buena canción, bien realizada, pero da la sensación que a Dylan le falta un punto de referencia a pesar de estar rodeado por músicos excelentes. Hay una auténtica dicotomía entre su lenguaje y el lenguaje de mediados de la década de 1980. Solo Mick Taylor consigue establecer el puente entre estos dos enfoques musicales.
«Tight Connection To My Heart (Has Anybody Seen My Love?)» se publicó como single el 24 de mayo de 1985 (con «We Better Talk This Over», canción extraída de *Street-Legal*, como cara B). A falta de clasificarse en las listas de éxitos estadounidenses, la composición dylaniana entró en el Top 10 de Nueva Zelanda y en el de Bélgica.

Seeing The Real You At Last

Bob Dylan / 4'21 minutos

Músicos: Bob Dylan: voz, guitarra; Mike Campbell: guitarra; Benmont Tench: teclado; David Watson: saxo; Chops Horns: metales; Bob Glaub: bajo; Don Heffington: batería; Bashiri Johnson: percusión / **Grabación:** Cherokee Studios, Hollywood (California): 28 de enero de 1985 / Shakedown Sound Studio, Nueva York: *overdubs* febrero y marzo de 1985, y remix / **Productor:** Bob Dylan / **Ingenieros de sonido:** George Tutko (Cherokee), Arthur Baker (Shakedown) / **Remix:** Arthur Baker

Génesis y letra

Bob Dylan vuelve a beber de la fuente del *film noir* estadounidense para escribir este segundo tema de *Empire Burlesque*. «Creía que la lluvia refrescaría el ambiente» es más o menos lo que dice Edward G. Robinson en *Key Largo* (*Cayo Largo*, 1948), una de las obras maestras de John Huston. Otro guiño al cineasta y, por consiguiente, al mítico Humphrey Bogart: «He pasado noches podridas / Pensaba que nunca acabarían» es una frase tomada del detective privado Sam Spade de *The Maltese Falcon*, al que ya rinde homenaje en la canción anterior. En cuanto a «Tengo problemas, y creo que tú también» y «Podías montar como Annie Oakley / y disparar como Belle Starr», evocan respectivamente *The Hustler* (*El buscavidas*, 1961) de Robert Rossen y *Bronco Billy* (1980) de Clint Eastwood.

«Seeing The Real You At Last» es un rock funky en el que Dylan ejecuta una muy buena parte vocal, acompañada por una magnífica sección rítmica. Escuchamos a dos de los miembros de Tom Petty & The Heartbreakers: Mike Campbell y Benmont Tench. También estaba la formidable sección de metales de los Chops Horns, que lamentablemente quedó sepultada en la mezcla. La base rítmica probablemente se grabó el 28 de enero, y en febrero o marzo se añadieron *overdubs* de percusión interpretados por el extraordinario Bashiri Johnson (Sting, Miles Davis, Donald Fagen...).

Bob Dylan cantó por primera vez en directo esta canción el día 5 de febrero de 1986, en el concierto inaugural del True Confessions Tour, con Tom Petty & The Heartbreakers. El lugar: Wellington, en Nueva Zelanda.

PARA LOS ADICTOS A DYLAN

En la película *Masked and Anonymus* (Larry Charles, 2003), Bob Dylan canta una versión alternativa de «I'll Remember You» que no se encuentra en la banda sonora que se publicó en CD.

I'll Remember You

Bob Dylan / 4'15 minutos

Músicos: Bob Dylan: voz, piano; Madelyn Quebec: voz; Mike Campbell: guitarras; (?): órgano; Howie Epstein: bajo; Jim Keltner: batería / **Grabación:** Cherokee Studios, Hollywood (California): 5 de febrero de 1985 / **Productor:** Bob Dylan / **Ingeniero de sonido:** George Tutko / **Remix:** Arthur Baker

Génesis y letra

Bob Dylan sigue su viaje al país del cine negro de Hollywood con esta encantadora balada. La frase «hay personas que no se olvidan, aunque las hayamos visto solo una o dos veces» está sacada de *The Big Sleep* (1946), película de Howard Hawks basada en la novela de Raymond Chandler, con Humphrey Bogart y Lauren Bacall. El mensaje de la canción es sencillo: un hombre puede olvidarse de todo, menos de la mujer a la que ha amado (o a la que todavía ama). Dylan reconocerá que es una de sus canciones favoritas de este álbum. Se lo confirmará a Bob Brown en 1985: «La canción sigue vigente porque me sigo sintiendo del mismo modo que cuando la escribí».[137] «I'll Remember You» permite a Dylan recuperar el piano para acompañar su voz; una voz que comparte con Madelyn Quebec, que ya estaba presente en *Shot Of Love*. Sin duda esta dulce balada pasó por *overdubs* que no se mencionan en los informes de las sesiones, ya que podemos escuchar, además de la guitarra de Mike Campbell, dos guitarras más y el sonido de un órgano.

Clean Cut Kid

Bob Dylan / 4'17 minutos

Músicos: Bob Dylan: voz, guitarra, armónica (?); Ron Wood: guitarra; Benmont Tench: piano; John Paris: bajo; Anton Fig: batería; Carol Dennis, Queen Esther Marrow, Peggi Blu: coros **/ Grabación:** Delta Recording Studio, Nueva York: 26 de julio de 1984 / Power Station, Nueva York: *overdubs* en enero y marzo de 1985 / Shakedown Sound Studio, Nueva York: *overdubs* el 3 de marzo de 1985 **/ Productor:** Bob Dylan **/ Ingenieros de sonido:** Judy Feltus (?) (Delta), Josh Abbey (Power Station), Arthur Baker (Shakedown) **/ Remix:** Arthur Baker

Génesis y realización

«Clean Cut Kid» podría traducirse como «buen chico». Es la historia de un muchacho como tantos otros de la América profunda: jugaba a beisbol, iba a la iglesia, bebía Coca-Cola y devoraba hamburguesas. Hasta que todo cambió. «Lo convirtieron en un asesino», canta Dylan. Y le dieron drogas. El cantautor denuncia el ejército estadounidense, y más concretamente el poder de Washington que obligó a toda una generación a luchar en Vietnam. «Compró el sueño americano pero se endeudó»: la frase es mordaz y conduce a algo más que a largos discursos. Percibimos los acentos de la canción protesta de sus inicios. «Clean Cut Kid» es una canción descartada de *Infidels*, que Dylan dejó de lado a pesar de haber grabado varias tomas durante los días 14 y 15 de abril de 1983. Después de dársela a Carla Olson, que la incluyó en su primer álbum, *Midnight Mission* (1984), la volvió a grabar el 26 de julio de 1984 en dos tomas en el Delta Recording Studio de Nueva York (la primera toma es la que se escucha en el álbum). Ron Wood interpreta el solo inicial, y así el guitarrista de los Rolling Stones hace una segunda aparición desde «Heart Of Mine» de *Shot Of Love*. Podemos oír también la excelente parte de piano de Benmont Tench y la cálida presencia de las coristas. Parece oírse el sonido de una armónica, que probablemente se difuminó en la mezcla. «Clean Cut Kid» es un rock que sufre de un sonido demasiado impersonal y en el que cuesta reconocer al autor de «Highway 61 Revisited».

Never Gonna Be The Same Again

Bob Dylan / 3'11 minutos

Músicos: Bob Dylan: voz, teclado; Carol Dennis: voz; Syd McGuinness: guitarra; Alan Clark: sintetizador; Richard Scher: sintetizador; Robbie Shakespeare: bajo; Sly Dunbar: batería; Queen Esther Marrow, Peggi Blu, Debra Byrd: coros **/ Grabación:** Power Station / estudio A, Nueva York: 20 de febrero de 1985 / Shakedown Sound Studio, Nueva York: *overdub* el 3 de marzo de 1985 **/ Productor:** Bob Dylan **/ Ingenieros de sonido:** Josh Abbey (Power Station), Arthur Baker (Shakedown) **/ Remix:** Arthur Baker

Génesis y realización

Está claro que el narrador tiene muchas cosas por las que disculparse, ya que se entrega a una auténtica autocrítica ante su compañera: «Perdona que te haya ofendido, querida / Perdóname si es que lo he hecho», canta Dylan. En este tema estamos muy cerca del «Jealous Guy» de John Lennon. Al mismo tiempo, y aún con Hollywood como telón de fondo, recupera una frase de *Shane* (1952), un *western* de George Stevens con Alan Ladd en el papel del héroe solitario: «Perdona que haya tocado el lugar / Donde escondes los secretos». Desde la primera escucha de «Never Gonna Be The Same Again», dudamos entre los Rolling Stones en su época psicodélica o Brian Wilson en la época en que hizo instalar un arenero en su salón. Las sonoridades recuerdan a la década de 1960 a pesar de la mezcla bastante desconcertante de sonidos y de estilos que se entrechocan de forma curiosa. Es una lástima que Dylan no la grabara cuando el analógico era el único estándar musical. La canción se grabó inicialmente el 19 de febrero con el exguitarrista de la E Street Band, Van Zandt, y al día siguiente se volvió a grabar sin él en nueve tomas (la última fue la que conservaron para el álbum). Los coros se añadieron por *overdub* el 3 de marzo.

Trust Yourself

Bob Dylan / 3'29 minutos

Músicos: Bob Dylan: voz, guitarra; Madelyn Quebec: voz; Mike Campbell: guitarra; Benmont Tench: teclado; Robbie Shakespeare: bajo; Jim Keltner: batería; Bahiri Jonson: percusiones; Carol Dennis, Queen Esther Marrow, Debra Byrd: coros **/ Grabación:** Cherokee Studios, Hollywood (California): 5 de febrero de 1985 / Power Station / estudio B, Nueva York: *overdubs* 18, 19, 20, 21, 23 de marzo de 1985 / Shakedown Sound Studio, Nueva York: *overdubs* febrero y marzo de 1985 **/ Productor:** Bob Dylan **/ Ingenieros de sonido:** George Tutko (Cherokee), Josh Abbey (Power Station), Arthur Baker (Shakedown) **/ Remix:** Arthur Baker

COVERS

La cantante de country Carlene Carter (hija de June Carter y Carl Smith) grabó «Trust Yourself» en las sesiones de *Little Love Letters* (1993). La versión no se encuentra en el álbum mencionado, pero se puede escuchar en el recopilatorio *Hindsight 20/20* (1996). En los créditos de coros aparece un tal Bob Dylan.

Génesis y realización

Si quieres creer en alguien, antes tendrás que creer en ti mismo: este es el mensaje que Bob Dylan transmite a lo largo de «Trust Yourself». De algún modo es una variante del proverbio «ayúdate y el cielo te ayudará». Dicho de otra manera, la verdad y la libertad solo se encuentran por uno mismo, y no adhiriéndose a los propósitos de los hombres sin fe, especialmente en «una tierra de lobos y de ladrones».

«Trust Yourself» es un magnífico tema de rhythm'n'blues, que de algún modo evoca la admirable versión de «Respect Yourself» de los Staples Singers. La canción debe su fuerza a la magnífica asociación entre Robbie Shakespeare, Jim Keltner y Bashiri Johnson. Esta sección rítmica de gran eficacia permite que los demás instrumentos se integren en el *groove* dejando que el tema respire por si mismo. Por una vez la mezcla de Arthur Baker no sobrecarga la dinámica global. Bob Dylan, acompañado por Madelyn Quebec, da una excelente parte vocal, reforzada por las tres otras coristas. «Trust Yourself» se grabó el 5 de febrero y los *overdubs* de percusión se añadieron en febrero o en marzo (fecha incierta). Hay que señalar que en el informe de estudio de Power Station (del mes de marzo) se registran otros *overdubs* de metales, pero parece que no se conservaron en esta versión. Bob Dylan ha tocado unas veinte veces «Trust Yourself» en público; la primera vez fue en el Farm Aid del 22 de septiembre de 1985.

Emotionally Yours

Bob Dylan / 4'30 minutos

Músicos: Bob Dylan: voz, piano; (?): voz; Mike Campbell: guitarra; Benmont Tench: órgano; Richard Scher: sintetizador metales; Howie Epstein: bajo; Jim Keltner: batería **/ Grabación:** Cherokee Studios, Hollywood (California): 14 de febrero de 1985 / Shakedown Sound Studio, Nueva York: *overdubs* febrero y marzo de 1985 **/ Productor:** Bob Dylan **/ Ingenieros de sonido:** George Tutko (Cherokee), Arthur Baker (Shakedown) **/ Remix:** Arthur Baker

PARA LOS ADICTOS A DYLAN

Parece que se grabó una demo de «Emotionally Yours» el 12 de febrero de 1985.

Génesis y realización

Una bonita canción de amor en la que Bob Dylan hace algunas confesiones: «Enciérrame en las sombras de tu corazón», «Sigo creyendo que vivo para ti». Aunque el título de la canción evoca alguna serie de televisión, y también una película de James Bond, la emoción que siente el narrador parece muy real. Aunque se vaya por derroteros lejanos, las emociones siempre se dirigen a la misteriosa protagonista...

«Emotionally Yours» es una magnífica canción de Bob Dylan grabada el 14 de febrero de 1985. Sentado al piano, demuestra una vez más que tiene una gran técnica y que el piano es un instrumento en el que no ha dejado de progresar durante muchos años. Lamentablemente la mezcla no hace justicia a la voz, y los arreglos banalizan la canción. Solamente el magnífico solo de Mike Campbell (a partir del minuto 3'30) es un verdadero logro. ¿Para cuándo una nueva mezcla? En cuanto a los *overdubs*, solo se registraron los sintetizadores entre febrero y marzo. Sin embargo, se oye una guitarra acústica y una segunda voz (sin duda, de Madelyn Quebec) al inicio de la última estrofa, pero faltan datos precisos sobre esta cuestión.

When The Night Comes Falling From The Sky

Bob Dylan / 7'30 minutos

Músicos:
Bob Dylan: voz, guitarra
Madelyn Quebec: voz
Al Kooper: guitarra
Stuart Kimball: guitarra
Richard Scher: sintetizadores
Urban Blight Horns: metales
Robbie Shakespeare: bajo
Sly Dunbar: batería
Bashiri Johnson: percusión

Grabación:
Power Station / estudio A, Nueva York: 23 de febrero, y *overdubs* 18, 19, 20, 21 y 23 de marzo de 1985

Equipo técnico:
Productor: Bob Dylan
Ingenieros de sonido: Josh Abbey (Power Station)
Remix: Arthur Baker

Génesis y letra

Con esta canción Bob Dylan vuelve a sus preocupaciones metafísicas. «When The Night Comes Falling Down From The Sky» está salpicada de referencias bíblicas. La primera línea del primer párrafo llega como un eco del libro de Job (I, 7): «Entonces Jehová dijo a Satanás: "¿De dónde vienes?". Ante esto, Satanás contestó a Jehová y dijo: "De discurrir por la tierra y de andar por ella"». Asimismo, las cartas que queman en la chimenea, aún en la primera estrofa, y que se vuelven a evocar en la penúltima, son sin lugar a duda una alusión a las siete cartas del apóstol Juan enviadas a las siete iglesias de Asia Menor en el Libro del Apocalipsis.

La «noche que cae del cielo» sería, pues, el símbolo de la victoria de Satán o, si queremos ser más optimistas, el anuncio del Juicio Final. Por tanto ya sería hora de que los hombres reconozcan sus faltas y se presenten al juicio de Dios. Hay un matiz, no obstante, a todo este arrepentimiento generalizado: «Qué importa quién ame a quién / Tu me amarás o yo te amaré», que podemos escuchar en la segunda estrofa, son palabras sacadas de *The Maltese Falcon,* con el magnífico Humphrey Bogart en el papel de Sam Spade.

Realización

Se realizó una primera sesión el 19 de febrero con Steve Van Zandt a la guitarra y Roy Bittan, en aquel momento exmiembro y miembro de la E Street Band de Bruce Springsteen (*The Bootleg Series, Vol. 1-3*), al piano. Esta versión rock, que coquetea con el electro-disco, se volvió a grabar (sin Van Zandt ni Bittan) el 23 de febrero en cuatro tomas; la tercera fue la que se conservó. Dylan guarda su armónica y se sumerge sin reservas en el sonido de los años 1980. Pero hay que constatar que la producción y el remix de Arthur Baker no corresponden al lenguaje musical del cantautor. No hay ningún responsable de este estado de cosas, ya que Dylan sucumbió sin duda a la presión de Columbia para que su sonido estuviera a la última. Pero ambos enfoques no casan. Los arreglos priorizan demasiado los sonidos sintéticos: los *noise-gates*, las reverberaciones, los *samples* de orquestas… Incluso los Urban Blight Horns están ahogados en la mezcla. Esta canción representó también el regreso de Al Kooper, que no pudo repetir el éxito de «Like A Rolling Stone». ¿De quién es la culpa? De nadie, excepto del paso del tiempo.

Humphrey Bogart encarna a Sam Spade en *The Maltese Falcon* (1941).

Something's Burning, Baby

Bob Dylan / 4'53 minutos

Músicos: Bob Dylan: voz, guitarra (?); Madelyn Quebec: voz; Ira Ingber: guitarra; Al Kooper: guitarra (?); Vince Melemed: sintetizadores; Robbie Shakespeare: bajo; Don Heffington: batería, percusión **/ Grabación:** Cherokee Studios, Hollywood (California): 14 de febrero de 1985 / Power Station / estudio A, Nueva York: 21 y 23 de febrero de 1985 **/ Productor:** Bob Dylan **/ Ingenieros de sonido:** George Tutko (Cherokee), Josh Abbey (Power Station) **/ Remix:** Arthur Baker

Génesis y realización

Una enésima canción sobre las relaciones de pareja, pero que, como siempre pasa con Dylan, escapa a los tópicos. El narrador se interroga. No parece estar muy seguro de los sentimientos de su pareja: «¿Aún eres mi amiga, querida? Hazme una señal». «¿Ya no estoy en tus proyectos, en tus sueños?», le pregunta. Y sigue, fatalista: «No te encontrarían ni los detectives de Londres». Aunque la conclusión tiene un aliento de esperanza: «Creo en lo imposible», canta.

El guitarrista Ira Ingber (Joe Cocker, Captain Beefheart...) habló de «Something's Burning, Baby» como de una «canción muy extraña». Extraña por su atmósfera, sin duda, casi marcial, pero también por la forma en que se grabó. Ingber continúa: «Maddy [Madelyn Quebec] no se sabía la letra cuando grabaron las voces; yo la miraba... Y ella trataba de hacer las armonías con él [Dylan] en directo». De hecho, tal como reveló el baterista Don Heffington: «Dylan seguía trabajando en la canción, incluso durante la grabación. Tenía pedazos de papel y escribía cosas, sobre bolsas de papel, sobre todo lo que encontraba. Era asombroso ver cómo cambiaba las cosas. Yo hice percusiones en esa canción, pero no se menciona en el álbum... Añadí bombo, tom-toms, pandereta... Más adelante la llevaron [la grabación] a Nueva York y la reelaboraron».

«Something's Burning, Baby» se grabó en los Cherokee Studios de Hollywood, el 14 de diciembre, y la primera grabación sirvió como base rítmica. Otra toma fecha del 21 de febrero de 1985, y hay otra del 23 del mismo mes, en el Power Station de Nueva York. En la última toma se menciona a Al Kooper como guitarrista, pero parece que no fue la versión que se utilizó para el álbum.

Dark Eyes

Bob Dylan / 5'06 minutos

Músico: Bob Dylan: voz, guitarra, armónica **/ Grabación:** Power Station / estudio B, Nueva York: 3 de marzo de 1985 **/ Productor:** Bob Dylan **/ Ingenieros de sonido:** Josh Abbey **/ Remix:** Arthur Baker (?)

Génesis y realización

En una entrevista concedida a Denise Worrell para *Time* (25 de noviembre de 1985), Bob Dylan reveló el motivo por el que compuso «Dark Eyes»: «En el último álbum que he hecho, *Empire Burlesque*, tenía nueve canciones para incluir, pero me faltaba la décima. Tenía unas cuatro canciones, y una de ellas tenía que ser la décima. Finalmente pensé que la última tenía que ser acústica, así que me puse a escribir, porque ninguna de las que ya tenía encajaba para ese lugar concreto».

La inspiración le llegó una noche, en el Hotel Plaza, en la 59th street, mientras se le acercaba una *call-girl*. «Ojeras azules, lápiz de ojos, ojos negros –escribe Dylan en sus *Crónicas*–. Parecía que la hubieran pegado, y que tenía miedo de que la volvieran a pegar». Y el cantautor añade: «Me senté en la ventana delante del Central Park y escribí "Dark Eyes". La grabé al día siguiente, sin otro acompañamiento que una guitarra acústica».

El ambiente de la canción es sórdido: mientras una mujer llora a su hijo muerto, el sonido de un tambor resuena «para que los muertos se levanten»

Dylan concluye su álbum con esta canción totalmente acústica, digna de sus primeros álbumes y muy alejada de las demás canciones del disco. «Dark Eyes» se grabó el 3 de marzo de 1985. Solo con una guitarra acústica (¿Martin D-28?) y una armónica (en sol), canta con una interpretación intimista, la que hizo de él un poeta universal. Se realizaron seis tomas. La cantó por primera vez en público el 25 de febrero de 1986, en el escenario del Entertainment Centre de Sídney.

Knocked Out Loaded

You Wanna Ramble
They Killed Him
Driftin' Too Far From Shore
Precious Memories
Maybe Someday
Brownsville Girl
Got My Mind Made Up
Under Your Spell

ÁLBUM
FECHA DE PUBLICACIÓN
14 de julio de 1986
Columbia
(REFERENCIA COLUMBIA OC 40439)

Bob Dylan opta por la diversidad
en *Knocked Out Loaded.*

Knocked Out Loaded,
una producción en suspenso

El álbum

En una entrevista de Tony Creswell en enero de 1986 durante la realización de *Knocked Out Loaded*, Bob Dylan afirmó
que confiaba en el resultado: «Creo que el próximo disco sonará aún mejor [que *Empire Burlesque*]».[20] Efectivamente, su
colaboración con Dave Stewart (del grupo Eurythmics) le inspiraba confianza: «Lo que hemos hecho se ha desarrollado
con facilidad y rápidamente, además creo que sonará más
como un grupo que el disco anterior».[20] Sin embargo, *Knocked Out Loaded* ocupa un lugar particular en la discografía
de Dylan. No es un disco «conceptualizado», por así decirlo,
sino una serie de temas grabados a lo largo de varios meses
en distintos estudios y con músicos provenientes de universos
muy diferentes. Además, varios temas son adaptaciones, no
composiciones originales («You Wanna Ramble», «They Killed
Me», «Precious Memories»), mientras que otros son el fruto de
una colaboración con Sam Shepard («Brownsville Girl»), Tom
Petty («Got My Mind Made Up») y Carole Bayer Sager («Under
Your Spell»).

Una amalgama musical

Todo esto es una especie de amalgama musical que no jugó a
favor del álbum cuando se publicó, el 14 de julio de 1986. Lo
cierto es que a *Knocked Out Loaded* le falta una línea direc-
triz, una verdadera producción, a pesar de que el nombre de
Sundog Productions aparezca en los créditos del disco (sin

duda lo produjo el propio Dylan). Costaría trabajo encontrar
en el álbum la poesía alusiva de *The Freewheelin' Bob Dylan*
o las imágenes surrealistas y el blues rock de *Highway 61 Revisited* y de *Blonde On Blonde*. Tampoco es un disco sobre
la ruptura amorosa, un tema que presidió en la grabación de
Blood On The Tracks, y tampoco suena como una continuación lógica de la trilogía cristiana. En realidad, lo que constituye el verdadero interés del vigesimocuarto álbum de estudio
de Bob Dylan es que a lo largo de sus temas contiene algo de
todos estos elementos.

«They Killed Me», composición de Kris Kristofferson, se podría considerar una canción folk, al menos por su mensaje,
que denuncia la violencia de los responsables de la muerte
de Cristo y también de Gandhi, Martin Luther King y los hermanos Kennedy. «Precious Memories» *es una evocación de*
la infancia del cantautor en Minnesota. «Maybe Someday»
recupera el tono acusador de «Like A Rolling Stone», mientras que «Got My Mind Made Up» y «Under Your Spell» abor-
dan el tema de las desilusiones amorosas. Finalmente, como
siempre pasa con Dylan (incluso en los álbumes considerados
menores), hay una perla rara, la auténtica joya del álbum. En
este caso se trata de «Brownsville Girl», escrita junto al dramaturgo Sam Shepard: la reminiscencia de una historia de
amor que se mezcla con la dramaturgia de uno de los grandes *westerns* de Hollywood (sin duda *The Gunfighter* [*El
pistolero*, 1950] de Henry King, aunque también aparecen

En esta página: Dave Stewart. Página siguiente: Bob Dylan y su discípulo, el cantante y guitarrista Tom Petty.

PÁGINAS DE SOCIEDAD

El 4 de junio de 1986, Bob Dylan se vuelve a casar, esta segunda vez con una de sus coristas, Carolyn Dennis. Ella había tenido una hija llamada Desiree Gabrielle en enero del mismo año.

PARA LOS ADICTOS A DYLAN

T-Bone Burnett regresó al universo de Bob Dylan en 2013, coproduciendo con Marcus Mumford la música de la película de los hermanos Coen *Inside Llewyn Davis*.

referencias a *Duel in the Sun* [*Duelo al sol*, 1946] dirigida por King Vidor).

Sin embargo, a criterio de la prensa especializada, «Brownsville Girl» no bastará para salvar *Knocked Out Loaded*. Atacado por su carencia de homogeneidad artística —«un asunto deprimente», escribirá Anthony DeCurtis en *Rolling Stone*–, el álbum no precipitará a las masas hacia las tiendas de discos. Solo alcanzará los decepcionantes números 53 y 35 respectivamente en Estados Unidos y el Reino Unido, y en el resto de países ni siquiera entrará en las listas de éxitos.

La carátula

La portada (y la contraportada) de *Knocked Out Loaded* es la réplica exacta de la portada de un *pulp magazine*, *Spicy Adventures Stories*, publicado en Estados Unidos en 1939: una mujer joven y morena sostiene un cántaro entre las manos; está a punto de golpear a un mexicano que está estrangulando a otro hombre. El número en cuestión es «Daughters of Doom» («Hijas de la maldición») y el ilustrador es Harry Lemon Pankhurst. Charles Sappington es el artista que realizó el diseño del disco de Dylan. En una entrevista para *The Houston Chronicle* en 2009 reveló que la idea original de Columbia para la portada del álbum era una fotografía de Dylan con Tom Petty, pero el cantautor había tirado todos esos documentos a la basura: «Lo único que le gustaba era una foto Polaroid tomada durante la sesión, lo primero que me dieron. Hice lo que pude con eso, pero no les interesó, y nos pusimos a trabajar en otra dirección. Esto es todo lo que puedo decir». Sin embargo, cabe añadir que el conjunto recuerda al *western* ya mencionado, *Duel in the Sun*.

LOS *OUTTAKES*

You'll Never Walk Alone
The Beautiful Life
Without Love
Unchain My Heart
Lonely Avenue
Too Late She's Gone
Come Back Baby (One More Time)
Wild & Wicked World
So Good
I Need Your Lovin'

SINGLE

Band Of The Hand (It's Hell Time Man!)

La grabación

El primer capítulo de la historia de *Knocked Out Loaded* se escribió el 26 de julio de 1984 en el Delta Recording Studio de Nueva York, durante la primera sesión dedicada a *Empire Burlesque*. Ese día, Bob Dylan, acompañado por Ron Wood (guitarra) grabó la base rítmica de «Driftin' Too Far From Shore». Reanudó las sesiones en diciembre, esta vez en los Cherokee Studios de Hollywood, de donde saldrá «New Danville Girl», título de trabajo de la futura «Brownsville Girl». Y no es hasta once meses más tarde, del 20 al 23 de noviembre de 1985 (del 19 al 22 según Heylin),[89] cuando el cantautor acude a los célebres Church Studios de Londres, propiedad de Dave Stewart. Finalmente esta colaboración solo resultará en la realización de una canción: «Under Your Spell».

Pasan varios meses. Bob Dylan no vuelve a los estudios hasta la primavera de 1986, entre el último concierto del True Confession Tour en Japón (10 de marzo de 1986) y el primero de la misma gira en Estados Unidos (San Diego [California], 9 de junio). Entre el 28 de abril y el 23 de mayo se llevarán a cabo cerca de veinte sesiones en el Skyline Recording Studio de Topanga (California), y dos más en los Sound City Studios de Van Nuys, también en California, el 19 de mayo y el 19 de junio de 1986. Así, son casi treinta sesiones en cuatro estudios distintos, entre julio de 1984 y junio de 1986. Esta dispersión no es un buen augurio, y además Dylan convoca a treinta músicos, siete coristas y un coro de quince niños. El conjunto se graba en digital, un procedimiento que en esa época no encaja muy bien con su música. Entre todos esos intérpretes encontramos a viejos conocidos, como Al Kooper, Ron Wood, Mike Campbell, T-Bone Burnett –músico, en 1975-1976, de la Rolling Thunder Revue– o Benmont Tench, pero también nombres nuevos, como el magnífico Tom Petty, y por supuesto Dave Stewart, que reinará en una buena parte de las producciones de la década de 1980. *Knocked Out Loaded* sufre de los mismos defectos que el álbum anterior: una falta de referencias por parte del cantautor.

Datos técnicos

De los cuatro estudios que albergaron las grabaciones de este álbum, tres son nuevos para Dylan. El primero, The Church, situado en el norte de Londres, es el cuartel general de Dave Stewart. En 1984 alquila el lugar con Annie Lennox. Cuando les llega el éxito, lo transforma en un estudio de grabación que pronto se convertirá en una referencia ineludible para muchos artistas, como Radiohead, Elvis Costello, Depeche Mode y también U2, con su álbum *Songs Of Innocence* (2014). El segundo es el famoso Skyline Studio, que acogerá entre sus paredes a músicos como Sting, Neil Young o Robert Plant. Finalmente, los Sound City Studios, frecuentados entre otros por Elton John, Santana o Nirvana. Su actual propietario no es otro que Dave Grohl, exbaterista de Nirvana.

Dos nuevos ingenieros de sonido aparecen en escena: Don Smith, que trabajará para Eurythmics, pero también para U2, los Travelling Wilburys o los Rolling Stones; y Britt Bacon, propietario del Skyline Studio, que trabajará con el grupo Chicago y también con Brian Wilson.

Los instrumentos

Dylan toca periódicamente con las mismas guitarras en directo, ya sean Fender Stratocaster, Telecaster, o Washburn, Yamaha y Martin. No tenemos detalles de cuáles se utilizaron en los estudios. En este álbum el cantautor no toca la armónica.

You Wanna Ramble

Herman Parker Jr. / 3'17 minutos

Músicos: Bob Dylan: voz, guitarra; T. Bone Burnett: guitarra; Ira Ingber: guitarra (?); Ted Pearlman; guitarra (?); Al Kooper: teclados; Steve Douglas: saxo; Steve Madaio: trompeta; James Jamerson Jr.: bajo; Raymond Lee Pounds: batería; Carolyn Dennis, Madelyn Quebec, Muffy Hendrix, Annette May Thomas: coros / **Grabación:** Skyline Recording Studio, Topanga Park (California): 5 de mayo, y *overdubs* 14, 16 y 23 de mayo de 1986 / **Productor:** Sundog Productions / **Ingeniero de sonido:** Britt Bacon

Génesis y realización

«You Wanna Ramble» es una adaptación de un tema del eminente representante del Memphis blues Little Junior Parker. Este último fue miembro de los Beale Streeters junto a B. B. King y Bobby Blue Bland antes de que Ike Turner lo descubriera a principios de los años 1950 y grabara sus primeros discos, como «You're My Angel», con Modern Records, y «Mystery Train» con Sun Records. Esta última, versionada por Elvis Presley (1954), se convirtió en un estándar del rockabilly, e inspiró a varias formaciones de la escena blues rock, desde The Doors y The Band hasta Neil Young y los Stray Cats. El propio Bob Dylan grabó una versión de «Mystery Train» con Johnny Cash durante las Nashville Skyline Sessions, en 1969.

Diecisiete años más tarde, el cantautor revisita «You Wanna Ramble» y la incluye en su repertorio. El texto ya no está escrito en primera persona, sino en segunda persona del singular, y además es mucho más oscuro: en la letra de Parker se trataba de pasar la noche en blanco para divertirse, mientras que en la versión de Dylan la noche es peligrosa. En realidad, la única frase que conservó es «Quieres pasear hasta el amanecer».

Mientras que el texto que reescribió el cantautor se aleja de la letra original, la música es bastante similar a la de Parker. En este tema de obertura Bob canta con una muy buena voz roquera y se acompaña de músicos excelentes, como su fiel Al Kooper, pero también T. Bone Burnett, que vuelve a acompañarlo a la guitarra después de la Rolling Thunder Revue. También está el hijo del legendario bajista de Motown, James Jamerson Jr., que aporta un muy buen *groove* con su instrumento. Hay que lamentar que la batería sea tan estática y que los metales sean apenas audibles al final de la canción (a partir de 2'55). Aunque en el libreto del disco solo se mencionan dos guitarras, parece que se grabaron más.

Kris Kristofferson.

They Killed Him

Kris Kristofferson / 4'04 minutos

Músicos: Bob Dylan: voz, guitarra; Jack Sherman: guitarra; Al Kooper: teclados; Steve Douglas: saxo; Steve Madaio: trompeta; Vito San Filippo: bajo; Raymond Lee Pounds: batería; Carolyn Dennis, Madelyn Quebec, Muffy Hendrix, Annette May Thomas: coros; Damien Turnbough, Majason Bracey, Keysha Gwin, Crystal Pounds, Lara Firestone, Tiffany Wright, Chyna Wright, Angel Newell, Herbert Newell, Larry Mayhand, April Hendrix-Haberlan, Dewey B. Jones II, Medena Smith, Daina Smith, Maia Smith: coral de niños / **Grabación:** Skyline Recording Studio, Topanga Park (California): 5 de mayo, y *overdubs* 7, 9, 12, 13, 14, 16 y 23 de mayo de 1986 / **Productor:** Sundog Productions / **Ingeniero de sonido:** Britt Bacon

Génesis y realización

Kris Kristofferson compuso «They Killed Him» para las sesiones de su álbum *Repossessed*, que salió a la venta en 1986. Convierte en su blanco a aquellos que mataron a los guías espirituales de nuestro mundo: Jesucristo, pero también Mahatma Gandhi, Martin Luther King y, en un ámbito más político, los hermanos Kennedy. Una canción que conmovió a Dylan...

Naturalmente, nos sorprendemos al escuchar esta balada que se acerca peligrosamente a la canción ligera. Los arreglos tampoco ayudan, y la única particularidad del tema reside en la coral de niños que refuerza el mensaje de tolerancia del texto. En este caso los metales vuelven a estar muy alejados en la mezcla, y hasta parece que salgan de un sintetizador.

Driftin' Too Far From Shore

Bob Dylan / 3'42 minutos

Músicos: Bob Dylan: voz, teclados; Ron Wood: guitarra; John Paris: bajo; Anton Fig: batería; Peggi Blu, Carolyn Dennis, Madelyn Quebec, Muffy Hendrix, Annette May Thomas: coros / **Grabación:** Delta Recording Studio, Nueva York: 26 de julio de 1984 / Skyline Recording Studio, Topanga Park (California): *overdubs* 28 y 29 de abril, 9 y 16 de mayo de 1986 / **Productor:** Sundog Productions / **Ingenieros de sonido:** Judy Feltus (?) (Delta), Britt Bacon (Skyline)

Génesis y realización

El narrador de «Driftin' Too Far From Shore» se dirige a la mujer que le ha robado el corazón. Constata amargamente su actitud ambigua y el poco interés que muestra por él: «No me gusta jugar al gato y al ratón». A lo largo de las estrofas le reprocha su comportamiento, su servilismo, sus extravíos. Pero parece que sus avisos no surten efecto, ya que la protagonista sigue a la deriva, «demasiado lejos de la orilla».

«Driftin' Too Far From Shore» es una de las cinco canciones que se grabaron en el Delta Recording Studio de Nueva York el 26 de julio de 1984. Menos de dos años después, el 28 de abril de 1986 concretamente, la canción se reelaboró en el Skyline Recording Studio de Topanga Park. Aquel «tema de rock'n'roll realmente vibrante», en palabras de Ron Wood,

que participó en la sesión de julio de 1984, se convirtió en una especie de canción tecno-pop con batería y coros. ¿Por qué decidió hacer un cambio tan drástico? Ira Ingber aporta una posible respuesta: «"Driftin'" es una canción de la que se rehízo la batería [en Skyline] porque se había grabado verdaderamente mal [originalmente]. De hecho, Wood tiene razón: la fastidiaron con el sonido de la batería, aunque en el libreto del disco, es Fig [Anton Fig] quien aparece en los créditos».[112] Lo cierto es que parece que Dylan esté cazando en las tierras de Hall & Oates. Sigue haciendo concesiones al sonido de la época. Es bastante inexplicable por su parte, ya que no todos los artistas de esa década se adaptaron de este modo, por ejemplo su compañero Mark Knopfler, de los Dire Straits.

Precious Memories

Tradicional / Arreglos Bob Dylan / 3'15 minutos

Músicos: Bob Dylan: voz, guitarra; Al Perkins: *steel guitar*; Larry Meyers: mandolina; Milton Gabriel, Mike Berment, Brian Parris: *steel drums*; James Jamerson Jr.: bajo; Raymond Lee Pounds: batería; Queen Esther Marrow, Carolyn Dennis, Madelyn Quebec, Muffy Hendrix, Annette May Thomas: coros / **Grabación:** Skyline Recording Studio, Topanga Park (California): 6 de mayo, y *overdubs* 7, 9, 12, 13, 14, 16, 22 y 23 de mayo de 1986 / **Productor:** Sundog Productions / **Ingeniero de sonido:** Britt Bacon (Skyline)

Génesis y realización

En esta canción, como hace ocasionalmente, Bob Dylan evoca su infancia, pasada en Minnesota. Habla de su «precioso/muy querido padre» y de su «cariñosa madre», sus «años de soledad» y recuerda «preciosas escenas sagradas». Un regreso a su pasado al son del góspel. En efecto, «Precious Memories» es un himno compuesto en 1925 por J. B. F. Wright y, más adelante, antes o después de Dylan, reinterpretado por Sister Rosetta Tharpe, Johnny Cash o Emmylou Harris. Dylan la cantó

en directo por primera vez en Nueva York, el 13 de octubre de 1989.

El cantautor decide transportarnos con este «Precious Memories» revisitado al son de las islas y de los *steel drums*. Es una versión bastante alejada de los arreglos habituales, generalmente góspel o country, pero la adaptación de Dylan tiene su encanto, sobre todo por su voz unida a la de sus formidables coristas y la excelente intervención de mandolina interpretada por Larry Meyers.

Maybe Someday

Bob Dylan / 3'20 minutos

Mike Campbell.

Músicos: Bob Dylan: voz, guitarra; Mike Campbell: guitarra; Steve Douglas: saxo; Steve Madaio: trompeta; Howie Epstein: bajo; Don Heffington: batería; Carolyn Dennis, Madelyn Quebec, Annette May Thomas, Elisecia Wright, Queen Esther Marrow, Peggi Blu: coros **/ Grabación:** Skyline Recording Studio, Topanga Park (California): 14 de mayo, y *overdubs* 16, 21 y 22 de mayo de 1986 **/ Productor:** Sundog Productions **/ Ingeniero de sonido:** Britt Bacon

Génesis y realización

En este caso Bob Dylan recupera un tema que había elevado al rango de la excelencia veinte años antes con «Like A Rolling Stone». El narrador, en efecto, enumera los errores cometidos por la protagonista (¿la mujer con la que ha compartido su vida?). Una frase extraída de la primera estrofa es la ilustración perfecta: «Cuando te canses de llevarte todo por delante, como si atravesaras las vías / Quizá me suplicarás que vuelva conmigo». Aún más: «Quizá un día ya no te quedará ningún sitio al que ir» se parece extrañamente a… «Like A Rolling Stone».

Dylan grabó esta canción de estilo muy rock por primera vez durante las sesiones de *Empire Burlesque*, en los Cherokee Studios (quizá el 22 de diciembre de 1984), con el título «Prince Of Plunder». El 14 de mayo de 1986 la reelaboró completamente en el Skyline Studio. Habría podido ser un buen rock, pero el tema sufre de un sonido de batería anémico y de unos metales casi inexistentes. Sin embargo, Dylan ofrece una buena interpretación vocal, Mike Campbell una excelente parte de guitarra y las coristas están magníficas.

Brownsville Girl

Bob Dylan-Sam Shepard / 11'03 minutos

Músicos: Bob Dylan: voz, guitarra; Ira Ingber: guitarra; Vince Melamed: teclados; Steve Douglas: saxo; Steve Madaio: trompeta; Carl Sealove: bajo; Don Heffington: batería; Carolyn Dennis, Madelyn Quebec, Elisecia Wright, Queen Esther Marrow, Muffy Hendrix, Peggi Blu: coros **/ Grabación:** Cherokee Studios, Hollywood (California): 6, 10 u 11 de diciembre de 1984 / Skyline Recording Studio, Topanga Park (California): 14 de mayo, y *overdubs* 30 de abril, 1, 2, 16, 19 y 20 de mayo de 1986 **/ Productor:** Sundog Productions **/ Ingenieros de sonido:** George Tutko (Cherokee), Britt Bacon (Skyline)

Génesis y realización

Bob Dylan escribió esta canción en colaboración con el actor y dramaturgo Sam Shepard, cuya amistad se remonta a la Rolling Thunder Revue, a mediados de los años 1970. Sin miedo a exagerar, podemos colocar a «Brownsville Girl» entre las obras maestras de Dylan, sobre todo por la fineza de su texto. Una película provoca que el narrador recuerde su pasado: amó a una mujer –la misteriosa «chica de Brownsville» (ciudad de Texas fronteriza con México)– que se marchó. «Tu recuerdo me persigue como un tren que corre», canta Dylan al final de la tercera estrofa. Y recuerda con emoción la aventura que vivió con ella; una especie de *road movie* a través de San Antonio, El Álamo, México, las montañas Rocosas…

Bob Dylan no menciona el título de la película que evoca, pero no hay duda de que se trata de *The Gunfighter* (1950), un *western* de Henry King en el que Gregory Peck encarna a Jimmy Ringo, un pistolero de gran puntería que, además de los numerosos obstáculos que debe sortear, viaja en busca de su mujer y de su hijo, a los que no ha visto desde hace años. La genialidad de Dylan y Shepard reside en mezclar la vivencia del narrador con la de Ringo: ambos emprenden la misma búsqueda, como si la realidad y la ficción se fundieran en un único plano.

También hay una referencia a *Duel in the Sun* (1946) de King Vidor, donde dos hermanos, Lewt (Gregory Peck) y Jess (Joseph Cotten) aman a una muchacha mestiza (Jennifer Jones). «Brownsville Girl» es el mejor tema del álbum. No sufre tanto como el resto de canciones de la producción «años 1980», y debe su éxito a la interpretación de Dylan y a los coros. Grabada por primera vez durante las sesiones de *Empire Burlesque*, en diciembre de 1984, Dylan y sus músicos reelaboraron la base rítmica en el Skyline Studio más de un año después. Esta magnífica canción se beneficiaría mucho de una nueva mezcla.

Got My Mind Made Up

Bob Dylan - Tom Petty / 2'56 minutos

Músicos: Bob Dylan: voz; Tom Petty: guitarra; Mike Campbell: guitarra; Benmont Tench: teclados; Howie Epstein: bajo; Stan Lynch: batería; Philip Lyn Jones: congas; Carolyn Dennis, Madelyn Quebec, Elisecia Wright, Queen Esther Marrow: coros / **Grabación:** Sound City, Van Nuys (California): 19 de junio de 1986 / **Productores:** Tom Petty y Bob Dylan / **Ingeniero de sonido:** (?)

Génesis y realización

«Got My Mind Made Up» es una canción que Bob Dylan escribió en colaboración con Tom Petty (antes, o al principio, del True Confessions Tour). Aunque Petty y su grupo también la grabaron durante las sesiones de su álbum *Let Me Up (I've Had Enough)* (1987), la descartaron de la lista de canciones definitiva (se puede escuchar en el recopilatorio *Playback* [1995]).

Una comparación entre ambas versiones revela la aportación de Dylan en cuanto a la escritura, que evidentemente es primordial. En el caso de Tom Petty la historia se resume en una simple discusión de enamorados. En el caso de Dylan, esa difícil relación de pareja adquiere la dimensión más evocadora de una ruptura anunciada, como demuestra la serie de comentarios acerbos que dirige a su examante: «Te he dado todo mi dinero / Y todas mis relaciones también», «Si ya no quieres verme / Mira hacia otro lado».

Parece que se grabó una demo de «Got My Mind Made Up» el 19 de mayo de 1986 en los Sound City Studios de Van Nuys (California). Exactamente un mes más tarde se realiza la toma definitiva, también en los Sound City. Junto a Dylan y Petty se encuentran los miembros de los Heartbreakers: Mike Campbell, Benmont Tench, Howie Epstein y Stan Lynch. Se trata de un tema excelente, muy roquero, muy Bo Diddley, que debe su potencia a una formidable sección rítmica compartida por el bajo, la batería y las guitarras rítmicas. La parte de guitarra *Delta blues* tocada en *bottleneck* es magnífica, y la guitarra solista, con su *vibrato* muy pronunciado, es irresistible. El sonido del tema es el más rico de todo el álbum, sin duda debido a la ausencia de sintetizadores.

La primera interpretación en público de la canción data del concierto de San Diego (California), el 9 de junio, es decir, diez días antes de la sesión de grabación. ¡Bob Dylan está acompañado por Tom Petty y los Heartbreakers!

Under Your Spell

Bob Dylan - Carole Bayer Sager / 3'56 minutos

Músicos: Bob Dylan: voz, guitarra; Dave Stewart: guitarra; Patrick Seymour: teclados; John McKenzie: bajo; Clem Burke: batería; Muffy Hendrix, Carolyn Dennis, Madelyn Quebec, Elisecia Wright, Queen Esther Marrow: coros / **Grabación:** The Church Studios, Crouch End, Londres: 20-23 de noviembre de 1985 / Skyline Recording Studio, Topanga Park (California): *overdubs* 7, 9, 12, 13, 19, 20 y 21 de mayo de 1986 / **Productor:** Sundog Productions / **Ingeniero de sonido:** Britt Bacon (Skyline)

Génesis y realización

«Under You Spell» es otra canción sobre la separación amorosa. También es la tercera y última canción del álbum escrita por Dylan en colaboración con otro autor, en este caso Carole Bayer Sager, la mujer de Burt Bacharach. La idea del encuentro entre Bob Dylan y Carole Bayer Sager se debe sin duda a Carol Childs, futura novia del cantautor. «Fue muy extraño», recuerda Carole Bayer Sager. «Incluso es difícil llamar a eso una colaboración, porque no hacíamos absolutamente nada juntos en el mismo momento. Al final, casi no utilizó lo que yo había escrito, quizá una tercera parte, pero me puso en los créditos de todas formas. Yo me pregunté: ¿Por qué me pone en los créditos? Casi no había conservado nada de mi texto, pero me dijo que no habría podido escribirla [la canción] si yo no hubiera estado ahí».[138]

La grabación de la base rítmica de «Under Your Spell» se llevó a cabo del 20 al 23 de noviembre de 1985 en los Church Studios de Londres, feudo de Eurythmics. No cabe duda de que Bob Dylan modificó la letra escrita con Carole Bayer Sager tras esa sesión. Este tema, al igual que el anterior, se beneficia de un sonido más cálido que el resto del álbum, ya que Dave Stewart sabía trabajar a la perfección con los sonidos de aquella época. Con una armonía al estilo Matt Bianco y unos coros al estilo Eurythmics, se nota que Dylan busca su lugar en las producciones de la época. Se puede decir que alcanzó su objetivo con «Under Your Spell», uno de los logros del álbum.

Bob Dylan y Tom Petty sobre el
escenario con The Heartbreakers
en el Farm Aid de Champain (octubre
de 1985).

SINGLE

Band Of The Hand (It's Hell Time, Man!)

Bob Dylan / 4'38 minutos

SINGLE

FECHA DE PUBLICACIÓN

Band Of The Hand (Bob Dylan) / Theme From Joe's Death (Michel Rubini)

1986

MCA RECORDS
(REFERENCIA MCA-52811)

Músicos

Bob Dylan: voz
Tom Petty: guitarra, voz
Mike Campbell: guitarra
Benmont Tench: teclados
Howie Epstein: bajo
Stan Lynch: batería
Philip Lyn Jones: congas
Stevie Nicks, Madelyn Quebec, Elisecia Wright, Queen Esther Marrow, Debra Byrd: coros

Grabación

Festival Studios, Sídney, New South Wales (Australia):
8 y 9 de febrero de 1986

Equipo técnico

Productor: Tom Petty
Ingeniero de sonido: (?)

PARA LOS ADICTOS A DYLAN

Además de «Band Of The Hand (It's Hell Time Man!)», la banda sonora de la película incluye «Carry Me Back Home» de Andy Summers, «Let's Go Crazy» de Prince, «Faded Flowers» de Shriekback, «All Come Together Again» de Tiger Tiger, «Waiting For You», «Hold On», «Mission» y «Turn It On» de Rick Shaffer (interpretadas por The Reds) y «Broken Wings» de John Lang y Richard Page (interpretada por Mr. Mister).

Génesis y letra

Band of the Hand (*La banda de la mano* en los países de habla hispana) es una película de Paul Michael Glaser estrenada en abril de 1986. Narra la historia de unos jóvenes delincuentes convictos de barrios desfavorecidos de Miami que asisten a un campamento de supervivencia en los Everglades a las órdenes de un asistente social llamado Joe; a su regreso a Miami intentan acabar con las actividades de un traficante de cocaína.

En base a esta sinopsis Bob Dylan escribió la canción que lleva el mismo nombre. Habla de una violencia cotidiana, de un sistema corrupto, de una brujería que convierte a los niños en estafadores y en esclavos. Y añade: «A todos mis hermanos del Vietnam / Y a mis tíos de la Segunda Guerra Mundial / Tengo que decirles que la cuenta atrás ha empezado / Vamos a hacer lo que debería hacer la ley».

Realización

Dylan grabó «Band Of The Hand (It's Hell Time Man!)» al principio del True Confessions Tour, concretamente los días 8 y 9 de febrero de 1986, el día siguiente del concierto en Auckland (Nueva Zelanda) y el día antes del concierto en Sídney (Australia). Los Festival Studios, que dependen del sello Festival Records, se encuentran precisamente en Sídney. Acompañado por Tom Petty y los miembros de los Heartbreakers, Dylan grabó un tema muy rhythm'n'blues, en el que hay que destacar la interpretación de las coristas. Entre estas se encontraba Stevie Nicks, que por aquel entonces formaba parte de Fleetwood Mac.

Nos habría gustado que muchas de las canciones de *Knocked Out Loaded*, cuyas primeras sesiones empezarán en abril, sonaran así de bien. Tom Petty hace maravillas como productor, y el cantautor está acompañado por un formidable grupo, unido y talentoso. Sería injusto decir que Dylan nunca está mejor que en un contexto blues rock, pero hay que admitir que este disco es más impactante y tiene más ritmo que su próximo álbum, definitivamente –y desgraciadamente– orientado hacia una producción demasiado aséptica y heterogénea. Aunque haya que adaptarse a los estilos de cada época.

El single se publicó con el nombre de «Bob Dylan with The Heartbreakers» (en la cara B, «Theme From Joe's Death», un instrumental de Michael Rubini, compositor de la banda sonora) y llegará al número 28 en las listas del *Billboard*.

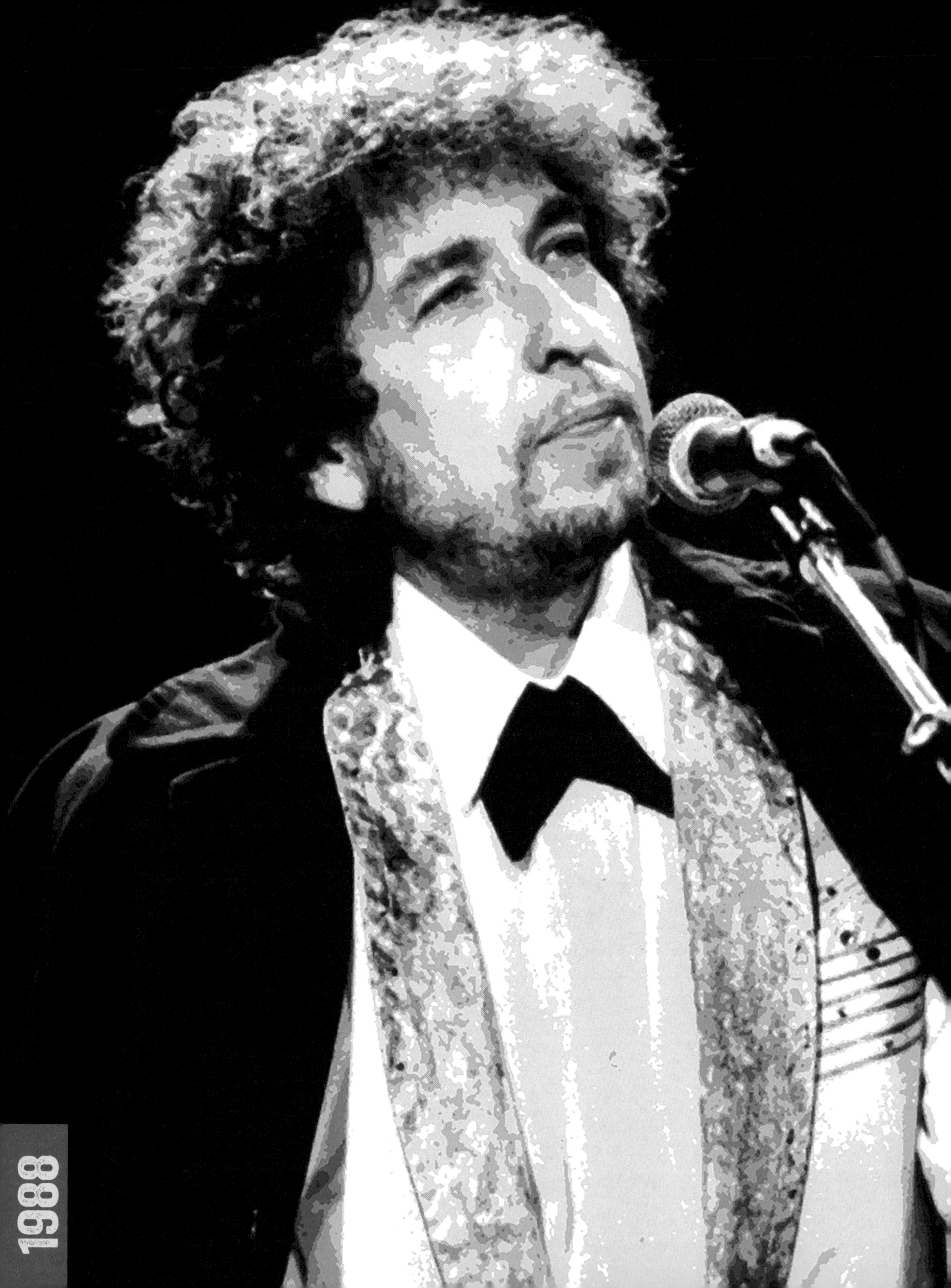

1988

Down In The Groove

Let's Stick Together
When Did You Leave Heaven?
Sally Sue Brown
Death Is Not The End
Had A Dream About You, Baby
Ugliest Girl In The World
Silvio
Ninety Miles An Hour
(Down A Dead End Street)
Shenandoah
Rank Strangers To Me

ÁLBUM
FECHA DE PUBLICACIÓN
19 de mayo de 1988
(30 o 31 de mayo según algunas fuentes)
Columbia
(REFERENCIA COLUMBIA OC 40957 [LP])
(REFERENCIA COLUMBIA CK 40957 [CD])

Down In The Groove,
el álbum de las dudas

El álbum

Cuando entró en los Sunset Sound Studios de Hollywood a principios del mes de marzo de 1987, Bob Dylan tenía previsto dar continuación a *Self Portrait*, publicado diecisiete años antes, y grabar el segundo álbum doble de su carrera. Sin embargo tendrá que abandonar la idea original de grabar solo versiones, probablemente tras la negativa de Columbia. El vigesimoquinto álbum de estudio del cantautor, *Down In The Groove*, que aparece el 19 de mayo de 1988 (30 o 31 de mayo según algunas fuentes), finalmente es un simple LP de diez canciones. Cinco de ellas son versiones, una es una tradicional de la música americana, dos son de la autoría del cantautor y otras dos están coescritas con el compositor Robert Hunter.

Al escuchar sus dos últimos álbumes no podemos hacer más que reconocer que Bob Dylan está atravesando una crisis de inspiración. Cuesta encontrar en estos discos los destellos de genialidad de los años 1960, e incluso de la década de 1970. Ahora Dylan parece un espectador de la evolución de la música, más que actor, cosa que lo lleva a aventurarse en territorios –el tecno-pop, en este caso– que no encajan con su sensibilidad de compositor, y aún menos con la de poeta.

A semejanza de *Knocked Out Loaded*, *Down In The Groove* es una serie de canciones grabadas en varios estudios, y algunas son temas descartados de los álbumes anteriores. Hay un hecho especialmente revelador de las dudas del cantautor: las canciones «Got Love If You Want It» e «Important Words» (de Slim Harpo y Gene Vincent respectivamente), que se encontraban en la lista de canciones original, fueron sustituidas por «The Usual» (canción de John Hiatt que aparece en la banda sonora de la película *Hearts of Fire* [*Corazones de fuego*], de Richard Marquand), y luego, después de suprimir esta última, por de «Death Is Not the End» y «Had A Dream About You, Baby».

Colaboraciones prestigiosas

Lo que destaca de este vigesimoquinto álbum, en realidad, son las múltiples colaboraciones, tanto en el plano de la escritura como en el musical. Incluso podemos afirmar que su complicidad con Robert Hunter, personaje destacado de la contracultura psicodélica, poeta y autor de letras para Grateful Dead (las magníficas «Truckin'», «Ripple» o «Dark Star»), es lo que salva al disco. Muestra de ello es «Ugliest Girl In The World», canción en la que un hombre ama tanto a su mujer –«la mujer más fea del mundo»– que se vuelve loco cuando deja de verla. Y, sobre todo, «Silvio» (letra de Hunter) que, muy distinta de la canción anterior en cuanto a su atmósfera, desprende una poesía oscura, casi desesperada («La plata y el oro / No pueden comprar el latido de un corazón adulto»).

En el aspecto musical, Bob Dylan se rodeó de un elenco estelar de la escena del rock. Mark Knopfler es el coproductor y guitarrista de «Death Is Not The End». Eric Clapton y Ron Wood lo acompañan en «Had A Dream About You, Baby»,

LOS *OUTTAKES*

Street People
Side Walks
Sugaree
My Prayer
Wood In Steel
Heaven
Shake Your Money
Chain Gang
If You Need Me
Branded Man
Making Believe
Darkness Before Dawn
Just When I Needed You Most
Important Words
Willie And The Hand Jive
Twist And Shout
Almost Endless Sleep
Bare Foot In
Listen To Me
You Can't Judge A Book By Looking At The Cover
Tioga Pass

La carátula

Para la portada de su nuevo álbum, el cantautor (o Columbia) eligió una sencilla foto tomada durante un concierto. Como ni el fotógrafo ni el diseñador aparecen en los créditos, solo podemos deducir que la fotografía, donde vemos a Dylan sentado solo sobre un escenario con una guitarra acústica –sin duda una Martin (¿D-42K?)– se tomó durante el True Confessions Tour con Tom Petty & The Heartbreakers (del 9 de junio al 6 de agosto de 1986), o bien durante el Temples In Flames Tour (del 5 de septiembre al 17 de octubre de 1987). Lo mismo pasa con la foto de contraportada, donde aparece en un escenario durante una prueba de sonido, hablando con una mujer, probablemente una de sus coristas, quizá su esposa Carolyn Dennis. Pero antes de elegir la fotografía para la portada, Dylan había solicitado al célebre dibujante e ilustrador estadounidense Rick Griffin, artista psicodélico conocido sobre todo por sus carteles de Grateful Dead. Este realizó un boceto que representaba al cantautor sentado al revés sobre un caballo en un decorado a medio camino entre el *western* y la psicodelia. Lamentablemente, Columbia se opuso y el dibujo no se utilizó.

La grabación

Aunque las canciones de *Down In The Groove* solo salen de tres estudios de grabación –el Power Station de Nueva York, los Town House Studios de Londres y principalmente el Sunset Sound de Hollywood– sigue faltando unidad para que el álbum sea coherente. No se menciona la producción en la carátula anterior del disco, y esta ausencia habla por sí misma. Y, una vez más, hay una abundancia excesiva de músicos: cuatro guitarristas, seis bateristas, siete bajistas, cuatro teclistas, siete coristas y un grupo vocal, los Full Force. ¡Más de treinta músicos para diez canciones!

Cronológicamente, el primer título seleccionado proviene de las sesiones de *Infidels,* con Mark Knopfler a la coproducción. Se trata de «Death Is Not The End», grabada el 2 de mayo de 1983, y resucitada para *Down In The Groove.* Seguirán dos sesiones en los Townhouse Studios de Londres, los días 27 y 28 de agosto de 1986. Dylan se encuentra en la capital inglesa desde el 17 de agosto para grabar temas destinados a la banda sonora del futuro y último largometraje de Richard Marquand, *Hearts of Fire.* Dylan forma parte del elenco de actores, junto a Fiona Flanagan y Ruppert Everett. No hace

mientras que Jerry Garcia, Bob Weir y Brent Mydland de Grateful Dead ponen la voz en «Silvio» y Jack Morris Sherman, guitarrista de Red Hot Chili Peppers, participa en la grabación de «When Did You Leave Heaven?». Pero quizá lo más sorprendente es la presencia de Steve Jones (exguitarrista de los Sex Pistols) y de Paul Simonon (exbajista de los Clash) junto a Bob Dylan en «Sally Sue Brown»; sorprendente, porque los grupos punk criticaron ferozmente en su momento a los iconos del rock (encabezados por Dylan y los Rolling Stones). Concebido inicialmente como un álbum doble, el regreso a un simple LP es sin duda una sabia decisión. ¿Qué hay que destacar de las diez canciones de *Down In The Groove* ? No son malas. Al contrario, comparadas con sus dos últimos discos, parecen más coherentes porque hacen menos concesiones al sonido de los años 1980. Intuimos que el cantautor tiene ganas de recuperar el lenguaje musical que lo hizo famoso: el rock, el folk y el góspel. Lamentablemente, esta voluntad aún es demasiado tímida y el resultado no es lo bastante convincente. Demasiada dispersión, incertidumbre y sobre todo una falta evidente de magia y de inspiración.

Todas estas debilidades serán debidamente subrayadas por una crítica que, una vez más, se muestra unánime. A pesar de todo, *Down In the Groove* entrará en las listas de éxitos a ambos lados del Atlántico: llegará al número 61 en Estados Unidos y al 32 en el Reino Unido. No hay duda de que la gira promocional, que empezó el 7 de junio de 1988 en Concord (California), contribuyó a evitar el naufragio…

Bob Dylan con los miembros
de Grateful Dead.

Una Martin D-42K.

falta decir que, desde su estreno, la película será destrozada
por la crítica. Es evidente que es un mal trago para el cantautor, porque además el director morirá poco tiempo después
(las malas lenguas atribuyen su desaparición a la mala calidad
de su última obra...). El único elemento positivo: «Had A
Dream About You, Baby», una canción que se compuso para
la banda sonora y que se incluirá en el álbum, con Eric Clapton y Ron Wood a las guitarras. Por último, durante la primavera siguiente, Dylan se encierra en los Sunset Sound Studios
de Hollywood para reanudar las grabaciones. Del 5 de marzo
al 23 de junio de 1987 grabará los últimos ocho títulos de
Down In The Groove en diez sesiones, la mitad de las cuales
se dedicarán a *overdubs*.

Datos técnicos

«Had A Dream About You, Baby» es el único tema que se grabó en los Townhouse Studios de Londres. Fundados en 1978
por el director general de Virgin, el carismático Richard Branson, pronto se convertirán en los estudios más frecuentados
del planeta (Elton John, Brian Ferry, Oasis, Queen...). Pero
es sobre todo Phil Collins, con su gran éxito mundial «In The
Air Tonight» (1981), quien les otorgará su prestigio. En aquella época tenían una consola SSL 4000 B, y los estudios ce-
rraron en 2008. El otro complejo de grabación que Dylan alquiló para grabar la mayor parte de *Down In The Groove* es
Sunset Sound Studios de Hollywood (California). Unos estudios legendarios creados en 1958 por Tutti Camarata, director y productor musical de Disney, que grabará (en su totalidad o en parte) algunos monumentos del rock del siglo xx:
Pet Sounds de los Beach Boys (1966), *Strange Days* de los
Doors (1967), *Van Halen II* (1979), *Led Zeppelin II y Led
Zeppelin IV* (1969 y 1971), *Exile On Main Street* de los Rolling Stones (1972), etc. En el estudio 2, donde se grabaron las
canciones de Dylan, tenían una consola Neve. El ingeniero de
sonido es Stephen Shelton (Tom Waits, David Lee Roth...).

Los instrumentos

Entre sus guitarras habituales para los conciertos se pudo ver
una Takamine EG-260, y también una Martin D-42K. Pero,
como de costumbre, no se sabe cuáles utilizó en el estudio.
Para este nuevo álbum recupera sus armónicas. Utilizará tres,
en tonalidades de re, sol y la.

Let's Stick Together

Wilbert Harrison / 3'09 minutos

Músicos
Bob Dylan: voz, guitarra, armónica
Danny Kortchmar: guitarra
Randy Jackson: bajo
Steve Jordan: batería
(?): maracas
Grabación
Sunset Sound Studios / estudio 2, Hollywood (California): 1 de mayo de 1987
Equipo técnico
Productor: Bob Dylan
Ingeniero de sonido: Stephen Shelton

Bryan Ferry, que también creó una versión muy interesante de «Let's Stick Together».

Génesis y letra

Cantante y multiinstrumentista de rhythm'n'blues, Wilbert Harrison tiene la particularidad de haber vivido un doble éxito con unos cuantos años de diferencia con «Let's Stick Together» (en 1962) y «Let's Work Together» (1970). En realidad se trata de la misma canción (en cuanto a la melodía) con una letra distinta. Este blues de tempo medio ha tenido una bonita trayectoria. Después de Harrison, la formación californiana Canned Heat entró en las listas del *Billboard* (número 26) con una versión tónica de «Let's Work Together» (incluida en el álbum *Future Blues*, 1970), seguida seis años más tarde por Bryan Ferry (número cuatro en el Reino Unido en junio de 1976).

Diez años después del cantante de Roxy Music, le toca a Bob Dylan firmar una versión blues de «Let's Stick Together». El matrimonio es sagrado: este es, en esencia, el mensaje de la canción. Un mensaje que el cantautor recibe fuerte y claro.

Realización

«Let's Stick Together» es la tercera canción que Bob Dylan grabó en los Sunset Sound Studios de Hollywood, el 1 de mayo de 1987. Lo acompañan el guitarrista Daniel Kortchmar, que había participado en las sesiones de *Shot Of Love*, el bajista Randy Jackson (Jean-Luc Ponty, Blue Öyster Cult, Bruce Springsteen, Roger Waters...) y el baterista Steve Jordan (que a principios de los años 1980 había tocado con los Blues Brothers). Esta versión es más lenta que la original, y evidentemente menos tradicional. Pero Dylan no se equivocó eligiéndola como canción de obertura: es un blues rock dinámico de muy buena factura. El sonido es mucho más cálido que el de los dos álbumes anteriores, el grupo toca con unidad y los tópicos del sonido de los años 1980 han desaparecido casi por completo. Las dos guitarras son muy buenas; la de Kortchmar, con un *vibrato* muy pronunciado, es magnífica, y la armónica (en re) de Dylan consigue que el tema se eleve. Hacía tiempo que el cantautor no sonaba tan bien, y además canta con una voz segura y muy roquera. El único pero es que el bajo no se oye bien, y falta *punch* (en el sonido, no en la interpretación). Destacan unas maracas interpretadas desde el principio del tema por un músico no identificado.

When Did You Leave Heaven?

Walter Bullock - Richard A. Whiting / 2'15 minutos

Músicos: Bob Dylan: voz, guitarra; Jack Morris Sherman: guitarra (?); Madelyn Quebec: voz, teclados; Stephen Shelton: batería / **Grabación:** Sunset Sound Studios / estudio 2, Hollywood (California): 3 y 11 de abril de 1987 / **Productor:** Bob Dylan / **Ingeniero de sonido:** Stephen Shelton

Génesis y realización

Richard A. Whiting es un compositor cuyas melodías acompañaron a los grandes éxitos de Hollywood desde finales de la década de 1920 hasta principios de los años 1940. Una de sus canciones más famosas, por la que fue nominado a los Premios Grammy de 1936 (junto al letrista Walter Bullock), tiene por título «When Did You Leave Heaven?». Está extraída de la película de Sidney Lanfield *Sing, Baby, Sing* (1936). El tema es esencialmente religioso, naturalmente: Jesús, que vivía en el cielo, bajó a la tierra para salvar a los hombres.

Dylan aborda este estándar de la música popular de forma sorprendente, con un estilo decididamente tecno-pop. Un regreso a los años 1980 con acordes de sintetizador interpretados por su corista Madelyn Quebec y con el sonido de una caja de ritmos probablemente programada por Stephen Shelton, que también es el ingeniero de sonido del álbum. Aunque en los créditos no aparece ningún guitarrista aparte del propio Dylan, oímos una segunda guitarra, que según los informes de estudio sería de Jack Morris Sherman, el guitarrista de Red Hot Chili Peppers (1983-1985). En cambio, no hay bajo (o quizá quedó sepultado en la mezcla).

Sally Sue Brown

Tom H. Stafford - Arthur Alexander - Earl Montgomery / 2'29 minutos

Músicos: Bob Dylan: voz, guitarra; Madelyn Quebec: voz; Steve Jones: guitarra; Kevin Savigar: teclados; Paul Simonon: bajo; Myron Grombacher: batería; Bobby King, Willie Green: coros / **Grabación:** Sunset Sound Studios / estudio 2, Hollywood (California): 27 de marzo, y *overdubs* 5 de mayo de 1987 / **Productor:** Bob Dylan / **Ingeniero de sonido:** Coke Johnson

Génesis y realización

Arthur Alexander es un cantante de country y de soul cuyas canciones inspiraron a muchos grupos de la revolución rock. The Beatles y The Rolling Stones versionaron respectivamente «Anna (Go To Him)» y «You Better Move On». «Sally Sue Brown» es otra de sus composiciones. La escribió en colaboración con Earl Montgomery y Tom H. Stafford. Esta «Sally Sue Brown» es todo un fenómeno que ha vuelto a la ciudad: con su falda ajustada y sus grandes ojos brillantes, conquista todos los corazones y provoca las fantasías más tórridas. «Túmbate en la cama, Sally Sue Brown / Deja que te haga el amor»: ¡No se puede ser más explícito! Una declaración ardiente que va directa al grano.

Bob Dylan grabó «Sally Sue Brown» el 27 de marzo de 1987, con dos músicos que, durante la segunda mitad de los años 1970, habían hecho temblar los cimientos del culto erigido a las estrellas del rock: el exguitarrista de los Sex Pistols, Steve Jones, y el exbajista de los Clash, Paul Simonon. Junto a estos se encuentran el teclista Kevin Savigar, que había tocado con Rod Stewart, George Harrison y Willie Nelson, y Myron Grombacher, antiguo baterista de Pat Benatar. El resultado es una versión muy roquera de «Sally Sue Brown», a la que Bobby King y Willie Green añadieron voces (*overdubs* del 5 de mayo) en un estilo *doo wop* bastante sorprendente después del tecno-pop de «When Did You Leave Heaven?» Comparada con la versión de Alexander, la de Dylan parece un poco fría.

Death Is Not The End

Bob Dylan / 5'10 minutos

Músicos: Bob Dylan: voz, guitarra, armónica; Mark Knopfler: guitarra; Alan Clark: teclados; Robbie Shakespeare: bajo; Sly Dunbar: batería; Clydie King, Lou George, Curtis Bedeau, Gerard Charles, Brian George, Paul Anthony: coros / **Grabación:** Power Station / estudio A, Nueva York: 2 de mayo, y *overdubs* 18 de mayo de 1983 / **Productores:** Bob Dylan, Mark Knopfler / **Ingeniero de sonido:** Neil Dorfsman

Génesis y realización

La escritura de esta canción se remonta a 1983, cuando Dylan aún estaba profundamente marcado por el humanismo cristiano. Mientras que el mundo se derrumba, el narrador conserva la esperanza. Frente a la soledad y la desaparición de todos sus sueños, «[cuando] las ciudades se incendian / y arde la carne de los hombres», hay una perspectiva de la vida eterna. El propio título de la canción, «la muerte no es el final», remite al Libro de Isaías (XXVI, 19): «Tus muertos vivirán; junto con mi cuerpo muerto se levantarán. ¡Despertad y cantad, moradores del polvo!, porque tu rocío es cual rocío de hierbas, y la tierra entregará los espíritus de los muertos». Para su nuevo álbum Dylan recupera una toma grabada el 2 de mayo de 1983, durante las sesiones de *Infidels*, con Mark Knopfler como coproductor. Michael Krogsgaard[82] aventura la idea de que la canción se habría reelaborado en mayo de 1987, pero ningún informe de estudio permite afirmarlo. No obstante, la hipótesis es plausible, ya que al escuchar las dos guitarras nos damos cuenta que una está mal afinada, un error que Knopfler nunca habría permitido; a menos que se trate de un ensayo del que se preveía hacer rectificaciones. El 18 de mayo de 1983 los Full Force añadieron sus coros. El cantautor, sin embargo, no consideró adecuado incluir esta canción en *Infidels*, sin duda porque era demasiado triste.

Had A Dream About You, Baby

Bob Dylan / 2'54 minutos

Músicos: Bob Dylan: voz, guitarra; Eric Clapton: guitarra; Beau Hill: teclados; Mitchell Froom: teclados; Ron Wood: bajo (?); Kip Winger: bajo (?); Henry Spinetti: batería / **Grabación:** Townhouse Studios, Londres: 27 y 28 de agosto de 1986 / **Productor:** Beau Hill (?) / **Ingeniero de sonido:** (?)

Génesis y realización

El 17 de agosto de 1986 Bob Dylan llegó a Londres para participar en la película *Hearts of Fire* de Richard Marquand. La banda sonora, que aparecerá en octubre de 1987, incluye tres canciones interpretadas por Dylan: «The Usual» (una composición de John Hiatt), así como «Night After Night» y «Had A Dream About You, Baby». Parece ser que el cantautor no había escrito ni una línea antes de aterrizar en Inglaterra, así que se puso ante la hoja en blanco a toda prisa. El resultado de «Had A Dream About You, Baby» fue una serie de frases que suenan bien, y nada más. Lo esencial, de hecho, no está en el texto, sino en los músicos que acompañan a Bob Dylan. El cantautor grabó «Had A Dream About You, Baby» en los Townhouse Studios de Londres con Eric Clapton y Ron Wood. Pero es una lástima que las «estrellas invitadas» de Dylan acostumbren a desempeñar un papel más bien discreto. Nos habría gustado escuchar un solo de Clapton, por ejemplo, pero este se limita a ejecutar un riff de guitarra. En las notas del disco se precisa que Ron Wood toca el bajo, al igual que Kip Winger, pero hay dos guitarras que se contestan (parece que Dylan no toca ninguna) y el sonido del bajo no es muy bueno. No hay duda de que en realidad el Stone toca su seis cuerdas. A menos que Bob quisiera impresionar a sus colegas… «Had A Dream About You, Baby» es un rock del que podría esperarse mucho más.

Ugliest Girl In The World

Bob Dylan – Robert Hunter / 3'32 minutos

Músicos
Bob Dylan: voz, guitarra, armónica
Danny Kortchmar: guitarra
Stephen Shelton: teclados
Randy Jackson: bajo
Steve Jordan: batería
Madelyn Quebec, Carolyn Dennis: coros
Grabación
**Sunset Sound Studios / estudio 2, Hollywood
(California):** 16 de junio de 1987
Equipo técnico
Productor: Bob Dylan
Ingeniero de sonido: Stephen Shelton

Robert Hunter, letrista de «Ugliest Girl In The World».

Génesis y letra

A principios de la década de 1960 Robert Hunter se ofreció como voluntario para probar sustancias alucinógenas con su amigo Ken Kesey en el contexto de una investigación realizada por la Universidad de Stanford. Esas experiencias psicodélicas lo llevaron a firmar algunas de las canciones más emblemáticas de Grateful Dead y a convertirse en una de las figuras más prominentes de la contracultura de la época. La complicidad entre Robert Hunter y Bob Dylan dio lugar a la escritura de esta canción, que evidentemente hay que leer entre líneas. La «mujer más fea del mundo» es una fábula absurda, una especie de inmersión jovial y liberadora en el sinsentido. «La mujer a la que amo lleva un gancho en la nariz», «tartamudea», «camina dando saltos», canta Bob Dylan. Y añade: «Si la pierdo, me vuelvo loco».

Realización

«Ugliest Girl In The World» es el cuarto rock de *Down In The Groove*. Es evidente que Bob Dylan trata de volver a unas raíces que había abandonado más o menos desde hacía algunos años. Aunque el tema es dinámico, le falta impulso. El cantautor ha puesto el listón muy alto a lo largo de su carrera, y esperamos mucho de él... Sin embargo, las partes de guitarra son muy eficaces, sobre todo la acústica, que probablemente toca Kortchmar. Y las intervenciones de Bob a la armónica (en re) consiguen elevar la canción por si solas. La rítmica entre la guitarra eléctrica (¿Bob Dylan?), la batería de Steve Jordan y el bajo de Randy Jackson tiene un cierto aire Rolling Stones que habría gustado a Keith Richards, y de hecho Steve Jordan tocará en sus álbumes en solitario. Grabada el 16 de junio, «Ugliest Girl In The World» nunca ha sido interpretada en directo.

Silvio

Bob Dylan – Robert Hunter / 3'06 minutos

Músicos: Bob Dylan: voz, guitarra; (?): guitarra; (?): ukelele (?), mandolina (?); (?): teclado; Nathan East: bajo; Mike Baird: batería; Madelyn Quebec, Carolyn Dennis: coros, pandereta (?); Jerry Garcia, Bob Weir, Brent Mydland: coros / **Grabación:** Sunset Sound Studios / estudio 2, Hollywood (California): 16 de junio (?) de 1987 / **Productor:** Bob Dylan / **Ingeniero de sonido:** Stephen Shelton

Génesis y realización

Bob Dylan compuso la música, pero Robert Hunter es el único autor de la letra de esta canción. Su complicidad con Grateful Dead está en su punto álgido. Incluso podríamos decir que «Silvio» es la perla del álbum. En la letra se reúnen algunas imágenes que son tan evocadoras del tiempo que pasa inexorable que podrían haber salido de la pluma del propio Dylan: «Un día de estos [...] / Bajaré al valle y cantaré mi canción / La cantaré tan fuerte / Que dejaré que el eco decida si tengo razón o no».

«Silvio» es un tema excelente, una especie de country-rock acústico. La rítmica es irresistible; la combinación de guitarra acústica (Bob), batería y bajo funciona de maravilla. El bajista no es otro que el grandioso Nathan East, que a lo largo de su carrera acompañará a gigantes de la música como Earth, Wind & Fire, Michael Jackson, Phil Collins, Eric Clapton o Diana Krall (en su álbum *Wallflower* de 2015, titulado así por la canción de Dylan). En los créditos no se identifica a todos los músicos, y destaca la ausencia de un intérprete de ukelele (o de mandolina), un segundo guitarrista acústico y un teclado. Hay que subrayar la presencia excepcional a los coros de Jerry Garcia, Bob Weir y Brent Mydland, los tres miembros de Grateful Dead.

Ninety Miles An Hour (Down A Dead End Street)

Hal Blair – Don Robertson / 2'56 minutos

Músicos: Bob Dylan: voz, guitarra (?), piano (?); Madelyn Quebec: voz, teclados, pandereta (?); (?): guitarra acústica solista; Jack Morris Sherman: guitarra eléctrica (?); Larry Klein: bajo (?); Willie Green, Bobby King: coros / **Grabación:** Sunset Sound Studios / estudio 2, Hollywood (California): 3 de abril, y *overdubs* 17 y 23 de junio de 1987 / **Productor:** Bob Dylan / **Ingeniero de sonido:** Stephen Shelton

Génesis y realización

Hal Blair y Don Robertson escribieron juntos (y por separado) un gran número de canciones de estilo country y pop. Elvis Presley, entre otros, incluyó en su repertorio «I Met Her Today», «I Really Don't Want To Know» y «There's Always Me». Después del Rey, le tocó a Dylan versionar una canción del tándem artístico. «Ninety Miles An Hour (Down A Dead End Street)» narra las desventuras de un motorista que conduce demasiado rápido por una calle sin salida. ¿Una referencia al accidente de Woodstock del que el cantautor fue víctima un par de décadas atrás? Hank Snow consiguió en 1963 un segundo lugar en las listas de éxitos de country con «Ninety Miles An Hour (Down A Dead End Street)». Dylan decidió abandonar el estilo country y convertir la canción en una especie de góspel con las voces de bajo de Willie Green y Bobby King (*overdub* del 23 de junio) y el órgano de Madelyn Quebec. El resultado es bastante logrado, con una buena interpretación vocal del cantautor. Falta precisión en los créditos de la canción, pero parece que Dylan se acompaña al piano y no a la guitarra, y que suenan instrumentos que no se mencionan en los créditos. Sobre todo un bajo, que parece salir de un sintetizador, y una guitarra acústica solista y una eléctrica con *vibrato*.

Shenandoah

Tradicional / arreglos Bob Dylan / 3'39 minutos

Músicos: Bob Dylan: voz, guitarra, armónica; (?) guitarra eléctrica; (?): mandolina (?); Nathan East: bajo; Madelyn Quebec, Carolyn Dennis, Peggi Blu, Alexandra Brown: coros, palmas, pandereta / **Grabación:** Sunset Sound Studios / estudio 2, Hollywood (California): abril (?), y *overdubs* 17 de junio de 1987 / **Productor:** Bob Dylan / **Ingeniero de sonido:** Stephen Shelton

Génesis y realización

«Shenandoah» es una canción tradicional americana del siglo XIX, vinculada a los tramperos que se aventuraban al oeste del Mississippi y acababan casándose con nativas americanas. Así, esta canción folk narra la historia de un pionero que se enamora de la hija de un jefe algonquino, Shenandoah, y debe atravesar las llanuras de Missouri. La interpretación del tema de esta canción ha ido evolucionando a lo largo del tiempo: al amor de una joven amerindia ha sucedido la nostalgia de un soldado confederado hasta la evocación del valle de Shenandoah, en Virginia, de donde era originario.
Bob Dylan hace una buena versión de esta canción tradicional. No encontramos el aire solemne de otras versiones, como las de Bruce Springsteen o Tom Waits, pero aunque sea más ligera, es tan eficaz como las otras. Junto a la guitarra del cantautor podemos escuchar lo que parece una mandolina y una guitarra rítmica eléctrica (músicos no identificados). Los coros tienen un color góspel, sobre todo al final de la canción, cuando las coristas acompañan el tema con palmas y una pandereta (*overdubs* del 17 de junio). Aunque es Mike Baird quien aparece en los créditos del disco como baterista, su interpretación se suprimió en esta versión. La grabación data probablemente de abril de 1987. Hasta la fecha el cantautor solo ha interpretado esta canción en directo en tres ocasiones; la primera vez fue en Athens (Georgia), fechada el 28 de octubre de 1990.

Larry Klein.

Rank Strangers To Me

Albert E. Brumley / 2'57 minutos

Músicos: Bob Dylan: voz, guitarra; Madelyn Quebec: voz (?); Larry Klein: bajo / **Grabación:** Sunset Sound Studios / estudio 2, Hollywood (California): 16 de junio de 1987 / **Productor:** Bob Dylan / **Ingeniero de sonido:** Stephen Shelton

Génesis y realización

La última canción de *Down In The Groove* es una composición de Albert E. Brumley, músico y editor de música góspel. Entre las casi 800 canciones que escribió, Bob Dylan eligió «Rank Strangers To Me», que habían interpretado numerosos músicos antes que él (como The Stanley Brothers o Charlie Musselwhite). La historia: tras un largo viaje, un hombre vuelve a su casa, en la montaña, y descubre que aquellos a los que conocía se han convertido en extraños, y que él mismo es un desconocido. La esperanza renace en la tercera estrofa, cuando dice que volverá a ver a los suyos en el paraíso, donde nadie será un extraño para él. «Rank Strangers To Me» se grabó durante la sesión del 16 de junio. Bob Dylan eligió deliberadamente un estilo muy distinto del de los Stanley Brothers. En este caso no hay ninguna referencia al bluegrass, sino que el cantautor se sumerge en una canción folk con acentos góspel. En esta versión, muy sencilla, Dylan toca la guitarra, acompañado muy probablemente por Madelyn Quebec a las armonías vocales (aunque no aparece en los créditos del álbum) y por el bajo del magnífico Larry Klein (Joni Mitchell, Herbie Hancock, Peter Gabriel...). Este último, influido como muchos bajistas de la época por el grandioso Jaco Pastorius, toca un bajo sin trastes, que no duda en grabar en una segunda pista inundada de reverberación para crear profundidad.

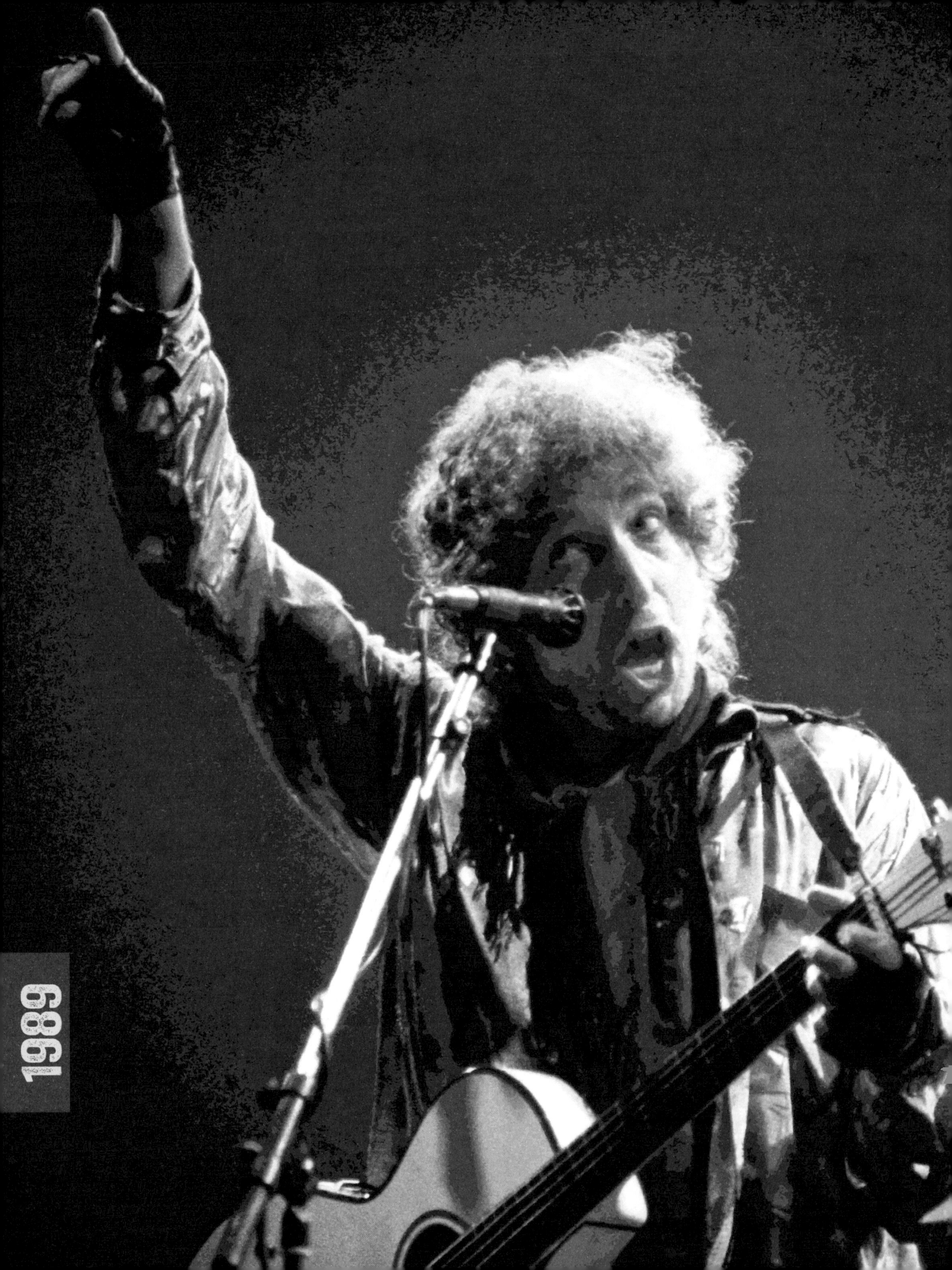

1989

ÁLBUM
FECHA DE PUBLIACIÓN
12 de septiembre de 1989
Columbia
(REFERENCIA COLUMBIA OC 45281 [LP])
(REFERENCIA COLUMBIA CK 45281 [CD])

Oh Mercy

Political World
Where Teardrops Fall
Everything Is Broken
Ring Them Bells
Man In The Long Black Coat
Most Of The Time
What Good Am I?
Disease Of Conceit
What Was It You Wanted
Shooting Star

Oh Mercy,
un álbum tallado por un mago del sonido

Las canciones reunidas en el álbum *Oh Mercy* fueron escritas mayormente en el pequeño taller de pintura que Bob Dylan instaló en su propiedad de Malibú (California) a principios del año 1988. Y, ¡qué canciones! Después de una serie de álbumes bastante menores, o en todo caso vapuleados por la crítica e ignorados por una gran parte del público, el cantautor vuelve con fuerza, con diez perlas que se encuentran entre lo mejor de su repertorio, y que ponen fin a todas las dudas sobre su futuro. «La mayor parte de las canciones hablan sobre los problemas de conciencia, el tipo de cosas que nos desvelan en plena noche, cuando intentamos volvernos a dormir. Cuanto más intentamos hacer algo, más nos rehuye».[140]

El álbum de la renovación

La historia de este álbum empieza una noche de primavera (o de verano) de 1988. Bob Dylan pide a Bono que escuche varias de sus composiciones. Seducido, el cantante de U2 le sugiere que contrate a Daniel Lanois, que acaba de producir *The Joshua Tree* (1987). «Bono descolgó el teléfono, marcó un número, me pasó a Lanois y hablamos un momento», escribe Dylan en sus *Crónicas*; «Básicamente me dijo que estaba trabajando en Nueva Orleans, y que pasara a verlo si iba por allí».[1] Unas semanas más tarde Bob Dylan llega a Luisiana, donde conoce a Lanois, que entonces estaba trabajando en el álbum *Yellow Moon* de los Neville Brothers. El productor le pasa dos versiones canciones suyas que justamente acababan

de grabar con el grupo, «With God On Our Side» y «The Ballad Of Hollis Brown», interpretadas con la voz angelical de Aaron Neville. «Suena como un disco»,[141] comenta Dylan; lo que, según Lanois, sería todo un cumplido por su parte. Y es justamente ese sonido el que anda buscando, un sonido que procede de las profundidades de los *bayous* de Luisiana.

Las canciones de *Oh Mercy* revisten en conjunto el mismo estallido poético que las obras maestras de la década de 1960. Si «Political World» fustiga la impotencia de los políticos y apela a una vuelta a la espiritualidad como única respuesta viable al poder de una casta que el cantautor repudia, «Everything Is Broken» es el reflejo de esta misma sociedad moderna en pleno proceso de descomposición. Espiritualidad también es la palabra que mejor define «Where Teardrops Fall» y «Ring Them Bells», que se inspiran respectivamente en los Salmos y en el Evangelio según san Mateo, y en cierta medida también «Man In The Long Black Coat» (aunque esta canción también se puede interpretar como el símbolo del viaje y/o de la soledad). En cuanto a «Disease Of Conceit», remite al caso de Jimmy Swaggart, un evangelista al que sorprendieron en dos ocasiones en compañía de una prostituta.

Al igual que esta última, el resto de canciones del álbum, todas muy logradas, son de orden mucho más temporal. «Most Of The Time» relata la historia de una pareja que se separa. Lo mismo pasa con «Shooting Star», aunque en esta última también podemos ver una alusión a los Reyes Magos y al naci-

Malcolm Burn (aquí, en 2012) no se conformará con ser ingeniero de sonido, sino que también se encargará de tocar el bajo y el teclado en algunos temas.

LOS *OUTTAKES*

God Knows
Dignity
Three Of Us Be Free
Series Of Dreams
Born In Time

miento de Jesús. «What Good Am I?» es más introspectiva: el narrador se interroga sobre su relación amorosa, y en particular sobre su comportamiento hacia su compañera (o excompañera). «What Was It You Wanted» podría dirigirse a la crítica y al público, que siempre quieren saber más y analizar hasta los detalles más nimios de la vida del artista.

Si en las letras de *Oh Mercy* encontramos los temas habituales del cantautor, la música suena como una relectura del blues de Luisiana –el *swamp blues*– con un toque de rockabilly. La atmósfera es amortiguada, impregnada de misterio, con un eclecticismo instrumental que acentúa la voz grave de Dylan. No cabe duda de que *Oh Mercy* es un disco de renovación.

Cuando sale a la venta, el 12 de septiembre de 1989, el álbum recibe el aplauso unánime de crítica y público. Se clasificará en el número 44 entre los 100 mejores álbumes de la década de 1980 (lista de *Rolling Stone*) y llegará al número 30 en Estados Unidos y al 6 en el Reino Unido. Un precioso disco que inaugura el nuevo contrato entre Bob Dylan y Columbia.

La carátula

Fue por casualidad, durante un paseo en moto por las calles de Nueva York, cuando Bob Dylan descubrió un grafiti que decidió convertir en la ilustración de la portada de su nuevo álbum. El grafiti representa a una pareja bailando, se titula *Dancing Couple* y es obra de un artista conocido en el mundo del *street art* con el nombre de Trotsky. El nombre de Bob Dylan, en letras mayúsculas blancas sobre una banda negra, aparece encima del dibujo, mientras que el título del disco aparece debajo, en letras rojas. En la contraportada, una fotografía del cantautor con sombrero, firmada por Suzie-Q, que probablemente es su fiel encargada de vestuario, Suzie Pullen. El diseño del estuche se confió a Christopher Austopchuk, artista que trabajará para numerosos músicos (Aerosmith, Bruce Springsteen...).

La grabación

Cuando Dylan escoge a Daniel Lanois para producir su nuevo álbum, en realidad se encuentra en una encrucijada, tal como revela Mark Howard, el ingeniero de sonido: «De hecho ya había grabado el disco en su totalidad antes de venir a vernos. Con Ron Wood. Existe una versión entera de *Oh Mercy* grabada con Ron Wood. Pero sin duda a Dylan no le gustó el re-

sultado».[139] Así, el cantautor espera salvar su disco poniéndose en manos del productor canadiense. Le encarga la tarea de elegir al equipo, y Lanois reúne a músicos a los que conocía y valoraba. Además de secundarlo en la captación del sonido, Malcolm Burn se encarga del bajo y de los teclados. Junto a este, Mason Ruffner, uno de los mejores guitarristas de Nueva Orleans, que había tocado con Jimmy Page y Crosby, Stills & Nash. También recluta a algunos de los músicos que habían participado en la grabación de *Yellow Moon*: el guitarrista Brian Stoltz (The Meters, Linda Ronstadt...), el bajista Tony Hall (Harry Connick Jr., Zachary Richard...), el baterista Willie Green (Brian Eno, Grateful Dead...) y Cyril Neville en persona, percusionista y cantante de los Neville Brothers. También participa en el disco un grupo local: Rockin' Dopsie and His Cajun Band.

Entre las grabaciones propiamente dichas y los *overdubs*, las sesiones se dilatarán a lo largo de más de cuatro meses, de finales de febrero a principios de julio de 1989, con algo más de treinta fechas. Inicialmente se instalaron en un apartamento alquilado en la St Charles Avenue de Nueva Orleans, donde se había grabado el álbum *Yellow Moon*, pero Dylan y Lanois decidieron cambiar de espacio de trabajo. Bob Dylan escribe en sus *Crónicas*: «Lanois había instalado uno de sus famosos estudios móviles "kit" –esta vez, en una casa victoriana de Sonia Street, cerca del cementerio Lafayette n° 1; puertas vidrieras, persianas, altos techos góticos, jardín, cuarto de servicio y garaje en la parte trasera... Había colocado gruesas mantas en las ventanas para insonorizar».[1] Ese peculiar espacio fue el que el productor eligió para grabar el álbum, de una forma que, en un primer momento, desconcertó un poco al cantautor. Lo hizo sentarse en un taburete delante de un micro con su guitarra y se instaló frente a él del mismo modo. Ambos se conectaron a un pequeño amplificador, con un simple patrón de caja de ritmos como referencia rítmica, y solo después hizo intervenir al resto de músicos para que completaran la base grabada. Así Dylan podía concentrarse mejor en su voz. Pero al principio las relaciones entre productor y cantautor serán difíciles. Mark Howard habla sobre el inicio de las sesiones: «Durante las primeras semanas Dylan rechazaba todo lo que hacíamos. Llegó un momento en que Dan perdió los nervios. Solo quería que Dylan se mostrara conciliador. Se convirtió en... no una situación conflictiva, pero sí muy incómoda. Mal-

Bono de U2 facilitó el contacto entre Bob Dylan y Daniel Lanois.

colm [Burn] y yo nos fuimos y dejamos que solucionaran sus problemas. A partir de aquel momento fue muy agradable trabajar con Dylan». Hay que decir que Lanois, exasperado y encolerizado, no dudó en estrellar uno de sus dobros contra el suelo... Pero al final el álbum será un auténtico renacimiento para el cantautor. Los arreglos recuerdan inevitablemente a *Yellow Moon* de los Neville Brothers, pero Dylan terminó por sentirse cómodo en ese ambiente tan particular. Lanois dirá que *Oh Mercy* es un disco para escuchar por la noche, «porque fue concebido por la noche».[141] También reconocerá que si hay que quedarse con una lección de Dylan, es la de trabajar sin descanso en busca de la eficacia y la rapidez ante todo. Y concluye: «*Oh Mercy* son dos tipos sentados bajo un porche, ese tipo de ambiente». En cuanto al cantautor, admitirá que «había magia»[1] en el álbum, y que siente una sincera admiración por el trabajo del productor canadiense.

Daros técnicos

Así, Daniel Lanois graba *Oh Mercy* en un estudio móvil, concretamente en una casa azul de estilo victoriano situada en el número 1305 de Sonia Street, en Nueva Orleans. Satisfecho de su experiencia con los Neville Brothers, Lanois quiere repetir con Dylan ese tipo de producción que prioriza el *feeling* por encima de la técnica. Su filosofía consiste en poner la voz del cantante en el centro de la grabación; los instrumentos nunca tienen que estar por encima. Y para obtener lo mejor de la voz del cantautor, elige un micrófono Sony C37A. Inventado por los japoneses para competir con el Neumann U47, en 1958 lo adoptarán Frank Sinatra y Nat King Cole.

Malcolm Burn es el ingeniero de sonido. Cómplice de Daniel Lanois, grabará junto a él *Us* de Peter Gabriel (1992) o *Wrecking Ball* de Emmylou Harris (1995). En solitario, colaborará en muchos proyectos, pero también como productor (Iggy Pop, Patti Smith...). El segundo ingeniero es un joven de 21 años, Mark Howard. Después de la experiencia con Dylan trabajará con numerosos artistas, como U2 o Neil Young. Parece que la consola con la que Burn y Howard grabaron *Oh Mercy* era una API.

Los instrumentos

Se pudo ver a Dylan tocando una Gibson SG Standard el 20 de enero de 1988 durante la ceremonia de Rock and Roll Hall of Fame en Nueva York. El cantautor explica que Lanois le dejó una vieja Fender Telecaster, con la que se quedó después de la grabación. Finalmente, utiliza armónicas en cuatro canciones, en tonalidades de mi y de la.

RETRATO

Daniel Lanois, el creador de discos

Buscar la emoción: esta es la ambición de Daniel Lanois, el célebre productor musical canadiense que produjo el vigesimosexto álbum de Bob Dylan, *Oh Mercy*. El hombre que se describe a sí mismo como una «rata de estudio, [...] creador de discos y no de carreras»[142] pone todo su talento al servicio de los músicos que lo solicitan. En cuanto a Dylan, su objetivo era «capturar la potencia de su voz y exponerla con sinceridad para recuperar toda su fuerza». «Lo había hecho todo a conciencia y solo estaba ahí para realzar lo que [Dylan] hacía. Me comportaba como un guardaespaldas de su música, en cierto modo»,[142] explica. El artífice del regreso de Dylan al primer plano de la escena musical tiene más de un as bajo la manga, y ostenta una gran diversidad de talentos. Además de ser productor, es autor-compositor, intérprete y toca numerosos instrumentos, como el dobro o la *pedal steel*.

Nacido en Hull, en Quebec, el 19 de septiembre de 1951, Daniel Lanois se crió en una familia de músicos. Su madre era cantante, su padre y su abuelo violinistas, su hermana bajista en el grupo *new wave* Martha and The Muffins, y su hermano también es ingeniero de sonido. En 1963, tras la separación de sus padres, los hermanos Lanois se instalan con su madre en Hamilton (Ontario). Daniel aprende a tocar la guitarra mientras su hermano Bob se dedica a las grabaciones con un viejo magnetófono en el sótano de la casa familiar. Siete años más tarde, los dos hermanos compran un 4 pistas e improvisan un pequeño estudio de grabación que ofrece sus servicios a los grupos de la zona. En diez años, la reputación de los jóvenes ingenieros de sonido va creciendo, y en 1981 coproducen el tercer álbum de Martha & The Muffins, *This Is The Ice Age*. En 1982 Daniel inicia una productiva colaboración con Brian Eno, marcada sobre todo por los álbumes *Ambient 4: On Land* (1982) y *Apollo: Atmospheres And Soundtracks* (1983) y, más adelante, *The Unforgettable Fire* (1984) de U2.

Aunque Daniel Lanois es, junto a Brian Eno, uno de los artesanos de la *ambient music*, al mismo tiempo manifiesta un interés real por las tradiciones del folk, el rock y el soul (cosa que no le impide coproducir junto a Peter Gabriel la banda sonora de *Birdy*, de Alan Parker [1985]): lo demuestran

Robbie Robertson (1987), el primer trabajo en solitario del exguitarrista de The Band, y sobre todo *Oh Mercy* de Dylan y *Yellow Moon* (1989) de los Neville Brothers. A continuación, Daniel Lanois producirá otros discos importantes, como *Achtung Baby* (1991) de U2, *Wrecking Ball* (1995) de Emmylou Harris y el *Noise* (2010) de Neil Young. Antes, el productor volvió a trabajar con Bob Dylan en las sesiones del excelente *Time Out Of Mind* (1997).

Daniel Lanois también ha grabado una decena de álbumes en solitario, como *Acadie* (1989), *For The Beauty Of Wynona* (1993) *Shine* (2003) y *Belladonna* (2005), *Rockets* (2005), *Here Is What Is* y *Purple Vista* (2008), *Black Dub* (2010) y *Flesh And Machine* en 2014.

Ya sea en sus propios álbumes o en los de otros artistas, Lanois imprime su sello sonoro, un «sonido» singular, de una belleza compleja y de una potencia visceral, fruto de una gran sensibilidad. No importan la forma o los medios técnicos utilizados para obtener lo mejor de un artista, y tampoco importa que los medios sean convencionales o experimentales, analógicos o digitales; Daniel Lanois busca por encima de todo escuchar una emoción en lo que graba o produce. Esta es la misión que confesa el propio «creador de discos».

Political World

Bob Dylan / 3'47 minutos

Músicos: Bob Dylan: voz, guitarra; Daniel Lanois: dobro; Mason Ruffner: guitarra; Tony Hall: bajo; Cyril Neville: percusiones; Willie Green: batería **/ Grabación:** The Studio, Nueva Orleans (Luisiana): 8 de marzo, y *overdubs* entre marzo y julio de 1989 **/ Productor:** Daniel Lanois **/ Ingenieros de sonido:** Malcolm Burn, Mark Howard

Génesis y realización

«Estaba sentado a la mesa de la cocina una noche mientras todo el mundo dormía. La colina era un tapiz centelleante de luces. Me vino de repente. Escribí veinte estrofas y les puse el título "Political World"». Bob Dylan explica de esta manera el nacimiento de «Political World» en sus *Crónicas*.[1] Todo es política, decía Marx. Sin adherirse a las tesis del filósofo y economista alemán, Bob Dylan construye una denuncia implacable contra el mundo en el que vive, dirigido por la política, donde «el amor no tiene cabida», donde «la muerte desaparece / En las escaleras del banco más cercano». A este materialismo elevado al rango de dogma único, no elegido sino obedecido por los ciudadanos, opone un nuevo ideal donde la sabiduría ya no sería encarcelada, donde el coraje ya no sería un valor del pasado, y apela al regreso a la espiritualidad. En este aspecto, «Political World» es como la continuación lógica de «With God On Our Side», grabada veintiséis años atrás. Desde las primeras notas de guitarra, Daniel Lanois nos sumerge en un clima que conoce bien: onírico, denso, amenazador, pero decididamente original. Este inicio en *fade-in* nos lleva sutilmente hasta la entrada de la batería, que está acompañada por el excelente bajo de Tony Hall. Este último insufla una pulsión al tema con su 4 cuerdas que es realmente irresistible. Por fin Dylan ha encontrado a su productor. Se han terminado las concesiones a sonidos que no encajan con su música; esta vez lo único importante es su voz, y la interpretación es verdaderamente excelente, realzada con un ligero *slapback echo* («the Elvis echo», como lo llama Lanois). Por supuesto, algunos considerarán que la producción es demasiado sofisticada, demasiado «sobreproducida», pero lo cierto es que por fin la realización está a la altura de su talento. El bajo y las guitarras de Lanois y de Dylan se añadieron por *overdub* entre marzo y julio. La base de «Political World» se grabó el 8 de marzo en dos tomas, y la primera fue la buena.

Where Teardrops Fall

Bob Dylan / 2'33 minutos

Músicos: Bob Dylan: voz, piano; Daniel Lanois: *lap steel*; Paul Synegal: guitarra; Rockin' Dopsie: acordeón; John Hart: saxo; Larry Jolivet: bajo; David Rubin Jr.: tabla de lavar (*scrub board*); Alton Rubin Jr.: batería **/ Grabación:** The Studio, Nueva Orleans (Luisiana): 21 y 22 de marzo, y *overdubs* entre marzo y julio de 1989 **/ Productor:** Daniel Lanois **/ Ingenieros de sonido:** Malcolm Burn, Mark Howard

Génesis y realización

En este caso Bob Dylan pulsa las dulces cuerdas del romanticismo. Una atmósfera que evoca la novela *Wuthering Heights*: una «noche de tormenta», una «luz vacilante»… Y la tristeza de una separación: «En las sombras del claro de luna / Me muestras un nuevo lugar al que ir». Ese lugar es aquel donde «caen las lágrimas». Una canción muy nostálgica que, una vez más, se inspira en los Salmos (LVI, 9): «Tú has anotado los pasos de mi destierro, ¡recoge mis lágrimas en tu odre!: ¿Acaso no está todo registrado en tu Libro?» Con «Where Teardrops Fall» Dylan sintió que estaba «en el sitio adecuado, en el momento adecuado, [haciendo] lo que había que hacer y con Lanois [como] el hombre clave de la situación».[1] En efecto, esta dulce balada que Bob Dylan muestra rápidamente al grupo cajún de Rockin' Dopsie se grabó en apenas cinco minutos, sin ensayos. Lo cierto es que la canción tiene alma, aunque no sea tan perfecta como le habría gustado a Lanois. Los músicos ofrecen un acompañamiento perfecto con la tradicional tabla de lavar como instrumento rítmico, y sobre todo con el extraordinario solo de saxo que surge de la nada. «Al final de la canción, el saxofonista, John Hart, soltó un solo que casi me corta la respiración»,[1] dice Dylan. Este asombroso músico ciego tiene la costumbre de apoyarse en la pared del Maple Leaf Club, donde toca a menudo con su grupo, y así desarrolla esta maravillosa sonoridad.

Lanois añadirá varios *overdubs* de dobro y de guitarra de 12 cuerdas, pero solo su excelente intervención de *lap steel* es verdaderamente imprescindible.

COVERS

La mejor adaptación de «Everything Is Broken» se la debemos a Kenny Wayne Shepherd, que la grabó para el álbum *Trouble Is...* (1997).

Everything Is Broken

Bob Dylan / 3'15 minutos

Músicos
Bob Dylan: voz, guitarra, armónica
Daniel Lanois: dobro, guitarra
Brian Stoltz: guitarra
Tony Hall: bajo
Willie Green: batería
Daryl Johnson: percusiones
Malcolm Burn: pandereta
Grabación
The Studio, Nueva Orleans (Luisiana): 14 de marzo, y *overdubs* entre abril y julio de 1989
Equipo técnico
Productor: Daniel Lanois
Ingenieros de sonido: Malcolm Burn, Mark Howard

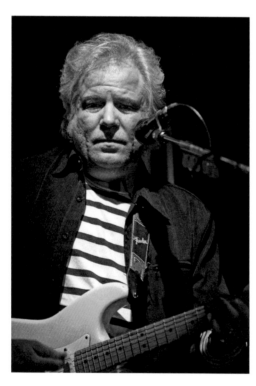

Brian Stoltz. El guitarrista fue miembro de los Meters d'Art y Cyril Neville (en la imagen, en 2008).

Génesis y letra

En sus *Crónicas*, Bob Dylan explica que la idea de «Everything is Broken» le llegó en la playa de Coney Island, al ver un transistor roto en la arena. «Quizá es la imagen en la que pensé al principio», escribe; «He visto muchas otras cosas rotas [...] que inspiran malestar».[1] El texto de «Everything Is Broken» se modificó en profundidad antes de que el cantautor se decidiera a grabarla. Inicialmente se describía una relación amorosa «rota»; de ahí su primer título, «Broken Days». «Te envié rosas de parte de un corazón muy afligido», cantaba Dylan. Más adelante confirió una dimensión más política a la canción, denunciando a una sociedad moderna donde ya nada funciona y, aún más grave, donde no hay escapatoria porque, vayamos donde vayamos, todo se rompe en mil pedazos. El mensaje es aún más oscuro que el de «Political World». Por el camino, «Broken Days» se convirtió en «Everything Is Broken».

Realización

«Everything Is Broken» es un tema característico del *Louisiana blues*. Efectivamente, encontramos esa misma atmósfera puntuada por guitarras con un *vibrato* muy pronunciado y una armónica muy reverberada. Lanois consideraba que el tema no era lo bastante bueno para el álbum. Dylan lo convenció de lo contrario, y finalmente lo grabaron el 14 de marzo en directo en el inmenso salón de la casa. Dylan, que toca la Telecaster de Lanois, comparte las guitarras con Stoltz y Lanois al dobro. El tema sonó bien inmediatamente y «no había por qué realizar grandes cambios»,[1] dice Dylan. Después de modificar el texto, el cantautor volvió a grabar la canción el 3 de abril con un excelente solo de armónica. En junio y en julio también se añadieron *overdubs* de pandereta, bajo y guitarras. Podemos escuchar una buena versión alternativa en *The Bootleg Series, Vol. 8: Tell Tale Signs: Rare and Unreleased 1989-2006*.

«Everything Is Broken» se publicó en single en octubre de 1989. Existieron dos caras B: «Death Is Not The End» (canción extraída de *Down In The Groove*) y «Dead Man, Dead Man» (versión en directo grabada en el Saenger Theater de Nueva Orleans el 10 de noviembre de 1981). Aunque no entró en las listas de éxitos, Dylan ha tocado esta canción casi 300 veces en directo desde el concierto en el Beacon Theatre de Nueva York, el 10 de octubre de 1989.

Ring Them Bells

Bob Dylan / 3'00 minutos

Músicos
Bob Dylan: voz, piano
Daniel Lanois: guitarra
Malcolm Burn: teclados

Grabación
The Studio, Nueva Orleans (Luisiana): 7 de marzo, y *overdubs* junio y julio de 1989

Equipo técnico
Productor: Daniel Lanois
Ingenieros de sonido: Malcolm Burn, Mark Howard

Daniel Lanois, el mago del sonido, en el New Orleans Jazz Festival de 1990.

Génesis y letra

«Ring Them Bells» se inspira en el Evangelio según san Mateo (VI, 10): «Que venga tu Reino, que se haga tu voluntad en la tierra como en el cielo». Las campanas suenan para anunciar el gobierno celestial de Dios, que envió a su hijo Jesús para que cumpliera su voluntad divina en la Tierra y llevara a las «ovejas descarriadas» por el buen camino. Así, estas campanas anuncian el fin de un mundo; el de los hombres. Dylan invoca a san Pedro, pero también a santa Marta, que asistió a la resurrección de su hermano Lázaro, y a santa Catalina (Catalina de Alejandría), decapitada por rechazar al emperador Majencio. El cantautor dice que no pudo expresar con precisión el sentimiento que experimentaba con la frase «abolir el camino que va del bien al mal». Como ir del bien al mal era una noción que le resultaba totalmente extraña, quería reformular este verso antes de grabar la canción. «Este concepto no existe en mi subconsciente. Aún me siento avergonzado por esta historia, no entiendo de qué manera podría perfilar un ideal».[1] Sin embargo, ante su imposibilidad de encontrar la fórmula adecuada, grabó la canción con estas palabras.

Realización

«Ring Them Bells» obedece a la tradición del góspel, con Bob Dylan al piano y a la voz. Esta magnífica canción, grabada el 7 de marzo, permite al cantautor expresarse de una forma muy precisa, con una voz llena de solemnidad y de compasión. Su interpretación al piano es excelente, y los arreglos de Lanois consiguen darle una sonoridad contemporánea y a la vez atemporal. Inicialmente Dylan quería grabarla sin ningún acompañamiento. En sus *Crónicas* comenta: «Aparte de esto, Lanois captó la esencia, el alma de la canción, y le insufló toda su magia. La grabamos exactamente como me vino… Dos o tres tomas en las que yo tocaba el piano, Dan la guitarra y Malcolm Burn el teclado».[1] Efectivamente, aunque se añadieron *overdubs* de bajo (27 y 28 de junio) y de guitarra (Lanois, en julio) –en vano, ya que son inaudibles en la mezcla– la respiración que ofrecen estos arreglos, muy aéreos, consigue que «Ring Them Bells» sea uno de los mayores logros del álbum.

Man In The Long Black Coat

Bob Dylan / 4'34 minutos

Músicos
Bob Dylan: voz, guitarras de 6 y 12 cuerdas, armónica
Daniel Lanois: dobro, percusión (?)
Malcolm Burn: teclados, bajo (?)
Grabación
The Studio, Nueva Orleans (Luisiana): 29 de marzo, y *overdubs* entre abril y julio de 1989
Equipo técnico
Productor: Daniel Lanois
Ingenieros de sonido: Malcolm Burn, Mark Howard

Génesis y letra

¿Quién es este «hombre con un largo abrigo negro» con quien huye la protagonista? Podría ser la encarnación de la muerte, incluso del diablo. ¿Pero Satán citaría la Biblia? De una forma mucho más poética, este misterioso hombre podría ser el símbolo del viaje, de la soledad; un peregrino que se ha marchado en busca de la verdad. Pero Dylan no quiere revelar la identidad del personaje ni la de su compañera. A pesar de todo, adivinamos que ella quiere abandonar un mundo donde reina la corrupción. Dylan explicará que intentaba describir el estado de un hombre cuyo propio cuerpo se le escapa, un hombre condenado, «[alguien] que ha amado la vida pero que ya no puede vivir más, y le duele el alma al ver que los demás lo consiguen».[1]

Realización

Al igual que «Ring Them Bells», «Man In The Long Black Coat» se escribió en el estudio. La música evoca la banda sonora de un *spaghetti western* que se desarrollaría en los *bayous* de Luisiana con un J. J. Cale (imaginario) a la guitarra. Se realizaron dos tomas el 29 de marzo de 1989, y la primera fue la que se utilizó para los *overdubs* de Malcolm Burn (bajo, ¿en junio?) y Daniel Lanois (guitarras, en julio). «Nos costó mucho tiempo obtener el ambiente adecuado, grabando los grillos, el auténtico sonido de Nueva Orleans», explica Daniel Lanois a la revista *Mojo*; «Es una canción directamente inspirada en el entorno y en ambiente de la ciudad». El productor prosigue: «La canción habla de un momento decisivo, un momento que puede cambiarnos la vida para siempre, como huir con el circo». En realidad, el ruido de los grillos proviene de un banco de sonidos propiedad de Brian Eno, creado para *Yellow Moon* y concebido especialmente con su sintetizador DX7 Yamaha. Mark Howard, segundo ingeniero, lo recuerda: «Malcolm [Burn] se abalanzó sobre el teclado y empezó a tocar ese sonido de grillo; el ambiente nos envolvió y, tras dos tomas, obtuvimos una obra maestra. Era la primera vez que se me ponían los pelos de punta grabando una canción. Fue mágico».[139] Al final de la toma Lanois miró a Dylan, feliz de haber conseguido grabar la canción que todos esperaban. Podemos subrayar la interpretación de Dylan, que toca dos guitarras (añadidas por *overdub* el 4 de abril), una de 6 y otra de 12 cuerdas, así como una armónica (en la) y una muy buena ejecución vocal. Se oye una percusión (o un tom-tom) que sin duda toca Lanois.

La atmósfera de los *bayous* de Luisiana se percibe perfectamente al escuchar «Man In The Long Black Coat».

1989

Most Of The Time

Bob Dylan / 5'03 minutos

Músicos: Bob Dylan: voz, guitarra; Daniel Lanois: guitarra; Malcolm Burn: teclados; Tony Hall: bajo; Cyril Neville: percusiones / **Grabación:** The Studio, Nueva Orleans (Luisiana): marzo, y *overdubs* en abril de 1989 / **Productor:** Daniel Lanois / **Ingenieros de sonido:** Malcolm Burn, Mark Howard

PARA LOS ADICTOS A DYLAN
La toma alternativa de *The Bootleg Series, Vol. 8: Tell Tale Signs* es una versión interpretada con guitarra acústica y armónica, evidentemente muy alejada de la de *Oh Mercy*.

Génesis y realización

El narrador de esta canción, que podría ser el alter ego de Dylan, parece haber resucitado desde que se ha separado de su mujer. En este caso recupera el tema de «Don't Think Twice, It's All Right» (*The Freewheelin' Bob Dylan*). Pero, ¿El narrador está diciendo la verdad? *«Most of the time»* significa «la mayor parte del tiempo»; es decir, «no siempre». Bob Dylan revela que todavía no tenía la melodía de «Most Of The Time» cuando llegó al estudio. En sus *Crónicas* explica: «Dan [Daniel Lanois] creyó percibir algo, que acabó por adquirir la forma de un tema lento y melancólico».[1] Y el cantautor prosigue: «El problema es que la letra ya no me situaba en aquel ambiente, donde quería estar. Las cosas no salían como tenían que salir. Habría podido eliminar cinco o seis versos, pero eso implicaba frasear las estrofas de forma distinta».[1] La atmósfera, muy onírica, creada por el mago Lanois, es increí-

ble. Con *reverbs* muy profundas, *delays* omnipresentes, sonidos de guitarras saturadas (¿reproducidas al revés?), con *vibrato* o al natural, un *loop* de caja de ritmos TR-808 Roland, percusiones, acordes lentos, un bajo y una guitarra acústica... El tema posee uno de los ambientes más complejos y conseguidos del álbum. No hay duda de que Bob debía andar algo desorientado en ese universo hipnótico, pero de todos modos consigue ofrecernos una magnífica prestación vocal.

Les fechas de grabación se sitúan en el mes de marzo y los *overdubs* de voz en abril. Un año más tarde, el 2 de marzo de 1990, Dylan decidió volver a grabar «Most Of The Time» en los Culver City Studios de California para la publicación de un CD destinado a promocionar *Oh Mercy*, junto a un videoclip de la canción. Lo acompañarán David Lindley a la guitarra, Randy Jackson al bajo y Kenny Aronoff a la batería.

What Good Am I?

Bob Dylan / 4'45 minutos

Músicos: Bob Dylan: voz, guitarra, piano; Daniel Lanois: dobro, guitarra; Malcolm Burn: teclados, bajo / **Grabación:** The Studio, Nueva Orleans (Luisiana): 7 de marzo, y *overdubs* entre marzo y julio de 1989 / **Productor:** Daniel Lanois / **Ingenieros de sonido:** Malcolm Burn, Mark Howard

Génesis y realización

«La canción llegó toda entera; no sé de dónde salió,»[1] escribe Dylan en sus *Crónicas*. Efectivamente, parece que escribió «What Good Am I?» de una sentada, pero después de ver la obra de Eugene O'Neill *Long Day's Journey Into Night* (*Largo viaje hacia la noche*), que narra la deprimente historia de unos «morfinómanos egocéntricos», en palabras del propio cantautor. Y es lo mínimo que cabe imaginar cuando escribe: «A veces uno ve cosas que le pudren el corazón, le revuelven el estómago y quiere capturar esa sensación sin entrar en detalle».[1] Una cosa es evidente: «What Good Am I?» es una canción introspectiva, una especie de examen de conciencia: «¿Cómo puedo ser bueno si te miro sin verte?», «¿Si no oigo en mi cabeza lo que dices en tus sueños?» Detrás de estas preguntas adivinamos un sentimiento de culpabilidad. Cuando empezó a trabajar en la canción con Daniel Lanois, Dylan solo

tenía una vaga idea de la melodía. Grabaron la base del tema el 7 marzo en ocho tomas, y la séptima fue la buena. El clima es etéreo y, en contraste con «Most Of The Time», se oyen pocos instrumentos. La magnífica interpretación del cantautor se ve realzada por su Telecaster, por el dobro de Lanois y por los acordes de Burn (a los que bautizaron como «*Mercy Keys*»). Este último añadirá un bajo (*overdub* el 27 o 28 de junio), Lanois una guitarra acústica solista (*overdub* en julio) y Dylan un piano (*overdub* el 29 de marzo). También cabe destacar la presencia discreta de un bombo, sin duda programado en la TR-808. Aunque el resultado es todo un logro, el cantautor consideró que el ritmo era demasiado lento y que la melodía carecía de personalidad; «de impacto emocional»,[1] según sus propias palabras. Desde el concierto en el Beacon Theatre del 10 de octubre de 1989, Bob Dylan interpreta a menudo esta canción en concierto.

Disease Of Conceit

Bob Dylan / 3'44 minutos

Músicos: Bob Dylan: voz, piano, órgano; Mason Ruffner: guitarra; Brian Stoltz: guitarra; Tony Hall: bajo; Willie Green: batería / **Grabación:** The Studio, Nueva Orleans (Luisiana): 8 de marzo, y *overdubs* entre marzo y julio de 1989 / **Productor:** Daniel Lanois / **Ingenieros de sonido:** Malcolm Burn, Mark Howard

Génesis y realización

¿A quién se dirigía la letra de «Disease Of Conceit»? ¿Quién cometió ese pecado de soberbia? El cantautor admite que estuvo muy influido por el caso de Jimmy Swaggart, el predicador de la iglesia pentecostista que colgó los hábitos debido a sus relaciones con prostitutas y a su insistencia en pecar. Dylan, no obstante, no acusa. Al contrario, en sus *Crónicas* defiende al pastor, haciendo un paralelismo con el profeta Oseas quien, a petición de Dios, se unió a una prostituta para tener hijos. Y, en su canción, muestra cierta compasión por la «gente que lucha / Debido a la enfermedad de la soberbia». Los soberbios son controlables y manipulables a voluntad «[si] sabemos mover los hilos»,[1] dice el cantautor. «En cierto sentido, esto es lo que quiere decir la letra».[1] Es otra canción de clima muy evocador, etéreo, con reverberaciones muy presentes y muy largas, sobre todo en las guitarras de Ruffner y Stoltz. El solo que añadió uno de los dos hacia 2'59 es simplemente genial. Con el bajo de Tony Hall en primer plano y la batería de Willie Green prácticamente inaudible, el tema tiene una fuerza interior comparable a un góspel. A Dylan le habría gustado hacer una versión con una fanfarria de Nueva Orleans, de las que tocan en los entierros; una especie de marcha fúnebre. El cantautor compara «Disease Of Conceit» con «un blues llorado sobre un ritmo insistente»[1] para el que «Arthur Rubinstein habría sido el pianista ideal».[1] Es el único tema del álbum en el que Daniel Lanois no toca ningún instrumento. Al escuchar las tomas grabadas el 8 de marzo (cuatro tomas; la tercera fue la buena) y completadas con varios *overdubs* (guitarras, bajo), Lanois reconoce que la canción se bastaba a sí misma tal cual estaba.

What Was It You Wanted

Bob Dylan / 5'03 minutos

Músicos: Bob Dylan: voz, guitarra, armónica; Daniel Lanois: dobro, guitarra; Mason Ruffner: guitarra; Malcolm Burn: bajo; Cyril Neville: percusiones; Willie Green: batería / **Grabación:** The Studio, Nueva Orleans (Luisiana): 21 de marzo, y *overdubs* entre marzo y abril de 1989 / **Productor:** Daniel Lanois / **Ingenieros de sonido:** Malcolm Burn, Mark Howard

Génesis y realización

«"What Was It You Wanted" también llegó como una inspiración», explica Bob Dylan en sus valiosas *Crónicas*. «Tenía la letra y la música, en modo menor, simultáneamente en la cabeza».[1] El texto puede parecer algo hermético. Es una serie ininterrumpida de preguntas a las que no aporta ninguna respuesta. El cantautor desvela el misterio: «Sabéis de qué habla si alguna vez habéis inspirado curiosidad. Hay poco que explicar. Los blandos y los incapaces son a veces los que hacen más ruido, y nos pueden poner todo tipo de trabas».[1] ¿Bob Dylan se enfrenta a un público que siempre quiere más, que no para de hacer preguntas? ¿O a una crítica siempre dispuesta a lanzar sus flechas envenenadas? «What Was It You Wanted» «se escribió sola»,[1] dice Bob Dylan. Y la grabación se desarrolló a semejanza de la composición. Tras dos tomas el 8 de marzo, Bob Dylan y su equipo dedicaron el día 21 íntegramente a esta canción. Se grabaron cuatro tomas, y a continuación se añadieron *overdubs* a la primera (guitarras, voz). Para la grabación todos los músicos estaban en el lugar al mismo tiempo y tocaron en directo. Bob canta y toca la guitarra y la armónica (en mi). El tema tiene un *groove* denso, penetrante e hipnótico. Este blues desprende un ambiente extraño, casi solapado, inquietante. «La ubicación de los micrófonos confiere al conjunto una textura rica, inesperada y cargada; brumas y Quaaludes»,[1] confirma el cantautor. Y añade que el empleo de toda esa tecnología permitía a Daniel Lanois crear «poesía sonora».[1] Efectivamente, experimentamos emociones al escuchar «What Was It You Wanted».

Shooting Star

Bob Dylan / 3'15 minutos

Músicos
Bob Dylan: voz, guitarra, armónica
Daniel Lanois: Omnichord
Brian Stoltz: guitarra
Tony Hall: bajo
Willie Green: batería
Grabación
The Studio, Nueva Orleans (Luisiana): 14 de marzo,
y *overdubs* entre abril y julio de 1989
Equipo técnico
Productor: Daniel Lanois
Ingenieros de sonido: Malcolm Burn, Mark Howard

Génesis y letra

«Shooting Star» es la última canción que Bob Dylan escribió para *Oh Mercy* junto a «Man In The Long Black Coat». Más concretamente la compuso en Nueva Orleans, tras un largo paseo en Harley-Davidson por las carreteras de Mississippi con su mujer Carolyn. «El tema me vino de repente, directo a

Bob Dylan durante el *Unplugged* de MTV. «Shooting Star» formaba parte del repertorio en aquella ocasión.

los ojos», explica en sus *Crónicas*; «como si hubiera estado viajando por las sendas del sol y lo hubiera encontrado por casualidad. Tuve una iluminación. Había visto una estrella fugaz desde el jardín de mi casa, o quizá era un meteorito».[1]
Esta canción se presta a varias interpretaciones. Conociendo su fascinación por los textos sagrados, Dylan podría hacer referencia a la estrella que, de Oriente hasta Belén, guió a los Reyes Magos tras el nacimiento de Jesús. También es posible que la estrella anuncie el fin del mundo, ya que el cantautor habla de una «última tentación» y de «la última radio que emite». En cuanto al sermón sobre la montaña que aparece en la tercera estrofa, es el símbolo por excelencia de la observancia cristiana. Pero existe una explicación más terrenal: «Shooting Star» podría ser la evocación de una ruptura amorosa. El amante se pregunta ante la mujer a la que ama: «¿sigo siendo el mismo?», «¿Me he convertido en lo que querías?». Adivinamos que la respuesta es negativa. En este caso, la estrella fugaz sería el símbolo de un amor fantasioso, incluso efímero o inaccesible. Dylan habría podido escribir esta canción bajo el influjo de Antón Chéjov (ya que aparece una estrella fugaz en el relato *Una casa con buhardilla* [1896]).

Realización

Bob Dylan recuerda la grabación: «Me habría gustado tocar "Shooting Star" con un grupo de instrumentos de cuerda, y alguien más a la rítmica, pero no llegamos tan lejos. Los micros estaban colocados de forma extraña. El grupo emitía un sonido lleno».[1] El cantautor lamentará no haber podido añadir metales al tema. Temió que el conjunto no sonara homogéneo, que no sonara como un grupo. Pero sus dudas se disiparon rápidamente cuando, en la mezcla, Lanois enfatizó la caja (con atenuador): «[Dan] captó [...] la esencia del tema»,[1] dice Dylan, satisfecho. «Era al mismo tiempo gélido y ardiente de deseo; la ruptura y la soledad».[1] En este último tema del álbum el productor toca un instrumento curioso, el Omnichord, «un instrumento de plástico que suena como una autoarpa»,[1] según Dylan. De las ocho tomas grabadas el 14 de marzo, se elegirá la séptima para añadir los *overdubs* que se extenderán de abril a julio. Bob Dylan ha tocado más de cien veces «Shooting Star» desde el concierto de East Troy (Wisconsin), el 9 de junio de 1990. La versión que se encuentra en el *MTV Unplugged* (1995) merece una mención especial.

Miembro destacado de los Neville Brothers, Cyril Neville toca las percusiones en la grabación de «Dignity» y «Series Of Dreams».

Oh Mercy outtakes

La atmósfera única de Nueva Orleans y la complicidad entre Bob Dylan y Daniel Lanois favorecen la creatividad de dos hombres que grabaron más canciones de las que cabían en *Oh Mercy*. Unos años más tarde el público pudo descubrir dos títulos más: «Series Of Dreams», una canción de mensaje típicamente dylaniano, y «Dignity», un elogio muy convincente de la dignidad. «Born In Time» y «God Knows» saldrán del cajón para la publicación de *Under The Red Sky*. En cuanto a la grabación de «Three Of Us Be Free», hasta la fecha solo la han escuchado los músicos que se reunieron alrededor de Bob Dylan y Daniel Lanois, el 14 de marzo de 1989.

PARA LOS ADICTOS A DYLAN

El compositor James Damiano interpuso una demanda a Bob Dylan y a Columbia por plagio. Según él, «Dignity» sería una copia exacta de «Steel Guitars». Perdió el proceso en 1995, pero lo apeló en 1998.

VOL 8

Dignity

Bob Dylan / 5'58 minutos

Músicos: Bob Dylan: voz, piano; Brian Stoltz: guitarra; Tony Hall: bajo; Cyril Neville: percusiones; Willie Green: batería / **Grabación:** The Studio, Nueva Orleans (Luisiana): 13 de marzo, y *overdubs* 28 de marzo de 1989 / **Productor:** Daniel Lanois / **Ingenieros de sonido:** Malcolm Burn, Mark Howard / **Recopilatorios:** *Bob Dylan's Greatest Hits, Vol. 3*, 5'58 CD 2 y *The Bootleg Series, Vol. 8: Tell Tale Signs – Rare & Unreleased 1989-2006*, 6'26, CD 2 / **Publicación:** 1994 y 6 de octubre de 2008

«Dignity» es «una canción de texto, con bastantes de variaciones»,[1] escribe Bob Dylan en sus *Crónicas*. Efectivamente, es una larga reflexión sobre el ser humano que, demasiado a menudo, cae en la tentación de la vanidad, cuando debería aspirar a la dignidad. La dignidad es un valor supremo, tanto para el que posee una plantación de algodón como para el que «baja hasta el lugar en el que se alimentan los buitres».

También en sus *Crónicas*, el cantautor explica que una primera toma muy conseguida se realizó con Brian Stoltz y Willie Green como único acompañamiento. Pero Daniel Lanois insistía en que había que grabar una versión con el grupo cajún de Rockin' Dopsie (el mismo que podemos escuchar en «Where Teardrops Fall»). Pero el intento fracasó: «Lo grabamos un montón de veces, cambiando el tempo e incluso la tonalidad, pero fue un descenso a los infiernos».[1] Abandonada y luego descartada de *Oh Mercy*, «Dignity» se encuentra en *Bob Dylan's Greatest Hits Volume 3* (1994) y en *The Bootleg Series, Vol. 8* (una versión demo al piano y una versión en grupo).

VOL 8 — Series Of Dreams

Bob Dylan / 5'52 minutos / 6'26 minutos

Músicos: Bob Dylan: voz, guitarra; Daniel Lanois: guitarras, percusiones (?); Mason Ruffner: guitarra; Rick DiFonzo: guitarra; Peter Wood: teclados; Glenn Fukunaga: bajo; Cyril Neville: percusiones; Daryl Johnson: percusiones (?); Roddy Colonna: batería / **Grabación:** The Studio, Nueva Orleans (Luisiana): 23 de marzo y *overdubs* 30 de marzo de 1989 / Messina Music Studios, Nueva York: *overdubs* enero de 1991 / **Productor:** Daniel Lanois / **Ingenieros de sonido:** Malcolm Burn, Mark Howard / **Recopilatorios:** *The Bootleg Series, Vol. 1-3: Rare & Unreleased 1961-1991*, 5'52, CD 3 y *The Bootleg Series, Vol. 8: Tell Tale Signs – Rare & Unreleased 1989-2006*, 6'26, CD 2 / **Publicación:** 26 de marzo de 1991 y 6 de octubre de 2008

Los «sueños en serie» de Bob Dylan podrían ser una pasarela entre su inconsciente y la realidad tal como la percibe... Si ese es el caso, la imagen de la cumbre no coronada (primera estrofa), podría querer decir que el cantautor aún tiene un largo camino por recorrer, sin la ayuda de nadie (cuarta estrofa). En esta canción también hay una dimensión temporal –la noción del tiempo no existe en el mundo de los sueños– y mística que podemos percibir en las siguientes afirmaciones: «y no hay salida en ninguna dirección» y «Las cartas que sostienes no tienen ningún valor / A menos que vengan de otro mundo». Debemos aventurarnos a una explicación: las respuestas a las preguntas que nos hacemos solo se obtienen después de atravesar la puerta del paraíso...

Bob Dylan recuerda que a Daniel Lanois le gustaba especialmente el puente de «Series Of Dreams» y que le habría gustado convertirlo en el centro de la canción. Pero el cantautor tenía una idea distinta: «"Series Of Dreams" me gustaba tal cual estaba; no quería perderme en demasiadas ideas sobre modificaciones»,[1] dice en sus *Crónicas*. La canción aparecerá con dos mezclas totalmente distintas: la de *The Bootleg Series, Vol. 1-3* (1991), y la de *The Bootleg Series, Vol. 8* (2008). La primera versión está muy lejos del ambiente que recreaba Lanois. De hecho, los dos ingenieros de sonido que se encargaron del remix decidieron –con el visto bueno de Bob– añadir una guitarra rítmica y un órgano. El segundo, mucho más cercano al estilo del productor canadiense, enfatiza demasiado las percusiones, que llegan a invadir la canción. De todos modos es sorprendente que en el último momento Dylan decidiera eliminarla de la lista de canciones, ya que su calidad es muy comparable a la del resto de títulos del álbum.

Under The Red Sky

Wiggle Wiggle
Under The Red Sky
Unbelievable
Born In Time
T.V. Talkin' Song
10 000 Men
2 × 2
God Knows
Handy Dandy
Cat's In The Well

ÁLBUM
FECHA DE PUBLICACIÓN
11 de septiembre de 1990
Columbia Records
(REFERENCIA COLUMBIA C 46794 [LP])
(REFERENCIA CK 46794 [CD])

Under The Red Sky,
un álbum subestimado

El álbum

En otoño de 1989, recién llegado de una gira del Never Ending Tour, Bob Dylan ya piensa en su próximo álbum. Durante el otoño ha escrito varias canciones, y algunas ya están listas. Pero el cantautor quiere grabar un disco muy distinto del anterior, *Oh Mercy*, realizado por Daniel Lanois en el clima húmedo de Nueva Orleans. Entonces decide que el próximo disco saldrá de los estudios de Los Ángeles, cerca de su propiedad de Malibú. Con el propósito de seguir un camino musical diferente, confía la producción a Don y David Was, dos músicos (que en realidad se llaman Donald Fagenson y David Freiss) que diez años atrás habían formado el grupo Was (Not Was). Don Was había hecho sus primeros pasos como productor con Carly Simon en 1985 y Bonnie Raitt en 1989.

Under The Red Sky está dedicado a Gabby Goo Goo, que es el apodo de la hija de Dylan, Desiree Gabrielle Dennis-Dylan, que entonces tenía cuatro años. El disco está salpicado de referencias a canciones infantiles anglosajonas. Pero, en cada tema, el tono ligero que emplea el cantautor y la propia estructura de la canción a la que recorre sirven para vehicular ideas eminentemente serias, casi obsesivas: la infancia en Minnesota, los temas bíblicos («2 X 2», «Cat's In The Well», «Wiggle Wiggle», «God Knows»), el materialismo («Unbelievable»), y la desinformación, hábilmente orquestada por las élites y los medios de comunicación («T.V. Talkin' Song»), sin olvidar la vena melancólica («Born In Time»).

La carátula

La fotografía en blanco y negro que ilustra la portada muestra a Bob Dylan en cuclillas, pensativo, con una mirada sombría. ¿Se trata de la idea que tiene del mundo tras un holocausto nuclear? La imagen, tomada en el desierto de Mojave (California), es de Camouflage Photo, al igual que la de la contraportada. En realidad, el fotógrafo es el propio Dylan.

La grabación

Con su elección de Don Was como productor, es evidente que Dylan quería recuperar un clima menos torturado para este nuevo álbum. A pesar de toda la admiración que le profesa, parece que Daniel Lanois lo desconcertó un poco. Así, para entrar en contacto con Don Was, el cantautor le propuso que produjera una nueva versión de «God Knows», una canción descartada de *Oh Mercy*. Dylan reservó un estudio y los dos hombres empezaron a conocerse. Don Was confiesa a Rob Hughes: «No hablamos de ninguna idea. Bob no nos tocó ninguna de las canciones con antelación, y nosotros no le dijimos qué músicos habría. [...]. "God Knows" fue nuestra entrevista de trabajo. Ese día estábamos en el estudio. Stevie Ray y Jimmy Vaughan a las guitarras eléctricas, David Lindley a la *slide*, Kenny Aronoff a la batería, el joven Jamie Muhoberac al B3, y Bob tocó el piano y cantó. Yo toqué el bajo. Nadie conocía la canción. Bob nos la tocó al piano y luego la grabamos. Acabábamos de definir el *modus operandi*: escuchar a Bob y

A la izquierda, el productor Don Was.
A la derecha, los hermanos Vaughan,
Jimmie y Stevie Ray, una leyenda de
la guitarra blues que desapareció
demasiado pronto.

LOS *OUTTAKES*

Most Of The Time (para el CD promocional)

reaccionar de forma empática».[143] Don Was, que entonces era relativamente principiante como productor, lamentará más adelante su falta de experiencia: «Seguramente habría podido ser un mejor productor para Bob, pero quién sabe».[143] El ingeniero de sonido es Ed Cherney, que trabajará con importantes figuras de la escena musical, como Sting, The Rolling Stones o Michael McDonald.

Una galaxia de estrellas invitadas

Under The Red Sky se grabó con la colaboración de grandes nombres del rock, de George Harrison a Slash (de Guns N' Roses), de Elton John a los hermanos Vaughan, de Robben Ford al eterno Al Kooper y también Bruce Hornsby, sin olvidar a David Crosby, símbolo por excelencia del espíritu californiano. La suma de los músicos, incluidas las estrellas, llega a veintidós. Una decisión del productor que, en cada sesión, quería nuevos invitados para Bob. Este último se arrepentirá más adelante: «[Estaban] todos los que tenían un nombre conocido en la profesión. Entré en el juego y me las apañé lo mejor que pude».[144]

A pesar de esta impresionante diversidad de estrellas invitadas el álbum es musicalmente homogéneo. Encontramos baladas con melodías intemporales, temas de blues, de boogie y de rock que evocan los clubes llenos de humo de Memphis y, como siempre, esa voz nasal y magnética para la que parece no haber pasado el tiempo. Sin embargo parece que todo esto no bastó para convertir el álbum en un éxito de crítica y público. Publicado el 11 de septiembre de 1990, el vigesimoséptimo álbum de estudio de Bob Dylan no disfrutará del mismo prestigio que *Oh Mercy*, aunque llegará a los números 38 y 13 en Estados Unidos y el Reino Unido.

Visto en perspectiva, se trata de un disco relativamente subestimado.

Faltan datos precisos sobre las fechas y los lugares exactos de las distintas sesiones. Sin embargo, las grabaciones empezaron el 6 de enero de 1990, sin duda en los Ocean Way Recording Studios de Hollywood, un lugar mítico que verá pasar un número impresionante de artistas, desde Michael Jackson (*Thriller*) hasta Frank Zappa, Supertramp, o The Beach Boys. Entre febrero y abril se graban las bases de las canciones en distintos estudios, probablemente The Complex y el Record Plant de Los Ángeles, pero también los Sorcerer Sound Recording Studios de Nueva York (Norah Jones, Lou Reed...). Sin olvidar el 2 de marzo, fecha de la grabación de una nueva versión promocional de «Most Of The Time» (*Oh Mercy*) con el 24 pistas móvil de Record Plant en los locales de los Culver City Studios de California. A continuación se realizaron unas diez sesiones de *overdubs* entre el 30 de abril y el 25 de mayo, parece que todas en los Ocean Way Recording Studios de nuevo.

Ante el poco éxito que tuvo *Under The Red Sky* Dylan dijo que en esa época tenía malas relaciones con la industria discográfica, y que sin duda había demasiados músicos en el álbum. El cantautor declaró: «Don y David me caen muy bien, pero hay que ser realistas: ninguno de los dos sabía nada sobre la música folk americana».[144]

Los instrumentos

David Lindley revelará que Dylan le pidió prestada su guitarra Teisco de origen japonés para grabar una de las canciones del álbum: «Le gustó mucho el sonido sucio del *twang* que desprendía».[145] El cantautor solo saca su armónica para una canción, en tonalidad de la.

1990

Wiggle Wiggle

Bob Dylan / 2'09 minutos

Músicos: Bob Dylan: voz, guitarra; Slash: guitarra (?); David Lindley: guitarra; Jamie Muhoberac: órgano; Randy Jackson: bajo; Kenny Aronoff: batería / **Grabación:** The Complex (?), Record Plant (?), Los Ángeles: entre febrero y marzo de 1990 / Ocean Way Recording Studios, Hollywood (California): *overdubs* 1, 2, 9, 10 y 14 de mayo de 1990 / **Productores:** Don Was, David Was, Bob Dylan (Jack Frost) / **Ingeniero de sonido:** Ed Cherney

Génesis y realización

«Wiggle Wiggle» podría ser una metáfora sobre la decadencia de los tiempos modernos, la danza inconsciente de los hombres al borde del abismo. O, de forma más simple, podría ser una sencilla canción infantil, sin ningún significado profundo. Pero en el caso de Bob Dylan siempre hay que desconfiar...

Como tema de obertura, «Wiggle Wiggle» nos sumerge de repente en un universo radicalmente distinto del de *Oh Mercy*. Se han terminado los ambientes etéreos, hipnóticos, sofisticados; aquí el sonido es crudo y sencillo. Un grupo de rock y un cantante. Dylan aborda su interpretación de forma desenvuelta y, como guinda del pastel, Slash, el sulfuroso y talentoso guitarrista de Guns N' Roses, toca el solo final. Slash recuerda: «Me pidieron que tocara una canción que tenía un título un poco ridículo, "Wiggle Wiggle". La aprendí en el estudio [...]. Cuando iba a empezar a tocar la guitarra solista, Bob intervino, ¡Y me pidió que tocara como Django Reinhardt! No tenía ni idea de quién era. ¡No lo había oído nunca! Así que hice lo que me pareció. Todo el mundo pareció satisfecho».[146] Pero su solo será eliminado en el último momento. Así, el que escuchamos en el minuto 1'55 es el de David Lindley. Evidentemente, entre Django y Slash, Bob debió quedar bastante sorprendido...

PARA LOS ADICTOS A DYLAN
Por primera vez en un disco, es el propio Bob Dylan quien toca el acordeón.

Under The Red Sky

Bob Dylan / 4'10 minutos

Músicos: Bob Dylan: voz, guitarra, acordeón; George Harrison: *slide guitar*; Waddy Wachtel: guitarra; Al Kooper: teclados; Don Was: bajo; Kenny Aronoff: batería / **Grabación:** The Complex (?), Record Plant (?), Los Ángeles: abril de 1990 / Ocean Way Recording Studios, Hollywood (California): *overdubs* 1, 3 y 4 de mayo de 1990 / **Productores:** Don Was, David Was, Bob Dylan (Jack Frost) / **Ingeniero de sonido:** Ed Cherney

Génesis y realización

La canción que da nombre al álbum muestra una de las facetas más interesantes de la escritura de Bob Dylan. A primera vista es una canción infantil que parece sacar su mensaje de la Biblia. Los protagonistas son dos niños que viven «en una callejuela bajo un cielo rojo», que no deja de evocar «el cielo de un rojo amenazador» del que habla Jesús en el Evangelio según san Mateo (XVI, 1-3). Así, «Under The Red Sky» sería la última larga noche que precede al apocalipsis; en este caso concreto, debido a la contaminación global. Pues parece que esta interpretación es incorrecta, o al menos incompleta. Efectivamente, Dylan reveló a Don Was que esta canción no habla de la ecología, sino que trata de «la gente que queda atrapada en la ciudad en la que creció. Una ciudad simbolizada por el caballo ciego»,[112] que podría ser Hibbing, donde las minas de hierro teñían el cielo de rojo...

«Under The Red Sky» es una buena canción pop con una harmonía que recuerda ligeramente a los Beatles; sin duda no es casualidad que su amigo George Harrison ejecute el solo de *slide guitar*. Don Was recuerda la complicidad entre ambos. «¡Toca!»[143] le espetó Bob en el micro de orden, sin que Harrison hubiera tenido tiempo de ensayar. Se las apañó, pero el solo era mediocre y la guitarra estaba mal afinada. Al final de la toma, Dylan le dijo que estaba bien, que se quedaban con eso. George, incrédulo y sorprendido, buscó la mirada de Don Was: «¿Tú que piensas, Don?».[143] Muy molesto, y tras varios sudores fríos, el productor le reconoció que habría que grabar otra toma. «¡Gracias!»,[143] le respondió George, aliviado.

Unbelievable

Bob Dylan / 4'07 minutos

Músicos: Bob Dylan: voz, guitarra, armónica; Waddy Wachtel: guitarra; Al Kooper: órgano, piano; Dan Was: bajo; Kenny Aronoff: batería / **Grabación:** The Complex (?), Record Plant (?), Los Ángeles (California): entre febrero y marzo de 1990 / Ocean Way Recording Studios, Hollywood (California): *overdubs* 3 y 4 de mayo de 1990 / **Productores:** Don Was, David Was, Bob Dylan (Jack Frost) / **Ingeniero de sonido:** Ed Cherney

Génesis y realización

Aunque estamos bastante lejos de las grandes obras de la década de 1960, «Unbelievable» es una explosión poética cargada de sarcasmo contra el materialismo y la desinformación. «Decían que era el país de la leche y la miel / Ahora dicen que es el país del dinero», canta Dylan en la segunda estrofa. Los lamentos del narrador son dolorosos e irónicos. Ya no reconoce la América de los pioneros y parece que no le gusta mucho la de Wall Street. Según él, los males de la sociedad actual se llaman avaricia y mentira; y como no existe ninguna respuesta, la única puerta de salida es el absurdo.

«Unbelievable» es un excelente boogie acompañado por una sección rítmica muy eficaz. Don Was y Kenny Aronoff (John Mellencamp, Santana, John Fogerty, y presente en *Oh Mercy*...) insuflan al tema una pulsión irresistible. Al Kooper no se queda atrás con unas magníficas partes de teclado que recuerdan al Steve Winwood de la época de Traffic. En cuanto a Waddy Wachtel, el talentoso guitarrista que tocará tanto para los Everly Brothers como para los Rolling Stones, toca la única guitarra saturada del tema, ya que Bob Dylan toca la acústica. Hay que destacar que el riff de introducción tiene una ligera semejanza con el de «Honey Don't» de Carl Perkins (1957). Por su parte, Dylan ofrece una buena prestación vocal, quizá un poco demasiado contenida, así como su solo de armónica, muy blues, pero también algo reservado (en la). Al tema le falta un poco de locura, y es una lástima. La base rítmica se grabó en febrero o en marzo y los *overdubs* de teclados y de guitarras los días 3 y 4 de mayo. Hasta el último momento Bob Dylan estuvo cambiando el texto de «Unbelievable» antes de grabarlo, como de hecho hace con la mayoría de sus canciones. «Unbelievable» se publicó en single en septiembre de 1990 (con «10.000 Men» en la cara B): alcanzó un muy honorable número 21 en las listas del *Billboard* en el mismo año. Bob Dylan la ha interpretado unas veinte veces en directo, a partir del concierto del Landsdowne Stadium de Ottawa, el 22 de agosto de 1992.

Born In Time

Bob Dylan / 3'39 minutos

Músicos: Bob Dylan: voz, guitarra (?), acordeón; David Crosby: armonías vocales; Robben Ford: guitarra; Bruce Hornsby: piano; Randy Jackson: bajo; Kenny Aronoff: batería; Paulinho Da Costa: percusiones / **Grabación:** The Complex (?), Record Plant (?), Los Ángeles (California): entre febrero y marzo de 1990 / Ocean Way Recording Studios, Hollywood (California): *overdubs* 2 y 8 de mayo de 1990 / **Productores:** Don Was, David Was, Jack Frost / **Ingeniero de sonido:** Ed Cherney

Génesis y realización

La canción «Born In Time» se compuso para el álbum *Oh Mercy*. Bob Dylan encadena impresiones melancólicas (juegos de colores y diversidad de elementos) para expresar toda la desesperación de un ser, hecho de carne y de sangre, que ama, pero al que no corresponden. Descartada de la lista de canciones de *Oh Mercy*, «Born In Time» se transformó profundamente cuando Bob Dylan volvió a grabarla, probablemente en los Complex Studios de Los Ángeles. El 2 de mayo el magnífico Paulinho Da Costa tocó las percusiones y el 8 de mayo Robben Ford añadió una excelente parte de guitarra.

Don Was: «Durante la sesión [Dylan] simplemente se sentó al piano y nos la tocó. Cuando los músicos capturaron el *groove*, Bob cedió su lugar a [Bruce] Hornsby y tocó una guitarra acústica para grabar la toma».[143] Don Was suele concentrarse más en la grabación que en la letra. «Me llevó dos años comprender hasta que punto era profunda la canción»,[143] y añade: «En la voz de Bob hay todo el asco del mundo».[143] La versión de *Oh Mercy*, que se puede escuchar en *The Bootleg Series, Vol. 8: Tell Tale Signs*, tiene un enfoque bastante distinto pero igualmente muy potente.

T.V. Talkin' Song

Bob Dylan / 3'03 minutos

Músicos: Bob Dylan: voz, guitarra; Robben Ford: guitarra; Bruce Hornsby: piano; Randy Jackson: bajo; Kenny Aronoff: batería; (?): pandereta / **Grabación:** The Complex (?), Record Plant (?), Los Ángeles (California): entre febrero y marzo de 1990 / Ocean Way Recording Studios, Hollywood (California): *overdubs* 2, 8, 9 y 10 de mayo de 1990 / **Productores:** Don Was, David Was, Jack Frost / **Ingeniero de sonido:** Ed Cherney

PARA ESCUCHAR

En el minuto 0'25 podemos escuchar el resto de una sílaba mal suprimida, al principio del tercer verso de la segunda estrofa, justo antes de «It 's too bright...».

Génesis y realización

Como dice en la primera estrofa, Bob Dylan se inspiró en una tradición muy londinense, los oradores del Speakers' Corner (noreste de Hyde Park), para decir lo que piensa del papel de la televisión, es decir, la influencia nefasta que la pequeña pantalla ejerce sobre las masas: «Dios televisión», «luz demasiado brillante», «la actualidad del día siempre disponible»... Sus palabras no necesitan comentarios.

En el aspecto puramente artístico, «T. V. Talkin' Song» permite que el cantautor recupere un género en el que sobresalió al inicio de su trayectoria: el *talking blues*. O quizá sería más preciso decir *talking over*, ya que la canción no pertenece a la tradición del blues. Suena más bien como una nueva versión de «Subterranean Homesick Blues» (pero sin la influencia beat; *Bringing It All Back Home*).

El guitarrista Robben Ford explica: «Bob tenía frente a él una mesa en la que había páginas y páginas de letras; empezaba algo con la guitarra y nos poníamos a improvisar. Si el resultado no le satisfacía, al cabo de un momento volvía a dejar el papel, cogía otro y volvía a intentar cantar algo. Fue una *jam session*, literalmente».[147] «T.V. Talkin' Song», una especie de rhythm'n'blues funky basado en un único acorde, debe su fuerza a los excelentes músicos, y en especial a la sección rítmica de Jackson y Aronoff. El piano de Hornsby y la guitarra de Ford añaden *groove* al tema, y ofrecen a Dylan una autopista bien trazada para su *talk over*.

10 000 Men

Bob Dylan / 4'21 minutos

Músicos: Bob Dylan: voz, piano; Stevie Ray Vaughan: guitarra; Jimmie Vaughan: guitarra; David Lindley: *slide guitar*; Jamie Muhoberac: órgano; Don Was: bajo; Kenny Aronoff: batería; (?): pandereta / **Grabación:** Ocean Way Recording Studios, Hollywood (California): 6 de enero (?), y *overdubs* 30 de abril y 14 y 25 de mayo de 1990 / Record Plant Studios, Los Ángeles (California): 6 de enero de 1990 (?) / **Productores:** Don Was, David Was, Jack Frost / **Ingeniero de sonido:** Ed Cherney

PARA LOS ADICTOS A DYLAN

Meses después de su participación en la grabación de «10.000 Men», Stevie Ray Vaughan murió en un accidente de helicóptero (27 de agosto de 1990).

Génesis y realización

En el origen de esta canción se encuentra la canción infantil «The Grand Old Duke Of York», que subrayaba la futilidad legendaria del príncipe Federico Augusto, conde de Úlster y duque de York y Albany (1763-1827). Bob Dylan recupera la idea e improvisa. Así, los 10.000 hombres del gran viejo duque de York se convierten en «10.000 mujeres vestidas de blanco / De pie ante mi ventana para darme las buenas noches», «10.000 mujeres que barren mi habitación»: no hay más sentido que el del sinsentido: «Querida, gracias por el té / Es tan bonito que me trates tan bien».

«10.000 Men» es un blues rock improvisado justo después de la grabación de «God Knows», el 6 de enero de 1990. Don Was se lo explicó a Reid Kopel (octubre de 1990): «El ingeniero de sonido sabía exactamente lo que estaba a punto de ocurrir; paró el *playback* de la otra canción, puso la nueva cinta y empezó a grabar. Por eso empieza de una forma tan brusca». Efectivamente, podemos escuchar cómo empieza a girar la cinta y también cómo los músicos arrancan con increíble vacilación. Incluso parece que Dylan se esté despertando cuando canta las primeras frases. Esta vez tampoco ha podido aprovechar el talento de los extraordinarios músicos que lo acompañan, en este caso Stevie Ray Vaughan, uno de los más grandes guitarristas de blues (*overdub* del 30 de abril). Resulta una verdadera lástima. Por suerte, el guitarrista interviene también en dos temas más del álbum.

2 × 2

Bob Dylan / 3'39 minutos

Músicos: Bob Dylan: voz, guitarra; David Crosby: armonías vocales; David Lindley: buzuki; Elton John: piano eléctrico; Randy Jackson: bajo; Kenny Aronoff: batería; Paulinho Da Costa: percusiones / **Grabación:** The Complex (?), Record Plant (?), Los Ángeles (California): entre febrero y marzo de 1990 / Ocean Way Recording Studios, Hollywood (California): *overdubs* 1, 3, 4, 9, 10 y 14 de mayo de 1990 / **Productores:** Don Was, David Was, Jack Frost / **Ingeniero de sonido:** Ed Cherney

Génesis y realización

De entrada, «2 X 2» es una canción infantil bastante hermética, sin sentido. Algunos han visto una interpretación del pasaje del Génesis en el que Dios ordena a Noé que construya un arca para él y todas las especies animales, antes de que haga «llover sobre la tierra cuarenta días y cuarenta noches; y raeré de sobre la faz de la tierra a todo ser viviente que hice».

Con David Crosby y Elton John en el grupo, Bob Dylan no hace las cosas a medias. Es la segunda intervención de David Crosby («Born In Time»), pero la primera para Elton John. Y por una vez, Bob deja que su invitado haga un solo, en este caso un magnífico solo de piano eléctrico. Sobre esta curiosa canción el grupo imprime un *groove* perfecto, David Lindley toca un buzuki y Bob Dylan estudia la tabla de multiplicar.

God Knows

Bob Dylan / 3'03 minutos

Músicos: Bob Dylan: voz, piano; Stevie Ray Vaughan: guitarra solista; Jimmie Vaughan: guitarra; David Lindley: *slide guitar*; Jamie Muhoberac: órgano; Don Was: bajo; Kenny Aronoff: batería; Paulinho Da Costa: percusiones / **Grabación:** Ocean Way Recording Studios, Hollywood: 6 de enero (?), y *overdubs* 30 de abril y 2 de mayo de 1990 / Record Plant Studios, Los Ángeles: 6 de enero de 1990 (?) / **Productores:** Don Was, David Was, Jack Frost / **Ingeniero de sonido:** Ed Cherney

Génesis y realización

«God Knows» se remonta a las sesiones de *Oh Mercy*. El tema de la canción, que Dylan ha tratado muchísimas veces, sobre todo en la trilogía cristiana, es: Dios omnipotente y omnisciente (que ve todo lo que hacen los hombres y conoce todos sus secretos). Lo interesante es la evolución de la retórica dylaniana entre la canción de origen y la que encontramos en *Under The Red Sky*. De las siete estrofas de la primera versión –que se puede escuchar en *The Bootleg Series, Vol. 8*–, el cantautor solo conservó una. Ahora se muestra menos categórico. Así, en lugar de cantar «Dios sabe que hay una respuesta», matiza el mensaje con las palabras «Dios sabe que hay un propósito», «que hay un paraíso»; así, son varias posibilidades en contraste con una única al inicio...

La versión de «God Knows» extraída de las canciones descartadas de *Oh Mercy* es muy distinta que la de *Under The Red Sky*. Hay que reconocer que la versión oficial es superior a la que produjo Daniel Lanois. Este blues rock posee una fuerza y un encanto que sin duda se deben a los distintos climas que

evolucionan a lo largo de la canción, pero también al excelente solo de Stevie Ray Vaughan, que por fin puede expresar todo su talento con su guitarra (*overdub* del 30 de abril). Pero antes de llegar a este resultado, Don Was recuerda que el camino fue arduo: «La primera toma fue un desastre; demasiados músicos. Para la segunda empezamos solo Bob, Stevie Ray y yo, elaborando los arreglos muy despacio. Su forma de cantar era grandiosa. Era la toma que había que conservar. La mezcla preliminar es la que se encuentra en el álbum».[143] Efectivamente, la prestación vocal del cantautor está a la altura de la calidad de su canción, y la interpreta con emoción. Otro punto fuerte es la batería de Kenny Aronoff. Tampoco hay que olvidar a David Lindley, que toca una Weissenborn slide (como en «10.000 Men»). Sin embargo, es difícil situar el lugar exacto de la primera grabación, fechada el 6 de enero de 1990. En los informes que menciona Michael Krogsgaard[82] se trataría de los Ocean Way Recording Studios de Hollywood. Pero en una entrevista concedida a la revista *Uncut*,[143] Don Was habla del Record Plant.

Handy Dandy

Bob Dylan / 4'03 minutos

Músicos: Bob Dylan: voz, piano; Waddy Wachtel: guitarra; Jimmie Vaughan: guitarra; Al Kooper: órgano; Don Was: bajo; Kenny Aronoff: batería; Paulinho Da Costa: percusiones; Sweet Pea Atkinson, Sir Harry Bowens, Donald Ray Mitchell, David Was: coros **/ Grabación:** Ocean Way Recording Studios, Hollywood (California): 6 de enero (?), y *overdubs* 30 de abril, 2, 3, 4, 14 y 25 de mayo de 1990 / Record Plant Studios, Los Ángeles (California): 6 de enero de 1990 (?) **/ Productores:** Don Was, David Was, Jack Frost **/ Ingeniero de sonido:** Ed Cherney

Génesis y realización

Como hizo en numerosas ocasiones a lo largo de los años 1960, en este caso Bob Dylan se inspira en la dramaturgia shakespeariana. Esta canción remite a *King Lear*, más concretamente al acto IV, escena 6, cuando Lear se dirige a Gloucester. El protagonista de la canción de Dylan escapa de toda racionalidad, «está rodeado de controversia», y con un «bastón en la mano y el bolsillo lleno de dinero», da la «vuelta al mundo». «Handy Dandy» forma parte de las primeras canciones grabadas para el álbum. Don Was recuerda que justo antes de grabar esta canción, Dylan le explicó que había asistido a una sesión de Miles Davis unos años antes donde, tras una hora de

improvisación entre Miles y sus músicos, Teo Macero, el productor, había reducido la grabación a 5'. «Decidimos hacer eso mismo», explica Don Was en una entrevista de 2008: «Al principio, "Handy Dandy" tenía 34'».[146] Tras un montaje juicioso que suprimía «increíbles solos de Jimmie y de Stevie», siempre según Was, la canción encontró una versión más adecuada. Hay que destacar que desde las primeras notas de órgano, Al Kooper nos vuelve a sumergir en 1965 con su inolvidable prestación en «Like A Rolling Stone» (*Highway 61 Revisited*). Pero el espejismo solo dura lo que dura la introducción... En los créditos del disco aparecen coros, pero son inaudibles.

> ### PARA LOS ADICTOS A DYLAN
> La frase «las bebidas están preparadas y los perros se van a la guerra» se presta a varios análisis. ¿Dylan alude a la invasión de Kuwait por Saddam Hussein? El 2 de agosto de 1990, tres meses antes del final de la grabación de «Cat's In The Well», las fuerzas iraquíes entraban en Kuwait...

Cat's In The Well

Bob Dylan / 3'21 minutos

Músicos: Bob Dylan: voz, piano, acordeón; Stevie Ray Vaughan: guitarra; Jimmie Vaughan: guitarra solista; David Lindley: *slide guitar*; Jamie Muhoberac: órgano; David McMurray: saxo; Rayse Biggs: trompeta; Don Was: bajo; Kenny Aronoff: batería; Paulinho Da Costa: percusiones **/ Grabación:** Ocean Way Recording Studios, Hollywood (California): 6 de enero (?), y *overdubs* 30 de abril y 2 de mayo de 1990 / Record Plant Studios, Los Ángeles (California): 6 de enero de 1990 (?) **/ Productores:** Don Was, David Was, Jack Frost **/ Ingeniero de sonido:** Ed Cherney

Génesis y realización

Bob Dylan cierra *Under The Red Sky* con otra canción infantil, una especie de relectura de «Din Dong Bell»; el gatito que ha caído al pozo ha sido reemplazado por un gato adulto. Sin duda, detrás de esta historia de apariencia anodina hay que entender un mensaje más oscuro: «El mundo está siendo masacrado y es una maldición», canta Bob Dylan en la tercera estrofa. La predicción es inapelable: la humanidad debe prepararse para vivir sus últimos días. En la última estrofa el narrador cree en la misericordia del Señor, una referencia explícita a los Sal-

mos (capítulo CXXIII: «¡Ten piedad, Señor, ten piedad de nosotros, porque estamos hartos de desprecios!»). Así, hay lugar para la esperanza, al menos para aquellos que no hayan sido vanidosos ni despectivos. «Cat's In The Well» es un muy buen rock interpretado por un excelente grupo. Dylan canta con relajación y ofrece una intervención de piano muy buena. Probablemente es David Lindley quien toca los magníficos solos de guitarra *slide* con Teisco, y Jimmie Vaughan el solo saturado en el minuto 2'22. Por primera vez en el álbum, escuchamos dos metales, bastante alejados en la mezcla.

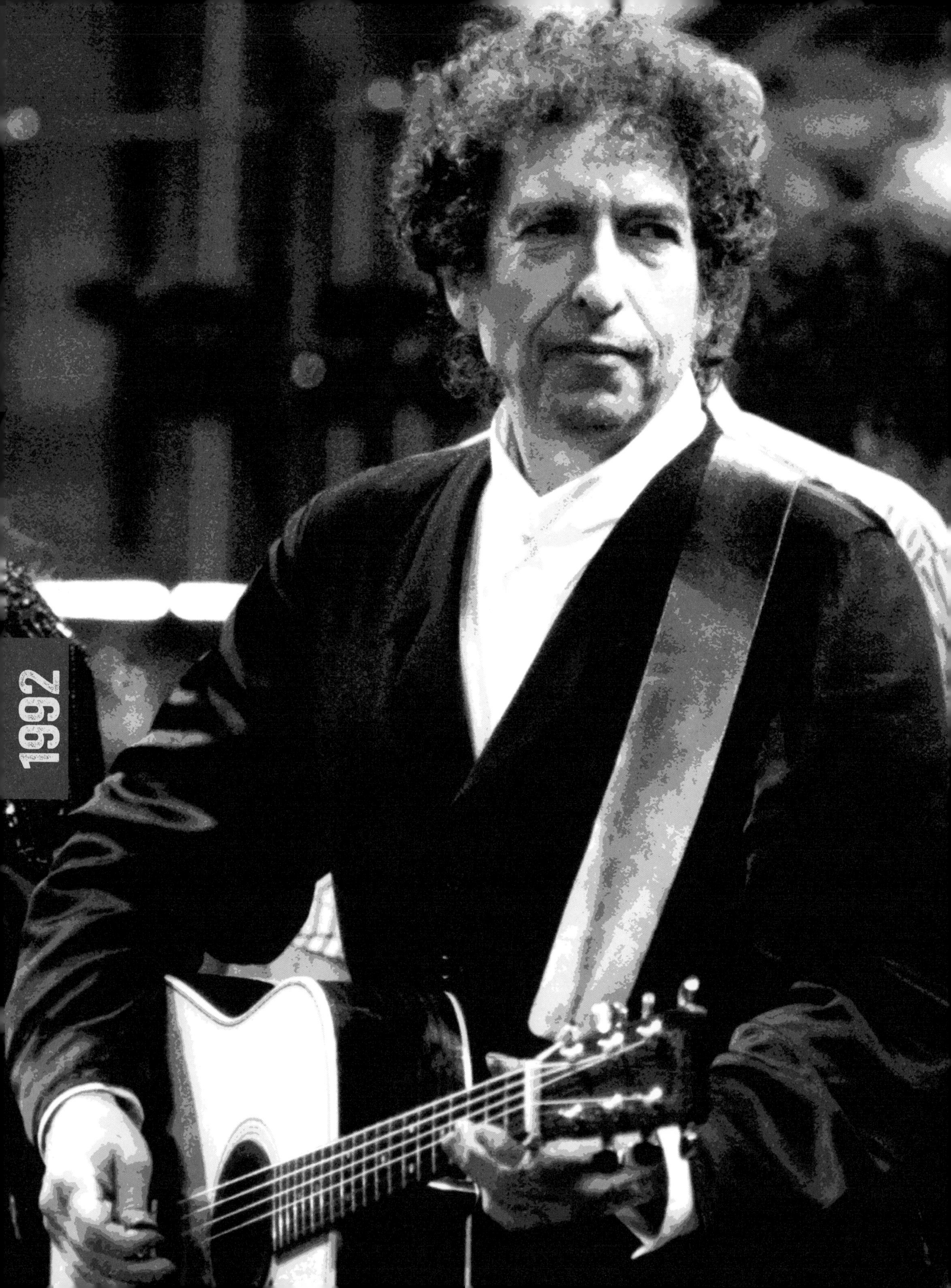

1992

ÁLBUM
FECHA DE PUBLICACIÓN
3 de noviembre de 1992
(27 o 30 de octubre según algunas fuentes)
Columbia Records
(REFERENCIA COLUMBIA CK 53200 [CD]
(REFERENCIA COLUMBIA C 53200 [LP])

Frankie & Albert
Jim Jones
Blackjack Davey
Canadee-I-O
Sittin' On Top Of The World
Little Maggie
Hard Times
Step It Up And Go
Tomorrow Night
Arthur McBride
You're Gonna Quit Me
Diamond Joe
Froggie Went A Courtin'

Good As I Been To You

Good As I Been To You,
un homenaje a los maestros del folk y del blues

El 3 de junio de 1992, solo diez días después de volver de una gira que lo llevó a Hawái, California y Nevada, Bob Dylan regresa a los estudios. Decide llevar sus guitarras al Acme Recording Studio de Chicago. Allí se encuentra con David Bromberg, multiinstrumentista virtuoso del bluegrass y líder de una formación dedicada a las tradiciones musicales americanas, que ya había participado en las sesiones de *Self Portrait* y de *New Morning* (1970).

Durante aproximadamente dos semanas, Dylan, Bromberg y sus músicos graban una treintena de canciones. No hay ningún tema del cantautor; todas son versiones y tradicionales, excepto dos composiciones de Bromberg. El 28 de junio Dylan tiene que volver a los escenarios para su Never Ending Tour, y confía la mezcla de las canciones a Bromberg: «Normalmente estoy presente en todas las mezclas, pero confío en ti. Vamos, mezcla el disco»,[126] le dice antes de salir hacia Europa. Cuando vuelve, el peso del veredicto cae sobre Bromberg: «Es horrible. Vuelve a escuchar todas las mezclas preliminares», le aconseja Dylan. «Las recuperé, las escuché y comprendí lo que quería decir, pero él ya había perdido todo interés [en el disco]. Es una lástima que no hiciéramos la mezcla juntos, porque quizá habría salido bien».[126]

El álbum

Dylan entierra definitivamente las Bromberg Sessions. Ya ha pasado a otras cosas. Mientras tanto va dando forma a la idea de un nuevo disco, pero con un estilo totalmente distinto, como explica Micajah Ryan, ingeniero de sonido contratado para este nuevo proyecto: «Debbie Gold [una vieja amiga de Dylan, que en los créditos de *Good As I Been To You* aparece como productora] [lo] convenció para que grabara un disco solo con guitarra acústica y voz. Ella era mi mánager y me llamó durante mis vacaciones para que grabara unas cuantas canciones durante un día o dos».[147]

El nuevo álbum también estará constituido por versiones, pero grabadas en el pequeño estudio que Dylan se hizo construir en su garaje de Malibú con la ayuda de Dave Stewart, y solo está su voz, su guitarra acústica y, de vez en cuando, su armónica. Un regreso a los orígenes, es decir, a sus primeros álbumes, de *Bob Dylan* a *Another Side Of Bob Dylan*.

Good As I Been To You reúne trece canciones que se inscriben en las tradiciones del folk y del blues. Del primer tema, «Frankie & Albert», al último, «Froggie Went A Courtin'», vuelve a un repertorio compuesto de *murder ballads*, de folklore –australiano, escocés, irlandés–, de estándares del blues, del bluegrass, del folk-blues, e incluso una nana tradicional. Un repertorio al que han acudido asiduamente los grandes nombres de la música popular americana.

El reto de Bob Dylan consiste en respetar las grabaciones originales de sus ilustres predecesores, a las que se había encomendado en otras ocasiones, enriqueciéndolas con su toque personal. La guitarra acústica es sobria. Es sobre todo su voz

Martin D-35 de doce cuerdas.

lo que da expresividad al disco. Esta es profunda, triste, impregnada de algún modo de décadas de tradiciones musicales anglosajonas. En una entrevista para *Playboy* de 1965, Dylan explicó: «La música tradicional se basa en hexagramas. Proviene de las leyendas, de la Biblia, de las plagas, y gira alrededor del mundo vegetal y de la muerte. Nadie podrá matar a la música tradicional».[4] Unos conceptos que sin duda tenía en mente mientras grababa esta obra.

El vigesimoctavo álbum de estudio de Bob Dylan, titulado *Good As I Been To You*, sale a la venta el 3 de noviembre de 1992 (el 27 o el 30 de octubre según algunas fuentes). Tendrá una buena acogida, mucho mejor que *Under The Red Sky* (1990). No hay duda de que una gran parte de su público recuperó con cierta nostalgia el Dylan de los inicios; otros lo leyeron como un destacable gesto de humildad: el homenaje de un monstruo sagrado a aquellos que lo guiaron. Aunque en Estados Unidos solo llegó al número 51 de las listas de éxitos, escaló hasta el 18 en el Reino Unido.

La carátula

Para la portada del nuevo álbum se eligió una fotografía de Dylan en blanco y negro, sin afeitar y con aire pensativo. El fotógrafo no es otro que Jimmy Watchel, que trabajará para numerosos artistas, como Bruce Springsteen, Crosby, Stills & Nash, Alice Cooper, etc. La otra foto (sin créditos), que aparece en la contraportada, muestra a Dylan en concierto, con unos bíceps prominentes y una Yamaha L6 entre las manos, muy probablemente durante el True Confessions Tour (con Tom Petty and The Heartbreakers), en julio de 1986. La dirección artística y el diseño del disco se confiaron a Dawn Patrol (Jackson Browne, Motörhead...).

La grabación

Las canciones de *Good As I Been To You* se grabaron entre finales de julio y principios de agosto de 1992 en el estudio que Dylan se construyó en Malibú. «Bob tenía una idea muy clara de cómo teníamos que grabar las canciones», explica Micajah Ryan; «Mi trabajo consistía en grabar todo lo que hacía. Al principio estaba muy nervioso. Pero Debbie tenía una excelente relación profesional con Bob [...]. Él la consultaba a cada toma. Confiaba en ella y Debbie nunca tuvo miedo de decirle la verdad y, como era tenaz, lo convencía de que volviera a tocar ciertas canciones aunque él hubiera perdido el interés».[147]

Dylan graba una producción y una tecnología poco invasiva. Ryan recuerda que al cantautor le gustaba hablar de la diferencia entre el analógico y el digital, «de cómo la grabación digital había echado a perder la música moderna».[147] En cada sesión Dylan trabajaba al menos dos canciones como ha hecho durante toda su carrera, en probar distintos tempos o tonalidades hasta sentirse cómodo con el tema. El resultado es un disco de sonido cálido que, según el ingeniero de sonido, se debe en parte a la intimidad que compartían las tres personas en el estudio. Micajah Ryan tendrá una larga trayectoria como ingeniero de sonido y contribuirá a la grabación de numerosos discos (Guns N' Roses, Was [Not Was], Megadeth...).

Los instrumentos

No hay duda de que Dylan utiliza varias Martin en el álbum, pero un documento propiedad de su técnico de guitarra de la época, el malogrado César Díaz, precisa que en *Good As I Been To You* el cantautor toca, entre otras, una Martin D-35 de 12 cuerdas de 1970. En cuanto a las armónicas, toca en tonalidades de fa y de la.

1992

Frankie & Albert

Tradicional / arreglos Bob Dylan / 3'51 minutos

Músico: Bob Dylan: voz, guitarra **/ Grabación:** estudio-garaje de Bob Dylan, Malibú (California): finales de julio-principios de agosto de 1992 **/ Productor:** Debbie Gold **/ Ingeniero de sonido:** Micajah Ryan

Génesis y realización

«Frankie & Albert» se inspira de un suceso que conmocionó a los habitantes de Saint Louis (Missouri), en 1899. Es la historia de Frankie, que mata a su marido (o amante), Albert, tras descubrir que él está con otra mujer. Esta canción tradicional atribuida a Hughie Cannon (1904) ha ido evolucionando con el paso del tiempo. La primera gran interpretación de «Frankie & Albert» se la debemos al *bluesman* de Texas Leadbelly (1934). A continuación la cantaron muchos otros artistas (a veces con el título «Frankie & Johnny»); más de 250 hasta día de hoy, entre los que destacan Mississippi John Hurt, Big Bill Broonzy, Jerry Lee Lewis y Elvis Presley (en la película *Frankie and Johnny* [1966], de Frederick de Cordova).

Con este título inaugural descubrimos el nuevo sonido de Bob Dylan. Qué decir de su interpretación a la guitarra, sino es que recuerda a Bob Dylan con todo lo que esta afirmación comporta: un sonido algo improvisado, algo desafinado, pero, como siempre, con esa magia que solo él sabe crear y que consigue que todos los defectos queden en segundo plano. Aunque tengamos la sensación de que su forma de tocar no ha evolucionado desde los años 1960, no podemos evitar sentirnos atraídos por su versión. Esta es una especie de mezcla entre la de Taj Mahal y la de Mississippi John Hurt (versión de 1928) y debemos rendirnos ante el extraordinario sentido del tempo de Dylan, siempre muy regular. La voz es suave, un poco alejada en la mezcla, pero el tema suena bien, y «Frankie & Albert» es una hermosa vuelta a las raíces.

PARA LOS ADICTOS A DYLAN

El músico australiano Mick Slocum reprochará a Dylan que versionara sus arreglos de «Jim Jones». Aunque, según Slocum, existe un acuerdo entre ellos que estipula que su nombre debe aparecer en los créditos de futuras ediciones del disco, la cosa no fue a más.

Jim Jones

Tradicional / arreglos Bob Dylan / 3'55 minutos

Músico: Bob Dylan: voz, guitarra **/ Grabación:** estudio-garaje de Bob Dylan, Malibú (California): finales de julio-principios de agosto de 1992 **/ Productor:** Debbie Gold **/ Ingeniero de sonido:** Micajah Ryan

Génesis y realización

«Jim Jones» es otra *murder ballad*. Originaria de Australia, esta canción tiene como personaje principal un británico llamado Jim Jones que, después de haber sido declarado culpable de asesinato, es enviado a Botany Bay (Australia). Durante la larga travesía, el barco es atacado por piratas... «Jim Jones» es una canción contestataria. El condenado representa a una víctima de la sociedad británica, y no a un violador de la ley. Quizá por eso la canción volvió a popularizarse durante la lu-

cha por los derechos civiles en Estados Unidos durante la década de 1960.

Y sin duda eso es también lo que sedujo a Bob Dylan, que hace una versión muy emotiva de la canción en su estudio casero de Malibú. Han pasado más de treinta años entre esta grabación y sus inicios en Greenwich Village, pero el cantautor sigue igual de auténtico. Con su interpretación de guitarra en *strumming* y su voz evocadora, la «locura de Hammond» no deja de cautivarnos.

Blackjack Davey

Tradicional / arreglos Bob Dylan / 5'50 minutos

Músico: Bob Dylan: voz, guitarra / **Grabación:** estudio-garaje de Bob Dylan, Malibú (California): finales de julio-principios de agosto de 1992 / **Productor:** Debbie Gold / **Ingeniero de sonido:** Micajah Ryan

Hijo de Woody Guthrie y también cantante folk, Arlo Guthrie versionó «Blackjack Davey».

Génesis y realización

«Blackjack Davey» es una vieja canción escocesa de principios del siglo XVIII, que atravesó el Atlántico y fue adaptada por múltiples intérpretes con distintos títulos: «The Gypse Laddies» (John Jacob Niles, 1938), «Black Jack David» (The Carter Family, 1940), «Gypsy Davy» (Woody Guthrie, 1944), «Black Jack Daisy» (New Lost City Ramblers, 1966), sin contar las versiones de Pete Seeger (1957), Arlo Guthrie (1973) o, más recientemente, de los White Stripes (2003). La historia siempre es la misma: una joven de buena familia abandona a los suyos y la seguridad de una vida cómoda para seguir a un gitano (o a un grupo de gitanos). Algunos han visto una relectura del mito de Orfeo y Eurídice, otros una evocación romántica de la vida de John Faa, bandido de los grandes caminos del siglo XVI que fue apodado el «rey de los gitanos».

Casi medio siglo después de Woody Guthrie, Bob Dylan ofrece su propia visión de esta canción tradicional y, conservando los rasgos del rey de los gitanos, lleva lejos de su casa a la hermosa muchacha, que está a punto de cumplir 16 años. La interpretación es buena a pesar de algunas vacilaciones de la guitarra (5'07). A diferencia de sus primera grabaciones acústicas, la voz es más dulce a pesar de su timbre áspero. Dylan ya no intenta cantar notas demasiado altas. Otra época, otro enfoque.

Canadee-I-O

Tradicional / arreglos Bob Dylan / 4'23 minutos

Músicos: Bob Dylan: voz, guitarra / **Grabación:** estudio-garaje de Bob Dylan, Malibú (California): finales de julio-principios de agosto de 1992 / **Productor:** Debbie Gold / **Ingeniero de sonido:** Micajah Ryan

Génesis y realización

Al igual que muchas canciones folklóricas de las islas británicas, «Canadee-I-O», también llamada «The Wearing Of The Blue» y «Caledonia», vivió una segunda juventud cuando llegó a las tierras del Nuevo Mundo, concretamente a Canadá. Se trata de una insólita historia de amor: una muchacha se disfraza de hombre para seguir a su amado, que se ha marchado para formar parte de la tripulación de un barco. Cuando se descubre su estratagema, amenazan a la protagonista con tirarla al mar. Entonces el capitán del barco acude a su auxilio y luego se enamora de ella y se casan. El cantante de folk inglés Nic Jones grabó una versión de este tema para su álbum *Penguin Eggs* (1980). Doce años más tarde, Bob Dylan adopta la misma sobriedad en su interpretación, aunque decide tocar en *strumming*, una interpretación muy alejada de la de Jones. Esta balada le permite modular el timbre de su voz, que es a la vez potente y frágil.

PARA LOS ADICTOS A DYLAN

Dylan versionará dos títulos más de los Mississippi Sheiks; de entre estos, «World Gone Wrong» dará título a su álbum de 1993.

Sittin' On Top Of The World

Tradicional / arreglos Bob Dylan / 4'31 minutos

Músico
Bob Dylan: voz, guitarra, armónica
Grabación
Estudio-garaje de Bob Dylan, Malibú (California):
finales de julio-principios de agosto de 1992
Equipo técnico
Productor: Debbie Gold
Ingeniero de sonido: Micajah Ryan

Howlin' Wolf convirtió «Sittin' On The Top Of The World» en un tema clave del blues moderno.

Génesis

Es imposible atribuir de forma definitiva a un compositor concreto la paternidad de «Sittin' On Top Of The World». El guitarrista y miembro de los Mississippi Sheiks ha dicho haber escrito este blues una mañana, después de una fiesta en Greenwood (Mississippi)... Pero en su propio álbum de 1930 para el sello Okeh aparecen los nombres de Bo Carter y Walter Jacobs como compositores. Una canción de los años 1920, compuesta por Ray Henderson, Sam Lewis y Joe Young, y popularizada por Al Jolson, tiene un título muy parecido: «I'm Sitting On Top Of The World».

Después de los Mississippi Sheiks y Charlie Patton, este folkblues se ha convertido en uno de los grandes estándares de la música popular americana. Decenas de artistas lo han incluido en sus repertorios, de Howlin' Wolf a Cream pasando por Ray Charles, Chet Atkins, la Nitty Gritty Dirt Band, Doc Watson, Jack White y, por supuesto, Bob Dylan. Aunque la letra ha ido evolucionando a lo largo de las grabaciones, el tema siempre es el mismo: las confesiones de un hombre abandonado por su amada y exhausto por su trabajo, pero que a pesar de todo se siente «en la cima del mundo».

Realización

No hay duda de que Bob Dylan escuchó detenidamente a los Mississippi Sheiks y a Howlin' Wolf antes de grabar su propia versión de «Sittin' On Top Of The World». En particular le vino a la memoria la versión que treinta años atrás habían creado Victoria Spivey y Big Joe Williams, junto a los que había tocado la harmónica y cantado coros (1962); es una versión con mucho más nervio que la de *Good As I Been To You*, con una parte de armónica muy inspirada. A solas con su guitarra acústica, Bob la grabó en su estudio casero de forma mucho más serena, pero más quejumbrosa y triste. La parte de armónica (en la) tiene la misma fuerza que su voz, cargada de emoción. Hay que admitir que desde que descubrió a Robert Johnson durante sus años de aprendizaje, el blues es una de las expresiones musicales en las que el cantautor más sobresale.

Little Maggie

COVERS

Robert Plant realizará una excelente adaptación en un estilo muy distinto del bluegrass en su álbum *Lullaby And... The Ceaseless Roar* (2014).

Tradicional / arreglos Bob Dylan / 2'55 minutos

Músico: Bob Dylan: voz, guitarra / **Grabación:** estudio-garaje de Bob Dylan, Malibú (California): finales de julio-principios de agosto de 1992 / **Productor:** Debbie Gold / **Ingeniero de sonido:** Micajah Ryan

Génesis y realización

«Little Maggie» es una canción tradicional que se sumerge en °el centro de la tradición bluegrass. La «pequeña Maggie» se las hace pasar negras a su novio: siempre con una copa en la mano, se dedica a seducir a otros hombres. Y es que es una muchacha irresistible, con sus ojos azules, que «brillan a la luz de la luna como diamantes [al sol]», aunque no exista futuro posible para la pareja.

Compuesta en 1929 por el dúo Grayson and Whitter, «Little Maggie» ha dado lugar a numerosas adaptaciones, y sobre todo ha permitido el lucimiento de los intérpretes de banjo y de violín. En cuanto a Bob Dylan, ofrece una versión bastante agitada en un estilo muy blues, con la guitarra acústica, muy distinta de las de The Kingston Trio y The Stanley Brothers. Su interpretación es excelente, tanto a la guitarra como a la voz. Cabe la posibilidad de que se inspirara en la grabación de Tom Paley (del álbum *Folk Songs Of The Southern Appalachian Mountains* [1953]), que más adelante formará los New Lost City Ramblers junto a John Cohen y Mike Seeger.

Stephen Foster.

Hard Times

Stephen Foster / 2'55 minutos

Músico: Bob Dylan: voz, guitarra / **Grabación:** estudio-garaje de Bob Dylan, Malibú (California): finales de julio-principios de agosto de 1992 / **Productor:** Debbie Gold / **Ingeniero de sonido:** Micajah Ryan

Génesis y realización

Originario de Pennsylvania, Stephen Foster (1826-1864) entró en la historia como el «padre de la música americana». Tiene la particularidad de haber escrito numerosas canciones sobre los estados del Sur, como «Oh! Susanna» y «Swanee River», aunque solo estuvo allí una vez (durante su luna de miel). «Hard Times» (o «Hard Times Comes Again») es otra obra emblemática de su repertorio. Compuesta en 1854 y publicada al año siguiente, fue grabada por primera vez (en cilindro) en 1905, y desde entonces la han versionado innumerables artistas (de Emmylou Harris a Bruce Springsteen pasando por Johnny Cash). Bob Dylan se muestra sensible al mensaje de esta canción; un «suspiro de hastío» ante la crudeza de la vida. La voz es profunda, el canto es quejumbroso. Es sorprendente que un artista que está en la cima de la gloria consiga transmitir tanto sufrimiento en su interpretación. Hacía tiempo que no lo oíamos tan implicado en la expresión precisa de la letra de una canción. Hay que reconocer que el estilo musical se presta a ello.

1992

Step It Up And Go

Tradicional / arreglos Bob Dylan / 2'58 minutos

Músico: Bob Dylan: voz, guitarra / **Grabación:** estudio-garaje de Bob Dylan, Malibú (California):
finales de julio-principios de agosto de 1992 / **Productor:** Debbie Gold / **Ingeniero de sonido:** Micajah Ryan

Génesis y realización

«Step It Up And Go» es una variante de «Bottle It Up And Go», una composición de Charlie Burse que la Picanniny Jug Band grabó en 1932, y dos años más tarde la célebre Memphis Jug Band, junto a otras formaciones comparables. En 1937, John Lee «Sonny Boy» Williamson, Big Joe Williams y Robert Nighthawk también firmaron una versión de este blues, con el título «Got The Bottle Up And Go», y en 1939 los imitó Tommy McClennan, con el título «Bottle It Up And Go»; ambas grabaciones se realizaron para el sello Bluebird. Luego fue el turno de Blind Boy Fuller y de Leadbelly (1940), el dúo Sonny Terry y Brownie McGhee (1942), B. B. King (1952), John Lee Hooker (1959) y podríamos seguir añadiendo nombres que conformarían un largo etcétera.

La historia que narra el personaje principal de la canción se inscribe en la larga tradición del blues. Su amada, llamada Ball, no es de las que se dejan dominar: «Él le dio un poco, pero ella lo quería todo». ¿Qué hace ella tras las puertas cerradas y las cortinas echadas de su habitación?

Bob Dylan se apropia el estilo boogie-woogie para esta versión acústica de «Step It Up And Go», bastante parecida a la de Blind Boy Fuller. Una vez más hay que subrayar la rítmica precisa de Dylan, tan regular como en sus inicios. Parece que toca su Martin de 12 cuerdas, la espléndida D-35 de 1970.

Tomorrow Night

Sam Coslow – Will Grosz (dominio público) / arreglos Bob Dylan / 3'43 minutos

Músico: Bob Dylan: voz, guitarra, armónica / **Grabación:** estudio-garaje de Bob Dylan, Malibú (California):
finales de julio-principios de agosto de 1992 / **Productor:** Debbie Gold / **Ingeniero de sonido:** Micajah Ryan

Génesis y realización

El cantante, pianista y director de orquesta Horace Heidt convirtió esta canción de Sam Coslow y Will Grosz en un gran éxito en 1939. Pero fue el *bluesman* Lonnie Johnson quien la convirtió en un hit *crossover* en 1948 para el sello King de Syd Nathan: un número uno en las listas de rhythm'n'blues y un 19 en las listas de pop dan prueba del gran éxito del tema. A continuación, «Tomorrow Night» inspiró a una larga lista de intérpretes, incluido Elvis Presley en 1954, con producción de Sam Phillips. Una hermosa historia de amor en la que la protagonista tiene «los labios tiernos y un corazón que late deprisa».

Bob Dylan se deja guiar por Lonnie Johnson para conseguir una interpretación que es toda sentimiento contenido. Esta vez el cantautor se viste de *crooner* e insufla a la canción un profundo sentimiento romántico que la convierte en uno de los mayores logros del álbum. La voz es distendida, el acompañamiento es delicado, y su interpretación a la armónica (en fa), es magnífica. Un tema que sienta bien.

Arthur McBride

Tradicional / arreglos Bob Dylan / 6'22 minutos

Músico: Bob Dylan: voz, guitarra / **Grabación:** estudio-garaje de Bob Dylan, Malibú (California): finales de julio-principios de agosto de 1992 / **Productor:** Debbie Gold / **Ingeniero de sonido:** Micajah Ryan

Génesis y realización

Esta canción irlandesa, compuesta en el siglo XVII, evoca la «Gloriosa Revolución» que sacudió Inglaterra de 1688 a 1689 y puso final a las disputas religiosas entre católicos y protestantes al tiempo que permitió que se instaurara la monarquía parlamentaria.

«Arthur McBride» es una canción decididamente pacifista. Mientras dan un paseo por la orilla del mar, McBride y su primo, dos irlandeses, son abordados por tres ingleses que quieren que se enrolen. «Yo no estaría orgulloso de vuestro uniforme», les dice McBride, dándoles a entender que no tiene ninguna intención de combatir junto a ellos. El tono se eleva entre los protagonistas, que terminan echando las espadas y el tambor al mar. Las versiones irlandesas más célebres de esta canción se las debemos al grupo Planxty (álbum homónimo, 1973) y al cantante folk Paul Brady (versión en directo, 1977).

Así, Bob Dylan recupera su bastón de peregrino pacifista para una buena causa (irlandesa). Desde las primeras notas de guitarra nos traslada hasta treinta años atrás, al ambiente de *The Time's They Are A-Changin'* o de *Another Side Of Bob Dylan*. La voz es menos sentenciosa que en el pasado, probablemente debido al peso de la experiencia. Pero Dylan exhibe un carisma asombroso, a pesar de que el timbre de su voz sea más nasal que en otros tiempos.

Blind Blake.

You're Gonna Quit Me

Tradicional / arreglos Bob Dylan / 2'48 minutos

Músico: Bob Dylan: voz, guitarra / **Grabación:** estudio-garaje de Bob Dylan, Malibú (California): finales de julio-principios de agosto de 1992 / **Productor:** Debbie Gold / **Ingeniero de sonido:** Micajah Ryan

Génesis y realización

«You're Gonna Quit Me» es un folk-blues que Blind Blake inmortalizó en 1927 para el sello Paramount, y que luego versionó Mance Lipscomb, en 1960, durante la grabación del álbum *Texas Sharecropper & Songster* para Arhoolie Records. Ambos fueron brillantes guitarristas, capaces de tocar con el mismo talento blues, baladas y góspel y que, en estilo de *ragtime guitar* (una forma de tocar en *finger-picking*), siempre confirieron una gran sensualidad a sus interpretaciones. Esta canción narra la historia de un hombre al que la fortuna parece haber abandonado para siempre. Ha sido condenado a seis meses de *chain gang* (prisioneros encadenados unos a otros para realizar trabajos forzados). «La prisión no es ningún juego», canta Dylan.

Bob Dylan sacó el título de su álbum de este blues: «*You gonna quit me, baby / Good as I been to you Lawd [Lord]*» («Vas a dejarme, cariño / Con lo bueno que he sido contigo, Dios mío»).

El cantautor ofrece una excelente interpretación en este tema que canta y toca con un placer y una serenidad evidentes. La diferencia es asombrosa al compararlo con sus primeros blues, como «You're No Good» (*Bob Dylan* 1962), que cantaba con una auténtica urgencia en la voz.

Diamond Joe

Tradicional / arreglos Bob Dylan / 3'17 minutos

Músico: Bob Dylan: voz, guitarra / **Grabación:** estudio-garaje de Bob Dylan, Malibú (California):
finales de julio-principios de agosto de 1992 / **Productor:** Debbie Gold / **Ingeniero de sonido:** Micajah Ryan

Génesis y realización

Existen dos versiones de «Diamond Joe». La primera, de origen desconocido, podría dirigirse al capitán de un *steamboat* al que el cantante interpela: «Diamond Joe, ven a buscarme». Tenemos dos versiones magníficas de esta primera composición: una de Georgia Crackers (1927) y la otra del conmovedor Charlie Butler (1937). En cuanto a la segunda versión, que no tiene nada que ver con la primera, tiene como personaje principal un obrero agrícola que se queja de cómo lo trata el propietario de las tierras, llamado Diamond Joe. Esta segunda versión es la que Dylan incluyó en su repertorio para *Good As I Been To You*. Se trata de una composición de Cisco Houston de la década de 1950, que más adelante versionó Ramblin' Jack Elliott.

Dylan ofrece una interpretación perfecta, y recuperará este «Diamond Joe» en una excelente versión para la película *Masked And Anonymous*, coescrita por el propio Dylan y Larry Charles (2003), donde podemos verlo tocando esta canción en grupo.

Froggie Went A Courtin'

Tradicional / arreglos Bob Dylan / 6'23 minutos

Músico: Bob Dylan: voz, guitarra / **Grabación:** estudio-garaje de Bob Dylan, Malibú (California):
finales de julio-principios de agosto de 1992 / **Productor:** Debbie Gold / **Ingeniero de sonido:** Micajah Ryan

Génesis y realización

«Froggie Went A-Courtin'» se remonta a mediados del siglo XVI (bajo el título «The Complaynt Of Scotland»). En 1580 fue repertoriada por Edward White con el título «A Moste Strange Weddinge Of The Frogge And The Mowse». Fuera de origen escocés o inglés, esta canción infantil se burlaba de la reina Isabel I de Inglaterra, que tenía la curiosa costumbre de apodar a sus ministros y a las personas que conocía con nombres de animales. El historiador y musicólogo británico David Highland reunió unas 170 estrofas de «Froggie Went A-Courtin'». No obstante, la historia se puede resumir en pocas palabras. Una rana macho, con una espada y una pistola a la cintura, está locamente enamorado de una hermosa ratoncita. Le gustaría casarse con ella. La joven ratoncita está dispuesta a aceptar, pero antes tiene que pedirle permiso a su tío, la rata, que, cuando se entera, corre a la ciudad para comprarle un traje de novia. El banquete se celebra en un árbol hueco, etc.

Es muy probable que esta dulce canción atravesara el Atlántico al mismo tiempo que los hijos pequeños de los colonos británicos, y que llegara a convertirse en un éxito en el Nuevo Mundo. En 1955 apareció en un episodio de *Tom y Jerry* («Pecos Pest»). A continuación la grabaron muchos intérpretes, como Woody Guthrie, Pete Seeger, Tex Ritter, Mike Oldfield, Nick Cave and the Bad Seeds, Bruce Springsteen...

Así pues, el cantautor concluye *Good As I been To You* con una canción infantil. La interpretación no supone ningún problema, y voz y guitarra pueden lucirse en esta fábula que habría hecho las delicias de La Fontaine. Y si hacía falta otro ejemplo para demostrar el esclecticismo de Bob Dylan, «Froggie Went A-Courtin'» es la mejor prueba posible. El periodista del *New Yorker* Louis Menant destacó la interpretación de Bob Dylan, apoyándose en el dramaturgo irlandés William Butler Yeats, que decía: «Se puede refutar a Hegel, pero no al santo ni a la canción de tres centavos».

Las Bromberg Sessions y el *outtake* de *Good As I Been To You*

A principios del mes de junio de 1992, Bob Dylan graba una treintena de canciones con una formación de estilo bluegrass liderada por su amigo David Bromberg, en vistas de publicar un nuevo álbum. Estas sesiones, que tuvieron lugar en el Acme Recording Studio de Chicago, no resultarán en ningún disco, ya que Dylan, decepcionado con la mezcla de Bromberg, abandona el proyecto. Habrá que esperar hasta la publicación de *The Bootleg Series, Vol. 8: Tell Tale Signs* en 2008 para descubrir algunas de las canciones salidas de esas sesiones, conocidas como las Bromberg Sessions. Dos meses después, Dylan graba nuevas canciones, totalmente distintas, en su casa de Malibú, que se conservarán casi en su totalidad para *Good As I Been To You*, dejando pocos temas descartados...

You Belong To Me

Pee Wee King – Redd Stewart – Chilton Price / 3'09 minutos

Músico: Bob Dylan: voz, guitarra / **Grabación:** estudio-garaje de Bob Dylan, Malibú (California): finales de julio-principios de agosto de 1992 / **Productor:** Bob Dylan / **Ingeniero de sonido:** Micajah Ryan / **Recopilatorio:** *Natural Born Killers, original soundtrack* / **Publicación:** 1994

«You Belong To Me» está firmada por tres nombres célebres de la música country de los años 1950: Pee Wee King, Redd Stewart y Chilton Price. Desde la grabación de Sue Thompson en 1952, esta balada ha dado lugar a numerosas versiones, entre las que destacan la de Patti Page y, sobre todo, la de Jo Stafford que, también en 1952, le valió el número uno de las listas de éxitos de Estados Unidos y el Reino Unido. Cuarenta años después de Jo Stafford, Bob Dylan graba su propia versión de «You Belong To Me». La interpretación es un auténtico logro; guitarra y voz son absolutamente espléndidas, Dylan domina esta canción con maestría. Es una verdadera lástima que no se incluyera en *Good As I Been To You*. Por otro lado, Michael Bublé hará una versión muy cercana a la de Dylan para su álbum *Dream* de 2002. No fue hasta dos años más tarde cuando vio la luz, en la banda sonora de *Natural Born Killers (Asesinos natos*, 1994) de Oliver Stone junto a «Waiting For The Miracle» de Leonard Cohen y de «Sweet Jane» de Lou Reed.

Miss The Mississippi

Bill Halley / 3'22 minutos

Músicos: Bob Dylan: voz, guitarra, armónica; David Bromberg: guitarra; Glen Lowe: guitarra; Dick Fegy: *fiddle*, mandolina (?); Jeff Wisor: *fiddle*, mandolina (?); Christopher Cameron: teclados; Peter Ecklund: trompeta; John Firmin: saxo tenor, clarinete; Curtis Linberg: trombón; Robert Amiot: bajo; Richard Crooks: batería / **Grabación:** Acme Recording Studio, Chicago (Illinois): del 3 al 5 de junio de 1992 / **Productor:** David Bromberg / **Ingeniero de sonido:** Chris Shaw / **Recopilatorio:** *The Bootleg Series, Vol. 8: Tell Tale Signs – Rare & Unreleased 1989-2006*, CD 2 / **Publicación:** 6 de octubre de 2008

«Miss The Mississippi» es una canción de un tal Bill Halley (que no hay que confundir con el pionero del rock'n'roll, cuyo apellido se escribe con una sola l). Fue compuesta en 1932 por Jimmie Rodgers, uno de los padres fundadores de la música country (muerto un año más tarde debido a la tuberculosis). Ya conocemos la deuda artística que Bob Dylan contrajo con el «Singing Brakeman». Con esta adaptación de «Miss The Mississippi» le rinde un conmovedor homenaje, en un estilo muy fiel a la versión original. Más allá de eso, el tema es una

hermosa evocación del propio río. El narrador, en efecto, está cansado de las luces de la ciudad y solo sueña con volver a casa y pasear a orillas del «old river».

Es bastante sorprendente que Dylan descartara esta versión, ya que es magnífica, su interpretación es conmovedora y los músicos que lo acompañan están todos espléndidos. Un misterio, sobre todo teniendo en cuenta que la rechazó tras la publicación de *Under The Red Sky*, un álbum que sin duda es menos fiel a sus aspiraciones de la época.

Duncan & Brady

Tradicional / arreglos Bob Dylan / 3'12 minutos

Músicos: Bob Dylan: voz, guitarra; David Bromberg: guitarra; Glen Lowe: guitarra; Dick Fegy: mandolina (?); Jeff Wisor: mandolina (?); Christopher Cameron: teclados; Robert Amiot: bajo; Richard Crooks: batería / **Grabación:** Acme Recording Studio, Chicago (Illinois): junio de 1992 / **Productor:** David Bromberg / **Ingeniero de sonido:** Chris Shaw / **Recopilatorio:** *The Bootleg Series, Vol. 8: Tell Tale Signs – Rare & Unreleased 1989-2006*, CD 3 / **Publicación:** 6 de octubre de 2008

Esta canción relata los trágicos acontecimientos que tuvieron lugar en el Charles Starkes Saloon de Saint Louis (Missouri), el 6 de octubre de 1890. Unos policías entraron en el bar donde había empezado una pelea. Entre ellos estaba James Brady, un agente de origen irlandés. Mientras están deteniendo al propietario del lugar, se oye un disparo y Brady cae al suelo. Está muerto. ¿Quién lo ha matado? ¿Starkes o el barman, un afroamericano de Luisiana llamado Harry Duncan? Ambos hombres niegan haber disparado. Finalmente detienen y juzgan a Duncan. Es declarado culpable y condenado a pena de muerte. Duncan apela. Varias veces. Sin éxito. Lo ahorcan

el 27 de julio de 1894. A semejanza de «Frankie And Johnny» y de «Stagger Lee», «Duncan & Brady» es una *murder ballad*. Fue grabada por primera vez en 1929 por Wilmer Watts & His Lonely Eagles, y más adelante, en 1947, por Leadbelly, Dave Van Ronk en 1959, y un largo etcétera.

La versión de Dylan y Bromberg es, una vez más, excelente. Se trata de un blues rock dinámico, que ofrece unos espléndidos solos de guitarra *slide* saturada pero también unas excelentes intervenciones de mandolina. Un gran logro que habría encontrado su lugar en un álbum oficial sin ningún tipo de problema.

1993

World
Gone Wrong

World Gone Wrong
Love Henry
Ragged & Dirty
Blood In My Eyes
Broke Down Engine
Delia
Stack A Lee
Two Soldiers
Jack-A-Roe
Lone Pilgrim

ÁLBUM
FECHA DE PUBLICACIÓN
26 de octubre de 1993
Columbia Records
(REFERENCIAS COLUMBIA CK 57590 [CD], C 57590 [LP])

World Gone Wrong, la tradición revisada

1993

El álbum

Con *World Gone Wrong,* Bob Dylan da continuidad a la línea que inició con *Good As I Been To You.* Revisa el repertorio tradicional, solo con su guitarra acústica y su voz grave y profunda, como las de los peregrinos que predican la palabra de Dios por la Norteamérica rural. Un repertorio que hunde sus raíces tanto en las islas británicas de siglos pasados como en los Apalaches o en el delta del Mississippi de las primeras décadas del siglo xx. Al escuchar este álbum, al igual que el anterior, tenemos la impresión de que el cantautor ha sacado sus viejos discos del desván y ha decidido darles una nueva lectura tras escucharlos una y otra vez. Es sorprendente el hecho de que la mayoría de los títulos elegidos sean canciones raras de *bluesmen* poco conocidos por el gran público. Así, Dylan demuestra un amor sincero por este estilo musical al que ha rendido homenaje a lo largo de toda su carrera. En cierto modo, este álbum tiende un puente entre la tradición y la era digital.

Aunque *World Gone Wrong* suena como la continuación lógica de *Good As I Been To You,* las atmósferas de ambos discos son distintas. El propio título («el mundo va mal») anuncia el programa de esta nueva obra donde se habla mucho de violencia. La violencia de la vida cotidiana en «Broke Down Engine»; la violencia más dramática, que alimenta las secciones de sucesos, de tres *murder ballads:* «Love Henry», «Delia» y «Stack A Lee» (o «Stagger Lee»). También la violencia de la guerra, en

«Two Soldiers», y la violencia de los sentimientos, por supuesto, como en todos los discos de Dylan, en «Blood In My Eyes». Los únicos mensajes de esperanza: el amor que siente la protagonista de «Jack-A-Roe» por un joven marinero y el penetrante homenaje de un predicador a un peregrino solitario.

Una sabia relectura de la tradición

Después de «violencia», «homenaje» es la segunda palabra clave de este álbum. Un homenaje a los gloriosos antepasados. Aquí Bob Dylan no es autor ni compositor. Es el conmovedor intérprete de un legado musical que siempre ha reivindicado. Su voz y su guitarra cantan al unísono las melodías que lo guiaron por el camino de la excelencia. En dos ocasiones acude al repertorio de los Mississippi Sheiks: «World Gone Wrong» y «Blood In My Eyes» (años 1930). Recupera «Ragged & Dirty», que anteriormente había grabado Blind Willie McTell (a quien dedica una canción), así como «Stack Lee», uno de los grandes estándares del blues (desde Ma Rainey hasta Mississippi John Hurt). Asimismo, adapta tres hermosas baladas de las islas británicas: «Two Soldiers», «Jack-A-Roe» y, por supuesto, «Lone Pilgrim».

World Gone Wrong sale a la venta el 26 de octubre de 1993 con un libreto explicativo en el que el propio Bob Dylan comenta cada una de las canciones del disco, con un estilo muy alejado de las digresiones psicodélicas de sus antiguos álbumes (*John Wesley Harding,* por ejemplo) pero que sigue sien-

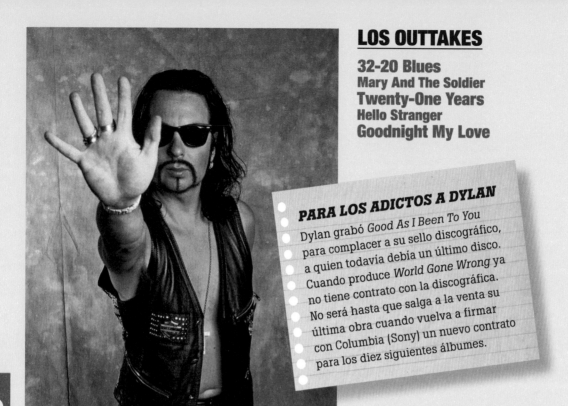

LOS OUTTAKES

32-20 Blues
Mary And The Soldier
Twenty-One Years
Hello Stranger
Goodnight My Love

PARA LOS ADICTOS A DYLAN

Dylan grabó *Good As I Been To You* para complacer a su sello discográfico, a quien todavía debía un último disco. Cuando produce *World Gone Wrong* ya no tiene contrato con la discográfica. No será hasta que salga a la venta su última obra cuando vuelva a firmar con Columbia (Sony) un nuevo contrato para los diez siguientes álbumes.

Dave Stewart dirigió el videoclip de «Blood In My Eyes». La fotografía de portada se tomó durante el rodaje.

do muy original. A semejanza de la anterior obra dylaniana, este vigesimonoveno álbum de estudio consigue el elogio unánime de la crítica. *Rolling Stone* aplaude este segundo regreso a los orígenes de Dylan, en el que ve a «un cantante de blues con genio», mientras que Robert Christgau, de *Village Voice*, considera que el disco es a la vez «extraño y atractivo». Además, *World Gone Wrong* conseguirá el premio Grammy al mejor disco de folk tradicional. El único problema es que los modestos puestos en las listas de éxitos estadounidense y británica (70 y 35 respectivamente) no reflejarán en absoluto el mérito de esta relectura sabia y respetuosa de la tradición…

La carátula

La fotografía de la portada fue tomada por Ana María Vélez Wood durante el rodaje del videoclip de «Blood In My Eyes», dirigido por Dave Stewart en Camden Town, en Londres. Dylan, con un sobrero de copa negro, está sentado a una mesa en un restaurante llamado Fluke's Cradle (situado enfrente de la librería de la contracultura Compendium Books). Detrás de él se puede ver un cuadro de un artista irlandés llamado Peter Gallagher, inspirado en *L'Étranger* (*El extranjero*) de Albert Camus. Una pequeña anécdota: la firma del cuadro, abajo a la derecha, está oculta detrás del sombrero de Dylan, lo que explica que Peter Gallagher no aparezca en los créditos. Unos meses más tarde Gallagher se enterará de que su pintura fue adquirida por… Bob Dylan. De hecho, Sony New York pedirá a dos colaboradores de Dave Stewart de Londres que la compren (por 2.500 libras esterlinas). En la contraportada aparece un retrato de Dylan en tonos anaranjados, realizado por el fotógrafo Randee St Nicholas (Prince, Whitney Houston, Bee Gees…). En cuanto al diseño del álbum, se confió a Nancy Donald (Weather Report, Michael Jackson, The Neville Brothers…).

La grabación

En mayo de 1993 Bob Dylan se encierra en su estudio de Malibú con el ingeniero de sonido Micajah Ryan para grabar las canciones de *World Gone Wrong*, siguiendo la misma fórmula que en *Good As I Been To You*. Es evidente que el éxito inesperado de este último disco le hizo recuperar la confianza, así que se lanza en solitario a la producción y prescinde de los servicios de Debbie Gold. Percibimos una diferencia manifiesta en la calidad sonora del disco: mientras que *Good As I Been To You* tiene un sonido «lleno», con una grabación en estéreo de la guitarra, este álbum suena mucho más *roots*. Hay ruido, distorsión… Claras pruebas, según algunos, de que las grabaciones se hicieron con un magnetófono de casete, a semejanza de Bruce Springsteen, que había grabado su magnífico *Nebraska* en 1982 con un cuatro pistas de casete, el famoso Portastudio Tascam. Pero a día de hoy nada permite confirmar dicha suposición. En cualquier caso, el resultado es todo un logro; como siempre, Dylan trasciende la técnica y hace que destaque la emoción que siempre ha querido colocar en el centro de su expresión musical.

Los instrumentos

Las guitarras utilizadas durante las sesiones de este álbum son probablemente las mismas que para *Good As I Been To You*. Solo utiliza una armónica, en tonalidad de do.

1993

World Gone Wrong

Tradicional / arreglos Bob Dylan / 3'58 minutos

Músico: Bob Dylan: voz, guitarra / **Grabación:** Garaje-estudio de Bob Dylan, Malibú
(California): mayo de 1993 / **Productor:** Bob Dylan / **Ingeniero de sonido:** Micajah Ryan

Génesis y realización

Las grabaciones que realizaron los Mississippi Sheiks durante la primera mitad de los años 1930 valieron al grupo, y a su guitarrista Sam Chatmon, un lugar comparable al de Charley Patton o Robert Johnson en la historia del blues, el folk-blues en este caso concreto y, a más de treinta años de distancia, dejaron una huella imborrable en el movimiento rock en su conjunto. Así, desde Grateful Dead hasta Jack White, varias generaciones de músicos han reivindicado la herencia de la formación de Bolton (Mississippi). Unos meses después de grabar «Sittin' On Top Of The World» para *Good As I Been To You*, Bob Dylan recupera otro clásico del repertorio de los Mississippi Sheiks, «World Gone Wrong». Con un título que todavía está de actualidad, Bob Dylan inaugura su nuevo álbum con esta versión bastante alejada del original en cuanto a la armonía. El cantautor se toma libertades con la melodía, pero el resultado es magnífico y su interpretación está más cargada de sentido y de desilusión que la de los Sheiks. El sonido es más «estrecho» que en *Good As I Been To You*. Hay ruido, pero poco importa, porque también hay emoción. Una magnífica entrada en materia. Cabe señalar que su primer *lick* de guitarra (0'36) parece haber sido añadido por *overdub*.

P. J Harvey y Nick Cave, intérpretes de la balada «Love Henry» bajo el título «Henry Lee».

Love Henry

Tradicional / arreglos Bob Dylan / 4'24 minutos

Músico: Bob Dylan: voz, guitarra / **Grabación:** Garaje-estudio de Bob Dylan, Malibú
(California): mayo de 1993 / **Productor:** Bob Dylan / **Ingeniero de sonido:** Micajah Ryan

Génesis y realización

«Love Henry» es una balada escocesa que data del siglo XVIII, también conocida con los títulos «Young Hunting», «Earl Richard» o «The Proud Girl». Es una *murder ballad* sobre un crimen pasional. En un gesto de desesperación, la protagonista apuñala a su amante, Henry, que ama a otra mujer, y lo hunde en unas aguas frías y profundas. Esta historia oscura y romántica ha sido grabada por numerosos músicos, entre los que destaca Tom Paley, versión de la que Dylan habla en el libreto del disco. Una vez más, el cantautor graba una visión muy personal de la canción, impregnada de dulzura y de tristeza. Muy alejada de la de Tom Paley, su interpretación nos obliga a escuchar la historia. Distinguimos una ligera reverberación en la toma, bastante discreta.

Ragged & Dirty

Tradicional / arreglos Bob Dylan / 4'09 minutos

Músico: Bob Dylan: voz, guitarra **/ Grabación:** Garaje-estudio de Bob Dylan, Malibú
(California): mayo de 1993 **/ Productor:** Bob Dylan **/ Ingeniero de sonido:** Micajah Ryan

Génesis y realización

«Ragged & Dirty» (literalmente, «harapiento y sucio») tiene su origen en un viejo blues de Memphis, «Broke And Hungry» («arruinado y hambriento»), que Blind Lemon Jefferson grabó en 1926, y tres años más tarde lo hizo Sleepy John Estes bajo el título «Broken Hearted, Ragged And Dirty Too». «Señor, estoy sin blanca, tengo hambre, voy en harapos y estoy sucio»: así empieza este lamento que sale de las profundidades del Delta… El 16 de julio de 1942 Willie Brown, que había tocado con Charley Patton y Robert Johnson, grabó «Ragged & Dirty» para la Biblioteca del Congreso. En su libro *The Land*

Where The Blues Began (1993), Alan Lomax escribe: «Si nunca ha escuchado blues, tome este disco, escúchelo y únase a nosotros. La canción de William Brown puede durar hasta el amanecer».[149] En el libreto del disco, Dylan califica la versión de Willie Brown de «belleza superior». Lo cierto es que el *bluesman* del Delta puso el listón muy alto. Pero el cantautor acepta el desafío y su interpretación está a la altura de la de Brown. Los mismos sentimientos de desesperación, de cansancio, de hastío, pero también de dignidad. Dylan recupera el riff hipnótico de la guitarra y en algún momento toca las cuerdas de forma desafortunada…

Blood In My Eyes

Tradicional / arreglos Bob Dylan / 5'05 minutos

Músico: Bob Dylan: voz, guitarra **/ Grabación:** Garaje-estudio de Bob Dylan, Malibú (California): mayo de 1993 **/ Productor:** Bob Dylan **/ Ingeniero de sonido:** Micajah Ryan

Génesis y realización

Por segunda vez en este álbum, Bob Dylan revisa un blues de los Mississippi Sheiks, «I've Got Blood In My Eyes For You». Un hombre enamorado de una mujer con la que le gustaría pasar mucho tiempo. Vuelve a casa, coge un poco de dinero, se arregla. La muchacha sonríe, pero rechaza sus proposiciones. Entonces el hombre le dice: «Si no quieres nada de mí, devuélveme mi dinero». «Rebelión contra la rutina»: así es cómo Dylan percibe a sus admirados Mississippi Sheiks. Su versión es mucho más introspectiva, casi melancólica, y más oscura que la de los Sheiks. Basta con verlo cantar en el videoclip realizado en Londres por Dave Stewart para darse cuenta de que no está para bromas. Sombrero de copa, guantes, paraguas… Mediante esas imágenes en blanco y negro declama su texto con un aire huraño, pero al mismo tiempo acepta firmar autógrafos e incluso hacer malabarismos. Una excelente interpretación tanto en el plano musical como en las imágenes para un artista único. Hasta día de hoy Dylan solo ha cantado dos veces «Blood In My Eyes» en directo, en el Supper Club de Nueva York, los días 16 y 17 de noviembre de 1993.

El guitarrista Sam Chatmon, miembro de los Mississippi Sheiks, responsables de una versión de «Blood In My Eyes».

Broke Down Engine

Tradicional / arreglos Bob Dylan / 3'23 minutos

Músico: Bob Dylan: voz, guitarra / **Grabación:** Garaje-estudio de Bob Dylan, Malibú (California): mayo de 1993 / **Productor:** Bob Dylan / **Ingeniero de sonido:** Micajah Ryan

Génesis y realización

Notable guitarrista de 12 cuerdas, Blind Willie McTell tocó todos los estilos de la música negra americana, desde el folk-blues hasta el góspel pasando por el ragtime, y grabó muchos blues que más adelante versionarían un sinfín de guitarristas. «Statesboro Blues» es tal vez su canción más conocida, debido a su gran número de adaptaciones. También hay que destacar «Broke Down Engine Blues», que grabó con Columbia en 1931. La historia: el desdichado narrador «se siente como un motor estropeado», ya que lo ha perdido todo en el juego y su amante lo ha abandonado. Solo le queda implorar al Señor para que su amada vuelva junto a él. Un blues en toda su dramaturgia. Según Bob Dylan, «Broke Down Engine» es una de las obras maestras de McTell, pero el cantautor revisa completamente su versión, y propone unos arreglos muy distintos. En ocasiones el sonido es algo sucio (hacia 3'07), en otros momentos está al límite de la saturación, pero realiza una interpretación que llega del corazón, que canta con toda su alma y que realza con la fuerza de su púa. Parece que toca su Martin D-35 de 12 cuerdas, a pesar de que el sonido no es característico de ese tipo de guitarra. Pero la dificultad que le suponen ciertas frases haría probable esta hipótesis. La única similitud con la versión de McTell es que golpea del cuerpo de la guitarra (1'53) para acompañar la frase: «¿Oyes cómo llamo a tu puerta?».

Delia

Tradicional / arreglos Bob Dylan / 5'42 minutos

Músico: Bob Dylan: voz, guitarra / **Grabación:** Garaje-estudio de Bob Dylan, Malibú (California): mayo de 1993 / **Productor:** Bob Dylan / **Ingeniero de sonido:** Micajah Ryan

Génesis y letra

La canción «Delia» se inspira en una tragedia que tuvo lugar la noche del 31 de diciembre de 1900 en las afueras de Savannah (Georgia): el asesinato de una chica afroamericana de 14 años, Delia Green, a manos de su novio, Moses «Cooney» Houston, poco mayor que ella. Aunque lo condenaron a cadena perpetua, Houston fue liberado doce años después. Este triste suceso inspiró a varios músicos de blues. Blind Blake y Blind Willie McTell fueron de los primeros en cantar «Little Delia» (o «Delia's Gone»), tomando partido por el novio, alegando a lo largo de las estrofas circunstancias atenuantes: si ella no lo hubiera insultado… Johnny Cash grabó «Delia's Gone» dos veces: en *The Sound Of Johnny Cash* (1962) y en *American Recordings* (1994), con letras distintas, pero siempre empleando la primera persona del singular. La versión de Bob Dylan tiene un doble registro: de algún modo, el narrador toma distancia con el drama. Describe a Delia como una derrochadora (en el juego) y dice que el asesino fue Curtis. Pero cada estrofa termina con el empleo de la primera persona del singular: «Todos los amigos que he tenido se han marchado». El cantautor califica esta canción de «historia triste». Dylan interpreta esta balada con mucha suavidad. El tono es melancólico, frágil, y el acompañamiento a la guitarra es sobrio, con un riff que no siempre le resulta fácil de tocar.

Stack A Lee

Tradicional / arreglos Bob Dylan / 3'51 minutos

Músico
Bob Dylan: voz, guitarra, armónica
Grabación
Garaje-estudio de Bob Dylan, Malibú (California):
mayo de 1993
Equipo técnico
Productor: Bob Dylan
Ingeniero de sonido: Micajah Ryan

Mississippi John Hurt grabó «Stack A Lee» en 1928,
tres años después de Ma Rainey.

Génesis y letra

«Stack A Lee» es otra canción inspirada en la historia criminal de Estados Unidos de finales de siglo XIX. Narra las desdichas de Lee Shelton, un afroamericano de Texas que trabaja de cochero en Saint Louis (Missouri) y que, en realidad, saca la mayor parte de su dinero del juego y el proxenetismo. En 1897 fue condenado a 25 años de cárcel como resultado de dos procesos, por haber matado a sangre fría a un hombre con el que se había peleado en un bar. Puesto en libertad preventiva en 1909 tras obtener la gracia del gobernador de Missouri, lo volvieron a arrestar al año siguiente por matar al propietario de la casa en la que estaba robando. Condenado en mayo de 1911, fue liberado en febrero de 1912, pero murió de tuberculosis en el hospital de la cárcel. En Saint Louis, Lee Shelton recibió varios apodos: Stack Lee, Stagger Lee... cosa que explica que la canción tenga distintos títulos. En 1925, Ma Rainey (con Louis Armstrong a la trompeta) grabó «Stack O'Lee Blues», y luego siguieron Duke Ellington y Frank Hutchinson en 1927 y Mississippi John Hurt en 1928. Luego fue el turno de Woody Guthrie, Lloyd Price, Grateful Dead, James Brown y una decena de intérpretes más.

Realización

La razón por la que los dos hombres se pelearon en un bar de los bajos fondos de Saint Louis una noche de diciembre de 1895, y que llevó a Shelton a convertirse en un asesino, difiere según las versiones cantadas. La de Bob Dylan apoya la idea de que un sombrero John B. Heston fue el objeto de la pelea. Recupera la hipótesis de Mississippi John Hurt, pero la similitud se acaba ahí, ya que las interpretaciones son muy distintas; este último toca en *flatpicking*, mientras que Dylan lo hace en *strumming*. En las notas que acompañan el CD de *World Gone Wrong* el cantautor explica que para la interpretación se inspiró en la versión del *bluesman* blanco Frank Hutchinson. De hecho, es una de las pocas canciones del álbum en las que Dylan no se aleja de los arreglos originales. Incluso toca la armónica (en do), a semejanza de la versión de Hutchinson.

Two Soldiers

Tradicional / arreglos Bob Dylan / 5'45 minutos

Músico: Bob Dylan: voz, guitarra / **Grabación:** Garaje-estudio de Bob Dylan, Malibú
(California): mayo de 1993 / **Productor:** Bob Dylan / **Ingeniero de sonido:** Micajah Ryan

PARA LOS ADICTOS A DYLAN

«The Last Fierce Charge» hace referencia a la batalla de Fredericksburg (11-15 de diciembre de 1862), a lo largo de la cual el ejército confederado comandado por Robert Lee derrotó al ejército del Potomac de Ambrose Burnside.

Génesis y realización

En el libreto de *World Gone Wrong* Bob Dylan revela que descubrió esta «extraordinaria canción de batalla» gracias a su amigo Jerry Garcia. Se trata de una balada de origen inglés que los colonos llevaron hasta el sur de los Apalaches (Arkansas) y que más adelante se adaptó para evocar los estragos de la guerra de Secesión. De ahí el otro título de la canción, «The Last Fierce Charge» («la última carga feroz»), con el que la grabó Carl T. Aprague, apodado «The Original Singing Cowboy». En 1937 los etnomusicólogos Alan y Elizabeth Lomax realizaron una grabación de Willard Johnson (el futuro Uncle Willie) titulada «Two Soldiers». Esta versión es la que inspiró a Mike Seeger para su propia adaptación durante las sesiones de su álbum epónimo, en 1964, luego a Jerry Garcia, primero con su Acoustic Band (*Ragged But Right*, 1987) y luego con David Grisman (*Garcia/Grisman*, 1991), y finalmente a Bob Dylan, que con este tema recupera los acentos de canción protesta de sus inicios. La fuerza de Dylan reside en saber narrar una historia jugando con su timbre para atraer la atención. Cabe señalar la ligera saturación que se percibe en ciertos momentos, sobre todo en 3'49.

Jack-A-Roe

Tradicional / arreglos Bob Dylan / 4'56 minutos

Músico: Bob Dylan: voz, guitarra / **Grabación:** Garaje-estudio de Bob Dylan, Malibú (California): mayo de 1993 / **Productor:** Bob Dylan / **Ingeniero de sonido:** Micajah Ryan

Génesis y realización

A semejanza de «Stack A Lee», «Jack-A-Roe» es conocida en los países anglosajones con distintos títulos, como «Jack Monroe», «Jack Went-A-Sailing», «The Love Of Polly And Jack Monroe»… Esta canción forma parte de las baladas tradicionales recopiladas por Cecil Sharp en su célebre y valiosa obra *English Folk Songs From The Southern Appalachians*, publicada en 1917. El tema narra la historia de la hija de un rico comerciante londinense que tiene a todos los hombres a sus pies, pero que solo tiene ojos para un marinero: el hombre apodado «Jack-A-Roe». La canción ha suscitado hermosas adaptaciones entre los cantantes folk, desde Tom Paley hasta Joan Baez pasando por Grateful Dead, que también la incluyó en su repertorio (para el álbum acústico en directo *Reckoning*, 1981). El defecto de «Jack-A-Roe» es la toma de sonido. Esta vez hay que lamentar que la voz del cantautor no esté más presente. Su interpretación de guitarra también deja al oyente algo perplejo, ya que se puede oír cómo «rozan» las cuerdas (3'43). Pero lo cierto es que la emoción es lo que impera. Sin embargo, una toma de más calidad no habría estado de más.

Tom Paley, en la imagen, en 1968. Su nombre se asocia al grupo New Lost City Ramblers y a la canción «Jack-A-Roe»

Lone Pilgrim

B. F. White – Adger M. Pace / 2'44 minutos

Músico
Bob Dylan: voz, guitarra
Grabación
Garaje-estudio de Bob Dylan, Malibú (California):
mayo de 1993
Equipo técnico
Productor: Bob Dylan
Ingeniero de sonido: Micajah Ryan

Génesis y letra

El peregrino solitario del que habla esta canción se llama Joseph Thomas (1791-1853), y fue conocido por evangelizar a las multitudes vestido con una sencilla sotana blanca en el este del Mississippi, hasta que se lo llevó la viruela. Unos años más tarde, un predicador llamado Elder John Ellis fue a visitar su tumba en Johnsonburg (Nueva Jersey) y compuso un poema, que se convirtió en canción. La música proviene de una vieja balada escocesa titulada «The Braes O' Ballquhidder» (que a su vez proviene de una canción gaélica titulada «Brochun Buirn»), y fue adaptada por William Walker o B. F. White, conocido sobre todo por su labor de compilación de canciones y melodías en el libro *The Sacred Harp* (publicado por primera vez en 1844). Como sucede con la mayoría de canciones tradicionales, «Lone Pilgrim» ha sido objeto de numerosas adaptaciones. Dos de las más conocidas son las de Doc Watson a principios de la década de 1960, primero con la Watson Family y luego en solitario, en el célebre Gerde's Folk City de Greenwich Village.

Realización

La interpretación de «Lone Pilgrim» es muy solemne, respetuosa con el peregrino solitario y parecida a la versión de Doc Watson. «Tranquilo es mi sentimiento, como lo es mi espíritu, todas las lágrimas se borran de mis ojos», canta Bob Dylan. Pero a diferencia de Watson, que adopta un tono pausado, Dylan se queda en la intimidad, casi en la confidencia. No hay duda de que la letra de esta magnífica balada le ha llegado muy hondo, y lo expresa de todo corazón. Con una buena interpretación de guitarra y unos arreglos sutiles, Dylan concluye su última inmersión en la tradición –una inmersión que había iniciado un año antes con *Good As I Been To You*– con todo el talento que hace de él un artista único.

Doc Watson grabó una versión de «Lone Pilgrim» a la que Dylan fue muy fiel en el álbum *World Gone Wrong*.

World Gone Wrong outtakes

En el momento de decidir la lista de canciones definitiva de *World Gone Wrong* se dejaron varias grabaciones de lado: «32-20 Blues», «Mary And The Soldier», «Twenty-One Years», «Hello Stranger» y «Goodnight My Love». Solo dos de ellas saldrán del cajón en 2008, con la publicación de *The Bootleg Series, Vol. 8*: «32-20 Blues», otro homenaje a Robert Johnson, y «Mary And The Soldier», balada en la más pura tradición del folk irlandés.

32-20 Blues

Robert Johnson / 3'06 minutos

Músico: Bob Dylan: voz, guitarra / **Grabación:** Garaje-estudio de Bob Dylan, Malibú (California): mayo de 1993 / **Productor:** Bob Dylan / **Ingeniero de sonido:** Micajah Ryan / **Recopilatorio:** *The Bootleg Series, Vol. 8: Tell Tale Signs – Rare & Unreleased 1989-2006*, CD 2 / **Publicación:** 6 de octubre de 2008.

«32-20 Blues» pertenece al repertorio de Robert Johnson, cantante y guitarrista del Mississippi del que se cuenta que hizo un pacto con el diablo a cambio de su talento y que murió envenenado por un marido celoso. Es posible que este pacto diabólico y esta muerte prematura formen parte de la leyenda, pero lo que sabemos con seguridad es que Johnson, fallecido a los 27 años, fue elevado al rango de artista maldito y que toda una generación lo veneró por su visión del blues, desde Keith Richards de los Rolling Stones hasta Eric Clapton, pasando, naturalmente, por Bob Dylan. «32-20 Blues», que Johnson grabó en 1936, se inspira en parte en «22-20 Blues» de Skip James, fechada en 1931. El título remite al cartucho de caza del Winchester 1837, carabina emblemática de la conquista del Oeste, también utilizado en varios revólveres. Es la primera vez que oímos a Bob Dylan registrar en un disco a aquel que fue una de sus revelaciones en el inicio de su carrera. Comparada con la de Johnson, su versión es demasiado reservada, percibimos menos emoción que en las demás canciones de *World Gone Wrong*. Tal vez este es uno de los motivos por los que se descartó del álbum. Pero aún así es una canción de muy buena factura. Destaca el excelente trabajo de *mastering* de Greg Calbi.

Mary And The Soldier

Tradicional / arreglos Bob Dylan / 4'23 minutos

Músico: Bob Dylan: voz, guitarra / **Grabación:** Garaje-estudio de Bob Dylan, Malibú (California): mayo de 1993 / **Productor:** Bob Dylan / **Ingeniero de sonido:** Micajah Ryan / **Recopilatorio:** *The Bootleg Series, Vol. 8: Tell Tale Signs – Rare & Unreleased 1989-2006*, CD 3 / **Publicación:** 6 de octubre de 2008

También conocida con los nombres de «The Gallant Soldier», «The Hieland Sodger» o «The Highland Soldier», «Mary And The Soldier» es una balada de origen escocés que narra las tribulaciones de una muchacha enamorada que ha decidido dejar a sus padres para ir a la guerra con el «valeroso soldado» al que ama. Una historia que recuerda a la de «Canadee-I-O», balada que Bob Dylan había grabado en su álbum anterior, *Good As I Been To You*. Antes que Dylan, el cantante folk irlandés Paul Brady firmó una versión muy conmovedora de «Mary And The Soldier». La del cantautor permite escucharlo tocar una parte de guitarra muy interesante. La emoción también se percibe en su voz, pero es evidente que esta canción no es tan redonda como las que se incluyeron en *World Gone Wrong*.

1997

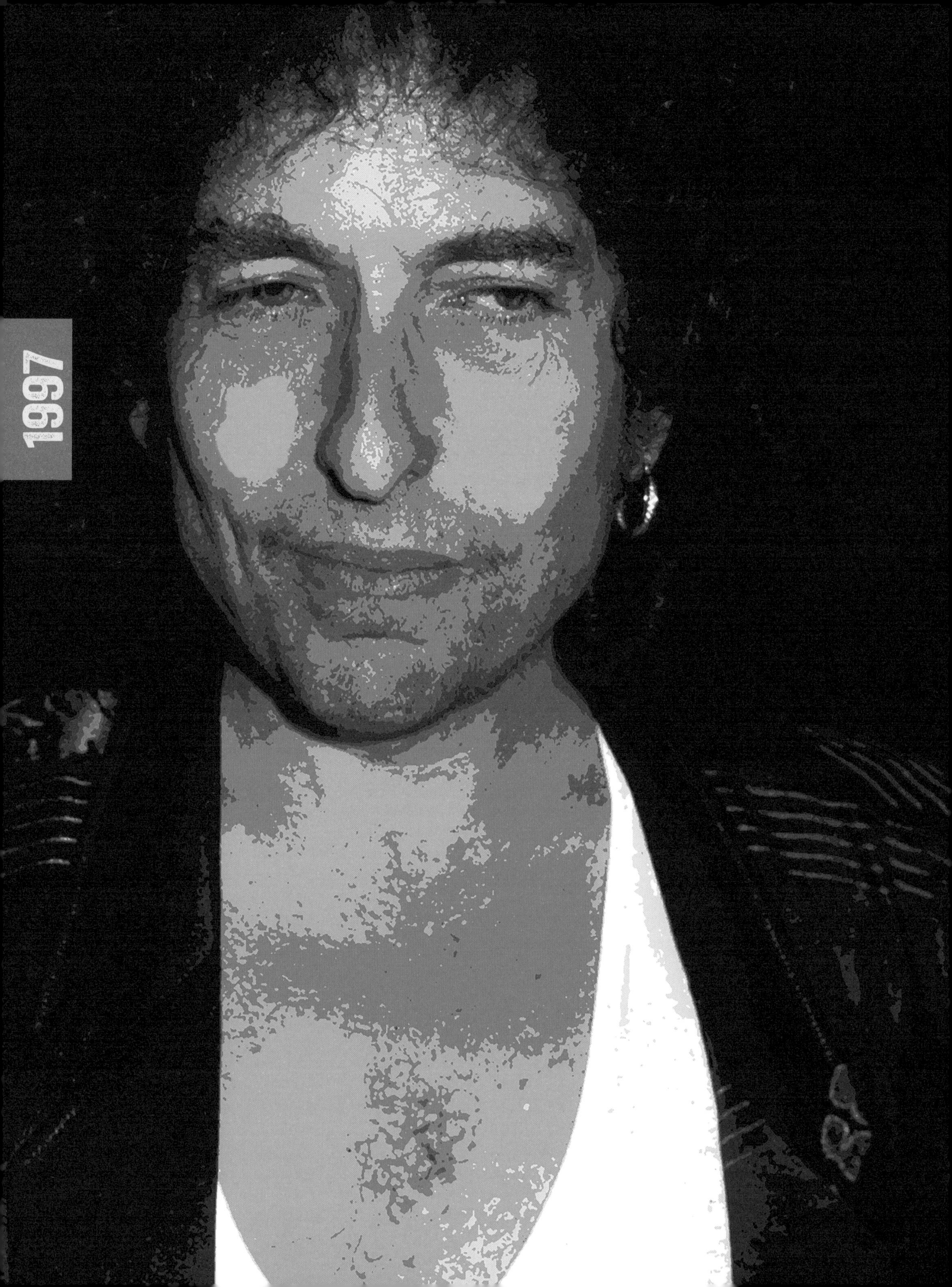

Time Out Of Mind

Love Sick
Dirt Road Blues
Standing In The Doorway
Million Miles
Tryin' To Get To Heaven
Til I Fell In Love With You
Not Dark Yet
Cold Irons Bound
Make You Feel My Love
Can't Wait
Highlands

ÁLBUM
FECHA DE PUBLICACIÓN
27 de septiembre de 1997
(30 según algunas fuentes)
Columbia Records
(REFERENCIAS: COLUMBIA CK 68556 [CD]; C2 68556 [LP])

Bob Dylan volvió al primer plano
de la actualidad como cantautor
con *Time Out Of Mind*.

1997

Time Out Of Mind,
un paseo por el Delta

El álbum

Con *Time Out Of Mind*, que sale a la venta el 27 de septiembre de 1997, Bob Dylan rompe un silencio de autor-compositor que había durado siete largos años, ya que su último disco de canciones originales, *Under The Red Sky*, se remonta a septiembre de 1990. A lo largo de este período ha publicado dos álbumes originales, *Good As I Been To You* (1992) y *World Gone Wrong* (1993), el primer volumen de la colección –*The Bootleg Series, Vol. 1-3* (1991)–, el *MTV Unplugged* (1995) y varios recopilatorios. Numerosos discos que han mantenido viva la llama, es cierto, pero el público se temía que el cantautor más genial del siglo XX, que entonces tenía 56 años (de los que había pasado 35 escribiendo, componiendo y cantando) sufriera una grave crisis de inspiración. Como si de un guión hollywoodiense se tratara, en el momento más inesperado Dylan ofrece a su público un álbum notable, que confirma su reencuentro con Daniel Lanois (ocho años después de *Oh Mercy*). *Time Out Of Mind*, compuesto en su granja de Minnesota durante un invierno frío y solitario, es una de sus obras mayores. «Había escrito esas canciones... Y durante una época ya no pensaba en grabarlas»,[20] explicará a Robert Hilburn en 1997; «No tenía ganas de hacer el esfuerzo de grabar un disco».[20]

Musicalmente, el álbum es una vuelta a las raíces del blues, una especie de paseo por el Delta, desde las aguas del Mississippi hasta los manglares de Luisiana. Pero el cantautor no se conforma con recuperar las recetas de sus gloriosos antepasados, ya sean Charley Patton o Slim Harpo, sino que en esta ocasión presenta un blues pasado por la batidora de la tecnología. Una tecnología que la inimitable producción de Daniel Lanois domina y aprovecha a la perfección. Este último recuerda que durante la elaboración del álbum escuchó «muchos discos antiguos que Bob [le] había recomendado; Charlie Patton, viejos álbumes polvorientos de rock and roll y blues».[150]

Una odisea intemporal

En cuanto a los textos, *Time Out Of Mind* también representa un punto álgido en la trayectoria del cantautor. Es una obra conceptual en la que seguimos el viaje de un único personaje (que podría ser el propio Dylan) a lo largo de once canciones, donde encontramos los temas recurrentes del tiempo que pasa y la muerte, inexorable, pero también la vejez, los amores fracasados y las traiciones. Esta odisea empieza con «Love Sick», donde comprendemos la obsesión del protagonista por la mujer amada y su misión de volverla a ver, y finaliza con «Highlands», posible símbolo de lo que nos espera tras la muerte (las tinieblas para unos, el paraíso para otros). Una odisea, en definitiva, que quizá solo existe en el alma del narrador, «fuera del tiempo», como dice el título del álbum; en otras palabras: el sueño de una odisea. Entre estas dos canciones encontramos una pura obra maestra, «Not Dark Yet», que bien podría ser la canción más conmovedora que se haya es-

LOS *OUTTAKES*

Mississippi
Red River Shore
Dreamin' Of You
Marchin' To The City

crito sobre la vejez y la muerte que se acerca. Una canción profética, también, ya que se grabó unos meses antes de que Bob Dylan fuera hospitalizado debido a una infección pulmonar que dejó inquietos a los familiares, amigos y fans del cantautor. *Time Out Of Mind* extrae su atmósfera blues-rock de *Highway 61 Revisited* (1965) y su viaje introspectivo de *Blood On The Tracks* (1975). Cuando sale a la venta el álbum recoge inmediatamente el aplauso de la crítica y los elogios del público. Permanecerá durante 29 semanas en lo más alto de las listas de éxitos, y será disco de platino en Estados Unidos. También disfrutará de un éxito parecido en varios países, del Reino Unido a Francia. Otro ejemplo del impacto que produce el regreso de Dylan: su trigésimo álbum en solitario obtendrá tres premio Grammy: mejor álbum del año, mejor álbum de folk contemporáneo y mejor interpretación vocal masculina de rock (por «Cold Irons Bound»). Finalmente, está en el puesto 410 de la lista de los 500 mejores álbumes de todos los tiempos de la revista *Rolling Stone*.

La carátula

La fotografía de la portada muestra a Bob Dylan con una guitarra acústica, sentado en medio de la sala de control de un estudio, sin duda los Criteria Recording Studios de Miami (Florida). El contraste es impactante; parece un viejo *bluesman* a bordo de una máquina espacial rumbo a una destinación intergaláctica. En la contraportada aparece una fotografía en primer plano del cantautor recién afeitado y mirando fijamente al objetivo. En el interior lo vemos sonriente (!), sentado a una mesa. En cuanto al diseño del propio CD, es la reproducción del sello Viva-Tonal/Columbia concebido por Art Gilham a mediados de la década de 1920. Las fotografías son de Daniel Lanois, Mark Seliger (Rolling Stones, Paul McCartney, Kurt Cobain...) y Susie Q. La dirección artística se confió a Geoff Gans (Paul Simon, John Fogerty... pero también *The Bootleg Series, Vol. 11: The Basement Tapes Complete* [2014]).

La grabación

En 1996, Dylan, que no pensaba grabar las canciones que había escrito en su granja de Minnesota (según algunos, cinco o seis años antes), cambia de opinión y se pone en contacto con Daniel Lanois, el productor de *Oh Mercy*. Este último recuerda que se encontraron en Nueva York para hablar del proyecto:

«Trajo un montón de textos. Me los leyó y luego me preguntó: "¿Qué te parece, Daniel? ¿Crees que se puede hacer un disco con esto?" Yo podía escuchar un disco sin siquiera haber oído una sola nota. Luego siguió una conversación de orden filosófico, y luego hablamos del tipo de sonido que Bob quería».[151] Por primera vez en su carrera Dylan graba demos antes de realizar el álbum propiamente dicho. Las primeras sesiones tienen lugar durante el otoño de 1996 en un teatro convertido en estudio de grabación que Lanois tiene alquilado junto a su ingeniero de sonido Mark Howard, en Oxnard (California): los Teatro Studios. El cantautor lleva todos los días al estudio viejos discos de blues, y manifiesta un interés real por los experimentos musicales de Beck. «Pensamos que podríamos hacer *loops* como base y tocar encima», explica Howard. «Pedimos que viniera Tony Mangurian, que es un baterista de hip-hop».[139]

El resultado de esas primeras demos es muy prometedor. Lanois viaja a Nueva York para poder reelaborarlas a su manera. Al cantautor le gusta el resultado y se reanudan las grabaciones en Oxnard. Pero al contrario de lo que pensaba todo el mundo, la continuación de las grabaciones tendrá lugar en los Criteria Recording Studios de Miami, ya que Dylan considera que Oxnard está demasiado cerca de su domicilio y de su familia y prefiere alejarse para trabajar. Después de la sorpresa de esta decisión todo el mundo se pone manos a la obra, a pesar de que Criteria no tiene la acústica que buscaban. Howard se las arregla para mejorarla. Lanois contrata a los músicos, y Dylan decide que él también llamará a algunos conocidos. Como el enfoque del álbum se basa en la grabación en directo, la situación se complica rápidamente. Howard: «Debía de haber unas quince personas tocando al mismo tiempo en el estudio de Criteria. Tres baterías, cinco guitarras, *pedal steel guitar*, órgano, piano... Dan había reunido a un grupo, pero Dylan ya había llamado a gente como Jim Keltner, Jim Dickinson, Augie Meyers, Duke Robillard, Cindy Cashdollar... Los había hecho venir de Nashville».[139] Durante las sesiones, el cantautor se instala en un rincón del estudio rodeado por todos esos músicos, que no están muy contentos de ser multitud. Dylan insiste en grabar de una forma diferente. El pianista Jim Dickinson dice: «Podía haber una hora de caos, y luego ocho o diez minutos de orden, de belleza. Durante esos diez minutos, estábamos como clavados en la pared».[152]

Daniel Lanois vuelve a asumir la tarea de productor junto a Bob Dylan.

Las grabaciones se desarrollarán a lo largo de dos semanas en enero de 1997. Durante las sesiones las canciones van tomando forma, y están a la altura de las aspiraciones de Dylan. El sonido global es sobrio, claramente menos sofisticado que el de *Oh Mercy*. «Bob cantaba de pie a un metro y medio del micro, sin cascos. Escuchaba el sonido en el estudio, que no es el sonido del disco. Nunca había visto nada igual. Controlaba tácitamente a 23 personas».[151]

A lo largo de ese mes de enero se grabaron quince títulos, la mayor parte de ellos en una sola toma. Se descartarán cuatro: «Mississippi» (que saldrá del cajón para *Love And Theft* [2001]), así como «Dreamin' Of You» y «Marching To The City». Pero destaca sobre todo «Red River Shore», que muchos consideran la mejor canción del álbum (la descubriremos en *The Bootleg Series, Vol. 8*). Pero el parto del disco será doloroso. El insólito ambiente de la grabación se volverá conflictivo entre Dylan y Lanois. Hasta el punto que el cantautor pone en duda el resultado final, que según él es demasiado parecido al «sonido Lanois»; en el último momento Dylan se negará a publicar el álbum. Por suerte el presidente de Sony, Don Ienner, consigue convencerlo para que cambie de opinión...

Datos técnicos

Howard graba la voz de Dylan con el mismo micro que utilizaron en *Oh Mercy,* el Sony C37A. El compresor es un Urei LA-2A y el *delay* (de 180 ms) es el famoso «*Elvis echo*» que proviene de un *harmonizer* AMS.

Lanois explicará que para los *overdubs* de voz de Dylan enviaba al estudio el *playback* a través de unos altavoces para que hubiera un retorno en el micro del cantautor, con el fin de simular la presencia de una orquesta tocando al mismo tiempo que él cantaba.

Los instrumentos

Además de sus guitarras, Dylan toca una Martin de 1930 en la que se fijó un micro Lawrence conectado a un amplificador Fender Tweed Deluxe de los años 1950. Solo utiliza una armónica, en tonalidad de la *b* (se saturará en la mezcla).

Love Sick

Bob Dylan / 5'21 minutos

1997

Músicos

Bob Dylan: voz, guitarra
Daniel Lanois: guitarra
Augie Meyers: órgano
Jim Dickinson: teclados
Tony Garnier: bajo
Brian Blade: batería
Jim Keltner: batería

Grabación

Criteria Recording Studios, Miami (Florida): enero de 1997

Equipo técnico

Productor: Daniel Lanois, en asociación con Jack Frost productions
Ingeniero de sonido: Mark Howard

Jim Dickinson al teclado para *Time Out Of Mind*; destaca su interpretación en «Love Sick».

Génesis y letra

«Love Sick». La primera composición de Bob Dylan desde hacía siete años. El regreso del cantautor está a la altura de las expectativas. Empieza su álbum con una canción en forma de conclusión, una especie de «The End» de los Doors al estilo Dylan. Las palabras son sencillas, pero poseen una gran potencia: «calles muertas», «nubes que lloran»... Este es el decorado. Hay sentimientos, penas, impresiones; la sensación de que el ser amado/odiado estará para siempre en nuestra mente y que una sola sonrisa basta para destruirlo. El narrador, que habla en primera persona, está enfermo de un amor que no tiene salida. «Desearía no haberte conocido nunca», se lamenta. Y contempla «el tiempo pasar» sin esperanza.

Debido a su hospitalización por una enfermedad infecciosa en los pulmones en mayo de 1997, podemos interpretar esta canción como el símbolo de la muerte que acecha y que se acerca a medida que los años pasan.

Realización

La atmósfera lúgubre de la producción está en perfecta armonía con la letra. «Tratamos la voz prácticamente como una armónica tocada al máximo de potencia, amplificándola con un pequeño amplificador para guitarra»,[153] explica Daniel Lanois. De hecho la voz es muy sombría, sepulcral; casi recuerda a las películas de la Hammer. Hay que decir que este efecto «vertiginoso» se produce gracias a un Eventide H3500 *stereo flanger*. De hecho es una de las primeras veces que Dylan acepta deformar su voz mediante efectos de estudio; él, que en los años 1960 rechazaba los experimentos sonoros de muchos de los artistas de la época. Pero el resultado está a la altura de su interpretación: es cautivador. La orquestación también es oscura, sobre todo el órgano de Augie Meyers y el Wurlitzer de Jim Dickinson. Desde la introducción se oye un *loop* rítmico que se funde en la masa sonora. Destaca la presencia de dos baterías, que no interfieren en la claridad de la mezcla, ya que ninguna de las dos se pone por encima de la canción. Al contrario, sus intervenciones son aéreas. La producción es magnífica: Daniel Lanois crea un universo totalmente único.

A partir del concierto de Bournemouth, en Inglaterra, el 1 de octubre de 1997, Bob Dylan ha tocado «Love Sick» en directo de forma regular. La canción fue número 64 en el Reino Unido en julio de 1998. También fue objeto de un videoclip.

Dirt Road Blues

Bob Dylan / 3'36 minutos

Músicos: Bob Dylan: voz, guitarra; Daniel Lanois: guitarra; Augie Meyers: órgano; Jim Dickinson: teclados; Tony Garnier: contrabajo; Winston Watson: batería / **Grabación:** Criteria Recording Studios, Miami (Florida): enero de 1997 / **Productor:** Daniel Lanois, en asociación con Jack Frost productions / **Ingeniero de sonido:** Mark Howard

Génesis y realización

«Dirt Road Blues» es la continuación lógica de «Love Sick». El primer tema se acaba con la voluntad del narrador de volver a estar con la mujer a la que ama. Con el segundo empieza el viaje para encontrarla. Un viaje por una carretera polvorienta, lleno de obstáculos y al final del cual solo puede haber una implacable desilusión. El blues es la música de la desesperación, y es el género con el que el cantautor emprende su camino por esa carretera que lo llevará «muy cerca del sol».

Bob Dylan ya había grabado una maqueta de «Dirt Road Blues» entre septiembre de 1992 y agosto de 1996, con Winston Watson a la batería, época en la que este último era su baterista habitual. En una entrevista para *The Irish Times*, Daniel Lanois explica que, para «Dirt Road Blues», Dylan le «hizo extraer una muestra de dieciséis compases del casete original sobre el que tocamos todos los músicos».[154] Este fragmento, reproducido en bucle, sirvió como base rítmica para el grupo. El sonido es *roots* con acentos rockabilly. Lanois incluso ejecuta un excelente solo de guitarra con su Gibson Les Paul Gold Top de 1956. Un guiño a las grabaciones de Sun Records de Sam Phillips, ya que incluso Tony Garnier, el bajista, desenfunda su contrabajo y se añade a la voz de Dylan.

Standing In The Doorway

Bob Dylan / 7'43 minutos

Músicos: Bob Dylan: voz, guitarra; Daniel Lanois: guitarra; Robert Britt: guitarra; «Bucky» Baxter: *pedal steel guitar*; Cindy Cashdollar: *slide guitar*; Augie Meyers: órgano; Tony Garnier: bajo; Brian Blade: batería; Jim Keltner: batería; Tony Mangurian: percusiones / **Grabación:** Criteria Recording Studios, Miami (Florida): enero de 1997 / **Productor:** Daniel Lanois con Jack Frost productions / **Ingeniero de sonido:** Mark Howard

Génesis y realización

Como un caballero medieval en busca del Grial, Bob Dylan busca al ser amado. Y, como siempre, avanza en su viaje con esa curiosa sensación de que el tiempo pasa más o menos deprisa en función de las experiencias. «Ayer todo iba demasiado rápido / Hoy avanza demasiado despacio», canta Dylan en la primera estrofa. Sus sentimientos son confusos: «Si te volviera a ver, no se si te besaría o te mataría», «el fantasma de nuestro antiguo amor no ha desaparecido». Una nebulosa de emociones propicia al florecimiento de la poesía dylaniana.

«Standing In The Doorway» forma parte de las demos realizadas en los Teatro Studios de Oxnard. La melodía, que parece haber evolucionado a medida que Dylan escribía y/o modificaba su texto, es de una gran sutileza. La atmósfera es bastante cercana a la de «Not Dark Yet». Quizá un impresionismo tenebroso. Los dos primeros compases parecen haber sido duplicados y pegados (en cuanto a la parte rítmica) para alargar la introducción. El *raccord* (en 0'08) no está exactamente a tempo. Lo que sorprende de esta canción es que la tocan diez músicos, con dos baterías. Pero no tenemos la sensación de que esté sobrecargada, ya que la voz de Dylan sobresale sin esfuerzo. El único fallo es que el *fade-out* llega de pronto.

El cantautor la tocó por primera vez en el Roseland Theater de Portland (Oregón), el 15 de junio de 2000.

Million Miles

Bob Dylan / 5'53 minutos

Músicos: Bob Dylan: voz, guitarra; Daniel Lanois: guitarra; Duke Robillard: guitarra; Augie Meyers: órgano; Jim Dickinson: teclados; Tony Garnier: bajo; Brian Blade: batería; Jim Keltner: batería; Tony Mangurian: percusiones **/ Grabación:** Criteria Recording Studios, Miami (Florida): enero de 1997 **/ Productor:** Daniel Lanois con Jack Frost productions **/ Ingeniero de sonido:** Mark Howard

Génesis y realización

Ya no sabemos muy bien si el narrador está viviendo o soñando lo que explica pero, sea como sea, por mucho que haga para acercarse a la mujer a la que ama, sigue estando a un «millón de millas» de ella. Es la mujer amada como espejismo. Nada es verdad; todo es ilusión, excepto, tal vez, la soledad... El cantautor disfruta salpicando su texto de referencias al blues y al rock and roll: «*That's all right Mama*» remite a Elvis Presley (1954), «*[I] need your love so bad*» a Little Willie John (1955) y «*Rock me [pretty] baby*» a B. B. King (1958).

Bob Dylan y Daniel Lanois recuperan para la ocasión el ambiente «*wet music*» (música blues de Nueva Orleans). Desde los primeros compases escuchamos (a la izquierda en el estéreo) un *loop* rítmico que Lanois ha traído de Nueva York. «Million Miles» es un blues atmosférico, denso, guiado principalmente por un platillo *ride* y el Hammond B3 de Augie Meyers. En este ambiente nocturno, casi *jazzy*, Dylan canta con una voz ronca, que una vez más está alterada con un breve *delay*. Las cuerdas vocales parecen haberse empapado durante largas horas en el dulce brebaje del Jack Daniels. Ningún instrumento domina más que otro; cada uno aporta en el momento oportuno su propio color a esta gigantesca paleta sonora concebida por Lanois. El cantautor buscaba un ambiente distinto, y no tiene que repetírselo dos veces al canadiense.

Tryin' To Get To Heaven

Bob Dylan / 5'22 minutos

Músicos: Bob Dylan: voz, guitarra, armónica; Daniel Lanois: guitarra; Duke Robillard: guitarra; Cindy Cashdollar: *slide guitar*; «Bucky» Baxter: *pedal steel guitar*; Augie Meyers: órgano; Jim Dickinson: teclados; Tony Garnier: bajo; Jim Keltner: batería **/ Grabación:** Criteria Recording Studios, Miami (Florida): enero de 1997 **/ Productor:** Daniel Lanois, en asociación con Jack Frost productions **/ Ingeniero de sonido:** Mark Howard

Génesis y realización

El protagonista de *Time Out Of Mind* recuerda a un personaje de Kerouac. Ha emprendido un largo y cansado viaje por los lodazales del Mississippi hasta Nueva Orleans; y parece una búsqueda, pues dicho destino parece el punto de llegada, donde espera poder cruzar las puertas del paraíso antes de que se vuelvan a cerrar. Por primera vez, además de la mujer que le ha roto el corazón, aparecen otros personajes en el universo del narrador: Miss Mary Jane, que tiene una casa en Baltimore, pero también jugadores de póquer y merodeadores de la noche.

«Tryin' To Get To Heaven» es una balada rock cuyo espíritu habría gustado a Phil Spector y a Bruce Springsteen. Dylan interpreta su canción con cierta distancia en la voz, de forma que parece que está comentando una película. El resultado es hipnótico, y el valor añadido proviene de su intervención a la armónica (en la *b*), de una simplicidad tan evidente que hay que escucharla varias veces para apreciar su calidad. Mientras hacían la mezcla, Dylan pidió a Howard: «Hey, Mark, ¿Crees que podrías hacer que mi armónica sonara eléctrica?».[139] Y el ingeniero asintió y saturó la pista de la armónica para modificar el sonido.

'Til I Fell In Love With You

Bob Dylan / 5'18 minutos

Músicos
Bob Dylan: voz, guitarra
Daniel Lanois: guitarra
Robert Britt: guitarra
Augie Meyers: órgano
Jim Dickinson: teclados
Tony Garnier: bajo
Brian Blade: batería
Jim Keltner: batería

Grabación
Criteria Recording Studios, Miami (Florida):
enero de 1997

Equipo técnico
Productor: Daniel Lanois, en asociación con Jack Frost
productions
Ingeniero de sonido: Mark Howard

Bob Dylan en concierto durante el Prince's Trust,
unos meses antes de la grabación de *Time Out Of Mind*.

Génesis y letra

El narrador dice que tiene la «impresión de haber llegado al final del camino». Confiesa que todo iba bien hasta que se enamoró, y que no se curará hasta que pueda tocar a la mujer a la que amará hasta su último suspiro. Lo peor es que sabe que todos sus «intentos de seducirla han sido en vano». ¿Qué puede hacer? No lo sabe. Y no lo sabrá nunca.

Realización

En este caso también se trata de un blues típico del Delta, mediante el cual Bob Dylan (si es que él es el protagonista de *Time Out Of Mind*) libera su conciencia. En este tema volvemos a encontrar un ambiente cargado, con un Wurlitzer muy presente, una guitarra ahogada en la *reverb*, otra con *vibrato* muy pronunciado, una rítmica en *shuffle* y la voz ronca de Dylan con el «*Elvis echo*» que parece no querer abandonarlo. Su interpretación es excelente, consigue comunicar su malestar y los músicos están ahí para apoyarlo.

En cuanto a la producción, podemos observar que Daniel Lanois no se encasilla en ninguna técnica en concreto; basta con comparar el principio y el final del tema para darse cuenta de que el tempo se mueve. Esta vez no usa *loops* ni *clics* para guiar a los músicos; estos tocan sin red, con sus sensaciones como única pauta, a su propio ritmo. Quizá hay dos baterías, pero lo importante es el *groove*.

Entre el 24 de octubre de 1997, fecha de la primera interpretación en directo, en el escenario del Humphrey Coliseum de Starkville (Mississippi), y el 22 de junio de 2011 en el Alcatraz de Milán (Italia), Bob Dylan ha tocado 192 veces «Til I Fell In Love With You».

Not Dark Yet

Bob Dylan / 6'29 minutos

1997

Músicos

Bob Dylan: voz, guitarra
Daniel Lanois: guitarra
Robert Britt: guitarra
Cindy Cashdollar: *slide guitar*
«Bucky» Baxter: *pedal steel guitar*
Augie Meyers: órgano
Jim Dickinson: teclados
Tony Garnier: bajo
Brian Blade: batería
Jim Keltner: batería
Tony Mangurian: percusiones (?)

Grabación

Criteria Recording Studios, Miami (Florida):
enero de 1997

Equipo técnico

Productor: Daniel Lanois, en asociación con Jack Frost
productions
Ingeniero de sonido: Mark Howard

PARA LOS ADICTOS A DYLAN

Independientemente de *Time Out Of Mind*, «Not Dark Yet» se publicó en CD en dos formatos: un CD de cuatro títulos (con las versiones en directo de «Tombstone Blues», «Ballad Of A Thin Man» y «Boots Of Spanish Leather») y otro de dos títulos (con la versión en directo de «Tombstone Blues»).

Génesis y letra

«Not Dark Yet» marca la cumbre estética y poética de *Time Out Of Mind* y además es una de las canciones más conmovedoras de toda la obra de Bob Dylan. En la primera frase ya adivinamos hacia dónde quiere llevarnos el cantautor. «Las sombras caen y me he quedado aquí todo el día»: la vida del narrador termina cuando empieza la oscuridad. En el estribillo encontramos esta misma idea: «Aún no ha oscurecido, pero [la noche] empieza a caer».

«Not Dark Yet» habla de la muerte que se anuncia, inexorable, y de algún modo también de la vejez. La atmósfera no podría ser más oprimente. ¿Existe una vida después de la muerte? ¿O no hay nada? El personaje dylaniano no lo sabe, naturalmente. Pero en cambio ha aprendido que nunca hay que contar en los demás. Todavía lleva «las cicatrices que el sol no ha curado»; las cicatrices de sus desilusiones, por supuesto. «Mi comprensión de la humanidad se ha escurrido por los desagües», «He tocado fondo en este mundo lleno de mentiras», canta Dylan, y añade una moraleja tan realista como implacable: «no busco nada en los ojos de los demás».

En su estudio *Dylan's Visions Of Sin*, Christopher Ricks[155] establece un paralelismo entre «Not Dark Yet» y el poema *Ode To A Nightingale* (*Oda a un ruiseñor*, 1819, de John Keats), tanto por el «giro de las frases» como por la «precisión de las rimas». Incluso considera que Dylan tenía en mente, «inconscientemente o de forma deliberada», el poema de Keats sobre la muerte cuando escribió «Not Dark Yet». Por su parte, Andy Gill, el guitarrista de Gang of Four, dice: «La letra de "Not Dark Yet" es muy simple. Es exactamente lo que es: un hombre mayor y cansado. Es Dylan el que habla con honestidad de lo que es ahora, en esa época de su vida, que mira lo que fue y lo que es y lo expresa en unos términos que encuentran un reflejo en muchas personas».[156]

«Me es necesario hacer las obras del que me envió, entre tanto que el día dura; la noche viene, cuando nadie puede trabajar», leemos en el Evangelio según san Juan (IX, 4). Dylan recupera este precepto en sus *Crónicas*: «Las cosas crecen por la noche, mi imaginación abre sus puertas, las ideas preconcebidas se desvanecen. A veces buscamos el paraíso en sitios equivocados, cuando en realidad lo tenemos a nuestros pies. O en nuestra cama». «Not Dark Yet» es una de las magistrales confesiones nocturnas de Bob Dylan…

El excelente Brian Blade, uno de los dos bateristas principales del álbum, aquí en 2010, en el New Orleans Jazz & Heritage Festival.

Realización

El cantautor grabó una demo (inédita hasta día de hoy) de «Not Dark Yet» en los Teatro Studios de Oxnard durante el otoño de 1996. En una entrevista concedida a *The Irish Times* en octubre de 1997, Daniel Lanois reveló que esa primera versión tenía una «atmósfera distinta de la del disco. Era más rápida, más cruda. Luego, en el estudio, la convertimos en una balada de la guerra civil».[157]

La característica principal de «Not Dark Yet» reside en esa atmósfera hipnótica que se desprende del tema. Como siempre, Lanois hace intervenir a varios instrumentos para alimentar esa visión sonora que solo él sabe expresar con tanta precisión y talento. Todos los músicos trabajan para contribuir a este enfoque: el órgano de Augie Meyers es denso, las dos baterías ofrecen un tempo pesado y obsesivo, y el bajo de Tony Garnier se sumerge en las profundidades del espectro sonoro. Por su parte, las guitarras se encargan de recordar que es un tema de rock, pero también participan en el clima onírico de la canción. Dylan ofrece una de las mejores prestaciones vocales del álbum, llena de sinceridad y resignación. En este caso se añadieron pocos efectos a su voz, así que el sonido es relativamente puro. Percibimos la presencia de percusiones, aunque no aparecen en los créditos del disco.

Cold Irons Bound

Bob Dylan / 7,16 minutos

1997

Músicos
Bob Dylan: voz, guitarra
Daniel Lanois: guitarra
Robert Britt: guitarra
«Bucky» Baxter: *pedal steel guitar*
Augie Meyers: órgano
Tony Garnier: bajo
David Kemper: batería

Grabación
Criteria Recording Studios, Miami (Florida): enero de 1997

Equipo técnico
Productor: Daniel Lanois, en asociación con Jack Frost productions
Ingeniero de sonido: Mark Howard

El bajista Tony Garnier. Un acompañamiento rítmico de primera categoría para «Cold Irons Bound».

Génesis y letra

Es posible que para escribir «Cold Irons Bound» Bob Dylan se inspirara en «Rosie», una *work song* que cantaban los prisioneros afroamericanos del Mississippi State Penitentiary (Parchman Farm). La canción trata de una vida mejor, simbolizada por una mujer llamada Rosie. Unos años antes Dylan había grabado una canción del mismo género para *Self Portrait*, titulada «Take A Message To Mary», de Felice y Boudleaux Bryant.

El narrador de la canción ha sido condenado a una pena de cárcel. Dice que está «encadenado a unos hierros despiadados», detrás de unos «muros de orgullo altos y gruesos» y bajo unas «nubes de sangre». Lo más probable es que se trate de una metáfora para expresar que el personaje es prisionero de un amor que «tarda tanto en morir», prisionero de los recuerdos y de las alegrías que compartió con el ser amado.

Realización

«Cold Irons Bound» es una pequeña obra maestra de producción con el sello de Daniel Lanois. En la introducción, el enorme sonido del bajo de Tony Garnier nos asalta con ese riff obsesivo sobre el que se añade la batería, a medio camino entre la música étnica y el rockabilly, de David Kemper. La orquestación es densa, llena de tensión. Las guitarras tejen un clima blues rock bastante agresivo, acompañadas por la excelente parte de órgano de Augie Meyers. Es cierto que estamos lejos del sonido habitual de las producciones Dylan; a años luz, para ser exactos. Pero el resultado es asombroso, y el matrimonio Lanois-Dylan funciona de maravilla. La voz es magistral, como llegada de las profundidades del Delta, con un eco que recuerda a las grabaciones de Excello Records (de Slim Harpo a Lightnin' Slim). «Cold Irons Bound» es uno de los mayores logros del álbum. Lamentablemente, el cantautor afirmará que solo se acercó remotamente a lo que escuchaba mentalmente mientras escribía la canción.

PARA ESCUCHAR

En el minuto 1'22 se oye un ruido en el fondo del estudio. Si se presta mucha atención, también se puede escuchar la respiración de Dylan entre 2'09 y 2'15.

Make You Feel My Love

Bob Dylan / 3'33 minutos

Músicos
Bob Dylan: voz, piano
Daniel Lanois: guitarra
Augie Meyers: órgano
Tony Garnier: bajo
Grabación
Criteria Recording Studios, Miami (Florida):
enero de 1997
Equipo técnico
Productor: Daniel Lanois, en asociación con Jack Frost productions
Ingeniero de sonido: Mark Howard

Génesis y letra

La letra de «Make You Feel My Love» parece la otra cara de la moneda del resto de canciones de *Time Out Of Mind*. En este caso no se habla sobre la ruptura amorosa, la traición o el naufragio que implica la vejez. Al contrario, es una canción de amor desprovista de sentidos ocultos. El narrador expresa sus sentimientos con una poesía muy reveladora: «Podría ofrecerte un abrazo ardiente», «podría abrazarte durante un millón de años». En definitiva, todo se resume en el título: hacer sentir al ser amado todo el amor que le profesamos.

«Make You Feel My Love» se grabó en enero de 1997 en los Criteria Studios. Antes de descubrir la versión de Bob Dylan, el público ya había podido escuchar la dulce melodía de la canción a través de la voz de Billy Joel. Efectivamente, el tema se encuentra en su álbum *Greatest Hits Vol. III* (con el título exacto de «To Make You Feel My Love»), aparecido el 19 de agosto de 1997 (es decir, un mes y medio antes que *Time Out Of Mind*). Incluso llegará al número 9 en las listas Adult Contemporary Tracks y al número 5 en el Top 100 de *Billboard*.

Realización

En «Make You Feel My Love» Dylan se vuelve a poner ante el teclado de su piano. Es el tema más sobrio del álbum. No hay ningún efecto concreto, ninguna atmósfera sombría u onírica; solo Bob cantando una declaración de amor, acompañado por un órgano y un bajo. El eco de la voz refuerza la emoción de su interpretación. Es interesante comparar su timbre de esta época de su carrera con el de sus inicios, en canciones como «Girl From The North Country» (*The Freewheelin' Bob Dylan*), por ejemplo. Evidentemente su voz es más ronca, más áspera, pero desprende el mismo sentimiento de desilusión o de lucidez. A pesar del paso de los años, las emociones de Dylan están intactas. Y esto es reconfortante. «Make You Feel My Love» es una hermosa balada, y sin duda es el único tema del disco en el que Daniel Lanois opta por la discreción. Parece que este último intervino con la guitarra eléctrica, pero su interpretación es inaudible en la mezcla.

La versión de «Make You Feel My Love» de Billy Joel, que apareció antes que la de Bob Dylan, llegó al número 5 del *Billboard*.

Can't Wait

Bob Dylan / 5'47 minutos

Músicos

Bob Dylan: voz, guitarra
Daniel Lanois: guitarra
«Duke» Robillard: guitarra
Augie Meyers: órgano
Jim Dickinson: teclados
Tony Garnier: bajo
Brian Blade: batería
Jim Keltner: batería
Tony Mangurian: percusiones

Grabación

Criteria Recording Studios, Miami (Florida):
enero de 1997

Equipo técnico

Productor: Daniel Lanois, en asociación con Jack Frost productions
Ingeniero de sonido: Mark Howard

El guitarrista de blues rock Duke Robillard, que acompaña a Bob Dylan en «Can't Wait».

Génesis y letra

Una vez más, Bob Dylan escribe la letra de esta canción con el sello de un romanticismo crepuscular. El narrador dice que no puede vivir más sin la mujer a la que ama, aunque su «encanto [lo haya] herido». Reemprende su viaje, «de día y de noche», con la esperanza de que sus pasos lo llevarán hasta ella. Sin embargo, el veredicto parece inapelable: está condenado a amarla y a terminar, con su espíritu errante y solitario, en el cementerio.

Realización

Tras el interludio de «Make You Feel My Love», Bob Dylan vuelve a sus raíces blues, plantadas muy profundamente en la tierra fangosa del Delta. El cantautor podría haber elaborado «Can't Wait» durante una *jam-session* en otoño de 1996. Lo que sabemos es que existen varias versiones, y tres de ellas se han publicado en discos. La que se incluyó en *Time Out Of Mind* es fiel al color global del álbum, muy indolente en la interpretación. Una vez más, el tema es un auténtico logro, la rítmica avanza de forma indolente, casi como si se tratara de un reggae. Sentimos la comunión que hay entre los músicos, todos espléndidos.

Las otras dos versiones se publicaron en *The Bootleg Series, Vol. 8*. La primera, con Dylan al piano, de estilo góspel (parecida a «Dirge» de *Planet Waves*); la segunda, con órgano (al estilo de «Under Your Spell» de *Knocked Out Loaded*). Mark Howard recuerda esa sesión: «Estábamos trabajando con el ordenador y, un día, Bob entró [en los Teatro Studios de Oxnard], se sentó al piano y tocó su canción, "Can't Wait". Era una versión góspel. Tony empezó a tocar un *groove* sexy con él, y Bob aporreaba su piano góspel y cantaba con sentimiento. Se me erizó el pelo de los brazos. Era impresionante. [...] Pensamos que si todo era como aquello, el disco sería increíble».[158] Daniel Lanois también conserva un vívido recuerdo de esa sesión, en la que Bob tocaba su propio Steinway, él tocaba su Gibson Les Paul y Pretty Tony estaba a la batería. Lamentablemente, esa versión no se conservó para el álbum, ya que poco después Dylan decidió irse a Miami para terminar las grabaciones. «Me entristeció tener que abandonar esa versión, porque había mucho rock and roll en ella»,[150] dice Lanois. Pero la que aparece en *Time Out Of Mind* también es magnífica. Ya sea gracias a Dylan, a los músicos o a la producción, el resultado es extraordinario.

Highlands

Bob Dylan / 16'32 minutos

Músicos
Bob Dylan: voz, guitarra
Daniel Lanois: guitarra
Augie Meyers: órgano
Jim Dickinson: teclados
Tony Garnier: bajo
Tony Mangurian: percusiones, batería (?)
Grabación
Criteria Recording Studios, Miami (Florida):
enero de 1997
Equipo técnico
Productor: Daniel Lanois, en asociación con Jack Frost productions
Ingeniero de sonido: Mark Howard

Génesis y letra

La letra de «Highlands» se inspira en «My Heart's In The Highlands», un texto de Robert Burns, poeta escocés del siglo XVIII, célebre por haber recopilado las canciones populares de su tierra natal, que luego adaptaba y reescribía.
Al igual que el poema de Burns, la canción de Dylan habla de la muerte, y más concretamente de lo que puede haber después. Así, parece que el alma del narrador vagabundee en una especie de vacío como si lo llevara un viento misterioso «que murmura poemas a los árboles *buckeye*». «Todos los días es lo mismo, después de cruzar la puerta», canta Dylan. ¿De qué puerta se trata? ¿La que permite liberarse de un «mundo de misterio»? En ese caso, los Highlands serían el símbolo del jardín del Edén del Génesis.

Realización

«Highlands» es la canción más larga que Dylan ha grabado hasta día de hoy. Si el cantautor se inspiró en el largo poema de Robert Burns para la letra, el riff de guitarra proviene de un pionero del *Delta blues*, Charley Patton (¿«Mississippi Boweavil Blues»?): «Estuve tocando la guitarra sobre un viejo disco de Charley Patton durante años, y siempre tuve la idea de hacer algo con eso»,[20] explica a Robert Hilburn en 1997. «La alianza de ese sonido (originario de una región cálida y húmeda) que tenía en la memoria y la dicotomía de los Highlands (región fría y húmeda) me parecía un buen camino a seguir».[20] Así, «Highlands» es un blues estándar en doce compases. Dos guitarras principales, la de Dylan y la de Lanois, el bajo de Garnier, el órgano de Meyers, el Wurlitzer de Dickinson, las percusiones de Mangurian (en realidad, una batería) y el tema se basta a sí mismo. De hecho se trata de una rueda que se repite durante 16'. Y sin duda es el título menos sorprendente del álbum. Sin embargo, Lanois había creado unos *loops* para la canción mientras estaba preproduciendo el disco en Nueva York: «Ese largo blues tenía ese tipo de preparación como base rítmica»,[150] explica. Pero a decir verdad, la música solo sirve de soporte para el texto de Dylan, y no evoluciona a lo largo de la canción. De este modo se crea un efecto hipnótico que permite que el cantautor atraiga toda la atención del oyente hacia su voz. Arte en mayúsculas.

Charley Patton, pionero del *Delta blues*, ejerció una gran influencia sobre Bob Dylan para la composición de «Highlands».

Time Out Of Mind outtakes

Cuatro canciones grabadas durante las sesiones de *Time Out Of Mind* se descartaron del álbum por falta de espacio. «Mississippi» se volverá a grabar para el disco siguiente, *Love And Theft* (2001). «Red River Shore», «Dreamin' On You» y «Marchin' To The City» no se publicarán hasta 2008, en *The Bootleg Series, Vol. 8*.

VOL 8

Red River Shore

Bob Dylan / 7'34 minutos

Músicos: Bob Dylan: voz, guitarra; Daniel Lanois: guitarra; Robert Britt: guitarra (?); Duke Robillard: guitarra (?); Cindy Cashdollar: *slide guitar*; «Bucky» Baxter: *pedal steel guitar* (?); Augie Meyers: órgano, acordeón; Jim Dickinson: teclados; Tony Garnier: contrabajo; Brian Blade: batería; Jim Keltner: batería; Tony Mangurian: percusiones / **Grabación:** Criteria Recording Studios, Miami (Florida): enero de 1997 / **Productor:** Daniel Lanois con Jack Frost productions / **Ingeniero de sonido:** Mark Howard / **Recopilatorio:** *The Bootleg Series, Vol. 8: Tell Tale Signs – Rare & Unreleased 1989-2006*, CD 1 / **Publicación:** 6 de octubre de 2008

«Red River Shore» es una balada muy emotiva. El amor es una búsqueda. El narrador ha amado, y no hay duda de que todavía ama, a una mujer que lo enamoró a primera vista. Los recuerdos se entrelazan. O más bien los sueños. «El sueño terminó hace mucho tiempo», canta Dylan en la tercera estrofa, y en el siguiente estribillo añade: «vivimos en las sombras de un pasado que se debilitó deprisa». La muchacha de la orilla del río rojo de la que habla podría ser una fantasía o la expresión del amor ideal. Dylan da rienda suelta a la imaginación del oyente. Y de vez en cuando parece que disfruta mezclando las piezas del rompecabezas. Así, en la última estrofa, el «tipo que vivió hace mucho tiempo», que «sabía devolver la vida» a alguien que había muerto, parece un personaje bíblico cuyo nombre no hace falta mencionar.

Según Chris Shaw, encargado de la mezcla del álbum, «Red River Shore» dio lugar a cuatro tomas, y al menos una se remontaría a las sesiones de los Teatro Studios de Oxnard. Dos tomas se grabaron probablemente en enero de 1997 en los Criteria Studios, y se encuentran en *The Bootleg Series, Vol. 8*. Jim Dickinson lo confirma en *Uncut*: «Personalmente tenía la sensación que "Girl From The Red River" era lo mejor que habíamos grabado. Pero cuando fuimos a escuchar el *playback*, Dylan, que estaba delante mío, declaró: "Bueno, hemos hecho todo lo posible con esta canción, excepto llamar a una orquesta sinfónica". Y eso me dejó entender que ya había intentado grabarla. Si hubiera sido una sesión mía, habría cogido el teléfono y habría llamado una orquesta sinfónica. Pero la grabación era increíble. No se pueden identificar los instrumentos. Suena como si fueran instrumentos fantasma».[159]

Al escuchar «Red River Shore» y ante la calidad de la canción y de su realización, nos preguntamos qué llevó a Dylan a descartarla. Esta balada de colores tex-mex es un auténtico logro y solo podemos alegrarnos de poder escucharla después de haber pasado tanto tiempo dentro de un cajón.

Marchin' To The City

Bob Dylan / 6'32 minutos

Músicos: Bob Dylan: voz, piano; Daniel Lanois: guitarra; Robert Britt: guitarra; Duke Robillard: guitarra; Augie Meyers: órgano; Tony Garnier: bajo; Jim Keltner: batería **/ Grabación:** Criteria Recording Studios, Miami (Florida): enero de 1997 **/ Ingeniero de sonido:** Mark Howard **/ Productor:** Daniel Lanois, en asociación con Jack Frost productions **/ Recopilatorio:** *The Bootleg Series, Vol. 8: Tell Tale Signs – Rare & Unreleased 1989-2006*, CD 1 **/ Publicación:** 6 de octubre de 2008

El narrador evoca su pasado sentado en el banco de una iglesia. Ayer, «hubo chicas guapas que hicieron ir por mal camino». Hoy, «camino hacia la ciudad y el camino no será largo». «Marchin' To The City» (también titulada «Doing Alright») arranca en estilo góspel, y Dylan la hace evolucionar hasta convertirla en un blues. En *The Bootleg Series, Vol. 8* se incluyeron dos versiones, que tienen la misma sensualidad *bluesy*. Se habían descartado de la lista de canciones de *Time Out Of Mind* simplemente porque «Marchin' To The City» evolucionó rápidamente hasta convertirse en «'Til I Fell In Love With You».

PARA LOS ADICTOS A DYLAN

«Dreamin' Of You» fue objeto de un videoclip protagonizado por Harry Dean Stanton (*Paris, Texas...*). Lo vemos entrar en un almacén lleno de discos y casetes piratas de Bob Dylan, con material Hi-Fi antiguo. Fan absoluto del cantautor, el personaje que interpreta Stanton lleva años acumulando toda la información posible sobre su carrera, y recopila varios de los materiales que posee para poder realizar el Bootleg Vol. 8.

Dreamin' Of You

Bob Dylan / 5'50 minutos

Músicos: Bob Dylan: voz, guitarra; Daniel Lanois: órgano; Tony Garnier: bajo; Tony Mangurian: batería, piano **/ Grabación:** Criteria Recording Studios, Miami (Florida): enero de 1997 **/ Productor:** Daniel Lanois, en asociación con Jack Frost productions **/ Ingeniero de sonido:** Mark Howard **/ Recopilatorio:** *The Bootleg Series, Vol. 8: Tell Tale Signs – Rare & Unreleased 1989-2006*, CD 1 **/ Publicación:** 6 de octubre de 2008.

Bob Dylan vuelve a cantar al amor como si se tratara de un sueño del que le gustaría despertarse. Un sueño que se mezcla con la realidad: «Durante años me encerraron en una jaula / Y luego me tiraron a un escenario». El cantautor compara su trayectoria como una carrera de obstáculos.

Se trata de otra magnífica canción descartada de forma incomprensible de la lista de canciones del álbum oficial. El grupo son unos pocos músicos, si los comparamos con las sesiones de *Time Out Of Mind*, y cada uno desempeña su papel con eficacia. Dylan está espléndido. Una mención especial para Tony Mangurian, que está extraordinario a la batería. También es él quien se encarga del riff repetitivo de piano. Hay que destacar que los fans del cantautor pudieron descargarse esta canción gratuitamente poco antes de la publicación del «Bootleg».

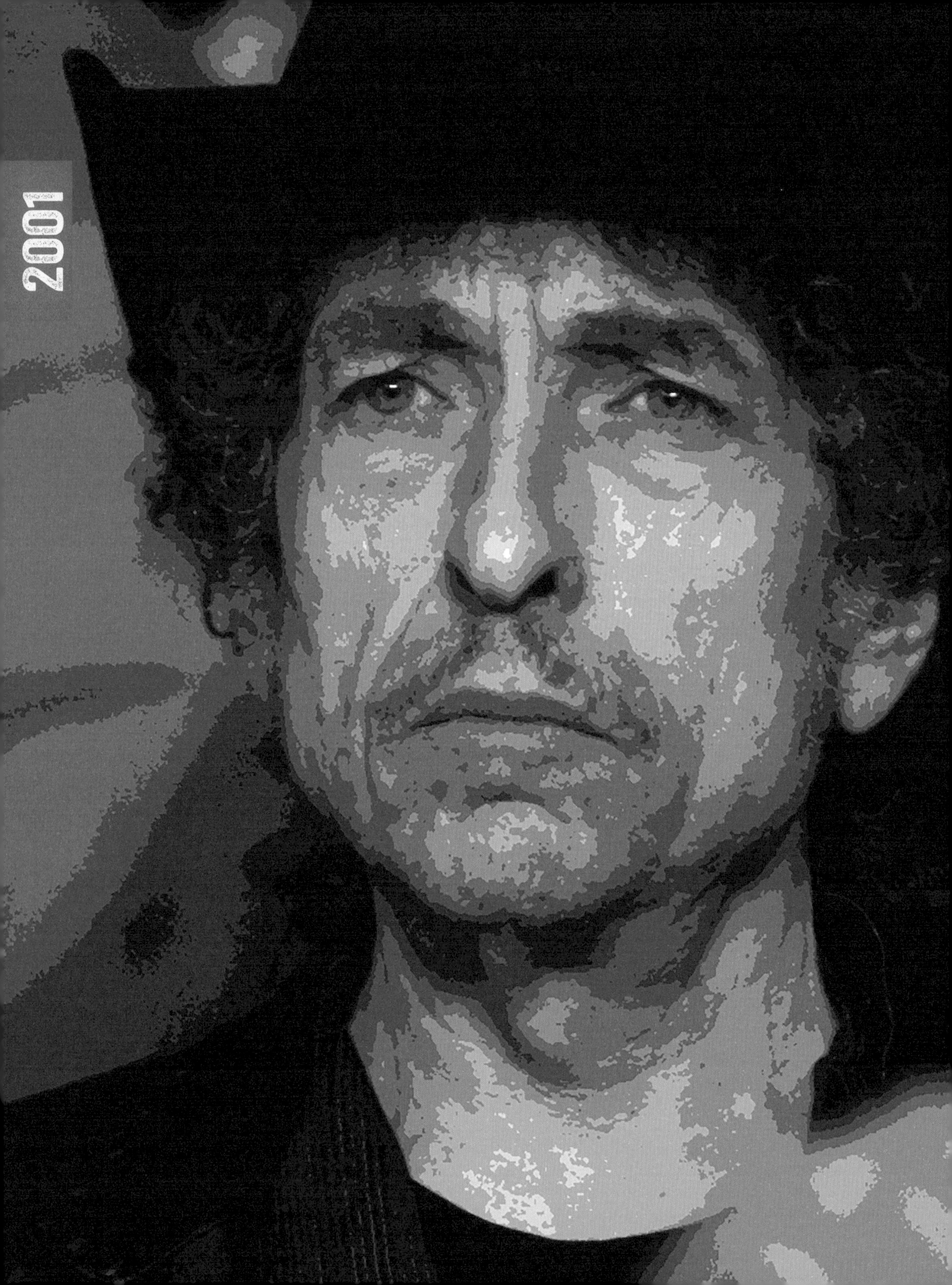

Love And Theft

Tweedle Dee
& Tweedle Dum

Mississippi

Summer Days

Bye And Bye

Lonesome Day Blues

Floater (Too Much To Ask)

High Water
(For Charley Patton)

Moonlight

Honest With Me

Po' Boy

Cry A While

Sugar Baby

ÁLBUM

FECHA DE PUBLICACIÓN

11 de septiembre de 2001

Columbia Records

(REFERENCIAS COLUMBIA CK 85975 [CD], C2 85975 [LP])

Love And Theft, un álbum ecléctico

El álbum

Cuatro años después de *Time Out Of Mind*, Bob Dylan vuelve a ponerse bajo los focos con doce nuevas canciones reunidas en el álbum *Love And Theft*. Probablemente el título (literalmente *Amor y robo*) sea una referencia al libro *Love & Theft: Blackface Minstrelsy And The American Working Class* (1993), en el que el historiador Eric Lott analiza el fenómeno de los Minstrels Shows, espectáculos creados a finales del siglo XIX en los que actores blancos se pintaban la cara de negro con carbón para interpretar sainetes que ridiculizaban a los afroamericanos, haciéndolos pasar por ignorantes estúpidos y supersticiosos, solo dotados para la música y el baile. Por muy despectiva y racista que fuera, la Minstrelsy contribuyó paradójicamente a la difusión de la música negra norteamericana, que enseguida fascinó a los artistas blancos. Así pues, se trata de un «amor» (el de los artistas blancos por la música negra) y de un «robo», ya que dichos artistas copiaron sin remilgos la herencia musical del Delta.

Este trigésimo primer álbum, que podríamos ver como otro homenaje a los maestros del blues y de la balada americana es, según las palabras de Dylan en una entrevista de Mikal Gilmore de diciembre de 2001, una obra «autobiográfica a todos los niveles», en la que aborda los «grandes temas» del repertorio tradicional, es decir: «[el] poder, [la] riqueza, [el] conocimiento y [la] salvación».[159] Así, Dylan prosigue el camino iniciado en los años 1990 con los dos álbumes de folk-blues

Good As I Been To You y *World Gone Wrong*, y más tarde con *Time Out Of Mind*: un acto de reconocimiento de la inmensa deuda artística que ha contraído con los pioneros de la música popular americana.

Un eclecticismo afortunado

Así pues, en este álbum encontramos doce canciones con referencias e influencias múltiples, como Charley Patton, Blind Willie Johnson, Gus Cannon, The Carter Family e incluso Bing Crosby. Doce canciones que también marcan el regreso al humor, una expresión que el cantautor había abandonado desde la década de 1960, y a un tono libre, desbocado y cálido. Doce canciones marcadas por un eclecticismo sorprendente pero afortunado.

En cuanto al sonido, *Love And Theft* contrasta radicalmente con *Time Out Of Mind*. Esta vez Dylan decide producir él mismo el álbum (bajo el seudónimo de Jack Frost): «Me habría encantado que alguien me ayudara a hacer este álbum, pero en el último momento no conseguí decidirme por un nombre. Y además, ¿Qué habría hecho el productor? Para este disco concreto, no habría servido de nada».[20]

Love And Theft salió a la venta el 11 de septiembre del 2001, el mismo día en que el mundo entero, estupefacto, vio en directo en sus pantallas cómo se derrumbaban las torres gemelas del World Trade Center. A pesar de ese acto apocalíptico, y del profundo trauma que lo siguió, el trigésimo primer álbum

A la izquierda, el brillante Charlie Sexton, que se une al grupo de Dylan para *Love And Theft*.
A la derecha: Chris Shaw.

de estudio de Bob Dylan se convierte en un gran éxito. En Estados Unidos llega al número cinco de las listas del *Billboard* y será certificado disco de oro, y en el Reino Unido escalará hasta el número tres. Un éxito rotundo, puesto que también llegará al número 385 de la lista de los 500 mejores álbumes de todos los tiempos de *Rolling Stone* y al número uno de la década según la revista *Glide*. También recibirá el premio Grammy al mejor álbum folk del año. Un gran éxito para un álbum que el propio Bob Dylan calificará como un «álbum *greatest hits* sin hits».[160]

La carátula

La fotografía de la portada, tomada por Kevin Mazur (Sting, U2, Michael Jackson...), muestra a Bob Dylan con un delgado bigote. ¿Artista de *stand up* con aspecto mexicano? La misma atmósfera se desprende de la contraportada, firmada por David Gahr (Miles Davis, Bruce Springsteen...). En cuanto a la dirección artística, se confió a Geoff Gans, que ya había diseñado el estuche de *Time Out Of Mind*.

La grabación

Para grabar *Love And Theft* Dylan se rodea de un nuevo equipo. Entre las caras nuevas (en discos de estudio) se encuentran dos espléndidos músicos: los guitarristas Charlie Sexton (Arc Angels, David Bowie...) y Larry Kemper, intérprete de banjo y de violín (Levon Helm, Donald Fagen...). El cargo de ingeniero recae en Chris Shaw. La primera vez que trabajó con Dylan fue en «Things Have Changed» (single y banda sonora de *Wonder Boys*, 2000). Shaw explica a Damien Love: «Al principio, el mánager de Bob no estaba muy seguro de trabajar conmigo, porque yo había colaborado con Booker T. y Jeff

Buckley, y creía que era un ingeniero de sonido de la vieja escuela. Pero cuando se enteró de que había trabajado con los discos de Public Enemy, se mostró muy interesado».[161]

Bob Dylan y Chris Shaw se pusieron de acuerdo sobre el sonido del álbum. Shaw recuerda: «Para *Love And Theft* Bob quería recuperar el sonido directo que tenía en la época en que tocaba con su grupo. Charlie Sexton, Larry Campbell, David Kemper, Tony Garnier... Y también Augie Meyers al órgano. La idea básica era meter el grupo en el estudio y hacer que tocara».[161] Dylan sigue buscando la espontaneidad, y se niega a grabar dos veces la misma toma, como explica Augie Meyers. Después de tocar al órgano una frase que sonaba familiar a oídos del cantautor, este dijo: «Ya había oído esto, en "Like A Rolling Stone"». «Yo respondí: "Sí. Viene de ahí". Y él dijo: "Bueno, pues vamos a hacer algo distinto"».[162]

Las sesiones de *Love And Theft* tuvieron lugar en el mes de mayo de 2001 (probablemente entre el 8 y el 26 de mayo) en los Clinton Recording Studios de Nueva York (a excepción de «Mississippi», grabada en los Sony Recording Studios). Chris Shaw: «En *Love And Theft* hay doce canciones; hicimos esas doce canciones en doce días. Y luego invertimos diez días más en la mezcla. [...] Y diría que el 85 % del sonido del disco proviene del micro de Bob, que captó el sonido de grupo porque cantaba en directo en el estudio con los músicos».[161]

Datos técnicos

Chris Shaw grabó *Love And Theft* en los Clinton Recording Studios de Nueva York con una magnífica consola Neve 8068. Para captar la voz de Dylan utilizó un micrófono Shure SM7 con, al parecer, un preamplificador Millennia HV-3D) un módulo Neve 1073 y un compresor Empirical Labs EL8 Distressor.

Tweedle Dee & Tweedle Dum

Bob Dylan / 4'46 minutos

Músicos: Bob Dylan: voz, guitarra; Larry Campbell: guitarra; Charlie Sexton: guitarra; Augie Meyers: órgano; Tony Garnier: bajo; David Kemper: batería; Clay Meyers: bongos / **Grabación:** Clinton Recording Studios, Nueva York: mayo de 2001 / **Productor:** Jack Frost (Bob Dylan) / **Ingeniero de sonido:** Chris Shaw

PARA LOS ADICTOS A DYLAN

En la tercera estrofa Bob Dylan cita una de las obras de teatro más famosas de Tennessee Williams, *Un tranvía llamado deseo* (*A Streetcar Named Desire*).

Génesis y realización

Bob Dylan sacó el título de su canción de una vieja canción infantil británica del siglo XVIII, que a su vez se inspiraba en un epigrama de John Byrom en el que dos personajes, Tweedle Dee y Tweedle Dum, viven en constante rivalidad. Los dos rivales de la canción pasaron a la posteridad en 1872, cuando Lewis Carroll los hizo aparecer en su novela *Through the Looking-Glass* (*Alicia a través del espejo*) bajo la forma de los gemelos pendencieros. Dylan no solo atravesó el espejo de Alicia para escribir su canción, sino que además parece que bebió de la obra de un oscuro poeta de la guerra de Secesión, Henry Timrod, del que encontramos un verso de *A Vision Of A Poesy*: «un sueño de infancia es una necesidad eterna».

Dylan inaugura *Love And Theft* con una especie de *jungle music*. Una genial farsa musical cantada por una especie de Buster Keaton. El tema es absolutamente irresistible, con un riff calcado al de «Uncle John's Bongos» del dúo Johnny & Jack (1961), que sin duda toca Larry Campbell. Charlie Sexton le responde con su guitarra, creando una rítmica espléndida entre ambos instrumentos. La sección rítmica que comparten David Kemper y Tony Garnier insufla un auténtico *groove* de locomotora a la canción. Pero son los bongos de Clay Meyers y el órgano de Augie Meyers los que confieren al tema su verdadero color, entre el *jungle* y el circo, sobre el que vuela la voz de Dylan, llena de segundas intenciones. Una canción magnífica.

COVERS

Antes de grabarla para un disco propio, el cantautor ofreció «Mississippi» a Sheryl Crow, que la grabó para su álbum *The Globe Sessions* (1998).

Mississippi

Bob Dylan / 5'21 minutos

Músicos: Bob Dylan: voz, guitarra; Larry Campbell: guitarra, mandolina; Charlie Sexton: guitarra; Augie Meyers: órgano; Tony Garnier: bajo; David Kemper: batería / **Grabación:** Sony Music Studios, Nueva York: mayo de 2001 / **Productor:** Jack Frost (Bob Dylan) / **Ingeniero de sonido:** Chris Shaw

Génesis y realización

A semejanza de «Cold Irons Bound» de *Time Out Of Mind*, es probable que «Mississippi» tome como punto de partida la *work song* «Rosie», que cantaban antaño los prisioneros del centro penitenciario de Parchman Farm. De hecho, el nombre de Rosie se cita en la quinta estrofa. En esta canción el narrador se arrepiente de haber venido al Mississippi y haberse «quedado un día de más». Es prisionero de su propio pasado, es decir, de una mujer a la que todavía ama y a la que quiere «mirar hasta quedarse ciego». La historia no es muy optimista: «el vacío es infinito, frío como la arcilla».

«Mississippi» se remonta a la grabación de *Time Out Of Mind*. Se realizaron varias sesiones entre las primeras demos grabadas en Oxnard a finales de 1996 y las sesiones en los Criteria Recording Studios de enero de 1997. Tres de estas tomas se reunieron en *The Bootleg Series, Vol. 8*. Esta canción desembocará en un conflicto entre Daniel Lanois, que quería una versión con «rítmica tribal», y Dylan, que deseaba un enfoque sencillo. Por eso se descartó de la lista *Time Out Of Mind*, para disgusto del productor canadiense. La versión de *Love And Theft*, elaborada en los Sony Music Studios de Nueva York, se aleja de las que se grabaron en los Criteria. Dylan vuelve a una interpretación más convencional, cercana al country-rock. Podemos oír la mandolina de Larry Campbell en la introducción y en varios *breaks* del tema. Dylan, interpreta su texto con emoción. «Mississippi» es uno de los mayores logros de *Love And Theft*.

Summer Days

Bob Dylan / 4'53 minutos

Músicos: Bob Dylan: voz, piano (?); Larry Campbell: guitarra; Charlie Sexton: guitarra; Augie Meyers: piano (?); Tony Garnier: contrabajo; David Kemper: batería / **Grabación:** Clinton Recording Studios, Nueva York: mayo de 2001 / **Productor:** Jack Frost (Bob Dylan) / **Ingeniero de sonido:** Chris Shaw

Génesis y realización

Aunque Bob Dylan hace una referencia explícita al pionero del *Delta blues* Charley Patton, recuperando casi en su totalidad el título de uno de sus blues («Some Summer Day»), el tema y la música, en cambio, suenan como una vuelta a la inquietud de los años 1950, cuando los rutilantes Cadillac corrían por las *Highways* infinitas de Estados Unidos; una América anterior a la crisis. Al mismo tiempo Dylan se ríe de sí mismo, especialmente cuando canta «todas las muchachas decían "Eres una estrella agotada"». Y, como siempre, maneja la ironía: «Tengo los bolsillos llenos y me gasto hasta el último dólar», o «¿Por qué no me vuelves a romper el corazón, solo para desearme buena suerte?».

Es la primera vez que Dylan escribe un rockabilly tan auténtico, con un sonido que recuerda al del guitarrista Brian Setzer. El grupo, que toca en directo en el estudio, desprende un swing contagioso; las guitarras son brillantes, sobre todo la de Charlie Sexton, que ejecuta unos solos magníficos. Su riff de introducción se parece bastante al de «Roll 'Em Pete» de Big Joe Turner. La parte de piano parece interpretada por Augie Meyers, pero es posible que se trate del propio Dylan. Este último ofrece una magnífica interpretación vocal teñida de humor y ligereza, a años luz del clima denso de *Time Out Of Mind*. Un cambio muy refrescante.

Bob Dylan en junio de 2001.

Bye And Bye

Bob Dylan / 3'16 minutos

Músicos: Bob Dylan: voz, piano (?); Larry Campbell: guitarra; Charlie Sexton: guitarra; Augie Meyers: órgano; Tony Garnier: contrabajo; David Kemper: batería / **Grabación:** Sony Music Studios, Nueva York: mayo de 2001 / **Productor:** Jack Frost (Bob Dylan) / **Ingeniero de sonido:** Chris Shaw

Génesis y realización

Para el título de la canción y el mensaje, Bob Dylan bebe de las fuentes de la música negra estadounidense. Es inevitable pensar en el «Bye And Bye I'm Goin' To See The King» que Blind Willie Johnson grabó en Nueva Orleans en 1929, así como en «By And By», canción tradicional que Elvis Presley grabó para el álbum de góspel *How Great Thou Art* (1967). Por otra parte, y como tiene por costumbre, Dylan se apoya en los textos bíblicos, concretamente en el Evangelio según San

Mateo (III, 11) para la última estrofa. El tono es bastante grave: «para mí el futuro ya es cosa del pasado», canta Dylan. Después del rockabilly, Bob Dylan acude al repertorio del jazz con este «Bye & Bye» que habría podido formar parte de *Shadows In The Night*, su álbum de 2015. Voz de *crooner*, guitarras swing, rítmica con escobillas, *walking bass*, órgano... Resulta una magnífica grabación. El cantautor admiró a Sinatra y aquí lo demuestra. Hay que destacar que la armonía recuerda a la de «Having Myself A Time», popularizada por Billie Holiday.

Lonesome Day Blues

Bob Dylan / 6'05 minutos

Músicos: Bob Dylan: voz, guitarra; Larry Campbell: guitarra, violín, banjo; Charlie Sexton: guitarra;
Augie Meyers: piano; Tony Garnier: bajo; David Kemper: batería / **Grabación:** Clinton Recording Studios,
Nueva York: mayo de 2001 / **Productor:** Jack Frost (Bob Dylan) / **Ingeniero de sonido:** Chris Shaw

Génesis y realización

Un amante abandonado, una ex que ha rehecho su vida, un padre y un hermano muertos en la guerra y una hermana que ha huido... Los personajes del blues, como los que encontramos en esta canción, son casi siempre víctimas de un destino cruel. Bob Dylan los pone a todos en escena para mostrar que esta música nacida en el Delta permanecerá siempre profundamente anclada en su vida. Canta a los tormentos de la soledad, como hizo Blind Willie McTell, que grabó un tema con el mismo nombre en 1932 (junto a su mujer Kate McTell/Ruby Glaze).

«Lonesome Day Blues» demuestra la facilidad con la que Dylan canta el blues. Su voz áspera y ronca domina claramente en este ambiente al estilo de Muddy Waters (época eléctrica). Lo percibimos literalmente poseído por la esencia de esta música que no ha dejado de interpretar desde sus inicios. El grupo le ofrece un extraordinario acompañamiento, haciendo una notable demostración de unidad. La captación del sonido de Chris Shaw es ejemplar, y él mismo dirá que «Lonesome Day Blues» «define verdaderamente el espíritu de todo el disco».[161] El único pero es que nos habría gustado escuchar un solo de armónica de Dylan. El cantautor ha interpretado «Lonesome Day Blues» más de 130 veces desde el concierto de La Crosse (Wisconsin), el 24 de octubre de 2001. Cabe destacar la versión en directo que se encuentra en *The Bootleg Series, Vol. 8*.

PARA LOS ADICTOS A DYLAN

En lugar de iniciar procesos judiciales, Junichi Saga reconoció sentirse halagado por el hecho de que Dylan se inspirara en su libro.

Floater (Too Much To Ask)

Bob Dylan / 5'00 minutos

Músicos: Bob Dylan: voz, guitarra; Larry Campbell: guitarra; Charlie Sexton: guitarra; Augie Meyers: piano (?); Tony Garnier: bajo; David Kemper: batería / **Grabación:** Sony Music Studios, Nueva York: mayo de 2001 / **Productor:** Jack Frost (Bob Dylan) / **Ingeniero de sonido:** Chris Shaw

Génesis y realización

«Todos mis sueños y mis esperanzas / Los he enterrado bajo hojas de tabaco»: esta frase de la penúltima estrofa resume perfectamente «Floater (Too Much To Ask)», una canción en la que el narrador evoca su pasado: la nostalgia de una edad de oro soñada. Dice que nunca vio discutir a sus padres, evoca a su abuelo (trampero de patos) y piensa en los villancicos de Nochebuena. Dos sombras planean por encima de esta canción nostálgica. Efectivamente, Dylan extrajo dos frases de las *Memorias de un yakuza* (1991) de Junichi Saga: «Mi padre se parece a un señor feudal» y «No soy tan tranquilo y tolerante como parezco», y se inspiró musicalmente en «Snuggled On Your Shoulder», una composición de Carmen Lombardo y Joe Young que Bing Crosby inmortalizó en 1932.

El que interpreta «Floater (Too Much To Ask)» es un nuevo Dylan; o más bien, un Dylan retro. El cantautor ya mostró su interés en este estilo cuando le pidió al pobre Slash que tocara un solo al estilo de Django Reinhardt en «Wiggle, Wiggle» (*Under The Red Sky*, 1990). El tema no se prestaba a ese tipo de música, pero esta vez el color de «Floater» ofrece la ocasión perfecta para que la guitarra rítmica toque una especie de «estallido» zíngaro y el violín de Campbell cree la ilusión del grandioso Stéphane Grappelli. Dylan se decanta por el eclecticismo, y hay que reconocer que lo hace muy bien.

High Water (For Charley Patton)

Bob Dylan / 4'05 minutos

Músicos

Bob Dylan: voz, guitarra
Larry Campbell: banjo
Charlie Sexton: guitarra
Augie Meyers: acordeón
Tony Garnier: contrabajo
David Kemper: timbal, platillo, *shaker*, pandereta
(?): coros

Grabación

Clinton Recording Studios, Nueva York: mayo de 2001

Equipo técnico

Productor: Jack Frost (Bob Dylan)
Ingeniero de sonido: Chris Shaw

Génesis y letra

Por segunda vez en *Love And Theft* Bob Dylan hace referencia al pionero del *Delta blues* Charley Patton. Su nombre se menciona en la canción, pero además se trata de una de las grabaciones más célebres del *bluesman* (fallecido en 1934). En realidad, a lo largo de «High Water», Dylan cita personajes y lugares que tienen una relación directa con la historia del blues.

La crecida del Mississippi de 1927, inspiradora de «High Water (For Charley Patton)».

Big Joe Turner es un *blues shouter* que dio sus primeros pasos en Kansas City, antes de participar en uno de los dos famosos conciertos From Spirituals to Swing (1938) en el Carnegie Hall de Nueva York (bajo la batuta de John Hammond), y de contribuir al nacimiento del rock and roll con «Shake, Rattle And Roll» (1954). George Lewis podría ser el clarinetista de Nueva Orleans, que también fue pionero del género, mientras que Clarksdale, (Mississippi), es uno de los terrenos más fértiles del blues, ya que es la ciudad natal de Bukka White, Son House, John Lee Hooker y muchos otros, Robert Johnson firmó allí su pacto diabólico y Muddy Waters vivió en el lugar.

«High Water (For Charley Patton)» remite a la terrible crecida del Mississippi de 1927, que conllevó la destrucción de casi 150 diques e inundó unos 70.000 km² de tierra, provocando la muerte de 200 personas y el desplazamiento de decenas de miles. Esta catástrofe inspiró trágicamente a los cantantes de blues a partir de la segunda mitad de los años 1920, desde Memphis Minnie («When The Levee Breaks»), hasta Blind Lemon Jefferson («Rising High Water Blues»), pasando por Big Bill Broonzy («Southern Flood Blues») o Lonnie Johnson («Broken Levee Blues»). Dylan recupera el tema y establece un paralelismo con el diluvio de la Biblia («Rezo la palabra de Dios») y, sin lugar a dudas, muestra que el ser humano no es nada ante los elementos («Nunca serás más grande de lo que eres»).

Realización

Al principio, en *Love And Theft* Dylan quería cantar de cara a un rincón de la pared del estudio, «como en la portada del álbum de Robert Johnson»[161] («*Robert Johnson, King Of The Delta Blues Singers*»). Pero tras unos cuantos intentos, abandonó la idea, excepto para «High Water (For Charley Patton)» y «Po'Boy». Los arreglos de este country-rock ponen en primer plano las dos intervenciones de banjo de Larry Campbell, pero también la rítmica que Augie Meyers ejecuta al acordeón. Tampoco hay que olvidarse de las distintas percusiones, sin duda añadidas por David Kemper, que toca un timbal de orquesta y se ocupa del *shaker* y de las panderetas (por *overdubs*). Finalmente, a cada final de estrofa escuchamos unas voces graves no identificadas. Con la magnífica interpretación del cantautor, es una de las cumbres del álbum.

Existe una versión en directo que se puede escuchar en *The Bootleg Series, Vol. 8*.

Bob Dylan en mayo de 2002.

Moonlight

Bob Dylan / 3'23 minutos

Músicos: Bob Dylan: voz, piano (?); Larry Campbell: guitarra; Charlie Sexton: guitarra; Augie Meyers: órgano; Tony Garnier: contrabajo; David Kemper: batería / **Grabación:** Clinton Recording Studios, Nueva York: mayo de 2001 / **Productor:** Jack Frost (Bob Dylan) / **Ingeniero de sonido:** Chris Shaw

Génesis y realización

La frase «¿Vendrás a encontrarte conmigo, sola, bajo la luz de la luna?» proviene de una canción de prisioneros («Meet Me By The Moonlight») grabada por la Carter Family en 1928. El resto de la canción es 100% Dylan. El protagonista «reza por la paz y la armonía» en un mundo extraño, donde las «nubes se vuelven púrpura», donde los «brotes violeta son suaves como la nieve».

En una entrevista de Damien Love para *Uncut*, Chris Shaw, el ingeniero de sonido, precisa: «Fue verdaderamente magnífico.

Creo que la toma que se escucha en el disco es la segunda. Todo se hizo totalmente en directo, la voz, los instrumentos, sin ningún *overdub*, ningún montaje. Todo fluyó, y fue un momento precioso».[161] El único pequeño problema es que Dylan se equivoca en la frase «*The branches cast their shadows over stones*»; canta «*stadows*» en lugar de «*shadows*» (1'36). Como la toma era excelente, Dylan insistió en conservarla. Entonces Shaw copió el sonido «*sh*» de otra palabra captada en la pista del cantautor y lo pegó para sustituir al «*st*» de «*stadows*». Como si no hubiera pasado nada.

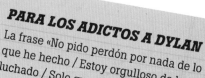

PARA LOS ADICTOS A DYLAN

La frase «No pido perdón por nada de lo que he hecho / Estoy orgulloso de haber luchado / Solo que me habría gustado ganar» está sacada de una canción de los confederados, «I'm A Good Old Rebel».

Honest With Me

Bob Dylan / 5'49 minutos

Músicos: Bob Dylan: voz, guitarra: Larry Campbell: guitarra; Charlie Sexton: guitarra; Augie Meyers: órgano; Tony Garnier: bajo; David Kemper: batería; Clay Meyers: bongos / **Grabación:** Sony Music Studios, Nueva York: mayo de 2001 / **Productor:** Jack Frost (Bob Dylan) / **Ingeniero de sonido:** Chris Shaw

Génesis y realización

«Honest With Me» recuerda en algunos aspectos a «Just Like Tom Thumb's Blues» (*Highway 61 Revisited*). El narrador se encuentra atrapado en «una ciudad que nunca duerme», con «mujeres que le dan frío en la espalda». A lo largo de las estrofas la intriga va evolucionando. El decorado es extraño, por no decir terrorífico. Pero adivinamos que el personaje principal está enamorado de una mujer, que parece que no tiene ningún interés en «mover en el aire un bate de béisbol». Así que el protagonista solo tiene una solución: tomar el Southern Pacific de las 9:45.

A excepción de la introducción, que se mueve entre el rock y la música disco, «Honest With Me» es un blues rock de lo más auténtico. La interpretación de Dylan es salvaje, su voz es dura y ronca. Y los músicos no se quedan atrás: la guitarra *slide* de Charlie Sexton responde a cada una de sus frases con un riff que habría gustado a Elmore James, y la sección rítmica es de una eficacia intachable. Hay que destacar la interpretación del espléndido Tony Garnier, un bajista con mucho talento, ya sea con el contrabajo o con el bajo eléctrico. También es la segunda aparición de Clay Meyers a los bongos.

Po' Boy

Bob Dylan / 3'06 minutos

Músicos: Bob Dylan: voz, guitarra; Larry Campbell: guitarra; Charlie Sexton: guitarra; Augie Meyers: piano (?); Tony Garnier: contrabajo; David Kemper: batería **/ Grabación:** Clinton Recording Studios, Nueva York: mayo de 2001 **/ Productor:** Jack Frost (Bob Dylan) **/ Ingeniero de sonido:** Chris Shaw

Génesis y realización

El texto de «Po' Boy» está, una vez más, lleno de referencias diversas. El título remite a «Poor Boy Blues», que interpretaron los pioneros del género, desde Gus Cannon hasta Mississippi John Hurt pasando por Bukka White y Howlin' Wolf. En cuanto a la frase *«Llama al servicio de habitaciones: "Enviad una habitación"»*, está sacada de *Room Service* (*El hotel de los líos*, 1938), pequeña obra maestra burlesca de William A. Seiter con los hermanos Marx. También aparecen dos personajes del teatro shakesperiano en esta insólita canción: Otelo, el general veneciano, y su joven esposa Desdémona.

Entre el vodevil y el jazz swing, Bob Dylan encuentra su estilo para cantar «Po' Boy». Es la segunda canción después de «High Water (For Charley Patton)» que graba con el micro de cara a un rincón del estudio. La interpretación es excelente, y Dylan no ha parado de cambiar de estilo desde el principio del álbum. Es un tema totalmente acústico, y podemos destacar las dos espléndidas partes de guitarra de Sexton y Campbell, con unos arreglos muy sutiles, pero también el contrabajo de Garnier, que no duda en tocar con arco al final de la canción. También se oye, bastante alejado en la mezcla, un piano, que sin duda toca Augie Meyers. «Po' Boy» es una hermosa balada con un estilo bastante sorprendente, como muchas de las canciones de *Love And Theft*.

PARA LOS ADICTOS A DYLAN

En este homenaje a los grandes nombres del blues, Don Pasquale hace una aparición tan notable como incongruente. Se trata del personaje de la ópera bufa homónima de Gaetano Donizetti.

Cry A While

Bob Dylan / 5'05 minutos

Músicos: Bob Dylan: voz, guitarra; Larry Campbell: guitarra; Charlie Sexton: dobro (?); Augie Meyers: piano (?); Tony Garnier: bajo; David Kemper: batería **/ Grabación:** Sony Music Studios, Nueva York: mayo de 2001 **/ Productor:** Jack Frost (Bob Dylan) **/ Ingeniero de sonido:** Chris Shaw

Génesis y realización

He aquí otro bello homenaje a los grandes nombres del blues. La penúltima frase de esta canción, «Necesitaría un buen abogado, podría ser tu funeral, mi proceso» es con toda evidencia un guiño a la magistral «Your Funeral And My Trial», que Sonny Boy Williamson II (Rice Miller) grabó en 1958 con Willie Dixon y Otis Spann; un tema emblemático de Chess Records y del *Chicago Blues*. Asimismo, «Me siento como un gallo de pelea; nunca me había sentido tan bien» está directamente sacada de «Dope Head Blues», grabada por Victoria Spivey (con Lonnie Johnson, 1927).

Dylan decidió innovar con este álbum, y «Cry A While» no es una excepción a la regla; en un blues de apariencia clásica, el cantautor alterna compases ternarios y binarios. Pero el efecto es afortunado, y los músicos demuestran una vez más la calidad de su interpretación. Cabe destacar que uno de los dos guitarristas toca un dobro (¿Sexton?).

Sugar Baby

Bob Dylan / 6'41 minutos

Músicos
Bob Dylan: voz, guitarra
Larry Campbell: guitarra
Charlie Sexton: guitarra
Augie Meyers: teclados, acordeón
Tony Garnier: contrabajo

Grabación
Clinton Recording Studios, Nueva York:
mayo de 2001

Equipo técnico
Productor: Jack Frost (Bob Dylan)
Ingeniero de sonido: Chris Shaw

Gene Austin es el co-autor de «The Lonesome Road»,
de la que Dylan extrajo una frase clave para «Sugar Baby».

Génesis y letra

El título «Sugar Baby» remite a una vieja grabación de Dock Boggs, *bluesman* blanco de los Apalaches, especialista del banjo de cinco cuerdas. En cambio, la frase «Alza los ojos, alza los ojos –busca a tu Creador– antes de que Gabriel haga sonar su trompa» está extraída de la balada «The Lonesome Road», de Gene Austin y Nathaniel Shilkret, grabada por el propio Austin en 1927 (y luego por Frank Sinatra, Sam Cooke, Bing Crosby...). «The Lonesome Road» forma parte de esas canciones de Tin Pan Alley, influidas por la canción folk y el blues de los estados del Sur, que acompañaron al nacimiento y el desarrollo de las radios en todo el territorio de Estados Unidos. Es evidente que este ambiente sedujo a Bob Dylan para concluir su álbum *Love And Theft*.

El narrador habla de la mujer a la que ama, pero con sentimientos contradictorios. La «baby» en cuestión ha roto muchos corazones y tiene la rara facultad de «dividir el mundo». Pero el amor es más fuerte que todo lo demás...

Realización

Esta «Sugar Baby» es una extraordinaria balada inspirada en «The Lonesome Road» de Gene Austin. Sin duda es la canción más original de todo el álbum, y lo arreglos recuerdan a un tal Daniel Lanois por su economía de instrumentos y su clima etéreo. Guitarra acústica con *chorus/flanger*, guitarra eléctrica muy reverberada con un *vibrato* muy pronunciado, contrabajo, acordeón y teclados bastan para convertir la canción en una de las perlas de *Love And Theft*. Sin olvidar la hermosa interpretación de Dylan. También es el único tema del álbum en el que no hay batería ni percusiones.

Modern Times

Thunder On The Mountain
Spirit On The Water
Rollin' And Tumblin'
When The Deal Goes Down
Someday Baby
Workingman's Blues #2
Beyond The Horizon
Nettie Moore
The Levee's Gonna Break
Ain't Talkin'

ÁLBUM
FECHA DE PUBLICACIÓN
29 de agosto de 2006
Columbia Records
(REFERENCIAS COLUMBIA 82876 87606 2
[CD], 82876 87606 1 [LP])

Modern Times,
una huida hacia adelante

El álbum

Gran parte de la obra de Bob Dylan está marcada por el formato de la trilogía. Los tres buques insignia de la contracultura del rock de los años 1960 (*Bringing It All Back Home, Highway 61 Revisited* y *Blonde On Blonde*); la trilogía cristiana de los años 1979-1981 (*Slow Train Coming, Saved* y *Shot Of Love*); y luego, a la vuelta del siglo, la trilogía llamada del renacimiento (*Time Out Of Mind, Love And Theft* y *Modern Times*). Con *Modern Times* Dylan sigue bebiendo de la tradición, con continuas referencias a la herencia de la música afroamericana, pero también entra de lleno en la modernidad de la era digital.

El trigésimo segundo álbum de estudio del cantautor está repleto de referencias que se citan textualmente, lo que en su momento le costó varias denuncias por plagio. Sin embargo, Dylan se limita a revisitar el patrimonio cultural de los ancestros, como siempre se ha hecho en las tradiciones del folk y del blues. Y aunque en algunas ocasiones sus fuentes resulten evidentes, Dylan es un creador que reformula y remodela sus influjos para construir obras originales. Por supuesto que en *Modern Times* las referencias son numerosas y claras: Chuck Berry, Muddy Waters, Merle Haggard, Bing Crosby y otros. Pero todas sirven de terreno fértil para alimentar su propia creación.

Las letras del disco también se inspiran en distintas fuentes. En los textos bíblicos (una constante en su discografía), pero también en la obra de Henry Timrod, poeta que a finales del siglo XIX elogió el espíritu rebelde de la Confederación. Por no hablar del título del álbum, que recupera el de la obra maestra de Charlie Chaplin. Pero, ¿qué importancia tiene? Otros lo habían hecho antes que él, como Al Stewart en 1975 o Jefferson Starship en 1981. Dylan funciona como un médium que capta el capital cultural que tiene a su disposición y lo regurgita tras pasarlo por la fuerza de su talento.

La poesía por encima de todo

En este álbum volvemos a encontrar una visión del mundo poética, mística, unas imágenes nítidas que evocan futuros sombríos. En *Modern Times* incluso encontramos algunos de sus grandes textos, como «When The Deal Goes Down», que sin duda trata de su conversión al cristianismo en la segunda mitad de la década de 1970, y también «Ain't Talkin'», donde Dylan, convertido una vez más en peregrino solitario, avanza con el corazón roto hasta el final del mundo, buscando una respuesta que nunca encontrará, andando por ese jardín del Edén donde ya no hay jardinero. «No escribí esas canciones en un estado de meditación, sino en una especie de trance, un estado hipnótico»,[136] confió a Jonathan Lethem.

Modern Times, que sale a la venta en todo el mundo el 29 de agosto de 2006, es recibido como una nueva obra mayor del cantautor. Se llevará dos galardones en la 49.ª ceremonia de los premios Grammy (2007): mejor álbum de folk contempo-

Bob Dylan en Nueva Orleans, el 28 de abril de 2006, durante el Never Ending Tour.

ráneo estadounidense y mejor interpretación vocal de rock por «Someday Baby». Las revistas *Rolling Stone* y *Uncut* le darán cinco estrellas (el máximo), mientras que Robert Christgau, de *Blender*, ve en Dylan un «viejo sabio que ha vivido lo bastante como para estar preparado para todo», y llega a compararlo con William Butler Yeats y Henri Matisse.

El público estará de acuerdo con la crítica. El álbum llegará al número uno en Estados Unidos (el primero desde *Desire*), pero también en Canadá, en Australia, en Irlanda, en Dinamarca y en Suiza. El éxito es planetario.

Con *Modern Times*, Bob Dylan, que tiene 65 años, se convierte en el artista de más edad que conoce en vida un éxito así.

La carátula

La fotografía de la portada, en la que aparece un taxi en una calle de Nueva York en 1947, es de Ted Croner, el miembro más influyente de la Escuela de Nueva York. Otra paradoja más en las portadas de Dylan que, ese mismo año 2006, había confesado a Edna Gundersen de *USA Today:* «No hay nostalgia en este disco, no me interesa languidecer en el pasado». En la contraportada, un retrato del cantautor tomado por Kevin Mazur, que ya estaba en *Love And Theft*, al igual que Geoff Gans, encargado de la dirección artística.

La grabación

Como en el caso de *Love And Theft*, Bob Dylan es su propio productor (bajo el seudónimo de Jack Frost, como siempre). Para la grabación se rodeó de los músicos que lo acompañan en sus giras, ya que Charlie Sexton y Larry Campbell estaban

realizando proyectos personales: Denny Freeman y Stu Kimball (guitarras), Donnie Herron (*steel guitar*, mandolina, violín), Tony Garnier (bajo, violoncelo) y George G. Receli (batería, percusiones). Chris Shaw, que vuelve a estar a los mandos, eligió los Sony Recording Studios de Nueva York. Los ensayos tuvieron lugar a finales del mes de enero y a principios de febrero en el Bardavon 1869 Opera House de Poughkeepsie, en el estado de Nueva York. Las sesiones se desarrollaron durante las tres semanas de febrero siguientes. Chris Shaw dirá que el proceso fue algo más lento que para *Love And Theft*.

Chris Shaw: «El estudio, la grabación… Para él son males necesarios. le gusta, pero odia dedicarle mucho tiempo. [...] Hablaba de cómo tenía que sonar el disco: inmediato, salvaje, esencial. También intentamos obtener ese sonido con técnicas modernas. [...] Sencillamente, detesta el sonido de los discos actuales. [...] Me dijo: "Quiero hacer un disco con un solo micro". [...] Para él, una grabación es el documento de una canción en un momento concreto.».[161]

Datos técnicos

Para *Modern Times* Dylan se enfrenta a un nuevo método de grabación: graba con ordenador. Según Chris Shaw, esta es la razón por la que el disco suena tan bien: «*Modern Times* se grabó con una nueva tecnología, el Pro Tools, pero utilizamos una consola antigua, y micros y preamplificadores viejos».[161] Durante esas sesiones Shaw hace descubrir a Dylan el espléndido programa que puede grabar sin interrupción. También permite hacer montajes a una velocidad imposible hasta entonces, y conservar una calidad de sonido óptima.

Thunder On The Mountain

Bob Dylan / 5'55 minutos

Músicos: Bob Dylan: voz, piano; Stu Kimball: guitarra; Denny Freeman: guitarra; Donnie Herron: *steel guitar*; Tony Garnier: contrabajo; George G. Receli: batería / **Grabación:** Sony Music Studios, Nueva York: febrero de 2001 / **Productor:** Jack Frost (Bob Dylan) / **Ingeniero de sonido:** Chris Shaw

Génesis y realización

Tratar de descifrar un texto de Bob Dylan requiere a menudo sumergirse en las Santas Escrituras. Así, «Thunder On The Mountain» podría ser una metáfora del Éxodo del pueblo judío conducido por Moisés. Entonces la «montaña» sería el monte Sinaí, donde tuvo lugar la revelación divina. A menos que se trate de una referencia implícita al sermón en la montaña, cuando Jesús se dirigió a sus discípulos y a la multitud para transmitirles sus preceptos de no-violencia. También es posible que Dylan hable de su conversión al cristianismo («Fui a la iglesia de San Germán y pronuncié mis votos»), y tal vez también sobre su divorcio de Sara («Ella no es un ángel y yo tampoco lo soy»). En cualquier caso, la canción está llena de ironía, especialmente cuando el narrador sale en busca de Alicia Keys en Tennessee.

Es evidente que «Thunder On The Mountain» recuerda a Chuck Berry –concretamente a «Let It Rock», según algunos– pero, en la historia del rock, ¿quién no se ha inspirado en el creador del *duck walk*? De hecho, «Let It Rock» es el prototipo de «Johnny B. Goode», y el propio Chuck Berry se inspiró en Louis Jordan para su legendario riff de introducción. Este rock que inaugura *Modern Times* es una tema excelente, pero el estilo es bastante estándar. Finalmente, percibimos una similitud con *Love And Theft* en el sonido y la producción, y hay que decir que el nuevo grupo de Dylan es magnífico.

Spirit On The Water

Bob Dylan / 7'43 minutos

Músicos: Bob Dylan: voz, piano, armónica; Stu Kimball: guitarra; Denny Freeman: guitarra; Donnie Herron: *steel guitar*; Tony Garnier: contrabajo; George E. Receli: batería / **Grabación:** Sony Music Studios, Nueva York: febrero de 2001 / **Productor:** Jack Frost (Bob Dylan) / **Ingeniero de sonido:** Chris Shaw

Génesis y realización

«Spirit On The Water» es una canción de amor con una letra que se basa en la Biblia. Las dos primeras frases, «El espíritu sobre las aguas / Las tinieblas en la cara del abismo» hacen referencia al Génesis. Así como la penúltima estrofa, «No puedo volver al paraíso / Maté a un hombre allí», que evoca a Caín, asesino de su hermano Abel. Más allá de las referencias bíblicas Dylan habla sobre la importancia del ser amado, siempre con ese sentimiento contradictorio con el que canta desde sus primeros discos.

Al escuchar este tema podemos preguntarnos si Dylan siente un amor tan grande por el jazz como por el blues. Esta excelente balada de jazz ofrece unos espléndidis arreglos de guitarras y piano. El sonido de conjunto es ligero, luminoso, y Dylan canta con su voz de crooner, que experimentará su punto álgido en el disco *Shadows In The Night*, de 2015.

Rollin' And Tumblin'

Bob Dylan / 6'02 minutos

Músicos
Bob Dylan: voz, piano, guitarra, dobro (?)
Stu Kimball: guitarra
Denny Freeman: guitarra
Tony Garnier: contrabajo
George G. Receli: batería, pandereta
Grabación
Sony Music Studios, Nueva York: febrero de 2001
Equipo técnico
Productor: Jack Frost (Bob Dylan)
Ingeniero de sonido: Chris Shaw

Muddy Waters. Se convirtió en el faro del blues moderno con su versión de «Rollin' And Tumblin'», grabada en la década de 1950.

Génesis y letra

«Rollin' And Tumblin'» es uno de los estándares más famosos del blues. Su autoría se atribuye a un *bluesman* de Tennessee, Hambone Willie Newbern, que grabó para Okeh en marzo de 1929 una canción titulada «Roll And Tumble Blues». Tres meses más tarde Charley Patton grabará para Paramount «Down The Dirt Road Blues», que debe mucho al blues de Newbern. Luego vinieron Robert Johnson («If I Had Possession Over Judgment Day»), Sleepy John Estes («The Girl I Love, She Got Long Curly Hair»), John Lee Hooker («Rollin' Blues») y también Muddy Waters («Rollin' And Tumblin'»). Esta última versión, grabada para el sello Aristocrat (futuro Chess Records) en 1950, es la que marcó con más fuerza a los guitarristas de la escena rock, de Eric Clapton (con Cream) a Johnny Winter, pasando por Alan Wilson y Henry Vestine (Canned Heat).

La versión de Bob Dylan es más una recreación que una simple adaptación. Aunque recupera la primera estrofa de «Rollin' And Tumblin'», todas las demás son de su autoría, y hablan de las desilusiones sentimentales del narrador. Este ha tenido la desgracia de enamorarse de una «ramera perezosa», que se las hace pasar negras, hasta el punto de jurar que «no voy a tocar a otra mujer en años». Toda una sorpresa cuando descubrimos que esa mujer es la suya. Y otra sorpresa cuando el narrador adquiere una dimensión casi bíblica: «Hice que las almas que habían muerto mucho tiempo atrás salieran de sus tumbas en ruinas».

Realización

Si comparamos la versión de Dylan con la de Muddy Waters (versión *After The Rain*, 1969), el parecido es evidente. Es sobre todo el riff interpretado a la guitarra *slide* lo que supone un problema, aunque en la versión de Dylan el tempo es mucho más rápido. Pero el cantautor se hace suyo el resto de la canción, impregnándola de su propia visión y reformulando el texto y la música. «Rollin' And Tumblin'» es un country-blues eléctrico interpretado por un grupo que toca con urgencia, cohesión y un sonido de conjunto excelente. Cabe destacar, además, la interpretación de Dylan, que al parecer que también se ocupó del piano y de una guitarra acústica (¿dobro?). También hay que aplaudir la espléndida *slide* que dinamiza el tema de principio a fin.

When The Deal Goes Down

Bob Dylan / 5'04 minutos

Músicos: Bob Dylan: voz, piano; Stu Kimball: guitarra; Denny Freeman: guitarra; Donnie Herron: *steel guitar*, violín; Tony Garnier: contrabajo; George G. Receli: batería **/ Grabación:** Sony Music Studios, Nueva York: febrero de 2001 **/ Productor:** Jack Frost (Bob Dylan) **/ Ingeniero de sonido:** Chris Shaw

Génesis y realización

El texto de «When The Deals Goes Down» es de los más interesantes de descifrar de *Modern Times*. Las dos frases «Donde la sabiduría se convierte en conflicto» y «El mañana sigue dando vueltas» provienen, con algunas diferencias, de dos poemas de Henry Timrod, *Retirement* y *A Rhapsody Of A Southern Winter Night* respectivamente. Otros pasajes se inspiran en la Biblia, como de costumbre. Probablemente el ejemplo más impactante sea «Vivimos y morimos, y no sabemos por qué», que recupera la constatación de impotencia que se anuncia en el Libro del Eclesiastés (VIII, 17). El propio título de la canción tiene un carácter místico. «When The Deals Goes Down» puede traducirse como «Cuando se produzca la alianza». ¿De qué alianza se trata? La respuesta podría encontrarse en el Génesis (XVII, 4), cuando Dios se aparece a Abraham. ¿O hay que interpretar que se trata de la alianza de Bob Dylan con Jesucristo desde su conversión al cristianismo?

«When The Deals Goes Down» es una nueva incursión en el repertorio de la década de 1930. Dylan se inspira más o menos en la melodía de «Where The Blue Of The Night (Meets The Gold Of The Day)», que Bing Crosby grabó en 1931. Su interpretación es todo un logro, ya que percibimos que está genuinamente emocionado por las palabras de su texto. Esta dulce balada de sabor antiguo nos ofrece la oportunidad de escuchar brevemente el sonido del violín de Donnie Herron (sin duda añadido por *overdub*, ya que el músico también se encarga de la *steel guitar*).

Someday Baby

Bob Dylan / 4'56 minutos

Músicos: Bob Dylan: voz, guitarra; Stu Kimball: guitarra; Denny Freeman: guitarra; Donnie Herron: violín; Tony Garnier: contrabajo; George E. Receli: batería **/ Grabación:** Sony Music Studios, Nueva York: febrero de 2001 **/ Productor:** Jack Frost (Bob Dylan) **/ Ingeniero de sonido:** Chris Shaw

Génesis y realización

«Someday Baby» es característica de la evolución que el blues ha sufrido desde las grabaciones realizadas durante la década de 1930. Originalmente, «Someday Baby Blues» era un folk-blues que Sleepy John Estes y Hammie Nixon grabaron en 1935. En 1955, Muddy Waters realizó una magnífica versión eléctrica bajo el título «Trouble No More», que a su vez fue adaptada en 1971 por The Allman Brothers Band. 35 años después de la versión de los hermanos Allman, Bob Dylan ofrece su propia interpretación del tema. El cantautor conserva la estructura, pero cambia la letra. La historia sigue hablando sobre los desengaños conyugales de un pobre diablo, pero en este caso está repleta de sentencias al más puro estilo dylaniano.

«Someday Baby» es un blues *upbeat*, cercano al estilo boogie que tanto le gustaba a John Lee Hooker, e incluso al magistral «Shake Your Hips» de los Rolling Stones. Pero la rítmica de esta versión se basa en «Trouble No More» de Muddy Waters. El grupo ha aprendido las lecciones del maestro del *Chicago blues*, y por primera vez en su carrera, Dylan va a entonar notas con voz de falsete. Es toda una proeza por su parte. Existe otra espléndida versión del tema que se puede escuchar en *The Bootleg Series, Vol. 8*, con un estilo más médium rock y mucho más intimista en la forma de cantar de Dylan.

Workingman's Blues #2

Bob Dylan / 6'07 minutos

Músicos
Bob Dylan: voz, piano
Stu Kimball: guitarra
Denny Freeman: guitarra
Donnie Herron: *steel guitar* (?), violín
(?): órgano
Tony Garnier: bajo
George E. Receli: batería, percusiones
Grabación
Sony Music Studios, Nueva York: febrero de 2001
Equipo técnico
Productor: Jack Frost (Bob Dylan)
Ingeniero de sonido: Chris Shaw

La primera versión de «Workin' Man Blues», firmada
por Merle Haggard, fue un gran éxito en 1969.

Génesis y letra

«Workingman's Blues #2» es otro ejemplo del arte de Dylan
para crear una canción a partir de elementos dispares, como si
montara un rompecabezas según su inspiración. Extraída de
la cuarta estrofa, la frase «El sueño es como una muerte temporal» proviene del poema *Two Portraits* de Henry Timrod.
Por su parte, el título de la canción es sin duda alguna un guiño al «Workin' Man Blues» de Merle Haggard, número uno en
las listas de country en 1969.

De ningún modo se trata de una adaptación. Mientras que la
canción de Haggard es un country-rock más bien rápido, la de
Dylan es una balada, llevada por una melodía de gran sutileza.
Los textos también son completamente distintos. «Workin'
Man Blues» describe la vida cotidiana de un obrero que tiene
que alimentar a su mujer y a sus nueve hijos, pero que no re-
nuncia a tomarse unas pintas de cerveza. «Workingman's
Blues #2» lleva la reflexión mucho más lejos: habla de las condiciones de vida de la clase trabajadora estadounidense de
principios de los años 2000, con un «poder adquisitivo que va
disminuyendo» y unos «salarios [que se mantienen bajos para
seguir siendo] competitivos». Su texto también desprende un
aire épico y poético: «Ningún hombre, ninguna mujer cono-
ce/La hora en que llegará el sufrimiento/En la oscuridad escucho la llamada de las aves nocturnas».

Realización

Esta balada, de tono muy lírico, presenta ciertas semejanzas
armónicas con «Across The Green Mountain», una canción
que Bob Dylan compuso para la película *Gods and Generals* en 2003 (incluida en *The Bootleg Series, Vol. 8*). La voz
es dulce, la interpretación intimista, pero el acompañamiento es bastante convencional. Es una lástima, pero también es
cierto que los arreglos se ponen al servicio del texto del cantautor. Podemos escuchar un órgano a lo largo de todo el
tema, pero lamentablemente el músico no está identificado.
Hay que decir que los breves interludios instrumentales no están muy logrados, ya que una guitarra suena ligeramente desafinada (hacia 1'30 y 2'50). A pesar de todo, «Workingman's
Blues #2» es una de las mejores canciones del álbum.

Beyond The Horizon

Bob Dylan / 5'36 minutos

Músicos: Bob Dylan: voz, piano; Stu Kimball: guitarra; Denny Freeman: guitarra; Donnie Herron: *steel guitar*, violín; Tony Garnier: contrabajo; George G. Receli: batería, percusiones / **Grabación:** Sony Music Studios, Nueva York: febrero de 2001 / **Productor:** Jack Frost (Bob Dylan) / **Ingeniero de sonido:** Chris Shaw

Génesis y realización

Es posible que Bob Dylan se inspirara en «Beyond The Sunset» de Hank Williams cuando escribió la letra de esta canción más bien sentimental en la que, para el narrador, perdidamente enamorado, la vida empieza al final del arcoíris.

Lo que sabemos con certeza es que Dylan sacó la melodía de «Red Sails In The Sunset» de Jimmy Kennedy y Hugh Williams, que fue un enorme éxito de Bing Crosby a mediados de los años 1930. El cantautor no oculta sus fuentes, sino que de algún modo las reivindica, en forma de guiño, cuando canta «Las campanas de Santa María, cómo repican dulcemente», que probablemente es una referencia a la película de Leo McCarey *The Bells of St. Mary* (*Las campanas de Santa María,* 1945), con Bing Crosby e Ingrid Bergman.

Es curioso constatar que Bob Dylan fue clasificado durante mucho tiempo como un cantante folk. Sin duda lo es todavía hoy, pero hay que reconocer que a lo largo de toda su carrera ha hecho muestra de un eclecticismo asombroso. Y este es también el caso de «Beyond The Horizon», que nos transporta a la época de Tin Pan Alley. El cantautor se apropia de esta melodía de Kennedy y de Williams para reinterpretarla con dulzura y fragilidad. Guitarra de jazz, contrabajo, *steel guitar*, piano, batería tocada con escobillas e incluso un violín: los músicos tocan al unísono con Dylan, el crooner de corazón tierno.

Nettie Moore

Bob Dylan / 6'53 minutos

Músicos: Bob Dylan: voz, piano; Stu Kimball: guitarra; Denny Freeman: guitarra; Donnie Herron: violín; Tony Garnier: bajo, violoncelo; George G. Receli: batería, percusiones / **Grabación:** Sony Music Studios, Nueva York: febrero de 2001 / **Productor:** Jack Frost (Bob Dylan) / **Ingeniero de sonido:** Chris Shaw

Génesis y realización

En el origen de «Nettie Moore» se encuentra una balada que los esclavos cantaban antes de la guerra de Secesión, y que más adelante recuperaron los *Minstrels* en los espectáculos itinerantes de finales del siglo xix. Por aquel entonces se conocía con los nombres de «In A Little White Cottage» y «Gentle Nettie Moore». Bob Dylan rescata una parte del estribillo («Te echo de menos Nettie Moore/Y mi felicidad ha terminado») para expresar toda la soledad, todo el malestar de un hombre que «tomó como verdadero todo lo que resultó ser falso». Y a continuación se aleja de su referencia para contarnos otra historia. «Fui allí donde el tren el Sur cruza el *Yellow Dog*». Por «tren del Sur» hay que entender la célebre Southern Railway, que atravesaba los estados del Sur (antes y después de la guerra de Secesión), mientras que «*Yellow Dog*» remite a otro ferrocarril, el Yazoo and Mississippi Valley Railroad. Así, la intersección de estas dos líneas sería una especie de Sur idealizado...

El clima de «Nettie Moore» es indefinible. Oscila entre canción folklórica y canción étnica. Dylan canta con una voz tranquila, dulce, y hay que reconocer que está acompañado por unos arreglos muy originales. Especialmente una rítmica muy depurada (bombo, pandereta, platillo) y un violoncelo que toca tanto en *pizzicato* como con arco. «Nettie Moore» es una de las canciones más sorprendentes de *Modern Times*.

The Levee's Gonna Break

Bob Dylan / 5'43 minutos

Músicos
Bob Dylan: voz, guitarra, piano
Stu Kimball: guitarra
Denny Freeman: guitarra
Donnie Herron: guitarra (?)
Tony Garnier: contrabajo
George G. Receli: batería
Grabación
Sony Music Studios, Nueva York: febrero de 2001
Equipo técnico
Productor: Jack Frost (Bob Dylan)
Ingeniero de sonido: Chris Shaw

Génesis y realización

Cinco años después de «High Water (For Charley Patton)», Bob Dylan vuelve a dedicar una canción a las inundaciones del Mississippi de 1927, que tuvieron terribles consecuencias para las condiciones de vida de la población y la economía de los estados del Sur. «The Levee's Gonna Break» se basa en grandes líneas en «When The Levee Breaks», que Memphis Minnie y su marido Kansas Joe McCoy grabaron en 1929, y que luego adaptaron muchos otros artistas, ente los cuales destaca Led Zeppelin, en su mítica cuarta obra (1971). «Si sigue lloviendo, el dique se romperá»: esta es la frase que se repite sin cesar. Al mismo tiempo se dibuja una historia de amor tan caótica como el clima apocalíptico en el que se desarrolla.

«The Levee's Gonna Break» desprende una atmósfera rockabilly. Dylan canta con una voz muy relajada, casi en segundo plano. El grupo ofrece un acompañamiento eficaz, y los magníficos Stu Kimball y Denny Freeman comparten sus solos a lo largo de la canción. Parece que Dylan toca la guitarra rítmica acústica, pero también el piano (bastante alejado en la mezcla). Sin embargo, es el único tema del álbum en el que percibimos que tanto el grupo como Dylan graban sin verdadera convicción.

Memphis Minnie, que grabó «When The Levee Breaks», en la que Bob Dylan se inspiró para escribir «The Levee's Gonna Break».

Ain't Talkin'

Bob Dylan / 8'48 minutos

PARA LOS ADICTOS A DYLAN

Las frases del estribillo, «Ain't talkin', just a-walkin'» y «Heart burnin', still yearnin'», están extraídas de «Highway Of Regret», un góspel bluegrass de los Stanley Brothers.

Músicos
Bob Dylan: voz, guitarra, piano
Stu Kimball: guitarra
Denny Freeman: guitarra
Donnie Herron: alto, mandolina (?)
Tony Garnier: contrabajo
George G. Receli: batería, percusiones
Grabación
Sony Music Studios, Nueva York: febrero de 2001
Equipo técnico
Productor: Jack Frost (Bob Dylan)
Ingeniero de sonido: Chris Shaw

Génesis y realización

«Ain't Talkin'» recupera la idea del peregrino solitario explorada en «Highlands», que concluye el álbum *Time Out Of Mind*. La única –pero esencial– diferencia es que el desdichado peregrino de «Ain't Talkin'» no parece haber encontrado su destinación final. Camina sin hablar y con el corazón ardiente, hasta que llega, al final de la canción, «al último campo del fin del mundo».

En este caso Bob Dylan vuelve a escribir un texto impregnado de espiritualidad. El «jardín místico» remite sin lugar a dudas al jardín del Edén, y las «flores heridas [que] colgaban de la viña» son el símbolo del fruto prohibido. Es posible que ese peregrino que anda en silencio (o el propio Dylan) haya terminado por perder la fe, debido a su sufrimiento y a la violencia que encuentra a su alrededor... Esta interpretación gana fuerza cuando, al final de la canción, el peregrino encuentra un jardín vacío, cuyo jardinero ha abandonado.

«Ain't Talkin'» es un fresco musical con múltiples colores sonoros (alto, guitarra acústica arpegiada, contrabajo...). Dylan evoluciona en ese universo cantando con un tono escrutador, incluso resignado. Y como mensaje de esperanza, el último acorde del tema interpretado por todo el grupo es en modo mayor, mientras que la tonalidad de la canción es en modo menor, lo que en lenguaje musical es sinónimo de optimismo. Una idea muy hermosa. Existe otra versión de estilo más roquero *laid-back*, que se puede escuchar en *The Bootleg Series, Vol. 8*.

The Stanley Brothers, intérpretes de «Highway Of Regret», una canción que inspiró a Dylan para componer «Ain't Talkin'».

Together Through Life

Beyond Here Lies Nothin'
Life Is Hard
My Wife's Home Town
If You Ever Go To Houston
Forgetful Heart
Jolene
This Dream Of You
Shake Shake Mama
I Feel A Change Comin' On
It's All Good

ÁLBUM
FECHA DE PUBLICACIÓN
28 de abril de 2009
Columbia Records
(REFERENCIAS COLUMBIA 88697 43893 2 [CD], 88697 43893 1 [LP])

Dylan, con chaqueta y sombrero
blancos, en el O2 Arena de Londres,
vuelve al blues ya la música Tex-Mex
en *Together Through Life*.

Together Through Life, un álbum con aromas del Sur

Una banda sonora

La idea de *Together Through Life* germinó en el espíritu de Bob Dylan cuando el cineasta francés Olivier Dahan se puso en contacto con él para pedirle que escribiera una canción para su nueva película, *My Own Love Song* (2010): «Estaba en Los Ángeles, y me preguntaba quién podía interpretar la canción principal de la película», explica Olivier Dahan. «Pensé en Bob Dylan pero, como soy un gran admirador suyo, pensé que nunca me atrevería a abordarlo. Finalmente me puse en contacto con su agente y este me dijo que Dylan estaba interesado».[163]

My Own Love Song narra la historia de Jane, una excantante que ha quedado en silla de ruedas tras un grave accidente. La protagonista recibe noticias de su hijo, Devon, al que había perdido la pista desde hacía siete años. La invita a su comunión. Al principio ella duda, pero se deja convencer por su amigo Joey. Entonces empieza un largo periplo desde Kansas hasta Nueva Orleans, a lo largo del cual ella va a componer su mejor canción de amor.

Bob Dylan, que había disfrutado con la anterior película del joven director, *La vie en rose* (*La vida en rosa*) con Marion Cotillard en el papel de Édith Piaf, y que leyó con interés el guión de *My Own Love Song*, decide entrar en el juego. Olivier Dahan: «Se basó en el guión y las notas que el envié. El amor, la fe y la amistad, con un enfoque muy sencillo, nada intelectualizado. Compuso los temas mientras yo estaba rodando, y como no podía enseñarle las tomas, le iba enviando pequeños fragmentos. Pero sabía que había entendido lo que yo quería explicar desde el principio de la colaboración. Hablamos por teléfono sobre los temas de la película y sobre su estética. Durante el rodaje me fue enviando las demos[163]». Y Dahan prosigue: «El único compromiso era que escribiera una canción con un contenido muy concreto, la que el personaje de Jane canta a su hijo cuando se reencuentran tras siete años de ausencia, y que se titula "Life Is Hard". Escribió muchas más canciones de las que hacían falta. Y también compuso temas instrumentales».[163]

El álbum

Del primer largometraje estadounidense de Olivier Dahan al trigésimo tercer álbum de estudio de Bob Dylan solo había un paso, que se dio durante el otoño de 2008. El crítico de rock Dan Egler (*Verde Independent*) escribió: «Bob Dylan ha afirmado que sintió la presencia de Buddy Holly mientras grababa *Time Out Of Mind* en 1997. En su último disco, *Together Through Life*, el espíritu de su amigo Doug Sahm ha hechizado las sesiones de grabación».[164] Líder del Sir Douglas Quintet, y más delante de los Texas Tornados (con Augie Meyers), Doug Sahm supo resumir en su música la larga historia de la música popular estadounidense. Y es precisamente esta historia a la que Dylan acudió para componer *Together Through Life*. El blues lo impregna todo, y más concretamente el Chicago blues, desde Otis Rush hasta Willie Dixon. Pero también está la música country, el Tex-Mex, el cajún y el Brill Building Sound.

Olivier Dahan, director de *My Own Song*, para quien Bob Dylan compuso «Life Is Hard».

Lo que da cohesión a esta formidable mezcla de géneros, por muy sorprendente que pueda parecer, es el acordeón –en este caso el de David Hidalgo, de Los Lobos– que aporta un toque especial, con aires de México y de Luisiana, al conjunto del disco.

Bob Dylan emprende esa ruta mítica que atraviesa los estados del Sur, desde Texas hasta el Mississippi, pasando por Luisiana. Esta es la impresión que tenemos al escuchar el álbum, de «Beyond Here Lies Nothin'» a «It's All Good»: la sensación de que nos trasladamos en el tiempo y que nos encontramos en una sala de baile de una pequeña ciudad de Texas o de Nuevo México en la década de 1930, o que viajamos a bordo de un viejo Packard y escuchamos una radio de Memphis o Clarksdale.

Los textos que Bob Dylan escribió en colaboración con Robert Hunter, con quien se reencuentra desde *Down In The Groove* (1988) –con la excepción de «This Dream»– también están profundamente anclados en la tradición americana. «Beyond Here Lies Nothin'» remite al ambiente negro de las novelas de Raymond Chandler o Dashiell Hammett, mientras

que con «It's All Good» Dylan y Hunter hacen un ajuste de cuentas con las élites narcisistas y dominantes. Finalmente, como siempre pasa con Dylan, está la marca indeleble de las historias bíblicas.

Together Through Life sale a la venta el 28 de abril de 2009 e inmediatamente escala hasta el número uno de las listas de éxitos de varios países: Estados Unidos, el Reino Unido (¡primer número uno desde *New Morning*, de 1970!), Canadá, Dinamarca, Suecia, Argentina… Llegará al número dos en Alemania y Bélgica, y al nueve en Francia. En cuanto a la crítica, *Blender* y *Uncut* le dan cinco estrellas, y *Mojo* y *Rolling Stone*, cuatro. En definitiva, la trigésimo tercera confesión discográfica (de estudio) de Dylan volverá a provocar un aplauso unánime.

Together Through Life está disponible en dos versiones: en un único CD (de diez canciones) y en dos CD y un DVD –el CD de diez canciones más un CD llamado *Theme Time Radio Hour: Friends & Neighbors* y un DVD con una entrevista de Roy Silver (el primer mánager de Bob Dylan), que no se utilizó

El músico texano Doug Sahm, desaparecido precozmente. Su influencia se hace evidente al escuchar *Together Through Life*.

en el documental *No Direction Home* de Martin Scorsese. El CD *Theme Time Radio Hour: Friends & Neighbors* contiene catorce canciones que sonaron en el *Theme Time Radio Hour*, un programa de radio que Bob Dylan presentó de mayo de 2006 a abril de 2009.

La carátula

La magnífica foto en blanco y negro de la portada es obra de Bruce Davidson. El fotógrafo la tomó durante el verano de 1959, tras conocer a un grupo de adolescentes de Brooklyn que se hacía llamar The Jokers. La pareja que se ve en la parte trasera del coche se dirigía a Coney Island. Este mismo documento es el que inspiró el videoclip de «Beyond Here Lies Nothin'», dirigido por Nash Edgerton. Hay que destacar que la fotografía de Davidson también ilustra la colección de relatos *Big Bad Love* del escritor Larry Brown. La foto de la contraportada, en la que se ve a unos músicos zíngaros, fue tomada en 1968 por otro fotógrafo de la agencia Magnum, Josef Koudelka.

El diseño se encargó a Coco Shinomiya, una artista independiente con la que Dylan volverá a trabajar en *Christmas In The Heart* (2009), y la foto interior es obra de Danny Clinch (Norah Jones, Bruce Springsteen, Patti Smith...).

La grabación

Para las sesiones de grabación de *Together Through Life*, Bob Dylan está acompañado por el grupo que lo sigue en las giras: Donnie Herron (*steel guitar*, banjo, mandolina, trompeta), Tony Garnier (bajo) y George G. Receli (batería), que ya estaban en *Modern Times*. Dos otros músicos también fueron a echarle una mano: Mike Campbell (guitarra, mandolina) de Tom Petty and The Heartbreakers, y David Hidalgo (acordeón) de Los Lobos (que en 2007 había participado en la banda sonora de *I'm Not There* con su grupo).

Lo más probable es que se grabara en el estudio Dave's Room situado en Hollywood (California). El ingeniero de sonido y propietario del lugar es David Bianco. Las fechas de grabación se sitúan en octubre de 2008.

Beyond Here Lies Nothin'

Bob Dylan - Robert Hunter / 3'50 minutos

Músicos
Bob Dylan: voz, guitarra (?), órgano
Mike Campbell: guitarra
David Hidalgo: acordeón, guitarra
Donnie Herron: trompeta
Tony Garnier: bajo
George G. Receli: batería, cencerro, pandereta

Grabación
Dave's Room, Hollywood (California): octubre de 2008

Equipo técnico
Productor: Jack Frost (Bob Dylan)
Ingeniero de sonido: David Bianco

David Hidalgo, miembro de Los Lobos y *sideman* de numerosos músicos, entre ellos Bob Dylan con «Beyond Here Lies Nothin'».

Génesis y letra

Para «Beyond Here Lies Nothin'» Bob Dylan vuelve a colaborar con el letrista de Grateful Dead, Robert Hunter, que ya había participado en la grabación de *Down In The Groove* en 1988. Ambos firman una hermosa historia de amor, ubicada en un decorado de película policíaca, con coches estropeados en los bulevares y con las estrellas y la luna como única iluminación. «Seguiremos amándonos, preciosa/Durante todo el tiempo que dure el amor». ¿Dylan y Hunter evocan a una mujer en particular? ¿O se trata de la musa del cantautor, que lo ha guiado a lo largo de toda su vida? Nash Edgerton dirigió un videoclip de la canción con un ambiente bastante lúgubre, interpretado Amanda Aardsma y Joel Stoffer.

Realización

Musicalmente, «Beyond Here Lies Nothin'» suena muy distinta de todo lo que Dylan había hecho hasta entonces. Encontramos toda la sensualidad del sonido del blues moderno de la década de 1950 –el blues de Chicago–, pero enriquecido con el acordeón de David Hidalgo y la trompeta de Donnie Herron. De hecho, el tema recuerda ligeramente a «All Your Love (I Miss Loving)», que Otis Rush grabó en 1958 para Cobra Records con un tal Willie Dixon como productor. El sonido y la interpretación de la primera guitarra se parecen bastante al de Peter Green en «Black Magic Woman» de Fleetwood Mac (1968), a pesar de que el guitarrista falla en algunas notas (en 2'25, por ejemplo). George G. Receli ejecuta una excelente parte de batería, con un cencerro que acentúa el aire latino de la música, acompañado por el fiel y magnífico Tony Garnier al bajo. En cuanto a Dylan, que parece que estaba enfermo durante las sesiones, canta este blues con una voz sin duda ronca, pero que se adapta perfectamente al tema (con un *delay* bastante presente). Parece que también fue él quien se encargó del órgano.

Bob Dylan interpretó por primera vez «Beyond Lies Nothin'» en directo en Dayton (Ohio), el 10 de julio de 2009.

Life Is Hard

Bob Dylan - Robert Hunter / 3'39 minutos

Músicos: Bob Dylan: voz, guitarra; Mike Campbell: mandolina; David Hidalgo: guitarra; Donnie Herron: *steel guitar*; Tony Garnier: contrabajo; George E. Receli: batería / **Grabación:** Dave's Room, Hollywood (California): octubre de 2008 / **Productor:** Jack Frost (Bob Dylan) / **Ingeniero de sonido:** David Bianco

Génesis y realización

«La única cosa que [Olivier Dahan] necesitaba con seguridad era una balada para el personaje principal al final de la película», explica Bob Dylan a Bill Flanagan; la que Jane canta a su hijo cuando se encuentran tras siete años de separación. La canción fue «Life Is Hard», coescrita con Robert Hunter. Efectivamente, la canción es una balada, del mismo tipo que «Nettie Moore» (de *Modern Times*), en la que domina un sentimiento de tristeza: unos «sueños tras los barrotes» que

la brisa del atardecer y el viento glacial no pueden llevarse... Con una bella melodía y unos arreglos muy elegantes, «Life Is Hard» vuelve a ser una sorpresa por parte del cantautor. No imaginábamos que pudiera componer una canción de este estilo. Y la versión de la película de Olivier Dahan, en la que escuchamos a Renée Zellweger interpretándola acompañada de una simple guitarra acústica, es totalmente sorprendente y magnífica. Es una lástima que Dylan nunca la haya cantado de un modo tan sencillo.

Willie Dixon, autor de «I Just Want To Make Love To You», que inspiró a Dylan para esta canción.

My Wife's Home Town

Bob Dylan - Willie Dixon - Robert Hunter / 3'39 minutos

Músicos: Bob Dylan: voz, órgano; Mike Campbell: guitarra; David Hidalgo: acordeón; Tony Garnier: contrabajo; George G. Receli: batería / **Grabación:** Dave's Room, Hollywood (California): octubre de 2008 / **Productor:** Jack Frost (Bob Dylan) / **Ingeniero de sonido:** David Bianco

Génesis y realización

Willie Dixon aparece como uno de los compositores de «My Wife's Home Town», cosa natural, ya que se trata de una adaptación de «I Just Want To Make Love To You» grabada por Muddy Waters en 1954, y elevada al rango de clásico del blues rock de la mano de los Rolling Stones diez años después. En cambio, la letra es de la autoría de Bob Dylan y Robert Hunter. Es evidente que no se vive muy bien en la ciudad natal de la mujer del narrador. «Es el infierno», canta Dylan con una voz grave; una voz que recuerda a Tom Waits. Una canción

en la que hay que leer entre líneas, como adivinamos por las risas que se oyen un poco antes del final (3'53).
Una vez más, el logro de esta canción se debe a la mezcla entre la guitarra eléctrica y el acordeón. Este no interpreta en estilo *zydeco*, sino que hace una relectura personal de la música americana propia de Dylan. Pero a la versión del cantautor le falta agresividad y sensualidad comparada con la de Willie Dixon. Los arreglos son demasiado discretos, demasiado planos, y la canción no llega a elevarse. Es una lástima, ya que Dylan canta exactamente en la forma que pide la canción.

If You Ever Go To Houston

Bob Dylan - Robert Hunter / 5'49 minutos

Músicos: Bob Dylan: voz, órgano, guitarra (?); Mike Campbell: guitarra; David Hidalgo: acordeón; Donnie
Herron: *steel guitar*; Tony Garnier: bajo; George G. Receli: batería / **Grabación:** Dave's Room, Hollywood
(California): octubre de 2008 / **Productor:** Jack Frost (Bob Dylan) / **Ingeniero de sonido:** David Bianco

Génesis y realización

El narrador de «If You Ever Go To Houston» es un pistolero que
participó en la guerra de México y que se muestra prodigo en
consejos para quien tenga la temeraria idea de ir a Texas. No hay
duda de que guarda un bonito recuerdo de Dallas, debido a tres
hermanas a las que conoció allí... Podemos suponer que mientras escribían este texto, Dylan y Hunter tenían en mente el «Midnight Special» de Leadbelly (1934), en el que el cantante texano
entonaba «Si vas a Houston, más vale que te comportes».
En el plano musical, «If You Ever Go To Houston» evoca las
salas de baile texanas de los años 1930-1940. El acordeonista David Hidalgo recuerda la grabación: «Al principio era una
canción al estilo de Jimmy Reed... Bob tocaba el órgano, empezó con un riff y entonces se convirtió en una cosa completamente distinta: lo que se oye en el álbum. Fue muy interesante participar en aquello».[165] Es cierto que «If You Ever Go
To Houston» se aleja mucho del blues de Jimmy Reed con ese
ambiente Tex-Mex, las breves intervenciones de guitarra clásica, la *steel guitar*, el acordeón omnipresente y la voz de
Dylan, al que imaginamos cantando bajo su sombrero Stetson, refugiándose del sol con un vaso en la mano. Una buena
canción sin pretensiones.

Forgetful Heart

Bob Dylan - Robert Hunter / 3'42 minutos

Músicos: Bob Dylan: voz, guitarra; Mike Campbell: guitarra; David Hidalgo: acordeón, guitarra (?); Donnie
Herron: banjo; Tony Garnier: bajo; George G. Receli: batería, pandereta / **Grabación:** Dave's Room, Hollywood
(California): octubre de 2008 / **Productor:** Jack Frost (Bob Dylan) / **Ingeniero de sonido:** David Bianco

Génesis y realización

«Forgetful Heart» es la canción más desesperada de *Together
Through Life*. El personaje principal se dirige al ser amado,
que ha perdido «el poder de recordar» y que, desde entonces, se conforma con «dejar pasar los días». Y parece que
es irremediable. Debe aceptar que la mujer a la que ama no
sea más que una «sombra en [su] cerebro». La última frase
de la canción, «La puerta se ha cerrado para siempre/Si
es que alguna vez hubo una puerta» es una referencia implícita a una réplica de la obra de William Faulkner *Requiem for*
a woman (Réquiem por una mujer): «El pasado nunca muere, ni siquiera ha pasado».
Un cambio de ambiente con este «Forgetful Heart» que Dylan
canta con una voz profunda, ronca, dolorosa. Mike Campbell
encuentra un hueco en este denso *slow blues* para ejecutar un
excelente solo saturado con la guitarra. Esta vez Donnie Herron cambia la *steel guitar* por un banjo de los Apalaches, y
Dylan abandona el órgano para tocar muy probablemente una
guitarra acústica. La sección rítmica es excelente, y podemos
oír a George G. Receli tocar la pandereta (por *overdub*).

Jolene

Bob Dylan – Robert Hunter / 3'51 minutos

Músicos: Bob Dylan: voz, órgano; Mike Campbell: guitarra; David Hidalgo: guitarra; Donnie Herron: *steel guitar*; Tony Garnier: bajo; George G. Receli: batería **/ Grabación:** Dave's Room, Hollywood (California): octubre de 2008 **/ Productor:** Jack Frost (Bob Dylan) **/ Ingeniero de sonido:** David Bianco

Génesis y realización

En 1973 la cantante de country Dolly Parton obtuvo un gran éxito con «Jolene». Cuarenta años más tarde, el cantautor recupera este nombre pero lo aplica a una canción totalmente distinta. La Jolene de Robert Hunter y Bob Dylan resucita a los muertos y tiene el don de hacer olvidar las ideas tristes cuando alguien tiene la suerte de estar entre sus brazos.

El espléndido riff de «Jolene» se debe a la combinación de la *steel guitar* de Donnie Herron, la guitarra de Mike Campbell y el órgano de Bob Dylan. Es muy poco frecuente en la discografía del cantautor que varios instrumentos toquen un riff para subrayarlo. El conjunto del grupo ofrece un muy buen *groove*, y aunque Dylan afirma que en sus canciones no hay lugar para los solos, podemos escuchar dos –muy convincentes, por cierto–, interpretados por Herron y Campbell. Un tema excelente.

PARA LOS ADICTOS A DYLAN
Además de las historias bíblicas, Dylan también se inspira en la poesía de Samuel Taylor Coleridge: «Sombras que bailan en la pared» es de su poema *A Day-Dream*.

This Dream Of You

Bob Dylan / 5'54 minutos

Músicos: Bob Dylan: voz, guitarra; Mike Campbell: guitarra; David Hidalgo: acordeón; Donnie Herron: *steel guitar*, violín; Tony Garnier: contrabajo; George G. Receli: batería **/ Grabación:** Dave's Room, Hollywood (California): octubre de 2008 **/ Productor:** Jack Frost (Bob Dylan) **/ Ingeniero de sonido:** David Bianco

Génesis y realización

«This Dream Of You» es la única canción del álbum escrita y compuesta exclusivamente por Bob Dylan. ¿A quién se dirige el narrador cuando pregunta «¿Cuánto tiempo puedo quedarme en este café en medio de ninguna parte/Antes de que llegue el día?»? Estas palabras nos lo aclaran, al igual que la frase del estribillo: «Es este sueño sobre ti/Lo que me mantiene vivo». Dios está aquí. Siempre. Lo habita. Así, la frase «Todas las cosas viejas que vuelven a ser nuevas» remite a las palabras del Libro del Eclesiastés (I, 9).

En este caso Bob Dylan se aleja del folk y del blues para firmar una pequeña obra maestra de pop soul romántico. «Algunas de las baladas que escuchábamos en la radio han aguantado bien el paso del tiempo, y la mayoría son de Doc Pomus», explicó Bob Dylan a Bill Flanagan. «"Spanish Harlem", "Save The Last Dance for Me", "Little Sister" y algunas otras. Doc era un tipo sentimental. Si me dicen que en "This Dream Of You" hay algo de él, me lo tomaré como un cumplido».[67]

«This Dream Of You» demuestra una vez más el eclecticismo que caracteriza los últimos álbumes del cantautor. Queda lejos el tiempo en que sus discos estaban compuestos por canciones de un único estilo. Esta, más bien romántica, está teñida de colores mexicanos y de música cajún. No hay duda de que es Donnie Herron quien toca el violín y la *steel guitar*. Dylan canta con una voz muy emotiva e incluso podemos percibir entonaciones que recuerdan a Willie DeVille.

Shake Shake Mama

Bob Dylan – Robert Hunter / 3'37 minutos

Músicos: Bob Dylan: voz, órgano, guitarra (?); Mike Campbell: guitarra; David Hidalgo: guitarra; Donnie Herron: *steel guitar*; Tony Garnier: contrabajo; George G. Receli: batería / **Grabación:** Dave's Room, Hollywood (California): octubre de 2008 / **Productor:** Jack Frost (Bob Dylan) / **Ingeniero de sonido:** David Bianco

Génesis y realización

Washboard Sam grabó en su tiempo «Do That Shake Dance». El 26 de noviembre de 1964, Mance Lipscomb graba una composición de su cosecha, «Shake Shake Mama» (*Conversation With The Blues* de Paul Oliver, 1965). Bob Dylan firmará su propia versión con la colaboración de Robert Hunter. No hay que buscar sentidos ocultos en esta canción. Trata de volver a los valores fundamentales del blues. Paradójicamen-te, Dylan no la ha interpretado nunca en directo. El cantautor no hace ninguna concesión para interpretar este blues tradicional. No hay acordeón ni violín, solo un grupo que suena como un «garage band». Guitarras saturadas, riff hipnótico en *slide*, batería densa y Dylan, que canta con una voz rota pero muy auténtica. Gracias a la simplicidad de la interpretación y a la profundidad del *groove*, «Shake Shake Mama» es uno de los mejores títulos de *Together Through Life*.

I Feel A Change Comin' On

Bob Dylan – Robert Hunter / 5'25 minutos

Músicos: Bob Dylan: voz, órgano; Mike Campbell: guitarra; David Hidalgo: acordeón; Donnie Herron: guitarra (?); Tony Garnier: bajo; George G. Receli: batería, pandereta / **Grabación:** Dave's Room, Hollywood (California): octubre de 2008 / **Productor:** Jack Frost (Bob Dylan) / **Ingeniero de sonido:** David Bianco

Génesis y realización

Bob Dylan escribió la letra de «I Feel A Change Comin' On» después de escuchar «Ain't No God In Mexico» de Billy Joe Shaver. De hecho, menciona al músico en la penúltima estrofa: «Escucho a Billy Joe Shaver y leo a James Joyce/La gente dice que llevo la sangre de la tierra en la voz». El nombre de James Joyce es para poner un toque céltico, tal como Dylan explicó a Douglas Brinkley: «Relacionar a Billy Joe con James Joyce. Creo que, de forma subliminal o astrológica, estos dos nombres pueden ir juntos».[166] El personaje principal mira hacia el este y «siente que se acerca un cambio». ¿A qué cambio se refiere? ¿Ha decidido rehacer su vida, teniendo en cuenta que sus «sue-ños nunca se han hecho realidad»? ¿Quizá está preparado para la revolución, porque «todo el mundo tiene todo el dinero», «tiene todas las flores» pero él no tiene ni «una sola rosa»? Dylan y Hunter dejan que sea el oyente el que responda.

«I Feel A Change Comin' On» es un excelente *slow rock* con un *groove* irresistible, especialmente gracias a los talentosos George G. Receli y Tony Garnier. Y una vez más el acordeón aporta el color cajún que tanto le gusta a Dylan. Mike Campbell ejecuta dos espléndidos solos (3'21 y 4'56). El cantautor toca el órgano y ofrece una excelente interpretación vocal, con «la sangre de la tierra en la voz», como él mismo dice en la letra.

It's All Good

Bob Dylan – Robert Hunter / 5'28 minutos

Músicos
Bob Dylan: voz, órgano, guitarra (?)
Mike Campbell: guitarra
David Hidalgo: acordeón
Donnie Herron: *steel guitar*
Tony Garnier: contrabajo
George G. Receli: batería
Grabación
Dave's Room, Hollywood (California): octubre de 2008
Equipo técnico
Productor: Jack Frost (Bob Dylan)
Ingeniero de sonido: David Bianco

Génesis y letra

Bob Dylan demuestra una vez más su inmenso talento a la hora de describir un mundo al borde de la explosión. Con «It's All Good», y la participación de Robert Hunter, recupera sus cuadros apocalípticos de los años 1960. «Políticos [que] cuentan mentiras», «mujeres [que] dejan a sus maridos», «gente tan enferma que no puede ni tenerse en pie», «viudas que lloran». Así pues, ¿Cuál es este mundo en el que vive el narrador? Un mundo en el que reina la desinformación. Es un mensaje en forma de manifiesto que Bob Dylan dirige a todos los narcisistas, a todas las (falsas) élites que siguen pensando que... «todo va bien».
Existe otra interpretación posible: el personaje de la canción, que dice querer «arrancarse la barba y tirarla a la cara» de la mujer con la que comparte la vida, ha perdido su espíritu. Así, lo que describe solo sería una fantasía. A menos que sea la sociedad actual la que lo ha vuelto loco. Volvemos a la casilla de salida...

Realización

Dylan concluye su álbum con un blues dominado por un riff que ejecutan el acordeón y la *steel guitar*. La tensión se puede palpar, y el cantautor adquiere unas entonaciones que recuerdan a Muddy Waters. Su voz es sentenciosa, se erige por encima del caos. A Dylan, que en sus dos últimos álbumes ha asumido el papel de productor, le gusta la mezcla de instrumentos acústicos (batería con escobillas, contrabajo, guitarra acústica, acordeón) y eléctricos (guitarras, órgano). Hay que reconocer que el resultado es convincente y consigue obtener el elogio de crítica y público.
Dylan dirá que el título «It's All Good» se le ocurrió porque no dejaba de oír a gente que lo decía durante todo el día. Lo que está claro es que después de escuchar a los mejores intérpretes de blues durante largos años, ha conseguido capturar toda su esencia para retransmitirla con un talento incomparable. La primera vez que tocó «It's All Good» en directo fue en Chicago (Illinois), el 31 octubre de 2009.

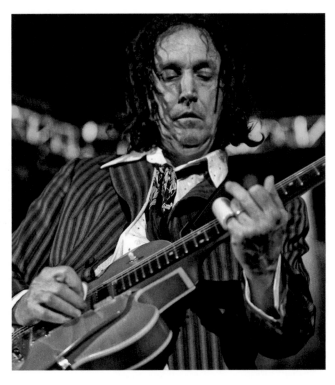

Mike Campbell, guitarrista de Tom Petty & the Heartbreakers, ejecuta una excelente parte de guitarra en «It's All Good».

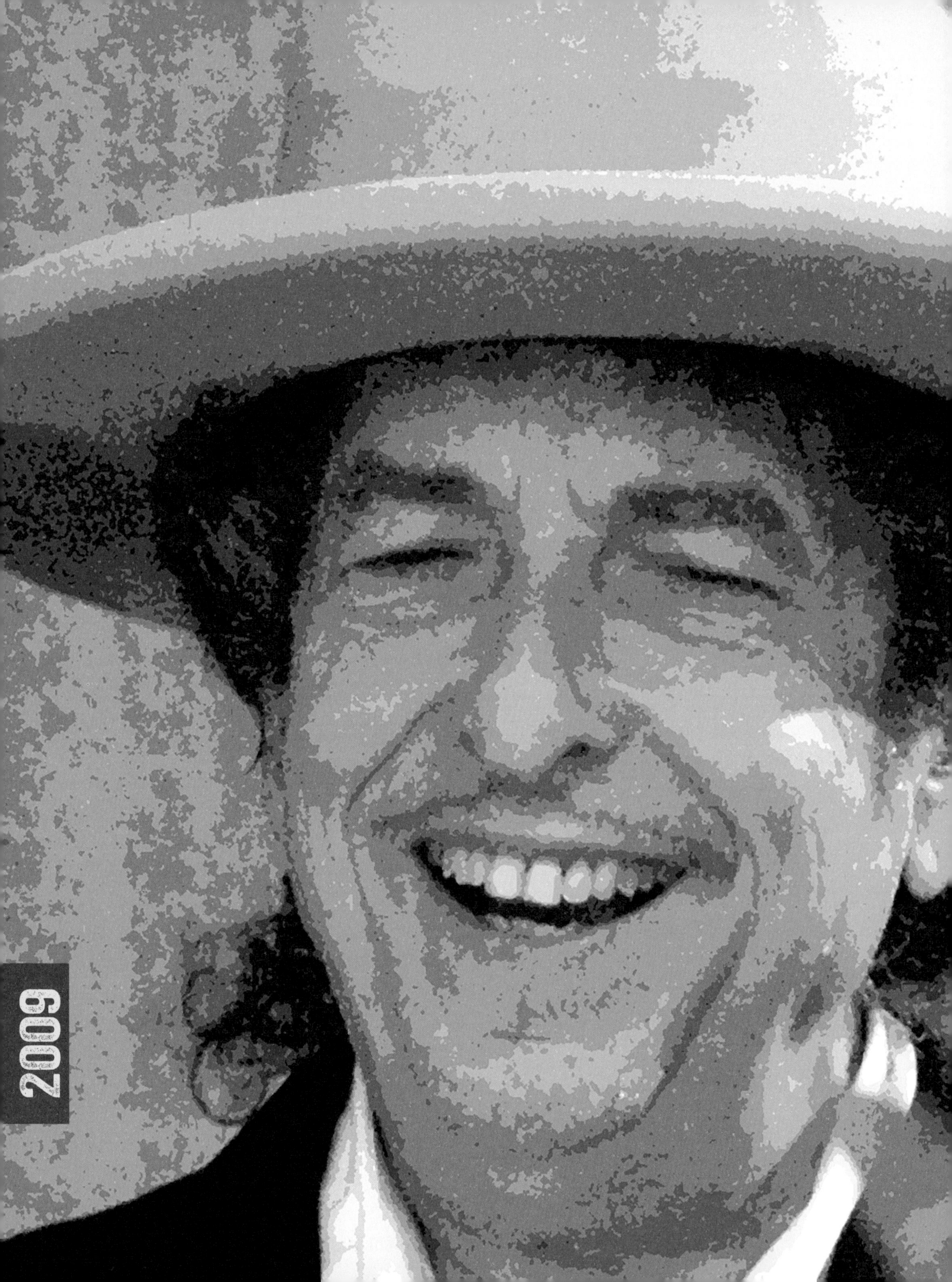

2009

ÁLBUM
FECHA DE PUBLICACIÓN
13 de octubre de 2009
Columbia Records
(REFERENCIAS COLUMBIA 88697 57323 2 [CD], 88697 57323 1 [LP])

Here Comes Santa Claus
Do You Hear What I Hear?
Winter Wonderland
Hark The Herald Angels Sing
I'll Be Home For Christmas
Little Drummer Boy
The Christmas Blues
O' Come All Ye Faithfull (Adeste Fideles)
Have Yourself A Merry Little Christmas
Must Be Santa
Silver Bells
The First Noel
Christmas Island
The Christmas Song
O' Little Town Of Bethlehem

Christmas In The Heart

Christmas In The Heart,
su álbum navideño

El álbum

Solo unos días separan la grabación de *Christmas In The Heart* y la publicación de *Together Through Life*. Hacía tiempo que Dylan fantaseaba con la idea de dedicar todo un álbum a canciones de Navidad, quizá para asumir el mismo reto que Frank Sinatra (*Christmas Songs By Sinatra*, 1948; *A Jolly Christmas From Frank Sinatra*, 1957) y Elvis Presley (*Elvis' Christmas Album*, 1957; *Elvis Sings The Wonderful World Of Christmas*, 1971) asumieron en su época.

En una entrevista concedida a Bill Flanagan en 2009, Dylan declaró: «Fue mi discográfica quien me obligó a hacerlo»,[167] antes de matizar su afirmación explicando que fue Walter Yetnikoff, antiguo presidente de CBS Records (1975-1990), quien el dio la idea muchos años atrás. Así, en 1983, durante las sesiones de *Infidels*, Dylan grabó una versión de «Silent Night» con Mark Knopfler y Mick Taylor a las guitarras. Más adelante, durante la gira americana del otoño de 2001, tocó varios villancicos durante las pruebas de sonido. Luego, en 2006, como conductor del programa radiofónico *Theme Time Radio Hour*, puso varias canciones navideñas, como «Poor Old Rudolph» de los Bellrays, «Truckin' Trees For Christmas» de Red Simpson y «Santa Claus» de Sonny Boy Williamson.

Recuerdos de infancia

En mayo de 2009, Bob Dylan dio el paso definitivo. *Christmas In The Heart* contiene quince canciones. Cuatro son puros villancicos. El resto pertenecen a la tradición de la Navidad. Pero todas «forman parte de mi vida, como canciones folklóricas. Debemos tocarlas tal como son»,[167] explica a Bill Flanagan. La única excepción será «Must Be Santa», para la que recuperó la versión polka de un grupo texano llamado Brave Combo.

Sin embargo, en conjunto, el ambiente es el mismo. Un ambiente que remite a una parte de la juventud del cantautor en Minnesota, con «mucha nieve, *jingle bells*, coros navideños que iban de una casa a otra, trineos en la calle, las campanas de la ciudad repicando, escenas del belén…».

Con *Christmas In The Heart* Bob Dylan rinde un homenaje doble: un homenaje a la tradición cristiana (aunque él se crió en una familia judía de Duluth que no celebraba la Navidad) y un homenaje a la música popular americana. La mayoría de las canciones reunidas en este álbum ya habían sido grabadas por los más célebres crooners: «Here Comes Santa Claus» y «Winter Wonderland» por Elvis Presley, «Do You Hear What I Hear», «Little Drummer Boy», «Silver Bells» y «The First Noel» por Bing Crosby, «I'll Be Home For Christmas» y «O Little Town Of Bethlehem» por Elvis Presley y Frank Sinatra (entre otros), «The Christmas Blues» por Dean Martin, «Have Yourself A Merry Little Christmas» por Judy Garland y Frank Sinatra, y «The Christmas Song» por Nat King Cole.

Así, el creador de «Blowin' In The Wind» y «Like A Rolling Stone» se libra a un auténtico ejercicio de estilo con su trigési-

2009

Phil Upchurch, una leyenda de la guitarra, que ha tocado tanto con *bluesmen* como con *jazzmen*.

mo cuarto álbum de estudio, sin duda el más atípico de su discografía. *Christmas In The Heart* sale a la venta el 13 de octubre de 2009. Llega al número uno en dos categorías del *Billboard*: los *holiday albums* y los *folk albums*. Lo más sorprendente es que alcanza un notable número nueve en las listas de rock. En cambio, fuera de las fronteras de Estados Unidos, a excepción de Noruega (número cinco), el éxito es modesto: número 37 en Alemania, 40 en el Reino Unido y 119 en Francia. Bob Dylan no recibirá ni un solo dólar por las ventas del disco: la totalidad de los beneficios irá destinada a organismos humanitarios: Feeding America en Estados Unidos, Crisis en el Reino Unido y el World Food Programme.

La carátula

El diseño del álbum es de Coco Shinomiya, que ya había diseñado el estuche de *Together Through Life*. En la portada vemos un grabado antiguo que fue retocado por ordenador. La ilustración de la contraportada es de Edwin Fotheringham (T-Bone Burnett, Elvis Costello...) y representa a los Reyes Magos siguiendo a la estrella. En el interior descubrimos una orquesta de cuatro papá noeles descansando, una fotografía en blanco y negro de Leonard Freed. Y en la contraportada del libreto figura un magnífico dibujo realizado por la talento-

sa Olivia De Berardinis, que representa a la célebre *pin-up* Bettie Page disfrazada de papá Noel.

La grabación

Bob Dylan vuelve a producirse a si mismo (siempre tras el seudónimo de Jack Frost). Aparecen dos nuevos músicos en el grupo: el primero es el excelente guitarrista Phil Upchurch, que había tocado con *bluesmen* como Otis Rush y Jimmy Reed y había grabado con los músicos de jazz Woody Herman, Stan Getz y Quincy Jones. El segundo es el multiteclista Patrick Warren, que había tocado, entre muchos artistas, con los Red Hot Chili Peppers, Stevie Nicks o Joe Cocker. El resto de músicos son «viejos conocidos de Dylan»: Tony Garnier, George G. Receli, Donnie Herron y David Hidalgo.

Y como no podía ser de otra manera en un álbum navideño, también hay un coro, constituido por Amanda Barrett, Bill Cantos, Randy Crenshaw, Abby DeWald, Nicole Eva Emery, Walt Harrah y Robert Joyce. El ingeniero de sonido es David Bianco, que ya trabajó en *Together Through Life*. Por último, las sesiones se desarrollaron en mayo de 2009 en el estudio privado de Jackson Browne, en Santa Mónica, llamado Groove Masters, equipado con una consola Neve 8078 con automatización.

Gene Autry.

Here Comes Santa Claus

Gene Autry - Oakley Haldeman / 2'36 minutos

Músicos: Bob Dylan: voz, guitarra; Phil Upchurch: guitarra; David Hidalgo: guitarra; Donnie Herron: *steel guitar*; Patrick Warren: celesta; Tony Garnier: contrabajo; George G. Receli: batería, percusiones; Amanda Barrett, Bill Cantos, Randy Crenshaw, Abby DeWald, Nicole Eva Emery, Walt Harrah y Robert Joyce: coros **/ Grabación:** Groove Masters Studios, Santa Mónica (California): mayo de 2009 **/ Productor:** Jack Frost (Bob Dylan) **/ Ingeniero de sonido:** David Bianco

Génesis y realización

Fue Gene Autry, el «cowboy cantor», quien tuvo la idea de esta canción (que musicó Oakley Haldeman) después de participar en la célebre Santa Claus Parade de Hollywood Boulevard. En 1947 escaló hasta el número cinco de las listas de country, abriendo así el camino a un gran número de intérpretes. Los más singulares son sin duda Elvis Presley (*Elvis Christmas*, 1957) y Bob Dylan, medio siglo después del Rey.

Primera inmersión en el mundo de la Navidad con este éxito ineludible que el cantautor interpreta de una forma bastante curiosa, con una voz que en algunos momentos parece de dibujo animado y en otros es tan áspera como la de un oso, pero que en definitiva consigue pulsar las cuerdas de la emoción. Rodeado de músicos espléndidos, el autor de «Sad-Eyed Lady Of The Lowlands» ofrece una recreación de una especie de mundo paralelo, una recreación que nos parece alegre y sincera. Su versión permanece dentro de los cánones del género: cascabeles, celesta y una excelente coral. ¿Dylan disfrazado de papá Noel? Es una buena sorpresa.

Do You Hear What I Hear?

Gloria Shayne Baker - Noël Regney / 3'03 minutos

Músicos: Bob Dylan: voz, guitarra; Phil Upchurch: guitarra; David Hidalgo: guitarra, violín (?); Donnie Herron: violín; Patrick Warren: piano, órgano, celesta; Tony Garnier: contrabajo; George E. Receli: batería **/ Grabación:** Groove Masters Studios, Santa Mónica (California): mayo de 2009 **/ Productor:** Jack Frost (Bob Dylan) **/ Ingeniero de sonido:** David Bianco

Génesis y realización

«Do You Hear What I Hear?» es un villancico de un género particular, ya que Noel Regney (para la letra) y su mujer Gloria Shayne Baker (para la música) la escribieron en plena crisis de los misiles de Cuba, que habría podido provocar un apocalipsis nuclear. Este himno a la paz fue grabado en primer lugar por la Harry Simeone Chorale, y vendió 250.000 ejemplares durante el período de Navidad de 1962. Al año siguiente la grabó Bing Crosby. Esta canción también ha dado lugar a numerosas adaptaciones. La versión de Dylan es bastante fiel a la de Bing Crosby. El ritmo, bastante marcial, es conducido por la caja de George G. Receli y la guitarra clásica (¿David Hidalgo?). Los arreglos son de calidad, muy adecuados al estilo del tema, aunque el excelente Phil Upchurch no dudó en añadir unas notas de blues con su guitarra eléctrica. En cuanto a Bob, con una voz siempre ronca, más cercana a Tom Waits que a Bing Crosby, ofrece una espléndida interpretación con un cierto candor que no deja de sorprender.

Winter Wonderland

Felix Bernard – Richard B. Smith / 1'53 minutos

Músicos: Bob Dylan: voz, guitarra; Phil Upchurch: guitarra; David Hidalgo: violín, guitarra (?); Donnie Herron: *steel guitar*, violín; Patrick Warren: piano, celesta; Tony Garnier: contrabajo; George G. Receli: batería, percusiones; Amanda Barrett, Abby DeWald, Nicole Eva Emery: coros / **Grabación:** Groove Masters Studios, Santa Mónica (California): mayo de 2009 / **Productor:** Jack Frost (Bob Dylan) / **Ingeniero de sonido:** David Bianco

Génesis y realización

«Winter Wonderland» nació en 1932 de la colaboración entre el director de orquesta Felix Bernard y el letrista Richard B. Smith, que escribió el texto en un sanatorio de Pennsylvania donde se estaba tratando de tuberculosis. Desde la ventana de su habitación oía «un pájaro que cantaba una canción de amor» y veía una gran «pradera donde habría podido hacer un muñeco de nieve». Hasta día de hoy más de 200 intérpretes han incluido esta canción en sus repertorios navideños, empezando por Guy Lombardo, Johnny Mercer, Perry Como, Dean Martin y Elvis Presley. La versión de Bob Dylan es una auténtica y feliz sorpresa. Su voz grave nos transporta como por arte de magia a las llanuras nevadas de Pennsylvania.

La introducción de «Winter Wonderland» haría las delicias de Brian Wilson, con sus cascabeles tintineantes y sus magníficos coros femeninos. Estos últimos están compuestos por Amanda Barrett y Abby DeWald, dos extraordinarias cantantes del grupo The Ditty Bops, conocidas por la calidad de sus harmonías (*close harmony*). La versión de Dylan es todo un logro, y se parece bastante a la de Dean Martin en el plano musical y a la de Louis Armstrong en cuanto a la voz.

Hark The Herald Angels Sing

Música Felix Mendelssohn – letra Charles Wesley, arr. Bob Dylan / 1'53 minutos

Músicos: Bob Dylan: voz, guitarra; Phil Upchurch: guitarra (?); David Hidalgo: guitarra; (?), violín; Donnie Herron: violín; Patrick Warren: piano, celesta; Tony Garnier: contrabajo; George G. Receli: batería; Amanda Barrett, Abby DeWald, Nicole Eva Emery: coros / **Grabación:** Groove Masters Studios, Santa Mónica (California): mayo de 2009 / **Productor:** Jack Frost (Bob Dylan) / **Ingeniero de sonido:** David Bianco

Génesis y realización

Parece que este canto navideño apareció por primera vez en la colección *Hymns And Sacred Poems*, que Charles Wesley publicó en 1739. Un siglo más tarde, y tras modificar el texto, Felix Mendelssohn compuso la cantata *Festgesang* (o *Gutenberg Cantata*), destinada a celebrar la invención de la imprenta por Johannes Gutenberg, cuatro siglos antes. La obra del gran compositor fue adaptada por el músico británico William Hayman Cummings y se le cambió el título por «Hark! The Herald Angels Sing».

Esta preciosa melodía, acompañada por un texto que ensalza la reconciliación general (Dios y pecadores), llamó la atención de Bob Dylan.

La orquestación de «Hark The Herald Angels Sing» es bastante reducida y más bien clásica: violines, un contrabajo tocado con arco, una guitarra clásica, un piano, una celesta. Y, como siempre, esos magníficos coros femeninos que iluminan la canción. Dylan proclama el nacimiento de Jesús con su voz ronca, y adivinamos una profunda sinceridad en su interpretación. Una canción muy hermosa.

2009

I'll Be Home For Christmas

Walter Kent - Kim Gannon - Buck Ram / 2'55 minutos

Músicos: Bob Dylan: voz; Phil Upchurch: guitarra (?); David Hidalgo: guitarra (?); Donnie Herron: *steel guitar*; Patrick Warren: piano; Tony Garnier: contrabajo; George G. Receli: batería; Amanda Barrett, Bill Cantos, Randy Crenshaw, Abby DeWald, Nicole Eva Emery, Walt Harrah y Robert Joyce: coros / **Grabación:** Groove Masters Studios, Santa Mónica (California): mayo de 2009 / **Productor:** Jack Frost (Bob Dylan) / **Ingeniero de sonido:** David Bianco

PARA LOS ADICTOS A DYLAN

En diciembre de 1942, el letrista Buck Ram registró una canción titulada «I'll Be Home For Christmas (Tho' Just In Memory)». Aunque tenga poca relación con la de Bing Crosby, Ram consiguió que su nombre se añadiera junto los de Kent y Cannon.

Génesis y letra

«I'll Be Home For Christmas», canción escrita por Kim Cannon y compuesta por Walker Kent durante el verano de 1943, fue grabada por Bing Crosby el mismo año. Un soldado escribe a su familia para anunciar que volverá a casa por Navidad. Pero a lo largo de las estrofas comprendemos que eso es imposible: «Estaré en casa por Navidad, pero solo en mis sueños».

Todos los grandes nombres de la música estadounidense han grabado su versión de «I'll Be Home For Christmas»; de Frank Sinatra a Elvis Presley, de The Platters a The Beach Boys. Bob Dylan tenía que añadir su nombre a esta prestigiosa lista.

Una vez más, la realización está muy cuidada, al igual que los arreglos, y el resultado es muy convincente. Hay que decir que el contraste entre la interpretación melancólica del cantautor y las voces angelicales de los coros añade impacto al clima de la canción. Podemos escuchar a uno de los guitarristas tocando en rítmica con una guitarra jazz de estilo zíngaro. Esta versión se inspira tanto en la de Bing Crosby como en la de Elvis Presley.

Little Drummer Boy

Katherine K. Davis - Henry Onorati - Harry Simeone / 2'54 minutos

Músicos: Bob Dylan: voz, guitarra (?); Phil Upchurch: guitarra; David Hidalgo: mandolina (?), guitarra (?); Donnie Herron: *steel guitar*; Patrick Warren: órgano (?); Tony Garnier: contrabajo; George G. Receli: batería; Amanda Barrett, Bill Cantos, Randy Crenshaw, Abby DeWald, Nicole Eva Emery, Walt Harrah y Robert Joyce: coros / **Grabación:** Groove Masters Studios, Santa Mónica (California): mayo de 2009 / **Productor:** Jack Frost (Bob Dylan) / **Ingeniero de sonido:** David Bianco

Génesis y letra

Inspirada en un villancico checo, aunque fue compuesto oficialmente en 1941 por Katherine Kennicott Davis, «Little Drummer Boy» se convirtió en un éxito mundial gracias a las grabaciones de la familia de cantantes Trapp en 1955 y a la coral Harry Simeone tres años más tarde. La historia tiene como protagonista a un muchacho pobre que, como no puede ofrecer ningún regalo por el nacimiento de Jesús, le toca el tambor ante la mirada enternecida de la Virgen María. «Y me sonrió», canta, feliz. Conocida en España con el título «El tamborilero» (y popularizada sobre todo por Raphael), «Little Drummer Boy» es uno de los villancicos que más se ha versionado. En Estados Unidos, después del ineludible Bing Crosby, Johnny Cash, Ray Charles, The Supremes, Joan Baez, Stevie Wonder y The Temptations, el cantautor decidió hacer su propia adaptación. Y lo hace con una dulzura y una contención infinitas. Su interpretación es delicada, acompañada por los coros y por una orquestación bastante reducida. Dos instrumentos aportan un color distinto de los arreglos tradicionales: por una parte la guitarra eléctrica de Phil Upchurch, enriquecida con un *vibrato* muy presente, y por otra la *steel guitar* de Donnie Herron. Esta versión fue objeto de un videoclip.

The Christmas Blues

Sammy Cahn – David Jack Holt / 2'55 minutos

Músicos: Bob Dylan: voz, guitarra, armónica; Phil Upchurch: guitarra; David Hidalgo: guitarra; Donnie Herron: *steel guitar*; Patrick Warren: piano; Tony Garnier: contrabajo; George G. Receli: batería **/ Grabación:** Groove Masters Studios, Santa Mónica (California): mayo de 2009 **/ Productor:** Jack Frost (Bob Dylan) **/ Ingeniero de sonido:** David Bianco

COVERS

Existe una extraordinaria grabación de «Christmas Blues» de Canned Heat, realizada en 1968 con Dr. John al piano, en su disco *Christmas Album*, que se reeditó en 2007.

Génesis y realización

Sammy Cahn escribió un número incalculable de canciones y contribuyó en gran medida a la edad de oro de Broadway y de Hollywood y también a la de los crooners. «The Christmas Blues» fue grabada por Jo Stafford en septiembre de 1953, y un mes más tarde por Dean Martin. Como el disco de Martin salió antes que el de Stafford, fue él quien disfrutó del enorme éxito de la canción. En este caso, Cahn se distingue de otros compositores de villancicos. El narrador no puede disfrutar la alegría de los demás. Se siente solo, y el único regalo que le ha traído papá Noel es el blues... No hay duda de que esta temática llamó la atención de Bob Dylan. La canción le va como anillo al dedo, y la interpreta con convicción, aunque es más fácil imaginarlo cantando en un bar lleno de humo que delante de un belén. El cantautor interpreta un excelente solo de armónica, un poco al estilo de Stevie Wonder. Esta versión es mucho más blues que la de Dean Martin, por supuesto.

Canned Heat

O' Come All Ye Faithful (Adeste Fideles)

Tradicional/arreglos Bob Dylan / 2'55 minutos

Músicos: Bob Dylan: voz, guitarra; Phil Upchurch: guitarra; David Hidalgo: acordeón; Donnie Herron: mandolina (?), trompeta; Patrick Warren: órgano; Tony Garnier: contrabajo; Amanda Barrett, Abby DeWald, Nicole Eva Emery: coros **/ Grabación:** Groove Masters Studios, Santa Mónica (California): mayo de 2009 **/ Productor:** Jack Frost (Bob Dylan) **/ Ingeniero de sonido:** David Bianco

Génesis y realización

Este villancico es un canto latín que los cristianos practicantes entonan durante la Navidad. Aunque se atribuye a San Buenaventura (siglo XIII), circulan muchos otros nombres, desde el rey Juan IV hasta Christoph Willibald Gluck. Lo que conocemos con seguridad es el nombre del autor de la traducción británica, el sacerdote católico Frederick Oakeley, en 1841. La canción es una celebración del nacimiento de Jesús. «Acudid, fie-

les [*Adeste Fideles*], felices, triunfantes / Venid, venid a Belén / A ver el rey de los ángeles que acaba de nacer», canta Dylan con devoción... Gracias a esta canción ineludible de la Misa del Gallo podemos escuchar a Dylan cantando en latín con su voz grave y ronca. No hay duda de que su interpretación contrasta con las versiones habituales de este clásico. El único pero es que los arreglos no son los mejores del álbum, ya que «Adeste Fideles» requiere una masa orquestal más llena.

2009

Have Yourself A Merry Little Christmas

Ralph Bane - Hugh Martin / 4'06 minutos

Músicos: Bob Dylan: voz; Phil Upchurch: guitarra; David Hidalgo: guitarra (?); Donnie Herron: mandolina (?); Patrick Warren: piano; Tony Garnier: contrabajo; George G. Receli: batería; Amanda Barrett, Abby DeWald, Nicole Eva Emery: coros / **Grabación:** Groove Masters Studios, Santa Mónica (California): mayo de 2009 / **Productor:** Jack Frost (Bob Dylan) / **Ingeniero de sonido:** David Bianco

PARA ESCUCHAR

En el minuto 1'16 distinguimos una nota equivocada a la izquierda en el estéreo, que parece provenir del piano.

Génesis y realización

Compuesta por Hugh Martin y Ralph Bane, «Have Yourself A Merry Little Christmas» fue interpretada por Judy Garland en *Meet Me In St. Louis* (*Cita en S. Louis*, 1944), de Vincente Minnelli. Garland la canta a su hermana (Margaret O'Brien) en Nochebuena, después de que su padre les anuncie que se marcha de Saint Louis para ir a trabajar a Nueva York.

Después de Judy Garland, Frank Sinatra también grabó la canción, una primera vez en 1950 y una segunda en 1963 (con una letra algo menos sombría). Luego la grabaron muchos otros intérpretes, siempre manteniendo su extraordinario poder emocional: Jackie Gleason, Ella Fitzgerald, James Taylor, Whitney Houston, Mary J. Blige y... Bob Dylan.

El cantautor ofrece una excelente interpretación de este maravilloso villancico. Aunque vocalmente su versión se aleja mucho de la de Sinatra, no por eso es menos atractiva. Los arreglos de estilo jazz son de gran calidad, y la guitarra de Upchurch ejecuta una magnífica introducción antes de proseguir con una rítmica de swing. Dylan también se acompaña de la segunda guitarra de Hidalgo (?), con un *vibrato* muy intenso, la excelente parte de piano de Warren y la sección rítmica, ejecutada con gran elegancia por Receli y Garnier. También oímos el sonido de una mandolina muy discreta, que probablemente toca Herron.

PARA LOS ADICTOS A DYLAN

Formado durante los años 1970 en Denton (Texas), Brave Combo versiona éxitos del rock pasándolos por el filtro de los ritmos latinoamericanos o de la polka. Las versiones polka de «People Are Strange» de Doors y cha-cha-cha de «(I Can't Get No) Satisfaction» de los Rolling Stones no pasan desapercibidas.

Must Be Santa

William Fredericks - Hal Moore / 2'49 minutos

Músicos: Bob Dylan: voz, guitarra; Phil Upchurch: guitarra; David Hidalgo: acordeón; Donnie Herron: mandolina; Patrick Warren: piano; Tony Garnier: contrabajo; George G. Receli: batería, pandereta; Amanda Barrett, Bill Cantos, Randy Crenshaw, Abby DeWald, Nicole Eva Emery, Walt Harrah y Robert Joyce: coros / **Grabación:** Groove Masters Studios, Santa Mónica (California): mayo de 2009 / **Productor:** Jack Frost (Bob Dylan) / **Ingeniero de sonido:** David Bianco

Génesis y realización

El primero en grabar esta canción fue Mitch Miller, en 1960. Pero fue el pionero del rock'n'roll inglés Tommy Steele quien, en el mismo año, la convirtió en un gran éxito. «Must Be Santa» sigue el esquema de pregunta-respuesta. «¿Quién lleva una larga barba blanca?», pregunta el solista. Y el coro responde: «Es papá Noel [Santa] quien lleva una larga barba blanca». Inspirándose en la versión del grupo Brave Combo, Bob Dylan transformó esta canción de taberna alemana en una polka con la ayuda del acordeón. Su versión dio lugar a un videoclip dirigido por Nash Edgerton. El argumento: durante una noche de Navidad, dos comensales llegan a las manos y se tiran los regalos a la cara. Al final vemos a Bob Dylan junto a papá Noel. Esta versión, que se aleja mucho de la de Tommy Steele pero se mantiene fiel a la de los texanos Brave Combo, es una verdadera sorpresa. El grupo se divierte, y también percibimos que Dylan está disfrutando. Su interpretación es alegre y, después de ver el videoclip de Nash Edgerton, es difícil dejarlo de ver cantando con esa peluca rubia bajo su sombrero. Los músicos están espléndidos, y la parte de acordeón de David Hidalgo merece una mención especial. Una versión de «Must Be Santa» que provoca ganas de beber cerveza en lugar de vino...

Silver Bells

Raymond B. Evans – Jay Livingston / 2'36 minutos

Músicos: Bob Dylan: voz, piano eléctrico (?); Phil Upchurch: guitarra; David Hidalgo: mandolina (?), violín (?); Donnie Herron: *steel guitar*, mandolina (?), violín (?); Patrick Warren: piano, órgano; Tony Garnier: contrabajo; George G. Receli: batería **/ Grabación:** Groove Masters Studios, Santa Mónica (California): mayo de 2009 **/ Productor:** Jack Frost (Bob Dylan) **/ Ingeniero de sonido:** David Bianco

Génesis y realización

Bob Hope y Marilyn Maxwell cantan «Silver Bells» en la película *The Lemon Drop Kid* (1951), de Sidney Lanfield. Pero Bing Crosby y Carol Richards fueron los primeros en grabar esta canción, que apareció en disco en octubre de 1950. Luego siguieron otros intérpretes, como Dean Martin, Elvis Presley, Stevie Wonder o The Supremes. Más de medio siglo después, el cantautor la incluye en su repertorio para proclamar la buena noticia: las «campanas de plata» anuncian la Navidad.

Es fácil imaginar a Dylan disfrazado de papá Noel cantando esta melodía con su voz grave en la puerta de una tienda, a semejanza de Bob Hope en *The Lemon Drop Kid*. Su versión se distingue de las demás por un estilo más directo y agresivo en la interpretación. Por otra parte, la mandolina, el violín y la *steel guitar* le dan un aire country bastante logrado.

Frank Sinatra.

The First Noel

Tradicional/arreglos Bob Dylan / 2'31 minutos

Músicos: Bob Dylan: voz, guitarra, piano eléctrico; Phil Upchurch: guitarra; David Hidalgo: acordeón; Donnie Herron: violín, mandolina (?); Patrick Warren: órgano, celesta; Tony Garnier: contrabajo; George G. Receli: batería; Amanda Barrett, Bill Cantos, Randy Crenshaw, Abby DeWald, Nicole Eva Emery, Walt Harrah y Robert Joyce: coros **/ Grabación:** Groove Masters Studios, Santa Mónica (California): mayo de 2009 **/ Productor:** Jack Frost (Bob Dylan) **/ Ingeniero de sonido:** David Bianco

Génesis y realización

«The First Noel», conocida también con los títulos «The First Nowel», «For Christmas Day In The Morning» o «A Carol For The Epiphany», es una canción tradicional británica, sin duda originaria de Cornualles. Aparece en las colecciones *Carols Ancient And Modern* (1823) y *Gilbert And Sandys Carols* (1833). Aunque la letra ha ido evolucionando con las distintas versiones, el tema es siempre el mismo: los ángeles anuncian el nacimiento del Mesías a los pastores, que van a adorarlo a Belén.

Este himno a la Natividad ha sido grabado por numerosos artistas desde que lo hizo Bing Crosby en 1949. Entre estos se encuentran Frank Sinatra, Neil Diamond y Whitney Houston.

A pesar de los espléndidos coros de la introducción, la versión de Dylan de «The First Noel» no llega a despegar. Los arreglos están sobrecargados y carecen de sutileza, a diferencia del resto de títulos del álbum. Es una lástima, ya que Dylan ofrece una buena interpretación desde las profundidades de sus cuerdas vocales.

2009

The Andrew Sisters, en la cumbre de su éxito en la década de 1940, especialmente por su tema «Christmas Island».

Christmas Island

Lyle Moraine / 2'29 minutos

Músicos

Bob Dylan: voz, guitarra
Phil Upchurch: guitarra
David Hidalgo: mandolina
Donnie Herron: *steel guitar*
Patrick Warren: piano
Tony Garnier: contrabajo
George G. Receli: batería
Amanda Barrett, Abby DeWald, Nicole Eva Emery: coros

Grabación

Groove Masters Studios, Santa Mónica (California): mayo de 2009

Equipo técnico

Productor: Jack Frost (Bob Dylan)
Ingeniero de sonido: David Bianco

Génesis y realización

Al personaje de la canción le gustaría pasar las Navidades en las islas Christmas (Australia). Colgaría su ropa en la rama de un cocotero y vería cómo papá Noel trae sus regalos en canoa. Esta canción, compuesta por Lyle Moraine en 1946, se convirtió unos meses después en un enorme éxito comercial para las Andrew Sisters, acompañadas por Guy Lombardo and His Royal Canadians. Luego siguieron otras versiones, como la de Jimmy Buffett de 1996.

Bob Dylan disfruta cantando esta Navidad exótica. Ya en la introducción –que Donnie Herron toca a la *steel guitar*–, entendemos que estamos lejos del ambiente navideño tradicional. La versión de Dylan se inspira en la de las Andrews Sisters, pero en realidad se acerca más a la de su alter ego moderno, las Puppini Sisters. El cantautor aborda la canción con un tono ligero y divertido, al que responden sus espléndidas coristas. El grupo ofrece un excelente acompañamiento en swing, y Donnie Herron y Phil Upchurch aprovechan la ocasión para tocar sendos solos con la *steel guitar* y la primera guitarra.

The Christmas Song

Mel Tormé – Bob Wells / 3'57 minutos

Músicos
Bob Dylan: voz, piano eléctrico (?)
Phil Upchurch: guitarra
David Hidalgo: guitarra
Donnie Herron: *steel guitar*
Patrick Warren: piano, celesta
Tony Garnier: contrabajo
George G. Receli: batería

Grabación
Groove Masters Studios, Santa Mónica (California): mayo de 2009

Equipo técnico
Productor: Jack Frost (Bob Dylan)
Ingeniero de sonido: David Bianco

Génesis y realización

Mel Tormé confesó que había creado este villancico durante un tórrido día de verano del año 1944. Sin embargo, son las «castañas asadas» y los «desconocidos vestidos como esquimales» los elementos que guían la escritura de su texto. Nat King Cole grabó hasta cuatro versiones de este tema entre 1946 y 1961, así que se avanzó al propio Mel Tormé, cuyo disco data de 1954. A continuación «The Christmas Song» se convirtió en un estándar. Frank Sinatra la cantó en 1957, The Jackson Five en 1968, Luther Vandross en 1992, Christina Aguilera en 1999, Sheryl Crow en 2008, Paul McCartney en 2012... En este caso Dylan y su grupo nos ofrecen una visión muy jazz y muy nostálgica. La mayoría de artistas que la versionan suelen omitir la introducción cantada, pero el cantautor hizo el esfuerzo de grabarla, «porque supongo que el tipo que la escribió lo hizo por algo»,[167] dirá a Bill Flanagan. La gran calidad de los músicos que lo rodean contribuye a que esta canción sea un auténtico logro. Y no hay que olvidar la excelente interpretación del propio cantautor.

Nat King Cole, pianista y una de las mejores voces de la música afroamericana. Grabó cuatro versiones de «The Christmas Song».

O' Little Town Of Bethlehem

Tradicional / arreglos Bob Dylan / 2'18 minutos

Músicos
Bob Dylan: voz, guitarra (?)
Phil Upchurch: guitarra
David Hidalgo: guitarra
Donnie Herron: *steel guitar*
Patrick Warren: piano, órgano, celesta
Tony Garnier: contrabajo
George G. Receli: platillos
**Amanda Barrett, Bill Cantos, Randy Crenshaw,
Abby DeWald, Nicole Eva Emery, Walt Harrah
y Robert Joyce:** coros
Grabación
Groove Masters Studios, Santa Mónica (California):
mayo de 2009
Equipo técnico
Productor: Jack Frost (Bob Dylan)
Ingeniero de sonido: David Bianco

Génesis y letra

«O'Little Town Of Bethlehem» es una composición del sacerdote Phillips Brooks, rector de la iglesia de la Santa Trinidad de Filadelfia (y vehemente antiesclavista durante la guerra de Secesión). La escritura de este poema se remonta a unos años después de un peregrinaje que Brooks efectuó a Tierra Santa y a su visita a Belén en 1865. Phillips Brooks: «Recuerdo que, de pie en aquella vieja iglesia de Belén, muy cerca del lugar donde nació Jesús, la campana empezó a sonar con unas espléndidas oraciones a la gloria de Dios, y me parecía oír voces que conocía muy bien, y que se deseaban una noche maravillosa para el nacimiento del Señor».[168] En cuanto a la música, es obra del organista de Phillips Brooks, Lewis Redner, y la compuso en Nochebuena. Al día siguiente los niños del coro de la iglesia de la Santa Trinidad interpretaron la canción.

Titulado originalmente «St Louis», el nombre de este villancico se convirtió en «O'Little Town Of Bethlehem». Ha sido grabado por muchos intérpretes. Entre las adaptaciones que han dado la vuelta al mundo están las de Frank Sinatra (1957), Elvis Presley (1957), The Staple Singers (1962), Willie Nelson (1979) y Dolly Parton (1990). La versión de Bob Dylan, que cierra *Christmas In The Heart*, es de una solemnidad excepcional. Da testimonio de la perfecta comprensión, por no decir perfecta comunión, entre el más grande de los cantautores americanos y la celebración de la Navidad, en la que se funda la tradición cristiana desde hace más de dos mil años.

Realización

¿Qué mejor manera de concluir su trigésimo cuarto álbum que cantando este «O' Little Town Of Bethlehem»? El cantautor vuelve a sorprendernos con una interpretación que no deja duda sobre sus convicciones más íntimas. Al comentario de Bill Flanagan en octubre de 2009: «No hay duda de que ha interpretado esta canción como un verdadero creyente», Dylan respondió: «Bueno, es que soy un verdadero creyente».[167] Su versión supera sin lugar a dudas a las de Sinatra, Elvis o Nat King Cole, gracias a una sinceridad que no engaña. Y es que Dylan no escribió tres álbumes religiosos por casualidad. Acompañado por una excelente orquestación, sobre todo los coros, decide terminar su disco con un «amén» conmovedor.

Elvis Presley durante una sesión de grabación. Le debemos una penetrante versión de «O'Little Town Of Bethlehem».

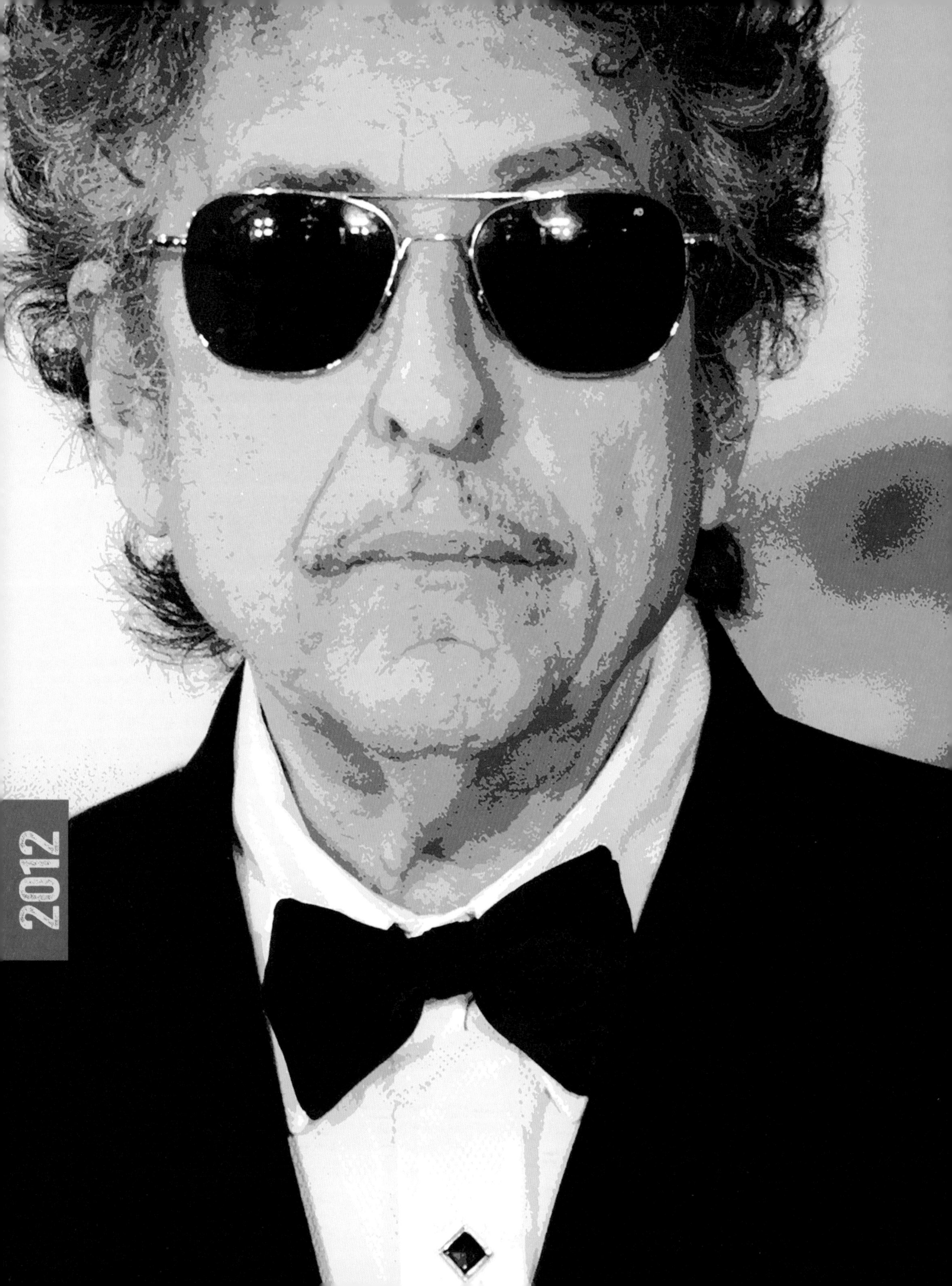

2012

Tempest

Duquesne Whistle
Soon After Midnight
Narrow Way
Long And Wasted Years
Pay In Blood
Scarlet Town
**Early Roman
Kings**
Tin Angel
Tempest
Roll On John

ÁLBUM
FECHA DE PUBLICACIÓN
**10 de septiembre de 2012
en Gran Bretaña y 11 de
septiembre en Estados
Unidos**
Columbia Records
(REFERENCIAS COLUMBIA 88725457602
[CD], 88725457602 [LP])

Con *Tempest*, Bob Dylan firma su 35.º
álbum de estudio; uno de los mejores
de su excepcional carrera.

Tempest,
un álbum en la cresta de la ola

El álbum

Cuando el trigésimo quinto álbum de Bob Dylan sale a la venta el 10 de septiembre en Gran Bretaña y el 11 de septiembre de 2012 en Estados Unidos, ¿Era posible que el cantautor, que tenía 71 años, acabara de entregar al público su testamento musical? Era lo que temían aquellos que establecieron el paralelismo con Shakespeare y la última obra que escribió, *The Tempest*. Hoy sabemos que no fue así. De hecho, tres semanas antes de la publicación del disco en cuestión, Dylan borró de un plumazo esa hipótesis con un comentario en las columnas de *Rolling Stone*: «La última obra de Shakespeare se llama *The Tempest*, no *Tempest*. Mi álbum se llama solo *Tempest*. Son dos títulos distintos».[169]

Tempest se compone de diez canciones, todas escritas por Bob Dylan (a excepción de «Duquesne Whistle», en colaboración con Robert Hunter). El cantautor ha confesado que entró en los estudios Groove Masters de Santa Mónica (California), con la intención de hacer un álbum religioso (quizá una continuación de la trilogía *Slow Train Coming-Save-Shot Of Love*). Pero el proyecto inicial evolucionó rápidamente y *Tempest* se convirtió en una especie de retrospectiva de cincuenta años de carrera.

El tono general del álbum es bastante oscuro y violento. Pero el humor ronda cerca, y también la emoción. Con un ritmo de swing, «Duquesne Whistle» es una nueva evocación de la infancia de Dylan en el Medio Oeste. «Soon After Midnight» es más enigmática, como si las sombras de Shakespeare, Howlin' Wolf y Elvis Presley planearan por encima de la canción. «Narrow Way» pinta un retrato poco favorecedor del imperialismo estadounidense, a años luz de los ideales de los padres fundadores. «Long And Wasted Years» es una de las canciones más crueles que se hayan escrito sobre una pareja, y al mismo tiempo es una metáfora de la expulsión de Adán y Eva del jardín del Edén. «Pay In Blood» evoca la época luminosa de los años 1960; el período de «Masters Of War» y de «Ballad Of A Thin Man». Asimismo, «Scarlet Town» es una especie de «Desolation Row» bis, mientras que «Early Roman Kings» es una relectura del blues moderno al estilo de Muddy Waters y Willie Dixon. «Tin Angel» es una *murder ballad* sobre un fondo de música folk y de dramaturgia de *western*. En cuanto a la canción que da título al disco, habla de la tragedia del Titanic sobre una melodía de 14' inspirada en la Carter Family. Por último, «Roll On John» es un sentido homenaje a John Lennon y, más allá de eso, es una evocación de los sueños que acompañaron a la generación de los años 1960.

Cuando sale a la venta, el álbum recibe un baño de elogios. *Rolling Stone* le da cinco estrellas, mientras que Will Hermes, en las columnas de la revista, escribe que Dylan, por lo que respecta al texto, «está en la cumbre de su arte». En Francia la crítica también es excelente. Bernard Loupias: «*Tempest* [...] continua esa odisea en la memoria de una América olvidadiza, que ya no sabe que está poseída por fantasmas que pesan

A la izquierda, Bob Dylan en los Premios Grammy de 2011. A la derecha, reedición de la extraordinaria J-200, la «SJ-200 collector» que Gibson produjo para satisfacer a los fans del cantautor.

mucho en su historia secreta. Pero Dylan los ve. Y escucha lo que le susurran sus voces tenues llevadas por el viento [...] que barre las grandes llanuras y ruge en las Montañas Rocosas».[171] El público responde con igual entusiasmo. Así, el trigésimo quinto álbum de estudio de Dylan será número tres en Estados Unidos y también en el Reino Unido, pero escalará hasta el número uno en varios países europeos (como Países Bajos, Suecia y Croacia). Un formidable toque de atención dirigido a aquellos que creían que el cantautor se estaba despidiendo de su público.

La carátula

La ilustración de la portada, roja sobre fondo negro, es un primer plano de una estatua que se encuentra delante del Parlamento de Viena (Austria), en el Ring. Se trata de una fuente, la Pallas-Athene-Brunnen (1902), que representa a los dioses del río que simbolizan el Danubio, el Eno, el Elba y el Moldava. La fotografía es de Alexander Längauer. El diseño de la carátula anterior vuelve a ser de Coco Shinomiya, como en los dos álbumes anteriores. En la contraportada del CD descubrimos una foto de Dylan al volante de un coche deportivo. La fotografía es obra de William Claxton (Chet Baker, Frank Sinatra...). El resto de fotos del libreto son de John Shearer, que también trabajará para Shadows In The Night (2015). Destaca un magnífico retrato de Dylan, con media cara velada por su sombrero.

La grabación

Las sesiones de Tempest, producidas por Bob Dylan (Jack Frost), se desarrollaron de enero a marzo de 2012. Junto a él, dos viejos conocidos: Stu Kimball, guitarrista de Empire Burlesque en 1985, y Charlie Sexton, guitarrista de Love And Theft en 2001. También encontramos a los músicos de los últimos álbumes: David Hidalgo (acordeón, guitarra, violín), Donnie Herron (steel guitar, banjo, violín, mandolina), Tony Garnier (bajo) y George G. Receli (batería). El elemento nuevo es el ingeniero de sonido, Scott Litt, que había producido los discos de R.E.M., Nirvana y The Replacements, y había trabajado con los Rolling Stones (remezcla de «I Go Wild»). Litt no era un fan histórico de Dylan, pero que «se convirtió» tras escuchar Love And Theft en 2001, que le ofreció la misma sensación que la lectura de las Adventures of Huckleberry Finn de Mark Twain. Como construyó su propio estudio en Venice (California), a mediados de los años 1980, tenía una idea en mente: que Dylan grabara allí. Pero desgraciadamente para él, los estudios elegidos fueron los Groove Masters de Jackson Browne, donde Dylan ya había grabado Christmas In The Heart. «La mayor contribución de Litt a Tempest podría ser los dos viejos micros Neumann que eran de su propiedad y que costaban cada uno unos 25.000 dólares», escribió, cargado de ironía, Nick Paumgarten; «Los micrófonos son "omnidireccionales": se puede colocar uno en el centro del estudio y grabar varios músicos a la vez. Era poco ortodoxo, una metodología pasada de moda, pero parece que a Dylan le gustaban las interferencias en los micros».[172] Scott Litt: «Se creó un ambiente sonoro, y Dylan supo adaptarse a él».[172] Litt prácticamente no tendrá que subir el volumen de la voz del cantautor en la grabación ni en la mezcla, ya que esta sobresale de forma natural. Efectivamente, el sonido del disco es sucio; un sonido low down, auténtico, exactamente lo que Dylan ha buscado durante toda su vida. Y como tiene por costumbre, para revisar las distintas mezclas de las canciones, el cantautor las escucha en el coche o en un radiocasete.

Duquesne Whistle

Bob Dylan – Robert Hunter / 5'44 minutos

Músicos: Bob Dylan: voz, teclados; Charlie Sexton: guitarra; Stu Kimball: guitarra; David Hidalgo: guitarra (?);
Donnie Herron: *steel guitar*; Tony Garnier: contrabajo; George G. Receli: batería **/ Grabación:** Groove Masters Studios,
Santa Mónica (California): enero-marzo de 2012 **/ Productor:** Jack Frost (Bob Dylan) **/ Ingeniero de sonido:** Scott Litt

Génesis y realización

El único título de *Tempest* firmado junto a Robert Hunter, «Duquesne Whistle», podría haber salido de las sesiones de *Together Through Life*, para el que ambos autores escribieron la mayoría de canciones. Es posible que el «silbato de Duquesne» haga alusión al terrible tornado que se abatió sobre Duquesne y Joplin (Missouri), en mayo de 2011. Pero lo más probable es que evoque el tren de Du Quoin (que se pronuncia Duquesne), de Illinois, que transporta pasajeros hacia Chicago al norte y hacia Nueva Orleans al sur. En cualquier caso, con esta canción el cantautor aprovecha para subirse al tren de la nostalgia y realizar un viaje introspectivo al centro de sus sentimientos, sus heridas, sus miedos, y de evocar, en la última estrofa, su juventud en el Medio Oeste.

Desde la introducción, Dylan nos lleva a una época de color sepia. El motivo está ejecutado con una *steel guitar* que la eléctrica reproduce, y por el piano, acompañado por una guitarra acústica. El resultado es irresistible, y nos obliga a viajar sesenta años atrás. La continuación es una *train song* que tiene un swing delicioso, con unas guitarras saturadas que se alternan con una rítmica zíngara. Es una lástima que el solo del final no se interpretara al estilo de Django Reinhardt. Dylan está espléndido, y es posible que su voz ronca nunca haya sonado tan bien como ahora. Un hermoso tema de obertura. «Duquesne Whistle» salió en single (en la cara B, una versión alternativa de «Meet Me In The Morning» grabada durante las sesiones de *Blood On The Tracks*) y dio lugar a un videoclip dirigido por Nash Edgerton.

COVERS

«Killing Floors» fue versionada por Electric Flag con el guitarrista Mike Bloomfield, que había tocado con Bob Dylan.

Soon After Midnight

Bob Dylan / 3'28 minutos

Músicos: Bob Dylan: voz, piano; Charlie Sexton: guitarra; Stu Kimball: guitarra; David Hidalgo: guitarra (?); Donnie
Herron: *steel guitar*; Tony Garnier: contrabajo; George G. Receli: batería **/ Grabación:** Groove Masters Studios,
Santa Mónica (California): enero-marzo de 2012 **/ Productor:** Jack Frost (Bob Dylan) **/ Ingeniero de sonido:** Scott Litt

Génesis y realización

Parece que en esta canción Bob Dylan se divierte jugando con las palabras: hay algunos guiños muy evidentes. «*Killing floors*», que evoca la muerte, la matanza, también es el título de un blues que Howlin' Wolf grabó en 1964. En cuanto a la frase «*It's now or never*» («es ahora o nunca»), remite a Elvis Presley. El propio título de la canción es una referencia a la comedia de Shakespeare *A Midsummer Night's Dream* (Sueño de una noche de verano), que tiene como personajes principales dos parejas de jóvenes amantes.

En cuanto a la música, Dylan vuelve a hacer una incursión en el pasado. El sonido de la primera estrofa simula un viejo transistor sobre una música de los años 1950-1960. Hay que decir que la canción guarda un cierto parecido con «A New Shade Of Blue» de Bobby Fuller Four (1966). La voz de Bob Dylan ha adquirido una nueva pátina que la vuelve menos agresiva que en algunos de sus últimos discos, al menos en esta canción. Canta con dulzura, y la toma de sonido es muy buena. El grupo está espléndido, y esta vez es Donnie Herron quien toca un solo de *steel guitar*, acompañado por una guitarra.

Bob Dylan durante la entrega de la Presidential Medal of Freedom por Barack Obama.

Narrow Way

Bob Dylan / 7'28 minutos

Músicos: Bob Dylan: voz, guitarra, piano; Charlie Sexton: guitarra; Stu Kimball: guitarra; David Hidalgo: guitarra (?); Donnie Herron: *steel guitar*; Tony Garnier: contrabajo; George G. Receli: batería / **Grabación:** Groove Masters Studios, Santa Mónica (California): enero-marzo de 2012 / **Productor:** Jack Frost (Bob Dylan) / **Ingeniero de sonido:** Scott Litt

Génesis y realización

Después de dejar varios indicios a lo largo de «Soon After Midnight», aquí Bob Dylan hace referencia explícita a la Biblia. El camino largo y angosto del estribillo evoca el «estrecho camino que lleva a la vida» del Evangelio Según San Mateo (VII, 14). A lo largo de las once estrofas que revisan algunos capítulos de la historia de Estados Unidos, y que de paso denuncian a una sociedad imperialista que se ha vuelto violenta e injusta, ¿El cantautor dialoga con su amada o con su país? «Tu padre te ha abandonado, tu madre también», canta al final de la canción; esta América ya no es la de los padres fundadores…
«Narrow Way» es otro blues que se añade a la larga lista de los que componen el repertorio del cantautor. Lo podría haber escrito en la época de *Highway 61 Revisited*, pero en 2012 Dylan todavía siente el mismo fervor por esta música que descubrió hace mucho tiempo gracias a los discos de Robert Johnson. El tema se construye alrededor de un riff recurrente que interpreta la guitarra con un sonido muy saturado, al que responde otra guitarra tocada en *bottleneck* (a menos que se trate de la *steel guitar* de Herron). De factura bastante clásica, «Narrow Way» posee un excelente *groove* que ofrecen la batería de Receli, tocada con escobillas, y el contrabajo de Garnier. A pesar de sus 71 primaveras, Dylan está más vivo que nunca, con su voz ronca, como es debido. Sin embargo, hay que lamentar la ausencia de un verdadero solo de guitarra o de harmónica.

Long And Wasted Years

Bob Dylan / 3'47 minutos

Músicos: Bob Dylan: voz, órgano; Charlie Sexton: guitarra; Stu Kimball: guitarra; David Hidalgo: guitarra; Donnie Herron: *steel guitar*; Tony Garnier: contrabajo; George G. Receli: batería / **Grabación:** Groove Masters Studios, Santa Mónica (California): enero-marzo de 2012 / **Productor:** Jack Frost (Bob Dylan) / **Ingeniero de sonido:** Scott Litt

Génesis y realización

«Long And Wasted Years» describe, durante un atardecer, la relación de una pareja que se da cuenta de que todos los años que han pasado juntos han sido años malgastados. El hombre y la mujer no se han entendido, no han intentado entenderse, como «dos trenes [que] avanzan sin cruzarse». Hoy, están llorando… En esta canción también podemos ver una evocación de la expulsión de Adán y Eva del jardín del Edén (*El paraíso perdido* de John Milton), y por consiguiente, la tentación del pecado.
«Long And Wasted Years» es una balada pop, esencialmente acústica. La introducción del tema es idéntica a la de «Soon After Midnight». Distinguimos una guitarra eléctrica y al menos tres guitarras acústicas. Dylan se encarga del órgano y canta con una voz a medio camino entre el sarcasmo y la ferocidad. Una balada bastante inclasificable.

Pay In Blood

Bob Dylan / 5'09 minutos

Músicos: Bob Dylan: voz, piano (?), guitarra (?); Charlie Sexton: guitarra; Stu Kimball: guitarra; David Hidalgo: guitarra (?); Donnie Herron: *steel guitar*; Tony Garnier: bajo; George G. Receli: batería / **Grabación:** Groove Masters Studios, Santa Mónica (California): enero-marzo de 2012 / **Productor:** Jack Frost (Bob Dylan) / **Ingeniero de sonido:** Scott Litt

Génesis y realización

La violencia y la represión dominan el mundo y el narrador clama venganza, contra los políticos, los militares, los que han perdido todo sentido moral... Y los reúne a todos bajo el vocablo «cabrones» («bastards»). En «Pay In Blood» volvemos encontrar un ataque frontal contra los comerciantes de armas de «Masters Of War» y al mismo tiempo está la poesía alusiva de «Ballad Of A Thin Man». Es difícil no ver también una metáfora de la pasión de Cristo, muerto en la cruz para salvar a la humanidad. La frase del estribillo «Pago con sangre, pero no con la mía» adquiriría así todo su significado: sería el ejemplo del sacrificio supremo.

«Pay In Blood» es un rock con acentos funky, con un riff de guitarra, un bajo y una batería que curiosamente recuerdan a los Rolling Stones. Oímos una guitarra tocada con un pedal *wah wah*, que, unida a la interpretación de batería de George G. Receli, aporta al tema un color bastante inédito en la discografía del cantautor al que, decididamente, le gusta explorar nuevos territorios musicales. Su interpretación es como el título de su canción: sangrante y feroz.

David Hidalgo.

Scarlet Town

Bob Dylan / 7'17 minutos

Músicos: Bob Dylan: voz, guitarra; Charlie Sexton: guitarra; Stu Kimball: guitarra; David Hidalgo: violín; Donnie Herron: banjo, mandolina (?); Tony Garnier: contrabajo; George G. Receli: batería, *shaker* / **Grabación:** Groove Masters Studios, Santa Mónica (California): enero-marzo de 2012 / **Productor:** Jack Frost (bob Dylan) / **Ingeniero de sonido:** Scott Litt

Génesis y realización

La «ciudad escarlata» que da nombre a la canción de Bob Dylan pertenece a una balada inglesa o escocesa del siglo XVII, que los colonos llevaron a América. Se trata de «Barbara Allen», que el joven Dylan había interpretado a principios de la década de 1960 (*Live At The Gaslight*, 1962). Hay otras referencias, como la canción infantil «Little Boy Blue», el éxito country «I'm Walking The Floor Over You» de Ernest Tubb e incluso una alusión a la *Cabaña del tío Tom* de Harriet Beecher Stowe («el tío Tom sigue trabajando para el tío Bill»). Pero, más allá de las referencias, el cuadro que se describe es puro Dylan. Es una ciudad claramente asolada, un nuevo «pasaje de la desolación», con «vagabundos agachados en la puerta», donde el bien y el mal van agarrados de la mano.

Dylan vuelve a las baladas tradicionales. El empleo del banjo de Donnie Herron y del violín de David Hidalgo aportan a la canción una tonalidad country. Este último explicará que las sesiones de este álbum fueron distintas de las de los discos anteriores; estaba asombrado con la fuerza creadora del cantautor. La voz nostálgica de Dylan insufla al tema una fuerza hipnótica que lo convierte en uno de los mejores del álbum. Cabe destacar el excelente solo de guitarra de Charlie Sexton (4'09).

Early Roman Kings

Bob Dylan / 5'14 minutos

Músicos: Bob Dylan: voz, órgano; Charlie Sexton: guitarra; Stu Kimball: guitarra; David Hidalgo: acordeón; Donnie Herron: *steel guitar* (¿); Tony Garnier: contrabajo; George G. Receli: batería, maracas / **Grabación:** Groove Masters Studios, Santa Mónica (California): enero-marzo de 2012 / **Productor:** Jack Frost (Bob Dylan) / **Ingeniero de sonido:** Scott Litt

PARA LOS ADICTOS A DYLAN
En la última estrofa Dylan dice «Ding Dong Daddy», haciendo un guiño a Louis Armstrong, que grabó «I'm A Ding Dong Daddy» en julio de 1930 para Vocalion.

Génesis y realización

A primera vista se podría pensar que los «primeros reyes romanos» remiten a la antigua Roma (de antes de la República). En realidad, «Roman Kings» es el sobrenombre que se dio a una banda de gángsteres que hizo estragos en Nueva York durante los años 1960-1970 y que, a semejanza de otras bandas criminales, estimuló la curiosidad de algunos artistas.

Desde el punto de vista musical, «Early Roman Kings» es un blues, en el estilo de «Mannish Boy» de Muddy Waters o de «Hoochie Coochie Man» de Willie Dixon. La diferencia respecto a estos dos estándares del *Chicago blues* es el acordeón, que en este caso desempeña el papel de la harmónica. El sonido recuerda al del álbum anterior, ya que David Hidalgo estaba omnipresente en *Together Through Life*. Aunque es una canción de buena factura, a «Early Roman Kings» le falta garra; los arreglos son demasiado planos. El conjunto «flota» un poco a pesar del empleo de maracas (¿Receli?), que recuerda a Bo Diddley. La voz de Dylan también está un poco retraída. Nos habría gustado escucharlo con un timbre tan salvaje como en algunos de los temas de *Christmas In The Heart*, de 2009.

PARA LOS ADICTOS A DYLAN
«Tin Angel» también es el título de una canción de Joni Mitchell (*Clouds*, 1969), cuyas palabras fueron tergiversadas por un periodista para dejar entender que la cantante acusaba a Bob Dylan de plagio. Mithcell ha negado esta afirmación con vehemencia.

Tin Angel

Bob Dylan / 9'05 minutos

Músicos: Bob Dylan: voz, piano; Charlie Sexton: guitarra; Stu Kimball: guitarra; David Hidalgo: acordeón, guitarra, violín; Donnie Herron: banjo; Tony Garnier: contrabajo; George G. Receli: batería / **Grabación:** Groove Masters Studios, Santa Mónica (California): enero-marzo de 2012 / **Productor:** Jack Frost (Bob Dylan) / **Ingeniero de sonido:** Scott Litt

Génesis y realización

Un título muy curioso para una canción en la que no aparecen en ningún momento las palabras «*Tin Angel*» («ángel de hojalata»). Bob Dylan escribió esta canción con el sentido del verbo de un autor de novelas policíacas y el gusto por el suspense de un guionista de Hollywood. Una *murder ballad* con aires de vodevil trágico en la que reúne al trío clásico: la mujer, el marido engañado y el amante. La dramaturgia va *in crescendo* a lo largo de las estrofas para acabar con la muerte de los tres personajes.

Da la sensación de que «Tin Angel» se construyó con un bucle que se repite durante los 9 minutos que dura el tema. Solo algunas notas accidentales de guitarra resuenan a partir de 6'24 para contradecir esta hipótesis. Dylan quiere explicar una historia, y la música no debe robarle protagonismo. De hecho, todos los instrumentos se oyen lejos en la mezcla: el banjo, las guitarras, el piano... Las únicas excepciones son el contrabajo y el bombo. Con una voz enriquecida con un *delay* bastante presente, más que cantar su historia, Dylan se dedica a narrarla.

Tempest

Bob Dylan / 13'55 minutos

Músicos: Bob Dylan: voz, piano; Charlie Sexton: guitarra; Stu Kimball: guitarra; David Hidalgo: acordeón, violín; Donnie Herron: *steel guitar*; Tony Garnier: contrabajo; George G. Receli: batería / **Grabación:** Groove Masters Studios, Santa Mónica (California): enero-marzo de 2012 / **Productor:** Jack Frost (Bob Dylan) / **Ingeniero de sonido:** Scott Litt

Génesis y realización

«Me gustaba esta melodía; me gustaba mucho. Quizá me la apropié. ¿Pero qué iba a hacer con ella?».[169] Bob Dylan reconoce que se inspiró en la canción «The Titanic» de la Carter Family para componer «Tempest», un tema de aires épicos que dura casi 14 minutos y describe en 45 estrofas (!) el naufragio del transatlántico, acontecido durante la noche del 14 al 15 de abril de 1912. Los acontecimientos que narra el cantautor se ajustan a la realidad, aunque para la primera estrofa se inspiró en la película de James Cameron y en el amor entre Jack Dawson (Leonardo DiCaprio) y Rose DeWitt Bukater (Kate Winslet). Al igual que en «Tin Angel», el cantautor prioriza la voz por encima de la música, con algunas excepciones. No tenemos tanto la sensación de que es un bucle que se repite, aunque en realidad casi no hay ninguna variación a lo largo de los 14'. Es una pena que la dramaturgia de su historia no se acompañara de una progresión musical, ya que en conjunto la canción desprende una sensación de monotonía.

John Lennon.

Roll On John

Bob Dylan / 7'26 minutos

Músicos: Bob Dylan: voz, piano, órgano; Charlie Sexton: guitarra; Stu Kimball: guitarra; David Hidalgo: guitarra; Donnie Herron: *steel guitar*, mandolina; Tony Garnier: bajo; George G. Receli: batería, pandereta / **Grabación:** Groove Masters Studios, Santa Mónica (California): enero-marzo de 2012 / **Productor:** Jack Frost (Bob Dylan) / **Ingeniero de sonido:** Scott Litt

Génesis y realización

El telón de *Tempest* se cierra con el tema «Roll On John». Es una de las canciones más conmovedoras de Bob Dylan, y rinde homenaje a su viejo amigo John Lennon. El cantautor estadounidense redibuja el fabuloso destino del exBeatle, desde los «diques de Liverpool a las calles calientes de Hamburgo», con guiños amistosos a algunas de las grandes composiciones de las épocas Beatles y post-Beatles («A Day In The Life», «Come Together», «The Ballad Of John And Yoko», «Instant Karma») y a sus provocaciones y su compromiso contra la guerra de Vietnam y los derechos civiles en Estados Unidos.

Las palabras van desgranando los recuerdos lentamente: el día en que Dylan y los Beatles se conocieron en agosto de 1964, «Norwegian Wood» –la composición más dylaniana de John Lennon–, la gira británica de Bob Dylan en 1966 y el nuevo encuentro con John... Bob Dylan y John Lennon pasarán a la historia como los dos mejores poetas del rock. Así pues, no es sorprendente que, en este testimonio de amistad del primero hacia els segundo, planee la sombra de otro gran poeta, William Blake, y de su poema *The Tyger*. Cuando Jan Wenner le preguntó en 1969 por su relación con Lennon, Dylan respondió: «Oh, siempre me encanta ver a John. Siempre. Es una persona maravillosa...».[20]

Para esta canción-homenaje, Dylan elige tocar el piano, y añade *ese delay* tan característico a su voz. El sonido de Lennon, de algún modo. La interpretación es conmovedora, y las harmonías recuerdan a las del primer disco en solitario de John, en el que confesaba que ya no creía ni en los Beatles ni en un tal... Zimmerman («God», en *John Lennon/Plastic Ono Band*, 1970). A pesar de toda la sinceridad con que se expresa (Dylan ha rendido pocos homenajes en forma de canción), el tema no es muy bueno, debido sobre todo a la voz del cantautor. Demasiado ronca; es una lástima que no la cantara con más sobriedad. Quizá quisiera ocultar su emoción tras una muralla sonora. Sin embargo, el texto es absolutamente brillante, a la altura de su amistad con John.

Bob Dylan en bandas sonoras

Después de *Pat Garrett & Billy The Kid* (1973), Bob Dylan ha colaborado en distintas ocasiones con el mundo del cine, casi siempre como compositor e intérprete. Lo cierto es que la expresión evocadora de sus textos, su talento como narrador, su voz hipnótica y sus melodías accesibles representan un valor añadido para cualquier director que se respete. Desde el año 1996 ha grabado ocho canciones para el cine.

Ring Of Fire

Merle Kilgore, June Carter / 4'17 minutos

Músicos: Bob Dylan: voz, guitarra, teclados; Nile Rodgers: guitarra; Bernard Edwards: bajo; Richard Hilton: teclados; Omar Hakim: batería; Dennis Collins, Tawatha Agee, Robin Clark: *coros* / **Grabación:** 1996 / **Película:** *Feeling Minnesota* / **Estreno:** 1996

«Ring Of Fire» fue uno de los grandes éxitos de Johnny Cash, que permaneció durante siete semanas consecutivas en el número uno de las listas country en 1963. Esta canción también forma parte de las que Bob Dylan y Johnny Cash grabaron en 1969 durante las célebres Nashville Sessions. En 1996 Dylan la volvió a grabar para la banda sonora de *Feeling Minnesota* (*Luna sin miel*), una comedia dramática de Steven Baigelman con Keanu Reeves, Cameron Diaz y Delroy Lindo. La diferencia entre la versión de Nashville y la de la película reside en el color country de la primera así como en la voz del cantautor, que en 1969 sorprendió con su timbre.

Things Have Changed

Bob Dylan / 5'25 minutos

Músicos: Bob Dylan: voz, guitarra; Charlie Sexton: guitarra (?); Larry Campbell: guitarra (?); Tony Garnier: bajo (?); David Kemper: batería, maracas (?) / **Grabación:** Sony Studios, Nueva York: 26 de julio de 1999 / **Ingeniero de sonido:** Chris Shaw / **Película:** *Wonder Boys* / **Estreno:** 2000

Esta canción, que Dylan escribió a petición del director Curtis Hanson para su comedia *Wonder Boys* (*Jóvenes prodigiosos*,

2000), marca el inicio de la colaboración entre el cantautor y el ingeniero de sonido Chris Shaw. «Grabamos "Things Have Changed" en una tarde, y la mezcla fue igual de rápida»,[161] se recuerda este último. La canción se publicó en single (en la cara B, una versión en directo de «Blind Willie McTell» y, para el CD promocional europeo, una versión en directo de «To Make You Feel My Love») el 1 de mayo de 2000. Ganó el Oscar y el Globo de Oro a la mejor canción original. Podemos escuchar una versión en directo en el CD 3 de *The Bootleg Series, Vol. 8* (2008). Hay que decir que «Things Have Changed» es un magnífico rock que permite el lucimiento de las guitarras acústicas, acompañadas por una excelente rítmica y una buena interpretación vocal Dylan. Una canción que sin duda habría merecido formar parte de *Love And Theft* (2001).

Waitin' For You

Bob Dylan / 3'37 minutos

Músicos: Bob Dylan: voz, guitarra; Charlie Sexton: guitarra (?); Larry Campbell: guitarra (?); Donny Herron: *steel guitar, fiddle* (?); Tony Garnier: bajo (?); David Kemper: batería (?) / **Grabación:** Sony Studios, Nueva York: 26 de noviembre de 2001 / **Película:** *Divine Secrets Of The Ya-Ya Sisterhood* / **Estreno:** 2002

Bob Dylan compuso «Waitin' For You» para la película *Divine Secrets of the Ya-Ya Sisterhood* (*Clan Ya Ya*, 2002), comedia dramática de Callie Khouri, con Sandra Bullock y Ellen Burstyn. De hecho, es una de las pocas canciones originales de la película, junto a «Selah» de Lauryn Hill, ya que el resto de la banda sonora está compuesto por instrumentales. Se trata de un vals country, que expresa muy bien las difíciles relaciones entre madre e hija.

Dixie

Daniel Decatur Emmett/arreglos Bob Dylan / 2'12 minutos

Músicos: Bob Dylan: voz, guitarra; armonías vocales, guitarra eléctrica, bajo y batería: (?) / **Grabación:** Stage 6, Ray-Art Studios, Canoga Park (California): 18 de julio de 2002 / **Película:** *Masked And Anonymous* / **Estreno:** 2003

Compuesta por un músico de Ohio llamado Daniel Decatur Emmett, «Dixie» (o «I Wish I Was In Dixie») fue uno de los cantos de los soldados confederados durante la guerra de Secesión. Un cántico a la gloria de la civilización del Sur, que el cantautor adaptó para la película *Masked and Anonymous* (2003) de Larry Charles, con Bob Dylan, Jeff Bridges y Jessica Lange.

Tell Ol'Bill

Bob Dylan / 5'03 minutos

Músicos: Bob Dylan: voz, piano; Denny Freeman: guitarra; Stu Kimball: guitarra; Donnie Herron: guitarra (?); Elana Fremerman: violín; Tony Garnier: contrabajo; George E. Receli: batería / **Grabación:** Studio 4, Conshohocken (Pennsylvania), julio de 2005 / **Productor:** Jack Frost / **Ingeniero de sonido:** Chris Shaw / **Película:** *North Country* / **Estreno:** 2005

«Tell Ol' Bill», cuyo título está sacado de una canción tradicional, es una composición de Bob Dylan inspirada en canciones country de la Carter Family. La podemos escuchar en la película *North Country* (*En tierra de hombres*, 2005), de Niki Caro. Charlize Theron encarna a una joven divorciada que tiene que trabajar en una mina de Minnesota. Un universo que el cantautor conoce bien, y que le inspiró esta hermosa canción de estilo country. Parece que se realizaron catorce tomas, y la última fue la elegida. Podemos escuchar una versión alternativa en el CD1 de *The Bootleg Series, Vol. 8* (2008).

Can't Escape From You

Bob Dylan / 5'12 minutos

Músicos: Bob Dylan: voz, guitarra, órgano; Denny Freeman: guitarra; Stu Kimball: guitarra; Donnie Herron: *steel guitar*, violín (?); Tony Garnier: bajo; George E. Receli: batería, pandereta (?) / **Grabación:** Westland Studio, Dublín: 28-29 de noviembre de 2005 / **Productor:** Jack Frost / **Ingeniero de sonido:** Chris Shaw / **Película:** *North Country* / **Estreno:** 2005

Compuesta para una película que nunca llegó a rodarse, la canción «Can't Escape From You» se grabó en Dublín unos meses antes de la realización de *Modern Times*. Se encuentra en *The Bootleg Series, Vol. 8*, CD 2 (2008). Una canción romántica, pero con un mensaje sombrío («Todos mis sueños han desaparecido»).

Huck's Tune

Bob Dylan / 4'04 minutos

Músicos: Bob Dylan: voz, guitarra, órgano; Denny Freeman: guitarra; Stu Kimball: guitarra; Donnie Herron: *steel guitar*; Tony Garnier: bajo; George E. Receli: batería / **Grabación:** Criteria Recording Studios, Miami (Florida): 12-13 de mayo de 2006 / **Productor:** Jack Frost / **Ingeniero de sonido:** Chris Shaw / **Película:** *Lucky You* / **Estreno:** 2007

Lucky You (2007) es un drama de Curtis Hanson, con Eric Bana, Drew Barrymore y Robert Duvall. Para esta historia de amor sobre fondo de partidas de póker en los casinos de Las Vegas, Bob Dylan compuso «Huck's Tune», una magnífica balada basada en una canción tradicional escocesa, que evoca el clima de «Not Dark Yet». Aunque no llegó a incluirse en el álbum *Modern Times*, se pudo escuchar dos años más tarde en *The Bootleg Series, Vol. 8*, CD 1 (2008).

Cross The Green Mountains

Bob Dylan / 8'15 minutos

Músicos: Bob Dylan: voz, guitarra, piano (?); Charlie Sexton: guitarra; Larry Campbell: violín; Benmont Tench: órgano; Tony Garnier: contrabajo; George E. Receli: batería, pandereta (?) / **Grabación:** Larrabee East, Los Ángeles (California): 23 de julio de 2002 / **Productor:** Jack Frost / **Ingeniero de sonido:** Chris Shaw / **Película:** *Gods And Generals* / **Estreno:** 2003

Dirigida por Ronald F. Maxwell, *Gods and Generals* narra los acontecimientos que tuvieron lugar antes de la batalla decisiva de Gettysburg durante la guerra de Secesión. La película tiene como protagonista al atípico estratega sudista Stonewall Jackson (Stephen Lang), y dura más de tres horas. La canción dylaniana evoluciona a lo largo de más de ocho minutos. Se trata de una excelente balada folk dominada por el órgano de Tench, la rítmica en *palm mute* de Sexton, el violín de Campbell y sobre todo la espléndida voz del cantautor. Trata sobre el sacrificio de los combatientes (de ambos lados); pero, al mismo tiempo, adivinamos que Dylan la escribió pensando en la actualidad: «Es la última hora del último día del último año feliz». La canción se encuentra en *The Bootleg Series, Vol. 8*, CD 2 (2008).

Shadows In The Night

2015

I'm A Fool To Want You
The Night We Called It A Day
Stay With Me
Autumn Leaves
Why Try To Change Me Now
Some Enchanted Evening
Full Moon And Empty Arms
Where Are You?
What'll I Do
That Lucky Old Sun

ÁLBUM
FECHA DE PUBLICACIÓN
3 de febrero de 2015
Columbia Records
(REFERENCIA COLUMBIA 8887 5057962)

Shadows In The Night,
homenaje al Great American Songbook

Músicos
Bob Dylan: voz
Donny Herron: *pedal steel guitar*
Charlie Sexton: guitarra
Stu Kimball: guitarra
Tony Garnier: bajo
George E. Receli: percusiones
Músicos adicionales
Andrew Martin, Francisco Torres (trombón) y Dylan Hart
(trompa) en «I'm A Fool To Want You»; Alan Kaplan, Francisco
Torres (trombón) y Joseph Meyer (trompa) en «The Night
We Called It A Day»; Daniel Fornero, Larry G. Hall (trompeta)
y Andrew Martin (trombón) en «That Lucky Old Sun»
Grabación
Capitol Studios, estudio B, Los Ángeles (California)
Equipo técnico
Productor: Jack Frost
Ingeniero de sonido: Al Schmitt
Fotografía: John Shearer
Diseño del álbum: Geoff Gans
Arreglos y dirección de los metales: D. J. Harper

El álbum
Bob Dylan concibió la idea de este disco tras escuchar *Stardust* de Willie Nelson, hacia finales de la década de 1970. El álbum contiene diez canciones –cuyo elemento en común es que todas forman parte del repertorio de Frank Sinatra– extraídas de lo que se conoce como The Great American Songbook, también llamado patrimonio musical americano. Habrá que esperar más de treinta años para que la idea se convierta en realidad.

La grabación
Grabadas en directo en el orden en que aparecen en el disco y en unas tres horas de realización para cada una, estas diez pepitas de oro representan un verdadero homenaje de Dylan a esas sublimes melodías y textos, que interpreta de forma sincera y conmovedora, rodeado de apenas cinco músicos, todos de un talento excepcional. Un disco sorprendente, que llega en el momento oportuno de su carrera, como él mismo explicará.

I'm A Fool To Want You

Frank Sinatra, Jack Wolf, Joel Herron / 4'51 minutos

Frank Sinatra grabó esta canción por primera vez en 1951 con las corista de Ray Charles. Se publicó como cara B del single «Mama Will Bark» y llegó al número 14 de las listas de éxitos. Desde la segunda versión de Sinatra en 1957 (su primer disco para Capitol), un gran número de artistas han incluido esta canción de amor en sus repertorios. Podemos destacar a Chet Baker, Billie Holiday, Art Farmer o Elvis Costello. Bob Dylan ofrece una versión excelente, con una buena prestación vocal espléndidamente acompañada por unos músicos de altos vuelos.

The Night We Called It A Day

Matt Dennis, Tom Adair / 3'24 minutos

Podemos recordar las magníficas versiones de Frank Sinatra en el álbum *Where Are You?* o de Chet Baker en *Embraceable You* –ambos grabados en 1957– o, más recientemente, la de Diana Krall (*The Look Of Love*, 2001). Casi medio siglo más tarde, Bob Dylan se convierte en crooner para ofrecernos esta interpretación *jazzy*, que aborda con gran delicadeza. La sobriedad de la orquestación –y los arreglos de los metales, obra de D. J. Harper– asociados a la textura de la voz del cantautor, convierten esta adaptación en una maravilla.

Stay With Me

Jerome Moross, Carolyn Leigh / 2'56 minutos

«Stay With Me» es una canción que se puede escuchar en la película *The Cardinal* (*El cardenal*) de Otto Preminger (1963). Bob Dylan la grabó respetando la versión original. Es el único título de *Shadows In The Night* que ha cantado en directo. Destaca la interpretación con la que concluyó el concierto en el Beacon Theatre de Nueva York, el 3 de diciembre de 2014.

Autumn Leaves

Joseph Kosma, Jacques Prévert, J. Mercer / 3'02 minutos

«Autumn Leaves» es la célebre canción que Jacques Prévert escribió y Joseph Kosma compuso para *Les portes de la nuit* de Marcel Carné en 1946. Algo después Yves Montand la convirtió en un éxito. En 1949 Johnny Mercer la tradujo al inglés y la convirtió en un formidable estándar que versionaron Frank Sinatra, Chet Baker, Nat King Cole, John Coltrane, Eric Clapton e Iggy Pop, entre otros. La versión de Dylan, cuya originalidad reside principalmente en el uso de la *pedal steel guitar* de Herron, nos permite descubrir una faceta inédita del cantautor, suave y elegante.

Why Try To Change Me Now

Cy Coleman, Joseph McCarthy / 3'38 minutos

Una hermosa canción sentimental que, en 1952, provocó el fin de la alianza entre Frank Sinatra y la discográfica Columbia. Bob Dylan interpreta una versión muy penetrante. De forma bastante sorprendente, su voz recupera una frescura que había perdido en los últimos años. Destaca la excelente intervención de *pedal steel guitar* de Donny Herron.

Some Enchanted Evening

Oscar Hammerstein II, Richard Rodgers / 3'28 minutos

«Some Enchanted Evening» es una canción del tándem Hammerstein II-Rodgers extraída de la comedia musical *South Pacific*, de 1949. En este caso también estamos ante una bella melodía que ha inspirado a numerosos intérpretes hasta llegar al propio Dylan. Seguimos percibiendo la sombra de «La Voz». Parece que existe una toma descartada que dataría de las sesiones de *Under The Red Sky* (marzo de 1990).

Con *Shadows In The Night*, Dylan firma un álbum dominado por la influencia de Frank Sinatra, sorprendente y muy logrado.

Full Moon And Empty Arms

B. Kaye, T. Mossman, S. Rachmaninov / 3'26 minutos

«Full Moon And Empty Arms» es una canción de Buddy Kaye y Ted Mossman, adaptada del «Concerto n.º 2» de Rachmaninov. Frank Sinatra la grabó en 1945. Luego fue el turno de Erroll Garner (1946), Eddie Fisher (1955), Sarah Vaughan (1963) y Bob Dylan. La versión del cantautor, muy depurada, aguanta bien la comparación con Sinatra gracias a una interpretación más sobria y cautivadora.

Where Are You?

Harold Adamson, Jimmy McHugh / 3'37 minutos

Harold Adamson tuvo una larga trayectoria como compositor en Hollywood. «Where Are You?» se encuentra en la banda sonora original de *Top Of The Town* (1937), comedia musical de Ralph Murphy y Sam White. Después de Frank Sinatra (1957), Bob Dylan ofrece una interpretación muy convincente.

What I'll Do

Irving Berlin / 3'21 minutos

«What I'll Do» es una de las canciones más famosas de Irving Berlin, que la compuso en 1923 para su tercera Music Box Revue. Creada por Grace Moore y John Steel, esta canción decididamente romántica es interpretada por William Atherton en *The Great Gatsby* (*El gran Gatsby*, 1974) de Jack Clayton, con Robert Redford y Mia Farrow. Existen otras buenas versiones, como las Chet Baker, Art Garfunkel, Harry Nilsson, Nat King Cole y, por supuesto, Frank Sinatra. Bob Dylan rinde un potente homenaje al genial Irving Berlin en esta excelente versión en la que voz e instrumentos rivalizan en profundidad y emoción.

That Lucky Old Sun

Haven Gillespie, Beasley Smith / 3'39 minutos

Compuesta en 1949, «That Lucky Old Sun» fue un enorme éxito para Frankie Laine, como demuestran las 22 semanas que se mantuvo en las listas de éxitos. Más adelante otras versiones también obtuvieron cierto éxito, desde Frank Sinatra hasta la Jerry Garcia Band. Para su grabación, Dylan se mantiene fiel a la versión de Sinatra, con una hermosa interpretación vocal. Es una canción que ya había interpretado el 24 de febrero de 1986 en Sídney, con Tom Petty & The Heartbreakers, y que ha recuperado de vez en cuando.

Glosario Dylan

Barrelhouse: taberna de la América rural, donde se toca blues, *hillbilly*, honky-tonk...

Blues shouter: literalmente, «aullador de blues». El término se aplica a los cantantes de voz potente que cantaban blues con grandes orquestas, por lo general originarios de Kansas City (Missouri).

Bottleneck: tubo de cristal (o de metal) que el guitarrista se coloca en un dedo y lo desliza (*slide* o *glissando*) sobre las cuerdas para obtener un sonido metálico. Esta forma de tocar proviene de los pioneros del blues, que utilizaban el cuello de una botella. El *bottleneck* se suele utilizar en *open tuning* («acorde abierto»), es decir: cuando las seis cuerdas del instrumento forman un acorde (sol o re, por ejemplo).

Break: interludio instrumental que rompe el desarrollo de un tema. Se trata, por tanto, de un corte que vuelve a iniciar la interpretación.

British blues boom: movimiento que eclosionó a mediados de los años 1960 en Inglaterra, bajo el auspicio de los Rolling Stones y otros grupos de rock británicos fuertemente influidos por sus antecesores afroamericanos, como Muddy Waters y Howlin' Wolf.

Broadside: revista fundada en 1962 por Agnes «Sis» Cunningham y su marido Gordon Friesen. Desempeñó un papel esencial en el *folk revival* de los años 1960, defendiendo una línea tradicionalista frente al movimiento folk rock.

Cencerro: instrumento de percusión que se encuentra en la música popular y el rhythm'n'blues, así como en la música clásica (Gustav Mahler, Richard Strauss) y vanguardista (Karlheinz Stockhausen, Olivier Messiaen) de tradición europea.

Chicago blues: existen varias formas de blues en Chicago. El *Chicago blues* eléctrico, que es una versión «amplificada» del *Delta blues*, fue encarnado principalmente por los artistas de Chess Records, de Willie Dixon a Howlin' Wolf pasando por Muddy Waters y Sonny Boy Williamson II.

Coda: este término italiano se aplica al pasaje que concluye una canción. Su duración varía en función del tema.

Compresor: circuito electrónico utilizado para aumentar los volúmenes bajos o para reducir los volúmenes altos durante las grabaciones o las mezclas.

Cover: reinterpretación de una canción o pieza musical existente, generalmente con arreglos distintos a los del original.

Delta blues: blues originario del Delta del Mississippi, de Memphis al Yazoo River. Un blues interpretado con *bottleneck* que tiene a Charley Patton, Robert Johnson, Bukka White, Skip James o Big Joe como algunas de sus figuras emblemáticas.

Dixie (o Dixieland): es el sobrenombre que recibieron los estados de la antigua confederación (los estados del Sur). Musicalmente, el dixieland es una variante blanca del jazz de Nueva Orleans.

Fade-in: proceso que consiste a aumentar progresivamente el volumen del sonido (generalmente al principio de una canción).

Fade-out: proceso que consiste en bajar progresivamente el volumen del sonido (generalmente al final de una canción).

Finger-picking: técnica de guitarra utilizada principalmente en la música folk y blues, que consiste en tocar ciertas cuerdas del instrumento con la mano derecha (en el caso de los diestros) con distintos dedos independientes unos de otros (el contrario del *strumming*), permitiendo así distinguir la línea de bajo y la melodía del tema.

Flanging: efecto sonoro que se obtiene añadiendo a la señal original esa misma señal ligeramente retrasada (unos pocos milisegundos).

Fretless (bajo): bajo (generalmente eléctrico) al que se han quitado los trastes para acercarse al sonido del contrabajo. Uno de los maestros del bajo *fretless* (o sin trastes) fue el bajista Jaco Pastorius.

Gimmick: serie de notas que tienen el objetivo de atraer la atención del oyente. El procedimiento, que nació con el jazz, encontró su prolongación natural en el rock.

Groove: es muy difícil dar una definición precisa del *groove* en el terreno musical. El término se aplica al momento en que los músicos, en total comunión, confieren una atmósfera particular al tema, esa alquimia que se crea alrededor de un ritmo y de una armonía. Es una sensación que sienten todos los músicos. Se habla de hacer «avanzar» o «mover» un tema.

Hillbilly: literalmente, «cateto». Desde el punto de vista musical, el término se aplica a la música popular blanca nacida en los Apalaches a partir de las baladas celtas. También se conoce como música de los Apalaches o *old time music*.

Honky-tonk: bar de Estados Unidos donde nació un estilo musical que se inscribe en la tradición del country & western. El piano, que se inspira en el ragtime y en el boogie-woogie, desempeña un papel esencial.

House rent parties: manifestaciones musicales organizadas en apartamentos a partir de la década de 1920, en las que los organizadores hacían pagar una entrada (para pagar su alquiler). Muchos músicos de blues se hicieron famosos gracias a sus *house rent parties*.

Jammer: reunión de carácter informal e improvisado entre varios músicos, que normalmente responde exclusivamente al placer de tocar en grupo. También se conoce como *jam session*.

Kazoo: accesorio provisto de una membrana que modifica el sonido de la voz. Originario de África, se utiliza en el blues y el folk, y también en el rock.

Laid-back: literalmente, «relajado». Se trata de una interpretación de guitarra relajada, que popularizó J. J. Cale, y más adelante Mark Knopfler.

Lead: término que designa la voz o el instrumento principal o solista de un tema (voz *lead* o guitarra *lead*, por ejemplo).

Leslie: cabina dotada de un altavoz rotatorio, destinado normalmente a los órganos Hammond. El efecto rotatorio del sonido se puede modular en función del efecto deseado.

Low-down: en música, el término se aplica al blues rural, auténtico, que carece de influencias externas.

Murder ballad: balada cuya letra narra los acontecimientos de un asesinato.

Música de los Apalaches: *véase «Hillbilly»*.

Mute: técnica mediante la cual se corta el sonido en un tramo de la consola.

Nashville sound: corriente de country & western que apareció en la ciudad de Tennessee en los años 1950 y que se caracteriza por el empleo de cuerdas y de coros. Es una ruptura directa con el auténtico *hillbilly*.

Old time music: *véase «Hillbilly»*.

Open tuning: forma distinta de afinar la guitarra para obtener –con las cuerdas al aire– un acorde de seis sonidos. Técnica muy utilizada en blues, con *open tunings* sobre todo en sol, re, la, etc.

Overdubbing/Overdub: procedimiento por el cual se añaden nuevos sonidos (una parte de guitarra o una segunda voz, por ejemplo) a una grabación (*véase también «Re-recording»*).

Palm mute: técnica de guitarra que exige amortiguar más o menos las cuerdas del instrumento con la mano derecha (en el caso de los diestros), mientras se tocan las notas con una púa.

Pattern: fragmento que se repite a lo largo de un tema y que se puede reproducir indefinidamente, creando un «bucle».

Pedal de efecto: este término designa una pequeña caja electrónica que permite añadir un efecto al sonido de un instrumento. Generalmente el músico lo manipula con el pie, como la *fuzz-box*. Existen pedales de *wah wah*, de distorsión, de *chorus*, de *delay*, de *flanger*, etc.

Playback: parte instrumental de un tema, parcial o totalmente elaborada, que permite al cantante o al instrumentista tener una base musical suficiente para grabar su interpretación.

Premezcla: boceto de la mezcla o etapa del proceso de grabación que consiste en mezclar de forma no definitiva las distintas pistas de un magnetófono multipista para tener una idea del trabajo realizado.

Puente: pasaje entre dos partes de un tema. El puente une la estrofa con el estribillo.

Ragtime: estilo musical sincopado que se toca principalmente al piano (pero también a la guitarra), y que mezcla la música de salón europea (marcha, polka) con música afroamericana (jazz, blues). Scott Joplin fue su más célebre representante.

Re-recording: el término se aplica a una técnica que permite grabar una o varias pistas mientras se escuchan la o las pistas ya grabadas.

Reverb: efecto de reverberación utilizado en el estudio mediante un proceso electrónico o una cámara de eco natural, que permite «airear» y conferir relieve a ciertos sonidos (sobre todo la voz) durante la toma de sonido o en la mezcla.

Riff: abreviación de Rhythmic Figure. Se trata de un motivo breve (u *ostinato*), una serie de notas o acordes que se repiten con regularidad a lo largo de un tema.

Rimshot: técnica de batería que consiste en golpear el cuerpo de la caja (o del tom-tom) al mismo tiempo que la piel. El sonido que se obtiene es deliberadamente incisivo.

Rock FM: rock de la década de 1980, caracterizado por el empleo de sintetizadores y calibrado para las emisoras FM. En Estados Unidos se utiliza la expresión «*álbum-oriented rock*» (AOR).

Roots: el término hace referencia a una vuelta a las «raíces» de la música popular, del blues a la música de los Apalaches.

Score: sinónimo de partitura para orquesta.

Shuffle: estilo musical nacido en la década de 1950 en Jamaica: una especie de rhythm'n'blues precursor del ska. También es un ritmo lento que practicaban los esclavos.

Sing Out!: esta revista defiende desde los años 1950 la noble causa de la música folk en todas sus vertientes.

Slapbackecho (o eco «slapback»): eco característico que empleaban los pioneros del rock'n'roll, como Elvis Presley, Gene Vincent y Buddy Holly.

Songster: heredero de la tradición oral, colecciona historias y las narra en los estilos de *work song*, balada, espiritual y blues. El término se aplica sobre todo a los *bluesmen* de Texas, como Henry «Ragtime» Thomas y Leadbelly.

Strumming: técnica de guitarra que consiste en rascar todas las cuerdas de la guitarra con la mano derecha (en el caso de los diestros) con o sin púa. Es una de las técnicas más extendidas del instrumento.

Topical song: canción comprometida que habla de un acontecimiento político o social concreto, como 'Talkin' John Birch Paranoid Blues' de Bob Dylan.

Walking bass: acompañamiento de bajo (o de mano izquierda del piano) que consiste en tocar una nota por tiempo. Esta forma de tocar era característica de los pianistas de boogie-woogie en los honky-tonks del Sur profundo de los primeros años del siglo xx.

Western swing: corriente del country & western con muchas influencias del jazz, de Nueva Orleans, del swing, del folk y de los bailes de tradición europea (polka).

Índice

Las canciones de Bob Dylan que se analizan en el libro están destacadas en negrita. Los números de página en negrita remiten a los análisis y/o a los retratos, y los que aparecen en cursiva corresponden a los pies de fotografía

10.000 Men: 577, 582-584, **583**
13th Floor Elevators: 107
2x2: 577-578, **584**
32-20 Blues: 429, 604, **611**
4th Time Around: 211, **237**-238, 256

(As I Go) Ramblin' Round: 18
A Fool Such As I: 324, 385-386, **393**
A Hard Rain's A-Gonna Fall: 43-44. 46, **61**-63, 69, 73-74, 87, 120, 172, 366, 370
A Satisfied Mind: 481, **485**
Aardsma, Amanda: 660
Abandoned Love: 435, **446**, 459
Abbey, Josh: 529, 530, 532-535
Abner, B.: 393
Absolutely Sweet Marie: 211, **236**
Acuff, Roy: 34
Adair, Tom: 694
Adams, Derroll: 155
Adams, Mamie Jo: 185
Adamson, Harold: 695
Adele: 484
Aerosmith: 449, 518, 564
Agee, Tawatha: 690
Aguilera, Christina: 678
Ah Ah Ah: 494
Aikins, Bill: 216, 222, 224, 228
Ain't Gonna Grieve: **138**
Ain't No Man Righteous, No Not One: 466, 478
Ain't Talkin': 643-644, **653**
Akin, Kenny: 176
Alberta: 324, 327, 337
Alberta#1: 237, 321, 325, **327**
Alberta #2: 237, 321, 325, **327**
Alexander, Arthur: 555
Alk, Howard: 368, 454-455, 494
All Along The Watchtower: 275-276, **288**-290, 293, 370, 373, 565
All I Really Want To Do: 111, 114, **116-117**, 160, 169, 370
All Over You: **137**, 370
All The Day Done: 494
All The Tired Horses: 321, 324, **326**, 332-333, 339
All You Have To Do Is Dream: 348
Alley, Tin Pan: 28, 641, 651
Alligator Man: 348, 386
Allman Brothers Band (The): 305, 649
Almanac Singers (The): 35-36
Almost Endless Sleep: 552
Almost Persuaded: 494
Alper, Joe: *99*
Amen: 304
Amiot, Robert: 599
And He's Killed Me Too (Instrumental): 378
Andersen, Eric: 302, 342, 444
Andrew Sisters (The): 677
Andrews, Dana: 292
Angel Flying Too Close To The Ground: 512, 521, **523**
Angelina: 492, 494, 504-**505**
Animals (The): 32-33, 148, 155
Annie's Going To sing Her Song: 324, **341**
Another Side Of Bob Dylan [álbum]: 73, **110-143**, 146, 149, 156, 168, 174, 177, 196, 422, 492, 502, 588, 596
Anthony, Paul: 522, 556
Anthony, Richard: 53
Aphrodite's Child: 459
Apple Suckling Tree: 245, **258**, 597
Arc Angels: 634
Are You Ready?: 481-482, **489**
Armstead, Josephine: 218
Armstead, Joshie: 368
Armstrong, Louis: 555, 608, 651, 672, 688
Arnold, Jerome: 160-161
Arnold, Kokomo: 77
Aronoff, Kenny: 571, 578, 581-585
Aronowitz, Al: 146, 167, 248
Artes, Mary Alice: 464, 470, 486
ArthurMcBride: 587, **596**
Arthur, Emry: 25
Arthur, Joseph: 286
Artis, John: 436
As I Went Out One Morning: 275, **284-285**
Ashby, Hal: 295
Asher, Peter: 373
Ashford, Nickolas: 218
Ashley, Clarence «Tom»: 32, 140, 330-331
Aspinall, Neil: 168
At Budokan [álbum]: 173, 196, 233, 361, 449
Atherton, William: 695
Atkins, Chet: 280, 328, 330, 365, 593
Atkinson, Sweet Pea: 585
Auden, W. H.: 284-285
Aufray, Hugues: 53, 55, 64, 112, 115, 177, 188
Augenblink, Ivan: 133-143
Auger, Brian: 270, 271, 295
Augustín (san): 276, 286
Austin, Gene: 641
Austopchuk, Christopher: 564
Autry, Gene: 671
Autumn Leaves: 692, **694**

B-52's (The): 584
Baby, I'm In The Mood For You: 46, 59-60, 74, **78**
Baby, Let me Follow You Down: 17, **30**, 142
Baby, Please Don't Go: 46
Baby, Stop Crying: 451-452, **458**
Bacall, Lauren: 526, 531
Bach, Byron T.: 326
Bacharach, Burt: 197, 545
Back To The Wall: 512
Bacon, Britt: 541-545
Baez, Joan: 13-14, 25, 27, 39, 44, 53, 63-64, 66, 78, *84*, 93-94, 98, 100-101, 107, 123, 125-126, 131-132, 139, 146, *148*, 150, 155-156, 174-177, 187, 196-197, 203, 206, 222, 225, 232, 239, 243, 267, 284, 286-287, 294, 310, 340, 372, 388, 441, *444*, 467, 505, 609, 673
Baigelman, Steven: 690
Bailey, Derek: 75
Baird, Mike: 558-559
Baker, Arthur: 526, 528-535
Baker, Chet: 203, 684, 694-695
Baker, Gloria Shayne: 671
Baldwin, James: 343
Balfour, Victoria: 129
Ballad For A Friend: 133, **137**
Ballad In Plain D: 111, 114, **129**
Ballad Of A Thin Man: 118, 179, 182, 184, **195-196**, 622, 682, 687
Ballad Of Easy Rider: 366, 407
Bambaataa, Afrika: 526
Bana, Eric: 691
Band (The): 12, 37, 63, 69, 91, 94, 173, 191, 199, 201, 209, 219, 234-235, 246, 248-256, 258-264, 266, 268-270, 272-273, 278, 280, 299, 302, 304, 309, 312, 315, 324, 338, 371-373, 386, 393, 396, 398-405, 407, 409, 412, 420, 424, 438, 485, 521, 528, 542, 566, 690
Band Of The Hand: 546
Band Of The Hand (It's Hell Time Man!): 540, **546**
Bane, Ralph: 675
Bangs, Lester: 442
Banks, Brenton B.: 326
Bardot, Brigitte: 73
Bare Foot In: 552
Bargeld, Blixa: 556
Barile, Carl: 434
Barnes, George: 40-41, 66, 71
Barnett, Ross: 68
Barrett, Amanda: 670-677, 679
Barrett, Syd: 60
Barry, Lloyd: 470, 472, 475
Barrymore, Drew: 691
Basie, Count: 11, 269
Bauldie, John: 108, 177, 273, 278, 425, 447
Baxter, «Bucky»: 619- 620, 622, 624, 628
Bayer Sager, Carole: 538, 545
Be Careful: 494
Beach Boys (The): 183, 203, 398, 553, 580, 673
Beach, Adam: 390
Beach, Pearl: 494
Beale Streeters (The): 552
Beatles (The): 18, 33, 114- 115, 123, 146, 148-149, 153, 168-169, 180, 183, 188-189, 196, 203, 206, 216, 228, 230-231, 237, 243, 248, 259, 279, 281, 298, 306, 315, 324, 326, 336, 346, 352-353, 355, 365, 378, 434, 497, 507, 555, 581, 651, 675, 689
Bécaud, Gilbert: 324, 330
Beck, Jeff: 133, 319, 529, 616
Becker, Walter: 192
Beckett, Barry: 464, 467-468, 470-479, 482, 484-489, 492
Beddoe, Alfred Frank: 333
Bedeau, Curtis: 522, 556
Bee Gees: 604
Beecher Stone, Harriet: 687
Beecher, Bonnie: 13-15, 54, 340
Beethoven, Ludwig van: 65, 190
Before The Flood [álbum]: 173, 196, 233-234, 315, 412, 415
Behan, Brendan: 92-93
Behan, Dominic: 372
Bell, Vincent: 442
Belle Isle: 321, **332**
Bellrays (The): 668
Benatar, Pat: 555
Benét, Stephen Vincent: 346, 355
Benson, George: 454
Bently Boys (The): 15, 158
Berg, Bill (Billy): 415-416, 419-421, 424-425
Berg, John: 278-279, 386
Berger, Glenn: 414, 418, 421-423, 426-429
Bergman, Ingrid: 651
Berkofsky, Michael: 222
Berlin, Irving: 695
Berline, Byron: 378, 380
Berlioz, Hector: 389
Berment, Mike: 543
Bernal, Ruth: 434
Bernard, Felix: 672
Bernhardt, Curtis: 530
Bernstein, Ellen: 250, 454
Bernstein, Joel: 412, 414, 420, 422
Berry, Chuck: 8, 149, 152-154, 159, 164, 166, 191, 194, 216, 243, 252, 644, 647
Beviglia, Jim: 177, 420
Beyond Here Lies Nothin': 655, **660**
Beyond Here Lies Nothin': The Collection [álbum]: 367
Beyond The Horizon: 643, **651**
Beyond The Sunset: 651
Bianco, David: 659-665, 670-679
Bianco, Matt: 545
Big River: 304
Big Yellow Taxi: 348, 385, 392
Biggs, Rayse: 585
Bijou: 177
Bikel, Theodore: 160
Billy: 376, 378
Billy 1: 375, **378**
Billy 4: 375-376, **383**
Billy 7: 375, **383**
Billy Surrenders: 378, 383
Binkley, George: 326
Biograph [álbum]: 40, 59-60, 74, **78**, 84, 88, 103, **106-107**, 109, 123, 130, 149, 190, 193, 209, 224, 234, **242-243**, **272**, 288, 299, 352, 355, 404, 419, **428**, **446**, 459, 467, 492, 504, **506**-507, 528
Birch, Dyan: 443
Birch, John: 136
Bittan, Roy: 534
Black Crow Blues: 111-112, 115, **118**, 196
Black Crowes (The): 38, 219, 319
Black Diamond Bay: 431, 434, 444
Black Panthers (The): 368
Black, Bill: 253
Blackjack Davey: 587, **592**
Blackwell, Bumps: 492, 495-496
Blackwell, Chuck: 371
Blackwell, Scrapper: 337
Blade, Brian: 618-623, 626, 628
Blair, Hal: 558
Blake, Blind: 596, 602, 607
Blake, Norman: 305, 310-319, 328, 330-331, 334, 336, 393
Blake, William: 112, 120, 125, 162, 167, 170, 239, 492, 502, 689
Blakey, Art: 249
Blakley, Ronee: 436-437
Blanchett, Cate: 196
Bland, Bobby Blue: 542
Blige, Mary J.: 675
Blind Willie McTell: 512, **521**
Blonde On Blonde [álbum]: 153, 193, **210-243**, 248, 251, 253, 276, 278, 280-282, 302, 304-305, 310-312, 315-316, 322, 328, 348, 360-361, 366, 415-416, 434, 501, 507, 526, 538, 644
Blood In My Eyes: 601-602, 604, **606**
Blood On The Tracks [álbum]: 250, 408, **410-429**, 432, 449, 452, 513, 538, 616, 685
Blood, Sweat and Tears: 358
Bloomfield, Mike: 69, 134, 160-*161*, *164*, 182-184, *187*-194, 196-197, 199, 201, 203-204, 207, 209, 685
Blowin' In The Wind: 25, 44-46, **50-53**, 55, 59-60, 66, 104, 122, 125, 133, 206, 223, 348, 370, 477, 670
Blue, Peggi: 530-532, 543-544, 559
Blue Moon: 321, 324, **334**
Blue Öyster Cult: 495, 554
Blue Yodel n°1 & n°5: 304
Blue, David: 50, 174, 208, 302
Blue, Sugar: 434
Blues Band (The): 158
Blues Brothers (The): 554
Blues Project (The): 86
Bobby Blue Band: 542
Bo Carter & The Mississippi Sheiks: 70
Bob Dylan [álbum]: **16-41**
Bob Dylan Live 1966 [álbum]: 15, 215
Bob Dylan's 115th Dream: 124, 145, **166**, 228, 237
Bob Dylan's Blues: 43-44, 59-**60**
Bob Dylan's Dream: 43, 46, 49, **67**, 75
Bob Dylan's Greatest Hits Vol. II [álbum]: 135, 266-267, 272, 367, **370-373**, 386, 392
Bob Dylan's Greatest Hits Vol. III [álbum]: 367, 574, 625
Bob Dylan's New Orleans Rag: 84
Bobby Fuller Four: 685
Boccaccio: 416
Bogart, Humphrey: 444, 526, 530-531, 534
Boggs, Dock: 283, 641
Bolero: 494
Bon Jovi, Jon: 513
Bonaparte, Napoléon: 142, 165, 186
Buenaventura (san): 674
Bonds, Gary «US»: 194
Bongiovi, Tony: 289
Bonham, John: 191
Bono: 372, 502, 562, *565*
Booker T & The MG's: 492, 634
Boorman, John: 414
Boots Of Spanish Leather: 81-82, 84, 96, **98-99**, 116
Borderline: 512
Borgnine, Ernest: 73
Born In Time: 283, 574, 577-578, **582**, 584
Borrowed Time: 494
Boswell, Connie: 334
Botticelli, Sandro: 371
Bouchillon, Christopher Allen: 23
Bound To Lose, Bound To Win: **135**
Bowens, Harry (Sir): 585
Bowie, David: 35, 512, 529, 634
Bowman, Rob: 371
Bracey, Majason: 542
Bradley, Ed: 50
Brady, James: 599
Brady, Paul: 596, 611
Bragg, Billy: 250
Bragg, Charlie: 250, 282, 284, 286, 288, 290, 292, 294-299, 306, 308, 310-314, 316-319
Branded Man: 552
Brando, Marlon: 8, 182
Branson, Richard: 553
Braun, David: 396
Brave Combo: 668, 675
Brecht, Bertolt: 39, 103, 408
Brel, Jacques: 341
Brennan,Willie: 75
Brian Auger & The Trinity: 270
Bridges, Mary Elizabeth: 482
Bring Me A Little Water: 348, 364-**365**
Bringing It All Back Home [álbum]: 30, 41, 103, 114, 119, 124, **144-177**, 180, 182-184, 186, 204, 216, 242, 311, 321, 378, 414, 416, 492, 644
Brinkley, Douglas: 356, 664
Britt, Bacon: 541-544
Britt, Robert: 619, 621-622, 624, 628-629
Broadside Singers (The): 107
Broke Down Engine: 601-602, **607**
Bromberg, David: 326-327, 329-335, 337, 339-343, 350, 352, 354, 357-358, 360-362, 365, 389, 392, 588, 598-599
Brooks, Garth: 391
Brooks, Harvey: 184, 191, 194-198, 200-201, 203-204, 209, 212, 350, 352, 354
Brooks, Phillips: 679
Broonzy, Big Bill: 30, 36, 41, 337, 373, 555, 591, 636
Brosnan, Ted: 25, 27-29, 34, 37, 39, 190, 192, 194, 206, 352, 356-357, 360-364, 388, 392
Brown III, Charlie: 423
Brown Jr., Oscar: 62, *67*
Brown, Alexandra: 559
Brown, Bob: 531
Brown, Donald: 441
Brown, Hugh: 36
Brown, James: 256, 330, 608
Brown, John: 142
Brown, Larry: 659
Brown, Lee: 330
Brown, Rita Mae: 448
Brown, Savoy: 337
Brown, Tony: 414, 417-418, 420-423, 425-429
Brown, William (Willie): 606
Browne, Jackson: 188, 372, 484, 590, 670, 684
Browning, Robert: 152
Brownsville Girl: 537-538, 540-541, **544**
Brubeck, Dave: 522
Bruce, Lenny: 492, 498
Brumley, Albert E.: 559
Bryant, Boudleaux: 336
Bryant, Carolyn: 143
Bryant, Felice: 336
Bryant, Roy: 143
Brynner, Yul: 73
Bublé, Michael: 598
Buckets Of Rain: 411, **427**-428
Buckins, Mickey: 473, 475-476
Bucklen, John: 166
Buckley, Jeff: 14, 132, 177, 489, 634
Buckley, Lord: 149, 168
Buffett, Jimmy: 677
Bukowski, Charles: 143
Bullock, Sandra: 690
Bullock, Walter: 555
Bunkhouse Theme: 375, **380**
Burdon, Eric: 32-33
Burgh, Chris (de): 289
Burke, Clem: 545
Burn, Malcom: 564-565, 567-575
Burnett, Dick: 25
Burnett, J. C. (reverendo): 24
Burnett, T-Bone: 464, 482, 540, 542, 670, 690
Burnett, W. R.: 228
Burns, Joey: 293
Burns, Robert: 627
Burns, Tito: 155
Burnside, Ambrose: 609
Burroughs, William S.: 170-171, 222, 502
Burse, Charlie: 595
Burstyn, Ellen: 690
Butler, Charlie: 597
Butler, Wayne: 216, 218-219
Buttrey, Kenneth (Kenny): 215, 218-220, 222, 224, 227-230, 232-241, 280-290, 292-299, 305, 308-319, 327, 329-334, 336, 393
Bye And Bye: 631, **636**
Byers, Joy: 185
Byrd, Debra: 533, 546
Byrds (The): 38, 107, 114, 116-117, 119, 125, 138, 148-149, 169, 172, 175, 180, 185, 207, 230, 232, 267-268, 270, 310, 314, 378, 432, 485
Byrom, John: 635
Byron (lord): 516

Cage The Elephant: 103
Cage, Buddy: 419, 423, 428-429
Cahn, Sammy: 674
Cain, James M.: 228
Calbi, Greg: 611
Cale, J. J.: 305, 367, 391, 464, 473, 570
Cale, John: 156
Calexico: 232, 254, 293
Call Letter Blues: 428-**429**
Calloway Jr., Harrison: 470, 472-473, 475
Camarata, Tutti: 553
Cameron, Christopher: 599
Cameron, James: 689
Camouflage Photo: 578
Camp, Hamilton: 142
Campbell, Glen: 139
Campbell, Larry: 634-641, 646, 690-691
Campbell, Mike: *219*, 529, 531, 533, 541, 544-546, 659-665
Camus, Albert: 604
Can You Please Crawl Out Your Window: **208-209**, 214
Can You Please Crawl Out Your Window/Highway 61 Revisited [single]: 208-209, 214-215
Can't Escape From You: 691
Can't Help Falling In Love: 348, 385, **389**
Can't Wait: 613, **626**
Canadee-I-O: 587, **592**, 611
Canned Heat: 37, 72, 165, 554, 648, 674
Cannon, Dyan: 523
Cannon, Gus: 133, 632, 640
Cannon, Hughie: 591
Cannon, Kim: 673
Cantina Theme (Workin' For The Law): 375, **379**
Cantos, Bill: 671, 673, 675-676, 679
Captain Beefheart: 535
Cardinale, Claudia: *214*-215
Careless Love: 304
Caribbean Wind: 492, 494, 504, **506**
Carné, Marcel: 694
Carnes, Kim: 380
Caro, Niki: 691
Carr, Leroy: 192, 337
Carradine, David: 295
Carroll, Gordon: 376, 379, 380-381, 383
Carroll, Hattie: 102
Carroll, Lewis: 222, 263, 343, 635
Carter Family (The): 9, 36, 75, 93, 283, 593, 632, 639, 682, 689, 691
Carter Jr., Fred: 328, 330, 332, 334-336, 393
Carter, Anita: 34
Carter, Bo: 70, 593
Carter, Carlene: 533
Carter, Gil: *293*
Carter, Jimmy: 173
Carter, June: *130*-131, 533, 690
Carter, Lucile Polk: 689
Carter, Rubin «Hurricane»: 436-437, 448
Carter, Williams: 689
Carthy, Martin: 46, 54-55, 67, 78
Cartier, Jacques: 332
Cartwright, Colbert S.: 276
Caruso, Enrico: 306
Casey, Smith: 38
Cash, Johnny: 40, 44, 55, 65, 84, 130, 131, 185, 214, 305-306, 308-309, 313-314, 325, 331, 342, 372, 390, 449, 485, 502, 542-543, 570, 594, 607, 673, 690
Cash, Rosanne: 55, 267
Cashdollar, Cindy: 616, 619-620, 622, 628
Caster, Flo: 9
Castro, Fidel: 124
Cat's In The Well: 577-578, **585**
Catero, Fred: 49, 116, 118-120, 122-125, 128-130, 132, 177
Catfish: 435, **447**
Cave, Nick: 312, 556, 597, 605
Cervantes, Miguel (de): 434
Chad Mitchell Trio: 327
Chagall, Marc: 324
Chaikovski, Piotr Llitch: 226
Chain Gang: 552
Chambers Brothers (The): 190
Chandler, Chas: 86, 289
Chandler, Len: 143
Chandler, Raymond: 531, 658
Changing Of The Guards: 451-452, **456**
Chantry, Marvin D.: 326
Chapin Carpenter, Mary: 267
Chaplin, Charlie: 202, 296, 644
Chapman, Marshall: 311
Chapman, Tracy: 33
Charles, Gerard: 522, 556
Charles, Larry: 293, 531, 597, 691
Charles, Ray: 86, 218, 403, 464, 484, 492, 593, 673, 694
Charlesworth, Chris: 335
Chatmon, Sam: 605-*606*
Cheap Trick: 259
Chéjov, Antón: 414, 418, 573
Chenier, Clifton: 236
Cher: 58, 319
Cherney, Ed: 581-585
Chic: 484
Chicago: 325, 541
Chicago Mass Choir: 488
Childs, Carol: 545
Chimes Of Freedom: 111-112, 114, **120**-122, 125, 129, 169, 492, 502
Chipmunks (The): 306
Chopin, Frédéric: 310
Christgau, Robert: 322, 604, 646
Christmas In The Heart [álbum]: 659, **666-679**, 684, 688
Christmas Island: 667, **677**
Chumbawamba: 153
Clancy Brothers (The): 13, 75, 138
Clancy, Liam: 75, 93, 138
Clancy, Pat: 138
Clapton, Eric: 22, 64, 127, 161, 251, 327, 337, 367, 382, 434, 443, 447, 550, 553, 555-556, 558, 611, 648, 694
Clark, Alan: 512, 515-520, 522, 529-530, 532, 556
Clark, Charles Badger: 364
Clark, Robin: 690
Clarke, Stanley: 378
Clash (The): 528, 552, 555
Claxton, William: 684
Clay, Cassius: 122
Clayton, Al: 386
Clayton, Jack: 695
Clayton, Paul: 64-66, 109, 112, 120, 167, 174, 334
Clean Cut Kid: 512, 525-526, **532**
Cleopatra: 255
Clinch, Danny: 659
Clinton, Bill: 121
Clothes Line Saga: 245, **256-257**
Coasters (The): 218, 253
Cobain, Kurt: 616
Coburn, James: 376, 379
Cochran, Eddie: 18
Cocker, Joe: 55, 232, 294, 366, 380, 447, 535, 670
Cockney Rebel: 224
Coen, Joel y Ethan: 14, 25, 95, 361, 540
Cohen, John: 276, 296, 594
Cohen, Leonard: 11, 185, 305, 567, 598
Cohen, Scott: 530
Cold Irons Bound: 613, 616, **624**, 635
Cold, Cold Heart: 494
Coleman, Cy: 694
Coleridge, Samuel Taylor: 125, 663
Collins, Dennis: 690
Collins, Francis: 443
Collins, Howie: 70-71
Collins, Judy: 53, 56, 58, 97, 106, 135, 138, 167, 188, 242, 278, 341-342, 364
Collins, Mel: 443
Collins, Phil: 382, 553, 558
Colonna, Roddy: 575
Coltrane, John: 49, 694
Columbus Georgia: 512
Colvin, Shawn: 267
Come A Little Bit Closer: 324
Come All You Fair And Tender Ladies: 324
Come Back: 10
Come Back Baby (One More Time): 540
Coming From The Heart (The Road Is Long): 454
Como, Perry: 672
Confucio: 162
Connelly, Christopher: 513
Connick Jr., Harry: 564
Conrad, Joseph: 15, 444
Cooder, Ry: 504
Cooke, Sam: 53, 641, 664
Coon, Caroline: 156
Cooper, Alice: 590
Copper Kettle (The Pale Moonlight): 321, 324, 329, **333**, 339
Cordova, Frederick (de): 591
Cornelius, Ron: 329, 332, 365, 388-390, 392
Coro, Ron: 414
Corrina, Corrina: 40, 43, 46, **70**, 153, 157, 193, 327
Cortese, Dominic: 442-443
Coslow, Sam: 595
Costello, Elvis: 328, 512, 541, 670, 694
Cotillard, Marion: 656
Cott, Jonathan: 260, 262, 288, 402, 408, 416, 421, 445, 455, 457
Cotten, Elizabeth: 79
Cotten, Joseph: 544
Counting Crows: 55, 267
Country Pie: **301**
Court, John: 41
Covenant Woman: 481-482, **486**-487
Crackers, Georgia: 597
Crane, Les: 175
Crash On The Levee (Down In The Flood): 370, 373
Cream: 393, 648
Creatore, Luigi: 389
Crenshaw, Randy: 670-671, 673, 675-676, 679
Creswell, Tony: 526, 538
Croner, Ted: 646
Cronkite, Walter: 444
Crooks, Richard: 423, 429, 599
Crosby, Bing: 632, 637, 641, 644, 649, 651, 668, 671, 673, 676
Crosby, David: 169, 354, 580, 582, 584
Crosby, Stills, Nash & Young: 251, 304, 354, 380, 464, 564, 590
Cross, Billy: 456-461
Cross The Green Mountains: 691
Crow, Sheryl: 502, 635, 678
Crowe, Cameron: 87, 193, 381
Crudup, Arthur: 457, 619
Crüe, Mötley: 455
Cruz, Gilbert: 369
Cruz, Penélope: 327
Cry A While: 631, **640**
Cummings, William Hayman: 672
Cunningham, Agnes «Sis»: 74, 136

Cupid: 348
Curtis, Mann: 330
Curtiz, Michael: 444

D'Arby, Terence Trent: 172
DaCosta, Paulinho: 582, 584-585
Da Doo Ron Ron: 348
Dahan, Olivier: 656, *658*, 661
Dalhart, Vernon: 70
Damiano, James: 574
Daniels, Charlie: 305, 310-319, 325, 327-330, 332-336, 350, 352-354, 356-359, 362-363, 365, 389-393
Danko, Rick: 209, 212, 223, 225, 234, 242-243, 246, 251-256, 258-264, 266, 268-273, 338, 400-*405*, 407, 409
Dante, Alighieri: 416
Darby & Tarlton: 108
Darin, P.: 372-373
Dark Eyes: 525-526, 528, **535**
Dark Groove: 512
Darkness Before Dawn: 552
Das, Luxman: 278
Das, Purna: 278
Dauria, Pete: 22-24, 26, 30, 32, 35, 38, 40, 50, 54, 56, 59, 60-61, 64, 67, 68-70, 72-79, 87, 90, 92, 94-96, 98, 100, 102, 106-109, 152, 156, 158, 162, 164-167, 170, 172, 174, 176, 186, 190, 192, 194, 202, 204, 225, 242-243, 272
Dave Matthews Band: 289
Davenport, Bob: 46, 54, 58
Davenport, Nigel: 78
Davidson, Bruce: 659
Davies, Eileen: 388
Davis, Clive: 314, 378, 386, 449
Davis, Eva: 283
Davis, Gary (reverendo): 30, 231, 334
Davis, Jesse Ed: 366-367, 371, *375*
Davis, Katherine K.: 673
Davis, Miles: 20, 71, 325, 531, 585, 634
Davis, Skeeter: 328
Dawes, Biff: 452, 455-461
Day Of The Locusts: 345, 348, **354**
Days Of 49: 321, 324, **329**
De Berardinis, Olivia: 670
De La Beckwith, Byron: 96
De Quincey, Thomas: 167-168
Dead Man, Dead Man: 491-492, **499**, 568
Dean, James: 8, 246, 259
Dear Landlord: 275, 281, **294**
Death Is Not The End: 512, 549-550, 552, **556**, 568
DeCurtis, Anthony: 540
Deep Ellem Blues: 135
Delanoë, Pierre: 115, 177, 324, 330
Delia: 601-602, **607**
Deliverance: 414, *429*
Delta Blind Billy: 25
Demeny, Paul: 520
DeMille, Cecil B.: 190
Demme, Ted: 326
Denise: 114, 130
Dennis-Dylan, Desiree Gabrielle: 540, 578
Dennis, Carolyn: 452, 454, 456-461, 464, 468, 470, 472, 476, 479, 482, 494, 496, 498-499, 501-502, 504-505, 507, 529-530, 532-533, 540, 542-545, 552, 557-559
Dennis, Matt: 694
Denver, John: 342
Depeche Mode: 541
Depp, Johnny: 326
Derek & The Dominos: 367
DeShannon, Jackie: 139
Desire [álbum]: **430-449**
Desolation Row: 23, 177, 179, 182, **202-203**, 312, 317, 362, 420, 682
DeVille, Willie: 200, 663
DeVito, Don: 432, 434-**449**, 452, 454-461, 484
DeWald, Abby: 670-677, 679
Dexys Midnight Runners: 528
Diamond Joe: 587, **597**
Diamond, Neil: 380, 391, 676
Diaz, Cameron: 690
Díaz, César: 68, 590
DiCaprio, Leonardo: 689
Dickens, Little Jimmy: 336
Dickinson, Emily: 261
Dickinson, Jim: 616, 618, 620-622, 626-628
Dickson, Jim: 169
Diddley, Bo: 194, 545, 688
Dietrich, Marlene: 53
DiFonzo, Rick: 575
Dignity: 564, **574**
Dillard, Dottie: 328, 330, 333, 393
Dillards (The): 139
Dink's Song: 14
Dire Straits: 464, 466, 469-*471*, *473*-474, 478, 484, 512-513, 523, 543
Dirge: 395-396, 399, **406**, 408, 626
Dirt Road Blues: 613, **619**
Dirty Projectors: 284
Disease Of Conceit: 561-562, **572**
Ditty Bops (The): 672
Diver, Dick: 371
Dixie: **691**
Dixon, Delores: 51
Dixon, Willie: 199, 640, 656, 660-661, 682, 688
Do Right To Me Baby (Do Unto Others): 463, **474**
Do You Hear What I Hear?: 667-668, **671**
Dobson, Bonnie: 296
Dock Of The Bay: 324
Domino, Fats: 235, 252, 268
Don Gardner & Dee Dee Ford: 326
Don't Drink No Chevy: 512
Don't Ever Take Yourself Away: 494
Don't Fall Apart On Me Tonight: 509, **520**
Don't Fly Unless It's Safe: 512
Don't Let Her Know: 494
Dont Look Back [documental]: 115, 153-**155**, 171, 175, 214, 225, 454, 488
Don't Think Twice, It's All Right: 43, 46, 49, 52, **64-66**, 75, 79, 109, 116, 304, 308, 348, 370, 571
Donald, Nancy: 604
Donizetti, Gaetano: 640
Donovan: 155, 175, 203, 501
Doors (The): 153, 281, 452, 542, 553, 618, 675
Dopsie, Rockin': 564, 567, 574
Dorfsman, Neil: 512-514, 516-523, 556
Dostoïevski, Fiodor: 152
Douglas, Steve: 456-461, 494, 498-499, 502, 542, 544
Down Along The Cove: 275, 281, **298**, 302, 310, 319
Down In The Flood: 266, 370, **373**
Down In The Groove [álbum]: **548-559**, 568, 658, 660
Down The Highway: 43, 46, **59**-60
Downing, Jack: 197
Drake, Nick: 135, 238
Drake, Pete: 280-281, 298-299, 305, 307, 310, 313-315, 318-319, 328, 333, 336, 393
Dreamin' Of You: 616-617, 628-**629**
Drifter's Escape: 275, **292-293**, 312
Drifters (The): 464
Driftin' Too Far From Shore: 528, 537, 541, **543**
Driscoll, Julie: 270, 295
Drummond, Tim: 464, 468, 470-476, 478-479, 482, 484-489, 494-496, 498-502, 504-507
Duchamp, Marcel: 222
Ducks Deluxe (The): 236
Duke, Daryl: 55
Dunbar, Sly: 512, 514-520, 522-523, 529-530, 532, 534, 556
Duncan & Brady: 590, **599**
Duncan, Harry: 599
Dunn, Donald «Duck»: 497
Duquesne Whistle: 681-682, **685**
Duran Duran: 314, 529
Durante, Jimmy: 334
Duvall, Robert: 691
Dwan, Allan: 390
Dye, Debbie: 452
Dylan [álbum]: **384-393**
Dylan, Anna Leigh: 298, 302, 389
Dylan, Jakob: 389, 412
Dylan, Jesse Byron: 298, 302, 389, 510
Dylan, Samuel Isaac Abraham: 302, 389
Dylan, Sara: 148, 150, 156, 162, 187, 194, 215, 222, 224, 232, 239-240, 279, 298, 319, 348, 352, 354, 356, 361, 365, 389, 399, 403, 408, 412, 416-417, 419, 428, 432, 445-446, 452, 456, 458, 461, 470, 500, 510, 528, 647

E Street Band: 532, 534
Eades, Ronnie: 470, 472-473, 475
Eagles (The): 304, 513
Earle, Steve: 125
Early Mornin' Rain: 321, 325, **329**
Early Roman Kings: 681-682, **688**
Earth, Wind & Fire: 259, 558
East, Nathan: 558-559
Eastwood, Clint: 390, 531
Echo & The Bunnymen: 175
Echols, Johnny: 207
Ecklund, Peter: 599
Eckstine, Billy: 334
Edgerton, Nash: 659-660, 675, 685
Edgin, Dolores: 328, 330, 333, 393
Edmiston, Susan: 148, 170, 195
Edwards, Bernard: 690
Edwards, Mark: 61
Edwardson, Monte: 8
Egan, Nick: 434, 528
Egler, Dan: 656
Ehrlich, Larry: 334
Einstein, Albert: 202
Eisenhower, Dwight D.: 56, 136
Ekberg, Anita: 73
Ekdahl, Lisa: 555
Electric Flag: 685
Elfstrom, Robert: 306
Eliot, T. S.: 202, 262, *355*
Ellington, Duke: 29, 65, 608
Elliott, Ramblin' Jack: 9, 36, 78, 114, *131*, 168-169, 278, 310, 446, 592
Ellis, Elder John: 610
Emerson, Ralph: 107
Emery, Nicole Eva: 671-677, 679
Eminem: 153
Emmett, Daniel Decatur: 143
Emotionally Yours: 525, **533**
Empire Burlesque [álbum]: **524-535**, 538, 541, 544, 684
Endsley, Melvin: 333
Eno, Brian: 564, 566, 570
Ephron, Nora: 148, 170, 195, 197
Epstein, Howie: 531, 533, 544-546
Escott, Colin: 485
Esopo: 290
Estes, Sleepy John: 77, 602, 606, 648-649
Eternal Circle: 84, **108**
Etkin, Laurence: 517
Eurythmics: 538, 541, 545, 672
Evans, Gwen: 482
Evans, Raymond B.: 676
Everett, Ruppert: 553
Everly Brothers (The): 173, 314-*315*, 330, 336, 446, 582
Evers, Medgar: 96-97
Every Grain Of Sand: 491-492, 495, **502-503**
Everything Is Broken: 561-562, **568**

Faa, John: 592
Fabbro, Larry: 8
Faces (The): 297
Fagen, Donald: 192, 531, 634
Fairport Convention: 176, 253
Faithfull, Marianne: *52*-53, 155, 175, 299, 364, 484
Farewell: 84, **138**, 392
Farewell, Angelina: 63, 132, 148, 175-**177**
Fariña, Richard: 9-10, 150, 269, 276
Farmer, Art: 694
Farrow, Mia: 695
Father Of Night: 345- 346, 355, **363**
Faulkner, William: 662
Fegy, Dick: 599
Feinstein, Barry: 84
Feiten, Buzz (Buzzy): 350, 352-355
Feliciano, José: 50, 58
Fellini, Federico: 156, 167
Feltus, Judy: 529, 532, 543
Ferlinghetti, Lawrence: 143, 357
Ferry, Bryan: 63, 553
Fielding, Jerry: 376, 381
Fig, Anton: 532, 543
Figueroa, Sammy: 514, 517, 520
Final Theme: 375, **383**
Firebird: 528
Firestone, Lara: 542
Firmin, John: 599
Fisher, Eddie: 695
Fishing Blues: 348
Fitzgerald, Ella: 485, 675
Fitzgerald, Francis Scott: 371
Fixin' To Die: 17, **26**, 134
Flack, Roberta: 232
Flamin' Groovies (The): *236*
Flanagan, Bill: 500, 661, 663, 668, 678-679
Flanagan, Fiona: 553
Flatt & Scruggs: 13, 219, 310, *373*
Flatt, Lester: 219, 373
Fleetwood Mac: 546
Fletcher, Dusty: 269
Fletcher, Valerie: 262
Flippo, Chet: 383
Floater (Too Much To Ask): 631, **637**
Flora: 52
Flying Burrito Brothers (The): 378
Fogerty, John: 582, 616
Foley, Red: **34**
Folsom Prison Blues: 324, 372
Fonda, Henry: 292-*293*
Foot Of Pride: 510, 512, **522**
Ford, Dee, Dee: 326
Ford, Robben: 580, 583
Ford, Robert: 164
Foreman, Geno: 30
Forever Young: 10, 395-396, 398, **404**-408
Forgetful Heart: 655, **662**
Fornero, Daniel: 693
Forster, Robert: 317
Fortheringay: 262
Fortina, Carl: 381, 383
Foster, Gary: 383
Foster, Gwen: 32
Foster, Stephen: 594
Fotheringham, Edwin: 670
Fott, Solie I.: 326
Four Seasons (The): 64, 197
Fowler, Elkin «Bubba»: 329, 332
Fraboni, Rob: 250, 398-409, 415
Francis (padre): 363
Francis, Panama: 41
Frandsen, Erik: 443, 447
Frankie & Albert: 587-588, **591**
Franklin, Aretha: 11, 20, 415, 464, 467, 484, 554
Federico Augusto (príncipe): 583
Fredericks, William: 675
Freed, Leonard: 670
Freeman, Denny: 646-653, 691
Freight Train Blues: 17, **34**, 72
Fremerman, Elana: 691
Friesen, Gordon: 136
Frijid Pink: 33
Froggie Went A Courtin': 258, 587-588, **597**
From A Buick 6: 179, **194**, 204, 206-207, 237
Froom, Mitchell: 556
Frost, Jack: 581-585, 618-622, 624-629, 632, 635-641, 646-653, 660-665, 670-679, 684-689, 691, 693
Fukunaga, Glenn: 575
Full Force: 522, 552, 556
Full Moon And Empty Arms: 692, **695**
Fuller, Blind Boy: 30, 77, 595
Fuller, Jesse: 9, 22, 36, 72, 78
Funk, Robert: 517
Fur Slippers: 494

Gable, Clark: 520
Gabriel, Milton: 543
Gabriel, Peter: 559, 565-566
Gahr, David: 634
Gainsbourg, Charlotte: 232
Gainsbourg, Serge: 90
Gallagher, Bill: 185, 215
Gallagher, Peter: 604
Gallo, Joey: 434, 442, 448
Gamblin' Willie's Dead Man's Hand (Rambling, Gambling Willie): 49
Gandhi (mahatma): 538, 542
Gang of Four: 622
Gannon, Kim: 673
Gans, Geoff: 616, 634, 646, 693
Garcia, Jerry: 175, 207, 334, 428, 442, 543, 552, 558, 609, 695
Gardner, Don: 326
Garfunkel, Art: 695
Garland, Judy: 668, 675
Garner, Erroll: 695
Garnier, Tony: 68, 618-629, 634-641, 646-653, 659-665, 670-679, 684-691, 693
Garrett, Pat: 376, 378, 383
Gaskin, Leonard: 70-71
Gates Of Eden: 145, **170-171**, 173, 176, 189, 204, 348, 492
Gaulle, Charles (de): 73
Gayden, Mac: 216, 218-219, 228
Geffen, David: 386, 396, *398*, 410
Genet, Jean: 362
Gentry, Bobbie: 256-257
George Jackson: 368-369
George Jackson (versión orquestada) / George Jackson (versión acústica) [single]: 368
George, Brian: 522, 556
George, Lou: 522, 556
Getz, Stan: 670
Ghost Riders In The Sky: 348
Giacchino, Michael: 378
Gibbons, Billy: 512
Gibbons, Steve: 295, 313
Gibran, Khalil: 246
Gibson, Bob: 343
Gilham, Art: 616
Gill, Andy: 153, 220, 260, 269, 311, 316, 622
Gillespie, Haven: 695
Gilmore, Mikal: 632
Gilmore, Thea: *282-283*, 287, 295
Gilmour, David: 60
Ginsberg, Allen: 62, 114, 126, 146, 148, 152, 155, *162-163*, 172, 202, 216, 239, 246, 278, *284*, 404, 488
Girl From The North Country: 14, 43, 46, 49, **54-55**, 59, 67, 75, 98-99, 301, **308-309**, 311, 392, 425, 441, 625
Girl I Left Behind: 528
Glaser, Paul Michael: 546
Glaub, Bob: 531
Glaze, Ruby: 637
Gleason, Bob: 9, 23, 35-36
Gleason, Jackie: 675
Gleason, Ralph: 351
Gleason, Sid: 9, 23, 35-36
Glory Of Love: 494
Glover, Tony: **14-15**, 108, 203
Gluck, Christoph Willibald: 674
GodKnows: 564, 574, 577-578, 583-**584**
Goin' To Acapulco: 245, **254**
Going To New Orleans: 46
Going, Going, Gone: 395-396, **401**
Gold, Andrew: 496, 498, 502-503
Gold, Debbie: 588, 591-597, 604
Goldberg, Barry: 160
Golden Chords (The): 8
Golden Loom: 435, 446-**447**
Gonna Change My Way Of Thinking: 463, 466, **473**
Gonna Love You Anyway: 494
Good As I Been To You [álbum]: 258, 348, **586-599**, 602, 604-605, 610-611, 614, 632
Good, Dennis A.: 326
Goodbye, Holly: 376, 378, 381
Goodchild, Gabrielle: 167
Gooding, Cynthia: 134, 143
Goodman, Benny: 11, 71, *414*
Goodnight My Love: 604, 611
Gordy, Berry: 86
Gore, Martin: 24
Gorgoni, Al: 152-153, 156, 158-159, 162-166, 174, 176, 186, 189-190
Gospel Plow: 17, **29**
Got Love If You Want It: 550
Got My Mind Made Up: 537-538, **545**
Gotta Serve Somebody: 463, 466, **468-469**, 471, 478
Gotta Serve Somebody: The Gospel Songs Of Bob Dylan [álbum]: 473
Gotta Serve Somebody/ Trouble In Mind [single]: 479
Gotta Travel On: 321, **334**
Gov't Mule: 337
Graham, Roger: 70
Grammer, Billy Wayne: 334
Grant Street Band: 597
Grappelli, Stéphane: 637
Grateful Dead: 27, 37, 197, 251, 289-290, 297, 337, 382, 442, 550, 592-*593*, 557-558, 564, 605, 608-609, 660
Gravity Song: 528
Gray, Arvella Blind: 38
Gray, Michael: 98, 183, 191, 235, 289, 362
Gray, Sam: 160
Grayson and Whitter: 594
Great Society: 164
Great White Wonder [álbum]: 12, 249
Green Grass: 512
Green, Al: 529
Green, Delia: 607
Green, Lloyd: 353
Green, Willie: 555, 558, 564, 567-568, 572-574
Greenfriars Boys (The): *9*
Greenwood, Bruce: 196
Gregg, Bobby: 41, 152-154, 156-158, 162-166, 176, 186, 189, 191-192, 194-195, 197, 200-201, 204, 206-209, 225, 242
Gregg, Robert: 223
Grey, Jane (Lady): 197
Griffin, Paul L.: 152-153, 159, 164, 166, 176, 186, 189, 192-193, 195-197, 200-201, 204, 209, 225, 414, 419, 427
Griffin, Rex: 123
Griffin, Rick: 552
Griffin, Sid: 253-254, 258, 272-273
Griffith, Nanci: 98
Grimm (hermanos): 167
Grisman, David: 609
Grohl, Dave: 541
Grombacher, Myron: 555
Grossman, Albert: 9, 41, 44, 48-49, 52, 76, 86, 133, 138-139, 149-150, 153, 155, 183, 198, 212, 215, 224, 230, 248-251, 278-280, 288, 290, 294, 298, 346
Grossman, Sally: 149, 183, 278
Grosz, Will: 595
Grunt, Blind Boy: 46, 78, 141-142, 372
Guercio, James: 449
Guesdon, Jean-Michel: 215
Guess I'm Doing Fine: 142
Guess Things Happen That Way: 304
Guihard, Paul: 68
Gundersen, Edna: 646
Gunn, Elston: 8
Guns N'Roses: *381*-382, 581, 590
Gutenberg, Johannes: 672
Guthrie, Arlo: 64, *101*, 139, 278, 592
Guthrie, Marjorie: 140
Guthrie, Woody: 8-9, 13-14, 18, 23, 25, 27, 33, 35-**36**, 69, 73, 75-76, 84, 90-91, 95, 98, 104, 107, 118, 122, 129, 135, 140-141, 143, 152, 190, 254, 278, 280, 282, 295, 302, 331, 383, 449, 558, 592, 597, 608
Guy Lombardo and His Royal Canadians: 672, 677
Guy, Buddy: 79, 314
Gwin, Keysha: 542
Gypsy Lou: 143
«Gypsy Lou», Louise: 143

Had A Dream About You, Baby: 549-550, 553, **556**
Haggard, Merle: 343, 644, 650
Haigh-Wood, Vivienne: 262
Hakim, Omar: 690
Haldeman, Oakley: 671
Halee: 184, 186, 194-195, 197-198, 200, 204, 208, 225, 242-243
Hall & Oates: 526
Hall, Bobbye: 452, 456-461
Hall, Larry G.: 693
Hall, Rick: 467, 495
Hall, Tony: 564, 567-568, 571-574
Halley, Bill: 599
Hallie: 116, 118-120, 122-125, 128-130, 132, 152, 156, 158, 162, 164-167, 170, 172, 174, 176-177
Hallyday, Johnny: 33
Hamill, Peter (Pete): 415
Hamm, Gregg: 467-468, 470-479, 484-489
Hammerstein II, Oscar: 694
Hammett, Dashiell: 195, 658
Hammond Jr., John: 151-153, 156, 162, 164, 166, 251, 299
Hammond, John H.: 10-**11**, 15, 18, 20-30, 32, 34-35, 37-41, 44, 48-50, 59-62, 64, 68, 70, 72-79, 84, 86, 88, 94, 133, 137, 140, 185, 191, 308, 412, 414, 441, 591, 638
Hancock, Herbie: 559
Handle, Johnny: 32
Handy Dandy: 577, **585**
Hanson, Curtis: 690-691
Harbach, Otto: 534
Hard Rain [álbum]: 315, 449, 454
Hard Times: 587, **594**
Hard Times In New York Town: 15, 134, 159
Hardin, John Wesley: 276, 282
Hark The Herald Angels Sing: 667, **672**
Harley, Steve: 227
Harlow, Jean: 149
Harold, Childe: 516
Harper, D. J.: 693-694
Harpo, Slim: 192, 550, 568, 614, 624
Harrah, Walt: 670-671, 673, 675-676, 679
Harris, Emmylou: 364, 432, 434-435, 437, 439-444, 446-448, 502, 523, 543, 565, 594
Harrison, George: 33, *62*, 84, 127, 132, 193, 236, 240, 251, 259, 298, 302, 304, 306-307, 312, 334, 346, 348-350, 352-353, 355-356, 359, 365, 367, 389, 446, 555, 580-581
Harrison, Pattie: 302, *304*
Harrison, Wilbert: 554
Harry Simeone Chorale: 671
Hart, Dylan: 693
Hart, John: 567
Hart, Lorenz: 324, 334
Harvey, PJ: 556, *605*
Have Yourself A Merry Little Christmas: 667-668, **675**
Havens, Richie: 50, 98, 232, 278
Havis, Regina: 468, 470, 472, 476, 479, 482, 484, 489
Hawkins, Coleman: 71
Hawkins, Roger: 466-467
Hawkins, Ronnie: 212, 251, 316
Hawks (The): 153, 209, 212, 214, 223, 230, 232, 242- 243, 246, 248, 251, 302
Hawks, Howard: 526, 531
Hayes, Alfred: 286
Hayes, Ira: 390
Hayes, Isaac: 314
Hayes, Joe «Red»: 485
Haynes, Todd: 196, 242, 254
Hazel: 395-396, **403**
He Was A Friend Of Mine: 18, 20, **38**
He's Gone: 512
Head, Murray: 125
Heart Of Mine: 491-492, 494, **497**, 504, 507
Heart Of Mine/The Groom's Still Waiting The Altar [single]: 507
Heffington, Don: 531, 535, 544
Hegel, Georg Wilhelm Friedrich: 597
Heider, Wally: 455
Heidt, Horace: 595
Helfert, Manfred: 305, 319, 372
Hello Stranger: 611
Helm, Levon: 191, 212, 243, 246, 249, 251-253, 261- 262, 273, 338, 400-405, 407, 409, 467, 634, 690
Helstrom, Echo: 8, 54, 403
Hemingway, Ernest: 444
Henderson, Ray: 593
Hendrix-Haberlan, April: 542
Hendrix, Jimi: 86, 188, 209, 260, 289, 293, 304, 434, 565, 685
Hendrix, Muffy: 542-545
Hentoff, Nat: 56, 64, 66, 69-70, 112, 115, 121-122, 124, 127-128, 130, 146
Here Comes Santa Claus: 667-668, **671**
Herman, Dave: 495, 498
Herman, Woody: 670
Hermes, Will: 682
Hero Blues: 46, 84, **140**
Herron, Donnie: 646-647, 649-653, 659-665, 670-679, 684-691, 693-694
Herron, Joel: 694
Herston, Kelton D. (Kelso): 305, 311-318
Hester, Carolyn: 9-10, 41, 69, 269
Heylin, Clinton: 41, 48-49, 120, 135, 138, 149, 189, 203, 222, 226, 256, 260, 269, 356, 363, 371, 381, 403, 416, 418, 425, 477, 512, 519, 535
Hiatt, John: 550, 556
Hickok, Wild Bill: 75
Hicks, Rosie: 368
Hidalgo, David: 658-665, 670-679, 684-689
High Water (For Charley Patton): 631, **638**, 640, 652
Highland, David: 597
Highlands: 613- 614, **627**, 653
Highway 51: 17, **28**
Highway 61 Interactive CD-ROM [álbum]: 14, 32, 150
Highway 61 Revisited: 179, *198-199*, 209, 532, 607
Highway 61 Revisited [álbum]: 69, 86, 114, 118-119, 124, 149, 153, **178-209**, 223, 225, 252, 305, 316, 322, 325, 328, 350, 360, 362, 366, 414, 416, 479, 501, 507, 526, 538, 616, 638, 644
Hilburn, Robert: 93, 103, 162, 464, 471, 614
Hill, Beau: 556
Hill, George Roy: 282
Hill, Joe: 286-287
Hill, Lauryn: 690
Hillman, Chris: 138
Hillmen: 138
Hilton, Richard: 690
Himmel, Karl T.: 332
Hitchcock, Alfred: 114, 124
Hoffenberg, Mason: 254
Hoikkala, LeRoy: 8
Holiday, Billie: 11, 71, 636, 694
Hollies (The): 77, 125, 169
Holly, Buddy: 18, 259, 656
Holt, David Jack: 674
Homero: 98, 235
Honest With Me: 631, **639**
Honey, Just Allow Me One More Chance: 43, 59, **72**, 89, 348
Hood, David: 467
Hooker, John Lee: 14, 22, 199, 373, 595, 638, 648-649
Hope, Bob: 676
Hopkins, Sam «Lightnin'»: 37, 79, 283
Hopper, Dennis: 366
Horns, Chops: 531
Hornsby, Bruce: 580, 582-583
House Carpenter: 18, 20, 34, **39**, 324
House Of The Risin' Sun: 17, **32-33**
House, Son: 638
Houston, Cisco: 36, 73, 331, 597
Houston, Moses «Cooney»: 607
Houston, Whitney: 604, 675-676
How High The Water: 304
How Long Blues: 446
How Many Days: 512
Howard, Harlan: 314
Howard, Mark: 564-565, 567-575, 616-622, 624-629
Howell, John: 259
Hubbard, Neil: 443
Huck's Tune: 691
Hucknall, Mick: 367
Hudson, Garth: 208-209, 212, 223, 243, 246, 249-256, 258-264, 266, 268-270
Hughes, Billy: 331
Hughes, Rob: 578
Hugo, Victor: 398
Humphrey, Hubert: 256-257
Humphries, Patrick: 116
Hunstein, Don: 20, 48, 84
Hunt, Lillian V.: 326
Hunter, Carol: 380-381, 383
Hunter, Catfish: 447
Hunter, Robert: 550, 557-558, 658, 660-665, 682, 685
Hurricane: 23, 288, 431, **435-438**
Hurt, Mississippi John: 602, 608, 640
Hussein, Saddam: 585
Huston, John: 526, 530-531
Hutchison, Frank: 79
Huxley, Aldous: 239

(I Heard That) Lonesome Whistle: 46
I Am A Lonesome Hobo: 275, **295**
I And I: 509-510, **520**, 527
I Believe In You: 463, 466, **471**
I Don't Believe You (She Acts Like We Never Have Met): 111, 114, **128**, 348
I Dreamed I Saw St Augustine: 254, 275-276, **286-287**
I Feel A Change Comin' On: 655, **664**
I Forgot More Than You'll Ever Know: 321, **328**
I Forgot To Remember To Forget: 348
I Got A New Girl: 13
I Guess I've Come to Here In Your Eyes: 523
I Guess I've Come to Here in Your Eyes/Angel Flying Too Close To The Ground [single]: 523
I Knew I'd Want You: 169
I Need Your Lovin': 540
I Pity The Poor Immigrant: 275, **296**
I Rode Out One Morning: 177
I See Fire In Your Eyes: 528
I Shall Be Free: 43, **73**, 139
I Shall Be Free No.10: 111, **122**, 129
I Shall Be Released: 251, 266, 370, **372**
I Still Miss Someone: 214, 304, 308
I Threw It All Away: 302, 305-306, **312**, 348
I WalkTheLine: 304, 308, 570
I Wanna Be Your Lover: 214, **243**
I Want You: 201, 211, **226-227**, 315, 326, 370
I Want You To Know That I Love You: 494
I Was Young When I Left Home: 14-**15**
I Wish I Knew: 13
I Wish It Would Rain: 494
I'd Hate To Be You On That Dreadful Day: 139
I'll Be Home For Christmas: 667-668, **673**
I'll Be Your Baby Tonight: 275, 281, **299**, 302, 370
I'll Keep It With Mine: 214, **242**
I'll Remember You: 525-526, **531**
I'm A Fool To Want You: 692-**694**
Iachetta, Michael: 246, 294
Ibsen, Henrik: 432
Idiot Wind: 411, 415, **420**-422, 427-428
Idlewild: 404
Ienner, Don: 617
Ienner, Jimmy: 449
If Dogs Run Free: 345, 349, **357**
If Not For You: 163, 345, 348, 351-**353**, 370
If You Ever Go To Houston: 655, **662**
If You Gotta Go, Go Now: 148, 160, 175-**176**, 196
If You Need Me: 552
If You See Her, Say Hello: 411, 415, **425**
Important Words: 550, 552
In My Time Of Dyin': 17, **24**, 26
In Search Of Little Sadie: 321, **330**-331
In The Garden: 481-482, **488**
In The Summertime: 491-492, **500**
Infidels [álbum]: **508- 523**, 529-530, 532, 552, 556, 668
Ingber, Ira: 535, 542, 544
Inhofer, Gregg: 415-416, 419-420, 424-425
INXS: 528
Iovine, Jimmy: 492, 495, 505, 507
Irving, Amy: 523
Is It Worth It?: 494
Is Your Love In Vain?: 451-452, 454, **459**
Isaac, Oscar: 14
Isabel I de Inglaterra (reina): 597
Isis: 431, 434, **438**, 515
It Ain't Me, Babe: 111, 114, **130**-131, 140, 174, 316, 348, 370
It Hurts Me Too: 220, 321, 324, **337**
It Takes A Lot To Laugh, It Takes A Train To Cry: 38, 160, 179, **192-193**, 327, 366
It's All Dangerous To Me: 494
It's All Good: 655, 658, **665**
It's All Over Now, Baby Blue: 145, 160, 171, **174-175**, 370
It's Alright, Ma (I'm Only Bleeding): 145, **172-173**, 176
Ives, Burl: 327

Jack Davis, Betty: 328
Jack-A-Roe: 601-602, **609**
Jackson (reverendo): 102
Jackson Blue Boys (The): 70
Jackson Five (The): 678
Jackson, Aunt Molly: 141
Jackson, Bo Weavil: 133
Jackson, George: 368
Jackson, Mahalia: 29, 44
Jackson, Michael: 467, 529, 558, 604, 634
Jackson, Randy: 554, 557, 571, 581-584
Jacobs, Walter: 593
Jaffee, Larry: 30
Jagger, Chris: 311
Jagger, Mick: 214, 367, 423, 429, 659
Jah Malla: 478
Jamerson Jr., James: 542-543
James, Billy: 10, 48
James, Elmore: 220, 337, 639
James, Etta: 452, 501
James, Jesse: 75, 164
James, Jim: 254
James, Skip: 79, 611
Jarrett, Keith: 124
Juan IV (rey): 674
Jefferson Airplane: 164, 281
Jefferson Starship: 644
Jefferson, Blind Lemon: 37, 70, 118, 140, 231, 602, 606, 638
Jeffrey, Nat: 398
Jennings, Waylon: 523
Jerry Garcia Acoustic Band: 609, 695
Jesus Met The Woman At The Well: 512
Jet Pilot: 193, 214, **243**
Jewison, Norman: 437
Jim Jones: 587, **591**
Jobs, Steve: 88, 94, 98
Joe & Eddie: 139
Joel, Billy: 325, 415, 449, 564, 625
Joey: 431, 434, **442**, 446, 448
John (Dr.): 383
John Brown: 142
John Mayall and the Bluesbreakers: 337
John Wesley Harding: 275, **282-283**, 285
John Wesley Harding [álbum]: 248, 254, 260, **274-299**, 302, 304-307, 319, 322, 326, 329, 352, 373, 396, 406, 418, 435, 454, 604
John, Elton: 541, 553, 580, 584
John, Little Willie: 620
Johnny & Jack: 635
Johns, Glynn: 324, 338
Johnson Reagon, Bernice: 120
Johnson, Bashiri: 531, 533-534
Johnson, Blind Willie: 24, 632, 636
Johnson, Brian D.: 93
Johnson, Coke: 555
Johnson, Daryl: 568, 575
Johnson, Don: 528
Johnson, Jimmy: 467
Johnson, Lonnie: 70, 595, 638, 640
Johnson, Lyndon B.: 149, 190, 246, 256, 260
Johnson, Robert:11, 37, 59, 70, 72, 118, 140, 149, 162, 198-199, 216, 220, 259, 327, 429, 458-459, 593, 605-606, 611, 638, 648, 651, 686
Johnson, Tommy: 165
Johnson, Wilko: 194
Johnson, Willard (Uncle Willie): 609
Johnston, Bob: 94, 180, 183-185, 190, 192-195, 197-198, 200, 202-203, 206-208, 214, 216, 218-220, 222, 225-226, 228, 230, 232, 234-239,

241-243, 280-282, 284, 286, 288, 290, 292, 294-299, 305-306, 308, 310-319, 324-343, 346, 349-350, 352, 354-366, 388-393, 449
Johnston, Diane: 185
Jokerman: 509-510, **514-515**, 523
Jolene: 655, **663**
Jolivet, Larry: 567
Jolson, Al: 593
Jones II, Dewey B.: 542
Jones, Booker T.: 196, 378-380
Jones, Brian: 196, 212, *226*-227, 289
Jones, Curtis: 28, 199
Jones, Jennifer: 544
Jones, Jim: 591
Jones, Max: 195
Jones, Nic: 592
Jones, Norah: 299, 580, 658
Jones, Philip Lyn: 545-546
Jones, Quincy: 86, 383, 492, 670
Jones, Steve: 552, 555
Jones, Tom: 330
Joplin, Janis: 22, 84, 294, 304
Jordan, Louis: 269, 647
Jordan, Steve: 554, 557
Jordanaires (The): 333
Joy, Charlie: 278
Joyce, James: 664
Joyce, Robert: 670-670, 673, 675-676, 679
Judas Priest: 290-291
Judd, Naomi y Wynonna: 328
Julius And Ethel: 512
Jung, Carl Gustav: 239
Jurado, Katy: 381
Just A Closer Walk WithThee: 304
Just Like A Woman: 211, **232-233**, 270
Just Like Tom Thumb's Blues: 179, 182, **200**-202, 204, 208, 227, 348, 459
Just When I Needed You Most: 552

Kafka, Franz: 292
Kangas, Ric: 12, 13
Kanner, Catherine: 466
Kaplan, Alan: 693
Kapralik, David (Dave): 18, 86
Karman, Peter: 112, 120, 167
Kat, Fred: 383
Katahn, Martin: 326
Katz, Steve: 358
Kaye, Buddy: 695
Keaton, Buster: 635
Keats, John: 223-224, 622
Keith Richards and the X-Pensive Winos: 554
Keith, Ben: 368-369
Keltner, Jim: 367, 371, 378, 381, 382-383, 482, 484-489, 494-502, 504- 507, 529, 531, 533, 616, 618-622, 626, 628-629
Kemp, Lou: 405
Kemper, David: 624, 634-640, 690
Ken (?): 404-405
Kennedy (hermanos): 538, 542
Kennedy Onassis, Jackie: 230
Kennedy, Jerry: 216
Kennedy, Jimmy: 651
Kennedy, John F.: *61*, 68, 73, 82, 87, *89*, 120
Kennedy, Robert: 302
Kennicott Davis, Katherine: 673
Kenserson, Richard: 386
Kent, Nick: 673
Kent, Walter: 673
Kenton, Maxwell: 254
Kern, Jerome: 534
Kerouac, Jack: 112, 114, 119, 140, 143, 152, 162, 165, 180, 200, 202, 295, 400, 620
Kershaw, Doug: 298, 334, *338*
Kesey, Ken: 557
Key To The Highway: 84, 164
Keyes, Larry: 195, 197-198, 200, 208, 225, 243
Keys, Alicia: 647
Khan, Gengis: 266-267
Khouri, Callie: 690
Krushev, Nikita: 61, 74
Kicks, Christopher: 326
Kilgore, Merle: 690
Killer, Martin: 516
Kimball, Stuart (Stu): 534, 646-653, 684- 689, 691, 693
King Cole, Nat: 565, 651, 668, 678-679, 694-695
King Crimson: 336
King, B.B.: 8, 26, 37, 41, 542, 595, 620
King, Ben E.: 319
King, Bill: 222-223
King, Bobby: 555, 558
King, Carole: 501
King, Clydie: 482, 484- 489, 494, 496-507, 519, 523, 530, 556
King, Freddie: 367
King, Henry: 538, 544
King, Martin Luther: 44, 51, 73, 92, 102-*103*, 302, *354*, 538, 542
King, Pee Wee: 598
King, Rodney: 293
Kingsport Town: 46, **75**, 348
Kingston Trio (The): 135, 177, 594
Kirkham, Millie: 328, 330, 333, 393
Kissinger, Henry: 475
Klein, Larry: 558-559
Kleinman, Bert: 62
Klipschorn, Klipsch: 250
Knocked Out Loaded [álbum]: **536-547**, 550, 626
Knockin' On Heaven's Door: 375-376, 378, **381**-383
Knopfler, Mark: *104*, 382, 464, 466-479, 510, 512-523, 529-530, 543, 550, 552, 556, 668
Knuerr, George: 22-30, 32, 34-35, 37-39, 50, 54, 56, 59-60, 64, 67, 69-70, 72-79, 87, 94, 100, 102, 104, 107-109
Koestler, Arthur: 125, 172
Konikoff, Sandy: 243
Kooper, Al: 160-161, 182- 183, 186, 188-189, 191- 204, 207-209, 212, 215- 216, 218-220, 222-228, 230-239, 241-242, 315, 325-329, 332-334, 337, 339-343, 350-352, 354, 356-362, 365, 388-392, 449, 461, 529, 534-535, 541-542, 581-582, 585
Kopel, Reid: 583
Kortchmar, Danny: 494, 496-501, 504-507, 554-555, 557
Kosma, Joseph: 694
Kot, Greg: 575
Koudelka, Josef: 659
Krall, Diana: 558, 694
Kramer, Daniel: 149, 182-183
Kramer, Eddie: 289
Kravitz, Lenny: 219
Kristofferson, Kris: 240, 299, 314-315, 376, 538, 542
Krogsgaard, Michael: 216, 237, 359, 369, 398, 517, 556, 584
Krown, Kevin: 89
Krupa, Gene: 41
Kubernik, Harvey: 280
Kulp, Ryan: 287
Kunkel, Russ: 350, 352, 354-362, 365, 378-379, 388-392
Kurland, Sheldon: 326

La Fontaine, Jean (de): 290
Ladd, Alan: 532
LaFarge, Peter: 390
Laico, Frank: 21, 190, 192, 202, 206-207
Laine, Frankie: 695
Laird, John: 34
Landau, Jon: 281, 378
Landy, Elliott: 304-305
Lane, Anita: 556
Lanfield, Sidney: 555, 676
Lang, Jack: 578
Lang, Stephen: 691
Längauer, Alexander: 684
Lange, Jessica: 691
Langhorne, Bruce: 40, 41, 49, 66, 70-71, 75, 151-153, 156-158, 160, 162-168, 176, 183, 186, 189, 194, 197-201, 203, 206-209, 378-380
Lanois, Daniel: 58, 93, 562, 564-575, 578, 584, 614, 616-629, 635, 641
Las Vegas Blues: 348
Lauper, Cyndi: 528
Laurel y Hardy: 334
Lavigne, Avril: 382
Lawrence, D.H.: 98
Lawrence, Michael: 443
Lay Down Your Weary Tune: 84, 104, **107**
Lay, Lady, Lay: 79, 301-302, 304-306, **314-315**, 333, 370, 381
Lay, Sam: 161, 195, 198-200
Lazar, David: 334
Leach, MacEdward: 332
Leadbelly: 33, 35-38, 73, 79, 106, 199, 327, 365, 449, 507, *588*, 591, 595, 599, 662
Leary, Timothy: 153, 239
Lebeau, Jennifer: 341
Led Zeppelin: 24, 106, 324, 336, 553, 652, 685
Lederman, Perry: 443
Lee, Ang:38
Lee, Bertha: 638
Lee, Frank: 280
Lee, Robert: 609
Lee, Spike: 40
Lee, William E. (Bill): 40-41, 70, 71, 76, 153, 156-158, 162, 164-166, 174, 176
Leiber, Jerry: 253
Leigh, Carolyn: 694
Lennon, Cynthia: 230
Lennon, John: 24, 58, 65, 146, 152-153, 155, 196, 206, 214, 228, 230, 236, 238, 243, 256, 261, 271, 294, 367, 468, 492, 494, 532, 682, 689
Lennox, Annie: 541
Lenny Bruce: 491, **498**
Lenya, Lotte: 149
Leopard-Skin Pill-Box Hat: 211, 217, **230- 231**, 234, 238
LeRoi, Jones: 196
Lester Flatt & Earl Scruggs: 13, 219, 373
Let It Be Me: 321, 324, **330**
Let Me Die In My Footsteps: 46, 49, **74**, 78, 172
Let's Stick Together: 549, **554**
Lethem, Jonathan: 521, 644
Leventhal, Harold: 278
Levine: 104
Levon and the Hawks: 212
Levy, Jacques: 432, 434, 436, 438-439, 441-442, 444-445, 447-448, 460
Levy, Lou: 133, 137
Lewis, Furry: 620
Lewis, George: 638
Lewis, Jerry Lee: 298, 311, 455, 572, 591
Lewis, Laurie: 597 Lewis, Sam: 593
License To Kill: 509-510, **518**
Lieberson, Goddard: 86, 386
Life Is Hard: 655-656, **661**
Lightfoot, Gordon: 280-*281*, 324, 329
Like A Rolling Stone: 38, 86, 139, 153, 160, 171, 179, 182, 182-184, **186-189**, 191, 197, 204, 207-208, 315, 317, 322, 324, 370-371, 404, 415, 420, 458, 461, 538, 544, 585, 634, 670
Lily Of The West: 348, 385, **388**, 393
Lily, Rosemary And The Jack Of Hearts: 411, 415, **424**
Linberg, Curtis: 599
Lincoln, Abraham: 134, 136
Lindes, Hal: 473
Lindley, David: 571, 578, 580-581, 583-585
Lindo, Delroy: 690
Lindsey, Hal: 472, 478, 482, 517
Linscott, Jody: 443
Lipscomb, Mance: 596
Listen To Me: 552
Litt, Scott: 684-689
Litt, Toby: 261
Little Drummer Boy: 667
Little Feat: 484
Little Maggie: 587, **594**
Little Moses: 324
Little Sadie: 321, **331**
Live At The Gaslight [álbum]: 687
Liverpool Five (The): 176
Living The Blues: 12, 321, **333**
Livingston, Jay: 676
Lo And Behold!: 245, 255
Loder, Kurt: 514, 516-517, 521
Lois, George: 514
Lomax, Alan: 9, 13-14, 29, 32, 160, 329, 332, 340, 365, 606, 609
Lomax, Elizabeth: 609
Lomax, John A.: 13-14, 29, 329, 521
Lombardo, Carmen: 637
Lombardo, Guy: 672, 677
Lone Pilgrim: 601-602, **610**
Lonely Avenue: 540
Lonesome Day Blues: 631, **637**
Lonesome Me: 348
Long Ago, Far Away: **134**
Long And Wasted Years: 681-682, **686**
Long Black Veil: 348
Long Time Gone: 135, **140**
Look Yonder: 528
Lord Protect My Child: 510, 512, **522**
Loren, Sophia: 73
Los Lobos: 658, *660*
Lott, Eric: 632
Loupias, Bernard: 682
Love: 207
Love And Theft [álbum]: 617, 628, **630-641**, 644, 646-647, 684, 690
Love Henry: 601-602, **605**
Love Minus Zero / No Limit: 145, 160, **162-163**
Love Sick: 613-614, **618**
Love, Damien: 639
Loveless, Patty: 328
Lovelle, Herbie: 40, 66, 70
Lovin' Spoonful (The): 150
Lowe, Glen: 599
Lownds, Hans: 186
Lowry, Malcom: 200
Loy, Myrna: 195
Lumley, Joanna: 270
Lunsford, Bascom Lamar: 229
Luther, Leon: 436
Lynch, Stan: 545-546
Lynn, Loretta: 328

MacAllister, Billie Joe: 256
MacGowan, Shane: 556
Macho Jr., Joseph: 152-153, 158-159, 162-166, 174, 176, 186, 189-190, 192-193, 204
MacLeish, Archibald: 346, 355, 358, 363
Madaio, Steve: 542, 544
Maggie's Farm: 145, **158-159**, 160-161, 165, 370
Magic: 494
Magoo, Charlie: 523
Maharishi Mahesh Yogi: 365
Main Title Theme (Billy): 375, **379**
Make You Feel My Love: 613, **625**-626, 690
Making Believe: 552
Malla, Jah: 478
Mama, You Been On My Mind: 114, **132**, 348
Man Gave Names To All The Animals: 463, **476**, 479
Man In The Long Black Coat: 561-562, **570,** 573
Man Of Constant Sorrow: 17-18, **25**
Man Of Peace: 509-510, 512, 518
Man On The Street: 18, 20, **39**, 141
Mandel, Steve: 414
Manfred Mann: 176, 232, 272
Manfred Mann's Earth Band: 259
Mangurian, Tony: 616, 619-620, 622, 626-629
Mansfield, David: 456, 458, 460-461, 464, 690
Manuel, Richard: 208-209, 212, *214*, 223, 243, 246, 248, 251-256, 258-261, 263-264, 266, 268-273, 338, 400-405, 407, 409
Marcel, Gabriel: 461
Marcels (The): 334
Marchin' to the City: 616, **629**
Marco Antonio: 255
Marcus, Greil: 216, 222-223, 322, 412, 454, 457, 466
Marinak, Bill: 8
Marley, Bob: 459, 484, 520
Marley, Ziggy: 53
Marquand, Richard: 550, 552, 556
Marqusee, Mike: 125, 220
Marrow, Queen Esther: 530, 532-533, 543-546
Marsh, Dave: 149, 435
Martha and The Muffins: 566
Martin, Andrew: 693
Martin, Dean: 668, 672, 674, 676
Martin, Hugh: 675
Martin, Mary: 212, 251
Martindale, Wink: 362
Martini, Jean-Paul-Égide: 389
Martinson, Paul: 415-417, 419-420, 424-425
Marx (Hermanos): 640
Marx, Karl: 475, 567
Mary And The Soldier: 604, **611**
Mary Ann: 138, 348, 385, **392**
Mason, Dave: 289, 434, 442, 448
Mason, John: 269
Masterpieces [álbum]: 41, 201, 209, 368, 448
Masters Of War: 43-44, 46, 49, **56-58**, 73, 75, 87, 120, 125, 682
Matchbox: 304, 348
Mathis, Johnny: 316
Matisse, Henri: 646
Matthias, John B. (reverendo): 107
Maxwell, Marilyn: 676
Maxwell, Ronald F.: 691
Mayall, John: 155, 337
Maybe Someday: 537-538, **544**
Mayhand, Larry: 542
Maymudes, Victor: 112, 120, 153, 167
Mays, Willy: 73
Mazur, Kevin: 634, 646
McCafferty, Dan: 98
McCarey, Leo: 651
McCarthy, Joseph: 694
McCartney, Paul: 69
McClennan, Tommy: 28, 595
McCoy, Kansas Joe: 652
McCoy, Papa Charlie: 70, 203, 215-216, 218-220, 222, 224, 226-228, 230, 232-235, 237-242, 276, 280-290, 292-299, 305, 310-314, 316-319, 325, 328-337, 339-340, 352, 393, 418
McCrary, Regina: 488, 494, 496, 498-502, 504-505, 507
McCrory, Martha: 326
McDonald, Barry: 326
McDonald, Country Joe: 26
McDonald, Michael: 580
McFaul, Tom: 423, 429
McFree, Faridi: 500
McGee, Silas: 158
McGhee, Brownie: 192, 595
McGuiness, Syd: 532
McGuinn, Roger: 117, 127, 169, 172-*173*, *219*, 267, 366, 378-379, 381-383, 407, 432, 447, 467
McGuinness, Tom: 272
McGuire, Barry: 58
McHugh, Jimmy: 694
McHugh, Paddy: 443
McKenzie, John: 545
McKenzie, Mac y Eve: 140
McLean, Don: 153
McMurray, David: 585
McTell, Blind Willie: 199, 521, 602-603, 607, 637
McTell, Kate: 637
McVea, Jack: 269
Meade, Marion: 232
Meade, Norman: 227
Medicine Sunday: 214
Meehan, Don: 435-449
Meet Me In The Morning: 411, 414, **423**, 428-429, 685
Megadeth: 590
Melamed, Vince: 535, 544
Melanie: 314
Melcher, Terry: 169, 185
Mellencamp, John: 188, 582
Melrose, Lester: 337
Memphis Jug Band (The): 165, 595
Menant, Louis: 597
Mendelssohn, Felix: 672
Mercer, Johnny: 672, 694
Mercy, Bob: 185
Meredith, James: 68
Meters (The): 564, *568*
Meyer, Joseph: 693
Meyers, Augie: 616, 618-621, 623-629, 634-640, 656
Meyers, Clay: 635, 639
Meyers, Larry: 543
Michel, Ted: 383
Midler, Bette: *427*
Midwinter, John: 206
Milam, J.W.: 143
Miles, Reid: 249
Milk Cow Blues: 46, 77
Millburnaires (The): 50
Miller, Mitch: 20, 675
Miller, Rice: 640
Miller, Roger: 376
Million Dollar Bash: 245, 248, **253**, 258, 273
Million Miles: 613, **620**
Mills Brothers (The): 313
Milton Brown And His Musical Brownies: 70
Milton, John: 686
Ministry: 314
Minnelli, Vincente: 675
Minnesota Hotel Tape [álbum]: 13, **14-15**, 76, 159
Minnesota Party Tape [álbum]: 13
Minnie, Memphis: 231, 238, 638, 652
Minogue, Kylie: 556
Minstrel Boy: 321, 324, **338**
Minute By Minute: 494
Miss The Mississippi: **599**
Mississippi: 628, 631, 634-**635**
Mississippi Sheiks (The): 70, 337, 593, 602, 605-606
Mitchell, Donald Ray: 585
Mitchell, Joni: 175, 392
Mixed-Up Confusion: *41*, 46, 66, 71, 150, 153
Mixed-Up Confusion/Corrina, Corrina [single]: 40
ModernTimes [álbum]: **642-653**, 659, 661, 691
Mogull, Artie: 48, 62, 133, 135
Molière: 434, 444
Monck, Chip: 61-62
Money Blues: 435
Monk, Thelonious: 41, 333
Montand, Yves: 694
Montecrossa, Michel: 282, 557
Montgomery, Carol: 328, 330, 333, 393
Montgomery, Earl: 555
Moody, Charles E.: 543
Moonlight: 631, **639**
Moonshiner: 84, **109**
Moore, Bob: 326, 329-333
Moore, Grace: 695
Moore, Hal: 675
Moore, Scotty: 253
Moore, Thomas: 338
Moraine, Lyle: 677
Moross, Jerome: 694
Morrison, Jim: 304, 452
Morrison, Van: 153, 175
Morton, Andrew: 223
Mosman, Dick: 41
Moss, Wayne: 215, 218-220, 222-224. 226-228, 230, 232, 234-239, 241, 305, 314-315
Mossman, Ted: 695
Most Likely You Go Your Way (And I'll Go Mine): 211, 231, **234**, 236
Most Of The Time: 561-562, **571**, 580
Motherless Children: 135
Mothers Of Invention (The): 86, 263, 350
Motörhead: 590
Motorpsycho Nitemare: 111, 114, **124**, 156, 166
Mountain Dew: 304
Mouskouri, Nana: 62, 502, 673
Movin': 494
Moving [álbum]: 52
Mozambique: 431
Mozart, Wolfgang Amadeus: 310
Mr. Bojangles: 348, 385, **391**
Mr. Mister: 546
Mr. Tambourine Man: 103, 114, 116-117, 145, 148, 160, **167- 169**, 180, 370, 379
MTV Unplugged [álbum]: 92, 203, 403, 573, 614
Muhoberac, Jamie: 578, 581, 583-585
Muldaur, Maria: 160, 267, 311
Mullen, James: 443
Mullins, Gene A.: 326
Mumford, Marcus: 14, 540
Mundi, Billy: 350, 352, 354-355
Murphy, Ralph: 695
Murray Head: 125
Murray, Anne: 342
Murray, Charles Shaar: 472
Muse: 33
Musselwhite, Charlie: 559
Must Be Santa: 667-668, **675**
My Back Pages: 111-112, 114, **125-127**, 130, 146, 370, 492
My Girl (It's Growing): 494
My Morning Jacket: 254
My Oriental House: 494
My Prayer: 552
My Previous Life: 324
My Wife's Home Town: 655, **661**
Mydland, Brent: 552, 558
Mystery Train: 304, 494

Nara, Chuck: 8
Narrow Way: 681-682, **686**
Nash, Graham: 314
Nashville Skyline [álbum]: 94, 108, 298, **300**-319, 322, 325, 328-329, 357, 441
Nashville Skyline Rag: 301, 307-308, **310**
Nathan, Syd: 595
Natural Born Killers [álbum]: 598
Need A Woman: 494, **504**
Neighborhood Bully: 509-510, **517**
Neil, Fred: 79
Nelson, Paul: 36, 495
Nelson, Ricky (Rick): 139, 157, 318
Nelson, Willie: 38, 330, 334, 378, 485, 523, 546, 555, 679, 693
Nettie Moore: 643, **651**, 661
Neuwirth, Bob: 155, 182-183
Never Gonna Be The Same Again: 525-526, **532**
Never Say Goodbye: 395-396, 398, **407**
Neville Brothers (The): 92-93, 494, 562, 564-566, 574-*575*, 604
Neville, Aaron: 93, 200, 564
Neville, Cyril: 564, 567-*568*, 571-572
New Danville Girl: 528
New Lost City Ramblers (The): 592, 594, 609
New Morning: 345-346, 349, **358**-359
New Morning [álbum]: 163, 185, 197, **344-373**, 386, 388-392, 400, 422, 588, 658
New Pony: 451, **457**-458
New Riders of the Purple Sage (The): 428
New World Singers (The): 51, 52, 138
Newbern, Hambone Willie: 648
Newbury, Mickey: 314
Newell, Angel: 542
Newell, Herbert: 542
Newton-John, Olivia: 352
Nice: 125
Nick Cave & The Bad Seeds: 556, 597
Nicks, Steven (Stevie): 232, 546, 570
Nico: 86, 112, *115*
Nietzsche, Friedrich: 442
Nighthawk, Robert: 595
Niles, John Jacob: 595
Nilsson, Harry: 79, 314, 695
Ninety Miles An Hour (Down A Dead End Street): 549, **558**
Nirvana: 581, 684
Nitty Gritty Dirt Band: 267, 391, 593
Nixon, Hammie: 649
Nixon, Richard: 173, 257, 475
No More Auction Block: 38, 51
No Time To Think: 451-452, **457**
Noack, Eddie: 342
Nobody 'Cept You: 398, 407, **409**
North Country Blues: 81-82, **95**, 105, 331
Not Dark Yet: 613-614, 619, **622-623**, 691
Nothing Was Delivered: 245, **268**
Nueva Trova Cubana: 558
Null, Cecil Allen: 328
Number One (Instrumental Track): 214

O' Come All Ye Faithfull (Adeste Fideles): 667
O' Little Town Of Bethlehem: 667-668, **679**
O'Brien, Margaret: 675
O'Malley, Tony: 443
O'Neill, Eugene: 571
Oakley, Annie: 531
Oakeley, Frederick: 674
Oasis: 553
Obama, Barack: *686*
Obviously5Believers: 211, 217, 233, 236-**238**
Ochs, Phil: 68, 97, 208-209, 342
Odds And Ends: 245, **252**
Odegard, Kevin: 416, 419-420, 424
Odetta: 8-9, 13, 29, 98, 107, 130, 135, 139, 278, 327
Oh Mercy [álbum]: 58, **560-575**, 578, 580-582, 584, 614, 616-617
Oh, Sister: 431, 434, 439, **441**-442
Oklahoma Kansas: 512
Olatunji, Babatunde: 73
Old Crow Medicine Show: 29, 331
Oldfield, Mike: 597
Oldham, Spooner: 482, 484-489
Oliver, Paul: 664
Olson, Carla: 516, 532
On A Night Like This: 395-396, **400**
On The Road Again: 145, 159, **165**
One More Cup Of Coffee (Valley Below): 431, 434, **440**
One More Night: 301, 305, **316**
One More Weekend: 345, 348, 351, **360**
One Of Us Must Know (Sooner Or Later): 211, 215-216, **225**, 243
One Too Many Mornings: 81-82, 94, 98, 107, 251, 304, 306, 308, 348
Only A Hobo: 39, 84, 106, 133, **141**, 295
Only A Pawn In Their Game: 44, 81-82, **96-97**, 102, 142, 158
Onorati, Henry: 673
Open The Door, Homer: 245, **269**
Oppenheim, David: 414-415
Orbach, Jerry: 442
Orth, Maureen: 396
Osbourne, Ozzy: 659
Ostroushko, Peter: 425
Outlaw Blues: 145, 151, **164**
Ovidio: 660
Owens, Frank: 158-159, 165, 176, 190, 192, 195, 197-200, 204, 206-207
Oxford Town: 43, **68**, 139

Pace, Adger M.: 610
Päffgen, Christa: *véase* Nico
Page, Bettie: 670
Page, Jimmy: 407, 564
Page, June: 328, 330, 333, 393
Page, Patti: 185, 328, 598
Page, Richard: 546
Paine, Thomas (Tom): 284
Paley, Tom: 594, 605, 609
Pallenberg, Anita: 212, *226*
Palmer, John: 233
Palmer, Robert: 299, 495
Pankhurst, Harry Lemon: 540
Pareles Jon: 172
Paris, John: 532, 543
Parker (coronel): 328
Parker, Alan: 566
Parker, Charlie: 41
Parker, Christopher: 68
Parker, Little Junior: 542
Parker Jr., Herman: 542
Parris, Brian: 543
Parton, Dolly: 33, 328, 663, 679
Pasqua, Alan: 456-461
Pasquale, Don: 640
Pastorius, Jaco: 20
Pat Garrett & Billy The Kid [álbum]: **374-383**, 386
Paths Of Victory: 84, **107**, 139
Patrol, Dawn: 590
Patterson, Brenda: 381, 383
Patton, Charley: 24, 118, 373, 457, 593, 605- 606, 614, 619, 627, 632, 636, 638, 648
Paul Butterfield Blues Band: 69, 158, 160, 183, 193, 199
Paul, Terry: 381, 383
Paumgarten, Nick: 684
Paxton, Tom: 206, 278, 341, 427, 456
Pay In Blood: 681-682, **687**
Pearlman, Ted: 542
Peck, Gregory: 544
Peckinpah, Sam: 376, 378-379, 381-382
Pecos Blues (instrumental): 378
Peeples, Regina: 482
Peer, Rex: 326
Peggy Day: 301, **313**, 315, 318, 333
Penn, Arthur: 282
Pennebaker, Donn Alan: 146, 154-155, 171, 175, 214-*215*
Percy's Song: 84, **109**
Peretti, Hugo: 389
Perkins, Al: 543
Perkins, Anthony (Tony): 124
Perkins, Carl: 582
Perlman, Ted: 530
Perry, Charles: 324
Perry, Joe: 518
Peter, Paul and Mary: 51-53, 64, 76-77, 160, 203, 248, 250, 262, 329, 388
Peterson, Bill: 415-416, 419-420, 424-425
Peterson, Dawn: 161
Peterson, James N.: 388
Petrarca: 416
Petterson, Cleve: 13
Petty, Tom: 127, 219, 267, 328, 492, 494, 529, 531, 538, 540, 541, 545-546, 552, 590, 659, *665*, 695
Phillips, Sam: 595, 619
Piaf, Édith: 656
Picanniny Jug Band: 595
Pickens, Slim: 381
Pickett, Wilson: 464, 467, 484
Pickhardt, Carl: 494, 496, 498-499, 502, 506-507
Pink Floyd: 60, 240, 281, 367
Planet Waves [álbum]: 386, **394-409**, 412, 415, 626
Plant, Robert: 55, 63, 541, 594
Planxty: 596
Plastic Ono Band: 261, 271
Platters (The): 534, 651, 673, 691
Please, Mrs. Henry: 245, **259**, 272
Pledging My Time: 211, 219, **220**
Plotkin, Chuck: 492, 495-502, 504-507
Po' Boy: 631, 638, **640**
Poe, Edgar Allan: 162, 200
Political World: 561-562, **567**-568
Polizzotti, Marc: 202
Pomeroy, Doug: 325-327, 334, 372-373
Pomus, Doc: 663
Ponty, Jean-Luc: 554
Poor Boy Blues: **133**
Pop, Iggy: 565, 694
Portz, C. R.: 340
Positively 4th Street: **206**-208, 237, 370, 420
Positively 4th Street/From A Buick 6 [single]: 182, 206-207, 209
Pound, Ezra: 202
Pounds, Crystal: 542
Pounds, Raymond Lee: 542-543
Powell, William: 195
Precht, Bob: 136
Precious Angel: 463, **470**, 479
Precious Memories: 537-538, **543**
Preminger, Otto: 442, 694
Presley, Elvis (El Rey): 8, 12, 18, 53, 64, 69, 135, 146, 180, 185, 216, 253-254, 311, 317, 322, 328-330, 333-334, 336, 348, 356, 369, 378, 389, 393, 452, 460, 498, 542, 558, 591, 595, 620, 636, 668, 671-673, 676, 679, 682, 685
Presley, Lisa Marie: 460
Presley, Priscilla: 460
Pressing On: 481-482, **488**
Preston, Billy: 172
Preston, Don: 366-367, 371
Pretenders (The): 380
Pretty Peggy-O: 17, **27**, 72
Pretty Saro: 324, **341**
Prévert, Jacques: 694
Price, Alan: 155, 196
Price, Chilton: 598
Price, Lloyd: 608
Prince: 383, 546, 604
Prince Of Plunder: 528, 544
Property Of Jesus: 491, **498**
Prophet, Chuck: 446
Proust, Marcel: 444
Public Enemy: 634
Puckett, Riley: 340
Pullen, Suzie: 564
Puluse, Don: 325-327, 329-335, 337, 339- 343, 352, 354-365, 368-369, 388-392
Puppini Sisters (The): 677
Pursell, William: 326

Quebec, Madelyn: 494, 496, 498-502, 504, 507, 529, 531, 533-535, 542-546, 555, 557-559
Queen: 553
Queen Jane Approximately: 179, **197**, 225, 236
Queen Of Rock'n'Roll: 528
Quinn, Anthony: 272, 292
Quit Your Lowdown Ways: 46, 59, **77**

Radiohead: 152, 541
Radle, Carl: 366-367, 371
Raeben, Norman: 412, 414, 416, 418, 420
Ragged & Dirty: 601-602, **606**
Railroad Bill: 324, **340**
Rainbow: 512
Rainey, Ma: 190, 602, 608
Rainy Day Women #12 & 35: 211, **218**-220, 237, 348, 370
Raitt, Bonnie: 175, 198, 578, 620
Ram, Buck: 673
Rambler, Gambler: 12-**13**
Ramblin'Blues: 20
Rambling, Gambling Willie: 46, 49, **75**, 133
Ramey, Gene: 40, 66, 71
Ramone, Phil: 414-415, 417-418, 422-423, 426-429, 449
Ramones (The): 125, 484
Ramsay, Allan: 627
Rank Strangers To Me: 549, **559**
Rankin, Kenny: *150*, 152-154, 156, 158-159, 162-166, 174
Ray, Nicholas (Nick): ***73***
Rayford, Willie: 331
Reach Out: 494
Reagan, Ronald: 504, 516, 518
Reagon, Cordell: 120
Real Life [álbum]: 196, 417
Rebel, Cockney: 224
Receli, George G.: 646-653, 659-665, 670-679, 684-689, 691, 693
Red Hot Chili Peppers: 552, 555, 670
Red Onion Jazz Band (The): 137
Red River Shore: 616, **628**
Red, Tampa: 337
Redford, Robert: 695
Redner, Lewis: 679
Reds (The): 546
Reed, Dock: 24
Reed, Jerry: 298
Reed, Jimmy: 8, 662, 670
Reed, Lou: 37, 372, 580, 598
Reeves, Keanu: 690
Regan, Ken: 434, 528
Regney, Noël: 671
Reich, Wilhelm: 442
Reiner, Rob: 96
Renard, Morgan: 467
Renbourn, John: 331
Replacements (The): 684
Restless Farewell: 81-82, **104-105**, 165, 174
Rhodes, Jack: 485
Richard, Little: 8, 180, 216, 492, *495*
Richard, Zachary: 564
Richards, Carol: 676
Richards, Keith: 51, 55, 91, 101-102, 153, 367, 528, 554, 557, 611
Ricks, Christopher: 622
Ride Billy Ride: 378
Ridgway, Stan: 284
Riley, Tim: 112, 158, 441
Rimbaud, Arthur: 62, 112, 120, 125, 174, 180, 200, 216, 239, 270, 318, *416*, 422, 428, 502, 520
Ring Of Fire: 304, 324
Ring Them Bells: 561-562, **569**-570
Ripley, Steve: 494-496, 498-500, 506
Rita May: 229, 435, **448**
Ritchie, Jean: 58
Ritter, Tex: 597
River Theme: 375, **380**
Rivera, Mark: 517
Rivera, Scarlet: 432, 434-448
Robb (hermanos): 529
Robbins, Hargus «Pig»: 215, 218-220, 224, 226, 228, 230, 235, 238-239, 305, 310, 319
Robby Krieger Band: 33
Robert Plant & The Band of Joy: 63
Robert Randolph & the Family Band: 496
Robertson, Robbie: 191, 208-209, 212, 215-*216*, 220, 223, 224-225, 226-227, 230-236, 238, 241-243, 246, 249-252, 254, 256, 258-260, 262, 264, 266, 268-273, 280, 338, 371, 399-404, 406-409

Robillard, Duke: 616, 620, 626, 628-629
Robinson, Albertine: 326- 327, 334, 336, 350, 359, 361-363, 365, 388-392
Robinson, Earl: 286-287
Robinson, Edward G.: 531
Robinson, Tom: 372
Rock Me Mama: 378
Rockett 88: 367
Rockin' Boat: 494
Rockin' Dopsie and His Cajun Band: 564
Rocks And Gravel: 46, 49, 150, 192
Rockwell, John: 250
Rodgers, Jimmie: 13, 36, 116, 193, 309, 599
Rodgers, Nile: 690
Rodgers, Richard: 324, 334, 694
Rodríguez, Silvio: 558
Roger, Jolly: 380
Rogers, Alvin: 327, 329, 334, 339
Roll On John: 681-682, **689**
Rollin' And Tumblin': 632, **648**
Rolling Stones (The): 18, 101, 115, 148-149, 164, 176, 180, 183, 194, 196, 203, 212, 227, 243, 289, 312, 324, 336, 378, 447, 458, 466, 484, 512-513, 518, 541, 552-553, 555, 557, 580, 582, 611, 616, 649, 661, 684, 675
Romance In Durango: 431, 434, **443**, 444, 459
Ronstadt, Linda: 373, 584
Roosevelt, Franklin D.: 136
Rosato, Arthur: 452, 454-455, 484, 494
Rose, Charles: 470, 472-473, 475
Rosen, Jeffrey (Jeff): 12, 293
Rosenbaum, Ron: 189, 212, 227
Rosenthal, Joe: 390
Rossen, Robert: 531
Roth, David Lee: 553
Rothchild, Paul A.: 153
Rotolo, Carla: 9, 129
Rotolo, Suze: 9, 24-25, *30*, 39, 44, 48-49, 54, 56, 59-60, 62, 64-*65*, 71-72, 82, 84, 94, 98-*99*, 108, 112, 115-116, 118, 123, 128, 130, 132, 135, 146, 167, 183, 206, 212, 363, 392, 418
Rowland, Marc: 52
Roxy Music: 484, 554
Royal Teens (The): 449
Rubin Jr., Alton: 567
Rubin Jr., David: 567
Rubini, Michel: 546
Rubinstein, Arthur: 572
Ruffner, Mason: 564, 567, 572, 575
Running: 324
Rush, Otis: 656, 660, 670
Rush, Tom: 620
Russell, Leon: 55, 58, *62*-63, *193*, 366-369, 371
Russell, Tom: 282
Ryan, Micajah: 588, 590-598, 604-611
Ryder, Mitch: 194, 297

Sabard, Jean-Pierre: 115
Sabres (The): 449
Sad-Eyed Lady Of The Lowlands: 211, **239**-242, 361, 408, 671
Saga, Junichi: 637
Sahm, Doug: 369, 656, *659*
Sally Gal: 46, **76**
Sally Sue Brown: 549, 552, **555**
Sam & Dave: 330
Sam, Georgia: 198-199, 607
San Filippo, Vito: 542
Santa Fe: 248, 272-**273**
Santana: 541, 582
Sappington, Charles: 540
Sara: 431, 434, 438, **445**
Sarah Jane: 348, 385, **389**
Satin Tones (The): 8
Saunders, Jennifer: 270
Saunders, Merl: 207
Savakus, Russ: 186, 189-190, 192, 194, 202-203, 206-207
Saved: 481-482, **486**
Saved [álbum]: **480-489**, 492, 494, 504, 519, 644
Savigar, Kevin: 555
Saville, Philip: 46
Saving Grace: 481-482, **489**
Saxton, Nick: 466
Scaduto, Anthony: 8, 88, 155, 209, 222
Scarborough Fair: 54, 67, 99
Scarlet Town: 681-682, 687
Schatzberg, Jerry: 215, 523
Scheff, Jerry: 452, 456-461
Scher, Richard: 528, 530, 532-535
Schlesinger, John: 314
Schmitt, Al: 693
Scorsese, Martin: 10, 12, 32, 35, 50-51, 62, 166, 186, 188, 251, 403, 658
Scott King, Coretta: *354*
Scott, Little Jimmy: 555
Scott, Toby: 495, 497-502, 504-507
Screaming Trees: 29
Scroggie, George: 177
Scruggs, Earl: 219, 310, 373
Sealove, Carl: 544
Sebastian, John: 24, 150, 174
Sedgwick, Edie: 187, 208, 212, 232-233, 253
See That My Grave Is Kept Clean: 17, **37**
Seeger, Mike: 594, 609
Seeger, Pete: 9-11, 14, 36, 49, 150, 192 *35*-36, 39, 44, 61, 64, 74, 97, 138, 152, 160, 177, 180, 196, 278, 283, 287, 333, 341, 592, 597
Seeing The Real You At Last: 525-526, **531**
Seger, Bob: 467
Seidenberg, Sheena: 434-435, 438-441, 443-444, 447-448
Seiter, William A.: 640
Self Portrait [álbum]: 272, **320-343**, 346, 348-353, 355-357, 364, 366, 371, 406, 550, 588, 624
Seltzer, Jerry: 523
Señor (Tales Of Yankee Power): 451, 456, **459**
Series Of Dreams: 564, 574-**575**
Setzer, Brian: 636
Seven Curses: 84, **106, 237**
Sex Pistols: 552, 555
Sexton, Charlie: 634-641, 646, 684-691, 693
Seymour, Jane: 197
Seymour, Patrick: 545
Shadow Blasters (The): 8
Shadows In The Night [álbum]: 636, 647, 684, **692-695**
Shaffer, Rick: 546
Shake Shake Mama: 655, **664**
Shake Your Money: 552
Shakespeare, Robbie: 512, 514-520, 522-523, 529-530, 532-535, 556
Shakespeare, William: 106, 120, 199, 228, 255, 260, 270, 297, 682, 685, 687
Shankar, Ravi: 149
Sharp, Cecil: 25, 27, 98, 341, 609
Shaver, Billy Joe: 664
Shaw, Chris: 267, 599, 628, 634-641, 646- 653, 690-691
She Belongs To Me: 145, 154, **156-157**, 321, 324, 370
She's Your Lover Now: 214, 225, **243**
Shearer, John: 684, 693
Sheeran, Ed: 58
Shelter From The Storm: 411, **426**, 428
Shelton, Lee: 608
Shelton, Robert: 9-10, 15, 18, 20-21, 38, 41, 79, 100, 103, 146, 156, 167, 180, 187, 202, 222, 231, 239, 282, 403, 412
Shelton, Stephen: 553- 555, 557-559
Shenandoah: 549, **559**
Shepard, Sam: 452, 538, 544
Shepherd, Kenny Wayne: 568
Sherman, Jack Morris: 542, 552, 555, 558
Shilkret, Nathaniel: 641
Shinomiya, Coco: 659, 670, 684
Shooting Star: 561-562, **573**
Short, Don: 403
Shot Of Love: 491-492, 495-**496**
Shot Of Love [álbum]: 488, **490-507**, 510, 531-532, 554, 644, 682
Shriekback: 546
Side Walks: 552
Siegler, Len:349
Sign On The Window: 345, **359**
Silbert, Irwin: 206
Silber, Marc: 85, 115
Silver Bells: 667-668, **676**
Silver, Roy: 658
Silvio: 549-550, 552, **558**
Simeone, Harry: 671, 673
Simon & Garfunkel: 13, 20, 27, 41, 54, 86, 153, 184-185, 335
Simon, Billy: 364
Simon, Carly: 334, 336, 578
Simon, Jason: 284
Simon, Paul: 203, 324, 335, 415, 467, 616
Simone, Nina: 232, 391
Simonon, Paul: 552, 555
Simple Twist Of Fate: 411, **418**
Simpson, Red: 668
Simpson, Valerie: 218
Sinatra, Frank: 322, 330, 415, 565, 636, 641, 668, 673, 675-676, 678-679, 684, 693-695
Sinatra, Nancy: 330
Singing Christian (The): 24
Singing This Song For You: 494
Siouxsie and the Banhees: 270
Sir Douglas Quintet: 656
Sittin' On Top Of The World: 348, 587, **593**, 605
Sitting On A Barbed Wire Fence: 182, **204**, 243
Six, Tom: 334
Skynyrd, Lynyrd: 305, 467
Slash: *381*, 581, 637
Sledge, Percy: 467
Slick, Grace: 164
Slocum, Mick: 591
Sloman, Larry: 442, 445
Slow Train: 463, **472**
Slow Train Coming [álbum]: **462-479**, 482, 484, 486, 510, 512, 644, 682
Slow Try Baby: 512
Sly and the Family Stone: 492
Smith, Beasley: 695
Smith, Bessie: 11, 373, 652
Smith, Carl: 533
Smith, Daina: 542
Smith, Don: 541
Smith, Frank C.: 326
Smith, Maia: 542
Smith, Medena: 542
Smith, Patti: 98, 188, 297, 369, 492, 535, 565, 659
Smith, Richard B.: 672
Smith, William Daniel «Smitty»: 497
Snow, Hank: 342, 393, 558
So Good: 540
Soft Machine: 86
Soggy Bottom Boys: 25
Soles, Steven (Steve): 436-437, 457, 459-461, 464, 482
Solid Rock: 192, 481-482, **487**
Solomon, Richard: 436
Some Enchanted Evening: 692, **694**
Someday Baby: 643, 646, **649**
Someone's Got A Hold Of My Heart: 512, 530
Something There Is About You: 395-396, **403**
Something's Burning, Baby: 525, **535**
Song To Woody: 17-18, **35**, 46, 348
Soon After Midnight: 681-682, **685**-686
Sófocles: 297
Soul Asylum: 619
Sounes, Howard: 168
South, Joe: 215, 220, 222-224, 226-239, 241
Southern, Terry: 254
Spanish Harlem Incident: 111, 114, **119**, 169
Spanish Is The Loving Tongue: 324, 348, **364**, 366, 385-386, **393**
Spann, Otis: 640
Specials (The): 158
Spector, Phil: 86, 183, 209, 218, 620
Speiser, Sandy: 115
Spencer, Neil: 475
Spenner, Alan: 443
Spicher, Norman Keith: 353
Spinetti, Henry: 556
Spirit On The Water: 643, **647**
Spitz, Bob: 153
Spivey, Victoria: 346, 348, 593, 640
Spooky Tooth: 262
Sprague, Carl T.: 609
Springs, Helena: 456-461, 468, 470, 472, 476, 479, 482, 486, 489
Springsteen, Bruce: 10-11, 41, 50, 188-189, 198, 382, 434, 449, 492, 495, 528, 534, 554, 559, 564, 590, 594, 597, 604, 620, 634, 659
St Nicholas, Randee: 604
Stack A Lee: 601-602, **608**
Staehely, John: 68
Stafford, Jo: 598, 674
Stafford, Tom H.: 555
Standing In The Doorway: 613, **619**
Standing On The Highway: 133-**134**
Stanley Brothers (The): 25, 559, 594, 653
Stanton, Harry Dean: 629
Staples Singers (The): 51, 533
Staples, Mavis: 51, 473
Starr, Belle: 190, 531
Starr, Ringo: 298, 306, 334, 492, 497, 507
Stax: 497
Stay With Me: 692, **694**
Steel, John: 695
Steele, Tommy: 675
Steely Dan: 153, 192, 367
Stelzig, Eugene: 289
Step It Up And Go: 587, **595**
Stern, Joshua Michael: 98
Stevens, George: 526, 532
Stevens, Sufjan: 311
Stevenson, Robert Louis: 73
Stewart, Al: 644
Stewart, Dave: 538, *540*-541, 545, 588, 604, 606
Stewart, Ian «Stu»: 367
Stewart, Maeretha: 326-327, 334, 336, 350, 357, 359, 361-363, 365, 389-392
Stewart, Redd: 598
Stewart, Rod: 55, 135, 232, 358, 404, 458, 484, 529, 555
Stiefel, Arnold: 404
Sting: 55, 372, 531, 541, 580, 634
Stoffer, Joel: 660
Stoller, Mike: 253
Stoltz, Brian: 564, 568, 572-574
Stone, Oliver: 598
Stoner, Rob: 434-442, 444-448, 452
Stookey, Noel: 76
Stop Now: 454
Straight As In Love: 528
Straw Hat: 494
Stray Cats (The): 542
Street People: 552
Street-Legal [álbum]: **450-461**, 469, 484, 492, 494, 510
Strzelecki, Henry: 215, 218-220, 226, 228-230, 232-233, 235-236, 238
Stuck Inside Of Mobile With The Memphis Blues Again: 211, **228-229**, 448
Stuck Inside Of Mobile With The Memphis Blues Again/ Rita May [single]: 228-229, 448
Subterranean Homesick Blues: 145, **152-155**, 157-158, 370
Sugar Baby: 631, **641**
Sugaree: 552
Sullivan, Ed: 136
SummerDays: 631, **636**
Summers, Andy: 546
Sun Ra: 49, 86
Supertramp: 580
Supremes (The): 673, 676
Sussewell, John: 443
Sutter, John: 329
Suze (The Cough Song): 84, **108**, 132, 310
Suzie-Q: 564
Svedburg, Anita: 104
Swaggart, Jimmy: 562, 572
Swampers (The): 467
Sweet Amarillo: 378
Sweetheart Like You: 509, **516**, 523
Swift, Jonathan: 343
Synegal, Paul: 567
'Til I Fell In Love With You: 613, **621**, 629
T For Texas: 304
T.V. Talkin' Song: 577-578, **583**
Tackett, Fred: 482, 484- 489, 494, 498-499, 501-502, 504-507
Taj Mahal: 254, 289, 591
Take A Message To Mary: 321, **336**
Take Me As I Am (Or Let Me Go): 321, **336**
Talkin' Bear Mountain Picnic Massacre Blues: 35, 46, 69, **76**, 133
Talkin' Hava Negeilah Blues: 46, **79**
Talkin' John Birch Paranoid Blues: 38, 46, 49, 69, **136**
Talkin' New York: 10, 17-18, **23**, 35, 46
Talkin' World War III Blues: 43, 49, **69**, 76, 136
Talking Hypocrite: 135
Tangled Up In Blue: 251, 299, 314, 411, **414-418**, 428
Tanner, Gid: 340
Taplin, Jonathan: 412
Tattle O'Day: 324, **343**
Tatum, Art: 11
Taurog, Norman: 389
Taylor, Derek: 306
Taylor, James: 304, 449, 501, 675
Taylor, Mick: *367*, 512-523, 529-530, 668
Tears Of Rage: 245, 249, 251, **260-261**, 270-271
Tedeschi, Susan: 522
Tell Me: 512, **522**
Tell Me That It Isn't True: 301, **317**-318
Tell Ol'Bill: **691**
Tempest: 681, **689**
Tempest [álbum]: **680-691**
Temporary Like Achilles: 211, **235**-236
Temptations (The): 673
Tench, Benmont: 494, 498-507, 529, 531-533, 541, 545-546, 691
Terkel, Studs: 62, 68
Terry, Sonny: 35, 73, 595
Texas Tornados: 656
Thal, Terri: 59, 76
Tharp, Twyla: 88
Tharpe, Rosetta (Sister): 543
That Lucky Old Sun: 692, **695**
That's All Right Mama: 46, 84, 304
Thatcher, Margaret: 158, 516
The "Royal Albert Hall" Concert [álbum]: 233
The 30th Anniversary Concert Celebration Album [álbum]: 173, 188, 219, 232, 236, 289
The Ballad Of Frankie Lee And Judas Priest: 275-276, 278, **290**, 292, 299
The Ballad Of Hollis Brown: 25, 46, 81-82, 84, **90-91**, 106, 562
The Ballad Of Ira Hayes: 348, 385, **390**-391, 494
The Basement Tapes [álbum]: 12, **244-273**, 280, 283, 321, 338, 343, 351, 370, 372-373, 393, 399, 432, 485, 597
The Beautiful Life: 540
The Bootleg Series, Vol. 1-3: Rare & Unreleased 1961-1991 [álbum]: **12**, 14-**15**, 18, **38-39**, 59, 69, **74-79**, 84, **106-109**, 132, 153, **176-177**, 188, 192, 196, 199, **204**, **242-243**, 272-**273**, 310, 352, **369**, 372, **409**, 417, 421-422, 425, 428-**429**, 446-**447**, **478**, 494, 502-**505**, **521-522**, 530, 534, 564, **574-575**, 607, 614
The Bootleg Series, Vol. 4: Bob Dylan Live 1966 [álbum]: **12**, 14, 175, 196, 201, 203, 224, 233, 237
The Bootleg Series, Vol. 5: Bob Dylan Live 1975, The Rolling Thunder Revue [álbum]: **12**, 175, 193, 233, 319, 417
The Bootleg Series, Vol.6: Bob Dylan Live 1964 [álbum]: **12**, 93, 115, 173
The Bootleg Series, Vol. 7: No Direction Home: The Soundtrack [álbum]: **12-15**, **75**, 169, 196, 199-200, 203, 223, 228, 231
The Bootleg Series, Vol. 8: Tell Tales Signs – Rare And Unreleased 1989-2006 [álbum]: **12**, 568, 571, **574-575**, 582, 584, **599**, **611**, 617, 62, **628-629**, 635, 637-638, 649-650, 653, **690-691**
The Bootleg Series, Vol. 9: The Witmark Demos 1962-1964 [álbum]: **12**, 74, 84, 88, 118, **133-142**, 169, 392
The Bootleg Series, Vol. 10: Another Self Portrait (1969-1971) [álbum]: ***12***, *39, 296, 326-327, 332-333, 338-339,* ***340-343***, *352, 355-359,* ***364-365***, 371
The Bootleg Series, Vol. 11: Bob Dylan and The Band, The Basement Tapes Complete [álbum]: **12**, 248, 338, 372, 485, 616
The Boxer: 321, 324, **335**
The Broadside Ballads, Vol. 1 [álbum]: 74, 78, 142, 372
The Christmas Blues: 667-668, **674**
The Christmas Song: 667-668, **678**
The Concert For Bangladesh [álbum]: 233
The Death Of Emmett Till: 46, 134, **143**
The First Noel: 667-668, **676**
The Freewheelin' Bob Dylan [álbum]: 41, **42-79**, 82, 84, 86, 91, 99, 122, 135-136, 139-141, 153, 166, 172, 193, 304, 308, 328, 392, 422, 425, 538, 625
The Girl From Louisville: 494
The Groom's Still Waiting At The Altar: 491-492, 494, 504, **507**
The House Of The Rising Sun: 143, 148
The King Is On The Throne: 494
The Last Waltz [álbum]: 251, 403
The Levee's Gonna Break: 643, **652**
The Lonesome Death Of Hattie Carroll: 81-82, **102-103**, 149, 206
The Man In Me: 345, **361**
The Mighty Quinn (Quinn The Eskimo): 248, **272**, 321, 324, 370
The Night We Called It A Day: 692, **694**
The Times They Are A-Changin': 39, 81, 118
The Times They Are A-Changin' [álbum]: 58, 78, **80-109**, 112, 155, 120, 138, 140-142, 149, 165, 174, 206, 316, 310, 362, 368, 370, 373
The Very Best Of Bob Dylan' 70s [álbum]: 367
The Wicked Messenger: 275-276, **297**
Theme From Joe's Death: 546
Theron, Charlize: 691
These Hands: 324, **342**
They Killed Him: 537-538, **542**
Things Have Changed: 634, **690**
Thirsty Boots: 324
This Dream Of You: 655, 658, **663**
This Evening So Soon: 324, **343**
This Land Is Your Land: 135
This Was My Love: 512
This Wheel's On Fire: 245, 249, 251, **270-271**
Thomas, Annette May: 542-544
Thomas, Dylan: 162
Thomas, Henry «Ragtime Texas»: 72, 140
Thomas, Joseph: 610
Thomas, Philip Michael: 528
Thompson, Harvey: 470, 473-473, 475
Thompson, Sue: 598
Thorpe, Richard: 254
Three Angels: 345, 349, **362**
Three Of Us Be Free: 564, 574
Thunder On The Mountain: 643, **647**
Tiger Tiger: 546
Tight Connection To My Heart (Has Anybody Seen My Love?): 525-526, **530**
Till, Emmett: 143
Till, Paul: 414
Time Out Of Mind [álbum]: 566, **612-629**, 632, 634, 636, 644, 653, 656
Time Passes Slowly: 324, 345-346, **355**
Timrod, Henry: 635, 644, 649-650
Tin Angel: 681-682, **688-689**
Tiny Montgomery: 245, **264**
Tioga Pass: 552
To Be Alone With You: 301, 305, **311**, 318
To Ramona: 111, **123**, 176
Together Through Life [álbum]: **654-665**, 668, 670, 685, 688-689
Tom Petty and The Heartbreakers: 219, 287, 328, 494, 529, 531, 545-546, 552, 590, 659, *665*, 695
Tombstone Blues: 179, **190-191**, 243, 622
Tomorrow Is A Long Time: **135**, 348, 370, 392
Tomorrow Night: 587, **595**
Tonight I'll Be Staying Here With You: 301, 308, 318-**319**, 370
Tonkel, Stanley: 49, 61, 68, 90, 92, 95-96, 98, 106-107, 109
Tony, Pretty: 626
Too Late She's Gone: 540
Too Much Of Nothing: 245, **262**
Tormé, Mel: 334, 678
Torres, Francisco: 693
Tough Mama: 395, **402**-403
Townshend, Pete: 55, *71*, 168
Trader, Bill: 393
Traffic: 434, 582
Trapp (cantantes): 673
Traum, Happy: 78, 138, 141, 372-373
Travelling Wilburys: 541
Travis, Merle: 23
Trotsky: 564
Trouble: 492, **501**
Trouble In Mind: 466, 469-470, 476, **479**
Trucks, Derek: 522
True Love Tends To Forget: 452, **460**
Trust Yourself: 525, **533**
Tryin' To Get To Heaven: 613, **620**
Tubb, Ernest: 687
Turkey Chase: 375, **380**, 382
Turnbough, Damien: 542
Turner, Big Joe: 631, 636
Turner, Georgia: 32
Turner, Gil: 50, 138
Turner, Ike: 542
Turner, Tina: 319
Turtles (The): 131
Tutko, George: 529, 531, 533, 535, 544
Twain, Mark: 684
Tweedle Dee & Tweedle Dum: 631, **635**
Twenty-One Years: 604, 611
Twist And Shout: 552
Two Soldiers: 601-602, **609**

U2: 289, 382, 502, 541, 562, 565-566, 634
UB40: 299
Ugliest Girl In The World: 549-550, **557**
Unbelievable: 577-578, **582**
Unchain My Heart: 540
Under The Red Sky: 577, **581**
Under The Red Sky [álbum]:574, **576-585**, 614, 637, 694
Under Turkey (instrumental): 378
Under Your Spell: 537- 538, 541, **545**, 626
Union Sundown: 509-510, **519**, 523
Universal Soldier: 324
Unterberger, Richie: 168, 276
Up To Me: **428**
Upchurch, Phil: 670-679
Urban Blight Horns: 534

Valens, Ritchie: 186
Valentine, Patty: 437
Van Dyke, W. S.: 195
Van Hamersveld, John: 378
Van Osdale, Gary: 326
Van Ronk, Dave: 9, 14, 18, 26, 30, 32-33, 35, 37-39, 59, 61, 76, 121, 137, 343, 599
Van Zandt, Steven (Steve): 532, 534
Van Zandt, Townes: 476
Vanderbilt (familia): 10
Vandross, Luther: 678
Vaughan (hermanos): 580
Vaughan, Jimmie: 578, 583-585
Vaughan, Sarah: 695
Vaughan, Stevie Ray: 11, 583-585
Vedder, Eddie: 55, 58
Vélez Wood, Ana María: 604
Velvet Underground (The): 86, 112, *115*, 156, 242, 336, 518
Verlaine, Paul: 422
Vestine, Henry: 648
Vidal, Gore: 442
Vidor, King: 538, 544
Villon, François: 103
Vincent, Gene: 174, 550
Vinci, Leonardo (da): 222
Vineyard Fellowship: 464
Visions Of Johanna: 211, **222**-225, 311
Von Schmidt, Eric: 30, 38, 149, 168, 304
Voormann, Klaus: 294

Wachtel, Waddy: 581-582, 585
Wagoner, Porter: 485
Waitin' For You: **690**
Waiting To Get Beat (The Very Thought Of You): 528
Waits, Tom: 328, 455, 553, 559, 661, 671
Walk Out In The Rain: 454
Walker, Bill (Billy): 325-326, 339
Walker, Jerry Jeff: 391
Walker, William: 610
Walkin' Down The Line: 133, **139**
Wallace, Ian: 456-461
Wallflower: **369**
Wallin, Dan: 378-381, 383
Walls Of Red Wing: 46, **78**, 84, 198
Walter, Little: 231, 487
Wanted Man: 304
Warhol, Andy: 187, 208, 232, 242, 253
Warner, Frank E.: 329
Warnes, Jennifer: 495, 502
Warren, Patrick: 670-679
Warwick, Dionne: 315
Was (Not Was): 578, 590
Was, David: 578, 581-585
Was, Don: 578, 580-585
Washboard, Sam: 664
Washington, Denzel: 437
Washington, George: 333
Watcha Gonna Do: 46, **141**
Watchel, Jimmy: 590
Watching The River Flow: **366-367**, 370
Watching The River Flow/ Spanish Is The Loving Tongue [single]: 366-367
Waterboys (The): 299
Watered-Down Love: 491-492, **499**
Waters, Ben: 367
Waters, Muddy: 8, 164, 199, 231, 373, 423, 501, 634, 637, 644, 648-649, 661, 665, 682-688
Waters, Roger: 241, 554
Watson Family (The): 610
Watson, David: 531
Watson, Doc: 39, 140, 283, 327, 331, 341, 593, 610
Watson Johnny «Guitar»: 555
Watson, Merle : 64
Watson, Winston: 619
Watts, Charlie : 222, 366
Watts, Michael : 150, 454
Way, John: 79
Wayne, John: 390
We Better Talk This Over: 451, **460**, 530
Weather Report: 494, 604
Weathermen (The): 153
Weavers (The): 34, 74
Webb, Jon: 142
Weber, Chris: 414, 416-417, 419-420, 424-425
Weberman, A. J.: 329
Wedding Song: 395-396, **408**, 426
Weil, Kurt: 149, 408
Weir, Bob: 552, 558
Weisman, David: 233
Weiss, Donna : 380- 380, 383, 405
Weiss, George: 389
Weissberg, Eric: 414, 417, 422-423, 426, 428-429
Weissman, Dick: 97
Welch. Jr., Robert W.: 136
Well Water: 494
Welles, Orson: 200
Wellman, William A.: 292
Wells, Bob: 678
Wells, Robert: 678
Wellstood, Dick: 40-41, 66, 70-71
Wenner, Jann S.: 68, 88, 123, 158, 183, 202, 212, 225, 239, 248, 280, 282, 305-306, 317, 466, 472, 689
Went To See The Gypsy: 324, 345, 348, **356**
Wesley, Charles: 672
West, Dottie: 336
West, Nathanael: 354
Wexler, Barry: 464, 466
Wexler, Jerry: 452,466-479, 482, 484-489, 492
What Can I Do For You?: 481-482, **487**
What Good Am I?: 561, 564, **571**
What Was It You Wanted: 561, 564, **572**
What'll I Do: 692, **695**
Watcha Gonna Do? **141**
Wheeler, Mary: 327
When A Fellow's Out Of A Job: 324
When Did You Leave Heaven?: 549, 552, **555**
When He Returns: 463, 476-**477**
When I Got Troubles: 12-**13**
When I Paint My Masterpiece: 251, 370-**371**
When The Deal Goes Down: 643-644, **649**
When The Night Comes Falling From The Sky: 525-526, **534**
When The Ship Comes In: 81-82, **100-101**, 118, 177, 362, 373
When You Gonna Wake Up: 463, 466, 471, **475**-476
Where Are You?: 692, 694-**695**
Where Are You Tonight? (Journey Through Dark Heat): 451-452, 461
Where Teardrops Fall: 561-562, **567**, 574
Whitaker, Dave: 135, 140
White Stripes (The): 592, 618
White, B.F.: 610
White, Barry: 458
White, Bukka: 26, 118, 638, 640
White, Edward: 597
White, Jack: 164, 593, 605
White, Josh: 9, 24, 32-33, 73
White, Sam: 695
Whiting, James: 443
Whiting, Richard A.: 555
Whitman, Walt: 361
Whittaker, David: 9
Who (The): 71, 169, 180, 324, 336
Who Loves You More: 528
Why Try To Change Me Now: 692, 694
Wichita Blues: 46
Wiggle Wiggle: 577-578, **581**, 637
Wigwam: 321, 324, **339**, 342
Wilbur Sweatman's Original Jazz Band: 70
Wilburn, Neil: 306, 308, 310-314, 316-319, 325-336, 339, 352, 393
Wild & Wicked World: 540
Wild Mountain Thyme: 494
Wilentz, Sean: 232
William, Donald: 185
Williams, Big Joe: 59, 348, 593, 595
Williams, Hank: 8, 34, 36, 248, 259, 266, 292-*293*, 298, 302, 305, 316-317, 542, 651
Williams, Hugh: 651
Williams, Marion: 297
Williams, Lucinda: 207
Williams, Paul: 120, 188, 396, 439, 470
Williams, Stacey: 20, 24
Williams, Tennessee: 635
Williamson, John Lee «Sonny Boy»: 22, 238, 595, 640, 668
Willie And The Hand Jive: 552
Willis, Ellen: 398
Willis, Wesley: 282
Wills, Bob: 70, 77
Wilmer Watts & His Lonely Eagles: 599
Wilson, Alan: 648
Wilson, Andrew: 242
Wilson, Bob: 305, 310-319, 327-328, 333-334, 336, 393
Wilson, Brian: 529, 532, 541, 580, 672
Wilson, Colin: 246
Wilson, Luke y Andrew: 242
Wilson, Robert S.: 330
Wilson, Teddy: 357
Wilson, Tom: 41, 49, 54, 56, 67, 69, 78, 82, 84, 86-88, 90-92, 94-96, 98, 100, 102, 104, 106-109, 114, 116, 118-120, 122-130, 132, 140, 150, 152, 154, 156, 158, 162, 164-168, 170-172, 174, 176-177, 180, 183-186, 188, 190, 204, 207, 263
Wind Blowing On The Water: 494
Winger, Kip: 556
Winslet, Kate: 689
Winter Wonderland: 667-668, **672**
Winter, Johnny: 194, *199*, 648v
Winterlude: 345, 348, **397**
Winwood, Steve: 488, 582
Wisor, Jeff: 599
With God On Our Side: 58, 78, 81-82, **92-93**, 96, 127, 562, 567
Withers, Pick: 466, 468, 470-476, 478-479
Without Love: 540
Wolf: 528
Wolf, Howlin': 8, 133, 199, 231, 423, 501, 593, 640, 682, 685
Wolf, Jack: 694
Womack, Bobby: 289
Wonder, Stevie: 53, 674, 676
Wood In Steel: 552
Wood, Peter: 575
Wood, Ron: 51, 91, 101-102, *367*, *373*, 492, *495*, 497, 517, 528-529, 532, 541, 543, 550, 553, 556, 564
Woods, Stu: 327, 334-335, 339
Woogie Boogie: 321, **332**
Woomble, Roddy: 404
Wordsworth, William: 125, 224
Working On A Guru: 348, 364-**365**
Workingman's Blues #2: 643, **650**
World Gone Wrong: 593, 601-602, **605**
World Gone Wrong [álbum]: **600-611**, 614, 632
Worrell, Denise: 535
Worried Blues: 46, 59, **79**, 135
Wrecking Crew (The): 169
Wright, Betty: 499
Wright, Chyna: 542
Wright, Elisecia: 544-546
Wright, J. B. F.: 543
Wright, Tiffany: 542
Wright, Tony: 484
Wurlitzer, Rudy: 376
Wyatt, Lorre: 50
Wyatt, Robert: 153
Wydler, Thomas: 556
Wyeth, Howard: 435-442, 444-448
Wyman, Bill: 367
Wynette, Tammy: 328

Yardbirds (The): 180, 194
Yarrow, Peter: 52, 160, 186, 248
Ye Shall Be Changed: 466, **478**
Yea! Heavy And A Bottle Of Bread: 245, **263**-264
Yeats, William Butler: 125, 167, 597, 646
Yes Sir, No Sir (Hallelujah): 494
Yesterday: 348
Yetnikoff, Walter: 437, 688
You Ain't Goin' Nowhere: 245, 249, **266**, 268, 371
You Angel You: 395, 400, **407**
You Are My Sunshine: 304
You Belong To Me: 590, **598**
You Can't Judge A Book By Looking At The Cover: 552
You Changed My Life: 494, 504, **506**
You Wanna Ramble: 537-538, **542**
You'll Never Walk Alone: 540
You're A Big Girl Now: 411, 415, **419**
You're Gonna Make Me Lonesome When You Go: 411, **422**
You're Gonna Quit Me: 587, **596**
You're No Good: 17, 20, **22**, 26, 72
Young, Joe: 593, 637
Young, Mona Lisa: 482, 484-489
Young, Neil: 53, 127, 251, 289, 296, 329, 368, 464, 504, 541-542, 565-566
Young, Terry: 482, 484-489
Your True Love: 348

Zantzinger, William Devereux «Billy»: 102
Zappa, Frank: 86, 263, 350, 512, 580
Zellweger, Renée: 661
Zimbo: 8
Zimmerman, Abraham: 198
Zimmerman, David: 412, 414, 416, 419-420, 424-425
Zimmerman, R.: 456
Zimmerman, Robert Allen: **8-9**, 35, 49
Zollo, Paul: 440, 460, 514, 520
ZZ Top: 512

Bibliografía

La lista de las obras que han servido como referencia a los autores para el análisis de las canciones constituyen esta bibliografía.

1 Dylan, Bob. *Crónicas (Vol. I)*. Barcelona: RBA, 2007 [trad. Miquel Izquierdo]

2 Scaduto, Anthony. *Bob Dylan*. Londres: Helter Skelter Publishing, 1996

3 Página web www.bobdylan.com

4 Dylan, Bob. *Bob Dylan: The Playboy Interviews (50 Years Of The Playboy Interview)*. Kindle Edition/Playboy, 2012

5 Hammond, John H. *John Hammond On Record: An Autobiography With Irving Townshend*, Nueva York: Ridge Press/Summit Books, 1977

6 Scorsese, Martin. *No Direction Home: Bob Dylan*. Apple (DVD), 2005

7 Shelton, Robert. *No Direction Home: The Life And Music Of Bob Dylan*. San Francisco: Backbeat Books, 2011

8 Simons, David. *Studio Stories: How The Great Nueva York Records Were Made*. San Francisco: Backbeat Books, 2004

9 Jaffee, Larry. «*Eric Von Schmidt: Famous For A Song He Didn't Write*». *SongTalk: The songwriters newspaper 3 (2): 13 (1993)*, Hollywood: National Academy of Songwriters, 1993

10 Van Ronk, Dave. Notas del álbum *Somebody Else, Not Me*. Philo Records, 1999

11 Notas del álbum *Bob Dylan*. Nueva York: Columbia Records, 1962

12 Libreto del recopilatorio *Biograph*. Nueva York: Columbia Records, 1985

13 Sounes, Howard. *Down The Highway: The Life Of Bob Dylan*. Nueva York: Grove Press, 2011

14 Rotolo, Suze. *A Freewheelin' Time: A Memoir of Greenwich Village In The Sixties*. Nueva York: Broadway Books, 2009

15 Heylin, Clinton. *Bob Dylan: Behind The Shades Revisited*. Nueva York: Harper Collins Publishers, «It Books», 2003

16 Woliver, Robbie. *Hoot! A 25-Year History Of The Greenwich Village Music Scene*. Nueva York: St Martin's Press, 1994 [1986]

17 Smith, Joe; Fink, Mitchell. *Off The Record: An Oral History Of Popular Music*. Londres: Grand Central Publishing, 1989

18 Rowland, Marc. «*Marc Rowland Interview*». Rochester, Nueva York. 23 de septiembre de 1978. 44 minutos de cinta transcritos por Diddle, Gavin. *Talking Bob Dylan*, 1978

19 Hentoff, Nat. Notas del álbum *The Freewheelin' Bob Dylan*. Nueva York: Columbia Records, 1963

20 Cott, Jonathan. *Bob Dylan: The Essential Interviews*. Nueva York: Wenner Books, 2006

21 Van Ronk, Dave; Wald, Elijah. *The Mayor Of MacDougal Street: A Memoir*. Boston: Da Capo Press, 2005

22 Terkel, Studs. *The Studs Terkel Program*, WFMT Chicago Radio Interview, mayo de 1963

23 Heylin, Clinton. *Bob Dylan: A Life In Stolen Moments Day By Day: 1941-1995*. Londres: MacMillan, 1997

24 Gill, Andy. *Bob Dylan, Stories Behind The Songs: 1962-1969*. Londres: Carlton Books Ltd., 2011

25 Libreto del álbum *The Bootleg Series, Vol. 1-3: Rare & Unreleased 1961-1991*. Nueva York: Columbia Records, 1991

26 «Highway 61 Interactive Music CD-Rom». Graphix Zone Inc./ Sony Music Entertainment, 1995

27 Ruhlman, William, en *Goldmine*, 1996

28 Watts, Michael. «*The Man Who Put Electricity Into Dylan*». En *Melody Maker*, 31 de enero de 1976

29 Página web www.bjoner.com

30 Gray, Michael. *Song And Dance Man III: The Art Of Bob Dylan*, Londres: Bloomsbury Group, 2000

31 Østrem, Eyolf. *Dylan's Guitars*. dylanchords.info

32 Humphries, Patrick. *The Complete Guide To The Music Of Bob Dylan*. Londres: Omnibus Press, 1995

33 Baez, Joan. *And A Voice To Sing With: A Memoir*. Nueva York: Simon & Schuster, 2009

34 Marqusee, Mike. *Wicked Messenger: Bob Dylan And The 1960s Chimes Of Freedom*. Nueva York: Seven Stories Press, 2005

35 Libreto del álbum *The Bootleg Series, Vol. 9: The Witmark Demos 1962-1964*. Nueva York: Columbia Records, 1991

36 Página web www.bobdylanroots.de

37 Marsh, Dave *et al*. *The Rolling Stone Record Guide*. Nueva York: Random House / Rolling Stone Press, 1979

38 Bordier, Julien. «Daniel Kramer: "Dylan pouvait être sérieux, bosseur et blagueur"», en *L'Express Culture*, 7 de marzo de 2012

39 Bream, Jon. En *StarTribute*

40 «*Bob Dylan – Uncut January 2005 CDs*». En *Uncut*, enero de 2005

41 Unterberger, Richie. Entrevista de Bruce Langhorne en www.richieunterberger.com/langhorne2.html

42 Kooper, Al. *Backstage Passes & Backstabbing Bastards: Memoirs Of A Rock'n'Roll Survivor*. Nueva York: Backbeats Books, 2008 [1998]

43 Nork, John. Entrevista de Roger McGuinn, en *Musicangle*, 2004

44 Libreto del álbum *The Bootleg Series, Vol. 6: Bob Dylan Live 1964, Concert At Philharmonic Hall*. Columbia Records, 2004

45 Polizzotti, Marc. *Bob Dylan Highway 61 Revisited (33 1/3)*. Nueva York: The Continuum International Publishing Group Inc/Londres: The Continuum International Publishing Group Ltd., 2006

46 Página web del Experience Music Project, museo en Seattle: www.empmuseum.org

47 Gray, Michael. *Bob Dylan Encyclopedia*. Continuum International Publishing Group Ltd., 2006

48 Daley, Dan. Entrevista de Bob Johnston. En *Mix Magazine*, 1 de enero de 2003

49 Cohen, Scott. «Bob Dylan: Not Like A Rolling Stone Interview». En *Spin*, vol. I, n.º 8, diciembre de 1985

50 *Rolling Stone*, número especial, 1988

51 Williams, Paul. *Bob Dylan: Performing Artist The Early Years 1960-1973*. Underwood-Miller, 1991

52 Bauldie, John. *Wanted Man: In Search Of Bob Dylan*. Penguin Books, 1992

53 Suchow, Rick. Entrevista en *Bass Musician Magazine*, 2011

54 Brooks, Michael. Entrevista en *Guitar Player*, 1971

55 Página web Expecting Rain: *Bob Dylan* (www.expectingrain.com)

56 Entrevista de Johnny Echols, en *Mojo*, n.º 142, septiembre de 2005

57 Simons, David. *Studio Stories: How The Great Nueva York Records Were Made*. San Francisco: Backbeat Books, 2004

58 Beviglia, Jim. *Counting Down Bob Dylan: His 100 Finest Songs*. Rowman & Littlefield Publishers, 2013

59 Schatzberg, Jerry. *Thin Wild Mercury: Touching Dylan's Edge: The Photography*. Guildford: Genesis Publications, 2006

60 Marcus, Greil. *Stranded: Rock And Roll For A Desert Island*. Nueva York: Da Capo Press, 2007 [1996]

61 Buskin, Richard. «Bob Dylan's "Sad-Eyed Lady Of The Lowlands"». *Sound On Sound*, Cambridge, mayo de 2010

62 Gill, Andy. *Classic Bob Dylan 1962-[19]69: My Back Pages*. Londres: Carlton Books Ltd., 1998

63 Marcus, Greil. «Bob Dylan's Dream». En *The Guardian*, 21 de junio de 2008

64 Sanders, Daryl. *Looking Back On Bob Dylan's* Blonde On Blonde. En *The Record That Changed Nashville*, 5 de mayo de 2011

65 Entrevista de Steve Harley, en *Mojo*, n.º 142, septiembre de 2005

66 Heylin, Clinton. *Revolution In The Air: The Songs Of Bob Dylan, Volume One: 1957-1973*. Constable: Mangrove, 2009

67 Flanagan, Bill. Entrevista de Bob Dylan. En *Telegraph*, 13 de abril de 2009

68 Wilentz, Sean. *Bob Dylan In America*. Doubleday, 2010

69 Stelzig, Eugene. *Bob Dylan's Career As A Blakean Visionary & Romantic*. Nueva York: Milne Library Geneseo, 2013

70 Entrevista de Kris Kristofferson: warehouseeyes.netfirms.com

71 Helm, Levon; Stephen, Davis. *This Wheel's On Fire: Levon Helm And The Story Of The Band*. Nueva York: William Morrow & Company, 1993

72 Dylan, Bob. *The Songs Of Bob Dylan: From 1966 Through 1975*. Nueva York: Alfred A. Knopf/Cherry Lane, 1986

73 Griffin, Sid. *Million Dollar Bash, Bob Dylan, The Band, And The Basement Tapes*. Londres: A Jawbone Book, 2007

74 *Bringing It All Back Homepage*, página web de John Howell dedicada a Bob Dylan: http://www.punkhart.com/dylan/index.php

75 Marcus, Greil. *Invisible Republic: Bob Dylan's Basement Tapes*. Londres/ Nueva York: Picador, 1997/1998

76 Entrevista de Toby Litt, en *Mojo*, n.º 142, septiembre de 2005

77 Unterberger, Richie. Entrevista de Charlie McCoy: http://www.richieunterberger.com/mccoy.html, 2000-2010

78 Página web de *Goldmine Magazine*: www.goldminemag.com

79 Swanson, Dave. «46 Years Ago: Jimi Hendrix Records All Along The Watchtower», ultimateclassicrock.com, 21 de enero de 2014

80 Entrevista de Dan Daley, en *Mix Mag*, 1 de enero de 2003

81 Bauldie, John. Entrevista de John Berg. En *The Telegraph*, n.º 51, primavera de 1995

82 Krogsgaard, Michael. *Bob Dylan: The Recording Sessions*. En *The Telegraph/ The Bridge*

83 Hayes, Red. Página web Wired For Sound, 1973

84 Wenner, Jann S. «Bob Dylan Talks: A Raw And Extensive First Rolling Stone Interview». En *Rolling Stone*, 29 de noviembre de 1969

85 Daley, Dan. Entrevista de Bob Johnston. En *Mix Magazine*, 1 de enero de 2003

86 *Cash: A Tribute To Johnny Cash*. Rolling Stone Editions. Londres: Virgin Books Ltd./Nueva York: Crown Publishers, 2004

87 Cash, Johnny; Carr, Patrick. *Johnny Cash: The Autobiography*. San Francisco: HarperCollins Publishers Inc., 2003

88 Evans, Rush. «Dylan Producer, Bob Johnston, Recalls Lifetime Of Musical Memories». En *Goldmine Mag*, 8 de febrero de 2011

89 Heylin, Clinton. *Bob Dylan: The Recording Sessions 1960-1994*. MacMillan, 1997

90 Marcus, Greil. «Self Portrait No. 25». En *Studio A: The Bob Dylan Reader*. W. W. Norton & Co., 1970

91 Christgau, Robert. *Rock Albums Of The '70s: A Critical Guide*. Da Capo Press, 1990 (reedición)

92 *Rolling Stone*, 21 de junio de 1984

93 *Rolling Stone*, 8 de junio de 1970

94 Younger, Richard. «An Exclusive Interview With Bob Johnston». En *Rolling Stone* [extraído de *On The Tracks*, Número #20]

95 Kicks, Christopher. *Dylan's Visions Of Sin*. Londres: Viking, 2003

96 Brinkley, Douglas. «Bob Dylan's Late-Era, Old- Style American Individualism». En *Rolling Stone* [extraído del artículo del 14 de mayo de 2009]

97 Love, Damien. «Bob Dylan: Tell Tale Signs Special – Part Nine». Entrevista de Jim Keltner. *Uncut*, octubre de 2008

98 Traum, Harry y Helfert, Manfred. «Happy Traum Email interview», febrero de 1996

99 Jacobs, Rodgers. «Rudy Wurlitzer, Bob Dylan, Bloody Sam, And The Jordano Del Muerto». *PopMatters*, 30 de Julio de 2009

100 Cruz, Gilbert. «The 10 Worst Bob Dylan Songs». *Time*, 19 de mayo de 2011

101 Prince, William Henry. «"Dylan" 1973 – 40 Years On». The Prince Blog: http://williamhenryprince.com/dylan-1973-40-years-on/

102 Williams, Paul. *Bob Dylan: Performing Artist, Vol. 2: The Middle Years 1974-1986*, Omnibus Press

103 LaPalm, Dick. «The 'Planet Waves' Sessions Recording Bob Dylan At The Village Recorder». Entrevista de Fraboni, *Recording Engineer/Producer (RE/P) magazine*, marzo-abril de 1974

104 Prince, William Henry. «*Planet Waves*». The Prince Blog: http://williamhenryprince.com/planet-waves/

105 «*Planet Waves* – Bob Dylan», presentación del álbum en la página web Super Seventies: www.superseventies.com/spdylanbob5.html

106 Entrevista de Roddy Woomble, en *Mojo*, n.° 142, septiembre de 2005

107 Sims, Judith. «Bob Dylan Goes Back To Columbia Records». En *Rolling Stone*, 12 de septiembre de 1974

108 Berger, Glenn. «My Recording Sessions With Bob Dylan». En *Esquire*, 17 de septiembre de 2014

109 Gill, Andy; Odegard, Kevin. *A Simple Twist Of Fate – Bob Dylan And The Making Of «Blood On The Tracks»*. Da Capo Press, 2004

110 Schlansky, Ewan. «The 30th Greatest Bob Dylan Songs #16, "Idiot Wind"»: www.americansongwriter.com/2009/04/the-30-greatest-bob-dylan-songs-16-idiot-wind/, 20 de abril de 2009

111 Williams, Paul. *Bob Dylan: Performing Artist, Vol. 2: The Middle Years 1974–1986*. Underwood-Miller, 2004

112 Heylin, Clinton. *Still On The Road: The Songs Of Bob Dylan: Vol. 2: 1974-2008*. Londres: Constable, 2010

113 «"I Got Me A Little Nervous": Exploring The "Hurricane" Collaboration Between Jacques Levy And Bob Dylan». *Webzine Something Else!*, 28 de abril de 2013

114 Jerome, Jim. «Bob Dylan Spotted Scarlet Rivera On The Street, The Rest Is Rock History», en *People*, 23 de febrero de 1976, Vol. 5, n.° 7

115 Vaughan, Andrew. «The Gibson Interview: Emmylou Harris». *Gibson*, 7 de septiembre de 2010

116 Jackson, Blair. *Classic Tracks: The Studios, Stories And Hit Makers Behind Three Decades Of Groundbreaking Songs*. Mix Books, 2006

117 Stoner, Rob. En *Mojo*, octubre de 2012

118 Brown, Donald. *Bob Dylan: American troubadour*. Lanham, Rowman & Littlefield, 2014

119 Sloman, Larry «Ratso». *On The Road With Bob Dylan*. Nueva York: Bantam Books, 1978

120 Cott, Jonathan. «Bob Dylan: The Rolling Stone Interview, Part II». En *Rolling Stone*, 16 de noviembre de 1978

121 Wenner, Jann S. «"Slow Train Coming": Not Rated». En *Rolling Stone*, 20 de septiembre de 1979

122 Entrevista de Phil Sutcliffe, en *Mojo*, n.° 142, septiembre de 2005

123 Sheff, David. *The Playboy Interviews With John Lennon & Yoko Ono: The Complete Texts Plus Unpublished Conversations And Lennon's Song-By-Song Analysis Of His Music* [8-28 de septiembre de 1980]. Nueva York: G. Barry Golson/ Playboy Press, enero de 1981

124 Marshal, Scott. Entrevista de Spooner Oldham, 1999

125 Loder, Kurt. «Dylan Still Committed». En *Rolling Stone* [*Random Notes*], 6 de junio de 1980

126 Bell, Ian. *Time Out Of Mind: The Lives Of Bob Dylan*. Nueva York: Pegasus Books, 2013

127 Herman, Dave. Entrevista radiofónica grabada en el White House Hotel de Londres, 2 de Julio de 1981, emitida por WNEW-FM Radio. Nueva York, 27 de julio de 1981

128 Vaughan, Andrew. «Saturday Night Special: Bob Dylan, *Shot Of Love*». Página web Gibson, 10 de febrero de 2010

129 Flanagan, Bill. «Bob Dylan Sounds Off On The Origin Of His New Record, Parlor Music, Dr. Dre, And Who His Songs Are About». En *Huffington Post*, 20 de mayo de 2009

130 Entrevista de Sheryl Crow, en *Mojo*, n.° 142, septiembre de 2005

131 Forte, Dan. «Mark Knopfler Of Dire Straits: Solid Rock». En *Guitar Player*, septiembre de 1984

132 Connelly, Christopher. «*Infidels*: Bob Dylan». En *Rolling Stone*, 24 de noviembre de 1983

133 Buskin, Richard. «Classic Tracks: Dire Straits *Money For Nothing*». En *Sound On Sound*, mayo de 2006

134 Entrevista de Sly Dunbar, en *Mojo*, n.° 142, septiembre de 2005

135 Entrevista de Kurt Loder, en *Rolling Stone*, 21 de junio de 1984

136 Entrevista de Jonathan Lethem, en *Rolling Stone*, 7 de septiembre de 2006

137 Brown, Bob. En *ABC's 20/20*, 1985

138 Página web de Carol Bayer Sager: www.carolebayersager.com

139 Love, Damien. «Bob Dylan: Tell Tale Signs Special – Mark Howard!». Entrevista de Mark Howard. En *Uncut*, octubre de 2008

140 Gundersen, Edna. Entrevista de Bob Dylan. En *USA Today*, 21 de septiembre de 1989

141 «Daniel Lanois On The Making Of Bob Dylan's "Oh Mercy"». Entrevista en CBS Music Canada, 2012

142 Bosso, Joe. Entrevista de Daniel Lanois, www.musicradar.com, 24 de mayo de 2011

143 Hughes, Rob. Entrevista de Don Was. En *Uncut*, octubre de 2008

144 Sloman, «Larry Ratso». Libreto del álbum *The Bootleg Series, Vol. 8: Tell Tale Signs – 1989-2006*. Columbia Records, 2008

145 Hughes, Rob. Entrevista de David Lindley. En *Uncut*, octubre de 2008

146 Tolinski, Brad. «Slash Discusses Bob Dylan, Iggy Pop, Michael Jackson And Guns N' Roses In 1990 *Guitar World* Interview». En *Guitar World*, octubre de 1990

147 Love, Damien. «Dylan Tell Tale Signs Online Exclusive! Part Five!». Entrevista de Robben Ford, en *Uncut*, 2008

148 McKay, Alastair. «Life With Bob Dylan, 1989-2006». Entrevista de Micajah Ryan, en *Uncut*, octubre de 2008

149 Lomax, Alan. *The Land Where The Blues Began*. Nueva York: The New Press, 1993

150 McKay, Alastair. «Bob Dylan: Tell Tale Signs Special – Part Ten!». Entrevista de Daniel Lanois, en *Uncut*, 20 de octubre de 2008

151 Jones, Allan. «Life With Bob Dylan: 1989- 2006». Entrevista, en *Uncut*, septiembre de 2012

152 Libreto de *The Complete Album Collection, Vol. One*. Columbia Records, 2013

153 Gray, Michael. *The Bob Dylan Encyclopedia*. The Continuum International Publishing, 2006

154 Thomson, Elizabeth; Gutman, David. *The Dylan Companion*. Da Capo Press, 2001

155 Ricks, Christopher. *Dylan's Visions Of Sin*. Harper Perennial, 2005

156 Entrevista de Andy Gill, en *Mojo*, n.° 142, septiembre de 2005

157 Entrevista de Daniel Lanois, en *The Irish Times*, octubre de 1997

158 McKay, Alastair. «Life With Bob Dylan, 1989-2006». En *Uncut*, octubre de 2008

159 Love, Damien. «Bob Dylan: Tell Tale Signs Special – Part Eight!». Entrevista de Jim Dickinson, en *Uncut*, 16 de octubre de 2008

160 Hinton, Brian. *Bob Dylan Complete Discography*. Universe, 2006

161 Love, Damien. «Recording With Bob Dylan, Chris Shaw Tells All!». Entrevista de Chris Shaw, en *Uncut*, 27 de octubre de 2008

162 Love, Damien. «The Real Bob Dylan: Part Seven Of Our Online Exclusives!». Entrevista de Augie Meyers, en *Uncut*, octubre de 2008

163 Djenaïdi, Oumelkheir. «La ballade américaine d'Olivier Dahan». En *France-Amérique*, 30 de junio de 2009

164 Egler, Dan. «Dylan Delivers South Of The Border Flavor On *Together Through Life*». En *Verde Independent*, 2009

165 Entrevista de David Hidalgo, en *Uncut*, enero de 2010

166 Brinkley, Douglas. «Bob Dylan's Late-Era, Old-Style American Individualism». En *Rolling Stone*, 14 de mayo de 2009

167 Flanagan, Bill. «Bob Dylan Talks About *Christmas In The Heart* With Bill Flanagan». North American Street Newspaper Association, octubre de 2009

168 Brooks, Philippe. *Come Let Us Adore Him: Stories Behind The Most Cherished Christmas Hymns*. Nashville: Robert Morgan, Thomas Nelson, 2005

169 Gilmore, Mikal. «Bob Dylan On His Dark New Album, "Tempest"». En *Rolling Stone*, 1 de agosto de 2012

170 Hermes, Will. «"Tempest"». En *Rolling Stone*, 30 de agosto de 2012

171 Loupias, Bernard. «Le nouvel album de Dylan: Bob l'Éponge». En *L'Obs*, 11 de septiembre de 2012

172 Paumgarten, Nick. «Hello, Bobby». En *New Yorker*, 1 de octubre de 2012

Primera edición en lengua española 2015
Reimpresión 2016

© 2015 Art Blume, S. L.
Carrer de les Alberes, 52, 2.º, Vallvidrera
08017 Barcelona
Tel. 93 205 40 00 E-mail: info@blume.net
© 2015 Hachette Livre – Éditions du Chêne/EPA, Francia

I.S.B.N.: 978-84-9801-838-7
Depósito legal: B.22377-2016
Impreso en Cayfosa, Santa Perpètua de Mogoda (Barcelona)

WWW.BLUME.NET

BLUME

Título original *Bob Dylan. La Totale*

Edición Fabienne Kriegel, Nathalie Lefebvre, Isabelle de Couliboeuf, Françoise Mathay

Dirección artística Sabine Houplain, Claire Mieyeville, Marie Duval

Concepto gráfico, diseño y maquetación Nancy Dorking (para The Pulp Society), Aurore Jannin

Iconografía Isabelle de Couliboeuf, Lucie Léna

Traducción Carolina Bastida Serra, Laura Collet Texidó

Revisión de la edición en lengua española
Llorenç Esteve de Udaeta Historiador de Música

Coordinación de la edición en lengua española
Cristina Rodríguez Fischer